KB131879

希正 崔夢龍 教授 古稀 論叢

世界史속에서의 韓國

崔夢龍 編著

오늘 古稀論叢의 發刊과 學脈을 잇게 있게 해준 저의 스승님은 金元龍(서기 1922년 8월 24일, 목-서기 1993년 11월 14일, 일), 張光直(Chang Kwang-chik, 서기 1931년 4월 15일, 수-서기 2001년 1월 3일, 수), 金哲埈(서기 1923년-서기 1989년 1월 17일), 賀川光夫(かかわみつお, 서기 1923년 1월 5일, 금-서기 2001년 3월 9일, 금), 高柄翊(鹿村, 芸人, 1924년 3월 5일-2004년 5월 19일)과 중국 北京대학 李伯謙(北京大學震旦古代文明研究中心主任) 교수들이다. 그래서 이 조그만 책을 이들 스승님들께 바칩니다. 그러나 아무리 노력해도 선생님들의 잠깐 동안의 공부와 생각에도 미치지 못해 무척 송구스러운 마음을 감추지 못하겠다. 앞으로 좀 더 배우면서 생각을 게으르지 않아야겠다(學而有思).

希正 崔夢龍 教授 近影

崔夢龍 編著, 希正 崔夢龍 敎授 古稀 論叢
– 世界史속에서의 韓國 –

지은이 | 최몽룡 외
펴낸이 | 최병식
펴낸날 | 2016년 10월 8일
펴낸곳 | 주류성출판사 www.juluesung.co.kr
서울특별시 서초구 강남대로 435 주류성빌딩 15층
TEL | 02-3481-1024(대표전화) · FAX | 02-3482-0656
e-mail | juluesung@daum.net

값 40,000원

잘못된 책은 교환해 드립니다.

ISBN 978-89-6246-294-4 93910

希正 崔夢龍 教授 古稀 論叢

世界史속에서의 韓國

崔夢龍 編著

목차

목 차

序 文

編著者는 서기 2016년 9월 13일(화)이 古稀 또는 從心(70세)으로 서기 2012년 2월 29일(수) 정년퇴임을 하고 벌써 만 5년이 지났다. 연금도 서기 2016년 9월 현재 55회째 받는다. 이제까지 六旬(60세)과 回甲(花甲, 華甲, 周甲, 環甲, 還甲, 61세), 진갑(進甲, 陣甲, 62세)과 미수(美壽, 66세)를 지내고, 서기 2016년 9월 13일 고희(古稀, 七旬, 稀宴, 稀筵, 稀慶, 從心, 70세)와 제자들이 만든 고희논총을 기다리는 중이다. 앞으로도 운이 좋으면 망팔(望八, 71), 희수(喜壽, 77), 산수(傘壽, 八旬, 80), 망구(望九, 81), 미수(米壽, 88), 졸수(卒壽, 90), 망백(望百, 91), 백수(白壽, 99), 다수(茶壽, 108)와 오복의 하나인 최후의 고종명(考終命, 令終, 善終, 入寂) 등 까지 잘 지낼 수 있겠다. 그래도 중국에서는 120세까지 살아야 최상의 장수(壽星)로 인정받는다. 고희라는 명칭은 杜甫(서기 712년-서기 770년)가 47세 되던 서기 758년에 지은 "曲江詩 중 朝回日日典春衣 每日江頭盡醉歸 酒債尋常行處有 人生七十古來稀 穿花蛺蝶深深見 點水蜓蜻款款飛 傳語風光共流轉 暫時相賞莫相違[아침마다 나날이 봄옷(*편저자주: 황제 肅宗에 의해 얻은 從八品上 좌습유/左拾遺 라는 말단 관직 시 입던 관복) 잡혀서, 날마다 강가에서 취해서 가네, 술 빚은 심상타 가는 곳마다 있는 것, 人生七十은 예로부터 드물다, 보시오 꽃을 뚫은 저 나비 떼들 물차는 잠자리도 헝그럽구나, 풍광은 흘러흘러 다시 못오오, 잠간 상주어 노치지 맙시다(李秉岐·朴鍾和, 1945, 支那名時選, 漢城圖書株式會社, pp.59-60)]"에서 나왔으며, 종심은 "論語 爲政篇 중 吾十有五而志于學(志學)→三十而立(而立)→四十而不惑(不惑)→五十而知天命(知天命)→六十而耳順(耳順)→七十而從心所欲不踰矩(從心: 일흔 살이 되어 마음 내키는 대로 해도 법도에 어긋나지 않았다)"에서 보인다. 이제 옛 선인들이 언급한 고희와 종심을 맞이하게 되었다. 그러나 마음은 아직도 어린애의 티를 벗어나지 못했다. 세인이 평하듯 "세상물정 모르는 멍청한 학자"일 뿐이다. 그래도 스스로 돌아보아 꺼리 낄게 없는데 걱정하고 두려울 게 없으며[孔子의 "不憂不懼 斯謂之君子矣乎"(論語. 顔淵篇)] 또 孟子의 君子三樂에서와 같이 '머리로 낳은 자식인 제자'들을 모아 가리키는 의무를 즐겨 행하고 있다["得天下英才 而教育之"(孟子, 盡心章句上 20章, 君子有三樂, 而王天下 不與存焉。父母俱存, 兄弟無故, 一樂也;仰不愧於天, 俯不怍於人, 二樂也;得天下英才而 教育之, 三樂也。君子有三樂, 而王天下不與存焉)]. 작년 서기 2015년(佛紀 2559년) 2월 15일(월, 4월 초파일) 석가탄신일에 세종특별자치시 연기군 전동면 고산리 운주산 소재 高山寺에서 행한 "고고학으로 본 불교"라는 강의에서 밝힌 希正 偈頌은 "七十年前我是嬰孩 七十年后亦如赤子(70년 전에는 어린애/嬰孩/孩子였고 70년 후에도 역시 어린애/赤子이다)"이다. 여기에서 赤子는 孟子 第 4篇 离娄章句下 13章에서 나오는 "大人者, 不失其赤子之心者也"의 '赤子之心'에서 따왔다. 이는 갓 태어난 어린아이로 비유하자면 사람의 마음이 순결·선량하다는 뜻과 또는 大人之心이란 의미도 지닌다(初生的婴儿 比喻人心地纯洁善良).

이제까지 학문이란 영역에 관심을 둔지 52년이 지났다. 무릇 學問(또는 學文)은 論語 學而편 第 16章 "弟子入則孝 出則弟(悌) 謹而信 汎愛衆而親仁 行有余力則而學文[젊은이는 집에 들어와서는 부모에게 효도하고 밖에 나와서는 공손하며, 행실을 삼가고, 말을 성실하게 하며, 널리 뭇사람을 사랑하되 어진 이와 가깝게 지내야 하고, 이것을 행하고 힘이 남거든 글(*편저자주: 여기서 글은 六藝를 의미하며 그 내용은 禮樂射御書數이다)을 배운다]"에서 나오며 학문에서 문을 問 대신 글월 文을 써 學文으로 표기했다. 그리고 朝鮮 말기에 편찬된 한문교재인 蒙學漢文初階(元永義, 1907 廣學書舖)에서는 "有不能則當學 有不知則當問 是曰學問(할 수 없는 것은 마땅히 배워야하고 알지 못하는 것은 마땅히 물어야한다. 이것이 학문이다)"이라고 學問을 배우고 묻는 것으로 定義하고 있다. 편저자의 학문 태도는 "學而時習"(論語, 學而篇)이 아니라 "論語 爲政篇 第2, 15장 學而有思(學而不思則罔, 思而不學則殆: 배우고서 생각하지 않으면 얻음이 없고, 생각하고 배우지 않으면 위태롭다)"를 바탕으로 하는 독창성이 있는 연구 자세를 지향한다. 다시 말해 佛家의 啐啄同機와 같은 자세를 취하고 있다. 그리고 "학문은 도중에 중단해서는 안 된다(荀子의 勸學편 중 學不可以已)"는 구절과 또 생각보다는 오히려 배움의 과정이 더 중요하다는 것도 잘 인식하여 항상 책을 가까이

하고 있다["吾嘗終日而思矣 不如須臾之所學也 吾嘗跂而望矣 不如登高之博見也"(荀子, 勸學篇)].

편저자가 고고학이란 학문을 시작하면서 관심을 두어왔던 한국상고사와 한국고고학에서 미해결의 분야를 근 50여 년 동안 마무리 지으려고 노력해왔다. 필자의 역사서술 내용의 주된 흐름은 講壇史學과 在野史學, 左와 右, 進步와 保守의 극한적 이념 대결을 벗어나 考古學, 古代史와 人類學의 學際的 연구에 바탕을 두어 "한국의 植民地史觀(事大, 他律, 半島性과 停滯性)에서 탈피하여 進化論과 通時論적 관점의 유지, 세계사에서 바라본 韓國史의 座標認識"을 항상 염두에 두어 자료들을 일관성 있게 분석하여 결론을 도출해내는 歸納法(induction)과 가설을 내세워 검증하는 演繹法(deduction)의 양면을 검토해 나가는 일관된 자세를 유지하고 있다. 귀납법은 형식분류(typology)와 편년(chronology)을 바탕으로 연구하는 전통적인 고고학이고, 연역법은 컴퓨터, 통계학과 자연과학을 이용해 가설을 입증해 나가는 신고고학(New archaeology)에 해당한다. 이는 金富軾 편찬의 三國史記의 초기기록을 그대로 믿는데서 부터 비롯한다. 편저자는 漢 7대 武帝 (기원전 156년 6월 7일-기원전 87년 3월 29일, 기원전 141년-기원전 87년 재위)때 李廣의 손자인 李陵(기원전 2세기?－기원전 74년)이 기원전 99년 무제의 명령으로 匈奴를 정벌하러 갔다가 패전하여 흉노에 투항하게 되자 이를 적극적으로 옹호하다 궁형(宮刑)에 처해진 司馬遷(기원전 145년-기원전 87년, 기원전 145년 또는 기원전 135년年－기원전 90년)을 무척 존경하고 있다. 이는 孟子가 '孔門十哲' 중 曾子의 一제자이며 孔子의 손자인 子思를 私淑하는 것과 같은 관계이다. 이릉이 포로로 잡힐 당시 차제후선우(且鞮侯单于)는 이릉의 투항행위를 칭찬해 그의 사위로 삼아 右校王에 봉하였다. 기원전 74년(元平元年) 이릉이 흉노에서 병사하고 기원전 56년 이릉의 아들(차제후선우의 외손자)이 권력다툼에서 오자선우(乌籍单于)를 옹립하였으나 후일 호한야선우(呼韩邪单于)에 패하는 과정을 보면 이는 사마천의 "잘못된 이릉의 옹호"로도 언급되고 있다. 편저자는 후세에 남을 좋은 책을 한 권 만들고 싶을 따름이다. 운이 좋아 사후 '한국의 사마천'으로 불리 우면 더없는 영광이 되겠다. 그런데 王昭君(기원전 52년-?)은 기원전 33年 西漢 후기 握衍朐鞮單于의 아들 匈奴單于인 呼韓邪單于(기원전 58년–기원전 31年 재위)의 요구대로 시집을 와 기원전 31年 호한야선우가 세상을 뜬 후 胡俗 Levirate marriage(兄死娶嫂制)에 따라 呼韓邪寵妾大閼氏의 長子인 復株累若鞮單于에게 再嫁하게 된다. 이 王昭君(王嬙)에 대해서는 李白(서기 701년–서기 762년)의 "昭君拂玉鞍 上馬啼紅頰 今日漢宮人 明朝胡地妾"과 唐 則天武后(서기 624년 2월 17일–서기 705년 12월 16일)의 左史였던 東方虯의 昭君怨 "胡地無花草 春來不似春 自然依帶緩 非是爲腰身"(원래는 3수로 앞의 두 시는 다음과 같다. "漢道初全盛 朝廷足武臣 何須薄命妾 辛苦遠和親. 掩涕辭丹鳳 銜悲向白龍 單於浪驚喜 無複舊時容")의 두 詩가 남아 있다.

학자로 해야 할 의무이면서 후세에 남길 수 있는 업적을 만들 수 있는 기회는 좋은 책을 만들어 낼 때이다. 고희논총의 발간도 그러한 노력 중의 하나이다. "옛사람들의 명성이 후세에 전해지는 것은 그들의 말을 글로 만들어 놓았기 때문이다(古人之所以自表見於後也者 以有言語文章也, 蘇軾)". 나도 이제까지 쓴 글 중 좋은 글이 있어 後學들에게 膾炙되어 조그만 이름이라도 남았으면 하는 부질없는 욕심을 버리지 못하고 있다. 그러나 막스 베버(Max Weber, 서기 1864년 4월 21일–서기 1920년 6월 14일, 독일의 사회학자·경제학자)는 『직업으로서의 학문』(Wissenschaft als Beruf, 1919)에서 학문에서 학문적 영감이 번득이는 개성이 강한 사람, 자기가 원하는 직장(대학교)에서 일하는 것과 그가 쓴 논문의 수명이 10년을 넘기면 행운에 속한다고 하였다. 나에게도 그러한 행운이 쉽게 찾아오려는지 두렵다. 그리고 중국의 속담처럼 "질병은 고쳐도 운명은 고칠 수 없을 것이다(治得了病 治不了命)". 나는 그러한 행운을 포기한지 오래다. 이는 "스스로 옳다고 하는 사람은 드러나지 않으며 스스로 뽐내는 사람은 공이 없다. 자기를 알면 자신을 드러내지 말고 사랑을 받으려면 자신을 귀하게 여기지 말아야 된다[自見者不明 自是者不彰(24장 跂自不立), ...是以聖人自知不自見 自愛不自貴(72장 民不畏威), 老子]"라는 생각 때문이기도 하다. "배우기를 다 하지 못하고 배운 것마저 잃어버릴 처지가 되었는데도(學如不及 惟恐失之, 論語 泰伯)", 學問(學文)이란 정말 끝이 없고 "손에서 떠나서는 안 되나 보다(手不釋卷, 三國志·魏文帝紀

論, 裵松之註引 典論·自叙)". 하루하루 꾸준히 노력해나가다 보면("業精於勤, 荒於嬉", 韓愈의 進學解) 자기 자신만이 느낄 수 있는 기쁨의 결과를 맛 볼 수 있을 것이다.

古稀論叢의 筆者들은 편저자와 學緣(school ties), 地緣(regionalism)과 血緣(kinship)에 관계없이 오로지 學問的으로 맺어지고 있다. 다시 말하자면 편저자를 중심으로 하는 하나의 學派(school)가 형성된 셈이다. 현재 자주 언급되는 제자로는 崔盛洛(木浦大), 李淸圭(嶺南大), 安承模(圓光大), 朴洋震(忠南大), 宋義政(국립광주박물관 관장), 崔秉植(周留城 출판사 사장, 강남문화원 원장), 李榮文(木浦大), 李盛周(慶北大), 金庚澤(韓國傳統文化大), 洪亨雨(江陵原州大), 白種伍(交通大), 申熙權(서울市立大), 文載範(하남시 박물관), 李憲宗(木浦大), 李東熙(仁濟大)와 姜仁旭(慶熙大) 등의 교수·관장·원장들이며 실명을 거론하지 않은 다른 제자들을 포함하면 60여명이 넘는다. 편저자는 제자 복이 많아 이제까지 回甲論叢, 停年退任論叢과 古稀論叢을 헌정 받았다. 앞으로 편저자도 운이 좋고 욕심을 내면 팔순(傘壽, 八旬, 80)과 구순(卒壽, 九旬, 90) 논총까지 기대해 볼 수 있을 런지 모른다. 그리고 이제까지 回甲論叢, 停年退任論叢과 古稀論叢에 쓰고 싶은 마음은 있었으나 실제 기회가 닫지 않았던 眼高手低의 여러 제자들은 운이 좋으면 팔순에라도 원고를 마련할 수 있도록 노력해야하겠다. 晉 陶淵明의 勸學詩(雜詩)과 朱熹의 勸學文 "..... 盛年不重來 一日難再晨 及時當勉勵 歲月不待人(한창 시절은 거듭 오지 않으니 하루는 두 번 새기 어렵다. 때에 미쳐 힘써야 하니, 세월은 사람을 기다리지 않는다.)", ".... 日月逝矣 歲不我延 嗚呼老矣 是誰之愆(세월이 흘러가도다. 세월은 나를 위해 늘어나지 아니하노니, 아 늙었도다. 이것이 누구의 허물인고)"에서처럼 나에게 그들의 玉稿를 기다릴 시간이 있을런지 모르겠다. 그러나 제자들은 荀子 勸學편의 문구처럼 "학문은 도중에 중단해서는 안되며(學不可以已)", "푸른빛은 쪽이라는 풀에서 짜내지만 원료인 쪽보다도 더 푸른빛을 하고 있고(靑取之於藍而靑於藍), 얼음은 물로써 되었지만 물보다도 차다(冰水爲之而寒於水)"라는 학문적으로 대성하길 바랄 뿐이다.

回甲論叢: 경기도의 고고학(최몽룡 편저, 2007년 2월 28일, 서울: 주류성)
停年退任論叢: 21세기의 한국고고학 I-V(최몽룡 편저, 2012년 2월 11일, 서울: 주류성)
古稀論叢: 세계사 속에서의 한국(최몽룡 편저, 2016, 서울: 주류성)

이번의 고희논총에 원고를 보내준 필자들은 모두 36명으로 다음과 같다.

1.강신애(서울대 인문대 고고미술사학과 박사과정 수료), 2.강아리(서해문화재연구원 실장), 3.강인욱(경희대 교수), 4.강진주(단국대 사학과 박사과정 수료), 5.구문경(국립중앙박물관 학예사), 6.김경택(한국전통문화대 교수), 7.김권구(계명대 행소박물관 관장), 8.김선우(경희대 인문학 연구원 교수, 카이스트 대우교수), 9.문재범(하남역사박물관 관장), 10.박아림(숙명여대 교수), 11.박유미(상명대 문화콘텐츠학과 강사), 12.백종오(교통대 교수), 13.심재연(한림대 한림고고학연구소 연구교수), 14.심정보(한밭대 명예교수), 15.안승모(원광대 명예교수), 16.엄기표(단국대 교수), 17.오강원(한국학중앙연구원 교수), 18.유태용(서해문화재연구원 원장), 19.이도학(한국전통문화대 교수), 20.이동희(인제대 교수), 21.이동희(부안군 문화재담당 학예사), 22.이민정(서해문화재연구원 연구원), 23.이상석(목포대 대학원 박사과정), 24.이상엽(단국대 대학원 사학과 박사과정 수료), 25.이영문(목포대 교수), 26.이청규(영남대 교수), 27.이헌종(목포대 교수), 28.이현주(부산 정관박물관 관장), 29.정동헌(서해문화재연구원 연구원), 30.정원철(동북아역사재단 연구원), 31.지현병(강원고고문화연구원 원장), 32.최성락(목포대 교수), 33.하문식(세종대 교수), 34.홍미영(구석기학회 연구위원), 35.홍형우(강릉원주대 교수), 36.황보경(세종대 박물관 학예연구사).

그리고 이번 고희논총의 발간에는 목포대학교 역사문화학부 崔盛洛교수와 江陵原州大 洪亨雨교수가 특별히 애를 써 주었으며 출판에는 周留城 崔秉植사장이 많은 도움을 주었다. 마음에서 우러나서 편저자에게 귀한 玉稿를 보내준 伙伴(道伴)의 제자 모두에게 고마움을 표한다.

인도의 天竺國 왕의 셋째 아들로 남인도나 파사국(波斯國)에서 태어나서 반야다라에게 배우고 40년간 수도하다가 서기 470년(또는 梁 普通 원년 서기 520년 9월 21일) 남중국에 와서 선종을 포교하고 梁 武帝 蕭衍(서기 464年-서기 549년)과 선문답을 주고받았으며 후일 서기 520년 전후에 北魏의 도읍 洛陽에 갔다가 河南省 崇山 少林寺에서 坐禪修行에 정진한 후 禪法을 慧可에게 전수한 중국 선종의 1대 조사인 달마(菩提達摩, 達摩, ?-서기 528/535년)는 인도에서 海上絲綢之路를 따라 중국의 廣州市에 왔던 것으로 추정된다. 중국의 禪宗은 初祖 菩提達摩, 達摩(?-서기 528/535년, 서기 457년-서기 528년)→二祖 慧可(서기 487년-서기 593년, 서기 528년-서기 593년)→三祖 僧燦(?-서기 606년, 서기 593년-서기 606년)→四祖 道信(서기 580년 4월 3일-서기 651년, 서기 606년-651년)→五祖 弘忍(서기 601년-서기 675년, 서기 651년-서기 674년)→六祖 慧能(서기 638년-서기 713년, 서기 674년-서기 718년)→七祖 南嶽懷讓(서기 718년-서기 744년)→八祖 馬祖道一(서기 709년-서기 788년, 또는 서기 688년—서기 763년, 서기 744년-서기 788년)로 이어진다. 그리고 五祖 弘忍에서 傳燈弟子인 慧能과 神秀(서기 606년-서기 706년, 禪宗大師, 佛教禪宗 五祖 弘忍의 首座弟子로 北宗禪의 开创者)가 나와 金剛經을 중심으로 頓悟를 주장하는 慧能의 南宗禪과 楞伽經을 중심으로 漸修를 주장하는 神秀의 北宗禪으로 나뉘었다. 六祖壇經에 실린 神秀와 慧能의 悟道頌은 다음과 같다. 神秀: 身是菩提樹 心如明鏡臺 時時勤拂拭 勿使惹塵埃(몸은 깨달음의 나무요 마음은 밝은 거울 바탕일세. 때때로 털고 부지런히 닦아서 때가 끼지 않게 하세), 慧能: 菩提本無樹 明鏡亦非臺 本來無一物 何處惹塵埃(보리에 본래 나무가 없고 밝은 거울 또한 틀이 아닐세. 본래 한 물건도 없는데 어느 곳에 끼일 티끌이 있겠는가). 우리나라 禪宗 九山門도 여기에서 비롯된다. 서기 1987년 11월 14일(토) 韓國上古史學會의 發起와 더불어 그때까지 해오던 學術發掘을 그만두고, 서기 1994년 6월 23일(목) 禁酒를 決行했던 것을 현시점에서 反芻해보면 모든 것이 편저자 스스로를 위해서도 잘된 일이었던 것 같다. 入寂하신 崇山스님[계룡산 국제선원 無上寺, 서기 1927년 8월 1일-서기 2004년 11월 30일, 春城(서기 1891년 3월 30일-서기 1977년 8월 22일)으로 부터 見性을 인정받음, 법맥으로는 78대 조사가 됨]의 法祖父인 滿空禪師[鏡

虛(서기 1849년-서기 1912년, 75대)→滿空(서기 1871년-서기 1946년 10월 20일. 76대)→田岡(서기 1898년-서기 1974년, 77대)→松潭(서기 1927년-, 78대) 조사로 법맥이 이어짐]의 話頭인 "萬法歸一 一歸何處 非心非佛 靑山流水"란 글이 가슴에 와 닿는 시점이다. 休靜(淸墟堂) 西山大師의 "八十年前渠是我 八十年後我是渠(팔십 년 전의 그는 바로 나요, 팔십 년 후의 나는 바로 그다)"란 入寂詩가 생각난다. 나도 돌이켜보면 당시 그 時點에서 要領을 안 부리고 愚直하면서 最善을 다해 한결같은 생활을 해나가려고 노력했던 것 같다. 그러나 努力뿐이고 淸墟堂 스님과는 結果가 다른 것이 마음 아프다. 군자는 멀리 보아 얻으려면 기회를 기다려야 하고 큰 것을 얻으려면 참아야 한다("君子之所取者遠 則必有所待 所就者大 則必有所忍", 蘇軾). 그리고 先學들이 늘 그래왔듯이 매사 결과가 기대에 어긋나더라도 또 때를 기다리나 때가 오지 않더라도 눈썹조차 찌푸리지 않을 수 있는 ["富送人以財君.....君子貴遇時 不遇亦不嚬....鏤肝復書紳", 一枝菴詩稿 권 1 奉呈籜翁(茶山 丁若鏞)先生, 大芚寺 艸衣禪師 意恂(서기 1786년-서기 1866년, 己巳年 서기 1809년 作)] 마음의 수양을 쌓아가도록 노력해야 할 것이다. 그렇지 않으면 모든 것이 金剛經 如理實見分 四句偈로 언급한 것처럼 본질을 보지 못하면 모든 것이 허망("凡有所相 皆是虛妄 若見諸相非相 即見如來")해지기 때문이다. 편저자도 이제 속세의 무거운 짐을 훌훌 털어내고 떠날 때가 되었나보다. 涅槃寂靜

서기 2016년 9월 13(화)

古稀를 맞아

서울대 명예교수 希正 崔夢龍 謹記

2012–2016에 발표된 글

▮ 저서

2012 인류문명발달사(개정 5판), 서울: 주류성

2013 고구려와 중원문화, 서울: 주류성

2014 韓國考古學 硏究, 서울 : 주류성

2015 교재용 인류문명발달사(6판), 서울: 주류성

2016 선사시대의 문화와 국가의 형성–고고학으로 보는 한국 상고사–, 서울: 주류성

2016 세계사 속에서의 한국–희정 최몽룡교수 고희논총–(편저), 서울: 주류성

▮ 논문

2012 21세기의 한국고고학 V(편저, 2012. 주류성, 900쪽), 서울: 주류성(ISBN 978-89-6246-075-9 94910)

2012 스키타이, 흉노와 한국고대문화 –한국문화기원의 다양성–. 국립중앙박물관·부경 대학교 인문사회과학연구소, 흉노와 그 동쪽의 이웃들. pp. 7-31

2012 한국고고학·고대사에서 종교·제사유적의 의의 –환호와 암각화–. 제 40회 한국상고사학회 학술발표대회(10월 26일, 금). 한국 동남해안의 선사와 고대문화, 포항시 청소년 수련관, pp.7-43, 하남문화원 제 4회 학술대회(2012년 12월 20일, 목), 한국의 고대신앙과 백제불교, 하남시문화원, pp.1-38 및 하남시 문화원, 위례문화, 2012, 15호, pp.79-118

2012 청동기·철기시대와 한국문화. 단국대학교 동양학연구원 엮음. 동아시아 문명교류사 2. 동아시아 청동기문화의 교류와 국가형성, 학연문화사, pp,147-185(ISBN 978-89-5508-287-6 94910)

2012 중원문화와 철 –철 생산과 삼국의 각축–. 국립중원문화재연구소 개소 5주년 기념 중원의 제철문화 학술대회. pp.9-22

2012 강과 문명 –인류문명발달사–, 전상인 박양호 공편, 강과 한국인의 삶, 나남신서 1624, 서울: 나남, pp.81-115

2013 한국선사고고학의 연구동향, 겨레 2호, 겨레문화유산연구원, pp.7-37

2013 馬韓 –硏究 現況과 課題–, 益山, 마한·백제연구의 새로운 중심–, 원광대학교 마한 ·백제문화 연구소, 국립전주 박물관 강당, 2013.11.9.(토), 9-29 및 馬韓·百濟文化 22집, 원광대학교 마한·백제문화연구소, pp.3-60

2013 여주 흔암리 유적의 새로운 편년, 여주 흔암리 유적과 쌀 문화의 재조명, 동방 문화재연구원 부설 마을조사연구소, 서울대 박물관, 2013.9.4.(수), 5-26

2013 고고학으로 본 하남시의 역사와 문화, 하남문화원 제5회 학술대회, 백제 하남인들은 어떻게 살았는가?, 하남시 문화원, 2013.10.11.(금), pp.1-24 및 위례문화 제16집, pp.71-98, ISSN 2092-6499

2014 江東區 可樂洞과 江南區 驛三洞 遺蹟의 새로운 編年, 제 1화 강남역사문화의 재조명, 역삼동 청동기유적, 2014.4.11.(금), 강남문화원, 7-32쪽

2014 중국의 신석기시대·청동기·철기시대-中國의 多元的 文明發生과 한국의 고대문화 -, 이상윤 기증유물 III, 동북아 선사문화로의 초대, 한성백제박물관, 2014.9.25.(목), pp.180-215

2014 韓國 考古學에서 본 古朝鮮 問題와 衛滿朝鮮의 性格, 고조선사학회, 古朝鮮學報 1호, pp.7-59

2015 한성시대 백제와 고대사, 서울시인재개발원, 서울이해 2기, pp.29-53

2015 중국 동북지구 文明의 발생 -神話에서 歷史로-, 경희대학교 인문학연구원 부설 한국고대사·고고학연구소, 고조선사 연구회, 제 1회 국제학술회의「고조선의 여명 기조강연 2015.10.2.(금), pp.1-47

2015 안성 죽주산성-최근 경기도에서 발굴·조사된 산성들의 역사적 맥락- , 한국고대학회·국립교통대학주최·안성시 안성 죽산면 동안성 시민복지센터,「안성 죽주산성 사적지정을 위한 학술세미나」, 2015년 11월 13일(금), pp.7-24

2015 용인 할미산성 내 馬韓과 百濟의 宗教·祭祀遺蹟 -2012-2015년 발굴된 소위 할미산 "공유성벽" 북쪽 내성의 역사·문화적 맥락-, 한국성곽학회·용인시 용인시청 문화예술원 3층 국제회의실,「용인 할미산성 발굴조사 성과와 보존활용을 위한 학술심포지엄」, 2015년 11월 14일(토), pp.7-30 및 호불 정영호박사 팔순송축 기념논총 pp.109-128

2016 驪州 欣岩里 遺蹟과 文化史的 脈絡-孔列土器, 支石墓 그리고 古朝鮮-, 古朝鮮學報 제4호, pp.5-67

2016 중국 동북지구 文明의 발생-神話에서 歷史로-, 세계사 속에서의 한국-희정 최몽룡교수 고희논총-(2016, 편저), 서울: 주류성. pp.19-73쪽

2016 용인 할미산성 내 馬韓과 百濟의 宗教·祭祀遺蹟
-2012-2015년 발굴된 소위 할미산 "공유성벽" 북쪽 내성의 역사·문화적 맥락, 세계사 속에서의 한국-희정 최몽룡교수 고희논총-(2016 편저), 서울: 주류성. pp.75-108

2016 백제 건국의 문화사적 배경, 백제 전시회도록, 하남시 박물관

2016 인천 계양산성과 역사적 맥락, 인천광역시·인천광역시 계양구·겨레문화유산연구소·한국성곽학회 학술심포지움(10월 28일, 금)

2016 이성산성과 백제, 이성산성 국제학술대회(12월 9일, 금)

■ 수필

2013 사랑의 반대는 무관심이다 -'秋夕 斷想'-, 교수신문 701호, 9월 30일, 11면

2014 自撰墓誌銘, 서울대학교 명예교수회보, 2013, 제9호, 124-126쪽

2014 鹿村 선생님과의 소중한 만남, 거목의 그늘, 鹿邨 高柄翊선생 추모문집, 지식산업사, 2014. 5.10, 토, pp.276-280

2015 古稀를 맞아 -곱게 늙어가는 정년-, 서울대학교 명예교수회보, 제10호, 120-122쪽).

고희논총 권두논문 1

중국 동북지구 文明의 발생

—神話에서 歷史로[1]—

崔夢龍(서울대 명예교수)

中國에서는 유럽의 技術과 經濟行爲에 바탕을 둔 구석기(Palaeolithic age)·신석기(Neolithic age)·청동기(Bronze age)·철기시대(Iron age)라는 자본주의의 편년 명칭을 사용하지만 기본적인 편년 안은 共産主義 유물사관론에 입각하고 있다. 즉 북경 중국 역사박물관에서는 Primitive Society(ca.170만년-4000년 전)-Slave Society(夏, 商, 西周, 春秋時代, 기원전 21세기-기원전 476/475년)-Establishment of the United Multi-National State and the Development of Feudal Economy and Culture(秦, 漢, 기원전 221년-서기 220년)-Social and Economic Development in the South and Amalgamation of various Nationalities in the North(魏, 蜀, 漢, 吳, 西晉, 東晋, 16國, 南北朝, 서기 220년-서기 580년)-Development of a Unified Multi-National Country and the Ascendancy of Feudal Economy and Culture(隋, 唐과 5代10國, 서기 581년-서기 960년)-Co-existence of Political Powers of various Nationalities and their Unification; Later Period

1) 이글은 '중국 동북지구 文明의 발생-神話에서 歷史로-' [경희대학교 인문학연구원 부설 한국고대사·고고학연구소, 고조선사 연구회, 제 1회 국제학술회의 〈고조선의 여명〉 기조강연 2015.10.2.(금), pp.1-47]을 중심으로 '韓國 上古史의 學際的 硏究'(동북아역사재단 강의요지, 2014년 9월 30일(화), '韓國 考古學에서 본 古朝鮮 問題와 衛滿朝鮮의 性格'(2014, 古朝鮮學報 1호, pp.7-59), 인류문명발달사(2015, 교재용 개정 6판)와 선사시대의 문화와 국가의 형성-고고학으로 보는 한국 상고사-, (2016 서울: 살림출판사) 중 본문의 일부를 재인용하고 영문요약을 좀 더 추가해 만들어 본 것이다.

of the Feudal Society(北宋, 辽, 南宋, 金, 元, 西夏, 서기 916년-서기 1368년)-Consolidation of a Unified, Multi-National Country, Gradual decline of the Feudal System and Rudiment of Capitalism(明, 淸, 서기 1368년-서기 1840년)으로 편년하고 있다(中國歷史博物館/현 中國國家博物館/The National Museum of China 1990, 北京). 그리고 중국에서의 공산주의의 시작은 서기 1949년 10월 1일 新中國(中華人民共和國)의 건립부터이다.

그리고 경제가 사회변동의 가장 중요한 원동력(Economy as a prime mover in social evolution)으로 보는 共産主義 唯物史觀論에 입각하는 편년에 따르면,

Pre-class society(원시무리사회 primitive society): pre-clan(亂婚 promiscuity)→母系(matriarchal clan)→父系(patriarchal clan)→terminal clan stages(씨족제도의 분해)

Class society: 奴隸制社會(slave society)→封建社會(feudal society)→資本主義社會(capitalism)

Classless society: 社會主義(socialism)→共産主義社會(communism)"의 발전 순이 된다.

이에 의하면 중국의 ①신석기시대는 기원전 8000년-기원전 5000년 初期農耕民들의 초기신석기시대에서부터 기원전 5000년-기원전 3200년경의 仰韶문화시대에 이른다. ②청동기시대는 기원전 3200년-기원전 2500년의 용산식문화(용산문화형성기)와 기원전 2500년-기원전 2200년의 용산문화기를 거쳐 夏代 [奴隸制社會의 시작, 기원전 2200년-기원전 1750년/偃師 二里頭/二裏頭(亳)의 夏문화(기원전 2080년-기원전 1580년)]·商(기원전 1750년-기원전 1100년/기원전 1046년)에서 기원전 475년 戰國時代의 시작까지이다. 다시 말해 技術과 經濟行爲로 본 자본주의 유럽의 편년으로 본 중국의 신석기시대는 기원전 8000년의 初期農耕民들의 초기신석기시대에서부터 기원전 3200년의 仰韶문화시대, 靑銅器時代는 夏·商·周에서 春秋時代(기원전 771년-기원전 475년)까지이다, 그리고 ③철기시대는 都市, 市場과 人本主義가 발전하고 토지의 소유가 가능하고 竪穴식 대

신 橫穴식묘가 출현하는 戰國時代(기원전 475년-기원전 221년)이후로 보고 있다. 그래서 유물사관론적 견지에서 본 奴隸社會의 시작은 夏, 封建制社會는 秦나라, 資本主義社會는 明나라로 보고 있다.

중국 신석기문화의 대표적인 河姆渡유적(浙江省 余姚県 河姆渡鎮 姚江옆 현 河姆渡博物館)은 기원전 5000년-기원전 3300년경에 속하며, 早期와 晩期의 두시기로 나누어진다.

早期문화(제4·3층) 기원전 5000년-기원전 4000년경: 태토의 많은 식물분말이 소성시 타서 까맣게 된 夾碳黑陶 위주로 건축유구가 잘 남아 있음

晩期문화(제2·1층)기원전 4000년-기원전 3300년경: 사질의 陶器인 夾砂紅陶, 紅灰陶가 위주임

그러나 이 유적을 달리 제1기, 2기와 3기의 세 문화기로 나누기도 한다.

제1기(제4문화층, 기원전 5000년-기원전 4500년경): 건축유구, 골각기, 목기가 대량으로 발견됨

제2기(제3문화층, 기원전 4500년-기원전 4000년경): 10여기의 무덤, 土坑, 솥, 盉와高杯 등의 陶器류, 木胎漆椀가 발견됨

제3기(제2문화층, 기원전 3500년-기원전 3000년경): 三足器, 외반구연의 솥, 동체부가 원 형인 솥, 鉢형의 杯와 나팔모양의 다리를 가진 豆(器臺), 盉 등이 발견됨

이 유적에서 ①첫 번째로 가장 중요한 것은 대량의 벼가 발견되고 있는 점이다. 재배된 벼는 Oryza Sativa Indica 종류이며 장강(양자강) 하류유역이 벼의 기원지중의 하나임을 알려준다. 그 연대는 기원전 5000년경이다. 이곳에서는 소의 肩胛骨로 만든 골제농기구가 다량으로 출토하고 있다. 또 이 유적에서 ②두 번째로 중요한 것은 周禮 春官 宗伯(大宗伯)에 보이는 六器(蒼璧, 黃琮, 靑圭, 赤璋, 白琥, 玄璜) 중 神權·財權·軍權을 상징하는 琮·璧·鉞이외에 璜의 네 가지 祭禮重器가 良渚文化(기원전 3350년경-기원전 2350년경)에서 나타나고 있는데, 이 良渚文化보다 약 1650년이 앞서는 河姆渡유적에서 璜 이외에도 环形形状에

一缺이 있는 耳饰(耳环)과 佩饰의 용도로 쓰이는 玉玦(玦玉)이 발견된다는 점이다. 이 옥결은 우리나라 고성 문암리(사적 제426호)와 파주 주월리에서도 나타나고 있어 앞으로의 연구과제이다. 그리고 현재 이곳에서 사용되던 옥산지는 江蘇省 栗陽 小梅岺으로 추정되며, 당시 신분의 과시에 필요한 玉과 翡翠의 수입 같은 장거리 무역도 형성되었던 것 같다. 하모도류의 유적의 주요 분포지는 杭州灣 이남의 寧紹平原과 舟山群島 일대이다. 그리고 최근 근처 田螺山에서 기원전 5050년-기원전 3550년에 해당하는 하모도류와 성격이 비슷한 유적이 발굴되고 있어 주목받고 있다. 그리고 최근의 다양한 발굴성과는 皂市下層-彭頭山-玉蟾岩으로, 그리고 河姆渡-跨湖橋-上山문화로 발전하는 양상까지도 아울러 보여주고 있다. 그리고 浙江省 余姚市 三七市镇 相岙村에서 서기 2001년에 발견된 河姆渡유적보다 500년이 늦은 余姚市 田螺山유적이 발굴 진행 중인데 이는 서기 2008년 '中国十大考古新发现' 중의 하나로 꼽힌다.

이외에도 福建省 福州市 闽侯县 甘蔗街道 昙石村 330号 福建省 昙石山 遗址博物馆은 서기 1988년에 만들어져 서기 2006년 6월 14일 遗址博物馆 新馆이 落成되어 오늘에 이른다. 昙石山遺跡은 闽江 下游 北岸에 위치하며 福州市에서 약 21km 떨어져 있다. 서기 1954년에 발견되어 지금까지 9차에 걸쳐 발굴되었으며 여기에서 墓葬, 灰坑, 壕沟, 陶窑 등의 유구와 陶器, 石器, 贝器와 骨器 등의 유물이 발견되었다. 서기 2001년 1,460m 넓이의 昙石山遗址는 国务院公布로 全国重点文物保护单位로 지정되고 昙石山文化로 명명되었다. 闽江下游에서 沿海地区에 분포하는海洋文化의 特色을 가지고 있다. 先秦时期 闽台两岸 海洋文化의 원조로 中国 新石器时代文化群 중 东南沿海의 유적으로 연대는 약 5,000년 전으로 거슬러 올라가며 오늘날 福州 음식의 기원도 여기에서 찾고 있을 정도로 매우 중요한 위치를 차지하고 있다.

중국의 신석기시대는 기원전 8000년-기원전 5000년 初期農耕民들의 초기신석기시대에서부터 기원전 5000년-3200년 仰韶문화시대에 이른다. 그리고 청동기시대는 夏代 [기원전 2200년-기원전 1750년/偃師 二里頭/二裏頭(亳)의 夏문화(기원전 2080년-기원전 1580년)]·商(기원전 1750년-기원전 1100년/기원전 1046

년)-기원전 475년 戰國時代 封建사회의 시작까지이다. 이 시기에 중국문명의 배경이 만들어진다. 그리고 앞으로 중국에서 文明의 多元的 發生과 이의 중국역사 내에서의 收容에 대한 새로운 해석이 가능할 수 있다. 이는 中國考古學會理事長이며 北京大學校 蘇秉琦敎授의 제안이기도 하다.

中國文明의 多元的 發生에 대한 편년 순서(chronological order)는 다음과 같이 되겠다.

① 后李(또는 北辛), 青蓮崗→大汶口(Lungshanoid Culture, 后李文化→北辛文化→大汶 口文化(山东省 广饶县 傅家村 392호 묘 출토 인골에서는 5000년 이전에 행한 뇌 수술/穿頭術/管錐術/管鋸術/開孔術 : trepanation의 흔적이 발견된다)→龍山文化의 순서로 보기도 함)→岳石→山東 龍山文化 (Lungshan Culture)→商(기원전 1750년-기원전 1100년/기원전 1046년)

② 老官台→裴李崗·磁山→仰韶-廟底溝(Lungshanoid Culture 河南城 陝県)→河南 龍山 文化(Lungshan Culture)→夏(기원전 2200년-기원전 1750년)

③ 老官台→裴李崗·磁山→仰韶-廟底溝→陝西 龍山文化→周(西周시대: 기원전 1100년-기원전 771년)

④ 彭頭山→河姆渡→馬家浜→崧澤→良渚 [玉器의 제작으로 유명한 良渚(浙江省 杭州市 余杭區 良渚鎮)문화(기원전 3350년경-기원전 2350년경)]→楚

⑤ 查海(辽宁省 阜新市 阜新蒙古族自治县 沙拉乡 查海村 西五里 "泉水沟" 朝力馬营子, 서기 1982년 발견, 서기 1987년-서기 1994년 7차 발굴, 6925±95B.P 7360±150B.P., 7600±95B.P. 7,500-8,000년 이전, 半地穴式 집자리 55기, 墓葬 12기 및 수혈갱(窖穴), 灰坑 等遗址 房址, 陶器, 石器, 玉器, 龙纹陶片 등 출토, 서기 1992년, 阜新市政府에서 查海博物馆건립, 苏秉琦가 이 유적을 "玉龙故 乡, 文明发端"으로 언급, 玉·龙文化) →

興隆窪 [内蒙古自治区 赤峰市 敖汉旗 兴隆洼村/敖漢博物館, 서기 1982년부터 현 10차 발굴, 약 7,500년-8,000년 전, 기원전 6200년-기원전 5400년, 石器, 陶器, 玉玦, 玉璜, 骨笛 骨器, 蚌器(반월형석도), 女神石雕像, 蚌雕人面飾, 石头堆塑龙形图腾, 출토 곡물 중 기장/黍/Panicum miliaceum과 수수/粟/高粱/Sorghum bicolor 10% 栽 培, "中华远古第一村"] →

趙寶溝 [赤峰市 敖漢旗 기원전 4110±85B.C. 4200±85B.C, F6의 標本的年代는 기원전 4,270±85B.C 樹輪校正年代 6,870±120B.P. 兴隆洼文化中晚期, 趙寶溝文化 出土의 陶器는 砂陶로 尊形器는 趙寶溝文化의 典型陶器 중의 하나임, 動物形象의 도기로 제사지냄, 상투(結髮, 魋結)를 위한 馬啼形/箍形玉器와 彩陶筒形器가 나옴] →

富河(赤峰 北部 乌尔吉沐沦河 流域, 5300년 전, 森林草原经济로 卜骨이 나옴, 大量动 物骨骼, 蒙古草原地区에 새로운 문화를 제공, 집자리는 수혈로 方形 위주로 中央에 方形의 화덕(灶炕)이 있음, 토기에 '之字纹筒形罐'이 있음, 玉猪龍, 자라와 산양/염 소 등의 옥제품, 석촉, 刀柄, 针, 鱼钩, 鱼镖, 有齿骨器 등의 타제석기와 细石器, 鹿, 黄羊, 狐, 松鼠 등의 동물 뼈가 출토) →

紅山(서기 1921년 발견, 서기 1935년 热河省 赤峰 红山后遗址 发掘, 서기 1956년 红山文化命名。서기 1970년대 辽西地区 大规模 调查로 辽宁 朝阳市 東山 嘴 [辽宁省 朝阳市 喀左县 兴隆庄乡章 京营子村 东山嘴屯, 新石器时代 红山文化晚 期, 女神廟, 祭壇, 積石塚/石棺墓(周溝石棺墓) 20기, 大型祭祀性遗址, 동양의 비너스로 불리 우는 女性陶塑像편, 孕妇陶塑像편, 双龙首玉璜饰, 绿松石鸮, 彩陶祭器, 기원전 3600년-기원전 3000년]와 朝阳市 建平 牛河梁 [辽宁省 朝阳市 建平县 富山 街道와 凌源市 凌北街道의 경계, 新石器时代 红山文化晚期, 女神庙, 积石冢, 玉 璧, 云形王佩, 扁圆形玉环, 圆桶形 馬啼形/箍形玉器, 玉鸟, 玉鸽, 玉龟, 玉鱼, 玉 兽 등, 5500년-5000년 전]유적이 발견됨, 주요 분포지로는 內蒙古 동남부, 辽宁 서 부 및 河北 북부, 吉林 서부이다. 4,900—5,500년 전, 기원전 4000년-기원전 3000 년/기원전 3600년-기원전 3000년으로 올라가나 중심연대는 기원전 3000년-기원전 2500년경, 紅陶와 黑陶陶罐, 之字文토기, 禮器的 성격의 雙龍形玉横, 龍形玉, 獸形 玉, 勾云形玉佩, 馬蹄形玉, 女神廟, 祭壇, 積石塚/石棺墓(周溝石棺墓) →

小河沿(敖汉旗 小河沿乡 白斯朗营子, 5000년 전-4500년 전, 기원전 3000년경, 石器의 기본은 磨制로 器形은 斧, 锛, 带孔石铲 및 石球, 역자식 삼각형 石镞, 刮削器가 있으며 少数 磨製石铲 및 石斧가 있고 정세하게 가공한 细石이 있어 骨

器에 삽입해 이용한 복합도구가 존재, 토기로는 黑陶 및 泥质灰陶)
小珠山(辽宁省 大连市 长海县 广鹿岛中部 吴家村 西坙 小珠山, 서기 1978年, 辽宁省 博物馆, 旅顺博物馆 및 长海县博物馆이 발굴, 서기 1981년 辽东半岛 新石器时代文 化를 小珠山 上层 [上馬石 중층의 연대가 4400±110B.P., 王屯南窯 4220±350B.P., 곽가촌 상층 4180±90B.P., 4060±90B.P., 3990±90B.P., 4110±90B.P. 4000년 전 新石器晩期文化, 瓦房店 长兴岛 三堂村, 旅顺 郭家村(4180±90B.P.)도 중층에 속한다. 卵殼黑陶가 나옴]. 中层(4570±100B.P., 5810±105B.P, 5,000년-6,000년 전, 老 铁山 积石墓, 甘井子区 四平山 积石墓, 長海县 大長山岛 上马石이 속함), 下层 (7000년 전, 之字文토기가 존재) 세시기로 나눔, 갈돌/마분석, 토기와 옥기가 나옴) →
後窪[東港市 馬家店鎮 三家子村 後窪屯, 下層 6000년 전 이상, 上層은 4465±90B.P.. 4980±159B.P.로 5000년 전, 3000-2900B.C. 서기 1989년 5월 辽宁省博物館文物工 作隊(許玉林이 대표)에서 발굴, 石雕龍, III-상층 기원전 3000년-기원전 2500년으로 돌대문(덧띠새김무늬. 外口券)토기/刻目突帶文土器가 나옴]
新樂(辽宁省 辽河河谷地区 辽宁 沈阳 新樂, 1973년 발굴, 5300년-4800년 전→
偏堡子(辽宁 沈阳 新民市 張屯乡, 偏堡子村, 서기 1956년 조사, 기원전 3000년-기원 전 2500년)로 이어지는 문화계통에는 內蒙古 赤峰市 夏家店 하층문화가 있다.
內蒙古 赤峰市 夏家店 하층문화 [內蒙古早期青铜文化, 3965±90B.P.(2015B.C.; 校正연대 2410B.C.), 그리고 赤峰 蜘蛛山은 3855±90B.P./2435-2340B.C., 辽宁省 北票市 豊下는 3450±80B.P./2500±80B.C. 과 3840±130B.P,/1890±130B.C.의 연대가 나옴), 확실하지는 않지만 대략 기원전 25세기/22세기ㅡ기원전 11세기(기원전 2000년-기원전 1500년, 4000B.P.-3200B.P.) 로 추정하기도 한다][2) →

---

2) 서기 2005년 7월에서 서기 2006년 11월 赤峰市 三座店水利樞紐工程建設에서 內蒙古文物考古研究所가 발굴 조사한 內蒙古自治區 赤峰市 松山區 初頭朗鎮 三座店 石城은 7,500m²의 넓이에 夏家店 下層文化 石城遺址에 속한다. 연대는 지금부터 4,000년 전에서 3,400년 전으로 성내는 道路와 집자리들의 區劃이 뚜렷하며 집자리들 사이에 한 줄의 담장이 있는 石砌圓形建築基址와 半圓形建築基址 65기, 窖坑(jiào, 수혈구덩이) 49기, 石墻, 積石臺 16기, 零星墓葬(아무런 시설이 없는 산발적이며 규모가 작은 土壙墓) 등이 발견 되었다. 집자리는 성내 고저에 따른 계단상(terrace)에 분포하는데 雙圈建築基址는 直徑 8m-10m로 안쪽은 방이고 외부 벽은 回廊에 해

夏家店 상층문화(西周-春秋早期, 기원전 8세기-기원전 3세기의 靑銅文化로 內蒙古 辽宁省 辽河一帶에 분포, 戈, 矛, 短劍, 鏃, 飾牌靑銅器가 발견된다. 서기 1975년-서기 1998년에 조사된 內蒙古 赤峰市 宁城县 甸子乡 小黑石溝유적이

당하며 중간 중간에는 隔墻이 있다, 單圈建築의 면적은 비교적 규모가 작은 직경 3-5m로 雙圈建築의 附屬 건물에 속하며 실내에는 泥土로 편평하게 다져 사용했는데 불을 핀 흔적과 함께 陶鬲과 陶罐이 발견된다. 집자리 중에는 夏家店下層文化에 속하는 유구가 20여기로 城內舍屋이 뚜렷하다. 집자리 중 가장 높은 곳에 자리 잡은 F30 집자리는 石砌雙圈建築으로 성내 남북 방향의 중심에 위치하며 길의 흔적도 뚜렷한 문길(門道) 위에는 석판이 덮여 있으며 外圈石墻內側에는 흙으로 매우고 다시 土石混築의 基臺를 형성한 것 같다. 基臺위에는 一單圈建築이 있는데 건축 내부에ㅔ서 발견된 다층의 가공된 면이 형성되었으며 최상층에는 白灰가 칠해져 있다. 아마 이는 族長의 집이나 집무소로 추정된다. 현재 140m의 성벽과 15개소의 雉(三圈砌石築으로 馬蹄形 馬面 사이의 거리는 2-4m임), 城址에서 출토한 夏家店下層文化의 遺物은 石磬과 人面紋 岩畫 등을 제외하면 비교적 적으나 문자와 유사한 부호가 새겨진 陶片은 夏家店下層文化時期에 成熟된 文字類 符號가 있었던 것으로 중요한 발견물이다. 이 유적은 中國社會科學院에서 서기 2006년 중요한 발견 중의 하나로 평하고 있다(內蒙古文物考古研究所, 2007-7, pp.17-24)

또 內蒙古自治區 赤峰市 红山区 二道井子村 北部의 산 구릉의 면적 3.8만m²의 유적은 서기 2009년 9월 2월부터 시작한 '중국 考古 6대 발굴' 중의 하나로 內蒙古文物考古研究所가 수습·발굴한 보존상태가 완전한 4000년 전의 夏家店下层文化(夏-商) 유적이다. 유적의 퇴적은 평균 8m에 달하고 중간층에서 상·하로 나눠며 주거지들의 일부는 城墻의 위층에 속하며 陶器, 石器와 骨器를 위주로 少量의 玉器 및 青铜器가 나온다. 보존상태가 그대로 남은 지면에서 环壕, 城墙, 院落, 房址, 窖穴, 道路 등으로 이루어진 聚落이 잘 남아있어 당시의 聚落形态 및 社会组织의 구조를 잘 보여준다. 环壕의 平面은 대체로 椭圆形을 보이며 南北长 약 190m, 东西폭 약 140m이며 环壕의 단면은 "V"字形으로 위의 폭은 11.8m, 바닥 폭은 0.2-0.5m, 깊이 약 6.05m이다. 城墙(성벽)은 环壕内侧에 위치하며 아래쪽 폭은 9.6m, 높이 6.2m로 城墙内侧에는 완만한 경사로 흙이 퇴적되어 있으며 城墙의 外侧은 급격한 경사를 보인다. 环壕内壁은 비슷한 傾斜面으로 형성되어 있다. 주거지는 지상가옥 149기로 상하 중첩되어있으며 가장 많은 것은 7겹으로 포개어져 있다. 주거지들은 2-3개가 잇대어 있으며 많은 것은 7기가 붙어 있으며 또는 八间의 집자리도 존재한다. 단칸방은 평면 원형이 위주이며 외부에 回廊혹은 側室이 있다. 담 벽은 깬 돌로 쌓았으며 높이 2.1m에 달한다. 回廊内에는 흙과 깬 돌을 이용해 높이가 낮은 담을 쌓았다. 집들은 门道(西南向이 많음) 혹은 门洞(door opening)으로 상호 연결이 되며 각 집들은 柱洞(柱式洞门, post tunnel portal), 门墩(gate pier, door pier)이 갖추어져 있다. F8은 발굴 북쪽 지역에서 발굴되었는데 규모도 크고 결합구조도 복잡하다. 담장의 높이도 2m로, 면적은 110m²이며 그 남쪽에는 300m²의 광장이 만들어져 있다. 아마도 족장의 집이나 집무소로 여겨진다. 출토유물로 陶器는 筒腹鬲, 鼓腹鬲, 罐形鼎, 豆, 罐, 三足盘, 大口尊 등이 주류를 이루며 石器는 斧, 刀, 铲, 镞, 锛, 饼, 球, 槽, 臼, 杵, 磨盘과 磨棒 등이며 骨器는 三棱长铤镞, 锥, 铲, 针, 笄 등, 玉器는 玉斧, 玉环, 项饰, 그리고 青铜器는 刀와 喇叭口式耳环가 달린 锥이 있다. 이 유적은 이미 발굴된 三座店古城遗址보다 面积이 3배가 크다. 서기 2013년 5월 国务院에서 第七批全国重点文物保护单位로 지정하였다(社會科學院公布, 2009, 考古资料)

대표], 辽宁 朝陽市 魏營子문화(기원전 14세기-기원전 7세기, 魏營子類型의 年代는 대략 中原의 商末周初/기원전 12세기로 夏家店下層文化와 上層文化 사이)와 辽宁省 朝阳市 大凌河 계곡에 위치한 十二台营子의 청동단검묘(春秋時代 晚期-戰國時代 早期)로 대표되는 辽西圈/凌河문화(기원전 10세기-기원전 4세기)를 비롯해 辽宁 阜新市 彰 武县 二道河子와 辽宁省 普蘭店市(구 新金県) 安波鎮 德勝村 西山南坡 雙房 등의 대표적 辽東圈의 문화유형들은 지석묘, 미송리형단지(기원전 13세기-기원전 10세기 경), 거친무늬거울(조문경), 비파형동검(琵琶形/辽宁式/滿洲式/古朝鮮式銅劍/直柄銅劍) 의 古朝鮮문화와의 관련도 언급된다.

서기 1972년 大連市(구 旅大市) 甘井子区 营城子镇 后牧城驿村 雙砣子 3기층 16호 주거지(목탄 ZK-78: 4205±95B.P./2060±95B.C.)와 4호 주거지(목탄 ZK-79: 3135±9015B.P./1170±90B.C.(考古 72-5)에서 기원전 21세기-기원전 12세기 경으로 올라가는 연대가 나왔다. 그러나 아래의 몇 유적의 절대연대는 기원전 1635년, 1605년, 1565년, 1555년, 1535년, 1490년, 1440년, 1415년, 1370년, 1355년, 1330년, 1220년, 1185년, 1180년, 1165년, 1105년, 1040년 등으로 나오고 있어 요동지방의 지석묘와 積石墓의 중심 축조연대는 대략 기원전 17세기-기원전 11세기로 좁혀지고 있다.

방사성탄소연대가 나오는 몇 유적은 다음과 같다.

가. 辽宁省 大連市 旅順口區 鐵山鎮 于家村 砣頭 積石墓:

3280±85B.P./1330±85B.C.(于家村 上層, 樹輪校正年代

3555±105B.P./1605±105B.C., 文物 83-9)

3230±90B.P./1280±90B.C.(樹輪校正年代 3505±135B.P./1555±135B.C., 文物 83-9)

3440±155B.P./1490±155B.C.

나. 辽宁省 大連市 長海县 大長山岛 上馬石 上層:

3440±155B.P./1490±155B.C.(樹輪校正年代 1415±195B.C. 1370±160B.C., 考古 83-4)

3390±100B.P./1440±100B.C.

3170±150B.P./1220±150B.C.

3130±100B.P./1180±100B.C.(文物 83-3, 考古 83-4)

다. 辽宁省 大連市(구 旅大市) 甘井子区 营城子镇 后牧城驿村 雙砣子 3기층:

4205±95B.P./2060±95B.C.(16호 주거지, 考古 72-5)

3135±90B.P./1185±90B.C.(4호 주거지, 樹輪校正年代 1170±90B.C., 考古 72-5)

3305±155B.P./1355±155B.C.

3130±100B.P./1180±100B.C.

3115±90B.P./1165±90B.C,(考古 72-5)

3090±100B.P./1040±100B.C.

라. 辽宁省 大連市(구 旅大市) 甘井子区 营城子镇 后牧城驿村 崗上 積石墓:

3285±90B.P./1335±90B.C.(보정연대는 1565±135B.C.임, 종래의 연대는 비파 형동검과 명도전이 나와 춘추-전국시대로 추정)

마. 辽宁省 普蘭店市(구 新金県) 安波鎭 德勝村 西山南坡 雙房 6號 石棺墓:

3555±105B.P./1605±105B.C.

3280±50B.P./1330±50B.C.

바. 辽宁省 本溪県 南甸鎭 馬城子村(太子河 馬城子, 本溪市 明山區 梁家村 石棺墓 에서도 青銅短劍과 雙紐銅鏡이 발견)

3585±65B.P./1635±65B.C.

사. 吉林省 永吉县 岔路河镇 星星哨 石棺墓:

3055±100B.P,/1105±100B.C.

그리고 최근 辽宁省 抚顺市 望花区 李石街道 河夹心村, 辽宁省 本溪市 桓仁满族自 治县 馮家保子와 本溪 大片地, 吉林省 通化市 金廠鎭 躍進村 万發撥子에서도 새로 운 지석묘가 발견되고 있다.

이제까지 남한에서 출토한 비파형동검의 연대도 이중구연 단사선문 (王巍의 陀螺形陶器文化로 그 상한을 기원전 13세기로 봄), 구순각목, 공렬토기와 같이 출토하고 있어 그 연대도 청동기시대 전기 말-중기 초로 기원전 11세기 [좀 더 빠르면 청동기시대 전기(기원전 1500년-기원전 1000년)의 이중구연 단사선문의 존재로 보아 기원전 13세기 까지 올라감)를 보여 준다.[3)]

---

3) 전라남도 여천 적량동 상적 지석묘 [청동기시대 전기 말-중기 초, 기원전 11세기(좀 더 빠르면 기원전 13세기 까지 올라감)-기원전 9세기경, 이중구연 단사선문, 구순각목, 공렬토기, 비파형동검 6점]
전라남도 여수시 월내동 상촌 II 지석묘(이중구연 단사선문, 공렬토기, 비파형동검 3점, 청동기시대 전기 말-중기 초, 기원전 10세기경)
전라남도 高興 豆原面 雲垈里 支石墓(1926, 11월 朝鮮總督府博物館)
전라남도 고흥 두원면 운대리 중대 지석묘(재활용된 비파형동검, 光州博物館)
전라남도 여천 화장동 지석묘(비파형동검, 기원전 1005년)
전라남도 순천 우산리 내우 지석묘(비파형동검)와 곡천 지석묘
강원도 춘천 우두동 직업훈련원 진입도로(비파형동검)
강원도 춘천 중도 레고랜드 개발지(서기 2014년 예맥문화재연구원, 빗살문토기와 돌대문토기가 같이 나옴, 서기 2015년 레고랜드 개발지에서 비파형동검과 함께, 청동도끼가 나옴)
충청남도 부여 송국리(사적 249호, 비파형동검)
충청남도 대전 대덕구 비래동 지석묘(기원전 825년, 기원전 795년, 기원전 685년)
경기도 광주시 역동(세장방형집자리, 공렬토기, 기원전 10세기경)
경상남도 마산 진동리(사적 472호, 재활용)
경상남도 마산 동면 덕천리(재활용 된 비파형동검)
춘천 중도의 경우, 서기 1983년 5-6월 국립박물관 고고부에서 발굴한 지석묘 1호 하에서 나온 4-7/8세 정도의 화장된 여아는 당시의 혈연을 기반으로 하는 계급사회로 당시 세습신분제사회를 반영하는 것으로 보여지며, 春川 中島의 硬質(糟質)無文土器는 기원전 15±90년(1935±90B.P., 기원전 105년-서기 75년, 이 지석묘는 철기시대 전기까지 연대가 내려감)으로, 이 경질무문토기의 하한은 늦어도 기원전 1세기-서기 1세기경이 될 것이다.
그리고 춘천 중도 유적의 레고랜드(엘엘개발주식화사의 Legoland Korea Project. 서기 2013년 10월 27일-서기 2015년 9월 30일) 조성을 위한 유적 발굴 중 유적과 유물에서 나타난 편년은 돌대문토기가 보이는 ①청동기시대 조기(기원전 2000년-기원전 1500년, 한강문화재연구원 28호 주거지 p.23, 한백문화재연구원 p.24 285호 주거지, 예맥문화재연구원 p.33의 돌대문토기), 공렬토기와 비파형동검이 발견되는 ②청동기시대 중기(기원전 1000년-기원전 600년, 한백문화재연구원 p.30 97호 주거지, 한얼문화유산연구원, p.24 및 p.28의 40호 주거지 출토 비파형 동검 및 37호주거지 출토 扇形銅斧, 고려문화재연구원 p.21 및 p.32의 공렬토기)와 중도식 무문토기로 대표되는 ③철기시대 전기(기원전 400년-기원전 1년, 국립박물관 서기 1983년)와 ④철기시대 후기 [서기 1년-서기 300년, 한강문화재연구원 p.39 삼국시대 전기의 주거지 및 한얼문화유산연구원 p.34의 철기시대후기의 유물 등 충주시 가금면 탑평리(육각형 구조를 가진 철제무기를 만들던 대장간과 같은 工房으로 서기 355, 365, 380년의 연대가 나옴)와 화천군 하남 원천리와 양평 개군면 상자포리에서 발견되는 집자리와 유사하다]의 네 시기가 뚜렷이 나타난다. 그리고 이곳은 지석묘로 대표되는 혈연을 기반으로 하는 계급사회인 족장사회(chiefdom, 한강문화재연구원 pp.31-34, 한백문화재연구원 pp.37-38, 예맥문화재연구원 pp.51-52의 지석묘하부구조)이며 어업과 농업(한강문화재연구원 P.42, 예맥문화재연구원 pp.57-58, 한얼문화유산연구원 pp.41-43의 경작유구)을 바탕으로 생계유지를 하고 청동

⑥ 四川省 成都 廣漢県 興鎭 三星堆 祭祀坑 [기원전 1200년-기원전 1000년경: 1호 坑은 商晩期, 2호 坑은 殷墟(기원전 1388년-기원전 1122/1046년)晩期] 및 古蜀/蜀國初期 都城(四川省 成都 龍馬寶墩 古城, 기원전 2750년-기원전 1050년이나 기원전 16세기 가 중심: 商代早期)의 國政을 점치거나 또는 제사용으로 사용되었을 것으로 추정되 는 土壇유적, 서기 2015년 6월 16일 中國中央電視台/CCTV 4에서 商時期의 北城 墻 흔적이 발견되었다는 보도가 있음]

기원전 2500년-기원전 2200년경 즉 용산(龍山)문화 단계에 이르면 중국사회는 역사적 전환기로 정치, 경제, 종교에서 커다란 변화가 일어난다. 이러한 증거로서 기원전 2000년경 초부터 도시, 국가, 문명과 문자가 나타난다. 이 시기는 考古學上으로 청동기시대이다. 바로 그러한 시기가 禹임금부터 다스렸던 전설상의 하(夏)나라이다. 그러나 최근 偃師 二里頭/二裏頭(亳) 유적에 나타나는 층위와 유물에 대한 새로운 해석을 한 결과 하나라는 상나라에 앞서 실재했던 역사상의 나라로 여겨지고 있다. 그러나 다음의 상나라는 한나라 7대(武帝: 기원전 141년-기원전 87년, 6대로도 언급함, 여기서는 7대로 통일함. 그리고 在位年代가 1년씩 차이가 나는 것은 中國에서는 卽位 1년 후로 計算하는 踰年稱元法을 쓰고 日本에서는 卽位年을 그대로 쓰는 當年稱元法을 사용하기 때문이다) 武帝 때 司馬遷(기원전 145년-기원전 87년)이 쓴 『史記』 殷本紀와 같은 문헌과 갑골문이 다량(현재까지 약 17만점이 발견됨)으로 발견된 은허 유적의 발굴로

기시대 전기 말 중기초의 세장방형과 장방형 주거지에 살고 있으며 굴경(掘耕, digging stick system)→초경(鍬耕, hoe system)→려경(犁耕, 쟁기, 보습, plough system)으로 발전하면서 쌀(벼), 콩, 수수, 조, 기장의 五穀을 재배하고 한국의 정체성(identity)을 가장 잘 보여주는 청동기시대 중기에는 적어도 3,000명-5,000명(주거면적 3m²당 1명으로 보면 각 주거지 당 4-7명 정도가 살 수 있다. 그리고 군집→부족→족장→국가로 발전하는 정치진화단계에서 군집은 400-500명 정도, 부족은 800-3,000명 정도이며 이곳 중도의 경우 족장사회로 한 족장아래 적어도 3,000명이상이 모여 살았던 것으로 예상된다)이 거주한 인구밀도가 높은 마을(village)보다 규모가 크고 도시(city)보다 적은 당시 읍(town, 예맥문화재연구원 p.39 Ⅲ 유형 주거지 분포양상, 고려문화재연구원 pp.15-16의 주거지 현황도, 한얼문화유산연구원 p.26, p.31 및 p.40 B구역 I지점 주거지, 한얼문화유산연구원 pp.36-37의 환호)에 해당했던 곳으로 여겨진다(춘천 중도 고조선유적지 보존 및 개발저지 범국민운동본부, 2015 춘천 중도 고조선유적지 발굴약식보고서).

인해 중국의 문명을 따질 때는 은허를 대표하는 商으로부터 비롯하는 것으로 당연히 여기게 되었다. 상(商)은 하(夏)·주(周)와 함께 중국 문명의 중심을 이룬다. 그 발생순서는 夏(기원전 2200년-기원전 1750년)→商(기원전 1750년-기원전 1100/1046년)→周(西周: 기원전 1100년/1045년-기원전 771년)의 순으로 그 시간적 차이가 존재하는 것처럼 보여 지지만, 그들이 발전해 나오는 지리적 문화적 배경을 보면 이들의 관계는 각기 따로 떼어놓을 수 있는 완전하게 분리된 독립체라기보다 오히려 공·시(空·時)적이고 유기체적으로 밀접한 상호 交易網 또는 通商圈(interaction sphere)을 형성하면서 발전해 왔던 것으로 이해되고 있다. 그리고 夏나라의 수도는 왕성강(王城崗, 河南省 登封市 告成镇 告成村 西北 土崗/望城崗, 기원전 2469년-기원전 1543년)→양성(陽城, 河南省 登封市 告成镇 告成村 西北 土崗, 기원전 2500년-기원전 1500년)→언사 이리두(偃師 二里頭/河南省 偃师市 翟镇 二里头村/二裏頭, 2기, 기원전 2080년-기원전 1590년: 亳)의 순으로 옮긴 것으로 추정된다. 상나라의 수도는 호(亳: 偃師 二里頭/二里头/二裏頭: 3기-4기, 기원전 1590년-기원전 1300년)→오(隞: 河南 郑州 二里崗/二裏岡/鄭州商城, 기원전 약 1500년-기원전 약 1300년/기원전 1562년-기원전 1389년)→안양(安陽/安陽殷墟: 기원전 1300년-기원전 1046년/기원전 1388년-기원전 1122년의 266년 동안 11 또는 12왕이 재위: 甲骨文字에 의하면 商 전체로는 湯王으로부터 帝辛(紂王)까지 28대 왕이 재위했으나 史記 殷本紀와 이와 관련된 周書에는 30왕이 언급됨)으로 변천상을 보인다. 周나라는 그의 수도를 처음에는 위수지역 서안(西安)의 남서쪽 호경(鎬京)에 두었다가(이때를 西周라 함) 북방 이민족의 침입으로 그 수도를 낙양(洛陽)으로 옮겼다.

상나라 이전은 三皇(太昊/伏羲·神農/炎帝·女媧)과 五帝(黃帝/軒轅 또는 少昊·顓頊/전욱·帝嚳/제곡·堯·舜)시대와 夏이다 [集解徐廣曰, 「號陶唐」 皇甫謐曰, '堯以甲申歲生, 甲辰即帝位, 甲午徵舜, 甲寅舜代行天子事, 辛巳崩, 年百一十八, 在位九十八年' : 집해(集解) 서광(徐廣)이르기를, '호는 도당(陶唐)이다', 황보밀(皇甫謐, 서기 215년-서기 282년, 字 士安, 幼名 靜, 自号 玄晏先生, 宁夏回族自治区 固原市 彭阳县 古城人, 西晋学者, 医学家)이 이르기를 '요(堯)는 갑

신(甲申)년 태어났으며, 갑진(甲辰)년에 곧 제위에 올랐고, 갑오(甲午)에 순(舜)을 거두어들이고, 갑인(甲寅)년에 순(舜)에게 천자(天子)의 일을 대행시켰으며, 신사(辛巳)년에 붕(崩)하여, 118세를 살았으며, 재위는 98년이다'(『史記』「五帝本紀」]. 그리고 이 황하가 관통하는 섬서성 黃陵県 橋山 黃帝陵에서 清明節(寒食)에 국가단위의 제사를 올리고 있으며 또 현재의 夏華族(漢族)이 모두 신화·전설상의 炎(神農)黃帝(軒轅, 이미 높이 106m의 炎黃帝像을 세웠음)의 同系子孫이라는 '中華文明探原大工程'이라는 운동을 벌려 종전의 중국의 역사가 기원전 2200년경 禹임금이 세운 夏나라보다 약 1,000년 더 올라가는 三皇五帝의 시절까지 소급시키려 하고 있으며 이에 관한 자료도 계속 나타나고 있다. 중국에서 황하를 중심으로 神話를 歷史로 점차 탈바꿈시키고 있으며 또 이를 통해 중국인민의 마음을 하나로 모으는 정신적 정책을 수립하고 있다.

중국은 龍山文化나 齊家(甘肅省 廣河県 齊家坪)文化와 같이 신석기시대 말기에 홍동(순동) 및 청동 야금기술이 발달했다. 즉 甘肅省 東鄉 林家(馬家窯期)에서 기원전 2500년까지 올라가는 鑄造칼이 나오고 있다. 서기 1973년-서기 1985년 河北省 藁城県 臺西 商代遺址의 발굴조사에서 鐵刃銅鉞이 나왔는데 날은 隕鐵로 제작되었고 연대는 상나라 말 기원전 12세기경에 해당한다. 상나라 말기에도 철을 사용할 줄 알았던 모양이다. 그러나 본격적인 청동기시대로 진입한 것은 二里頭(偃師 二里頭/二裏頭: 毫)文化 때이다. 이리두 문화의 연대는 기원전 2080년-기원전 1580년 사이이며(방사성탄소연대 기준) 山東省과 河北省의 后李-北辛-青蓮崗-大汶口文化를 이은 岳石文化와 彭頭山-河姆渡-馬家浜-崧澤-良渚-楚와 辽宁省 阜新市 阜新县 沙拉乡 查海村 朝力馬营子(阜新蒙古族自治县)-興隆窪(內蒙古 敖漢旗 興隆窪村-趙寶溝-富河)-紅山-小河沿, 小珠山-後窪, 新樂-偏堡子(辽宁 新民)로 이어지는 문화계통도 고려된다. 그리고 요서와 내몽고 일대의 內蒙古 赤峰市 夏家店 下層文化 [하가점 下層문화는 기원전 22세기-기원전 11세기/기원전 2000년-기원전 1500년/4000B.P.-3200B.P.로 夏와 商나라 시대에 속하며, 上層문화는 기원전 8세기-기원전 3세기, 西周--春秋早期에 속한다. 이러한 청동기 개시연대가 기록상의 夏代(기원전 2200년-기원전 1750년)와 대략 일치하므로 청동기의 시작과 夏문화를 동일시하는 주장도 있다. 한편 최근 辽宁省 朝阳市 喀左 東山嘴 冲水溝(기원전 3000년경), 朝阳市 建平 牛河梁에서 보이는 紅山문화(기원전 4000년-기원전 3000년으로 올라가나 중심연대는 기원전 3000년-기원전 2500년경), 四川省 廣漢県 興鎮 三星堆 祭祀坑 [기원전 1200년-기원전 1000년경: 1호 坑은 商晚期, 2호 坑은 殷墟(기원전 1388년-기원전 1122/1046년)晚期] 및 古蜀/蜀國初期都城 [四川省 成都 龍馬寶墩古城, 기원전 2750년-기원전 1050년이나 기원전 16세기가 중심: 商代早期)의 國政을 점치거나 또는 제사용으로 사용되었을 것으로 추정되는 土壇유적과 商時期의 北城墻 흔적이 있다] 등과 같이 중국문명의 중심지역이 아니라 주변지역으로 여겨왔던 곳에서도 청동기의 제작이 일찍부터 시작되었다는 새로운 사실들이 밝혀지고 있다. 그리고 이들과 함께 玉器의 제작으로 유명한 良渚문화 등과 같이 종래 생각해오던 중국문명의 중심지역뿐만 아니라 상의 영향을 받아 주변지역에서도 청동기의 제작이 일찍부터 시작되었다는 새로운 사실들이 밝혀지고 있어 중국 청동기문화의 시작에 대한 연구를 복잡하게 만들고 있다.

최근 殷墟출토와 三星堆의 청동기 假面의 아연(zinc, Zn)의 동위원소를 분석한 결과 産地가 같다는 결론도 나오고 있어 신석기시대 이래 청동기시대 문화의 多元性과 아울러 상나라의 지배와 영향 등의 새로운 해석도 가능해진다. 그러나 이곳은 商나라의 마지막 수도인 殷墟에서와는 달리 甲骨文字와 같은 문자가 없었던 것을 차이점으로 들 수 있다. 여하튼 넓은 지역의 중국에서 문화의 多原論(polyhedral, polyphyletic theory)이 제기될 수 있는 것은 가능하며, 이 점은 앞으로 중국고고학에서 해결되어야 할 문제점이다. 周禮 春官 宗伯(大宗伯)에 보이는 "以玉作六器 以禮天地四方 以蒼璧禮天 以黃琮禮地 以青圭禮東方 以赤璋禮南方 以白琥禮西方 以玄璜禮北方 皆有牲幣 各放其器之色"라는 六器 중 琮·璧·鉞과 璜의 네 가지 祭禮重器가 이미 앞선 良渚文化(浙江省 杭州市 余杭區 良渚鎮, 기원전 3350년경-기원전 2350년경)에서 나타나고 있다. 그리고 良渚文化에 속하는 余杭 瓶窯鎮 匯觀山 제단을 비롯한 余杭 反山과 瑤山에서 출토한 玉으로 만든 琮·璧·鉞은 神權·財權·軍權을 상징하는 것으로 정치권력과 군사통수권을 가진 족장사회(chiefdom)를 넘어선 국가와 같은 수준의 정치적 기반을 갖춘

정부조직이 있었으리라는 추정을 가능하게 한다. 그리고 여기에 '王'자에 가까운 刻畵文字, 莫角山의 土城(堆筑土의 古城), 瑤山 7호와 反山 23호의 王墓, 滙觀山의 祭壇 등의 발굴 자료는 良渚文化가 이미 족장사회를 넘어선 고대국가 또는 문명의 단계로 인식되고 있는 실정이다. 이곳에서 사용된 玉器의 재료는 江蘇省 栗陽 小梅岭에서 가져온 것으로 보인다. 요새화한 版築城은 河南省 安陽 後崗, 登封 王城崗, 淮陽 平糧臺, 山東省 章丘 龍山鎮 城子崖 등 龍山문화에서부터 이미 나타나기 시작하였다.

夏, 商과 周의 발전은 노관대(老官台), 자산(磁山)과 배리강(裴李崗)과 같은 초기 농경민들의 사회인 초기신석기문화를 거쳐 仰韶 문화, 廟底溝문화라는 龍山式 문화(용산문화형성기), 그리고 마지막의 龍山문화의 다음 단계에 나타난다. 즉 기원전 5000년에서 기원전 3200년까지 중국의 앙소와 后李-北辛-青蓮崗문화가 초기신석기문화에 이어 등장하며(后李文化—北辛文化—大汶口文化—龍山文化의 순서로 보기도 함), 여기에서부터 기원전 3200년에서 기원전 2500년까지 묘저구, 대문구(大汶口)와 악석(岳石) 문화라는 용산식(Lungshanoid)문화/용산문화형성기가 발생한다. 전자의 묘저구 문화는 陜西省과 河南省에 후자의 대문구와 악석 문화는 山東省을 중심으로 나타난다. 기원전 2500년에서 기원전 2200년까지의 문화가 중국문명이 발생하기 직전의 龍山(Lungshan) 문화단계이다. 용산문화에서 문명단계와 흡사한 영구주거지, 소와 양의 사육, 먼 곳까지의 문화 전파, 곡식의 이삭을 베는 반월형 돌칼, 물레를 이용한 토기의 제작, 占卜, 版築(夯土/hang-t'u, stamped earth)상의 공법으로 만들어진 성벽(山東省 日照県 城子崖, 河南省 淮陽県 平糧臺, 河南省 登封県 王城崗)과 무기의 출현, 금속의 출현(河南省 登封県 王城崗, 淸海省 貴南県 朶馬臺, 山東省 胶県 三里河), 조직화 된 폭력(河北省 邯鄲県 澗溝村), 계급의 발생, 전문장인의 발생, 제례용 용기와 제도화 된 조상숭배 등의 요소들이 나타난다. 그리고 서기 1991년 '全国十大考古新发现之首'로 불리 우는 山东大学 历史·考古系(대표 董建華)의 山東省 邹平县 长山镇 丁公村의 발굴에서 商나라보다 약 800여년이 앞선 문자(丁公陶文, 刻字陶片, 1235호 灰坑출토)가 용산식문화/용산문화형성기인 岳石文化(기원전 3200년-기원전 2500년)-龙山文化(기원전 2500년-기원전 2200

년)의 城址, 蚌器, 石铲, 磨制石斧, 石器, 骨镞, 骨针과 이 시기의 전형적인 도기인 卵殼形黑陶, 陶罐, 泥质灰陶, 鼓腹들과 함께 발굴되었다. 도문은 모두 11자로 鬲, 斧, 魚 등의 占卜문자가 확인되었는데 이들은 云南省과 貴州省에 살고 있는 彝族의 原始文字 또는 云南省 麗江市 麗江古城 内 納西族文字와 비교된다. 그 다음 기원전 2200년 河南省에서 우(禹)왕의 하(夏)나라, 기원전 1750년 山東省에서 탕(湯, 또는 成湯)왕이 다스리는 商(기원전 1100년/1046년 또는 기원전 1027년 周 武王에 의해 멸망당했다고도 함), 陝西省에서 무(武)왕의 周가 연이어서 나타났다. 하의 桀王(애첩 末姬)과 상의 紂王(28대 또는 30대 帝辛, 애첩 妲己, 酒池肉林의 古事가 생겨남)은 역사상 잘 알려진 폭군으로 商의 湯王과 周의 武王에 의해 멸망당한 것으로 알려지고 있다. 그러나 현재 고생물과 花粉연구를 통한 상나라 당시 황하 유역은 나무와 숲이 우거지고 코끼리(中國科學院의 復原後 北京自然博物館에 所藏된 黃河象), 코뿔소와 사슴들이 뛰어놀던 森林으로 밝혀졌는데, 오늘날과 같이 황토분지로 되어버린 것은 秦始皇이 설치한 鐵官 등에 의해 만들어진 다량의 철기로 인한 과도한 삼림개간이 원인이 되었을 것으로 해석되고 있다. 이는 聖域으로 개간되지 않은 陝西省 黃陵県 橋山 黃帝陵 주위에 남아있는 당시 삼림의 원형에서도 찾아 볼 수 있다. 이어서 주에서 東周(기원전 771년-기원전 221년) 즉 춘추전국시대를 거쳐 기원전 221년 진나라의 통일, 그리고 기원전 206년 한나라의 통일이 연속적으로 이루어진다.

난하-대릉하-요하가 흐르는 요녕성과 내몽고 지역에는

① 부신 사해(辽宁省 阜新市 阜新县 沙拉乡 査海村 朝力馬营子 阜新蒙古族自治县)-흥륭와(興 隆窪, 内蒙古 敖漢旗 興隆窪村)-조보구(趙寶溝···→부하(富河)-홍산(紅山)-소하연(小河沿) 을 잇는 홍산(紅山, 중국 옥룡문화)문화

② 하-상-주-연(燕)나라-한(漢)나라-당(唐)····→청(淸)

③ 스키타이-오르도스(Ordos/Erdos, 鄂尔多斯沙漠, 河套/河南)-흉노(匈奴)-갈족(羯族)-동호 (東胡)-오환(烏桓)-선비(鮮卑)-돌궐(突厥)-토번(吐蕃)-위굴(回紇, 維吾爾)-거란(契丹)-몽고 (蒙古/元)

④ 키토이-이사코보--세르보-아파나쉐이브-오쿠네보-안드로노보-카라숙-타

가르문화 [러시아 동부시베리아(프리바이칼 지역)의 신석기-청동기시대 편년은 Kitoi-Isakovo(기원전 4000년-기원전 3000년)-Servo(기원전 3000년-기원전 2000년)-Affanasievo-Okunevo-Andronovo-Karasuk-Tagar의 순으로 되는데 우리나라에서 기원전 1000년-기원전 600년의 청동기시대 중기에 나타나는 공렬토기와 구순각목토기는 Isakovo와 Servo에서 이미 나타나고 있다]

⑤ 신락(新樂)-편보자(偏堡子, 辽宁 新民)의 평저즐문토기

⑥ 소주산(小珠山)-후와(後窪) 문화의 즐문토기와 돌대문토기

⑦ 예(濊)-고조선(古朝鮮), 맥(貊)-부여(夫餘)-고구려(高句麗)-백제(百濟)-신라(新羅)

⑧ 읍루(挹婁)-숙신(肅愼)-물길(勿吉)-말갈(靺鞨)-흑수말갈(黑水靺鞨)-여진(女眞)-생여진(生女 眞)-금(金, 서기 1115년-서기 1234년)-후금(後金, 서기 1616년-서기 1626년)-만주/청(滿 洲/淸, 서기 1626년-서기 1636년)-대청(大淸, 서기 1636년-서기 1911년)의 8개의 독립된 문화들이 융합·혼재되어있는 용광로와 같은 지역(melting point of furnace)이다.

그 중 고조선문화의 특징인 지석묘와 비파형동검이 나오는 유적의 연대는 대략 기원전 17세기-기원전 12세기로 좁혀지고 있다. 그리고 ①의 홍산문화는 중국의 옥룡(玉龍)문화로 玉의 사용과 아울러 龍문양의 지속과 전파가 문자를 대체하여 나타나는 계급 또는 종교적 예술적 상징(symbolism)로 보인다. 그래서 홍산문화는 갑골문자와 같은 문자가 출현하지 않았지만 해자(垓字)가 돌린 성역화 된 주구석관묘(周溝石棺墓)와 옥과 용으로 상징되는 계급사회와 이를 뒷받침하는 종교 제사유적으로 보아 중국 동북부 지역 동산취(東山嘴)와 우하량(牛河梁)처럼 종교의례중심지도 나타나 도시화가 진행되었던 최초의 문명이라 할 수 있다. 또 홍산문화는 모계씨족사회(母系氏族社會)에서 부계사회로 넘어가는 단계로 신정정치(神政政治, theocracy)의 모습을 보여준다. 이 유적은 기원전 4000년-기원전 3000년이며 중심연대는 기원전 3000년-기원전 2500년으로 중국고고학편년 상 신석기시대 만기/후기 또는 용산(龍山)문화형성기(Lungshanoid cullture, 기원전 3200년-기원전 2500년)-용산문화기(Lungshan culture, 기원전 2500년-기원전 1750년)에 속한다. 이 문화는 지석묘와 비파형/고조선식동검으로 대표되는 고조선(단군조선)의 문화와는 구별된다. 오히려 중국의 신석기시대 소주산 문화 [東港市 馬家店鎮 三家子村 後窪屯, 下層 6000년 전 이상, 上層은 4465±90B.P.. 4980±159B.P.로 5000년 전, 기원전 3000년-기원전 2900년), 石雕龍이 나옴, III-상층 기원전 3000년-기원전 2500년으로 돌대문토기의 말기 후와문화에서는 한국 청동기시대 조기(기원전 2000년-기원전 1500년)의 대표적인 돌대문토기가 나온다. 한국의 청동기시대의 시작(청동기시대 조기)은 돌대문의 출현으로 확인된다. 이들 토기는 중국 요녕성 소주산(中國 辽宁省 小珠山유적의 상층, 신석기시대 후기)과 같거나 약간 앞서는 것으로 생각되는 요동반도 남단 요녕성 대련시 석회요촌, 대련시 장흥도 삼당유적(기원전 2450년-기원전 1950년경으로 여겨짐), 요동만(辽東彎)연안 와점방시 교류도향 마루촌 교류도 합피지, 길림성 화룡현 동성향 홍성촌 삼사(早期 興城三期, 기원전 2050년-기원전 1750년), 그리고 연해주 보이즈만 신석기시대 말기의 자이사노프카의 올레니와 시니가이 유적(이상 기원전 3420년-기원전 1550년)에서 발견되고 있어 중국의 서쪽 요녕성과 동쪽 길림성, 러시아의 연해주(沿海州)의 세 군데에서 영향을 받았을 가능성이 많다. 이들 유적들은 모두 신석기시대 말기에서 청동기시대 조기에 속한다. 이제까지 남한에서 출토한 비파형동검의 연대도 이중구연 단사선문으로 그 상한을 기원전 13세기로 봄), 구순각목, 공렬토기와 같이 출토하고 있어 그 연대도 청동기시대 전기 말-중기 초로 기원전 11세기 [좀 더 빠르면 청동기시대 전기(기원전 1500년-기원전 1000년)의 이중구연 단사선문의 존재로 보아 기원전 13세기 까지 올라감)를 보여 준다. 고조선 중 단군조선의 건국연대가 서거정·최부 등이 공찬한 동국통감 외기에 의한 기원전 2333년을 인정하면, 그 시대는 한국고고학 편년 상 신석기시대 말기-청동기시대 조기에, 그리고, 마지막 단계인 위만조선의 건국은 기원전 194년으로 철기시대 전기 말에 해당한다.

이제까지 알려진 夏나라보다 약 800년이나 앞서는 紅山문화에 속하며 祭壇, 女神廟와 積石塚 등이 발굴된 辽宁 朝阳市 東山嘴 [辽宁省 朝阳市 喀左县 兴隆

庄乡章 京营子村 东山嘴屯, 新石器时代 红山文化晚期, 女神廟, 祭壇, 積石塚/石棺墓(周溝石棺墓) 20기, 大型祭祀性遗址, 동양의 비너스로 불리 우는 女性陶塑像편, 孕妇陶塑像편, 双龙首玉璜饰, 绿松石(土耳其玉, Turquoise, 터키석)을 조각한 올빼미(鴞, awl), 彩陶祭器, 기원전 3600년-기원전 3000년]와 朝阳市 建平 牛河梁 [辽宁省 朝阳市 建平县 富山街道와 凌源市 凌北街道의 경계, 新石器时代 红山文化晚期, 女神庙, 积石冢, 玉璧, 云形玉佩, 扁圆形玉环, 圆桶形 馬啼形/箍形玉器, 玉鸟, 玉鴿, 玉龟, 玉鱼, 玉兽 등, 5500년-5000년 전]유적으로 대표된다. 紅山문화(4,900-5,500년 전, 기원전 4000년-기원전 3000년으로 올라가나 중심연대는 기원전 3000년-기원전 2500년경)는 서기 1935년 초 赤峰市 紅山后에서 발견된 것으로 그 범위는 내몽고 동남부를 중심으로 辽宁 서남, 河北 북부, 吉林서부에 까지 미친다. 경제생활은 농업과 어로가 위주이고 석기는 타제와 마제석기를 사용하였다. 주요 유적들은 內蒙古 那斯臺村, 辽宁 朝阳市 喀左 東山嘴 冲水溝(기원전 3000년경), 朝阳市 建平 牛河梁을 비롯하여 蜘蛛山, 西水泉, 敖漢旗三道灣子, 四棱山, 巴林左旗 南楊家營子들이다. 특히 辽宁 喀左 東山嘴와 建平 牛河梁유적에서는 祭壇(三重圓形), 女神廟(東山嘴 冲水溝의 泥塑像, 여기에서 나온 紅銅/純銅의 FT(Fission Track dating, 우라늄이 포함된 광물이나 유리질의 핵분열에 기초)연대는 4298±345B.P./2348±345B.C., 3899±555B.P/1949±555B.C., C^{14}의 연대는 5000±130B.P./3150±130B.C.가 나오고 있다), 積石塚(牛河梁 馬家溝, 祭器로서 彩陶圓筒形器가 보임), 石棺墓, 禮器로 만들어진 玉器 [龍, 渚(묏/멧돼지), 매, 매미, 거북 자라 등의 動物, 상투(結髮, 魋結)를 위한 馬啼形/箍形玉器(趙寶溝), 環, 璧, 玦 등 100건 이상], 紅陶와 黑陶가 생산된 横穴式 窯와 一·二次葬을 포함하는 土坑竪穴墓(水葬·風葬·火葬) 등이 알려져 있다. 河南省 南陽市 북쪽에 위치하는 独山 [中国 四大名玉 산지 중의 하나인 独山(玉潤独山, 海拔 367.8m)에서 산출되는 玉은 독산으로부터 3km 떨어진 6,000년 전의 玉鏟이 출토한 南陽市 臥龍區 蒲山鎮 黃山村 黃山 신석기시대 晩期의 遺址로 부터 잘 알려져 있으며, 南阳玉, 河南玉, 独山玉(bright green jadeite, nephrite jade)으로 불리 운다. 옥의 主要 组成矿物로는 斜长石(anorthite)을 중심으로 黝帘石(zoisite), 角閃石(hornblende), 透辉石(Pyroxene), 铬云母(Fuchsite; chrome mica), 绿帘石(epidote), 阳起石(Tremolite, Tremolite asbestos Actinolite) 등이 있다. 이곳에서 옥은 多色性으로 绿色, 藍色, 翡翠色, 棕色(褐色), 红色, 白色, 墨色 등 7가지 색이 나타나며, 白玉에서 미얀마/버마/Myanmar(緬甸, 서기 1989년 이후 Burma의 새로운 명칭)에서 나오는 翡翠와 유사한 옥에 이르기 까지 다양하게 산출된다] 및 密県의 密玉(河南省 密県에서 산출하는 河南玉 또는 密玉이라고도 함), 辽宁省 鞍山市 岫岩 滿族自治県(中国 四大名玉산지 중의 하나), 甘肅省 酒泉, 陝西省 藍田, 江蘇省 栗陽 小梅岭, 內蒙古 巴林右旗 青田(巴林石, 青田石)과 멀리 新疆省 和田과 新疆 昌吉県 瑪納斯에서부터 당시 상류층에서 필요한 玉, 碧玉과 翡翠의 수입 같은 장거리 무역관계도 형성해나갔던 것 같다. 홍산문화에서 나타나는 옥기들은 鞍山 岫岩玉(滿族自治県)이 이용되었다. 홍산 문화에서 查海(6925±95B.P, 7360±150, 7600±95B.P. 7500-8000년 이전)의 龙纹陶片과 興隆窪(기원전 6200년-기원전 5400년, 7500-8000년 이전)의 돌을 쌓아 만든 용의 형태(石头堆塑龙形图腾)를 거쳐 玉猪龍이 사슴·새→멧돼지용(玉渚龍)에서→龍(C形의 玉雕龍으로 비와 농경의 기원)으로 발전하는 圖上의 확인뿐만 아니라 紅山岩畵에서 보이는 혈연을 기반으로 하는 階級社會 중 복합족장사회(complex chiefdom) 또는 그 이상의 종교적 무당 신분의 王이 다스리는 神政政治, theocracy)에 가까운 文明社會를 보여주고 있다. 劣等自然敎는 精靈崇拜(animism)→토테미즘→(totemism, 圖騰崇拜)→巫敎(shamanism, 薩滿敎)→祖上崇拜(ancestor worship)로 발전하는데 이곳 홍산문화에서는 샤만의 원형을 잘 유지하고 있다고 생각되는 고아시아족(Palaeoasiatic people, Palaeosibserian people) 중 축치족(러시아의 Chukotka에 사는 Chukchee/Chukchi족)에서와 같이 見靈者, 豫言者와 醫療者의 역할을 할 수 있는 巫敎(샤마니즘, 薩滿敎)의 무당 신분의 王이 중심이 된다. 도시와 문자의 존재로 대표되는 문명의 발생에 神政政治(theocracy)가 처음 나타나고 뒤이어 아즈텍(서기 1325년-서기 1521년 8월 13일)과 잉카(서기 1438년-서기 1532년 11월 16일) 帝國처럼 世俗王權政治(secularism), 군국주의(militarism)와 도시화(urbanism)가 나타난다. 여기에는 만신전(pantheon of gods)과 함께 이에 필요한 공식적인 藝術様式도 나타난다. 수메르 문명이 발생하기 이전의 고고학유적으로 움 다바기야(Umm Dabaghiyah,

기원전 6500년-기원전 6000년)-하순나(Hassuna/Yarim-Tepw I/야림 테페 I, 기원전 6000년-기원전 5250년)-사마라(Samarra/Tell es-Sawwan/텔 에스 사완, 기원전 5500년)-하라프(Halaf/Yarim-Tepe II/야림 테페 II, 기원전 5500년-기원전 4700년)-우바이드(Ubaid, 기원전 4500년-기원전 3500년)-우르크(Uruk, 기원전 3500년-기원전 3100년)의 여러 단계를 지나며 최후의 수메르 문명기인 젬데트 나스르기(Jemdet Nasr, 기원전 3100년-기원전 2900년)가 된다. 이때가 되면 주거 단위가 마을(village)-읍(town)-도시(city)의 순으로 발전해 도시를 중심으로 하는 소규모의 도시국가들이 급격히 증가한다. 그리고 홍산문화에는 東山嘴와 牛河梁처럼 종교의례중심지도 나타나 도시화가 진행되었다고 믿어진다. 도시는 "한 지역에 5,000명 이상의 인구가 긴밀한 문화 체계 안에서 유기적인 연관을 갖고, 또 그들 사이에 있어 노동의 분화, 복잡한 계급제도와 사회계층의 분화, 중앙집권화 된 정부구조, 기념비적인 건물의 존재, 그리고 문자가 없는 경우 부호화된 상징체계나 당시 풍미했던 미술양식과 지역 간의 교역의 존재"를 통해 찾아질 수 있다. 크라이드 크락크혼(Clyde Kluckhohn)은 약 5,000명 이상 주민, 문자와 기념비적인 종교 중심지 중 두 가지만 있어도 도시(city,urban)라 정의할 수 있다고 한다. 그래서 홍산문화는 수메르 문명의 발전단계 중 계단식 사원인 지구라트가 나타나는 초기 신전정치를 행하던 우바이드와 우르크기와도 비교된다. 또 이는 남미의 챠빈(Chavin de Huántar, 기원전 900년-기원전 200년/기원전 750년-기원전 400년, 전성기에는 약 3,000명이 거주) 문명이 武力이나 軍隊를 사용하지 않고도 고도의 챠빈 문화를 700년-800년 이상 유지했던 것은 지배층 司祭를 중심으로 산 페드로 선인장(san-pedro-cactus)에서 추출한 환각제를 사용해서 음악과 춤을 배합한 일종의 챠빈교의 永續性을 유지하려던 정교한 宗敎儀式을 행했던 것처럼 홍산문화도 이와 유사한 神政政治의 모습을 보여준다고 추측된다. 이는 夏·商·周과 같은 고대 중국에 있어서 藝術(art), 神話(myth)와 儀式(ritual) 등은 모두 政治体 또는 정치적 권위에 이르는 과정을 언급한 張光直 教授의 견해와도 일치한다. 그러나 甲骨文字와 같은 문자가 없었던 것이 주목된다. 또 그 사회는 母系氏族社會에서 父系氏族社會로 발전하고 있었다. 그러나 이는 結繩文字(매듭문자, 퀴푸, Quipu)가 문자를 대신하는 잉카와 특히 종교적 예술양식의 분포와 문화적 특질'에 바탕을 둔 호라이존(Early Horizon, 차빈/Chavin), 중기 호라이존(Middle Horizon, 티아우아나코/Tiahuanaco/Tiwanaku)과 말기 호라이존(Late Horizon, 잉카/Inca)로 편년하는 페루 지역에서와 같이 玉의 사용과 아울러 龍문양의 지속과 전파가 문자를 대체하여 나타나는 계급 또는 종교적 예술적 상징(symbolism)로 보인다. 그래서 홍산문화는 垓字가 돌린 성역화 된 積石塚/石棺墓(周溝石棺墓)과 玉과 龍으로 상징되는 계급사회와 이를 받침하는 종교 제사유적으로 보아 중국 동북부 지역에서 나타난 최초의 문명이라 할 수 있다. 이 유적은 기원전 4000년-기원전 3000년이며 중심연대는 기원전 3000년-기원전 2500년으로 중국고고학편년 상 신석기시대 晩期/後期 또는 龍山문화형성기-龍山문화기에 속한다. 대개 문명은 청동기시대에 나타나는 것으로 알려져 있으나 시리아의 텔 카라멜(Qaramel, Tel Qaramel, Tel al-Qaramel)은 기원전 11000년-기원전 9650년, 터키 산리우르화(Şanliurfa 이전의 Urfa/Edessa)읍의 동북쪽 아나톨리아 고원 동남쪽 쾨베크리 구릉(Göbekli Tepe, Potbelly Hill)은 기원전 9130년-기원전 8800년(9559±53B.C.), 기원전 9110년-기원전 8620년(9452±53B.C.)의 연대를 보인다. 텔 카라멜 유적은 제리코(Jericho) 유적보다도 약 2,000년, 수메르 문명이나 피라미드의 축조보다 적어도 약 6,000년 이상이 앞선 의례중심지(ceremonial center)이다.[4] 홍산문화 중 趙寶溝文化의 陶器에서 보

4) 텔 콰라멜 유적은 시리아북부 알레포(Aleppo) 북쪽 25km, 타우루스(Taurus) 산맥의 남쪽으로 65km 떨어지고 쿠웨이크(Quweiq)강 옆에 위치한 텔 카라멜(Qaramel, Tel Qaramel, Tel al-Qaramel) 유적은 무토기신석기시대(the Pre-Pottery Neolithic A)에서 헤레니즘(기원전 304년-기원전 30년)까지 포함하는데 서기 1970년도 후반부터 조사되기 시작하였다. 무토기신석기시대(the pre-pottery Neolithic phase)의 유적은 3ha의 범위로 서기 1999년 이후 폴란드 바르샤바 대학교 마주로우스키(Prof. Ryszard F. Mazurowski of Warsaw University) 교수에 의해 발굴되고 있다. 동물의 사육이나 식물의 재배가 없던 단계에 이곳에서 돌로 지어진 주거지가 확인되었다. 특히 여기에서 5개의 둥근 石塔의 기단부가 발견되었는데 직경은 6m, 벽두께는 1.5m이다. 방사선탄소연대(C^{14})는 기원전 11000년-기원전 9650년이 나왔는데 동물의 사육이나 재배의 흔적 없이 영구주거 유적으로 이제까지 이 관계 유적으로 가장 연대가 올라가는 제리코(Jericho, 서기 1949년 요르단, 서기 1967년 이스라엘 1994년부터 팔레스타인 자치 정부/Palestinian Authority에 귀속) 유적보다도 약 2,000년 앞서는 세계 최초의 것으로 추정된다.
그리고 터키 산리우르화(Şanliurfa 이전의 Urfa/Edessa)읍의 동북쪽 아나톨리아 고원 동남쪽 쾨베크리 구릉(Göbekli Tepe, Potbelly Hill, 높이 15m 직경 300m의 구릉, 서기 1994년 발견)에서 금속이나 토기조차 사용하지 않았던 초기 신석기시대 사람들이 11,000년 전 거대한 돌로 울타리를 두른 세계 최초의 신전(sanctury)이 독일 고고학연구소 슈미트(Klaus Schmidt, the Deutsches

이는 토기문양 중 갈 '之' 문양은 평북 의주 미송리와 경남 통영 상노대노에서, 耳飾(耳环)과 佩飾의 용도인 玉玦(玦玉)은 경기도 파주 주월리와 강원도 고성 문암리에서 나타난다. 周溝石棺墓는 강원도 홍천 두촌면 철정리, 강원도 춘천 천전리, 충남 서천 오석리와 경남 진주 대평 옥방 8지구 등에서 보여 홍산문화와 한국의 선사문화의 관련성이 점차 증가하는 추세이다.

문명이란 사전적인 용어의 해석대로 인류역사상 문화발전의 한 단계이며 엄밀한 의미에서 도시와 문자의 사용을 필요·충분조건으로 삼고, 여기에 고고학상의 특징적인 문화인 공공건물(기념물), 시장, 장거리무역, 전쟁, 인구증가와 기술의 발전 같은 것에 근거를 두게 된다. 이들 상호작용에 의한 乘數효과(multiplier effect)가 都市, 文明과 國家를 형성하게 된다. 이들 연구는 歐美학계에서 서기 1960년대 이후 신고고학(New Archaeology)에서 레스리 화이트(Leslie White)와 쥬리안 스튜워드(Julian Steward)의 新進化論(neo-evolutionary approach; a systems view of culture)과 체계이론(system theory)을 받아들임으로써 더욱 더 발전하게 된다. 이들 연구의 주제는 農耕의 起源과 文明의 發生으로 대표된다. 이들의 관점은 生態學的인 接近에서 나타난 自然全體觀(holistic view)으로 物理的環境(physical environment), 生物相(biota; fauna, flora)과 文化(culture)와의 相互 적응하는 생태체계(ecosystem)로 이루어진다. 즉 文化는 환경에 적응해 나타난 結果이다. 보편적인 문화에서 量的 質的으로 變化하는 다음 段階, 즉 都市와 文字가 나타나면 文明인 것이다. 여기에 武力을 合法的으로 使用하고 中央集權體制가 갖추어져 있고 전문화된 정부가 있거나, 또 힘/武力(power), 경제

Archäologisches Institut)에 의해 발굴되었다. 神殿은 III층에서 보이며 울타리(Enclosure)로 구성된 유구가 20여개로 T자형 A 석주(높이 5.7m, 2ton) 2의 수소, 여우, 학, 멧돼지가, 울타리 T자형 C 석주 27의 사자와 같은 포식성 동물이외에도 다른 석주에는 거위, 새, 곤충과 추상화한 인간 등이 浮彫로 새겨져 있는데 신전의 연대는 기원전 9130년-기원전 8800년(9559±53B.C.), 기원전 9110-기원전 8620년(9452±53B.C.)이다. 이 유적은 기원전 3000년경의 수메르 문명이나 피라미드의 축조보다 적어도 약 6,000년 이상이 앞선 의례중심지(ceremonial center)이다. 이 유적에 대해 아직 해석이 분분하지만 노아의 方舟(Noah's Ark)와 관련된 터키 영내의 아라라트(Ararat)산과 연계시켜 方舟에 실린 동물들이 이곳의 석주들에 묘사된 것이 아닌가도 해석하고 있다.

(economy)와 이념(ideology)이 함께 나타나면 國家段階의 出現을 이야기한다. 따라서 都市, 文明과 國家는 거의 동시에 나타난다고 본다.

시베리아와 만주(요녕성, 길림성과 흑룡강성)에서는 역사적으로, 가) 挹婁-肅愼-勿吉-靺鞨-黑水靺鞨-女眞-生女眞-金(서기 1115년-서기 1234년)-後金(서기 1616년-서기 1626년)-滿洲/淸(서기 16266년-서기 1911년), 나) 匈奴-羯族-東胡-烏桓-鮮卑-突厥-吐藩-위굴(回紇, 維吾爾)-契丹-蒙古/元, 다) 濊-古朝鮮, 貊-夫餘-高句麗-百濟-新羅로 이어진다. 이곳 유목민족은 匈奴-東胡-烏桓-鮮卑-突厥(Tujue/T'u-chüe/Göktürks, 투쥐에, 튀르크/Türk, 타쉬트익/Tashityk: 서기 552년 柔然을 격파하고 유목국가를 건설. 돌궐 제2제국은 서기 682년-서기 745년임, 서기 7세기-서기 8세기)-吐藩(티베트, t'u fan: 38대 치송데짼 [赤松德贊, 서기 754년-서기 791년]이 서기 763년과 서기 767년의 두 번에 걸쳐 唐의 長安을 함락함)-위굴(維吾爾, 回紇: 위굴 제국은 서기 744년-서기 840년임, 위굴 제국은 키르기스 黠戛斯에 망하며 키르기스는 서기 9세기 말-서기 10세기경까지 존재)-契丹(遼, 서기 907년-서기 1125년)-蒙古(元, 서기 1206년-서기 1368년)-女眞/金-後金(서기 1601년 누르하치/愛新覺羅 努爾哈赤/努尔哈赤(淸太祖 서기 1616년-서기 1626년 재위)-滿洲/淸(淸太宗, 홍타이지/皇太極, 서기 1626년-서기 1636년 재위)-大淸/皇太極(서기 1636년-서기 1643년 재위)으로 발전한다. 특히 이들은 '一脈相承 또는 一系同族'으로 여겨지고 있다. 스키타이인들의 東進에 따라 종족간의 혼혈이 자연스럽게 이루어지게 되었다. 최근 여러 곳에서 발견된 문신이 있는 미라들이 이를 입증한다. 기원전 700년-기원전 600년경 스키타이인들이 이 광활한 초원을 왕래하면서 백인종과 황인종의 공존을 가져왔다. 기원전 700년-기원전 300년경에는 초원지대를 사이에 두고 끊임없이 東西의 접촉이 있어왔는데 스키타이(Scythian)-오르도스(Ordos/Erdos, 鄂尔多斯沙漠, 河套/河南)-匈奴가 대표적이다.

중국 동북지방 內蒙古自治區 昭烏達盟, 哲里木盟, 辽宁省 朝陽, 河北省 承德지구에서 발견되는 청동기는 기원전 1000년-기원전 300년경의 청동기시대 후기에 속하며 燕나라를 포함하는 戰國시대(기원전 771년-기원전 221년)시대 보다는 빠른 것으로 나타나고 東胡 또는 山戎의 문화로 생각되며 또 같은 시기의 西團山 문화와도 접촉이 활발했다고 보여 진다. 최근 內蒙古 赤峰市 宁城県 小黑石溝유적의 최종 발굴 보고서의 간행을 통해 그들의 제사유구, 청동야금술과 豆形토기 등이 자세히 알려지고 있다.

흉노의 대표적 유적 중의 하나인 노인울라(몽고어 지명으로는 준-모데)는 울란바토르에서 북쪽으로 100km 정도에 위치해 있는 산악지대이며, 금광지대이다. 노인울라는 국내에 잘 알려진 대표적인 흉노의 고분으로 다른 흉노유적과는 달리 그 규모가 매우 크며 출토유물이 매우 풍부하다. 전체적인 무덤구조로는 봉분이 잘 발달된 점과 봉토 내부의 중앙에 수혈토광을 만들고 목곽 및 목관이 설치되어 있는 형태이다. 이와 같은 구조의 특성으로 봉분 상단부가 함몰되었기 때문에 서기 1912년에 금광탐사업자에 의해서 처음 발견되었다. 무덤의 구조는 한대 목곽묘와 상당히 유사하며 자바이칼(바이칼 동쪽) 및 중국 오르도스에서 발견된 기타 수혈토광 목관묘와는 판이하게 다른 것이다. 이후 수차에 걸쳐 조사가 되었지만 일부 발굴을 제외하고는 체계적으로 조사되지 않은 채 유물만이 레닌그라드 에르미타주 박물관에 소장되어있다. 기존의 여러 연구자에 의해 행해진 노인울라 발굴성과는 서기 1962년에 루덴코에 의해 보고된다. 그들에 대한 종합적인 보고서를 루덴코가 1962년에 출판했다. 그중 체계적으로 보고가 된 것은 24호(테플로우호프에 의해 발굴), 1호(일명 모크리 고분)고분 및 6, 23, 25호 등으로 모두 상트 페테르부르그 소재 에르미타주 박물관에 소장되어 있다. 중국 경내에서 匈奴문화는 오르도스 문화와 밀접한 관련을 가지고 있다. 오르도스(Ordos/Erdos, 鄂尔多斯沙漠, 河套/河南) 지역을 비롯한 내몽고와 寧夏-甘肅省 동부에서 발견되는 銅劍 [기원전 12세기-기원전 6세기의 오스트리아 할슈타트(Hallstatt) 문화와 연관이 될 가능성이 높은 안테나식 또는 조형검파두식이 나오며 이는 한반도의 철기시대전기(기원전 400년-기원전 1년)와도 무관하지 않을 것이다], 곡괭이형 銅斧, 동물장식 靑銅佩飾(주로 맹수가 사냥하는 모습), 立形 또는 臥形의 사슴 및 말장식과 같은 動物裝飾 등은 흔히 '오르도스계' 또는 동물양식, 무기와 마구가 주된 '스키타이 문화'와는 다른 계통인 중국북부에서 자생한 '先匈奴文化'로도 부르기도 한다. 중국에서 흉노문화는 오르도스계

문화에서 커다란 차이를 보이지 않으며, 단지 漢代로 진입하면서 鐵器 및 金粧飾이 증가하며 이에 五銖錢, 漢鏡, 漆器 등이 새로 유물조합상에 추가되는 양상 정도이다. 묘제는 土壙墓가 주를 이루며 일부 木棺이나 木槨이 사용된다. 기타 頭向이나 單人葬 등 기본적인 묘제도 그대로 유지된다. 오르도스계의 흉노무덤은 크게 春秋末期-戰國時代와 漢代의 것으로 나눌 수 있다. 이 지역의 시기구분에 대해서는 크게 田廣金과 烏恩의 견해를 참조할 수 있다. 그러나 대부분의 학자는 戰國時代(기원전 475년-기원전 221년)에 들어오면 오르도스 문화와 흉노문화 사이의 연관성은 인정하나 시대적으로 앞선 商代까지 그리고 지역적으로 青海, 甘肅, 宁夏回族自治區 이남지구와 연결시키고자 하지 않는다. 노인울라 이외에도 몽고경내에서 발견된 유적 중에서 일반적인 고분은 후니-홀을 꼽을 수 있다. 후니-홀의 소형석곽묘는 길이 1.8-2m이고 仰臥伸展葬이며 머리 근처에는 1-3개의 토기가 있으며 목 근처에는 구슬, 녹송석, 가슴 부위에는 직물의 흔적이 발견되었다. 허리 근처에는 철도와 철제 재갈, 漆耳杯도 발견되었다. 수지 강 중류의 이림 분지에는 목곽묘가 있다. 1-3개의 통나무로 장방형의 곽실을 만들었는데 길이는 1-3m로 다양하다. 돌수트에서도 목관이 발견되고 있으나 소련경내에만 한정된 것이다. 그리고 몽고경내에서 서부지역에서는 확실한 흉노유적이 발견되지 않았다. 그 시기에 해당하는 유적으로는 울란곰(Ulaangom) 고분군이 유일하다. 울란곰 고분군은 그 시기가 대부분 匈奴 이전 시기에 속하며 몽고 서부쪽은 흉노의 영향이 거의 미치지 않은 채 그 이전 시기인 카라숙의 문화가 계속 유지된다고 볼 수 있다.

또 중국북방의 匈奴는 기원전 3세기에서 서기 약 460년까지의 약 700년간 존속했다. 현재의 蘭州-武威-張掖의 内蒙古 蒙古高原지대를 중심으로 北狄 獫狁(험윤, 흉노의 옛 이름, 중국발음으로 獫狁과 葷粥은 匈奴와 같음) 葷粥(훈육, 흉노의 옛 이름) 山戎이 있으며 周(戰國): 戎狄, 秦 月氏 匈奴 东胡, 漢: 丁零 鲜卑, 魏晋 南北朝: 高車 柔然, 隋: 鐵勒 突厥 , 唐: 東突厥, 回鶻(회흘, 回紇), 契丹 黠戛斯 阻卜 西夏, 遼 乃蛮 克烈, 金 大蒙古國, 元·明: 北元/韃靼 喀爾喀蒙古, 清中華民国 蒙古国 中華人民共和国 蒙古人民共和国, 蒙古国으로 맥을 내려오고 있다. 흉노는 유럽에서 시베리아를 거쳐 오는 欧亞大陸의 游牧民族으로 기원전 209년

-서기 30년 蒙古中心의 国家를 형성하였다. 『史記』나 『漢書』 등에서 보면 漢朝時 강대한 유목민족, 기원전 215년 黃河河套地區로 쫓겨나고 東漢時 분열을 일으켰다. 前漢 말 王莽이 新을 건국한 후 흉노와 중국의 관계는 악화되어 흉노는 다시 중국을 침입하기 시작하였다. 匈奴는 匈奴王인 呼韓邪單于(기원전 58년-기원전 31년 재위) 이후 한과 흉노 사이에는 평화관계가 유지된다. 그러나 新(서기 9년-서기 25년)의 건국 후 新을 건국한 王莽은 儒教에 입각하여 주위의 이민족은 반드시 그들에게 복속해야 한다는 강경한 정책을 고집하며 이에 흉노를 비롯한 주변 제 민족은 크게 반발하게 된다. 결국 흉노는 서기 21년(新 王莽 地皇 2년) 반란을 야기하였다. 이에 王莽은 '匈奴單于'를 '降奴服于'라고 모멸하여 부르고 12장군에 대군 30만을 주어 흉노 토벌을 감행했으나 내부적 문제로 실패한다. 또한 이 사이에 西域諸國에서도 반란이 일어나 新에서 이탈하여 버리게 된다. 이후 중국은 곧 내란에 휩싸이게 되고 그 사이에 흉노는 다시 서역제국에 대한 영향력을 회복하게 된다. 남흉노의 日逐王 比 [醢落尸逐鞮单于 呼韓邪單于(?-55年) 로 이름은 比이며 匈奴烏珠留若鞮單于의 아들로 처음에는 右日逐王으로 불리었다. 서기 48년 南匈奴로 분리하고 서기 49年 北匈奴를 공격하였다. 그리고 한나라에 의해 오르도스/河套地區에 거주하게 되었다]는 前漢에 투항했던 呼韓邪單于의 손자로 흉노의 남방 및 烏桓을 통치하고 있었다. 後漢은 그가 투항하자 그의 조부의 칭호와 같이 呼韓邪單于의 칭호를 주었고 前漢 때와 마찬가지로 한과 연합하여 북흉노를 몰아냈다. 한편 남흉노와 後漢제국의 연합으로 고립된 북흉노는 後漢 1대 光武帝 建武 27년(서기 51년) 後漢에 사신을 보내 화친을 청하였으나 남흉노의 입장을 고려한 光武帝는 이 和親 제의를 거절하고 그 대신에 絹, 帛 등을 보내 회유, 무마하였다. 2대 明帝시대에 북흉노가 북변을 침입하고 다시 화친을 제의하였으므로 明帝는 북흉노의 변경침탈을 중지시키기 위해 북흉노의 和親을 수락하고, 永平 8年(서기 65년)에 사신을 파견하였다. 북흉노의 경우 後漢書 匈奴列傳의 "南部攻其前, 丁零寇其後, 鮮卑擊其左, 西域侵其右"이라는 기록에서 보는 바와 같이 사방에서 漢, 丁零, 鮮卑, 西域 제국의 압력을 받자 고비사막 북쪽에서 몽고 오르혼 강 서쪽으로 밀려난다. 後漢(서기 25년-서기 220년)은 서기 89년(和帝 永元 1년)-서기 91년에 남흉노와 연합하

여 대토벌을 감행해서 그 주력을 金微山(지금의 알타이산맥)에서 제거한다. 이들을 훈(Hun)족으로 보기도 한다. 이후 잔여세력은 서쪽으로 이동을 시작해서 후에 서기 4세기에는 러시아 볼가 강에 이르는 소위 '훈족의 대이동'이 일어난다. 북쪽 헝가리, 불가리아, 독일, 프랑스와 스페인 일대에 살고 있던 훈(Hun)족, 골(Gaul), 동고트(Ostrogoth), 서고트(Visigoth), 반달(Vandal), 프랑크와 롬바르드 등의 계속적인 공격과 약탈에 의해 서기 476년 서로마제국은 멸망한다. 匈奴(Huns)로 알려진 아틸라(Attila)족은 서기 375년 고트족의 영역에 침입, 서기 410년 서고트에 패하나, 서기 448년 아틸라 왕은 현 항가리에 아틸라 왕국을 세워 황제가 된다. 아틸라 왕은 서기 451년 서로마 아이티우스 장군이 이끈 고트 등의 부족연합군과 프랑스 오르레앙 카타로니아에서 벌린 샬롱 전투에서 패하여 서로마제국 정벌에 실패한다. 이때 사라진 북흉노는 古西域의 烏孫의 유목지구를 거쳐 康居까지 가며 그들은 Alani(Alans, 阿爛那人: 흑해 북동쪽에 거주하며 서기 1세기 로마기록에 나타나는데, 서기 370년경 훈족에 의해 멸망함)를 몰아내고 돈 강 유역까지 진출하는 것으로 추측된다. 북흉노가 떠난 이후 몽골 고원에는 南匈奴가 중국의 番兵 역할을 하며 오르도스 및 山西省 일대에서 북방을 방어하였다. 후한은 南匈奴의 군대를 용병으로 활용하여 鮮卑, 烏桓, 羌 등을 토벌하기도 하였다. 흉노 單于 於扶羅의 아들 劉豹 [呼廚泉의 조카이며, 前趙(漢)의 황제 劉淵(서기 252년?-서기 310년, 재위: 서기 304년-서기 310년의 아버지] 가 서기 202년 반란을 일으켰으나 曹操가 보낸 장군 鍾繇에 대패하여 조조에게 귀순했다. 그래서 三國時代(서기 220년-서기 280년)에 들어와서 흉노는 유명무실하게 되고 흉노는 5부로 재편되어 중국의 실질적인 통제를 받게 되었다. 흉노는 언어학적으로 오늘날 몽고족의 직계조상으로 추정되기도 하며, 이들은 후일 十六国時期에 前趙(漢, 서기 304년-서기 329년), 北涼(서기 397년-서기 439년), 夏(서기 407년-서기 432년) 등 지방정권을 세워 차츰 중국화 되어 갔다.

한국의 청동기시대의 시작(청동기시대 조기)은 돌대문(덧띠새김무늬/刻目突帶文土器/刻劃齒輪狀花邊)의 출현으로 확인된다. 이들 토기는 中國 辽宁省 小珠山유적의 상층(신석기시대 후기)과 같거나 약간 앞서는 것으로 생각되는 요동반도 남단 辽宁省 大连市 郊區 石灰窯村, 大连市 長興島 三堂유적(기원전 2450년-기원전 1950년경으로 여겨짐), 辽東彎연안 瓦房店市 交流岛乡 马路村 交流島 蛤皮地, 吉林省 和龍県 東城乡 興城村 三社(早期 興城三期, 기원전 2050년-기원전 1750년), 그리고 연해주 보이즈만 신석기시대 말기의 자이사노프카의 올레니와 시니가이 유적(이상 기원전 3420년-기원전 1550년)에서 발견되고 있어 중국의 서쪽 辽宁省과 동쪽 吉林省, 러시아의 沿海州의 세 군데에서 영향을 받았을 가능성이 많다. 이들 유적들은 모두 신석기시대 말기에서 청동기시대 조기에 속한다. 최근의 발굴 조사에 의하면 한반도의 청동기시대의 시작이 기원전 2000년-기원전 1500년으로 編年된다. 이러한 청동기시대는 전기(기원전 1500년-기원전 1000년)의 이중구연토기와 중기(기원전 1000년-기원전 600년)의 공렬토기에 앞서는 청동기시대 조기의 돌대문(덧띠새김무늬)토기가 강원도 춘성 내평, 춘천 천전리(기원전 1440년), 춘천 하중도 D-E지구, 정선 북면 여량 2리(아우라지, 기원전 1240년), 강릉시 초당동 391번지 허균·허난설헌 자료관 건립부지, 홍천 두촌면 철정리, 홍천 화촌면 외삼포리, 경기도 가평 상면 연하리, 인천 계양구 동양동, 충청남도 연기군 금남면 대평리, 대전시 용산동(단사선문이 있는 돌대문토기로 조기 말-전기 초), 경상남도 진주 남강댐 내 옥방 5지구(동아대·선문대 등 조사단 구역, 기원전 1590년-기원전 1310년, 기원전 1620년-기원전 1400년의 연대가 나왔으나 돌대문토기와의 관련은 아직 부정확함)와 경주 충효동 유적을 비롯한 여러 곳에서 새로이 나타나고 있기 때문이다.

철기시대 전기 말에 형성된 衛滿朝鮮이전 선사시대의 한국 상고사뿐만 아니라 그 뒤를 잇는 歷史時代의 三國時代까지의 古代史를 通時的으로 볼 때, 『三國史記』의 기록을 그대로 받아들여야 올바른 한국사가 만들어 질 수 있다. 그리고 考古學, 古代史, 人類學, 民俗學, 言語學 등의 學際的 연구를 통해 한국의 上古史를 포함하는 古代史의 文化史的인 脈絡을 고려하면 중국의 三皇五帝 [三皇:太昊/伏羲·神農/炎帝·女媧), 五帝: 黃帝/軒轅 또는 少昊·顓頊·帝嚳·堯·舜]의 경우와 마찬가지로 한국에서 신화 상의 한국상고사가 역사적 현실로 진입하게 될 수 있을 것이다.

최근 발굴된 중국의 예로 다음을 들 수 있겠다.

1) 安徽省 蚌埠市 西郊 涂山 南麓의 淮河 東岸에 위치하는 蚌埠市 禹會村 祭祀遺蹟은 淮河 流域에서 발견된 최대의 龍山文化遺址로 總面積은 50萬m^2에 달한다. 禹會 또는 禹墟라는 명칭은 "禹會諸侯"에서 나왔으며《左轉》및《史記》에 "禹會諸侯於涂山, 執玉帛者萬國" 및 "夏之興, 源於涂山"으로 기재되어 있어 도산(涂山) 및 이곳 유적의 역사적 중요성을 알 수 있다. 中國社會科學院考古研究所는 서기 2006년 지표조사를 하고 서기 2007년—서기 2010년간 四次의 發掘을 진행하였는데 발굴면적은 약 6,000m^2에 달한다. 발굴성과는 ① 2,500m^2의 大型祭祀台基를 발견하고 동시에 祭祀台面위에서 中軸線 部位를 확인하고 북에서 남으로 柱洞, 溝槽, 燒祭面, 方土台 및 南北一字排列에서 길이 50m에 달하는 柱洞을 가진 長方形 土坑을 발굴하였다. 그리고 台面西側에 길이 약 40m의 祭祀溝 등의 중요한 시설, 약 100m^2 數塊磨石으로 된 燒祭面과 그 위의 溝槽, 陶甗 등의 遺跡·遺物의 층위별 순서를 확인하고, 일렬로 나있는 35個의 柱洞들에서 당시 제사 규모와 복잡한 모습을 파악하였다. ② 발굴된 세 종의 祭祀坑은 풍부한 祭祀 內容과 形式을 보여주며 祭祀台基는 남북 약 100m로 거대하다. 그리고 각기의 祭祀坑에서 매장된 陶器와 磨石으로 만들어진 小型灰坑을 다시 확인하였다. 禹會유적의 연대는 방사성탄소연대에 의해 4140B.P.(기원전 2190년), 4380B.P.(기원전 2430년)이 나왔으며 이는 원시무리사회 末期인 龍山文化(기원전 2500년-기원전 2200년) 晩期에 해당된다. 그래서 禹임금이 활동하던 시기는 考古學上 龍山文化 晩期로, '禹會', '會墟'의 발굴로 인해 淮河流域 龍山文化를 파악하고, 이를 바탕으로 신화·전설상에만 그치던 夏代(기원전 2200년-기원전 1750년) '大禹'의 사건을 역사적 사실로 바꿀 수 있게 되었다. 이곳에서 발굴된 유물은 현재 安徽省 蚌埠市 소재 蚌埠歷史文化博物館에 전시되어있다.

2) 商나라는 그 다음의 周나라에서 성벽으로 둘러싸인 도시(walled capital towns)에 살던 지배자를 商이라고 불렀듯이 상이란 말은 조상들이 살던 수도(ancestral capital town)를 의미한다. 상나라 이전은 三皇五帝시대와 夏나라이다. 그러나 三皇五帝시절 중 堯임금(天子) 때부터 석성이 축조된 것으로 알려

지고 있다. 최근 黃河 中·下流 一帶 陝西省 神木県 石峁村에서 灰반죽(mortar)을 이용해 石城을 쌓은 龍山文化(기원전 2500년-기원전 2200년) 말기-夏(기원전 2200년-기원전 1750년)시대에 속하는 4,300-4,000년 전 다시 말해 기원전 2350년-기원전 1950년경의 石城이 발굴되었는데 이는 中國 最大의 史前石城遺址로 최대 장 108.5.m로 石城牆, 墩臺, "門塾", 內外"瓮城"(馬面, 甕, 雉) 등이 포함된 皇城臺, 內城과 外城(현재 2.84km 정도가 남아있다고 함)과 祭祀臺(樊庄子祭壇, 皇城臺夯土基址, 池苑遺址)가 잘 갖추어져 있음을 확인하였다. 出土유물은 중국 고대의 一目國을 나타내는 눈 하나 달린 人頭像 옥기를 포함한 다수의 玉器, 禮器, 壁畫(용산시기에 속하는 것으로 성벽 하단부에 圖案의 형태로 남아있다) 등 龍山晩期에서 夏時期에 걸치는 陶器, 石器, 骨器 등이다. 陝西省博物院에서 발굴한 옥기(서기 1929년 독일인 학자 살모니/Salmony가 이곳에서 처음으로 옥기를 수집해 본국으로 가져가 소개함)는 모두 127件으로 刀, 璋, 鏟, 斧, 鉞, 璧, 璜, 人頭像, 玉蠶, 玉鷹, 虎頭 등이다. 조합하여 巫師의 巫具로 이루어지는 것으로 추정되는 톱니바퀴 모양의 璇玉器, 玉琮과 玉璧 등을 포함해 최대길이 56cm에 달하는 牙璋도 있으며 玉鏟과 玉璜 등 완전한 형태의 옥기도 6점이 된다. 그 중 牙璋禮器의 盛行은 石峁玉文化의 特色을 보여준다. 그 외에도 石雕人头像이 발견되었다. 이러한 옥제품은 성문근처에서 많이 발견되었는데 이는 辟邪와 驅鬼하던 夏나라의 마지막 임금인 桀王의 玉門을 연상시킨다. 龍山晩期에서 夏時期에 걸치는 陶器 중 瓮形斝는 客省庄(陝西省 西安市)文化最晩期에 속하는데 그 연대는 기원전 2000년-기원전 1900년에 속하며 C^{14}연대측정으로 보면 4030±120 B.P., 3940±120 B.P.가 된다. 또 石峁村에서 灰를 이용해 石城을 쌓고 있는데 萬里長城축조 시 나타난 것보다 훨씬 오래된 수법으로 확인된다. 이곳에는 벽화, 제단과 제사유구도 보인다. 동문 밖 제사유구 내에는 두개골이 한꺼번에 24구가 나오고 전체 7개의 갱에서 모두 80여구의 두개골이 발견되는데 이는 이곳을 공격하다가 포로로 잡힌 사람들을 죽여 묻은 犧牲坑으로 보인다. 그러나 이 성의 門入口 밖 南-北向의 长方形 수혈갱에서 20세가량의 젊은 女性의 头盖骨이 많이 나왔는데 이는 성의 축조보다 앞서는 시대인 新石器时代 이 마을의 우두머리인 族長의 死后 辟邪, 질병예방, 鎭

壇具 등과 같은 성격의 儀禮인 奠基仪式 혹은 祭祀活动으로 묻힌 家屬人들의 殉葬坑으로 보인다. 이곳의 연대는 夏代年代인 기원전 2070경에서 陶寺晩期의 下限년대인 기원전 1900년 사이로 보고있다. 이 성은 약 4300年 전(龍山中期 혹은 晩期에 세워졌으며 龍山晩期에는 매우 홍성하였던 것으로 보인다)에 세워졌고 夏代에 폐기된 것으로 추정된다. 그래서 이곳의 발굴은 약 400여만 m²로 상나라 이전 三皇五帝 중 堯임금과 관련된 都邑(史記 권 1, 五帝本紀 제 1, '...命和叔住在幽都(幽州)...')으로도 추정하고 있다. 신석기시대에 성이나 제단이 나온 곳은 良渚(浙江省 杭州市 余杭區 良渚鎭, 기원전 3350년경-기원전 2350년경, 300여만m²)유적과 陶寺遺蹟(山西省 襄汾県 기원전 2500년-기원전 1900年, 270여만m²)을 들 수 있다. 이 유적은 서기 2012年十大考古新发现/世界十大田野考古发现/二十一世纪世界重大考古发现으로 이야기 되고 있다.

3) 湖南省 宁乡 炭河里 西周 方国 都城址는 湘江 下流의 黄材盆地인 현 행정구역상 宁乡县 黄材鎭 寨子村에 위치하는 商周古文化遗址로 中国에서 유일하게 남아있는 西周시대의 城址이기도하다. 서기 1930년대 이래 湖南 宁乡 炭河里遺址와 반경 2km내의 黄材鎭 지역에서 商周青銅器가 300여점이나 출토하였는데 그 중 四羊方尊(서기 1938년 출토, 人面方鼎, 獸面紋瓿(그 안에는 224점의 銅斧가 들어있었음), '癸'자 銘이 있는 卣(그 안에는 環, 玦, 管 등의 玉器가 320여점 들어있었다), '戈'자 銘이 있는 卣(그 안에는 珠, 管 등 玉器가 1,170여점이 들어있었다), 雲紋鐃(이와 함께 環, 玦, 虎, 魚 등의 아름다운 玉器가 공반하였다), 象紋大鐃(무게 221.5kg) 등 中國 商周시대의 青銅器 중 上品으로 중국 고고학계에서 '宁乡 青銅器群'으로 불리게 되면서 전 세계적으로 알려지게 되었다. 그러나 四羊方尊, 虎食人卣, 人面紋方鼎 등은 구리, 주석과 아연의 함량 비율이 中原地區에서 발견되는 青銅器와는 다르다. 이 유적은 서기 1963年 湖南省考古所가 炭河里遺址를 西周遺址로 확인하고 서기 2001年 國家文物局의 허락을 받아 湖南省 文物考古研究所가 건너편의 炭河里遺址를 試掘하여 大型의 土台建築遺蹟을 발견하였다. 서기 2003年 11월 초에서 서기 2004년 12월 말까지 湖南省 文物考古研究所가 3,000m²의 遺址에 대한 두 차례의 大規模 發掘을 하였다. 조사결과 2.3万m²의 넓이에 西周時期의 城牆, 2곳의 大型 人工의 黄土로 기초를 다

진 建築의 바닥 基址(이곳 토층 제 2-4期와 城의 使用年代는 비슷함)와 2채의 宮殿建築의 大型 房屋遺蹟을 확인하였다. 그리고 城 내외에서 城牆과 같은 시기이며 성담과 나란히 나있는 폭 15m, 깊이 2.5m의 環壕로 추정되는 壕溝線을 찾아내었다. 壕溝와 같은 방향으로 形成原因, 溝内 堆積情況 및 時代별로 발굴을 진행해 城外 台地 위를 정리하면서 西周時期의 小型貴族墓葬 7기(西周墓 7기 이외에도 春秋시대墓 2기, 戰國시대墓 3기가 발굴됨)를 발굴했으며 이 속에서 大量의 青銅器와 玉器가 출토하였다. 陶器는 砂陶가 위주가 되며 陶色은 紅褐色으로 少量의 紅胎黑皮陶 및 硬陶로 方格紋이 주로 장식되었다. 기형은 圜底로 三足 및 圈足器로 平底器는 적다. 기형은 形鼎, 高領罐, 碗, 器蓋 및 硬陶罐 등 商周시대의 것이 대부분이며, 外來적 요소로는 仿銅陶鼎, 鬲, 簋, 盆, 尊 등이 보인다. 출토 유물로 보아 이 성이 처음 만들어지기 시작한 연대는 商末周初이며 使用年代는 西周早中期이고 廢棄年代는 西周晩期前後로 보인다. 그리고 외래적인 유물의 요소가 많이 포함된 것으로 보아 炭河里古城은 西周時期 西周王朝 湘江下流地區의 地方青銅器文化/炭河里文化 혹은 方國의 中心聚落 또는 都邑으로 여겨진다. 炭河里城址와 周圍에서 발견된 青銅器群은 같은 政治集團의 最高權力階層에 속한다. 그러나 역사적으로 湘江下流는 商대의 軍事重鎭인 '三苗方國' 밖에 위치하며 상나라의 '三苗方國'에서 鑄造된 青銅器 중에는 구리의 원산지인 江西省 瑞昌市 夏畈鎭 銅嶺村 銅礦과 같은 구리광산이 많았던 '虎方'에 속하는 곳으로 추정된다. 그리고 宁乡 青铜器群의 구리, 주석과 아연의 합금비율도 중원지방의 商나라의 청동기들과 달라 宁乡 青铜器群은 '三苗方國'의 先住民 혹은 虎方人들이 鑄造했던 것으로 보인다. 甲骨文에서 처음 나타나 학계에 문제점을 던져주는 虎方은 토테미즘(totemism, 圖騰崇拜)을 숭상하는 蚩尤九黎族인 三苗後人 또는 苗瑤의 民族系統(虎方→祝融→苗族후예인 鬻熊/Yù Xióng/媸酓/穴熊/鬻熊子/鬻子/玄帝 颛顼의 后裔, 楚国의 先祖로 楚国 开国 君主 熊绎의 曾祖父→楚國)으로 여겨진다. 虎方의 기원은 漢나라의 남쪽 荆楚故地说도 있다. 그리고 서기 1989년 江西省 新干县 大洋洲 商墓에서 出土한 480여점의 铸造된 아름다운 青铜器로 볼 때 이들은 地方特色이 농후하고 青铜器에서 虎形象이 나타나고 있어 江西省 吉安市 新干県 大洋州鎭 程家村과 같은 赣鄱地区(gàn pó, 江西 赣文化/江西文化/江右文化)의 虎方说도 언급하기도 한다. 이는 商王國의 文化影響을 받은 方國사이에서 일어난 戰爭과 中原의 商나라 사람들과의 交易을 통해 三苗人들도 商나라의 青銅器 鑄造技術을 배웠던 것으로 보여 진다. 湖南省에서 西周时期古城址는 여러 차례 발굴되었으나 특히 炭河里의 西周方国都城遗址는 地方青铜器文化와 早期国家社会의 形成 등의 연구에 중요한 의의를 지닌다. 즉 宁乡 青铜器群은 湘江流域의 湘西지역 내지 南方地区의 商周青铜器文明과 夏시대부터 시작되는 奴隶制社会의 研究에 중요한 학술적 자료를 제공해준다. 그리고 이 유적은 湖北 盘龍城, 江西 吴城 및 牛頭城, 四川 三星堆 등과 함께 南方地区의 西周时期의 城址를 연구하는데 종요하다. 현재 박물관이 들어선 부지를 포함해 保护范围는 60万m^2, 重点规划区域은 3.72km^2이다.

4) 그리고 中国 江西省 吉安市 新干县 大洋洲镇 程家村 유적은 大洋洲 商代 大墓, 新干大墓 등으로 불리 우며 서기 1989년 9월 20일 그곳의 농민에 의해 程家村 뒤 沙洲(沙砂)에서 青铜器가 발견되고 바로 이어 江西省文物考古研究所에서 발굴을 진행하여 1,300余件의 유물을 발굴하였는데 중요 유물로는 475건의 青铜器, 754건의 玉器와 139건의 陶器가 포함된다. 大洋洲商代青铜博物馆에 전시된 청동유물은 大洋州 商代 大墓出土의 青铜礼器는 48건으로 鼎, 鬲, 甗, 簋, 豆, 壶, 卣, 罍, 瓚이며 青铜兵器와 農具도 매우 特色이 있는데 여기에는 矛, 戈, 镞, 刀, 匕, 胄, 镰, 犁铧 등 青铜兵器와 農具 수 십 건이 포함되며 이들은 古越文化传统을 보여준다. 青铜工具와 兵器形制는 기이하며 그 중에는 中原 器型을 알 수 없게 加工, 改造하여 造型과 纹样에서 이 地域의 특색을 뚜렷이 보여준다. 이 박물관의 전시물중 蝉纹玉琮, 绿松石蝉, 活环屈蹲羽人玉佩饰, 原始瓷圈点纹折肩带盖罐, 牛角兽面纹立鸟青铜镈, 羊角青铜兽面, 兽面纹提梁方腹青铜卣, 兽面纹三足青铜卣, 兽面纹青铜胄, 原始瓷折肩盖罐, 勾连雷纹青铜铙, 兽面纹羊首青铜罍, 鹿耳四足青铜甗, 双面神人青铜头像, 嵌红铜云纹青铜钺, 虎耳虎形扁足青铜鼎, 牛角兽面纹立鸟青铜镈, 伏鸟双尾青铜虎, 羊角青铜兽面, 嵌红铜云纹青铜钺 등이 특히 중요하다. 이곳은 商代 婦好墓와 같은 귀족묘, 四川 廣漢県 興鎮 三星堆와 같은 祭祀터 등 여러 주장이 있으나, 大洋洲镇의 牛

头城址와 동일 주인에 속하는 것으로 여겨진다. 그리고 유물에서 虎形이 자주 보여 赣鄱地区에 살던 당시의 越족인 '虎方'의 문화소산으로 보기도 한다. 그리고 이 虎方國은 호(毫: 偃師 二里頭: 기원전 1766년)-오(隞 : 이곳은 정주「鄭州」이리강「二里崗」임: 기원전 1562년-기원전 1389년)-안양(安陽: 기원전 1388년-기원전 1122년의 266년 동안 11 또는 12왕이 재위: 甲骨文字에 의하면 商 전체로는 湯王으로부터 帝辛(紂王)까지 28대 왕이 재위했으나 史記 殷本紀와 이와 관련된 周書에는 30왕이 언급됨)으로 수도를 옮긴 商나라의 武丁(21대 혹은 22대) 재위시대 조상인 大甲(4대), 祖丁(16대) 등에 점복을 물은 甲骨文에서 보이듯 무력이 제일 강했던 상나라의 武丁(부인은 女將軍인 婦好, 또 다른 이름은 戊임)때에 商과 虎方國사이에 전투가 81건이나 많이 벌어진 모양이다. 이 호방국이 위치하던 江西省 吉安市 新干县 大洋洲镇 程家村출토 청동유물에서 ① 근처에서 銅鑛이 많아 필요한 청동유물을 자체로 제작하였으며 ②날개의 폭이 가늘고 긴 청동화살촉(鏤空寬翼青銅鏃, 弧刃寬翼青銅鏃, 單翼青銅魚鰾斗)과 청동투구(兽面纹青铜胄)의 발견으로 당시의 전투양상을 추정해 볼 수 있으며 ③兽面纹青铜犁鏵라는 청동제 농기구의 출토로 보아 굴경(掘耕, digging stick system)→초경(鍬耕/鋤耕, hoe system)→려경(犁耕, 쟁기, 보습, plough system) 중 가장 생산력이 많고 발전한 려경(犁耕)단계에 있고 ④吳 闔閭때 사용되던 溫酒器인 吳王光鑒(기원전 506년)의 기능과 같은 青銅鼎(兽面纹青铜温鼎)과 卣(提梁方腹青铜卣)의 발견으로 당시의 술을 데워 마시던 습관까지도 알 수 있게 되었다.

5) 또 고대사회에 있어 말의 殉葬은 중국의 상나라(기원전 1750년-기원전 1100년 또는 기원전 1046년)의 마지막 수도인 殷墟 大司空村 175호분, 山東省 淄博市 臨淄区 斉臨鎮 後李村 臨淄中国古車博物館의 齊景公(기원전 548년-기원전 490년) 殉馬坑과 임치 중국고차박물관 내 后李 春秋殉馬車유적 등에서 보이는 바와 같이 마차와 함께 이루어지는 것이 일반적이다. 그리고 서기 1996년에 발견된 山西省 臨汾県 侯馬의 西周(기원전 1100년-기원전 771년)유적에서 宣王 靜(기원전 827년-기원전 782년) 때인 기원전 812년에 해당하는 馬車 48대가 발굴되고 있다. 그리고 서기 1950년 三门峡 댐 水利枢纽工程建设 때 黄河水库考

古工作队를 구성하여 河南省 三門峽市 上村岭에 위치하는 西周 에 속하는 墓葬 230기, 车马坑 3기, 马坑 1기, 出土文物 9,179점을 발굴하였는데 북쪽에 国君墓群과 家族墓가 위치한다. 여기에는 2기의 国君墓, 1기의 国君夫人墓, 2기의 太子墓, 250여기의 贵族墓葬이 포함된다. 그리고 서기 1999년에 虢国 都城 上阳이 발굴되었다. 그 중 国君墓群에서는 玉柄銅芯鐵劍(玉菱铜芯剑, 铜柄铁剑/中华第一剑으로 불리움, 河北省 藁城県 臺西 商代遺址에서도 鐵刃銅鉞이 나온 적이 있음), 缀玉面罩(玉壽衣), "宝铃钟"이란 명문으로 墓主人이 虢仲(生前에 曾辅佐周天子治理天下, 管理臣民 겸 "受天子禄")인 姬姓诸侯国의 虢國(괵국, 周文王 동생의 封国, 기원전 9세기-기원전 6세기) 國君(王)의 虢仲의 1호 대묘(土圹竖穴墓)와 虢季의 2001호에서 나온 명문이 있는 두벌의 編鐘, 64필의 車馬坑이 묻힌 2호를 들 수 있다. 이외에도 "虢仲作虢妃宝盨, 子子孙孙永宝用"의 명문이 있는 청동기 4점, 9号墓 出土의 120점의 青铜器 仪礼乐器와 玉龙과 凶猛咆哮的玉虎를 포함하는 724점의 玉器가 발굴되었다. 이들은 모두 1만여 건으로 三門峽市 虢國博物館에 전시되어있다. 전설상의 괵국(虢國)이 三門峽市 上村岭에서 실제로 모습을 나타냈다.

학제적 연구 중 언어학적인 면을 볼 때 한국어에는 두 가지 계통의 언어가 있다고 한다. 즉 원시 한반도어와 알타이어이다. 원시 한반도어는 아무르 강의 길랴크/니비크(Nivkh, Gilyak), 유카키르, 이텔만, 캄차달, 코략, 축치 등)의 길랴크(니비크)인들의 것인데 이것이 우리 언어의 기층을 이루고 있었다. 그 후 알타이어의 한 계통인 퉁구스어가 이를 대체하였다. 이들이 한국어, 만주어와 일본어의 모체가 된다. 언어 연대학에 의하면 이들 언어들의 형성은 지금으로부터 6,200년-5,500년 전이며, 오늘날 사용하는 일본어와 한국어의 직접 분리는 4,500년 전으로 추정된다고 한다. 또 이들 언어를 고고학적으로 비교해 볼 때 원시 한반도어는 櫛文土器가 널리 제작되어 사용되던 신석기시대로, 또 신시베리아/퉁구스 [Neosiberian/Tungus: 예벤키(鄂溫克), 에벤, 라무트, 사모예드, 우에지(Udegey, удээ, удэхе, Udihe, Udekhe, Udeghe), 브리야트(Buryat), 골디(Golds/Goldie, Nanai, 赫哲) 등]어는 無文土器가 사용되던 청동기시대와 일치시켜 볼 수 있다. 따라서 한민족의 기원을 언급하려면 구석기, 신석기, 청동기시대(기원전 2000년-기원전 600년)와 철기시대 전기(기원전 400년-기원전 1년)의 문화내용을 잘 파악하고 있어야 한다. 그 중 현 나나이족(The Nanai people)은 극동지역 퉁구스족(a Tungusic people of the Far East)의 하나로 스스로 Nani 또는 Hezhen이라 부르며 그 뜻은 'natives'와 'people of the Orient'를 의미한다. 러시아어로 nanaitsy/**нанайцы**, 중국어로 赫哲族(Hèzhézú)이며 Golds와 Samagir로도 알려져 왔다. 이들은 전통적으로 松花江(Songhuajiang, Sunggari), 黑龍江(Heilongjiang), 우수리(Usuri)와 아무르(Amur: 송화강, 흑룡강과 우수리강이 하바로브스크에서 합쳐져 아무르강의 본류를 이룬다) 강가에서 살아왔다, 현재 나나이족의 자치주는 黑龍江省 双鸭山市 饶河县(四排赫哲族乡), 佳木斯市, 同江市(街津口赫哲族乡, 八岔赫哲族乡), 하바로브스크 크라이(Khabarovsk Krai) Nanaysky지구이다. 이들의 조상은 만주 북부의 女眞族(Jurchens: 挹婁-肅愼-勿吉-靺鞨-黑水靺鞨-女眞-生女眞-金-後金-滿洲/清-大清)으로 여겨진다. 그들의 언어는 알타이어의 갈래인 만주-퉁구스어(Manchu-Tungusic branch of the Altai languages)이며 그들의 종교는 샤마니즘(巫敎)으로 곰(Doonta)과 호랑이(Amba)를 대단히 숭상한다. 또 이들은 큰 뱀(great serpent)이 강 계곡을 파낼 때까지 땅은 편평했다고 믿는다. 그리고 태양, 달, 물, 나무도 숭배한다. 그리고 우주의 만물은 각기 精氣를 가지고 있다고 믿는다. 불과 같이 정기가 없는 물질은 나이 먹은 여인인 풰드자 마마(Fadzya Mama)로 擬人化된다. 그래서 어린아이들은 불 곁에 가지 못하게 막고 남자는 불 앞에서 예의를 갖춘다. 祭儀의 주관자인 샤만은 하늘과 통교하여 나쁜 기운을 쫓아내고 현세와 정신세계를 이어주도록 주관한다. 샤만의 의복은 퉁구스어를 말하는 다른 부족의 샤만과 비슷하며 옷에 거울(鏡)을 부착한다. 무덤은 地上에 만드나 한 살 전에 죽은 아이는 天葬(sky burial)으로 자작자무껍질이나 천으로 시체를 싸서 나뭇가지 위에 올려놓는다

고조선의 건국 사실을 전하는 단군이야기는 우리 민족의 시조신화로 널리 알려져 있다. 단군이야기는 오랜 세월을 거치면서 전승되어 기록으로 남겨진 것이다. 그러는 사이에 어떤 요소는 후대로 가면서 새로이 첨가되기도 하고 때로

는 없어지기도 하였다. 이것은 모든 신화에 공통된 속성의 하나로서, 신화는 그 시대의 사람들의 관심을 반영하는 것이기 때문에 역사적인 의미가 있다. 단군의 기록은 청동기시대의 문화를 배경으로 한 고조선의 성립이라는 역사적 사실을 반영하고 있다. 이러한 내용은 신석기시대 말기에서 청동기시대로 발전하는 시기에 계급의 분화와 함께 지배자가 등장하면서 다른 새로운 사회질서가 성립되는 과정을 잘 보여 준다. “널리 인간을 이롭게 한다(弘益人間)”는 것도 새로운 질서의 성립을 의미하는 것이다. 이 시기에는 사람들이 구릉지대에 거주하면서 농경생활을 하고 있었다. 이때, 환웅부족은 태백산의 신시를 중심으로 세력을 이루었고, 이들은 하늘의 자손임을 내세워 자기 부족의 우월성을 과시하였다. 또, 風伯·雨師·雲師를 두어 바람·비·구름 등 농경에 관계되는 것을 주관하게 하였으며, 사유재산의 성립과 계급의 분화에 따라 지배계급은 농사와 형벌 등의 사회생활을 주도 하였다. 선진적 환웅부족은 주위의 다른 부족을 통합하고 지배하여 갔다. 곰을 숭배하는 부족은 환웅부족과 연합하여 고조선을 형성하였으나, 호랑이를 숭배하는 부족은 연합에서 배제되었다. 종교는 劣等自然教 [多靈教期: 精靈崇拜(animism)→토테미즘(totemism, 圖騰崇拜)→巫教(shamanism, 薩滿教)→祖上崇拜(ancestor worship)]→高等自然教(多神教, polytheism)→ 一神教(monotheism)로 발전하는데, 단군조선은 이 중 劣等自然教 중 토테미즘(totemism)에 해당한다. 단군은 제정일치의 지배자로 고조선의 성장과 더불어 주변의 부족을 통합하고 지배하기 위해 자신들의 조상을 하늘에 연결시켰다. 즉, 각 부족 고유의 신앙체계를 총괄하면서 주변 부족을 지배하고자 하였던 것이다. 고조선은 초기에는 辽宁지방에 중심을 두었으나, 후에 와서 대동강유역의 왕검성을 중심으로 독자적인 문화를 이룩하면서 발전하였다. 고조선은 연나라의 침입을 받아 한때 세력이 약해지기도 하였다. 고조선은 요령지방을 중심으로 성장하여 점차 인접한 족장사회들을 통합하면서 한반도까지 발전하였다고 보이는데, 이와 같은 사실은 지석묘와 비파형동검(고조선식동검), 거친무늬거울, 미송리형 토기 등 출토되는 유적과 유물의 공통성 및 분포에서 알 수 있다. 환웅부족과 곰 토템 부족의 결합, 제정일치의 사회, 농사를 중시하는 점 등이 큰 줄기임을 알 수 있다. 이러한 고조선은 기원전 4세기 말엽에는 否王과 準王 등 왕을 칭하고 왕위를 세습하였으며, 관직도 두게 되었다. 한편 전국시대 이후 중국이 혼란에 휩싸이자 流移民들이 대거 우리나라로 넘어와 살게 되었다.

檀君朝鮮의 건국연대는 徐居正·崔溥 等 共撰한 『東國通鑑·外紀』 기원전 2333년(戊辰年)이 기본이 된다. 본문은 '東方初無君長, 有神人降于檀木下, 國人立爲君, 是爲檀君, 國號朝鮮, 是唐堯戊辰歲也. 初都平壤, 後徙都白岳, 至商.武丁八年乙未(기원전 1317년), 入阿斯達山爲神'. 이다. 그러나 劉恕의 『資治通鑑·外紀』, 安鼎福의 『東史綱目』, 李承休의 『帝王韻紀』 등에서 기원전 2333년(戊辰년의 건국연대는 기원전 2313년이나 殷 武丁 8년 乙未年까지 단군이 다스리던 기간이 1028년이 아닌 1048년으로 본다면 20년이 올라간 기원전 2333년이 된다), 그리고 『三國遺事』에서 건국연대는 기원전 2311년(唐高, 堯 즉위 후 50년 庚寅/丁巳년. 皇甫謐의 설에 따르면, 기원전 2307년이 된다) 등 그 설도 다양하다. 이는 『史記』 五帝 本紀 註釋에서 皇甫謐이 唐堯(帝堯)가 甲申년(기원전 2377년)에 태어나서 甲辰년에 즉위(기원전 2357년)했다고 하는 여러 설에서 기인되기도 한다. 우리나라에서 고고학과 역사학이 결합할 수 있는 부분은 檀君朝鮮시대부터이지만 徐居正의 『東國通鑑』, 『三國遺事』, 李承休의 『帝王韻記』, 『朝鮮王朝實錄地理志』·權擥의 『應製詩註』에 실린 기록은 神話의 차원에만 머무를 뿐 실제 역사학과 고고학에서 활용되지는 못하고 있다. 단군조선의 존재연대를 살펴보면 『東國通鑑』에는 기원전 2333년(戊辰年) 단군이 아사달(阿斯達)에 나라를 열고, 『三國遺事』 紀異編 古朝鮮條에 인용된 위서(魏書)에는 단군이 건국한 때는 당고(唐高, 堯)와 동시기이며, 같은 책의 고기에는 당고가 즉위한 지 50년인 해가 경인(庚寅)년 [기원전 2311년, 실제 그 해는 丁巳年임]이라 하고 있어 실제 단군조선이 있었다면 현재까지의 문헌상으로 보아 기원전 2333년에서 은(殷/商)의 기자(箕子)가 무왕(武王) 때 조선으로 온 해인 기원전 1122년 [周武王 元年 乙卯年]까지이다 [그러나 董作賓의 견해에 따르면 武王 11년은 기원전 1111년에 해당한다]. 그래서 만약 기자조선이 실재하여 고고학과 결부된다면 이 시기는 우리나라의 고고학 편년 상 신석기시대 후-말기에 해당된다. 그런데 최근의 러시아와 중국의 고고학 자료들에 의해서 청동기시대 조기(기원전 2000년-기원전 1500년)

가 이 시기까지 근접해 거슬러 올라갈 수 있음이 밝혀졌다. 따라서 단군조선 시기에 있어서 역사학과 고고학의 결합은 현재까지 어려운 실정이나 앞으로 이론적 배경을 바탕으로 하는 학제적 연구로 전설과 신화에서 벗어나 실제의 역사로 탈바꿈할 가능성도 많다.[5)]

---

5) 그러나 북한의 사회과학원에서는 평양 근교 강동군 강동읍의 서북쪽 대박산 기슭에서 단군릉을 발굴하고 조선중앙방송과 조선통신을 통해 무덤구조, 金銅冠片과 단군의 뼈(5011년 B.P., 기원전 3018년)라고 주장하는 인골을 공개하고, 이에 입각하여 집안에 있는 광개토왕릉과 유사한 대규모의 단군릉을 복원하는 등의 거국적인 사업을 시행하고 있다. 이를 살펴보면, 고조선의 중심지는 평양 강동군 대박산 단군릉을 중심으로 하는 평양 일대이며, 평양 근처에는 검은모루봉인(原人)-역포인과 덕천인(古人)-승리산인(新人)-만달인(중석기인)-신석기인(조선옛 유형인)이 발견되는데, 이로 알 수 있듯이 평양은 옛날부터 인류의 조상이 계속 살아온 유구한 전통을 지니고 있다는 것이다. 또한 고조선의 문화는 지석묘(지석묘)와 琵琶形銅劍(고조선식동검), 거친무늬거울, 미송리형 단지로 대표되는데, 지석묘와 비파형동검의 연대로 볼 때 고조선의 시작이 기원전 30세기로 거슬러 올라간다고 한다. 그리고 고조선사회를 종전의 주장대로 노예제사회(국가 또는 대동강문명)로 보고 있으며, 이의 증거로 평안남도 成川郡 龍山里(5069년 B.P.)의 殉葬墓를 들고 있다. 이러한 주장은 일견 논지가 일관되어 합리적인 것으로 보이지만, 다음과 같은 문제점을 가지고 있다.

①첫째는 연대문제로 기원전 2333년에서 기원전 194년까지 존속했던 단군-기자조선이 실존했었는지의 여부 도 파악하기 힘들며, 실존했다 하더라도 그 연대가 한국고고학 편년에 대입시켜보면 신석기 말기 즉 기원전 2000년에서 기원전 1500년으로 청동기시대 조기와 겹친다. ②둘째는 지리적인 문제로 고조선의 대표적인 유 물인 지석묘와 비파형동검의 출토지역을 중심으로 살펴보면 중심지는 오늘날 행정구역상 요령성과 길림성 일 대로 평양이 고조선의 중심지일 가능성은 거의 없다는 것이다. ③세 번째는 단군릉에서 발굴된 인골의 연대적 용문제이다. 출토 인골의 연대분석으로 기원전 3018년이란 연대가 나왔는데, 이는 단군의 건국 연대인 기원전 2333년보다 685(1993년 기준)년이나 앞선다는 문제점과 함께 연대측정에 이용된 전자스핀공명법(electron spin resonance)은 수십에서 수 백 만년 이전의 유물인 경우에 정확한 연대를 측정하는 것으로 알려져 있다. ④넷째로 인골이 출토된 유구가 평행삼각고인 천정에 연도가 중심에 위치한 돌칸흙무덤(石室封土墳)이라고 하는데, 그 시기의 대표적인 무덤형식은 적석총이나 지석묘이다. 따라서 무덤 자체의 형식으로 보아서는 이 단군 릉이 高句麗 下代의 무덤이지 그보다 연대가 훨씬 올라가는 단군의 무덤이라고 할 수 없다는 것이다. ⑤다섯째는 유구 내부에서 출토되었다고 하는 도금된 金銅冠片으로 이는 무덤의 구조와 마찬가지로 고구려의 유물일 가능성이 큰 것이다. 따라서 이 유구에 묻힌 인골은 기자조선 또는 단군조선시대의 인물과는 거리가 먼 것으로 보아야 할 것이다. ⑥여섯째는 단군의 실존 여부의 문제이다. 단군이 실재했는지는 현재로서는 알 수 없고, 단군 그 자체는 단지 몽고침입이 잦았던 고려 말이나 일제 침입이 있었던 조선 말 민족의 구원자겸 구심점으로 三韓 一統的인 민족의 상징적인 역할을 했던 것으로 보인다.

이런 점을 고려할 때 단군릉은 주인공의 존재가 확인되지 않은 고구려의 무덤이 후대에 단군릉으로 변조된 것 으로 볼 수 있을 것이다. 이와 같이 단군릉의 발굴에 대한 북한 측의 견해는 학문적이라기보다는 그들의 정통성 확보를 위한 정치적인 면을 보이는 것이라 할 수 일정한 구조를 가진 꾸며낸 이야기를 일컫는 설화에는 신화, 전설, 민담이 포함된다. 그래서 신화를 "종교적 교리 및 의례의 언어적 진술" 이라 정의한다. 한국의 건국신화는 왕권을 신성화하는데, 이들 신화는 신화의 영역을 뛰어넘어 역사적으로 구체화된 신화와 전설의 복합체이다. 신화의 주인공은 인간의 한계를 뛰어넘은 능력을 지닌 신적인 존재이며 신화는 민족적인 범위에서 전승된다. 국가는 국가창건신화의 증거물에 해당하며 만일 신화에서 이러한 증거물이 없으면 그 전승은 중지되거나 민담으로 전환된다고 한다. 즉 설화→신화(종교적 교리 및 의례의 언어적 진술로 건국, 씨족, 마을 및 무속의 네 가지가 포함된다)→건국신화(신화와 전설의 복합)→민담의 순으로 발전함을 알 수 있다.

古朝鮮 중 단군조선의 건국연대가 徐居正·崔溥 等이 共撰한 『東國通鑑·外紀』에 의한 기원전 2333년을 인정하면, 그 시대는 한국고고학 편년 상 신석기시대 말기-청동기시대 조기에, 그리고, 마지막 단계인 衛滿朝鮮의 건국은 기원전 194년으로 철기시대 전기 말에 해당한다. 한반도 최초의 고대국가인 衛滿朝鮮(기원전 194년-기원전 108년)은 무력·경제력·이념(종교) 등이 바탕이 되며, 무력을 합법적으로 사용하고 중앙집권적이고 전문화된 정부조직을 갖고 있다. 철기시대 전기에 우리나라 최초의 고대국가인 衛滿朝鮮(기원전 194년-기원전 108년)이 들어서서, 실제 역사시대의 시작은 철기시대 전기 말인 기원전 194년부터라고 할 수 있다. 그리고 『三國史記』 卷 第 29, 年表 上에도 "海東有國家久矣. 自箕子受封於周室, 衛滿僭號於漢初, 年代綿邈, 文字疎略, 固莫得而詳焉. 至於三國鼎

있을 것이다. 또 최근 북한학자들은 평양시 삼석구역 호남리 표대 유적의 팽이그릇 집자리를 4기로 나누어 본다(Ⅰ-기원전 3282년±777년/3306년±696년, Ⅱ-기원전 2668±649년/2980±540년/2415±718년/2650±510년, Ⅲ-기원전2140±390년/2450±380년, Ⅳ-기원전 1774±592년/1150±240년, 조선고고연구 2003년 2호). 그중 Ⅱ에서 Ⅳ문화기 즉 기원전 3천 년 기 전반기에 서 기원전 2천 년 기에 해당하는 연대를 단군조선(고조선)국가성립을 전후한 시기로 보고 있다. 그리고 북한학 자들은 아직 학계에서 인정을 받지 못하고 있지만 서기 1993년 10월 2일 평양 근교 강동군 강동읍 대박산 기 슭에서 단군릉을 발굴하고 단군릉에서 나온 인골의 연대(electron spin resonance: 전자스핀공명법 연대)인 기원전 3018년을 토대로 하여, 근처 성천군 용산리 순장묘와 지석묘(5069± 426B.P./3119B.C.), 대동강 근처 덕천군 남양 유적 3층 16호 집자리(5796 B.P./3846 B.C.)와 평양시 강동군 남강 노동자구 黃岱부락의 土石混 築의 城까지 묶어 기원전 30세기에 존재한 '대동강문명'이란 말을 만들어냈다.

峙, 則傳世尤多, 新羅五十六王, 九百九十二年. 高句麗二十八王, 七百五年. 百濟三十一王, 六百七十八年, 其始終可得而考焉, 作三國年表. 唐賈言忠高麗自漢有國, 今九百年誤也"라고 하여 司馬遷의 『史記』에 나오는 箕子朝鮮과 衛滿朝鮮의 존재를 모르지 않았음을 示唆하고 있다.

〈참고문헌〉

金芳漢 1983 韓國語의 系統, 서울: 대우학술총서·인문사회과학 1

金烈圭 1976 韓國의 神話, 서울: 一朝閣

金貞培 2000 東北亞의 琵琶形銅劍文化에 대한 綜合的 硏究, 國史館論叢 第88輯, 과천: 국사편찬위원회

김종혁·전영수
2003 표대유적 팽이그릇 집자리들의 편년, 조선고고연구 2003-2, 사회과학원 고고 학연구소, pp.5-10

吳江原 2012 遼寧地方의 靑銅器文化와 北方靑銅器文化 間의 相互作用과 交流樣相, 21세기의 한국고고학 V(희정 최몽룡교수 정년퇴임논총 V), 서울:주류성, pp.617-658

박양진 2012 소흑석구 유적과 하가점 상층문화의 새로운 이해, 21세기의 한국고고학 V(희정 최몽룡교수 정년퇴임논총 V), 서울: 주류 성, pp.591-616

복기대 2002 요서지역 청동기시대 문화연구 서울: 백산자료원

유태용 2010 遼東地方 支石墓의 性格 檢討, 21세기의 한국고고학 III(희정 최몽룡교수 정년퇴임논총 III), 서울: 주류성, pp.353-450

李東注 2007 韓國 新石器文化의 源流와 展開, 부산: 세종출판사

하문식 2010 최근 조사된 동북지역 고인돌유적의 몇 예, 21세기의 한국고고학 III (희정 최몽룡교수 정년퇴임논총 III), 서울: 주류성, pp.451-475

李基文·藤本幸夫역
1975 韓國語の歷史, 東京: 大水舘書店

李御寧 1976 韓國人의 神話, 서울: 서문문고 21

鄭漢德 2000 中國 考古學 硏究, 서울: 학연문화사

趙喜雄 1983 韓國說話의 類型的 硏究, 서울: 韓國硏究院

崔夢龍 1985 春川 中島와 義城 塔里 出土 人骨, 閔錫泓 박사화갑기념사학논총, 서울: 삼영사, pp.697-706

1993 韓國文化의 源流를 찾아서 -考古紀行-, 서울: 학연문화사

1997 철기시대, 한국사 3 청동기문화와 철기문화, 국사편찬위원회, pp.325-342

1997 고조선의 사회와 문화, 한국사 4 -초기국가-고조선·부여-, 국사편찬위원회, pp.115-146

1997 북한의 단군릉 발굴과 그 문제점 1 및 2, 도시·문명·국가, 서울대 출판부, pp,103-116

1997 衛滿朝鮮, 韓國古代國家形成論, 서울: 서울대학교 출판부, pp.203-280

1999 철기문화와 위만조선, 한국정신문화연구원, 고조선문화, pp.1-70

2000 흙과 인류, 서울: 주류성, pp.154-155

2002 고고학으로 본 문화계통-문화계통의 다원론적 입장-, 한국사 1 총설, 국사편찬위원회, pp.89-110

2000 21세기의 한국고고학: 선사시대에서 고대국가의 형성까지, 한국사론 30집, 서울: 국사편찬위원회, pp.29-66

2007 중국 청동기시대의 문화사적 배경, 2007국제학술강연회, 동아시아의 청동 기문화, 부산: 부산박물관, pp.20-28

2012 고등학교 國定教科書(교육인적자원부, 5, 6, 7차)의 'II장 선사시대의 문화와 국 가의 형성', pp.14-41

2013 인류문명발달사(개정 5판), 서울: 주류성

2014 한국고고학연구, 서울: 주류성

2014 중국의 신석기시대·청동기·철기시대-中國의 多元的 文明發生과 한국의 고대문화-, 이상윤 기증유물 III, 동북아 선사문화로의 초대, 한성백 제박물관, 2014. 9. 25.(목), pp.180-215

2015 韓國 考古學에서 본 古朝鮮 問題와 衛滿朝鮮의 性格, 古朝鮮學報 1, pp.7-59

2015 교재용 인류문명발달사 -고고학으로 본 세계문화사-(개정 6판), 서울: 주류성

2016 선사시대의 문화와 국가의 형성-고고학으로 보는 한국 상고사-, 서울: 살림출판사

崔夢龍·이헌종·강인욱

2003 시베리아의 선사고고학, 서울: 주류성

K.C. Chang

1980 Shang Civilization, New Haven: Yale University Press

1983 Art, Myth, and Ritual-The Path to Political Authority in Ancient China-, Cambridge: Harvard University Press

1986 The Archaeology of Ancient China, New Haven; Yale University

Ri Sun Jin et. al,

2001 Taedonggang Culture, Pyongyang: Foregin Languages Publishing House Press

Kluckhohn, Clyde

1960 'The moral order in the expanding society' in City Invincible: an Oriental Institute Symposium. ed C.H. Kraeling and R.M. Adams, Chicago: The University of Chicago Press pp.53-68

陳夢家 1956 殷墟卜辭綜述, 北京: 科學出版社, pp.255-258

蘇秉琦 2009 中國文明起源新探, 沈陽: 辽宁人民出版社

李伯謙 1998 中國青銅文化結構體系研究, 北京: 과학출판사

王巍 1998 夏商周時期辽東半島和朝鮮半島西北部的考古學文化序列及其相互關係, 青果集 吉林大學考古學專攻成立20周年紀念論文集, pp.196-223

1998 商周時期辽東半島與朝鮮大同江流域考古學文化的相互關係, 青果集, 吉林大學考古學專攻成立20周年紀念論文集, pp.233-244
祖友義編 1991 西安, 香港: 中外文化出版
薛錫編輯 1987 半岐遺址, 西安: 人民美術出版社
郭寶均 1963 中國青銅器時代, 北京: 三聯書店
安金槐 主編
1992 中國考古, 上海: 上海古籍出版社出版
杜迺松 1995 中國青銅器發展史, 北京: 紫禁城出版社
朱鳳瀚 1995 古代中國青銅器, 天津: 南開大學出版社
馬承源 主編
1988 中國青銅器, 上海: 上海古籍出版社出版
中國歷史博物館(中国国家博物馆)
1990 中國歷史博物館 圖錄, 北京: 中國歷史博物館
陳鐵梅 外
1979 碳14年代測定報告, 文物 12, pp.78-79
中國科學院考古研究所實驗室
1972 放射性碳素測定年代報告(2), 考古 5, pp.56-58
中國社會科學院考古研究所編著
1984 新中國的考古發現和研究, 北京: 文物出版社
1999 偃師二裏頭 1959年-1978年考古發掘報告, 中國大百科全書出版社
中國社會科學院古代文明研究中心 編著
2014 禹會村遺址研究: 禹會村遺址與淮河流域文明研討會論文集, 北京: 科學出版社
河南省文化局文物工作隊編著
1959 鄭州二裏岡, 北京: 科學出版社
河南省文物考古研究所·三门峡市文物工作队 編著
1999 三门峡虢国墓 (上下卷), 北京: 文物出版社
许明纲, 许玉林, 苏小华, 等
1981 长海县广鹿岛大长山岛贝丘遗址, 考古学报,1, pp.63-110
许明纲, 许玉林
1983 辽宁新金県雙房石蓋石棺墓, 考古 4, pp.293-295
许玉林, 傳仁義, 王傳普
1989 辽宁東溝县後窪遗址发掘概要, 文物 12
金英熙, 贾笑冰.
2009 辽宁长海县小珠山新石器时代遗址发掘简报 考古 5, pp.16-25
辽宁省博物馆 等
1977 辽宁敖汉旗小河沿三种原始文化的发现, 文物 12

辽宁省 文物保護與長城基金會·辽宁省文物考古研究所

1990 辽宁省重大文化史迹, 辽宁: 辽宁美術出版社

辽宁省文物考古研究所編

1994 辽東半島石棚, 辽宁: 辽宁科學技術出版社

2012 牛河梁-红山文化遗址发掘报告(1983-2003年度) 제1판, 北京: 文物出版社

辽宁省文物考古研究所·吉林大學考古系·旅順博物館

1992 辽宁省瓦房店市長興島三堂村新石器時代遺址, 考古 2

辽宁省文物考古研究所 編

1994 辽東半島石棚, 辽宁: 辽宁科學技術出版社

辽宁省文物考古研究所·旅順博物館

1984 大蓮市郭家村新石器時代遺址, 考古學報 3

辽宁省文物考古研究所,

1994 辽宁阜新县查海遗址1987-1990年 三次发掘, 文物 11

1994 馬城子-太子河上游洞穴遺存-, 文物出版社

辽宁省博物館·本溪市博物館··本溪县文化館

1985 辽宁本溪县廟后山洞穴墓地發掘簡報, 考古 6, pp.485-496

孫祖初 1991 論小珠山中層文化的分期及各地比較, 辽海文物學刊 1

陳全家·陳國慶

1992 三堂新石器時代遺址分期及相關問題, 考古 3

胡品 2014 偏堡子文化与北沟文化研究 吉林大学 碩士學位論文

辛岩 1995 查海遺址發掘再獲重大成果, 中國文物報 第1版

李曉鍾 1990 瀋陽新樂遺址1982-1988年發掘報告, 辽海文物學刊 1

新樂遺址博物館編印

2006 新樂遺址介紹單張, 沈陽: 新樂遺址博物館

朝陽市博物館編

1995 朝陽歷史與文物, 沈陽: 辽宁大學出版社

旅順博物館·辽宁省博物館

1983 大蓮 于家村 砣頭 積石墓地, 文物 9, pp.39-47

吉林省文物考古研究所編

1987 楡樹老河深, 北京: 文物出版社

吉林省文物考古研究所·延邊朝鮮族自治區博物館

2001 和龍興城, 北京: 文物出版社

胡品 2014 偏堡子文化与北沟文化研究 吉林大学 碩士學位論文

崔琰·趙菡編輯

2000 河南博物院, 鄭州: 大象出版社

內蒙古文物考古研究所

2007 內蒙古 赤峰市 三座店 夏家店 下層文化 石城遺址, 考古 2007-7, pp.17-24

內蒙古自治區 文物考古研究所·宁城県辽中京博物館

2009 小黑石溝-夏家店 上層文化遺址發掘報告, 北京: 科學出版社

內蒙古博物館

1987 內蒙古歷史文物-內蒙古博物館建館三十周年紀念-, 北京: 人民美術出版社

田廣金, 郭素新

1980 西溝畔匈奴墓反映的諸問題, 文物 7

1980 內蒙古阿魯柴登發現的匈奴遺物 4

1986 鄂爾多斯式青銅器, 北京: 文物出版社

北京市文物硏究所編

1990 北京考古學四十年, 北京: 北京燕山出版社

盖山林 1986 陰山岩畵, 北京: 文物出版社

河姆渡遺址博物館編

2002 河姆渡文化精粹, 北京: 文物出版社

周新華 2002 稻米部族, 杭州: 浙江省文藝出版社

劉斌 2007 神巫的世界-良渚文化綜論, 杭州: 撮影出版社

王寧遠 2007 遙遠的村居-良渚文化的聚落和居住形態-, 杭州: 撮影出版社

兪爲 2007 飯稻依麻-良渚人的衣食文化-, 杭州: 撮影出版社

趙曄 2007 煙滅的古國故都-良渚遺址概論-, 杭州: 撮影出版社

將衛東 2007 神巠與精緻-良渚玉器硏究-, 杭州: 撮影出版社

浙江省文物硏究所

2008 杭州市 余杭區 良渚 古城遺址 2006-2007年 的 發掘, 北京: 考古 7, pp.3-10

良渚博物院

2009 良渚文化-實證中華五千年文明, 杭州: 杭州博物院

孫國平 2008 遠古江南-河姆渡遺址-, 天津: 天津古籍出版社

李安軍 主編

2009 田螺山遺址-河姆渡文化新視窓-, 杭州: 西冷印刷出版社

乌兰 2009 浅析兴隆洼文化陶器 [J]. 赤峰学院学报: 汉文哲学社会科学版

劉國祥 2004 興隆溝聚落遺址發掘收獲及意義, 東北文物考古論集 北京:科學出版社 pp.58－74

安俊 1986 赫哲语简志 北京: 民族出版社

林幹 1986 匈奴通史, 呼和呼特: 人民出版社.

1988 匈奴史年表, 呼和呼特: 人民出版社.

1989 東胡史, 呼和呼特: 人民出版社,

田廣金 1983 近年來內蒙古地區的匈奴考古 考古学報 1

1976 桃紅巴拉的匈奴墓 考古学報 1

1992 內蒙古石器時代-青銅時代考古發現和硏究 內蒙古文物考古 1·2
烏恩 1990 論匈奴考古硏究中的幾個問題 考古學報 4
田廣金, 郭素新
1980 西溝畔匈奴墓反映的諸問題, 文物 7
1980 內蒙古阿魯柴登發現的匈奴遺物 4
1986 鄂爾多斯式青銅器, 北京: 文物出版社
鍾侃·韓孔樂
1983 寧下南部春秋戰國時期的青銅文化, 第4次中國考古學會年會論文集
山東大學歷史系考古專業 山東大學 歷史系 考古學專業
1992 山東鄒平丁公遺址第二, 三次發掘簡報, 考古 6
松丸道雄編
1980 西周青銅器とその國家, 東京: 東京大學出版會
徐光輝 1997 星星哨石棺墓群再檢討 -西團山文化の編年のたもに-, 國際文化硏究 創刊號, pp.53-68
梅原末治 1960 蒙古ノイン·ウラ發見の遺物, 東洋文庫論叢第27冊, 東京: 東洋文庫
江上波夫·水野淸一
1935 內蒙古·長城地帶, 東京: 東亞考古學會
香山陽坪 1963 砂漠と草原の遺寶, 東京: 角田書房
江上波夫 1967 騎馬民族國家, 東京: 中央公論社
藤尾愼一郎
2002 朝鮮半島의 突帶文土器, 韓半島考古學論叢, 東京: すずさわ書店, pp.89-123
中山淸隆 1993 朝鮮·中國東北の突帶文土器, 古代 第95號, pp.451-464
2002 繩文文化と大陸系文物,繩文時代の渡來文化, 東京: 雄山閣, pp.214-233
2004 朝鮮半島の先史玉器と玉作り關聯資料, 季刊考古學 89, pp.89-91
2004 朝鮮半島出土の玦狀耳飾について, 玉文化, 創刊號, pp.73-77

From myth to history: Some Critical Issues of Ko Chosŏn and the Characteristics of Wiman Chosŏn of Korean Archaeology

Choi, Mong-Lyong (Professor emeritus of Seoul National University)

Bronze Age which is equivalent to the 'Urban Revolution'(都市革命) coined by Vere Gordon Childe or the 'Slave society'(奴隷制社會) out of 'materialistic conception of history'(唯物史觀), and Classic(古典期)–Postclassic(後古典期) Stages of American chronology based upon the 'tradition/temporal continuity concept' represented by persistent configurations in single technologies or other systems of related forms, and 'horizon/spatial continuity concept' represented by cultural traits and assemblages, begins from the Sumer civilization appeared near the Tigris and Euphrates rivers in the Iraqi region around 3000 B.C.(BCE). But a city, civilization and state simultaneously appear in the world history and their foundation lies in food–producing subsistence of the Neolithic Revolution. New archaeology since 1960 defines culture as the means of adaptation to environments, and civilization is characterized by the presence of city and writing system. A state may be defined as 'the legitimatized use of force and centralization of power', or 'the centralized and specialized institution of government with the background of the cohesion of power, economy and ideology' and 'end–product of multiplier effect.' The beginning of the Former Iron Age (鐵器時代 前期, 400 B.C.–1 B.C.) marks the first formation of ancient state and civilization in the Korean Peninsula. Wiman Chosŏn/Joseon(衛滿朝鮮, 194 B.C.–108 B.C.), the last appearance of from Ko Chosŏn(Old Chosŏn, 古朝鮮) which included such three Chosŏn as Tangun Chosŏn(檀君朝鮮, 2333 B.C.–1122/1111 B.C.), Kija Chosŏn (箕子朝鮮, 1111 B.C.–194 B.C.) had established during this period. Historical documents from Shizi Ch'ao–hsienliezhuan(史記朝鮮列傳) indicate several factors characterizing civilization, such as, the use of Chinese writing system, the distribution of coinage(knife-money, 明刀錢). existence of Wanggeomseong(王儉城) as a capital city in Pyongyang(平壤) and the presence of military in the Wiman Chosŏn State.

Since the normalization of diplomatic relations between Korea and Russia, and China according to the treaty on September 30, 1990, and on August 24, 1992 respectively, a lot of archaeological information flow has been made it possible for Korean archaeologists confirm the origin and diffusion of Korean culture and establish new chronology of Korea Bronze and Iron Ages in terms of polyhedral theory. And the origins of the Korean culture are thought to have been applied with polyhedral or polyphyletic theory as far as Northeast Asia centering on Siberia is concerned. Siberia, northeastern China (Manchuria, 滿洲) and Mongolia(蒙古) are the most important melting places from which various cultural elements regardless time and space are diffused according to the chronology of Korean archaeology. Such archaeological evidence based upon relics and artefacts as comb-patterned pottery, plain-coarse pottery with band appliqué, stone cist, antennae sword, petroglyph et al. are representative for identifying the cultural diffusion and relationship between Northeast Asia and Korean peninsula, and especially the origin of Korean culture through the Korean peninsula, and especially the origin of Korean culture through the Palaeolithic Age(700000?B.P.-12000B.P./10,000 B.P.), Neolithic Age (8000B.C.-2000B.C./1500B.C.2000 B.C.), Bronze Age(2000B.C./1500 B.C.-400 B.C.) and the Former Iron Age(400 B.C.-1 B.C.) during the prehistoric times of Korea. They can be traced back to such northern places adjacent to the Korean peninsula as the Amur river valley region and the Maritime Province of Siberia including the Ussuri river basin, Mongolia), and the Manchuria(the northeastern three provinces) of northern China, which means that surrounding northern part of the Korean peninsula is to be revalued as the places of the origin and diffusion of Korean culture, as already shown from the recently found archeological remains and artefacts in the whole Korean territory.

And also new perspectives in the Bronze and Iron Age of Korean Archaeology in terms of polyhedral theory has made it possible that analysis and synthesis of archaeological data from the various sites so far excavated by several institutes nationwide and abroad provided a critical opportunity to reconsider archaeological cultures and chronology of Korean Bronze, Iron Ages and Former Three Kingdoms Period(三國時代 前期), and I have tried to present my own chronology and sub-periodization(epoch) of Korean Bronze and Iron Ages with some suggestions, including a new perspective for future studies in this field.

Since 1500 B.C./BCE, dolmens in Korea has been constructed not only as representing aboriginal culture during the Bronze(2000 B.C.–400 B.C./BCE) and Iron(400 B.C. –1 B.C./BCE) Age, but also as graves of high classes during the stratified/hierarchical chiefdom stage based upon clan, craft specialization, and redistributional economic system during the Korean prehistory. Presence of children's graves among Panchon-ni dolmens in Naju suggests an inherited social status within a stratified society marking clan based hierarchcal society. Also, in association with the Misong-ni type pottery, bronze mirrors with coarse decorations, and the Liaoning type bronze daggers, the Korean dolmens play an important role in the study of Ko Chosŏn's (Old Chosŏn, 古朝鮮) territory and culture. North Korean scholars, according to their own socio-political perspectives, consider the Korean dolmens to be the graves of military commanders or chiefly leaders, and regard the dolmen builders as the people of Ko Chosŏn(Old Chosŏn). In 1993 they claimed to have discovered the grave of Ko Chosŏn's founding father, Tangun(檀君) at Mt. Daebak (大朴山) in Kangdong-ku(江東區) of P'yŏngyang(平壤), and dated it to 3,000 B.C. Accordingly, they hold that Tangun or Ko Chosŏn was founded as early as 3,000 B.C. Thus North Korean scholars discuss the dolmen society in terms of Tangun or Ko Chosŏn, the beginning of Korea's Bronze Age, Korea's ancient 'Slavery' Society, and the Korea's earliest state formation. These are scholarly issues requiring further study. Recently, Korean archaeologists have begun to pay more attention to the Indigenous Origin Theory regarding the origin of the Korean dolmens. As already mentioned, however, there remains a number of unresolved issues in regard to Korean dolmens. They include the question of their origin, the temporal sequence of different dolmen types, dating and chronology of dolmens, and the relationships between the dolmen chronology and their associated artifacts. We expect that more archaeological evidence from other regions such as Siberia, China, and Japan will help clarify these issues.

And Korean academic circles have to fully accept a record illustrated in the *Samguksagi*(『三國史記』) as a historical fact that King Onjo, the first king of Baekje Kingdom, founded Baekje(百濟) in the territory of Mahan in 18 B.C. during the Later Iron Age, or Former Three Kingdoms Period, Baekje had been coexisted with Lolang(樂浪) and Mahan(馬韓) in the Korean Peninsula with close and active interrelations forming an interaction sphere. Without full acceptance of the early records of the *Samguksagi*(『三國史記』), it is impossible to obtain any productive scholarly outcome in the study of ancient Korea. Mahan and Baekje had coexisted for a about 5–600 years long, and the recent increase of archaeological evidence made it possible for both Korean archaeologists and ancient historians together to begin Mahan study with full-scale. The Iron Age(400 B.C.–1 B.C.) representing Mahan and Baekje(百濟) set Korean academic circles have to fully accept records illustrated in the *Samguksagi*(『三國史記』) as a historical fact that King Onjo(溫祖), the first king of Baekje Kingdom, had found Baekje(百濟) in the territory of Mahan in 18 B.C. During the Later Iron Age, or Former Three Kingdoms Period, Baekje had been coexisted with Lolang(樂浪) and Mahan(馬韓) in the Korean peninsula with forming close and active interrelationships within an interaction sphere of Korean peninsula. Without full acceptance of the early records of the *Samguksagi*, it is impossible to obtain any scholarly productive outcomes in the study of the ancient Korea. Mahan had been not only making the domestic interaction sphere among Mahan's 54 chiefdoms each other, but also forming international interaction sphere between Mahan and surrounding foreign states such as Sunwu(孫吳), Dongjin(東晋), Liang(梁) of 6 Nanchao(南朝) Dinasties, Wiman Chosŏn/Joseon, Koguryo(高句麗, 37 B.C.–A.D

668), Baekje(百濟) states and even chiefdoms like Okjeo(沃沮), Dongokjeo(東沃沮), Ye(濊)/Dongye(東濊), Byeonjin(弁辰), Kronovsky(北沃沮, 團結) and Poltze(挹婁), forming itself "Horizon" based upon "spatial continuity represented by cultural traits and assemblages" as in Chavin(religion based theocrcy) and Tiahuanaco Horizons in South America. It was natural process that Mahan had adapted to its environmental niches and tried to seek the survival strategies among the international relationships with chaotic conditions in those days. However, further studies and archaeological evidence are needed to confirm the rise and fall of the Mahan in association with the historical documents in Korean peninsula.

The contents comprise condensed Korean prehistory from the palaeolithic age to the 'Wiman Chosŏn'(衛滿朝鮮, 194 B.C.–108 B.C.) during the 'Former Iron Age'(400 B.C.–1 B.C) with the new supplement on the rise and fall of such civilizations as Sumer, Egypt, Indus and Shang(商) upon which Karl Wittfogel's 'hydraulic hypothesis or hydraulic society' with the formation of 'oriental despotism' that point out 'simultaneous occurrence of early civilizations in regions where large-scale irrigation agriculture was practiced' based. The main ideas for this paper concerned with the Ko Chosŏn(古朝鮮) are based upon culture-historical aspects, and evolutionary points of view in terms of chronology with tradition(time, temporal, diachronic, lineal) depth and horizon (space, spatial, synchronic, collateral) concept. And also especially new perspectives in the Bronze and Iron Age of Korean Archaeology in terms of polyhedral theory has made it possible that analysis and synthesis of archaeological data from the various sites so far excavated by several institutes nationwide and abroad provided a critical opportunity to reconsider archaeological cultures and chronology of the Korean Bronze, Iron Ages and Former Three Kingdoms Period.

Recent archaeological evidence make it possible for archaeologists and historians confirm again and revalue that the historical materials of the *Samguksagi*(『三國史記』) are reliable in comparison with the archaeological data, which means that the history of the Three Kingdoms goes in gear with each other forming a genuine historical context like the toothed wheels inside watch. With the diachronic (traditional, time) and synchronic(horizon, space) point of view Wiman Chosŏn(衛滿朝鮮), establishing at the end of the early Iron Age and indicating bench mark on the initiation of Korean history in peninsula before the appearance of the Three Kingdoms, may help rewrite proper Korean prehistory. And I suggest that the context of their ancient history and cultures intertwined with such surrounding specific socio–political identities as simple or complex chiefdoms and ancient states themselves emerged from Korean peninsula and shown on the historical books should be dissolved and collaborated with the multidisciplinary, polyhedral or polyphyletic approach based upon the archaeology, ancient history, physical anthropology, ethnography (folklore), religion(totemism and shamanism), linguistics and so on.

And also in a vein, we need the authenticity of comprehensive archaeological data intertwined with the information and context of ancient history and cultures in Korean archaeology today as in case of the exit and revelation from the myths and legends of Three Sovereigns and Five Emperors[三皇五帝: 三皇(太昊/伏羲/Fu Xi·神農/炎帝/Shen Nong·女媧/Nu Wa)과 五帝(黃帝/軒轅/Huangdi/Yellow Empero·少昊·顓頊/Zhuan Xu·帝嚳/Ku Xu·堯/Yao·舜/Shun] and Xia(夏: 禹/帝禹/Emperor Yu, 黃帝軒轅의 玄孫) to the entrance into the real historical period during the Chinese ancient times roughly at about 6,000 years ago to 4,000 years ago. The possibility of exit and revelation from the myths and legends of ancient China in line with Tangun Chosŏn) and Ko Chosŏncould be possible from the Hongshan(紅山) primitive civilization located northeastern district of China including Neimenggu(Nei Mongol Autonomous Region, 內蒙古自治區) and Liaoning(辽宁) province whose culture mainly depended upon the first ever Chinese 'jade and dragon'(玉龍文化), and whose political identity to have been known as theocracy(神政政治) just before the emergence of the 'military power based state(militarism)' without having exercised military power like the Chavin civilization during 900B.C–200B.C/750B.C–400B.C in ancient Peru.

고희논총 권두논문 2

용인 할미산성 내 馬韓과 百濟의 宗敎·祭祀遺蹟

— 2012~2015년 발굴된 소위 할미산 "공유성벽" 북쪽 내성의 역사·문화적 맥락[1] —

崔夢龍(서울대 명예교수)

龍仁에 소재하는 성들은 ① 용인시 남사면 아곡리 산 43의 고려시대의 토성으로 고려 高宗 19년(서기 1232년) 9월 몽골군의 2차 침공 때 승장 金允侯가 적장 살리타이(撒禮塔)를 사살하여 승리로 이끌어 대몽항쟁의 전승지로 유명한 處仁城[경기도 기념물 제44호, 射場, 死將터로 불리움, 서기 2003년 1월 22일 (수) 단국대 박물관 매장문화연구소 지도위원회], ② 처인구 유방동, 역북동, 삼가동과 기흥구 구성동과 중동, 포곡읍 마성리에 접해있는 석성산(해발 472m) 정상부에 위치한 石城山城(麻姑城, 城山城, 土·石築 혼합 산성으로, 성 안에 봉수대와 건물 터가 있으며 동쪽과 남쪽의 성벽만이 보존되고 있다. 고구려 20대 長壽王 63년(서기 475년) 백제 공략 후 축조한 성으로 추정된다)과 ③ 최근 발굴과정에서 기능과 명칭에서 문제가 있는 종래의 명칭인 소위 "공유 성벽"(3단의 층단 경사

---

1) 필자 주: 이 글은 서기 2015년 11월 14일(토) 한국성곽회·용인시 주최 '용인 할미산성 발굴조사 성과와 보존활용을 위한 학술심포지엄'의 기조강연용 원고로 필자의 글

'2000 흙과 인류, 서울: 주류성
2006 최근의 고고학 자료로 본 한국고고학·고대사의 신 연구, 서울: 주류성
2008 한국 청동기·철기시대와 고대사회의 복원, 서울: 주류성
2011 韓國 考古學 硏究의 諸 問題, 서울: 주류성
2014 韓國 考古學 硏究, 서울: 주류성'을 중심으로 참조·인용하였다.

면 보호 축대)의 북쪽 내성이 馬韓과 百濟의 祭祀遺蹟으로 새로이 밝혀진 할미산성의 세 곳을 꼽을 수 있다. 그리고 龍仁市 처인구 포곡읍 마성리 산 41 할미산에 위치한 할미山城은 신라시대(24대 眞興王 14년 서기 553년경 축조 추정)에 축조되었던 산성으로 알려져 서기 2007년 9월 7일 경기도 기념물 제 215호로 지정되었다. 할미산성은 남쪽으로 石城山城을 마주하고 있으며 성의 구조는 성 내부를 남북으로 양분하는 길이 180m의 공유 성벽을 기준으로 북쪽의 내성, 남쪽의 외성으로 구분된다. 북쪽의 내성은 정상부(349m)를 포함한 높은 지대에 축조되었고, 남쪽의 외성은 비교적 낮은 지대에 조성되었는데, 형태상 사모형(紗帽形)이다. 성벽의 전체 둘레는 651m로, 할미산의 정상부와 그 남쪽의 능선을 둘러싸며 협축하였고, 내·외벽 기저부에서 보축이 확인되었다. 성벽은 편마암질 화강암을 사용하여 성벽의 한층 한 면과 단을 맞추어 쌓아올린 바른 층 쌓기 수법을 사용하였으며, 외벽을 따라 성벽의 基底部를 견고히 하기 위해 보강하는 기단보축 방식을 사용하였다. 서기 2012년 매장문화재 전문조사기관인 한국문화유산연구원(원장 박상국)은 용인시의 의뢰로 할미산성 중 남쪽 성벽 구간에 대한 1차 발굴조사를 진행하여 성벽 축조방법이 전형적인 초기 신라 시대 특징을 보이고, 출토유물이 서기 6세기 중반-서기 7세기 중반 무렵 신라 시대에 속한다는 사실을 확인하였다. 2차 발굴조사[산성 내부에서 백제시대의 원형수혈유구(이는 馬韓의 토실을 지칭함)와 신라시대 주거지 및 대형 집수시설 등을 확인]는 서기 2012년 7월, 3차 발굴조사는 서기 2014년 7월에 이루어졌다. 이 조사에 의해 할미산성은 신라가 24대 진흥왕 14년(서기 553년경) 백제와 고구려를 몰아내고 한강 유역을 완전히 장악하던 무렵에 쌓은 성곽으로 드러났으며 성벽 축조방법은 전형적인 초기 신라시대 특징을 보이는데 이는 경기도박물관 시굴조사[서기 2004년 12월 16일(금)의 지도위원회]에서 附加口緣帶附長頸壺 등을 비롯해 서기 6세기 중반 이후 서기 7세기 중반 무렵에 집중하여 등장하는 신라계토기 유물들의 다량 확보에 의해서도 확인된다. 그래서 이 성의 하한 연대는 서기 6세기 중반-서기 7세기 중반 무렵 신라시대에 속한다는 사실이 밝혀졌다. 특히 바깥벽 바닥쪽에서는 이른 시기 신라의 전형적인 성벽 축조기법으로 지적되는 단면 이등변 삼각형의 덧댄 시설이 확인됐다. 현재까지 확인한 성벽 높이 5m이상이다. 그러나 서기 2015년 10월 16일(금) 지도위원회에서 서벽은 백제시대에 初築이 되었음이 밝혀졌다. 성벽뿐만 아니라 그 내부 공간에 대한 발굴도 진행한 결과 삼국시대 집자리 30기와 馬韓의 土室인 원형 수혈구덩이 유적 13기(그 외에 토실과 구분되는 수혈유구는 14기임)를 확인했다. 그리고 출토 유물 중 확실하지 않지만 안쪽 성벽 축대 보강토에서 청동기시대 돌도끼 1점(서기 1999년 충북대학교 중원문화연구소가 지표 조사를 통해 삼국시대에서 통일신라시대에 이르는 유물을 대량 발굴했으며, 서기 2012년 2월 21일자 서울 연합뉴스에 의하면 출토 유물 중 안쪽 성벽 보강토에서 청동기시대 돌도끼 1점도 수습됨으로써 이 시대에는 할미산성 일원에 고지성 취락이 있었을 가능성도 있을 것으로 점쳐진다고 한다)이 수습됨으로써 이 시대에 할미산성 일원에 선사시대의 고지성 취락이 있었을 가능성도 예견되었다. 이처럼 할미산성은 한국 고대의 석축 산성으로서 신라의 석축 성곽 축조 양식의 정형을 보여주는 중요한 성곽이다. 이제까지 이 곳 지역에는 두 개의 산에 두 개의 산성이 존재하며 이들은 바로 '석성산'과 '보개산'이다. 또 '석성산'에 있는 산성을 '할미산성'이라 부르고 '보개산'에 있는 산성을 '석성산성'이라고 부르고 있기도 하다. 이는 석성산과 보개산의 혼동에서 오는 착오로 보인다. 일부는 석성산 자락을 할미산(할미산성)으로 부르고 있고 산 이름도 나눠있지 않듯이 이들 산성들의 구별도 모호하다. 현재는 이곳을 통과하는 영동고속도로를 중심으로 북쪽 향수산 에버랜드 방향은 할미산성이고 남쪽 석성산 방향은 석성산성으로 보고 있다.

그러나 할미산성이 신라시대에 축조된 유적이라는 지금까지의 생각과 달리 서기 2012년부터 3차에 걸쳐 발굴된 유구와 유물을 필자가 학술자문위원으로 방문한 서기 2015년 9월 22일(화)과 10월 16일(금)에 재검토해본 결과 소위 서기 2004년 12월 16일(금) 경기도박물관 시굴조사 지도위원회에서 명명된 "공유 성벽"의 북쪽 내성은 위에서 아래로 3단의 층단 보호 축대로 밝혀졌고, 전체 외관은 關防遺蹟이 아닌 고려시대 개성 만월대, 경상북도 榮州 浮石寺와 珍島 龍藏城(사적 126호)처럼 3개의 層段으로 구성된 山地伽藍의 형태를 지니고 있으며, 각 단의 편평한 대지에 馬韓[2]과 百濟의 각 시대에 당시의 祠堂에 해당하는 종교제

2) 필자가 「전남지방 소재 지석묘의 형식과 분류」(최몽룡 1978, pp.1-50), '고고학 측면에서 본 마

사용 건축물을 설치해온 宗敎·祭祀遺蹟임을 확인하였다.

가) 해발 349m의 최정상부에서부터 첫 번째 층단(제1 층단)인 편평한 대지위에는 7간의 목조건물용 掘立柱 기둥구멍이 나타나고 있는데 이는 용인 할미

한'(최몽룡 1986, pp.5-16)과 「考古學上으로 본 馬韓硏究」(최몽룡 1994, pp.71-98)라는 글에서 "한국청동기·철기시대 土着人들의 支石墓社會는 鐵器시대가 해체되면서 점차 馬韓사회로 바뀌어 나갔다."는 요지를 처음 발표 할 때만 하더라도 한국고고학계에서 '馬韓'이란 용어는 그리 익숙한 표현이 아니었다. 그러나 최근 경기도, 충청남북도 및 전라남북도 지역에서 확인되고 있는 고고학적 유적 및 문화의 설명에 있어 지난 수십 년간 명확한 개념정의 없이 통용되어 오던 原三國時代란 용어가 '馬韓時代' 또는 '馬韓文化'란 용어로 대체되는 경향이 생겨나고 있는데, 이는 마한을 포함한 三韓社會 및 문화에 대한 학계의 관심이 증폭되고, 또 이를 뒷받침할만한 고고학 자료가 많아졌음에 따른 것이다. 지석묘사회의 해체 시기는 철기시대 전기로 기원전 400년-기원전 1년 사이에 속한다. 최근에 발굴 조사된 철기시대 전기에 속하는 유적으로 전라남도 여수 화양면 화동리 안골과 영암 서호면 엄길리 지석묘를 들 수 있다. 여천 화양면 화동리 안골 지석묘는 기원전 480년-기원전 70년 사이에 축조되었다. 그리고 영암 엄길리의 경우 이중의 개석 구조를 가진 지석묘로 그 아래에서 흑도장경호가 나오고 있어 그 연대는 기원전 3세기-기원전 2세기경으로 추정된다. 그리고 부여 송국리 유적(사적 249호)의 경우도 청동기시대 후기에서 철기시대 전기로 넘어오면서 마한사회에로 이행이 되고 있다(최몽룡 2011, pp.211-226). 馬韓사회는 고고학 상으로 기원전 3세기/기원전 2세기에서 서기 5세기 말/서기 6세기 초에 속하는 것으로 보인다. 마한은 한고국고고학 편년 상 철기시대 전기에서 삼국시대 후기(서기 300년-서기 660/668년)까지 걸치며, 百濟보다 앞서 나타나서 백제와 거의 같은 시기에 共存하다가 마지막에 백제에 행정적으로 흡수·통합되었다. 三國志 魏志 東夷傳 弁辰條에 族長격인 渠帥(또는 長帥, 主帥라도 함)가 있으며 이는 격이나 규모에 따라 신지(臣智, 또는 秦支·踧支라고도 함), 검측(險側), 번예(樊濊), 살계(殺奚)와 읍차(邑借)로 불리어 지고 있었음을 알 수 있다. 이는 정치 진화상 같은 시기의 沃沮의 三老, 東濊의 侯, 邑長, 三老, 挹婁의 大人, 肅愼의 君長(唐 房喬/玄齡 等 撰 晋書 四夷傳)과 같은 國邑이나 邑落을 다스리던 혈연을 기반으로 하는 계급사회의 行政의 우두머리인 族長(chief)에 해당된다.

그리고 『三國史記』 권 제 1 신라본기 시조 赫居世 居西干 38년(기원전 20년) 및 39년(기원전 19년)조에 보이는 마한왕(馬韓王) 혹은 서한왕(西韓王)의 기록[三十八年春二月, 遣瓠公聘於馬韓. 馬韓 王讓瓠公曰 辰卞二韓爲我屬國, 比年不輸職貢, 事大之禮, 其若是乎 對曰我國自二聖肇興, 人事修, 天 時和, 倉庾充實, 人民敬讓. 自辰韓遺民, 以至卞韓樂浪倭人, 無不畏懷, 而吾王謙虛, 遣下臣修聘, 可謂 過於禮矣. 而大王赫怒, 劫之以兵, 是何意耶 王憤欲殺之, 左右諫止, 乃許歸. 前此中國之人, 苦秦亂, 東來者衆. 多處馬韓東, 與辰韓雜居, 至是寖盛, 故馬韓忌之, 有責焉. 瓠公者未詳其族姓, 本倭人, 初以 瓠繫腰, 度海而來, 故稱瓠公 .三十九年, 馬韓王薨. 或說上曰西韓王前辱我使, 今當其喪征之, 其國不足 平也 上曰幸人之災 不仁也 不從. 乃遣使弔慰.)과 『三國史記』 백제본기 권 제23 시조 溫祚王 13년 조(기원전 6년)의 馬韓에 사신을 보내 강역을 정했다는 기록(八月, 遣使馬韓告遷都. 遂畫定疆埸, 北 至浿河, 南限熊川, 西窮大海, 東極走壤) 등은 마한이 늦어도 기원전 1세기경에는 왕을 중심으로 하 는 국가체계를 갖추었던, 신라와 백제보다 앞서 형성되었던 국가였음을 알려 준다.

산성 3차 발굴조사 약보고서(서기 2015년 6월 6일)에 언급된 누각형 건물지(望樓)와는 달리 종교·제사유구로 추정된다. 이곳 할미산성의 掘立柱 건물(2열 8행으로, 주혈은 직경 0.8-1.2m, 깊이 0.7-1.1m)은 6호의 원형수혈(토실)과 연접하고 있으며 남북 장축으로 배열되어 있어 건물도 남-북향으로 들어섰을 것으로 짐작된다. 이와 유사한 예로는 掘立柱가 삼층의 飛階木(비계목 또는 비게목)처럼 설치된 종교·제사유적인 3層의 掘立柱建物을 포함하는 일본 縄文時代 前期中頃에서 中期末葉(기원전 3000년-기원전 2200년경)의 大規模 集落유적인 青森県 青森市 大字 三内丸山(さんないまるやま) 特別史跡과 初築은 福岡県 大野城市·宇美町의 朝鮮式山이며 福岡県 大野城市·宇美町의 朝鮮式山의 하나인 大野城과 같이 初築은 서기 665년(天智天皇 4年)경으로 추정되며 福岡県의 水城과 大野城 등의 보급 兵站基地로 생각되는 鞠智城(熊本県 山鹿市·菊池市, きくち, くくちじょう/くくちのき)내 鼓樓로 추정되는 3層의 掘立柱建物도 있다, 이곳은 서기 698년 42대 文武天皇 때 修築記事가 나타나며 鞠智城의 南門인 堀切門(ほりぎり)은 백제 27대 威德王 44년, 서기 597년에 쌓은 錦山 伯嶺山城(충남기념물 83호)의 남문과 같은 懸門, 북쪽 貯水池跡에서 백제의 銅造菩薩立像이 나타나고 있다. 그리고 충청남도 천안 용원리, 경상남도 사천 이금동과 일본의 기원전 52년에 만들어진 오사카 이케가미소네(大阪府いけかみそね 池上曾根) 神殿에서 발견된다. 그리고 사천 이금동의 경우 掘立柱와 지석묘가 함께 나타나 이곳의 굴립주 건물은 지석묘에 묻힌 주인공을 제사하기위한 祠堂으로 여겨진다. 이곳들은 늦어도 철기시대전기(기원전 400년-기원전 1년) 또는 기원전 3세기-기원전 2세기부터 나타나는 馬韓시대에 축조된 목조건물지로 여겨진다.

그리고 정상에 해당하는 곳에 우물(井) 또는 集水用의 유구(1호 集水池/貯水池/貯藏施設, 약 12m×5.5m×2m의 광을 굴착 후 안치)가 보이는데 이는 굴립주 건물과의 연관성이 있는 현재 우물(井) 또는 물(水)과 관련된 古代 建國神話인 '龍 信仰'으로 대표되는 龍現井의 하나로 언급할 수 있겠다.[3] 또 다른 집

---

3) 이는 우물에 사는 龍神에게 행해지는 샘제 또는 용제로 三國史記에서 보이는 龍現井이 대표된다. 우리나라에서 龍과 관련된 설화와 신화는 建國神話와 연결되어 있다. 이것은 說話→神話

수 시설(2호)은 2층 層段에 위치하며 한 변의 길이가 7.1m내외로 내부에는 점토로 4벽을 구축하고 사벽위에 물의 유실을 방지하기 위해 석벽을 덧대었다. 이 집수시설/우물은 백제시대에 처음 만들어진 것이나 고구려가 이곳에 들어와 重修하거난 기존의 시설을 재활용을 한 것 같다. 이의 구조는 파주 덕진산성에서 발견되는 고구려의 집수시설과 유사하다. 특히 산 정상부 중앙의 1호 집수지는 근처의 掘立柱 건물과 埋納 1호 유구(鎮壇具)와 함께 종교·제사와 관련된다. 특히 매납유구 안에서 馬韓의 문화를 대표하는 鋸齒文이 있는 盒이 나왔다.

한국의 종교는 신석기시대의 精靈崇拜(animism)→청동기시대의 토테미즘(totemism)→철기시대 전기의 巫敎(shamanism)와 祖上崇拜(ancestor worship)의 순서[4]가 되는데 철기시대 전기에는 경기도 安城 元谷 盤諸里나 충청남도

→建國神話→民譚의 순으로 발전한다. 天孫인 扶餘(기원전 59년-서기 22년, 기원전 2세기-서기 494년)의 解慕漱(기원전 59년 하강시 다섯 마리의 용이 끄는 수레를 탐)와 용왕 하백의 장녀인 河伯女(柳花)와의 사이에서 알로 태어난 卵生說話와 같은 고구려 朱蒙(東明聖王)의 신화적인 요소, 朴赫居世의 誕降傳說이 깃든 경주 탑동 蘿井(사적 245호), 朴赫居世의 부인인 鷄龍의 옆구리에서 태어난 閼英과 관련된 沙梁里 閼英井(사적 172호, 경주 五陵 내에 있음), 과부인 어머니가 南池邊에 살 때 연못의 池龍과 通交하여 출생한 백제 武王(서기 600년-서기 641년)이 아버지 法王과는 무관한 용의 자식이라는 설화, 경주 感恩寺 동쪽 삼층석탑(국보 112호)에서 출토한 지붕 네모서리에 용이 장식되며 신라 文武大王(30대, 서기 661년-서기 681년)의 護國信仰과 관련된 舍利器(보물 366호), 고려 李承休의 帝王韻紀에 나타나는 唐 肅宗(7대 李亨, 서기 757년-서기 761년)과 辰義(寶育과 寶育의 형인 李帝建의 딸 德周사이에서 태어난 딸)사이에서 태어나며 서해용왕의 딸인 龍女를 아내로 맞아 高麗 王建의 할아버지가 된 作帝建의 신화, 또는 고려 태조의 할머니(할아버지 作帝建의 아내)의 出自인 龍宮과 관련된 開城大井說話, 조선조 世宗 27년(서기 1445년)에 만들어진 龍飛御天歌, 慶會樓(국보 224호) 북쪽 荷香亭 바닥의 준설작업에서 발견된 高宗(26대, 서기 1852년-서기 1919년)과 관련된 구리로 만든 蛟龍과 屮龍의 확인(慶會樓全圖에 의하면 丁學洵이 서기 1867년 경회루 중건 후 화재를 방지하기 위해 고종의 명을 받들어 넣음) 등 龍→水(물)→農耕→王으로 이어지는 土着農耕社會의 建國神話와 관련되어 해모수(기원전 59년)와 알령(기원전 57년) 등의 설화와 건국신화가 삼국시대 초기부터 계속 전승되어 왔다. 그러나 홍산 문화에서 查海(6925±95B.P, 7360±150, 7600±95B.P. 7500-8000년 이전)의 龙纹陶片과 興隆窪(기원전 6200년-기원전 54000년, 7500-8000년 이전)의 돌을 쌓아 만든 용의 형태(石头堆塑龙形图腾)를 거쳐 玉猪龍이 사슴·새→멧돼지용(玉渚龍)에서→龍(C形의 玉雕龍으로 비와 농경의 기원)으로 발전하는 圖上의 확인으로 우리나라의 용의 처음 출현과는 적어도 6000년의 연대차가 많다.

4) 國家(stste)와 帝國(empire)이 형성되어도 一神敎(monotheism)에 앞선 高等自然敎(多神敎, polotheism)단계가 성행하고 있었다. 수메르는 아누(하늘신), 엔키(甘露神과 지혜의 신), 에닐

부여 논치리 蘇塗와 같이 環壕의 안쪽을 중심으로 전문제사장인 天君이 제사

(토지신), 아나(달의 신), 에안나(사랑의 신), 로마제국은 쥬피터(제우스), 주노(헤라), 미네르바(아테네), 넵츈(포세이돈), 율리시스(오디세이) 등과 같은 다신교(高等自然教, polythesism)의 만신전의 모습을 보여준다. 로마제국의 종교는 콘스탄티누스 대제(Constantine the Great 서기 272년 2월 27일-서기 337년 5월 22일)가 서기 313년 기독교의 공인 이후 一神教가 되었다. 비옥한 반월형지대의 신화(Fertile Crescent mythology)에서 나타나는 여러 신들과 명칭은 다음과 같다. 1)메소포타미아 지방 최초로부터 존재했던 신: Apsû와 Tiamat · Lahmu와 Lahamu · Anshar 와 Kishar · Mummu, 2)布告된 일곱 분의 신: 가-네 분의 기본 신; Anu · Enlil · Ki · Enki 나-세 분의 하늘신; Ishtar · Sin · Sama, 3)위대한 신들: Adad · Anunnaki · Asaruludu · Ashnan · Enbilulu · Enkimdu · Ereshkigal · Inanna · Lahar · Nanshe · Nergal · Nidaba · Ningal · Ninkasi · Ninlil · Ninsun · Ninurta와 그의 철퇴와 같은 權標 · Nusku · Uttu, 4)신에 준하는 半神과 영웅들: Adapa · Enkidu · Enmerkar · Geshtinanna · Gilgamesh · Lugalbanda · Shamhat · Siduri · Tammuz · Utnapishtim, 5)가. 善靈: 정령과 괴물-Humbaba · Kingu · Kishar · Mamitu · Siris · Zu 나. 惡靈-Asag · Edimmu · Hanbi · Kur · Lamashtu · Namtar · Pazuzu · Rabisu, 6)바빌로니아지방의 설화상의 신들: Enûma Eliš · Atra-Hasis · Marduk와 Sarpanit · Agasaya · Bel · Kingu · Mami · Nabu, 7)기타 아라비아, 레반트와 근동지방의 신들. 페르시아의 아케메니드(Achemenid)왕조(기원전 559년-기원전 331년)의 경우 아후라 마즈다(Ahura Masda)의 영향을 받은 교조인 조로아스터(기원전 660년경 태어났으며 본명은 자라수슈트라/Zarathustra)가 만든 조로아스터교(Zoroastrianism, 마즈다교/Mazdaism/拜火教)로 일신교가 되었다.

언어학적으로 볼 때 한국어에는 두 가지 계통의 언어가 있다고 한다. 즉 원시 한반도어와 알타이어이다. 원시 한반도어는 아무르 강 의 길랴크/니비크(Nivkh, Gilyak), 유카키르, 이텔만, 캄챠달, 코략, 축치 등)의 길랴크(니비크)인들의 것인데 이것이 우리 언어의 기층을 이루고 있었다. 그 후 알타이어의 한계통인 퉁구스어가 이를 대체하였다. 이들이 한국어, 만주어와 일본어의 모체가 된다. 언어 연대학에 의하면 이들 언어들의 형성은 지금으로부터 6,200년-5,500년 전이며, 오늘날 사용하는 일본어와 한국어의 직접 분리는 4,500년 전으로 추정된다고 한다. 또 이들 언어를 고고학적으로 비교해 볼 때 원시 한반도어는 櫛文土器가 널리 제작되어 사용되던 신석기시대로, 또 신시베리아/퉁구스[Neosiberian/Tungus: 예벤키(鄂溫克), 에벤, 라무트, 사모에드, 우에지(Udegey), 브리야트(Buryat), 골디(Golds/Goldie, Nanai, 赫哲) 등]어는 無文土器가 사용되던 청동기시대와 일치시켜 볼 수 있다. 따라서 한민족의 기원을 언급하려면 구석기, 신석기, 청동기시대(기원전 2000년-기원전 600년)와 철기시대 전기(기원전 400년-기원전 1년)의 문화내용을 잘 파악하고 있어야 한다. 그 중 현 나나이족(The Nanai people)은 극동지역 퉁구스족(a Tungusic people of the Far East,)의 하나로 스스로 Nani 또는 Hezhen이라 부르며 그 뜻은 'natives'와 'people of the Orient'를 의미한다. 러시아어로 nanaitsy/**нанайцы**, 중국어로 赫哲族(Hèzhézú)이며 Golds와 Samagir로도 알려져 왔다. 이들은 전통적으로 松花江(Songhuajiang, Sunggari), 黑龍江(Heilongjiang), 우수리(Usuri)와 아무르(Amur: 송화강, 흑룡강과 우수리강이 하바로브스크에서 합쳐져 아무르강의 본류를 이룬다.) 강가에서 살아왔다, 현재 나나이족의 자치주는 黑龍江省 双鴨山市 饶河县(四排赫哲族乡), 佳木斯市, 同江市(街津口赫哲族乡, 八岔赫哲族乡), 하바로브스크 크라이(Khabarovsk Krai) Nanaysky지구 이다. 이들의 조상은 만주 북부의 女眞族(Jurchens: 挹婁-肅愼-勿吉-靺鞨-黑水靺鞨-女眞-生女眞-金(서기 1115년-서기 1234년)-後金(서기 1616년-서기 1626년)-滿洲/淸(서기 1616-서기 1636년)-大淸(서기 1636년-서기 1911년)으로 여겨진다. 그들의 언어는 알타이어의 갈래인 만주-퉁구스어(Manchu-Tungusic branch of the Altai languages)이며 그들의 종교는 샤마니즘(巫敎)으로 곰(Doonta)과 호랑이(Amba)를 대단히 숭

를 주관하던 別邑인 蘇塗가 나타난다. 이것도 일종의 무교의 형태를 띤 것으

상한다. 또 이들은 큰 뱀(great serpent)이 강 계곡을 파낼 때 까지 땅은 편평했다고 믿는다. 그리고 태양, 달 물, 나무도 숭배한다. 그리고 우주의 만물은 각기 精氣를 가지고 있다고 믿는다. 불과 같이 정기가 없는 물질은 나이 먹은 여인인 홰드자 마마(Fadzya Mama)로 擬人化된다. 그래서 어린아이들은 불 곁에 가지 못하게 막고 남자는 불 앞에서 예의를 갖춘다, 祭儀의 주관자인 샤만은 하늘과 통교하여 나쁜 기운을 쫓아내고 현세와 정신세계를 이어주도록 주관한다. 샤만의 의복은 퉁구스어를 말하는 다른 부족의 샤만과 비슷하며 옷에 거울(鏡)을 부착한다. 무덤은 地上에 만드나 한 살 전에 죽은 아이는 天葬(sky burial)으로 자작나무껍질이나 천으로 시체를 싸서 나뭇가지 위에 올려놓는다(Chisholm, Hugh, ed. 1911. Encyclopædia Britannica(11th ed.). Cambridge: Cambridge University Press. 및 安俊 1986, 赫哲语简志 北京: 民族出版社, p.1)

시베리아의 황인종(Mongoloid)에는 고아시아/고시베리아족(Palaeoasiatic people, Palaeosiberian)과 퉁구스/신아시아족(Tungus, Neoasiatic people)족이 있다. 고아시아/고시베리아족에는 축치, 꼬략, 캄차달, 유카기르, 이텔만, 켓트, 길랴끄(니비크)가, 퉁구스/신아시아족에는 골디(허저, 赫哲), 에벤키, 에벤, 라무트, 부리야트, 우에지, 사모예드 등이 있다. 그리고 시베리아와 만주(요녕성, 길림성과 흑룡강성)에서는 역사적으로, 가) 挹婁-肅愼-勿吉-靺鞨-黑水靺鞨-女眞-生女眞-金(서기 1115년-서기 1234년)-後金(서기 1616년-서기 1626년)-滿洲/淸(서기 1626년-서기 1636년)-大淸(서기 1636년-서기 1911년), 나) 匈奴-東胡-烏桓-鮮卑-突厥-吐蕃-위굴(回紇, 維吾爾)-契丹-蒙古/元, 다) 濊-古朝鮮, 貊-夫餘-高句麗-百濟-新羅로 이어진다. 이곳 유목민족은 匈奴-羯族-東胡-烏桓-鮮卑-突厥(Tujue/T'u-chüe/Göktürks/Göktürk, 투지에, 튀르크/Türk, 타쉬트익/Tashityk: 서기 552년 柔然을 격파하고 유목국가를 건설. 돌궐 제2제국은 서기 682년-서기 745년임, 서기 7세기-서기 8세기)-吐蕃(티베트, t'u fan: 38대 치송데짼[赤松德贊 서기 754년-서기 791년]이 서기 763년과 서기 767년의 두 번에 걸쳐 唐의 長安을 함락함)-위굴(維吾爾, 回紇: 위굴 제국은 서기 744년-서기 840년임, 위굴 제국은 키르기스 黠戛斯에 망하며 키르기스는 서기 9세기 말-서기 10세기경까지 존재)-契丹(遼, 서기 907년-서기 1125년)-蒙古(元, 서기 1206년-서기 1368년)로 발전한다. 스키타이인들의 東進에 따라 종족간의 혼혈이 자연스럽게 이루어지게 되었다. 최근 여러 곳에서 발견된 문신이 있는 미라들이 이를 입증한다. 기원전 700년-기원전 600년경 스키타이인들이 이 광활한 초원을 왕래하면서 백인종과 황인종의 공존을 가져왔다. 기원전 700년-기원전 300년경에는 초원지대를 사이에 두고 끊임없이 東西의 접촉이 있어왔고 이는 스키타이(Scythian)-오르도스(Ordos`, 鄂尔多斯沙漠, 河套/河南)-匈奴가 대표적이다. 그리고 몽고에서 보는 바와 같이 동쪽에는 岩刻畵, 케렉수르(Kereksur/Kheregsuur/Khirigsuur: Kurgan covered with stones)와 사슴의 돌(Stagstone)이 대표되는 카라숙(Karasuk, 기원전 1300년-기원전 700년)과 타가르(Tagar, 기원전 700년-기원전 200년), 서쪽에는 板石墓를 가지고 중국과 문화와 교류를 보이는 匈奴(훈, Huns)와 튀르크(Türk)인 등 황인종의 유목민족이 대두한다. 타가르와 흉노와의 同一性/正體性(identity)비교가 중요하다.

그리고 蒙古와 접경지대이며 몽고족들이 거주하는 사람호수(Saram/Sayaram Lake)근처에 위치하며 현재에도 5월-7월에 술, 피(血), 돈, 준 보석류 들을 바치며 제사하는 대상인 돌무더기(shamanistic cairn/heap/rock piles)인 오보(敖包/鄂博 áobāo, ovoo, Mongolian овоо)는 산위나 고지대, 산길 옆, 라마교사원 경내에서 발견되는데 이는 가끔 경계석이나 여행시 里程標로도 이용된다. 오보는 여름의 마지막 산이나 하늘을 대상으로 하는 제식용 제단으로 제사를 할 때 이 돌무더기에 나뭇가지를 얹혀 놓거나 의식용 비단 스카프인 푸른 천(blue khadag)을 걸어 놓는다. 이는 하늘의 영혼(祭神)인 텡그리(Tengri/Tengger)를 위한 것이다. 이때 제사자는 오보의 서

로 보인다. 고아시아족(Palaeoasiatic people, Palaeosibserian people) 중 축치족

북쪽에 앉으며 祭祀시 불을 피우거나 의식용 춤을 추거나 기도를 드리기도 하며 제물(供物)로 받치고 남은 음식물로 축제를 벌리기도 한다. 과거 공산주의 정권하에서는 이런 의식이 금지되었으나 몰래 거행되어왔다. 이는 오늘날의 몽골인들에게 오보는 병과 재난을 막아 주고 가축의 번성을 돕는 수호신으로 변화되었지만 과거 공산치하의 종교와 미신의 말살 정책 속에서도 살아남은 민간신앙의 대표적인 것 중의 하나로 巫敎(薩滿敎, shamanim)의 한 형태를 보인다.

이러한 문화적 배경을 가진 오보를 우리나라의 서낭당(선황당, 城隍堂)이나 솟대(立木, 高墟)에 비 교하는 경우가 있다. 이는 앞으로 한국문화기원의 다양성을 말해줄 수 있는 중요한 자료 중의 하나로 볼 수 있다. 後漢書 東夷傳(宋 范曄 撰), 三國志 魏志 東夷傳(晋 陳壽 撰)에서 보이는 우리나라의 蘇 塗는 삼한시대 하늘에 제사를 지내던 특수한 聖地로 소도에는 큰 소나무를 세우고 神樂器인 방울 과 북(鈴鼓)을 달아 神에 대하여 제사를 지내는 神域이며 죄인이 그곳에 들어가면 벌할 수 없는 聖域인 어사이럼(Asylum, 그리스어의 '불가침'을 의미하는 asylos에서 유래한 아실리 Asillie임)과 비슷하다고 할 수 있는 곳이다. 이곳은 天君이 다스리는 別邑으로 『三國志』 魏志 弁辰條에 보이 는 族長社會(chiefdom)의 우두머리격인 거수(渠帥)와 격이나 인구와 영역의 규모에 따라 신지(臣 智), 검측(險側), 번예(樊濊), 살계(殺奚)와 읍차(邑借)라는 이름으로 나누어진 행정관할구역의 大小 책임자들과는 다른 天君이 다스리는 神域(神聖祭祀處)이었다. 현재 우리나라에서도 대전시의 근방 동광교에 솟대가 하나 남아 있다. 古山子 金正浩가 서기 1861년 제작한 大東輿地圖(보물 제 850 호)에 보이는 忠州 老隱面 水龍里의 蘇古라는 지명에서 冶鐵地와 더불어 蘇塗의 존재도 확인할 수도 있다. 그리고 김해 장유면 栗下里(B-14호)에서 청동기시대 솟대로 추정되는 수혈유구가 확인 되고 있다. 율하리 유적의 축조 시기는 청동기시대 후기로 편년하고 있다(경남발전연구원 역사문 화센터 2006, 金海 栗下 宅地 開發事業地區 內 I 地區 發掘調査 3次 指導委員會 資料集- A·D·E·F구역-).

人頭形 土器(테라코타/Terra-cotta, II-32호 수혈유구)가 나온 진주 中川里의 발굴자에 의하면 유구는 집자리와 고상건물지와 인접하여 혼재하지만 모두 일정한 규모 및 간격을 유지하고 있으며 II-32호 내부 바닥에서 적갈색 연질소성의 인두형 토제품이 출토되었다고 한다. 또 II 구역에서 짐 승이 매장된 수혈 5기가 확인되었는데, 배치양상 및 출토상황으로 보아 제사와 관련된 성격이라 여겨지며 I 구역 구릉 동사면 말단부에서는 일정부위의 절단 후 근육과 가죽이 남겨진 상태에서 의도적으로 소가 매장되었다고 한다. 이 유구들은 출토된 헬멧(helmet)형 흙으로 빚은 투구(土冑) 의 형태를 갖춘 人頭形 土器의 胎土로 보아 三國時代 前期(서기 1년-서기 300년)의 제사유적으로 보여 진다(p.12). 이러한 人頭形 土器는 蘇塗와 관련된 샤만(薩滿, 巫敎의 祭司長)이 제사를 執行 할 때 직접 쓰던 것(shaman's mask)으로도 추측된다(우리문화재연구원 2007, 진주 중천리 공동주택 유적발굴조사). 그리고 이 人頭形 土器는 河北省 滿城 陵山 1·2호 두 개의 무덤에서 발 견된 中山靖王 劉勝(漢 6대 景帝의 아들이며 7대 武帝의 형, 前元 3년/기원전 154년-元鼎 4년/ 기원전 113년 在位)과 그의 부인 竇綰의 金縷玉衣 壽衣 중 死面(death mask)과도 유사한 것으로도 보인다. 만든 재료는 中山靖王 劉勝과 竇綰의 것은 玉이고 人頭形 土器는 土製品으로 전혀 다르지만 그 外貌는 비슷하다. 또 현재 파푸아 뉴기니(Papua New Guinea)의 동쪽 고르카 (Gorka)고원에 살고 있는 구루룸바(Grurumba/wild man 또는 Asaro mudmen)족들이 사용하는 헬멧 형 투구는 일 년에 한번 열리는 싱싱(sing-sing)이라는 축제(Young Asaro mudmen at an annual festival called a sing-sing)에 이용되거나 또 적들에게 위협을 주려는 목적의 戰爭儀式 用과 같은 성격으로 볼 수 있다(National Geography Photography, 1998 및 Grammont S.A.ed., 1975 Les indigènes de la vallée de l'Asaro Nouvelle-Guinée, Encyclopédie

(러시아의 Chukotka에 사는 Chukchee/Chukchi족)에서와 같이 見靈者, 豫言者와 醫療者의 역할을 할 수 있는 巫敎(샤마니즘, 薩滿敎)의 무당 신분과 政治體의 확인과 이에 따른 문화사적 맥락이 필요하다.

또 앞으로 馬韓의 연구에 있어 環壕→木柵→土城(+木柵)→石城이라는 발전순에서 비추어 『三國志』 魏志 東夷傳 韓條에 '馬韓...散在山海間無城郭, 辰韓...有城柵 , 弁辰...亦有城郭' 등의 구절을 비교해보면 앞으로 國邑 또는 天君이 다스리는 蘇塗의 別邑의 모습을 좀 더 구체적으로 이해할 수 있을 것이다. 마한의 고지에는 기원전 3세기-기원전 2세기부터의 단순 족장사회에서 좀 더 발달한 복합족장사회인 마한이 있었다. 이는 三國志 魏志 弁辰條에 族長격인 渠帥가 있으며 이는 인구수와 영토에 따라 신지(臣智), 검측(險側), 번예(樊濊), 살계(殺奚)와 읍차(邑借)로 불리어지고 있었음을 알 수 있다. 그리고 마한에도 마찬가지 경우로 생각되나, 이들을 대표하는 王이 다스리는 국가단계의 目支國도 있었다. 동시기에 존재했던 沃沮의 三老(東沃沮의 將帥), 濊의 侯, 邑

Alpha des Peuples du monde entier: Races, rites et coutumes des hommes, Vol. 3, Lausanne: Alpha, pp.76-79). 이들 여러 견해로 미루어 보아 진주 중천리의 人頭形 土器의 성격도 이러한 것 중의 하나로 미루어 짐작해 볼 수 있겠다.

우리나라에서 종교적이 모습을 뚜렷이 보여주는 단군의 기록은 청동기시대의 문화를 배경으로 한 고조선의 성립이라는 역사적 사실을 반영하고 있다. 이러한 내용은 신석기시대 말기에서 청동기 시대로 발전하는 시기에 계급의 분화와 함께 지배자가 등장하면서 다른 새로운 사회질서가 성립되 는 과정을 잘 보여 준다. "널리 인간을 이롭게 한다(弘益人間)"는 것도 새로운 질서의 성립을 의미 하는 것이다. 이 시기에는 사람들이 구릉지대에 거주하면서 농경생활을 하고 있었다. 이때, 환웅 부족은 태백산의 신시를 중심으로 세력을 이루었고, 이들은 하늘의 자손임을 내세워 자기 부족의 우월성을 과시하였다. 또, 風伯·雨師·雲師를 두어 바람·비·구름 등 농경에 관계되는 것을 주관하게 하였으며, 사유재산의 성립과 계급의 분화에 따라 지배계급은 농사와 형벌 등의 사회생활을 주도 하였다. 선진적 환웅부족은 주위의 다른 부족을 통합하고 지배하여 갔다. 곰을 숭배하는 부족은 환 웅부족과 연합하여 고조선을 형성하였으나, 호랑이를 숭배하는 부족은 연합에서 배제되었다. 종교 는 劣等自然敎[多靈敎期: 精靈崇拜(animism)→토테미즘(totemism, 圖騰崇拜)→巫敎(shamanism, 薩滿敎)→祖上崇拜(ancestor worship)]→高等自然敎(多神敎, polytheism)→ 一神敎 (monotheism)로 발전하는데, 단군조선은 이중 劣等自然敎 중 토테미즘(totemism)에 해당한다. 단군은 제정일치의 지배자로 고조선의 성장과 더불어 주변의 부족을 통합하고 지배하기 위해 자신 들의 조상을 하늘에 연결시켰다. 즉, 각 부족 고유의 신앙체계를 총괄하면서 주변 부족을 지배하고 자 하였던 것이다. 고조선은 초기에는 辽宁지방에 중심을 두었으나, 후에 와서 대동강유역의 王儉 城을 중심으로 독자적인 문화를 이룩하면서 발전하였다.

君, 三老, 그리고 挹婁의 大人과 가장 늦게 나타나는 肅愼의 君長도 같은 족장(chief)에 해당한다. 그러나 天君이 다스리는 종교적 別邑인 蘇塗는, 당시의 복합·단순 족장사회의 우두머리인 渠帥의 격이나 규모에 따른 이름인 신지, 검측, 번예, 살계와 읍차가 다스리는 세속적 영역과는 별개의 것으로 보인다. 지석묘는 후일 조상숭배(ancestor worship)의 聖域化 장소로 바뀌는데 창원 동면 덕천리, 마산 진동리(사적 472호), 사천 이금동, 보성 조성면 동촌리, 무안 성동리, 용담 여의곡, 광주 충효동 등의 지석묘에서 조상숭배의 흔적인 성역화한 구역이 나타나고 있다. 성벽 보강토에서 수습된 청동기시대 돌도끼 1점도 이 시대에는 할미산성 일원에 선사시대 高地性 취락이나 제사 터와의 관련을 시시해준다.

그리고 마한의 특징 중의 하나인 土室[5]이 현재까지 13기(여기에 원형수혈과

5) 이곳 경기도 안성 元谷 盤諸里의 유적은 해발 99m의 낙타 등(또는 말안장)과 같은 매봉산을 형성하 는 두 구릉의 정상을 중심으로 형성되어 있다. 유적의 중심인 종교·제사유적은 현재까지의 발굴 결과 에 의하면 북쪽 능선 정상에 위치하며 구릉 정상에 솟아오른 바위(하남시 덕풍골과 같은 자연 암반의 모습)를 중심으로 남북 장축 71m, 직경 약 38m의 폭 약 3m의 中心 環壕와 밖으로 한 겹 더 두르다 만듯한 보조 환호가 하나 더 확인되고 있다. 그러나 중심의 환호는 하나로 볼 수 있다. 이곳에는 남 양주 호평과 와부읍 덕소와 인천 서구 원당 4지구에서와 같은 33,200-16,500년 전의 연대가 나오는 후기 구석기시대의 석영제 석기 한 점(긁개)이 출토되고 조선시대의 토광묘가 발견되긴 하지만, 현재 까지의 발굴결과로는 중심연대는 세장장방형 집자리와 청동기시대 전기-중기에의 이행과정의 토기가 나오는 시기, 방·장방형의 집자리와 점토대토기가 나오는 철기시대 전기, 그리고 6세기 후반의 신라시 대의 모두 세 시기로 볼 수 있다.

1) 청동기시대 전기-중기: 전기의 이중구연에 단사선문이 있는 토기에서, 중기의 공렬과 구순각목이 있는 토기에로의 이행과정, 실 연대는 기원전 12 세기경-기원전 10세기경

2) 철기시대 전기: 단면원형의 점토대토기, 실 연대는 기원전 5세기경-기원전 3세기경

3) 삼국시대 후기: 신라 24대 진흥왕의 한강유역의 진출과 관련된 석곽묘, 횡혈식석실과 토기 및 아케메니드(기원전 559년-기원전 331년)와 파르티아왕조를 이은 페르시아의 사산왕조(서기 224년-서기 652년)의 영향을 받은 초기의 印文陶가 나옴

안성 반제리 유적의 중심은 철기시대 전기(기원전 400년-기원전 1년)에 속한다. 여기에는 단면원형 의 점토대 토기가 나타난다. 최근 점토대토기의 상한 연대가 기원전 5세기 까지 올라가나, 이곳 반제 리에서는 강릉 송림동과 같이 기원전 8세기-기원전 7세기까지 좀 더 연대가 올라간다. 그리고 만약 그 상한 연대가 그대로 인정 된다면 기원전 2000년-기원전 1500년경 신석기시대 말기에 청동기시대 조기와 약 500년간 공존했듯이 청동기시대 후기에도 철기시대 전기의 점토대토기와 공존했다고도 해 석해 볼 수 있겠다. 그렇다면 환호와 관련된 종교유적은 경상남도 울산 북구 연암동, 경기도 평택시 용이동(공렬토기, 한얼문화유산연구원), 구리시 교문동(직경 34m, 서울문화유산연구원)의 경우와 같이 청동기시대부터 그대로 이어져 내려오는 전통으로 볼 수 있겠다. 이 점 앞으로 연구 과제로 현재로서 는 기원전 5세기를 철기시대의 상한으

구분해 보고한 수혈 주거지는 14기)나 되는데 수혈형태는 전형적이 마한의 연

로 보는 것이 무난하다. 또 그리고 환호 안 밖에 형성된 집자리 들은 전문직의 제사장과 제사에 관련된 사람들이 살던 특수구역인 別邑으로 이것이 삼국지 위지 동 이전에 나오는 蘇塗일 가능성이 많다. 大木을 세운 蘇塗는 邑落의 경계표시이고, 신성지역인 別邑 (asylum)으로 여겨져 왔으며, 天君을 중심으로 다스리던 祭政分離의 사회를 반영한다.

4) 그리고 최근 발굴 조사된 마한의 토실, 고분, 집자리와 제사유적(蘇塗) 유적으로 다음과 같다.

토실

인천광역시 계양구 동양동
경기도 광주 남한산성(사적 57호) 내 행궁지 북 담 옆 1구역 5차 발굴 (경기도 기념물 164호)
경기도 가평 대성리
경기도 기흥 구갈리
경기도 고양 멱절산성 내 토실
경기도 용인 구성 마북리
경기도 용인 기흥 영덕리(신갈-수지 도로구간 내)
경기도 용인 죽전 4지구
경기도 용인 보정리 수지빌라트 4지점
경기도 용인 구성읍 보정리(신갈-수지도로 확·포장공사 예정구간)
경기도 龍仁市 처인구 포곡읍 마성리 산 41 할미산에 위치한 할미山城(경기도 기념물 제 215호, 토 실14기, 마한의 굴립주 건물지, 龍現井, 거치무늬가 있는 盒이 나온 埋納 1호 유구(鎮壇具), 백제시대의 팔각형건물 및 제단, 마한과 백제의 제사유구로 蘇塗로 추정되며 龍現井으로 대표 되는 용 신앙과 관련이 있음)
경기도 화성 상리
경기도 화성 동탄 감배산
경기도 화성 동탄 석우리 능리
경기도 화성 태안읍 반월리
경기도 수원 권선구 입북동
경기도 시흥 논곡동
경기도 이천 나정면 이치리 덕평 2차 물류창고부지
대전시 유성구 추목동 자운대
대전시 유성구 대정동
충청북도 충주 수룡리
충청남도 공주 탄현면 장선리(구 안영리, 사적 433호, 서기 220년-290년)
충청남도 의당 수촌리(사적 460호) 토실 9기(II형)
충청남도 공주 장원리
충청남도 공주 산의리
충청남도 아산 배방면 갈매리
충청남도 논산 원북리
충청남도 논산 마전리
전라북도 전주 송천동
전라북도 전주 평화동
전라북도 익산 왕궁면 구덕리 사덕마을

전라북도 익산 여산면 여산리 유성
전라북도 익산 신동리
전라북도 익산 모현동 외장
전라북도 익산 배산·장신리
전라북도 군산시 내흥동
전라남도 여천 화장동
전라남도 순천시 해룡면 성산리 대법마을(토실의 최 말기 형식으로 보여짐)

고분, 집자리와 제사유적(蘇塗)
인천광역시 계양구 동양동(주구묘)
인천광역시 서구 불로 4지구(요지)
경기도 화성 향남면 발안리
경기도 안성 원곡 반제리(제사유적, 蘇塗)
경기도 오산시 수청동·하수동(주구토광묘)
경기도 용인 구성면 마북리(주구묘, 환두대도)
경기도 화성 기안리(탄요)
충청남도 부여 석성 증산리 십자거리(철부)
충청남도 부여 은산면 가중리(지사제 풀씨앗)
충청남도 부여 부여읍 논치리(제사유적, 蘇塗)
충청남도 아산 탕정면 명암리 삼성 LCD I지구(철부, 환두대도)
충청남도 공주 하봉리
충청남도 공주 의당면 수촌리 고분(사적 460호)
충청남도 공주 탄천면 장원리
충청남도 천안 운전리
충청남도 천안 청당동
충청남도 서산 음암 부장리(사적 475호)
충청남도 서천 봉선리(사적 473호)
충청남도 천안 두정동
충청남도 천안 성남 용원리
충청남도 보령 관창리
충청북도 청주 송절동(토광묘)
전라북도 고창 아산면 만동 봉덕리
전라북도 군산 대야면 산월리 옹관 (거치문)
전라북도 진도 고군면 오산리(집자리, 거치문)
전라남도 나주 금곡리 용호
전라남도 나주 복암리(사적 404호)
전라남도 광주 북구 신창동(사적 375호)
전라남도 광주 광산구 하남 2 택지지구
전라남도 진도 오산리(주거지, 거치문)
전라남도 영암 선황리 대초(大草) 옹관
전라남도 영암 금계리 계천

대가 장 앞서는 시기의 單室形이나 가속질량연대분석(AMS: Accelerator Mass Spectrometry)의 연대는 3호 1490호±40/430-550A.D.), 4호(1440±40, 585-660A.D.), 5호(1470±40/460-660A.D.)로 서기 540년-서기 660년의 년대가 나와 평소 생각하던 마한의 토실이 서기 2세기-서기 3세기경보다 2-3백년이 늦은 연대가 나오고 있다 이는 후일 토실이 폐기된 이후의 늦은 시기에도 이 수혈들이 창고나 기타 제사에 필요한 용도로 재활용된 것으로도 추정될 수 있겠다. 그래서 이는 두 번째 층단에 있었던 마한의 토실 2기가 폐기된 이후 이를 메우고 할석으로 쌓은 백제시대에 속하는 方形祭壇을 새로이 축조한 것으로도 짐작된다. 토실과 구분되는 원형수혈 14기를 제외하고도 이곳에서 현재까지 발견된 토실은 모두 13기에 이른다. 馬韓의 존재를 보여주는 고고학 자료로는 土室, 竪穴 움집, 掘立柱가 설치된 건물, 土城, 鳥足文, 그리고 周口墓를 포함한 고분 등이 있으며, 또 유물로는 승석문, 타날격자문, 조족문과 거치문 등은 마한의 특징적인 토기 문양들이 있다. 승석문과 타날격자문은 마한뿐 아니라 백

전라남도 승주 대곡리
전라남도 승주 낙수리
전라남도 광양 광양읍 용강리
전라남도 함평 만가촌(전남 기념물 제55호)
전라남도 함평 중랑리
전라남도 함평 대창리 창서(인물도)
전라남도 해남 현산 분토리 836번지 일대(집자리)
전라남도 장흥 유치면 탐진댐 내 신풍리 마전, 덕풍리 덕산과 상방(주구묘)
전라남도 나주 금곡리 용호
전라남도 나주 대안리, 신촌리, 덕산리(사적 76, 77,78호), 금동관(국보 295호)
전라남도 나주 복암리(사적 제404호)
전라남도 무안 몽탄면 양장리(저습지)
전라남도 나주 금천면 신가리 당가(요지)
전라남도 나주 오량동(요지, 사적 456호)
전라남도 나주 영동리
전라남도 순천 덕암동(蘇塗)
전라남도 순천 화장동
전라남도 순천 해룡면 성산리 대법마을
전라남도 보성 조성면 조성리(토성)
전라남도 영광 군동리
전라남도 장성군 야은리

제지역에서도 채택되었던 토기문양으로 인식되는데, 이러한 문양이 시문된 토기는 기원전 108년 한사군 설치와 함께 유입된 중국계 회청색 경질도기 및 印文陶器 등의 영향 하에 제작되었던 것으로 여겨진다. 이후 마한과 백제지역도 고온 소성이 가능한 가마를 수용하여 회청색 경질토기를 제작하게 되었다. 승석문 및 격자문이 시문된 연질 및 硬質土器는 재래의 토착적인 경질무문토기와 한때 같이 사용되기도 했다. 그러나 한반도에서 중국제 경질도기를 모방하기 시작하면서 이들이 한반도 전역으로 확산되었는데, 그 시기는 서기 1세기-서기 2세기경이었던 것으로 추정된다. 기전문화재연구원에서 발굴 조사한 용인 보정리 수지 빌라트지역(4지점) 남측 14호 貯藏孔에서 이들이 함께 출토되었는데, 그 하한연대는 서기 2세기-서기 3세기경이다.

마한의 고고학적 자료 중 대표적인 토실[土室 또는 토옥(土屋)]인데, 이는 마한인들의 집이 마치 무덤과 같으며 입구가 위쪽에 있다는 『後漢書』 東夷傳 韓條에 보이는 '邑落雜居亦無城郭作土室形如塚開戶在上'이라는 기록과 『三國志』 魏志 東夷傳 韓條의 '居處作草屋土室形如塚其戶在上'이라는 기록과도 상통한다. 이러한 토실은 지금까지 37지점에서 확인되었는데, 종래에 竪穴坑 또는 貯藏孔으로 보고 된 사례들을 포함하면 그 수는 훨씬 늘어날 것이다. 三國志 魏志 東夷傳 挹婁條에 보면 '...常穴居大家深九梯以多爲好土氣寒...'(...큰 집은 사다리가 9계단 높이의 깊이이며 깊이가 깊을수록 좋다...)라는 기록에서 사다리를 타고 내려가 사는 토실에 대한 언급이 나온다. 또 서기 1755년 Stepan Krasheninnikov나 서기 1778년 James Cook의 탐험대에 의해 보고된 바로는 멀리 북쪽 베링해(Bering Sea)근처 캄챠카(Kamtschatka)에 살고 있는 에스키모인 꼬략(Koryak, 감챠카 반도 북위 62도선에 거주)족과 오날라쉬카(Oonalaschka)의 원주민인 알류산(Aleut)인들은 수혈 또는 반수혈의 움집을 만들고 지붕에서부터 사다리를 타고 내려가 그 속에서 살고 있다고 한다. 이들 모두 기후환경에 대한 적응의 결과로 볼 수 있다.

그리고 철기시대 전기에 걸쳐 나타나는 環壕는 크기에 관계없이 시대가 떨어질수록 늘어나 셋까지 나타난다. 그들의 수로 하나에서 셋까지 발전해 나가는 편년을 잡을 수도 있겠다. 이는 巫敎(shamanism)의 일종으로 보인다. 울산 북구 연암동, 파주 탄현 갈현리, 안성 元谷 盤諸里, 부천 고강동, 강릉 사천 방동리, 화성 동탄 동학산, 순천 덕암동, 경기도 구리 교문동과 평택 용지동 등이 속한다. 壕는 하나이며 시기는 단면원형의 점토대토기시대에 속한다. 연대도 기원전 5세기-기원전 3세기경 철기시대 전기 초에 해당한다. 이제까지 환호는 경남지역이 조사가 많이 되어 울산 검단리(사적 332호), 진주 대평리 옥방 1, 4, 7지구창원 남산을 포함하여 19여 개소에 이른다. 청동기 시대부터 이어져 철기시대에도 경기-강원도 지역에만 파주 탄현 갈현리, 화성 동탄 동학산, 강릉 사천 방동리, 부천 고강동, 송파 풍납토성(사적 11호)과 순천 덕암동 등지에서 발견된다. 그 중에서 이곳 안성 반제리의 것은 철기시대 전기 중 앞선 것으로 보인다. 청동기시대의 것으로 제사유적으로 언급된 것은 울산시 북구 연암동이나, 철기시대의 것들 중 구릉에 위치한 것은 거의 대부분 종교·제사유적으로 보인다. 이는 청동기시대 중기(기원전 1000년-기원전 600년, 공렬토기 단계)부터 족장사회(chiefdom society)의 주거로 형성되어온 環壕가 말기(기원전 600년-기원전 400년, 경질무문토기단계)가 되면 평지로 주거를 옮기고 재래 丘陵에 남아있는 환호는 퉁구스족들의 巫敎(shamanism)가 들어오면서 天君이라는 제사장이 다스리는 蘇塗로 바뀌고 철기시대(기원전 400년-기원전 1년)까지 토착사회의 묘제로 남아있던 지석묘의 조상숭배(ancestor worship)와 결합이 본격화되고 있다. 다시 말해 청동기시대 환호가 철기시대에는 주거지로서 보다 종교·제사유적과 관계된 특수지구인 別邑인 蘇塗로 발전되어 나간 것 같다. 이 環壕는 후일 木柵→土城(+木柵) →石城 순으로 발전해 나간다. 그리고 제사유적(蘇塗)으로는 京畿道 安城 元谷 盤諸里, 부여 논치리와 전라남도 순천 덕암동이 대표된다. 이곳 할미산성에서도 이시기에 보이는 2-3重의 環壕가 나타날 가능성도 있다.

그리고 『三國史記』 溫祚王 27년(서기 9년) 4월 '마한의 두 성이 항복하자 그 곳의 백성들을 한산 북쪽으로 이주시켰으며, 마침내 마한이 멸망하였다(...二十七年夏四月, 二城圓山錦峴降, 移其民於漢山之北, 馬韓遂滅. 秋七月, 築大豆山城...)라는 기사는 한성백제와 당시 천안을 중심으로 자리하고 있던 마한과의 영역다툼과정에서 일어난 사건을 기술한 것으로 볼 수 있겠다. 한편 근초고왕 24년(서기 369년) 마한의 고지를 盡有했다는 기사는 종래의 견해대로 나주 일대의 마지막 마한세력을 멸망시킨 것이 아니라 천안 일대, 다시 말해 마한 1기의 중심지였던 천안(용원리, 청당동과 운전리를 중심) 일대의 마한세력을 공주[의당면 수촌리(사적 460호)와 장선리(사적 433호)], 서산(음암면 부장리, 사적 475호)과 익산지역(전주 평화동과 송천동, 익산시 왕궁면 구덕리 사덕마을, 여산면 여산리 유성, 신동리, 모현동 외장과 배산·장신리, 군산시 내흥동)과 같은 남쪽 익산으로 몰아냈던 사건을 기술한 것으로 해석하는 것이 보다 합리적으로 보인다. 이후 마한인이 공립하여 세운 진왕이 다스리던 辰王이 다스리던 目支國(『後漢書』 魏志 韓傳....馬韓最大. 共立其種爲辰王. 都目支國. 辰王三韓之地..., 오늘날의 美國의 수도인 Washington D.C./District of Columbia와 같은 성격을 가진 것으로 보여짐)은 익산을 거쳐 최종적으로 나주 일대로 그 중심을 옮겨갔을 것이다. 따라서 종래의 입장, 즉 마한을 삼한시대 또는 삼국시대 전기(서기 1년-서기 300년)에 존속했던 사회 정치 체제의 하나로만 인식했던 단편적이고 지역적이었던 시각 또는 관점에서 탈피하여 마한 사회를 전면적으로 재검토해야 할 시점에 다다른 것이다.

나) 정상의 첫 번째 단 아래 두 번째 층단(제 2 층단)에서는 백제시대의 것으로 추정되는 방형의 祭壇이 나타난다. 이 방형의 祭壇을 다시 조사해본 결과 마한시대의 토실 2기를 메운 후 그 위에 다시 돌로 축조한 것으로 밝혀져 토실의 총수는 13기가 되고 그 축조연대는 제단의 토실보다 후인 백제시대로 추정된다. 이와 비슷한 제단은 경상남도 울산 야음동에서도 보이며 멀리 朝阳市 喀左 东山嘴(辽宁省 朝阳市 喀左县 兴隆庄乡章 京营子村 东山嘴屯)와 朝阳市 建平 牛河梁[辽宁省 朝阳市 建平县 富山 街道와 凌源市 凌北街道의 경계)의 기원전 3000년-기원전 2500년경의 新石器时代 红山文化晚期에서도 보인다. 홍산문화 중 趙寶溝文化의 陶器에서 보이는 토기문양 중 갈 '之' 문양은 평북 의주 미송리와 경남 통영 상노대노에서, 耳饰(耳环)과 佩饰의 용도인 玉玦(玦玉)은 경기도 파주 주월리와 강원도 고성 문암리에서 나타난다. 周溝石棺墓는 강원도 홍천 두촌면 철정리, 강원도 춘천 천전리, 충남 서천 오석리와 경남 진주 대

평 옥방 8지구 등에서 보여 홍산문화와 한국의 선사문화의 관련성이 점차 증가하는 추세이다.

또 두 번째 층단(제 2 층단)에서 팔각형(1호 다각형 건물지)과 육각형(2호 다각형 건물지)의 多角形 목조 구조물의 柱礎와 積心石도 보인다. 그러나 원래 蓋瓦(기와) 집의 것으로 추정된 것과는 달리 근처에서 개와가 보이지 않았다. 그러나 최근 현장에는 용인시 신갈동 산 56-1에서 서기 2015년 6월 3일(수) 발견된 瓦當(개와)과 마찬가지로 이와 유사한 한 점의 평기와가 출토되어 이 목조 건물이 원래 개와 건물이었음을 확인할 수 있다. 또 최근 재갈을 비롯한 마구류와 화살을 담는 통인 盛矢具를 비롯하여 피장자의 금동관모, 금동신발, 금제귀고리, 환두대도가 경기도 화성 향남읍 요리 2지구 동서간선도로 공사구간(LH 경기지역 택지개발지구, 한국문화유산연구원 서기 2014년 5월 26일 발표) 발굴 중 木槨에서 발굴되었는데 이는 서기 4세기-서기 5세기의 것으로 근초고왕 시 백제의 남쪽영역의 확대와 관련된 것으로 밝혀졌다. 이러한 구조는 집안 환도산성, 하남시 이성산성(사적 422호), 안성 望夷山城(경기도 안성시·이천시, 충청북도 음성군의 경계에 있는 마이산 정상에 축조된 성으로 경기도의 기념물 제 138호와 충청북도의 기념물 제 128호 陰城 望夷山城으로도 지정되었으며 연대는 신라 말-고려 초로도 추정되기도 한다), 공주 공산성(사적 12호), 광양 마노산성(사적 475호, 전남 기념물 173호) 등에서 보인다. 건물지(神殿 또는 神堂)는 처음 팔각형으로부터 시작되는 것 같다. 고구려의 경우 원오리 사지, 청암리 사지, 상오리 사지, 정릉사지, 토성리 사지와 환도산성 내의 2호와 3호 건축지가 팔각형으로 알려지고 있다. 이들은 삼국시대 이후의 것 들이다. 백제의 경우 순천 검단산성(사적 418호)과 하남시 이성산성[사적 422호, 이 경우 신라 24대 진흥왕 14년 新州를 세운 서기 553년(三國史記 百濟本紀 권 26 "聖王 三十一年 秋七月 新羅取東北鄙 置新州" 및 三國史記 新羅本紀권 4 眞興王 十四年 "... 秋七月 取百濟東北鄙 置新州 以阿湌武力爲軍主"). 이후의 것으로도 생각됨], 신라의 것은 경주 蘿井(사적 245호) 등이 알려지고 있다.

나정(蘿井, 사적 245호)은 朴赫居世의 誕降傳說와 관련되어 있다. 그러나 학계에서 僞書로 보고 있는『桓檀古記』(桂延壽, 서기 1911년)에는 신라의 건국에 대한 이야기가 수록되어 있다. 같은 책의 高句麗國本紀에 따르면 신라의 시조 赫居世는 仙桃山 聖母의 아들인데 扶餘帝室의 딸 파소(婆蘇)가 남편 없이 임신을 하여 남들의 의심을 받게 되자 눈수(嫩水)에서 동옥저(東沃沮)를 거쳐 배를 타고 진한(辰韓)의 내을촌(奈乙村)에 이르렀다. 그 곳에서 소벌도리(蘇伐都利)의 양육 하에 지내다가 13세에 이르러 서라벌에 도읍을 정하고 사로(斯盧)라는 나라를 세웠다. 이에 근거하여 혁거세를 도래신(渡來神)으로 보고 부여(夫餘)-동옥저(東沃沮)-형산강구(兄山江口, 포항 영일만)로 온 경로를 추정한 연구도 있었다. 이는 혁거세가 서술성모(西述聖母)가 낳은 아이라는 『三國遺事』 기록에 근거하여 파소(婆蘇)=서술(西述)로 보고 혁거세가 출현할 때 나정(蘿井, 사적 245호), 옆에 있던 백마를 북방계의 기마민족(騎馬民族)과 연결시켜 주몽신화와 같은 계열로 보는 입장이라 하겠다. 박혁거세는 유이민 세력과 토착 세력 사이의 일정한 관계 속에서 국가를 형성하고 임금이 된 것으로 여겨진다. 나정은 발굴 결과 철기시대 전기의 유적으로, 수원 고색동, 파주 탄현, 갈현리 등지의 점토대토기 유적에서 나오는 대각(台脚)에 굵은 두형(豆形)도 보이는 점토대토기 문화가 바탕 되었음이 들어났다. 따라서 기원전 57년 신라가 건국했던 연대도 이들의 시기와 일치한다. 또 실제 그곳에는 박혁거세의 신당(神堂), 또는 서술성모의 신궁이 팔각(八角)형태의 건물로 지어져 있었음으로 신라의 개국연대가 기원전 57년이라는 것도 새로이 믿을 수 있게 되었다. 신화에 가려져 있는 신라 초기의 역사가 점차 역사적 사실로 받아들여지고 있다. 그러나 박혁거세의 부인이 된 알영(閼英)은 사량리(沙梁里) 알영정[閼英井, 사적 172호 오능(五陵) 내]에 나타난 계룡(鷄龍)의 옆구리에서 나온 동녀(童女)라 전해지고 있다. 이는 점토대토기 문화와 건국신화가 어떻게 이어지는지를 엿볼 수 있는 중요한 대목이다. 팔각(八角)형태의 건물은 삼국시대부터 절, 기념물과 산성 등에서 신성시되는 제사유적으로 이용되어 온 것 같다. 여기에 산천제사도 포함된다.

또 용인 할미산성은 강화도 마니산 塹星壇(사적 136호), 울릉도 聖人峯(서기 1988년 필자 확인), 영암 월출산 천황봉 등과도 비교된다. 그러나 산성 내 또는 산성의 기능과 무관하게 神堂과 祠堂을 짓고 그 안에 土馬나 鐵馬를 모셔놓

은 예들이 하남시 이성산성, 성남시 분당 판교, 강화 삼산면 석모리 당집과 광양 마노산성(해발 208.9m)에서 발견된다. 마노산성의 경우 건물지는 뚜렷치 않지만 성이 폐기된 후 고려 말-조선 초의 昇州牧(府)의 공식적인 제사를 위한 장소로 여겨지며, 그곳에서 204점의 토마, 한 점의 철마와 6점의 청동마가 나왔다. 그리고 바닷길 편안을 위해 기도하는 제사 터는 부안 죽막동 수성당(전라북도 유형문화재 58호)과 제주 용담동 등지에서 발견된다. 이곳은 일본에서 '바다의 正倉院 또는 섬으로 된 정창원'으로 불리는 日本 九州 宗像(むなかた)의 沖島(おきのしま, 서기 7세기경)와 유사한 양상을 보인다. 이들은 모두 발견된 현재의 고고학자료 상 대부분 삼국시대를 오르지 못하고 통일신라-조선시대에 속한다. 이런 점에서 용인 할미산성은 앞으로 다른 제사유적과 비교·연구의 대상이 된다.

다) 그리고 두 째 층단에서 팔각형(1호 다각형 건물지)과 6각형(多角形) 주거지(2호 다각형 건물지) 이외에도 백제-고구려시대의 집수지도 보인다. 또 한 변의 길이가 약 12m×5.5m×2m의 광을 굴착 후 안치한 집수정 또는 집수시설(1520±30/430-610A.D., 1560±30/420-570A.D., 1770±30/130-350A.D.)이 성내 정상부 첫째 단에서 확인된다. 가속질량연대분석은 백제시대에 가까우나 발굴이 완료되어야 정확한 시기를 알 수 있겠다. 현재까지 백제산성에서 발견되는 集水池/貯水池는 풍납동 토성 내의 우물을 비롯하여[6] 二聖山城(서적 422

6) 서기 2004년 9월 6일(월) 풍납동 410번지 대진·동산현장 연립조합 부지에서 백제시대 4세기대의 우물(390±40)이 발견되었다, 그리고 한국 신학대학교에서 서기 1999년 12월-서기 2000년 5월에 발굴을 했던 경당지구를 2008년 5월에 다시 발굴을 재개 하였는데 이 발굴에서는 44호 유구의 확장과 우물의 발견이 매우 중요하였다. 44호는 처음 예견대로 宗廟의 正殿(국보 227호)과 永寧殿(보물 821호)과 마찬가지로 조상에 제사 드리던 곳으로 확실시 된다. 유구는 적어도 두 번 이상 重修했던 것으로 보인다. 이 유구는 三國史記 百濟本紀 1에 溫祚王이 기원전 18년 나라를 세우고 그해 5월 여름 아버지인 朱蒙을 위해 東明王廟를(元年夏五月. 立東明王廟), 또 17년(기원전 2년) 어머니 召西奴의 묘를 세워(十七年夏四月. 立廟以祀國母) 제사 지내는 기록과 부합이 될 수도 있다고 추정된다. 그리고 우물은 아래 목제 틀을 짜 맞추고 그 위에 석열을 네모지게(方形) 둘러 위로 쌓아 올라가면서 抹角의 형태를 취하고 있다. 우물 속에는 토기 병을 약 200점 채워 넣고 그 위에 큰 돌로 마구리를 하고 다시 강돌로 쌓아 판축을 하였다. 우물에서 판축 그리고 그 속에 넣은 4세기 말 5세기 초경 瑞山 餘美里를 포함하는 백제 영역에서 보내온 각종 甁이 포함되어 있는 것은 인위적으로 조성된 記念物 또는 祭壇으로 추정된다. 다시 말해

호)이외에도 공주 公山城,(사적 12호), 佰嶺山城(잣고개, 서기 597년 丁巳년 27대 威德王이 쌓음, 충남 기념물 83호), 대전 鷄足山城(사적 355호), 대전 月坪洞山城(충남 기념물 7호), 이천 雪城山城 [경기도 기념물 76호, 4차 조사 시의 가속질량연대분석(AMS: Accelerator Mass Spectrometry)은 서기 370년-서기 410년], 평택 慈美山城, 순천 檢丹山城(사적 418호), 여수 鼓樂山城(시도기념물 244호)과 광양 馬老山城(사적 492호) 등에서이며 기타 扶餘 官北里 궁궐터(사적 428호)에서도 볼 수 있다.

라) 埋納 유구는 최상단의 정상부의 1호와 제일 마지막 단계에 조성된 셋째 층단(제 3 층단)의 아래 경사면(최 하단 축대시설 상부)에서 발견되는 2호의 두 기가 발견되었다. 제사와 관련된 유구로 1호에서는 鎭壇具인 鋸齒文이 있는 토기 盒이 나오고, 2호에서는 대형옹관 편을 비롯해 다량의 토기가 집중적으로 발견되었다. 그리고 3단의 층단에서 蓋瓦집의 하부인 積心石이 있는 柱礎(1호 장방형 건물지(남쪽 정면 5간 측변 3간)는 창고시설이나 제사장의 집무실이라기보다 제사장이 제사를 관장하는 祠堂, 神堂 또는 神殿일 가능성이 더 많다. 2호 장방형 건물지는 정면 7간 측면 3간이나 평면상으로 보면 두 개의 건물이 이어진 것으로 보인다. 그리고 1호와 2호의 장방형 건물지의 북쪽 뒷면에 흘러내는 경사면을 보호하기위한 것으로 추정되는 일련의 木柵穴이 있다. 이는 확실하지는 않지만 축대 보강토에서 나온 청동기시대 돌도끼 1점의 존재로 보아 또 청동기시대 돌도끼 1점의 존재를 강조하지 않더라도 積心石이 있는 柱礎의 개와집 집자리보다 층위적으로 앞서 만들어진 청동기시대 말-철기시대 전기의 수혈주거지의 기둥구멍일 가능성이 더 많다고 추정된다.

장방형 건물지 1호(전체 길이 8.2m)와 건물지 2호는 서기 2015년 10월 16일

백제의 왕실을 위한 會盟式의 장소였던 것으로 추정된다. 토기의 일부는 大加倻의 영향을 받은 것도 보이는데 이는 순천 서면 운평리와 여천 화장동 유적에서 서기 470년(개로왕 16년)-서기 512년(무령왕 12년)사이 마한과 대가야(서기 42년-서기 562년)의 문화가 서로 공존해 있었고 이 유적이『日本書紀』卷 17 繼體天皇 6년(서기 512년)條에 나오는 백제 25대 武寧王(서기 501년-서기 523년)이 사신을 보내 요구한 任那(大伽倻) 4縣(上哆唎·下哆唎·娑陀·牟婁) 중 娑陀로 추정되고 있음과 무관하지 않다.

(금)에 공개된 마지막 발굴 狀況을 보면 이들 건물지를 교란·파괴하고 층위적으로 이들 건물지 보다 후일 형성된 고구려 벽난로, 또 1호와 2호 장방형 건물지의 처마·落水面까지 침범해 흘러내린 이들 건물지보다 층위적으로 후일 다시 보강된 축대로 등으로 보아 장방형 건물지 1호와 건물지 2호의 백제 건물지→고구려 벽난로→ 아마도 신라시대의 보강된 축대의 順으로 생각해볼 수 있겠다.

그리고 이들 1호와 2호 장방형 건물지와의 관련이 어떠한지 모르나 한국문화유산연구원에서 명명한 1호 주거지의 연대는 1520±40/420-620A.D.(한국문화유산연구원 2015, 용인 할미산성 Ⅲ, p.383), 2호 주거지는 1450±40/540-660A.D., 한국문화유산연구원 2015, 용인할미산성 Ⅲ, p.383), 1차 ②3호 주거지는 1450±40/540-660A.D, 한국문화유산연구원 2014, 용인 할미산성 Ⅱ, p.257), 1차 ⑥4호 주거지 아궁이 내부는 1400±40/570-680A.D,(한국문화유산연구원 2014, 용인 할미산성 Ⅱ, p.259), 11호는1450±40/540-660A.D.(한국문화유산연구원 2015, 용인 할미산성 Ⅲ, p.383)의 가속질량연대분석(AMS)의 측정결과가 나오고 있어 이들 1호와 2호 장방형 건물지의 연대를 추정하는데 참고가 된다.

이 성벽에서는 水口도 조사되었다. 그 외에도 두 째 층단에서 팔각형 집자리도 조사되었는데 남-북 8m, 동-서 8.1m. 한 변의 길이는 2.9-3.2m이다. 그리고 셋째 층단의 柱礎와 積心石이 있는 개와 집 2호 장방형 건물지를 비롯해 1, 2, 7, 20호 주거지에서 '외줄기 고래'라기 보다 양평 양수리 상석정, 화성 발안이나 홍천 두촌면 철정리에서 보이는 고구려의 壁煖爐(페치카, pechika/neyka)도 6기가 발견된다. 이들은 셋째 단의 1호와 2호 장방형 건물지보다 늦게 만들어진 경사면의 보강된 석축과 마찬가지로 연대가 늦게 조성된 고구려시대의 것으로 보인다. 그리고 3단의 층단에서 1호와 2호 장방형 건물지 사이에서 파주 덕진산성 에서와 유사한 고구려 시대의 집수지도 발견되다. 이 집수지는 백제시대에 처음 만들어진 것으로 고구려 시대에도 重修 및 再使用된 것으로 추정된다. 그리고 이들 산 구릉 측면에서 나타나 수혈 집자리들은 祠堂, 神堂 또는 神殿일 가능성보다 제사에 종사하는 사람들의 거주지로 여겨진다. 특히 중요한 것은 積心石이 있는 柱礎의 蓋瓦집(1호와 2호 장방형 건물지 근처에서

황색 토제 평기와가 한 점 발견되었다)의 처마 끝(落水面)에서 이 집보다 후에 쌓은 3-7단으로 쌓은 석축 열이 보이는데 이는 성벽이라기보다 후일 셋째 단의 경사가 흘러내리는 것을 보강하기 위해 축조된 것으로 추정되며 그 연대는 3단의 層段 중 가장 늦은 시기에 해당한다. 이러한 토사가 흘러내리는 것을 방지하기위한 보강된 축대는 제 1과 제2 층단 하에서도 만들어지고 있다. 북쪽 내성 제사유구에서 나오는 토기는 서기 3기경의 황갈색 연질 승석문토기에서부터 舒川 鳳仙里 遺蹟(사적 제473)에서와 같은 서기 5세기경의 고구려의 흑도, 백제의 경질 장경호, 서기 6세기 중반에서 서기 7세기 중반에 해당하는 신라 유물인 高杯, 蓋가 나오고 그 외에 1호 주거지 구석에서 나온 철촉, 鐵斧, 紡錘車 등도 있다.

마) 소위 "공유벽" 주위의 성벽은 지형 흐름에 따라 바닥을 마련한 다음 그 위에 넓적한 돌(판상형 석재)로 바깥벽을 축조한 테뫼식 산성으로 위키백과 할미산성 편에 의하면 성벽전체 둘레 651m, 전체 면적은 73,504㎡로 보고 있으나 현지 발굴팀인 한국문화유산연구원은 대략 20,700㎡로 추산한다. 발굴은 1차 남쪽 성벽 조사면적 900㎡, 2차 정상부와 공유벽 구간 조사면적 2,750㎡(한국문화유산연구원 2015, p,1), 3차 산 정상부 평탄대지와 남쪽 사면 조사면적 6,900㎡ 로 추산하고 있다(한국문화유산연구원 2015, 3차 발굴조사 약보고서, p.2). 현재 할미산성은 조선 후기에 간행된 『增補文獻備考』에 '廢城이 된 姑母城'이라 기록되었다. 이후 『朝鮮寶物古蹟調査資料』에 "고려시대 한 노파가 하룻밤에 쌓았다"라는 전설이 기록되어 있어 오랫동안 고려시대의 성곽으로 이해되어 왔다. 그러나 서기 1999년 충북대학교 중원문화연구소의 지표 조사에서 삼국시대의 유물이 출토하였으며, 경기도박물관의 시굴 조사[서기 2004년 12월 16일(금)의 지도위원회]를 통해 신라가 한강 유역으로 진출하던 시기에 축조된 신라성이라는 사실이 밝혀졌다. 현재 남쪽 성벽의 일부가 복원이 되었지만 대부분 성벽 윗면이 훼손되어 있다 그러나 원형은 비교적 잘 유지되어 있다. 그리고 서벽은 백제시대에 처음 쌓은 것으로 밝혀졌다. 출토 유물로는 별로 없지만 이곳 성벽은 이곳에서 가장 늦은 서기 6세기 중반-서기 7세기 중반(서

기 553년경 이후)에 속한다고 추정된다.

이상 셋째 층단(제 3 층단)의 보강된 석축인 소위 "공유벽" 북쪽 내성에서 발굴된 3개의 層段으로 구성된 山地伽藍의 형태를 지니면서 關防遺蹟이 아닌 宗教·祭祀遺蹟의 성격과 편년을 요약하면 다음과 같이 되겠다.

① 청동기시대 말-철기시대 전기의 수혈 움집[기원전 400년-기원전 1년, 개와집(2호 장방형 건물지)의 뒷벽에 보이는 기둥구멍은 수혈움집과 관련이 있음, 청동기시대 돌도끼 1점이 축대 보강토에서 발견됨) →

② 원형수혈유구[마한의 土室, 13기(여기에 원형수혈과 구분해 보고한 수혈 주거지는 14기, 이들의 연대는 서기 2세기-서기 3세기경이나 서기 540년-서기 660년 사이에 재활용됨) →

③ 최상부 제 1 층단의 마한의 2열 8행의 7간의 굴립주 목조건물과 1호 集水用의 유구 (430-610A.D.과 420-570A.D.란 연대도 나왔으나, 제일 빠른 연대인 1770±30/130-350A.D.을 借用하면 서기 4세기경 전후 마한시대의 것으로 추정된다. 이는 天君이 다스리는 종교적 別邑인 蘇塗의 유구로 추정됨 →

④ 그 아래의 제 2 층단의 백제의 방형제단, 백제-고구려의 2호 集水用의 유구, 육각과 팔각 의 다각형 건물지는 가속질량연대분석(AMS)의 측정결과가 아직 나오지 않았으나, 현지 발 굴팀은 출토유물로 보아 두기 모두 6세기 말 7세기 초로 추정하고 있다. 그러나 앞서 언급한대로 팔각형 건물지는 고구려, 백제와 신라에서 모두 만들어 사용하던 종교·제사유 적의 건물로 여겨진다. 그래서 여기에서는 백제의 초축으로 추정하고 싶다. 그리고 아울러 할미산성의 서벽도 백제시대에 初築되었음이 밝혀졌다. →

⑤ 제 3 층단의 1·2호 장방형 주거지(1호-남쪽 정면 5간 측변 3간, 창고시설보다 제사장이 관 장하는 祠堂, 神堂 또는 神殿일 가능성이 많음, 2호는 정면 7간 측면 3간이나 평면상으로 보면 두 개의 건물이 이어진 것으로 보인다) 옆 이 집자리보다 늦게 조성된 고구려 계통 의 壁煖爐(페치카, pechika/neyka)가 2호 장방형 건물지외에 3, 4, 7, 20호 집자리에 서 도합 6기가 나옴)와 충청남도 舒川 鳳仙里 遺蹟(사적 제473)에서와 같은 고구려의 흑색 토기 편이 나옴, 이들

은 고구려 20대 長壽王 63년 서기 475년-신라 24대 眞興王 14년 서 기 553년경 사이로 편년). 그리고 이들 산 구릉 측면에서 나타나는 수혈 집자리 30기들은 시대가 각기 다르지만 祠堂, 神堂 또는 神殿일 가능성보다 제사에 종사하던 사람들의 거주 지로 여겨진다.→

⑥ 가장 아래의 제 3 층단에서 1호와 2호 장방형 건물지 남면 낙수시설 근처에 보강된 석축 의 일부가 흘러내려 1호와 2호 장방형 건물지 보다 축조 시기가 늦다고 추정되는 석축은 빨라도 신라 24대 眞興王 14년(서기 553년경) 전후에 축조된 것으로 추정된다. →

⑦ 이곳은 제 3 층단의 석재의 축대를 경계(소위 공유성벽)로 북쪽 외성은 龍信仰을 기반으 로 하는 馬韓과 百濟의 祭祀遺構(蘇塗)이며 축대 남쪽에는 신라군의 대형 집수시설과 關防 遺構가 있다. 그리고 북쪽에는 백제-고구려의 집수시설과 벽난로 6기가 馬韓과 百濟유적 을 교란하며 나타난다.

그래서 이 유적은 마한 기원전 2세기-기원전 1세기경의 굴립주 건물과 집수시설(龍現井) → 백제(온조왕 17년/서기 9년, 13대 근초고왕 24년/서기 369년 이후 백제에 편입되는데 이는 백제 온조왕 27년(서기 9년)에 마한의 圓山과 錦峴城의 함락과 '馬韓遂滅'의 기록, 또 13대 근초고왕의 남쪽 영역확대와 관련이 있다) → 고구려 20대 장수왕 63년(서기 475 년) → 신라 24대 진흥왕 14년(서기 553년, 대형 군사용 集水池를 포함한 關防遺構가 나 타난다. 그리고 이곳에서 신라가 서기 553년경 한강유역을 확보한 이후 唐나라를 통해 들 어온 페르시아의 사산왕조(Sassan, 서기 224년-서기 652년) 문화의 영향을 받아 만들어진 寶珠形 꼭지가 달린 高杯 뚜껑(蓋)과 自然釉가 표면에 형성된 印文陶도 나타나고 있다.

그리고 경기도에서 발견되는 청동기시대 말-철기시대 전기/馬韓, 百濟, 高句麗와 新羅시대의 유적들에 대한 연구는 각 나라들의 정치적·역사적 관계와 맥락을 좀 더 신중히 고려할 필요가 있다. 할미산성 북쪽 외성에서 나타나는 유적들은 반드시 그러한 역사적 맥락에서 살펴보아야 할 것이다. 다시 말하여 임진강, 남한강유역을 포함하는 경기도 내에 만들어진 이 시기 유적의 주 대상(主敵)은

原三國時代가 아닌 역사상의 실체인 馬韓, 高句麗, 百濟와 新羅이기 때문이다. 그 중 고구려와 백제간의 끈임 없는 역사는 '長壽王과 蓋鹵王 사이에 일어난 한성시대 백제의 멸망으로 이어졌고, 그 해가 서기 475년이었다. 이는 경기도 소재 산성의 조사에서 발견되는 유적들은 백제 13대 近肖古王이 26년(서기 371년)에 二聖山城(사적 422호)을 축조한 후 백제의 영토를 끊임없이 확장해나가고[7] 고구

7) 『三國史記』 溫祚王 27년(서기 9년) 4월 '마한의 두 성이 항복하자 그 곳의 백성들을 한산 북쪽으로 이주시켰으며, 마침내 마한이 멸망하였다(...二十七年夏四月, 二城圓山錦峴降, 移其民於漢山之北, 馬韓遂滅. 秋七月, 築大豆山城...)라는 기사는 한성백제와 당시 천안을 중심으로 자리하고 있던 마한과의 영역다툼과정에서 일어난 사건을 기술한 것으로 볼 수 있겠다. 한편 근초고왕 24년(서기 369년) 마한의 고지를 盡有했다는 기사는 종래의 견해대로 나주 일대의 마한세력을 멸망시킨 것이 아니라 천안 일대, 다시 말해 마한 I기의 중심지였던 천안(용원리, 청당동과 운전리를 중심) 일대의 마한세력을 공주[의당면 수촌리(사적 460호)와 장선리(사적 433호)], 서산(음암면 부장리, 사적 475호)과 익산지역(전주 평화동과 송천동, 익산시 왕궁면 구덕리 사덕마을, 여산면 여산리 유성, 신동리, 모현동 외장과 배산·장신리, 군산시 내흥동)과 같은 남쪽으로 몰아냈던 사건을 기술한 것으로 해석하는 것이 보다 합리적이다. 이후 마한인이 공립하여 세운 진왕이 다스리던 辰王이 다스리던 目支國(『後漢書』 魏志 韓傳....馬韓最大. 共立其種爲辰王. 都目支國. 辰王三韓之地..., 오늘날의 미국의 수도인 Washington D.C./District of Columbia와 같은 성격을 가진 것으로 보여짐)은 익산을 거쳐 최종적으로 나주 일대로 그 중심을 옮겨갔을 것이다. 따라서 종래의 입장, 즉 마한을 삼한시대 또는 삼국시대 전기에 존속했던 사회 정치체제의 하나로만 인식했던 단편적이고 지역적이었던 시각 또는 관점에서 탈피하여 마한사회를 전면적으로 재검토해야 할 시점에 다다른 것이다. 백제초기의 유적은 충청북도 충주시 금릉동 백제초기 유적, 칠금동 탄금대 백제토성(철 생산 유적), 장미산성(사적 400호), 가금면 탑평리 집자리 1호(서기 355년, 365년, 385년)와 강원도 홍천 화화계리, 원주 법천리, 춘천 천전리, 화천군 하남 원천리와 양평군 개군면 하자포리에서 발견되고 있다. 이는 13대 근초고왕의 영토확장과 관계가 있다. 그리고 필자는 河北慰禮城은 中浪川(최몽룡·권오영 1985, pp.83-120 및 최몽룡·심정보 편저 1991, p.82)으로 비정하였는데 현재는 연천군 중면 삼곶리(1994년 발굴, 이음식 돌무지무덤과 제단. 桓仁 古力墓子村 M19와 유사), 연천 군남면 우정리(2001), 연천 백학면 학곡리(2004),. 연천 중면 횡산리(2009)와 임진강변에 산재한 아직 조사되지 않은 많은 수의 적석총의 존재로 보아 臨津江변의 漣川郡 일대로 비정하려고 한다. 그리고 西窮大海는 강화도 교동 華蓋山城, 東極走壤은 강원도 춘천을 넘어 화천 하남면 원촌리, 충청북도 충주시 금릉동 백제초기 유적, 칠금동 탄금대 백제토성(철 생산 유적), 장미산성(사적 400호), 가금면 탑평리 집자리 1호(서기 355년, 365년, 385년)와 강원도 홍천 화화계리, 원주 법천리, 춘천 천전리, 화천군 하남 원천리, 양주 개군면 하자포리까지 이어지고, 南限熊川은 안성천, 평택, 성환과 직산보다는 천안 용원리, 공주 의당 수촌리(사적 460호)와 장선리(사적 433호) , 서산 음암 부장리(사적 475호) 근처로 확대해석하고, 北至浿河는 예성강으로 보다 臨津江으로 추정하고자 한다(최몽룡 2014, pp.491-535). 이는 현재 발굴·조사된 고고학 자료와 비교해 볼 때 가능하다. 따라서 『三國史記』 百濟本紀에서 보이는 漢城時代 百濟(기원전 18년-서기 475년)의 都邑地 變遷은 河北慰禮城(溫祚王 元年, 기원전 18년, 중랑구 면목동과 광진구 중곡동 의 中浪川 一帶에 比定, 그러나 적석총의 밀집분포로 보아 연천 郡南面 牛井里, 中面 橫山里와 三串里, 白鶴面 鶴谷里일

려 20대 長壽王이 63년(서기 475년) 에 漢城시대의 백제를 함락하는 역사적 사건을 거쳐 신라 24대 眞興王 14년(서기 553년)에 新州를 형성하는 서기 371년에서 서기 553년 사이의 182년간의 역사를 잘 반영한다. 경기도에서 발견·조사되는 여러 산성에서 백제, 고구려와 신라시대의 특징을 보이는 기술로 축조한 山城의 重疊된 증거가 나오고 그곳에서 출토하는 각 시대의 유물의 존재는 『三國史記』의 기록에서 보이는 역사적 맥락(context)을 그대로 입증해준다. 용인 할미산성에서도 馬韓에서 百濟시대에 이르기 까지 운영된 祭祀遺構와 그다음의 高句麗와 新羅의 유구와 유물이 계속 나타나고 있는 것도 이러한 정치·역사적 맥락에서 바라보는 것이 좋을 듯하다. 이는 이곳이 마한시대부터 중요한 종교·제사 유구(터)로 다음의 政治體 下에서도 그 유구의 종교적 중요성을 인정받아 그대로 존속되어왔고 시대에 따라 제사유적에 세워진 건물 樣相만 변해갔음을 의미한다. 따라서 용인 할미산성 내 서기 2012년-서기 2015년 사이에 발굴된 제 3단 층단의 보강용 축대인 소위 "공유성벽" 북쪽 내성에서 발굴된 馬韓과 百濟의 宗敎·祭祀遺蹟은 마한·백제·고구려·신라사이에 얽혀있는 역사·문화적 배경과 맥락을 이해하는데 매우 중요하다.

대도 가능하다.) → 河南慰禮城(온조왕 14년, 기원전 5년, 사적 11호 風納土城에 比定) → 漢山(근초고왕 26년, 서기 371년, 사적 422호 二聖山城에 比定) → 漢城(阿莘王 卽位年, 辰斯王 7년, 서기 391년, 하남시 春宮里 일대에 比定)으로 알려져 있다. 이는 기원전 18년에서 백제 21대 蓋鹵王(서기 455년-서기 475년 재위)이 고구려 20대 長壽王(서기 413년-서기 491년 재위)에 의해 패해 한성시대의 백제가 없어지고 22대 文周王(서기 475년-서기 477년 재위)이 公州로 遷都하는 서기 475년까지의 493년간의 漢城時代 百濟에 포함된 중요한 역사적 사건 중의 하나이다.

〈참고문헌〉

강동석·이희인
2002 강화도 교동 대룡리 패총, 임진강유역의 고대사회, 인하대학교박물관
경기도박물관
1999 파주 주월리 유적
2003 월롱산성
2003 고양 멱절산 유적 발굴조사
2004 포천 자작리 유적 II-시굴조사보고서-
2005 용인 할미산성
2005 파주 육계토성
경기문화재단
2002 연천 학곡제 개수공사지역 내 학곡리 적석총 발굴조사
2003 경기도의 성곽, 기전문화예술총서 13
고려대학교 고고환경연구소
2005 홍련봉 2보루 1차 발굴조사 약보고
2005 아차산 3보루 1차 발굴조사 약보고
고려대학교 매장문화재연구소
2004 홍련봉 1보루 2차 발굴조사 약보고
광진구 1998 아차산성 '96 보수구간 내 실측 및 수습발굴조사보고서
국립중앙박물관
2000 원주 법천리 고분군-제2차 학술발굴조사-
2000 원주 법천리 I (고적조사보고 31책)
광진구 1998 아차산성 '96 보수구간 내 실측 및 수습발굴조사보고서
단국대학교 매장문화재연구소
2001 포천 고모리산성지표조사 완료약보고서 및 보고서(총서 11책)
2001 안성 죽주산성 지표 및 발굴조사 완료 약보고서
2001 포천 반월산성 5차 발굴조사보고서
2002-5 이천 설성산성 2~4차 발굴조사 지도위원회자료집
2003 연천 은대리성 지표 및 발굴조사 지도위원회자료집
2003 이천 설봉산성 4차 발굴조사 지도위원회자료집
2004 평택 서부관방산성 시·발굴조사 지도위원회자료집
2004 안성 죽주산성 남벽 정비구간 발굴조사 지도위원회자료집
2005 안성 망이산성 3차 발굴조사 지도위원회자료집
목포대학교·동신대학교 박물관
2001 금천-시계간 국가지원 지방도 사업구간 내 문화재발굴조사 지도위

원회 현장설명 회의 자료
백종오 2002 임진강유역 고구려 관방체계, 임진강유역의 고대사회, 인하대학교 박물관
2003 고구려와 신라기와 비교연구-경기지역 고구려성곽 출토품을 중심으로, 백산학보 67, 백산학회
2003 朝鮮半島臨津江流域的高句麗關防體系硏究, 東北亞歷史與考古信息 總第40期
2004 포천 성동리산성의 변천과정 검토, 선사와 고대 20, 한국고대학회
2004 백제 한성기 산성의 현황과 특징, 백산학보 69, 백산학회
2004 임진강유역 고구려 평기와 연구, 문화사학 21, 한국문화사학회
2005 최근 발견 경기지역 고구려 유적, 북방사논총 7
2006 고구려 기와의 성립과 왕권, 주류성
2014 중원 성곽유적의 회고와 전망
최몽룡·백종오 편저
2014 고구려와 중원문화, pp.147-216
백종오·김병희·신영문
2004 한국 성곽연구 논저총람, 서울: 서경
서울대학교 박물관
1975 석촌동 적석총 발굴조사보고
2000 아차산성
2000 아차산 제 4보루
2002 아차산 시루봉보루
2006 용마산 2보루
2013 석촌동 고분군 I
서울대학교 박물관·경기도 박물관
2000 고구려: 한강유역의 요새
서울대학교 박물관·구리시
2013 시루봉 보루 II
수원대학교 박물관
2005 화성 장안리 유적
순천대학교 박물관
2004 광양 마로산성 3차 발굴조사 현장설명회자료
2005 광양마로산성 4차 발굴조사 현장설명회자료
2005 광양 마노산성 I
심정보
2011 대전 계족산성의 초축시기에 대한 재검토, 21세기의 한국고고학 III

(희정 최몽룡 교수 정년퇴임논총 III), 서울: 주류성, pp. 413-468
2012 이성산성 축조시기에 대한 검토, 위례문화 15호, 하남시: 하남문화원, pp.35-64
양시은 2014 남한 고구려성의 구조와 성격, 최몽룡·백종오 편저 2014 고구려와 중원문화, pp.563-604
육군사관학교 화랑대연구소 국방유적연구실
2003 정선 애산리산성 지표조사보고서
2004 파주 덕진산성 시굴조사 지도위원회자료
2008 연천 당포성 II 시굴조사 보고서
鄭漢德 편저
2002 日本의 考古學, 서울: 학연문화사
중원문화재연구원
2004 충주 장미산성 발굴조사 현장설명회 자료집
차용걸 2003 충청지역 고구려계 유물출토 유적에 대한 소고-남성골 유적을 중심으로-, 호운 최근묵 교수정년 기념간행위원회
최몽룡 1978 전남지방 소재 지석묘의 형식과 분류, 역사학보 78집, pp.1-50
1986 고고학 측면에서 본 마한, 원광대학교 마한·백제연구소, 백제연구 9, pp.5-16
1994 考古學上으로 본 馬韓硏究, 원광대학교 마한·백제문화연구소 주최 학술 심포지엄, pp.71-98
2000 흙과 인류, 서울: 주류성
2006 최근의 고고학 자료로 본 한국고고학·고대사의 신연구, 서울: 주류성
2008 한국 청동기·철기시대와 고대사회의 복원, 서울: 주류성
2009 한국상고사연구여적, 서울: 주류성, 289쪽
2011 韓國 考古學 硏究의 諸 問題, 서울: 주류성
2011 부여 송국리 유적의 새로운 편년, 21세기의 한국고고학 IV, pp.211-226
2014 韓國 考古學 硏究, 서울: 주류성
2015 인류문명발달사(교재용 개정 6판), 서울: 주류성
2015 중국 동북지구 文明의 발생-神話에서 歷史로-, 경희대학교 인문학연구원 부설 한 국고대사·고고학연구소, 고조선사 연구회, 제 1회 국제학술회의 〈고조선의 여명〉 기조강연 2015.10.2.(금), pp.1-47
2015 안성 죽주산성-최근 경기도에서 발굴·조사된 산성들의 역사적 맥락-, 한국 고대학회·국립교통대학주최·안성시 안성 죽산면 동안성 시민복지센터, 「안성 죽주산성 사적지정을 위한 학술세미나」, 2015년 11월 13일(금), pp.7-24 및 호 불 정영호박사 팔순송축기념논총 pp.109-128
최몽룡·권오영

1985 고고학 자료를 통해본 백제 초기의 영역고찰-도성 및 영역문제를 중심으로 본 한성시대 백제의 성장과정', 천관우 선생 환력기념 한국사학 논총, pp.83-120

최몽룡・심정보 편저

1981 백제사의 이해, 서울: 학연문화사, p.82

최몽룡・백종오

2014 고구려와 중원문화, 서울: 주류성

충북대학교 박물관

2002 청원 I.C.-부용간 도로확장 및 포장공사구간 충북 청원 부강리 남성골 유적

충청매장문화재연구원

2001 대전 월평동산성

충남발전연구원 충남역사문화연구소

2001 연기 운주산성 발굴조사 개략보고서

2003 서천-공주간(6-2)고속도로 건설구간 내 봉선리 유적

충청매장문화재연구원

2001 대전 월평동 산성

하문식・백종오・김병희

2003 백제 한성기 모락산성에 관한 연구, 선사와 고대 18, 한국고대학회

한국문화유산연구원・용인시

2012 용인 할미산성 1차 발굴조사 약보고서

2013 용인 할미산성 2차 발굴조사 약보고서

2014 용인 할미산성(II)

2015 용인 할미산성(III)

2015 용인 할미산성 3차 발굴조사 약보고서

2015 용인 할미산성 3・4차 발굴조사 -학술자문회자료-

한국문화재보호재단

2001 하남 천왕사지 시굴조사-지도위원회자료-

한국토지공사 토지박물관

2001 연천 호로고루-지도위원회자료

2001 연천 군남제 개수공사지역 문화재 시굴조사-지도위원회자료

2003 연천 신답리고분

한양대학교 박물관

2000 이성산성(제8차 발굴조사보고서)

2001 단양 사지원리 태장이묘 발굴조사 지도위원회 자료집

2001 이성산성(제9차 발굴조사보고서)

2002 이성산성(제10차 발굴조사보고서)

2005 풍납과 이성: 한강의 백제와 신라문화: 한양대학교 개교 66주년 기념 특별전

하문식·황보경

2007 하남 광암동 백제 돌방무덤연구, 최몽룡 편저, 경기도의 고고학, 서울: 주류성 pp.195-222

황보경 2011 한강유역 신라고분의 구조적 특징과 성곽과의 관계, 최몽룡 편저, 21세기의 한 국고고학 IV, 서울: 주류성, pp.589-645

충남발전연구원 충남역사문화연구소

2001 연기 운주산성 발굴조사 개략보고서

Religious and ritual sites of Mahan and Baekje dynasties newly discovered from Halmi stone castle in Yongin

Choi, Mong-Lyong (Professor emeritus of Seoul National University)

Halmi stone castle located at so-called 'inner joint stone wall(共有城壁)' with the length of 180m of Yongin(龍仁 할미산성, Gyonggido province monument no.215) 349m above sea level in Gyonggido province estimated to have been first built around between 3 cen. and 4 cen. A,D. during the Mahn(馬韓) dynasty and then rebuilt for the enlargement of Baekje(百濟) territory, roughly soon after the building of Isong stone castle(二聖山城, historical site no.422) in the year of 371 A.D, the first ever constructed castle with stones by the 26th rein of Geunchogo(近肖古王, rein 346 A,D.-375 A,D.), 13th king of Baekje dynasty who had killed the Gogukwon(故國原王, rein 331 A,D.-371 A,D). And this place are reused as a fort of defense system by Goguryo after the yeat of 475 A,D. and finally by the 24th king of Silla in 553 A,D. But three times of excavations during the years of 2012-2015 by the Institute of Korean Cultural Relics(韓國文化遺產研究院) have revealed that in contrast with the strong defense system constructed by Goguryo and Silla, former Mahan and Baekje dynasties used this place as religious and ritual purpose. This sites comprise of three steps where on every step there are 13 typical Tosil(土室) pit-dwelling houses with the depth of 3-4m, traces of wooden pit-column rows of main ritual building(wooden building with post holes stuck into the ground(掘立柱建物, 四柱式建物) with the diameter of 0.8-1.2m and depth of 0.7-1.1m and quadrangular well of Mahan(12m×5.5m with the depth of 2m) on the third and highest step, and pillars(footstones) forming of hexagonal and octagonal wooden buildings and wells with diameter of 7.1m of Baekje dynasty on second and middle step on which contains several artefacts correlated with religious and ritual activities especially with emphasizing on the dragon-myth living in the water/well and legend of the early state formation in ancient Korea. And we should reconsider what the function and purpose of this stone castle with the geopolitical importance represents and explains. And again we should reconsider why did this site related to the religion and ritual during the period of Mahan and Baekje dynasties before and after the year of 371 A.D, and how this place connect again with the historical context and interaction sphere again between Goguryo in 475 A.D, and Silla dynasty in 553 A.D, in terms of specific records shown on the such history book as 'Samguksagi(三國史記)'. In a vein, it is time for archaeologists to decipher the true historical meaning and find comprehensible context from this Halmi stone castle already excavated 3 times.

한반도 구석기시대의 흑요석 이용*

홍 미영 (한국구석기학회 연구위원)

I. 머리말

지난 50여 년 동안 한반도에서는 300여 곳에 이르는 구석기유적이 발굴조사되었다. 지금까지 축적된 연구 성과를 통해볼 때 한반도의 구석기시대는 돌날과 슴베찌르개가 등장하는 40,000-35,000년 전을 경계로 이른 시기(전·중기구석기시대)와 늦은 시기(후기구석기시대)로 구분할 수 있으며 이 중 후기구석기시대는 눌러떼기기술이 적용된 좀돌날석기가 등장하는 약 25,000년 전을 경계로 후기구석기 이른 시기와 늦은 시기로 구분해볼 수 있다. 구석기시대의 각 변천과정에서 돌감(질과 형태)사용의 변화는 중요한 요소로 인식된다. 특히 석영맥암이나 규암을 이용한 격지석기 석기군이 그 이외의 균질한 돌감(유문암, 응회암, 셰일, 혼펠스 등)을 활용한 돌날석기 석기군 또는/그리고 좀돌날석기 석기군과 공존 또는 독립적으로 존속하는 양상을 보여주는 후기구석기시대 늦은 시기의 석기군조성의 다양성은 지역별 지질환경에 따른 선호하는 돌감의 획득여건(접근성) 및 그 풍부성과도 깊은 연관성을 지닌 것으로 이해된다.

---

* 이 글은 2012년 10월 일본 메이지대학교 부설 흑요석 연구센터가 주체한 *International Symposium "Lithic Raw Material Exploitation and Circulation in Prehistory"*에서 Obsidian appeared in Paleolithic Industries on the Korean Peninsula란 주제로 발표한 내용을 그 후 추가된 자료들을 보완, 수정하여 간략하게 정리한 것이다.

원산지가 화산분출지역에 한정되어있는 흑요석은 한반도의 구석기시대에서는 매우 귀하게 사용된 돌감으로 25,000-24,000년 전 좀돌날석기 석기군에서 처음으로 등장한 이후 주로 좀돌날제작과 밀접한 연관성을 지니면서 후기구석기 말기까지 지속적으로 사용된 것으로 나타난다. 한편 중국과 북한 경계에 위치한 백두산은 구석기시대에 이용된 흑요석의 주요 원산지로 알려져 있으나 산지 흑요석에 대한 기본적인 연구 자료가 매우 제한적일 뿐 아니라 한반도의 동북지역을 비롯하여 백두산 남쪽으로 약 450km 영역 내에서는 알려진 흑요석관련 자료가 거의 없어 원산지 및 이와 연관된 2, 3차산지를 둘러싼 흑요석의 획득, 유통 및 활용양상, 집단의 교류 및 이동경로 등을 추적하는 데에는 아직 많은 어려움이 있다.

한반도에서는 1930년대 온성 강안리(동관진)유적과 1960년대 공주 석장리유적의 후기구석기문화층에서 흑요석제 석기가 발견된 이래 현재 30곳이 넘는 구석기유적에서 흑요석이 출토된 것으로 확인된다. 이 글에서는 지금까지 축적된 흑요석관련 연구 자료들을 바탕으로 구석기시대 흑요석 사용의 시·공간적 분포양상, 흑요석의 이용과 석기군의 성격, 구석기시대 흑요석유물에 대한 산지판별 연구현황 등을 살펴보았다. 이 글에서 다룬 흑요석석기는 발굴 또는 시굴조사가 이루어진 유적의 문화층 또는 유물포함층에서 출토된 석기들을 대상으로 하였다.

II. 흑요석 사용의 시·공간적 분포

1. 흑요석석기 출토유적

지금까지 한반도에서 흑요석이 출토된 구석기유적은 35곳이며 모두 5천여 점(4,949점 이상)의 흑요석제 석기가 확인되었다(그림 1, 표 1). 한편 문화층노출 등 유적의 상황에 따라 지표 또는 교란층에서 수습된 석기들(늘거리 800여 점, 호평동 200점, 상무룡리 II 200여 점, 용정리, 와동리, 포일동, 신북 등)을 포함하면

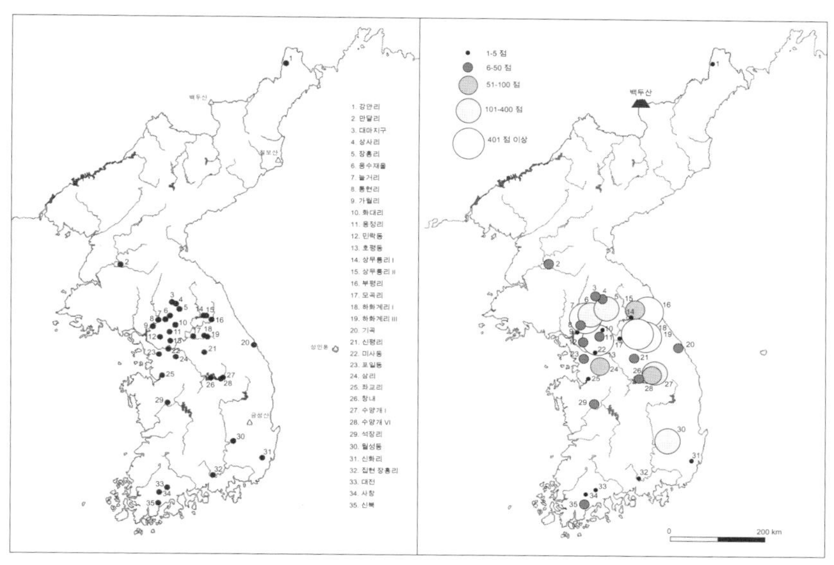

그림 1. 한반도 구석기시대 흑요석석기 출토유적과 출토수량별 분포

6,200점이 훨씬 넘는 것으로 나타난다. 현재까지 흑요석석기가 가장 많이 확인된 곳은 한탄강변의 파주 늘거리로 이 유적의 후기구석기시대 복수 문화층 및 지표 교란층에서 수습된 석기는 1,800여점에 이른다(기호문화재연구원 2016).

시·발굴조사로 확인된 문화층에서 흑요석이 출토된 유적은 한반도 동북부의 온성 강안리와 평양 만달리를 비롯하여 경기도 철원 대마지구·상사리·장흥리, 포천 늘거리·용수재울·화대리·용정리, 연천 통현리, 파주 가월리, 의정부 민락동, 남양주 호평동, 하남 미사동, 의왕 포일동, 광주 삼리, 평택 좌교리, 강원도 양구 상무룡리 I·상무룡리 II, 인제 부평리, 홍천 하화계리 I 사둔지·하화계리 III 작은솔밭·모곡리, 원주 신평리, 동해 기곡, 충청도 공주 석장리, 제천 창내, 단양 수양개 I·수양개 VI 하진리, 경상도 대구 월성동, 울주 신화리, 진주 집현 장흥리, 전라도 화순 사창·대전, 장흥 신북 등이다. 평양 만달리 석회암동굴유적을 제외하고는 모두 한데유적으로 대부분의 유적이 중부지역의 임진강, 한강, 북한강유역 주변에 밀집되어 있으며 남부지역에서는 7개 유적이 산발적으로 분포한다. 이들 유적들은 지리상 북에서 남으로 동부권 유적군(상무룡리 I·II, 부평리, 하화계

표 1. 한반도 구석기시대 흑요석석기 출토유적과 문화층석기군의 돌감구성

구분	지도 내 번호	유적	지층	문화층	흑요석		석영·규암		기타 돌감			모듬	참고문헌
					개수	(%)	개수	(%)	개수	(%)	주요 돌감		
북한	1	강안리 (동관진)	2 (제1 황토층)		2							?	直良信夫 1940
	2	만달리	II (적색 점토층)	후기구석기문화	9		4					13	김신규 외 1985
중부지역	3	대마지구 (C구역)	II (갈색 점토층)		25							25	강원고고문화연구원 2012
	4	상사리	III (명갈색 점토층)	1	10	(0.1)	7,291	(90.8)	730	(9.1)	수정(5.5%)>	8,031	江原文化財硏究所 2013
	5	장흥리	II (갈색 찰흙층)	1	178	(26.5)	366	(55.1)	120	(18.1)	반암>유문암, 수정	664	崔福奎 외 2001, 조남철·최승엽 2009
	6	용수재울	3 (명갈색 사질점토층)	2	130	(7.4)	820	(46.6)	807	(45.9)	응회암(42.1%)>석영반암, 안산암	1,757	겨레문화유산연구원 2016
	7	늘거리	2 (명갈색 점토층)	3	716	(9.0)	4,567	(57.4)	2,680	(33.7)	응회암(27.7%)>	7,963	기호문화재연구원 2016
			3 (암갈색 점토층)	2	281	(10.1)	1,908	(68.4)	601	(21.5)	응회암(14.3%)>	2,790	
	8	통현리	IIIa (암적갈색 찰흙층)	2	20	(4.5)	330	(75.0)	90	(20.5)	응회암(18.4%)>	440	우종윤 외 2015
	9	가월리	III-2 (암갈색 점토층)	유물층	2		62					64	겨레문화유산연구원 2016
	10	화대리	2 (밝은갈색 찰흙층)	1	1	(0.1)	1,261	(97.2)	35	(2.7)	반암>	1,297	崔福奎·柳惠貞 2005
	11	용정리	II (명갈색 찰흙층)	1	7	(3.2)	204	(94.4)	5	(2.3)	안산암>유문암	216	국강고고학연구소 2013
	12	민락동 (C지구)	3 (명갈색 점토층)		<40		○		○		혈암>혼펠스, 수정	>56	崔夢龍 외 1996
	13	호평동 (1, 2지역-철도부지 포함)	3a (갈색 사질점토층)	2	1,075	(10.5)	7,035	(68.8)	2,115	(20.7)	혼펠스(15.8%)>유문암	10,225	홍미영 · 김종헌 2008, 경기문화재연구원 2010
	14	상무룡리 I (1-ㄴ지구)	III (옅은갈색 염토층)	1	2	(0.2)	860	(99.1)	6	(0.7)		868	최복규 1989
	15	상무룡리 II (3-A지구)	3 (갈색 진흙층)	1	59		○		○			?	황용훈·신복순 1989
	16	부평리 (4-1지구)	2 (명갈색 찰흙층)	1	406	(18.9)	○		○		반암, 이암, 세일, 응회암	2,144	국강고고학연구소 2013; 2014
			3 (갈색 찰흙층)	2	60	(9.9)	○		○		이암, 세일, 유문암	606	
	17	모곡리	3 (암갈색 점토층)	2	1		15					16	예맥문화재연구원 2010
	18	하화계리 I 사둔지	II (붉은갈색 굳은염토층)		832	(12.7)	5,363	(82.2)	331	(5.1)	수정(2.4%)>판암	6,526	최복규 외 1992
	19	하화계리 III 작은솔밭	2 (옅은갈색 찰흙층)	1	477	(21.0)	1,607	(70.9)	183	(8.1)	수정(3.2%)>반암	2,267	崔福奎 외 2004
	20	기곡 (B지구)	II (밝은갈색 찰흙층)	1	18	(0.3)	5,172	(91.6)	454	(8.0)	수정(4.4%)>처트(1.1%)	5,644	이해용 외 2005, 최승엽 2013
	21	신평리	3b (암갈색 점토층)	문화층	12	(1.6)	598	(77.7)	160	(20.8)	혼펠스(6.2%)>세일(3.8%)	770	예맥문화재연구원 2015
	22	미사동 (A구역-3)	III-1 (적색 점토층)	1	1		○		○			<500	京畿文化財硏究院 2014
	23	포일동 (2지구)	II (갈색 사질점토층)	1	6	(0.9)	644	(97.9)	8	(1.2)	유문암>응회암	658	韓國文化遺産硏究院 2011
	24	삼리 (5지역)	2 (암갈색 점토층)	1	67	(24.1)	204	(73.4)	7	(2.5)		278	한창균 외 2003
	25	좌교리	2 (명갈색 점토층)		4		○		○		혼펠스	?	중앙문화재연구원 2014
	26	창내	II (암황갈색 모래층)	후기구석기문화	7	(0.1)	○		○		세일>반암	<5,000	朴喜顯 1984; 1989
	27	수양개 I	IV (가는모래 찰흙층)	후기구석기문화	113	(0.4)	2,860	(9.9)	25,846	(89.7)	세일(86.3%)>	28,819	李隆助 1985, 大谷 薰 2009
	28	수양개 VI (하진리)	6 (황갈색 모래질찰흙층)	1	○		○		○		세일>	581	한국선사문화연구원 2015, 이승원 외 2015
			7 (황갈색 찰흙층)	2	○		○		○		세일>혼펠스, 유문암, 수정	21,775	
남부지역	29	석장리 (1지구)	5 (굳은 찰흙층)	집자리층	7	(0.3)	1,640	(59.5)	1,111	(40.3)	반암, 유문암, 안산암	2,758	손보기 1973
	30	월성동	1-2 (명갈색 찰흙층)		364	(2.8)	32	(0.2)	12,788	(97.0)	혼펠스(82.2%)>세일(14.8%)	13,184	李在景 2008
	31	신화리 (4구역)	1 (적갈색 사질점토층)	3	1	(0.2)	92	(14.5)	541	(85.5)	혼펠스(58.8%)>안산암질 응회암(21.6%)	633	울산발전연구원 문화재센터 2013
	32	집현 장흥리	IV (갈색 점토층)	구석기문화층	1		○		○			?	慶南考古學硏究所 2002
	33	대전	V		2	(0.4)	○		○		반암, 니암, 세일	487	이융조 외 1991, 윤용현 1990
	34	사창	1 (명갈색 찰흙층)	3	1	(0.1)	1,517	(92.5)	122	(7.4)	유문암>	1,640	湖南文化財硏究院 2007
	35	신북	2 (밝은갈색 찰흙층)		12	(0.1>)	○	(67.0<)	○		유문암·응회암(31%<)	>31,000	조선대학교박물관 2008, 이기길 2013

리 I·III, 신평리, 수양개, 월성동 등)과 서부권 유적군(상사리, 장흥리, 용수재울, 늘거리, 호평동, 삼리, 석장리, 신북 등)으로 구분되는 양상을 보여주기도 한다.

흑요석석기는 유적에 따라 적게는 1점, 많게는 1천 점 이상 출토되었는데 흑요석의 유통과 소비가 주로 중부지역 특히 한강 이북지역에 제한된 양상은 유적에 따른 흑요석석기 출토 수량별 분포(1-5점: 11개 지점; 6-50점: 12개 지점; 51-100점: 3개 지점; 101-400점: 4개 지점; 401점 이상: 5개 지점)를 통해서도 확인된다(그림 1). 전체 흑요석석기의 77.7%가 늘거리*(20.1%), 호평동(21.7%), 하화계리 I 사둔지(16.8%), 하화계리 III 작은솔밭(9.6%), 부평리(9.4%)에 분포한 것을 통해볼 때 흑요석 사용은 이들 지점들을 중심으로 집중 소비되었던 것으로 나타난다. 각 유적에서는 일정한 영역을 중심으로 대부분의 흑요석이 밀집해 있거나 또는 군데군데 소규모 밀집영역이 확인된다. 늘거리와 부평리에서는 최근 조사된 수양개 VI 하진리에서와 마찬가지로 각 유적의 최상부 토양쐐기 발달면을 경계로 그 위 및 아래에 형성된 두 개의 문화층에서 모두 흑요석석기가 출토되었는데 늦은 시기에 흑요석 소비가 더욱 활발하게 이루어졌던 것으로 나타난다. 남부지역에서 흑요석을 이용한 집중적인 석기제작이 이루어진 곳은 월성동(7.4%)이 유일하다.

2. 흑요석의 사용 시기

대부분의 유적에서 흑요석 석기를 포함한 문화층은 층서상 최상부 토양쐐기가 발달한 면을 경계로 그 아래(주로 갈색 또는 암갈색점토층) 또는 그 위(주로 밝은 갈색점토층)에 분포한다. 유적에 따라서는 쐐기 상부가 삭박된 곳(호평동)도 있으며 토양쐐기 구조가 나타나지 않는 곳(집현 장흥리, 신북, 창내)도 있다. 흑요석을 포함한 문화층이 아래 갈색점토층(주로 쐐기 포함층의 상부)에 분포한 곳은 대마지구, 늘거리 2문화층, 통현리, 가월리, 호평동 2문화층, 상무룡리 II,

* 늘거리 1문화층(총 유물 수 315점)은 2-2지점 서쪽의 각력자갈층(4지층) 상부에서 확인된 석기군(석영맥암제 격지석기, 응회암제 대형 돌날 및 격지석기, 흑요석제 좀돌날석기)으로 2, 3문화층 석기들과 섞였을 가능성이 있다고 보고(기호문화재연구원 2016, I: p.500; II: p.307)되어 1문화층 출토 흑요석제 석기 14점은 이 글에서 다루지 않았다.

표 2. 구석기시대 흑요석석기 출토유적의 방사성탄소연대(참고문헌은 표1 참조)

지도 내 번호	유적	지층	문화층	시료채취 지점		시료	방사성탄소 연대 (yrs BP)	측정방법	Lab. Number
4	상사리	Ⅲ (명갈색 점토층)	1	J2칸(시료4)		숯	14,670 ± 80	AMS	SNU-11-1010
				J2칸		숯	14,700 ± 70	AMS	KGM-OWd 120007
				J4칸(시료7)		숯	23,040 ± 160	AMS	SNU-11-1013
				J5칸(시료3)		숯	19,800 ± 110	AMS	SNU-11-1009
				J5칸		숯	19,840 ± 100	AMS	KGM-OWd 120008
				K2칸		숯	8,070 ± 50	AMS	KGM-OWd 120009
				K3칸(시료 5)		숯	7,510 ± 50	AMS	SNU-11-1011
				K5칸		숯	15,270 ± 70	AMS	KGM-OWd 120006
				K5칸(시료2)		숯	19,670 ± 100	AMS	SNU-11-1008
5	장흥리	Ⅱ (갈색 찰흙층)	1	W70N20칸		숯	24,200 ± 600	AMS	SNU-00-380
				W80S10칸		숯	24,400 ± 600	AMS	SNU-00-381
6	용수재울	3 (명갈색 사질점토층)	2	3지점-3층 상부(시료JR1)		토양	19,170 ± 100	AMS	KGM-#1
7	늘거리	2 (명갈색 점토층)	3	1지점-2층	중간	숯	19,590 ± 120	AMS	SNU-13-372
						숯	19,520 ± 120	AMS	SNU-13-374
						숯	19,250 ± 140	AMS	SNU-13-375
						숯	19,770 ± 130	AMS	SNU-13-376
					하부	숯	21,240 ± 150	AMS	SNU-13-373
		3 (암갈색 점토층)	2	3지점-3층	중간	토양	25,150 ± 150	AMS	KGM-#90
					하부	토양	30,640 ± 200	AMS	KGM-#83
				4지점-3층	중간	숯	33,060 ± 290	AMS	SNU-13-378
						숯	31,590 ± 290	AMS	SNU-13-377
8	통현리	Ⅲa (암적갈색 찰흙층)	2	Ⅲa층	상부	숯	19,650 ± 70	AMS	IAAA-123891
					하부	숯	19,820 ± 70	AMS	IAAA-123892
9	가월리	Ⅲ-2 (암갈색 점토층)	유물층			숯	19,020 ± 100	AMS	KGM-IWd 140065
						숯	19,080 ± 100	AMS	KGM-IWd 140066
13	호평동	3a (갈색 사질점토층)	2	1지역-A구역-B11칸-233번(석기)	흑요석석기집중구역	흑요석	21,120 ± 1,820	SIMS-SS	Archaeometry Lab., Univ. of the Aegean
				1지역-A구역-B12칸		숯	22,200 ± 600	AMS	SNU-02-327
				1지역-A구역-B12칸		토양	16,600 ± 720	C14	GX-29423
				1지역-A구역-D12칸		숯	21,100 ± 200	AMS	SNU-02-329
				1지역-C구역-O19칸	혼펠스석기집중구역	숯	17,400 ± 400	AMS	SNU-02-326
				1지역-C구역-P19칸		숯	17,500 ± 200	AMS	SNU-02-325
				1지역-C구역-Q21칸		토양	16,190 ± 50	AMS	GX-29424
				1지역-C구역-R19칸		숯	16,900 ± 500	AMS	SNU-02-324
				1지역-C구역-철도-T18칸		숯	17,710 ± 100	AMS	KIGAM-OWd 090305
				1지역-C구역-철도-T19칸		숯	17,840 ± 110	AMS	KIGAM-OWd 090306
				1지역-C구역-철도-T23칸	혼펠스석기집중구역	숯	17,930 ± 100	AMS	KIGAM-OWd 090302
				1지역-C구역-철도-T24칸		숯	18,110 ± 110	AMS	KIGAM-OWd 090303
				1지역-C구역-철도-U24칸		숯	17,930 ± 90	AMS	KIGAM-OWd 090313
				1지역-C구역-철도-U14칸		숯	23,020 ± 220	AMS	KIGAM-OWd 090307
				1지역-C구역-철도-U16칸		숯	20,850 ± 130	AMS	KIGAM-OWd 090309
				1지역-C구역-철도-U19칸		숯	23,540 ± 150	AMS	KIGAM-OWd 090310
				1지역-C구역-철도-U20칸		숯	23,410 ± 130	AMS	KIGAM-OWd 090311

				1지역-C구역-철도-V16칸		숯	19,860 ± 100	AMS	KIGAM-OWd 090315
				1지역-C구역-철도-V18칸		숯	20,660 ± 110	AMS	KIGAM-OWd 090316
				1지역-D구역-O38칸		숯	24,100 ± 200	AMS	SNU-03-839
				1지역-D구역-P39칸		숯	23,900 ± 400	AMS	SNU-03-841
19	하화계리 Ⅲ	2 (옅은갈색 찰흙층)	1	석기출토면		숯	13,390 ± 60	AMS	SNU-02-214
20	기곡 (B지구)	Ⅱ (밝은갈색 찰흙층)	1	B-1지역-ㄴ2칸(유물집중면)		숯	10,200 ± 60	AMS	SNU-02-542
21	신평리	3b (암갈색 점토층)	문화층			숯	18,810 ± 120	AMS	SNU-13-118
27	수양개 I	Ⅳ (가는모래 찰흙층)	후기구석기문화층	불자리 주변		숯	18,630, 16,400	C14	URC
						숯	15,410±130	AMS	SNU-03-163
						숯	15,350±200	AMS	SNU-03-165
28	수양개 VI	7 (황갈색 찰흙층)	2	추가시굴 Tr.1-127.884m(시료1)		숯	17,660 ± 90	AMS	CAL
							17,779	AMS	Arizona
				C2칸-해발 127.639m(시료2)		숯	17,850 ± 60	AMS	IAA
						숯	18,690 ± 60	AMS	IAA
						숯	18,770 ± 60	AMS	IAA
						숯	17,550 ± 80	AMS	KIGAM
				E3칸-해발 127.319m(시료3)		숯	18,490 ± 80	AMS	KIGAM
29	석장리 (1지구)	5 (굳은 찰흙층)	집자리층			숯	20,830 ± 1,880	C14	AERIK-8
32	집현 장흥리	Ⅳ (갈색 점토층)	구석기문화층	JHRF 표준단면의 하부 고토양층	상부	토양	13,160 ± 280	AMS	SNU-02-334
					중부	토양	19,480 ± 540	AMS	SNU-02-335
					하부	토양	20,480 ± 800	AMS	SNU-02-336
				K17구덩		숯	18,730 ± 80	C14	BETA-171408
				S30구덩(동일지점 수습)		숯	19,640 ± 100	C14	BETA-171405
						숯	19,490 ± 90	C14	BETA-171406
						숯	19,230 ± 90	C14	BETA-171409
				S36구덩		숯	20,150 ± 100	C14	BETA-171404
				R35구덩		숯	22,170 ± 120	C14	BETA-171407
34	사창	1 (명갈색 찰흙층)	3			토양	10,760 ± 80	AMS	GX-32563
35	신북	특정지점		1구역-H5-붙는 석기 주변(시료1)		숯	18,500 ± 300	AMS	SNU-03-912
				1구역-G25-철석영 주변(시료2)		숯	21,760 ± 190	AMS	SNU-03-913
				1구역-L17-5호 화덕(시료10)		숯	25,420 ± 190	AMS	SNU-03-568
				1구역-M16-석기출토면 바로아래(시료4)		숯	20,960 ± 80	AMS	SNU-03-569
				2구역- G33-갈린 판석 주변(시료3)		숯	25,500 ± 1,000	AMS	SNU-03-914
				3구역-ㅍ30-석기출토면 바로아래(시료5)		숯	18,540 ± 270	AMS	SNU-03-915
				4구역-E15-3호 화덕(시료8)		숯	23,850 ± 160	AMS	SNU-04-338
				4구역-F13-1호 화덕자리(시료6)		숯	11,300 ± 300	AMS	SNU-04-337
				4구역-F13-1호 화덕자리(시료7)		토양	8,350 ± 50	AMS	SNU-04-336
				4지역-F15-4호 화덕자리(시료9)		토양	9,370 ± 70	AMS	SNU-04-339
		2구역-H37		밝은 갈색층(시료14)	상부	토양	13,100 ± 160	AMS	SNU-03-917
				어두운갈색 찰흙층(시료15)	중부	토양	14,250 ± 120	AMS	SNU-03-916
				노란갈색 찰흙층(시료16)	하부	토양	19,750 ± 250	AMS	SNU-04-333
				노란갈색 찰흙층(시료17)		토양	22,740 ± 80	AMS	SNU-04-332

부평리 2문화층, 모곡리, 신평리, 포일동, 수양개 I, 수양개 VI 하진리 2문화층, 석장리, 월성동 등이며 위의 밝은 갈색점토층에 분포한 곳은 상사리, 장흥리, 용수재울, 늘거리 3문화층, 화대리, 용정리, 민락동, 상무룡리 I, 부평리 1문화층, 하화계리 I 사둔지, 하화계리 III 작은솔밭, 기곡, 삼리, 좌교리, 수양개 VI 하진리 1문화층, 사창 등이다. 각 문화층의 층서상 위치를 기반으로 할 때 흑요석 출토유적은 (암)갈색점토층 유적군(이른 시기 유적군)과 밝은 갈색점토층 유적군(늦은 시기 유적군)으로 구분해 볼 수 있다. 이를 한반도의 구석기유적에서 관찰되는 토양쐐기 및 다각형 토양구조 등의 지질학적 증거와 여러 구석기유적에서 측정된 연대자료를 기반으로 한 편년체계(한창균 2003)에 대비해볼 때 이른 시기 유적군은 B1 상부층(23,000-15,000년 전), 늦은 시기는 A층(16,000-15,000년 전 이후)에 해당하는 것으로 추정해 볼 수 있으며 연대측정이 이루어진 대부분의 흑요석석기 출토유적은 각 시기에 해당하는 연대 값을 지닌다(14개 유적 중 10개 유적). 한편 토양쐐기 발달면 위에 형성된 장흥리 1문화층, 늘거리 3문화층, 용수재울 2문화층, 상사리 1문화층에 대한 방사성탄소연대측정 값들이 25,000-24,000년에서 15,000년 전 사이에 분포하는 것으로 측정되어 최상부 토양쐐기의 형성 시기가 25,000-24,000년 전까지 올라갈 수 있음을 보여준다. 최상부 토양쐐기의 형성 시기는 최종빙하극성기(LGM: Last Glacial Maximum)와 연관하여 한반도 후기구석기시대 편년에 중요한 자료 중 하나로 이를 둘러싼 다양한 각도의 연구가 진행되고 있다(Seong C. 2011, 장용준 2014). 한편 미사동의 흑요석석기를 포함한 석영제 격지석기 석기군은 밝은 갈색점토층 위에 쌓인 적색점토층에서 확인되었으며 신화리 흑요석 포함층도 미사리와 동일한 성격을 지닌 것으로 판단된다. 이 적색점토층에 대한 연대는 아직 보고된 것이 없으나 갱신세 말에서 현세 초에 걸쳐 형성된 것으로 추정된다.

〈표 2〉는 흑요석석기가 출토된 16개 유적에 대한 방사성탄소연대자료이다. 이 중 연대 폭이 크게 나타나는 유적을 대상으로 흑요석석기 출토위치와 해당 석기군의 상관관계를 고려하여 흑요석과 관련된 연대를 살펴보면 다음과 같다.

늘거리는 최상부 토양쐐기 발달면을 경계로 위(3문화층), 아래(2문화층) 두 개의 문화층에서 모두 돌날 및 좀돌날석기군이 확인되었다. 2문화층의 경우 흑요석석기의 지점별 분포정도(2-2지점 70.5%, 3지점 22.4%, 4지점 7.1%) 및 출토위치(지층 상부)를 검토해 볼 때 흑요석 사용 시기는 25,150±150BP와 연관된 것으로 판단된다. 3문화층 흑요석은 21,240±150BP, 19,770±130-19,250±140BP와 연관된다. 상사리에서 흑요석석기를 포함하는 1문화층은 쐐기발달면 위 밝은 갈색점토층 내에 분포하며 다양한 돌감을 활용한 격지, 돌날 및 좀돌날제작이 매우 활발하게 이루어진 석기군의 특징을 지닌다. 대부분의 흑요석석기가 J2칸 석기집중구역1에서 출토된 것과 해당 지역 숯 시료 연대를 근거로 흑요석 사용과 관련된 시기는 14,670±80BP, 14,700±70BP로 판단된다. 호평동은 최상부 토양쐐기발달면 아래에서 다양한 돌감을 활용한 좀돌날석기 석기군이 확인된 곳으로, 전체 흑요석석기의 80%이상이 밀집 분포한 1지역 A구역 숯의 연대 및 여기서 출토된 흑요석석기에 대한 수화녹 연대를 통해볼 때 흑요석 사용 시기는 22,200±600BP, 21,100±200BP, 21,120±1,820BP에 집중된다. 또한 백두산 및 일본산 흑요석이 함께 사용된 것으로 알려진 신북은 대규모의 돌날 및 좀돌날석기군뿐 아니라 여러 종류의 갈린 유물들이 확인된 곳으로, 보고자(이기길 2013)는 흩어져 분포한 흑요석의 출토위치와 인접한 지점의 숯 연대를 근거로 흑요석사용과 관련된 시기를 25,500±1,000-23,850±160BP(백두산과 일본산 흑요석사용), 23,850±160-21,760±190BP와 21,760±190-18,500±300BP(일본산 흑요석사용), 18,500±300BP 이후(백두산 흑요석사용)로 보았다. 신북은 다양한 성격의 후기구석기시대 석기군이 누적되어있는 양상을 보여주는데 이는 한반도 남서부 말단부에 위치한 지리적 환경과도 밀접한 연관성이 있다고 생각된다. 각 시기별 석기군의 성격과 연관하여 흑요석관련 자료를 검토해 보아야할 것이라 판단된다.

방사성탄소연대자료를 검토해 볼 때 흑요석은 한반도의 중부지역에서 약 25,000년 전(늘거리 2문화층, 장흥리 1문화층) 사용되기 시작하여 10,000년 전(기곡 1문화층) 까지 지속적으로 활용되었던 것으로 나타난다(그림 2·3). 흑요석돌감의 사용과 유통이 비교적 활발하게 이루어진 시기는 22,000-19,000년 전(호평동, 늘거리 3문화층, 용수재울, 통현리, 가월리 석장리, 수양개 VI 하진리 2문화층) 및 15,000-13,000년 전(상사리, 하화계리 I·III)으로 추정되며 20,000년 전을 전후한 시기에 보다 넓은 영역에서 유통되었던 것으로 판단된다.

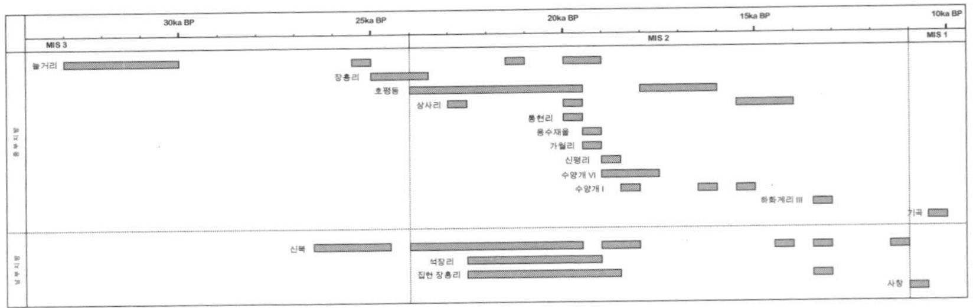

그림 2. 구석기시대 흑요석석기 출토유적의 편년

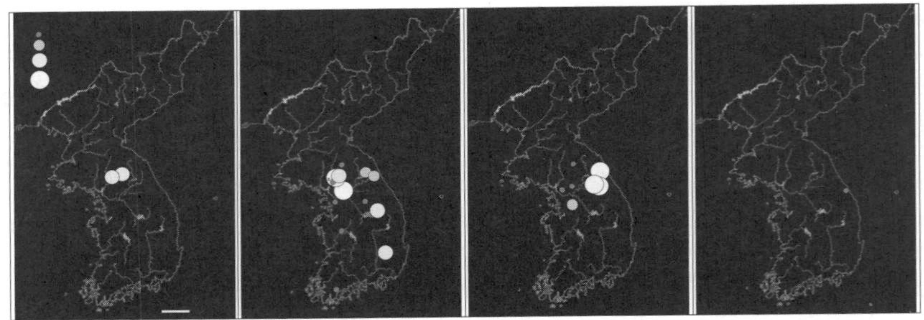

그림 3. MIS2기의 흑요석사용
(I:25kaBP; II:중심연대 22-19kaBP; III:15-13kaBP; IV:11-10kaBP)

III. 흑요석의 이용과 흑요석석기군의 성격

1. 흑요석의 이용과 분포양상

각 유적에서 흑요석석기를 포함한 문화층은 후기구석기시대 늦은 시기에 해당하며 주로 다양한 돌감을 활용한 좀돌날석기 석기군의 성격을 지닌다. 유적에 따라서는 석영이나 규암을 활용한 격지석기 석기군(가월리, 모곡리, 미사동), 여러 종류의 돌감사용과 다양한 형태의 밀개제작이 특징적인 격지석기 석기군(창내) 또는 다양한 종류의 슴베도구를 공반한 돌날석기 석기군(신화리)에서도 소량의 흑요석제 석기가 확인되었지만 창내를 제외한 모든 유적은 흑요석돌감의 직접소비와는 연관성이 없다.

흑요석을 활용한 석기제작이 이루어진 유적을 대상으로 문화층별 돌감구성(그림 4)을 통해볼 때 전체 돌감에서 흑요석 사용률이 5%이상인 경우는 용수재울 2문화층(7.4%), 늘거리 3문화층(9%), 늘거리 2문화층(10.1%), 호평동 2문화층(10.5%), 하화계리 I 사둔지(12.7%), 하화계리 III 작은 솔밭 1문화층(21%), 장흥리 1문화층(26.5%)이며 이 외 대부분의 문화층에서 흑요석이 차지하는 비율은 1% 이하로 극히 낮은 편이다. 석기군의 구성이나 유적 밖으로 반출되었을 석기와는 상관없이 호평동출토 흑요석 1,075점의 무게는 약 1.5kg, 용수재울 130점 흑요석의 무게는 85.7g 으로 연속적인 공급이 불가능했을 것으로 판단되는 흑요석 돌감사용은 일정한 시간 내에서 매우 제한적으로 이루어졌을 것으로 추정된다. 한편 셰일이나 혼펠스를 주요돌감으로 집중사용한 수양개 I(셰일 86.3%, 석영 9.9%, 흑요석 0.4%)과 월성동(혼펠스 82.2%, 석영 0.2%, 흑요석 2.8%)을 제외한 모든 흑요석석기 출토유적에서 석영돌감의 사용률은 46.6%-97.9%로 매우 중요하다.

유적별 흑요석석기의 분포양상을 통해볼 때 주로 소량의 흑요석이 출토된 곳에서는 흐트러진 상태로 분산된 경우가 대부분이며 사용량이 많은 경우 주로 일정 영역을 중심으로 2-4개의 소규모 집중구역이 분리되어 있거나 또는 일정 영역을 중심으로 대부분의 석기가 몰려있는 양상을 보여준다. 흑요석이 밀집분포한 면적은 유적에 따라 2-3개 지점의 5×5m(하화계리 III 작은 솔밭, 월성동), 4×4m(하화계리 I 사둔지), 9×6m(호평동), 10×20m(장흥리) 등이며 흑요석 밀집구역에는 각 유적에서 주요돌감으로 사용한 석영(하화계리 I, 하화계리 III, 장흥리, 호평동 등)이나 혼펠스(월성동) 석기들이 함께 분포한다(그림 5). 한편 특정 돌감인 수정(하화계리 I 사둔지, 하화계리 III 작은 솔밭)이나 반암(장흥리)이 흑요석과 함께 사용된 경우 각 돌감 사용구역과 흑요석 집중영역이 분리되어 있어 특정돌감 사용에 따른 작업공간의 차별화 양상을 보여준다.

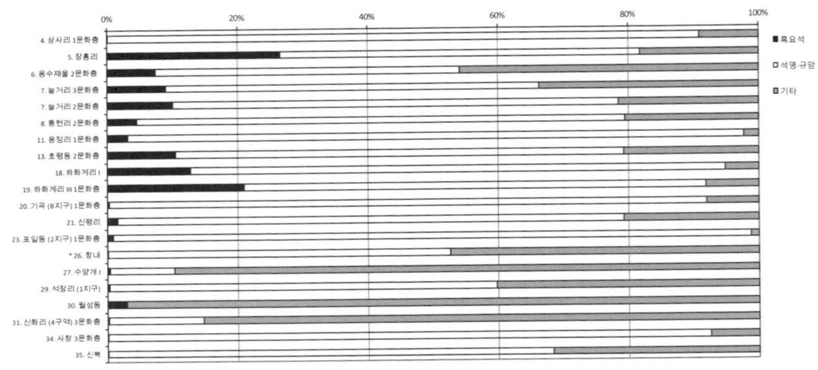

그림 4. 구석기시대 흑요석석기 출토 문화층석기군의 돌감구성

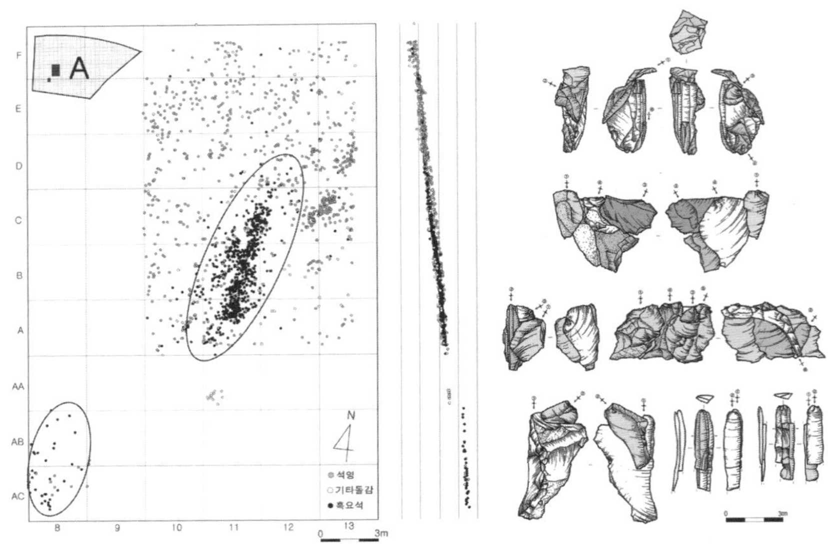

그림 5. 흑요석석기의 분포양상(호평동 1지역-A 흑요석밀집구역)

2. 흑요석돌감의 종류와 이용

지금까지 구석기유적에서 출토된 흑요석은 불투명 또는 반투명 검은색, 반투명 녹색, 반투명 회색, 검은색 줄무늬나 점이 있는 갈색 또는 적갈색 등으로 비교

적 다양한 색깔과 광택을 지닌다(사진 1). 검은색과 회색 흑요석 가운데에는 각각 회색, 검은색 줄무늬가 있는 것도 있고 내부에 광물입자가 산재한 것도 있다. 검은색 줄무늬나 점이 있는 갈색, 적갈색 흑요석은 드문 편으로 지금까지 상무룡리 II, 장흥리, 용수재울, 늘거리, 용정리에서 확인되었다.

종류별 흑요석돌감(육안관찰)의 사용양상은 유적이나 시기에 따라 또는 돌감의 경제성에서 차이를 보여주기도 한다. 늘거리의 경우 2문화층에서는 주로 회색(35.6%)과 녹색(33.1%) 흑요석이 사용된 한편 3문화층에서는 회색(64%) 흑요석의 사용량이 증가하면서 불투명 검은색(21.1%)도 함께 이용된 것으로 관찰된다. 또한 검은색 줄무늬를 지닌 갈색(18점) 흑요석은 2-2지점의 2문화층에서만 출토되었으며 3문화층에서는 검은색 바탕에 붉은색 줄무늬가 있는 흑요석 1점만 확인되었다. 이 유적에서는 돌감에 따른 석기제작기법의 차별화 양상은 특별히 관찰되지 않는다. 호평동과 용수재울에서는 녹색 흑요석이 검은색이나 회색에 비해 더 많이 사용된 것으로 나타나며 비록 일정 범위에 한정된 1-2개 시굴칸에서 확인된 것이지만 삼리(5×10m범위)에서는 검은색과 회색 계열의 흑요석만 출토된 한편 소량의 흑요석이 확인된 대마지구(5×5m범위)에서는 녹색 흑요석이 더 많이 사용된 것으로 관찰된다.

사진 1. 흑요석 돌감(1.부평리 2.하화계리 I 사둔지 3-5.호평동 6.늘거리)

호평동에서는 흑요석 밀집영역(1지역 A구역)에서 출토된 전체 흑요석석기의 75.6%가 녹색이며 불투명 검은색은 15.4%로 두 종류 모두 좀돌날제작에 집중 사용되었으나 도구제작에 있어서는 검은색 흑요석(격지나 돌날몸체에 제작된 긁개, 밀개, 새기개, 뚜르개)의 활용범위가 녹색(주로 좀돌날몸체에 제작된 뚜르개에 한정됨)에 비해 보다 넓었던 것으로 관찰된다. 이는 주로 검은색 흑요석제 격지(주로 몸체 준비과정에서 비롯된) 및 좀돌날(온전한 상태의 경우 길이 5cm

가 넘는 것이 많다)들이 녹색 흑요석제 석기에 비해 보다 크고 두터운 것들이 많은 것으로 미루어볼 때 종류별 흑요석돌감의 질이나 형태, 크기, 부피와 밀접한 연관성이 있는 것으로 생각된다. 석기 겉면에 남아있는 자연면의 상태를 통해볼 때 검은색 흑요석은 주로 편편한 형태의 돌결면 자연면을 지닌 모난 덩이돌의 성격을 보여주는 한편 녹색 흑요석 중에는 자갈돌 자연면의 형태도 관찰된다. 한편 부평리 1문화층에서는 크기 약 8cm에 이르는 불규칙한 모양의 흑요석 원석이 출토되었으며 하화계리 I 사둔지에서는 거친 자연면을 지닌 불규칙한 각기둥 모양의 작은 원석들이 좀돌날떼기에 집중적으로 활용된 것으로 미루어보아 형태와 크기가 다양한 흑요석 원석도 함께 유통되었던 것으로 보인다.

3. 흑요석석기군의 성격

흑요석을 이용하여 좀돌날제작이 이루어진 흔적은 적어도 6점 이상의 흑요석 석기가 출토된 곳에서부터 확인된다(표 3). 주로 소량의 흑요석(6-30점)이 출토된 유적의 경우 1점 또는 2-4점의 좀돌날을 비롯하여 돌날, 격지, 돌조각뿐 아니라 긁개, 밀개, 새기개와 같은 도구류도 함께 출토되는 경우가 흔하다. 흑요석 돌감사용이 매우 제한적이었음을 보여주는 이런 유형의 소규모 흑요석소비 유적에서는 좀돌날몸돌은 확인되지 않으나 유적에 따라서는 불규칙한 형태의 크기가 작은 격지몸돌이 출토되기도 하여(대마지구) 돌감을 최대한도로 활용한 양상을 보여준다. 한편 7점의 좀돌날몸돌과 2점의 격지만 확인된 만달리의 경우 좀돌날 제작과 그 사용이 동굴 밖 다른 장소에서 이루어진 것으로 추정된다.

흑요석이 1점 또는 2-4점이 출토된 유적에서는 화살촉(화대리), 긁개와 톱니날(상무룡리 I), 밀개(가월리), 부착식 밀개(신화리) 등 이미 제작된 특정용도의 도구류나 1-2점의 격지(강안리, 모곡리, 집현 장흥리, 사창) 또는 2.5cm미만의 쐐기형 좀돌날몸돌(미사동)이 확인되었다. 흑요석 석기제작과는 연관성이 없는 이런 유형의 유적에서 발견된 흑요석석기들은 이동 또는 교류를 통해 유적으로 유입된 것으로 판단된다.

흑요석을 선호하는 주요돌감으로 사용한 유적에서는 좀돌날몸돌, 좀돌날, 돌날, 격지, 돌조각을 비롯하여 긁개, 밀개, 새기개가 출토되며 유적에 따라서는 격지에 제작된 슴베찌르개(삼리, 수양개 I)나 뚜르개(늘거리, 삼리) 또는 좀돌날에 제작된 뚜르개(하화계리 III 작은솔밭, 호평동, 부평리) 등도 확인된다. 좀돌날몸돌은 주로 몸체의 긴축 또는 짧은 축을 중심으로 좀돌날을 떼어낸 쐐기형 좀돌날몸돌이 흔한 편으로 사용된 몸체와 몸체준비 양상은 다양하다. 또한 배밑모양 좀돌날몸돌(수양개 I)이나 원석의 원래 형태를 활용하여 몸체의 좁은 면에서 한 방향 또는 서로 맞선방향으로 좀돌날을 떼어낸 각주형 좀돌날몸돌(하화계리 I)도 있으며 작은 격지를 최대한도로 활용한 양상(장흥리)도 확인된다. 흑요석제 도구 가운데 가장 일반적인 것은 밀개와 새기개로 밀개는 돌날밀개(상무룡리 II)와 엄지손톱모양 밀개가 특징적이며 유적에 따라서는 부착식도구로 사용한 흔적(호평동)도 나타난다. 새기개는 주로 격지나 돌날(상무룡리 II, 월성동)의 두 옆 가장자리를 가파르게 잔손질한 후 한 끝 부위를 떼어 마련한 때림면에서부터 몸체평면에 비스듬하게 한 방향으로 1-2차례 떼어낸 기법이 일반적이며 서로 엇갈린 방향으로 손질한 경우(월성동, 호평동)도 있다. 새기개는 주로 일정한 크기와 형태로 조각낸 좀돌날을 이용하여 만든 결합도구의 몸체(뼈나 뿔 또는 나무)손질(홈 내기)에 사용되므로 좀돌날석기 석기군에서는 매우 중요한 도구 중의 하나로 인식된다. 사용흔 분석에 의하면 몸체의 배면과 새기개면이 만나 이루는 날카로운 날 또한 작업과정에서 산출된 부산물들을 제거하는데 사용된 것으로 확인되었다(호평동). 흑요석제 도구가운데 가장 특징적인 석기는 점으로 구성된 좀돌날의 굽을 중심으로

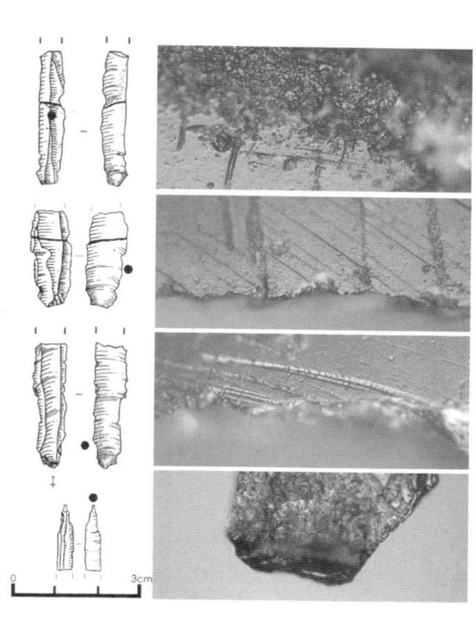

사진 2. 흑요석석기의 사용흔
(호평동출토 좀돌날과 뚜르개, ×100)

표 3. 구석기시대 흑요석석기 출토유적의 흑요석석기군(참고문헌은 표1 참조)

구분	지도내번호	유적	지층(문화층)	석기제작과정 산물 및 부산물								잔손질된 석기											모듬
				몸돌	좀돌날몸돌	좀돌날	돌날	격지	돌조각	스폴	새기개스폴	긁개	홈날	톱니날	찌르개	슴베찌르개	밀개	새기개	뚜르개	화살촉	쐐기	기타	
북한	1	강안리 (동관진)	2				1	1															2
	2	만달리	II		7			2															9
중부지역	3	대마지구 (C구역)	II	3		3	1	17									1						25
	4	상사리	III (1)			1		5	1			1					1	1					10
	5	장흥리	II (1)		4	31		94	18			17		1			3					10	178
	6	용수재울	3 (2)		4	24		75	17			1						2			2	5	130
	7	늘거리	2 (3)	2	7	107	14	535	1			10	2				13	16	3		2	4	716
			3 (2)	1	6	74	12	172	3			1					2	8	2				281
	8	통현리	IIIa (2)			4	6	1	6	1							1	1					20
	9	가월리	III-2														2						2
	10	화대리	2 (1)																	1			1
	11	용정리	II (1)			1	1	2				1	1						1				7
	12	민락동 (C지구)	3		1	>4	O	O				1					3						>40
	13	호평동 (1, 2지역-철도부지 포함)	3a (2)	3	4	365	5	668	3			7					5	3	8		1	3	1,075
	14	상무룡리 I (1-ㄴ지구)	III (1)									1		1									2
	15	상무룡리 II (3-A지구)	3 (1)			16		O	O			12					23	6	1		1		59
	16	부평리 (4-1지구)	2 (1)	O	O	O	O	O	O	O		O		O	O		O	O	O			O	406
			3 (2)			O		O	O														60
	17	모곡리	3 (2)					1															1
	18	하화계리 I 사둔지	II	3	18	426		295				18		6			10	13				43	832
	19	하화계리 III 작은솔밭	2 (1)		2	147		284	4			6	2	1			2		4			25	477
	20	기곡 (B지구)	II (1)			1		8	6			3											18
	21	신평리	3b			1	1	7	1									1	1				12
	22	미사동 (A구역-3)	III-1 (1)		1																		1
	23	포일동 (2지구)	II (1)			2		2	1								1						6
	24	삼리 (5지역)	2 (1)			11		49			3					1		1	1			1	67
	25	좌교리	2					3														1	4
	26	창내	II					3	1			3											7
	27	수양개 I	IV	2	3	19	7	62				4		1		1	7	2				5	113
남부지역	29	석장리 (1지구)	5		O	O	O										O	O					7
	30	월성동	1-2			145	7	38	21		132	1			2			7				11	364
	31	신화리 (4구역)	1 (3)														1						1
	32	집현 장흥리	IV					1															1
	33	대전	V					2															2
	34	사창	1 (3)						1														1
	35	신북	2			(1)		(8)				(1)					(2)						12

두 가장자리에 세밀한 잔손질을 베풀어 뾰족한 모양의 도구날을 만든 뚜르개로 사용흔 분석결과 뚫고 돌린 행위흔적이 확인되기도 하였다(사진 2). 한편 흑요석제 긁개는 거의 모든 유적에서 가장 흔하게 출토되는 도구로 일정한 형태를 갖춘 것은 드물며 사용가능한 모든 종류의 몸체에 조성된 날을 최대한도로 활용한 양상을 보여준다.

흑요석석기가 100점 이상 출토된 유적(부평리를 제외한 8개 유적)의 석기군 구성은 좀돌날몸돌 0.4%(하화계리 III 작은솔밭, 호평동)-30.1%(용수재울), 좀돌날 14.9%(늘거리 3문화층)-51.2%(하화계리 I 사둔지), 잔손질된 석기(도구) 2.5%(호평동)-17.7%(수양개 I)로 흑요석돌감 사용은 주로 좀돌날제작에 집중되어 있음을 알 수 있다(그림 6). 월성동은 남부지역에서는 유일하게 흑요석 석기제작이 활발하게 이루어진 곳으로 상무룡리 II와 함께 돌날제작 및 돌날을 몸체로 이용한 새기개제작이 특징적이다. 좀돌날몸돌은 확인되지 않았으나 다량의 좀돌날(39.8%)과 새기개격지(36.3%)가 출토되어 주목된다.

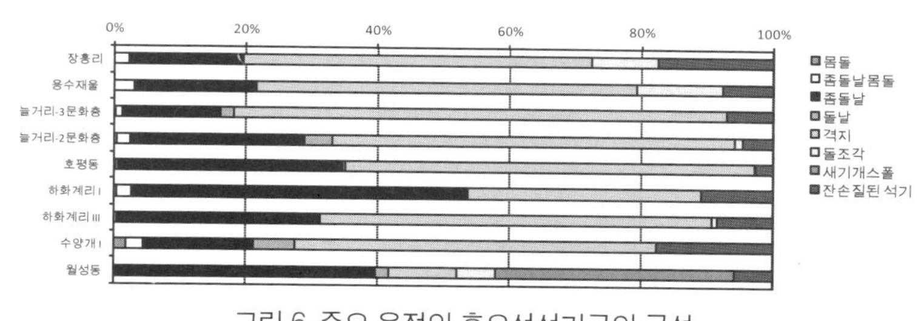

그림 6. 주요 유적의 흑요석석기군의 구성

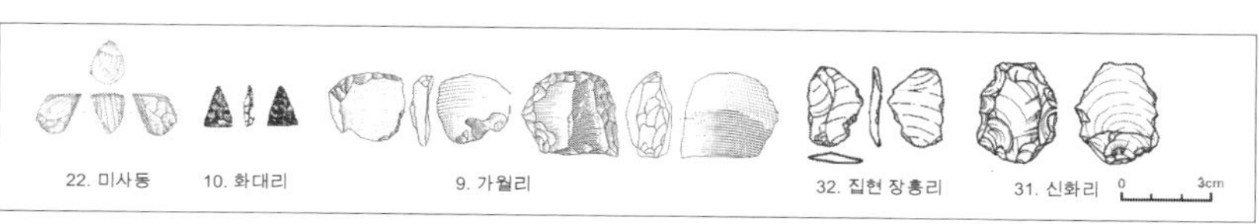

그림 7. 한반도 구석기시대 흑요석석기(1)

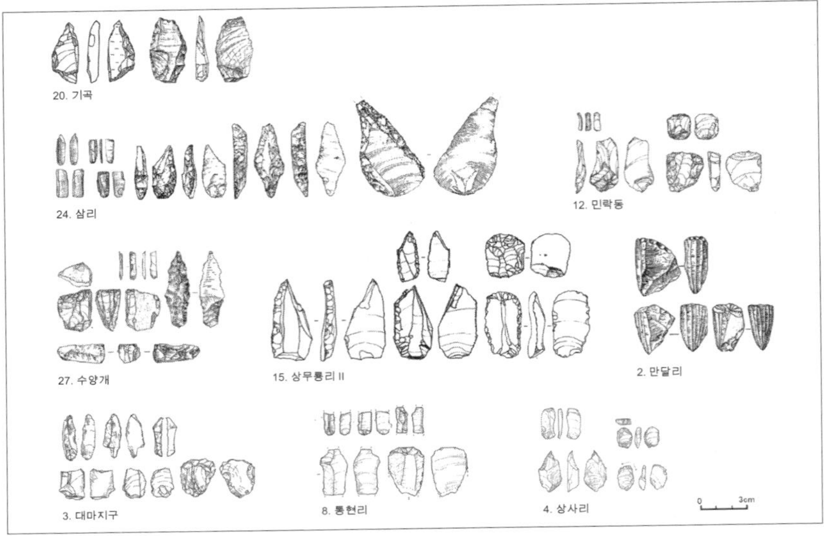

그림 8. 한반도 구석기시대 흑요석석기(2)

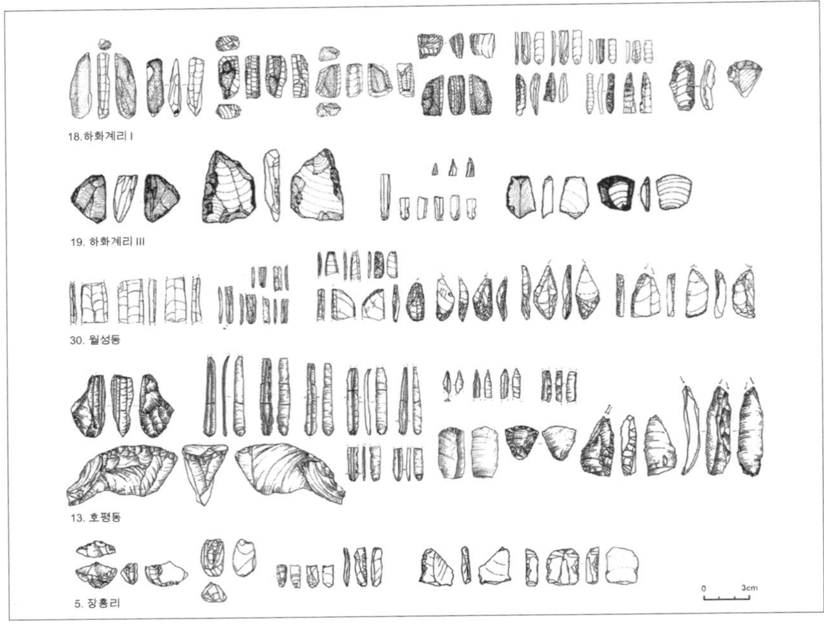

그림 9. 한반도 구석기시대 흑요석석기(3)

IV. 구석기시대 흑요석 유물에 대한 산지판별 연구현황

구석기시대 흑요석 유물에 대한 원산지연구는 1980년대 말 양구 상무룡리 II에서 다량의 흑요석제 석기가 확인되면서부터 시작되었다(강형태 1989, 손보기 1989). 그 후 지금까지 16개 유적에서 비롯된 222점 흑요석유물에 대한 자연과학 분석이 이루어졌으며 유적별 시료 수는 2점(석장리, 민락동, 용정리)-38점(늘거리)이다(표 4).

산지판별은 주성분원소(major elements), 미량원소(trace elements), 희토류(rare earth elements), 스트론튬(Sr)동위원소 중 특히 마그마의 진화과정에 따라 현저한 차이를 나타내는 미량원소에 대한 화학조성 분석을 중심으로 이루어졌다. 주로 미량성분원소의 화학조성 분석 자료를 다변량 통계분석방법인 주성분분석법(PCA: principal component analysis)을 이용하여 유사한 성질을 갖는 그룹들을 판별하고 그룹간의 연관성을 파악하거나 또는 여기서 명확하게 구분된 시료들을 대상으로 선형판별분석법(SLDA: statistical linear discriminant analysis)을 이용하여 이미 알려진 산지흑요석의 화학조성 분석 자료와 비교하여 상호간의 유사성을 기반으로 산지를 판별하는 방식으로 이루어졌다.

화학성분 측정에는 가장 효율적인 방법으로 알려진 중성자방사화분석(NAA: Neutron Activation Analysis)과 유도결합플리즈마질량분석(ICP-MS: Inductively Coupled Plasma-Mass Spectroscopy)이 가장 많이 이용되었으며 이 외에 X선형광분석(XRF: X-ray Fluorescence)이나 양성자유발X선발생법(PIXE: Proton Induced X-ray Emission)도 활용되었다. 또한 Sr동위원소비 분석에는 열이온화질량분석(TIMS: Thermal Ionization Mass Spectrometer)이 이용되기도 하였다. 최근에는 비파괴분석방법으로 ICP-MS를 개선하여 측정대상 시료를 레이저를 이용하여 기화상태로 만들어 장치에 주입하는 LA(Laser Ablation)-ICP-MS를 이용하여 많은 양의 시료를 분석하기도 하였다(김종찬 2016).

지금까지 이루어진 산지판별 연구결과 구석기시대에 사용된 흑요석의 원산지로 알려진 곳은 백두산이 유일하다. 그동안 흑요석산지로 추정되어왔던 의성 금성산은 적어도 상무룡리, 월성, 민락동, 하화계리 I과는 무관하며(Lee C. *et al.*

표 4. 구석기시대 흑요석유물에 대한 산지판별 연구현황

지도 내 번호	유적	시료		주요성분(MEs) 분석	미량성분(TEs), 희토류(REEs), Sr 동위원소비 분석			산지 판별						참고문헌
		개수	비고	암석 종류	방법	측량원소수	분류	산지 흑요석 및 다른 유적 흑요석유물 비교	백두산 PNK1	백두산 PNK2	백두산 PNK3	일본 큐슈	알수 없음	
4	상사리	6	검은색(불투명1, 반투명5)	1-염기성암/ 포노라이트질 테프라이트 2-산성암/ 유문암 2개 그룹	ICP-MS	25	2개 그룹	65점: 백두산 10점(Kuzmin 2004, 조남철 외 2006), 5개 유적 55점/ 상사리 흑요석은 7개 그룹 중 2개 그룹에 분포: G1=백두산 2개 그룹 중 한 그룹과 연관 G2=장흥리, 상무룡리, 기곡, 수양개와는 무관		1			5	조남철·최승엽 2012
5	장흥리	3			NAA	28		12점: 백두산 6점(Kuzmin 2004), 2개 유적 6점/ 장흥리 산지불명 흑요석은 하화계리 Ⅲ과는 무관	1	1			1	Kuzmin Y. 2004
5	장흥리	3	검은색(반투명, 내부에 회색 줄무늬1)/ 지표수습 3	산성암/ 유문암/ subalkaline 2개 그룹	ICP-MS	36	2개 그룹	45점: 백두산 10점(Kuzmin 2004, 조남철 외 2005), 3개 유적 35점/ 장흥리 흑요석은 4개 그룹 중 2개 그룹에 분포: G1=백두산과 연관 G2=상무룡리와 연관		1			2	조남철·최승엽 2009
6	용수재울	19	검은색 8(반투명 6, 수화녹 2), 녹색 4(반투명), 회색 3(반투명), 갈색 4	산성암/ 유문암 3개 그룹	ICP-MS	26	3개 그룹	백두산(Kuzmin 2004, Popov et al. 2005, 김종찬 2008)/ 1. PNK1=대부분이 불투명하고 미세결정 거의 없음. 회색 1점 포함 2. PNK2=모든 녹색 흑요석, 갈색 및 검은색 일부 3. 산지불명은 회색 2점	10	7			2	조남철 2016
7	늘거리	18	검은색(불투명, 반투명), 녹색, 회색/ 시료번호 1-18	산성암/ 유문암 3개 그룹, 독립분포 3점	ICP-MS	34	3개 그룹, 독립분포 2점	백두산(Popov et al. 2005, 김종찬 2008)/ 1. PNK1=불투명하고 미세결정 없음 2. PNK2=녹색 흑요석 3. 산지불명 흑요석 중 5점은 내부에 많은 미세결정	4	4	1		9	조남철 2016
7	늘거리	2	시료번호 19, 20		micro ED-XRF	4	1개 그룹	동일유적 ICP-MS 분석시료 중 7점과 비교/ 2개 그룹 중 1개 그룹에 분포	2					조남철 2016
7	늘거리	18	검은색 14, 적갈색(갈색 마호가니) 4/ 1문화층 1, 2문화층 6, 3문화층 2, 지표수습 9	유문암	LA-ICP-MS	36	2개 그룹	산지 흑요석: 백두산 계열 3종(PNK1, 2, 3), 러시아 연해주 Basaltic Plateau, 청진, 큐슈 코시다케, 홋카이도 시라다키 / 1. 적갈색(갈색 마호가니) 흑요석 4점은 모두 PNK1(GⅡ) 그룹에 포함됨	9	9				김종찬 2016
11	용정리	2	검은점 갈색 1(1문화층), 암갈색 1(지표수습)	subalkaline	XRF		2개 그룹	64점(조남철 외 2004)/ 1. 검은점 갈색 흑요석은 백두산 그룹에 포함되나 산지추정 부적합 2. 암갈색은 수양개, 상무룡리와 연관					2	정대교 외 2013
12	민락동	2	격지: C-9, C-10		ICP-MS	14	희토류분석: 2개 패턴	7점: 금성산 및 추가령지구대 2점, 4개 유적 5점/ 민락동 흑요석은 1. 하화계리 Ⅰ, 공주 하봉리, 양양 오산리와 연관 2. 의성 금성산 및 철원 추가령지구대와는 무관					2	이선복·이용일 1996
13	호평동	20	검은색 10(불투명 2, 흰색 광물 포함 4, 반투명 2, 수화녹 2), 녹색 6(반투명), 회색 4(반투명, 검은 줄무늬 1)/ 문화층 16, 지표수습 4/ 격지 19, 좀돌날 1		PIXE	5	2개 그룹, 독립분포 2점	53점: 백두산(Popov et al. 2005), 청진, 일본 3개 산지(코시다케, 하리오지마, 시라다키) 흑요석 11점과 4개 유적 42점/ 호평동 흑요석은 4개 그룹 중 2개 그룹(PNK1, 2)에 분포, 독립분포 2점 1. PNK1=모든 회색, 일부 검은색(수화녹 포함) 2. PNK2=모든 녹색, 흰색 광물 포함 검은색(1) 3. 산지불명 흑요석은 흰색 광물포함 검은색	11	7			2	Kim J. C. et al. 2007, 김종찬 2008
15	상무룡리 Ⅱ	26	검은색 16, 흑회색 3, 녹색 3, 흑갈색 4		원자흡광분석법		3개 그룹	흑갈색(검은점 갈색)흑요석은 2개 그룹(GⅠ, GⅡ)에 분산 분포					26	강형태 1989
15	상무룡리 Ⅱ	1	붉은 찰흙층 출토 석기		NAA	3		10점(9개 유적)/ 3개 그룹 중 상무룡리 흑요석은 1. 전곡리, 오산리, 교평리와 연관 2. 수양개, 석장리, 신답리와는 무관 3. 백두산기원으로 알려진 오산리(임효재 1984)를 근거로 상무룡리 흑요석을 백두산과 연관된 것으로 판단		1				손보기 1989
15	상무룡리 Ⅱ	24			NAA	14	2개 주요 그룹, 2개 소그룹, 독립분포	62점: 금성산 및 큐슈 산지흑요석 4점, 13개 유적 58점/ 상무룡리 흑요석은 1. 주요 그룹 1에 분포, 독립분포 4점 2. 함북 나남 유판과 연관 3. 소그룹 1에 분포하는 의성 금성산 흑요석은 월성 안강과 무관					24	Lee Chul et al. 1990, 이철 외 1991

		21	검은색 17(반투명, 지표하 18-25cm), 검은색 점이 박힌 갈색 4(지표하 60-70cm, 라 지역, 시료번호 57-60)	산성암/ 유문암/ subalkaline, Peraluminous(48, 50) 2개 그룹	NAA	10	1개 그룹, 독립 분포 2점(48, 50) Sr동위원소비	64점: 백두산 및 일본 큐슈 산지흑요석 10점, 7개 유적 54점/ 상무룡리 흑요석은 1. 주요 그룹 3개 중 1개 그룹에 분포. 2. 수양개와 연관 3. 백두산과는 무관 3개 주요그룹 시료 중 23점 대상: 동일한 결과					21	조남철 2005, 조남철 외 2005, 조남철 외 2006
18	하화계리 I 사둔지	1			ICP-MS	14	희토류분석: 2개 패턴	7점: 금성산 및 추가령지구대 흑요석 2점, 4개 유적 5점/ 하화계리I 흑요석은 1. 민락동, 공주 하봉리, 양양 오산리와 연관 2. 의성 금성산 및 철원 추가령지구대와는 무관					1	이선복·이용일 1996
		3	표면에 미세한 층리구조(몸돌), 조잡한 표면, 돌날		NAA	3	희토류분석: 2개 패턴	1. 백두산 수습 흑요석(1점, 사장석 포함)과는 무관 2. 장석 결정 부위를 제외하면 하화계리 유물과 유사한 암질					3	이동영 외 1992, 이동영 1998
19	하화계리 III 작은솔밭	3			NAA	28	1개 그룹	12점: 백두산 6점(Kuzmin 2004), 2개 유적 6점/ 하화계리 III은 장흥리 일부 흑요석과 연관		3				Kuzmin Y. 2004
20	기곡	14	검은색(불투명, 반투명, 내부에 미세한 광물입자 산재), 회색(투명)		ICP-MS	36	2개 그룹, 독립 분포 2점 희토류분석	59점: 백두산 10점(Kuzmin 2004, 조남철 외 2006), 4개 유적 49점/ 기곡 흑요석은 1. 6개 그룹 중 2개 그룹에 분포 2. G1=장흥리 일부 흑요석과 연관 3. G2=백두산, 상무룡리, 수양개와는 무관					14	조남철·최승엽 2010
24	삼리	10	검은색 2(불투명), 회색 8(반투명)/ 격지 8, 좀돌날 2		PIXE	4	1개 그룹	53점: 백두산(Popov et al. 2005), 청진, 일본 3개 산지(코시다케, 하리오지마, 시라다키) 흑요석 11점과 4개 유적 42점/ 삼리 흑요석은 4개 그룹 중 1개 그룹에 분포	10					Kim J. C. et al. 2007
27	수양개 I	1			NAA	3		10점(9개 유적)/ 3개 그룹으로 분류되나 수양개흑요석은 1. 독립분포 2. 전곡리, 신답리, 상무룡리, 석장리, 오산리와는 무관					1	손보기 1989
		8		유문암/ subalkaline 2개 그룹	NAA	10	2개 그룹, 독립 분포 1점						8	이융조 외 2004.
29	석장리	2			NAA	3		10점(9개 유적)/ 3개 그룹 중 석장리 흑요석은 1. 신답리, 상노대도, 연대도와 연관 2. 전곡리, 상무룡리, 수양개, 오산리, 교평리와는 무관					2	손보기 1989
30	월성동	5		규장질 유문암/ calk-alkaline	ICP-MS	37	희토류분석 Sr동위원소비	13점(조남철 2005, 이선복·이용일 1996)/ 한반도의 다른 지역 흑요석과 유사한 패턴 9점(조남철 2005)/ 월성동 흑요석은 1. 4개 그룹 중 1개 그룹에 분포 2. 백두산, 한반도 중부지역, 한반도 남부지역, 일본 큐슈 지역과는 무관					5	장윤득 2007
35	신북	10	검은색(불투명, 반투명), 녹색(반투명)		PIXE	4		53점: 백두산(Popov et al. 2005), 청진, 일본 3개 산지(코시다케, 하리오지마, 시라다키) 흑요석 11점과 4개 유적 42점/ 신북 흑요석 중 일본산 흑요석 4점의 산지는 큐슈의 1. 코시다케(2점) 2. 하리오지마(1점) 3. 우시노다케(1점)로 판별됨		3		4	3	Kim J. C. et al. 2007

1990, 이철 외 1991, 이선복·이용일 1996) 철원 추가령지구대 또한 민락동, 하화계리 I과는 연관성이 없는 것으로 판별되었다(이선복·이용일 1996). 주로 중국지역 백두산에 분포한 흑요석 3개 그룹에 대한 자연과학분석 자료(Kuzmin Y. V. *et al*. 2002, Popov V. K. *et al*. 2005, 2008)에 근거한 연구결과에 의하면 산지불명 흑요석과 함께 백두산흑요석이 사용된 유적은 상사리, 장흥리, 용수재울, 늘거리, 호평동, 하화계리 III 작은솔밭, 삼리, 신북 등 8개 유적이다. 8개 유적의 전

체 분석시료 112점 가운데 백두산기원 흑요석은 84점이며 이 가운데 화학조성 그룹이 밝혀지지 않은 것은 2점(상사리, 장흥리)이다. 82점의 흑요석 중 47점은 PNK1, 34점은 PNK2, 1점은 PNK3 그룹에 속하는 것으로 판별되었다. 하화계리 III 작은솔밭(PNK2), 삼리(PNK1), 신북(PNK2)에서는 각각 한 종류의 백두산흑요석이 확인되었고 장흥리, 용수재울, 호평동에서는 2종류(PNK1, 2), 그리고 늘거리에서는 PNK1, 2뿐 아니라 처음으로 PNK3그룹에 속하는 것을 구분하기도 하였다. 또한 신북에서는 4점의 흑요석이 큐슈의 코시다케(2점), 하리오지마(1점), 우시노다케(1점)산으로 판별되어 일본산 흑요석이 이미 구석기시대에 한반도 남서부에 유통되었음을 보여준다.

분석시료에 대한 자료를 검토해볼 때 주로 불투명 검은색이나 회색 흑요석은 PNK1 그룹에 속하는 한편 모든 반투명 녹색 흑요석은 PNK2 그룹에 분류되는 것으로 관찰된다. 또한 늘거리의 검은색 줄무늬가 있는 갈색 또는 적갈색 흑요석(4점)은 모두 PNK1 그룹으로 분류되었는데 상무룡리 II의 검은색 점이 박힌 흑갈색 흑요석(4점)은 암석계열에서 차이를 보여주는 것으로 분석되었다(조남철 2005). 또한 산지불명으로 판별된 흑요석 중에는 주로 내부에 미세결정을 지닌 것이 많은 것으로 관찰된다.

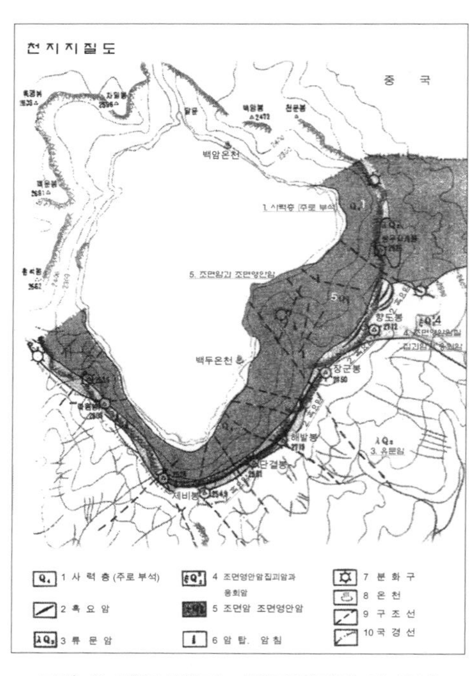

그림 10. 백두산천지 지질도(김정락 외 1993)

구석기유적에서 출토되고 있는 흑요석은 원석의 형태나 자연면의 상태뿐 아니라 색깔이나 광택이 다양하고 유물에 따라서는 내부에 줄무늬나 미세결정을 포함하는 등 여러 가지 특징을 지닌다. 북한지역의 백두산에서는 백두산천지의 외륜산을 이루는 장군봉, 향도봉, 해발봉을 비롯한 여러 봉우리들과 운홍군 대전평, 백사봉, 남포태산 등을 중심으로 흑색, 녹색, 암갈색, 담자색 등의 흑요석이 산출된다고 한다. 흑요석은 외륜산 봉우리들의 자름면에서는 개별적인 층상 또는 화산암들과 섞여 나오는데 그 안에는 예외 없이 콩알만한 투장석이 섞여있다고 한다. 특히 장군봉에서는 흑색 흑요석의 줄무늬와 조면영안암 줄무늬가 교체되면서 흐름상 석리를 이룬 암갈색 흑요석도 산출된다고 한다(김정락 외 1993). 이같은 자료를 통해볼 때 북한지역의 백두산주변에는 현재까지 알려진 PNK1, 2, 3 그룹 이외에도 화학조성이 서로 다른 여러 종류의 흑요석이 분포할 것으로 생각된다. 한편 백두산흑요석과는 무관한 것으로 알려진 상무룡리 II 흑요석이 함북 나남 유판 흑요석과 같은 그룹에 속하는 것으로 판별되었다(Lee *et al*. 1990, 이철 외 1991). 유판 유적은 1933년 시굴조사로 알려진 청진시 나남 유판 조개더미유적으로 1946년과 1956년 2차에 걸쳐 북한 학자들이 발굴조사하면서 청진시 농포리 유적으로 개명된 곳이다. 기원전 3천년 후반기의 신석기유적으로 알려진 이곳에서는 전체 출토석기의 70.1%에 해당하는 2,546점의 흑요석제 뗀석기가 출토되었으며(고고학연구실 1957, 한창균 2000) 3km정도 떨어진 곳에 위치한 원수대 조개더미유적에서도 다량의 흑요석제 뗀석기가 확인된 것으로 알려져 있다. 이들 유적들은 흑요석산지 근처에 입지한 유적의 성격을 보여주고 있어 청진시를 중심으로 흑요석산지가 있을 가능성이 크다고 생각된다. 질이 뛰어난 검은색 청진흑요석 원석의 화학조성이 백두산 그룹1(PNK1)과 유사한 것을 근거로 두만강 지류를 따라 이동된 백두산흑요석의 2차산지로 추정하기도 한다(Kim 2014, Kim *et al*. 2007).

V. 맺음말

지금까지 한반도에서 흑요석이 출토된 구석기유적은 35곳이며 모두 38개의 문화층 또는 유물포함층에서 5천여 점의 흑요석석기가 확인되었다. 대부분의 흑요석은 중부지역의 5-6개 지점을 중심으로 적어도 3시기 이상에 걸쳐 집중적으로 소비되었던 것으로 관찰된다. 흑요석은 약 2만5천 년 전 중북부지역의 후기구석기시대 늦은 시기의 좀돌날석기 석기군에서 처음으로 등장한 이후 주로 중부지역을 중심으로 눌러떼기기술을 활용한 좀돌날제작과 밀접한 연관성을 지니면서 후기구석기 말 이후까지도 지속적으로 사용된 것으로 나타난다.

구석기유적에서 출토된 흑요석들은 광택이 다양한 검은색, 회색, 녹색을 비롯하여 검은색 줄무늬나 점이 있는 갈색, 적갈색 등으로 돌감에 따라 치밀한 조직을 지닌 것도 있고 내부에 미세결정이나 흰색 광물을 포함한 것도 있다. 유적에 따라서는 불규칙한 모양의 원석이나 거친 자연면을 지닌 얇고 작은 원석이 확인되기도 하며 긁힌 흔적을 지닌 편편한 형태의 모난 덩이돌이나 자갈돌형태의 자연면을 지닌 것들도 관찰되어 유적으로 유입된 흑요석돌감의 크기와 상태는 매우 다양했던 것으로 추정된다. 종류별 돌감의 사용정도나 활용양상은 유적에 따라 또는 시기에 따라 차이가 나며 석기제작에 있어서도 돌감의 질이나 크기, 사용가능한 양에 따라 차이를 보여주기도 한다. 한편 한반도내에서는 유일한 흑요석원산지로 알려져 있는 백두산에서부터 450km 떨어진 영역에서 흑요석돌감의 획득이나 공급 그리고 그 사용은 매우 제한적, 불규칙적, 일시적이었을 것이라 판단된다. 흑요석을 활용한 집중적인 좀돌날제작은 집단의 필요성을 기반으로 경제적 효율성이 매우 높은 귀한 돌감에 대한 최대한의 활용에서 비롯된 것으로 중부지역 후기구석기시대 늦은 시기의 고유한 특징으로 인식된다.

〈참고문헌〉

강원고고문화연구원

2012 「대마지구 대구획경지정리사업 문화재 표본조사 약식보고서」.

江原文化財硏究所

2013 『鐵原 上絲里 舊石器遺蹟』.

강형태 1989 「흑요석재의 성분분석」,『上舞龍里 -破虜湖 退水地域 遺蹟發掘調查報告-』, 江原道·江原大學校 博物館, pp.538-543.

겨레문화유산연구원

2016 「파주 가월리 1236-1번지 구석기유적 」,『문화유적 시·발굴조사 보고서 』.

2016 『포천 중리 용수재울 유적 II 』.

京畿文化財團 京畿文化財硏究院

2010 『남양주 호평동 구석기유적 III -추가발굴조사보고서-』.

2014 『河南 美沙洞 舊石器遺蹟』.

慶南考古學硏究所

2002 「晋州-集賢間 道路 擴·鋪裝 工事區間 內 試掘調查」.

고고학연구실

1957 「청진 농포리 원시유적 발굴」,『문화유산』4, 과학원출판사.

국강고고학연구소

2013 「인제 부평지구 하천환경정비사업 구간 내 유적 발굴조사 부분준공 결과서 -4-1지구 구석기시대 유적-」.

2013 『포천 용정리 구석기유적』.

2014 「인제 부평지구 하천환경정비사업 구간 내 유적 추가발굴조사 약보고서」.

기호문화재연구원

2016 『포천 중리 늘거리유적 I·II·부록』.

김상태 2002 「한반도 출토 흑요석기와 원산지 연구현황」,『한국구석기학보』6, pp.47-60.

김신규·김교경·백기하·장우진·서국태

1985 「승호구역 만달리동굴유적 발굴보고」,『평양부근 동굴유적발굴보고』, 유적발굴보고 14, 과학백과사전출판사, pp.2-68.

김정락 외

1993 『백두산총서 (지질)』, 과학기술출판사.

김종찬 2008 「남양주 호평동 구석기유적 출토 흑요석의 PIXE분석」,『남양주 호평동 구석기유적 I』, 경기문화재단 기전문화재연구원, pp.235-247.

2008 「신북 구석기유적 출토 흑요석의 PIXE 분석」,『장흥 신북 구석기유적』, 조선대학교박물관·장흥군·익산국토관리청, pp.162-168.

2016 「3. 포천 중리 늘거리유적 출토 흑요석 원산지 분석 -흑요석의 지화학분석에 의한 산지규명-」,『포천 중리 늘거리유적 -부록-』, 기호문화재연구원, pp.131-143.

김종찬·이융조

2006 「수양개 구석기유적의 연대측정에 대하여」,『중원지역의 구석기 문화』, 충북대학교 중원문화연구소·한국학술진흥재단, pp. 299-306.

김주용·박영철·양동윤·봉필윤·서영남·이윤수·김진관

2002 「진주 집현 장흥리 유적 제4기 퇴적층 형성 및 식생환경 연구」,『第四紀學會誌』16-2, 韓國第四紀學會, pp.9-21.

朴喜顯 1984 「提原 沙器里後期舊石器 遺蹟發掘調査 報告」,『忠州댐 水沒地區 文化遺蹟發掘調査綜合報告書』, 忠北大學校 博物館, pp.187-269.

1989 『제원 창내 후기 구석기 문화의 연구』, 연세대학교 대학원 박사학위논문.

부산대학교 박물관

2001 「晋州-集賢간 4차선 도로건설 구간내 長興里 구석기유적 현장지도위원회(1차) 자료」.

손보기 1973 「石壯里의 후기 구석기시대 집자리」,『韓國史硏究』9, pp.15-57.

1989 「상무룡리에서 발견된 흑요석의 고향에 대하여」,『上舞龍里 -波虜湖 退水地域 遺蹟發掘調査報告-』, 江原道·江原大學校 博物館, pp.781-796.

예맥문화재연구원

2010 『洪川 牟谷里遺蹟』.

2015 『原州 新坪里遺蹟』.

우종윤·이승원·서대원·윤병일

2015 『연천 통현리 구석기유적』, 한국선사문화연구원.

울산발전연구원 문화재센터

2013 『울주 신화리유적 Ⅲ』.

윤용현 1990 『화순 대전 구석기 문화의 연구』, 淸州大學校 大學院 碩士學位論文.

이기길 2008 「장흥 신북유적의 연대에 대하여 -방사성탄소연대에 근거한 편년-」,『湖南考古學報』29, pp.5-24.

2013 「장흥 신북유적의 흑요석기에 대하여」,『동아시아의 흑요석 연구 동향』, 제13회 한국구석기학회 학술대회 발표집, pp.51-54.

李東瑛 1998 「흑요석 석기유물에 대한 분석과 원산지 해석」,『考古學硏究方法論』, 서울대학교출판부, pp.293-299.

이동영·김주용·한창균

1992 「洪川 下花溪里遺蹟의 地形 및 地質」,『中央高速道路 建設區間內 文化遺蹟發掘調査報告書』, 江原道, pp.247-260.

이선복·이용일

1996 「흑요석 석기의 지화학적 특성에 대한 예비 고찰」,『韓國考古學報』 35, 韓國考古學會, pp.173-187.

이승원·안주현·한승철·장형길

2015 「단양 수양개 VI지구 구석기유적」,『제주도의 구석기 연구 현황과 성과』, 제15회 한국구석기학회 학술대회, pp.113-127.

李隆助 1985 「丹陽 수양개舊石器 遺蹟發掘調査 報告 -1985年度-」,『忠州댐 水沒地區 文化遺蹟延長發掘調査報告書』, 忠北大學校 博物館, pp.101-253.

이융조·박선주·윤용현·유종윤·하문식

1991 『和順 大田 舊石器遺蹟 發掘報告書』, 충북대학교 고고미술사학과.

이융조·조남철·강형태

2004 「단양 수양개유적 흑요석의 특성화 연구」,『한국구석기학보』 10, 한국구석기학회, pp.25-35.

李在景 2008 『大邱 月城洞 777-2番地 遺蹟(I) -舊石器-』, 慶尙北道文化財硏究院.

이철·김승원·김규호·강형태

1991 「미량성분원소 분석에 의한 흑요석의 분류」,『考古美術史論』 2, 忠北大學校 考古美術史學科, pp.49-55.

이해용·홍성학·최영석

2005 「동해시 망상동 기곡 구석기유적」,『동해 기곡유적 -동해고속도로 확장공사구간 내 유적 발굴조사 보고서-』, 江原文化財硏究所.

이헌종·이혜연

2005 「우리나라 후기구석기시대인의 흑요석에 대한 전략적 활용에 대한 고찰」,『지방사와 지방문화』 8-1, pp.7-34.

이혜연 2006 『우리나라 후기구석기시대 흑요석제 석기연구』, 목포대학교 석사학위 논문.

장용준 2006 『韓國 後期舊石器의 製作技法과 編年 硏究-石刃과 細石刃遺物相을 中心으로-』, 부산대학교 대학원 박사학위논문.

2013 「한국 구석기시대 흑요석 연구의 현황과 과제」,『한국구석기학보』 28, pp.19-60.

2014 「방사성탄소연대를 이용한 후기구석기시대 편년」,『嶺南考古學』 69 pp.4-46.

장윤득 2008 「대구 월성동 구석기 석기 유물 원산지 조사 보고서」,『大邱 月城洞

777-2番地 遺蹟(I) -舊石器-』, 慶尙北道文化財硏究院, pp.193-207.

정대교·박용희·신승원·조준현·박종현
2013 「포천 어룡-구읍간 도로개설구간 내 유적의 구석기 석기 분석」,『포천 용정리 구석기유적』, 국강고고학연구소, pp.365-385.

정대교·임현수·신승원·원준희·김재우
2016 「포천 중리 용수재울 유적 출토 석기의 암석 및 흑요석 분석」,『포천 중리 용수재울 유적 Ⅱ』, 겨레문화유산연구원, pp.859-912.

조남철 2005 『성분분석, 미세조직 및 자기적 특성에 의한 한반도 흑요석의 분류 연구』, 江原大學校 大學院 博士學位論文.

2013 「철원 상사리 구석기유적 흑요석의 성분조성」,『鐵原 上絲里 舊石器遺蹟』, 江原文化財硏究所, pp.602-609.

2016 「4. 포천 중리 늘거리유적 출토 흑요석의 원산지 분석」,『포천 중리 늘거리유적 -부록-』, 기호문화재연구원, pp.147-163.

조남철·강형태·정광용
2006 「미량성분 및 스트론튬(Sr) 동위원소비를 이용한 한반도 흑요석제 석기의 산지추정」,『韓國上古史學報』53, 韓國上古史學會, pp.5-21.

조남철·강형태·한민수
2005 「양구 상무룡리 유적 흑요석의 특성화 연구 -화학성분 및 미세결정-」『韓國上古史學報』49, 韓國上古史學會, pp.5-26.

조남철·이소담
2016 「포천 중리 용수재울 후기 구석기 유적 출토 흑요석의 성분조성 및 산지연구」,『포천 중리 용수재울 유적 Ⅱ』, 겨레문화유산연구원, pp.913-930.

조남철·최승엽
2009 「철원 장흥리 구석기유적 흑요석의 성분조성 및 산지 연구」,『고문화』74, 한국대학박물관협회, pp.67-82.

2010 「미량성분을 이용한 동해 기곡 구석기유적 출토 흑요석의 산지 연구」,『韓國上古史學報』70, 韓國上古史學會, pp.5-20.

2012 「철원 상사리 구석기유적 흑요석의 성분조성 및 산지 연구」,『韓國上古史學報』78, 韓國上古史學會, pp.5-21.

조선대학교박물관·장흥군·익산국토관리청
2008 『장흥 신북 구석기유적』.

좌용주 2013 「흑요석 산지연구에 사용되는 지구화학 자료와 해석」,『한국구석기학보』28, pp.3-18.

중앙문화재연구원
2014 「고덕국제화계획지구 택지개발사업(1단계 1공구)내 유적 부분완료

약식보고서」.
최몽룡·신숙정·이동영
1996 「고대 유물 산지의 연구」,『고고학과 자연과학』, 서울대학교출판부, pp.97-162.
崔夢龍·李鮮馥·崔鍾澤
1996 『議政府 民樂洞遺蹟 -試掘 및 發掘調査 報告書-』, 서울大學校博物館·韓國土地公社 서울支社.
최복규 1989 「강원대학교 조사」,『上舞龍里 -波虜湖 退水地域 遺蹟發掘調査報告-』, 江原道·江原大學校 博物館.
최복규·김용백·김남돈
1992 「II. 홍천 하화계리 중석기시대 유적 발굴조사보고」,『中央高速道路建設區間內 文化遺蹟發掘調査報告書』, 江原道.
崔福奎·安聖民·柳惠貞
2004 『洪川 下花溪里 III 작은솔밭 舊·中石器遺蹟』, 江原考古學硏究所.
崔福奎·柳惠貞
2005 『抱川 禾垈里 쉼터 舊石器遺蹟』, 강원대학교유적조사단.
崔福奎·崔三鎔·崔承燁·李海用·車在動
2001 『長興里 舊石器遺蹟』, 강원대학교 유적조사단.
최승엽 2013 「동해 기곡 구석기유적의 흑요석 석기」,『동아시아의 흑요석 연구 동향』, 제13회 한국구석기학회 학술대회 발표집, pp.45-50.
쿠즈민 2004 「홍천 하화계리(III) 작은솔밭 구·중석기유적의 흑요석 성분분석」,『洪川 下花溪里 III 작은솔밭 舊·中石器遺蹟』, 江原考古學硏究所, pp.260-262.
韓國文化遺產硏究院
2011 『義王 浦一2地區 유적』.
한국선사문화연구원
2015 「단양 수중보 건설사업구역 내 유적 발굴조사 -단양 수양개 유적 VI 지구-」.
한창균 2000 「북한의 선사시대 뗀석기 연구」,『白山學報』57, pp.5-57.
2003 「한국 구석기유적의 연대 문제에 대한 고찰 -절대연대 측정결과와 퇴적층의 형성시기에 대한 검토를 중심으로-」,『한국구석기학보』7, pp.1-39.
한창균·홍미영·김기태
2003 『광주 삼리 구석기 유적』, 경기문화재단 기전문화재연구원.
湖南文化財硏究院
2007 『和順 沙倉遺蹟』.

홍미영·니나 코노넨코
2005 「남양주 호평동 유적의 흑요석제 석기와 그 사용」,『한국구석기학보』9, pp.1-30.

홍미영·김종헌
2008 『남양주 호평동 구석기유적 I·II』, 경기문화재단 기전문화재연구원.

황용훈·신복순
1989 「경희대학교 조사」,『上舞龍里 -波虜湖 退水地域 遺蹟發掘調査報告-』, 江原道·江原大學校 博物館.

大谷 薰 2009 「韓半島における先史時代の黑耀石利用」,『駿台史學』135, 駿台史學會, pp.117-146.

直良信夫 1940 「朝鮮潼關鎭發掘舊石器時代の遺物」,『第一次滿蒙學術調査硏究團報告』6-3.

洪美瑛(大谷薰 譯)
2009 「韓國南楊州好坪洞遺跡の後期旧石器時代石器文化相」,『旧石器考古學』, 旧石器文化談話會, pp.49-61.

洪美瑛(金恩正 譯)
2014 「黑曜石と朝鮮半島の旧石器時代」,『季刊 考古學』第126号, pp.92-93.

Costa L.J. 2007 *L'Obsidienne -Un tmoin d'changes en Mditerrane prhistorique-*. Editions Errance, Paris.

Hong M.-Y.
2012 Obsidian appeared in Paleolithic Industries on the Korean Peninsula. In *International Symposium "Lithic Raw Material Exploitation and Circulation in Prehistory": a comparative perspective in diverse palaeoenvironment"*, edited by Ono A. 27-28 oct., Center for Obsidian and Lithic Studies, Meiji University, Tokyo.

Jia P.W., Doelman T., Chen C., Zhao H., Lin S., Torrence R., and Glascock M.D.
2010 Moving sources: A preliminary study of volcanic glass artifact distributions in northeast China using PXRF. *Journal of Archaeological Science* 37, pp.1670-1677.

Kim J.C.
2014 The Paektusan volcano source and geochemical analysis of archaeological obsidians in Korea. In Ono A., Glascock M.D., Kuzmin Y.V., and Suda Y. (eds.), *Methodological Issues for Characterisation and Provenance Studies of Obsidian Obsidian in Northeast Asia*, Bar International Series 2620, pp.167-176.

Kim J.C., Kim D.K., Youn M., Yun C.C., Park G., Woo H.J., Hong M.-Y., and Lee G.K.

2007 PIXE provenancing of obsidian artefacts from Paleolithic sites in Korea. *Bulletin of the Indo-Pacific Prehistory Association*, Vol. 27, pp.122-128.

Kuzmin Y.V.

2014 Geoarchaeological aspects of obsidian source studies in the southern Russian Far East and brief Comparison with neighbouring regions. In Ono A., Glascock M.D., Kuzmin Y.V., and Suda Y. (eds.), *Methodological Issues for Characterisation and Provenance Studies of Obsidian Obsidian in Northeast Asia*, Bar International Series 2620, pp.143-165. pp.85-93.

Kuzmin Y.V., Popov V.K., Glascock M.D., and Shackley M.S.

2002 Sources of archaeological volcanic glass in the Primorye(Maritime) Province, Russian Far East. *Archeometry* 44-4, pp.505-515.

Lee Chul, Czae Myung-Zoon, Kim Seungwon, Kang Hyung Tae, and Lee Jong Du

1990 A Classification of Obsidian Artifacts by Applying Pattern Recognition to Trace Element Data. *Bulletin of the Korean Chemical Society*, Vol. 11, No. 5, pp.450-455.

Popov V.K., Sakhno V.G., Kuzmin Ya.V., Glascock M.D., and Choi B.K.

2005 Geochemistry of Volcanic Glasses from Paektusan Volcano. *Doklady Earth Science*, Vol. 403, No. 5, pp.803-807.

Popov V.K., Sandimirova G.P., and Velivetskaya T.A.

2008 Strontium, Neodymium, and Oxygen Isotopic Variations in the Alkali Basaltic-Trachyte-Pantellerite-Comendite Series of Paektusan Volcano. *Doklady Earth Science*, Vol. 419, No. 2, pp.329-334.

Seong Chuntaek

2011 Evaluating Radiocarbon Dates and Late Paleolithic Chronology in Korea. *Arctic Anthropology*, vol. 48, No. 1, pp.93-112.

Obsidian use in Paleolithic industries on the Korean peninsula

Hong, Mi-Young (The Korean Palaeolithic Society)

The earliest evidence of obsidian use appeared as early as 25,000 yrs. BP on the Korean peninsula. This raw material, closely related with the microblade industry and adopting pressure techniques, was continually used throughout the Late Upper Paleolithic period, and even later.
The characteristics of each obsidian assemblage from 38 cultural layers identified in 35 Late Paleolithic sites, ranging between 25,000 yrs. BP and 10,000 yrs. BP according to radiocarbon dates and relative stratigraphic chronology, reveal that obsidian circulation and consumption were concentrated in the central region of the Korean peninsula, especially at six major sites that were favorable for the acquisition of obsidian, through at least 3 periods(25ka BP, 22-19ka BP, and 15-13ka BP). Intensive microblade debitage using obsidian as a favored raw material, along with changing of the patterns of use depending on the original form and size, is a characteristic of the microlithic culture in the central region of the Korean peninsula, 450-500km distant from the Baekdusan obsidian source.

시베리아 후기구석기시대 최말기 결합식도구에 대한 시고

이 헌종 (목포대 고고학과 교수)
이 상석 (목포대 고고인류학과 박사과정)

I. 머리말

우리나라 후기구석기시대의 세형돌날문화 범주 안에서 출토되는 유물 중 세형돌날은 출토 수량도 많은 뿐더러 출토 범위도 전국적으로 나타나고 있다. 세형돌날은 세형몸돌을 통해서 떼어내는데 이 몸돌의 기술형태적 특징은 우리나라 뿐 아니라 동북아시아의 여러 나라 더 나아가서 각 지역마다 지역의 석재환경이나 자원확보전략에 따라 석기제작자의 다양한 적응과정이 반영되어 있다. 이 몸돌 연구는 세형돌날문화에서 가장 기초가 되는 연구이며, 편년과 이주 등의 문화해석에 활용되고 있다. 한편 이 몸돌로부터 떼어낸 세형돌날에 대해서는 시베리아 일원에서 발견된 결합식도구가 발견되기 이전에 그 기능에 대해서 많은 논의가 있었다.

세형돌날을 도구로 사용하기 위한 매개물은 외국 출토 사례로 볼 때 동물의 뼈나 뿔 또는 나무로 제작되었을 것으로 추정한다. 우리나라 토양 특성상 유기물로 제작된 골각기류가 발견된 것은 석회암 동굴유적 외에 극히 드물다. 하지만 러시아와 중국의 동일한 세형돌날문화권에서는 매개물의 출토 사례가 확인된다. 이제 세형돌날이 직접적으로 날을 손질하여 도구로 사용하기 보다는 매개물에 결합하여 사용하였을 것이라는 것을 의심하는 사람은 없다.

동북아시아에서 이 새로운 유물에 대한 본격적인 연구는 1980년대에 접어들어 동시 다발적으로 이루어졌다. 러시아에서는 아폰토바유적에서 출토된 결합식도구를 중심으로 시베리아의 수렵과 사냥도구에 대하여 본격적인 연구가 있었다(Абрамова·Гречкина 1985). 시베리아 구석기시대부터 신석기시대까지 발견된 결합식도구를 각 출토 유적 별로 종합한 연구(Гиря·Питулько 1992)가 이루어졌다. 이 자료는 이 결합식도구가 시베리아의 후기구석기시대에 대표적인 사냥도구로 알려진 잎모양 창끝찌르개 뿐 아니라 세형돌날을 끼우개로 활용한 복합적인 도구로서 정착한 후 신석기시대와 청동기시대에 이르기까지 오랫동안 사용한 새로운 메커니즘의 기술체계를 갖고 있음을 밝혔다.

이 결합식도구는 예니세이강 유역과 앙가라강 유역의 결합식도구의 특징을 연구하면서 외날과 양날의 차이점을 검토하거나(木村 1983), 결합식도구의 기원과 확산(加藤·松本 1984), 결합식도구의 출현시기와 결합식도구의 형태가 우랄산맥을 기준으로 돌날과 형태에서 차이가 있음을 확인(加藤 1984)한 여러 측면의 연구로 이어졌다. 이와 같이 기술체계에 대한 연구 뿐 아니라 시베리아 지역의 결합식도구의 시기를 구분하고 세형돌날문화의 특징과 함께 지역적인 차이가 존재한다고 정리된 바 있다(加藤 1993). 2000년대에 접어들어 1980년대에서 시작된 본격적인 시베리아에서 출토된 결합식도구를 형식별 시기별로 구분하고, 결합식도구의 제작방법 민족지를 이용하여 기능에 대해서 종합적인 연구가 저서로 발간되었다(小畑 2001). 시베리아지역 뿐 아니라 중국의 신석기시대의 결합식도구에 관련한 유물의 분포와 용도(Sagawa 1999) 및 북중국 후기구석기시대의 결합식도구 사용에 대한 연구 또한 이루어졌다(Yi et al. 2012).

우리나라에서는 결합식도구와 관련하여 일부 소개된 이래(최몽룡·이헌종·강인욱 2003), 결합식도구가 후기구석기시대 특징적인 사냥도구라고 부분적으로 언급된 것(이헌종 1998, 2009; 장용준2007; 이헌종·장대훈 2011; 이헌종·손동혁 2015; 장대훈 2016)을 제외하면 본격적인 연구는 없는 실정이다. 그것은 아직 우리나라에서 이 도구의 화석이 발견되지 않았다는 것이 이유이겠지만 우리나라 사냥도구에 대한 다양한 관점을 생각할 때 결합식도구에 대한 논의가 매우 시급한 측면이 있다.

〈표 2〉 우리나라 결합식도구에 대한 연구내용

연구자	연구내용
이헌종(1998)	동북아시아의 세형몸돌의 등장과 결합식도구의 관계 설정 및 수렵과 어로의 용도 가능성 제시
최몽룡·이헌종·강인욱(2003)	시베리아 지역의 후기구석기시대 결합식도구를 소개
장용준(2007)	우리나라 후기구석기시대의 편년을 4기로 구분하였고, 3단계의 대표적인 사냥도구를 조합식찌르개로 인식
이헌종(2009)	시베리아와 극동지역에서는 세형돌날문화기의 유협형찌르개와 결합식도구가 특징적인 석기로 인식
이헌종·장대훈(2011)	결합식도구의 큰 범위인 결합도구에 대해서 소개하였으며, 선사시대의 매개물과 석기의 결합양상에 대해서 연구
이헌종·손동혁(2015)	시베리아 예니세이강유역의 석기와 더불어 결합식도구에 대해 소개
장대훈(2016)	조합식도구라는 용어를 사용, 사냥도구로서의 정의 및 구조에 대해서 분석

따라서 본 논문에서는 결합식도구의 정의와 그에 대한 용어적 정리를 시도하고, 이 도구가 가장 많이 발견되고 있는 시베리아의 후기구석기유적들 중 절대연대가 확인된 곳을 중심으로 분석을 시도하고자 한다. 특히 각 유적에서 출토된 결합식도구의 크기, 종류, 제작 방법, 공반유물 등을 통해서 절대연대가 집중되는 후기구석기시대 최말기의 문화상을 검토하여 보고자 한다. 그리고 이 시기에 해당하는 우리나라 세형돌날문화기 유적의 편년과 유물을 확인하고 사냥도구의 변화에 따른 결합식도구의 의미를 파악하여 보고자 한다. 이 논문은 앞으로 세형돌날문화기의 사냥도구의 변화에 대한 종합적인 연구를 위한 첫 번째 작업으로 그와 연관된 여러 관점과 연구과제 그리고 이 도구에 대한 접근 방식 등에 대해서도 함께 공유하고자 한다. 이러한 많은 질문들을 풀기 위해 우선 세형돌날이 사용된 결합식도구에 대한 기본적인 인식을 검토하는 것이 필요하다고 판단하여 절대연대값이 있는 시베리아의 결합식도구 출토유적을 중심으로 시고적인 작업을 시도하고자 한다.

II. 결합식도구의 정의

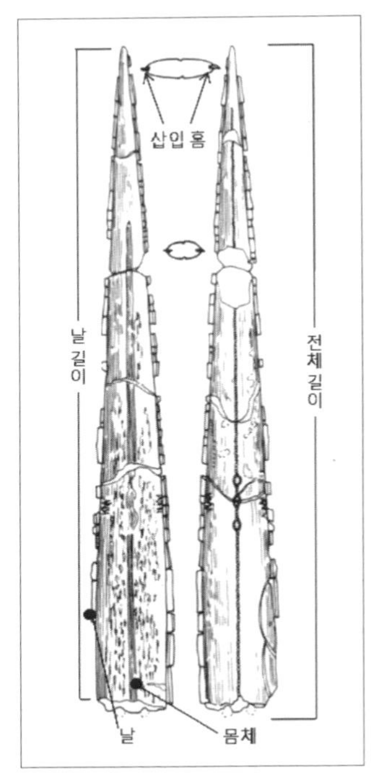

〈그림 1〉 결합식도구 세부 명칭

우리나라에서 결합식도구에 대한 정의는 아직까지 명확히 정해지지 않았다. 물론 사전적 의미도 이루어지지 않았다. 이 도구는 일반적으로 결합식도구라고 부르고 있지만 우리나라 일부 학자들 사이에서 조합식 도구 혹은 조합식찌르개라는 명칭을 사용하기도 한다. 뒤에서 분석하게 되겠지만 이 도구의 용도는 결합한 틀에 따라 찌르개, 자르개 등과 같은 용도를 기본으로 하고 상황에 따라 다양한 용도로 사용되었을 것이라고 추측된다. 그렇기 때문에 이 도구는 사냥도구이면서 생활도구로서 사용된 것으로서 찌르개라는 용어보다도 광범위한 결합식도구라는 명칭이 무난하다고 생각된다. 그래서 동북아시아의 학자들 역시 이 도구를 다양한 전문용어로 부르는데 러시아에서는 브클라드이쉬(Вкладыш), 일본에서는 植刃器라는 명칭을 사용한다. 이 용어는 끼우는 도구라는 의미를 갖고 있다. 영어권에서는 이를 composite tool이란 명칭으로 사용하고 있다. 그런 측면에서 본다면 사실 결합식도구라는 용어를 사용하면서도 보다 매개물 간에 연결하는 개념보다 제한적인 의미를 담은 '돌날끼우개'라고 부르는 것이 더 구체적인 용어가 될 것이다.

이 도구는 후기구석기시대부터~신석기, 혹은 청동기 초기 까지 출토되는 일정한 형태의 결합식도구를 총칭하는 용어이다(小畑 2001). 결합식도구의 세부명칭은 그림 1에서 보는 바와 같다. 대체로 유적에서 출토된 몸체의 경우 미완성되었거나 사용 후 폐기된 도구가 확인된다. 제작방법을 살펴보면, 몸체는 주로 동물의 뼈와 녹각 및 나무로 제작되었다. 유적에서 출토된 결합식도구의 재료는 뼈와 녹각으로 제작되었으며, 시베리아지역 후기구석기시대 결합식도구는 대부분 순록의 뿔로 제작된 것으로 알려져 있다.

기본적인 결합식도구의 형태는 몸체에 홈을 파고 홈에 돌날을 끼워 결합된 형태를 띤다. 결합식도구의 제작방법으로는 부리우사(Buriusa)유적(Хлобыстин 1972)의 사례를 살펴보면 녹각을 물에 담가 부드럽게 한 후 녹각의 곡선을 나무에 묶어 직선으로 만든다. 석기를 이용하여 긁개 및 새기개를 이용하여 녹각 가장자리에 홈을 대략 3mm정도 V형태로 판 후 세형돌날을 삽입하여 송진 및 아교 등으로 고정시킨다(小畑 2001). 돌날을 끼우는 홈날의 경우 결합식도구의 용도에 따라 길이 및 위치를 조정한다. 용도는 찌르개 및 투창기 같은 사냥도구와 식물을 자르거나 고기를 자를 때 사용하는 칼 형태의 생활도구 사용된 것으로 추정된다.

III. 출토유물 검토

결합식도구가 출토되는 지역은 현재까지 확인된 유적을 통해서 보면 시베리아와 북중국에 대부분 분포하고 있음을 알 수 있다. 결합식도구의 날이 되는 재료인 세형돌날은 세형돌날문화와 연관되어 있다. 세형돌날문화는 시베리아와 극동, 북중국, 일본, 한반도까지 동북아시아에 넓게 확산되어 분포한다(그림 2). 결합식도구는 시베리아에서도 중부시베리아에서 집중적으로 확인된다. 우선적으로 절대연대값을 갖고 있는 시베리아의 대표 유적들에서 출토된 결합식도구와 함께 출토된 공반유물을 검토해보고자 한다.

1. 결합식도구

시베리아 후기구석기시대 결합식도구가 출토된 대표적인 유적은 38개소이며, 유물 수량은151점이다. 유적 중 절대연대가 확인된 유적은 카민나야(Kaminnaya), 마이닌스카야(Maininskaya), 코코레보II(Kokorevo II), 베르홀렌스

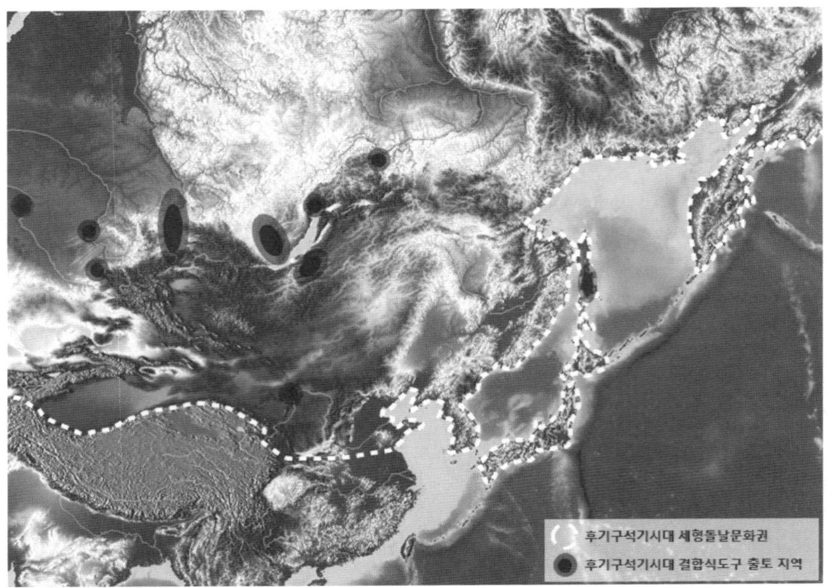

〈그림 2〉 동북아시아 후기구석기시대 결합식도구 출토지역(지도출처 https://pixabay.com)

카야 고라 I (Verkholenskaya Gora I), 오슈르코보(Oshurkovo)유적이다. 이곳에서 출토된 결합식도구는 모두 28점이다.

시베리아의 후기구석기시대의 편년은 크게 4기로 구분되는데(이헌종·손동혁 2015), 5곳 유적지의 절대연대를 살펴보면 시기는 후기구석기시대 최말기에 해당한다.

1) 기능에 따른 분류

(1) 창(spear)

창은 분석대상 유적인 시베리아 후기구석기시대 최말기에 카민나야 동굴, 마이닌스카야유적, 코코레보II유적에서 3점이 출토되었다(표 3). 창의 가장 큰 특징은 결합식도구의 길이가 결실된 것을 제외하면 대체로 30cm가량의 긴 형태를 가진다. 이는 창의 가장 중요한 기능인 찌르개의 특징에 맞게 제작된 것으로 보인다. 형태는 모두 상단과 하단부가 뾰족한 첨두 형태를 보인다(그림4-1~3). 날의 위치는 외날 2점, 양날 1점이 확인되었다. 재질은 늑골과 순록 녹각으로 제작되었다. 늑골은 매우 드문 경우이지만 마이닌스카야 유적에서는 뼈를 가공하여 몸체를 만드는 기술적 특성을 보이고 있다. 창은 그 길이 상 뼈와 녹각을 모두 사용할 수 있다.

〈표 3〉 시베리아출토 결합식도구(창) 속성분석

연번	도면번호	출토유적	용도	재원(cm)			재질	날	시기 (편년 B.P.)	비고
				길이	너비	두께				
1	그림3-1	카민나야 동굴	창	14.2	2.1	0.5	-	외날	후기 9,335±190, 11,990±140	갱신세층
2	그림3-11	마이닌스카야		31	1.9	0.7	늑골	외날	후기	B문화층
3	그림3-16	코코레보II		33.5	1.7	0.9	순록 녹각	외날	후기 13,330±100	-

(2) 투창기(atlatl)

투창은 마이닌스카야유적, 코코레보II유적, 베르홀렌스카야 고라 I 유적, 오슈로코보유적에서 23점이 출토되었다(표 4). 투창기의 경우 창이 비해서 길이가 다소 작은 양상을 보인다. 물론 결손양상이 심해 전체적인 크기가 확인되지 않는 유물도 존재하지만, 대체적으로 20cm를 전후한 크기로 제작되었을 가능성이 높다. 이는 창과는 달리 2차 매개물에 걸어 던지는 용도로서의 투창기이기 때문에 창에 비해 크기가 다소 작은 것을 알 수 있다. 형태는 상단부가 뾰족한 첨두형태를 보이며, 하단부 역시 창과 같은 뾰족한 모양의 첨두형태, 단조로운 평평한 형태, 그림3-25유물의 경우와 같이 기부조정이 이루어진 형태를 보인다. 이는 창대와 결합식도구 몸체와의 다양한 결합방식이 있었음을 추측할 수 있다. 날의 위치를 확인 할 수 없는 유물은 2개이며, 양날이 6점, 외날이 15점이다. 투창기의 재질은 주로 순록의 녹각, 포유류의 뼈 등으로 제작된 것으로 추정된다. 실제로 이 투창기용 결합식도구는 그 자체로 활용되는 것이 아니라 다른 잡이에 끼우는 장착용 첨두부분이기 때문에 그 두께가 비교적 얇아야 하며 보다 정교한 형태를 유지하여야 하는 기술적 속성을 갖고 있다. 그래서 그 형태를 다양한 창과 달리

〈표 4〉 시베리아출토 결합식도구(투창기) 속성분석

연번	도면번호	출토유적	용도	재원(cm) 길이	재원(cm) 너비	재원(cm) 두께	재질	날	시기 (편년 B.P.)	비고
1	그림3-2	마이닌스카야	투창	2.5	0.8	0.6	관골	외날	후기	A-1문화층
2	그림3-3			14.8	1.2	0.8	-	외날		A-2문화층
3	그림3-4			7.4	1.1	0.7	골	외날		A-2문화층
4	그림3-5			11.4	0.9	0.7	-	외날		A-2문화층
5	그림3-6			7.3	1.2	8	-	외날		A-2문화층
6	그림3-7			5.1	1.2	0.6	-	-		A-2문화층
7	그림3-8			5.5	1.5	0.8	-	외날		A-3문화층
8	그림3-9			19	1.9	0.9	-	외날		A-3문화층
9	그림3-10			5.2	1.2	0.9	-	외날		A-3문화층
10	그림3-12			15.3	1.1	0.8	-	외날	12,910±100,	4문화층
11	그림3-13			16.5	1.5	0.6	-	외날	12,980±130,	4문화층
12	그림3-14			13.3	1.4	0.7	-	외날	후기	5문화층
13	그림3-15			22.7	1.5	7	-	외날		8문화층
14	그림3-17	코코레보II		13.8	1.8	1.1	순록녹각	외날	후기 13,330±100	-
15	그림3-18			9.5	1.6	1		외날		-
16	그림3-19			8.5	1.7	1		-		-
17	그림3-20			10.6	1.5	1.1		외날		-
18	그림3-21			7.3	1.2	0.8		양날		-
19	그림3-22			10.5	1.4	0.9		양날		-
20	그림3-23			11.6	1.3	0.6		양날		-
21	그림3-25	베르홀렌스카야 고라 I		6.2	1.5	0.7	뼈	양날	12,570±180	3문화층
22	그림3-26	오슈로코보		18.1	1.9	0.9	뼈	양날	10,900±500	-
23	그림3-27			18.1	1.9	0.7		양날		-

일정한 규격을 유지하는 것도 필요하다.

그림3-17의 몸체의 경우 가운데 부분이 파여져 있으며, 양옆으로 14개의 작은 눈금같은 홈이 새겨져 있는 것이 특징적이다. 비록 이 유물을 만든 의도와 시기, 유물을 만든 물질이 다르기는 하지만 형태적으로만 보면 수양개 유적 6지점(이융조·우종윤 외 2014)에서 출토되는 새김무늬가 있는 석기와 비교하여 검토

가 필요한 유물로 분석하였다(이헌종·손동혁 2015). 이와 같은 유사한 형태로 중국 다디완유적에서 출토된 칼 용도의 결합식도구에서도 새김무늬가 확인(그림6)되었다. 후기구석기시대의 돌과 골각기 등에 새겨져 있는 이 눈금에 대한 종합적 고찰이 필요하다.

(3) 칼(knife)

칼은 코코레보II, 오슈로코보유적에서 2점이 출토되었다(표5). 칼의 크기는 결실이 이루어져 완전한 크기를 확인 할 수 없다. 하지만 대략적으로 10~20cm 정도의 크기라고 추정된다. 형태는 잔존된 유물의 형태를 통해 보면, 긴 형태의 방형이라고 보여진다. 날의 위치는 모두 외날이며, 자르거나 베는 행위를 하는데 있어 최적화된 형태로 생각할 수 있다. 재질은 순록 녹각과 포유류의 뼈로 제작되었다.

〈표 5〉 시베리아출토 결합식도구(칼) 속성분석

연번	도면번호	출토유적	용도	재원(cm)			재질	날	시기 (편년 B.P.)	비고
				길이	너비	두께				
1	그림3-24	코코레보II	칼	10	2.7	1	순록 녹각	외날	후기 13,330±100	-
1	그림3-28	오슈로코보		9.8	2.2	5.9	뼈	외날	10,900±500	-

2) 결합식도구 돌날결합양상

절대연대가 확인되는 유적에서는 세형돌날이 결합된 결합식도구는 보고되지 않았다. 하지만 시베리아 후기구석기시대의 결합식도구의 세형돌날 결합양상이 확인되는 유물을 검토해보면 몸체의 크기가 큰 경우(창·투창기) 상단부에는 세형돌날 상단과 하단부를 단순 박리로 부러뜨려 짧은 끼우개를 만들어 결합을 하였고, 하단부에는 세형돌날의 긴 끼우개를 만들어 결합하였던 것으로 추정된다(그림4-1). 일부 유물에서는 부러뜨린 세형돌날을 엇갈리게 결합하는 양상도 확인된다(그림4-2). 혹은 세형돌날을 부러뜨리지 않고 간단한 잔손질을 한 끼우개를 결합하여 사용한 사례도 확인되었다(그림4-3). 이는 용도에 따라 세형돌날

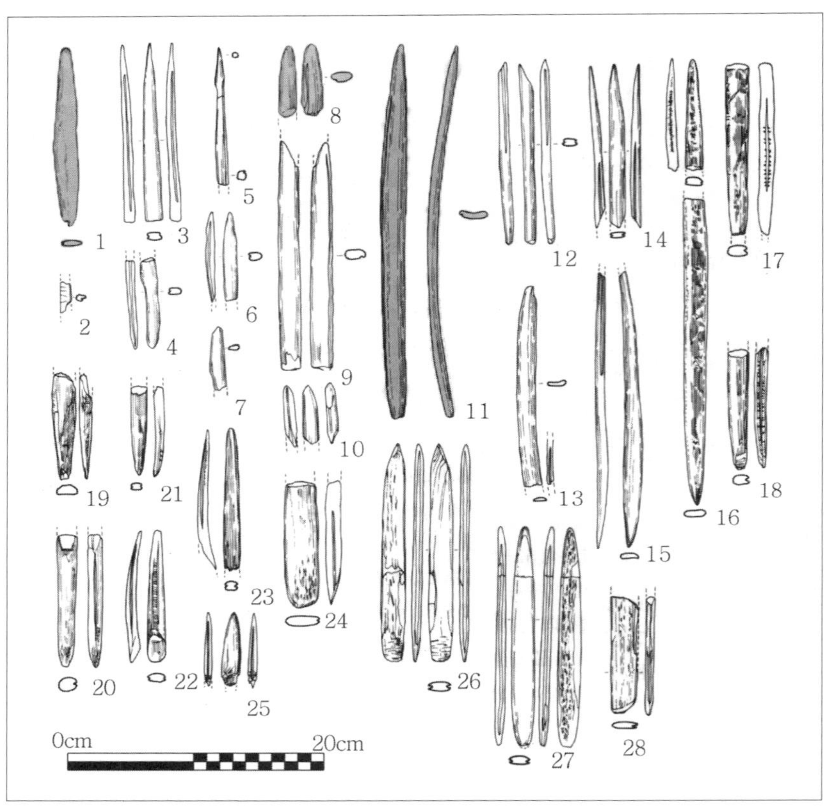

〈그림 3〉 시베리아 출토 결합식도구(1:카민나야 동굴, 2~15:마이닌스카야, 16~24:코코레보Ⅱ, 25:베르홀렌스카야 고라Ⅰ, 26~28:오슈로코보)

을 부러뜨리거나, 잔손질하는 등 다양한 기술이 적용되어, 끼우개를 결합하는 방법을 달리하였다는 것을 생각할 수 있다.

3) 공반유물

결합식도구가 출토된 유적들은 모두 후기구석기시대 최말기 유적으로서 구석기시대의 최말기의 따뜻한 환경에서 사냥 뿐 아니라 어로 및 반정착에 따른 토기와 주거지의 활용 등 역동적인 문화현상이 나타나 큰 변화를 예고하는 다양성을 갖고 있다(이헌종 1998).

코코레보 유적(Abramova 1979; 木村 1997)은 발굴조사가 1지점에서부터 6지점까지 진행이 되었는데, 결합식도구가 출토된 2지점에서는 총 5,762점의 유물이 출토되었으며, 대다수를 차지하는 격지를 제외하고도 돌날과 돌날몸돌, 세형몸돌과 세형돌날, 새기개, 뚜르개, 긁개, 끝날긁개 등 다양한 후기구석기시대 말기의 유물이 출토되었다. 또한 이 유적의 연대는 절대연대 측정결과 13,330±100B.P.로 나타났다. 코코레보 유적에서는 1타격면 1작업면의 체계화된 전형적인 양면박리를 기초로 하는 세형돌날몸들이 소량 확인되었다(그림5-1~3). 그리고 뼈바늘, 각종 골각기 등과 같은 유기물로 제작된 도구들이 함께 공반하고 있다.

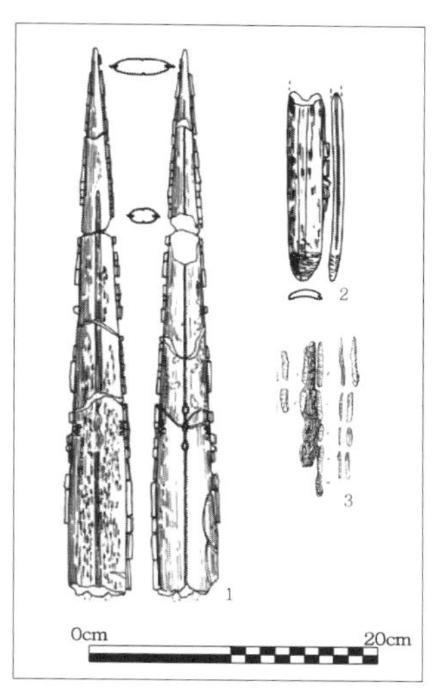

〈그림 4〉 세형돌날이 결합된 결합식도구(1:체르노오제리에II, 2: 코코레보I, 3: 탈리스카야)

마이닌스카야 유적의 구석기시대 유물은 총 9개의 지층에서 출토되었다(**Васильев** 1981a, b, c; 1983a, b). 대표적인 석기로는 돌날몸돌과 세형몸돌, 돌날과 세형돌날 등을 포함하여 새기개, 긁개, 끝날긁개, 찌르개, 뚜르개 등이다(그림 4:24~29). 이 유적의 세형몸돌은 다른 유적들보다는 더 다양한데, 전형적인 쐐기형의 1타격면 1작업면의 몸돌을 비롯하여, 1타격면 2작업면의 세형몸돌, 각주형의 세형몸돌, 부정형 몸돌 등이 나타났다. 또한 석기들 중에서도 격지석기의 비율이 약 84%로 격지석기 전통이 강하게 남아있는 것으로 보인다(Abramova et al. 1991). 이 유적에서도 골각기가 소량 출토되었는데, 화살촉이나 찌르개의 용도로 사용하였던 사냥용 도구들이 대부분이다. 4문화층에서 12,910±100B.P., 12,980±130B.P.의 절대연대가 확인되었다.

베르홀렌스카야 고라 I (**Абрамова** et al. 1984; 木村 1997; 최몽룡·이헌종·강인욱 2003) 유적은 이르쿠츠크시의 북쪽 외곽 앙가라강 유역에 위치한다. 유적에서는 셰일로 제작된 석기들이 주로 확인되었다. 다량의 세형돌날과 세형돌날몸

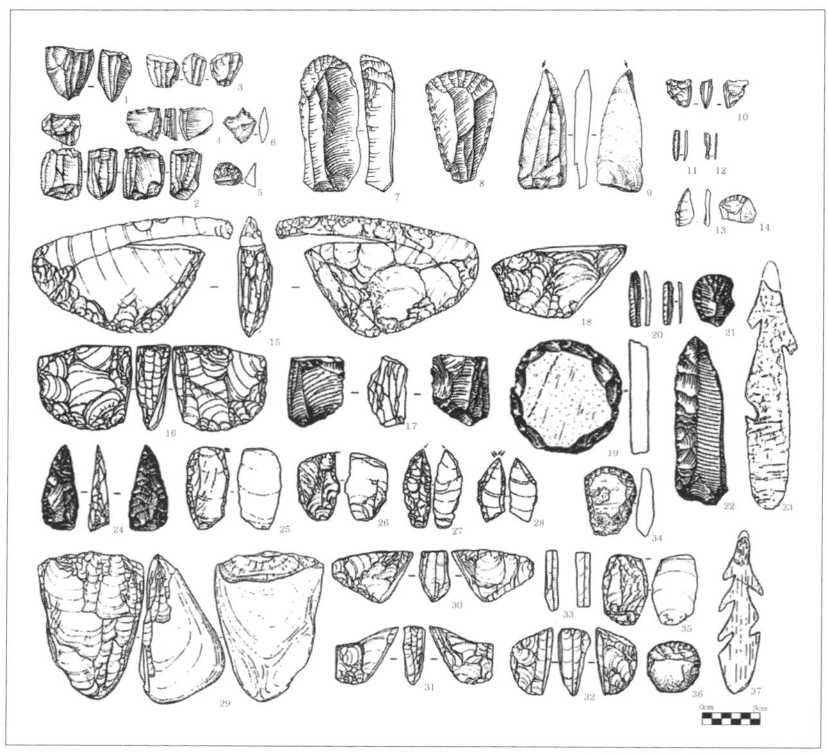

〈그림 5〉 시베리아 후기구석기시대 유물(1~9: 코코레보, 10~14: 마이닌스카야, 15~28: 베르홀렌스카야 고라 I, 29~37: 오슈로코보)

돌, 새기개 등이 확인되었다. 세형돌날몸돌은 주로 양면박리원칙의 체계화된 것들이 주를 이룬다. 세형돌날몸돌을 제작하기 위한 예비 몸돌들도 일부 출토하였다. 그 밖에 작살형태의 골각기가 확인되었다. 3문화층에서는 12,570±180B.P.의 연대가 확인되었다.

오슈루코보유적(Цейтлин 1979; Константинов 1994; Tsydenova·Piezonka 2015)은 자바이칼의 세렌가강 유역에 위치한다. 총 3개 문화층이 확인되었다. 주요 출토 유물은 세형돌날몸돌, 세형돌날, 예비몸돌, 다양한 형태의 새기개, 골각기 등이 확인되었다. 세형돌날몸돌의 경우 크기가 작으며, 양면박리를 기초로 하는 세형돌날몸돌이 주를 이룬다. 골각기로는 작살형태의 찌르개, 결합식도구,

뼈바늘이 출토되었다. 그리고 세형돌날의 예비몸돌도 확인되었다. 절대연대는 10,900±500B.P.로 확인되었다.

IV. 결합식도구, 확장된 의미로서의 기능과 기술체계

세형돌날문화는 돌날문화와 달리 새로운 형태의 사냥도구로 적극적으로 전환되는 상황에서의 제작기술체계가 형성되었기 때문에 돌날석기문화와 비교할 때 비슷해 보이지만 전혀 다른 유형의 석기제작체계를 갖고 있었고 그에 따른 도구제작의 목적성도 다른 지향점을 갖고 있다. 예를 들어 결합식도구(composite tool)를 상상한 현생인류에게 이 새로운 세형돌날몸돌제작 기술체계는 가장 유용하고 가성비가 뛰어난 첨단 기술이었을 것이다. 이미 잘 알려진 것처럼 후기구석기시대의 세형돌날문화기에 접어들어 사냥대상의 다양화(박가영 2014; 장용준 2009; 조태섭 2005, 2008)에 따라 사냥도구도 다양해져서 세형돌날을 활용한 결합도구 뿐 아니라 양면박리 기반의 잎형 창끝찌르개와 화살촉 등으로 급격한 도구의 분화가 나타난다(장용준 2009; 이헌종 2014, 2015; 이창승 2014; 김정배 2015). 도구의 제작에서도 석재환경의 변화에도 민감하여 다양한 석재를 활용하는 양상을 보이고 있어 실제 도구의 종류도 매우 다양해지며 그 도구의 소재와 사용된 석재 역시 다양해진다(서인선 2015; 성춘택 2003; 이헌종 1998). 하지만 그 중 가장 탁월한 도구군은 세형돌날을 활용한 결합식도구들이었던 것이다.

시베리아 지역의 경우 15ka이하의 절대연대를 가진 5곳 유적을 검토해본 결과 시베리아 지역에서는 많은 양의 결합식도구가 확인되었다. 결합식도구의 형태는 창, 투창기, 칼로 구분된다. 결합식도구 용도에 따라 세형돌날을 몸체에 결합하는 방법을 다양하게 제작하였다는 것을 시베리아 자료를 통해 확인 할 수 있었다.

대부분의 용도는 창·투창기·칼이다. 몸체 크기에 따라 대략적인 용도가 구분되는 것으로 생각된다. 용도가 창인 결합식도구의 경우 30cm 이상의 크기이다. 반면 투창의 경우 결실되지 않은 형태이면 20cm 전후의 크기가 주를 이룬다. 칼는 10cm~20cm정도의 크기가 확인된다. 날은 대체로 양날과 외날이 확인되는데, 칼을 제외하면 다른 도구는 용도에 따라 구분되지는 않는 것으로 판단된다.

몸체의 재료는 주로 순록 녹각, 포유류의 늑골, 뼈 등으로 제작되었다. 늑골로 제작된 몸체의 경우 30cm 이상의 대형 창이기 때문에 대형 포유류의 것으로 제작된 것으로 생각된다(그림3-11). 하지만 시베리아의 대부분의 결합식도구의 몸체는 순록 녹각으로 제작되었다고 보고 있다(小畑弘己 2001).

이와 같은 특징은 중국에서도 확인된다. 중국에서의 결합식도구는 다디완(大地湾)유적에서 출토되었고, 용도는 칼이다. 이 유적은 중국의 초기신석기시대에 해당하며, 절대연대는 7,900~7,200B.P.로 확인되었다(甘肅省文物考古硏究所 2006). 이 유적에서 출토된 결합식도구와 유사한 형태의 골각기 편이 북중국의 후기구석기시대 대표적인 유적인 수동구(水洞溝) 12지점에서도 확인되어 수동구유적의 결합식도구의 사용을 추정해 볼 수 있다(Yi et al. 2012).

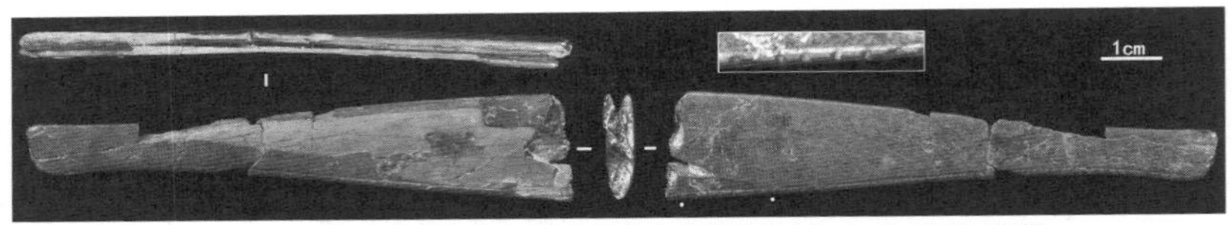

〈그림 6〉 중국 다디완유적 출토 결합식도구(Yi et al. 2012 인용)

시베리아와 북중국의 여러 유적에서는 이러한 결합식도구가 출토하는 유적에서 이 도구의 날이 되는 세형돌날몸돌과 세형돌날 역시 다량 확인된다. 이것은 동북아시아의 대부분의 세형돌날문화기의 유적들에서 일반적으로 나타나는 현상이며 세형몸돌에 대한 기술형태적 분석 결과는 시기구분의 중요한 근거가 된다. 대체로 후기구석기시대 최말기 유적에서의 특징은 일부 양면박리체계를 활용한 세형돌날몸돌이 확인되지만 각주형, 부정형 등의 세형돌날몸돌도 확인된다. 이러한 양상은 후기구석기시대 말기에도 동북아시아 지역에서 가장 일반적으로 나타나는 양상이라고 볼 수 있다. 이 시기에서는 기술적 변이에 따라 격지활용 체계, 원석활용 체계를 통해 몸돌을 제작하였으며, 그것은 몸돌 형태의 다양성으로 나타난다고 볼 수 있다. 타격면과 작업면의 수에 따라 세부적인 분류

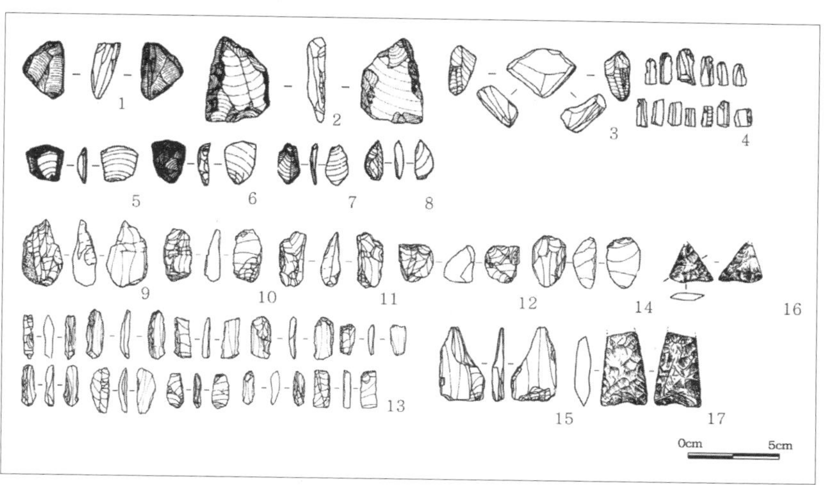

〈그림 7〉 우리나라 후기구석기시대 최말기 유적 출토유물(1~8:홍천 하화계리 작은솔밭 유적, 9~17:동해 기곡유적)

도 이루어지는데 그 결과 역시 세형돌날문화의 석기제작기술의 다양성과 편년에 적극적으로 활용된다(이헌종 2008, 2015). 세형돌날문화는 지역성이 나타나기는 하지만 근본적으로는 유사한 목적을 가지고 세형돌날몸돌에서 세형돌날이라는 1차 생산물을 만드는 일련의 계획된 사고체계의 틀 속에서 전개되었다(이헌종 1997). 이러한 유물의 특징은 우리나라에서도 지역과 편년에 따라 그 다양성으로 나타난다(이헌종 2015a).

우리나라에서 15ka~10ka 시기에는 그 이전 보다 다양한 형태의 몸돌과 세형돌날들이 출토하고 있어 결합식도구가 지속적으로 사용되었던 것으로 판단된다. 한 예로 강원지역의 유적인 홍천 하화계리 작은솔밭유적, 사둔지유적, 동해 기곡유적, 상무룡리유적, 철원 장흥리유적[1] 등을 살펴보면 몇 가지 주목할 만한 특징이 보인다(江原道·江原大學校博物館 1989; 이해용 외 2005; 최복규 외 1992, 2001, 2004). 그것은 세형몸돌의 다양성과 세형돌날의 여러 특징들이다. 세

1) 철원 장흥리유적의 절대연대는 24,000 B.P.로 확인되었다(최복규 외 2001). 이 절대연대를 바탕으로 세형돌날문화 1기로 분류된 바 있다(이헌종 2015a). 하지만 유적 문화층의 재퇴적 가능성과 출토석기의 특징을 통해 보면 절대연대 값의 검토를 요구하였고(최복규·최삼용·최승엽 2001), 이후 연구를 통해 20ka~10ka시기의 유적일 가능성이 제시되었다(손동혁 2012).

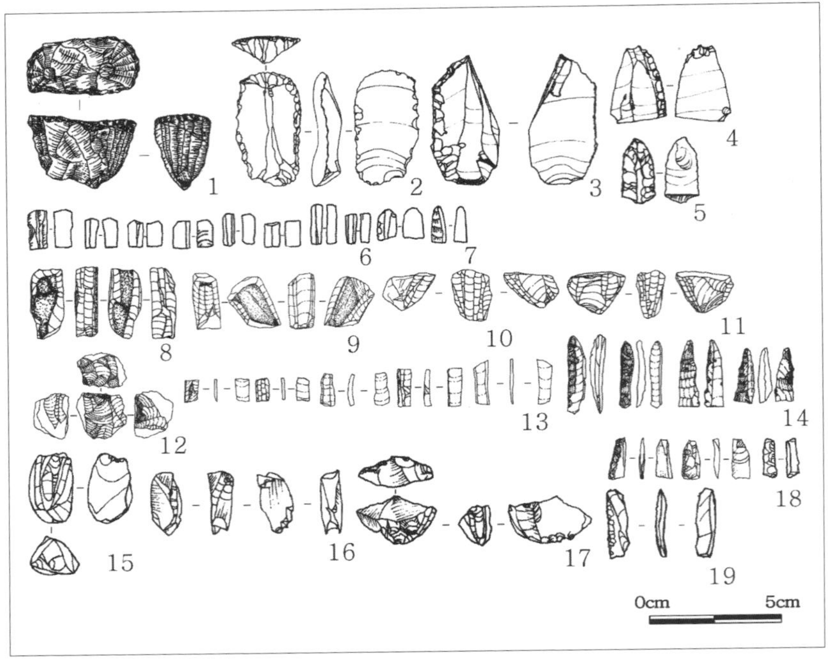

〈그림 8〉 우리나라 후기구석기시대 최말기 유적 출토유물(1~7: 양구 상무룡리, 8~14: 홍천 하화계리 사둔지, 15~19: 철원 장흥리)

형몸돌은 전형적인 양면박리원칙의 형태 보다는 격지나 파편을 몸체로 활용하여 간단한 손질을 통해서 성형한 후 세형돌날을 떼어내는 양상을 보인다(그림7~2·3·9·10, 그림8-12·15~17). 세형돌날의 경우 세형몸돌의 길이와 폭과 잘 맞지 않게 그 길이와 폭이 매우 좁거나 짧은 것이 주를 이룬다. 세형돌날을 통해 부러뜨린 양상과 잔손질의 양상을 통해서 도구의 형태 및 기능을 명확하게 추론할 수 있다. 홍천 하화계리 작은솔밭유적, 양구 상무룡리유적, 홍천 하화계리 사둔지유적에서는 부러뜨린 세형돌날이 출토되었다(그림7-4, 그림8-9·13). 크기는 2~3cm 내외로 돌날의 상단부와 하단부를 부러뜨려 가운데 부분만 잔존한 상태이거나, 상단부 혹은 하단부만 부러뜨린 양상도 확인된다. 이는 결합식도구 몸체에 결합하고자 의도적인 제작이라고 생각 할 수 있다. 하단을 부러뜨리는 행위는 결합식도구의 미늘(끼우개)로 활용하기 위한 기술 중 하나이다. 또, 시베리아

탈리스카야(Talitskaya)유적(Yaroshevich 2012)(그림4-3)에서는 세형돌날을 부러뜨리지 않고 잔손질을 거친 후 결합식도구 몸체에 결합한 양상이 확인된다. 우리나라에서 결합식도구의 몸체는 확인되지 않았지만 유사한 형태의 잔손질된 세형돌날이 여러 유적에서 확인되었다(그림8-7·14·18·19). 세형돌날에 잔손질을 하는 행위 역시 넓은 의미로 결합식도구의 미늘로 활용하되 다양한 기능의 도구를 제작하기 위함임을 추정할 수 있다. 이는 시베리아와 유사한 형태의 투창기 형태의 결합식도구가 있었다고 추측할 수 있다.

해운대 중동유적과 임불리유적을 비롯하여 보성강일대의 유적군 및 화순 대전유적, 의정부 민락동유적 등 여러 유적에서는 본질적으로는 세형돌날문화에 속하여 돌날을 제작할 수 있는 능력을 갖고 있음에도 불구하고 석기는 주로 격지석기를 사용하였다는 점이 특이하다. 이 유적들의 대표적인 석기는 1) 세형몸돌의 전형적인 것과 과도기의 것이 혼합되어 있고, 2) 소형석기들이 등장하며, 3) 격지석기가 여전히 우세하다. 이러한 문화적 전통은 구석기시대에서 신석기시대로 넘어가는 과도기의 유적들과 그 이후의 유적들에서도 계속 관찰되고 있다(이헌종 2015a). 이 유적들의 특징 중 하나는 특별한 사냥도구가 없다는 점이다. 다만 세형돌날 혹은 세형몸돌이 주로 출토한다는 점이다. 이러한 양상은 무엇을 의미하는지 종합적으로 검토할 필요가 있다.

이와 같이 세형돌날문화는 후기구석기시대를 대표하는 특징적인 문화이다. 동북아시아에서 세형돌날문화는 셀렘자유적을 기반으로 할 때 대략 25,000~27,000B.P.에 형성되어 이후 약 25,000B.P. 이후부터는 지역별로 그 환경에 적응하면서 기술체계가 다양해지게 된다.

시베리아지역의 세형돌날문화는 절대연대와 석기의 기술·형태적 특징을 고려하여 전기, 중기, 후기, 최말기로 나누어볼 수 있다. 전기에는 알타이 지역의 카라콜 및 카라봄 유형의 돌날문화를 근간으로 하는 석기문화가 나타나 시베리아 동쪽과 동북아시아에 이르기까지 그 문화가 확산되었는데 매우 빠른 이주가 있었던 것으로 추정된다. 후기구석기시대의 초기와 전기를 대표하는 인류는 알타이인 즉 *Homo sapiens altaiensis* 로서 그 이주를 주도하였다. 시베리아와 극동지역에서는 중기부터 체계화된 양면박리원칙의 세형돌날문화가 정착하는데 아무르강 중상류를 관통하는 셀렘자 후기구석기문화가 이 시기를 대표한다. 후기에는 여전히 양면박리원칙의 몸돌이 주를 이루고 있으며, 1타격면 2작업면의 세형몸돌이나 몸돌하단 부분에 간단한 손질을 한 세형몸돌, 부정형의 세형몸돌이 나타나기 시작한다. 또한 소형의 석기와 새기개의 비율이 높아진다. 최말기에는 세형몸돌 중에서 부정형의 비율이 높아지기는 하지만 여전히 양면박리원칙의 세형몸돌이 나타나며, 새기개의 사용이 두드러지고 소형의 석기들이 주를 이루고 있다.(이헌종 2015a·b).

세형돌날문화 전기에서 최말기까지를 거치면서 동북아시아에서 나타나는 것처럼 세형몸돌과 세형돌날, 소형의 끝날긁개나 긁개, 새기개, 찌르개, 뚜르개 등 다양한 석기와 골각기가 출토되었다. 하지만 동북아시아에서 이 시기의 가장 대표적인 사냥용 석기는 잎모양 창끝찌르개이다. 슴베찌르개가 주요 사냥도구였던 우리나라에서도 이 석기가 사냥용 석기로 등장한다. 그런데 언제 인지 앞으로 연구가 필요하겠지만 세형돌날문화가 등장한 이후 15ka 전후에 슴베찌르개가 잎모양 창끝찌르개로 대체되며(이헌종 2009), 결합식도구의 등장 역시 슴베찌르개의 소멸의 역사에 관여하였을 것으로 보인다. 아직까지 시베리아와 극동지역에서도 세형돌날문화 전기에 해당하는 절대연대를 가진 유적에서 결합식도구가 거의 확인되고 있지 않아 언급하기는 쉽지 않지만, 세형돌날문화의 근간인 체계화된 세형몸돌과 세형돌날을 떼어낸 궁극적인 목적이 결합식도구라고 인식한다면 이 도구의 활용은 이 시기부터 있었다는 것은 가능성으로만 놓아둘 수만은 없다. 다만 처음부터 잎모양 창끝찌르개와 같이 사용한 사냥도구로서의 위치에 대해서는 좀 더 신중할 필요가 있다.

그러나 후기구석기시대 최말기로 넘어가면서 결합식도구의 효용성은 그 도구가 갖고 있는 제작 및 활용적 측면에서의 용이함을 통해서 볼 때 매우 높았다고 생각된다. 이번 연구에서 절대연대를 갖고 있는 유적에 국한한 것은 시간적 위치와 그 특징을 정확하게 하기 위함이지만 폭넓게 본다면 시간 별로 결합식도구의 활용 양상과 빈도에 대한 방향도 파악해 볼 수 있을 것으로 보인다. 다만 후기구석기시대 최말기의 결합식도구는 매우 다양하여 창, 투창기, 칼 등의 용도로 다양하게 활용하였으며, 사냥도구에서 생활도구에 이르기까지 매우 다양하고 유용한 도구였음을 알 수 있었다. 우리나라의 후기구석기시대 최말기의 세형돌날문화기에도 역시 기후환경의 변화에 따라 다양한 도구가 필요했고, 그 가운데 결합식도구가 사냥도구와 생활도구로서 폭넓게 사용되었을 것으로 추정된다. 그것은 우리나라 대부분의 유적에서 세형몸돌과 세형돌날이 출토되고 있기 때문이다. 그런데 최말기에 접어들어 나타나는 세형몸돌의 다양화와 비정형화에 따른 세형돌날의 가용성을 이전의 체계화된 것 보다 떨어진다고 할 수 있다. 이런 세형돌날들을 모두 결합식도구의 소재로 사용되었는지 점검할 필요가 있다.

본 논문에서는 시베리아와 극동지역의 세형돌날문화와 결합식도구와의 상관성을 파악하며 문화 해석상의 몇 가지 문제제기를 하였다. 우선 결합식도구에 대한 기본 개념들을 정리하기는 했지만 앞으로 이 도구의 존재로 인한 후기구석기시대 최말기의 문화적 스펙트럼의 다양성에 대한 연구가 요구된다. 이미 알려진 결합식도구 뿐 아니라 세형몸돌과 세형돌날, 돌날몸돌과 소형돌날, 더 나아가 돌날과 매개물과의 상관관계 속에서 보다 진전된 연구가 필요한 시점이 되었다고 생각된다. 그 중 현재 발굴된 관련 유물들에 대한 분석 방식에서 이 도구의 문제를 풀기 위해서 필요한 네 가지 문제제기를 하고자 한다.

첫째, 앞에서 강원지역의 예를 통해서 볼 수 있듯이 우리나라의 세형돌날문화기의 유적들 가운데 세형돌날로 분류되는 석기들 중 기능적 측면에서 볼 때 그 효용성이 떨어지는 것들이 다수 발견되고 있다. 다시 말해서 세형돌날의 석기비율이나 문화해석에 활용할 때 실제 사용이 불가능한 세형돌날들에 대해 보다 맥락적으로 검토할 필요가 있다는 것이다. 즉 이 세형돌날이 갖고 있는 기능을 알려면 그 것을 소재로 사용한 도구 상에서 그 크기나 제작기술을 파악하여 현재 남아있는 것이 모두 사용가능한 것이 아니라 폐기된 것일 수도 있다는 관점에서 종합적으로 판단하여야 한다는 것이다. 실제 성공적으로 떼어진 것들은 이 결합식도구에 활용했고 그 미늘(끼우개)를 결정할 때 이미 끝단부를 떼어낸 것이거나 시베리아의 사례처럼 세형돌날을 소재로 잔손질한 것들이기 때문이다. 즉 현재 남아있는 짧은 파편들은 미늘이라기 보다 미늘의 파편이나 사용하기에 부적합한 것일 가능성이 더 높다.

둘째, 세형몸돌 중 그 작업면의 길이가 2cm가 되지 않는 것들도 후기구석기시대 최말기에 나타나는데 그 크기의 길이라면 폭은 0.5cm를 넘지 않는 작은 세형돌날들이 제작된다. 이런 세형돌날들은 어떻게 끼우개로 사용되었는가에 대한 검토가 필요하다. 예를 들어 후기구석기시대 최말기에 접어들면 세형몸돌들이 다양해지며 그 크기 또한 작아지는 경향이 있다. 이런 작은 세형몸돌로부터 떨어진 세형돌날 역시 매우 작아지는데 과연 이 세형돌날들이 모두 끼우개로 활용될 수 있는가 라는 질문이다. 만일 이 세형돌날을 끼우개로 활용하려면 어떤 형태의 소재를 어떤 방식으로 끼우는지에 대한 고고학적인 관찰과 연구로 확인할 필요가 있다.

셋째, 거꾸로 세형돌날문화에는 세형몸돌을 통해서 세형돌날을 떼어내고 이를 끼우개로 활용하여 여러 도구를 만들어내는데 그 끼우개가 항상 세형돌날일 필요가 없다. 이 시기에는 여전히 돌날몸돌과 돌날들이 함께 공반하고 있고 소형돌날 역시 떼어내는 기술체계가 존재한다. 즉 끼우개로 세형돌날만을 사용하는 것이 아니라 소형돌날들도 경우에 따라 활용될 수 있을 것이다. 이 끼우개라는 것은 단순히 세형돌날만을 위한 것이 아니라 더 큰 도구에도 이와 같은 도구제작 메커니즘에 포함되어 있다는 점을 이해해야 한다. 다시 말해서 세형돌날문화에는 이러한 결합식도구 뿐 아니라 다양한 매개물을 활용한 도구제작이 활발했음을 보여주는 근거가 되는 것이기 때문에 이런 도구제작에 대한 인지체계 속에서 이 결합식도구의 다양화를 이해하는 것이 필요하다.

끝으로 세형돌날 상에 잔손질한 석기들이 최근 많이 발견되고 있어서 이에 대한 검토 역시 필요하다. 즉 그 크기로 보아 단독으로 사용되기는 어려움이 있기 때문에 끼우개로서 활용되기는 하지만 잔손질된 세형돌날에 대한 기술형태적 분석과 기능분석을 통해서 이 석기들의 문화적 속성을 밝힐 필요가 있다.

V. 맺음말

시베리아에서 세형몸돌의 등장은 알타이지역에서 40-45ka에 후기구석기시대 초기(IUP:Initial Upper Paleolithic)에 등장하지만 체계화된 세형돌날문화는 셀렘자 후기구석기 유적군에서 가장 먼저 등장한다(이헌종 1997, 2015a; 이헌종·이상석 2014; 이헌종·손동혁 2016; Derevianko 2005; **Деревянко А.П.** 2011; Kuhn, S. 2016; Kuhn et al. 1999; Kuhn·Zwyns 2014; Gao, 2016; Zwyns et al. 2016). 체계화된 세형돌날문화기의 시작은 그 도구의 기능적 측면의 스펙트럼을 확인하기 어렵지만 결합식도구와 깊은 연관이 있으며, 최말기에는 여러 종류의 도구로 제작되었음을 알 수 있었다. 지금까지 결합식도구가 출토된 유적은 주로 시베리아지역에 위치하고 있으며 북중국에서 소량의 유물의 발굴보고가 있었다. 시베리아 지역에서 결합식도구가 출토된 유적 중 절대연대값이 있는 유적들을 검토한 결과 모두 후기구석기시대 최말기에 해당하였다. 이 유적들에 대한 결합식도구를 분류한 결과 창(spear), 투창기(atlatl), 칼(knife)로 구분된다. 이 유적들에서는 역시 세형돌날문화의 전형적인 석기들이 함께 공반되는데 특히 양면박리원칙의 세형몸돌과 세형돌날들이 출토되었다. 하지만 동북아시아 전역으로 확산된 이 세형몸돌의 기술체계는 지역별로 다양하여 그 몸돌의 크기가 소형화되거나 기능적으로 끼우개로 활용하기에 적합하지 않은 크기의 세형돌날들이 다량 출토되고 있는 것이 특징이다. 우리나라의 경우 시베리아와 극동지역에서 나타나는 절단된 세형돌날이나 잔손질된 세형돌날이 역시 출토하고 있어 결합식도구가 있었음을 알 수 있다.

한편 우리나라의 세형돌날문화가 등장하면서 그 이전의 대표적인 사냥도구인 슴베찌르개가 소멸되는데 그 대체 도구가 잎모양 창끝찌르개 뿐 아니라 결합식도구의 창과 투창기일 가능성도 있다고 판단되어 이에 대한 체계적인 관찰과 연구가 필요하다.

필자는 앞으로 결합식도구에 대한 일련의 연구를 진행하기 위한 첫 작업으로 시베리아 후기구석기시대 최말기의 대표적인 유적들을 중심으로 시고적 접근을 시도하였다. 앞에서 언급한 것처럼 기술적 다양성, 지역적 특성, 시간적 역동성, 환경적 배경 등을 기초로 맥락적으로 이 결합식도구에 대한 문화적 해석을 시도하고자 한다.

〈참고문헌〉

江原道·江原大學校博物館

1989 『上舞龍里』.

김정배 2015 「고산리유적 출토 유경첨두기 분석」, 『제 15회 한국구석기학회 학술대회 박표집』, 한국구석기학회.

박가영 2012 『한반도 출토 슴베찌르개 연구』, 부산대학교 석사학위논문.

서인선 2015 「석장리유적의 돌날과 좀돌날 석기」, 『한국구석기학보』 31, 한국구석기학회.

성춘택 2003 「구석기 제작기술과 석재분석」, 『한국상고사학보』 39, 한국상고사학회.

손동혁 2012 『강원지역 후기구석기시대 말기의 석기문화 연구』, 목포대학교 석사학위논문.

이융조·우종윤 외

2014 『단양 수중보 건설사업구역 내 유적 발굴조사-하진리 유적분포추정지(수양개 6지구) 약보고서』, 한국선사문화연구원.

이창승 2014 「익산 서두리2유적 출토 유경첨두기 연구」, 『연구논문집』 16, 호남문화재연구원.

이해용·홍성학·최영석

2005 「동해시 망상동 기곡 구석기유적」, 『동해고속도로 확장공사구간내 유적 발굴조사 보고서: 동해 기곡유적』, 江原文化財研究所·韓國道路公社.

이헌종 1997 「동북아시아 세형돌날문화의 기원문제 대한 시고」, 『박물관연보』 5, 목포대학교박물관.

1998 「동북아시아 후기구석기최말기의 성격과 문화변동에 관한 연구」, 『한국고고 학보』 39, 한국고고학회.

2008 「동북아시아 후기구석기시대 세형돌날몸돌의 기술체계 비교연구-아무르강 중류 셀렘자 후기구석기문화를 중심으로-」, 『동북아문화연구』 16, 동북아시아문화학회.

2009 「동북아시아 현생인류의 등장과 사냥도구의 지역 적응에 대한 연구」, 『한국구석기학보』 20, 한국구석기학회.

2014 「한국 구석기연구에서 월평유적의 의미와 가치」, 『국가사적 월평유적의 학술가치와 창조적 활용』, 조선대학교박물관.

2015a 「우리나라의 돌날과 세형돌날문화의 기원과 확산 연구」, 『한국구석기학보』 32, 한국구석기학회.

2015b 『섬의 고고학』, 민속원.

이헌종·손동혁
2015 「예니세이강 유역과 그 주변지역의 세형돌날문화 문화변동 연구」, 『한국 시베리아연구』 19권 1호. 배제대학교 한국-시베리아센터.
2016 「바이칼지역 후기구석기시대 세형돌날문화의 기술·형태적 특성과 주변지역과의 비교 연구」, 『한국 시베리아연구』 20권 1호. 배제대학교 한국-시베리아센터.

이헌종·이상석
2014 「우리나라 돌날몸돌 제작기술체계의 특징과 변화시고」, 『한국구석기학보』 29. 한국구석기학회.

이헌종·임현수
2008 「시베리아 돌날석기 문화에 대한 새로운 시각과 한반도 자갈돌석기 전통의 연속성」, 『한국 시베리아 연구』, 제12권 2호, 배제대학교 한국-시베리아센터.

이헌종·장대훈
2014 「우리나라 후기구석기시대 슴베석기의 기능과 도구복원 연구」, 『한국구석기학보』 23. 한국구석기학회.

장대훈 2016 『우리나라 후기구석기시대 사냥기술과 인지능력에 관한 연구』. 목포대학교 박사학위논문.

장용준 2009 『韓國 後期舊石器의 製作技法과 編年硏究』, 학연문화사.

조태섭 2005 『화석환경학과 한국 구석기시대의 동물화석』, 혜안.
2008 「우리나라 제4기의 동물상의 변화」,『한국구석기학보』 17, 한국구석기학회.

최몽룡·이헌종·강인욱
2003 『시베리아의 선사고고학』, 주류성.

최복규·김용백·김남돈
1992 「홍천 하화계리 중석기시대 유적 발굴조사 보고서」, 『중앙고속도로 건설구간 내 문화유적 발굴조사보고서』, 강원도.

최복규·안성민·유혜정
2004 『홍천 하화계리III-작은솔밭 구·중석기유적』, 도서출판 산책.

최복규·최삼용·최승엽·이해용·차재동
2001 『長興里 舊石器遺蹟』, 강원고고학연구소.

최복규·최삼용·최승엽
2001 「철원 장흥리 후기구석기시대 유적 연구」, 『한국구석기학보』 3호, 한국구석기학회.

加藤博文 1993 「東シベリア後期舊石器時代の骨角製槍先について」, 『古代文化』 45-7, 古代學會, 東京.

加藤晋平 1984 「日本細石刃古文化の出現」,『駿台史學 特集: 日本細石刃古文化の研究II』 60, 駿台史學會, 東京.

加藤·松本
1984 「日本細石文化の原流」,『史艸』 25号, 39-82, 日本女子大學史學會, 東京.

甘肃省文物考古研究所
2006 秦安大地湾:新石器时代遗址发掘报告. 文物出版社.

木村英明 1983 「細石器(北海道)」,『季刊考古學』 4, 70-72頁, 雄山出版, 東京.
1997 『シベリアの旧石器文化』, 北海道大學図書刊行会.

小畑弘己 2001 『シベリア先史考古學』, 中国書店.

Alla Yaroshevich
2012 Experimentally obtained examples of projectile damage: cases of similar fracture types on microlithic tips and side elements, *BULGARIAN e-Journal of ARCHAEOLOGY(2012)* 1, PP. 1-12. (in Russian).

Derevianko A.P.
2005 Formation of blade industries in Eastern Asia. *Archaeology, Ethnology & Anthropology of Eurasia* 4, 2-30.

Kuhn, S.,
2016 Initial Upper Paleolithic: a global problem. *Program and abstracts of the 8th meeting of the asian paleolithic association*, 13p.

Kuhn, S., Stiner, M.C., Güleç, E., €Ozer, I., Y ı lmaz, H., Baykara, I., Aç ı kkol, A., Goldberg, P., Martínez, K., Ünay, E., Suata-Alpaslan, F.,
2009 The Early Upper Paleolithic occupations at Üçagızlı Cave (Hatay, Turkey). *Journal of Human Evolution 56*, pp. 87-113.

Mingjie Yi, Loukas Barton, Christopher Morgan, Decheng Liu, Fuyou Chen, Yue Zhang, Shuwen Pei, Ying Guan, Huimin Wang, Xing Gao, Robert L. Bettinger,
2013 Microblade technology and the rise of serial specialists in north-central China, Journal of *Anthropological Archaeology* 32, pp. 212-223.

Tsydenova N.·Piezonka H.,
2015 "The transition from the Late Paleolithic to the Initial Neolithic in the Baikal region: Technological aspects of the stone industries", *Quaternary International*, 355, Elsevier, pp. 101-113.

Nicolas Zwyns, Gunchinsuren Byambaa, Bolorbat Tsedendorj, Damien Flas, Cleantha H. Paine, Odsuren Davakhuu, Kevin N. Smith, Gantumur, Angaragdulguun, Aurora F, Allshouse, Roshanne S. Bakhitiary, Joshua B. Noyer,
2016 Rough guide to the IUP of Northeast Asia: the lithic assemblage of tolbor 16-Layer7b. *Program and abstracts of the 8th meeting of*

the asian paleolithic association, 14p.

Sagawa Masatoshi.

1990 Some Characters of composite tools set with blades and microblades in Neolithic China.//『伊藤信雄先生追悼考古学古代史論巧』.67-89頁, 同刊行会.仙會.

Steven L. Kuhn, Nicolas Zwyns,

2014 Rethinking the initial Upper Paleolithic. *Quaternary International 347*. pp.29-38.

Xing Gao,

2016 Variability and Complexity of Initial Upper Paleolithic Industries in china. *Program and abstracts of the 8th meeting of the asian paleolithic association,* 18p.

Абрамова З.А.,

1979 Палеолит Енисея-Афонтовская культура, Новосибирск.

Абрамова З.А., Аникович М.В., Бадер Н.О., Борисковский П.И., Любин В.П., Праслов Н.Д., Рогачев А.Н.,

1984 Палеолит СССР, Москва.

Абрамова З.А., Астахов С.Н., Васильев С.А., Ермолова Н.М., Лисицын Н.Ф,

1991 Пале олит Енисея, Академия Наук СССР.

Абрамова З.А., Гречкина Т.Ю.

1985 Об охоте и охотничьем вооружении в позднем палолите восточной Сибири. // КСИА. N0.181. с.44-49. Москва.

Васильев С.А.,

1981a Спасательные археологические раскопки в зоне затопления Майнской ГЕС//Исторический опыт хозяйственного и социально-культурного развития Сибири, Новосибирск.

1981b Древнейшая глиняная статуэтка с берегов Енисея// Природа, No. 10.

1981c Раскопки Майнинской палеолитической стоянки, АО.

1983a Глиняная палеолитическая статуэтка из Майнинской стоянки, КСИА.

1983b Палеолитические стоянки в зоне строительства Майнско й ГЕС на Енисее // Древние культуры Евразийских степей, Л-.

Деревянко А.П.

2011 Формирование человека современного анатомического вида и его поведения в Африке и Евразии // Археология этнография и антропология Евразии. No 3. C 2-31.

Гиря Е.Ю.,Питулько В.В.

1992 Вкладышевые орудия в палеолите-неолите Сибири // Арсеньевские чтения : Тезисы докладов региональной научной конференции по проблемам истории, археологии и краеведения. с.161-165. Уссурийск.

Константинов М.В.

1994 Каменный век восточного региона Байкальской Азии, Улан Уде-Чита.

Хлобыстин Л.П.,

1972 Изделия из кости и рога палеолитических слоев Бирюсинского поселения : Палеолит и Неолит СССР.// МИА. N0.185. с.150-156. Ленинград.

Цейтлин. С. М.,

1979 Геология палеолита Северной Азии, Москва.

자연과학에서 본 농경 출현
—재배벼 기원을 중심으로—

안 승모 (원광대 명예교수)

I. 머리말

농경은 대상(재배식물)과 행위자(사람)와 장소의 합체이다. 농경이란 행위는 농경이 이루어진 장소와 그 주변의 식생을 포함한 자연 경관을 변화시키며, 변화된 인위적 경관의 흔적이 재배식물과 잡초를 포함한 식물유체와 경작토를 포함한 문화적 토양경관으로 남게 된다. 따라서 농경 출현에 대한 연구는 태생적으로 자연을 대상으로 한 자연과학적 연구와 사람을 대상으로 한 인문·사회과학적 연구가 맞물릴 수밖에 없는 것이다. 최근에는 고고학에서도 자연과학적 자료와 연구법을 전문적으로 이용하는 환경고고학, 특히 식물고고학 연구가 동아시아 각국에서도 활성화되면서 농경 출현과 확산에 대한 많은 연구 성과가 잇달아 발표되고 있다. 그리하여 동아시아에서도 재배식물과 농경의 출현이 서남아시아와 마찬가지로 단일한 혁명이나 발견의 일시적 사건(event)이 아니라 역동적이고 다양한 단계의 장기적 진화 과정(process)을 거쳐 진행된 것으로 밝혀지고 있다. 농경 출현을 이제는 사건이 아닌 과정, 즉 식물의 관점에서는 야생종과 先재배종에서 재배종으로 변하는, 인간의 관점에서는 야생의 자연 자원보다 인위적 간섭이 들어가는 관리 자원의 비중이 점차 증가해가는 “농경화 과정”으로 바라보는 추세이다. 중국, 일본과 한국을 포함한 동아시아의 농경 출현 역시 현재는 "농경화 과정"으로 연구되고 있다(자오즈쥔 2013; 오바타 2013; Crawford 2014; Lee 2011). 이 글에서는 농경 출현에 대한 자연과학적 연구 방법에 내재되어 있는 한계성과 문제점을 필자에게 익숙한 재배벼와 도작 기원을 중심으로 살펴보도록 한다.

II. 농경 출현에 대한 자연과학적 연구 자료

구대륙 재배식물 기원 연구의 최고 권위자인 Zohary와 Hopf(2000)는 재배식물의 기원과 전파에 대한 연구 자료를 〈표 1〉로 집약하였다. 〈표 1〉에서 '고고학적 증거'(I)의 추가 증거(유물과 미술품)와 '다른 관련 근거'(III)의 역사 정보, 언어적 비교를 제외한 나머지 연구 자료는 모두 자연과학적 연구 대상이다. 유물에서도 농기구의 기능 분석과 경작 유구의 확인에는 지질고고학적 연구를 포함한 자연과학적 분석이 동반된다. 이는 재배식물 기원이나 농경 출현에 대한 연구는 자연과학적 연구의 토대 위에서 이루어져야 함을 보여준다. 고고학적 증거의 핵심인 '식물고고학' 증거가 바로 식물유체(plant remains)이며, 이는 자연과학에서 고환경에 관한 간접적 기록인 대리자료(proxy)에 해당한다. 결과적으로 농경 출현에 대한 자연과학적 연구는 고고학 발굴에서 획득한 식물유체의 조사에서 얻어진 증거와 현생식물의 분포, 유전적 변이, 생태적 특성 등을 연구하여 얻어진 증거를 기반으로 이루어진다.

농경 출현 연구에 이용되는 식물유체는 육안으로 확인되는 종실(종자와 과실)을 중심으로 한 대형유체(macro-remains)와 현미경으로 확인되는 벼과 식물규산체(또는 식물규소체)를 포함하는 미세유체(micro-remains)로 크게 구분되며 최근에는 후자에 전분(starch)이 추가되어 새로운 대리자료로 각광을 받고 있다. 식물유체는 주사전자현미경(SEM), 화학분석, 동위원소분석 등을 이용하여 동정의 정확도를 높이고 있다. 생물학적 연구는 전통적인 식물지리학, 계통분류학 분야로부터 시작하여 오늘날에는 세포유전학과 생화학 분야가 중심을 이루고 있으며, 특히 재배식물 기원 연구에서 DNA 분석의 중요성이 높아지고 있다. 아울러 최근에는 식물유체에서 직접 古DNA를 추출하여 분석할 수 있는 방법도 개발되었다.

〈표 1〉 재배식물의 기원과 전파에 대한 연구자료
(Zohary & Hopf. 2000. *Domestication of Plants in the Old World.* p.2. 필자수정)

I. 고고학적 증거
  1. 식물고고학
    (a) 문화적 맥락과 관련된 고고학 발굴에서 검출된 식물유체의 확인+C14연대측정
    (b) 식물 순화의 최초 증거와 뒤이은 전파에 대한 확정
    (c) 작물의 시공간적 변화와 다양한 문화에서의 작물조성
    (d) 화분분석: 연대가 측정된 시추공이나 유적 맥락에서 작물과 잡초의 꽃가루출현
    (e) 경작과 결부되는 잡초
    (f) 식물유체에서 추출된 고DNA의 조사
    (g) 화학분석: 탄화종자, 토기, 목탄 등에 잔존한 특정 유기잔존물로 작물 확인
  2. 추가 증거
    (a) 유물: i) 작물의 경작, 수확, 가공과 관련된, 연대가 측정된 도구(농기구)
    ii) 관개수로, 논밭, 쟁기자국 같은 경작 유구
    (b) 미술품: 재배식물과 관련된 그림(바위그림 등)과 조소품

II. 현생식물로부터의 증거
  1. 야생선조종의 조사 : 재배식물과 가장 가까운 근연야생종의 확인. 그 방법은
    (a) 비교 형태학과 비교 해부학 (전형적인 분류학)
    (b) 세포유전학적 분석
    (c) 단백질과 DNA 유사성으로 유전적 근연성 결정
  2. 야생선조종의 분포와 생태
    (a) 야생근연종(잡초형태 포함)의 지리적 분포
    (b) 야생근연종의 서식지와 주요한 적응의 특징
  3. 순화를 통한 진화
    (a) 형태적·생리적·화학적 변화의 주 경향
    (b) 작물과 야생선조종에서 유전적 변이의 범위와 구조화
    (c) 작물복합체(야생종-잡초종-재배종)의 발달
    (d) 植栽 및 관리 방법과 용도
  4. 추가 증거
    (a) 유전적 시스템 : 순화 중에 작동한 주요 시스템, 특히 번식체계의 특성
    (b) 재배종과 야생근연종의 유전적 상호연결
    (c) 의도적, 무의식적 선택(도태)

III. 다른 관련 근거
  1. 역사정보 : 비문, 명문, 문헌 등에서의 기록. 서화에서의 묘사
  2. 언어적 비교 : 다양한 언어에서의 작물 명칭 비교
  3. 상황적 증거 : 농경의 시작과 전파에 대한 지질학적, 기후적, 수문학적, 陸水學的, 연륜연대학적, 인류학적, 동물학적 징후

그런데 재배식물 기원과 농경 출현 과정에 대한 연구에서 현생식물을 이용하였을 때와 식물유체를 이용하였을 때, 그리고 후자에서도 대리자료의 종류에 따라 상이한 결과나 해석이 나오기도 한다. 아래에서는 재배벼 또는 벼농사 출현 과정에 대한 연구를 중심으로 연구 자료에 따라 결과나 해석의 차이가 발생하는 예와 그 이유를 알아보도록 한다.

III. 중국에서의 재배벼와 벼농사의 출현 과정에 대한 논쟁

1. 야생종 서식지의 변화

히말라야 동쪽 산기슭부터 雲南과 廣東을 포함한 중국 남부와 동남아시아 북부에 이르는 산악 지역이 현생 재배벼(*Oryza sativa* L.)와 야생벼의 유전적 다양성에 기초하여 재배벼의 기원과 분화가 최초로 발생한 지역으로 오랫동안 상정되어 왔으며, 재배벼 기원의 소위 운남-아샘설이 바로 이러한 입장을 대표한다. 그러나 1980년대에 재배벼의 직접적 선조종은 일년생 야생벼가 아닌 다년생 야생벼(*Oryza rufipogon*; 普通野生稻)로 밝혀지면서 일년생 야생벼가 주로 서식하는 상기 산악지대는 재배벼 기원지 후보에서 배재되기 시작한다. 재배식물의 형태적 다양성 중심지가 재배식물의 기원지라는 바빌로프의 유전자 중심설 자체에도 많은 비판과 수정이 있었기 때문이다. 뒤에 언급하겠지만 실제 벼의 유전적 다양성 중심지가 재배벼의 순화 또는 도작이 처음 발생한 곳과 반드시 일치하는 것도 아니다. 1970년대 후반에 河姆渡 유적에서 재배벼 자료가 보고된 이래 양자강 중하류 유역에서는 7천년 전을 소급하는 벼 식물유체가 지속적으로 보고되고 있지만 중국 남부나 동남아시아에서는 5천년 전 이후에서야 도작 증거가 출현한다. 그리하여 소위 운남-아샘설은 새로운 자연과학적, 고고학적 연구 성과에 어두운 민속학 등 일부 인문사회학자들 사이에서만 명맥을 유지하게 된다(cf. 안승모 1999).

유전적 다양성의 중심이 재배식물의 발상지를 대표한다는 유전자중심설은 이미 오래 전부터 강력한 비판을 계속 받고 있었다. 유전자중심이 나타나는 지역이 반드시 작물재배의 발상지와 일치되는 것은 아니며, 오히려 2차중심지가 재배식물이 실제로 순화된 지역, 즉 순화중심지보다 유전적 변이가 훨씬 높은 경우도 종종 발견된다. 한 지역에서 누적된 유전적 다양성은 그곳에서 작물이 재배된 시간에 비례하기 보다는 환경적 다양성과 문화적 및 생태적 요소에 좌우되며, 다양성 중심지는 환경적 다양성이 높고 농경의 근대화가 지체된 곳일 뿐 아니라, 복잡한 민족구성을 보여주고, 민족의 이동도 심하였던 지역이라는 점이 감안되어야 한다. 설령 다양성 중심설을 인정한다고 하더라도 현재의 다양성 중심지가 재배화 초기의 다양성 중심지와 일치한다고 볼 수도 없을 것이다(안승모 1999:320-321).

그렇지만 운남-아샘설 대신에 다년생 보통야생벼가 분포하는 중국 동남부의 광동, 광서지역을 재배벼 기원지로 보는 견해는 여전히 자연과학자들 사이에도 남아 있다. 기존에는 형태적, 생리적 특성이나 동위효소 분석을 통해 재배식물의 선조종과 다양성 중심지를 추적하였으나 최근에는 인위적 간섭이 배재되는 DNA 배열이나 특정 마커 등의 유전자 조사에 기초한 현생식물의 분자생물학적 연구를 통해 유전적 친연성(근연성)을 분석하여 재배식물의 기원지를 찾고 있고 벼 역시 그러하다(안승모·이준정 2009; Fuller et al. 2010). 가장 최근에 발표된 중국학자(Huang et al. 2012)들의 보통야생벼(446건)와 재배벼(1083건)의 게놈 시퀀스 분석에서 자포니카는 중국 동남부 珠江 중류 유역에 서식하는 보통야생벼의 특정 개체군에서 처음 순화되었다는 주장이 여전히 제기되고 있다. 그러나 이러한 주장은 현재까지의 식물고고학적 증거와 완전히 배치된다. 왜 현생 벼로부터의 증거는 벼 기원지로 중국 동남부를 지목하는데 과거 벼(식물유체)로부터의 증거는 양자강 중하류 유역이 재배벼 기원지로 나타나는가?

해답을 먼저 이야기하면 벼는 현존하는 야생벼에서 순화된 것이 아니라 현재는 야생벼가 서식하지 않는 지역의 과거 야생벼에서 순화되었기 때문이다. 야생 선조종의 분포는 순화된 식물이 적응할 수 있는 생태학적 한계와 순화의 과정이 일어났을 수 있는 지역에 대한 유익한 정보를 동시에 제공한다. 그러나 이러한 증거는 특히 플라이스토세 말기와 홀로세에 걸쳐 발생하였을 기후변화 등의 자연적 요소와, 농경지와 취락 확산에 따른 서식지 파괴 같은 인위적 요소를 모두 고려하여야 한다. 벼의 경우 자포니카의 선조종인 보통야생벼는 오늘날 동남아시아 대륙과 중국 동남부(운남, 광동, 광서)에 주로 본포하며 강서성 東鄕이 북쪽 한계이다. 그러나 중국의 고문헌에 따르면 야생벼는 장강 하류와 회하 유역에서도 빈번하게 관찰되고 있었고 이후 기후 변화와 집중적인 수도 재배 기술의 발달에 의해 소멸되었다. 물론 보통야생벼는 벼의 재배화나 인간의 이동에 따라 재배화 이전의 원 분포지보다 서식처가 확대되었을 가능성도 무시할 수 없고 앞서 언급한 중국 고문헌의 야생벼들이 그러한 결과의 산물일 수도 있다. 어떠한 상황이던 현 야생선조종의 분포를 재배종 기원의 절대적 증거로 삼을 수는 없다. 벼 식물유체 증거와 현생 벼 증거를 결합하여 추론하여 보면 현 야생벼와 재배벼 사이의 유전적 간격은 홀로세 온난화가 시작되면서 야생벼가 북상한 양자강 유역에서 재배종 출현과 확산 이후에 사라져버린 야생종에서 찾아질 가능성이 크다(Fuller 2009; Fuller et al. 2010).

DNA 분석 자체도 만능은 아니어서 분석에 이용된 표본이 야생의 순종인지, 후대에 파생된 형태인지 구분이 어려우며, 표본의 지역적 편중에서 오는 통계적 오차에 따른 문제점과 분석방법 자체의 한계도 무시할 수 없다. 또한 분석에서 선택한 특정한 마커가 과연 어느 정도로 그 작물의 유전적 변이를 대표할 수 있는가도 논란이다(안승모·이준정 2009). 현존하는 야생 개체군도 진화의 산물이기에 순화가 발생할 무렵의 야생 개체군과 형태적, 유전적 변이가 무조건 동일하였다고 상정하기도 어렵다. 특히 재배식물의 야생선조 개체군의 경우, 재배식물과 끊임없는 유전자 교환이 발생하였고 경작과 각종 개발로 야생 서식지 환경이 크게 축소, 변화되었다는 점도 무시할 수 없다. 현생 표본이 종자은행에서 보관된 종자에서 획득 또는 증식한 것인지 야외에서 직접 채취한 것인지에 따라 분석 결과가 달라질 수도 있다. 중국 보통야생벼 DNA 분석에서 일년생이나 인디카적 요소가 보고된 것은 바로 이러한 표본 선택에서 발생한 오류로 보기도 한다(Yamanaka et al. 2003). 종자를 증식시켜 확보한 다년생 야생벼 표본은 종자를 이용한 증식 자체가 영양기관으로 성장하는 다년생의 성질을 변화시키기 때문에 적절한 시료가 될 수 없기에 야생벼 표본은 야외에 서식하고 있는 보통야생벼에서 직접 채집하여야 한다는 비판이다.

밀의 경우에서도 현생 밀의 유전자 분석에서는 재배밀이 터키 남동지방에서 처음 기원하였다고 보고 있으나 식물고고학적 분석에서는 밀은 레반트의 복수 지점에서 다원적으로 기원한 것으로 밝혀지고 있다(안승모 2005; Fuller 2009). 이러한 차이는 1만년 이전 야생밀의 분포와 생태가 현재와 동일하다는 가정에서 이루어진 것이라 기후변화와 농경 개시 이후의 생태적 변화, 그리고 야생밀 자체의 서식지 변화를 고려하지 않았기 때문이다.

필자는 日本考古學協會 2007年度 熊本大會 분과모임인 〈列島初期農耕史の新視點〉 토론에서 한반도 청동기시대보다 이른 시기의 조몬 유적에서 보고된 복숭아와 대마 종실유체는 그 연대를 신뢰하기 어렵다는 의견을 제시한 바 있다. 복숭아와 대마의 야생종은 중앙아시아와 화북에 분포하고 한반도에는 청동기시대부터 출현하기 때문이었다. 그러나 일본에서의 식물고고학적 연구 성과를 보면 복숭아와 대마가 조몬 중기 이전부터 일본열도에서 존재하였을 가능성을 부정하기 어렵다. 이는 복숭아와 대마 야생종이 현재와 달리 조몬시대에 일본 열도에서 자생하고 있던 것을 우엉, 차조기속, 박, 콩과 마찬가지로 자체적으로 재배화가 시작되었거나 또는 한반도에서 저습지유적 조사 사례가 적어 신석기시대 복숭아와 대마 증거가 아직 찾아지지 않은데서 기인할지도 모른다(小畑弘己 2008; 안승모 2015).

동아시아의 다른 초기 재배식물들도 현생식물의 연구에서 대부분 야생 선조종이 밝혀졌다. 그러나 기장은 여전히 선조종에 대한 견해가 통일되어 있지 않은데 이는 인디카 재배벼와 가장 밀접한 관련이 있는 잡초적 성격의 일년생 야생벼(*O. Nivara*)처럼 기장의 순수한 선조종은 거의 멸종되어 버렸기 때문일 수도 있다. 바빌로프는 기장이 생물학적 다양성이 가장 큰 동아시아에서 기원한 것으로 보았으나 Sakamoto(1987)는 다양성 분석에서 아프카니스탄, 인도 서북부, 중앙아시아를 포함한 지역을 기장의 기원지로 보고 동아시아는 다양성의 2차 중심지로 파악하였다. 그러나 식물유체 증거로는 중국 북부지방이 중앙아시아-인도 서북부보다 훨씬 이른 시기의 기장이 지속적으로 발견되고 있다(안승모 2012). 유라시아에서 서식하는 기장 품종 98종의 미세위성 좌위(microsatellite loci) 16곳을 이용한 유전자 다양성 분석에서 기장의 유전적 특질은 중앙아시아를 경계로 중국과 유럽이 크게 다르다(Hunt et al 2011). 상기 분석으로 동아시아 기장의 유전적 기원이 중국 북부지방에 있음은 밝혔으나 중국과 유럽의 기장이 독자적으로 발생하였는지, 또는 중국에서 먼저 재배화가 시작된 기장이 유럽으로 확산되면서 새로운 형질이 획득된 것인지는 확실하지 않다. 이를 해결하기 위해서는 식물유체 증거가 결합되어야 하는데 중앙아시아에서 중국과 유럽에 버금가는 시기의 기장 유체가 발견되고 있지 않아 결론을 내리기 어렵다(Hunt et al. 2008).

2. 야생종-재배종 동정 기준과 재배벼 출현 시점

중국에서 재배벼가 출현하거나 또는 벼농사가 시작된 시기에 대해서는 만빙기의 온난기가 시작되는 1만 5천년 전, 홀로세의 1만년 전, 또는 6천년 전 등 다양한 견해가 제시되고 있다(안승모 2009; 자오즈쥔 2013; Fuller 2009; Lu et al. 2002). 대체로 중국학자들은 이른 연대를, 외국학자들은 늦은 연대를 선호하는 추세이다. 이른 연대의 증거는 식물규산체 또는 벼 입형에서, 늦은 연대의 증거는 벼 소수축 분석에서 주로 제공된다. 이러한 차이는 벼 자료 자체 또는 공반 유구의 연대측정에 대한 신뢰성, 야생벼와 재배벼 동정 기준의 차이, 그리고 농경에 대한 정의의 차이에서 발생한다.

일반적으로 재배종과 야생종 동정 기준으로 크기나 형태적 변이가 많이 이용되었다. 벼의 경우 현존 야생벼와 재배벼 낟알 크기를 이용한 야생종과 재배종, 인디카와 자포니카 동정은 정확도가 크게 떨어지는 것으로 밝혀졌다. 벼 잎의 잔존물인 부채형 식물규산체에서는 횡장, 종장, 측장과 돌출정도의 형상계수를 이용하여 자포니카와 인디카, 야생벼와 재배벼를 분류하고 있다. 둥근 부분에 있는 비늘 모양 장식의 수(평균 재배벼 9.7±2.3개, 보통야생벼 5.9±1.5개)를 이용하여 빙간기에 해당하는 14,000~13,000 cal BP에 재배벼가 양자강의 옛 하구 근처에서 존재한다는 주장도 있다(Lu et al. 2002). 또한 볍씨 껍질의 쌍봉형 규산체 계측치의 판별분석을 통해 벼가 플라이스토세 말기 또는 늦어도 홀로세 시작과 더불어 재배되기 시작하였다고 보는 견해도 있다(cf. 안승모 1999).

그러나 벼 종실유체의 탈립면이나 小穗軸을 이용한 분석에서는 야생벼에서 재배벼로의 전환이 6천년 전 무렵에야 완성된다(Fuller 2009). 벼과 식물의 순화 과정에서 발생하는 가장 중요한 형태 변화는 야생종에서는 이삭이나 종자가 줄기에서 저절로 떨어지나 재배종에서는 인위적 힘이 가해져야 떨어지는 비탈립형으로 바뀌는 것이다. 그래서 벼도 종자나 소수축의 탈립면을 관찰하여 원형의 매끄러운 흔적을 남긴 것은 야생벼, 깊고 울퉁불퉁한 타원형 흔적을 남긴 것은 재배벼로 동정하였다. 그러나 야생벼 자체에도 비탈립형 유전자가 열성으로 존재하기 때문에 재배벼 판정은 다량의 표본을 이용한 통계학적 분석으로 이루어져야 한다. 야생벼를 재배하기 시작하였다고 하더라도 낟알이 저절로 떨어지기 이전에 수확하면 야생형도 순화형도 아닌 제3의 미성숙형 소수축으로 남게 된다. 벼가 재배되는 주변에 야생벼가 자연적으로 서식하고 있다면 순화형으로의 전환은 더욱 지체하게 된다.

동정 기준에 따라 재배벼 출현 시점의 차이가 발생하는 이유는 동정 기준 설정에 이용된 현생 표본의 대표성이 부족하여 동정 기준이 잘못 설정된 때문일 수도 있고, 재배화 과정에 존재하였던 과거의 벼의 형태와 형질이 현존하는 벼의 그것과 다르기 때문일 수도 있다. 야생벼와 재배벼의 동정 기준은 현재 서식하는 벼를 표본으로 하여 이루어지는데 현재의 야생벼와 재배벼 모두 오랜 진화의 산물이기 때문이다. 이는 다른 조, 기장, 두류 등 다른 재배식물에도 동일하게 제기할 수 있는 의문이다. 더욱 중요한 것은 앞에서 언급하였듯이 벼의 순화는 일시적 사건이 아닌 장기간에 걸쳐 이루어진 과정으로 이해하여야 한다. 다른 재배식물과 마찬가지로 벼 역시 처음에는 야생벼를 식량으로 이용하다가 관리와 보호를 거쳐 자연 서식지 밖에서 재배를 시도하는 과정에서 인위적, 자연적 선택으로 비탈립성 유전자의 비중이 차츰 높아지게 되고 비탈립형이 전체 개체군의 과반수를 넘는 시점이 기원전 5천년기 후반이 되는 것이다(Fuller et al. 2009). 이 무렵부터 인위적인 논 유구도 草鞋山 등에서 고고학적으로 발견되기 시작한다(안승모 2014).

따라서 과거에는 존재하였던 야생벼, 재배벼의 변종이나 형질이 오랜 재배 과정에서 사라져버릴 수도 있고, 지금은 바다 밑이지만 과거의 빙기에는 육지로 노출되었을 황해의 구대륙에서도 현재 서식하고 있는 벼와는 다른 형질의 벼가 존재하였을 수도 있다. 구대륙 작물 중에서 가장 연구가 많이 진행된 밀의 경우를 보면 근동과 유럽의 선사시대 밀 식물유체에서 two-grained einkorn, new glume wheat, striate emmeroid(extinct emmer-like) wheat 같은 지금은 멸종된 다양한 아종·변종들이 확인되고 있다(Kenez et al. 2013).

조와 기장의 재배종 출현 시점도 벼와 마찬가지로 대리자료 종류에 따라 달리 나타난다. 최근 중국에서는 갈판·갈돌, 토기, 토양 속에 잔존하는 전분을 추출하고 동정하는 잔존 전분(starch) 분석이 활성화되면서 조, 기장 역시 벼와 마찬가지로 수천 년에 걸친 재배화 과정을 거친 것으로 밝혀지고 있다(안승모 2012a; 趙志軍 2013). 이미 16,000년 전 세석인문화 단계에 속하는 산서성 下川 유적 출토 갈판의 사용흔 결과 기장족 종자를 식용하였을 가능성이 높아졌다. 화북지방에서 가장 오래된 토기가 보고된 하북성 南庄頭, 東湖林 두 유적(11,500~9500 cal BP)에서 출토된 갈판, 갈돌, 토기 잔류물의 전분분석을 통해 기장속과 조의 전분을 다량 확인하였으며 순화형 조의 일부 유전형이 야생 강아지풀의 관리 또는 재배로 인하여 11,500년 전에 발생하였다고 보고되었다(Yang et al. 2012). 화덕자리의 재에서는 기장의 식물규산체도 검출되었다. 중국학자들은 전분립 분석으로 기장족 재배종과 야생종을 구분할 수 있다고 보지만 필자는 여전히 회의적이다. 전분립 분석의 한계로는 첫째 야생종과 재배종의 중복 범위 때문에 야생형 전분 비율이 실제 야생형 비율과 정확히 일치하지 않으며, 둘째, 기장족의 모든 다각형 전분립은 성숙 또는 거의 성숙된 종자에서 산출된 반면 미성숙된 종자의 전분립은 매우 작고 난형 또는 구형을 이룬다. 따라서 미성숙 종자를 수확하면 재배종이라도 야생형 비중이 증가하기 때문이다. 재배 또는 순화 여부와 관계없이 양자강유역의 벼와 마찬가지로 화북에서도 플라이스토세-홀로세 전환기에 기장족(millet) 종자가 식료로 편입된 것만은 확실하다(안승모 2012a·2014).

조와 기장의 종실 자체는 기원전 7·6천년기의 황하유역 磁山·裵李崗·後李文化 그리고 요하유역 興隆窪文化 유적에서 발견되었다. 磁山 유적의 저장혈에서 발견된 잡곡 유체는 대부분 재로 변해버려 동정의 정확성에 의문이 있었는데 최근 穎 표면세포의 식물규산체 분석에서 대부분이 기장으로 밝혀졌다(Lu et al.

2009). 그러나 이들 유적의 조와 기장이 재배되었거나 형질적으로 순화되었다는 확실한 증거는 여전히 부족하다. 벼처럼 탈립과 관계되는 소수축의 離層 부위에 대한 분석이 이루어지지 않았기 때문이다. 조와 기장 낟알의 대량 저장이 반드시 재배나 순화를 의미하는 것은 아니다. 화본과 종자의 대량 비축이 야생 식료 부족을 대비한 위기 차원에서 이루어진 것으로 보는 주장도 있기 때문이다.

기장족 종실은 일반적으로 크기, 형태(특히 배와 배꼽)와 표면조직 구조의 특징을 이용하여 동정이 가능하다(小畑弘己 2013). 다른 화본과 재배식물과 마찬가지로 조와 기장도 종자가 작고 세장한 것은 야생종으로 동정하고 있으나 재배종과 야생종을 구분하기 위한 크기나 장폭비 기준이 통계적으로 유의한 충분한 양의 표본을 계측하여 제시된 것인지 의문이다. 전분이나 식물규산체와 마찬가지로 종실도 신뢰도 높은 기준을 만들기 위해서는 가능한 많은 지역에서 다양한 표본을 채취하여야 한다. 야생종과 재배종은 일정한 범위의 크기 중복이 있으며 변이가 큰 과거로 올라갈수록 중복 범위는 더욱 증가할 것이다.

Ⅳ. 한반도에서의 벼농사 출현

1. 화분분석으로 본 벼농사 출현

한반도에서의 도작 출현은 주로 화분과 종실유체의 두 방면에서 접근되고 있다. 화분분석은 과거 식생 복원 뿐 아니라 농경 출현 연구에도 일정한 역할을 담당하고 있다. 화분분석에서 농경의 출현은 벼과 및 문화지표(anthropogenic) 초본의 급증, 수목화본 절대량의 감소 또는 소나무(2차림) 증가와 참나무 급감, 재배식물 유형 화본 등으로 유추한다. 특히 이러한 화분조성의 변화가 자연계에서의 식물군락 천이의 시간단위와 관계없이 연속하여 일어나는 경우를 강조하고 있다(최기룡 2002: 10-11). 그러나 화분조성에 나타나는 식생변화로 추론된 농경은 종실 등 다른 식물유체로 추론된 농경 출현 시점보다 훨씬 늦게 나타나는 경우가 많은데 이는 상기한 조건들이 농업집약화 등 본격적인 농경이 실시되었을 때에서 만족될 수 있는 전제이기 때문이다.

화분분석으로 한반도 농경 기원에 대한 연구가 처음 시도된 것은 1970년대 후반부터이다(安田 외 1980; 김준민 1980). 이들은 벼농사가 한반도 서남부에서 3500년 전 처음 출현한 이래 북쪽과 동쪽으로 확산되면서 강원도 동해안에는 1400년 전부터 나타난다고 주장하였다. 화분분석은 처음에는 일본학자들이 주도하였으나 1980년대부터는 한국 연구자들의 분석 결과도 많이 보고되고 있다(황상일·윤순옥 2003). 윤순옥은 강릉지역 화분분석에 기초하여 영동 전역이 원삼국시대가 시작되는 2000년 전 무렵의 거의 비슷한 시기에 농경이 출현하였다고 주장하였다(윤순옥 외 1998·2008). 그러나 강릉 교동, 고성 사천리에서 청동기시대 전기 탄화미가 다량 출토되면서 영동에도 늦어도 3000년 전에는 도작이 존재하였음이 밝혀졌다(안승모 2008). 남부와 중서부의 화분분석에서도 동해안과 유사한 현상이 관찰되었다(박지훈·이상헌 2008; 윤순옥 외 2005; 윤순옥·김혜령 2001; 장정희·김준민 1982). 즉 화분분석으로 추론된 도작 출현 시기가 고고학적으로 추론된 시기보다 훨씬 늦게 나타난다. 호수나 충적평야 등의 자연퇴적층 뿐 아니라 고고학 유적에서 실시된 화분분석에서도 그러한 경우가 많다. 밀양 금천리유적의 경우 청동기시대 전기의 논 유구가 발견되었으나 논 주변 충적층의 화분분석에서 본격적인 농경활동은 2300년 전 이후로 추정되었다(윤순옥 외 2005).

식물유체의 두 축인 화분과 종자(탄화미)의 모순되는 결과는 도작 출현과 확산의 상이한 과정과 연결된다(김민구·박정재 2011; 박정재·신영호 2012). 앞의 글에서 김민구는 청동기시대 유적에서 벼 유체의 출현은 유적 내부 또는 가까운 주변에서 도작의 개시나 존재를 보여주나 농경 자체가 지역 식생에 미친 영향은 미미한 반면 자연퇴적층의 화분 시추공에서 벼 유형 화분의 출현과 화본과 및 문화지표 잡초의 돌연한 증가는 원삼국시대 또는 그 이후의 농업집약화나 농경지 확대와 관련되었을 개연성이 높다고 주장하였다. 영동지역에서 이미 벼농사가 시작되었음에도 불구하고 충분한 정도로 집약화되기 전에는 화분도표상의 변화가 벼농사의 개시 시점을 명확하게 반영하지 못하는 경우가 많은 것이다. 그러나 청동기시대 벼를 일종의 사치재로 본 견해는 받아들이기 어렵다. 필자가 분석한 교동, 사천리 탄화미의 수량이 엄청나고 벼 이외에는 다른 작물종자가 전혀 검출되지 않았기 때문이다(안승모 2013).

소나무속과 초본, 특히 문화지표 초본의 증가가 농경 출현과 반드시 결부되는 것도 아니다. 이러한 식생 변천은 농경이 결부되지 않은 정주취락 확대로도, 기후 급변이나 큰 산불 같은 자연적 식생파괴로도 발생할 수 있다. 해수면이 낮아지거나 강가 퇴적물의 증가로 습지가 육화된 곳에서도 초본식물과 소나무속 분포가 확대될 수 있다(최기룡 2002: 21). 역으로 화분분석이나 식물규산체로 추론한 벼농사 출현 시점이 고고학적 증거로 추론된 시점보다 훨씬 이른 경우도 종종 있다. 예를 들어 동남아시아 호아빈문화의 농경출현은 문화지표식물의 존재로 제기되기도 하였으나 이러한 간접적 증거만으로 농경의 존재를 입증하기는 어렵다. 태국 중부의 Khok Phanom Di 유적에서도 화분학자의 시추공 분석에서는 초본과 화분과 목탄편의 집중, 벼재배지에 서식하는 잡초의 존재를 근거로 늦어도 기원전 5천년기부터는 벼가 재배되었다고 보았다. 그러나 실제 유적의 발굴로는 기원전 2천년기부터 이곳에 정주취락이 등장하고 벼가 수확된 증거가 발견되었을 뿐이다. 탄화물은 자연적 화재로도 발생할 수 있고, 벼 잡초들도 벼 재배지에만 서식하는 것이 아니라 자연적 습지에서도 자랄 수 있고 다른 벼과 식물과 결부될 수도 있기 때문이다(안승모 1999).

화분분석에서 때로는 농경 출현을 도작 출현과 동일시하는 오류가 발생하기도 한다. 벼과식물은 화본 형태로 재배종을 야생종과 구분하기가 쉽지 않다. 통계학적으로 한국에서는 장축 길이 35μm 이상을 재배종으로 분류하기도 하나 연구자에 따라 상이한 크기 기준을 사용하기도 하며, 이러한 기준도 절대적 기준이 아닌 확률론적 기준일 뿐이다. 일본의 中村(1974)은 주사현미경과 위상차현미경으로 화분 외막 표면의 미세한 차이를 분석하면 벼를 다른 벼과식물에서 분리하고 재배벼와 야생벼도 구분가능하다고 주장하나 서구학자들은 여전히 회의적이다. 安田 등(1980)은 영랑호, 방어진, 예안리, 가흥리 등 대부분의 화분분석 시료에서 *Oryza* 또는 *Oryza* type을 벼과(화본과, Graminea) 식물과 분리하고 있다. 장정희·김준민(1982)의 영랑호, 월함지 분석에서도 벼속 화분을 분리하였다. 그런데 상기 분석들은 대부분 벼과 화본을 벼과와 *Oryza* 또는 *Oryza* type으로 분류할 뿐 조, 기장 등 다른 벼과 재배식물은 전혀 고려하고 있지 않다. 즉 *Oryza* type에는 벼과 재배식물이 포함되어 있을 개연성이 높은 것이다. 야스다의 영랑호 화분도표에는 재배형 벼과로 되어 있으나 본문에는 벼속으로 기술되어 있다. 최기룡도 中村의 방법을 이용하여 *Oryza* type을 분리하고 있는데 여기에는 35μm 이하의 Agropyron(개밀속), Arundinaria(해장죽속), Sasa(조릿대속) 화분도 포함되고 있다(최기룡 외 2005).

화분분석을 통한 농경 출현 연구에서 가장 큰 약점 중의 하나는 연대 추정의 불확실성이다. 많은 화분 분석에서 연대는 극히 적은 수의 방사성탄소연대에서 추론되고 있을 뿐이다. 고고학에서는 방사성탄소연대의 확률적 측면을 고려하여 하나의 유구에서도 가능한 복수의 방사성탄소연대 측정을 시도하는 것과 대조되는 현상이다. 최근의 화분분석에서는 방사성탄소연대 측정 수가 많아지고는 있지만 여전히 고고학적 편년과 부합되지 않는 경우가 많다.

예를 들어 광주 봉산들의 영산강 유역 범람원 퇴적물의 화분분석 연구에서는 2120 cal BC부터 벼농사가 집약적으로 이루어지기 시작하였다고 고찰되었다(최기룡 외 2005). 봉산들 자료는 총 네 개의 화분대로 나누어지는데 세 번째 화분대(BS3) 상층부터 직경 35μm 이상의 대형 화분이 검정되고 있다. 지표 -74cm 지점에서 3100±40 BP(1350 cal BC)가 측정되었고 퇴적속도에 기초하여 재배벼 화분이 급증하는 -81cm 지점을 1350BC+770년=2120BC로 추정한 것이다. 그러나 앞의 연대추정은 퇴적속도를 고려하였다고 하나 근거가 여전히 부족하며 방사성탄소연대가 갖고 있는 통계적 의미도 무시되고 있어 오히려 청동기시대 개시기인 3100 BP 전후한 시기에 벼농사가 시작되었다고 해석하는 것이 보다 합리적이다(김민구 2010: 57-58). 그래도 봉산들 화분분석은 식물유체로 추론한 벼농사 출현 시점과 가장 접근한 예라고 할 수 있다.

또 다른 문제점은 종실유체도 그러하지만 화분이나 식물규소체 같은 미세식물유체는 빗물 등의 자연적 요인으로도, 각종 동물과 식물의 교란으로도, 경작행위 같은 인위적 교란으로도 상층, 즉 후대의 식물유체가 하강하는 후대 혼입이나 교란 가능성이 상존한다. 종실유체는 방사성탄소연대 측정을 실시하여 연대를 검증할 수 있으나 미세식물유체는 그러한 연대 검증 수단이 결여되어 있기에 시료가 채집된 유구나 토층과의 동시기성 논란이 발생한다.

2. 신석기시대 벼농사 논쟁

1990년대부터 일산과 김포의 5천년 전 토탄층 출토 볍씨, 일산·조동리·농소리 즐문토기 태토의 벼 식물규산체, 대천리 신석기 주거지 출토 탄화미에 근거하여 신석기시대에 늦어도 5천년 전부터 한반도에 벼가 재배되었다는 주장들이 꾸준히 제기되고 있다. 그러나 방사선탄소연대가 결부되지 않은 종실 유체는 재배식물이나 농경 기원 연구에서는 A급 자료가 될 수 없다. 즉 확실한 증거가 되지 못한다(안승모 2012b). 기원전 4천년기 말로 편년된 옥천 대천리 주거지에서는 탄화된 벼와 함께 맥류의 종실도 보고되었는데 근동 기원의 맥류가 중국에서 출현한 연대를 감안하면 한반도에서 이렇게 이른 시기의 맥류가 출현할 수 없기에 필자는 탄화미 연대에 회의적이었다. 드디어 최근에 대천리 탄화곡물의 탄소연대 측정결과가 보고되었다(한창균 외 2014). 탄화미는 네 건 모두 원삼국시대 연대(1770±60, 1780±60, 1800±60, 2070±60 BP)가 나와 후대교란을 의심한 필자의 추측과 부합하였다. 보고자는 곡물의 탄화과정에서 완벽한 탄화가 이루어지지 않을 경우 시료상의 문제로 인한 연대측정값의 차이는 없는지 의문하였으나 방사성탄소연대 측정의 원리상 탄화의 정도로 연대 차이가 발생할 가능성은 전혀 없다. 고고학적 유구와 결부되지 않은 토탄층 자료도 현지 재배의 직접적 증거가 될 수 없다. 더욱이 전문적인 식물고고학자(이경아)가 분석한 유적(남부의 동삼동, 상촌리, 어은, 평거, 중서부의 안강골, 능곡동, 중산동, 석교리) 모두에서 flotation으로 조와 기장만 검출되었을 뿐 이들보다 난알 크기가 훨씬 큰 쌀은 발견되지 않았다. 최근에 유행하고 있는 SEM을 이용한 압흔 분석에서도 신석기시대 토기에서 조와 기장의 압흔은 발견되지만 볍씨자국은 전혀 발견되지 않았다(안승모 2013).

그렇다면 즐문토기 바탕흙에서 검출된 벼 기동세포의 식물규산체는 어떻게 해석하여야 할 것인가? 벼 식물규산체 동정에서 실수가 발생한 것일까? 중국 대륙에서 태풍이나 황사 등에 의한 벼 식물규산체 이동 가능성은 없을까? 한반도

갱신세 또는 그 이전의 지질학적 시대에서 야생벼가 존재하였을 가능성은 없을까? 실제 동남아시아도 식물규산체로 추정한 도작 출현 연대가 종실유체보다 훨씬 빠르게 나타나며, 중남미 옥수수 농경 기원 역시 그러하다. 고고학자들은 퇴적물에서 하방이동이 자주 발생하는 식물규산체나 화분보다 고고학적 유적에서 안정된 연대가 확보된 종실유체를 신뢰하는 편이다.

최근 동해안의 고성 문암리 유적에서 신석기시대 중기의 경작유구가 보고되었다(국립문화재연구소 2014). 문암리유적에서는 경작유구 2개 층이 확인되었는데 발굴 당시에는 상하층 밭 모두 신석기시대에 속할 가능성을 고려하였으나 절대연대 측정과 유구 중첩에서 최종적으로 하층 밭은 신석기시대 중기, 상층 밭은 철기-조선시대로 추정하였다. 중기 유구의 작물유체 분석 결과 조, 기장, 콩속이 미량 검출되었다. 쌀과 밀도 한 알씩 검출되었으나 분석자(이경아)는 후대 종자의 유입으로 보았다. 토기 압흔분석에서도 조, 기장, 들깨속이 확인되었다. 반면 하층 밭 토양의 식물규산체 분석에서는 벼의 식물규산체가 다량 검출되어 벼농사 존재가 추론되었다. 그러나 하층 밭의 벼 식물규산체는 상층 밭의 벼 식물규산체가 비나 생물교란 등의 요인으로 하강하여 퇴적된 결과일 수도 있다. 실제 경작유구의 토양미세형태분석(이희진)을 보면 상하층 모두에서 쇠똥구리, 지렁이, 개미 등에 의한 토양교란현상이 풍부하게 관찰되었으며 퇴적물 입자의 공극도 커서 상층에서 경작된 벼의 식물규산체가 하층으로 하강하였을 가능성이 매우 높다. 발굴보고서를 보면 토층 분류에서 하층 밭은 VII층이고 상층 밭은 II층이라 간격이 큰 것 같지만 실제 대부분의 지점에서 하층 밭 VII층 위에 바로 II층이 피복하고 있다. 하층 밭에서 맥류의 식물규산체와 메밀 화분, 그리고 소뼈가 확인된 것 역시 후대 교란과 관련된다고 할 수 있다. 하층 밭 자체가 실제 신석기시대 경작지였는지 자체에 대한 의문도 남아 있다. 후대 유구가 신석기시대 문화층을 파괴하고 조성되었을 수도 있으며. 화분분석이 실시된 F구역의 절대연대측정에서는 하층 밭에서 후대의 연대(2010±40, 1830±40, 1380±40 BP)가 나오기도 하였기 때문이다(안승모 2015b).

그렇다고 정말 신석기시대에 도작은 존재하지 않은 것인가? 아니면 한강 하구에서만 일시적으로 벼가 재배되거나 벼가 유입되었을 가능성은 없는 것일까? 현재로서는 설령 신석기시대 벼가 존재한다고 하더라도 일상적 작물이 아닌 특별한 사건에만 한정적으로 이용되었거나 특정 시기나 지점에서 실험적으로 재배해보다가 중단되었을 가능성이 높다. 신석기시대 후기에는 다시 이동성이 강한 수렵채집생활로 복귀하였을 가능성이 높기 때문에 설령 신석기시대 도작이 존재하였어도 그것이 청동기시대 도작으로 연결되었을 가능성은 희박해 보인다(Ahn & Hwang 2015). 즉 청동기시대 도작은 신석기시대와 무관하게 중국 요동지역에서 새롭게 전래된 것으로 보아야 할 것 같다.

V. 맺음말

농경의 기원과 전파를 연구하기 위해서는 현생 재배식물과 야생선조종 자체에 대한 생물학적, 식물지리학적 정보와 과거의 재배식물 유체에 대한 식물고고학적 정보를 결합하여야 한다. 최근 재배식물의 기원 연구에는 DNA를 이용한 작물유전학이 적극적으로 활용되고 있다. 작물유전학은 작물이 어느 곳의 야생개체군에서 기원하였는지를 밝혀주고, 야생과 순화를 구분하는 특질에 관여되는 유전자를 찾아준다. 그러나 야생 선조종의 분포가 과거와 현재가 다르다는 점을 인식하여야 한다. 농경화 과정에 대한 연구에는 식물유체로부터의 증거가 필수적이며, 화분이나 식물규산체보다는 안정된 연대가 확보된 종실 자료가 보다 더 신뢰성 높은 자료를 제공한다. 그렇더라도 화분, 식물규산체, 전분 등 미세식물유체를 이용한 농경 연구도 지속되어야 종실 분석에서의 부족한 부분을 채워나갈 수 있다. 미세식물유체이던 종실유체이던 연대 추정과 동정의 정확도를 더욱 높일 필요가 있다. 본고에서는 다루지 않았으나 농경이 출현한 동기에는 야생 식량자원 확보를 불안전하게 만든 기후적 측면도 있기 때문에 농경 출현 전후한 시기의 기후 변화에 대한 이해도 중요하다.

[부기]

본고는 2013년 10월 17일 국립문화재연구소에서 개최된 제1회 동아시아 농경연구 국제워크숍『자연과학에서 본 농경 출현』에서 필자가 같은 제목(자연과학에서 본 농경 출현-재배벼 기원을 중심으로-)으로 발표한 원고를 수정, 보완한 글이다. 기존에 필자가 발표하였던 글들에서 주제와 관련된 내용을 추려내어 작성하였기에 새로운 창작은 아니다. 다만 그 동안 고고학에서 자연과학적 연구의 중요성을 꾸준히 강조하여 오셨던 최몽룡교수님의 고희를 기념하는 논문집의 성격과 부합하지 않을까 싶어 이 글을 바친다.

〈참고문헌〉

국립문화재연구소
2014 『고성 문암리 유적 II-분석보고서-』.

김민구·박정재
2011 「강원 영동지역 청동기시대 벼농사와 농경집약화」, 『한국고고학보』 79.

김민구 2010 「영산강 유역 초기 벼농사의 전개」, 『한국고고학보』 75.

김준민 1980 「한국의 환경변화와 농경의 기원」, 『한국생태학회지』 3(1·2).

Crawford, G.W
2014 「동북아시아의 초기 농경」, 『동아시아 선사시대 식물자원에 대한 다각적 접근』 2014 국립문화재연구소 국제학술심포지엄.

박정재·신영호
2012 「홀로세 후기 강원 영동 지역의 벼농경과 환경 변화」, 『대한지리학회지』 47(5).

박지훈·이상헌
2008 「화분분석으로 본 충남지역의 후빙기 환경 연구」, 『고생물학회지』 24(1).

小畑弘己 2008 「古民族植物學カからみた繩文時代の栽培植物とその起源」, 『極東先史古代の穀物』 3, 熊本大學, 43-94.

______ 2013 「동삼동패총·비봉리유적 출토 기장·조 압흔의 동정과그 기준」, 『한국신석기연구』 25.

안승모 1999 『아시아 재배벼의 기원과 분화』, 학연문화사.

______ 2000 「한반도 벼농사 기원에 관한 제논의」, 『한국고대사논총』 9.

______ 2000 「도작의 출현과 확산」, 『한국 고대의 도작문화』, 국립중앙박물관 학술심포지엄.

______ 2001 「한국과 日本의 초기도작 -미완의 과제들-」, 『호남고고학보』 13.

______ 2005 「재배맥류의 기원과 전파-근동에서 중국까지-」, 『한국고고학보』 55.

______ 2008 「한반도 청동기시대의 작물조성-종자유체를 중심으로-」, 『호남고고학보』 28.

______ 2009a 「작물유체 분석의 문제점」, 『선사 농경 연구의 새로운 동향』(안승모·이준정 편), 사회평론사.

______ 2009b 「청원 소로리 토탄층 출토 볍씨 재고」, 『한국고고학보』 70.

______ 2012a 「동아시아 조·기장 기원 연구의 최근 동향」, 『한국 신석기문화의 양상과 전개』(중앙문화재연구원 편), 서경문화사.

______ 2012b 「종자와 방사성탄소연대」, 『한국고고학보』 83.

______ 2013 「식물유체로 본 시대별 작물조성의 변천」, 『농업의 고고학』(한국고고학회 편), 사회평론.

______ 2014 「중국에서의 정주취락과 농경 출현」, 『동북아 선사문화로의 초대』, 한성백제박물관.

______ 2015a 「고고학으로 본 복숭아 재배와 의례적 기능」, 『마한·백제문화』 26.

______ 2015b 「한국 신석기시대 연구의 최근 성과와 과제」, 『고고학지』 21, 국립중앙박물관.

안승모·안현중
2010 「개미와 종자-동물교란의 한 예-」, 『영남고고학』 53.

안승모·이준정
2009 「DNA로 본 구대륙 곡물과 가축의 기원」, 『선사농경연구의 새로운 동향』, (안승모·이준정 편), 사회평론.

오바다 히로키(小畑弘己)
2013 「일본 선사시대 농경화 과정」, 『자연과학에서 본 農耕 출현』(제1회 동아시아 농경연구 국제워크숍), 국립문화재연구소.

윤순옥 1998 「江陵 雲山 충적평야의 홀로세 後期의 環境變化와 地形發達」, 『대한지리학회지』 33(2).

윤순옥·김혜령
2001 「김포충적평야의 홀로세 후기 환경변화」, 『제4기학회지』 15(2).

윤순옥·김혜령·황상일·최정민
2005 「밀양 금천리의 홀로세 후기 환경변화와 농경활동」, 『한국고고학보』 56.

윤순옥·문영롱·황상일
2008 「경포호 홀로세 퇴적층에 대한 화분분석과 환경변화」, 『지질학회지』 44(6).

이경아 2006 「중국 출토 신자료의 검토를 통한 벼의 작물화에 대한 고찰」, 『한국고고학보』 61.

______ 2015 「신석기시대 식물자원 활용연구 성과와 과제」, 『고고학지』 21.

자오즈쥔(趙志軍)
2013 「중국 선사시대 농경화 과정」, 『자연과학에서 본 農耕 출현』(제1회 동아시아 농경연구 국제워크숍), 국립문화재연구소.

장정희·김준민
1982 「영랑호, 월함지, 방어진의 제4기 이후의 식피의 변천」, 『식물학회지』 25(1).

최기룡 2002 「한반도의 벼농사 개시기와 자연환경」, 『韓國 農耕文化의 形成』(한국고고학회 편), 학연문화사.

최기룡·김기헌·김종원·김종찬·이기길·양동윤·남옥현
2005 「영산강유역 범람원 퇴적물의 화분분석 연구」, 『한국생태학회지』 28(1).

한창균·구자진·김근완

2014 「대천리 신석기유적 탄화곡물의 연대와 그 의미」, 『한국신석기연구』 28.

황상일·윤순옥

2003 「한반도와 주변지역의 신생대 제4기 환경변화」, 『강좌 한국고대사』 제1권, 가락국사적개발연구원.

安田喜憲·塚田松雄·金遵敏·李相泰

1980 『韓國おける環境變遷史』, 日本文部省海外學術調査中間報告.

中村純 1974 「イネ科花粉について,とくにイネ(*Oryza sativa*)を中心として」, 『第四期硏究』 13(4).

Ahn, Sung-Mo.

2010 The emergence of rice agriculture in Korea: archaeobotanical perspectives. *Archaeological and Anthropological Sciences* 2(1). Springer.

Sung-Mo Ahn & Jae Hoon Hwang.

2015 Temporal fluctuation of human occupation during the 7th-3rd millennium cal BP in the central-western Korean Peninsula. *Quaternary International* 384: 28-36. Elsevier.

Fuller, D.Q.

2009 Advances in archaeobotanical method and theory, 『선사농경연구의 새로운 동향』(안승모·이준정 편), 사회평론.

Fuller, D.Q., Ling Qin and E. Harvey

2009 An evolutionary model for Chinese domestication: reassessing the data of the Lower Yangtze region, 『선사농경연구의 새로운 동향』(안승모·이준정 편), 사회평론.

Fuller, D.Q. et al.

2009 The domestication process and domestication rate in rice: spikelet bases from the lower Yangtze. *Science* 323(1607).

2010 Consilience of genetics and archaeobotany in the entangled history of rice. *Archaeological and Anthropological Sciences* 2: 115-131.

Huang, X. et al.

2012 A map of rice genome variation reveals the origin of cultivated rice. *Nature* 490: 497-501.

Hunt H.V. et al.

2008 Millets across Eurasia: chronology and context of early records of the genera Panicum and Setaria from archaeological sites in the Old World. *Vegetation History and Archaeobotany* 17: 5-18.

2011 Genetic diversity and phylogeography of broomcorn millet(*Panicum miliaceum* L.) across Eurasia. *Molecular Ecology* 20: 4756-4771.

Kenéz A et al.
2013 Evidence of 'new glume wheat' from the Late Neolithic (Copper Age) of south-eastern Hungary(4th millennium cal. b.c.). *Vegetation History and Archaeobotany* 22.

Lee, G.-A.
2011 The transition from foraging to farming in prehistoric Korea. *Current Anthropology* 52(4): s307-329.

Lu et al.
2002 Rice domestication and climatic change: phytolith evidence from East China. *Boreas* 31(4): 378-385.

Lu, H. et al.
2009 Earliest domestication of common millet in East Asia extended to 10,000 years ago. *PNAS* 106(18): 7367-7372.

Sakamoto S.
1987 Origin and dispersal of common millet and foxtail millet. *Japan Agricultural Research Quarterly* 21: 84-89.

Stevens, S.F. et al.
2015 Modelling the geographical origin of rice cultivation in Asia using the rice archaeological database. PLoS ONE 10(9): e0137024. doi:10.1371/journal.pone. 0137024

Yamanaka, S. et al.
2003 Dual origin of the cultivated rice based on molecular markers of newly collected annual and perennial strains of wild rice species, *Oryza nivara* and *O. rufipogon*. *Genetic Resources and Crop Evolution* 50(5): 529-538.

Yang, X. et al.
2012 Early millet use in northern China. PNAS 109(10): 3726-3730.

Zohary, D. and M. Hopf.
2000 *Domestication of Plants in the Old World*. 3rd ed. Oxford University Press, Oxford.

한반도 중서부지역 청동기시대 주거 유적과 고인돌 유적의 경관분석에 대한 시론

—시계(視界, Viewshed) 분석을 중심으로—

김 선우 (경희대 연구교수)

본고에서는 지금까지 축적된 한반도 중서부(서울·인천·경기도) 지역의 주거 유적과 고인돌 유적의 위치 정보들을 지리정보시스템(GIS)의 여러 분석 프로그램 중 시계(視界, viewshed) 분석을 활용하여 청동기시대 인들이 그들의 생활 공간과 매장 공간의 입지를 결정하는데 있어서 가시권이 어떠한 영향을 미쳤는가에 대해서 고찰해 보고자 한다.

누적시계(Cumulative viewshed) 분석 결과들에 따르면, 현상학적 측면에서 청동기시대 이후 일련의 문화적 연속성이 보여지는데, 즉, 많은 수의 고인돌 유적들로부터 가장 잘 보이는 위치는 북한산으로, 다수의 주거 유적들로부터 가장 가시적인 지점은 관악산으로 나타났다. 한편, 이분시계(Binary viewshed) 분석 결과에 따르면, 주거 유적과 고인돌 유적들간의 입지에 차이가 나타났는데, 주거 유적들의 평균(mean) 시계(視界) 범위가 고인돌 유적지들의 그것에 비해 대략 3배 정도 더 넓었다. 또한, 시계와 고도간의 관계에서는 주거 유적의 경우, 긍정적인 상관(positive) 관계가 나타났으나, 고인돌 유적에서는 둘간의 상관 관계가 거의 나타나지 않았다. 다시 말해, 청동기시대 인들은 주거 유적의 선정에 있어 방어 목적을 위하여 시야를 가리지 않는 입지를 더 선호했었던 것으로 추정되며, 고인돌 유적의 입지로는 산의 끝자락에서 평지가 시작되는 경계에 해당되는 공간, 즉, 농경지와 인접한 지역을 선호했던 것으로 보인다.

[주제어] 경관, 시계(視界) 분석(Viewshed Analysis), 누적시계분석, 이중시계분석, 청동기시대 주거 유적, 고인돌 유적

I. 머리말

부르스 트리거(Trigger; 1990: 20)가 지적했듯, 기념비적 건축물은 세계의 모든 복합사회(complex societies)들이 공유했던 특성들 중 하나로, 거석 기념물들은 그것을 축조하고 상호작용한 사람들과 기념물들이 세워진 경관이라는 공간에 의해서 영향을 받았을 것으로 추정된다. 한국의 청동기시대에 관한 중요한 논의 중의 하나는 이 시대의 거석기념물들 중의 하나였던 고인돌들을 어떻게 해석하여 청동기시대 사회를 재구성해 내는가 하는 것일 것이다.

한편, 크리스토퍼 틸리(Tilley; 1994)는 현상학적 방법론을 적용하여 상이한 세 곳의 경관을 연구하였는데, 그 결과, 첫째, 남서 웨일즈(Wales)의 거석 기념물들은 노출된 바위 등 토지의 경계 표지 가까이에 축조되었고, 둘째, 블랙 마운튼(Black mountains)지역의 석실분(chambered cairn)의 주요 축(axis)은 어스크(Usk) 및 와이(Wye) 계곡으로 가는 길을 향하고 있으며, 끝으로, 크랜본 체이스(Cranborne Chase)의 장형분은 초기 무덤의 위치를 향하고 있었는 것으로 추정하였다. 이러한 틸리의 현상학적 방법론은 경관 고고학의 새로운 방향을 제시했지만, 앤드류 플레밍(Fleming)은 틸리의 방법론에서 다음의 몇 가지 부분을 지적하였다(1999a; 2005; 2006). 첫째, 연구 표본의 수가 다소 부족하고, 둘째, 틸리의 관점이 주관적이어서 평가하기가 어려우며, 셋째, 그는 사회적 맥락이나 천체와 같은 다른 대안적인 기준들을 고려하지 않았다는 것이다. 플래밍이 지적한 바와 같이 경관 고고학이라는 접근법에 일부 보완되어야 할 측면이 있기는 하지만, 크

리스 고스든(Gosden)과 게리 록(Lock)이 그들의 논문(1998: 5)에서 '경관의 특징은 경관이 단지 물리적 사물만을 나타내는 것이 아니라 (그 안에서 생활했던 인간들의) 사회적 관계를 표출하고 있다는 데 있으며, 따라서 경관 고고학이 여전히 선사시대의 장기적 변화 양상을 탐구하는 데 있어 유용한 도구가 될 수 있다'고 지적한 견해도 염두에 두어야 할 것이다.

또한, 자연환경적 요소들이 청동기시대 인들이 그들의 취락지와 고인돌들을 어디에 위치시킬 것인지에 대한 결정을 내리는 데에 있어 중요한 역할은 했던 것은 사실이지만, 선사인들이 유적지의 입지를 결정함에 있어서 단지 토양의 유형과 질, 물과의 거리, 지형 등 자연 환경적 요소들만을 고려하여 결정했다고 보기에는 무리가 있어 보인다. 왜냐하면, 취락지들이 벼농사에 적합한 토양 주변에 위치하였을 것이라는 가정과 달리, 청동기시대 주거 유적들이 청동기시대 전 시기에 걸쳐 밭농사에 적합한 토양에 위치하는 경향을 나타냈기 때문이다[1]. 따라서, 어디에 살고 어디에 묻힐 것인가를 결정하는 데 있어서 다른 요소들이 고려되었을 가능성을 배제할 수 없는데, 문화가 무엇인지 정의내리는 것이 쉽지 않고 (Ingold, 1994: 329), 자연환경적 요소와 문화적 요인들을 이분법적으로 구분해내는 것 또한 쉽지 않으나, 인간의 인지와 의식(human perceptions)이 작용하는 경우 (Lock, 2009), 예를 들면, 그 지역에 살았던 선사 인들의 지세 선호도나, 인간이 서서 볼 수 있는 시야 범위(시계, 視界, viewshed)의 고려 등을 문화적 요인으로 볼 수 있다면, 본고에서는 가시성(visibility analysis) 분석, 즉, 시각적 요소가 사람들이 환경을 인식하는 데에 영향을 미친다(Wheatley and Gillings, 2000: 3)는 가정에 입각하여 청동기시대 인들이 그들의 생활 공간과 매장 공간의 입지를 결정하는데 있어서 시야 범위가 어떠한 역할을 하였는지, 그리고, 주거 유적과 고인돌 유적들간의 시계에 어떠한 차이가 있었는지에 대해서 고찰해 보고자 한다.

---

1) 김선우, 2012a, 「한반도 중서부 지방 주거지와 지석묘의 공간분석에 대한 시론-환경요인(environmental elements) 분석을 중심으로-」, 『선사와 고대』 37집, 17쪽 도면 7 참조.

II. 분석 대상 및 방법론

본 연구대상 지역은 한반도 중서부 지역으로 경도 126°-127°와 위도 36°-38° 사이에 위치한 서울·인천·경기도 지역인데, 현재(2012년 기준)까지 청동기시대 주거 유적 76곳과 고인돌 유적 236곳[2]을 확인할 수 있었다[3](도면 1 참조). 이들중 유적의 위치를 확실히 확인할 수 있는 45곳의 주거 유적(부록의 표 1 참조)과 236곳의 고인돌 유적을 본 연구의 분석대상으로 삼았다.

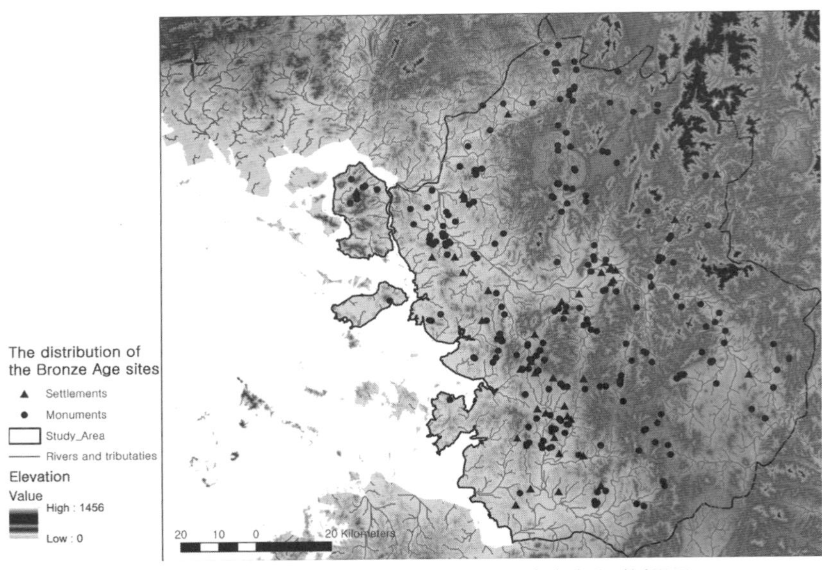

〈도면 1〉 서울·인천·경기도 지역의 청동기시대 유적분포도
(삼각형은 주거 유적, 원은 고인돌 유적을 나타냄)

2) 본 지도의 고인돌 유적의 위치는 경기도 박물관, 2007, 『경기도 고인돌』의 지석묘 분포지도를 기본으로 지리정보시스템(GIS)에서 지리 참조(geo-referenced) 하여 필자가 다시 작성한 것이며, 지면 관계상, 236 곳의 고인돌 유적에 관한 상세정보는 Kim, S.W. 2015. *Life and Death in the Korean Bronze Age(c.1500-400 BC): An analysis of settlements and monuments in the mid-Korean peninsula*. Oxford: Archaeopress BAR International Series 2700, pp. 124-133 Appendix 7 참조 요망.

3) 주거 유적들과 고인돌 유적들에 관한 참고 문헌은 김선우, 2012a, 3쪽 참조 요망

방법론으로는 지리정보시스템(GIS)의 여러 분석 프로그램 중 시계(視界) 분석을 활용하였는데, 우선, 시계(視界, viewshed)의 정의부터 살펴 보고, 본고에서 시도한 이분 시계(Binary viewshed) 분석과 누적 시계(Cumulative viewshed) 분석에 대해 간략히 소개하고, 시계분석의 한계점에 대해 언급한 후에 분석 결과들을 검토하고자 한다.

래스터 데이터(raster data)[4]상의 셀들이 한 개 또는 다수의 관측 지점(point)으로부터 인식된다면, 그것을 시계(視界, viewshed)라 부를 수 있다(ArcGIS 10 Help, 2011a). 만약 한 곳의 관측 지점이 선택된 경우, 관측 지점에서 볼 수 있는 셀들에는 '1'의 가치가 주어지고, 관측 지점에서 볼 수 없는 셀들에는 '0'의 가치가 주어지는데, 이러한 분석은 이분 시계(binary viewshed)분석이라 불린다. 한편, 분석 대상 전체 지점으로부터 누적적으로 가장 많은 지점으로부터 관찰되는 지역도 확인할 수 있는데, 이러한 분석은 누적 시계(cumulative viewshed)분석이라 불린다.

이러한 누적 시계 분석과 이분 시계 분석을 본 연구의 주거 유적들과 고인돌 유적들의 분석에도 활용하였는데, 누적 시계 분석을 통해서는 다수의 취락지 혹은 고인돌 유적들로부터 바라다보이는 지점을 확인할 수 있었고, 이분 시계 분석을 통해서는 각 유적지들로부터 조망할 수 있는 또는 조망되지 않는 지역들의 범위를 확인할 수 있었는데, 조망할 수 있는 범위에 해당되는 셀의 수를 확인하여 주거 유적들과 고인돌 유적들간의 가시 범위를 서로 비교할 수 있었다. 이 방법은 다음과 같은 가정을 전제로 하는데, 즉, 사람들[5]이 고인돌 혹은 주거지 가까이에 서서 지평선을 바라보면서 360도의 파노라마 시계를 확보하는 것으로 사람들이 어디에 정착하고 묻힐지를 결정할 때 가시권역이 중요한 역할을 했을 것이라는 가정이다.

---

4) 래스터 데이터 구조는 실세계의 객체를 흔히 그리드(grid), 셀(cell) 또는 픽셀(pixel)로 나타내는데, 전체 면을 일정크기의 단위 셀로 분할한 후, 그 셀에 속성값을 입력하고 저장하여 분석에 이용한다(이희연, 2003: 187).

5) 경남 김해 예안리에서 출토된 고대 인골(human skeletons)의 성인 남자의 평균 키(164.7 cm)와 여자의 평균 키(150.8 cm)를 참작하여(부산대학교, 1993:292), 시계 분석의 기본 값을 150cm로 정하였다.

시계 분석에 들어가기에 앞서, 시계 분석에 대한 몇 가지 비판을 검토하고자 한다. 예를 들면, 시계 분석을 하는 연구자들이 과거의 식생 패턴(vegetation pattern)에 대해 충분히 고려하지 않는다는 지적이 그 첫 번째인데, 이는 과거의 경관에 관한 신뢰할 수 있는 정보가 부족하기 때문에 나타나는 문제점으로, 그 대안으로는 현재의 환경 데이터를 활용할 수 밖에 없는 한계가 존재한다(Lock and Stančič, 1995: 34; Chapman and Gearey, 2000: 316-319). 두 번째는 분석대상 지역의 가장자리에 해당하는 부분은 분석에서 무시되거나 왜곡될 수 있는데, 이를 모서리 효과(edge effects)라고 한다(Wheatley and Gillings, 2000: 5-12). 본고에서는 모서리 효과(edge effects)를 최소화하기 위하여(Wheatley and Gillings, 2000: 11-12; Conolly and Lake, 2006a: 91), 연구 지역(region) 주변의 완충 지역(area)을 포함하여 분석을 수행하였는데, 즉, 연구 지역의 범위가 대략 131km×143km의 불규칙한 형태이지만, 분석에는 약 185km×153km 크기의 래스터 데이터(raster data)를 활용하였다.

지적한 바와 같이 시계 분석에 한계점들이 존재하기는 하지만, 거석기념물들과 주거 유적들의 입지를 결정하는 데에 있어서 가시범위가 중요한 요소가 될 수 있다고 판단되어, 주거 유적들과 고인돌 유적들의 패턴을 확인하기 위하여, 누적 시계 분석과 이분 시계 분석을 시도하였다. 본 분석에서는 각각의 주거 유적과 고인돌 유적의 X, Y 좌표에 기초하여 지점에 서서 관찰한다는 정적인(static) 관점에서 시계 분석을 시도하였고, 비록 모든 유적지들이 동시에 축조되지는 않았지만, 모든 유적지들이 동시기에 존재했었던 것 같은 가정하에 수행되었다.

III. 시계(視界) 분석(Viewshed Analysis)

1. 누적 시계 분석(Cumulative viewshed analysis)

틸리(Tilley)의 현상학적 접근법(Tilley, 1994)은 그의 접근법에 객관적인 방법론이 부족하다는 비판에도 불구하고((Fleming, 1999b: 204; 2005; Wheatley and

Gillings, 2002), 이후의 경관고고학 연구에 큰 영향을 미쳤다(Cummings and Whittle, 2003; Cummings and Fowler, 2004). 이러한 접근법이 서울·인천·경기도 지역의 한국 청동기시대 유적들에도 적용될 수 있는지를 검토하고, 본 연구 대상 지역의 고인돌들이 두드러진 자연적 노출지 또는 주목을 끄는 대상들이 바라다 보이는 입지에 축조되었는지를 알아보기 위해 누적 시계 분석을 실시하였다.

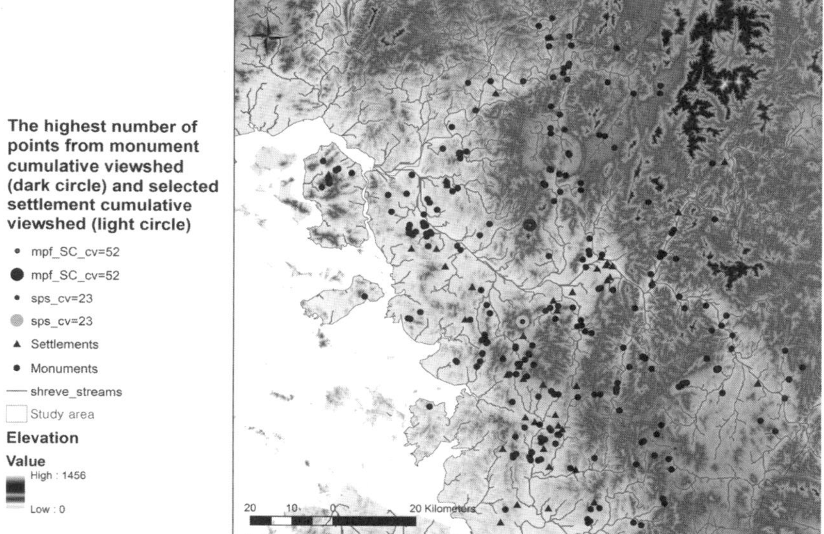

〈도면 2〉 고인돌 유적지들로부터 가장 높은 누적 시계 분석값을 나타내는 지점(진회색 원)과 주거 유적들로부터 가장 높은 누적 시계 분석값을 나타내는 지점(연회색 원)

우선, 다수의 고인돌 유적지들로부터 조망될 수 있는 지역에 대한 결과를 확인할 수 있었는데, 여기서 확인할 수 있었던 최대의 누적값은 52로서, 이는 236곳의 고인돌 유적지들 중 52곳의 고인돌 유적들로부터 누적값을 획득한 장소가 바라다보인다는 의미이며, 그 위치는 북한산(北漢山)이었다(도면 2의 진회색 지점 참조). 이 지역에는 우연하게도, 이후 조선 시대(朝鮮時代: 1392-1910 AD)의 궁궐 및 현재의 대통령 관저인 청와대(靑瓦臺)가 산 자락에 위치해 있다. 최창조(1992: 59-61; 1993)에 의하면, 고려(高麗; 918-1392) 및 조선 왕조가 도성 및 궁궐의 위치를 결정할 때 지형적인 특징(topographical features)들을 중요하게 고려하였다고 하였는데, 그 이유는 그 시대 인들이 특정한 지형적 조건을 갖춘 지역을 상서롭다고 여겼고, 이러한 입지에 도성과 궁궐을 지으면 그들의 왕조가 영원한 번영을 누릴 것이라고 믿었기 때문이다. 이 분석 결과에서 흥미로운 점은 청동기시대의 많은 고인돌 유적지들에서도 이 북한산 지역이 바라다보였다는 점이다.

한편, 주거 유적들로부터 확인할 수 있었던 최대의 누적값은 23으로, 45곳의 주거 유적들 중 23곳의 유적지들로부터 바라다보인다는 의미인데, 그 지점은 관악산(冠岳山, 그림 5.4의 옅은 회색 지점 참조)이었다. 관악산은 남쪽으로는 과천종합청사가 위치해 있고 북쪽 기슭으로는 국립서울대학교가 위치해 있다. 산봉우리의 모양이 불과 같아 풍수적으로 화산(火山)이 된다고 해서 이 산이 바라보이는 서울에 화재가 잘 난다고 믿어졌다(과천 문화 센터, 1991). 청동기시대 인들이 관악산을 어떻게 생각했었는지는 알 수 없으나, 이 산이 경관을 지배하고 상당 수의 청동기시대 주거 유적들의 가시권 안에 있었던 것으로 볼 때 그들에게도 어떠한 상징적인 의미가 있지 않았었을까 사료된다.

이와 더불어, 누적 시계 분석의 또 다른 결과에 따르면, 다수의 고인돌 유적지들로부터 조망되는 주거 유적들의 순서는 다음과 같다. 주거 유적 25번 서울 일원동 (16: 고인돌 유적지들로부터의 누적 시계 숫자－이 숫자는 일원동 유적지가 16개의 고인돌 유적지들로부터 보인다는 것을 의미한다); 주거 유적 76번 오산 가장동 (11, 환호 유적); 주거 유적 12번 화성 고금산 (7); 주거 유적 8번 부천 고강동 (7, 환호 유적); 주거 유적 24번 서울 명일동 (7); 주거 유적 26번 남양주 수석리 (6), 주거 유적 48번 하남 덕풍동 제사 유적(ritual site) (6) 등이다. 나머지 주거 유적들은 각각 0부터 5까지의 숫자를 획득하였다. 누적 숫자가 높은 유적지들의 공통점은 이들이 다소 높은 고도에 위치해 있다는 점인데, 주거 유적의 평균 고도가 77m 인데 비해 (표 1 참조) 이들 주거 유적들의 평균 고도는 122.3±63.7 m였다.

〈표 1〉 주거 유적들과 고인돌 유적들의 고도의 평균값(average), 중간값(median), 최빈값(mode) (단위: m)

고도(Elevation)	주거 유적	고인돌 유적
평균값(Average)	77	65.2

중간값(Median)	66	57.5
최빈값(Mode)	35	33.0

한편, 최고의 누적 시계 값을 가진 고인돌 유적지들은 유적지 211번 강화 고천리 (9: 고인돌 유적지들로부터의 누적 시계 숫자); 유적지 26번 고양 가좌동 (9); 유적지 128번 평택 양교리 (7); 유적지 125번 평택 내천리 (7); 유적지 214번 일산서구 구산동 (7); 유적지 71번 김포 운양동 1 (7); 유적지 113번 화성 반송리 (6); 유적지 230번 인천 대곡동 A (6): 유적지 232번 인천 대곡동 C (6) 등이다. 이들 유적지의 평균 고도 (78.3±81.5 m)는 고인돌 유적지들의 평균 고도인 65.2±41.8 m 보다 약간 높지만, 주거 유적들의 경우보다는 이들 유적지들이 공통점을 결여하고 있어 해석이 쉽지 않다.

이와 함께, 다른 주거 유적들로부터 가장 눈에 띈 취락지로는 주거 유적 25번 서울 일원동 (12: 주거 유적들로부터의 누적 시계 숫자); 주거 유적 12번 화성 고금산 (9); 주거 유적 26번 남양주 수석리 (8); 주거 유적 48번 하남 덕풍동 제사(ritual) 유적 (8); 주거 유적 19번 평택 현곡리 (7); 주거 유적 8번 부천 고강동 (6, 환호) 등이 있었다. 나머지 주거 유적들은 0부터 5사이의 숫자가 각각 주어졌다. 5개의 유적지 (25, 12, 26, 48, 8번)들은 위의 고인돌 유적지들로부터의 누적 시계 분석 결과에서와 같이 주거 유적들로부터도 높은 누적 시계 분석치를 보여주었다.

마지막으로, 주거 유적들로부터 가장 눈에 띈 고인돌 유적지로는 유적지 128번 평택 양교리 (5); 유적지 111번 화성 수기리 (5); 유적지 131번 하남 교산동 (4); 유적지 221번 서울 우면동 (4); 유적지 95번 안양 평촌동 (3); 유적지 51번 구리 사노동 (3); 유적지 108번 수원 호매실동 (3); 유적지 97번 군포 산본동 (3); 유적지 109번 수원 교동 (3) 등이 있었다. 비록 이들 고인돌 유적지들은 고도 면에서 유사점이 없었지만, 고인돌 유적지들이 가지는 평균 가시권 범위보다 약간 더 넓은 가시권을 가지고 있었는데, 가시권 범위에 관한 사항은 이분 시계 분석에서 다루도록 하겠다.

이상의 누적 시계 분석 결과들에 따르면, 청동기시대로부터 중세, 근대를 거쳐 현대에 이르기까지 어떠한 일련의 문화적 연속성이 유지되어 왔다고 보여지는데, 즉, 많은 수의 고인돌 유적지들로부터 가장 가시적인 위치에 입지한 북한산과 다수의 주거 유적들로부터 가장 가시적인 지점에 위치한 관악산이 역사상 중요한 지역들이었다는 점이다. 비록 산들이 '단지' 환경적, 지형적(topographical) 요인에 불과할 수도 있고, 또한 시대적인 차이도 존재하겠지만, 사람들이 어떻게 경관을 인식하고, 개념화하고, 해석하느냐에 따라 자연환경적 요인들이 동시에 문화적 요인으로서의 의미도 함축할 수 있었을 것으로 사료되며, 연구 대상 지역의 고인돌 유적들과 주거 유적들의 누적 시계 분석 값들에서도 이미 언급한 바와 같이 몇몇 의미 있는 결과들을 확인할 수 있었다. 이러한 결과들과 동시에 고려해야 할 사항은 영국과 같이 비교적 평탄한 지역인 경우에는 누적 시계 분석 결과에 있어 고도가 중요한 지표가 될 수 있으나, 한반도와 같이 산지가 많은 지역(조화룡, 2000: 30, 김종욱, 2008: 21, 권동희, 2011: 82)의 경우에는 경관의 자연적인 지형(topography)이 누적 시계 분석의 결과 값에 많은 영향을 미친다는 사실이다. 그러므로, 본 연구 대상 지역에서 주거 유적들과 고인돌 유적지들간의 보다 분명한 패턴을 살펴보기 위해서 다음의 이분 시계 분석(binary viewshed analysis)을 실시하였다.

2. 이분 시계 분석(Binary viewshed analysis)

이 절에서는 선택된 45곳의 주거 유적들과 236곳의 고인돌 유적지들의 이분 시계 분석을 시도하여 가시(可視) 범위에 해당되는 셀 및 불가시(不可視) 범위에 해당되는 셀의 숫자들을 확인하여 주거 유적들과 고인돌 유적지들의 시계 범위를 비교하였다. 주거 유적들로부터의 가시범위에 해당되는 셀 수의 평균(average)은 12098.7±10054.5 (표 2 및 도면 3 참조)이고, 고인돌 유적지들로부터의 평균 가시 셀 수는 4176.2±5060.6 (표 2 및 도면 4 참조)이었다. 여기서 볼 수 있듯이, 주거 유적들의 평균(mean) 시계가 고인돌 유적지들의 그것에 비해 3배 가량 더 넓었다. 네 곳의 주거 유적들 (주거 유적 2번 파주 다율리; 3번 파주 옥석리; 4번 파주 교하리; 76번 광명 가학동)이 발굴 당시 고인돌들 밑에서 발견되었기 때문에 주거 유적과 고인돌 유적지들 사이에 분명한 구분이 있었다고 말하기는 어려우나, 현재까지 주거 유적, 또는 고인돌 유적으로 각각 확인된 유적들의 수가 더 많으므로 두 유적 사이에 차이가 존재하였을 것으로 추정되는데, 한반도 중서부지역의 청동기시대 인들이 그들의 주거 위치를 정할 때, 그들은 주위 경관이 잘 조망되는 입지를 선호했던 것으로 추정되며, 시계가 좋은 지역은 고인돌의 축조보다는 주거 유적의 입지로 우선시 되어졌던 것 같다.

〈표 2〉 주거 유적과 고인돌 유적으로부터의 시계(Viewshed)

시계(視界, 가시 범위, Viewshed)	주거 유적	고인돌 유적
평균(Mean)	12098.7	4176.2
표준 편차(Standard deviation)	10054.5	5060.6
중간값(Median)	9337.0	2552.0
사분위수 범위(Interquartile range)	10822.0	4805.0

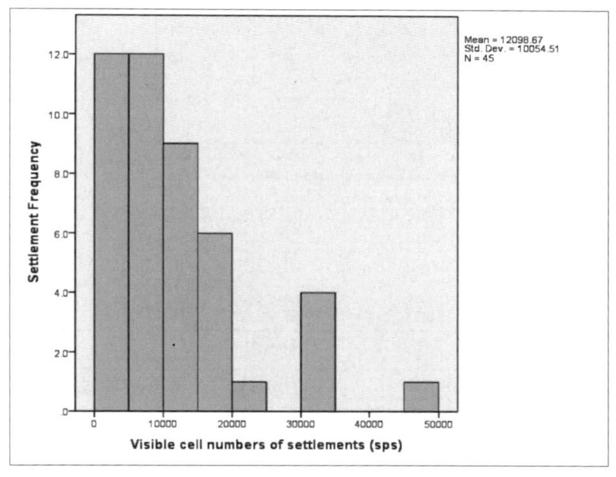

〈도면 3〉 45곳의 주거 유적들로부터의 가시범위(셀(cell) 수)의 빈도를 나타내는 막대그래프

주거 유적들의 시계 범위를 나타내는 이분 시계 분석 셀 숫자들의 빈도를 나타내는 막대그래프에 의하면 (도면 3 참조), 두 개의 예외적인 범주를 확인할 수 있는데, 첫 번째 범주는 주거 유적 25번 서울 일원동 유적(표 3 참조)으로 주거 유적들 중 가시 범위가 가장 넓은 47594개의 가시범위 셀을 가지고 있다. 이 유적은

도면 5에서 보여지는 것처럼, 한강의 흐름을 그대로 확인할 수 있는 훌륭한 전망을 가지고 있는데, 마치 이러한 위치를 의도적으로 선택한 것처럼 보인다. 이곳 주거지의 평면 형태는 잔존 상태로 보아 말각방형이나 장방형이었을 것으로 추정되며, 원형 점토대토기의 구연부편이 출토되었다. 주거지의 평면 형태와 토기편의 특징으로 보아 청동기시대 후기 유적으로 추정된다(최병식, 2008: 230-233, 최몽룡, 2008: 22, 62-65).

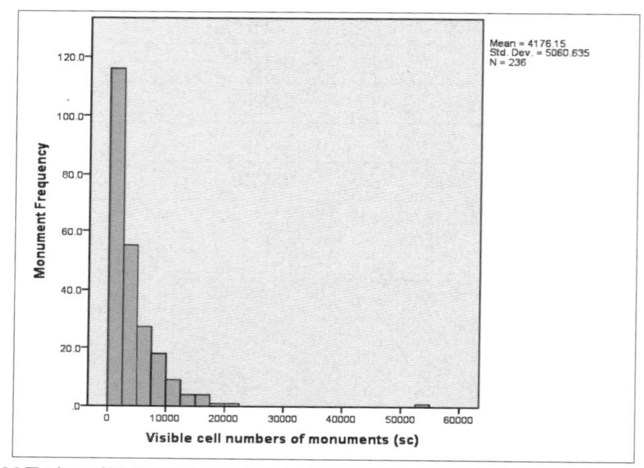

〈도면 4〉 236곳의 고인돌 유적지들로부터의 가시범위(셀(cell) 수)의 빈도를 나타내는 막대그래프

〈표 3〉 주거 유적 25번 서울 일원동 유적관련 정보

유적 번호	유적명	시기	가시범위 셀 수	고도	지세
25	서울 일원동	후기	47594	255m	산등성

도면 3의 두 번째 범주에 해당되는 예외적 유적지들은 주거 유적 8번 부천 고강동 (33469), 19번 평택 현곡리 (31852), 68번 평택 방축리 (31553), 76번 오산 가장동 (30060) 등인데, 표 4에 따르면, 주거 유적 19번 평택 현곡리를 제외하고, 나머지 3개 주거 유적의 편년은 청동기시대 중기 또는 중기에서 후기에 걸친 시기 범주[6]에 해당된다. 이들 중, 8번 고강동 유적과 76번 가장동 유적은 모두 해발 110m

6) 한반도 중서부 지역의 청동기 시대 유적들의 시기 구분에 관해서는 김선우, 2012, 「한반도 중

(115 ± 5.7 m, 주거 유적의 평균(average) 고도는 77m) 이상에 위치해 있으며, 이들은 적석환구유구, 또는 환호를 가지고 있었고, 19번 현곡리 유적과 68번 방축리 유적의 공통점은 두 유적 모두 안성천 부근에 위치해 있었다는 점이다.

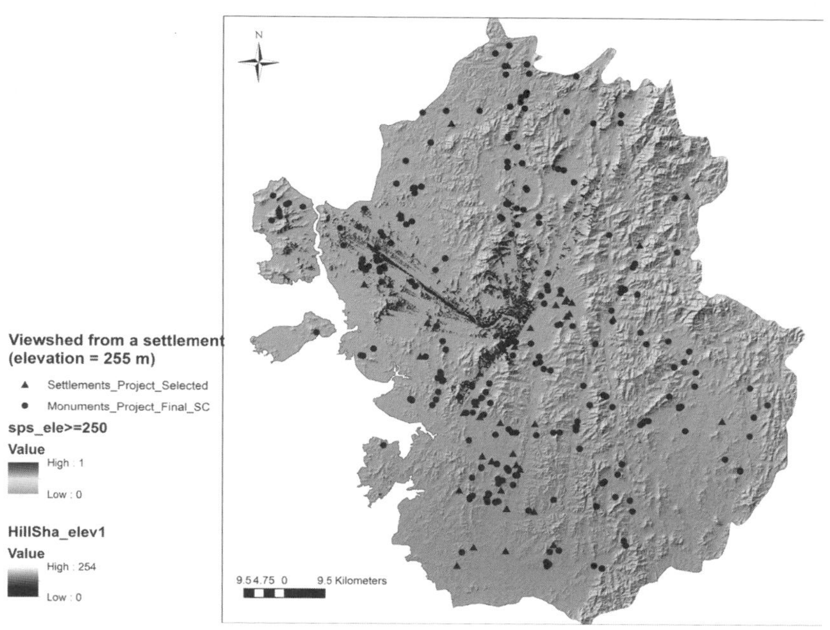

〈도면 5〉 주거 유적 25번 서울 일원동 유적으로부터의 시계(視界, 가시 범위)

〈표 4〉 두 번째 범주의 예외적 주거 유적들에 관한 정보

유적 번호	유적명	시기	가시범위 셀 수	고도	지세	환호 여부	강 유적 對 내륙 지역
8	부천 고강동	중기부터 후기까지	33469	119m	산등성	유	
19	평택 현곡리	전기부터 중기까지	31852	66m	산등성		안성천
41	평택 방축리	중기	31553	55m	산정상		안성천

서부 지방의 청동기시대 시기구분 시론-베이지안 모델링(Bayesian modelling)분석을 이용한 서울·인천·경기도 지역의 토기유형·주거지형태에 의거한 시기구분 검토」,『백산학보』pp. 56-58, 또는, Kim, S.W. 2015. *Life and Death in the Korean Bronze Age(c. 1500-400 BC): An analysis of settlements and monuments in the mid-Korean peninsula.* Oxford: Archaeopress BAR International Series 2700, p.52, 참조 요망.

44	오산 가장동	중기부터 후기까지	30060	111m	산등성	유	

한편, 최저 가시범위를 나타내는 유적은 주거 유적 1번인 연천 삼거리 유적이며, 가시 범위 셀 숫자는 667 이다.(다음으로 낮은 숫자는 77번 광명 가학동의 1126이다). 발굴 보고서에 따르면, 6기의 신석기시대 주거지들이 3기의 청동기시대 주거지들 아래에서 발견되었으며, 9호 주거지의 방사성탄소연대는 서울대학교 AMS연구실에 의뢰하여 2930±50 BP (No lab no. 1307-996 BC (2 sigma), 도면 6 참조)로 연대가 측정되었다(송만영 외, 2002: 160). 방사성탄소 연대측정 결과에 기초하여 연천 삼거리 유적은 청동기시대 전기에 속하는 것으로 추정되며, 아마도 청동기시대인들에게 있어 시간이 흐를수록 주거 유적의 입지 결정에 있어서 가시성(visibility) 확보가 보다 중요한 요소가 된 것이 아닌가 사료된다.

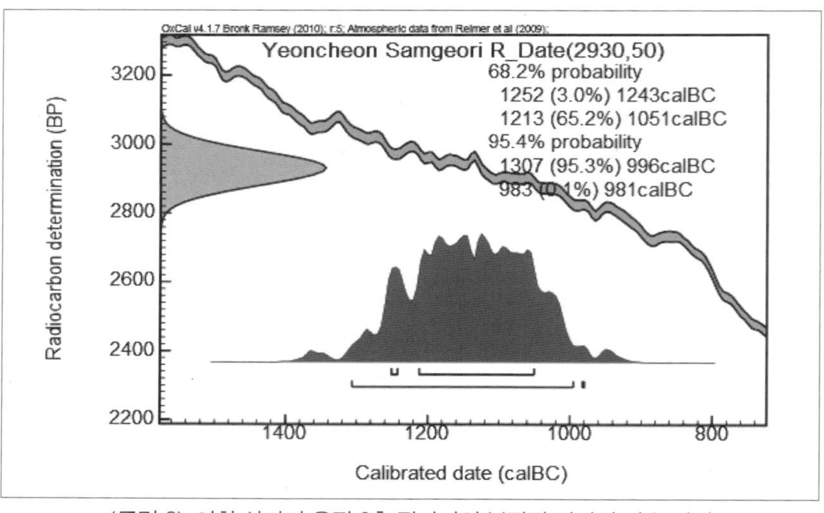

〈도면 6〉 연천 삼거리 유적 9호 집자리의 보정된 방사성 탄소 연대
(OxCal 4.1을 이용하여 필자가 구함)

다음으로는, 고인돌 유적지들 중에 예외적으로 넓은 가시권을 가진 유적이 있는데, 평택 양교리 유적 (도면 7 참조)이 그것이며, 이곳의 가시 범위는 54322개의 셀에 해당된다. 이 고인돌 유적지는 해발 107미터 (연구 대상 지역의 다른 고

인돌 유적지들의 평균(average) 고도는 65.2 ± 41.8 m 이다)에 위치해 있으며, 다른 연구 대상 지역에 비해 다소 평탄한 지세를 가지고 있다. 이 고인돌 유적지의 주변에 있는 주거 유적들 (18번 평택 현화리 (14412); 19번 평택 현곡리 (31852); 68번 평택 방축리 (31553, 도면 8 참조))도 또한 상당히 넓은 시계를 가졌다.

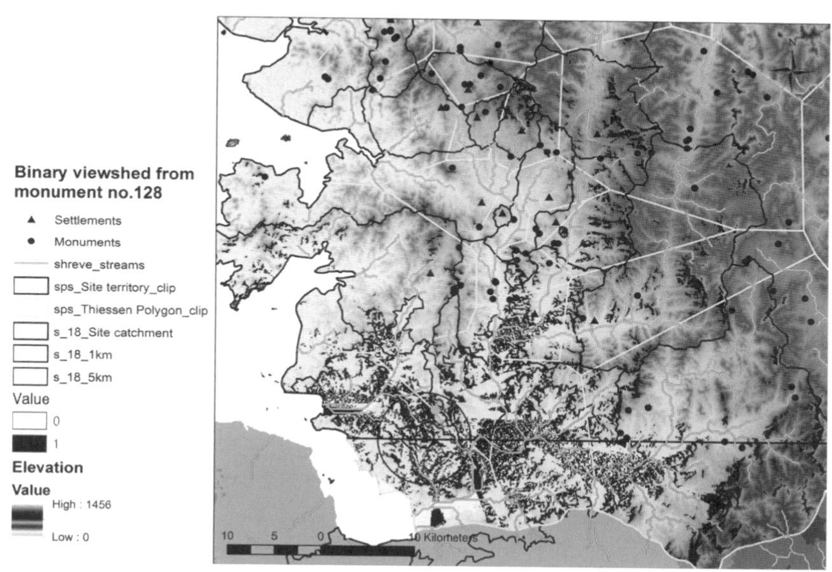

〈도면 7〉 고인돌 유적 128번 평택 양교리 유적의 시계(viewshed)

한편, 앞에서 언급한 주거 유적의 평균 시계가 고인돌 유적지의 그것보다 3배 가량 더 넓은 이유를 알아보기 위하여 시계 범위와 주거 유적 및 고인돌 유적들의 고도와의 상관관계를 살펴보았는데, 이들 사이의 관계는 도면 8, 9 및 10에서 확인할 수 있다. 시계의 범위와 주거유적 고도 (도면 8 참조)의 상관관계 분석 결과, 두 변수 사이에는 $r^2 = 0.36$ (p 값(유의확률값) = 0.000014)이라는 뚜렷한 양적 선형관계가 존재하였는데, 여기서 예외적 주거 유적 (25번 서울 일원동 유적지)을 특이치(outlier)로 제외시키면, 상관관계 분석치는 $r^2 = 0.16$ (p 값 = 0.00679, 도면 9참조)으로 다소 약한 양적 선형관계를 나타내었다. 한편, 시계범위와 고인돌 유적지의 고도와는 거의 무시될만한 선형관계가 도출되었다($r^2 = 0.0067$, 도면 10

참조).

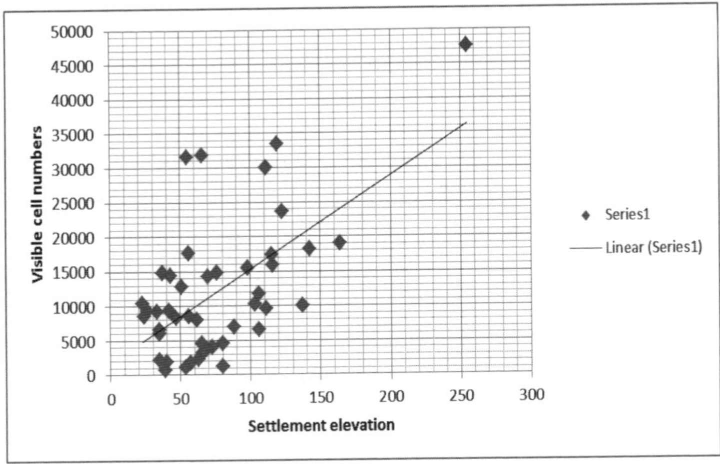

〈도면 8〉 주거 유적들의 고도와 시계 범위의 상관관계
(r^2 = 0.36, p value = 0.000014)

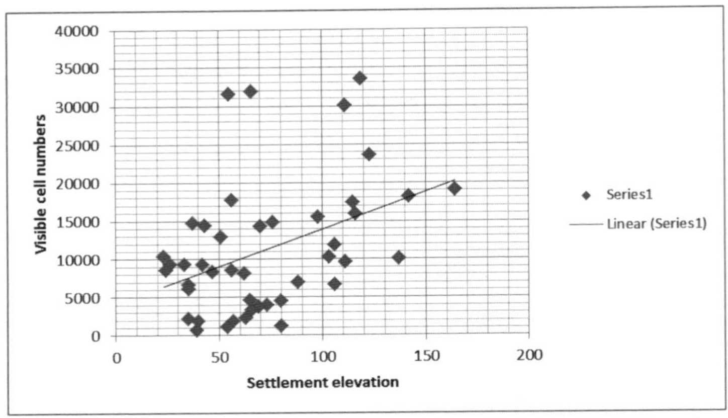

〈도면 9〉 서울 일원동 유적을 제외한 주거 유적들의 고도와 시계 범위의 상관관계
(r^2 = 0.16, p value = 0.00679)

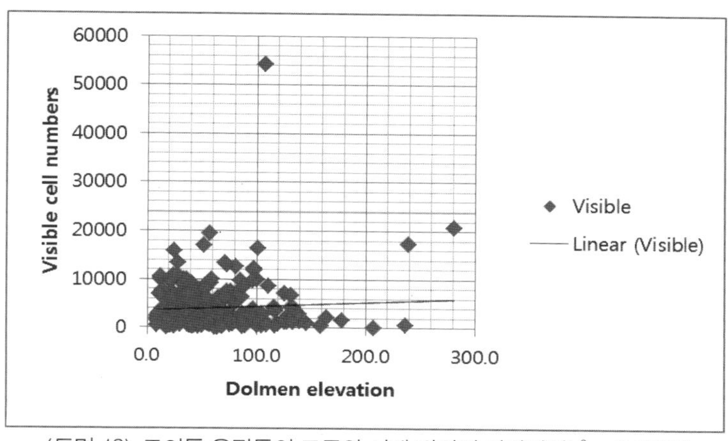

〈도면 10〉 고인돌 유적들의 고도와 시계 범위의 상관관계(r^2 = 0.0067)

시계(viewshed) 범위의 막대 그래프에서 잠깐 언급한 것처럼, 그리고 지세(landform) 분석[7] 결과를 함께 고려해 볼 때, 고도(elevation)는 고인돌 유적들의 입지 결정에서보다 주거 유적의 입지를 결정하는 데에 더 중요한 요인이었던 것 같다. 다시 말해, 청동기시대 인들은 주거 유적 선정에 있어 아마도 방어 목적을 위하여 시야를 가리지 않는 입지를 더 선호하였던 것으로 추정되는데, 앞으로 청동기시대의 집단간 대립이나 충돌 등에 관한 연구들이 심도있게 진행되어져야 알 수 있겠지만, 고인돌 안에서 발견된 부러진 돌 화살촉이나 마제 석검 등의 고고학적 자료들 [고인돌에서 발견된 마제 혹은 청동 단검 및 화살촉 (국립중앙박물관·국립광주박물관, 1992: 10-23), 화재에 의해 파괴된 주거지들(김재원·윤무병, 1967: 39; 배기동·강병학, 2000: 74; 이남규 외, 2006: 65-66; 장경호 외, 2004: 32; 박경식 외, 2007: 58, 98)]에 기초해 볼 때, 집단 내 혹은 집단 간에 갈등이 존재했었을 가능성이 있었을 것으로 추정된다(이영문, 2002: 280). 즉, 당시 사람들은 취락지로서 산등성의 입지를, 그리고 고인돌 유적지의 입지로는 산의 끝자락에

7) Kim, S.W. 2015. *Life and Death in the Korean Bronze Age(c. 1500-400 BC): An analysis of settlements and monuments in the mid-Korean peninsula*. Oxford: Archaeopress BAR International Series 2700, pp.67-71 참조 요망.

서 평지가 시작되는 경계에 해당되는 공간을 선호했던 것으로 보인다[8].

한편, 주거 유적들 중, 5개의 유적지들 (8번 부천 고강동; 14번 화성 동학산; 15번 수원 율전동; 72번 안성 반제리; 76번 오산 가장동)에서는 환호 유적 또는 적석환구유구가 확인되었다. 환호 유적에 대한 해석은 분분한데, 8번 부천 고강동 및 72번 안성 반제리 유적의 경우에는 환호 안에서 주거지가 발견되지 않았다. 주거지 대신, 이들 두 환호는 공통적으로 산의 정상부를 에워쌌는데, 8번 고강동 유적의 환구유구는 해발 91.6m의 정상부에 위치해 있으며, 유구의 중심에 남북 6m, 동서 6m 규모의 방형 적석유구가 자리하고 있었다. 72번 안성 반제리의 경우는 해발 94~95m 지점에 위치한 환호가 매봉산의 상단부를 원형의 머리띠모양으로 둘러싸고 있었고, 환호가 위치한 정상부 평탄면의 북서쪽에 치우쳐 자연암반이 자리하고 있었다(이승엽, 2007: 100-107). 그러므로, 이들 환호 또는 환구유적은 방어용 구조물이라기보다는 의례 또는 제의와 관련된 기능을 담당했던 것으로 추정된다(이승엽, 2007: 124). 한편, 환호가 있는 유적과 환호가 없는 유적들간에 고도의 차이가 존재하는 지에 대해서도 살펴 보고자 하는데, 그 이유는 환호 유적들이 의례가 목적이든 방어가 목적이든 다소 높은 지대를 선호했을 가능성이 있기 때문이다. 이 두 유적들은 정규 분포(normal distributions)를 보이기 때문에, t 검정을 통해 두 그룹의 평균이 서로 다른지 여부를 확인하였다(환호 유적 고도 (도면 11 참조): 평균(Mean) = 116.8±12.2 m (중간값 (Median): 111±8 (IQR: interquartile range, 사분위수 범위) m), 개수(n) = 5; 비환호 유적 고도(도면 12 참조): 평균(Mean) = 71.70±43.34 (중간값 (Median): 63±40.5 (IQR) m), n = 40). t 검정 결과, 3.45E-05의 p값 (유의확율값)을 구할 수 있었는데, 이 값이 유의수준 0.05보다 작으므로, 환호 유적과 비환호 유적간에 고도의 차이가 있다는 분석 결과가 도출되었다. 그런데, 비환호 유적들 중에서도 높은 고도에 위치한 예외(outlier)적인 유적이 존재하였는데, 바로 앞에서 언급한 바 있는 서울 일원동 유적이다. 이 유적은 이후 철기시대에 등장하는 전략상 주요 지역에 주변의 관찰과 방어를 목적으로 설치된 산성(山城)의 전조(前兆)로서의 역할을 담당했

8) *Ibid*

던 것이 아닌가 추정된다[9].

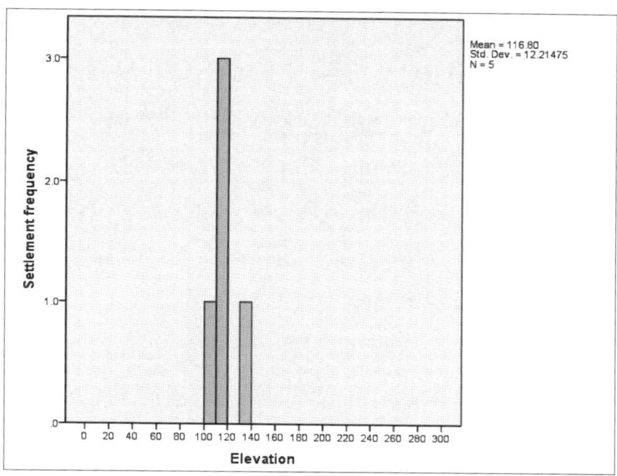

〈도면 11〉 환호가 있는 유적들의 고도와 빈도에 관한 막대그래프

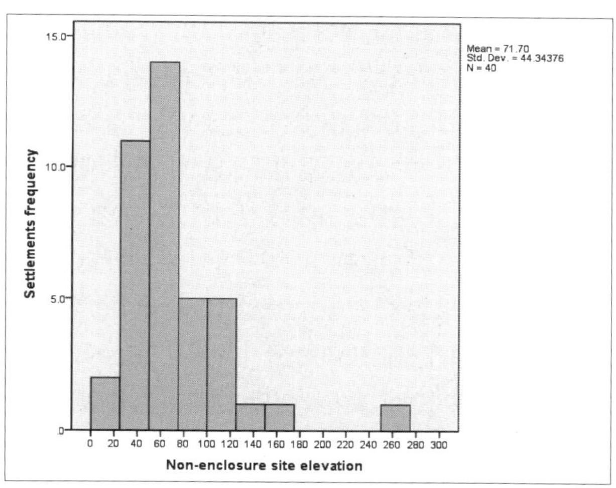

〈도면 12〉 환호가 없는 유적들의 고도와 빈도에 관한 막대그래프

9) Kim, S.W. 2015. *Life and Death in the Korean Bronze Age(c. 1500-400 BC): An analysis of settlements and monuments in the mid-Korean peninsula*. Oxford: Archaeopress BAR International Series 2700, pp. 90-91 참조 요망.

이와 더불어, 고도 100미터 이상의 환호 유적 및 비환호 유적들 간에 가시권 범위에 차이가 있는지에 대해서도 의문이 생겼다. 즉, 방해받지 않는 시야를 확보하기 위하여, 환호 유적들의 위치가 선택되었는지를 확인하기 위해 분석을 수행하였고, 결과는 다음과 같다(환호 유적 시계 범위(도면 13 참조): 평균(mean) = 19007±11735(중간값(Median): 11812±20016(IQR), 개수(n)=5; 비환호 유적 시계 범위(도면 14 참조): 평균(mean) = 19814 ± 12391(중간값 (Median): 17748.5±5617.5(IQR), n=8, 비환호 유적지들은 주거 유적 12번 화성 고금산; 16번 수원 이목동; 21번 용인 죽전; 25번 서울 일원동; 28번 여주 흔암리; 48번 하남 덕풍동 제의 유적지; 54번 의왕 이동; 75번 파주 식현리 등이다).

고도 100미터 이상의 환호 유적 및 비환호 유적들 간에 시계(viewshed) 범위의 분포가 정규분포 패턴을 보이지 않기 때문에 t 검정 대신에 비모수 Mann-Whitney 검정을 수행하였고, 그 결과 유의확률값 (p 값)이 0.77로 유의 수준 0.05보다 크므로, 해발 고도 100미터 이상의 환호 유적과 비환호 유적들 간의 시계 범위에는 차이가 발견되지 않았다. 그런데, 환호 유적들 중에서 위에서 언급한 바와 같이, 8번 부천 고강동의 경우는 방형의 적석유구(6m×6m)가 발견되었고, 72번 안성 반제리의 경우는 환호 안쪽의 북서쪽에 치우쳐 자연암반 (약 4.1m×3.2m)이 발견되었기 때문에 다른 환호 유적들과는 상이한 기능들을 가졌던 것으로 추정된다(이상엽, 2007: 100-117, 112). 흥미롭게도, 한 곳의 제의 유적(ritual site)이 100미터 이상 고도 범주의 비환호 유적들 사이에 포함되어 있었는데, 48번 하남 덕풍골 유적이 그 유적으로, 8번 부천 고강동유적 및 72번 안성 반제리 유적과 유사하게, 덕풍골 산능선의 북쪽 정상부 (해발 113m)에 위치해 있었고, 자연암반 위에 커다란 바위 몇 개가 서로 맞대어 있거나 겹쳐 있는 상태였으며, 이 바위들 주변으로 크고 작은 바위들이 흩어져 있었다. 세 유적의 공통점으로는 돌 구조물을 들 수 있는데, 이들 구조물들은 제의(ritual ceremonies)를 위해 혹은 그 자체가 숭배의 대상(objects of worship)으로서 기능하기에 충분했던 것으로 보인다(최정필 외, 2007: 37-40, 82-84, 최병식, 2007: 225-227).

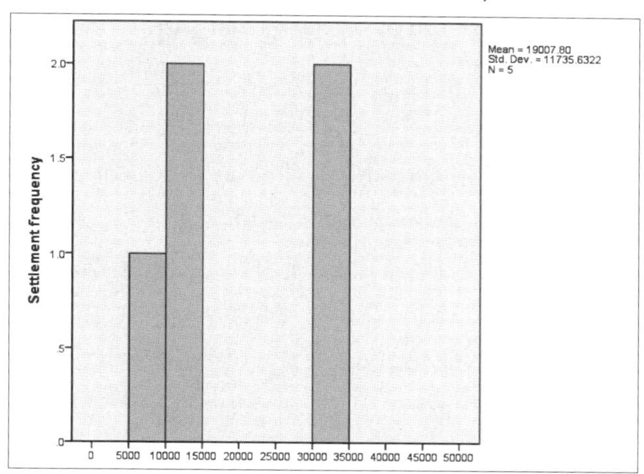

〈도면 13〉 환호가 있는 유적들의 시계(viewshed) 범위와 빈도에 관한 막대그래프

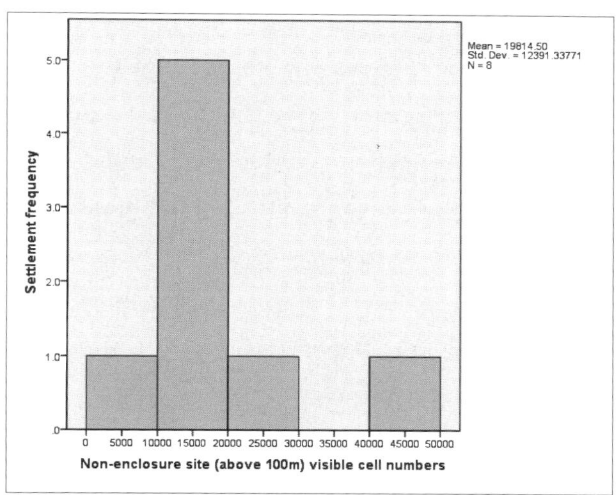

〈도면 14〉 환호가 없는 유적들의 시계(viewshed) 범위와 빈도에 관한 막대그래프

IV. 결과 해석 및 맺음말

지금까지 살펴본 바와 같이, 한반도 중서부(서울·인천·경기도) 지역의 청동기시대 주거 유적과 고인돌 유적의 이분 시계(Binary viewshed) 분석 결과에 따르면, 두 유적지들간의 입지에 차이가 나타났는데, 주거 유적들의 평균(mean) 시계는 고인돌 유적들의 그것에 비해 대략 3배 정도 더 넓었고, 주거 유적과 고인돌 유적들의 시계와 고도간의 관계는 주거 유적의 경우, 시계의 범위와 고도 사이에 긍정적인 상관(positive) 관계가 나타났으나, 고인돌들의 경우는 둘간의 상관 관계가 거의 보이지 않았다. 다시 말해, 청동기시대 인들은 주거 유적의 선정에 있어 아마도 방어 목적을 위하여 시야를 가리지 않는 입지를 더 선호했었던 것으로 추정되며, 고인돌 유적지의 입지로는 산의 끝자락에서 평지가 시작되는 경계에 해당되는 공간, 즉, 농경지와 인접한 지역을 선호했던 것으로 보인다. 한편, 누적 시계(Cumulative viewshed) 분석 결과들에 따르면, 현상학적 측면에서 청동기시대로부터 중세 및 근대를 걸쳐 현대에 이르기까지 일련의 문화적 연속성이 유지되었다고 보여지는데, 즉, 많은 수의 고인돌 유적들로부터 바라다보이는 위치에 입지한 북한산과 다수의 주거 유적들로부터 조망되는 지점에 위치한 관악산이 청동기시대인들에게도 중요한 지역으로 받아들여지지 않았을까 하는 점이다. 이와 같이 시계 분석(視界 分析, Viewshed analysis)의 결과들은 청동기시대인들의 경관에 대한 인식을 유추할 수 있는 기회를 제공해 줄 수 있다고 하겠으며, 한편, 청동기시대인들의 삶의 터전과 매장 지역으로 선정된 지역들에 대한 장기간의 변화 양상과 이에 대한 해석은 지면 관계상 다음을 기약하고자 한다.

부 록 〈표 1〉

일련번호	유적번호	유적지명		경도	위도	고도	가시범위 Visible cell numbers	토양	시기
1	1	연천	삼거리	127.021	38.091	39	667	밭농사_적합	전기에서 중기
2	2	파주	다율·당하리	126.747	37.747	35	2210	밭농사_수확량 높음	전기
3	3	파주	옥석리	126.777	37.817	98	15430	밭농사_제한적	전기
4	4	파주	교하리	126.743	37.757	51	12876	밭농사_수확량 높음	전기
5	5	강화	삼거리	126.421	37.761	66	3317	벼농사_수확량 낮음	전기에서 후기
6	6	인천	검단동	126.654	37.598	47	8357	밭농사_수확량 낮음	후기
7	7	인천	원당동	126.722	37.599	33	9283	벼농사_수확량 높음	전기에서 후기
8	8	부천	고강동	126.824	37.517	119	33469	밭농사_제한적	중기에서 후기
9	9	시흥	계수동	126.807	37.442	40	1908	벼농사_수확량 낮음	전기에서 중기
10	10	군포	대미야동	126.926	37.322	88	6927	밭농사_수확량 높음	전기
11	11	안양	관양동	126.967	37.409	69	3785	밭농사_제한적	전기에서 중기
12	12	화성	고금산	127.004	37.217	123	23603	밭농사_적합	전기에서 후기
13	13	화성	천천리	126.979	37.227	57	1837	밭농사_제한적	전기에서 중기
14	14	화성	동학산	127.08	37.202	106	11812	벼농사_수확량 높음	전기에서 중기
15	15	수원	율전동	126.97	37.314	111	9654	밭농사_제한적	중기에서 후기
16	16	수원	이목동	127.024	37.302	142	18120	임야	중기
17	17	평택	지제동	127.047	37.116	35	6637	밭농사_제한적	전기에서 중기
18	18	평택	현화리	126.918	36.989	43	14412	벼농사_수확량 높음	전기에서 중기
19	19	평택	현곡리	126.962	37.029	66	31852	밭농사_적합	전기에서 중기
20	20	용인	봉명리	127.119	37.112	65	4608	벼농사_수확량 낮음	전기
21	21	용인	죽전	127.116	37.301	164	18967	밭농사_제한적	전기에서 후기
22	22	서울	가락동	127.098	37.512	37	14776	밭농사_수확량 높음	중기

23	23	서울	역삼동	127.046	37.491	70	14284	밭농사_수확량 높음	전기
24	24	서울	명일동	127.164	37.565	56	17675	물가	후기
25	25	서울	일원동	127.057	37.469	255	47594	밭농사_제한적	후기
26	26	남양주	수석리	127.175	37.59	76	14858	밭농사_제한적	후기
27	27	하남	미사리	127.209	37.572	23	10412	밭농사_수확량 높음	전기에서 후기
28	28	여주	흔암리	127.611	37.316	115	17377	밭농사_제한적	전기에서 후기
29	29	가평	달전리	127.508	37.813	80	1236	물가	전기에서 후기
30	30	가평	대성리	127.383	37.699	63	2261	밭농사_제한적	후기
31	31	양평	양수리	127.317	37.537	35	6097	밭농사_수확량 높음	전기에서 중기
32	44	인천	동양동	126.748	37.56	26	9328	밭농사_제한적	전기에서 중기
33	45	하남	망월동	127.193	37.54	42	9337	물가	전기에서 중기
34	46	하남	망월동 구산	127.189	37.573	24	8605	벼농사_수확량 낮음/ 밭농사_수확량 높음	전기에서 후기
35	47	하남	덕풍동 수리골	127.2	37.546	56	8605	밭농사_제한적	전기
36	48	하남	덕풍동 제사유적	127.193	37.54	116	15911	밭농사_제한적	중기
37	54	의왕	이동	126.958	37.341	106	6643	밭농사_제한적	전기에서 중기
38	60	화성	반월동	127.06	37.235	62	8090	벼농사_수확량 높음	중기
39	61	화성	반송동	127.069	37.21	73	4019	밭농사_제한적	중기
40	64	화성	가제리	126.919	37.154	80	4517	밭농사_수확량 높음	중기
41	68	평택	방축리	127.046	37.023	55	31553	밭농사_수확량 낮음	중기
42	72	안성	반제리	127.172	37.039	137	10044	임야	중기에서 후기
43	75	파주	식현리	126.874	37.96	103	10301	밭농사_제한적	중기
44	76	오산	가장동	127.031	37.157	111	30060	밭농사_제한적	중기에서 후기
45	77	광명	가학동	126.862	37.408	54	1126	벼농사_수확량 낮음	전기에서 후기

〈참고문헌〉

강동석 2002 「강화 지석묘의 구조와 분포분석」, 『박물관지』 4, 인하대학교박물관, 43-64쪽.

경기도 박물관

2007 『경기도 고인돌』.

경기문화재연구원·경기도박물관

2009 『경기발굴 10년의 발자취』.

과천 문화 센터

1991 과천의 산 [온라인], 과천.
Available: http://www.gccc.or.kr/source/data/gc/data_list_view2.html?Dsdv=3&Dsid=139 [접속일: 2012년 4월 17일].

구자진 2005 「옥천 대천리의 신석기시대 집자리 연구」, 『한국상고사학보』 47집, 5-36쪽.

국립중앙박물관·국립광주박물관

1992 『한국의 청동기 문화』, 범우사.

宮里 修 2005 「무문토기시대의 취락구성」, 『한국고고학보』 56집, 49-61쪽.

권동희 2011 『한국의 지형』, 파주: 한울아카데미.

권오영·이형원·신성혜·노중국

2007 『화성 반송리 청동기시대 취락』, 한신대학교 박물관.

김권구 2005 『청동기시대 영남지역의 농경사회』, 서울: 학연문화사.

김범철 2005 「금강하류역 송국리형 취락의 형성과 도작집약화-취락체계와 토양분석의 공간적 상관관계에 대한 GIS 분석을 중심으로」, 『송국리문화를 통해서 본 농경사회의 문화체계』(고려대학교 고고환경연구소 편), 84-119쪽.

김선우 2012a 「한반도 중서부 지방 주거지와 지석묘의 공간분석에 대한 시론-환경요인(environmental elements) 분석을 중심으로-」, 『선사와 고대』 37집, 5-37쪽.

2012b 「한반도 중서부 지방의 청동기시대 시기구분 시론-베이지안 모델링(Bayesian modelling) 분석을 이용한 서울·인천·경기도 지역의 토기유형·주거지형태에 의거한 시기구분 검토」, 『백산학보』, 23-65쪽.

김승옥 2006 「청동기시대 주거지의 편년과 사회변천」, 『한국고고학보』 60집, 4-37쪽.

김원룡·임효재·최몽룡·여중철·곽승훈

1974 『흔암리 주거지』, 서울대학교 고고학과·인류학과·서울대학교 부설 박물관.

김장석 2001 「흔암리 유형 재고: 기원과 연대」, 『영남고고학』 28호, 35-64쪽.

김종욱 외
2008 「제2장 산지 지형」, 『한국의 지연지리』, 서울: 서울대출판부
김종일 2006 「경관고고학의 이론적 특징과 적용 가능성」, 『한국고고학보』 58집, 110-144쪽.
김재원·윤무병
1967 『한국지석묘연구』, 국립박물관.
문화공보부 문화재관리국
1974 『팔당·소양댐수몰지구유적발굴 종합조사보고』.
박경식·서영일·엄기표·정성권·최문환·이재설·강형웅·방유리·박지영·이순영
2007 『의왕이동 청동기유적 발굴조사 보고서』, 단국대학교 매장문화재연구소·(주)대능·북일 종합건설.
박선주·권학수·이융조
1996 『평택 현화리 유적』, 평택시 공영개발사업소·충북대학교 선사문화연구소.
박성희 2006 「청동기시대 취락유형에 대한 고찰-중서부지역을 중심으로」, 『한국상고사학보』 54집, 21-47쪽.
배기동·강병학
2000 『부천 고강동 선사유적 제4차 발굴조사보고서』, 부천시·한양대학교 박물관·문화인류학과
배기동·이화종
2002 『부천 고강동 선사유적-제5차 발굴조사 보고서』, 부천시·한양대학교 문화재연구소.
배진성 2007 『무문토기문화의 성립과 계층사회』, 서울: 서경문화사.
백종오·오대양
2007 「경기도 고인돌의 현황과 특징」. 『경기도 고인돌연구의 어제와 오늘』. 17-20쪽. 17-47쪽.
부산대학교 박물관
1993 『김해 예안리 고분군 II-본문』.
서울대학교 박물관·서울대학교 고고학과
1976 『흔암리 주거지 3』.
성춘택·이성준·츠치다 준코·최경환
2007 『화성 반월동유적』, 충남대학교 백제연구소·(주)애경건설.
쇼다 신야
2009 『청동기시대의 생산활동과 사회』, 서울: 학연문화사.
송만영·이소희·박경신
2002 『연천 삼거리유적』, 경기도 박물관

신숙정 1992 「우리나라 신석기시대의 자연환경-남해안지방을 중심으로」, 『한국상고사학보』 10집, 17-81쪽.
신형식 2009 『한국고대사의 새로운 인식』, 서울: 주류성출판사.
안승모 1993 「한강유역의 신석기문화」, 『한강유역사』(최몽룡 편), 서울: 민음사, 21-113쪽.
1998 『동아시아 선사시대의 농경과 생업』, 서울: 학연문화사.
안재호 2004 「중서부지역 무문토기시대 중기취락의 일양상」, 『한국상고사학보』 43집, 1-24쪽.
우장문 2006 『경기지역의 고인돌연구-경기·서울·인천 지역의 고인돌』, 서울: 학연문화사.
유병린·박영구 『한국 청동기시대 주거지 집성-서울·경기·강원도-』, 서울: 도서출판 춘추각.
유태용 2003 『한국 지석묘 연구』, 서울: 주류성출판사.
이남규·권오영·이기성·이형원·신성혜·조성숙·이진민·한지선·김여진
2006 『화성 천천리 청동기시대취락』, 한신대학교 박물관.
이상엽 2007 「경기지역 환호의 성격 검토」, 『경기도의 고고학』, 서울: 주류성 출판사, 97-124쪽
이성주 2007 『청동기·철기시대 사회변동론』, 서울: 학연문화사.
이영문 2002 『한국 지석묘 사회 연구』, 서울: 학연문화사.
이진민 2004 「중부지역 역삼동 유형과 송국리 유형의 관계에 대한 일고찰-역삼동 유형의 하한을 주목하여」, 『한국고고학보』 54집, 35-62쪽.
이형원 2009 『청동기시대 취락구조와 사회조직』, 서울: 서경문화사.
이희연 2003 『GIS: 지리정보학』, 파주: 법문사
인천광역시 서구청·인하대학교 박물관
2005 『대곡동 지석묘-인천 대곡동 지석묘 정밀지표조사』.
인천광역시·대한불교조계종 문화유산발굴조사단
2002 『강화의 문화유적-강화문화유적 지표조사 보고서』.
임효재 외 서울대학교 부설 박물관·서울대학교 고고학과
1978 『흔암리 주거지 4』.
임효재 2005 「한국 선사시대의 농경」, 『한국 신석기문화의 전개』, 서울: 학연문화사, 341-351쪽.
임효재·김성남·이진민
2002 『화성 고금산 유적』, 서울대학교 박물관.
임효재·양성혁
1999 『강화도 고인돌군-정밀지표조사보고서』, 서울대학교인문학연구소·강화군.

장경호·김성태·김성수·김영화·서길덕

2004 『수원 율전동유적』, 기전문화재연구원·대한주택공사.

장경호·김성태·김아관·서봉수·서길덕

2002a 『시흥 계수동 안골유적-시흥시 계수~과림간 도로개설구간내 시·발굴조사 보고서』, 경기문화재단 부설 경기문화재연구소·시흥시.

장경호·김성태·소상영·김기태·서길덕·김한식

2002b 『안양 관양동 선사유적발굴조사보고서』, 기전무화재연구원·한국수자원공사.

정연우 2007 「북한강 유역의 고인돌 문화」, 『경기도 고인돌』, 경기도 박물관, 632-657쪽.

조화룡 2000 「제6장. 지형」『한국지리』, 제29차세계지리학대회조직위원회, 서울: 교학사

최몽룡 2003 『한국사』 1. 국사편찬위원회.

2006 『최근의 고고학 자료로 본 한국고고학·고대사의 신연구』, 서울: 주류성 출판사.

2011 『인류문명발달사-고고학으로 본 세계문화사』, 서울: 주류성 출판사.

2008 『한국 청동기·철기시대와 고대사의 복원』, 서울: 주류성 출판사.

최몽룡 편저

2007 『경기도의 고고학』, 서울: 주류성 출판사.

최몽룡·이선복·안승모·박순발

1993 『한강유역사』, 서울: 민음사.

최몽룡·이청규·이영문·이성주

1999 『한국지석묘(고인돌)유적 종합조사·연구 I·II』, 문화재청·서울대학교 박물관.

최병식 2007 「서울 대모산성의 역사·지리적 성격에 대한 연구」, 『경기도의 고고학』, 서울: 주류성 출판사, 223-246쪽

최숙경 1987 「고고학 성립 이전의 유적유물관」, 『삼불김원룡교수 정년퇴임기념논총』 I, 서울: 일조각, 747-754쪽.

최정필·하문식·황보경·최민수·유용수

2005 『강화지역 고인돌 실측보고서』, 세종대학교 박물관·강화군.

최정필·하문식·황보경·김진환·오대양·문창희

2007 『하남 덕풍골 유적 II』, 세종대학교 박물관·하남시.

최정필·하문식·황보경·이경준·최민정·유용수

2002 『하남 미사동-2001년 시굴조사 보고서』, 세종대학교 박물관·하남시.

최정필·하문식·황보경·최민정·유용수

2003 『연천지역 고인돌 유적-시·발굴조사 보고서』, 세종대학교 박물관·연

천군.

최정필·하문식·황보경·최민정·유용수

2003 『평택 방축리-시굴조사 보고서』, 세종대학교 박물관·모젤산업(주)·한진전자(주)

최창조 1992 『좋은 땅이란 어디를 말함인가』, 서울: 서해문집.

하문식 1999 『고조선 지역의 고인돌 연구』, 서울: 백산자료원.

2007 「경기도 고인돌문화의 성격」, 『경기도 고인돌』, 경기도 박물관, 611-631쪽.

2004 「망월동 집자리」, 『한국고고학전문사전-청동기시대 편』, 국립문화재연구소, 193쪽.

하문식·김주용·이진영

2004 「GIS 분석을 통한 고인돌 유적의 입지조건 연구」, 『기전고고』 제 4호. 기전문화재연구원. 277-299쪽.

한동환 1993 「풍수를 알면 삶터가 보인다」, 『풍수, 그 삶의 지리 생명의 지리』, 서울: 푸른나무. , 163-215쪽

ARCGIS 10 HELP.

2011a *Analyze Visibility* [Online]. [Accessed 2nd, Aug. 2011].

Chapman, H. P. & Gearey, B. R.

2000 Palaeoecology and the perception of prehistoric landscapes: some comments on visual approaches to phenomenology. *Antiquity*, 74: 316-319.

Choi, Mong-lyong.

1984 *A Study of the Yongsan River Valley Culture: The rise of Chiefdom Society and State in Ancient Korea.* Seoul: DongSongSa.

Cummings, V. & Whittle, A.

2003 Tombs with a view: landscape, monuments and trees. *Antiquity*, 77: 255-266.

Cummings, V. & Fowler, C. (eds.)

2004 *The Neolithic of the Irish Sea: Materiality and traditions of practice*, Oxford: Oxbow Books.

Fleming, A.

1999. Phenomenology and the megaliths of Wales: a dreaming too far? *Oxford Journal of Archaeology*, 18: 119-125.

2005. Megaliths and post-modernism: the case of Wales. *Antiquity*, 79: 921-932.

2006 Post-processual Landscape Archaeology: a Critique. *Cambridge Archaeological Journal*, 16: 267-280.

Gaffney, V. & Stancic, Z.,

1991 The Hvar case study. *GIS approached to regional analysis: A case study of the island of Hvar: preface by Kenneth Kvanne*. Ljubljana: Znanstveni inštitut Filozofske fakultete., pp.35~100.

Gosden, C. & Lock, G.,

1998 Prehistoric histories. *World Archaeology*, 30: 2-12.

Gosden, C.

1994 *Social Being and Time*, Oxford UK and Cambridge USA: Blackwell.

2006 Material Culture and Long-term Change. In: ROWLANDS, M., TILLEY, C. & SPYER, P. (eds.) *Handbook of Material Culture.* SAGE. pp.425-442.

Hodder, I.,

1990 *The Domestication of Europe,* Blackwells.

Ingold, T.

1994 Introduction to culture. In: Ingold, T. (ed.) *Companion Encyclopedia of Anthropology.* London, New York: Routledge.

Kim, J. I.

2002 An Archaeology of Death. *Seoul journal of Korean Studies,* 15, pp.101-128.

Kim, S. H. 5th, Feb.

2007 *The optimum condition of high quality rice production in Korea* [Online]. Seoul: The Agriculture, Fisheries, and Livestock News. Available: http://www.aflnews.co.kr/aflnews/news/news_contents.asp?news_code=2007020501119&c_code=0103 [Accessed 4th, May 2011].

Kim, S. W.

2015 *Life and Death in the Korean Bronze Age(c.1500-400 BC): An analysis of settlements and monuments in the mid-Korean peninsula.* Oxford: Archaeopress BAR International Series 2700

Lee, K. B., TRANSLATED BY, Wagner, E. W. & Shultz, E. J.

1984 *A New History of Korea,* Seoul: Iljogak.

Lock, G. & Stančič, Z.

1995 *Archaeology and Geographical Information Systems-A European Perspective.* London: Taylor & Francis.

Schulting, R.,

2004 An Irish sea change: some implications for the Mesolithic-Neolithic transition. In: Cummings, V. & Fowler, C. (eds.) *The Neolithic of the Irish Sea: Materiality and traditions of practice.* Oxford: Oxbow books. p.22

2007 Approaches to landscapes and landscape archaeology, FHS Paper3. Landscape, Ecology and Human Evolution. School of Archaeology. University of Oxford.

Tilley, C.,

1994 A *phenomenology of landscape: Places, paths and monuments,* Oxford: Berg.

Trigger, B.

1990 Monumental architecture: a thermodynamic explanation of symbolic behaviour. *World Archaeology*, 22: 119-132.

Wheatley, D. & Gillings, M.

2000 Vision, perception and GIS: developing enriched approaches to the study of archaeological visibility. In: LOCK, G. (ed.) *Beyond the Map.* Amsterdam and Oxford: IOS press.

2002 *Spatial Technology and Archaeology: The Archaeological Applications of GIS.* London, New York: Taylor & Francis.

Whittle, A.

2003 *The archaeology of people,* London and New York: Routledge.

A landscape analysis of settlements and monuments in the Bronze Age in the midwestern region of the Korean peninsula with a focus on viewshed analyses

Kim, Sun-Woo (Research Professor, Kyung Hee University)

This study sets out to examine the landscape relationships between settlements and monuments (dolmens) of the Bronze Age (c.1500–400 BC) based on the viewshed analyses in the midwestern region of the Korean peninsula, mainly Seoul, Incheon, and Gyeonggi province. This article focuses on visibility analyses. The aims of viewshed analysis are to investigate how visibility affects the location of settlements and monuments in their landscape and what, if any, differences exist between the viewsheds of settlements and monuments on the basis of the hypothesis that visual factors affect people's perceptions of their environment. The matter of where people take a view seems to be closely related to their value of thinking and decision-making. Therefore, viewshed can be termed a cultural element. According to the results of the binary viewshed analyses, there are differences between the placement of settlements and monuments. The mean viewshed of settlements is approximately three times larger than that of monuments. The relationships between the viewsheds and elevations of settlements and monuments are a positive relation between the range of viewsheds and the elevation of settlements while that for dolmens is not significant. That is, people preferred locations for their settlements with uninterrupted views and higher elevations, perhaps partly because they were more suitable for defense. In addition, what is surprising is the finding that the cumulative viewshed results of settlements and monuments had view of locations important in later periods of Korean history. The decision by which locations were selected were invested with symbolic meaning, for example, in order for historic Korean dynasties to enjoy prosperity and to avoid mishaps certain types of site were specifically chosen. Therefore, if a royal palace was located in a certain area, it suggests that the location was considered a very auspicious place by the rulers of the kingdom of that period. Arguably, Korean Bronze Age peoples' perceptual response towards the landscape they inhabited seems to have been influenced by their surrounding environment, interpreting the land and its forms within a cultural framework in and by which they lived.

[Key words] Landscape, Viewshed Analysis, Cumulative viewshed, Binary viewshed, Bronze Age settlements, Dolmen sites

부장양상으로 본 마제석검과 비파형동검의 상징성 변화양상의 검토

김 권구 (계명대 행소박물관 관장)

I. 머리말

청동기시대 지석묘나 석관묘에 부장되는 마제석검과 비파형동검의 상징성에 대해서는 그동안 여러 견해가 있었다. 대체로 석검이나 동검을 피장자의 권력이나 지위를 나타나는 기물(器物)로 보거나 벽사의 의미로 부장된 것으로 해석하는 견해도 있었다. 그러나 훼기나 파손된 석검의 부장양상은 피장자의 권력이나 지위를 나타내는 것으로 해석하거나 벽사의 기능을 하였다고 보기 어렵다. 또 석검과 동검 중의 어느 하나가 한 점만 부장되는 경우와 석검과 동검이 모두 부장되는 경우 그 양상에 대한 검토도 필요하다.

따라서 이 논문에서는 석검과 동검의 부장양상을 토대로 석검과 동검의 상징성에 대한 검토를 해보고자 한다. 구체적으로 석검의 착장여부, 석검의 훼기여부, 석검과 동검의 공반되는 경우의 석검과 동검의 상징성, 비파형동검의 단수부장과 복수부장여부, 석검의 의기화 또는 대형화, 청동기시대 석검이나 동검의 특성을 부각시키기 위해 초기철기시대 세형동검의 단수부장과 청동의기의 공반 그리고 세형동검의 복수부장의 양상 비교 등을 검토해보고자 한다.

이 논문에서 다루는 시대는 청동기시대이며 마제석검과 비파형동검이 출현하는 시기가 청동기시대 전기와 후기인 점을 고려하여 관련 자료가 없는 청동기시대 조기는 다루지 않고 청동기시대 전기와 후기만 다루며 그 구체적인 구분은 〈표1〉과 같다.

〈표 1〉 청동기시대 시기구분과 대표유적

세부시기구분	대표유적 사례	비고
청동기시대 전기	김천 송죽리 4호지석묘, 진안 안자동 1호 지석묘, 서천 오석리 주구석곽묘	흔암리단계, 가락동단계 등
청동기시대 후기	여수 오림동 5호지석묘, 부여 송국리 석관묘, 김해 신문리 3호 석관묘, 대구 상동지석묘, 대구 대천동지석묘, 밀양 가인리지석묘, 청도 진라리지석묘 등	송국리단계, 검단리 단계 등

다만 이 논문에서는 마제석검과 비파형동검이 출토되는 모든 유적을 포괄하지 않고 대표적 유적 28개소 유적의 지석묘 또는 석관묘 121개의 사례를 중심으로 석검과 동검의 출토양상 검토를 하였다. 적어도 모든 유적을 다 포함하지 않았더라도 청동기시대의 대표적인 석검과 동검의 부장양상은 포함되었다고 판단한다. 청동기시대 전기의 사례가 5개뿐이고 청동기시대 후기의 사례가 116개여서 자료의 균형은 맞지 않으나 청동기시대 전기의 사례가 적은 것은 어쩔 수 없는 상황임을 밝힌다. 또 석검과 동검의 부장양상 속에서 착장여부를 판단하는데 있어서 주관적인 측면은 존재하나 피장자의 허리부근에서 석검이나 동검이 출토되는 경우 착장가능성이 있다고 보았다.

II. 대표적인 부장양상

마제석검이나 비파형동검이 출토되어 그 부장양상을 보여주는 사례를 살펴보면 다음과 같다.

1. 서천 오석리 주구석관묘 출토 비파형동검

서천 오석리 주구석관묘 내부에서는 비파형동검 1점, 완형의 이단경식석촉 3점과 미완성 석촉 1점으로 구성된 석촉 4점이 출토되었다〈도면1〉. 이 주구석관묘는 청동기시대 전기에 속한다. 동검은 석관의 중간부분에서 동검의 봉부가 아래쪽을 향한 채로 출토되었다(朴亨順 2008:13-22). 동검의 출토상태로 보아 착장되었던 것으로 보인다. 비파형동검은 단수로 부장되었다.

2. 진안 안자동유적

진안 안자동 유적에서는 13기의 지석묘가 조사되었는데 이중 4기의 지석묘에서 마제석검이 출토되었다. 이중 진안 안자동 1호 지석묘와 안자동 9호 지석묘는 이단병식마제석검과 삼각만입형석촉 등 출토유물로 보아 청동기시대 전기로 편년된다.

1) 진안 안자동 1호 지석묘 출토 석검

진안 안자동 1호 지석묘에서는 이단병식마제석검 1점, 삼각만입형석촉 5점, 무문토기편, 미완성 방추차 등의 유물이 출토되었다. 이 지석묘는 청동기시대 전기로 편년된다. 진안 안자동 1호 지석묘는 일종의 묘역식지석묘로서 석검은 지석묘 바닥 중앙부에 있는 판석 위에서 서벽과 나란하게 노출되었고 봉부는 동쪽을 향해 있었다. 석촉은 석검이 놓여 있는 판석위와 서벽쪽 바닥석에서 출토되었다. 석검의 인부 일부가 파손되어 결실되었다(김승옥 외 2001b:221-230). 석검의 출토위치와 출토양상으로 보아 석검은 착장품일 가능성을 배제할 수 없다. 석검은 단수로 부장되었다.

2) 진안 안자동 9호 지석묘 출토 석검

진안 안자동 9호 지석묘의 매장주체부 내부에서 이단병식마제석검 1점, 적색마연토기 1점, 단면 삼각만입형 석촉 8점이 출토되었다. 이 지석묘는 청동기시대 전기로 편년된다. 매장주체부의 북서장벽의 서쪽 바닥에서 병부가 남서쪽을 향하고 있는 이단병식마제석검이 출토되었다(申大坤 외 2001:53-62). 석검의 출토위치를 고려할 때 석검은 착장품일 가능성이 있다. 석검은 단수로 부장된 것으로 보인다.

3. 진안 수좌동 1호 지석묘 출토 석검

진안 수좌동 1호 지석묘의 매장주체부인 석관 내부에서는 이단병식 有穴溝 마제석검 1점, 용도미상석재 1점, 삼각만입무경식석촉 2점이 출토되었다. 북쪽으로 향하고 있는 석검의 병부 뒤쪽에서 검신부가 발견되는 등 대부분 교란된 것으로 보인다(申大坤 외 2001:143-148). 출토유물로 볼 때 청동기시대 전기로 편년된다.

4. 김천 송죽리 4호 지석묘 부근 출토 비파형동검

김천 송죽리유적에서는 모두 19기의 지석묘가 발굴되었다. 그러나 마제석검은 1점도 출토되지 않았고 비파형동검 1점이 김천 송죽리 4호 지석묘 주변에서 출토되었다. 좀더 구체적으로 말하면 김천 송죽리 4호 지석묘에서 남동쪽으로 125cm 떨어진 지점에서 비파형동검이 거꾸로 꽂힌 상태로 노출되었다. 아마도 지석묘 축조시의 의례와 관련하여 벽사용으로 사용된 유물로 추정되기도 한다(金權九 2007:185-189). 이 자료는 비파형동검의 사용양식에 대한 정보를 주고 있다. 특히 여수 오림동 5호 지석묘 상석에서 확인된 일단병식석검을 거꾸로 세우고 인물들이 제사를 지내는 모습을 한 암각화(李榮文 외 1992:81)는 이와 관련 주목된다.

5. 달성 평촌리유적 출토 석검

달성 평촌리 석관묘군 또는 지석묘군에서는 모두 28기의 석관묘 또는 지석묘가 발굴되었는데 그 중에서 8개의 석관묘에서 석검이 부장된 것으로 조사되었다.

1) 달성 평촌리 석관묘 3호 출토 석검

달성 평촌리 석관묘 3호 석관내부에서는 일단병식마제석검 1점과 일단경식석촉 9점, 단도마연토기가 출토되었다. 석검은 인골의 우측팔과 골반뼈 아래에서 석검의 봉부를 발치쪽으로 향한 채로 출토되었다. 석검은 단수로 부장되었고 완형으로 부장되었으나 검신부의 일부와 병부의 극히 일부가 결실되었다(경상북도문화재연구원 2010:84-87). 석검의 출토상태는 피장자의 착장하고 있는 모습인 것으로 추정된다.

2) 달성 평촌리 석관묘 12호 출토 석검

달성 평촌리 석관묘 12호 석관내부에서 석검 1점이 출토되었고 합인석부 1점은 서장벽 벽석과 보강석 사이에서 수습되었다. 석검은 일단병식이며 검신과 병부 일부가 결실되었다. 피장자의 허리 오른편에 석검의 봉부를 발치쪽으로 향한 형태로 석검이 출토되었다(경북문화재연구원 2010:94-99). 석검의 출토양상으로 볼 때 착장품인 것으로 추정된다. 석검은 단수로 부장되었다.

3) 달성 평촌리 석관묘 13호 출토 석검

달성 평촌리 석관묘 13호 석관내부에서는 일단병식석검 1점이 출토되었고 보강석 위에 긴 제형의 반월형석도 1점이 놓여 있었다. 석검은 복부의 중앙에서 봉부를 발치쪽으로 석검의 봉부가 향한 채로 출토되었다. 석검의 검신과 병부의 일부가 결실되었다(경북문화재연구원 2010:97-101). 석검의 출토양상으로 볼 때 착장품인 것으로 추정된다. 석검은 단수로 부장되었다.

4) 달성 평촌리 석관묘 17호 출토 석검

달성 평촌리 석관묘 17호 석관내부에서는 일단병식석검 1점과 일단경식석촉 10점이 출토되었다. 마제석검은 피장자의 오른쪽 팔뼈 아래에서 출토되었다. 석검은 풍화상태가 심하며 검신 대부분과 병부 일부가 결실되었다(경북문화재연구원 2010:107-111). 석검의 출토양상으로 볼 때 착장품으로 추정된다. 석검은 단수로 부장되었다.

5) 달성 평촌리 석관묘 20호 출토 석검

달성 평촌리 석과묘 20호 석관내부에서는 이단병식석검 1점과 유경식석촉 12점이 출토되었다. 피장자의 오른쪽 다리뼈 아래에서 석검 1점이 비스듬하게 세워져 출토되었다. 검신부와 병부의 일부가 결실되었다(경북문화재연구원 2010:116-118). 석검의 출토양상으로 볼 때 착장품으로 추정된다. 석검은 단수로 부장되었다.

6) 달성 평촌리 석관묘 23호 출토 석검

달성 평촌리 석관묘 23호 석관내부에서는 유경식석검 1점과 일단경식석촉 13점이 출토되었다. 석검은 피장자의 오른쪽 중앙에서 출토되었다. 석검의 검신부와 경부 극히 일부가 결실되었다(경북문화재연구원 2010:123-126). 석검의 출토양상으로 볼 때 착장품으로 추정된다. 석검은 단수로 부장되었다.

7) 달성 평촌리 석관묘 25호 출토 석검

달성 평촌리 석관묘 25호에서는 일단병식석검 1점과 일단경식석촉 11점이 출토되었다. 석검 1점과 석촉 2점은 피장자의 오른쪽 허리부분과 다리뼈 근처에서 출토되었다. 석검의 잔존상태는 좋지 않으며 검신부의 대부분과 병부 일부가 결실되었다(경부문화재연구원 2010:127-132). 석검의 출토양상으로 보아 착장된 것으로 추정되며 석검은 단수로 부장되었다.

8) 달성 평촌리 석관묘 28호 출토 석검

달성 평촌리 석관묘 28호 석관내부에서는 일단병식석검 1점과 유경식석촉 14점이 출토되었다. 석검은 피장자의 오른쪽 허벅지에서 출토되었다. 석검의 잔존상태는 풍화로 인해 좋지 않으며 검신부와 병부 일부가 결실되었다(경북문화재연구원 2010:135-138). 석검의 출토상태로 보아 착장품으로 보인다. 석검은 단수로 부장되었다.

6. 대구 상동지석묘 출토 석검

대구 상동지석묘유적에서는 모두 41기의 지석묘가 조사되었는데 그중에서 2기의 지석묘에서 마제석검이 출토되었다.

1) 대구 상동 6호 지석묘 출토 석검

대구 상동 6호 지석묘의 북장벽 중앙부의 제3차 시상석(屍床石)인 자갈 위에서 유경식석검 1점이 출토되었고 칼끝은 서쪽을 향한 상태였다(申鍾煥 2000:24-28). 석검은 단수로 부장되었다.

2) 대구 상동 11호 지석묘 출토 석검

대구 상동 11호 지석묘의 매장주체부 내부 북장벽의 동쪽에서 칼끝을 서쪽으로 향한 상태로 일단병식석검 1점이 출토되었다. 석검 날부분과 병부 상하의 돌출부 끝이 결실된 상태이다(申鍾煥 2000:36-38). 출토양상으로 볼 때 착장품이 아닌 부장품으로 추정된다. 석검은 단수로 부장되었다.

7. 대구 대천동 511-2번지유적 B군 지석묘

대구 대천동 511-2번지유적 B군에서는 15기의 지석묘가 조사되었고 그중에서 3개의 지석묘에서 석검이 출토되었다. A군은 분석대상에 포함되지 않았다.

1) 대구 대천동 511-2번지유적 B군 10호묘 출토 석검편

대구 대천동 511-2번지유적 B군 10호묘의 매장주체부 내부 중앙부의 북동편에서 석검 검신부 1점이 출토되었다. 봉부가 동쪽방향을 한 채로 북쪽 장벽과 평행한 모습으로 출토되었다(河眞鎬 외 2009:133-135). 석검은 단수로 부장되었으며 출토위치를 고려할 때 착장품일 가능성을 배제할 수 없다.

2) 대구 대천동 511-2번지유적 B군 11호묘 출토 석검

대구 대천동 511-2번지유적 B군 11호묘 매장주체부 내부에서 이단병식석검 1점 등이 출토되었다. 석검은 북장벽 중앙부 서편에서 출토되었다. 석검의 신부

는 동쪽을 향하고 있었다. 석검의 검신부와 심부가 일부 결실되었다(河眞鎬 외 2009:136-140). 석검은 단수로 부장되었으며 출토위치를 고려할 때 착장품일 가능성을 배제할 수 없다.

3) 대구 대천동 511-2번지유적 B군 12호묘 출토 석검

대구 대천동 511-2번지유적 B군 12호묘의 매장주체부 내부에서는 일단병식석검 1점, 유경식석촉 4점과 석촉 봉부편 1점, 경식(관옥 33점, 환옥 14점, 곡옥 2점) 등이 출토되었다. 석검은 매장주체부의 중앙부위의 북장벽 가까이에서 석검의 신부가 동쪽을 향한 채로 출토되었다(河眞鎬 외 2009:140-144). 경식은 주로 동단벽 방향에서 출토된 반면 석검의 신부가 동쪽을 향하고 있어서 석검을 착장했다면 거꾸로 착장한 꼴이어서 착장품으로 보기 어렵다. 석검은 단수로 부장되었다.

8. 청도 진라리유적

청도 진라리유적에서는 지석묘 5기가 확인되었는데 그중 지석묘 3기에서 석검이 출토되었다.

1) 청도 진라리 지석묘 1호 출토 석검

청도 진라리 지석묘 1호의 매장주체부의 중앙에서 북쪽으로 치우쳐서 석검이 1점 출토되었는데 병부의 방향이 서쪽으로 향하는 것으로 볼 때 피장자의 두향은 서쪽일 것으로 추정된다. 석검은 유절병식석검이며 심부(鐔部)와 병두부(柄頭部)의 한쪽이 각각 결실된 상태로 출토되었다(嶺南文化財硏究院 2005:294-300). 석검의 출토양상으로 보아 착장했을 가능성이 크다. 석검은 단수로 부장되었다.

2) 청도 진라리 지석묘 3호 출토 석검

청도 진라리 지석묘 3호 매장주체부 내부에서는 유단병식석검(有段柄式石劍)

1점, 유경식석촉 10점 등이 출토되었다. 석검은 중앙에서 북쪽으로 치우쳐서 출토되었다. 병부의 방향이 서쪽을 향하고 있음으로 피장자의 두향은 서쪽이었을 것으로 추정된다(嶺南文化財硏究院 2005:301-307). 석검은 단수 부장되었고 부장양상을 고려할 때 착장일 가능성도 있다. 청도 진라리 지석묘 3호 출토 마제석검은 길이가 66.7cm여서 지금까지 우리나라에서 출토된 석검 중에서 아주 대형에 속하는 것이다.

3) 청도 진라리 지석묘 4호 출토 석검

청도 진라리 지석묘 4호 매장주체부 내부에서는 마제석검 1점, 석촉 1점, 석착 1점이 출토되었다. 석검은 유구병식석검(有溝柄式石劍)으로서 매장주체부 내부 중앙에서 북쪽으로 치우쳐서 출토되었고 병부의 방향이 동쪽을 향하는 것으로 볼 때 피장자의 두향이 동쪽이었을 것으로 추정된다(嶺南文化財硏究院 2005:314-323). 석검의 인부와 병부의 일부가 결실되었다. 석검의 출토위치와 양상을 고려할 때 석검이 착장품일 가능성을 배제할 수 없다.

9. 밀양 가인리유적

밀양 가인리유적에서는 지석묘 3기, 석관묘 13기 등 모두 26기의 지석묘 또는 석관묘가 발굴되었다. 그중에서 4개소의 지석묘 또는 석관묘에서 석검이 부장된 것으로 확인되었고 두 곳에서는 석검이 2점씩 복수로 부장되어 주목된다.

1) 밀양 가인리 2호 석관묘 출토 석검

밀양 가인리 2호 석관묘 내부 중앙에서 남쪽으로 치우쳐서 일단병식석검 1점이 출토되었다. 석검의 심부와 병두부 각각의 한쪽 끝은 의도적으로 파손된 것으로 보인다(國立密陽大學校博物館 외 2002:23-26). 석검의 출토위치로 볼 때 착장했던 것일 가능성이 크다. 석검은 단수로 부장되었다.

2) 밀양 가인리 4호 석관묘 출토 석검

밀양 가인리 4호 석관묘의 매장주체부 내부 중앙에서 동쪽으로 약간 치우쳐서 일단병식석검 1점이 출토되었다. 석검의 심부와 병두부 각각의 한쪽 끝은 의도적으로 파손된 것으로 보인다(國立密陽大學校博物館 외 2002:28-30). 석검의 출토위치로 볼 때 착장품일 가능성이 있다.

3) 밀양 가인리 10호 석관묘 출토 석검 2점

밀양 가인리 10호 석관묘의 매장주체부 내부에서 석검 2점과 단도마연토기 1점이 출토되었다. 석검은 남장벽에 붙어 석관의 장축방향으로 놓여 있었고 벽쪽에 가까운 마제석검 한자루는 비스듬이 세워진 상태로 출토되었다.석검 한점의 심부는 의도적으로 결실된 완형의 유절병식석검이며 다른 한 점은 板狀切離에 석검의 뒷면 전체와 전면의 2/3가 결실되었다. 석검 병부의 위치를 고려할 때 피장자의 두향은 남서쪽으로 추정된다(國立密陽大學校博物館 외 2002:37-41). 적어도 석검 한 자루는 착장한 것일 가능성이 있다. 석검은 대체로 단수 부장되는데 밀양 가인리 10호 석관묘에서는 석검이 복수로 부장되어 주목된다.

4) 밀양 가인리 11호 석관묘 출토 석검 2점

밀양 가인리 11호 석관묘에서는 유절병식석검 1점과 유경식석검 1점이 석관 내부에서 출토되었다. 유절병식석검은 매장주체부 내부의 시상석 중앙부에서 동쪽으로 다수 치우친 지점에서 병부를 동북향으로 한 상태로 출토되었고 유경식석검은 남장벽에 접해서 병부를 남쪽으로 향하게 출토되었다. 유절병식석검의 병두부의 한쪽 끝은 결실되어 의도적으로 파손한 것으로 보인다(國立密陽大學校博物館 외 2002:41-44). 유절병식석검의 출토위치는 동쪽 단벽으로 약간 치우친 느낌이어서 착장의 가능성은 높지 않다고 본다. 석검이 석관묘나 지석묘에 복수로 부장되어 주목된다.

10. 밀양 전사포리유적

밀양 전사포리유적에서는 37기의 지석묘 또는 석관묘 등 청동기시대 무덤유적이 조사되었는데 그중에서 5기의 무덤유구에서 석검이 출토되었다.

1) 밀양 전사포리 5호묘 출토 석검

밀양 전사포리 5호묘 석관 내 중앙부의 북장벽측에서 일단병식석검 1점이 출토되었고 13점의 유경식석촉이 석검이 출토된 곳으로부터 북서쪽 방향에서 출토되었다. 석검의 신부는 북쪽방향을 향하고 있었다. 석검의 선단부와 병부 끝부분의 일부가 결실되었다(文栢成 외 2011:42-49). 석검의 출토상태로 볼 때 석검이 착장품일 가능성이 있다.

2) 밀양 전사포리 16호묘 출토 석검

밀양 전사포리 16호묘 매장주체부 바닥의 동장벽측에서 마제석검 1점, 할석사이에서 석촉 1점이 출토되었다(文栢成 외 2011:72-75). 석검은 일단병식석검으로서 출토위치를 고려할 때 착장품일 가능성도 배제할 수 없다. 석검은 단수로 부장되었다.

3) 밀양 전사포리 18호묘 출토 석검

밀양 전사포리 18호묘 석관 내 바닥에서 일단병식석검 1점과 유경식석촉 3점이 북장벽측 중앙부에서 출토되었다(文栢成 외 2011:77-82). 석검의 부장양상과 위치〈도면2〉는 석검이 착장품일 가능성을 배제할 수 없게 한다. 석검은 단수로 부장되었다.

4) 밀양 전사포리 26호묘 출토 석검

밀양 전사포리 26호묘의 석관 내 바닥의 동장벽측 중앙부에서 유절병식석검 1점, 석촉 4점이 출토되었다. 석검의 검신부 일부와 병단부 일부는 결실되었다(文栢成 외 2011:101-106). 석검의 출토 위치를 고려할 때 석검은 착장품일 가능성이 크다. 석검은 단수로 부장되었다.

5) 밀양 전사포리 37호묘 출토 석검

밀양 전사포리 37호묘의 석관 내 중앙부 남장벽측 바닥에서 일단병식석검 1점과 석촉 3점이 출토되었다(文栢成 외 2011:129-131). 석검의 출토위치<도면3>는 석검이 착장품일 가능성이 큼을 암시한다. 석검은 단수로 부장되었다.

11. 창원 덕천리유적

창원 덕천리유적에서 조사된 23기의 지석묘유구 중에서 3기의 지석묘에서 석검이나 비파형동검이 부장된 것으로 나타났다.

1) 창원 덕천리 7호묘 출토 석검

창원 덕천리 7호묘 석관 내부에서에서는 일단병식석검 1점, 석촉 4점 등이 출토되었다<도면4>. 석검의 봉부는 절반 가량이 결실되었고 심부의 한쪽이 또한 결실되었다. 석촉 4점은 매장주체부 내부 동장벽 중앙의 보강석 위에서 출토되었고 석촉 출토지점에서 북쪽으로 약 30cm 떨어진 곳에서 석검이 출토되었다(경남대학교박물관 2013:111-114). 석검은 봉부 절반가량이 결실되고 심부 한쪽이 결실된 점과 출토양상으로 볼 때 착장품이 아니고 파쇄한 후 부장한 것으로 추정된다. 석검도 파쇄는 되었으나 단수로 부장되었다.

2) 창원 덕천리 11호묘 출토 석검

창원 덕천리 11호묘 매장주체부 내부 바닥에서 석검 1점, 마제석촉 4점 등이 출토되었다. 석검 1점은 칼끝이 아래로 향한 채 북동쪽 모서리에 기대어 세운채로 부장되었다(慶南大學校博物館 2013;118-123). 석검은 일단병식석검이며 날의 일부가 약간 울퉁불퉁하게 되어있다. 의례용으로 부장되었으나 착장용부장은 아닌 것으로 보인다. 석검은 단수로 부장되었다.

3) 창원 덕천리 16호묘 출토 석검과 비파형동검

창원 덕천리 16호묘의 매장주체부 내부의 바닥에서는 이단병식석검 1점, 비파형동검 1점 등이 출토되었다. 매장주체부 북장벽의 중앙인근에서 북장벽과 나란하게 석검 1점이 출토되었고 동검은 북장벽의 중앙에서 동쪽방향 쪽에 북장벽과 나란하게 출토되었다. 석검은 끝이 서쪽을 향하고 동검은 봉부가 북동쪽으로 약간 비스듬하게 놓여 있었다(慶南大學校博物館 2013:128-130). 석검은 출토위치상 〈도면5〉 착장품일 가능성을 배제할 수 없다. 그러나 동검은 출토위치상 착장품이 될 수 없고 부장품으로 보는 것이 타당하다. 석검과 동검이 함께 출토된 점에서 각각의 사용방식이 주목된다.

12. 산청 매촌리 유적

산청 매촌리유적에서는 묘역지석묘 9기와 석관묘 40기가 조사되었다. 그중에서 7기의 무덤유구에서 석검이 출토되었다. 그리고 지표수습된 이단병식석검 병부편과 일단병식석검 병부편도 산청 매촌리 유적에서 지표 수습된 바 있어서(우리문화재연구원 외 2011:289-292) 무덤유구 축조과정이나 축조 후 석검파쇄의례가 행해졌을 가능성이 있다.

1) 산청 매촌리 1호 묘역지석묘 출토 석검

산청 매촌리 1호 묘역지석묘의 매장주체부에서는 일단병식석검 1점, 석촉 15점 등이 출토되었다. 석검은 매장주체부의 남장벽 중앙부 내측에 인부와 병부가 이등분되어 나란히 겹치듯 세워진 채로 나왔다. 석검은 바닥에서 약 15cm 뜬 채 수직으로 세워져 있어서 석관 내부에 유기질 등을 이용하여 1차 시설을 한 후 벽석과의 사이에 부장된 것으로 발굴자는 보고 있다(우리문화재연구원 외 2011:151-163). 이 석검의 신부하단에는 의도적으로 충격을 주어 부러뜨린 것으로 추정되는 흔적이 있다. 이 석검은 단수로 부장된 것으로 보인다.

2) 산청 매촌리 5호 묘역지석묘 출토 석검

산청 매촌리 5호 묘역지석묘에서는 일단병식석검 1점, 석촉 3점 등이 출토되었다. 석검은 산청 매촌리 5호 묘역지석묘 매장주체부 북장벽 중앙부의 내벽석에 거의 붙이듯 하여 그 내부에 봉부를 서쪽으로 하여 출토되었다(우리문화재연구원 외 2011:176-184).

3) 산청 매촌리 12호 석관묘 출토 석검

산청 매촌리 12호 석관묘에서는 유경식석검 1점과 적색마연토기 1점이 출토되었다. 석검은 토기가 부장된 서단벽 내측에 신부를 남동쪽 방향으로 향하고 경부는 북서쪽 위를 향해 비스듬하게 세워진 상태로 출토되었다. 석검의 봉부 일부는 결실되었다(우리문화재연구원 외 2011:222-224). 유물의 출토양상으로 볼 때 비착장품으로 보인다.

4) 산청 매촌리 15호 석관묘 출토 석검

산청 매촌리 15호 석관묘 내부에서는 일단병식석검 1점과 적색마연호 1점이 출토되었다. 석검은 동단벽과 고정석 사이에서 석검 검신부와 병부가 2등분되어 출토되었다. 석검은 완형으로 발견되었으며 석검의 봉부편이 원래 동단벽쪽을 향했던 것으로 추정된다(우리문화재연구원 외 2011:228-230). 석검의 출토위치와 양상을 고려할 때 착장된 것으로 보기 어려우며 단수 부장된 것으로 보인다.

5) 산청 매촌리 29호 석관묘 출토 석검

산청 매촌리 29호 석관묘의 매장주체부 내부에서는 일단병식석검 1점과 석촉 2점이 출토되었다. 석검은 석관묘 내부의 남장벽 동쪽 모서리부분에서 신부를 서쪽으로 하고 경사지게 출토되었다(우리문화재연구원 외 2011:249-251). 석검의 출토양상으로 보아 착장품으로 볼 수 없고 부장품으로 판단된다. 석검의 봉부 끝부분이 결실되었다. 석검은 단수로 부장된 것으로 보인다.

6) 산청 매촌리 34호 석관묘 출토 석검 편

산청 매촌리 34호 석관묘 내부의 동편 시상석 주변에서 일단병식석검의 병부편 1점이 출토되었다. 출토된 석검은 신부와 병부의 일부만 잔존하는 석검이다(우리문화재연구원 외 2011:255-256). 출토위치와 석검의 파편만 출토된 점을 고려할 때 착장품이 아니라 의례용 부장품으로 판단된다.

7) 산청 매촌리 35호 석관묘 출토 석검

산청 매촌리 35호 석관묘의 내부에서 반파된 일단병식석검 1점, 석촉 31점, 청동촉 1점 등의 유물이 출토되었다. 석검은 남장벽측 바닥면에서 검신부가 반파된 상태로 신부를 서쪽으로 향하며 출토되었다. 또 북장벽측에서 16점의 석촉이 출토되었는데 완형 5점을 제외하고는 11점이 모두 파촉되어 산발적으로 출토되었다. 파촉된 석촉 중 13개체 이상이 접합되고 출토위치가 1m 이상 차이 나는 예도 있었다. 동촉이 북장벽 동편의 고정석 사이에서 출토되었다(우리문화재연구원 2011:256-265). 석검도 봉부가 결실된 상태이다.

13. 함안 동촌리유적 II

함안 동촌리유적 II에서는 모두 14기의 매장유구가 확인되었는데 그중 두 개 매장유구에서 마제석검이 출토되었다.

1) 함안 동촌리 10호 석관묘 출토 석검

함안 동촌리 10호 석관묘의 매장주체부 바닥 동장벽 쪽에서 일단병식석검 1점이 출토되었다. 인부와 병부의 일부가 결실되었다(楊花英 2012:25-26). 석검은 단수로 부장되었고 출토위치와 병부의 방향을 고려할 때 착장품일 가능성은 적다.

2) 함안 동촌리 11호 석관묘 출토 석검

함안 동촌리 11호 석관묘의 서장벽과 북장벽의 모서리에서 일단병식석검 1점이 출토되었다. 석검의 인부 가장자리가 결실되었다(楊花英 2012:26-27). 석검의 출토위치상 착장품일 가능성은 적은 부장품으로 판단된다. 석검은 단수로 부장되었다.

14. 창원 진동리 석관묘 출토 비파형동검과 석검

창원 진동리 석관묘 내부에서 일단병식마제석검 1점, 변형된 비파형동검 1

점, 석촉 2점 등이 출토되었다(國立中央博物館 외 1992:10). 석검과 비파형동검의 정확한 출토위치는 알 수 없다. 다만 두 유물이 다리부분이 아니라 허리부분 이상의 상위에 있었던 것으로 발견자들의 증언을 통해 추정할 수 있다(沈奉謹 1990:29). 비파형동검의 날의 한쪽은 결실된 부분이 일부 존재하고 다른 한쪽 날도 예리한 물건으로 내리친 듯한 느낌을 주듯 훼손되어 있다. 석촉 2점도 봉부가 결실되었다. 창원 진동리 석관묘 출토 석검과 비파형동검도 착장가능성을 배제할 수 없다. 그러나 비파형동검은 인위적인 훼손을 했을 가능성을 배제할 수 없고 석검은 착장했을 가능성이 있다.

15. 김천 문당동 유적 1호 목관묘 출토 비파형동검

김천 문당동유적 1호 목관묘에서는 비파형동검, 흑도장경호, 주머니옹, 석검, 천하석제소옥 97점 등이 출토되었다. 석검 1점은 다른 석제품 2점과 포개진 상태로 남서쪽 단벽 모서리 아래 탄화된 목재 위에 엎혀서 비스듬히 출토됨으로 목개 상면에 부장되었음을 암시한다. 이에 비하여 비파형동검은 피장자의 우측 대퇴골부 쪽이라고 여겨지는 남장벽에 연해 목관의 부식흔인 회백색니질점토 상면에서 출토되었다. 동검의 검신부는 깨어져 2등분으로 분리되어 있으며 신부의 한쪽 날 부분도 깨져서 그 형상을 알 수 없다. 동검의 신부가 동쪽을 향하고 있고 출토위치로 보아 목관 상면에 부장되었다가 목관이 함몰되면서 떨어져 내려앉는 과정에서 검신부와 그 날의 일부분이 깨졌다고 발굴자는 보고 있다(박정화 외 2008:53-61).

16. 김해 신문리 3호 석관묘 출토 비파형동검

김해 신문리 3호 지석묘의 석관 외부 5차 개석의 서쪽 부분에서 비파형동검 1점이 출토되었다. 발굴된 동검은 석관 외부 적석부에 의례용으로 부장되었던 것으로 추정된다. 동검의 봉부와 인부의 일부, 경부의 말단부분은 결실되었다(한겨레문화재연구원 외 2015:35-39).

17. 부여 송국리 석관묘 출토 비파형동검과 석검

부여 송국리 석관묘에서는 비파형동검 1점, 일단병식석검 1점, 유경식석촉 11점, 관옥 17점, 곡옥 2점, 비파형동검 경부를 재가공한 동착 1점이 출토되었다(李康承 1979:106-108, 國立中央博物館 외 1992:10). 피장자의 허리부분에 봉부를 발치로 향하여 마제석검이 놓여있었고 비파형동검, 석촉, 관옥, 식옥 등은 피장자의 왼쪽 팔에 해당하는 부분에 집중적으로 놓여있었으며 동검의 봉부는 발쪽을 향하고 있었다고 부여 송국리유적 발굴보고서에 언급되어있다(李康承 1979:106). 또 송국리 석관묘에서 유물출토양상에 대한 도면(沈奉謹 1990:23)에 따르면 '북·동벽에서 각각 50cm, 30cm씩 떨어져 피장자의 왼쪽 팔에 해당되는 곳에서 비파형동검, 석촉, 식옥, 관옥이 집중되어 발견되었고 맨 밑의 비파형동검은 봉부가 피장자의 다리쪽(남쪽)으로 향해있고 유경식석촉 11점이 청동검과는 반대방향으로 봉부를 북향시킨 채 배치되어있다. 그리고 마제석검은 석관의 서·남벽으로부터 각각 20cm, 60cm 떨어진 위치에서 노출되었는데 이 위치는 피장자의 허리부분이 될 것으로 보이며 봉부는 남쪽을 향하고 있다'(沈奉謹 1990:19). 송국리 석관묘에서의 유물부장 양상에 대한 위의 두 언급은 대체로 일치한다. 이러한 언급을 그대로 수용한다면 석검은 착장한 것이고 동검은 부장한 것이 된다. 부여 송국리 석관묘의 유물은 수습된 것이어서 그 출토양상을 그대로 받아들이기에는 일단 의문의 여지는 없지 않으나 원래의 유물부장양상을 대체로 반영하고 있다고 판단된다.

18. 진안 모곡유적 2호 석관묘 출토 석검

진안 모곡유적에서는 지석묘6기와 석관묘 2기가 조사되어 모두 8기의 무덤이 조사되었는데 이중에서 1기의 석관묘에서 일단병식석검 1점이 출토되었다.

진안 모곡유적 2호 석관묘의 석관 외부에서는 일단병식석검 1점이 3부분으로 파손되어 출토되었다. 출토지점은 북서벽 중앙부인데 측벽과는 15cm 정도 떨어져 있다. 이 석검은 석관의 개석을 모두 덮은 후 측벽 바로 옆에 부장하고 그 위로 적석을 한 것으로 보인다(김승옥 외 2001a:161-164). 의례용 석관 밖 측벽 근처에의 부장으로 부인다. 이 석검도 단수로 부장이다.

19. 진안 구곡마을 A유적

진안 구곡마을 유적에서는 지석묘 10기 조사되었다. 그중에서 지석묘 2기에서 석검편이 출토되었다.

1) 진안 구곡마을 A 1-1호 지석묘 출토 석검 편

진안 구곡A 1-1호 지석묘에서는 매장주체부 밖의 敷石部 곳곳에서 석검편, 석촉, 무문토기편이 출토되었다. 석검 병부편은 병부의 중간부분 이상이 심하게 결실된 것으로 인위적인 파손의 결과일 가능성이 있다(申大坤 외 2001:68-76).

2) 진안 구곡마을 A 5-1호 지석묘 출토 석검 편

진안 구곡A 5-1호 지석묘의 敷石部에서 무문토기편, 검신에서 병부에 이르는 마제석검편, 삼각형석도 등의 유물이 출토되었다(申大坤 외 2001:95-102). 석검편 등의 유물이 지석묘의 敷石部에서 수습된 것은 만약 안정된 층위에서 나온 것이라면 의례행위의 결과일 가능성이 있다. 그러나 매장주체부 등의 주변이 대부분 유실된 상황을 고려할 때 교란의 결과일 수도 있다.

20. 진안 구곡마을C유적 6호 지석묘 출토 석검

진안 구곡마을C유적에서는 지석묘 8기가 조사되었다. 지석묘 8기 중에서 1기의 지석묘에서 마제석검이 출토되었다.

진안 구곡마을 C 6호 지석묘의 석관의 내부 서장벽 아래 중앙부에서 봉부가 남쪽을 향하고 있는 일단병식석검 1점이 출토되었고 敷石部 동쪽에서 토제어망추 1점이 출토되었다(申大坤 외 2001:134-135). 석검은 착장품일 가능성이 있다. 석검은 단수로 부장된 것으로 보인다.

21. 진안 수좌동유적 3-3호 지석묘 출토 석검편

진안 수좌동유적 11기의 지석묘가 발굴되었다. 그중에서 진안 수좌동 1호 지석묘는 이단병식석검과 무경식석촉과 같은 출토유물을 고려할 때 청동기시대 전기에 속하며 10기는 일단청동기시대 후기인 송국리단계로 편년한다. 청동기시대 후기로 편년된 지석묘 10기 중에서 1기의 지석묘에서만 석검 검신 중간부분 1점이 출토되었다.

석검 검신 중간부분편 1점과 석촉 2점은 진안 수좌동유적 3-3호 지석묘의 매장주체부인 석관 내에서 출토되었고 敷石部에서 무문토기편 등이 출토되었다(申大坤 외 2001:155-158). 석검은 파쇄하여 부장한 것으로 추정되며 1점을 파쇄하여 일부분만 부장했을 가능성이 크다.

22. 진안 풍암 유적

진안 풍암 유적에서는 모두 16기의 지석묘가 조사되었는데 그중 4기의 지석묘에서 석검이나 석검 편이 발굴되었다.

1) 진안 풍암 유적 2호 지석묘 출토 석검

진안 풍암 유적 2호의 매장주체부내 동벽과 근접하여 일단병식석검 1점이 출토되었다. 검신부에서 네 편으로 파손되었다(김승옥 외 2001c:22-24). 단수로 파쇄하여 부장했을 가능성이 있다.

2) 진안 풍암 유적 6호 지석묘 출토 석검

진안 풍암 유적 6호 지석묘의 매장주체부 바닥에서 일단병식석검 1점, 유경식석촉 7점이 출토되었다. 석검은 매장주체부내 동벽 중앙부에서 북쪽으로 치우친 지점의 바닥에서 출토되었다. 석검의 봉부는 북쪽을 향해 있었다. 석검은 두 편으로 파손되었으나 원형으로 복원되었다(김승옥 외 2001c:31-36). 단수로 부장되었고 석검의 위치로 보아 착장품일 가능성이 있다.

3) 진안 풍암 유적 12호 지석묘 출토 석검 편

진안 풍암 유적 12호 지석묘의 남쪽 적석부에서는 석검 병부편 1점이 출토되었다(김승옥 외 2001c:49-50).

4) 진안 풍암 유적 13호 지석묘 출토 석검 편

진안 풍암 유적 13호 지석묘의 남쪽 적석부 끝부분의 적석 사이에서 석검편 1점이 발견되었다. 대부분 파손되어 전체적인 형태는 알 수 없으나 유경식 석검으로 추정된다(김승옥 외 2001c:50-56).

5) 진안 풍암 유적 14호 지석묘 출토 석검편

진안 풍암 유적 14호 지석묘에서는 2점의 석검편이 출토되었다. 진안 풍암 유적 14호 지석묘의 매장주체부 바닥에서는 긴 석재를 이용하여 전체적으로 석검의 형태를 갖추고 있다. 검신부는 결실되었으며 심부는 일부 남아 있다. 또 적석부에서는 석검의 병부 말단부만 남아 있고 나머지는 결실된 석검편이 출토되었다(김승옥 2001c:50-62). 두 석검편이 동일 석검의 편들인지는 알 수 없다.

23. 진안 여의곡 유적

진안 여의곡 유적에서는 61기의 지석묘가 조사되었는데 그중에서 29기의 지석묘에서 석검이나 석검 편이 출토되어 거의 50%의 지석묘에서 석검이 출토되는 양상이다.

1) 진안 여의곡 A-II지구 1호 지석묘 출토 석검

진안 여의곡 A-II지구 1호 지석묘에서는 석검 1점이 매장주체부 속에서 출토되었고 석검편 1점이 개석이 동쪽 부분에서 출토되었다. 또 1호 지석묘 남동쪽 소할석층에서 병부의 일부만 남아 있는 일단병식석검이 출토되었다(金承玉 외 2001d:92-94).

진안 여의곡 A-II지구 1호 지석묘의 매장주체부 남서벽 중앙부에서 남쪽으로 약간 치우친 바닥에서 석검 1점이 출토되었다. 봉부는 남동쪽을 향하고 있고 3부분으로 조각난 상태로 발견되었다(金承玉 외 2001d:43-44). 또 매장주체부 밖의 개석 동쪽 부분에서 병부 말단부가 결실된 상태로 검신부는 2부분으로 분리된 상태로 출토되었다(金承玉 외 2001d:55-58). 출토위치상 매장주체부 남서벽 중앙부에서 남쪽으로 약간 치우쳐 발견된 석검은 착장품일 가능성도 있다. 이 석검은 단수로 부장되었다. 그리고 개석 동쪽부분에서 출토된 석검 편은 파쇄부장된 유물일 가능성이 있다.

2) 진안 여의곡 A-II지구 2호 지석묘 출토 석검

진안 여의곡 A-II지구 2호 지석묘 매장주체부 밖의 북쪽 적석부에서는 석검편이 1점 출토되었고 남서쪽 적석부의 소할석층에서도 석검의 봉부편 1점이 출토되었다(金承玉 외 2001d:107-108). 또 지석묘의 남서쪽 적석부에서 파손된 신부 일부와 병부만 남아있는 석검편이 출토되었는데 병부는 일단병식이다. 또 2차 가공된 석제품으로 석검의 신부편을 재활용한 것으로 추정되는 석검편이 출토되었다(金承玉 외 2001d:112-115).

3) 진안 여의곡 A-II지구 3호 지석묘 출토 석검

진안 여의곡 A-II지구 3호 지석묘의 매장주체부 내의 북동벽 중앙에 치우친 바닥에서 이단병식석검 1점이 출토되었다(金承玉 외 2001d:118-120). 이 석검은 착장되었을 가능성도 배제할 수 없다. 또 지석묘 동쪽 측벽석의 바깥부분에 근접하여 일단병식석검 1점이 출토되었다. 신부가 위 향하여 세워진 채로 발견되었고 신부일부와 병부가 남아있다(金承玉 외 2001d:133). 이단병식석검은 착장의 가능성이 있으며 일단병식석검은 파쇄부장의 가능성이 있다. 이 석검은 단수부장품으로 보이며 지석묘 밖에서는 별도의 석검을 파쇄하여 의례에 사용했을 가능성이 있다.

4) 진안 여의곡 A-II지구 4호 지석묘 출토 석검

진안 여의곡 A-II지구 4호 지석묘 매장주체부내 남서벽 중앙에 치우친 바닥에서 일단병식석검이 출토되었고 봉부는 북서쪽을 향하여 발견되었다. 완형의 석검이며 석촉 등도 출토되었다(金承玉 외 2001d:134-138). 또 이 지석묘의 북동쪽 적석부에서는 석검 병부편이 출토되었다(金承玉 외 2001d:141-142). 매장주체부 내에 부장된 석검은 착장품일 가능성도 있으며 매장주체부 밖의 석검 병부편은 파쇄하여 뿌렸을 가능성이 있다. 석검 병부편과는 별도로 4호와 5호 지석묘 사이의 소할석층에서 석검 봉부편이 출토되었다(金承玉 외 2001d:144-145)

5) 진안 여의곡 A-II지구 5호 지석묘 출토 석검 편

진안 여의곡 A-II지구 5호 지석묘의 남동쪽 적석부에서 검신편 1점이 출토되었고 또 남동쪽 경계석 밖에서 석검의 병부편 1점이 출토되었다(金承玉 외 2001d:149-154).

6) 진안 여의곡 A-I지구 6호 지석묘 출토 석검

진안 여의곡 A-I지구 6호 지석묘의 매장주체부내 북벽 동쪽 끝에서 봉부가 아래를 향하여 세워진 채로 일단병식석검 1점이 출토되었다(金承玉 외 2001d:155-159). 석검은 단수로 부장되었으며 세워져서 의례용으로 부장된 것으로 보인다.

7) 진안 여의곡 A-I지구 9호 지석묘 출토 석검

진안 여의곡 A-I지구 9호 지석묘의 석관내 북벽의 중앙에 병부 끝이 닿아있고 봉부는 남동쪽을 향한 상태로 바닥면에서 일단병식석검 1점이 출토되었다(金承玉 외 2001d:162-165)〈도면6〉. 이 석검도 단수로 부장된 것으로 보인다.

8) 진안 여의곡 A-I지구 10호 지석묘 출토 석검 편

진안 여의곡 A-I지구 10호 지석묘는 파괴가 심하여 지석묘의 바닥석으로 추정되는 판석재 10여 매가 남아있는 상태이다. 석검편은 이단병식석검의 병부편으로 추정되며 남아있는 바닥석 북서쪽 1m 내외의 지점에서 출토되었다(金承玉 외 2001d:165-166). 교란된 상태로 출토되었으나 지석묘 바닥석 모서리 구석의 출토 위치가 제 위치일 가능성도 있다. 또 이 석검편은 파쇄부장되었을 가능성도 있다.

9) 진안 여의곡 A-I지구 11호 지석묘 출토 석검

진안 여의곡 A-I지구 11호 지석묘에서는 세 편의 석검 조각이 서로 다른 위치에서 출토되었다. 출토된 석검은 이단병식석검이다. 석검의 봉부는 서벽 중앙부의 바닥에서 북쪽을 향하여 출토되었으며 신부는 서쪽 바닥석 하단부 적석사이 병부는 서쪽 적석시설에서 약 10cm 떨어진 지점에서 출토되었다(金承玉 외 2001d:167-169). 석검은 파쇄되어 매장주체부의 안과 밖에 뿌려졌을 가능성이 있다.

10) 진안 여의곡 A-I지구 14호 지석묘 출토 석검

진안 여의곡 A-I지구 14호 지석묘의 매장주체부 내부 서벽 중앙에 치우친 바닥에서 일단병식석검 1점이 출토되었다. 석검의 봉부는 남쪽을 향하여 출토되었다(金承玉 외 2001d:174-177). 석검은 단수로 부장된 것으로 보이며 출토위치와 양상을 고려할 때 착장품일 가능성도 있다.

11) 진안 여의곡 A-I지구 18호 지석묘 출토 석검

진안 여의곡 A-I지구 18호 지석묘의 매장주체부내 서벽석 중앙에 치우친 바닥에서 완형의 일단병식석검 1점이 출토되었다(金承玉 외 2001d:197-198). 착장부장인지 단순 의례부장인지는 확언하기 어려우나 출토위치상 착장부장일 가능성도 배제할 수 없다. 이 석검은 단수로 부장되었다.

12) 진안 여의곡 A-I지구 20호 지석묘 출토 석검

진안 여의곡 A-I지구 20호 지석묘의 매장주체부 내부 북벽 중앙에 치우친 바닥석에서 유절병식석검 1점이 출토되었다. 석검의 봉부는 북쪽을 향하고 있었고 봉부의 끝은 일부 결실되었다(金承玉 외 2001d:202-206). 단순 의례부장인지는 확언하기 어려우나 출토위치상 착장부장의 가능성도 배제할 수 없다. 이 석검은 단수로 부장되었다.

13) 진안 여의곡 A-I지구 22호 지석묘 출토 석검

진안 여의곡 A-I지구 22호 지석묘의 매장주체부내 서벽 중앙에 치우친 바닥에서 완형의 일단병식석검 1점이 출토되었다. 석검의 봉부는 남동쪽을 향하고 있었다(金承玉 외 2001d:210-214). 단순 의례부장인지는 확언하기 어려우나 출토위치상 착장부장일 가능성도 배제할 수 없다. 이 석검은 단수로 부장되었다.

14) 진안 여의곡 A-I지구 25호 지석묘 출토 석검과 석검편

진안 여의곡 A-I지구 25호 지석묘의 매장주체부내 북단벽에 붙어 북벽과 나란히 가로로 세워져 일단병식석검 1점이 출토되었으며 석검의 봉부는 서쪽을 향하고 있다(金承玉 외 2001d:222-225). 출토양상을 고려할 때 단수부장품이면서 의례용 부장품으로 판단된다. 이와는 별도로 이 지석묘의 북쪽 경계석 사이에서 석검 병부편 1점이 출토되었다(金承玉 외 2001d:229). 석검 병부편의 원래 위치는 알 수 없으나 의례과정에서 파쇄하여 뿌리거나 부장된 결과일 가능성이 있다.

15) 진안 여의곡 A-I지구 27호 지석묘 출토 석검 병부편

진안 여의곡 A-I지구 27호 지석묘의 북동쪽 적석 내에서 석검 병부편 1점이 출토되었다(金承玉 외 2001d:237). 이러한 적석 내의 석검 병부 편 출토상황은 의례과정에서 파쇄하여 뿌리거나 부장된 결과일 가능성이 있다.

16) 진안 여의곡 A-I지구 29호 지석묘 출토 석검 병부편

진안 여의곡 A-I지구 29호 지석묘의 매장주체부내 북쪽으로 치우친 서벽과 바닥석 사이에서 출토되었고 봉부는 북쪽을 향하고 있었다(金承玉 외 2001d:241-243). 이 석검은 단수로 부장되었다.

17) 진안 여의곡 A-I지구 30호 지석묘 출토 석검

진안 여의곡 A-I지구 30호 지석묘의 매장주체부내 서남쪽 모서리 부분의 바닥에서 이단병식석검 1점이 2부분으로 절단되어 출토되었고 봉부는 북쪽을 향하고 있었다(金承玉 외 2001d:244-248). 단순 의례부장인지는 확언하기 어려우나

출토위치상〈도면7〉 착장부장일 가능성도 배제할 수 없다. 이 석검은 단수로 부장되었다.

18) 진안 여의곡 A-I지구 32호 지석묘 출토 석검

진안 여의곡 A-I지구 32호 지석묘의 매장주체부 중앙의 서쪽벽에 치우쳐 서벽과 나란히 일단병식 석검이 출토되었는데 뉘어진 상태에서 검신이 세워진 채로 발견되었으며 봉부는 남쪽을 향하고 있었다. 한쪽 심부가 결실되었고 병부 일부가 박리되어 있다(金承玉 외 2001d:252-254). 단순 의례부장인지는 확언하기 어려우나 출토위치상 착장부장의 가능성도 배제할 수 없다. 이 석검은 단수로 부장되었다.

19) 진안 여의곡 A-I지구 33호 지석묘 출토 석검과 석검 편

진안 여의곡 A-I지구 33호 지석묘의 매장주체부 중앙의 서벽에 치우친 바닥에서 봉부를 남쪽으로 향하게 놓인 일단병식석검 1점이 출토되었다(金承玉 외 2001d:255-258). 단순 의례부장인지는 확언하기 어려우나 출토위치상 착장부장의 가능성도 배제할 수 없다. 이 석검은 단수로 부장되었다. 또 이와는 별도로 지석묘 해체과정에서 지석묘의 북동쪽 소할석층 아래에서 신부와 병부 일부만 남은 석검 편 1점이 출토되었다(金承玉 외 2001d:264-265). 이 석검 편은 파쇄부장의 결과물일 가능성이 있다.

20) 진안 여의곡 A-I지구 38호 지석묘 출토 석검

진안 여의곡 A-I지구 38호 지석묘의 매장주체부내 서벽 쪽에 치우친 바닥에서 봉부는 북서쪽을 향한 채로 일단병식석검이 여러 개로 조각난 채로 출토되었다. 석검의 봉부 일부는 결실되었다(金承玉 외 2001d:280-285). 일단경식석촉이 석검의 주변에서 확인되는 것을 포함한 석검의 부장위치로 보아 이 석검은 단순부장품일 가능성이 크다.

21) 진안 여의곡 A-I지구 40호 지석묘 출토 석검과 석검 편

진안 여의곡 A-I지구 40호 지석묘의 매장주체부내 중앙에 위치하여 일단병식 석검 1점이 출토되었다〈도면8〉. 석검의 봉부는 북서쪽을 향하고 있었다. 석검의 출토양상과 위치를 고려할 때 석검은 착장품일 가능성이 있다. 또 이 완형의 석검과는 달리 지석묘의 매장주체부 밖의 북서쪽 묘역경계석에 인접한 외곽에서 석검의 병부편이 출토되었다(金承玉 외 2001d:289-291). 이 석검 편은 인위적 파쇄에 의한 부장일 가능성이 있다.

22) 진안 여의곡 A-I지구 44호 지석묘 출토 석검과 석검 편

진안 여의곡 A-I지구 44호 지석묘의 매장주체부내 남벽 쪽에 치우쳐서 봉부가 남쪽 바닥을 향한 채로 세워져서 일단병식석검 1점이 출토되었다. 석검의 봉부는 바닥에서 3cm 병부는 7cm 정도 떠서 출토되었다. 또 이와는 별도로 지석묘 매장주체부 북쪽에 치우친 동벽석 상부에서 석검 봉부편이 출토되었다. 그리고 지석묘 북쪽 묘역부 밖에서 재활용된 석검 편 1점이 출토되었는데 이 석검 편은 신부 일부가 남아있는 이단병식석검의 병부 편이다(金承玉 외 2001d:299-304). 매장주체부 내부에서 출토된 일단병식석검과 지석묘 북쪽 묘역부 밖에서 출토된 이단병식석검 병부 편은 서로 별개의 석검이다. 후자가 외부에서 쓸려 들어왔을 가능성도 있다.

23) 진안 여의곡 A-I지구 45호 지석묘 출토 석검

진안 여의곡 A-I지구 45호 지석묘 의 매장주체부 바닥의 남벽쪽애 치우쳐 일단병식석검 1점이 병부는 남벽을 봉부는 서벽을 향하여 비스듬이 놓인 채로 출토되었다(金承玉 외 2001d:304-307). 석검의 출토위치를 고려할 때 착장되지 않고 부장된 것으로 추정된다. 이 석검은 단수로 부장된 것으로 판단된다.

24) 진안 여의곡 A-I지구 50호 지석묘 출토 석검

진안 여의곡 A-I지구 50호 지석묘 매장주체부내 북벽과 서벽이 접하는 모서리 부분에서 일단병식석검 1점이 봉부가 위를 향한 채로 출토되었다(金承玉 외 2001d:321-323). 석검의 출토위치로 보아 석검이 착장되지 않고 부장되었을 가능성이 크다. 석검은 단수로 부장된 것으로 판단된다.

25) 진안 여의곡 A-I지구 51호 지석묘 출토 석검

진안 여의곡 A-I지구 51호 지석묘의 매장주체부 바닥의 남벽 쪽에 치우쳐서 일단병식석검 1점이 출토되었는데 석검의 병부방향은 서벽과 남벽이 접하는 부분을 향하고 있고 봉부는 북동쪽을 향하고 있다(金承玉 외 2001d:324-325). 석검의 출토위치로 보아 석검은 착장되지 않고 부장된 것으로 보인다. 석검은 단수로 부장된 것으로 판단된다.

26) 진안 여의곡 A-I지구 53호 지석묘 출토 석검

진안 여의곡 A-I지구 53호 지석묘의 석관내부 북편에 치우친 서벽 아래에서 유경식석검 1점이 출토되었다. 석검의 봉부는 남쪽을 향하고 있으며 경부는 북벽에서 20cm 떨어져 있었다(金承玉 외 2001d:327-329). 석검의 출토위치를 고려할 때 착장품으로 보기 어렵다. 석검은 단수로 부장된 것으로 판단된다.

27) 진안 여의곡 A-I지구 54호 지석묘 출토 석검

진안 여의곡 A-I지구 54호 지석묘의 토광 내 서벽 중앙 쪽에 치우쳐서 일단병식석검 1점이 출토되었다. 이 석검의 봉부는 남쪽을 향하고 있고 봉부의 일부는 타격에 의해 결실된 부분이 있다(金承玉 외 2001d:329-332). 유구가 일부 잔존하여 석검의 출토위치가 교란되었을 가능성을 배제할 수 없으나 현재의 위치가 원위치라면 이 석검은 착장품일 가능성이 있다. 석검은 단수로 부장된 것으로 판단된다.

28) 진안 여의곡 A-I지구 57호 지석묘 출토 석검

진안 여의곡 A-I지구 57호 지석묘의 매장주체부내 남벽 쪽에 치우쳐 일단병식석검 1점이 출토되었다. 석검의 봉부는 북서쪽을 향하고 있다(金承玉 외 2001d:337-339). 석검의 출토위치와 양상을 고려할 때 석검은 의례용 부장일 가능성이 크다. 석검은 단수로 부장된 것으로 판단된다.

29) 진안 여의곡 A-I지구 61호 지석묘 출토 석검 편

진안 여의곡 A-I지구 61호 지석묘의 북서모서리 교란된 부분에서 석검 편 1점이 출토되었다. 이 석검 편은 신부 일부가 남아있으나 전체적으로 풍화가 심하고 부분적으로 인부가 파손되었다(金承玉 외 2001d:348-350). 석검은 교란된 부분에서 나와서 그 원래 위치를 파악하기 어려우나 파편으로 나온 점을 고려하면 파쇄부장품일 가능성이 있다.

24. 여수 적량동 상적 지석묘 I·II·IV

여수 적량동 상적 지석묘 I·II·IV에서는 지석묘 22기와 지석묘하부구조 또는 석관묘로 추정되는 유구 4기 모두 합해서 26기의 무덤이 확인되었다. 그중에서 4기의 무덤에서 마제석검이 출토되었다(이영문 외 2012a:20).

1) 여수 적량동 상적 4호 지석묘 출토 석검

여수 적량동 상적 4호 지석묘에서는 일단병식석검 1점과 석촉편 1점이 출토되었다. 석검은 매장주체부 내 남벽에서 8cm, 동벽에서 8cm 떨어졌으며 바닥석에서 약 4cm 떠서 완형으로 출토되었다(이영문 외 2012a:30-32). 석검은 단독 부장되었으며 매장주체부 모서리에서 출토된 점을 고려할 때 착장으로 보기 어려우며 부장품으로 추정된다.

2) 여수 적량동 상적 8호 지석묘 출토 석검

여수 적량동 상적 8호 지석묘에서는 석검편 2점이 출토되었다. 석검편 1점은 상석 이동 후 부식토를 정리하던 과정에서 출토되었으며 석검의 봉부편이며 검신부의 너비 2.6cm, 검신부두께 1.0cm이다. 묘역 북동쪽에서 묘역석과 잡석을 정리하던 중에 출토된 석검편은 봉부와 병부가 유실된 검신부편이며 검신부 너비 2.6cm, 검신부두께 1.0cm이다(이영문 외 2012a:37-39). 단면형태는 약간 다르나 두 석검편이 석검 하나의 일부일 가능성이 있다. 그렇다면 인위적 파쇄후 서로 다른 곳에 석검편들이 매장된 것일 가능성이 있다. 그리고 이 경우에도 석검은 단수 부장으로 보이며 착장품이 아닌 인위적 파쇄품인 것으로 추정된다.

3) 여수 적량동 상적 10호 지석묘 출토 석검 병부편

여수 적량동 상적 10호 지석묘에서는 석검병부편 등이 출토되었다. 석검병부편은 일단병식석검 병부편으로 동쪽 지석에서 남쪽으로 약 4cm 떨어져 출토되었다. 병두부의 한쪽 끝이 유실된 상태로 출토되었다(이영문 외 2012:39-42). 이 석검 병부편은 인위적 파쇄품일 가능성이 크다.

4) 여수 적량동 상적 3호 석관 출토 석검

여수 적량동 상적 3호 석관의 석관 내 북장벽에 붙어서 일단병식석검 1점이 출토되었다. 봉부는 서쪽을 향하고 병두부는 동쪽을 향한 상태로 반으로 나뉘어 바닥에서 출토되었고 봉부 끝이 약간 유실되었으나 완형에 가깝다. 석관의 규모는 길이 63cm 너비 42cm 깊이 26cm인데 석검의 길이는 34.2cm이다(이영문 외 2012:48-49). 석검의 출토위치와 석관의 규모 그리고 석검의 길이를 고려할 때 석검은 착장품이 아니라 부장품일 가능성이 크다.

25. 여수 월내동 상촌 지석묘 II

여수 월내동 상촌 지석묘 II에서는 지석묘 19기, 석관묘 23기, 묘역식지석묘 7기의 무덤유구가 조사되었다(이영문 외 2012b:41). 이중에서 5기의 무덤에서 마제석검이나 비파형동검이 출토되었고 비파형동검이 부장되는 경우 석검이 부장되지 않는 양상이다.

1) 여수 월내동 상촌 7호 지석묘 출토 비파형동검

여수 월내동 상촌 7호 지석묘에서는 비파형동검 1점과 이중구연토기편이 출토되었다. 비파형동검은 매장주체부 내부의 중앙부 북장벽에 치우친 바닥 위에서 반파된 상태로 상단부와 하단부 위에 포개져서 봉부와 등대는 장벽방향과 나란하게 서쪽을 향한 채로 출토되었다(이영문 외 2012b:56-58). 비파형동검은 인위적인 파쇄 후 부장된 것으로 추정된다.

2) 여수 월내동 상촌 10호 지석묘 출토 석검 편

여수 월내동 상촌 10호 지석묘에서는 마제석검 신부편과 무문토기 구연부편이 출토되었다. 석검 신부편은 매장주체부 내부의 남벽석 아래에서 봉부가 아래를 향해 박혀서 봉부 끝이 유실된 상태로 출토되었다(이영문 외 2012b:61-63). 석검이 인위적인 파쇄 후 부장되었을 가능성이 있다.

3) 여수 월내동 상촌 14호 지석묘 출토 석검 편

여수 월내동 상촌 14호 지석묘에서는 석검편 1점과 유구석부 1점이 출토되었다. 석검 봉부편은 매장주체부 내부 중앙부에서 출토되었다(이영문 외 2012b:70-73). 석검 편은 인위적 파쇄 후 지석묘 매장주체부 내부에 부장되었을 가능성이 크다.

4) 여수 월내동 상촌 6호 석곽 출토 석검 편

여수 월내동 상촌 6호 석곽에서는 석검 신부편 일부가 출토되었다. 민묘에 의해 석곽의 일부가 교란되었다(이영문 외 2012b:94-96).

5) 여수 월내동 상촌 2호 묘역지석묘 출토 비파형동검편

여수 월내동 상촌 2호 묘역지석묘에서는 비파형동검편과 흔암리식토기 구연부편이 출토되었다. 비파형동검은 경부와 기저부 등 하단부 일부만 남아 있으며 경부에 홈이 있는 비파형동검이다(이영문 외 2012b:123-126). 비파형동검은 장벽에 붙어서 출토되었다. 동검의 출토양상을 고려할 때 이 동검은 착장품이라고 하기 보다는 부장품으로 추정된다.

26. 여수 월내동 상촌 지석묘 III

여수 월내동 상촌 지석묘 III에서는 149기의 지석묘 하부구조가 조사되었는데

(이영문 외 2012c:30) 그중에서 석검이나 비파형동검이 출토된 지석묘는 14개에 달한다.

1) 여수 월내동 상촌 지석묘 Ⅲ 18호 지석묘 출토 석검

여수 월내동 상촌 18호지석묘 매장주체부 내부에서 일단병식석검 1점과 석촉편 1점이 출토되었고 18호 지석묘 남동쪽 80cm 지점에서 석부편 1점이 확인되었다. 석검의 심부는 신부와 병부의 단이 확인되지만 경계가 뚜렷하지 않으며 왼쪽의 끝부분이 결실되었다(이영문 외 2012c:96-101). 석검은 지석묘 매장주체부 속의 북쪽 단벽부근에서 부러진 채로 발굴되었다. 석검의 출토양상으로 보아 착장품이 아닌 부장품으로 보인다. 만약 인위적으로 부서진 것이라면 훼기의례와 관련하여 주목된다. 이 석검은 단수로 부장되었다.

2) 여수 월내동 상촌 지석묘 Ⅲ 49-1호 지석묘 출토 석검

여수 월내동 상촌 49-1호 지석묘에서 일단병식석검 1점, 석촉편 1점, 석기편 1점이 출토되었다. 석검의 앞면은 풍화되어 박리되었고 뒷면은 전체적으로 양호하다(이영문 외 2012:173-177c). 석검의 병부는 부분적으로 결실되었다. 정확한 출토지점은 매장주체부 석재 위에서 출토된 것으로 보인다. 석검의 출토지점을 고려할때 이 석검은 착장품이라고 하기보다는 부장품으로 판단된다. 이 석검은 단수로 부장되었다.

3) 여수 월내동 상촌 지석묘 Ⅲ 51호 지석묘 출토 석검

여수 월내동 상촌 51호 지석묘에서 추정 석검 신부편 1점, 석촉편 1점, 석부 1점, 어망추 1점이 출토되었다. 석검은 동쪽 구획석에서 64cm, 석부는 남쪽 구획석에서 44cm, 어망추는 동쪽 구획석에서 24cm 떨어진 곳에서 출토되었다. 모두 매장주체부 내부에서 출토된 것은 아니고 적석부 등에서 출토되었다. 석검 신부편의 경우 석검의 봉부와 신부의 일부만 잔존하고 잔존상태가 좋지 않아 석검의 신부라는 것만 확인된다(이영문 외 2012:179-182c). 석검의 출토상태로 보아 부장되었거나 파쇄된 것일 가능성이 있다. 이 석검도 단수로 부장된 것으로 보인다.

4) 여수 월내동 상촌 지석묘 III 53호 지석묘 출토 석검

여수 월내동 상촌 53호 지석묘에서는 유경식석검 1점 등이 출토되었다. 석검은 매장주체부 내부 북동쪽 모서리에서 신부를 서쪽으로 향하고 2등분되어서 출토되었다(이영문 외 2012:185-188c). 부장상태로 보아 착장품으로 보기 어렵다. 단수로 부장된 것이며 인위적 파손에 의한 2등분화 된 것일 가능성도 배제할 수 없다.

5) 여수 월내동 상촌 지석묘 III 54호 지석묘 출토 석검

여수 월내동 상촌 54호 지석묘 매장주체부 내부 바닥에서 일단경식석검 1점과 석촉 12점이 출토되었다. 석검은 심부의 일부가 파손되었다. 심부보다 병두부가 더 크며 과장되어 있으며 손으로 쥐기 어려워 실용적이지 못하다(이영문2012:188-195c). 이 석검은 부장상태로 보아 착장품일 가능성도 배제하지 못하며 석촉과 더불어 부장품일 가능성도 있다. 이 석검도 단수로 부장된 것으로 보인다.

6) 여수 월내동 상촌 지석묘 III 57호 지석묘 출토 석검

여수 월내동 상촌 57호 지석묘에서는 상석의 서쪽 밑에서(매장주체부 외부 추정) 일단병식마제석검 1점이 출토되었는데 전체적으로 풍화박리된 상태이다(이영문 외 2012:197-199). 이 석검도 단수부장된 것으로 보인다. 적어도 이 석검은 착장품은 아닌 것으로 보인다.

7) 여수 월내동 상촌 지석묘 III 83호 지석묘 출토 석검 신부편

여수 월내동 상촌 83호 지석묘의 매장주체부 축조를 위해 만들어진 토광 어깨선 부근에서 석검신부편이 확인되었다. 산화가 심하여 잔존상태가 불량하다(이영문 외 2012c:247-249). 인위적인 파손일 가능성도 배제할 수 없다. 이 석검편은 출토위치가 지석묘 매장주체부의 외부인 점과 파손품이라는 점을 고려할 때 비착장품으로 추정된다.

8) 여수 월내동 상촌 지석묘 III 92호 지석묘 출토 비파형동검편

여수 월내동 상촌 92호 지석묘의 매장주체부 내부바닥 동단벽과 가까운 바닥시설 위에서 비파형동검 1점과 매장주체부 내부에서 석촉편 1점이 출토되었다. 비파형동검은 2편으로 상단부와 하단부만이 확인되었으나 경부가 포함된 하단부는 확인되지 않았다. 동검의 두 분분 모두 절단면이 일직선상으로 확인된 점으로 보아 인위적으로 파쇄된 것으로 보인다(이영문 외 2012c:263-267). 이 동검은 훼손상태와 출토양상으로 볼 때 착장품으로 볼 수 없고 의례용 부장품으로 추정된다. 석검도 부장되지 않고 비파형동검도 의례용으로 파쇄되어 부장된 점이 주목된다.

9) 여수 월내동 상촌 지석묘 III 101호 지석묘 출토 석검 신부편과 병부편

여수 월내동 상촌 101호 지석묘의 매장주체부내 남벽 인근에서 석검신부편 1점이 출토되었으나 봉부는 유실되고 일부만 잔존한다. 그리고 일단병식석검의 병부편이 매장주체부 외부의 남벽석과 남쪽 묘역석 사이에서 출토되었다. 석검의 심부와 병부의 일부만 잔존하였으며 앞뒷면 모두 산화되었다. 매장주체부 내부에서 출토된 석검신부편의 너비가 4.1cm이고 두께가 0.5cm이며 매장주체부 외부에서 출토된 석검병부편의 너비가 4.1cm이고 두께가 0.5.cm인 점은 동일 석검 1점일 가능성과 관련하여 주목된다. 여수 월내동 상촌 101호 지석묘의 매장주체부 내에서 석촉 2점이 출토되었다. 남벽석 위 묘역석 아래에서 출토된 석촉은 경부의 일부가 유실되었고 매장주체부 내부의 동단벽에 붙어서 출토된 석촉도 경부의 일부가 유실된 상태이다(이영문2012c:274-277). 의례용으로 석검과 석촉이 파쇄되어 부장되었을 가능성이 주목된다.

10) 여수 월내동 상촌 지석묘 III 102호 지석묘 출토 석검 신부편과 병부편

여수 월내동 상촌 102호 지석묘에서 석검신부편, 석검병부편, 유경식석촉편, 방추차가 각 1점씩 출토되었다. 석검병부편은 매장주체부의 중앙부에서 석촉은 남벽석 뒤로 3cm 떨어져 출토되었다. 석검신부편은 봉부와 심부가 결실되었고 두께가 0.4-0.5cm이며 석검병부편은 일단병식석검의 병부편으로서 두께가 0.45cm이고 병부만 일부 잔존한다(이영문 외 2012c:277-282). 석검신부편과 석검병부편의 두께가 유사하여 동일한 석검의 신부와 병부일 가능성이 있다.

11) 여수 월내동 상촌 지석묘 Ⅲ 103호 지석묘 출토 석검

여수 월내동 상촌 103호 지석묘 매장주체부의 중앙부에서 병부의 일부가 파손된 일단병식석검 1점이 출토되었다. 내부조사를 하였으나 매장주체부가 확인되지 않았다고 발굴자는 말하고 있으나(이영문 외 2012c:282-284) 개석이면서 상석인 석재 아랫부분의 석검이 출토된 곳이 매장주체부일 가능성이 있다. 반지상식 또는 지상식의 이러한 지석묘가 지석묘 마지막단계의 모습이기도 하다. 이러한 점을 고려할 때 마제석검은 훼손되어 부장되었다.

12) 여수 월내동 상촌 지석묘 Ⅲ 115호 지석묘 출토 비파형동검

여수 월내동 상촌 115호 지석묘에서는 비파형동검 1점, 석촉 편 2점, 유구석부 2점이 출토되었다. 비파형동검은 매장주체부 외부의 북벽석 바깥쪽에 비스듬이 세워져 출토되었다. 신부의 한쪽은 파손된 면을 재가공하였다(이영문 외 2012c:306-311). 비파형동검은 출토위치를 고려할 때 착장품이 아니며 의례과정에서 매장주체부 외부에 매장된 것으로 추정된다. 비파형동검도 단수로 부장된 것으로 보인다. 석검은 보이지 않는다.

13) 여수 월내동 상촌 지석묘 Ⅲ 116호 지석묘 출토 비파형동검

여수 월내동 상촌116호 지석묘 매장주체부의 중앙에서 동쪽으로 치우쳐 비파형동검 1점이 출토되었다〈도면9〉. 이 비파형동검은 3개의 편으로 나뉘어져 출토되어 인위적 파쇄일 가능성이 있다(이영문2012c:312-317). 석검은 출토되지 않았고 비파형동검은 착장품이 아니며 파쇄해 부장된 것으로 보인다.

14) 여수 월내동 상촌 지석묘 Ⅲ 125호 지석묘 출토 석검편

여수 월내동 상촌 125호 지석묘에서는 일단병식마제석검편 1점과 유경식석촉 1점이 출토되었다. 석검편은 봉부가 결실되었으며 석촉은 봉부끝과 경부끝이 결실되었다. 석검편은 매장주체부 축조를 위한 모서리벽석 위에서 출토되었다

(이영문 외 2012c:342-344). 이 석검편의 출토양상은 파쇄부장의 사례로 추정된다. 그리고 석검은 단수로 부장된 것으로 보인다.

27. 여수 적량동 상적 지석묘

여수 적량동 상적 지석묘에서는 모두 25기의 지석묘 또는 석관묘 등이 확인되었는데 그중에서 7기의 무덤에서 비파형동검이 출토되고 2기의 무덤에서 석검이 출토되었다.

1) 여수 적량동 상적 7호 지석묘 출토 비파형동검

여수 적량동 상적 7호 지석묘의 매장주체부 바닥에서 비파형동검 1점이 출토되었다. 매장주체부 내부 동벽에서 85cm 북벽에서 11cm 떨어진 석관 중앙에서 서쪽으로 치우쳐서 그리고 봉부가 남쪽으로 약간 치우친 서쪽을 향하고 있었고 동검은 바닥석의 위에 놓여 있었다.(李榮文 외 1993:36-41). 동검의 출토위치로 보아 비파형동검의 착장가능성도 배제할 수 없다. 석검은 출토되지 않았다.

2) 여수 적량동 상적 2호 석곽 출토 비파형동검과 비파형동모

여수 적량동 상적 2호 석곽의 매장주체부 내부에서 비파형동검 1점, 비파형동모 1점, 관옥 5점 등이 출토되었다. 비파형동검의 봉부는 석곽 바닥 중간부분에서 남벽으로 30cm 떨어진 곳에서 출토되었고 동검편들은 그 서쪽에 놓였던 것으로 추정된다. 동모는 서벽석에서 74cm 떨어진 석곽 중간부분의 남벽 하에서 자루 끝이 남벽에 인접하여 있었고 그 위의 봉부 쪽은 서쪽으로 치우친 북쪽을 향하고 있었다(李榮文 외 1993:52-55). 동검과 동모의 출토양상으로 보아 착장일 가능성을 배제할 수 없다. 석검은 출토되지 않았다.

3) 여수 적량동 상적 4호 석곽 출토 비파형동검

여수 적량동 상적 4호 석곽 내부 바닥에서는 비파형동검 1점과 무문토기편들이 출토되었다. 동검은 석곽 바닥 중앙부에서 남쪽에 치우쳐 봉부를 동쪽으로 향한 채로 출토되었다(李榮文 외 1993:64-68). 동검의 출토양상으로 보아 착장가능성을 배제할 수 없다. 석검은 출토되지 않았다.

4) 여수 적량동 상적 9호 석곽 출토 비파형동검 편

여수 적량동 상적 9호 석곽의 내부 바닥에서 비파형동검편이 출토되었다. 구체적으로 석곽 내부의 북쪽 단벽에서 58cm 동벽에서 10cm 떨어진 석곽 중앙부 동벽하에서 봉부를 북쪽으로 향한 채 비파형동검편이 놓여 있었다. 비파형동검편은 돌기부와 봉부쪽만 남아 있고 柄部와 身部 하단은 없으나 등대나 날부분으로 보아서 비파형동검의 특징을 구비하고 있다(李榮文 외 1993:80-85). 동검편의 부분만 출토되어 착장여부 등을 논하기 어렵다. 비록 동검편에 불과하나 동검은 단수로 부장된 양상이다.

5) 여수 적량동 상적 13호 석곽 출토 비파형동검 편

여수 적량동 상적 13호 석곽 내부의 바닥석 위에서 비파형동검 편 2점이 발견되었다. 이 편들은 한 개체분이며 출토위치는 동벽에서 90cm 남벽에서 15cm 떨어진 곳으로 석곽의 중앙에서 서쪽으로 치우친 남벽하의 바닥석 바로 위에서 비파형동검의 경부가 서쪽을 향하고 있었다〈도면10〉. 동검은 돌기부와 봉부가 결실된 반파품이다(李榮文 외 1993:93-95).

6) 여수 적량동 상적 17호 석곽 출토 석검

여수 적량동 상적 17호 석곽 내부의 북쪽의 벽석에 일단병식석검이 세워져 출토되었다. 병부는 부러진 상태였지만 완형이며 봉부의 날 일부가 결실되었다(李榮文 외 1993:102-105). 1점의 석검이 세워져 부장된 것으로 추정된다.

7) 여수 적량동 상적 21호 석곽 출토 비파형동검

여수 적량동 상적 17호 석곽 내부 바닥위에서 비파형동검 1점이 두 편으로 나뉘어 출토되었다. 동검의 큰 파편은 서벽에서 60cm 남벽에서 8cm 떨어진 석곽 바닥의 중앙에서 서쪽으로 치우친 남벽 아래에 놓여 있었고 봉부는 서쪽을 향하고 있었다. 동검의 소편은 앞의 대편에서 50cm 떨어진 석곽 서북쪽 모서리 바닥에서 발견되었다. 동검은 돌기부와 봉부가 결실되었으나 짧은 경부에 홈이 있고 기저부에 호를 이룬 검신과 등대 등을 통하여 비파형동검의 특징을 잘 보여준다(李榮文 외 1993:113-116). 동검의 출토위치는 이 동검이 착장품일 가능성을 배제할 수 없게 한다.

8) 여수 적량동 상적 22호 위석형 석곽 출토 비파형동검 편

여수 적량동 상적 22호 위석형 석곽의 교란된 것으로 추정되는 부식토층에 꽂힌 상태로 비파형동검 편이 출토되었다. 동검 편의 날부분은 상당히 유실되었지만 짧은 경부에 홈이 파여져 있고 검신 기저부가 호를 이루고 있어서 비파형동검임을 알려준다(李榮文 외 1993:117-119).

9) 여수 적량동 상적 25호 석곽 출토 석검 편

여수 적량동 상적 25호 석곽의 내부에서 출토된 것으로 보인다. 매장주체부의 남벽에서 12cm 서벽에서 45cm 떨어진 지점에서 봉부가 북서쪽을 향한 채 석검 편 1점이 발견되었다. 석검 편은 검신의 편만 남아있는 상태이다(李榮文 외 1993:120-121).

28. 여수 봉계동 지석묘

여수 봉계동에 분포된 57기의 지석묘 중에서 1990년도에 발굴된 지석묘는 대곡지구에서 4기와 월앙지구에서 10기를 합하여 모두 14기이다. 14기의 지석묘 중에서 석검이나 비파형동검 편이 출토된 지석묘의 숫자는 5기이다.

1) 여수 봉계동 대곡 3호지석묘 출토 석검

여수 봉계동 대곡 3호지석묘에서는 일단병식석검 1점, 유경식석촉 1점, 석창 1점, 통일신라시대 토기뚜껑이 수습되었다. 석검은 석관의 동북쪽 석열 외곽의 교란된 곳에서 통일신라시대 토기뚜껑과 함께 발견되었다(李榮文 1990:23-28).

2) 여수 봉계동 대곡 4호지석묘 출토 석검

여수 봉계동 대곡 4호지석묘 내부 석관 중앙바닥에서 일단병식석검 1점과 석촉 6점이 공반되었다. 석검은 석관의 중앙에서 남벽에 치우쳐 바닥에서 발견되었는데 남벽에서 10cm 떨어져 있었고 봉부가 동쪽을 향하고 있었다(李榮文 1990:28-32). 석검의 인부와 병부는 일부가 결실되었다. 출토석검의 위치상 석검이 착장품이었을 가능성이 있다.

3) 여수 봉계동 월앙 7호 지석묘 출토 석검 편

여수 봉계동 월앙 7호 지석묘에서 출토된 일단병식석검은 매장주체부 동쪽 개석 사이에서 30cm의 간격을 두고 병부와 검신편이 깨진 채로 발견되었다. 검신의 봉부 쪽이 상당부분 결실되어있다(李榮文 1990:45-48).

4) 여수 봉계동 월앙 8호 지석묘 출토 석검 편

여수 봉계동 월앙 8호지석묘에서 추정 일단병식석검 병부편 1점과 무문토기편들이 수습되었다. 석검병부편은 석관 중앙의 북벽하 상단의 부식토층에서 수습되었는데 도굴로 교란되어 나타난 현상으로 보인다(李榮文 1990:48-51).

5) 여수 봉계동 월앙 10호 지석묘 출토 비파형동검 봉부편

여수 봉계동 월앙 10호 지석묘의 매장주체부 동쪽 바닥석과 중앙 바닥석 사이에서 14점의 벽옥제 관옥이 서쪽에서는 동검 봉부편 1점, 소옥 1점 관옥 1점 등이 출토되었다. 서벽의 유실과 서쪽 바닥석위에서 출토된 동검이나 옥의 출토상황 등을 고려할 때 도굴로 교란된 것으로 추정된다(李榮文 1990:53-56).

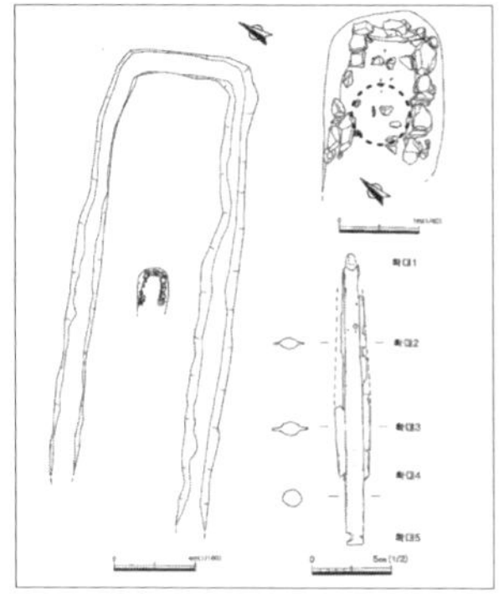

〈도면1〉 서천 오석리 주구석관묘
(박형순 2008: 16-18)
(◌ 점선안 중앙이 비파형동검의 출토 위치임)

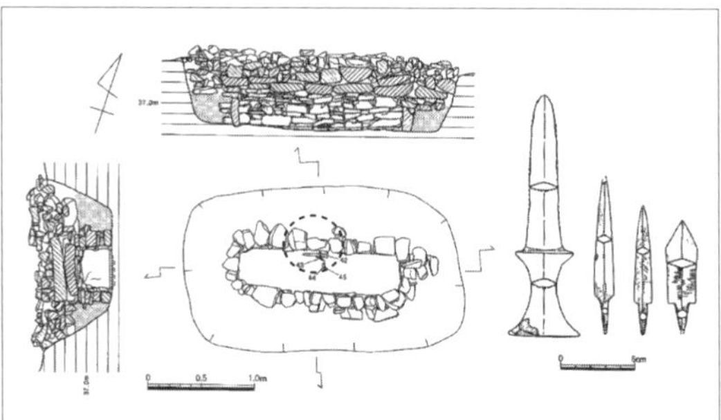

〈도면2〉 밀양 전사포리유적 18호묘(文栢成 외 2011: 81-82)
(◌ 점선안 중앙이 석검의 출토 위치임)

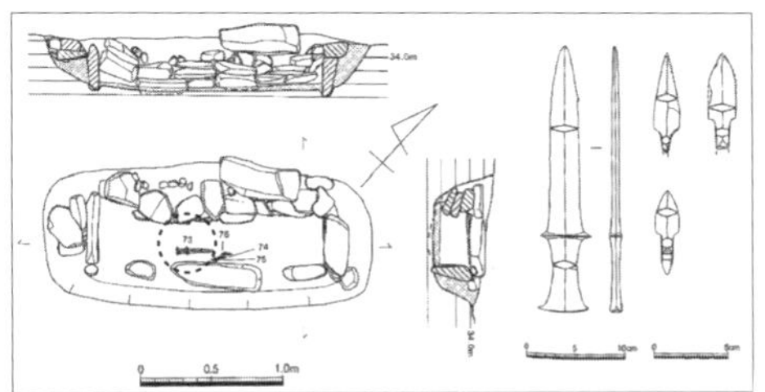

〈도면3〉 밀양 전사포리유적 37호묘
(文栢成 외 2011: 130-131)
(◌ 점선안의 중앙이 석검의 출토 위치임)

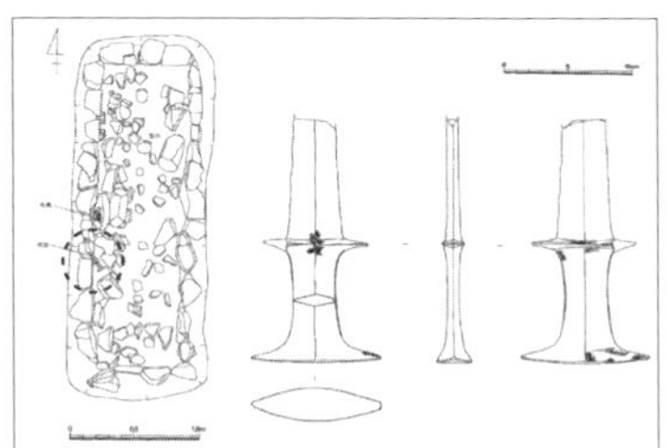

〈도면4〉 창원 덕천리유적 7호묘
(경남대학교박물관 2013: 112-114)
(◌ 점선안 중앙이 석검편의 출토 위치임)

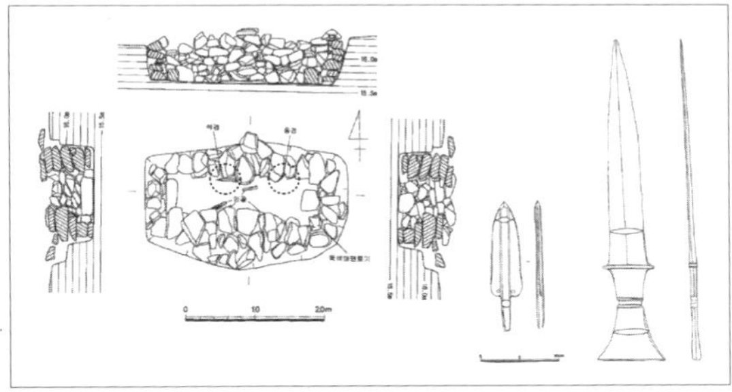

〈도면5〉 창원 덕천리유적 16호묘(경남대학교박물관 2013: 129-131)
(◌ 좌측 점선의 중앙이 석검의 출토 위치이고 우측 점선의 중앙이 동검의 출토위치임)

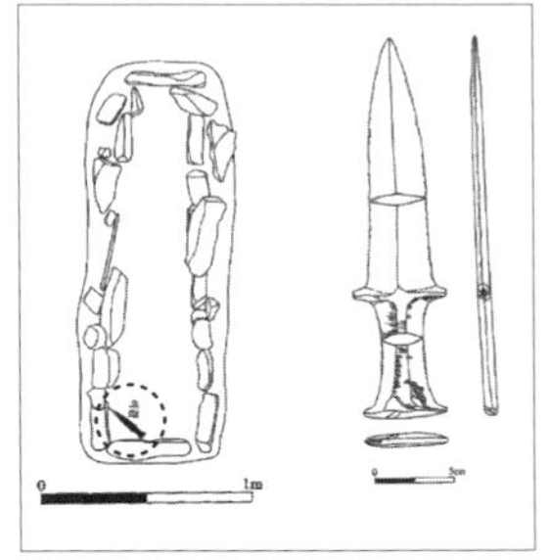

〈도면6〉 진안 여의곡 9호묘
(김승옥 외 2001: 163-165)
(◌ 점선안의 중앙이 석검의 출토 위치임)

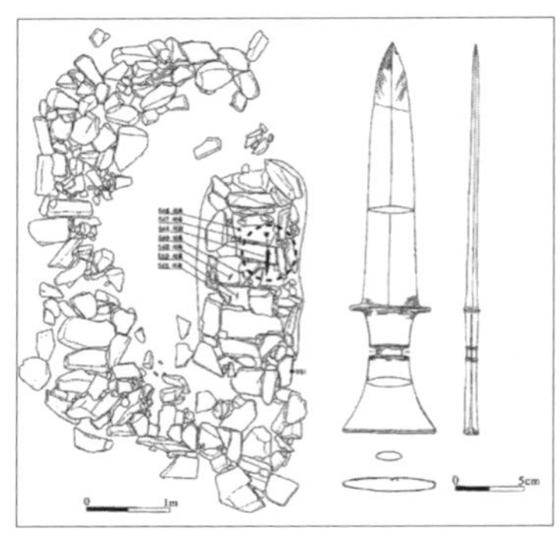

〈도면7〉진안 여의곡 30호묘
(김승옥 외 2001: 245-248)
(◌ 점선안의 중앙이 석검의 출토 위치임)

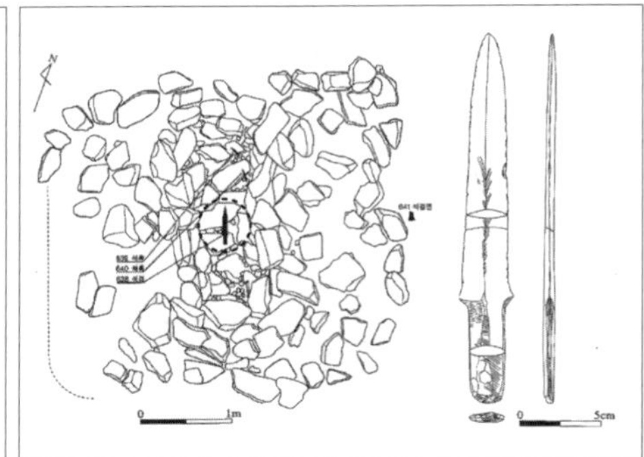

〈도면8〉진안 여의곡 40호묘
(김승옥 외 2001: 291-292)
(◌ 점선안의 중앙이 석검의 출토 위치임)

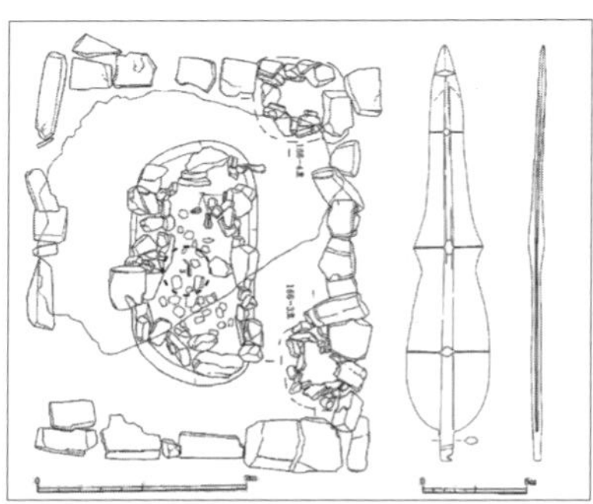

〈도면9〉여수 월내동 상촌지석묘 III 116호 지석묘(이영문 외 2012c: 314-316)
(◌ 점선안의 중앙이 비파형동검의 출토 위치임)

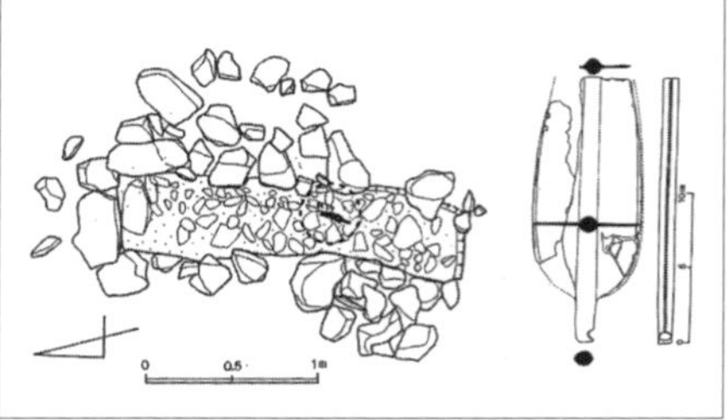

〈도면10〉 여천 적량동 상적 지석묘 13호
(이영문 외 1993: 94)
(◌ 점선안의 중앙이 비파형동검편의 출토 위치임)

〈표 2〉 석검과 동검의 부장양상

시기	No.	유적명	주요출토유물	석검 또는 동검 출토위치	석검 또는 동검의 성격(필자견해)
청동기시대전기	1	서천 오석리 주구석관묘	비파형동검 1점, 이단경식석촉 등	석관의 중간부분	착장가능성/단수 부장
	2	진안 안자동 1호 지석묘	이단병식석검 1점, 삼각만입석촉 등	지석묘 바닥 중앙부 서벽과 나란히 출토	착장가능성/단수부장
	3	진안 안자동 9호 지석묘	이단병식석검 1점, 석촉 등	매장주체부 북서장벽의 서쪽 바닥	착장가능성/단수부장
	4	진안 수좌동 1호 지석묘	이단병식유혈구석검 1점, 삼각만입무경식석촉 등	석검의 병부 뒤쪽에서 검신부 발견/교란추정	교란
	5	김천 송죽리 4호 지석묘	비파형동검 등	4호 지석묘 남동쪽 125cm 떨어진 장소에서 땅에 꽂힌 채로 발견	의례목적/단수부장
청동기시대후기	6	달성 평촌리 석관묘 3호	일단병식석검 1점, 일단경식석촉 등	인골의 우측팔과 골반뼈 아래에서 출토	착장가능성/단수부장/부분결실
	7	달성 평촌리 석관묘 12호	일단병식석검 1점, 합인석부 1점 등	서장벽 벽석과 보강석 사이 출토	착장가능성/단수부장/부분결실
	8	달성 평촌리 석관묘 13호	일단병식석검 1점, 반월형석도 등	복부중앙에서 봉부를 발치쪽으로 향한 채로 출토	착장가능성/단수부장/부분결실
	9	달성 평촌리 석관묘 17호	일단병식석검 1점, 유경식석촉 10점 등	피장자 오른쪽 팔뼈 아래에서 출토	착장가능성/단수부장/부분결실
	10	달성 평촌리 석관묘20호	이단병식석검 1점, 유경식석촉 12점 등	피장자의 오른쪽 다리뼈 아래에서 비스듬하게 세워져 출토	착장가능성/단수부장/부분결실
	11	달성 평촌리 석관묘 23호	유경식석검 1점, 유경식석촉 13점	피장자의 오른쪽 중앙에서 출토	착장가능성/단수부장/부분결실
	12	달성 평촌리 석관묘 25호	일단병식석검 1점, 유경식석촉 11점	피장자의 오른쪽 허리부분과 다리뼈근처에서 출토	착장가능성/단수부장/부분결실
	13	달성 평촌리 석관묘 28호	일단병식석검 1점, 유경식석촉 14점	피장자의 오른쪽 허벅지에서 출토	착장가능성/단수부장/부분결실
	14	대구 상동 6호 지석묘	유경식석검 1점	매장주체부 북장벽 중앙부의 제3차 시상석인 자갈위에서 출토	착장여부 불명/단수부장/부분결실
	15	대구 상동 11호 지석묘	일단병식석검 1점	매장주체부 북장벽 동쪽에서 칼끝이 서쪽을 향한 채로 발견	비착장부장(非着裝副葬)/단수부장/부분결실
	16	대구 대천동 511-2번지유적 I B군 10호묘	석검 검신부편 1점	매장주체부 내부 중앙부의 북동편에서 출토	착장가능성/단수부장
	17	대구 대천동 511-2번지유적 I B군 11호묘	이단병식석검 1점, 유경식석촉 14점, 석촉봉부편 1점 등	매장주체부 내부 북장벽 중앙부 서편 출토	착장가능성/단수부장/부분결실
	18	대구 대천동 511-2번지유적 I B군 12호묘	일단병식석검1, 유경식석촉 4점과 석촉봉부편 1점 등	매장주체부 중앙부위 북장벽 인근 출토	착장가능성 낮음/단수부장
	19	청도 진라리 지석묘 1호	유절병식석검 1점	매장주체부 중앙에서 북쪽으로 치우쳐서 출토	착장가능성/단수부장/부분결실
	20	청도 진라리 지석묘 3호	유단병식석검(有段柄式石劍) 1점, 유경식석촉 10점 등	중앙에서 북쪽으로 치우쳐서 출토	착장가능성/단수부장
	21	청도 진라리 지석묘 4호	유구병식석검(有溝柄式石劍) 1점, 석촉 1점 등	매장주체부 내부 중앙에서 북쪽으로 치우쳐서 출토	착장가능성/단수부장/부분결실
	22	밀양 가인리 2호 석관묘	일단병식석검 1점	매장주체부 내부 중앙에서 동쪽으로 약간 치우쳐서 부장	착장가능성/단수부장/부분결실
	23	밀양 가인리 10호 석관묘	일단병식석검 2점	매장주체부 내부 남장벽에 붙어 석관의 장축방향으로 놓여 있었고 벽쪽에 가까운 한 자루는 비스듬히 세워진 상태로 출토됨.	적어도 한 자루는 착장가능성/복수부장/ 2점 모두 부분결실

24	밀양 가인리 11호 석관묘	유절병식석검 1점, 유경식마제석검 1점	유절병식석검은 매장주체부 내부 시상석 중앙부에서 동쪽으로 치우쳐 부장. 유경식 마제석검은 남장벽에 접해서 출토.	출토위치로 볼 때 착장가능성 적음/복수부장/유절병식마제석검 부분결실
25	밀양 전사포리 5호묘	일단병식석검 1점, 유경식석촉 13점	석검은 석관매 중앙부의 북장벽측에서 출토	착장가능성/단수부장/부분결실
26	밀양 전사포리 16호묘	일단병식석검 1점, 석촉 1점	석검은 매장주체부 바닥 동장벽 측에서 출토	착장가능성/단수부장/부분결실
27	밀양 전사포리 18호묘	일단병식석검 1점, 유경식석촉 3점	석관 내 바닥에서 출토	착장가능성/단수부장/부분결실
28	밀양 전사포리 26호묘	유절병식석검 1점, 유경식석촉 4점 등	석관 내 바닥의 동장벽측 중앙부에서 출토	착장가능성/단수부장/부분결실
29	밀양 전사포리 37호묘	일단병식석검 1점, 유경식석촉 3점	석관 내 중앙부 남장벽측 바닥	착장가능성/단수부장
30	창원 덕천리 7호묘	일단병식석검 1점, 적색마연토기 1점, 석촉 4점 등	매장주체부 내 동장벽 중앙의 보강석에서 석촉 4점 출토 그곳에서 북쪽으로 약 30cm 떨어진 곳에서 석검출토	파쇄부장/단수파쇄부장/부분결실
31	창원 덕천리 11호묘	일단병식석검 1점, 마제석촉 4점 등	매장주체부 내부에서 칼끝이 아래로 향한 채 모서리에 기대어 새운 채로 부장됨.	세워서 부장/단수부장
32	창원 덕천리 16호묘	이단병식석검 1점, 비파형동검 1점	매장주체부 북장벽의 중앙인근에서 북장벽과 나란하게 석검출토/ 북장벽의 중앙에서 동쪽방향 쪽에 북장벽과 나란하게 동검출토	석검 착장가능성/동검 부장품
33	산청 매촌리 1호 묘역지석묘	일단병식석검 1점, 유경식석촉 15점 등	매장주체부 남장벽 중앙부의 내측에서 인부와 병부가 이등분되어 겹치듯 세워진 채 출토	비착장부장(非着裝副葬)/ 의도적 파쇄부장/단수부장
34	산청 매촌리 5호 묘역지석묘	일단병식석검 1점, 유경식석촉 3점	매장주체부 북장벽 중앙부의 내벽석에 붙이듯 출토	비착장부장/단수부장
35	산청 매촌리 12호 석관묘	유경식석검 1점 등	매장주체부 서단벽 내측에 비스듬하게 세워진 상태로 출토	비착장부장/부분결실/단수부장
36	산청 매촌리 15호 석관묘	일단병식석검 1점 등	매장주체부 내 동단벽가 고정석 사이에서 검신부와 병부가 2등분 되어 출토	비착장부장/단수부장
37	산청 매촌리 29호 석관묘	일단병식석검 1점, 유경식석촉 2점	석관묘 내부의 남장벽 동쪽 모서리부분에서 경사지게 출토	비착장부장/부분결실/단수부장
38	산청 매촌리 34호 석관묘	일단병식석검 병부편 1점	석관묘 내부 동편 시상석 주변에서 출토	비착장부장/병부 편부장/단수 파편부장
39	산청 매촌리 35호 석관묘	일단병식석검 1점, 석촉 31점, 청동촉 1점 등	석관 내부 남장벽측 바닥면에서 검신부가 반파된 상태로 출토	비착장부장/부분결실/검신부 반파상태 출토/단수부장
40	함안동촌리유적II 10호 석관묘	일단병식석검 1점	매장주체부 동장벽 쪽에서 출토	비착장부장/단수부장
41	함안동촌리유적II 11호 석관묘	일단병식석검 1점	석관묘 서장벽과 북장벽의 모서리에서 출토	비착장부장/부분결실/단수부장
42	창원 진동리 석관묘	비파형동검 1점, 석촉 2점 등	정확한 출토위치 불명(동검과 석검 모두 허리부분 이상의 상위에 있던 유물이라는 발견자들 전언)	알 수 없음
43	김천 문당동유적 1호 목관묘	비파형동검 1점, 석검 1점	석검은 남서쪽 단벽 모서리 부분에서 다른 석제품 2점과 포개진 상태로 목재위에 얹혀서 비스듬히 출토/ 동검은 피장자 우측 대퇴골부 쪽 추정 남장벽에 연해 목관 부식흔인 회백색니질 점토 상면에서 출토	석검은 목관 목개 상면에 부장/동검도 목관 상면에 부장(발굴자)견해
44	김해 신문리 3호 석관묘	비파형동검 1점, 석촉6점 등	석관 외부 5차 개석의 서쪽부분에서 출토	비착장부장/부분결실/단수부장

45	부여 송국리 석관묘	비파형동검 1점, 일단병식석검 1점, 유경식석촉 11점, 관옥 17점, 곡옥 2점 등	마제석검은 석관의 서·남벽으로부터 각각 20cm, 60cm 떨어진 위치로서 피장자의 허리부분에서 출토/ 비파형동검은 북·동벽에서 각각 50cm, 30cm 씩 떨어져 피장자의 왼쪽 팔에 해당하는 부위에서 석촉, 식옥, 관옥과 함께 출토(석검 착장/동검 부장 가능성). 그러나 발견자의 전언이어서 신뢰유보	석검착장가능성/ 동검부장가능성
46	진안 모곡유적 2호 석관묘	일단병식석검 1점	석관 외부에서 석검 1점이 3부분으로 파손되어 출토, 북서벽 중앙부인데 측벽과는 15cm 떨어짐	석관 외부 부장/단수 부장
47	진안 구곡마을 A 1-1호 지석묘	마제석검 병부편 1점, 유경식석촉 1점	매장주체부 밖의 부석부(敷石部)	석관 외부 부장/부분 결실/단수파손부장
48	진안 구곡 A마을 5-1호 지석묘	마제석검편, 삼각형석도, 유구석부 등	매장주체부 밖의 부석부(敷石部)	석관 외부 부장/부분 결실/단수파손부장(교란가능성)
49	진안 구곡마을 C유적 6호 지석묘	일단병식석검 1점 등	매장주체부 내부 서장벽 아래 중앙부에서 출토	착장가능성/단수부장
50	진안 수좌동유적 3-3호 지석묘	검신 중간부분편 1점, 일단경식석촉 2점 등	매장주체부 내부에서 출토	석검 파쇄부장/파쇄 부분부장
51	진안 풍암유적 2호 지석묘	일단병식석검 1점	매장주체부 내 동벽과 근접하여 출토	파쇄부장가능성
52	진안 풍암 유적 6호 지석묘	일단병식석검 1점, 유경식석촉 7점	매장주체부 내 동벽 중앙부에서 북쪽으로 치우친 지점의 바닥에서 출토	착장가능성/단수부장
53	진안 풍암유적 12호 지석묘	석검 병부편 1점	지석묘의 남쪽 적석부에서 출토	파쇄부장 가능성
54	진안 풍암유적 13호 지석묘	추정 유경식 석검편 1점	지석묘의 남쪽 적석부 끝부분의 적석사이에서 출토	파쇄부장가능성
55	진안 풍암유적 14호 지석묘	석검편 2점	매장주체부 바닥에서 석검편 1점/ 적석부에서 석검 병부말단부 1점	파쇄부장/ 2점이 동일석검 편인지 알 수 없음
56	진안 여의곡A-II지구 1호 지석묘	일단병식마제석검 1점, 일단병식병부편 1점	매장주체부 남서벽 중앙부에서 남쪽으로 치우친 바닥에서 일단병식석검 1점 출토/ 지석묘 남동쪽 소할석층에서 병부편 출토	매장주체부 내부 출토 마제석검 착장부장 가능성/단수 부장/ 개석 동쪽 부분 출토 마제석검편 파쇄부장
57	진안 여의곡A-II지구 2호 지석묘	일단병식석검 편 4점	매장주체부 밖 북쪽 적석부 석검편1점/ 남서쪽 적석부의 소할석층 석검 봉부편 1점/남서쪽 적석부 파손된 신부편과 병부편 각 1점	매장주체부 밖에 파쇄부장
58	진안 여의곡A-II지구 3호 지석묘	이단병식석검 1점, 일단병식석검	이단병식석검 1점은 매장주체부 내 북동벽 중앙에 치우친 바닥에서 출토/일단병식석검 1점은 병부와 신부일부 잔존	이단병식석검 착장가능성/일단병식석검 파쇄부장/매장주체부 내 단수부장
59	진안 여의곡A-II지구 4호 지석묘	일단병식석검 1점. 석검병부편 1점	일단병식석검 1점은 매장주체부 내 남서벽 중앙에 치우친 바닥에서 출토/ 지석묘 북동쪽 적석부에서 석검병부편 출토	매장주체부 내 석검은 착장가능성/ 매장주체부 밖 적석부 출토 석검병부편은 파쇄부장
60	진안 여의곡A-II지구 5호 지석묘	석검 검신편 1점, 석검 병부편 1점	5호 지석묘 남동쪽 적석부에서 검신편 1점, 남동쪽 경계석 밖에서 병부편 1점 출토	파쇄부장/관외부장
61	진안 여의곡A-I지구 6호 지석묘	일단병식석검 1점	매장부체부 내 북벽 동쪽 끝에서 봉부가 아래를 향해 세워진 채로 출토	비착장부장/단수부장
62	진안 여의곡A-I지구 9호 지석묘	일단병식석검 1점	매장주체부 내 북벽의 중앙에 병부 끝이 닿아 있는 봉부는 남동쪽을 향한 상태로 바닥면에서 출토	비착장부장/단수부장

63	진안 여의곡A-I지구 10호 지석묘	이단병식석검 병부편	매장주체부 내 바닥석 북서쪽 1m 내외의 지점에서 출토	파쇄부장
64	진안 여의곡A-I지구 11호 지석묘	이단병식석검 1점	세편의 석검조각이 서로 다른 위치에서 출토(매장주체부 내부와 밖에서 출토)	파쇄부장
65	진안 여의곡A-I지구 14호 지석묘	일단병식석검 1점	매장주체부 내부 서벽 중앙에 치우친 바닥에서 출토	착장가능성/단수부장
66	진안 여의곡A-I지구 18호 지석묘	일단병식석검 1점	매장주체부 내부 서벽 중앙에 치우친 바닥에서 출토	착장가능성/단수부장
67	진안 여의곡A-I지구 20호 지석묘	유절병식석검1 점	매장주체부 내부 북벽 중앙에 치우친 바닥석에서 출토	착장가능성/단수부장
68	진안 여의곡A-I지구 22호 지석묘	일단병식석검 1점	매장주체부 내부 서벽 중앙에 치우친 바닥에서 출토	착장가능성/단수부장
69	진안 여의곡A-I지구 25호 지석묘	일단병식석검 1점, 석검 병부편 1점	매장주체부 내부 북단벽에 붙어 북벽과 나란히 가로로 세워져 출토/ 석검 병부편이 지석묘 북쪽 경계석 사이에서 출토	비착장/파쇄부장
70	진안 여의곡A-I지구 27호 지석묘	석검 병부편 1점	지석묘 북동쪽 적석 내 출토	비착장/파쇄부장
71	진안 여의곡A-I지구 29호 지석묘	석검 병부편 1점	매장주체부 북쪽으로 치우친 서벽과 바닥석 사이에서 출토	비착장/단수부장
72	진안 여의곡A-I지구 30호 지석묘	이단병식석검 1점	매장주체부 내부 서남쪽 모서리 부분의 바닥에서 두 부분으로 절단상태로 출토	착장가능성/단수부장
73	진안 여의곡A-I지구 32호 지석묘	일단병식석검1점	매장주체부 중앙의 서쪽벽에 치우쳐 서벽과 나란히 출토. 검신이 세워진 채로 발견	착장가능성/부분결실/다수부장
74	진안 여의곡A-I지구 33호 지석묘	일단병식석검 1점	석검은 매장주체부 중앙의 서벽에 치우친 바닥에서 출토/ 석검편이 지석묘 북동쪽 소할석층 아래에서 출토	착장가능성/단수부장/석검편은 파쇄부장 가능성
75	진안 여의곡A-I지구 38호 지석묘	일단병식석검 1점	석검 1점이 여러개로 조각난 채로 매장주체부 내부 서벽쪽에 치우친 바닥에서 출토	석촉과 석검이 함께 확인되는 점/ 비착장 가능성
76	진안 여의곡A-I지구 40호 지석묘	일단병식석검 1점, 석검병부편 1점	매장주체부 중앙에 위치/ 지석묘 매장주체부 밖 북서쪽 묘역경계석 인접 외곽에서 석검병부편 출토	착장가능성/ 석검병부편은 파쇄부장가능성
77	진안 여의곡A-I지구 44호 지석묘	일단병식석검 1점, 이단병식석검 병부편 1점	매장주체부 내부 남쪽에 치우쳐서 세워져서 일단병식석검 1점 출토/ 지석묘 북쪽 묘역부 밖에서 이단병식석검 병부편 출토	비착장/이단병식석검편은 지석묘와 관련없이 외부에서 유입되었을 가능성
78	진안 여의곡A-I지구 45호 지석묘	일단병식석검 1점	매장주체부 바닥의 남벽쪽에 치우쳐서 출토	비착장/단수부장
79	진안 여의곡A-I지구 50호 지석묘	일단병식석검 1점	매장주체부 내부 북벽과 서벽이 접하는 모서리 부분에서 출토	비착장/단수부장
80	진안 여의곡A-I지구 51호 지석묘	일단병식석검 1점	매장주체부 내부 남벽 쪽에 치우쳐서 바닥에서 출토	비착장/단수부장
81	진안 여의곡A-I지구 53호 지석묘	유경식석검 1점	매장주체부 내부 북편에 치우친 서벽 아래에서 출토	비착장/단수부장
82	진안 여의곡A-I지구 54호 지석묘	일단병식석검 1점	토광 내 서벽 중앙 쪽에 치우쳐서 출토	착장가능성/부분결실/단수부장
83	진안 여의곡A-I지구 57호 지석묘	일단병식석검 1점	매장주체부 내부 남벽 쪽에 치우쳐서 부장	비착장/단수부장
84	진안 여의곡A-I지구 61호 지석묘	석검 편(신부 일부 잔존) 1점	지석묘 북서모서리 교란된 부분에서 출토	알 수 없음

85	여수 적량동 상적 4호 지석묘	일단병식석검 1점, 석촉편 1점	매장주체부 내부 남벽에서 8cm 동벽에서 8cm 떨어졌으며 바닥석에서 약 4cm 떠서 완형으로 출토	비착장/단독부장
86	여수 적량동 상적 8호 지석묘	석검 봉부편 1점, 석검 검신부편 1점	봉부편은 상석 이동후 부식토 정리과정 중 출토/ 봉부와 병부가 유실된 검신부편이 묘역 북동쪽 묘역석과 잡석 정리중 출토	비착장/파쇄부장
87	여수 적량동 상적 10호 지석묘	일단병식석검 병부편 1점, 원형석기 1점	지석묘의 동쪽 지석에서 남쪽으로 약 4cm 떨어져 출토	비착장/부분결실/파쇄부장
88	여수 적량동 상적 3호 석관	일단병식석검 1점	석관 내 북장벽에 붙어서 출토	비착장/단독부장
89	여수 월내동 상촌 7호 지석묘	비파형동검 1점	매장주체부 내부의 중앙부 북장벽에 칭친 바닥 위에서 반파된 상태로 상단부와 하단부가 포개져서 출토	비착장/파쇄부장
90	여수 월내동 상촌 10호 지석묘	석검신부편 1점	매장주체부 내부의 남벽석 아래에서 봉부가 아래를 향해 박혀서 출토	비착장/단수부장
91	여수 월내동 상촌 14호 지석묘	석검 봉부편 1점, 유구석부 1점	매장주체부 내부 중앙부에서 출토	비착장/파쇄부장
92	여수 월내동 상촌 6호 석곽	석검 신부편 1점	교란	교란
93	여수 월내동 상촌 2로 묘역지석묘	비파형동검편 1점	장벽에 붙어서 출토	비착장
94	여수 월내동 상촌 지석묘 Ⅲ 18호 지석묘	일단병식석검1 점, 유경식석촉 1점 등	매장주체부 내부의 북쪽 단벽부근에서 부러진 채로 출토	비착장/파쇄부장/단수부장
95	여수 월내동 상촌 지석묘 Ⅲ 49-1호 지석묘	일단병식석검 1점, 석촉편 1점 등	매장주체부 석재 위 출토	부분결실/단수부장
96	여수 월내동 상촌 지석묘 Ⅲ 51호 지석묘	석검신부편 1점, 석촉편 1점, 석부 1점	매장주체부 밖의 동쪽 구획석에서 64cm 떨어진 곳에서 출토	지석묘 매장주체부 밖 부장
97	여수 월내동 상촌 지석묘 Ⅲ 53호 지석묘	유경식석검 1점	매장주체부 내부 북동쪽 모서리에서 2등분되어 출토	비착장
98	여수 월내동 상촌 지석묘 Ⅲ 54호 지석묘	일단경식석검 1점, 석촉 12점	매장주체부 중앙부 북측장벽 인근의 내부바닥에서 출토	착장가능성/부분결실/단수부장
99	여수 월내동 상촌 지석묘 Ⅲ 57호 지석묘	일단병식석검 1점	지석묘 상석 서쪽 아래에서(매장주체부 외부 추정) 출토	비착장/단수부장
100	여수 월내동 상촌 지석묘 Ⅲ 83호 지석묘	석검 신부편 1점	매장주체부 축조를 위해 만들어진 토광 어깨선 부근 출토	매장주체부 외부 출토
101	여수 월내동 상촌 지석묘 Ⅲ 92호 지석묘	비파형동검편 1점, 유경식석촉편 1점	매장주체부 내부바닥 동단벽과 가까운 바닥시설	비파형동검편 파쇄부장가능성/석검 부장 않됨
102	여수 월내동 상촌 지석묘 Ⅲ 101호 지석묘	석검 신부편과 병부편 각 1점	매장주체부내 남벽 인근에서 석검신부편 1점, 매장주체부 외부의 남벽석과 남쪽 묘역석 사이에서 일단병식석검의 병부편 출토	비착장/파쇄부장
103	여수 월내동 상촌 지석묘 Ⅲ 102호 지석묘	석검신부편 1점, 석검병부편 1점, 유경식석촉편 등	석검병부편 매장주체부의 중앙부에서 출토.	파쇄부장
104	여수 월내동 상촌 지석묘 Ⅲ 103호 지석묘	일단병식석검 1점	매장주체부 중앙부에서 일단병식석검 출토	파쇄부장
105	여수 월내동 상촌 지석묘 Ⅲ 115호 지석묘	비파형동검 1점, 석촉2점, 유구석부 2점	매장주체부 외부 북벽석 바깥쪽에 비스듬이 세워져 출토	비착장부장/단수부장
106	여수 월내동 상촌 지석묘 Ⅲ 116호 지석묘	비파형동검 1점, 석촉 3점	매장주체부 중앙에서 동쪽으로 치우쳐 3개의 편으로 나뉘어져 출토/ 석촉의 인위적 파쇄 가능성	비착장/동검과 석검의 인위적 파쇄가능성

107	여수 월내동 상촌 지석묘 Ⅲ 125호 지석묘	일단병식석검1점, 유경식석촉 1점	매장주체부 축조를 위한 모서리벽석 위에서 출토	비착장/부분결실/파쇄단순부장
108	여수 적량동 상적 7호 지석묘	비파형동검 1점	매장주체부 내부 동벽에서 85cm 북벽에서 11cm 떨어진 석관 중앙에서 서쪽으로 치우친 바닥에서 출토	착장가능성/석검 출토 않됨
109	여수 적량동 상적 2호 석곽	비파형동검 1점, 비파형동모 1점, 관옥 5점	비파형동검 봉부는 석곽 바닥 중간부분에서 남쪽으로 30cm 떨어진 곳에서 출토되었고 동검편들이 그 서쪽에 있었던 것으로 추정/ 동모는 서벽석에서 74cm 떨어진 석곽 중간부분의 남벽하에서 출토	동검과 동모의 출토양상으로 보아 착장가능성 배제 못함/마제석검 미출토
110	여수 적량동 상적 4호 석곽	비파형동검 1점	석곽 바닥 중앙부에서 남쪽으로 치우쳐 출토	동검의 착장가능성 배제 못함/마제석검 미출토
111	여수 적량동 상적 9호 석곽	비파형동검 편 1점	석곽 내부의 북쪽 단벽에서 58cm 동벽에서 10cm 떨어진 석곽 중앙부의 동벽 하에서 출토	동검 부분출토 착장여부 논하기 어려움
112	여수 적량동 상적 13호 석곽	비파형동검편 2점	동벽에서 90cm 남벽에서 15cm 떨어진 석곽의 중앙에서 서쪽으로 치우친 남벽하의 바닥석에서 출토	동검반파/동검 편만으로 착장여부 논하기 어려움.
113	여수 적량동 상적 17호 석곽	일단병식석검 1점	석곽 내부의 북쪽 벽석에 세워져 출토	비착장/부분결실/단수부장
114	여수 적량동 상적 21호 석곽	비파형동검 파편 2점	동검의 큰 파편은 석곽 서벽에서 60cm 남벽에서 8cm 떨어진 석곽 바닥의 중앙에서 서쪽으로 치우친 남벽아래에서 출토/ 동검소편은 큰 파편에서 50cm 떨어진 석곽 서북쪽 모서리 바닥에서 발견	착장가능성 배제 못함
115	여수 적량동 상적 22호 위석형 석곽	비파형동검	교란된 것으로 추정되는 부식토층에 꽂힌 채 출토	교란으로 알 수 없음
116	여수 적량동 상적 25호 석곽	석검 편 1점	매장주체부 남벽에서 12cm 서벽에서 45cm 떨어진 지점에서 발견	석검 편 내부부장
117	여수 봉계동 대곡 3호 지석묘	일단병식석검 1점, 유경식석촉 1점, 석창 1점 등	석관의 동북쪽 석열 외곽의 교란된 곳에서 출토	교란으로 알 수 없음
118	여수 봉계동 대곡 4호 지석묘	일단병식석검 1점, 유경식석촉 6점	석관의 중앙에서 남벽에 치우쳐 바닥에서 발견	착장가능성/부분결실/단수부장
119	여수 봉계동 월앙 7호 지석묘	일단병식석검 병부편과 검신편	매장주체부 동쪽 개석 사이에서 30cm 간격을 두고 병와 검신편이 깨진 채로 발견	부분결실/파쇄부장
120	여수 봉계동 월앙 8호 지석묘	일단병식석검 병부편 1점	석관 중앙의 북벽하 상단의 부식토층에서 수습/교란추정	교란으로 알 수 없음
121	여수 봉계동 월앙 10호 지석묘	비파형동검 봉부편 1점	매장주체부 동쪽 바닥석과 중앙바닥석 사이에서 14점의 벽옥제관옥이 출토되고 그 서쪽에서 동검봉부편 1점, 소옥 1점 관옥 1점 출토/ 도굴로 교란추정	교란으로 알 수 없음

위의 〈표2〉는 Ⅱ장의 마제석검과 비파형동검의 출토양상을 정리한 것이다.

III. 석검과 동검의 상징성 변화양상에 대한 고찰

1. 청동기시대 시기별 부장양상

청동기시대 전기의 경우 비파형동검이나 마제석검이 피장자의 허리부위로 추정되는 지점에서 출토되어(예: 매장주체부의 중앙부위) 동검이나 석검이 석관 내부에서 피장자에 착장되어 부장되었을 가능성이 높은 사례가 확인된다(예: 서천 오석리 주구석관묘, 진안 안자동 1호 지석묘). 그리고 김천 송죽리 4호 지석묘의 경우와 같이 비파형동검을 지석묘 인근의 지점에 꽂는 방식과 같은 의례용 사용방식도 확인된다.

그러나 청동기시대 후기로 가면 석검을 착장하여 부장하는 경우(달성 평촌리 석관묘 28호 석관묘 출토 석검, 달성 평촌리 석관묘25호 출토 석검), 석검이나 동검을 파쇄하여 전체 또는 파편만 부장하는 경우(여수 월내동 상촌 지석묘 II 7호묘 출토 비파형동검, 여수 월내동 상촌III 92호 출토 지석묘, 여수 월내동 상촌 지석묘 III 116호묘 출토 비파형동검, 여수 적량동 상적 21호 석곽 출토 비파형동검, 창원 덕천리7호묘 출토 석검, 산청 매촌리 1호 묘역지석묘 출토 석검)[1], 석검이나 동검을 매장주체부 내부에 부장하는 경우(부여 송국리 1호 석관묘 출토 비파형동검과 석검, 창원 진동리 석관묘 출토 비파형동검과 석검), 석검은 부장되지 않고 동검을 위세품으로 부장하는 경우(여수 적량동 상적2호 석곽 출토 비파형동검, 평창 하리 240-4번지 일원유적 2호 무덤), 석검과 동검을 동시에 부장하면서 석검을 위세품으로 착장하여 사용하는 경우(창원 덕천리16호묘 동검과 석검, 부여 송국리 석관묘), 비파형동검과 석검을 동시에 부장하는 경우 동검을 위세품으로 사용하는 경우,[2] 석검을 매장주체부 바닥에 꽂아서 또는 세워서 부장

1) 최근(2016.9.2) 평창 평창읍 하리 240-4번지 일원 건물신축부지 내 유적 2호 무덤 석관에서 인골과 더불어 비파형동검이 두 동강 난 채로 인골의 허리부위에서 봉부가 발치 쪽으로 향한 채 조사되었다(강원고고문화연구원 2016). 석검은 출토되지 않은 것으로 보인다. 이 경우 동검의 파쇄부장 가능성이 더 높지만 착장부장가능성도 배제할 수 없다. 동검의 석관 내 부장이후 후퇴적과정(post-depositional processes)에서 동검의 파쇄가 일어날 수도 있기 때문이다.

2) 현재 명확한 사례는 부족하다. 사실 부여 송국리 석관묘유적이나 창원 진동리 석관묘유적 등

하는 경우(진안 여의곡 A-I지구 6호 지석묘 출토 석검), 동검을 석관의 외부 개석 또는 벽석에 부장하는 경우(김해 신문리 3호 석관묘 출토 비파형동검, 여수 월내동 상촌 지석묘 Ⅲ 115호 지석묘 출토 비파형동검) 등 다양한 경우가 확인된다. 그와 더불어 마제석검의 대형화 또는 장대화(청도 진라리 지석묘 3호 출토 석검, 김해 무계리 석관묘 출토 석검)가 진행된다. 또 석검이나 비파형동검은 대체로 1점 부장되며 양자가 모두 부장되는 경우도 있지만 어느 하나만 부장되는 경향이 있다. 그런데 그 예외사례로 석검이 2점 한 무덤에 부장되는 경우(예: 밀양 가인리 10호 석관묘와 밀양 가인리 11호 석관묘)도 확인된다.

전체적으로 보면 청동기시대 전기보다도 청동기시대 후기에 지역별로 또는 지석묘 축조집단별로 다양하게 석검이나 동검을 부장하는 의례가 전개되었고 그러한 가운데에서도 지석묘 집단별로 나름대로 일정한 장례의례절차에 따라 장례의례를 진행하였을 가능성이 크다. 이러한 양상은 반복되는 위치에서의 마제석검 출토양상을 통하여도 암시된다. 그러나 동일한 지석묘 축조집단 내에서도(예: 진안 여의곡유적) 마제석검을 파쇄부장하거나 착장하는 사례가 모두 발견됨으로 한 지석묘 축조집단 내에서도 장례의례가 큰 틀에서는 동일하지만 세부적으로는 차별화되거나 다양하게 진행되는 양상이 엿보인다. 이러한 다양한 양상은 의례의 차별화를 통하여 피장자의 안식을 기원하거나 자신의 영향력을 확대하려던 당시 사람들의 문화해석 그리고 전략과 선택의 결과일지도 모른다.

2. 석검과 동검의 부장양상의 변천과 상징성의 변화

석검의 부장양상과 파쇄행위 등에 대한 기존 논의에서 장벽 중앙은 바로 피장자의 허리부분에 해당하는 부분이며 이 경우 석검을 착용한 것으로 볼 수 있다는 견해(平郡達哉 2013:186)를 수용하여 석검의 착장을 판별하는 기준으로 삼았다.[3)]

비파형동검과 마제석검이 수습된 유구의 경우 정식발굴조사로 얻게 된 자료가 아니라 교란 후 수습된 조사를 통해 입수된 자료여서 주민의 전하는 말 전체를 그대로 받아들일 수 없다. 그러나 대략적인 추적은 가능하다.

석검을 착장하는 경우는 피장자의 사회적 위상을 나타내는 위세품으로 파악할 수 있다. 이에 비하여 석검을 착장하지 않고 단순 부장하는 것으로 출토위치상 판단되는 경우(예:여수 적량동 상적 9호 석곽 출토 비파형동검 편) 그 의미는 여러 가지 일 수 있으나 벽사용일 가능성이 있다. 만약 석검을 파쇄하는 경우 그것도 벽사용일 수도 있으나 피장자의 권력을 지우고 새로운 권력의 탄생을 알리고 기존 권력과 새로운 권력과의 심리적 충돌을 방지하는 수단으로 기존권력을 나타내는 상징물로서의 마제석검을 파쇄하는 그러한 의례를 했을 가능성을 상정해 볼 수도 있겠다. 석검대신 동검이 위세품으로 착장됨으로써 피장자 뿐만 아니라 피장자와 관련된 유력자의 새로운 관계망과 힘을 과시할 수 있었을 것으로 추정된다. 석검을 착장하고 동검은 부장하는 경우(창원 덕천리 16호묘)도 있었겠으나 석검 없이 동검을 부장했을 가능성이 있는 경우(예: 여수 적량동 상적 7호 지석묘, 평창 하리 240-4번지 일원 유적 2호 무덤 석관)도 있었을 것으로 추정된다. 그리고 동검의 부장방식도 동검의 의례적 관내부장(예: 비파형동검의 파쇄부장 사례로 여수 월내동 상촌 7호 지석묘)이나 관외부장(예:김해 신문리 3호 석관묘)도 진행되어 동검의 상징성도 석검만큼이나 여러 유형으로 전개되었을 것으로 보인다. 앞에서도 언급하였듯이 동검의 파쇄(예:여수 월내동 상촌 지석묘 III 92호 지석묘)도 피장자의 안식을 기원하거나 기존 유력자(피장자)의 권력을 보내고 새로운 유력자의 권력을 강화하는 수단으로 활용되었을 가능성이 있다.

또 청동기시대 후기 권력이나 무력을 나타내는 석검의 의미가 형식화되면서 석검의 대형화나 장대화 현상이 나와 석검의 의기화(儀器化)가 진행되는 양상이 일어났던 것으로 추정된다. 석검이나 동검의 상징적 의미는 권력이나 위세의 상징물, 벽사용 기물(器物), 권력 재탄생의 상징물 등으로 여러 가지 의미를 가지고 변화되고 있었다. 또 권력의 상징물이나 벽사용 기물로서 석검이나 동검을 착장하거나 의례용으로 부장하기도 하고, 그리고 피장자의 안식을 기원하거나 피장

3) 물론 피장자의 두향을 파악하는 것이 중요하나 많은 경우 잔존유물의 출토위치만으로 피장자의 두향을 파악하는 것이 어렵다. 이러한 경우 해가 뜨는 방향인 동쪽이 두향일 가능성이 논의되기도 한다. 또 북향도 두향의 가능성이 있는 것으로 논의되기도 하나 확정적으로 말하기 힘들다.

자가 가졌었던 권력으로부터 새로운 권력의 재탄생을 강조하는 뜻으로서 기물의 파쇄가 장례의례나 제사의례 속에서 이루어졌던 것으로 보인다. 이러한 경향은 석검뿐만 아니라 비파형동검에서도 진행된 것으로 보이는데 이것은 파쇄된 비파형동검 편이 여러 지석묘에서 확인되는 것에서도 확인된다.

지석묘군 속에서 마제석검이나 동검의 부장비율은 집단마다 상이하다. 대구 상동 지석묘군의 경우에는 석검이 5% 미만 부장되는 경우이며(41기의 지석묘에서 2기의 지석묘에 석검부장) 진안 여의곡 지석묘군의 경우 지석묘군 지석묘 61기 중에서 29기의 지석묘에서 석검이 출토되어 약 47.5%의 석검부장률을 보인다. 물론 발굴된 지석묘군이 실제 존재하는 지석묘군 모두를 대표하지 않는 경우가 있겠으나 그만큼 발굴되지 않은 지석묘군 속에서도 발굴된 것과 동일 비율의 석검이나 동검이 존재한다는 가정하에서 〈표3〉은 의미가 있을 것이다.

진안 여의곡 지석묘군과 같이 석검을 다수 부장하여 지석묘마다 석검의 상징성을 강조하거나 그와 관련된 의례를 치루는 집단과 대구 상동 지석묘군 축조집단의 경우와 같이 석검부장율 5%미만의 집단은 석검을 부장한 지석묘를 중심으로 석검의 반복부장을 피했거나 석검부장의 상징적 중요성이 장례의례에서 차지하는 비중이 다른 집단에서의 석검부장의 상징적 중요성보다 낮았을 가능성이 있다.

〈표 3〉 주요지석묘군별 석검·동검 부장율

No	지석묘군	지석묘군의 지석묘수	석검 또는 동검 출토 유구 수 (지석묘·석관묘 등)	비율 (석검 또는 동검 보유 유구/지석묘군전체유구)
1	대구 상동지석묘군	41기	2기	4.9%
2	대구 대천동 511-2번지 유적 I B군 지석묘	15기	3기	20%
3	달성 평촌리 지석묘군	28기	8기	28.6%
4	청도 진라리 지석묘군	5기	3기	60%
5	밀양 가인리 지석묘군	26기	4기	15.4%
6	밀양 전사포리 지석묘군	37기	5기	13.5%
7	창원 덕천리 유적	23기	3기	13%

8	산청 매촌리 유적	49기	7기	14.3%
9	함안 동촌리유적 II	14기	2기	14.3%
10	진안 안자동 지석묘군	13기	4기	30.8%
11	진안 구곡마을 A유적	10기	2기	20%
12	진안 풍암유적	16기	4기	25%
13	진안 여의곡유적	61기	29기	47.5%
14	여수 월내동 상촌 지석묘 II	49기	5기	10.2%
15	여수 월내동 상촌 지석묘 III	149기	14기	9.4%
16	여수 적량동 상적 지석묘	25기	9기	36%
17	여수 봉계동지석묘군	14기	5기	35.7%

또 대체로 1점씩 부장되는 석검이나 비파형동검과는 달리 복수로 부장되기 시작하는 초기철기시대의 세형동검은 그 의미가 모두 동일하지는 않았고 시기별·지역별로 다양하였을 가능성을 암시한다. 〈표4〉가 보여주듯 초기철기시대 세형동검의 복수부장은 대체로 석검과 동검 1점밖에 부장하지 않는 청동기시대와 비교할 때 세형동검을 부장하는 의미와 상징성이 변화함을 암시한다. 이러한 세형동검의 복수부장은 초기철기시대의 수장자 무덤에서 다수 확인되며 원삼국시대에도 지속된다. 그러나 초기철기시대에도 동검은 지속적으로 단수부장되면서 다양한 무기류와 의기류를 부장하며 유력자의 힘을 과시하는 경우(예: 대전 괴정동 적석목관묘, 당진 소소리유적)와 동검을 복수부장하면서 다양한 무기류와 의기류를 복수부장하는 경우(예: 예산 동서리 적석목관묘, 부여 구봉리유적, 함평 초포리 적석목관묘 등)가 모두 확인된다. 세형동검을 복수로 부장하는 것은 피장자의 정치적 힘뿐만 아니라 경제적 힘을 과시하는 것으로 세형동검의 의미가 변화되거나 다원화되는 양상을 보여준다. 또 세형동검 등의 유물이 목관 아래부분의 매장갱(훗날 요갱으로 변화)에서 출토되어 지신(地神)에게 바친 매납유물의 하나로 세형동검이 사용되었음을 보여준다.(예: 대구 팔달동 45호 적석목관묘, 대구 팔달동 100호 목관묘)

〈표 4〉 초기철기시대－원삼국시대 유력자 무덤 출토 유물의 구성내용과 동검부장양상

No.	유적이름	주요출토유물	동검 출토양상
1	부여 연화리 석관묘	세형동검 4개, 조문경편, 곡옥	동검 복수부장
2	대전 괴정동 적석목관묘	세형동검 1점, 조문경 2점, 동탁 2점, 검파형동기 3점, 방패형동기 1점, 원개형동기 1점 등	동검 단수부장
3	예산 동서리 적석목관묘	세형동검 8점, 조문경 2점, 素文鏡 1점, 細文鏡 1점, 同心圓文鏡 1점, 나팔형동기 2점, 검파형동기 3점 등	동검 복수부장
4	아산 남성리 적석목관묘	세형동검 9개체, 방패형동김 1점, 검파형동기 3점, 조문경 2점, 선형동부, 동착 등	동검 복수부장
5	화순 대곡리 적석목관묘	세형동검 3점, 다뉴경 2점, 유견동부 1점, 팔주령 2점, 쌍두령 2점, 동사(銅鉇) 1점	동검 복수부장
6	부여 구봉리 유적	세형동검 11점, 동모 1점, 동과 2점, 동사(銅鉇) 1점, 동착(銅鑿) 1점, 다뉴조문경 1점, 다뉴세문경 1점, 동부 2점 등	동검 복수부장
7	함평 초포리 적석목관묘	세형동검 4점, 도씨검(桃氏劍) 1점, 동모 2점, 동과 3점, 다뉴경 3점, 간두령 2점, 쌍두령 1점, 동령 1점, 유견동부 1점, 동착, 동사(銅鉇) 등	동검 복수부장
8	부여 합송리 적석목관묘	세형동검 2점, 동과 1점, 다뉴경 1점, 원개형동기 1점, 철부 2점, 철착 1점, 유리관옥 8점, 이형동기 1점, 동탁 2점	동검 복수부장
9	당진 소소리 유적	세형동검 1점, 검파두식 1점, 동과 1점, 다뉴경(편) 2점, 철착(鐵鑿) 2점, 철부 1점 등	동검 단수부장
10	평양 상리 유적	세형동검 1점, 검파두식 1점, 철검 1점, 철모 1점, 철부, 을자형(乙字形)동기, 동탁, 동제검파두, 입형동기(笠形銅器) 등	동검 단수부장
11	황주 흑교리 출토 일괄유물	세형동검 1점, 동모 1점, 입형동기(笠形銅器) 3점, 오수전 2점, 개궁모(蓋弓帽) 1점, 을자형동기(乙字形銅器) 2점 등	동검 단수부장
12	경주 조양동 5호 목관묘	철과 1점, 다뉴소문경(多紐素文鏡) 1점, 소동탁 2점 등	동검 부장되지 않음
13	경주 탑동 21-3 4번지 유적	세형동검 1점, 청동제 반부(盤部) 1점, 철삭도 1점, 철검 1점, 호형대구 1점, 일광경 1점, 방제경 1점, 칠초동검 1점 (북장벽 아래 피장자의 우측에서 출토) 등	동검 복수 부장 (세형동검 2점 부장). 칠초동검은 착장가능성 있으며 다른 세형동검은 부장가능성 있음.
14	경주 사라리 130호분	세형동검 2점(1점 관내부장, 1점 목관묘의 토광 모서리에 세워서 부장), 청동장식철검, 호형대구, 판상철부 70점, 철복 등	동검 단수부장/ 목관 밖 토광모서리에 1점 세워서 부장
15	대구 신천동 출토 일괄유물	동모 2점, 동과 2점, 간두령 2점, 소동탁 2점	동검 부장 않됨

16	대구 만촌동 출토유물	세형동검 3점, 검집부속구, 중광형동과 1점	동검 복수부장
17	대구 비산동 출토유물	세형동검 1점, 검파두식 1점, 동모 3점, 동과 2점, 호형대구 1점, 우각형동기 3점, 개궁모(蓋弓帽) 1점	동검 단수부장
18	대구 평리동 출토유물	세형동검 3점, 동과 1점, 한경 2점, 소형방제경 4점, 검초(劍鞘)부속구, 검파두식 1점, 원개형동기 2점, 동탁 4점, 청동마면, 청동재갈 등	동검 복수부장
19	대구 팔달동 45호 적석목관묘	세형동검 1점, 검파두식 1점, 주조철부 1점, 판상철기 1점, 철모 1점(이상 부장갱 내에서 출토) 등	동검 단수부장 (매장갱)
20	대구 팔달동 100호 목관묘	세형동검 1점, 검파두식 1점, 동모 2점(이상 동단벽 쪽 묘광바닥에 매납), 철부 2점, 철모 2점, 철검 2점(묘광바닥 가운데 매납), 철착 1점(동단벽쪽 충전석 사이에서 출토) 등	동검 단수부장 (매납)
21	창원 다호리 1호 목관묘	세형동검 1점, 동모 1점, 철모 4점, 성운문경 1점, 소동탁 1점, 청동대구 1점 등	동검 단수부장

IV. 맺는말

청동기시대 전기에서 후기로 오면서 마제석검과 동검의 부장양상이 다양화되었다. 석검과 동검의 착장부장, 매납부장, 파쇄부장, 바닥에 꽂는 부장, 단수부장의 양상이 확인되었다. 지석묘군별로 석검이나 동검 부장율이 달랐고 지석묘군 내에서도 서로 다른 부장이 확인되기도 하며 청동기시대 사회분화의 분위기에 맞추어 석검과 동검의 부장양상도 지석묘군 내부와 외부 모두에서 차별화와 다양화가 진행되었다. 그러나 집단별로 석검을 단수로 부장하거나 특정위치에 부장하는 등 특정한 장례의례절차를 준수하고 공유하는 면도 있음이 확인된다.

석검의 착장은 위세과시목적으로, 석검의 석관 내 부장은 벽사목적으로, 석관 내 파쇄부장은 벽사목적 또는 권력의 재탄생의 목적으로 그 의미를 해석하였다. 그러나 그러한 의례목적은 지역별·시기별 지석묘 축조집단별로 다양한 방식으로 조합되어 차별화되며 의미가 변화되는 양상이다. 청동기시대 석검과 동검의 단수 부장양상은 초기철기시대와 원삼국시대의 무덤에서 다수 확인되는 동검 복수부장양상과는 구분되는 양상이다.

착장여부판단기준의 주관성 등 이 논문에서 보이는 논리전개상의 비약을 포함한 모든 문제점은 모두 필자의 책임이다.

〈참고문헌〉

강원고고문화연구원

2016 「평창 평창읍 하리 (240-4번지 일원) 건물신축부지 내 유적 발굴조사 학술자문회의 자료」(학술자문회의 자료 2016-15책).

경남대학교박물관

2013 『德川里』.

慶南發展硏究院 歷史文化센터

2008 『馬山 鎭東 遺蹟 I』.

경상북도문화재연구원

2010 『달성 평촌리·예현리 유적 -본문-』.

國立密陽大學校博物館·慶南考古學硏究所

2002 『密陽 佳仁里遺蹟』.

國立中央博物館·國立光州博物館

1992 『特別展 韓國의 靑銅器文化』.

金權九·裵成爀·金才喆

2007 『金泉松竹里遺蹟 II』, 啓明大學校 行素博物館·韓國土地公社 大邱慶北地域本部.

김승옥·이종철·조희진

2001a 「IV. 慕谷 遺蹟」, 『鎭安 龍潭댐 水沒地區內 文化遺蹟 發掘 調査 報告書 II』, 全北大學校博物館·鎭安郡 ·韓國水資源公社:135-206.

김승옥·이종철·김은정

2001b 「V. 顔子洞 遺蹟」, 『鎭安 龍潭댐 水沒地區內 文化遺蹟 發掘調査 報告書 II』, 全北大學校博物館·鎭安郡 ·韓國水資源公社:207-295.

김승옥·이종철·조희진

2001c 『鎭安 龍潭댐 水沒地區內 文化遺蹟 發掘調査 報告書 X 豊岩 遺蹟』, 全北大學校博物館·鎭安郡 ·韓國水資源公社.

金承玉·李宗哲

2001d 『鎭安 龍潭댐 水沒地區內 文化遺蹟 發掘調査 報告書 VIII 如意谷遺蹟 -本文-』, 全北大學校博物館·鎭安郡 ·韓國水資源公社.

文栢成·鄭眞和

2011 『密陽 前沙浦里遺蹟』, 東西文物硏究院·密陽市·韓國土地住宅公社.

박정화·이정화

2008 『김천 문당동 유적』, 慶尙北道文化財硏究院.

朴亨順 2008 『서천 오석리 유적』, 忠淸文化財硏究院.

申大坤·金圭東

2001 『鎭安 龍潭댐 水沒地區內 文化遺蹟 發掘調査 報告書 III(本文)』, 國立 全州博物館·鎭安郡·韓國水資源公社.

申鍾煥 2000 『大邱 上洞支石墓 發掘調査 報告書』, 國立大邱博物館·大邱廣域市壽城區.

沈奉謹 1990 『韓國 靑銅器時代文化의 理解』, 東亞大學校出版部.

楊花英 2012 「咸安 東村里遺蹟 II」, 『咸安 東村里遺蹟 II·咸安 東村里遺蹟 III』, 東西文物硏究院·(주)가야철도:1-171.

嶺南文化財硏究院
2005 『淸道 陳羅里遺蹟』.

우리문화재연구원·(주)한서
2011 『山淸 梅村里 遺蹟』.

李康承 1979 「5. 石棺墓」, 『松菊里 I』(本文), 國立中央博物館: 106-108.

李榮文 1990 『麗川市 鳳溪洞 支石墓』, 全南大學校 博物館·麗川市.

李榮文·鄭基鎭
1992 『麗水 五林洞 支石墓』, 全南大學校博物館·麗水市.
1993 『 麗川 積良洞 상적 支石墓』, 全南大學校博物館·麗川市.

이영문·강진표·김석현·최성훈·이재언
2012a 『麗水 積良洞 上積 支石墓 I·II·IV』, GS 칼텍스(주)·東北亞支石墓硏究所.
2012b 『麗水 月內洞 上村 支石墓 II』, GS 칼텍스(주)·東北亞支石墓硏究所.
2012c 『麗水 月內洞 上村 支石墓 III-本文-』, GS 칼텍스(주)·東北亞支石墓硏究所.

平郡達哉
2013 『무덤 자료로 본 청동기시대 사회』, 서경문화사, 서울.

河眞鎬·許正和·權憲胤
2009 『大邱 大泉洞 511-2番地遺蹟 I』, 嶺南文化財硏究院.

한겨레문화재연구원·경상남도
2015 『金海 新文里 遺蹟-본문-』.

韓國文化財保護財團
2011 「경주 탑동 21-3·4번지유적」, 『2010년도 소규모 발굴조사 보고서 IV -경북2-』:133-331.

최근 송국리유적 조사 성과와 과제

김 경택 (한국전통문화대 교수)
이 동희 (전북 부안군 학예연구사)

송국리유적의 최근 발굴성과를 중심으로 주요 조사내용과 유구현황을 종합하였다. 최근까지의 현장조사에서 청동기시대 주거지 100여 기, 수혈 45기, 분묘 14기와 목주열, 대형지상건물지, 구획시설, 굴립주 건물지 등 많은 다양한 유구들이 확인 및 조사되었다. 엄청난 노동력에 기반을 둔 대규모 토목공사를 요하는 대지조성공사의 기획 및 실시, 대형 목주열과 구획시설 등의 시설물 설치 및 운영, 대형 굴립주 건물, (장)방형계 주거지와 원형주거지의 혼재, 독립된 묘역의 존재와 동검묘 등은 청동기시대 중기 송국리취락을 특징짓는 요소들이라 할 수 있다. 송국리유적은 소위 여타 '송국리유형' 유적들과는 유구 종류 및 내용은 물론 규모면에 있어서도 뚜렷한 차별성을 보이는데, 그 인과관계 구명을 위해서는 학계의 관심과 애정은 물론 다양한 시각과 방법론에 기반을 둔 심층적인 연구 및 조사가 필요하다 하겠다.

[주제어] 송국리유적, 발굴성과, 목주열, 방형·원형 주거지, 설상대지, 특수공간, 성토대지

Ⅰ. 머리말[1)]

사회조직과 계층화라는 국면에서 이전 시기와는 두드러진 차이를 보이는 한반도의 청동기시대 중기에는 도작농경 중심의 생업경제가 시작되고 대규모 취락과 환호·위세품 등(김승옥 2006: 34)이 등장했다고 이해되고 있다. 바닥면 중심부에 타원형 수혈이 설치된 원형 및 방형 주거지와 함께 외반구연토기, 홍도, 삼각형 석도, 유구석부 등의 유물 조합으로 정의되는 소위 '송국리유형'은 한국 청동기시대 중기의 고고학적 표지로 인식되고 있다(안재호 1992).

금강 중하류에 소재한 부여 송국리유적(사적 제249호)은 '송국리유형'이란 개념의 설정 배경을 제공한 유적인데, 지난 1974년 비파형동검이 부장된 석관묘(동검묘)가 우연히 발견되고, 그 무덤에 대한 수습 조사가 이루어지면서 학계에 널리 알려지고 주목을 끌게 되었다. 발굴조사에서 확인된 중앙에 타원형 수혈을 지닌 평면 원형의 집자리가 학계에 보고되어 주목을 끌었고, 이후 연구가 진행되면서 '송국리유형'이란 개념이 설정되기에 이르렀다. 유적의 중요성이 인식되어 2016년 현재 국립박물관(중앙·부여·공주박물관)과 한국전통문화대학교 고고학연구소에 의해 21차례에 걸쳐 발굴조사가 이루어졌으며(松菊里 Ⅰ~松菊里 Ⅹ), 향후에도 발굴조사가 계속 진행될 예정이다.

현재까지 송국리유적에서는 주거지 100여 기, 수혈 45기, 분묘 14기를 비롯하여 다수의 목주열, 대형지상건물지, 대지구획시설[2)], 기둥구멍과 굴립주 건물지 등의 청동기시대 유구들이 확인되었다. 조사결과에 따르면, 중앙의 구릉과 주변의 가지능선을 중심으로 집중적으로 유구가 확인되는데, 구체적으로는 구릉 정상부와 54지구 설상대지, 50지구, 55지구 등 4개의 주거 구역이 보고되었고, 51지

1) 본고는 2008년 제12차 발굴조사부터 현장조사와 보고서 작성을 수행했던 이동희(2014)와 이후에도 계속 발굴조사를 책임지고 있는 김경택(2014)의 논고에 최근 조사 성과를 추가하는 방식으로 작성되었는데, 유적과 유구들의 개괄적 서술의 경우는 별도로 출처를 밝히지 않았다.

2) 2008년부터 실시된 조사결과 54지구 설상대지의 목책은 2동의 대형굴립주 건물지로 파악되었으며, 54지구 정상부 평탄대지상의 목책은 현 단계에서는 성격 미상의 목주열로 이해되고 있다(송국리 Ⅷ). 한편 환호시설로 추정되던 시설은 14~16차 조사결과 분구묘의 주구 또는 미상의 구상유구로 파악되었으며, 설상대지의 배수로로 추정되던 U자형 유구는 대지구획시설로 이해되고 있다.

구와 52지구에서는 묘역군이 확인되었다(손준호 2007; 이동희 2014).

비교적 최근까지 송국리유적은 대규모 대지조성이 이루어진, 목책열과 환호로 둘러싸인 대규모 방어 목적의 취락(김길식1993, 1994; 송만영 1995; 손준호 2007; 안재호 1992; 이홍종 1994; 우정연 2002; 이종철 2000; 庄田愼矢 2007)으로 인식되어 왔다. 송국리유적을 방어용 취락으로 인식하는 견해가 최근에도 통용되고 있긴 하지만, 이는 2016년 현재 유적 총면적 대비 극히 일부분만이 조사되었고(전체 546,908m² 중 24,764m², 4.53%), 확인된 유구의 내용 및 성격이 동시대 다른 유적들에서 비교대상을 찾기 어려운 송국리 유적의 특징때문이라 이해된다.

그런데 최근 연차 발굴조사를 통해 아직 충분하다고는 할 수 없지만, 유적 중심부로 추정되는 구역에 대한 자료축적이 이루어지면서 새로운 견해가 제시되고 있다. 따라서 최근 조사결과를[3] 포함하여 조사 성과를 분석·종합하고, 이를 바탕으로 향후 송국리유적의 조사 및 연구 방향과 과제를 제시해 보고자 한다.

3) 본고는 정식보고서가 발간된 17차 발굴조사까지의 내용을 중심으로 준비되었으며, 18차~21차의 조사결과는 약보고서에 수록된 내용 일부가 이용되었다.

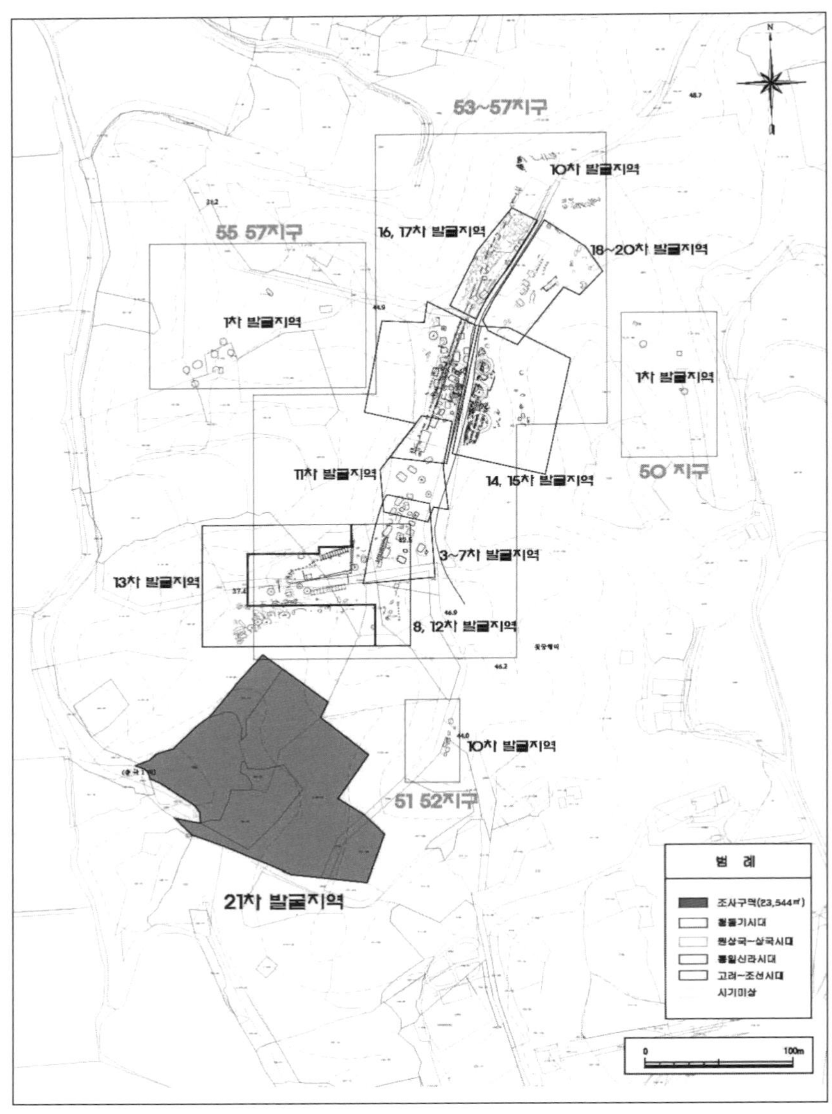

〈그림 1〉 송국리유적 평면도 (고고학연구소 2016)

II. 연구 배경: 송국리유적 현황

한국 청동기시대 중기를 대표하는 대형 취락유적인 부여 송국리유적은 지난 1974년 동네 주민이 비파형 동검, 동착, 관옥, 곡옥, 마제석검, 석촉 등이 부장된 석관묘를 당국에 신고하여 무덤에 대한 수습조사가 이루어지면서 알려지게 되었다(김영배·안승주 1975). 이후 1975년 송국리를 포함한 소사리와 산직리 일대가 농지확대개발사업지구(80만m^2)로 지정됨에 따라 국립중앙박물관과 국립부여박물관은 이 일대에 대한 예비조사를 실시하게 되었다. 1975년 실시된 1차 발굴결과 청동기시대 주거지 13기와 옹관묘 4기 등을 포함하여 청동기시대부터 삼국(백제)시대에 이르는 다양한 시대 및 성격의 유구들이 확인되었다(강인구 외 1979). 1976년 12월 유적의 중요성이 인식되어 송국리 일원 535,107m^{2}가 사적 제249호(사적명:부여송국리선사취락지→2013년 송국리유적[546,908m^2]으로 변경)로 지정되기에 이르렀다. 이후 국립박물관과 한국전통문화대학교 고고학연구소는 2016년 7월 현재 모두 21차례에 걸쳐 발굴조사를 실시했다[4](〈표1〉).

송국리유적 조사 성과는 1~11차 발굴조사와 12차 이후 조사로 구분해 살펴볼 수 있다. 1~11차 발굴조사는 전부는 아니지만 유적의 범위 확인을 위한 시굴의 성격이 강한 측면이 있었다. 즉 한정된 범위에서 가능한 한 많은 정보를 얻기 위한 시굴조사의 성격으로 진행된 관계로 평면상에서 확인된 유구들의 경우도 내부조사는 선택적으로 이루어지기도 했다. 제한적인 조사환경에서도 유적에 관한 다양한 정보가 수집되어, 양단에 기둥 구멍을 지닌 타원형 구덩이가 수혈 내부에 설치된 평면 원형 주거지, 외반구연호, 삼각형석도, 단면 플라스크형 홍도, 유규석부 등으로 구성된 소위 '송국리유형'이 설정되기도 했다(안재호 1992). 또 발굴조사를 통해 평면 원형 주거지뿐만 아니라 역삼동유형에서 보이는 것들과 유사한 평면 방형 또는 장방형의 주거지, 목책열과 환호, 배수구(김길식 1993) 등은 울산 검단리에서 확인된 사례와 대비되는 주변 조망에 유리한 위치에 조성된

4) 2016년 4월과 5월 제21차 발굴조사가 실시되었지만, 이번 조사는 정밀 발굴에 앞서 실시된 시굴조사로 유구 내부조사가 이루어지지 않아 본고의 내용 및 방향에는 별다른 영향을 주지 않았음을 밝힌다.

방어취락이란 견해를 대두시키기도 했다.

그런데 2008년부터 '부여군 초촌면 송국리 선사취락지 정비 조성사업'의 일환으로 한국전통문화대학교 고고학연구소가 유적을 발굴조사하면서 송국리유적의 성격을 '방어취락' 이라 보는 입장은 재고를 요하게 되었다. 특히 2008년 이루어진 제12차 발굴은 목책열이 존재하는 것으로 추정된 54지구 설상대지에서 실시되었는데, 목책열 추정되던 주혈들이 이중으로 설치되었고, 일정 범위에서는 단절되는 양상이 확인되었다. 한편 주혈 주변에 위치한 배수시설로 추정되었던 구상유구는 설상대지 정상부 전체를 구획하는 담장 또는 격벽시설임이 확인되었다(송국리 Ⅷ). 또 목책열로 추정되던 설상대지상의 주혈들은 조사결과 대형 굴립주건물의 흔적으로 파악되었다.

〈 표 1 〉 송국리유적 청동기시대 유구현황표[5)]

연차	조사기관	조사기간	조사지역	조사내용
		74.4.19	52지구	석관묘1
		75	52지구	옹관묘 1
1차	국립 중앙박물관	75.9.25~12.25	사업지구지역	장방형 주거지 2, 원형 주거지 10, 타원형 주거지 1, 부속유구 1, 저장공 3, 요지 1, 옹관묘 2
2차		76.4.6~4.17	43, 59지구	요지 1, 옹관묘 1
3차		77.11.15~11.26	17, 53-54지구	장방형 주거지 2, 원형 주거지 1
4차		78.5.2~5.18	54지구	장방형 주거지 2, 부속유구 1
5차		85.9.23~10.19	54지구	방형 주거지 1, 장방형 주거지 1, 부속유구 1
6차		86.10.10~11.2	54지구	방형 주거지 1, 장방형 주거지 4, 부속유구 1
7차		87.10.12~11.7	54지구	방형 주거지 2, 장방형 주거지 4

5) 발굴보고서와 약보고서를 근거로 작성하였으며, 몇몇 연구(孫晙鎬 2007; 오세연 2004; 이동희 2014)도 참고하였는데, 중복되거나 조사결과 주거지가 아닌 것으로 파악된 유구도 일부 포함되어 정확한 유구의 수는 실제와 약간 다를 수도 있다.

6) 2009년 7월 한국전통문화학교 한국전통문화연구소에서 한국전통문화학교 산학협력단 고고학연구소로 소속 및 기관 명칭이 변경되었으며, 또 2012년 한국전통문화학교에서 한국전통문화대학교로 교명이 변경되었다. 본고에서는 편의상 '한국전통문화대학교 고고학연구소' 또는 '고고학연구소'로 통칭한다.

8차	국립 공주박물관	91.3.10~3.20	주변 곡간지대	확인된 유구 없음
9차		92.3.20~3.28	54지구	목책열
10차		92.4.27~6.23 93.2.8~4.8	49-55, 57지구	방형계 주거지 17, 원형 주거지 5, 목책열, 녹채, 굴립주건물지, 구상유구, 석관묘 3, 토광묘 6 , 옹관묘 1
11차	국립 부여박물관	97.3.6~6.12	54지구	방형 주거지 1, 장방형 주거지 3, 세장방형 주거지 1, 원형 주거지 2, 부속유구 2, 목책열
12차	전통문화 대학교 고고학 연구소[6]	08.4.7~11.19	53-54지구	굴립주건물지 2 및 울책시설 5, 굴립주건물지 5, (장)방형 주거지 8, 원형 주거지 5, 수혈유구 7
13차		09.8.25~12.22	54지구	(타)원형 주거지 8, 수혈유구 5
14차		10.9.28~11.30 11.4.4~11.9.30	54, 51지구	목주열 4조, 대지구획시설(울책) 4기, 주공군 3기, 주거지 25기, 수혈 24기 등
15차		12.6.11~10.24	50지구	목주열 7조, 주공열 2조, 대지구획시설(울책) 6기, 주공군 3기, 주거지 3기, 수혈 18기 등
16차		13.11.26~14.1.22	57지구	목주열 2조, 주거지 3기, 수혈 6기 등
17차		14.4.17~6.10	57지구	목주열 2조, 주거지 3기 등
18차		14.8.27~11.24	50지구	목주열 2조, 주거지 2기, 수혈 1기 등
19차		15.4.3~15.5.31	50지구	목주열 2조, 주거지 2기, 성토대지 등
20차		15.7.17~9.11	50지구	주거지 1기, 구시설(울책시설) 등
21차		16.4.19~5.28	53지구	분묘, 유물포함층 등

2010~2011년 중심 구릉의 정상부에서 이루어진 14차 발굴조사에서는 목책열로 추정되던 주혈들이 80m의 범위에서 이중으로 확인되었으며, 일부 범위에서는 총 4열의 주혈들이 확인되었다. 이들은 모두 일직선상에서 확인되었는데, 14차 조사지역 북쪽에서 실시된 제16차 및 17차 조사에서도 일직선상으로 연결된 것으로 밝혀졌다. 또한 14차 조사지역의 동쪽에서 실시된 제15차 발굴조사에서는 구릉 동쪽에서도 구획시설과 함께 7열의 주혈들이 새로이 확인되었다. 주혈들은 일정범위에 밀집분포하며, 북쪽 부분에서는 단절된 것으로 확인되었다. 한편 환호로 추정되던 유구는 제15차 발굴조사에서 삼국시대 분구묘로 확인되었으며, 제16차 발굴조사 범위에 위치한 추정 환호유구는 그 규모와 내부 토층상태

를 고려할 때 환호로 보기 어려운 시대미상의 구상유구로 파악되었다.

정리하자면, 송국리유적을 방어용 취락이라 규정짓는 근거로 대두되어 왔던 목책열이 대형 굴립주건물과 목주열로 판명되고, 환호는 분구묘 또는 시대 및 용도 미상의 유구로 이해되면서 송국리유적의 성격을 재고해야 할 상황에 이르렀다.

필자들은 발굴조사와 연구 성과(김경택 2014; 이동희 2014)를 기반으로 대규모 대지조성, 목주열과 대형 굴립주건물, 대지구획시설, (장)방형계주거지와 원형주거지의 공존 양상, 묘역의 존재와 동검묘의 존재 등이 송국리유적의 성격을 규정하는 것으로 인식하고 있다. 최신 발굴자료를 토대로 송국리유적을 소개하는 본고는 더 이상 환호와 목책이 송국리유적의 성격을 규정할 수 없으며, 오히려 송국리유적은 대형 목조구조물, 대지 및 공간 확보를 위한 대규모 토목공사, 양단에 주혈을 설치된 타원형 수혈을 지닌 평면 원형주거지뿐 아니라 평면 방형의 주거지 등으로 대표되는 유적임을 인식시키고자 하는 목적을 지닌다.

III. 송국리취락: 주요 유구들을 중심으로

1. 대지조성공사(성토대지의 조성)

대지조성공사를 통한 구릉 정상부의 평탄화 작업과 성토대지의 축조는 동시대 다른 유적에서는 그 사례를 찾기 어려운 송국리유적을 규정하는 주요 특징이라 할 수 있다. 구릉 정상부를 일부 굴착하여 평탄하게 하고, 굴착한 흙을 경사면에 다지며 쌓아 일정범위의 성토대지를 조성하여 주거를 위한 구조물과 목주열 설치를 위한 공간을 확보함으로써 대지조성이 이루어졌다. 송국리유적에서 대지조성이 이루어졌음은 국립공주박물관에서 실시한 발굴조사에서 처음 지적(김길식 1993)된 이래 12차, 14차, 17차, 18차 발굴조사의 토층조사 및 평단면 조사에서 확인되었다.

현재까지의 조사결과에 따르면, 53~57지구의 중심 구릉의 정상부는 전체적으로 평탄화 과정을 거쳤으며, 성토대지 조성은 중심 구릉의 북동-남서쪽 진행방향상 겹쳐지는 구릉의 일부 소곡부에서 이루어진 것으로 추정된다. 현재까지 성토대지로 추정되는 곡부 지역은 총 5곳인데, 이 중 4곳은 발굴조사 과정에서 토층상으로도 확인되었다.

토층상에서 확인된 바에 따르면, 대지조성중 성토된 부분은 구릉 정상의 풍화암반층의 높이와 비슷하게 성토되었는데 목탄과 적갈색 사질점토층이 켜를 이루며 퇴적되어 있다. 퇴적양상으로 미루어 볼 때 정연한 판축이나 다짐을 통한 성토로 보기는 어렵고, 정상부를 평탄화하며 나온 기존 유구흔적과 토사를 인위적으로 매립한 것으로 판단된다. 성토된 대지는 구릉 진행방향에 형성된 곡부에서만 일부 확인된다.[7)]

정연한 판축이나 다짐을 이용한 성토가 이루어지는 않았지만 정상부를 평탄화하고, 이때 생긴 토사를 이용하여 일부 성토를 한 것은 대규모 토목공사가 이루어진 증거이다. 특히 토목공사는 대규모의 노동력 동원이 필요하다는 점에서 사회복합도가 높은 정치체의 존재를 상정해 볼 수 있다. 특히 성토된 면적이 넓지는 않지만 목주열이 직선으로 진행하는데 필요한 곡부부분에 집중적으로 시행된 점, 그리고 방형계 주거지 등이 집중 조성된 것으로 보아 성토대지, 목주열, 방형계 주거지의 관계성을 시사해 준다고 볼 수 있다.

2. 목주열과 대형 굴립주건물

54지구 설상대지와 구릉 정상부의 54~57지구는 목책열로 둘러싸인 공간으로 보고되어 왔는데, 2008년 54지구 설상대지에 대한 발굴조사에서 기존에 알려진 북쪽 목책열과 남쪽 목책열에 평행하게 주혈들이 열을 이루고 배치되고 있음이 확인되었다. 발굴 당시에는 설상대지의 남북에서 확인된 주열들을 기존 견해대로 목책열로 판단하여 이중 목책열의 가능성이 상정되기도 했다(김경택·정치영·이건일 2008). 그러나 조사 및 연구 결과 확인된 주혈의 크기와 형태가 거의

7) 구체적인 증거는 부족하지만, 정황상 한성리 유적과 도삼리 유적 등의 경우 정상부의 일부가 대지조성 공사를 통해 조성된 것으로 추정된다는 견해도 있다(손준호 2007: 54).

일정하고, 서로 평행하게 배치되고 있으며, 바닥면이 일정하고, 또 일부 차이는 있지만 일정 범위에서 단절된다는 점 등을 고려할 때 목책열보다는 대형 굴립주 건물로 판단되었다(정치영 2009).

〈 표 2 〉 54지구 설상대지 대형 굴립주 건물 제원

호수	평면형태	칸 수	규모(cm)		단장비	면적 (m²)	주칸거리		취락내 위치	비고
			장축	단축			梁間	桁間		
1호	세장방형	11×1	1,900	310	1:6.13	58.9	310	180	54지구 설상대지 구획시설 내 북쪽	
2호	세장방형	11×1	2,400	310	1:7.06	81.6	310	215	구획시설 내 남쪽	

설상대지의 목책열을 굴립주건물로 본다면, 54지구 설상대지에는 2기의 대형 굴립건물이 존재하는데 1호 유구(1,900cm×310cm)의 면적은 58.9㎡, 2호 유구(2400cm×340cm)의 면적은 81.6㎡로 남한에서 확인된 굴립주건물들 중 대형에 해당된다[8]. 1호와 2호 건물의 선후관계는 울책과 주변시설을 감안할 때 2호 건물이 1호 건물을 파괴하고 조성된 것으로 판단된다(정치영 2009: 5).

구릉 정상부의 50, 54~57지구의 목책열은 14~17차 발굴조사 결과 11조의 목주열들로 확인되었다. 즉, 구릉 정상부의 서쪽에서 4조(P1~P4), 동쪽에서 7조(P5~P11)의 목주열과 2조의 주공열[9]이 확인되었다. 목주열들은 적어도 현재까지는 모두 일직선상에 분포하며, 또 위치는 달라도 거의 같은 장축방향[남서-북동(N-27°-E)]을 공유하고, 주혈의 형태 역시 비슷하다. 이 목주열이 내부시설 보호를 위해 설치된 목책열이라면 구릉을 둘러싸는 식으로 배치되어야 할 것이다. 그러나 이들은 구릉의 윤곽과는 무관하게 일직선상으로 배치되어 있으며, 또 두 주열이 서로 평행하게 짝을 이루어 배치되었음 역시 목책열로의 상정을 어렵게 한다

8) 굴립주 건물의 면적을 고려하면, 사천 이금동 60호(2900cm×600cm)와 61호(2600cm×500cm) 유구가 훨씬 대형이긴 하지만, 이금동 유적의 경우 굴립주 건물의 주혈은 30~40cm 정도의 원형으로 송국리유적 대형 건물지의 주혈보다 작다. 따라서 주혈 크기가 더 큰 송국리유적 굴립주 건물의 상부구조가 이금동의 경우보다 클 가능성이 있다고 추정된다.

9) 목주열과 주공열은 배치양상과 장축방향은 비슷하지만 주혈의 크기에 따라 구분한 것으로 송국리유적 발굴보고서(송국리 IX)의 기준을 따랐다.

(이동희 2014). 한편 설상대지에서 확인된 1호·2호 대형 굴립주건물의 주혈의 경우처럼 주혈의 지름이 1m에 달하는데, 1m 이상의 대형 주혈은 大阪 池上曾根遺蹟(森岡秀人 2006: 129), 九州 久保園遺蹟, 吉野ヶ里遺蹟(久住猛雄 2006: 161) 등 일본 야요이시대 중기 후엽 이후 사회복합도가 높은 정치제가 존재했던 것으로 보고된 유적들에서 그 사례를 찾아볼 수 있다.

구릉 정상부 서쪽 목주열의 경우는 14차 발굴 당시 모두 4조가 확인되었는데, 2호 목주열은 상층목책렬로, 3호 목주열은 하층목책렬로 명명되었다. 3호와 4호의 경우는 단절되는 부분이 있지만, P1과 P2의 주혈들은 거의 80m 이상의 범위에서 일직선상으로 분포한다. 그리고 이들은 16·17차 발굴에서 확인된 목주열과 배치상과 방향이 비슷한 것으로 보아 서로 연결된 것으로 판단되며, 아직 전 지역을 아우르는 도면이 마련되지 않아 확신할 수는 없지만, 정황상 54-13호 집자리 근처의 주혈과 연결될 가능성도 큰 것으로 판단된다. 그렇다면 구릉 정상부 서쪽 목주열은 그 분포 범위가 250m에 달하는데, 이는 한반도에서 그 사례를 찾아보기 어려운 대형 유구의 흔적이라 할 수 있겠다.

15차 발굴조사에서 확인된 구릉 정상부 동쪽의 목주열 7조와 주공열 2조의 길이는 약 34m에 달하는데[10], 북동쪽으로는 계속 진행되지 않고 단절되지만, 남서쪽으로는 조사 범위 밖으로도 계속될 가능성이 크다고 판단된다. 비슷한 장축방향(N-26°-E)을 지닌 복수의 목주열이 한정된 범위에 집중적으로 분포하는데, 주혈이 전체적으로 중복되는 경우는 드물고, 중복되는 일부 경우에도 주혈 외곽만이 부분적으로 중복되는데, 이는 여러 차례에 걸친 증축과정에서 선행유구의 존재가 인지되었기 때문이라 판단된다. 즉, 선행유구의 존재가 인지되는 비교적 짧은 동안에 축조와 폐기가 반복되었던 것으로 판단된다.

구릉 정상부의 서쪽에서 4조의 목주열, 동쪽에서 7조의 목주열과 2조의 주공열, 그리고 18차 발굴조사에서 2조의 목주열 등 모두 13조의 목주열과 2조의 주공열이 확인되었다. 주혈의 규모와 형태, 서로 평행한 짝을 이루는 주혈의 존재, 장축방향을 공유하는 주혈들의 일직선상 배치 내지는 분포, 그리고 방어 목적의

10) 18차 발굴조사에서 동쪽에서 2조의 목주열이 추가적으로 확인되었는데, 15차 발굴에서 확인된 목주열과는 장축방향은 비슷하지만 위치상으로 보아 별개의 목주열로 판단된다.

목책시설을 상정했을 경우, 설치된 구조물에 투여된 자재와 노동력에 비해 실제 방어되는 공간의 협소함 등을 고려할 때 이들을 기존 견해대로 방어용 목책열로 보기는 어렵다고 판단된다.

어떤 구조물이 목주열을 기반으로 축조되었는가를 추론해야 하는 과제가 남게 되는데, 주혈의 토층상에서 보이는 목주의 흔적과 지반이 약한 경우 설치된 것으로 보이는 초반시설[11)] 등을 고려할 때 이들 주공 또는 주혈이 기둥을 세우기 위한 시설이었음은 분명해 보인다. 특히 15차 발굴조사에서 확인된 7조의 목주열과 2조의 주공열은 54지구 설상대지와 정상부의 경계에서 확인된 3~6호 굴립주건물지의 사례로 볼 때, 대형 굴립주 건물의 잔해일 가능성이 높다고 판단된다. 그런데 서쪽 목주열은 그 규모면에서 청동기 시대에서 사례를 찾아볼 수 없을 정도로 규모가 커서 결론을 내리기 어렵다. 따라서 현 단계에서는 용도 미상의 목주열 정도로 인식하고, 향후 자료를 수집하며 연구를 진행하고자 한다.

설상대지와 구릉 정상부에서는 목주열 이외에도 굴립주건물의 흔적으로 판단되는 주공군들이 여러 지점에서 확인되었는데, 주공들이 각각 매우 정연한 평면형을 형성하고 있는 6기의 주공군은 굴립주건물의 잔해로 인식되고 있다. 또한 설상대지의 1호와 3호 울책시설 사이에 자리한 방형 굴립주건물(3.05m×3.4m)의 흔적으로 이해되는 2호 유구는 그 위치로 보아 망루시설이었을 가능성도 상정되었다.

3~6호 굴립주건물지는 설상대지와 구릉 정상부의 경계에서 확인되었는데, 북동-남서 방향으로 100여 개의 주공들이 매우 정연하게 분포하고 있다. 최소 4기 이상의 굴립주건물이 중복관계를 이루며 존재했던 것으로 판단되는데 동일한 장축방향의 공유는 당시 증·개축이 계속 이루어졌음을 시사하는 것으로 이해된다. 특히 6호 건물지는 의례적 성격의 동지주를 갖춘 굴립주건물이었던 것으로 이해된다. 3~6호 굴립주건물들은 주혈과 건물 전체의 규모에서는 상당한 차이가 있지만, 구릉 정상부에서 확인된 5호~11호 목주열과 비슷한 양상을 보여 그 관계가 주목된다.

---

11) 지반이 약한 경우 주혈 내부 바닥을 보강할 목적으로 준비된 석재를 말하는데, 초석과의 구별을 위해 초반시설이라 표현하였다.

3. 구획시설

1992년 제9차 발굴에서는 설상대지에서 U자형 구상유구가 확인되었는데 당시 이 유구는 배수로로 추정된 바 있다. 2008년 제12차 발굴은 이 설상대지를 전면적으로 조사하였는데, 구상유구로 추정되었던 유구는 설상대지의 공간을 분할하는 구획시설(울책)시설임이 확인되었다(그림 2-1).

5개의 울책으로 구성된 공간 구획시설은 폭 15~44cm, 깊이 5~60cm의 구상유구 내부에 직경 10~20cm의 작은 주공들이 촘촘하게 자리하는 식으로 설치되었다. 설상대지 북쪽에 설치된 1호 울책은 'ㄱ'자형으로 설치되었으며(남북 23.6.m, 동서 31.6m), 회절된 부분 북쪽 3m 지점과 서쪽 12m 부근에서 폭 1~1.2m의 출입구가 확인되었다. 설상대지의 남쪽에 'ㄴ' 자형으로 설치된 2호 울책의 잔존 길이는 동서 39.1m, 남북 6.7m인데 서쪽 25m 부근에서 1호 울책과 중첩되는데 1호 울책보다 후행한다. 1호 울책의 서쪽 끝에서 남-북으로 뻗은 형태로 확인되는 3호 울책의 길이는 7.25m 정도이다. 1호 울책의 동쪽에 위치하는 4호 울책은 그 위치와 형태로 보아 1호 울책의 보수시설로 판단된다. 설상대지의 서쪽에 위치한 5호 울책은 1호 울책의 꺾인 부분에서 49m 이격된 지점에 설치되었는데 잔존 길이는 9.3m이며, 중앙에 폭 1m 내외의 출입구가 마련되어 있다.

설상대지는 5개의 울책으로 약 50m 구간이 둘러싸인 형상을 보이는데, 1호와 3호(또는 4호)울책은 '⊔'자 형태로 1호 대형 굴립주건물을 둘러싸고 있으며, 2호 대형 굴립주건물은 2호와 5호 울책으로 '⊓' 형태로 둘러싸여 있다. 한편 1호 울책과 1호 대형 굴립주건물, 2호 울책과 2호 대형 굴립주건물의 장축방향이 거의 비슷함은 유구들 사이의 연관성을 시사해 준다(정치영 2009: 59).

대지구획시설은 구릉 정상부에서 실시된 14차와 15차 발굴에서도 확인된 바 있다. 모두 9기의 울책시설이 확인되었지만, 설상대지에서와 같은 정연한 양상을 보이지는 않지만[12], 장축방향과 시설의 유사성을 고려할 때 서로 관련이 있을 가능성을 배제할 수는 없다고 생각된다. 대지구획시설의 중심부로 추정되는 구

12) 설상대지의 울책시설과 유구번호가 중복되는 것을 피하기 위해 14차 발굴조사에서 확인된 구릉 정상부의 울책시설은 14차-○호 유구/울책으로 표현하였다.

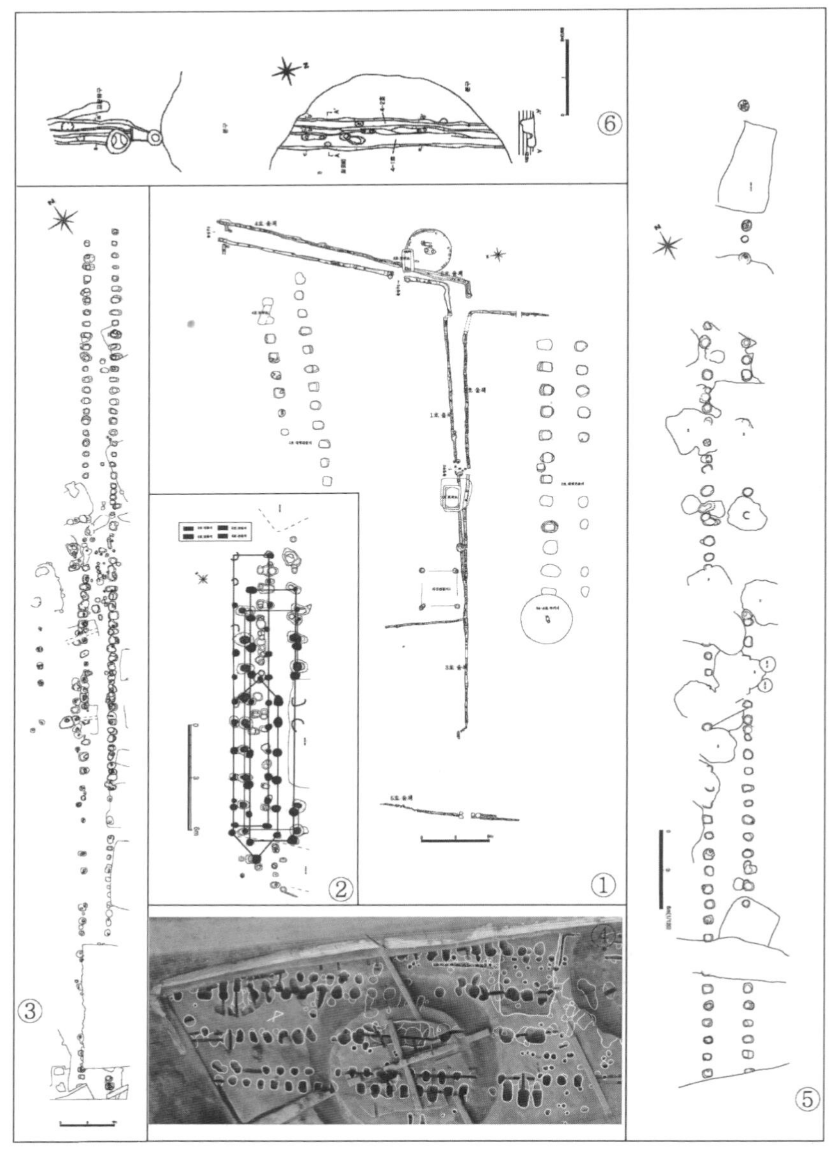

〈그림 2〉 송국리유적에서 확인된 목주구조물과 대지구획 시설
①설상대지 특수공간, ②동지주 건물과 기타 굴립주 건물지, ③54지구 목주열(14차),
④50지구 목주열, ⑤57지구 목주열(16·17차), ⑥50지구 대지구획시설(14차)

역은 현재 도로로 이용되고 있어 조사범위에서 제외된 관계로 성격 파악에 어려움이 있다. 현 도로를 중심으로 서쪽에 1~3호 울책이 자리하고, 동쪽에 4~9호 울책이 위치한다. 북서-남동을 장축방향으로 하는 14차-1호와 14차-2호 울책은 12.8m 간격을 두고 서로 평행하며, 그 사이에 2호 주공군이 존재함을 고려하면, 이들은 2호 주공군을 구획하는 圍柵 시설일 가능성도 상정해 볼 수 있다. 2호 울책 남쪽에 자리한 14차-3호 울책의 경우는 구상유구는 유실되고, 내부에 기둥구멍만이 남았다. 발굴조사 범위의 경계와 맞물려 전모가 확인되진 않았지만, 1호 울책과 거의 직각을 이루는 것으로 보아 1호 울책과 연관된 유구로 판단된다.

4~9호 울책은 도로로 인해 조사범위가 제한되고, 또 후대의 분구묘로 인해 상당 부분이 이미 파괴되어 현재 남아 있는 부분만으로는 전체 양상을 파악할 수 없었다. 4호와 5호 울책은[13] 2호 울책의 북동쪽에 자리하는데, 도로로 인해 전체가 확인되지는 않았다. 4호 울책은 76호 주거지 부근에서 동쪽으로 '⅃' 형태로 회절하고, 6호 울책과 맞물렸는데 2기의 구상유구가 연접한 것으로 보아 두 구획시설이 중복 또는 개축된 것으로 보인다. 14차 및 15차 발굴지역에 위치하는데, 전체 총길이는 30m에 달할 것으로 추정된다. 76·77호 주거지와 3호 분구묘의 축조로 파괴된 위치를 '⊔' 자 형태로 감싸 안는 형상을 하고 있다.

4호 울책과 맞물린 6호 울책은 목주열 P5와 매우 근접해 있다. 남쪽은 유실되었고, 도로를 사이에 두고 3호 울책과 평행해 목주열 P5와 관련된 시설을 '⊓' 형태로 감싸 안은 위책일 가능성이 있다.

7호 울책은 5호 울책과 연관되어 '⊔' 자 형태를 이루는데 약 20m 내외의 공간을 감싸 안고 있다. 북동쪽은 경사로 인해 유실되었으며, 잔존 양상으로 미루어 보아 14차 발굴에서 확인된 주공군 3을 내부에 두고 감싸 안는 형태를 상정해 볼 수 있다. 8·9호 울책과 52호 수혈을 파괴하고 축조되었다.

8·9호 울책은 3호 분구묘와 7호 울책, 76·77호 주거지, 그리고 41호 수혈로 인한 파괴가 심해 잔존 상태가 매우 불량하여 전체 윤곽 파악이 어렵다. 8호와 9호 울책의 규모는 각각 약 1.6m와 9.9m로 추정되나, 중복으로 인한 파괴 정도가 심

13) 14차 발굴 당시 4-1호와 4-2호 울책으로 명명하였으나, 15차 발굴 과정에서 4호와 5호 울책으로 정정하였다(송국리 IX).

해 실제 잔존 길이는 북쪽 부분 1.8m, 남쪽 부분 1.9m에 지나지 않는다.

4. 원형과 방형의 주거지

제17차 발굴조사까지 송국리유적에서 내부 조사가 완료된 청동기시대 주거지는 95기[14]이다. 지점별로는 17지구에서 원형 1기, 50지구에 원형 3기·방형계 10기, 54~57지구 설상대지와 구릉 정상부 일대에서 원형 18기와 방형계 53기, 55지구에서 원형 8기와 방형계 2기가 확인 및 조사되었다.

송국리에서 확인된 주거지의 평면 형태는 크게 방형계(65기)와 원형계(30기)로 대별된다. 먼저 65기가 확인된 방형계 주거지의 규모는 소형, 중형, 대형으로, 평면 형태는 방형, 장방형, 세장방형[15]으로 구분해 볼 수 있다. 송국리형 주거지는 일반적으로 수혈 내부 중앙부에 양단(兩端)에 주공이 있는 타원형 구덩이가 설치된 평면 방형이나 원형 주거지를 지칭한다(안재호 1992; 이홍종 2005a; 김승옥 2006). 그런데 송국리에서 확인되는 방형주거지는 소위 휴암리형 또는 선송국리유형 주거지로 통칭되는 내부에 타원형 수혈과 그 내부에 주공을 지닌 평면 방형 주거지와는 크기, 장단비, 내부시설, 주공배치, 입지 등에서 상당한 차이가 있다. 즉, 주거지의 형태적 요소만을 고려한다면 청동기시대 전기에 성행했던 '역삼동유형' 주거지와 흡사하다고(우정연 2010: 150) 할 수도 있다. 남한 전역으로 범위를 확장했을 때 송국리유형 단계에서 방형계 주거지가 원형계 주거지에 비해 수적으로 우세한 유적은 송국리유적뿐이며, 이는 송국리유적의 특징이라 할 수 있다.[16]

---

14) 28호 수혈유구는 보고서에서는 수혈로 분류하였으나, 방형의 평면 형태, 편평한 바닥, 노지의 존재를 근거로 본고에서는 소형 방형주거지로 분류하였다.

15) 장단비의 기준은 유적의 특성에 따라 분석해야 한다는 견해(김승옥 2006)에 따라 분석한 이동희(2014)의 기준인 방형(1.0~1.5미만), 장방형(1.5~2.1미만), 세장방형(2.1이상)으로 구분하였다. 주거지의 면적은 소형(~20.7m²), 중형(20.7m²~32.3m²), 대형(32.3m²~45m²), 초대형(45m²이상)으로 구분하였다(이동희 2014).

16) 송국리유적에서 확인된 방형계 주거지 내부에서는 거의 대부분 송국리유형 단계의 유물만이 확인되었으므로 이들을 전기단계의 주거지로 보기는 어렵다고 하겠다.

〈 표 3 〉 송국리유적 주거지 일람표

번호	주거지 번호	형태	규모(cm)			장축 방향	면적 (㎡)	장단비	화재유무
			장축/직경	단축	깊이				
제1차~제4차 발굴									
1	17-1	원형	340	N/A	27-58	N 18°E	9.1		
2	50-1	원형	400	N/A	殘20	N 12°W	12.6		
3	50-2	원형	500	470	80	N 60°E	18.4		유(?)
4	50-3	원형	530	500	70-100	N 38°E	20.7		
5	50-4	방형?	350	殘240	10-40	N 40°E			
6	53-1	장방형	390	260	8-12	N 70°W	10.1	1.5	유
7	54-1	방형	殘580	400	15-20	N 56°W			유
8	54-2	장방형	710	400	25-27	N 24°E	28.4	1.78	유
9	54-3	방형	570	420	15-30	N 58°W	23.9	1.36	유
10	55-1	원형	540	N/A	50-140	정동쪽	22.9		?
11	55-2-1	원형?	570	N/A	50-0	N 83°W	25.5		
12	55-2	원형	460	N/A	80-10	N 83°W	16.6		유
13	55-3	원형	480	N/A	50-110	N 71°E	18.1		
14	55-4	원형	700	550	35-90	N 74°E	31.4		
15	55-5	원형	470	N/A	60-93	N 79°E	17.3		
16	55-6	원형	500	N/A	40-150	N 10°W	19.6		
17	55-7	원형	460	N/A	60-80	N 70°E	16.6		
18	55-8	방형	?	?	?	N 85°W			
19	57-1	방형	殘550	280	30	N 28°W			
5~7차 발굴조사									
20	54-5	방형	468	410	35	N 35°E	19.3	1.14	유
21	54-6	방형	565	418	25	N 69°W	23.6	1.35	
22	54-7	방형	420	290	40	N 58°W	12.2	1.45	
48	54-31	방형	921	殘151	15	N 87°W	?		
49	54-32	원형	435		50	정북쪽	14.9		
50	54-33	원형	310	302	70	N 74°E	7.4		
51	54-34	방형?	325	殘125	34	N 75°W	?		
52	54-35	방형	殘337	殘166	37	N 75°W	?		
53	54-36	방형?	殘229	殘140	28	?	?		
54	54-37	원형	416		68	N 85°W	13.6		유
55	54-38	방형	殘340	315	60	N 6°E	?		
56	54-39	원형	440	殘270	76	N70°W	15.2		
57	54-40	원형	殘640	殘198	50	?	?		
58	54-41	원형	474	殘210	66	N 85°E	17.6		
59	54-43	원형	664	殘454	100	N 79°W	32.2		
60	54-44	원형	殘475	殘350	92	N 80°W	?		
61	54-45	원형	522	殘308	105	N 82°W	20.8		
62	54-48	원형	470	440	90	N 65°E	17.4		
63	54-50	원형	464	殘420	84	N 35°W	19.2		
14차~15차 발굴조사									
64	23호	세장방형	1408	538	30	N 30°E	75.8	2.62	유
65	51호	장방형	792	454	26	N 35°E	36	1.74	유
66	52호	장방형	586	340	20	N 30°E	19.9	1.72	유
67	53호	장방형	480	310	20	N 31°E	14.9	1.55	
68	54호	방형	474	354	20	N 13°E	16.8	1.34	
69	55호	장방형	310	190	10	N 47°W	5.9	1.63	
70	56호	장방형?	殘440	260	13	N 24°W	?		

23	54-8	방형	415	305	30	N 35°E	12.7	1.36		71	57호	장방형	730	380	10	N 67°W	27.7	1.92	
24	54-9	장방형	640 (추정)	310	35 (추정)	N 21°E	19.8	2.06		72	58호	방형	400	324	23	N 10°E	13	1.23	
25	54-10	방형	殘430	300	37	N 60°W	?		유	73	59호	장방형	720	400	40	N 50°W	28.5	1.8	
26	54-11	방형	494	416	30	N 25°E	20.6	1.19		74	60호	방형	612	502	26	N 10°E	30.7	1.22	유
27	54-12	장방형	824	460	45	N 31°E	37.9	1.79		75	61호	방형	536	360	61	N 85°W	19.3	1.49	유
28	54-13	방형	305	殘220	20	N 88°W	?			76	62호	장방형	730	450	27	N 9°E	32.9	1.62	
29	54-14	장방형	580	315	30	N 33°E	18.3	1.84	유	77	63호	방형	590	420	84	N 16°E	24.8	1.4	유
30	54-15	장방형	747	377	45	N 35°E	28.2	1.98	유	78	66호	방형	440	380	23	N 82°W	16.7	1.16	유
31	54-16	방형	270	270	15	N 55°W	7.3	1		79	67호	방형	510	420	20	N 3°E	21.4	1.21	유
32	54-18	방형	330	310	10	N 8°E	10.23	1.06		80	68호	원형	직경 540		110	N 50°E	22.9		
8~11차 발굴조사										81	69호	방형	594	殘269	10	N 3°E	?	?	
33	53-A	방형?	殘465	320	35		15	1.47		82	70호	방형	386	368	15	N 2°E	14.2	1.05	유
34	54-A	원형	333	323	32	N 70°E	8.4			83	72호	방형	510	402	12	N 33°W	20.5	1.27	
35	54-B	원형	475	420	60	N 70°E	15.1			84	73호	방형?	殘270	殘260	6	?			
36	54-19	방형	446	327	20	N 63°W	14.6	1.36		85	74호	방형	328	殘265	10				
37	54-20	방형	607	470	30	N 41°W	28.5	1.29	유	86	28호수혈	방형	290	249	12	N 60°W	7.2	1.16	
38	54-21	장방형	650	360	40	N 44°W	23.4	1.80		87	75호	방형	(604)	416	13~22	N-66°-W		?	유
39	54-22	방형	480	340	23	N 63°E	16.3	1.41	유	88	76호	방형?	(250)	(122)	26~38	?	?	?	
40	54-원형1	원형	480	375	30	N 25°E	12.7			89	77호	장방형	938	472	38~44	N-60°-W	44.3	1.98	
41	54-원형2	원형	480	N/A	130	N 71°W	18.1			16차~17차 발굴조사									
12~13차 발굴조사										90	78호	방형	550	440	20	N-60°-E	24.2	1.25	유
42	54-24	방형?	375	殘157	25	N 9°E	?			91	79호	방형	300	250	7~18	W-5°-N	7.5	1.2	
43	54-25	원형?	408		28	N 9°E	13.1			92	80호	장방형?	(380)	310	35	?	(11.8)		
44	54-26	원형?	405		91	N 13°E	12.9			93	81호	방형	(380)	284	32	N-44°-W	(10.3)		유
45	54-28	방형	522	402	31	N 25°E	20.1		유	94	82호	방형	(388)	284	24	N-68°-W	(11.54)		유
46	54-29	방형	340	殘116	13	?	?			95	83호	장방형	693	(241)	30	N-38°-E			
47	54-30	방형	347	殘144	18	N 25°E	?												

65기의 방형계 주거지들은 장축 3m 미만의 소형부터 14m에 달하는 초대형에 이르기까지 다양한 규모와 장단비를 지닌다. 평면이 세장방형인 초대형 주거지는 23호 주거지 1기뿐이다. 방형계 주거지의 장단비와 면적과의 관계는 장단비가 방형이고, 면적이 소형인 주거지가 19기, 방형–중형 7기, 장방형–소형 5기, 장방형–중형 5기, 장방형–대형 4기로 요약된다. 소형과 중형 주거지로 구성되는 방형 주거지의 경우 소형의 비중이 압도적으로 높은데 반해, 장방형 주거지는 경우는 소형에서 대형에 이르는 다양한 면적의 주거지들로 구성된다. 한편 장단비가 방형에서 세장방형으로 갈수록 전반적으로 면적이 커짐을 알 수 있다.

방형계 주거지는 구릉 정상부에 집중 분포하는 경향을 보이는데, 특히 5~7차와 14차 발굴조사 범위에 집중적으로 분포한다. 주거지의 중심축선상에 토광형 또는 무시설식 노지가 1기 이상 설치되는 경우가 많은데 주거지의 장단비가 높을수록 복수(複數)의 노지가 설치되는 경향이 있다. 주거지의 장축방향은 전반적으로 구릉의 진행방향과 일치 또는 직교한다.

주거지들은 전반적으로 구릉 정상부에 분포하는데, 특히 54–2호와 54–12호 주변, 그리고 54–23호부터 54–62호 주거지의 사이에 집중적으로 분포하고 있다. 집중분포 구역의 경우 주거지들이 매우 가까이 지근거리에 분포하는 경우도 많아 모든 주거지들이 동시기에 공존했다고 보기는 어렵지만, 전체적으로 취락 내 주거군으로 설정해도 별다른 무리는 없다고 판단된다. 특히 세장방형 초대형 주거지인 23호 주거지 주변에 형성된 넓은 공터는 취락의 광장과 같은 기능을 수행하던 공간으로 이해될 수도 있으며, 출토유물로 보아도 당시 송국리취락의 중심 주거지로 판단된다.

모두 30기가 확인 및 조사된 원형계 주거지는 주로 구릉 사면부에 입지하는데, 구릉 정상부에 입지한 방형계 주거지 주변에서 4기의 원형주거지가 확인된 사례도 있다. 주거지가 파괴된 일부 경우를 제외하면, 대부분 주거지 내부에서 구심구조의 타원형 수혈이 확인되나 노지는 확인되지 않았다. 원형주거지의 주거지의 깊이가 130cm에 이르는 사례도 있으며, 대체적으로 방형계보다 원형계 주거지가 깊은 양상을 보인다.

〈그림 3〉은 송국리유형 원형주거지의 주공 배치인데, 송국리유적에서는 A형

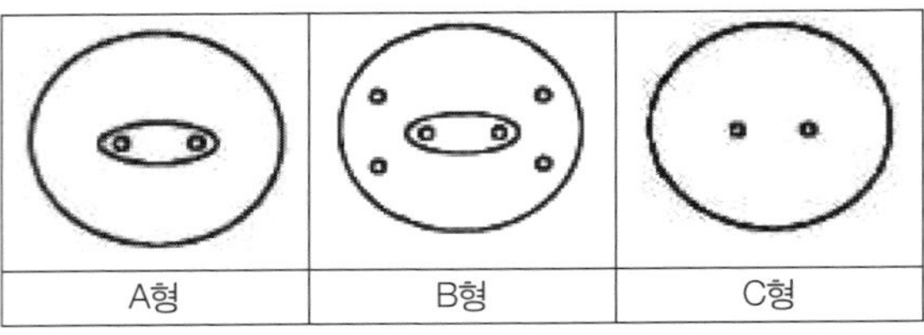

〈그림 3〉 유적에서 확인되는 주거지 유형

의 비율이 압도적으로 높고, B형은 55-4호, C형은 55-2-1호, 24호, 25호에서 일부 확인될 뿐이다. 원형주거지는 50지구, 54지구 설상대지 남사면, 55지구의 3개 구역에 밀집 분포한다. 50지구와 55지구에는 장축방향이 등고선과 직교하는 타원형 수혈(내부 주공)을 지닌 주거지가 밀집된데 반해 54지구 설상대지 남사면에는 장축방향이 등고선과 평행한 원형주거지가 밀집되어 있다. 밀집 분포하는 원형주거지들의 경우, 일부 예외가 있긴 하지만, 주거지 바닥 중앙의 타원형 수혈들이 장축방향을 공유하므로 일정한 규범을 따르며 축조된 것으로 추정되며, 이러한 양상은 동시기 축조를 의미할 수도 있겠다.

유적에서는 유구의 밀집 정도에 비해서는 유구 간의 중복사례는 그리 많지 않았고, 특히 주거지들 간의 중복관계는 다섯 사례에 불과하다. 주거지들 간의 중복 사례를 통해 살펴보면, 방형 주거지는 장방형 주거지에 선행하고, 31호와 32호 주거지의 사례는 장방형 주거지가 장축방향이 등고선과 직교하는 원형주거지에 선행하고, 방형 주거지는 원형 주거지에 선행하므로, 주거지의 중복관계만 본다면 방형, 장방형, 원형(등고선과 직교) 주거지의 순서를 상정할 수 있겠다.

목주열과 굴립주건물, 주거지들 간의 중복사례는 19사례가 확인되었다. 목주열과 주거지의 중복관계가 특히 주목되는데 52호, 60호, 61호, 63호, 70호, 79호 주거지는 목주열에 선행하는 유구들인 반면에 23호, 51호, 62호, 75호, 77호, 80호 주거지는 목주열보다 후행하는 유구들이다. 목주열에 선행하는 주거지들은 평면이 장방형인 52호를 제외하고는 모두 평면이 방형이고, 규모는 소형과 중형뿐이다. 61호 주거지를 제외한 다른 모든 주거지의 장축방향은 구릉의 진행방향과 평행하다. 그런데 목주열에 후행하는 주거지들은 방형에서 세장방형에 이르는 다양한 평면 형태를 보이고, 그 규모도 소형에서 초대형에 이르기까지 다양하다. 장축방향은 구릉과 평행한 경우도 다수를 점하기는 하지만 직교하는 경우도 있다. 원형주거지는 방형계 주거지를 파괴하고 축조된 사례가 있는데, 특히 장축방향이 등고선과 직교하는 타원형 수혈이 설치된 원형주거지는 상대적으로 후행으로 판단되는 장방형의 주거지를 파괴하고 축조된 사례가 있으므로 장축방향이 구릉과 평행하는 원형주거지보다 늦게 축조된 것으로 판단된다.

지금까지 살펴본 유구 간의 중복관계와 주거지의 평면형태, 면적, 장축방향, 분포 양상 등을 고려하여 유구들의 선후관계를 보면, 먼저[17] 대지조성이 이루어진 후 장축방향이 등고선 방향과 평행하는 중·소형의 방형계 주거지가 축조된 것으로 이해된다. 다음 목주열과 장축방향이 등고선과 평행한 타원형 수혈이 있는 원형주거지가 축조되고, 다시 부분적으로는 목주열보다 선행하기도 하지만 대부분은 후행하는, 장축방향이 등고선과 직교하는 평면 방형·장방형의 중·소형 주거지가 조성된다. 그리고 장축방향이 등고선과 평행하는 소형~초대형의 장방형 주거지가 축조되고, 마지막 간계에 장축방향이 등고선과 직교하는 타원형 수혈이 설치된 원형주거지가 조성된 것으로 판단된다.

〈표 4〉 유구 간 중복관계 (빗금 표시된 주거지는 원형주거지)

선	후	선	후	선	후
55-2-1주	55-2주	2호 대형 건물지	54-B주	목주열	54-23주
54-31주	54-32주	목주열	54-14주[18]	목주열	54-51주
54-35주	54-36주	목주열	54-15주	목주열	54-62주
54-36주	54-37주	54-52주	목주열	목주열	54-75주
54-57주	54-58주	54-60주	목주열	54-76	54-77호
3-6호 굴립주	54-1주	54-61주	목주열	목주열	54-77호
3-6호 굴립주	54-2주	54-63주	목주열	54-79호	목주열
3-6호 굴립주	54-12주	54-70주	목주열	목주열	54-80호

17) 대지조성 이전의 53-A호 주거지의 단계를 설정하는 입장(김길식 1993; 손준호 2007)도 있긴 있지만, 단 1기의 주거지를 근거로 별도의 단계를 설정하기에는 무리가 있다는 판단이다. 물론 대지조성 이전 시기 내지는 단계의 주거지의 존재를 부정하는 것은 아니며, 자료가 좀 더 필요하다는 입장이다.

18) 확인된 목주열을 근거로 목주열의 진행방향을 추론했을 때 목주열은 12호, 13호, 14호, 15호, 20호, 21호 주거지와 중복 내지는 이들 주거지에 의해 훼손되었을 가능성을 상정해 볼 수 있다. 실제 중복관계가 확인된 주거지는 14호와 15호 주거지의 2기인데 이들은 목주열보다 후행하는 것으로 판단되었다.

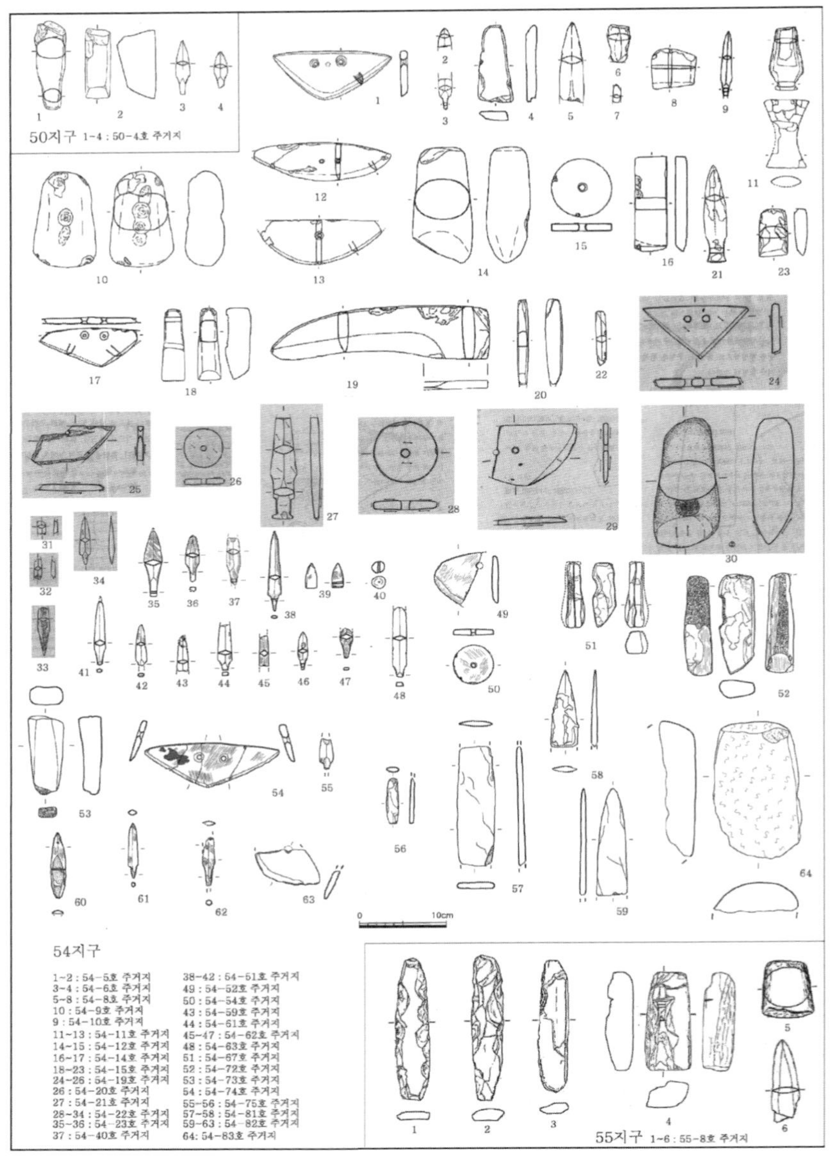

〈그림 4〉 송국리유적 방형계주거지 중요 출토유물

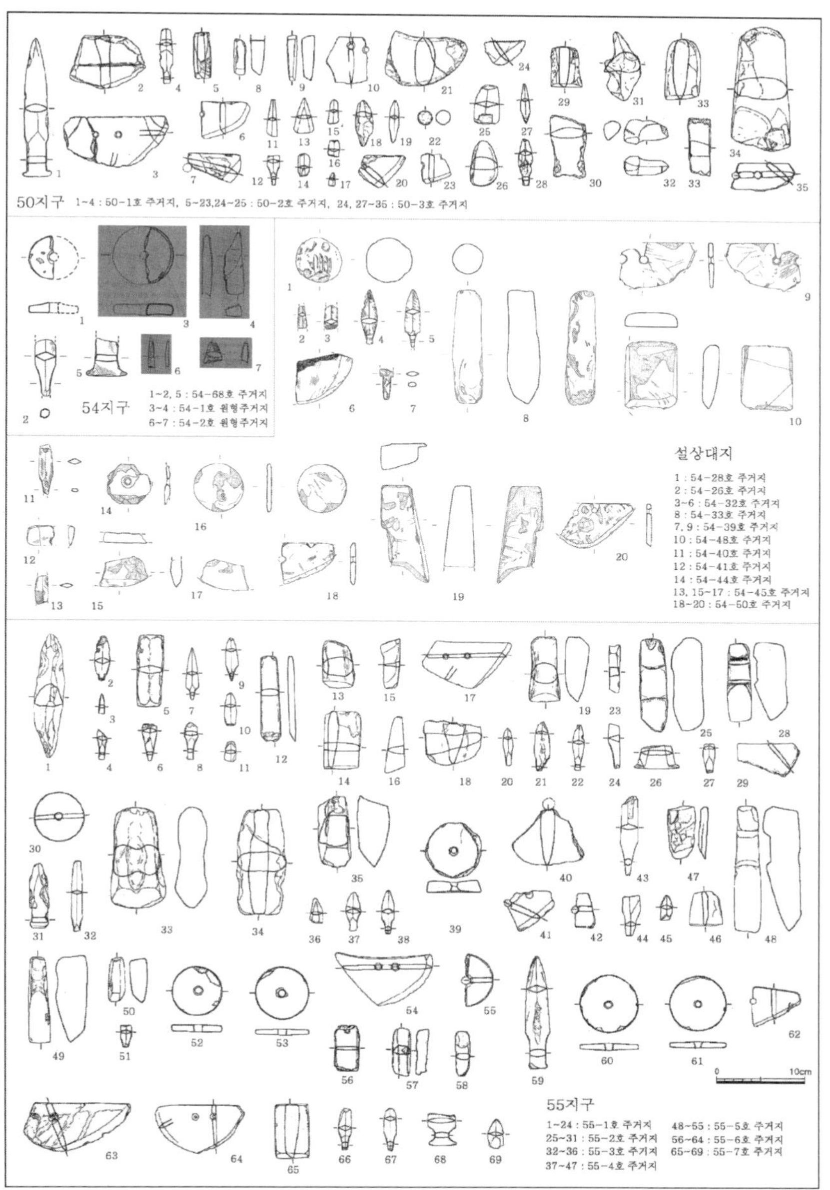

〈그림 5〉 송국리유적 원형계주거지 중요 출토유물

5. 수혈 및 기타유구

17차 발굴조사를 기준으로 송국리유적에서 확인 및 조사된 수혈 유구는 66기(1~11 10기; 12~13차 10기; 14차 23기; 15차 17기; 16~17차 6기)에 이른다. 수혈의 평면 형태는 방형, 장방형, 세장방형의 방형계와 원형과 타원형의 원형계, 그리고 부정형이 있는데 주로 주거지 근처에서 확인되는 이들은 부속유구나 저장시설로 이해되는데 그 중 몇몇은 주목을 요한다.

내부에서 다량의 탄화물이 출토된 50-4호 남쪽 수혈은 야외노지의 가능성이 제기된 바 있다. 한편 55지구 요지는 보고서에서 요지로 추정 보고하였지만 14차 발굴에서 확인된 20호 수혈과 출토유물 및 내부 양상이 비슷해 의례관련 유구나 복수의 기능을 수행했던 복합유구일 가능성도 있다. 수혈 단면이 플라스크 형태인 50-2호 주거지 부속 수혈, 50-3호 주거지 부속 수혈, 13차 발굴에서 확인된 4~6호 수혈 등은 저장 시설로 판단된다.

57호 주거지를 파괴하고 조성된 20호 수혈 내부에서는 식물유체뿐 아니라 다량의 재, 석촉, 석검, 지석, 관옥 등 많은 유물이 출토되어 의례적 성격을 지닌 유구일 가능성이 상정되었다. 26호와 31호 수혈은 생산 시설 내지는 특별한 성격을 지닌 유구로 이해되는데, 26호 유구에서는 삼각형 석도, 침형석기, 석촉이, 점토로 다진 바닥을 지닌 31호 수혈에서는 다량의 관옥이 출토되기도 했다.

상대적으로 면적이 넓고, 내부에 노지가 설치된 28호 수혈은 소형 주거지일 가능성도 있으며, 면적이 넓고, 바닥이 편평하고, 합인석부와 석촉, 그리고 다량의 무문토기편이 출토된 45호 수혈 역시 주거지일 가능성이 상정된다. 파괴가 심해 원형 파악이 어려운 61호 수혈은 그 내부에 완형 무문토기 한 점이 횡치된 점을 고려할 때 매납유구일 가능성을 상정할 수도 있다.

〈 표 5 〉 송국리유적 수혈 일람표

번호	수혈 번호	형태	규모(cm) 장축/직경	규모(cm) 단축	규모(cm) 깊이	특징 및 주요출토유물	번호	주거지 번호	형태	규모(cm) 장축/직경	규모(cm) 단축	규모(cm) 깊이	특징 및 주요 출토유물
1~11차 발굴조사							33	28호	방형	290	249	12	구순각목토기, 무문토기, 노지, 소형주거지 가능성
1	50-2주 부속	원형	155		53-12	석검1, 석촉1 바닥점토다짐, 목탄다량, 저장혈(?)	34	29호	부정형	殘420	殘310	10~14	무문토기
2	50-3주 중복	원형	170		52	무문토기, 마제석봉1, 석도1, 편평석부1, 50-3호 주 보다 선행	35	31호	방형	殘332	殘280	27	다량의 무문토기, 관옥 6점, 점토다짐, 옥생산시설(?)
3	50-4주 남쪽	원형(?)	120~130		13~15	탄화물이 대량출토, 야외노지 가능성(?),	36	32호	타원형	130		40	
4	54-6주 부속	장방형	250	150	10	외반구연, 석착	37	33호	장타원형	196	112	50	
5	54-8주 부속	부정형(?)	290	220	50	무문토기 저부편	38	34호	제형	350	216	30	
6	54-19주 부속	방형	190	170	13	무문토기편, 반월형석도	39	35호	타원형	148	114	19	중복관계(34를 파괴 후 35와36 축조), 무문토기편
7	54-22주 부속	방형	204	170	14	무문토기편, 지석	40	36호	타원형	152	74	23	
8	55-1주 부속	장방형	140	90	20	삼각형석도, 지석	41	37호	?	殘120	殘52	11	완형 무문토기
9	55-8주 중복 저장혈	원형	120	110	80		42	38호	말각장방형	殘300	140	10~50	
10	55-요지	원형	370	330	80	외반구연, 석검, 토제관옥, 요지 또는 의례유구(?)	43	39호	?	殘180	殘60	34	
12차 발굴조사							15차 발굴조사						
11	2호	말각방형	202	157	23	적색마연토기, 무문토기편	44	41호	장타원형	355	156	54	77호주 파괴 후 축조
12	3호	말각방형	181	143	(15)	무문토기, 적색마연토기편	45	42호	장타원형	132	58	38~70	무문토기
13	4호	말각방형	153	96	45	적색마연토기, 무문토기, 삼각형석도	46	43호	방형	222	殘176	22	무문토기, 석검편
14	5호	제형	상부 215	하부 285	100	무문토기, 적색마연토기	47	44호	원형	142	106	30	무문토기
15	6호	원형	상부 185	하부 212	106	무문토기편	48	45호	말각방형	299	210	60	합인석부, 석촉, 무문토기, 석재편 등
16	7호	원형	296	223	161	무문토기편	49	46호	부정형	252	228	28	다량의 무문토기, 석촉

13차 발굴조사							50	47호	장타원	250	60	30	
17	8호	원형	250	殘220	37	무문토기편, 적색마연토기편, 소성유구(?)	51	48호	원형	300	殘168	48	무문토기
18	9호	오각형(?)	164	141	14		52	49호	?	殘160	96	13	무문토기
19	10호	장타원형	196	92	84	무문토기	53	50호	부정형	270	170	50	무문토기
20	12호	부정형	殘566	380	52	편평편인석부, 홍도, 주상편인석부, 석창, 석도, 유구석부, 폐기유구(?),	54	51호	원형	300	160	40	
14차 발굴조사							55	52호	방형	346	殘287	28	52호-7호울책-53호로 축조순서
21	16호	부정형	214	144	25-52		56	53호	타원형	128	80	20~47	
22	17호	타원형	204	164	14	무문토기편	57	54호	타원형	120	800	42	
23	18호	부정형	殘160	128	20		58	55호	장방형	114	70	74~80	무문토기
24	19호	타원형	132	116	10		59	56호	장방형	234	74	32	9호 목주열 N12~N17 파괴후 축조
25	20호	원형	186	174	31	다량의 무문토기편, 석촉 1점, 지석 4점, 관옥 2점, 식물유체, 바닥다짐, 의례유구(?)	60	57호	부정형	105	100	28	
26	21호	부정형	65	48	17	무문토기 1점, 57호주 파괴	16-17차 발굴조사						
			56	40	16		61	59호	원형	110		40	무문토기
27	22호	타원형	185	82~126	9		62	60호	원형	120		35	무문토기
28	23호	타원형	124	66	20	석촉편, 무문토기편	63	61호	?	殘96		10	무문토기 완형, 매납유구(?)
29	24호	부정형	156	136	20		64	62호	?	殘46	殘34	32	무문토기
30	25호	부정형	388	186	18~28		65	63호	?	殘260	殘144	12	무문토기
31	26호	타원형	280	206	22	무문토기, 지석, 석촉, 침형석기, 삼각형 석도	66	64호	?	殘190	殘166	18	무문토기
32	27호	장타원형	400	100	35	무문토기							

6. 분묘

1974년 비파형동검이 부장된 1호 석관묘의 수습조사가 이루어진 이후 송국리에서는 17기의 청동기시대 무덤이 확인되었다. 송국리취락의 중심 묘역으로 판단되는 52지구의 경우를 제외하면, 무덤들은 주거지 주변을 포함한 유적 전체에 산포되어 있는 것으로 이해된다. 한국전통문화대학교 고고학연구소가 담당한 최근 발굴조사에서는 청동기시대 무덤이 거의 확인되지 않았으므로, 본고에서는 〈표 6〉과 함께 보고서 내용과 기존 연구(김길식 1998; 손준호 2007)를 요약하는 수준에서 서술을 마무리하도록 하겠다.

〈 표 6 〉 송국리유적 분묘 일람표

번호	유구번호	규모							석재	봉토유무	굴광방식	개석유무	출토유물	기타
		굴광(cm)			매장시설(cm/m²)									
		장축	단축	깊이	장축	단축	깊이	면적						
1	52-1호 석관묘	340	205	120	195	80	81	1.6	판석	무	2단	유	비파형동검, 동착, 일단병검,석촉,옥	
2	2호 토광묘	299	98	77						유	2단	무		통나무관 추정
3	3호 토광묘	400	155	76						유	2단	무		통나무관추정 (도굴)
4	4호 석관묘	280	240	124	120	54	60	0.6	판석	유	2단	유		도굴
5	5호 석관묘	350	220	60	170 추정	60 추정	60 추정	1.0 추정	판석 +할석	유	2단	무	이중구연 단선문토기	할석보강 (도굴)
6	6호 석관묘	280												미조사
7	7호 옹관묘	135	120	92	37.3 동최대경		55.3 잔고			무	2단	무		상부 결실 토기 이용 사치
8	8호 옹관묘	160	132	136	39 동최대경		58			무	2단	유		외반구연이용, 사치
9	54-1호 토광묘	190	76	84									무문토기, 관옥	
10	57-1호 토광묘	殘117	82	37										부분조사
11	57-2호 토광묘	99	54	28									무문토기	
12	57-3호 토광묘	153	64											미조사
13	57-1호 옹관묘	113	95	13										

14	15지구 옹관묘	90		5	52	48	70						옹관묘 직치, 구연부 뚜껑돌	
15	23지구 옹관묘	50		40									옹관묘 직치, 돌로 고정, 뚜겅돌	
16	43지구 옹관묘	54		32									옹관 직치	
17	54-12호 토광묘	163	65	54									무문토기편	

주변 조망에 유리한 독립적인 소규모 구릉 정상부인 51·52지구는 송국리 취락의 중심 묘역으로 이해되고 있다. 1974년 1호 석관묘가 수습 조사된 이래로 1차~4차 발굴조사에서 옹관묘 4기와 토광묘 4기가, 국립공주박물관이 실시한 10차 발굴조사에서 석관묘 4기, 토광묘(석개토광묘) 2기, 옹관묘 2기가, 그리고 12차 발굴조사에서 토광묘 1기가 확인되었다.

IV. 종합 및 향후 과제: 맺음말을 대신하여

본 장에서는 앞에서 언급한 조사 성과를 바탕으로 유적의 고고학적 의미를 되살펴보고, 유적 조사 및 연구의 향후 과제에 대해 언급하는 것으로 결론을 대신하고자 한다. 최근 조사된 성과를 유구 중심으로 검토하였는데 송국리유적은 앞에서 언급한 바와 같이 한반도에서 사례를 찾아 볼 수 없는 다양한 유구와 다수의 유물들이 확인되어 청동기 시대의 주목할 만한 유적이다.

현재까지 발굴된 결과만을 볼 때 송국리유적은 대지조성공사, 대형 목책열과 환호 등의 방어시설, 대형 굴립주 건물, 대지구획시설, (장)방형계주거지와 원형주거지의 혼합, 묘역의 구분과 동검묘의 존재 등 다른 송국리유형의 유적보다 유구의 내용 및 규모면에서 차별성을 보이고 있다. 이와 더불어 전체면적 대비 조사면적이 극히 미미한 관계로 최초 유적이 확인된 후 30년이 넘은 현시점에서 아직 풀리지 않은 많은 과제들이 존재한다.

첫 번째는 송국리유적의 핵심지역인 구릉 정상부와 설상대지에서 확인되는 대지조성공사의 존재 및 시행배경 이다. 최근까지의 조사결과를 토대로 볼 때 구릉 정상부의 인위적인 평탄화 작업과 곡부에 대한 성토대지를 조성한 것은 확실한 것으로 판단된다. 청동기시대에 이런 대규모의 토목공사가 이루어진 것은 한반도에서는 거의 확인되지 않는 사례로 그 사회적 배경과 그 의미에 대한 심층적인 연구가 필요하다. 특히 성토대지가 조성된 지역은 목주열 또는 대형굴립주 건물 등이 존재한다는 점에서 유구간의 상호 연관성을 가지고 연구해 보아야 할 것이다.

두 번째는 방어적 취락이라는 유적의 성격 재고이다. 유적은 목책열과 환호, 녹채 시설 등으로 이루어진 방어적 취락으로 알려져 있었다. 이는 11차 발굴조사까지 그대로 통용되었지만 이후 지속적으로 발굴조사가 이루어진 결과 설상대지의 목책열은 대형 굴립주건물로 밝혀졌으며(정치영 2009; 김경택 2014; 이동희 2014), 54지구를 구릉 정상부의 목책열은 일정한 열을 이룬 목주열로 밝혀졌다. 또한 환호로 추정되던 유구는 전면발굴조사 결과 삼국시대의 분구묘 또는 시대미상의 구상유구로 밝혀졌다. 그렇다고 화재로 폐기된 주거지가 다수 확인된다는 점에서 송국리유적의 사회적 긴장감이 없던 사회로 정의하기는 어렵지만 적어도 방어시설로 둘러싸인 방어적 성격의 취락에 대한 전면적인 재검토가 필요하다고 판단된다.

세 번째는 새롭게 확인된 대형굴립주 건물 및 목주열, 구획시설의 성격파악이다. 대형굴립주 건물이 위치한 설상대지는 대지구획시설과 연관하여 많은 연구가 이루어지고 이에 대한 다양한 해석방안이 제시되었다(정치영 2009, 김경택 2014, 이동희 2014). 하지만 구릉 정상부의 목주열은 그동안 남한에서 발견사례가 없고, 자료의 연속적 조사가 이루어지지 못해 연구 및 해석이 매우 어려운 상태이다. 또한 정상부에서 확인되는 구획시설도 조사범위의 한계로 인해 전체적인 전모를 알기가 어려운 상태이다. 단편적인 사실로 판단해보면 성토대지와 연관시켜 일종의 의례 및 제의적 성격의 시설로 추정도 가능하다. 하지만 유적의 명확한 성격을 파악하기 위해서는 지속적인 조사와 더불어 외국 사례를 검토 및 비교분석하여 그 성격을 추론해 보아야 할 것이다.

네 번째는 (장)방형계주거지와 원형주거지의 혼합 양상인데, 이는 가장 두드러진 송국리유적의 특징 중 하나이다. 주거지의 평면 형태에는 분명한 차이가 있음에도 불구하고, 적어도 현재까지의 조사 및 연구결과에 따르면, 주거지 내부 출토유물의 양상에는 뚜렷한 차이가 없는 것으로 알려져 왔다. 그런데 이를 시기, 기능(오세연 1997: 171), 위계(손준호 1007: 55-56), 축조집단(김정기 1996: 47) 등의 차이로 인식하는 견해들이 제시된 바 있다. 그런데 시기 및 기능상의 차이를 상정하는 이들은 주거지 형태 간에 출토유물 양상에 차이가 있다고 주장한다(안재호 1992; 송만영 1995; 나건주·박현경 2007). 하지만 두 형태의 주거지가 상당 기간 공존하고, 출토유물상 기능상의 차이를 상정할 수 있을 만큼 차이가 두드러지지는 않는다는(이동희 2014) 측면에서 시기와 기능의 차이를 상정하기에는 어려움이 적지 않다고 판단된다. 다만 장방형계 주거지의 유물상이 여타 주거지들의 경우에 비해 어느 정도 우세하다고 할 수 있으며, 장방형계에서만 초대형 주거지가 확인된다는 점에서 평면 형태와 위계와의 관계를 상정해 볼 가능성은 있다고 하겠다.

한편 지금까지의 조사 성과에 따르면, 방형계 주거지 내부에서도 송국리형 유물이 우세하며, 원형계 주거지와 출토유물상에서 두드러진 차이가 없으므로 방형계 주거지도 송국리유형 주거지에 포함시켜 논지를 전개할 필요가 있다고 판단된다. 또 이를 위해서는 기존의 원형 또는 방형 평면 바닥 중심부에 양단에 주공이 있는 타원형 수혈이 설치된 소위 '송국리유형' 주거지의 새로운 정의와 실체에의 접근과 고찰이 필요하다고 판단된다.

다섯 번째는 동검묘의 존재를 상정해 볼 수 있겠는데, 지금까지의 조사 및 연구 성과에 따르면, 출토정황이 알려진 비파형동검은 대부분 지석묘에서 확인되었으며, 송국리단계의 석관묘에서는 출토 사례가 거의 없다. 따라서 송국리 석관묘에 비파형동검이 부장된 배경과 의미에 대한 연구가 필요하다고 하겠다.

송국리유적이 학계의 주목을 받아 현장조사와 연구가 시작된 지 40년이 지났고, 20차례가 넘는 발굴조사가 이루어졌음에도 불구하고, 송국리유적을 포함한 송국리유형의 연구는 아직 시론적 단계에 머물러 있다고 할 수 있다. 한국고고학계에서 선사시대 유적으로는 유례를 찾기 어려울 만큼 여러 차례의 발굴조사에도 불구하고 연구의 진전이 미진한 이유는 여러 가지가 제시될 수 있겠지만, 무엇보다도 (2016년 현재 21차례에 걸친 발굴조사가 이루어졌음에도 불구하고) 기 조사 면적이 유적 전체면적 대비 극히 일부분에 지나지 않는다는 점에 기인한다고 판단된다(전체 546,908m² 중 24,764m², 즉 4.53% 발굴조사). 따라서 연구의 진전을 위해서는 치밀한 조사계획에 기반을 둔 체계적인 연차 발굴조사가 필요하며, 특히 유적의 중심부로 알려진 54지구 구릉과 중심 구릉 좌우로 뻗은 가지능선구역에 대한 전면적인 조사는 유적의 전모를 밝히는데 꼭 필요하다고 판단된다. 2016년 현재 일찍부터 송국리유적의 학술적 가치를 인지해 온 부여군은 한국전통문화대학교 '고고학연구소'를 중심으로 확대된 규모의 장기 연차발굴을 계획하고 있어 향후 체계적인 발굴조사와 활성화된 연구가 기대되고 있다.

〈인용문헌〉

姜仁求·李健茂·韓永熙·李康承
1979 『松菊里 I』, 國立中央博物館.

고려대 고고환경연구소
2005 『송국리문화를 통해 본 농경사회의 문화체계』, 서경문화사.

국립부여박물관
2000 『松菊里 VI』, 국립부여박물관.

국립중앙박물관
1987 『松菊里III』, 국립중앙박물관.

近藤義郎(이기성 역)
2012 「공동체(共同體)와 단위집단(單位集團)」, 『嶺南考古學報』 60.

金庚澤 2004 「韓國 複合社會 硏究의 批判的 檢討와 展望」, 『韓國上古史學報』 44.

김경택·정치영·이건일
2008 「부여 송국리유적 제 12차 발굴조사」, 『2008년 호서지역 문화유적 발굴성과』, 제18회 호서고고학회 학술대회 발표요지.

金庚澤·黃鍾國
2010 「松菊里 54地區 高床建物의 形式 推論(Ⅰ)」, 『湖西考古學報』 23.

김경택·김민구·류아라
2012 「부여 송국리유적 수혈의 기능: 제14차 발굴 자료의 검토」, 『古文化』 79.

김경택 2014 「청동기시대 복합사회 등장에 관한 일고찰-송국리유적을 중심으로-」, 『湖南考古學會』 46.

김길식 1993 『송국리 V』, 국립중앙박물관.

金吉植 1994 「扶餘 松菊里 遺蹟 調査 槪要와 成果」, 『마을의 考古學』, 第18回 韓國考古學全國大會 發表要旨, 韓國考古學會.

김길식 1998 「夫餘 松菊里 無文土器時代墓」, 『考古學誌』 9, 韓國考古美術硏究所.

김도헌 2006 「송국리유적과 방어취락」, 『송국리유적 조사 30년, 그 의의와 성과』, 송국리유적 국제학술대회 발표문, 부여군.

김민구·류아라·김경택
2013 「탄화작물을 통한 부여 송국리유적의 선사농경 연구」, 『湖南考古學報』 44.

金承玉 1997 「鋸齒文土器: 정치적 권위의 상징적 표상」, 『韓國考古學報』 36.

2001 「錦江流域 松菊里型 墓制의 硏究」, 『韓國考古學報』 45.

김승옥 2006 「송국리문화의 지역권 설정과 확산과정」, 『湖南考古學報』 24.

김장석 2006 「충청지역의 선송국리 물질문화와 송국리유형」, 『한국상고사학보』 51.

김종일 2004 「한국 중기 무문토기문화의 사회구조와 상징체계-송국리유적 형성과정에 대한 심층 기술적 접근-」, 『국사관논총』 104, 국사편찬위원회.
2006 「경관고고학의 이론적 특징과 적용 가능성」, 『韓國考古學報』 58.
2011 「경관의 고고학적 이해」, 『한국 선사시대 사회와 문화의 이해』, 중앙문화재연구원·서경문화사.
나건주 2009 「송국리유형 형성과정에 대한 검토」, 『고고학』 8-1, 중부고고학회.
배덕환 2005 「先史·古代의 地上式建物」, 『東亞文化』, (財)東亞文化硏究院.
孫晙鎬·庄田愼矢
2004 「松菊里型甕棺의燒成및使用方法硏究」, 『 湖西考古學報』 11.
孫晙鎬 2006 「韓半島 靑銅器時代 磨製石器 硏究」, 高麗大學校大學院 博士學位論文.
2007 「松菊里遺蹟 再考」, 『고문화』 70, 한국대학박물관협회.
宋滿榮 1995 『中期 無文土器時代 文化의 編年과 性格-西南韓地方을 中心으로-』, 숭실대학교 대학원 석사학위논문.
安在晧 1992 「松菊里類型의 檢討」, 『嶺南考古學報』 11.
2001 「中期 無文土器時代의 聚落 構造의 轉移」, 『嶺南考古學報』 29.
2002 「赤色磨硏土器의 出現과 松菊里式土器」, 『韓國農耕文化의 形成』, 학연문화사.
2004 「中西部地域 無文土器時代 中期聚落의 一樣相」, 『韓國上古史學報』 43.
2009 「靑銅器時代 泗川 梨琴洞聚落의 變遷」, 『嶺南考古學』 51.
양혜진 2011 「청동기시대 송국리문화 취락의 폐기 양상 연구」, 『韓國靑銅器學報』 8.
오세연 1997 「부여 송국리유적의 주거양상 -발굴현황을 중심으로」, 『호남고고학의 제문제』, 제21회 한국고고학전국대회 발표요지.
2004 「송국리취락의 구조와 공간활용」, 『선사와 고대의 의례고고학』.
우정연 2002 「중서부지역 송국리복합체 연구 -주거지를 중심으로-」, 『韓國考古學報』 47.
禹姃延 2010 「금강중류 남부 송국리유형 상한 재고」, 『湖西考古學報』 23.
2012 「錦江中流域 松菊里文化段階 社會의 威神構造에 대한 試論的 考察」, 『韓國考古學報』 84.
이건무 1992 「송국리형 주거분류시론」, 『택와 허선도선생 정년기념 한국사학논총』.

이동희 2014 「송국리취락의 변화와 그 의미」, 『호남고고학보』 47.

이상길 2000 『청동기시대 의례에 관한 고고학적 연구』 15, 대구효성가톨릭대학교 박사학위논문.

李盛周 2012 「儀禮, 記念物, 그리고 個人墓의 발전」, 『湖西考古學報』 26.

李秀鴻 2007 「大形掘立柱建物의 出現과 그 意味-영남지역의 자료를 중심으로-」, 『고고광장』 1.

이종철 2000 「송국리형 주거지에 대한 연구」, 『호남고고학보』 12.

李宗哲 2002 「松菊里型 住居址의 構造變化에 대한 試論」, 『湖西考古學報』 16.

이종철 2006 「송국리형 주거지 연구의 쟁점과 과제」, 『송국리유적 조사 30년, 그 의의와 성과』.

이진민 2004 「중부 지역 역삼동 유형과 송국리유형의 관계에 대한 일고찰」, 『韓國考古學報』 54.

이형원 2009 『청동기시대 취락구조와 사회조직』, 서경문화사.

이홍종 1994 「後期無文土器社會의 集團과 住居形態」, 『마을의 考古學』 18, 韓國考古學 全國大會.

1996 『청동기사회의 토기와 주거』, 서경문화사.

2002 「松菊里文化의 時空的 展開」, 『湖西考古學報』 6·7.

2003 「松菊里型 聚落의 景觀的 檢討」, 『湖西考古學報』 9.

2005a 「松菊里文化의 文化接觸과 文化變動」, 『韓國上古史學報』 48.

2005b 「寬倉里聚落의 景觀」, 『송국리문화를 통해 본 농경사회의 문화체계』, 서경문화사.

2008 「송국리형 취락의 공간배치」, 『湖西考古學報』 17.

李弘鍾·許義行

2010 「湖西地域 無文土器의 變化와 編年」, 『湖西考古學報』 23.

庄田愼矢 2007 「南韓 青銅器時代의 生業活動과 社會」, 忠南大學敎校大學院博士學位論文.

지건길·안승모·송의정

1986 『松菊里 II』, 國立中央博物館.

鄭治泳 2009 「송국리취락 '특수공간'의 구조와 성격」, 『韓國青銅器學報』 4.

티모시 얼(김경택 역)

2008 『족장사회의 정치권력』, 도서출판 考古.

황재훈 2010 「湖西-湖南地域의 松菊里式 土器의 時·空間性」, 『韓國考古學報』 77, 韓國考古學會.

玄大煥 2008 「松菊里遺蹟 54地區 住居址에 關한 檢討」, 『研究論文集』 4, 中央文化財研究院.

한국전통문화대학교 고고학연구소

2011 『松菊里』 VII.

2012 『부여 송국리유적 제15차 발굴조사 약보고서』.

2013 『松菊里』 VIII.

2014 『부여 송국리유적 제18차 발굴조사 약보고서』.

2014 『松菊里』 IX.

2016 『松菊里』 X.

2016 『부여 송국리유적 제21차 시굴조사 약보고서』.

久住猛雄 2006 「北部九州における彌生時代の特定環溝區劃と大型建物の展開」, 『彌生の大型建物とその展開』, サンライズ出版株式會社.

近藤廣 2006 「近江南部における彌生集落と大型建物」, 『彌生の大型建物とその展開』, サンライズ出版株式會社.

森岡秀人 2006 「大型建物と方形區劃の動きからみた近畿の様相」, 『彌生の大型建物とその展開』, サンライズ出版株式會社.

고인돌 운반 방법과 축조과정의 복원
—인도네시아 숨바섬 축조 사례를 중심으로—

이 영문 (국립목포대 고고학과 교수)

I. 머리말

고인돌 축조에 대한 연구는 청동기시대 사람들의 관념을 살펴볼 수 있는 좋은 연구 대상으로, 당시의 기술수준과 장례풍습을 판단할 수 있는 중요한 근거자료가 된다. 고인돌 연구는 많은 연구자들에 의해서 고인돌 형식 분류나 연대문제, 전파문제 등에 치중되어 왔다. 특히 고인돌의 기능과 용어문제, 고인돌의 형식편년과 연대문제, 고인돌의 축조, 장법, 제의, 사회에 대한 복원, 고인돌의 지역적인 문화배경 문제 등은 연구자들 사이에서 많은 논란과 이견이 존재하고 있다. 1990년대 이후 발굴조사는 대단위로 전면적인 발굴로 이행되면서 많은 수의 고인돌유적이 조사되었지만 고인돌 축조기술에 관련된 연구는 미진한 편이다(이영문, 2002; 2014).

고인돌 축조와 관련된 연구는 크게 3가지 측면에서 진행되어 왔다. 첫째, 고인돌 발굴조사 사례를 중심으로 외형적인 형태와 구조적 측면의 연구이다. 이는 고인돌의 외형적 형태가 다른 무덤에 비해 독특하며, 거대한 덮개돌을 사용한다는 점에서 구조적으로도 많은 관심을 받아왔기 때문이다(지건길, 1983; 하문식, 2010). 둘째는 고인돌 축조와 관련된 실험고고학적 방법을 통한 연구이다. 고인돌의 축조과정은 크게 채석, 운반, 치석, 축조 등으로 이루어지는 축조시스템을 가지고 있다. 현재까지는 대부분 채석이나 덮개돌의 운반과 관련된 것들이 주를 이루었다(최몽룡 1973; 이종철 2003; 최성락·한성욱 1989). 고인돌 축조기술을 구체적으로 검토하기에는 많이 부족하다. 따라서 고인돌 축조에 필요한 석재의 가공기술 연구나 실험(윤호필·장대훈, 2009a)과 더불어 피장자가 안치되는 공간에 대한 구체적인 축조 복원실험이 필요할 것으로 생각된다.(윤호필·장대훈, 2009b). 셋째, 고인돌 발굴조사 후 이루어진 이전복원을 통한 연구이다. 고인돌 이전복원은 무덤의 해체와 축조과정이 그대로 재현됨으로 고인돌 축조과정에 대한 많은 검토가 이루어질 수 있다. 이러한 이전복원 과정들 대부분이 행정절차에 의해 단순히 외형적인 부분만 복원될 뿐 복원과정에서 축조과정에 대한 세밀한 검토가 결여된 부분이 많다. 따라서 복원과정에서 이러한 부분들을 다시 검토하는 것이 필요하다.

선사시대에 축조된 거석기념물은 거석을 채석하고 운반해서 고인돌과 같은 구조물을 설치하는데 일련의 과정에 대한 기록이 전혀 남아있지 않다. 또 역사시대라 해도 기록이 없는 경우가 대부분이다. 그래서 거석의 운반과 구조물을 조영하는데 많은 의문점을 가지게 되었고, 이를 해결하고자 많은 실험이 행해지기도 하였다. 즉 철기가 없던 시절에 돌과 나무를 이용해 거석을 어떻게 떼어내서 다듬었는가, 또 중장비나 운반도구가 발달하지 못한 때에 어떤 방법으로 먼 곳으로 부터 운반해 왔는가, 구조물을 어떤 방법으로 완성시켰는지 등등이다. 실제로 이런 의문을 해결하고 이해하고자 많은 고고학자들이 실험을 통해 운반방법과 그에 동원된 인력을 측정하기 위한 작업이 이루어지고 있다.[1)]

고인돌 덮개돌의 운반방법은 고인돌에 남아있는 흔적, 즉 덮개돌 밑면에 나타난 통나무 굄 흔적, 측면에 밧줄 홈 흔적 등이 있다. 이 흔적은 운반시의 일부만 추정할 수 있을 뿐 전체적인 운반 방법에 대해 추론할 수는 없다. 이를 보완하기 위해 부조상이나 그림, 문헌과 고고학 자료에 보이는 거석 운반도구, 거석 운반과 축조 실험 사례, 그리고 고인돌을 조성하고 있는 민족지고고학을 토대로 재

1) 이런 실험이 계속해 이루어지고는 예는 덴마크의 Leire 실험고고학 야외박물관에서 실시하고 있다. 이곳에서는 거석을 운반하여 고인돌과 환상열석을 만드는 작업이 체험학습 차원에서 실시되고 있다. 이외 여러 학자에 의해 실험한 거석 운반사례는 이영문(2002)과 유태용(2003) 저서에 잘 정리되어 있다. 이를 참조하기 바란다.

구성할 수는 있을 것이다. 특히 인도네시아 숨바섬의 거석운반 사례(가종수 외, 2009)는 이를 추론하는데 매우 중요한 자료라 할 수 있다[2]. 본 글은 이러한 자료를 바탕으로 덮개돌 운반 방법과 그 축조기술에 대해 복원적 시론으로 제시하고자 한다.

II. 그림으로 묘사된 거석 운반 사례[3]

1. 이집트 Prince Djehutihetep 부조상(雪花石像)

이 부조상은 60톤의 석상을 나무끌개[4] 위에 앉히고 묶어 운반하고 있는 모습이다. 조상(彫像)의 무릎에 서서 지휘하는 사람, 운반틀 옆에서 장단을 맞추는 사람, 연결된 밧줄에 물을 부으며 밧줄이 과열되어 끊어지지 않도록 보살피는 사람, 굴림목용 통나무를 운반하는 사람, 운반 작업을 독려하는 사람, 뒷따르는 사람, 밧줄을 당기는 사람 등 운반 장면이 섬세하게 묘사되어 있다.

좌상의 석상은 앞이 들린 나무끌개에 밧줄로 묶어 고정시키고, 끌개 앞머리에 고리 장치를 만들어 밧줄로 연결시키고 4열의 줄로 끄는 모습이 묘사되어 있다. 끄는 사람은 맨 윗 열은 12명, 나머지 3열은 11명씩으로 총 45명이고, 1열과 3열의 줄 끝에는 밧줄을 어깨에 매고 있다. 운반을 관리나 보조하는 사람은 밧줄이 끊어지지 않도록 물을 붓고 있는 1명, 하단의 좌측에는 3인 1조의 통나무를 어깨에 매고 가는 장면과 또 다른 3인 1조는 무언가를 어깨에 가느다란 막대에 매고 가는 모습이 그려져 있다. 운반을 감시 호위하는 장면은 맨 좌측 하단은 이

2) 철제 도구로 운반도구를 제작하지만 나머지 통나무와 나무끌개, 밧줄을 사용해 사람들이 동원되어 전통적인 방법을 택하고 있기 때문에 선사시대의 거석운반을 연상시키고 있다.

3) 그림으로 나타난 실제 거석을 운반하는 모습을 묘사한 대표적인 것을 소개하였다. 이의 사례는 이종철(2003, 「지석묘 상석운반에 대한 시론」『한국고고학보』50집)에서 이미 자세하게 소개한 적이 있다. 이를 필자가 운반 작업의 복원적 측면에서 구체적으로 서술하였다.

4) 이 용어는 거석을 운반할 때 사용된 운반틀로 나무끌개, 나무썰매, 나무끌판, 나무운반틀 여러 명칭으로 쓰고 있다. 여기서는 나무끌개로 통일하고자 한다.

를 감시하는 회초리(또는 창?)를 든 2인과 상단에 근위병이 칼 또는 창을 들고 5명씩 6조로 30명이 지켜보고 있는 모습이다. 석상 뒤편에는 2인 1조로 8명을 상하로 배치하여 마치 수행 호위하는 모습이 묘사되어 있고, 석상의 무릎에 서서 끄는 사람들을 총지휘하는 사람 1명과 그 아래 무언가 들고 석상을 향해 있는 사람 1명 등 총 94명이 묘사되어 있다. 이 부조상은 끄는 사람(45명), 운반을 보조하는 사람(7명), 수행하는 사람(8명), 감시 또는 호위하는 사람 (32명), 총지휘자와 감독관(제관) 등이다.

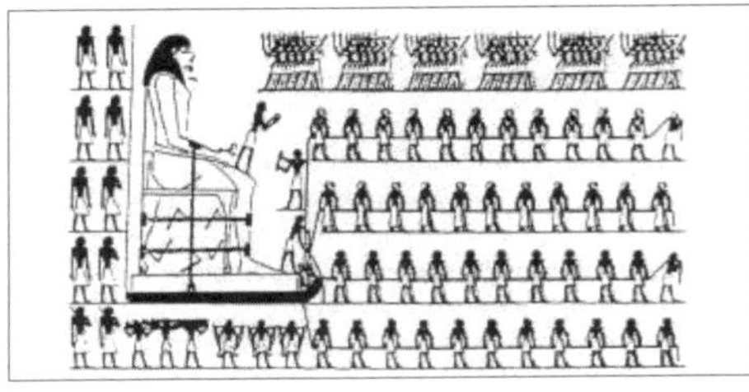

그림 1. Prince Djehutihetep 무덤 벽화

2. 이집트 Nineveh의 Sennacherib 궁전 부조상

이 부조상은 약 30톤 가량의 석상을 뗏목으로 이동 후에 강에서 육지로 끌어 올리는 장면을 묘사한 것이다. 앞의 부조보다는 매우 사실적으로 석상을 운반하는 장면이 묘사되어 있다. 석상은 옆으로 눕혀진 상태이며 석상 주위에 돌 또는 판자로 석상의 훼손 방지시설을 하고, 그 밑에 조그마한 통나무가 보여 나무끌개가 있었던 것으로 추정된다. 부조상의 좌측 상단에는 수레를 탄 사람과 그 양 옆에 2인씩 모두 5명이, 상단에는 일렬로 2인 1조로 방패를 든 사람 22명(방패 11개), 끄는 사람은 끄는 방향으로 향해서 줄을 당기는 모습으로 좌측에 4열로 각각 10명, 10명, 12명, 16명 등 48명이지만 중앙 하단이 희미하여 정확하지 않으나 약 60여명으로 추정된다. 아래 3열에는 맨 앞에서 끄는 사람을 향해 지휘는 사람이 1

그림 2. 석상운반
(Nineveh의 Sennadherib 궁전에 있는 부조)

명씩 배치되어 있고 맨 아래단에는 밧줄의 관리하는 사람 1명이 반대 방향을 향해 있다. 우측의 끄는 사람은 대각선으로 밧줄을 끄는 장면인데, 1명은 밧줄을 조절하고 있고, 7명과 4명을 두 줄로 배치하여 육지로 끄는 방향을 조절하는 역할을 한 것으로 생각된다. 우측 하단에는 강의 배위에서 지렛대를 이용해 운반을 보조하는 모습인데, 1명을 지렛대에 받침대를 고이고 있고 11명은 지렛대를 아래로 잡아당기거나 지렛대에 연결된 줄을 당기는 모습이 묘사되어 있다. 좌측 강가에는 두명이 물을 길러 나르는 장면이 있다. 이 물은 끄는 줄이 마찰과 마찰력에 의해 훼손된 것으로 방치하기 위해 것으로 해석된다. 석상위에는 3명은 끄는 방향을 향해 운반을 지휘하고 있다. 총 동원된 인원은 113명 이상이며, 실제 운반은 86명 이상이다. 끌기식과 지렛대식을 동시에 사용한 장면이며, 수레에 앉아있는 왕과 호위병, 근위병 들이 감시하는 모습이다.

3. 일본 준부성 축성도병풍(日本 駿府城 築城圖屛風)[5)]

그림 3. 수라를 이용한 거석운반
(日本 駿府城 築城圖屛風)

이 그림은 1607년에 제작된 6폭 병풍으로 거석을 운반하는 장면이 묘사되어 있다. 그림에는 크게 운반을 지휘하는 장면, 거석을 끄는 장면, 나무끌개 밑에 통나무 굴림목을 운반하는 장면, 뒤에서 지렛대로 운반을 보조하는 장면 등 4개의 장면이 있다. 지휘하는 장면은 운반을 원활하게 하기 위해 운반을 지휘하는 사람과 북을 치면서 흥을 돋우는 사람이 거석 위에 있다. 광대옷을 입고 악기를 연주하거나 깃발이나 깃

5) 大阪府立 近つ 飛鳥博物館, 『修羅 1』, 平成 11年度(1999년) 春季 特別展
이종철, 2003, 「지석묘 상석운반에 대한 시론」『한국고고학보』 50집을 참조하였음

대를 들고 있으며, 앞의 한명은 견인의 강약이나 운반 방향을 지휘하는 장면이다.

거석을 끄는 장면은 밧줄로 결박된 거석 밑에는 나무끌개(修羅)와 그 밑에 굴림목들이 놓여 있다. 연결된 밧줄은 수라의 앞 구멍을 이용한 중앙의 밧줄과 거석에 결박된 밧줄에서 연결되는 양 측면의 밧줄로 4개의 견인 밧줄이 연결되어 있다. 밧줄의 맨끝에는 밧줄을 등에 메고 있는 장면은 이집트 부조상에서도 확인된다.

나무끌개 밑의 굴림대 통나무는 뒤쪽의 통나무를 앞쪽으로 운반하는 장면이 묘사되어 있다. 이는 맨땅에서 바로 끄는 것이 아니라 마찰력을 줄이기 위해 통나무 굴림대가 보편적으로 사용되었음을 알 수 있다. 그리고 거석 뒤쪽에는 지렛대 작업을 한 6명과 그 뒤의 지렛대를 든 4명이 있다. 이 장면은 견인시에 뒤에서 운반을 보조하는 역할을 하였다고 보여진다. 이 그림에 나타난 거석 운반 작업 장면은 선사시대의 이집트 부조상이나 지금도 인도네시아 숨바섬에서 거석묘를 축조하는 장면과 큰 차이가 없다.

III. 인도네시아 숨바섬 고인돌 축조사례[6]

그림 4. 숨바섬의 마을 안의 고인돌(탁자식)

숨바섬은 인도네시아 동쪽에 있는 섬으로 지금까지 고인돌을 축조하고 있는 곳으로 널리 알려져 있다. 이곳에서는 재료만 돌에서 철로 바꾸었을 뿐 중장비 동원이 없이 사람의 힘만으로 축조하고 있어, 선사시대부터 이어져 내려온 거석묘의 축조 기술을 유추할 수 있는 곳이다.

고인돌의 축조에는 막대한 비용이 소요되기 때문에 채석에서 운반, 석실 축조,

6) 인도네시아 거석묘 축조 사례는 가종수 외, 『지금도 살아숨쉬는 숨바섬의 고인돌사회』(북코리아, 2009)에 실린 축조과정 자료를 정리한 것이다.

매장에 이르는 일련의 과정을 한번에 이루어진 경우는 없고, 재산을 모은 후에 작업을 진행하는 것이 보편적이다. 즉 먼저 덮개돌을 구하는 일, 덮개돌의 운반, 무덤 축조 등 대체로 3단계의 절차에 의해 작업을 진행하면서 축조하고 있다. 하나의 거석묘가 축조되기 위해서는 적어도 5년에서 10년 정도 걸린다고 한다.

1. 서숨바 디키타마을 고인돌 축조 사례

디키타 마을은 산 정상에 있는 마을로 가옥 25채에 약 250명이 살고 있는 마을이다. 이 마을의 신관인 펫토르스 빌리 움부 두카의 조부가 1940년대 사망하여 4명의 부인과 함께 매장한 고인돌을 시멘트로 만들어서 마을에 부정한 일이 일어난다고 하여 다시 축조하게 되었다고 한다(가종수, 2009).

고인돌은 2008년으로 비교적 최근의 축조 사례이다. 축조하기까지의 기간은 채석장에서 채석한 덮개돌을 마을 통하는 도로 옆에 세워 두기까지 5년, 마을로 옮기기까지 3년 등 8년의 준비기간이 소요되었다. 즉 덮개돌 채석이 완성된 때는 2004년이고, 덮개돌의 운반은 2008년이다. 덮개돌은 길이 340cm, 너비 240cm, 두께 45cm의 석회암질이며, 약 5톤에서 7톤로 추정된다. 이를 운반하는 도구는 나무끌개이다[7]. 운반작업은 2008년 8월 16일부터 18일까지 3일간 행해졌으며, 5일 후인 23일에 덮개돌을 올리는 작업을 하였다. 고인돌을 완성한 후 8월 24-26일까지 3일간 고인돌 축조 축하 공훈제연이 행해졌다. 운반에서 축조하기 까지는 4일이고 축제기간이 3일로 총 7일만에 고인돌 축조관련 행사는 마무리되었다.

1) 나무끌개의 형태와 제작

V자에 가까운 Y자형 나무 또는 두 개의 나무를 Y자형으로 조립한 것이 있다.

---

7) 한국에서는 구판(駒板), 일본에서는 수라(修羅), 인도네시아 숨바어로는 Jara Batu('돌의 말')라 한다. 특히 1978년에 일본 오사카부 후지이데라시 미쓰즈카 고분에서 수라가 발견되어 고대에 돌 운반 도구의 일종으로 밝혀져 화제가 되었다. 이와 같은 형태가 지금도 숨바섬에서 제작되고 실제 거석을 운반하는데 사용되고 있어 적어도 1500년 이상의 전통이 이어져 오고 있는 것이다. 수라라는 용어는 일본에서 제석천(帝釋天)과 아수라(阿修羅)의 싸움에서 아수라가 승리하여 제석천에게 큰 돌을 움직이게 했다고 하는 설화에서 수라(修羅)라는 명칭이 유래되었다고 하며, 여러 문헌에 등장한다.

그림 5. 나무끌개 조립 모습(가종수, 2009)

두 개를 연결시킬 때는 큰 못과 칡넝쿨, 마로 엮은 줄을 사용한다. 그리고 나무끌개가 굽어서 앞이 들려진 것이 거석을 운반하는데 용이하다고 한다. 나무끌개는 단단한 상록수[8] 생나무을 벌채하여 만든 것으로 길이가 약 7m이다[9]. 제작 기간은 칼, 도끼, 망치, 톱을 사용해 나무끌개의 앞 머리부분에 사람 얼굴(조상신 '마라푸', '말머리' 또는 '배'라 부름)을 조각하고 끌개에 구멍까지 완성에는 2-3주가 걸렸다고 한다.

2) 거석 운반 작업

거석의 운반 기간은 덮개돌의 크기, 채석장과의 거리, 동원 노동력에 의해 좌우된다. 가장 먼저 이루어진 작업은 나무끌개에 덮개돌을 올리는 작업이다. 이 작업은 미리 길가에 세워두었던 덮개돌 밑에 나무끌개를 놓고 쓰러뜨리면서 조정하여 올린 후 마로 엮은 줄로 좌우에 있는 각각 3개씩의 6개 구멍을 통해 견고하게 고정하였다. 그 후에 덮개돌 결박 작업은 나무끌개 위에 가로 놓인 나뭇가지와 덮개돌 측면에 나뭇가지를 이용해 칡넝쿨로 묶은데, 덮개돌 상면 중앙에는 고리모양의 태(똬리)를 만들어 방사선의 각 방향으로 묶었다.

운반하는 작업은 나무끌개 맨 앞에 긴 막대를 이용한 깃발을 세우고,[10] 덮개돌 깃발 옆에 신관('라토'라 함)이 서서 돌 끌기를 지휘 한다.[11] 운반에 사용된 줄

8) 숨바섬에서는 사용처에 따라 사용하는 나무가 다르다. 가장 신성한 나무는 관습가옥 4개 기둥에 사용하며, 백단나무이다. 다음으로 가옥의 다른 기둥에 사용되는 '마세라'나무이고, 세 번째의 신성한 나무는 나무끌개의 제작에 사용되는데 '낭카' 나무라 한다.

9) 나무끌개의 크기는 성인이 두 팔을 벌린 길이(단위 소형 1두피, 중형 2두피, 대형 3-4두피)로 결정하는데, 길이를 재는 사람은 정해져 있다고 한다.

10) 이를 펜지(배의 돛)라 하며, 숨바섬의 신인 마라푸신과 교신하는 역할을 하는데, 거석을 운반하는 작업에 마푸라신의 초인간적 힘의 도움을 받고자 하는 의미라 한다.

11) 이 모습은 배 운항을 지휘하는 선장을 연상한다고 한다.

의 연결은 중앙(나무끌개 머리부분)과 좌우 등 3곳에 두 줄씩 연결해 6팀으로 끄는데, 지형에 따라 줄이 추가되기도 한다. 하나의 줄에 약 100명씩 총 300명이 끌었다고 한다.[12] 운반 작업은 나무끌개 밑에 통나무 굴림대와 나뭇가지, 나뭇잎을 깔아 마찰력을 최소화 시켰으며, 굴림대는 평지와 오르막 길에만 사용하고, 내리막길에서는 굴림대 깔지 않고, 측면 두 줄을 뒤에서 잡아당겨 브레이크 역할을 하면서 덮개돌을 이동시켰다고 한다.

운반할 때에는 신관이 먼저 '오, 선조여. 당신 자손의 곁으로 오시오' 하면 운반자들이 '와' '왓' 소리치고, '오, 우리 선조여. 여기에 내려와서 우리와 함께 돌을 끕시다'라는 말을 되풀이 하면서 끌었다고 한다.[13]

하루동안 채석장에서 마을로 올라가는 입구까지 운반하였으며, 이틀째는 마을로 향한 급경사 언덕길 500m를 약 7시간 동안 끌어서 마을 입구까지 운반하였다. 삼일째는 마을의 좁은 돌담을 철거하여 운반로를 만들면서 미리 마련된 석실 옆 축조 장소까지 운반하였다.

3) 덮개돌 올리기

덮개돌을 옮겨온 지 3일 후에 덮개돌 올리는 작업이 진행되었다. 덮개돌을 올릴 때 무너지는 것을 방지하기 위해 미리 만들어 놓은 석실 주위에 원통형 통나무를 세워서 묶어 단단하게 고정시켰다. 그 후에 덮개돌을 끌어올리기 쉽게 석실 위까지 긴 통나무를 걸쳐 밋밋하게 경사진 활주로를 설치하였다. 그리고 운반시 사용된 나무끌개와 굴림대, 덮개돌을 묶은 줄을 풀고 활주로에 걸쳐 끌어올리면 고인돌이 완성된다.

4) 의례 행위

채석 후 개를 잡아먹는 풍습이 있으며, 운반 전에는 채석장에서 살아있는 개를 잡아 제물로 바치는 의례가 행해지며, 거석을 운반 전에 의례는 닭이나 돼지의

---

12) 운반 작업을 시작한 아침에는 40여명이었으나 주변 마을에서 자발적 참여하여 정오 즈음 400명 정도가 모였다고 한다.

13) 이 소리는 마치 한국의 상여가처럼 선창과 후렴하는 것과 유사하다.

생간으로 길흉을 점치고, 돼지를 도살하여 마푸라에 바치는 가축 희생 의식이 행해진다.

거석운반에 동원된 사람에게는 소와 돼지를 잡아 식사를 제공하며, 밤에는 남자들이 칼, 창, 방패를 휘두르면서 춤을 추고 노래부르는 의례 행위가 이루어진다. 덮개돌이 축조 장소에 도착하면 상주와 신관이 맞이하고, 덮개돌에 제물 올리고 마푸라신에 기원하는 의례가 행해진다. 그리고 덮개돌을 올리고 완성된 후에는 마푸라신에 말을 제물로 바치는 의식이 행해진다.

고인돌이 완성된 후 3일 동안은 주변의 친족이나 지인들이 돼지나 물소를 보내거나 데리고 와서 공훈 제연이 이어졌다고 한다. 마지막 의례는 말(또는 물소)을 마푸라신에 제물로 바치면서 고인돌의 완성에 대한 감사 기도를 드린다. 이 기간 동안의 조문객은 약 7-800명 정도였다고 하며, 물소 24마리와 돼지는 그 3배 정도의 가축들이 희생되었다고 한다. 이처럼 많은 사람이 동원되고, 덮개돌 운반과 공훈 제연에는 막대한 비용이 소모되기 때문에 경제적인 능력이 없으면 그만큼 축조기간이 길어지게 된다. 경비 마련할 때까지 일련의 작업이 중단되기 때문에 채석, 운반, 축조라는 단계별로 나누어 진행되는 것이 일반적이라 한다.

2. 서숨바섬의 고인돌 축조 사례

서숨바섬에서 1979년 당시 거석 운반을 하고 있는 곳은 로우리군, 동와이제와군, 서와이제와군, 코디군으로 서숨바 7개군 중 4개군이었다고 한다(가기야 아키코, 2009).

그림 6. 숨바섬의 고인돌(기반식)

1) 나무끌개의 형태와 제작

나무끌개에 사용된 나무는 구부러진 상태의 적당한 것을 선호하며[14], 전통적

14) 나무끌개는 마치 배모양을 연상시킨다. 배는 숨바섬에서 인간계와 정신세계를 연결하는 교통

으로 정해져 있어 단단한 '쿠라파' 나 '낭카' 나무가 사용되지만 휘어진 것이 많은 낭카 나무를 선호한다고 한다[15]. 나무끌개는 Y자형 나무를 베어서 제작하거나 긴 나무와 짧은 나무를 조립해 만든 경우도 있고, 다른 집에 보관 중인 것을 빌려 사용하기도 한다[16]. 나무끌개의 크기는 보통 5~7m이다.

2) 덮개돌 채석

덮개돌의 채석은 씨족마다 특정한 산지에서 전통적으로 구하였지만[17] 최근에는 가능한 한 인접지역에서 채석한다고 한다. 로우리 군에서 행해진 채석 방법은 암반 중간쯤에서 파들어가면서 잘라내는 방법으로 덮개돌 길이가 2~3m인 크기는 약 2주 정도면 떼어낸다고 한다. 이 때 채석하는 사람이 토지 주인에 말 한 마리와 칼 한자루 보내며, 토지 소유주는 수직천 한 장과 살롱, 닭 한 마리로 답례하였다고 한다. 채석한 덮개돌은 나무끌개에 얹기 좋게 미리 세워둔다고 한다.

3) 거석 운반 작업

덮개돌을 나무끌개에 올리는 작업은 세워진 덮개돌을 쓰러뜨려 올리지만 정확히 올리는 데는 대단한 숙련이 필요하다고 한다. 올릴 때 충격을 완화하기 위해 바나나 나무 같은 부드러운 것을 미리 나무끌개 위에 깐다고 한다. 올린 후에는 나무끌개 좌우에 파놓은 6개의 구멍에 칡넝쿨나무(토와)[18]로 덮개돌 중앙부에 원형의 똬리를 이용해 고정해 묶는다. 끄는 줄의 연결은 말머리 부분, 전방의

수단으로 믿는다.

15) 쿠라파 나무는 30년 이하는 약해서 4-50년 정도 된 나무를 사용해야 되며, 낭카 나무는 10-15년 정도로도 충분하다고 한다.

16) 사용된 나무끌개를 앞뒤 4인 1조의 목도식으로 운반하여 재사용하기 위해 보관하는 예가 많다.

17) 숨바섬에서 최고급의 덮개돌은 동숨바 타분돈 군의 바다에 인접한 타림방지역에서 생산된 것을 선호한다고 한다. 덮개돌 생산지인 동숨바 타림방지역은 1년에 30개 정도의 덮개돌을 채석하여 타림방 해변에 옮겨놓고 판매한다고 한다. 이곳에서 구한 덮개돌을 미리 배로 서숨바 루와군 티다스 해변에 옮겨놓았는데, 돌 나르는 배(당시 두척)는 길이 8m 정도이고 한번에 중간 크기 7개 나를 수 있다고 하며, 여름철 동서풍타고 타림방에서 서숨바 티다스까지 운반하는데 약 3일 정도 항해하였다고 한다. 이 돌은 표면이 매끈하고 깨지지 않는 경도가 높은 아름다운 돌이며, 중간 크기 덮개돌 구입비는 물소와 말 합해 25마리 정도 지불해야 된다고 한다.

18) 굵은 칡넝쿨은 방향이나 위치 수정의 도구 또는 끄는 줄로 이용된다.

두 개의 구멍을 이용해 각 2열씩 모두 6열로 끈다. 덮개돌 위에는 운반지휘자인 신관('라토')이 잎 붙은 나뭇가지 흔들면서 구호를 외친다. 운반할 때 여자와 아이들이 뒤따라가며, 일부는 춤을 추어 남자들의 사기를 높이기도 한다.

4) 덮개돌 올리기

덮개돌 올리는 방법은 석실이 마련된 경우 통나무로 경사지게 가설한 활주로를 이용해 잡아당겨서 올리지만 아직 석실이 없는 경우 통나무로 가설한 대에 올려 준비해 놓고, 나중에 판상의 벽면을 끼워넣어 석실을 조립해 완성하기도 한다.

5) 동원된 사람의 접대, 댓가, 축제

숨바섬에서 고인돌의 축조는 부와 권위의 상징이어서 많은 가축이 제물로 사용되고[19], 고인돌이 완성 시까지 전 기간 소와 돼지를 도축하여 식사로 접대하고, 노동 대가로 고기를 분배하며, 완성 후 가축을 잡아 연회를 베푼다.

3. 동숨바섬 파오마을의 고인돌 축조 사례

동숨바 남동부 해안에 위치한 메로로군 파오마을은 중핵마을로, 1975년 8월에 라자(왕) '움부 윈디 타난군주'에 의해 고인돌이 축조되었다(요시다 야스히코, 2009). 고인돌 축조는 1975년 8월 6일과 7일에 이루어졌다. 고인돌에 묻힐 사람은 가옥 옆 빈소인 초막에 수 명의 유해가 안치되어 있었다. 이 임시 빈소 안에는 '웅크리고 앉아있는 모습'으로 안치되어 있었고, 여러 장의 직물로 감싸 거대한 미라처럼 보였다고 한다. 이 유해를 노예계급의 남성이 살아있는 주인 모시듯 조석으로 식사를 올리고, 담배를 주는 시늉을 하면서 시중을 들었다고 한다. 즉 시신을 살아있는 사람으로 여기고 고인돌에 안치되면 영혼이 조상이 사는 세계에서 되살아난다고 믿고 있다고 한다.

---

19) 중요한 제물은 말이 사용되며, 제사 도구에도 말가죽이 사용된다. 말은 영혼을 저승으로 보내는 역할을 한다고 믿기 때문이다.

1) 운반 전야의 행사

석재 운반 전에 각지에서 친족들이 모여들어 대형 가옥이 마치 피난처를 연상한다고 하였다. 채석된 고인돌에 제물을 받치고, 말을 걸거나 울면서 밤을 지새운다고 한다[20]. 고인돌을 끌기전 의례행위는 신관이 숨바섬의 창세신화를 이야기하며, 운반 작업의 운세를 닭 심장으로 점치는데, 7-8명이 수행하고 있었다. 신관과 두 여성이 덮개돌 옆에서 밤새 지키는데, 다른 사람들은 집으로 돌아갔다고 한다.

2) 덮개돌 규모와 운반 경로

덮개돌은 석회암질로 길이 4m, 너비 2.5m, 두께 0.7m(약10톤)이며, 6면이 반듯한 입방체형이다. 이 크기는 파오마을에서 가장 큰 고인돌이라고 한다. 채석장은 마을에서 약 3km 떨어진 산 중턱이며, 채석장에서 메로로강까지는 나무와 잡목이 우거진 숲의 언덕길이 형성되어 있고, 메로로강에서 마을까지 약 1km는 길이 나있다.

3) 나무끌개 형태

나무끌개는 두 갈래의 '마세라'나무 이용하였는데, 앞에서 본 것들과 같은 Y자형 형태이다. 나무끌개의 앞머리부분에 빨간 천 깃발이 꽂아져 있다.

4) 덮개돌 채석과 적재 방법

덮개돌 채석은 6-7명이 철봉(한쪽이 인두모양)과 삽을 이용해 3개월 동안 석회암(응회암)제 덮개돌 2기를 완성했다고 한다. 주변 석재 즉 떼어내고자 하는 덮개돌만 남기고 깎아내는 방법으로 채석하는 것이 일반적이지만 덮개돌 밑을 파서 받침돌까지 채석한 경우도 있다. 대개 채석에 사용된 도구는 괭이, 곡괭이, 망치, 도끼 등을 이용한다고 한다.

덮개돌을 나무끌개 위에 올리는 방법은 받침돌이 있는 경우 덮개돌 밑에 조립식 나무끌개를 설치하고 나서 받침돌 밑을 제거하여 넘어뜨려 적재해 결박한다.

---

20) 마치 탈상 전야의 한국 장례의식을 연상시킨다.

다른 방법은 채석장 아래로 나무끌개와 연결되게 통나무를 설치하여 덮개돌을 끌어 올리는 것이다. 나무끌개 위의 덮개돌은 통나무틀을 설치하여 고정하고, 그 밑에 굴림대가 있는데, 덮개돌은 나무끌개 위로 올리는 데만 수 일이 걸렸다고 한다.

덮개돌 결박은 나무끌개 위에 바로 통나무를 일정하게 깔고, 덮개돌을 적재한 다음 밧줄로 묶었다. 즉 덮개돌 아래에 장축 6개, 단축 3개씩의 통나무를 일정한 간격으로 배치하고 측면에 상하로 통나무를 걸쳐서 각각 만나는 점을 결박하여 마치 통나무로 가구하여 동여매는 형태이다. 이는 운반시에 덮개돌이 나무끌개에서 미끄러지거나 넘어져도 파손되지 않고 온전하게 운반하기 위한 작업이다.

5) 덮개돌 운반작업

나무끌개에 덮개돌이 안전하게 올려 결박하면 끌기 작업이 완료되는데, 끄는 줄의 연결은 앞부분의 구멍(2개), 좌우의 중앙부 구멍(각 1개)을 이용해 모두 4개의 밧줄[21]이 연결된다. 하나의 밧줄에 100명 미만의 사람들이 양쪽으로 열지어 잡아당기면서 끄는데, 총 동원된 사람은 약 3-400명 정도였다고 한다. 덮개돌 위에서는 '라토'라는 신관이 끄는 작업을 지휘하는데, 신관이 구호 외치면 끄는 사람 후렴하면서 운반한다고 한다.

나무끌개 밑에는 주변의 나뭇가지를 자른 2-30개 통나무를 이용해 굴림대를 설치하고 진행하는데, 뒤의 통나무를 앞으로 옮기면서 끌고 간다. 오르막 산길에서는 역방향으로 구르는 것을 방지하기 위해 나무끌개 밑의 굴림대를 제거하고 사람의 힘만으로 끌고 간다. 내리막길에서는 나무끌개 중앙부에 연결된 두 개의 밧줄이 브레이크 역할을 하는데, 뒤쪽으로 끌려져 서서히 내려가게 하는 식으로 끈다. 메로로강의 횡단은 평지처럼 잡아당겨 끈다. 점심 후에 내리막길에서 끄는 작업은 5-6시간 정도 걸렸다고 한다. 다음 날 1km의 길이 난 상태의 운반 작업은 오전 중에 마을 입구까지 끌고 왔다. 끄는 작업이 진행되는 동안에는 덮개돌 뒤를 따라 몇 명의 여성들이 직물이나 선물을 머리에 이고 따라 간다. 덮개돌 운반 행사 진행은 라토인 신관에 의해 행해진다. 거석의 운반 작업 시 상주

21) 밧줄은 마닐라 삼과 같은 양질의 섬유로 짠 것과 칡넝쿨 줄기를 이용한다.

는 동참하지 않고 집에 머무르며, 덮개돌이 마을 입구에 도착하면 그 때 나타난다. 끄는 작업에는 상주의 남동생이 함께 줄을 끌면서 감시 역할을 한다고 한다.

6) 고인돌의 축조와 완성

1975년 8월에 덮개돌이 마을로 옮겨졌는데, 바로 고인돌이 축조되지 못하고, 상주인 '라자'[22] 움부 윈디가 1981년에 사망하였다. 그 뒤를 이어 남동생이 라자로 계승하였는데, 그는 고인돌 축조 자금을 마련하기 위해 형님인 움부 윈디가 남긴 재산을 대부분 처분하여 고인돌을 완성하였다고 한다. 채석과 운반작업을 포함해 거의 10년이 걸렸다고 한다[23].

7) 의례행위

의례 행위는 각 단계마다 일정한 절차에 의해 행해진다. 즉 채석의례, 끌기전 의례, 노천 의례, 끌기 완료 후 의례 등 여러 가지의 의례들이 있다.

덮개돌 끌기 전에 흰망아지를 산제물로 바치면서 조상신인 마푸라에 기도하고, 끌기 행사의 길흉을 닭의 간으로 점을 친 후 길일이라 하면 행사를 진행한다. 덮개돌을 끌다가 날이 저물어 하룻밤을 지내게 되면 민족의상을 입은 여성들이 곡소리를 내면서 덮개돌을 지킨다. 덮개돌이 마을 입구에 옮겨진 후에 상주는 노고에 감사드리고, 옆에서 여러 명의 여자들이 통곡한다. 그리고 나서 행사에 참여했던 사람들은 가옥에 분산하여 음식 대접을 받는다. 즉 끌기 행사 이후에는 사자제연과 공훈제연이 베풀어진다.

IV. 고인돌 운반과 축조과정의 복원

---

22) 라자(왕, 수장)는 주민을 통치하거나 제사 집행(라토가 대행)하지 않으며, 집과 마을에 머물면서 선조 전래의 신기를 지키는 일만을 담당한다고 한다.

23) 고인돌 축조 비용은 옮긴 후 석실 조립과 덮개돌 올리는 작업 등 축조에 막대한 비용이 소요된다. 그 비용은 상주측에서 마련하지만 그 친족이 비축한 재산으로도 충당된다고 한다.

거대한 돌을 운반하는 작업은 최소한 3가지 요소가 갖추어져야 한다. 즉 밧줄, 통나무, 인력이 그것이다. 밧줄은 거석을 묶거나 끌기 위해 필요하며, 통나무는 거석을 쉽게 옮기기 위한 도구이다. 사람이 동원되어 끌었다고 하지만 일부는 동물의 힘을 이용하였다고도 한다.[24)]

떼어낸 고인돌 덮개돌을 옮기는 방법은 큰 돌 밑에 장대를 넣어 옮기는 지렛대식, 돌을 묶어 사람들이 어깨에 메고 옮기는 목도식, 뒤에서 지렛대로 들어올리고 앞에서 끌어 옮기는 끌기식, 강물이나 바다에서 뗏목을 이용하는 방법, 겨울철에 눈이나 빙판을 이용하는 방법, 모래나 자갈을 깔고 끄는 방법 등 여러 환경에 따라 방법을 달리하였던 것으로 인식하고 있다. 가까운 거리에는 지렛대식이나 목도식이, 먼 거리에는 강물이나 바닷물을 이용한 방법 또는 끌기식이 쓰여졌을 것으로 추정된다.

1. 운반로 문제

덮개돌을 옮길 때 운반로가 있어야 가능하다. 이에 대해서는 전북 용담댐 여의곡에서 확인된 바 있다(김승옥 외, 2003). 통나무를 2열로 레일처럼 배치한 흔적에서 엿볼 수 있다. 하지만 인도네시아 숨바섬의 경우 산길에서는 나무와 잡목을 제거하여 길을 내서 운반하며[25)], 일부는 마을로 통하는 기존의 길을 이용하고 있다. 언덕 정상부에 축조되는 거석묘의 경우 비좁은 마을 길을 통과해야 하기 때문에 돌담을 제거하기도 한다[26)].

2. 고인돌 운반 전의 준비작업

1) 밧줄

24) 1928년 Musso Lini 기념물축조에 사용된 거석을 60마리 황소가 3열로 끌었다고 하며, 헨리 4세 말탄상 (청동상 25톤, 목재와 사람 15톤 총 40톤)은 황소 18마리가 쌍으로 끌었다고 한다.

25) 여기서 벌목된 나무와 가지들은 나무끌개 밑에 깔았다고 한다.

26) 숨바섬에서는 고인돌을 마을 중심에 축조하는 것이 일반적이다. 중핵마을은 대부분 산중턱에 위치해 있어 마을까지 덮개돌을 운반하는데 많은 인력과 기술이 요구된다.

밧줄은 거석 끌기와 균형을 잡기 위해서는 필수적인 도구이다. 선사시대에는 식물줄기를 엮어 사용했을 것으로 추정하지만 유기물이어서 실제로 잔존한 경우는 거의 없다. 일반적으로 신석기시대부터 실, 새끼, 그물, 끈 등을 줄기로 엮어 만든 기술이 이어져 왔다고 한다. 말 갈기 같은 동물 섬유질을 이용하기도 하지만 넝쿨류의 식물 줄기가 보편적으로 이용되었다. 담쟁이나 칡넝쿨의 줄기와 전나무 등과 같은 길고 유연한 뿌리를 이용해 밧줄을 만들 수 있으며, 피나무, 느릅나무, 자작나무, 버드나무, 전나무 등의 껍질을 뜨거운 물에 적시고 줄기에서 분리하기 위해 두드리면 밧줄을 만들 수 있다. 즉 물에 담궈서 두드리면 유연한 가늘고 긴 줄기를 얻을 수 있고, 이를 꼬아서 엮으면 끈이나 밧줄이 된다[27].

우리나라의 경우 청동기시대의 토기에 끈으로 엮은 망 흔적이나 청동기시대 무산 범위구석 유적에서 출토된 끈(밧줄), 고인돌 축조보다 시기는 늦지만 방패형 청동기에서 보이는 꼬은 끈으로 만든 고리, 광주 신창동 출토 꼰 끈 등으로 보아 식물성 줄기를 이용해 밧줄을 만들었다고 할 수 있다.

2) 나무끌개 형태와 제작

거석을 운반할 때 나무끌개가 사용되었다고 하는 것은 선사시대의 이집트 부조상이나 일본 고분의 주구에서 발견된 나무끌개(수라), 1607년에 제작된 일본 준부성 축성도병풍, 1796년 화성성역의궤의 구판(駒板), 인도네시아 숨바섬의

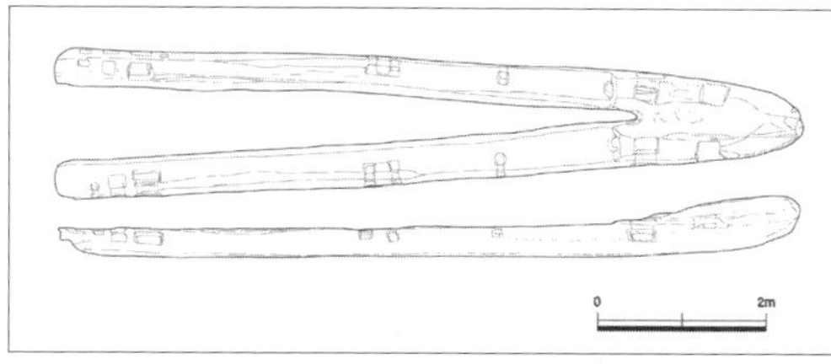

그림 7. 일본 고분출토 수라
(大阪府 三ッ塚古墳修羅(이종철 2003)

그림 8. 인도네시아 라텐가로마을에 보관된 나무끌개

27) 밧줄을 만드는 사람은 전문적인 지식과 방법을 터득하여야만 한다. 이집트에서는 특별한 신분을 가진 사람이 밧줄을 만들었다고 한다. 긴 넝쿨식물로 만든 직경 0.5㎝의 밧줄은 10㎏ 무게의 돌을 지탱하고 들어 올릴 수 있다고 한다.

거석운반 도구에서도 확인되고 있다. 이 자료는 전세계적으로 또 선사시대부터 오늘날까지 거석운반에 공통적으로 Y자형 나무끌개가 사용되었음을 보여주고 있다. 우리나라의 고인돌 축조에서도 나무끌개가 사용되었다고 추정할 수 있다 하겠다. 나무끌개가 없을 경우 덮개돌 측면에만 밧줄을 연결해야 되는 문제가 생기고[28], 앞에서 끄는 힘이 제대로 전달될 수 없기 때문에 불가능하다고 할 수 있다.

나무끌개의 형태는 약간의 차이는 있지만 두 개의 통나무를 조립해 연결하거나 두 갈래의 나무를 이용한 Y자나 V자 형태이다. 두 개를 연결시킬 때는 큰 못과 칡넝쿨, 마로 엮은 줄을 사용한다. 그리고 나무끌개가 굽어서 앞이 들려진 것이 거석을 운반하는데 용이하다고 한다. 머리부분과 양 갈래에는 여러 개의 구멍을 뚫어 끈으로 통나무나 덮개돌을 고정할 수 있게 하였다. 나무끌개의 크기는 보통 5-7m이다. 이런 나무끌개는 1회용이 아니라 따로 보관한다고 한다.

나무끌개의 제작기간은 칼, 도끼, 망치, 톱 등 철제 도구를 사용해 나무끌개의 앞 머리부분에 사람 얼굴을 조각하고 끌개에 구멍까지 완성에는 2-3주가 걸렸다고 한다. 석기를 이용하면 더 많은 시간이 소요된다.

3) 나무끌개에 덮개돌 적재방법

나무끌개 위에 덮개돌을 옮기는 작업은 고도의 숙련이 필요하다. 나무끌개에 정확하고 안전하게 올려야 운반시에 미끌어지거나 넘어지지는 현상을 방지할 수 있기 때문이다. 덮개돌 적재방법에는 채석장 아래로 나무끌개와 연결되게 통나무를 설치하여 덮개돌을 끌어 올리는 방법과 덮개돌을 세운 뒤에 서서히 넘어뜨려서 올리는 방법이 있다. 현재도 거석묘 축조가 이루어지고 있는 인도네시아 숨바섬에서는 지형과 상황에 따라 두 가지 방법이 다 사용되고 있다. 덮개돌은 나무끌개 위로 올리는 데만 수 일이 걸렸다고 한다.

이외 방법으로는 프랑스에서의 거석운반 실험에서 긴통나무 지렛대 3개에 각

---

28) 덮개돌 밑까지 연결하면 통나무 굴림대와의 마찰 때문에 밧줄이 쉽게 끊어지게 된다. 이는 운반 실험에서 나타나고 있다. 프랑스 실험에서는 측면만 나무를 설치하고 측면에서만 밧줄을 연결시켰다. 이는 나무끌개가 없이 통나무 굴림대만 설치하여 통나무와 밧줄의 마찰로 끊어지는 것을 방지하기 위한 것이었다.

각 약 20명씩(총 60명)이 한쪽을 들어 올리면 통나무를 쐐기처럼 끼워 넣는 방법을 반복하여 올렸다.

4) 나무끌개 위에 올려진 덮개돌 결박작업

이는 운반시에 덮개돌이 나무끌개에서 미끌려지거나 넘어지지 않고 온전하게 운반하기 위한 작업이다. 덮개돌을 밧줄로 사방에서 동여매듯이 묶은 상태이며, 이 밧줄은 나무끌개의 측면 구멍과 연결시켜 견고하게 한 것이 운반관련 자료에서 나타나고 있다. 숨바섬의 한 예를 보면 덮개돌 결박은 나무끌개 위에 바로 덮개돌만 올리지 않고 통나무를 이용해 묶은 상태이다. 즉 덮개돌에 장축 6개, 단축 3개씩의 통나무를 일정한 간격으로 배치하고 측면에 상하로 걸쳐서 각각 만나는 점을 결박하여 마치 통나무로 가구하여 동여매는 형태이다.

그림 9. 덮개돌 결박작업(가종수 2009)

운반 전의 덮개돌 적재상태는 바닥에 통나무 굴림목이 있고, 그 위에 나무끌개가 놓이고, 나무끌개 위에 통나무 걸친 후에 덮개돌을 올리고 통나무나 밧줄로 결박한 모습으로 재구성할 수 있다. 이 작업은 좁은 나무끌개 폭보다 넓은 덮개돌이 안전하게 놓이면서 덮개돌 무게로부터 하중을 분산하는 역할을 한다. 숨바섬에서의 한 실례는 나무끌개 위에 가로 놓인 나뭇가지와 덮개돌 측면에 나뭇가지를 이용해 칡넝쿨로 묶은데, 덮개돌 상면 중앙에는 고리모양의 태(똬리)를 만들어 방사선의 각 방향으로 묶었다.

3. 덮개돌 운반작업

1) 밧줄 연결방법

그림 10. 인도네시아 덮개돌 운반전 완료된 모습

그림 11. 숨바섬 고인돌 운반 모습(가종수, 2009)

밧줄의 연결은 운반시 힘의 분산을 막고 굴곡이 있는 길을 지나야 하기 때문에 균형을 잡으면서 앞으로 전진할 때 용이해야 된다. 사례와 실례에서 보면 나무끌개의 머리부분의 구멍에 두 줄기의 밧줄이 연결되는 것이 일반적으로 확인되는데, 이 밧줄은 끌기 작업의 중심적인 역할을 한다. 다른 밧줄은 나무끌개 측면 구멍과 연결하거나 덮개돌에 결박한 밧줄과 연결되어 있는데 2줄 또는 4줄이 있지만 2줄이 많다. 나무끌개와 직접 연결하는 것에는 머리부분의 구멍(2개), 좌우의 중앙부 구멍(각 1개)을 이용해 모두 4줄을 연결한 것과 머리부분, 전방의 두 개 구멍, 그리고 덮개돌을 묶었던 밧줄과 연결된 좌우의 줄 등을 이용해 각 2줄씩 모두 6줄이 있다. 앞의 사례에서 보면 모두 4개의 밧줄로 끄는 장면이 묘사되어 있는 것으로 보아 일반적이었던 것같다. 덮개돌과 연결된 밧줄은 운반시 끊어지는 것을 방지하기 위해 모서리 양쪽에 짧은 나무를 끼워 고정하거나 연결부위의 밧줄에 물을 계속 부은 장면이 보인다.

2) 끌기 방법

거석운반에서 나무끌개에 연결되는 밧줄은 중심적인 역할을 하며, 양 옆의 밧줄은 끌기와 함께 속도의 완급과 방향을 조정하는 역할을 한다. 평지에서는 큰 어려움이 없지만 오르막과 내리막의 경우에는 속도 조절이나 방향을 잡기가 매우 어렵다. 숨바섬에서 실례는 두 가지가 있는데, 하나는 평지와 오르막 길에만 통나무 굴림대가 사용되고, 내리막길에서는 굴림대 깔지 않고, 측면 두 줄을 뒤에서 잡아당겨 브레이크 역할을 하면서 덮개돌을 이동시킨 것과 다른 예는 오르막 산길에서는 역방향을 구르는 것을 방지하기 위해 나무끌개 밑의 굴림대를 제거하고 사람의 힘만으로 끌고 가며, 내리막길에서는 나무끌개 중앙부에 연결된 두 개의 밧줄이 브레이크 역할하면서 서서히 내려가게 하는 방법이 있다. 이는 지형적인 상황에 따라 방법을 달리하였다고 보여진다. 거석운반시 뒤에서는 지렛대을 이용해 운반을 보조하는 것이 일반적으로 나타난다. 이 지렛대는 덮개돌을 들어올려 굴림목 통나무에 미치는 하중을 경감시켜 주기도 하고, 또 나무끌개에서 벗어나려고 하거나 흔들릴 때 균형을 잡아주는 역할을 한다.

3) 운반의 기간

거석의 운반 기간은 덮개돌의 크기, 채석장과의 거리, 동원 노동력에 의해 좌우된다. 숨바섬의 실례로 보면 운반작업에 걸리는 기간은 그리 많은 기간이 소요되지는 않는다. 채석장에서 축조지점까지 운반하는데, 약 3일정도 걸렸다고 한다. 약 10톤되는 거석(석회암)을 운반하는데, 산중턱의 채석장에서 약 4km 떨어진 마을까지 계곡과 강을 건너서 운반해 오는데 하루반이 걸렸다고 한다. 또 다른 실례는 하루동안 채석장에서 마을로 올라가는 입구까지 운반하였으며, 이틀째는 마을로 향한 급경사 언덕길 500m를 약 7시간 동안 끌었으며, 삼일째는 마을의 좁은 돌담을 철거하여 운반로를 만들면서 미리 마련된 무덤방 옆 축조 장소까지 운반하였다고 한다.

4) 운반작업 인원

운반 작업에는 끌기에 동원된 사람이 대부분이지만 굴림목을 앞으로 옮기는 사람, 뒤에서 지렛대로 보조하는 사람, 운반작업을 지휘 통제하는 사람, 밧줄을 관리하는 사람 등이 실질적으로 작업을 하지만 이를 지켜보면서 운반을 독려하거나 감시하는 사람, 호위하는 사람 이외 많은 구경꾼들이 있다.

그림 12. 고인돌 운반 모습(가종수, 2009)

인원 동원은 덮개돌의 크기와 무게, 운반 방법, 피장자의 사회적 위치 등 여러 요인이 있지만 대개 한 사람이 100kg에서 160kg까지 움직일 수 있다고 가정하는 견해들이 우세하다[29). 숨바섬의 경우 처음에서는 40여명이었지만 자발적으로 참여하여 모인 사람들은 약 3-400명 정도였다고 한다. 이는 덮개돌이 나무끌개에 올려진 상태에서 10여톤되는 거석을 운반하는데, 최소한 40명이면 된다는 추정이 가능하다. 그리고 많은 사람이 함께 하면 더 빠른 속도로 운반할 수 있기 때문에 운반기간이 단축될 수 있다.

4. 무덤방 위에 덮개돌을 올리는 방법

그림 13. 덮개돌 올리기 위한 활주로 모습(가종수, 2009)

고인돌 무덤방위에 덮개돌을 올리는 방법은 대개 3가지가 있다[30). 즉 통나무 활주로를 이용하는 방법, 바로 끌어올리는 방법, 가구된 통나무 위에 덮개돌을 올려놓고 무덤방을 조립하는 방법 등이 있다. 규모가 큰 덮개돌의 경우는 통나무 활주로 방법을 가장 많이 이용한다. 먼저 받침돌(지석)을 세우고, 받침돌 주위에 통나무 기둥으로 보강한다. 이

29) 프랑스에서 실험한 결과 통나무를 이용해 대대적인 실험에서 둥근 통나무와 밧줄로 32톤의 큰 돌을 옮기는데 200명의 사람이 동원되어 한 사람이 160kg을 운반할 수 있다고 하였다

30) 이 방법은 현재 인도네시아 숨바섬에서 덮개돌을 올리는 방법이다.

그림 14. 덮개돌 이동 모습

그림 15. 덮개돌을 이동하기 위한 시설

는 덮개돌을 끌어올릴 때 무너지지 않게 하기 위한 시설이다. 그리고 받침돌 높이까지 긴통나무를 경사지게 조립해 슬로프(활주로)를 설치하는데, 통나무 밑에는 작은 통나무 기둥으로 받친다. 그 후 묶었던 밧줄을 풀고 덮개돌을 끌어올리는데, 무덤방 위에 올릴 때는 옆으로 미끄러지게 하여 조정하면서 올린다. 다음은 받침돌이 낮거나 소형 석관 또는 지하에 무덤이 마련된 경우는 무덤방 옆에 덮개돌을 세워서 천천히 옆으로 쓰러뜨리면서 밀어서 올린다. 세번째는 통나무를 가구해서 덮개돌을 미리 올려진 상태에서 그 밑에다 무덤방을 조립하거나 받침돌을 세워 고인돌을 완성하는 경우도 있다.

이외 숨바섬에서 필자가 실견한 사례로는 이미 완성된 고인돌을 다시 사용하기 위해 덮개돌을 이동하는 방법이다[31]. 완성된 고인돌 덮개돌을 여는 법은 덮개돌 높이까지 격자형태로 통나무로 가구해 평탄하게 설치해서 덮개돌을 끌어당기거나 지렛대를 이용해 석실밖으로 이동한다. 반대쪽에는 통나무 기둥을 세우고 통나무를 걸쳐 덮개돌이 미끄러지지 않게 하거나 지렛대를 이용해 들어 올려 안전하게 이동해 다시 덮는다. 덮개돌 측면 모서리의 홈 자국은 한쪽에만 나타

31) 숨바섬 고인돌은 대부분 탁자식으로, 재활용이 가능한 구조이다. 보통 뼈만 추려 넣는 세골장으로 다장풍습이 유행하고 있다. 보통 조손(祖孫)관계 즉 할아버지와 손자는 한 무덤에 안치할 수 있지만 부자간에는 하지 않는다고 한다.

나는데, 끌어올릴 때 밧줄이 벗어나지 않게 하기 위한 것이다. 이는 역순으로 덮개돌 밑에 정(井)자형으로 계속 고여서 위로 올려진 상태에서, 축조된 석실 위로 덮개돌 측면에만 밧줄을 연결하여 끌어올리는 방법으로 복원될 수 있다.

위의 방법은 직육면체에 가까운 덮개돌의 경우에는 가능하다. 하지만 우리나라의 경우 덮개돌 밑면이 편평한 것도 많으나 고르지 못한 것이 대부분이다. 밑이 볼록하거나 오목한 것들도 많은데, 이 경우에는 다른 방법이 채용되었을 가능성도 많다고 본다. 고고학 발굴에서 나타난 것으로 보면, 덮개돌과 받침돌 사이에 압착된 흙이나 쐐기돌이 종종 확인된다. 흙이 압착된 것은 무덤방 조성 후 흙을 쌓고 직접 끌어올린 것으로 상정된다. 끌어올릴 때는 묶었던 밧줄을 풀고 밧줄을 덮개돌 측면에 연결하여 끌었다고 추정된다. 이 현상은 기반식 고인돌을 고이고 있던 받침돌이 한쪽으로 밀려나 있는 경우와 지하 석실의 벽석이 한쪽으로 기울어진 상황에서 이를 증명한다고 하겠다. 이 때 통나무를 사용했다면 이를 제거할 수 없는 상황이 발생하게 된다. 주형 받침돌이 있는 기반식이나 탁자식의 경우 끌어올렸다면 덮개돌의 무게 때문에 덮었던 흙과 함께 무덤방이 한쪽으로 기울어져 무너지게 되는데, 이런 현상은 찾아볼 수가 없다. 그리고 지상 무덤방이나 주형 받침돌은 대체로 원상을 유지하고 있고, 지상 무덤방은 덮개돌의 중앙부에 균형을 유지할 수 있도록 올려져 있다. 그렇다면 다른 방법이 채택되었을 가능성이 많다. 먼저 통나무로 가설한 밋밋한 운반로의 개설과 결구된 통나무틀 위에 덮개돌을 올려놓고 서서히 움직이면서 균형과 위치를 조정하는 방법으로 상정된다. 이 때 덮개돌과 무덤방이나 받침돌과는 일정한 간격이 있어야 조정이 가능하다. 쐐기돌의 존재는 덮개돌의 균형을 유지하는데 들려진 상태여야만 가능하다.

V. 맺음말

이상에서 이미 알려진 거석운반 사례와 숨바섬 고인돌 축조 사례에서 고인돌의 운반방법과 축조과정에 대해 살펴보았다. 이는 고인돌 축조와 관련한 하나의 시론적인 글이다.

고인돌 축조과정에서 거대한 돌을 운반하는 작업은 최소한 3가지 요소가 갖추어져야 한다. 즉 밧줄, 나무끌개와 통나무, 인력이 그것이다. 밧줄은 거석을 묶거나 끌기 위해 필요하며, 나무끌개와 통나무는 거석을 쉽게 옮기기 위한 도구이다. 많은 사람이 동원되어 운반할 수 있다.

그림 16. 고인돌 운반을 위한 복원 모습 (화순 선사체험장)

그림 17. 고인돌 운반 재현 모습(화순 선사체험장)

고인돌 덮개돌을 운반에 필요한 운반기술은 모두 덮개돌의 무게를 줄이는 방법에서 고안되었다고 할 수 있다. 운반로의 개설문제와 Y자형 나무끌개의 제작, 굴림목으로 통나무 이용 등은 지면과 덮개돌 사이의 마찰력을 줄이기 위한 방법이다. 지렛대는 덮개돌을 위로 들어 올릴 때 통나무에 미치는 하중을 줄여주기도 하고, 덮개돌 이동시 통나무 위에서 벗어나려고 하거나 흔들릴 때 균형을 잡아주는 역할도 하는 지렛대의 원리가 적용된 것이다.

거석 운반방법은 모든 사례에서 보듯이 Y자형 나무끌개가 이용되고 있음은 공통적인 사실이라는 것이다. 선사시대인 이집트 사례, 고분시대와 17세기의 일본 사례, 조선시대 화성축조에 이용된 구판(駒板), 오늘날 인도네시아 숨바섬 사례 등에서 시대나 지역과는 별개라는 사실이다. 이는 거석 운반에 사용된 나무끌개가 전통적인 도구에서 계승 발전된 것이 아니라 시대를 떠나 각 지역마다 축조집단들에 의해 고안된 운반도구라는 점이다.

거석 운반과 관련된 숨바섬의 사례도 우리나라 전통적인 상여로 운구하는 장례모습이나 각 단계마다 의례(제의) 행위를 연상시키고 있다. 고인돌의 축조과정의 모습을 그려볼 수 있지 않을까 한다.

* 이 글은 2011년 국립중앙과학관의 지원으로 실시한 '고인돌 축조로 본 과학기술 원리연구'의 일부를 수정 보완하여 고인돌 축조과정의 복원으로 재편집한 것임을 밝혀둔다.
동북아지석묘연구소, 2011, 『고인돌 축조로 본 과학기술 원리연구』 국립중앙과학관.

〈참고문헌〉

동북아지석묘연구소
2011 『고인돌 축조로 본 과학기술 원리연구』 국립중앙과학관.
가종수 외 2009 『지금도 살아 숨 쉬는 숨바섬의 지석묘 사회』, 북코리아.
가종수 2009 「지금도 살아있는 지석묘사회 숨바섬」,『지금도 살아 숨 쉬는 숨바섬의 지석묘 사회』, 북코리아.
가기야 아키코
2009 「서숨바섬의 거석묘 만들기」,『지금도 살아 숨 쉬는 숨바섬의 지석묘 사회』, 북코리아.
요시다 야스히코
2009 「동숨바섬의 거석문화-1975년에 진행된 돌 끌기 행사」,『지금도 살아 숨 쉬는 숨바섬의 지석묘 사회』, 북코리아.
김승옥·이종철·김진
2003 『진안 용담댐 수몰지구내 문화유적 발굴조사 보고서』, 전북대학교 박물관.
우장문 2013 『우리나라와 인도네시아의 고인돌 연구』, 학연문화사.
유태용 2003 『한국 지석묘연구』, 주류성.
윤호필·장대훈
2009a 『석재가공기술을 통한 청동기시대 무덤 축조과정 연구』,『한국고고학보』 70집.
2009b 「청동기시대 묘역지석묘의 복원 실험을 통한 축조과정 연구」,『야외고고학』 제7호.
이영문 2002 『한국지석묘사회연구』, 학연문화사.
2014 『고인돌, 역사가 되다』, 학연문화사.
이종철 2003 「고인돌 상석운반에 대한 시론」,『한국고고고학보』 50, 한국고고학회.
지건길 1983 「고인돌사회의 복원에 관한 일고찰 -축조기술과 장제를 중심으로」,『이화사학연구』 13·14권.
최몽룡 1973 「원시 채석문제에 대한 소고」,『고고미술』 119.
최성락·한성욱
1989 「고인돌 복원의 일례」,『전남문화재』 2.
하문식 1999 『고조선지역의 고인돌 연구』 백산자료원.
2003 「중국 동북지구 고인돌의 기능 문제와 축조」,『선사와 고대』 15, 한국고대학회.
2010 「고조선시기 고인돌의 축조 방법 연구(I)」『고조선단군학』 22, 단군학회.

하문식·김주용
2001 「고인돌의 덮개돌 운반에 대한 연구」,『한국상고사학보』 34, 한국상고사학회.

호남지역 고분 연구의 몇 가지 과제

최 성락 (목포대 고고학과 교수)

I. 머리말

호남지역에서의 고분 연구는 일제강점기부터 시작되었다. 1917년에 처음 일본 연구자들에 의해 나주 반남 고분군이 조사된 반면에 우리 연구자들에 의해 영암 시종면 내동리 7호분이 조사된 것은 1960년대이다.

지난 50년간 호남지역에서는 적지 않는 고분들이 조사되었다. 특히 영산강유역에서는 다른 지역에서 찾아보기 힘든 옹관고분, 목곽고분, 전방후원형고분 등 독특한 고분들이 확인되었고, 그 분포 양상과 더불어 편년과 성격도 어느 정도 밝혀졌다. 하지만 각 연구자들이 호남지역 고분을 바라보는 시각은 너무나 차이가 있어 다소 혼란스러운 면도 없지 않다. 이러한 시각 차이를 계속 방치한다면 고분 연구에 하나의 장애요인으로 작용할 뿐 아니라 호남고고학 연구 전반에도 좋은 영향을 줄 수 없을 것이다.

본고에서는 호남지역 삼국시대 고분의 몇 가지 측면, 즉 고분의 개념과 분류, 고분의 편년, 고분의 변천과 성격 등을 정리해 보고, 앞으로 연구방향에 대한 의견을 제시해 보고자 한다.

II. 고분의 개념과 분류

한국고고학에서 古墳의 개념은 분명하게 정의된 적은 없지만 대체로 삼국시대 이후의 무덤을 지칭하는 용어이다. 즉 고구려의 적석총과 석실분, 백제의 적석총과 석실분, 신라의 적석목곽분, 가야의 수혈식 석곽분 등이 대표적인 고분이다(김원용 1986). 한국고고학에서 고분의 개념은 1990년대에 들어와서 논의되었다. 최종규(1991, 150-151)는 고분의 개념을 부정하고, 그 대신 大形墓와 高塚으로 분류한 반면에 신경철(1992)과 안재호(1992) 등은 고분이란 高塚古墳의 약어로 정치적 신분질서체제화의 상징물로서 王者의 묘를 지칭하는 용어로 보면서 II류 목곽묘(즉 북방계 목곽묘) 단계를 고분으로 보았다. 이러한 고분의 개념은 일본고고학에서의 개념을 염두에 둔 것이다. 즉 일본고고학에서의 古墳은 '古墳時代의 무덤'으로 정의되면서 前方後圓墳을 지칭하는 의미로도 사용되고 있으며, 古墳時代 이전의 무덤을 墳丘墓, 區劃墓, 方形周溝墓, 方形臺狀墓 등으로 불리고 있다(近藤義郎 1977, 1995).

그런데 호남지역에서의 고분은 매장시설을 중심으로 옹관묘, 토광묘, 석곽묘, 석실분 등으로 분류되었다(호남고고학회 1997). 다만 영산강유역에서는 일찍부터 석실분 이외에도 대형옹관묘(성낙준 1983) 혹은 옹관고분(이정호 1996)과 전방후원형고분(최성락 1986)의 존재가 인식되고 있었다.

호남지역 고분에 대한 각 연구자들의 분류를 살펴보면 다음과 같다. 먼저 최완규(1997)는 금강유역의 백제고분을 연구하면서 주구묘에 뒤이어 수혈식석곽분, 횡구식석곽분, 횡혈식석실분 등이 등장한다고 보았다. 또한 그는 호남지역에서 墳丘墓[1]라는 용어를 처음 사용하면서 전북지역 원삼국시대의 분묘를 주구묘, 주구토광묘, 분구묘 등으로 구분하고, 분구묘란 주구묘의 평면적 기획에서 입체적으로 이행된 것으로 익산 율촌리 무덤을 그 예로 들고 있다(최완규 1996). 뒤이어 그는 분구묘의 개념 속에 주구묘와 일부 삼국시대 고분도 포함시키면

---

1) 분구묘를 개념적으로 정의한 것은 이성주(2000)이다. 그는 일본 야요이시대 분구묘에서 착안하여 墳丘의 개념을 封土와 뚜렷이 구분하면서 동아시아의 고분을 봉토분과 분구묘로 양분하였다. 즉 封土墳은 "선 매장주체부 설치 후 봉토"이고, 분구묘는 "선 분구축조 후 매장주체부 설치"로 규정되었다.

서 마한의 무덤을 토광묘, 옹관묘 그리고 분구묘로 나누고, 분구묘를 다시 주구묘, 이형 분구묘, 방대형 분구묘, 원형 분구묘 등으로 세분하기도 하였다(최완규 2000).

임영진(1997)은 전남지역의 석실분을 영산강식 석실봉토분, 남해안식 석실봉토분, 백제식 석실봉토분 등으로 구분하였다. 하지만 그는 분구묘의 개념을 받아들인 후, 封墳과 墳丘의 개념을 구분하면서 분구묘를 저분구묘, 중분구묘, 고분구묘로 분류하고, 각각 주구묘, 만가촌 고분, 신촌리 9호분을 예로 들고 있으며 주구묘에서 초기 석실분(전방후원형고분 포함)까지 호남지역의 특색을 보여주는 무덤을 분구묘라 통칭하였다. 또한 그는 장고분(전방후원형고분)을 제외한 모든 무덤에 모두 묘를 붙여 토광묘, 옹관묘, 석실묘 등으로 지칭하고 있다(임영진 2003, 2013).

한편 백제고분을 전체적으로 분류·정리한 안승주(1975)는 기단식 적석총, 토광분, 석실분(수혈식 석실분과 횡혈식 석실분), 전축분, 옹관묘, 화장묘 등으로 분류하였다. 그리고 이남석(2002)은 석실분, 전축분, 적석총을 제외하면 토광묘, 옹관묘, 석곽묘, 분구묘(분구토광묘, 분구옹관묘), 주구묘(주구토광묘, 방형주구묘), 화장묘, 와관묘 등으로 분류하였다. 이러한 분류는 기본적으로 백제의 지배층 무덤을 OO분으로, 그 외의 무덤을 OO묘로 명명하고 있다.

그런데 이남석(2013)은 최근 논문에서 고분의 명칭을 다소 달리 사용하고 있다. 즉 마한의 분묘인 옹관묘, 토광묘를 봉토묘, 봉석묘로 파악하고, 백제의 분묘로 분구묘(분구토광묘, 분구옹관묘 이외에 주구토광묘, 관곽토광묘, 석곽묘, 석실묘, 옹관묘, 횡혈묘, 전축묘, 화장묘, 적석총 등으로 분류하고 있다. 이러한 무덤의 분류는 분구묘를 마한의 무덤이라고 보는 다른 연구자와 상이하게 4~5세기대의 백제의 무덤으로 보고 있고, 마한의 무덤을 오히려 봉토묘, 봉석묘라고 인식하고 있다.

이와 같이 삼국시대의 무덤에 OO묘로 붙이는 경향은 분구묘가 등장 이후에는 일반화되는 경향인데 호남 동부지역의 고분에도 적용되어 대부분 연구자들이 가야계의 고분을 수혈식 석곽묘로 기술하고 있다(곽장근 1999, 이동희 2005).

한편 김낙중(2009)은 영산강유역의 고분을 복합제형분1(목관중심), 복합제형분2(옹관중심), 고총(옹관분, 초기석실분), 백제식 석실분으로 분류하고 있다. 복합제형분은 영산강유역에서 나타나는 제형의 주구에 매장주체가 목관 혹은 옹관이 무덤에 붙여진 새로운 명칭이고, 옹관분은 기왕에 사용되는 옹관고분의 개념을 좁혀 고총화되는 5세기대의 옹관고분만을 지칭하고 있다.

그리고 한옥민(2016)은 영산강유역의 고분을 분형에 따라 제형분, 방대형분, 원형분, 전방후원형분 등으로 구분하고, 5세기 중엽경에 등장하는 고총고분의 의미를 중시하면서 영산강유역의 고분을 분구묘로 부르는 것이 부적절하다고 지적하였다.

필자는 古墳이란 왕 혹은 수장급의 무덤만을 지칭하는 것이 아니라 왕 혹은 수장급의 무덤이 출현한 시기 이후, 즉 삼국시대의 무덤들을 지칭하는 것으로 보았고, 또 고분의 명칭을 매장주체부에 근거하여 제시하여야 한다고 보아 영산강유역의 고분을 옹관고분, 목관고분, 석곽분, 석실분, 전방후원형고분 등으로 분류하였다. 다만 전방후원형고분은 석실을 매장주체부로 하지만 일본의 전방후원분과 관련성이 있기에 고분의 분형에 따른 명칭이고, 목관고분은 주구토광묘(주구묘)에서 변화된 매장주체부가 다장화되면서 수평적 혹은 수직적 확대가 이루어진 고분이다(최성락 2009).

앞에서 살펴본 바와 같이 호남지역에서 여러 연구자들이 쓰고 있는 고분의 개념과 분류는 몇 가지 문제점들이 나타나고 있다. 첫째, 고분의 개념이 불분명하다. 고분의 개념에 대한 별다른 논의가 진행된 바가 없지만 대체로 삼국시대의 무덤을 언급하는 용어로 사용되었다. 그런데 호남지역에서는 과거 고분에서 제외되었던 주구묘(주구토광묘)도 분구묘에 포함시킴으로써 고분의 개념을 확대시키는 결과를 가져오고 있다.

둘째, 고분의 명칭에서 묘와 분이 혼용되고 있다. 특히 석실분을 석실묘로 부르는 경우가 있고, 석곽분도 석곽묘로도 사용되고 있다. 그런데 무덤의 변천 과정을 묘 - 분 - 총(이희준 1997) 혹은 분묘 - 고분 - 고총(김용성 1998)으로 보는 사례가 있어 삼국시대 고분이나 고분군의 명칭에 'OO분'이나 'OO호분' 을 붙이는 것이 일반적이다. 따라서 호남지역에서 삼국시대 무덤을 OO묘로 명명하는 것은 적절하지 않다.

셋째, 고분의 분류 체계가 연구자들마다 각기 달라 혼란스럽다. 고분의 구성요소는 분구와 주구, 매장주체부, 출토유물 등이다. 최근 호남지역에서는 분구가 강조되면서 분형을 기준으로 분류하는 경향도 없지 않지만 기존의 분류와 같이 매장주체부를 기준으로 하는 것이 가장 합리적이라고 판단된다.

넷째, 호남지역에서 사용되고 있는 분구묘의 개념이 일정하기 않다. 분구묘의 개념이 등장한 이후 크게 다섯 가지 방향으로 사용되고 있다. ① 처음에 사용되었던 분구묘 개념, 즉 '선분구 후매장시설 설치'의 개념을 받아들여 주구묘에서 전방후원형고분까지를 분구묘로 인식하는 경우이다(최완규 2000, 임영진 2002). ② 기존의 개념을 따르지만 방형 주구에 토광(목관)이 매장주체인 무덤을 분구묘로 강조하는 경우이다(이택구 2008, 김승옥 2011). ③ 분구묘의 개념을 축소하는 경우이다. 즉 분구묘를 주구토광묘(주구묘)와 분리하여 사다리꼴의 주구에 매장주체부가 토광묘인 무덤에 한정하는 것으로 사용하는 경우(김영희 2008)가 있고, 또 분구묘를 분구토광묘와 분구옹관묘로 나누면서 주구묘나 주구토광묘와는 차별화하는 경우이다(이남석 2002). ④ 분구묘의 개념을 과거와 같이 '선분구 후매장시설 설치'로 정의하기 어렵기 때문에 '지상에 매장시설을 설치한 무덤'으로 정의하는 경우이다(임영진 2011). ⑤ 그밖에 분구묘의 개념을 다르게 사용하는 경우도 있다. 즉 김낙중(2007, 2009)은 분구묘의 개념을 단순히 "'선분구 후매장시설 설치'가 아니라 주구를 돌리고 분구에 대한 매장시설의 설치순서가 동시에 또는 후행성을 나타내며 이에 따라 다장의 특징을 수반하고, 분구 확장의 현상이 자주 관찰되는 묘제를 '분구묘'라고 하고, 매장시설의 변천과 상관없이 지속적으로 전통성을 보여주고 있다는 점에서 '분구묘전통'이라고 부르고자 하며, 일본과 같이 묘제의 발전단계의 한 과정으로 설정하지 않는다"고 하였다.

이와 같이 호남지역 연구자들이 사용하는 고분의 개념과 분류가 서로 달라 매우 혼란스럽다. 특히 1990년대에 들어와서 분구묘라는 용어가 많이 사용되면서 그 혼란을 더 가중시키고 있다.[2)] 이러한 혼란을 극복하기 위해서는 고분의 개념과 분류에 대한 학계의 진지한 논의가 필요한 시점이라고 생각된다. 왜냐하면

2) 필자는 이미 분구묘라는 용어의 문제점을 수차례에 걸쳐 지적한 바가 있다(최성락 2007, 2009).

고분의 개념과 명칭은 고고학 연구의 토대가 되는 필수적인 것이며, 연구자들간에 서로 소통하기 위한 고고학 언어이기 때문이다.

III. 고분의 편년

고분의 편년은 고분 자체의 변화를 기준으로 하거나 혹은 출토유물에 의해 결정된다고 볼 수 있다. 우선 영산강유역 고분의 대략적인 편년을 살펴보면 다음과 같다〈표 1〉.

〈표 1〉 영산강유역 고분의 편년

연 대	고분의 양상	대표적인 유적
기원전 1세기~	(주구)토광묘, 옹관묘	해남 군곡리 유적, 광주 신창동 유적
기원후 1세기~	(주구)토광묘의 발달	영광 군동-라 유적, 함평 순촌 유적
기원후 3세기 말~	옹관고분(Ⅰ기)과 목관고분의 등장	영암 옥야리 14호분, 나주 용호리 고분
기원후 4세기 중반~	옹관고분(Ⅱ기)과 목관고분의 확산	영암 만수리 4호·신연리 9호·초분골, 함평 만가촌 고분
기원후 5세기 중반~	옹관고분(Ⅲ기)의 고총화와 수혈식 및 횡구식 석곽분의 등장	나주 신촌리·대안리·덕산리 고분, 영암 방대형 고분, 해남 만의총
기원후 5세기 말~	석실분(전기): 횡혈식 석실분과 전방후원형고분의 등장	나주 복암리 3호분·송제리 고분, 함평 신덕 1호분, 광주 명화동 고분, 무안 구산리 옹관, 영광 대천리 고분
기원후 6세기 중엽~	석실분(후기): 백제계 횡혈식 석실분	나주 복암리 3호분·흥덕리·대안리 4호분, 무안 인평 석실분, 함평 신덕 2호분, 신안 도창리 고분

영산강유역에서는 3세기 말경에 옹관고분과 목관고분이 형성되었고, 5세기 중반에는 수혈식 석곽분과 횡구식 석곽분이 나타났으며, 5세기 말에는 석실분(전방후원형고분 포함) 등으로 변화되었음을 볼 수 있다. 이러한 편년을 호남지역 전체에 확대하여 적용시킬 수 없는 것이다. 우선 수혈식 석곽분의 경우, 전북

지역이나 전남 동부지역에서는 4세기 말경에 등장하였고, 5세기에 들어서면 횡구식 석곽분과 횡혈식 석실분이 축조되었다고 볼 수 있다.

하지만 이러한 편년도 구체적인 사안에 대하여 연구자들마다 큰 차이가 있을 수밖에 없다. 예를 들면 옹관고분인 나주 신촌리 9호분(국립문화재연구소 2001)의 축조연대는 연구자마다 다른 연대관이 제시되고 있다〈표 2〉.

〈표 2〉 나주 신촌리 9호분의 연대관 (오동선 2009)

구분	연구자	대상	4세기		5세기				6세기				비고
			중	후	초	전	중	후	초	전	중	후	
1	穴澤口禾光 · 馬目順一(1973)	장식대도 外				■	■	■	■	■			상하층
2	安承周(1983)	옹관 · 금동관	■										상층
3	徐聲勳 · 成洛俊(1988)	옹관	■	■	■	■							상하층
4	朴永福(1989)	금동관						■					상층
5	李正鎬(1996)	옹관				■	■	■	■	■			상하층
6	申大坤(1997)	금동관				■							상층
7	朴普鉉(1998)	금동관							■	■			상층
8	이종선(2001)	금동관						■					상층
9	小栗明彦(2000)	개배				■	■	■	■	■			상하층
10	金洛中(2006a, 2007, 2009)	옹관 · 장식대도					■	■	■				상하층
11	林永珍(2003)	분주토기					■	■	■				상하층
12	徐賢珠(2006a, 2007a)	위세품 · 분주토기						■	■				상하층
13	吳東墠(2008)	옹관						■	■	■			상하층

나주 신촌리 9호분의 연대를 빠르게는 4세기 중후반으로 보았지만 늦게는 5세기 말에서 6세지 전반으로 보고 있다. 이러한 연대는 옹관의 형식분류에 기초하거나 출토유물을 기준으로 제시된 것이다.

호남지역에서는 고분 연구와 더불어 유물에 대한 연구도 많이 이루어졌다. 특히 영산강유역 고분 출토 토기를 집대성한 연구(서현주 2006)를 비롯한 개별적인 유물의 연구는 주로 형식분류와 연대, 그리고 기능을 중심으로 이루어지고 있다. 통상적으로 고고학 자료의 연구 결과에 따라 제시되는 연대를 연구자의 연대관이라고 부른다. 이 경우에 고고학 연대는 객관적인 분석을 바탕으로 제시되어야 하지만 때로는 연구자의 시각에 따라 결정되기도 한다. 더구나 삼국시대가 역사시대에 속하지만 연대를 알려줄 수 있는 문자 자료가 거의 없는 상태에서 고고학 자료의 연대는 선사시대와 다를 바가 없이 결정된다. 다시 말하면 삼국시대의 연대도 형식분류와 상대연대결정법에 의존하는 경향이 크기 때문에 연구자의 시각이 중요한 변수가 될 수 있다. 이와 같이 한국고고학에서 형태적인 변이에 따라 상대연대의 문제점을 극복하기 위해서는 역사시대에도 절대연대결정법을 적절히 사용하여야 한다는 지적은 매우 시의적절하다(김장석 2014).

그런데 고고학의 연대는 역사학의 연대기와 같은 의미이지만 고고학 자료의 특성상 쉽게 얻을 수 없다. 고고학에서 연대를 결정하는 방법에는 상대연대결정법과 절대연대결정법이 있다. 고고학 자료의 선후관계를 결정하는 상대연대결정법과 달리 절대연대결정법은 과학적인 측정방법에 의한 연대결정이다. 고고학의 편년이 객관적이 되기 위해서는 상대연대결정법과 절대연대결정법의 적절한 조화가 필요하다(최성락 1989).

결국 고분의 연대를 설정하는 작업은 고분의 성격을 밝히기 위한 기초적인 작업이다. 하지만 고고학에서 '연대관'이라는 표현 속에는 객관적인 연대라기보다는 고고학 연구자가 고고학 자료를 바라보는 시각이 연대를 결정하는데 크게 작용할 수가 있다. 이를 극복하고 객관적인 연대를 얻기 위하여 고고학 연구자들은 절대연대결정법을 적절히 사용하는 편년작업을 꾸준히 시도하여야 할 것이다.

IV. 고분의 변천과 성격

1. 고분의 변천

먼저 최완규(1997)는 금강유역에서의 백제고분을 연구하면서 주구묘에서 출발하여 수혈식 석곽분 → 횡구식 석곽분→ 횡혈식 석실분 등으로 변화되었다고 보았다. 다만 이러한 고분의 변천은 다소 수정이 불가피하다. 최근 금강하류에서 새로이 4~5세기대의 분구묘(필자의 목관고분)가 대규모로 확인되고 있어 수혈식 석곽분과 어느 정도 공존하였을 가능성이 많다.

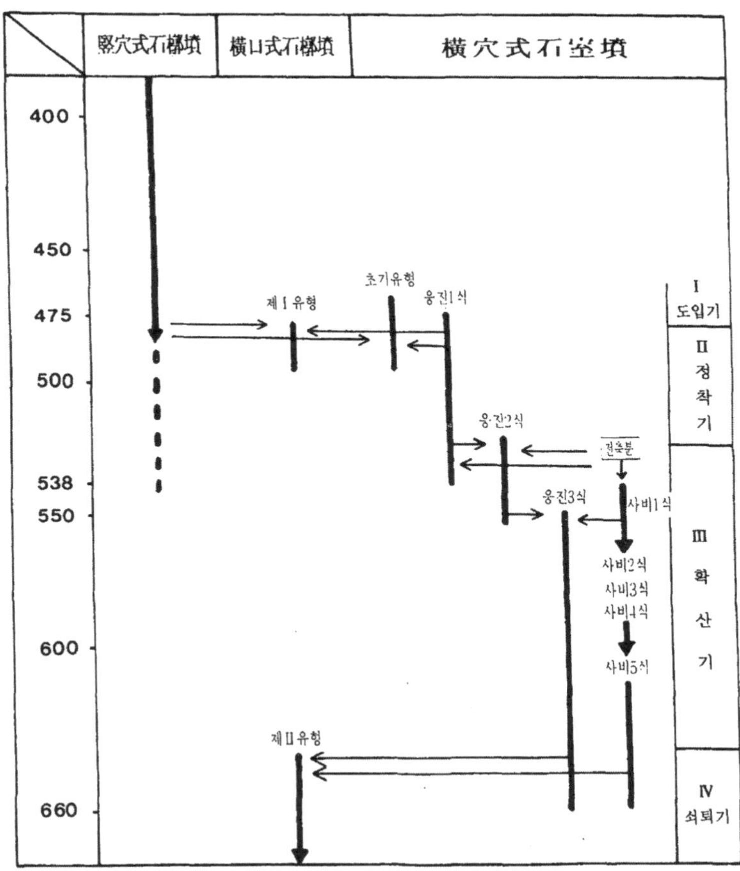

〈그림 1〉 백제고분의 변천(최완규 1997)

다음으로 곽장근(1999)은 전북 동부지역 고분 변천을 토광묘로부터 수혈식 석곽묘 → 횡혈식 석실분으로 발전된다고 보았고, 이동희(2005)는 전남 동부지역의 고분 변천을 토광(목관)묘 → 가야계 석곽묘→ 백제계 석곽묘 순으로 변화된다고 보았다.

반면 전남 서부지역인 영산강유역 고분은 대체로 토광묘 혹은 옹관묘 → 옹관고분 → 석실분으로 변화된다. 하지만 분구묘의 개념이 도입되면서 변천에 대한 해석이 달라지고 있다. 즉 임영진(2002)은 영산강유역의 무덤을 분구묘로 규정하면서 방형목관분구묘 → 제형목곽분구묘 → 방대형옹관분구묘 → 원형석실분구묘·장고형석실분구묘 등으로 변화되고, 또 분구의 형태를 제외하면 매장주체부가 목관 → 목곽 → 옹관 → 석실 순으로 변화된다고 보았다〈표 3〉.

〈표 3〉 영산강유역권 분구묘의 변천과 그 배경[3)]

구 분	기원전후-2c 말	2c 말 - 4c 중	4c 중 - 5c 말	5c 말 - 6c 초
방형목관분구묘	==========	--------		
제형목곽분구묘	--	==============	--	
방대형옹관분구묘		--	==============	=====---
원형석실분구묘 장고형석실분구묘			--	=========
분구규모	저분구 (저분구묘)	중분구 (분구고분)	고분구 (분구고총)	고분구 (분구고총)
분구형태	방형	제형	방대형	원형
중심매장주체	목관	목곽	전용옹관	석실
매장방식	단장-다장	다장(수평적)	다장(수직적)	합장
제사(도랑내)	미상	소규모	성행	약화
분포 특징	다지역 산재	다핵 중심권	다핵 계층화	다핵 계층화 이완
사회 통합도	(소국)분립	권역별 통합 (권역별 중심지)	유역권 통합 (대중심지 등장)	통합 이완 (권역별 부중심)
변화 배경	(금강유역권의 분구묘 파급)	백제의 건국과 아산만권 병합에 따른 권역별 결집	백제의 금강하류권 병합에 따른 영산강유역권의 통합 대응	백제의 공주 천도에 대응한 일본 구주와의 연계

그리고 김낙중(2009)은 영산강유역의 고분을 매장시설(목관, 옹관, 석실), 분형(제형, 원대형, 방대형, 전방후원형, 원형), 그리고 분구규모(저, 중, 고)에 따라 구분하고, 이를 종합하여 복합제형분1(목관중심), 복합제형분2(목관옹관병용), 옹관분, 초기석실분, 백제식석실분 단계로 구분하였다. 그의 견해는 매장주체시설이 목관·옹관→석실로 변화되고 있다고 보아 앞선 견해와 다소 차이가 나고 있다.

〈표 4〉 영산강유역 무덤의 전개 및 발전 단계의 설정(김낙중 2009)

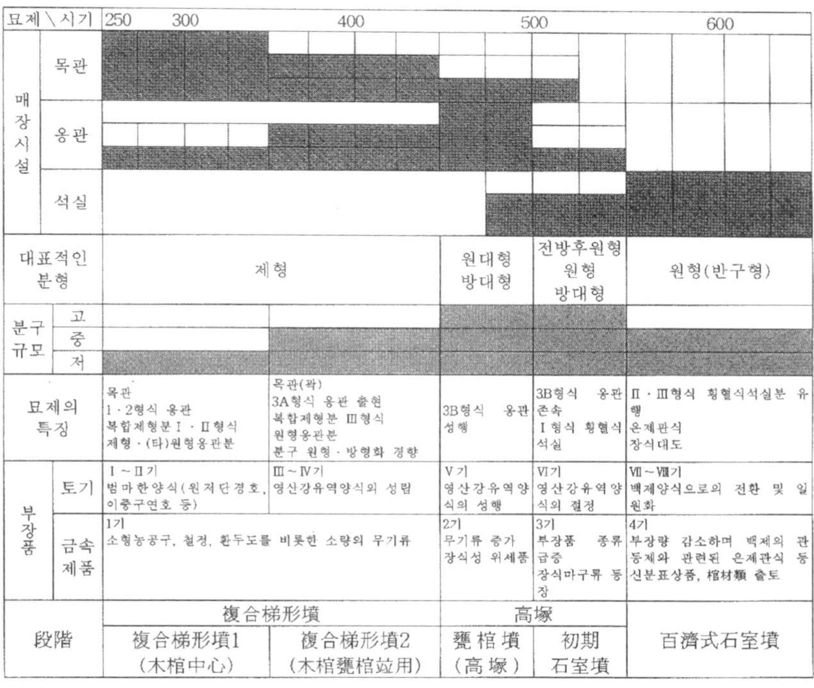

묘제\시기		250 300	400		500	600
매장시설	목관					
	옹관					
	석실					
대표적인 분형		제형		원대형 방대형	전방후원형 원형 방대형	원형(반구형)
분구규모	고					
	중					
	저					
묘제의 특징		목관 1·2형식 옹관 복합제형분 Ⅰ·Ⅱ형식 제형·(타)원형옹관분	목관(곽) 3A형식 옹관 출현 복합제형분 Ⅲ형식 원형옹관분 분구 원형·방형화 경향	3B형식 옹관 성행	3B형식 옹관 존속 Ⅰ형식 횡혈식 석실	Ⅱ·Ⅲ형식 횡혈식석실분 유행 은제관식 장식대도
부장품	토기	Ⅰ~Ⅱ기 범마한양식(원저단경호, 이중구연호 등)	Ⅲ~Ⅳ기 영산강유역양식의 성립	Ⅴ기 영산강유역양식의 성행	Ⅵ기 영산강유역양식의 절정	Ⅶ~Ⅷ기 백제양식으로의 전환 및 일원화
	금속제품	1기 소형농공구, 철정, 환두도를 비롯한 소량의 무기류		2기 무기류 증가 장식성 위세품	3기 부장품 종류 급증 장식마구류 등장	4기 부장량 감소하며 백제의 관등제와 관련된 은제관식 등 신분표상품, 棺材類 출토
段階		複合梯形墳		高塚		百濟式石室墳
		複合梯形墳1 (木棺中心)	複合梯形墳2 (木棺甕棺竝用)	甕棺墳 (高塚)	初期 石室墳	

이상에서 살펴본 바와 같이 두 연구자는 분구의 축조과정을 중시하는 분구묘의 개념을 포함시켜 영산강유역 고분의 변천을 설명하고 있다. 그러나 필자는 고분의 연구에 있어서 매장주체부와 분구의 축조방법을 함께 논의하자는 원칙

3) 이러한 변천이 처음 제시된 것이 2002년(임영진 2002)이지만 여기에서는 인용한 것은 최근 수정된 것(임영진 2009)이다.

에 전적으로 동의하지만 분구의 특징만을 중시해서는 안 될 것이다. 영산강유역에서 분구의 형태는 대체로 제형 - 방대형 - 원형 등으로 변화되는 것은 사실이지만 이것이 획일적으로 변화되었다기보다는 전반적인 흐름을 나타내는 것이기 때문에 예외적인 경우도 많아 이를 고분의 명칭으로 사용하는 것이 타당한지는 의문이다. 또 분구형태나 축조방법의 변화는 고분 연구에 중요하지만 가장 비중이 있는 것은 역시 매장주체부일 것이다. 따라서 필자는 영산강유역 고분의 변천을 매장주체부 중심으로 다음과 같이 제시해 보았다(최성락 2009).

〈그림 2〉 영산강유역 고분의 변천(최성락 2009)

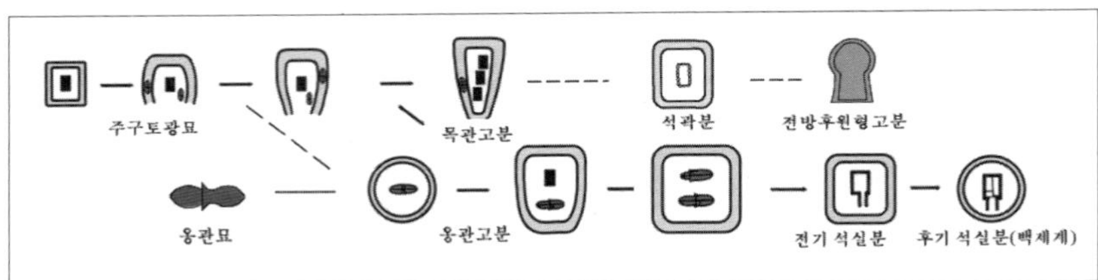

그 변천을 요약하면 주구토광묘에서 추가장과 더불어 수평적 혹은 수직적 확장이 이루어지면서 목관고분으로 발전되었으며, 동시에 일부 지역에서는 옹관고분으로 발전되었다. 그런데 옹관묘는 주구토광묘의 대상부에 위치하다가 단독으로 매장되지만 고분으로 발전되면서 목관과 함께 매장되거나 옹관만으로 구성되어 축조되었다. 그런데 나주와 영암을 제외한 주변 지역에서는 옹관고분 대신 목관고분이 5세기 전반까지 지속적으로 축조되었다.[4] 그리고 수혈식 혹은 횡구식 석곽분은 횡혈식 석실분에 앞서서 영산강 중류나 서남해안지역에서 5세기 대에 등장하지만 영산강 상류지역에서는 석실분에 앞서는 석곽분을 극히 적다. 5세기 말부터 횡혈식 석실분이 상부 계층을 대표하는 무덤이 되면서 옹관이나 목관, 석곽 등은 그 위상이 상대적으로 낮아지거나 점차 소멸되었다.

4) 목관고분을 분구묘로 인식하는 대부분의 연구자들은 주구묘로부터 자체적으로 발전된 것으로 같은 용어로 설명하고 있다. 다만 이남석(2013)의 경우 주구묘(주구토광묘와 방형주구묘)단계와 분구묘(분구토광묘와 분구옹관묘)단계를 구분하고 있어 필자의 인식과 유사한 면이 있다. 하지만 그가 사용하는 용어는 필자와 전혀 다르다. 즉 그가 언급한 분구토광묘와 분구옹관묘는 필자의 목관고분과 옹관고분에 해당한다.

이와 같이 고분의 변천은 각 연구자들이 고분의 분류와 연대관을 기반으로 제시될 수 있고, 이를 바탕으로 당시 문화양상을 설명할 수 있게 된다. 그런데 고고학에서 변천에 대한 연구는 단순히 어떻게 변천되었는지에 대한 논의도 중요하지만 그것이 왜 변화되었는지도 함께 논의해야할 것이다.

2. 고분의 성격

고분의 성격으로는 고분의 기원과 피장자의 문제가 주로 다루어지고 있다. 먼저 서남해안지역 주구토광묘(주구묘)의 기원은 중서부지역에서 찾고 있으며(이호형 2004), 중국의 圍溝墓(呂智榮 2002)와도 관련된다고 보고 있다. 더구나 이를 분구묘로 보면서 그 기원을 중국 하남지역의 土墩墓에 두는 주장이 제기되고 있다(임영진 2007). 토돈묘가 영산강유역 고분과 직접적으로 관련되기 위해서 풀어야할 과제는 상호 관련된 유물을 통해 대외교류가 가능하였는지 검토되어야 한다. 4~5세기경에는 중국 하남지역과 전남 서남부지역을 직접 연결하는 사단항로가 개설되지 아니하였다는 것이 일반적인 견해이다(정진술 2013). 즉 사단항로는 적어도 통일신라시대에 들어가서나 가능할 것으로 보고 있어 직접적인 교류를 상정하기가 매우 어렵다.

다음은 석곽분의 문제이다. 호남 동부지역의 석곽분은 가야와 밀접한 관계가 있는 것으로 볼 수 있다. 하지만 호남 서부지역의 석곽분의 성격은 이와 다르다. 특히 전남 서부지역에서 나타나는 석곽분은 가야의 영향이 있었다고 하더라도 점차적으로 받아들인 무덤이다. 전남 서부지역에서는 5세기 전반에 부분적으로 축조되면서 상위계층의 무덤으로 나타나지만 5세기 말경 석실분이 등장한 이후 그 위상을 잃고 점차 중위계층의 무덤으로 변화되었다. 이러한 석곽분의 성격을 어떻게 보아야 할 것인가? 필자는 목관고분을 사용하던 토착세력들이 다른 지역과 문화적인 접촉을 통해 새로이 인지한 석곽분을 받아들였다고 해석하고 있다. 영산강유역에서 목관이 석곽으로의 변화양상은 가야지역에서 목곽이 석곽으로 변화되는 것과 비슷한 양상이지만 그 연대는 다소 차이가 나고 있다(최성락·김민근 2015).

이와 함께 논란이 되는 것은 남해안지역에 분포하는 고분의 성격 문제이다. 남해안에 나타나는 일련의 석곽계 고분을 왜와 관련짓는 연구자들이 많다(하승철 2011, 김낙중 2013). 즉 그들은 석곽계 고분 구조가 일본 규슈지역과 공통점이 있고, 출토 유물도 왜와 관련된다고 보아 왜계 고분이며 그 피장자를 왜인으로 보고 있다. 필자는 일본 규슈지역과 관련성을 부정하는 것이 아니지만 이것을 왜인의 무덤으로 단정할 것이 아니라 당시 활발한 해양교류의 결과로 해석하고 있다(최성락 2014).

마지막으로 가장 주목받고 있는 것은 석실분과 전방후원형고분(전방후원분, 장고분)이다. 일부 연구자들은 석실분과 전방후원형고분이 일본지역의 석실분과 전방후원분과 밀접한 관계가 있다고 보면서 그 주인공을 왜인으로 보거나 왜계 백제관료로 보는 견해가 있는 반면에 이를 백제와 관련된 재지인이거나 재지인의 무덤으로 보는 견해도 있다(최성락 2004, 2008). 하여튼 이러한 고분의 존재는 이 지역과 일본 규슈지역 사이에 있었던 해상교류의 산물일 가능성도 있지만 이 지역에 살았던 사람들의 무덤이다. 설사 다른 지역의 고분과 유사하다거나 출토유물이 외부에서 왔다고 하더라도 바로 그 무덤의 주인공을 외부지역의 온 사람으로 볼 수 없는 것이다.

따라서 고분의 기원을 찾는다거나 피장자의 성격을 파악하는 것은 이를 해석하고자 하는 연구자의 관점에 따라 다르게 해석될 수 있다. 또 이러한 관점은 고분에 대한 인식과 분류로부터 시작된다는 점이 분명하다.

V. 맺음말

고분은 분구와 주구, 매장주체부, 부장품 등으로 구성되어 있다. 호남지역에서 최근 분구의 중요성이 강조되면서 고분 대신하여 분구묘라는 용어가 사용되는 경향이 적지 않다. 하지만 특정 개념이 부여된 분구묘를 사용하는 것은 여러 가지 부작용이 있기에 삼국시대의 무덤을 기존에 사용되었던 것과 같이 고분으로 지칭하는 것이 타당하다. 또 고분 연구는 매장주체부를 중심으로 모든 구성 요소가 종합적으로 연구되는 것이 바람직할 것이다.

고분 연구 과정은 고분의 분류 단계, 편년 단계, 그리고 변천과 성격 등을 포함하는 해석의 단계로 나누어진다. 각 단계는 서로 밀접한 관계를 맺고 있다. 호남지역 고분 연구의 가장 큰 걸림돌은 고분의 해석에 있는 것이 아니라 고분의 분류에서부터 연구자들간에 서로 다르게 인식하는 데 있다. 연구자들은 고분의 종류와 명칭을 다르게 사용하고 있어 이에 대한 연대관이나 변천과 기원에 대한 인식도 서로 다를 수밖에 없다. 또한 대부분의 연구자들은 고분 자료를 객관적인 분석에 의해 해석이 아니라 자신의 시각을 뒷받침하는 자료로 이용되기도 한다. 특히 영산강유역에서는 고분의 피장자가 누구이며 어디에 속하는 고분인지에 대한 논란이 계속되고 있다. 이러한 과제는 고분 연구만으로 풀기 어려운 문제이지만 그에 앞서 고분에 대한 정확한 인식과 분석을 전제로 하여야 한다.

따라서 고분 연구의 각 단계는 연구자의 시각에 의해 달라지는 것이 당연하다. 이를 극복하기 위한 방안으로는 우선 고분의 분류에서부터 객관적인 분류가 되도록 노력하여야 하고, 단순히 개인적인 연대관이 아니라 객관적인 편년안이 제시되어야 하며, 이를 바탕으로 고분의 변천이나 성격 등이 해석되어야 할 것이다. 또한 고분 연구는 한 연구자의 해석만으로 그 실체에 접근하기가 용이하지 않으며 오히려 다양한 시각에서 접근한 해석들을 종합할 수 있을 때 좀 더 실체에 가깝게 다가갈 수 있을 것이다.

〈참고문헌〉

곽장근 1999 「호남 동부지역의 석곽묘 연구」, 전북대학교 대학원 박사학위논문.

국립문화재연구소
2001 『나주 신촌리 9호분』.

김낙중 2007 「분구묘의 전통과 영산강유역형 주구」, 『복암리 3호분』, 국립나주문화재연구소, 357-381.

2009 『영산강유역 고분 연구』, 학연문화사.

2013 「5-6세기 남해안 지역의 왜계고분의 특성과 의미」, 『호남고고학보』 45, 호남고고학회.

김승옥 2011 「중서부지역 마한계 묘제의 성격과 발전과정」, 『분구묘의 신지평』, 전북대BK21사업단.

김영희 2008 「도검을 통해 본 호남지방 고분사회의 특징」, 『호남고고학보』 29, 호남고고학회, 123-157.

김용성 1998 『신라의 고총과 지역집단-대구·경상의 예-』, 춘추각.

김장석 2014 「한국고고학의 편년과 형태변이에 대한 인식」, 『한국상고사학보』 83, 한국상고사학회.

김원용 1986 『한국고고학개설』(3판), 서울: 일지사.

서현주 2006 『영산강유역 고분 토기 연구』, 학연문화사.

성낙준 1983 「영산강유역의 대형옹관묘 연구」, 『백제연구』 15, 충남대 백제연구소.

신경철 1992 「김해 예안리 160호분에 대하여」, 『가야고고학론총』 1(가야문화연구소편).

안승주 1975 「백제고분의 연구」, 『백제문화』 7·8합집, 공주사범대학 백제문화연구소.

안재호 1992 「울산 하대가지구 고분의 성격」, 『제1회 영남고고학회 학술발표회 발표 및 토론요지』, 영남고고학회.

오동선 2009 「나주 신촌리 9호분의 축조과정과 연대 재고」, 『한국고고학보』 73, 한국고고학회.

이남석 2002 『백제묘제의 연구』, 서울: 서경문화사.

2011 「경기·충청지역 분구묘의 검토」, 『분구묘의 신지평』, 전북대BK21사업단.

2013 「마한 분묘와 그 묘제의 인식」, 『마한·백제문화』 22(고전영래교수추도특집).

이동희 2005 「전남 동부지역 복합사회 형성과정의 고고학적 연구」, 성균관대학교 박사학위논문.

이성주 2000 「墳丘墓의 認識」, 『한국상고사학보』 32, 한국상고사학회.

이정호 1996 「영산강유역 옹관고분의 분류와 변천과정」, 『한국상고사학보』 22, 한국상고사학회.

이택구 2008 「한반도 중서부지역의 마한 분구묘」, 『한국고고학보』 66, 한국고고학회.

이호형 2004 「중서부지역 주구토광묘의 조형」, 『금강고고』 창간호, 충남문화재연구원.

이희준 1997 「신라 고총의 특성과 의미」, 『영남고고학』 20, 영남고고학회, 1-25.

임영진 1997 「전남지역 석실봉토분의 백제계통론 재고」, 『호남고고학보』 6, 호남고고학회.

2002 「전남지역의 분구묘」, 『동아시아의 주구묘』, 호남고고학회 창립 10주년 기념 국제학술대회.

2007 「마한 분구묘와 오월토돈묘의 비교검토」, 『중국사연구』 51.

2009 「영산강유역의 고분문화」, 국립광주박물관 토요특설강좌(7.25).

2011 「영산강유역권 분구묘의 특징과 몇 가지 논쟁점」, 『분구묘의 신지평』, 전북대BK21사업단.

2013 「호남지역 삼국시대 고고학의 연구 성과와 과제」, 『호남고고학보』 45, 호남고고학회.

정진술 2013 「선사·고대의 해양사 개설」, 『한국해양사』 Ⅰ, 한국해양재단, 76-84.

최성락 1986 「선사유적·고분」, 『해남군의 문화유적』, 목포대학교 박물관.

1989 「한국고고학에 있어서 연대문제」, 『한국고고학보』 23, 한국고고학회.

2004 「전방후원형 고분의 성격에 대한 재고」, 『한국상고사학보』 44, 한국상고사학회, 87-106.

2007 「분구묘의 인식에 대한 검토」, 『한국고고학보』 62, 한국고고학회, 114-132.

2008 「영산강유역 고대사회의 실체-해석의 관점에 대하여-」, 『지방사와 지방문화』 11-2, 역사문화학회, 181-210.

2009 「영산강유역 고분의 연구-축조과정, 변천을 중심으로-」, 『호남고고학보』 33, 호남고고학회.

2014 「영산강유역 고분연구의 검토(2)-고분을 바라보는 시각을 중심으로-」, 『지방사와 지방문화』 17-2, 역사문화학회. 7-32.

최성락·김민근

2015 「영산강유역 석관분의 등장과정과 그 의미」, 『지방사와 지방문화』 18-2, 역사문화학회, 7-40.

최완규 1996 「전북지역 고분의 분구」, 『호남지역 고분의 분구』, 제4회 호남고고학회학술대회.

1997 「금강유역 백제고분의 연구」, 숭실대학교대학원 박사학위논문.

2000 「호남지역 마한분묘 유형과 전개」, 『호남고고학보』 11, 호남고고학회.
2002 「전북지방의 주구묘」, 『동아시아의 주구묘』, 호남고고학회.
2006 「분구묘 연구의 현황과 과제」, 『분구묘·분구식 고분의 신자료와 백제』, 제49회 전국역사학대회 고고학부발표자료집, 한국고고학회.
최종규 1991 「무덤에서 본 삼한사회의 구조 및 특징」, 『한국고대사론총』 2, 한국고대사회연구소편.
하승철 2011 「외래계문물을 통해서 본 고성 소가야의 대외교류」. 『가야의 포구와 해상활동』, 주류성.
한옥민 2016 『영산강유역 고분의 분형과 축조과정 연구』, 목포대학교 박사학위논문.
호남고고학회
1997 『호남지역 고분의 내부시설』. 제5회 호남고고학회 학술대회.
近藤義郎 1977 「古墳以前の墳丘墓-楯築遺蹟をぬぐって」, 『岡山大學法文學部學術紀要』 37.
1995 『前方後圓墳と 彌生墳丘墓』, 青木書店.
呂智榮 2002 「중국의 圍溝墓」, 『동아시아의 주구묘』, 호남고고학회 창립 10주년 기념국제학술대회.

江陵 安仁里遺蹟의 鐵器時代 文化

池賢柄 (江原考古文化硏究院)

I. 머리말

안인리유적은 저에게 있어서 매우 특별한 인연으로 다가왔으며 그것은 운명적인 만남이라고나 할까? 아무튼 본인은 그때 경주고적발굴조사단에서 月城 기저부와 垓字 발굴조사를 연차적으로 진행 중이였는데 1989년 8월초 강릉 영진리 신라시대 파괴고분 발굴조사에 참여하게 되었다. 그 즈음 안인리 영동화력발전소에서는 風湖를 매립하여 사용해 오던 기존의 灰炭 처리장이 가득 차게 됨에 따라 또 다른 형태의 대규모 회탄처리장 시설이 불가피하게 진행되고 있는 상황 하에서 하시동 고분군(지방기념물 제 18호)과 주변유적 처리문제가 대두되기 시작하였다.

따라서 1989년 하시동 고분군의 남쪽으로 이어지는 안인리 일대 7만 5천여평에 영동화력 발전소의 灰炭처리장 설치 계획이 구체화되자 하시동 고분군에 인접한 곳이므로 지표조사를 실시하여 유구가 확인되면 이를 구제 발굴해야 한다는 방침을 세우게 되었고, 일대에 대한 정밀조사를 실시할 수 있는 계기를 맞게 되었다. 1989년 11월 강릉대, 강원대, 관동대 등 3개 대학 박물관이 합동발굴조사단을 구성하였으며, 1989년 12월 21일부터 발굴에 착수 이듬해 2월 28일까지 78일간의 동계 발굴조사를 시행하여 철기시대 주거지 3棟 (강릉대 2棟 강원대 1棟)

과 100여 점의 유물이 출토되었다.

안인리 주거지의 발견으로 남사면 주변 모래언덕 약 1만 5천평 전반에 걸친 확대 조사가 불가피하게 되어 추가 발굴을 시행하게 되었다. 제 2차 발굴조사는 90년 8월에 착수하여 91년 7월까지 1년간에 걸쳐 약 1만 5천평의 유적에 대하여 전면 발굴을 실시하였다. 2차 발굴조사에서 강릉대학교 박물관이 철기시대 주거지 33동과 230여 점의 완형토기 및 수백 점의 토기편을 발굴조사 하였고, 강원대학교 박물관에서는 주거지 4동과 많은 수의 토기들이 발굴조사 되었다.

동 유적에서는 凸字形 주거지가 22동, 呂字形 주거지가 15동으로 凸字形 주거지가 수적으로 단연 우세함을 알 수 있다. 특이한 점은 안인리 유적의 철자형 주거지들의 분포형태가 주로 남서쪽에 치우쳐 있다는 점이며 5동만이 여자형 주거군에 분포되어 있다.[1)]

안인리유적은 동계 발굴조사로 혹독한 강추위와 영동지역의 지리적 위치상 1·2월이 돼야 비로써 많은 눈이 내리는데 그해는 왜 이렇게 눈이 많이 내렸는지 2m가 넘게 쌓인 폭설 중에 비닐하우스를 설치하고 진행한 동계 발굴은 기후 여건상 어려움도 많았으나 뜻밖의 큰 성과를 얻은 기쁨 또한 큰 것으로 지금 생각하면 참으로 무모한 발굴조사였던 것으로 생각된다. 다만 안인리 해안가 사구지대에 위치한 중기 신석기유적에 대한 정밀한 조사를 진행하지 못하고 보존된다는 이유만으로 덮어 놓고 나온 점에 대해서는 아직도 많은 아쉬움이 남는다.

동 유적은 우리나라 철기시대 취락 유적 중 거의 전체를 발굴조사 한 집단 취락유적으로, 한반도 중부 동해안지방의 철기시대 생활상과 주거발달사연구에 있어 귀중한 자료를 제공해 주었을 뿐만 아니라 철기문화의 전파 경로를 밝히는데 중요한 자료를 제공해 주었다 해도 과언이 아니며 중도유적과 함께 학사적으로 시사해 주는바가 매우 크다 하겠다.

본고는 2012년 강릉 안인리유적 발굴 20주년 기념 학술대회 강릉 안인리유적을 통해 본 강원 영동지역 철기시대 문화양상-에서 기조 강연한 내용을 수정 보완한 글이다.)

1) 池賢柄, 1999.「嶺東地域의 鐵器時代 硏究 -住居址를 中心으로-」檀國大學校 大學院 博士學位論文

II. 位置 및 考古學的環境

1. 遺蹟의 位置

영동지방은 태백산맥에서 급경사를 이루며 내려오다 해안 가까이에서는 해발 100m 이내의 작은 구릉이 발달되어 있다. 이들 구릉사이에는 태백산맥에서 발원한 많은 수의 크고 작은 하천들이 발달되어 동해바다까지 이어지고 이 하천들이 바닷가와 만나는 하구지대에는 넓은 충적들과 사구지대가 발달되어 있다.

안인리 철기시대유적이 위치한 곳은 행정구역상 강원도 강릉시 강동면 안인리 산16-1번지 일대로 동해바다와는 500m정도 떨어진 해안가 충적사구지대이다. 경·위도 상으로는 북위 37°41′ 동경 128°60′에 해당된다. 안인리유적은 강릉에서 정동진으로 가는 7번 국도를 따라 안인 가까이 오면 군선강이 나오고 좌측으로 난 도로를 따라 1km 정도 들어가면 영동화력발전소가 위치하고 있다. 발전소 북쪽 담과 접하여 유적이 위치하고 있으나 지금은 높이 8m으로 복토하여 보존시켜 놓았기 때문에 원래의 지형을 찾기는 어렵다.

그림 1. 안인리유적 (위성사진-Google Earth)

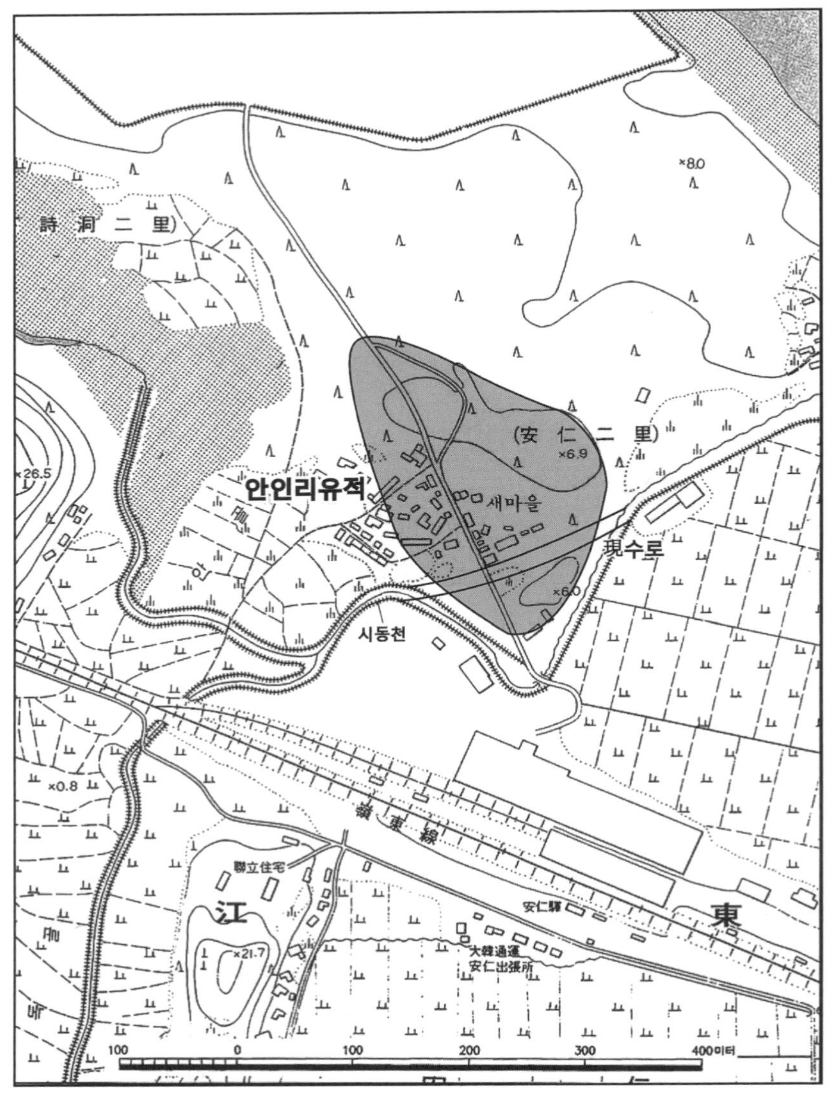

그림 2. 강릉 안인리유적 위치도(1:5,000)

원래 안인리 유적의 지형은 서북쪽에 위치한 풍호에서 흘러나오는 시동천의 물골을 다른 석호와 마찬가지로 풍호에서 시동천을 거쳐 군선강으로 흘러들었으나, 영동화력발전소의 부지 확장을 위해서 구부러진 시동천을 직선화하고 물과 灰炭을 섞어 파이프라인을 통해 회탄처리장으로 흘려보내기 위하여 풍호에서 바다로 흘러드는 물길을 막고 둑을 쌓아 회탄처리장으로 사용하였다. 또한 현재의 유적이 위치한 구릉의 남쪽 경사가 급하게 진행되면서 수로와 연결되었는데 이는 영동화력발전소의 부지확장을 위해서 남쪽으로 이어진 모래구릉을 파내는 과정에서 많은 주거지와 유물이 파괴되었다는 주민들의 증언에 의하면 안인리 유적은 전체유적 중 남쪽의 상당 부분은 파괴되어 없어지고 북쪽 부분만 발굴조사된 것이다. 따라서 안인리 취락의 규모와 범위는 남쪽으로 현재 확인된 범위보다 훨씬 더 크고 넓었던 것으로 추정 할 수 있다.

2. 考古學的 環境

안인리유적의 남쪽으로는 태백산맥에서 발원하여 동해로 흘러드는 군선강이 흐르고 그 주위에는 충적들이 넓게 펼쳐져 있다. 서쪽으로는 태백산맥에서 뻗어 내린 작은 구릉들이 끝부분이 안인리유적 서쪽까지 이어지다 급경사를 이루며 사구지대로 이어진다. 북쪽으로는 석호인 풍호가 위치하고, 풍호 건너편으로는 해발 30~40m의 작은 구릉이 동해까지 이어진다. 이 구릉 건너편에는 두산들이 넓게 분포하고 있고, 끝에는 강릉 남대천이 있다. 동쪽으로는 500m 거리에 동해 바다가 위치하고 있고, 바다와 인접한 사구지대는 유적이 위치한 사구지대보다 1m정도 더 높게 형성되어 있고 조사 전 30~40년생 소나무가 무성하게 자라고 있다.

따라서 안인리유적은 서쪽으로 30~50m의 구릉이, 남쪽에는 군성강, 북쪽에는 풍호, 동쪽에는 바닷가가 위치한 해발 7m의 높이의 사구지대로 양호한 자연조건을 반경 1km안에 모두 갖춘 지역으로 대규모 취락지가 형성 된 것으로 볼 수 있다.

안인리유적이 위치한 모래언덕은 동해안 지방의 여러 곳에서 볼 수 있는 하구나 석호입구에 형성되는 사지형(San-spit, tomboro)으로 보이며 이러한 동해안 지방의 사지형은 하구나 석호 입구에 섬 또는 삼각지가 있는 지점에서 흔히 형성되는 것으로 알려져 있다. 따라서 집단적 공동생활을 하던 촌락은 우선 일상적인 생활과 경제 활동을 원활히 하는데 적합한 안인리 유적과 같은 지형을 택하였을 것이고 또한 집단의 안전을 위해서는 하천, 산림, 호수 등 자연적 지형을 이용하거나 인위적 시설을 특별히 설치하여야 했을 것이다.

안인리유적이 위치한 모래언덕은 남쪽에 강, 서쪽에 호수, 동쪽에 바다가 위치한 동-서 길이 200m, 표고 7m인 비교적 편평한 사구지대이나 전반적으로 보아 구릉의 정상으로부터 북동쪽은 경사가 급한 편이고 동·서쪽은 완만한 경사를 이루고 있었는데 대부분의 주거지들은 정상부에서부터 남서쪽 경사면에 분포하고 있다.

동해는 수심이 깊고 파도의 활동이 활발하여 태백산맥에서 흘러내리는 여러 하천들에 의해 운반하는 토사는 하구로 유출된 다음, 해안을 따라 이동하면서 사빈과 사구를 형성한다. 따라서 동해안의 사빈은 하천의 하구를 중심으로 한 충적평야의 앞쪽이 크게 발달되어 있는 것이 특색이다.

동해안에는 해안사구가 잘 발달되어 있는데 사빈에서 바람에 의하여 쌓인 모래 언덕을 가리키는 것으로 이곳에는 식생이 정착되는 경우가 많고 동해안 대부분의 선사유적이 이곳에 많이 분포하고 있다.

동해안의 주문진과 강릉사이에는 이러한 사빈이 거의 연속적으로 이어져 있다. 이곳 해안에는 신리천, 연곡천, 남대천 등 비교적 큰 하천들이 유입된다. 이들 하천들은 길이가 짧고 경사가 급한 태백산맥의 동해사면을 흘러내리기 때문에 입자가 굵은 모래를 공급하며, 따라서 사빈은 입자가 굵은 모래로 일구어져 있다. 이러한 모래는 주로 여름철 홍수 시에 유출되는데 하구로 유출된 토사는 북한 한류의 흐름에 따라 주로 남쪽으로 운반된다.

또한 안인리유적 주변 구릉에는 많은 선사유적이 위치하고 있는데 이는 이러한 자연 조건과 무관하지는 않는 듯하다.

안인리유적과 북서쪽으로 바로 인접한 하시동 고분군은 일제강점기[2] 이래 신

2) 朝鮮總督府, 1916.『朝鮮古蹟圖譜』

라고분군으로 널리 알려져 왔으며 1970년대에는 문화재관리국에 의하여 도굴 파괴된 고분 2기가 수습 조사되어 5세기 신라시대 수혈식 석곽분으로 밝혀진바 있다.[3)] 또한 1978년 강원대학교 조사단이 고분군의 외곽지대에서 성격미상의 유구 6기를 발굴하여 연질의 타날문토기를 수습하였으며, 그밖에 적석총과 패총으로 추정되는 유구를 각각 확인 조사한 바 있다.[4)]

III. 發掘調査 經緯 및 經過

안인리유적이 위치한 강릉시 강동면 안인리 일대는 한국전력공사 소유지로서 1969년 하시동 古墳群을 중심으로 약 1km 위치한 지점에 영동화력발전소가 건설된 후에 유적의 주변일대가 발전소에서 대량으로 유출되는 폐탄, 폐수처리장(회사장)으로 이용되어 왔고, 기존에 풍호를 매립하여 사용돼오던 폐탄 처리장이 만재된 상태이기 때문에 제 2의 폐탄처리장 건설이 시급한 사안으로 대두되었다. 영동화력발전소는 영동지역에서 생산되는 저질탄을 소비하는 발전소로 지역경제에 상당한 일익을 담당하고 있었다. 따라서 또 다른 폐탄처리장의 완공이 지연될 경우 발전을 중단하게 되고 그로 말미암아 많은 문제점이 야기되고, 영동화력발전소 뿐만 아니라 지역민들에게도 엄청난 타격을 주기 때문에 당시에는 매우 민감한 사안이었다.

따라서 영동화력발전소에서는 하시동, 안인리 일대 약 7만5천평 규모의 회사장 설치 계획안을 강원도에 제출하였고, 도에서는 회탄처리장 설치 예정구역 내의 하시동 新羅古墳群이 일부 포함되어 있으므로 동 고분군을 제외한 공사예정구역에 대한 발굴조사를 선행토록 조치하였다. 이러한 강원도의 방침에 따라 강릉대학교 박물관의 주관 하에 3개 대학 (강릉대, 강원대, 관동대 박물관) 합동발

3) 金正基·李種哲, 1971.「溟州郡 下時洞古墳 調査報告」『考古美術』,110.韓國美術史學會 임세권, 1979.「명주군 하시동 해변유적의 성격-고대 해변주민 묘제의 한 예-」,『韓國史硏究』 26, 한국사연구회.

4) 江原道, 1981.『溟州郡 下時洞古墳群 發掘調査報告書』.

굴조사단이 구성되었고, 곧 바로 당국의 허가를 받아 공사 시행청인 한국전력공사와 학술연구용역 계약을 체결하고 1989년 12월 21일부터 안인리 유적에 대한 1차 발굴조사를 실시하였다.

1차 발굴조사는 당초 영동화력발전소 회탄처리장 설치 예정구역인 강릉시 강동면 안인리 산 2-16번지 일대 임야 34,060평에 대한 발굴조사 허가를 받아서 조사대상 구역 전반에 걸쳐 트랜치조사를 실시하고 만약 고분이 발견되면 이를 구제 발굴 하고자 하였다. 그러나 안인리 산 16-1의 야트막한 모래 구릉 정상부에 설치한 트랜치에서 주거지의 윤곽이 노출되었기 때문에 발굴조사 구역을 확장 정밀발굴조사에 착수 79일 동안 (1989.12.21.-1990. 2. 28.) 180여 평을 발굴조사하여 철기시대 주거지 3기를 발굴조사 완료하고 무문토기, 연질토기, 경질토기 등 50여점의 토기, 석기, 구슬, 곡물류 등 다량의 유물을 수습하게 되었다. 이러한 예상 밖의 1차 발굴조사로 말미암아 조사기간의 장기화가 불가피 하였을 뿐만 아니라 폭설과 한파의 장기화로 인한 발굴조사기간과 경비의 부족으로 인하여 당초 발굴 허가된 총 34,060평 중 33,880평이 미 조사된 상태로 남게 되었다.

미 조사된 33,880평 중 주거지가 노출된 14,820평의 모래언덕은 정밀발굴조사가 요망되고 나머지 19,060평은 탐색조사가 불가피하여 공사시행청인 한국전력공사의 협조를 얻어 2차 발굴조사허가를 신청하여 1990년 6월 12일자로 당국의 허가를 받아 한국전력공사 영동화력발전소와 학술연구용역계약을 맺고 1990년 7월 1일부터 7월 31일 까지는 예비조사 및 유적 주변지역 해제 대상구역의 시굴조사를 하였고 1990년 8월 1일부터 1991년 6월 30일까지 모든 발굴조사를 마무리 지었다.

앞서 잠깐 언급한 바와 같이 안인리유적과의 만남은 본인에게 있어서 일대 행운이라고 생각하지만 호사담화라고나 할까, 안인리 유적으로 인해 맘고생도 참 많이 했던 것으로 기억된다. 그래서 안인리 유적은 내 일생에 있어서 불과분의 관계로 이어져 오고 있다 해도 과언이 아니다.

1989년 8월초 영진리 고분 발굴조사를 끝내고 처음으로 하시동 고분군에 대한 지표조사를 실시하게 되었는데 그 때 안인리 철기시대유적을 처음으로 확인하게 되었고, 지표상에서 많은 양의 적갈색 경질무문토기와 소량의 신라시대 토기편을 채집하게 되었다. 당시 안인리 지역에서는 토지보상이 거의 완료된 상태였고 민가들도 약 25여 호가 살고 있었는데 민심은 우리들에게 그다지 호의적이지는 않았다. 다만 구멍가게가 있었는데 주인만이 우리가 계속해서 들락거리니까 나중에는 비교적 우리에게 친절하게 대해줬던 것으로 기억된다. 또한 주변은 민묘들의 이장으로 곳곳에서 적갈색 경질무문토기편과 북사면 소로에서 완형의 심발형 토기가 열 지어 박혀있는 상태로 확인됨에 따라 안인리 철기시대유적의 존재를 처음으로 알리게 되었다. 그 후 10월 초쯤 두 번째 안인리유적에 대한 지표조사를 실시하면서 당초 발굴조사의 위치를 하시동 고분군 동편 회탄처리장에서 적갈색 경질무문토기가 확인된 안인리 철기시대유적으로 위치를 변경하고자 건의하게 되었고 3개 대학 박물관장 회의에서 하시동 고분군에서 안인리 취락지로 변경되면서 안인리 유적이 세상에 알려지게 되었다.

발굴조사 초기 본인은 영동지방 해안가 사구지대에 대한 발굴조사는 처음일 뿐만 아니라 철기시대 수혈주거지 발굴조사 또한 처음이라서 약간의 두려움과 긴장관계로 많은 스트레스를 받고 있었는데 합동발굴조사단이라는 테두리 안에서 각 대학 간 경쟁관계도 미묘하게 작용하고 있었다. 발굴조사 시작 후 얼마 되지 않아서 옆 기관에서는 벌써 주거지가 확인되었고 토기들 또한 엄청나게 출토된 상황 하에서 우리 구역에서는 계속 땅만 파고 있다가 지표하 약 1.5~1.8m깊이에서 주거지 상면, 즉 불에 탄 어깨선이 노출되었는데 당시 발굴조사에 참여했던 우리 조사원들이 주거지 어깨선이 아니다 라는 의견을 제시하면서 또 다시 고민하기에 이르렀다. 당시 이들 조사원들은 이미 1983년 양양 가평리 발굴조사[5]를 경험한 분들이기에 의견을 존중하기로 하고 다음날 새벽에 차량을 렌트해서 양양 가평리, 송전리 일대에 주거지 바닥이 노출된 곳을 답사한 후에 안인리에서 노출된 불탄 재층이 주거지의 상면 어깨선이라는 확신을 가지고 확장조사를 실시하였고, 그 결과 이 주거지가 바로 1호 呂字形 주거지가 되었다. 1호 주거지가 확인 되면서 남쪽으로 2호 주거지가 확인되는 기쁨을 맛보게 되었다. 그때본인은 정신적으로 피곤해져 있던 상태였기 때문에 주거지 확인은 저에게 있어서 엄청 큰 선물이었다. 물론 처음 발굴조사 된 1호 여자형 주거지에 대해서 형태

5) 白弘基, 1984,『襄陽郡 柯坪里 住居址發掘調査報告(1)』, 江陵大學 博物館.

가 왜 이렇게 생겼을까 하는데 많은 의문이 있었고, 초기에는 2개의 주거지가 서로 겹쳐져 있는 게 아닐까 해서 큰방과 작은방의 연결부위에 대한 토층조사를 실시한 결과 하나의 주거지라는 결론을 내리게 되었다. 그 후 충주댐수몰지구 하천리 F지구 경북대 박물관에서 발굴조사한 주거지[6]를 본 기억이 있어서 확인한 결과 같은 모양의 여자형 주거지임을 확인하게 되었다. 따라서 여자형 주거지가 맨 처음 조사된 곳은 중원 하천리 F지구 1호주거지가 처음이지만 여자형 주거지가 세상에 알려지게 된 것은 안인리 1호 주거지가 처음이다.

안인리유적에 대한 1차 시굴조사는 강릉대·관동대 박물관과 강원대 박물관이 합동발굴조사단을 편성하여 2개의 구역으로 나눠 시굴조사를 실시했다. 따라서 강릉대 관동대 학생들이 주축이 돼서 조사단을 구성했고, 강원대 역시 학생들로 조사단을 편성하여 조사를 실시했다. 지금은 현장작업을 모두 인부들을 고용하지만 그 당시 발굴조사는 국립문화재연구소와 국립박물관, 그리고 일부 대학박물관에서 학술발굴조사를 실시했고, 구제 발굴조사는 거의 대부분 대학 박물관에서 실시하던 때였다. 따라서 강릉대 89학번 학생들과 관동대 학생들이 한데 모여서 발굴조사를 실시했는데 말이 그렇지 모두 인부였고, 저 또한 학생들하고 같이 땅을 파면서 먹고 자고하는 등 동고동락을 함께 하였다. 발굴조사 기간 중 무엇보다도 가장 기억에 남는 것은 영동지역에 2m가 넘는 폭설이 내렸는데, 우리는 비교적 허술한 비닐하우스를 무너지지 않게 하기 위해서 밤잠도 못자고 밤새 눈이 쌓이지 않도록 치웠고 다음 날 영동화력발전소의 저탄장이 무너져 내렸을 뿐만 아니라 곳곳에서 엄청난 폭설피해로 모든 교통수단은 중단됐고 우리도 강릉시내에서 걸어서 현장에 출퇴근했었다. 그밖에 재미있고 많은 우여곡절들이 있었지만 차후 다른 지면을 빌어서 밝히고자 한다.

Ⅳ. 調査現況

안인리유적에 대한 발굴조사구역 설정은 앞서 언급한 바와 같이 몇 차례에 걸

6) 忠北大學校 博物館, 1984.『충주댐 수몰지구 문화유적 발굴조사 종합보고서 고고·고분분야(II)』.

쳐 지표에서 많은 양의 적갈색 경질무문토기편과 타날문토기편, 그리고 약간의 신라 토기편 등이 지표채집 되었기 때문이다

안인리유적 발굴조사는 3개 대학 합동발굴조사단으로 구성되었기 때문에 발굴조사 지역을 2개 구역으로 나누기로 하고, 영동화력발전소 후문에서 기존 회사장으로 가는 폭 3m도로를 기준해서 서편을 A지구, 동편을 B지구로 설정하고 A지구는 강원대학교 박물관에서 조사하고 B지구는 강릉대, 관동대학교 박물관에서 합동으로 조사를 실시하였다.

안인리유적에 대한 2차 발굴조사는 미 조사된 33,880평 중 주거지가 노출된 14,820평의 모래 구릉은 정밀조사가 요망되는 지역이므로 이 지역을 3개 구역(A, B, C)으로 나누고 1차 발굴조사 시 A, B지구는 각각 강원대, 강릉대 박물관에서 조사하였기 때문에 계속해서 조사하기로 하고 C지구는 관동대 박물관에서 발굴조사 하였다.

발굴조사 결과 A지구 강원대 구역에서는 철자형 주거지 4동이 확인되었고, B지구 강릉대 구역에서는 여자형 주거지 15동, 철자형 주거지 18동, 신라고분 6기, 옹관묘 2기 등이 확인되었으며, C구역에서는 전혀 확인되지 않았다.

안인리유적에서는 우리나라 철기시대 주거 건축사연구에 있어 새로운 전기를 마련해 주었다 해도 과언이 아니다. 안인리 유적은 모두 7개의 토층으로 구분되는데 vii 층은 제일 밑층으로 'Ⅰ기층 문화(하층 문화)'로, 주로 여자형 주거지가 확인되었고, v 층은 'II 기층 상층문화로' 철자형 주거지가 확인되었기 때문에 어느 정도 시기구분이 가능하나 층위 상으로 볼 때 여지형 주거지가 먼저 축조되고 난 다음 철자형 주거지가 축조되는 것으로 추정된다.

안인리취락은 여자형 주거군과 철자형 주거군으로 나눠는데 여자형 주거군에서는 17호 철자형 주거지가 21호 여자형 주거지보다 상층에서 확인되었기 때문에 어느 정도 선후관계가 정립되지만 철자형 주거군에서는 23호 여자형 주거지가 13호 철자형 주거지보다 상층에서 확인되었기 때문에 시기 설정에 있어서 층위 상 여자형 주거축조가 이른 것은 분명하지만 여자형 주거군과 철자형 주거군이 어느 한시기에 서로 겹치면서 나타나는 현상으로 보야 할 것이다.

1. 住居址

1) 凸字形 住居址

철자형 주거지는 철기시대 주거지의 평면구조 상 장(방)형 구조에 돌출부 출입구를 갖춘 구조이다. 철자형 주거지란 명칭은 김정기 선생님이 호곡동 6호 주거지를 설명하면서 평면형태가 凸形이라고 불렀으나[7] 안인리 주거지가 확인되면서 철자형이란 명칭이 사용되기 시작하였다. 철자형 주거지는 한반도 중부지방의 하안 충적지대와 강원도 영동지방의 해안가 사구지대에서 분포하고 있는데 철기시대 주거지 중 가장 많은 수를 차지하고 있으며 육각형 주거지도 기본적으로는 철자형 주거지의 범주 안에 속한다고 할 수 있다. 최근 들어 철기시대의 취락유적 전체가 조사되는데 반해, 90년대 초반만 하더라도 이렇게 대규모로 발굴조사 된 유적은 안인리 유적이 처음이 아닌가 생각된다.

안인리유적이 발굴조사 된 시기만 해도 철자형 주거지와 여자형 주거지 간의 선후관계에 대해 많은 이견이 있었지만, 장(방)형 → 철자형 →여자형 → 육각형 주거지로 변한다는 데에는 이견이 없는 것으로 여겨진다.

그림 3. 강릉 안인리유적 凸자형주거지

주거지의 평면 형태는 장(방)형 형태에 돌출부의 출입구가 마련된 주거지로 돌출부 출입구는 당시의 생활면에 조성하여 안으로 경사지게 처리하였다. 철자형 주거지의 특징은 장축의 길이에 비해 단축의 폭이 넓어 진자는 점이다. 이러한 현상은 다른 요인도 있겠지만 철기문화의 전래로 건축기술이 한층 더 발전된 것으로 볼 수 있다. 여자형 주거지와 철자형 주거지의 선후 관계에 있어서 많은 논란이 야기되고 있으나 이점에 대해서 분명하게 층위 상으로 밝혀진 유적은 안인리유적 뿐이다. 그러나 안인리유적도 여자형 주거군에서는 17호인 철자

7) 金正基, 1974.「韓國竪穴住居址考(二) -無文土器文化期의 住居址-」『考古學 第三輯』, 韓國考古學會.p33.

형 주거지가 21호인 여자형 주거지보다 상층에서 확인되었기 때문에 여자형 주거지가 선축된 것으로 확인되었으나, 철자형 주거군인 남서쪽 경사면 지점에서는 철자형인 13호 주거지가 여자형인 23호 주거지 보다 하층에서 확인되었기 때문에 철자형 주거지가 선행하는 것으로 확인되었다. 그러나 분명한 것은 안인리 유적에서 부분적으로 각 주거지간 층위관계가 서로 다르게 중복되어 나타나지만 주거지와 출토유물의 조합 상으로 볼 때 여자형 주거군이 먼저 형성되고 난 후 철자형 주거군이 어느 한 시기에 서로 겹쳐지면서 나타나는 현상으로 봐야 할 것이다. 이와 같이 철자형 주거지의 경우 전기 철자형 주거지와 후기 철자형 주거지로 구분되는데, 전기 철자형 주거유적으로는 주문진 교항리[8]와 철원 와수리 철자형 주거지[9]가 그동안 밝혀진 철기시대의 철자형 주거지 중 가장 앞선 시기의 주거지로 평가 받고 있고, 이들 철자형 주거지들의 전 후기 분기 시점은 아마도 안인리 주거지에서 그 해답을 찾을 수 있을 것으로 본다.

2) 呂字形 住居址

그림 4. 강릉 안인리유적 몸자형주거지

呂字形 주거지는 남북을 장축으로 한 두 개의 크고 작은 장(방)형의 주거지를 좁고 경사진 통로를 연결하여 평면구조가 呂字形으로 마련된 철기시대의 대표적 수혈주거이다. 여자형 주거지의 주 생활공간인 북쪽 큰방은 장(방)형에 수혈의 깊이는 약 40~60cm로 수혈주거인데 반해, 남쪽 작은 방은 방형에 수혈의 깊이가 낮은 거의 지상에 가까운 방으로 이 두 공간을 좁고 경사진 통로를 만들어 연결시킨 복합평면으로 구성된 매우 특이한 구조를 가지고 있다. 여자형 주거지가 맨 처음 확인된 곳은 충주댐 수몰지구인 중원

8) 白弘基·池賢柄·高東淳, 1998.『江陵 橋項里 住居址』, 江陵大學校 博物館.

9) 江原文化財研究所, 2006.『鐵原 瓦水里 遺蹟』.

하천리 F지구에서 경북대 박물관에 의해 발굴조사 되었는데,[10] 당시에는 단순한 출입구 시설로만 여겨졌으나 안인리 유적이 발굴조사 됨으로써 단순한 출입구 시설이 아닌 하나의 작은 공간으로 두 공간을 서로 연결시킨 주거지로 인식하게 되었다. 여자형 주거지에 대해서 학자마다 각각 다르게 인식하고 있는데, 여자형 주거지를 동해안·내륙유형, 철자형 주거지를 한강유역형으로 보면서 중도식 토기기의 주거형식으로 인식하고 있으나 최근 대전 복룡동 당산유적[11]과 지족동[12]에서 여자형 주거지가 확인 된 점으로 보아 여자형 주거지의 분포 범위가 한반도의 중부 이남지방과 북으로는 동북지방과 연해주지방(단결-끄로우노프카 문화)에서 확인되고 있어 기존에 생각했던 것보다 훨씬 더 광범위하게 분포됐던 것으로 보인다.

여자형 주거지의 바닥은 5~15㎝두께로 단단하게 다졌으며 불에 구운 흔적은 발견하지 못했지만 불탄 주거지의 경우 매우 단단하게 소결된 상태로 노출되고 있다. 동해안 지역에서 발견되고 있는 여자형 주거지의 경우 기둥구멍은 확인되지 않고 바닥위에 기둥을 올려놓은 형식을 취하고 있으며 안인리 2호 주거지의 경우 기둥 밑에 넓적한 돌을 놓아 초석으로 사용한 곳도 있다. 물론 정선 아우라지 각목돌대문토기 단계의 청동기시대 전기 주거지에서 초석들이 발견된 예가 있지만 이 시기에 초석 사용은 그리 흔치않은 예라고 볼 수 있다. 대체적으로 여자형 주거지의 면적은 여타의 철자형 주거지 보다 월등히 크게 나타나고 있을 뿐만 아니라 안인리 28호 주거지의 경우 여자형 주거군에서도 가장 북쪽 높은 곳에 위치하여 남쪽을 조망하는데 있어서 유리한 지형조건을 갖추고 있고, 내부구조에 있어서 2개의 점토띠식 노지가 마련되고, 양 장벽 벽체에 붙어 나란하게 의자시설 등이 마련된 점으로 보아 안인리 취락의 지배자 내지는 촌장의 주거지가 아닌가 생각된다.

여자형 주거지의 장방형과 방형의 두 평면의 복합적인 결합 구조는 출입구 시설의 이중적인 보완 시설로서 다용도적인 기능도 병행했던 것으로 해석하기도

10) 忠北大學校 博物館, 1984. 앞의 보고서.

11) 錦江文化遺産研究院, 2012.『大田 伏龍洞 堂山마을 유적』.

12) 백제문화재연구원, 2010.『大田 智足洞 遺蹟』 p.p. 71~167

하지만, 기후와 주변 환경 즉, 해안가 사구지대의 경우 찬바람과 모래 등의 유입을 차단하는데 매우 효과적인 구조로 볼 수 있다. 이와 같은 증거로 강릉 강문동 저습지의 경우 현재의 해수면과 동일 선상에 위치하는 것만 보아도 당시의 기온이 현재보다 훨씬 더 추웠던 것으로 볼 수 있다. 주문진 교항리 19호 주거지와 안인리 12호 주거지 출입구는 여자형 주거지와 비슷한 구조를 하고 있지만 여자형 주거지의 남쪽 작은방처럼 평면방형의 구조가 아닌 출입구가 확대됐다가 좁아지는 나팔모양의 구조를 하고 있어서 여자형 주거지의 출입구부 조형이 아닌가 생각된다. 여자형 주거지의 출입구는 안인리 21호 주거지의 경우 남쪽작은방 중앙에 철자형 주거지처럼 입구부가 마련되는데 이곳에 문지방과 문설주 시설 등이 횡성 둔내 나-1호, 홍천 철정리 1호 주거지에서 확인된 바 있다.

또한 춘천 우두동 여자형 주거지[13]의 경우 대형으로 둔내 5호 주거지[14]에서 확인된 바 있는 벌림집 기둥구조로 기둥구멍이 깊고(50~70㎝) 기둥이 벽체에 비스듬히(3~5°)붙여서 세운 기둥구조 등이 확인되고 있어서 주거지의 처마 끝과 지면을 연결한 장단벽의 저장공간(울릉도 토막집) 활용은 물론 냉난방시설 효과에 상당한 영향을 끼쳤던 것으로 추정된다.

여자형 주거지의 경우 매우 복잡한 주거구조 등으로 발굴조사에 많은 어려움과 아직도 밝혀지지 않은 많은 부분과 각 주거지간 평면 구성은 시기별 다양성을 내포하고 있으므로 고고학자와 고건축학자가 상호 유기적인 차원에서 조사가 이뤄져야 할 것으로 본다.

3) 爐址

철기시대의 노지는 다양한 형태로 변화 발전되면서 후기에 이르러서는 부뚜막과 구들이 나타나고 삼국시대의 주거지로 이어지고 있다. 철기시대 노지 중 이른 시기로 평가받고 있는 점토둑식 노지에서부터 가장 늦은 시기의 부뚜막식에 이르기까지 매우 다양하게 채용되고 있다. 이 중 철자형 주거지 안에 마련된 노지형식을 살펴보면 점토둑식, 점토띠식, 부석식, 아궁이식, 터널식, 무시설식

13) 江原文化財硏究所, 2007.『春川 牛頭洞 롯데인벤스 우두파크 신축부지內 發掘調査 報告書』.

14) 白弘基·池賢柄, 1997.『橫城 屯內 住居址』, 江陵大學校 博物館.

노지, 구들식 등으로 철자형 주거지에 이렇게 다양한 종류의 노지가 안치되는 것은 철기시대 주거지 중 철자형 주거지의 존속기간이 가장 길었던 것으로 해석되며, 당시의 주거건축 기술은 한 세대에서 다음 세대로 전수되며 주거지의 평면구조 뿐만 아니라 노지형식도 함께 변화 발전된 것으로 볼 수 있다. 이와 같은 例로 횡성 둔내 나-2호 여자형 주거지는[15] 중도식 노지 즉 敷石式 노지를 안치하여 사용하다가 후에 안인리 철자형 주거지에서 사용하고 있는 아궁이식 노지를 새로이 안치하여 사용했던 것으로 보아 안인리의 여자형 주거지 축조 주민과 밀접한 관련이 있는 것으로 추정된다. 다른 노지형식에 비해 비교적 늦게 나타나는 부뚜막식 노지와 구들은 춘천 율문리 유적[16]에서 확인되었으며 영동지역에서는 신라시대의 4~6세기 수혈식 주거구조까지 상당히 오랜 기간 동안 존속되었던 것으로 추정된다. 노지는 한 세대에서 다음 세대로 이어지면서 변화 발전되는 관계로 주거지 내에서 새로이 수용 발전하는 과정을 거쳐 축조되는 것으로 좀 더 심층적인 연구검토가 선행되어야 할 것으로 판단된다.

(1) 점토띠식 爐址

점토띠식 노지는 타원형으로 점토띠를 두르고 북편에 막음(가로막이)돌을 가로로 세운 형태로 부석식 노지와 평면형태에 있어서 크게 다를 바 없다. 단지 노지의 바닥 처리에 있어서 점토만 단단하게 다진 형태가 점토띠식이고, 바닥에 잔자갈을 갈고 그 사이에 점토로 틈새를 채워 넣은 형태가 부석식 노지 즉 중도식 노지이다. 그러나 바닥에 판석 1매를 깔고 그 위에 점토를 덮은 형식의 노지가 안인리의 철자형 주거지에서 확인되었다. 일반적

그림 5. 안인리 점토띠식 노지

15) 白弘基·池賢柄, 1997. 앞의 보고서.

16) 예맥문화재연구원, 2008.『春川 栗文里遺蹟 I -춘천 율문리 75-2번지 창고신축부지내 유적 시굴조사 보고서-』.

으로 점토띠식 노지나 부석식 노지는 대부분 철기시대의 철자형 내지는 여자형 주거지에서 가장 많이 그리고 오랜 기간 동안 채용된 노지형식으로 볼 수 있는데 부석식 노지는 잔열효과를 얻을 수 있다.

점토띠식 노지는 안인리의 여자형 주거지에서 일반적으로 설치한 노지이고, 철자형 주거지인 27호 주거지에서는 점토띠식 이지만 중앙에 판석 1매를 깔은 형식의 노지가 확인되었다. 또한 횡성 둔내의 나-4, 5호 육각형 주거지에서도 이와 같은 안인리식 노지인 점토띠식을 설치한 것으로 보아 나-2호 여자형 주거지와 함께 동해안 유형의 주거구조를 마련한 점 들이 안인리 유적과 매우 밀접한 관계를 유지했던 것으로 보인다.

(2) 아궁이식 爐址

아궁이식 노지는 주거지의 진흙바닥 위에 2매의 판석을 양쪽으로 세우고 1매의 판석을 뚜껑돌로 덮은 다음 뒤편과 양 옆면을 점토로 틈새를 메운 형태이다. 특이한 점은 연기가 빠져나갈 수 없도록 화구만 남았고 나머지부분은 모두 메꿔 차단한 상태이기 때문에 불을 피울 수 있는 장치가 아닌 불씨를 보관하는 불티 형태로 오늘날의 강원도 산간지방에 남아 있는 화티와 같은 것으로 취사목적으로는 부적합한 형태이다. 그러나 아궁이 앞에서 불을 지핀 다음 취사를 끝내고 숯불 즉 불씨는 다시 아궁이 안쪽으로 밀어 넣으면 불씨를 보관할 수 있을 뿐만 아니라 난방과 채광을 얻을 수 있는 훨씬 발전된 형식의 노지형태라고 볼 수 있다.

그림 6. 안인리 아궁이식노지

이와 같은 발전된 형식의 아궁이식 노지는 안인리 철자형 주거지에서만 일반적으로 채용한 형식이고 여자형 주거지는 23호 주거지가 유일하다. 그러나 횡성 둔내 나-2호 여자형 주거지에서 아궁이식 노지가 토출되었다. 둔내 주거지에서는 부석식 노지가 얼마간 사용되다가 그 위에 아궁이식 노지를 설치하였음을 알 수 있다.

(3) 무시설식 爐址

철기시대 주거지 중 무시설식 주거지는 상당수 나타나고 있다. 무시설식 노지는 주거지 내에 어떤 특별한 시설이 없이 바닥을 약간 오목하게(수혈식) 파거나 맨바닥에 불을 피운 자리를 말한다. 이러한 노지는 주로 겨울철에 난방과 취사를 목적으로 사용되었을 것으로 보이며 철기시대 주거지중 특별한 노지 시설 없이 불 맞은 소토자리가 나타나는 것으로 보아 무시설식 노지임이 틀림없다. 단지 이러한 불 맞은 자리가 다른 용도로 사용되었다 하더라도 방안에 불을 지핀 흔적이 남아 있기 때문에 노지로 봄이 타당하다고 본다.

4) 出入口

철기시대의 주거지 중 대표적인 철자형 주거지의 출입구는 장(방)형 평면구조에 남쪽 단벽에 돌출부 출입구를 마련하였다. 이와 같은 출입구는 여자형 주거지나 육각형 주거지에서도 같은 類型의 돌출부 출입구가 마련되지만 약간의 구조적 변천을 거치면서 육각형 주거지로 변화 발전되는 것으로 여겨진다. 출입구는 주거지의 남쪽 단벽 중앙부에 위치하여 당시의 생활면과 같은 높이에서 나오고 있으며 끝머리가 직각내지는 말각을 취하고 있다. 출입구의 바닥은 역시 진흙을 단단하게 다져 주거지의 안쪽 바닥과 완만한 경사를 이루면서 연결되고 있다. 출입구의 양 옆은 갈대나 판자를 세웠고, 교항리 A-16호 주거지는 그동안 철기시대 주거지의 출입구 시설에 대해 의문시 되어왔던 부분들을 일부나마 밝혀주었다. 주거지의 출입구는 안쪽으로 경사져 내려오다가 바닥과 연결되는 지점에 홈을 파고 두께 15cm, 길이 1.35m의 각재를 가로로 놓아 문턱을 만들었다. 이 문턱의 좌·우 양끝에 12~14cm두께의 기둥을 직각으로 세워 문틀을 만들고 주변에 진흙을 덧붙였다. 출입구의 바깥쪽 폭은 1.65m이고, 안쪽으로 폭을 좁혀서 경사진 지점부터는 폭 85cm로 좁게 만들어서 출입구의 모양이 여자형 주거지의 큰방과 작은방의 연결 통로와 비슷한 구조로 만들었다. 이러한 출입구 시설은 교항리 A-24호, 병산동 A-30호 주거지[17)]가 같은 모양을 하고 있다. 교항리 A-24호 주거지는 강문동 주거지와 같은 장방형의 평면구조에 점토둑식 노지형식으로 철기시대 주거지 중 비교적 이른 시기로 평가한 바 있다.

그림 7. 철정리 여자형 주거지 출입구

그러나 아직도 철기시대 주거지의 출입구에 대해 정확하게 밝혀진 바가 없으나, 『後漢書』 東夷列傳 挹婁條에 '…… 大家 至接九梯……'[18)]로 대형의 주거지 일수록 아홉 계단 즉 계단이 많은 사다리를 이용했던 것으로 당시 철기시대 주거지의 수혈 깊이가 상당히 깊었던 것으로 기록을 통해 살펴 볼 수 있다. 또한 철기시대의 주거지 입구 쪽에는 거의 예외 없이 적갈색 소토더미가 출토되고 있는 바, 이러한 소토들은 주거지 출입구의 상부에 덧붙였던 진흙구조물로 추정된다. 출입구는 청동기시대와 같이 다양한 형태로 나타나고 있기 때문에 발굴조사의 철저한 분석 작업이 선행되어야 할 조건으로 본다.

5) 바닥 施設

강원지방에서 철기시대 주거지의 바닥시설은 지역과 입지에 따라서 크게 차이가 나는 것으로 판단된다. 먼저 영동지역의 예를 살펴보면 주거지 축조 시 가장 먼저 입지를 선택하는데, 해안가 사구지대의 남쪽 사면에 위치하여 주거를 안치하기 위한 크기로 약 30~100㎝ 깊이로 수혈을 조성한 후에 인근 사구지대에서 출토되는 푸른색이 감도는 진흙을 가져와 5~20㎝ 두께로 편평하게 정리한 후 일부 주거지에서는 불을 지펴 바닥을 단단하게 굳히기도 하지만 대부분 진흙을 다진 상태로 바닥을 마무리 한다. 여기서 남은 진흙을 주거지의 주변에 모아 놓기도 한다.

반면, 영동지역을 제외한 나머지 지역에서는 주거지의 입지가 대부분 강안 충

17) 강릉대학교박물관, 2012. 『강릉 병산동 유적』.

18) 『後漢書』 東夷列傳 挹婁條. 「處於山林之閒 土氣極寒 常爲穴居 以深爲貴 大家至接九梯」.

적평야지대에 위치하고 있기 때문에 영동지역에서 보이는 바닥의 단단함은 덜한 편이지만 역시 바닥처리는 진흙으로 정리하는 것으로 확인되었다. 그러나 정선 예미리유적[19]과 원주 가현동유적[20]에서는 바닥처리가 타 지역에서 보이는 두껍고 견고한 맛은 덜한 것으로 나타나고 있다. 이점에 대해서는 위의 두 유적이 하상 층에 위치하여 배수가 원활할 뿐만 아니라 바닥도 단단하기 때문인 것으로 풀이된다. 이와 같이 주거지의 바닥처리가 영동과 영서지역이 확연히 구분되는 것은 다음 벽체와 기둥구조에서 설명하겠지만 영동지역은 해안가의 사구지대에 주거지가 안치되기 때문에 기둥이 모두 진흙바닥 위에서 확인되고 있는 반면, 영서지역은 기둥이 바닥을 뚫고 깊이 박혀 있는 것은 기본적으로 양 지역의 주거지 축조 기법이 다르기 때문인 것으로 해석된다. 즉, 영동지역은 수혈을 파고 진흙을 깔은 다음 바닥층 위에 기둥을 세운 반면, 영서 지역은 수혈을 파고 곧 바로 기둥을 박고 바닥층 즉, 진흙시설을 하는 것으로 나타나지만 일부 주거지에서는 바닥층을 파내고 기둥을 세운 다음 바닥을 정리하는 것으로 나타나고 있다.

6) 기둥 및 壁體施設

기둥과 벽체시설 또한 앞서 살펴 본, 지역과 입지에 따라서 크게 차이가 나는 것으로 판단된다. 기둥 시설은 양 지역 모두 중앙기둥과 벽체기둥이 거의 비슷한 크기로 나타나고 있지만, 기둥을 세우는 방법은 앞서 살펴 본 바와 같이 다르게 나타나고 있다. 또한 주거지의 특징 가운데 중심기둥 중 노지의 바로 뒤편 즉, 점토띠식 노지를 시설한 주거지는 예외 없이 막음돌 뒤편에 기둥이 존재한다는 점이며, 점토둑식 노지는 기둥이 둑 위에 놓이거나 시기가 가장 앞서는 장방형의 강릉 강문동 주거지에서는 기둥이 바닥층 상면에 놓이고 기둥을 에워쌓아 불티로부터 기둥을 보호하기 위한 시설로 둑을 마련하였다. 대체적으로 점토둑식의 노지를 채용한 주거지가 현재로서는 가장 이른 시기로 평가받고 있으며 탄소연

---

19) 江原文化財硏究所, 2007.『旌善 禮美里遺蹟-國道 38號線(연하-신동간)道路 擴·鋪裝工事區間內 遺 蹟發掘調查 報告書-』.

20) 江原文化財硏究所, 2011.『原州 加峴洞 遺蹟-국군원주병원 신축부지 발굴조사 보고서-』.

대측정 결과도 부합되는 것으로 나타나고 있다. 기둥은 대체적으로 원형의 직경 20㎝ 내외의 기둥을 사용하는 것으로 보이며, 영동지역에서는 중앙기둥과 벽주기둥이 확인된 반면, 내측 기둥은 극히 일부 주거지에서만 확인되고 있다. 반면 영서지역에서는 중앙기둥, 내측기둥, 벽기둥이 모두 잘 나타나고 있어 아마도 영동지역에서는 주거지가 축조되는 위치가 해안가 사구지대에 위치하므로 기둥을 진흙바닥 위에 올려놓는 형태로 일부 주거지에서 확인되고 있어 아마도 내측기둥이 있었던 것으로 보이나 기둥시설 방법이 다르기 때문에 거의 흔적이 나타나지 않는 것으로 생각된다.

그러나 횡성 둔내 나-4호 주거지에서는 벽기둥이 없이 두께 약15㎝, 폭 약 25~60㎝되는 판자를 약 20㎝ 깊이로 틈새 없이 맞대어 세워 판자벽이 기둥을 대신하는 특이한 구조가 확인된 바 있다. 또한 나-5호 주거지에서는 벽기둥의 깊이가 약 50~60㎝ 깊이로 박았으며, 약 15° 정도 밖으로 벌어지게 설치된 것으로 보아 벌림집으로 추정되는 바, 이와 같은 형태의 주거지가 춘천 우두동 주거지,[21] 평창 천동리 주거지[22] 등에서 확인되고 있어서 벌림집으로 보아도 무리가 없을 것으로 판단된다.

벽체시설은 앞서 살펴 본 바와 같이 영서지역에서는 산림이 울창한 관계로 대체적으로 판자벽을 사용한 것으로 확인되었지만, 영동지역에서는 해안가 사구지대 석호의 발달로 갈대가 무성한 관계로 벽체를 갈대로 사용한 주거지가 주류를 이룬 반면, 일부 주거지에서는 판자벽도 상당 수 확인되고 있다. 또한 전 벽체를 판자로 마감한 주거지가 있는 반면, 강릉 교항리 A-8호 주거지[23]의 경우 양 장벽과 북단벽은 판자를 이용한 반면 남단벽은 진흙벽으로 마감하였음이 특이하다.

7) 上部構造

지붕구조는 양 지역모두 비슷하게 확인되고 있다. 역시 처마도리, 중도리, 종

21) 江原文化財硏究所, 2007. 앞의 보고서.

22) 江原考古文化硏究院, 2012.『平昌 泉洞里·馬池里 聚落 -영월~방림(2) 도로건설공사 구간 내 매장문 화재유적 발굴조사 보고서-』.

23) 白弘基·池賢柄·高東淳, 1998. 앞의 보고서.

도리 위에 서까래가 얹혀 지고 서까래 위에 갈대가 덮이는 구조로 나타나고 있다. 그러나 강릉 교항리 A-8호 주거지의 경우 종도리 위에 X모양으로 서까래가 얹혀 지고 그 위에 또 다른 보가 놓여져 단단하게 결구하는 방법으로 확인되고 있어서 당시의 주거구조를 밝혀주는데 귀중한 자료를 제공해 주었다. 현재까지 나타나고 있는 지붕구조로 보아 장방형 주거지의 경우 맞배지붕으로 추정되지만, 여자형 주거지나 철자형 주거지의 경우 추녀사래의 모임구조로 보아 우진각지붕일 가능성이 매우 높은 것으로 추정된다.

2. 小型 方形遺構

소형 방형유구는 철기시대의 주거 유적에서는 예외 없이 나타나고 있는 유구이다. 이들 소형유구의 평면형태는 방형, 장방형, 말각방형으로 노출되었고, 규모면에서도 생활공간인 주거지보다는 훨씬 작은 약 1~2.5평 크기로 노출되었다. 이들 소형유구의 가옥구조는 네 모서리에 기둥을 세우고 기둥과 기둥을 연결한 횡보가 남아 있으며 벽면에는 갈대로 막음한 것으로 추정된다. 지붕의 구조는 네 모서리의 기둥으로 연결한 서까래 흔적이 남아 있는 것으로 보아 우진각형태의 지붕구조로 추정된다. 이와 같은 예는 이미 화천 용암리 청동기시대의 집단취락유적에서도 일부 확인된 바 있다.

이들 소형유구 안에서는 화덕이라든지 그 밖의 별다른 시설들은 보이지 않고, 바닥도 진흙을 얇게 깔았음을 알 수 있다. 이러한 소형유구는 교항리 B지구에서 집중적으로 나타나는가 하면, 대형의 철자형 주거지 부근에서 2~3基씩 나타나고 있는 것으로 보아 주거지의 부속공간이 아닌가 한다. 안인리의 9, 29, 31호 주거지와 병산동의 2, 3, 8, 16, 17호가 이와 같은 소형유구로 노출된 바 있다. 대체적으로 이들 소형유구에서는 토기 외에는 그 밖의 유물출토는 거의 없는 상태이며, 주거지의 부속공간, 즉 창고형태로 사용된 것으로 추정된다. 고구려시대에 보이는 桴京이 이와 같은 형태가 아닌가 한다.

V. 맺는말

안인리 취락은 철기시대 취락 중 거의 전체를 발굴조사 된 유적으로 동해안지방의 철기시대 생활상과 주거발달사연구에 있어 귀중한 자료를 제공해 주었을 뿐만 아니라 철기문화의 전파 경로를 밝히는데 매우 중요한 자료를 제공해 주었다. 안인리 주거지는 남쪽 작은 공간과 북쪽의 큰 공간을 좁은 통로로 연결시킨 소위 呂字形 주거지와 출입구가 마련된 철자형 주거지가 처음으로 확인됐을 뿐만 아니라 주거지 주변에 장(방)형의 소형 부속 건물지가 밝혀진 대규모의 취락 유적이다.

최근 들어 여자형 주거지가 대전일대에서 확인 된 점으로 보아 여자형 주거지의 분포 범위가 한반도의 중서부 이남지방과 북으로는 동북지방과 연해주지방(단결-끄로우노프카문화)에서 확인되고 있어 기존에 생각했던 것보다 훨씬 더 광범위하게 분포됐던 것으로 보이며, 출토유물 또한 서북지방의 한식계토기와 영남지방의 와질계 노형토기 등이 출토된 점으로 보아 이들 지방의 교류가 훨씬 빈번하게 이뤄졌던 것으로 생각된다.

또한 주거구조상으로 볼 때 장(방)형, 呂·凸子形, 住居址와 함께 다양한 건축기술이 철기의 전래로 비약적인 발전을 이룩하는 시기를 말한다.

철기시대 후기에 들어서는 주거지의 구조 또한 복잡하게 나타나고 있을 뿐만 아니라 취락의 규모도 대형화, 집단화가 이뤄지면서 동해 송정동 유적에서 확인된 것처럼 悉直國의 개념으로 볼 수 있는 대규모의 집단취락이 형성되고 있어 고대국가로의 발전단계까지 생각해 볼 수 있지 않을까 한다.

이 시기는 철기의 전래로 문화의 전파속도가 급속도로 이뤄지고 있을 뿐만 아니라 다양한 형태의 주거지가 건축되고 묘제 또한 여러 형태의 속성들이 나타나고 있어서 종합적인 계획을 세울 뿐만 아니라 문헌에 보이는 東濊, 濊貊, 靺鞨에 대한 위치비정과 실체에 대한 접근이 요구 된다.

동 유적은 우리나라 철기시대의 취락유적으로 呂字形, 凸字形 주거지가 맨 처음 발굴조사 됐을 뿐만 아니라 가옥구조와 내부시설을 거의 완벽하게 확인된 유적으로 학사적으로 시사해 주는바가 매우 크다 하겠다.

곡교천유역 출토 원통형토기의 편년 검토

이 상엽 (단국대 대학원 사학과 박사과정 수료)

I. 머리말

한반도 서남부지역을 무대로 자리하였던 마한은 54국으로 이루어진 연맹체 국가이며, 연맹체의 맹주국으로써 목지국이 알려져 있다. 목지국의 위치에 대해서는 인천(천관우 1979), 경기 광주(안재홍 1947), 직산(이병도 1976), 천안(권오영 1991), 아산(이도학 1998), 예산(김정배 1985), 공주(신채호 1931), 익산(김성호 1982), 나주 반남지역(최몽룡 2005)으로 비정되어 왔다. 그러나 최근 아산과 천안지역을 중심으로 하여 마한의 고유 분묘형식인 토광묘와 주구토광묘를 비롯한 다양한 고고학적 자료들이 확인되고 있어 주목 받고 있다.

이처럼 아산과 천안지역을 중심으로 한 곡교천유역은 마한과 관련된 유적과 다양한 유물이 확인되고 있는데, 이중 다른 마한 고지에서는 출토 예가 많지 않은 장고모양의 형태를 띤 원통형토기가 다량 출토되고 있어 주목되고 있다.

곡교천유역에서 출토된 원통형토기는 1990년대 천안 청당동유적에서 처음으로 출토된 후, 2000년대 이후 아산 명암리 밖지므레유적과 아산 갈산리유적에서 다량으로 출토되고 있다.

이에 본고에서는 곡교천유역을 중심으로 출토되고 있는 원통형토기를 대상으로 원통형토기의 제작기법 및 형식분류와 함께 공반유물을 통해 원통형토기의 편년에 대해 살펴보고자 한다. 다만 자료의 한계로 인해 명칭상으로 동일하지만 기형적으로 상이한 다른 지역 출토 원통형토기를 자료로 활용하였다.

II. 出土遺蹟 現況[1)]

1. 아산 명암리 밖지므레유적[2)]

아산 명암리 밖지므레유적은 서해의 아산만에서 동쪽의 내륙으로 이어지는 곡교천변에 위치한 야산의 남향사면에 자리하고 있다. 유적의 지근거리에는 아산 용두리 진터유적과 아산 갈산리 유적, 아산 갈매리유적이 자리하고 있다. 밖지므레유적에서는 마한시대 분묘인 토광묘 80기·주구토광묘 71기, 옹관묘 7기 등을 포함하여 다양한 시대의 유구와 유물이 확인되었다.

마한시대 분묘인 토광묘 및 주구토광묘는 조사지역 전역에 분포하고 있으며, 옹관묘는 2-3지점에서만 확인되었다. 이들 확인된 분묘 중 3지점에서 확인된 13호와 14호 주구토광묘만이 중복되었을 뿐 이외의 분묘는 중복양상이 확인되지 않았다.

토광묘는 조사지역 전역에 고른 분포양상을 보이고 있으며, 묘광은 풍화암반토 또는 점질의 생토면을 수직 또는 경사지게 굴착하여 조성하였다. 묘광의 평면형태는 대부분 말각장방형으로 장축방향은 등고선방향과 나란하게 축조되었다. 매장주체시설은 목관과 목곽을 사용하였는데, 목관의 평면형태는 기본적으로 상자형이며, 이외에 'ㅂ'자형이 소수 확인되었고, 목곽은 관곽을 갖추지 않았다. 유물의 부장위치는 목관의 경우 목관과 묘광 사이의 단벽과 장벽 또는 목개 상부에 부장하였으며, 목곽의 경우 곽 내부, 내외부, 곽 내외부 및 목개 상부, 곽

---

1) 본고에서 다루고자하는 원통형토기는 곡교천유역에서 출토된 기형에 한정되었음을 다시 한번 밝히며, 비록 지역적으로 먼 거리에 있지만, 기형적으로 유사한 영남지역 출토의 원통형토기를 비교자료로 활용하였다.

2) 이상엽 외, 2011, 『牙山 鳴岩里 밖지므레遺蹟』, 忠南歷史文化硏究院.

내 격벽 설치후 부장, 별도의 부장칸을 마련하는 등 다양한 형태로 확인되었다. 유물은 원저단경호·심발형토기·평저단경호·직구호·원통형토기 등의 토기류, 환두대도·철모·철부·철겸·철촉·철사·도자·교구·꺾쇠 등의 철기류, 청동제 마형대구 및 구슬과 옥 등의 장신구류, 재갈 등의 마구류, 토제품 등이 출토되었다.

주구토광묘는 토광묘와 동일하게 조사지역 전역에 고른 분포양상을 보이고 있으며, 마제형 또는 눈썹형 등 다양한 형태의 주구가 매장주체부 위쪽에 굴착되어 조성되었고, 묘광은 풍화암반토 또는 점질의 생토면을 수직 또는 경사지게 굴착하여 조성하였다. 묘광의 평면형태는 대부분 말각장방형으로 장축방향은 등고선방향과 나란하게 축조되었다. 매장주체시설은 토광묘와 유사하게 목관과 목곽을 사용하였는데, 목관의 평면형태는 기본적으로 상자형이며, 이외에 'ㅂ'자형이 소수 확인되었고, 목곽은 관곽을 갖추지 않았다. 유물의 부장위치는 목관의 경우 전체적으로 목관과 묘광 사이의 단벽과 장벽 또는 목개 상부에 부장하였으며, 목곽의 경우 곽 내부, 내외부, 내외부 및 목개 상부, 곽내 격벽 설치후 부장, 별도의 부장칸을 마련하는 등 다양한 형태로 확인되었다. 유물은 원저단경호·심발형토기, 원통형토기, 오리형토기 등의 토기류, 환두대도·철모·철부·철겸·철촉·철사·도자 등의 철기류, 재갈 등의 마구류, 청동제 마형대구와 구슬 및 옥 등의 장신구류가 출토되었다. 위에서 언급하였듯이 확인된 주구토광묘 중 3지점 13호 매장주체부와 14호 주구만이 중복되었을뿐 이외의 유구는 중복되지 않았다.

유적에서 출토된 원통형토기의 현황을 살펴보면 토광묘는 2-2지점 8호·12호·16호·34호, 3지점 1호·5호·7호·9호·19호·23호·27호·29호·32호·34호에서 출토되었고, 주구토광묘는 2-2지점 23호·26호, 3지점 1호·2호·3호·11호·12호·16호·17호에서 출토되었는데, 분묘 내 출토품은 65점이며, 이외 지표수습품이 7점으로 총 72점이 출토되었다.

2. 아산 갈산리 유적 –초등학교 조성부지내–[3)]

아산 갈산리유적은 아산 명암리 밖지므레유적 3지점의 동쪽 경계지점의 동쪽

3) 백제문화재연구원, 2014, 『아산 갈산리유적-초등학교 조성부지내-』.

지역에 해당하는 곳이다. 유적에서는 마한 분묘인 토광묘 10기·주구토광묘 11기, 옹관묘 3기 등을 포함하여 다양한 시대의 유구와 유물이 확인되었다.

마한시대 분묘인 토광묘 및 주구토광묘는 조사지역 전역에 분포하고 있다. 토광묘는 묘광을 수직 또는 경사지게 굴착하여 조성하였다. 묘광의 평면형태는 대부분 말각장방형으로 장축방향은 등고선방향과 나란하게 축조되었다. 매장주체시설은 목관과 목곽을 사용하였는데, 목관의 평면형태는 상자형이 확인되었고, 목곽은 관곽을 갖추지 않았다. 유물의 부장위치는 목관의 경우 목관과 묘광 사이의 단벽에 부장하였으며, 목곽의 경우 주곽과 부곽을 구분하여 부곽에 부장하였다. 유물은 원저단경호·심발형토기·원통형토기 등의 토기류, 환두대도·철도·철모·철부·철겸·철촉·도자 등의 철기류가 출토되었다.

주구토광묘는 토광묘와 동일하게 조사지역 전역에 고른 분포양상을 보이고 있으며, 마제형 또는 눈썹형 등 다양한 형태의 주구가 매장주체부 위쪽에 굴착되어 조성되었고, 묘광은 풍화암반토 또는 점질의 생토면을 수직 또는 경사지게 굴착하여 조성하였다. 묘광의 평면형태는 대부분 말각장방형으로 장축방향은 등고선방향과 나란하게 축조되었다. 매장주체시설은 토광묘와 유사하게 목관과 목곽을 사용하였는데, 목관의 평면형태는 기본적으로 상자형이며, 이외는 유실되어 정확한 형태를 파악할 수 없고, 목곽은 관곽을 갖춘 형태와 갖추지 않은 형태로 구분된다. 유물의 부장위치는 목관의 경우 목관과 묘광 사이에 부장하였으며, 목곽의 경우 관곽을 갖춘 형태는 목곽 내부에 부장하였고, 관곽을 갖추지 않은 형태는 주곽과 별도의 부곽을 설치하여 부장하였다. 유물은 원저단경호·심발형토기, 원통형토기 등의 토기류, 환두대도·철모·철부·철겸·철촉·철도자·철착 등의 철기류가 출토되었다.

유적에서 출토된 원통형토기의 현황을 살펴보면 토광묘는 5호·7호·8호에서 출토되었고, 주구토광묘는 1호·4호·8호·10호에서 출토되었다.

3. 아산 갈매리유적[4)]

4) 이홍종 외, 2007, 『牙山 葛梅里(Ⅲ地域)遺蹟』, 韓國考古環境硏究所.

아산 갈매리유적은 아산시와 천안시의 자연적 경계인 곡교천변에 접한 충적대지에서 확인된 유적이다. 유적에서는 마한에서 백제시대에 이르는 고상건물지 등의 생활유구와 수로 등이 확인되었다. 원통형토기는 1차 조사과정에서 확인된 2호 매납유구와 지표 수습품 2점 등 총 3점이 출토되었다. 2호 매납유구는 평면형태가 원형으로, 수혈유구의 중앙에 원통형토기 1점이 구연부가 수혈의 바닥면을 향해 거꾸로 엎어진 상태로 정연하게 안치되어 있다.

매납유구에서 출토된 원통형토기는 회백색 연질로 태토는 정선되었다. 저부는 평저로 바닥면 중앙에 원형으로 천공되었으며, 전체적인 기형은 저부에서 완만하게 내만하다가 중앙부에서 다시 외반되어 상단부를 이루고 있다. 동체의 상단부와 하단부에 직경 0.6cm 정도의 원공이 밖에서 안으로 각각 2개씩 서로 마주 보도록 천공되어 있으며, 내외면은 물손질정면하였다. 지표수습품 역시 2호 매납유구 출토품과 차이점가 없으며, 다만 내면에서 정면과정에서 생긴 지두압흔이 관찰된다. 3점 모두 윤적법으로 제작하였으며, 구경이 저경에 비해 넓게 제작되었다.

4. 천안 청당동유적[5)]

천안 청당동유적은 1990년부터 1994년까지 5차에 걸쳐 국립중앙박물관과 국립공주박물관에 의해 조사가 이루어졌고, 이 조사를 통해 중서부지역 마한 관련 연구가 활발히 진행될 수 있는 촉매제 역할을 하였다. 조사결과 마한 분묘 25기가 확인되었는데, 확인된 25기의 분묘는 주구의 유무에 따라 주구토광묘와 토광

5) ① 徐五善, 1990,「天安 淸堂洞 및 安城出土 一括遺物」『考古學誌』第2輯, 國立中央博物館.
② 徐五善·權五榮, 1990,「天安 淸堂洞遺蹟 發掘調査報告」『休岩里』, 國 立博物館古蹟調査報告 第國22冊立, 中央博物館.
③ 徐五善·權五榮·咸舜燮, 1991,「天安 淸堂洞 第2次 發掘調査報告書」『松菊里』IV, 國立博物館古蹟調査報告 第國23冊立, 中央博物館.
④ 徐五善·咸舜燮, 1992,「天安 淸堂洞 第3次 發掘調査報告書」『固城貝塚』, 國立博物館古蹟調査報告 第國24冊立, 中央博物館.
⑤ 韓英熙咸舜燮, 1993,「天安 淸堂洞 第4次 發掘調査報告書」『淸堂洞』, 國立博物館古蹟調査報告 第國25冊立, 中央博物館.

묘로 구분하였으며, 주구토광묘 17기, 토광묘 8기이다.[6)]

주구토광묘는 조사지역이 위치하고 있는 설상대지의 북사면와 남사면에 자리하고 있다. 주구는 마제형 또는 눈썹형 등 다양한 형태를 띠고 있으며, 매장주체부 위쪽에 굴착되어 조성되었고, 매장주체부인 묘광은 수직 또는 경사지게 굴착하여 조성하였다. 묘광의 평면형태는 대부분 말각장방형의 형태를 띠고 있으며, 장축방향은 등고선방향과 나란하게 축조되었다. 매장주체시설은 대부분 목관을 사용하였으며, 일부는 목곽을 사용하였는데, 평면형태는 목관의 경우 기본적으로 상자형이며, 이외에 'ㅂ'자형 또는 'ㅍ'자형의 형태를 띠고 있다. 유물은 원저단경호와 심발형토기 등의 토기류, 환두대도·철모·철부·철겸·철촉·도자 등의 철기류, 청동제 마형대구와 구슬 등의 장신구류가 출토되었다.

토광묘는 주구가 설치되지 않았을 뿐 묘광의 굴착방법 및 평면형태는 주구토광묘와 동일하다. 매장주체부는 목관을 사용하였으며, 평면형태는 기본적으로 상자형이며, 일부 'ㅂ'자형을 띠고 있다. 유물은 원저단경호와 심발형토기의 토기류, 청동제 마형대구 및 구슬 등의 장신구류가 출토되었다.

원통형토기는 22호 주구토광묘의 부장칸에서 1점이 출토되었다. 토기는 회백색과 회흑색을 띠고 있다. 와질소성이며 윤적법으로 성형하였다. 저부는 평저로 중앙으로 약간 들려 있으며, 바닥면 중앙에 원형으로 천공되었다. 동체부는 저부에서 사선으로 부드럽게 외반되어 저경에 비해 구경이 넓다. 동체부 상단부와 하단부에 각각 1개씩 원형으로 천공되어 있다.

III. 원통형토기의 형식분류 및 제작기법

---

6) 咸舜燮 외, 1995, 『清堂洞 II』 國立博物館古蹟調查報告 第27冊, 國立中央博物館.
함순섭은 5차에 걸친 청당동유적의 원삼국시대 분묘에 대한 분석을 실시하면서 주구가 확인되지 않는 토광묘의 경우 최초 조성시 주구가 설치되었으나 자연유실 등에 의해 소멸된 것으로 이해하였다. 그러나 최근 조사를 통해 확인된 아산 명암리 밖지므레 및 용두리 진터유적에서는 동일 지역 내에서도 주구토광묘와 토광묘가 별도로 존재하고 있어 청당동유적 역시 토광묘와 주구토광묘와의 구분이 이루어져야 할 것으로 판단된다.

1. 형식분류

곡교천유역에서 출토된 원통형토기의 형태상 가장 큰 차이점은 대각의 존재유무라 할 수 있다. 하지만 대각의 존재유무를 통해 당시 원통형토기가 어떠한 의미를 내포하고 있는지에 대해서는 밝혀진 바가 없다. 다만 본고에서는 대각의 존재유무에 따라 Ⅰ형식(유)와 Ⅱ형식(무)로 구분한 후 세분하였으며, 정리하면 〈표 1~3〉및〈도 1·2〉와 같다.

Ⅰ형식은 곡교천유역 외에 울산 하삼정고분군Ⅰ과 대구 팔달동유적에서 각각 1점씩 출토된 형식이다. 대각은 접합방식 및 형태에 따라 Ⅰ-A형식(八字形), Ⅰ-B형식(원형 기둥+팔자형), Ⅰ-C형식(喇叭形)으로 구분할 수 있다.[7] 먼저 Ⅰ-A형식(八字形)은 저부와의 접합면에서 아래쪽으로 완만하게 외반되어 내려오다가 말단부에 이르러 90° 가깝게 꺾이어 접지면을 이루어 마무리하였고, 대각을 별도로 제작하여 저부의 외저면에 접합하였다. 대각의 접지면은 꺾인 부분이 부분적으로 들여져 있으나, 비교적 편평하게 마무리하였다. Ⅰ-B형식(원형 기둥+八字形)은 Ⅰ-A형식과 유사하게 대각의 형태가 八字形을 띠고 있지만, 저부의 원판에 원형 기둥모양의 대각과 대각의 접지면을 별도로 제작하여 접합하였으며 전체적인 형태는 "ㅗ"자형을 띠고 있다. Ⅰ-C형식(喇叭形)은 대각의 상단부에서 대각의 접지면쪽으로 내려올수록 나팔모양처럼 심하게 외반되는 형태를 보이고 있으며, Ⅰ-B형식처럼 대각을 별도로 제작하여 저부의 원판에 접합하였다.

이처럼 Ⅰ형식 원통형토기는 외형상 3가지 형식으로 출토현황을 살펴보면, Ⅰ-A형식은 아산 명암리 밖지므레유적, 대구 팔달동유적, 울산 하삼정고분군Ⅰ에서 출토되었고, Ⅰ-C형식은 현재까지 아산 밖지므레유적 출토품이 유일하다. 한편 Ⅰ-B형식은 최근 아산 명암리 밖지므레유적 3지점의 동쪽 경계지점인 아산 갈산리유적에서 출토되었다. 아산 갈산리유적은 명칭만이 다를 뿐 지형상으로 아산 명암리 밖지므레유적 3지점과 동일한 능선에 해당되는데, 6점이 출토되었으

7) 곡교천유역에서 출토된 대각이 부착된 원통형토기의 동체부는 대각이 부착되지 않은 원통형토기의 동체부와 동일한 형태를 보이고 있는데 비해, 울산 하삼정고분군Ⅰ과 대구 팔달동유적 출토품은 내반된 형태를 띠고 있어 기형적인 차이를 보이고 있다.

며 기형적으로 큰 차이가 확인되지 않는다. 출토된 6점 중 3점은 대각이 완전하게 남아 있으나, 3점에서는 대각의 접합흔만이 관찰된다.[8)]

II 형식은 곡교천유역과 영산강유역에서 출토되고 있으며, 저부의 외저면에 대각이 부착되지 않은 형태로 저부의 존재 유(A)·무(B), 저부의 투공 유(가)·무(나), 기벽 투공 또는 투창 유(1)·무(2), 상단부 형태에 따라 호형(a), 발형(b), 통형(c)로 세분하였는데[9)], 본고에서는 중서부지역인 곡교천유역에 한정하였다.

곡교천유역에서 확인된 II 형식 원통형토기[10)]의 일반적인 동체부 형태는 저부에서 동체부 중위까지 내만하다가 외반하는 형태가 일반적이며, 유일하게 청당동유적 22호분 출토품 저부에서 구연부까지 외반하는 형태, 아산 갈산리유적 8호 주구토광묘 출토품은 저부에서 동체부 중위까지 거의 수직에 가깝게 올라와

8) 대각의 접합흔만이 남아 있어 정확한 형태를 파악할 수 없지만 저부 중앙에 원공이 천공되어 있어 기본적으로 I-A형식이 아님을 알 수 있다. 따라서 저부 외저면의 원공 주변에서 확인되는 점토보강흔을 통해 I-B형식 또는 I-C형식에 해당된다고 판단된다.

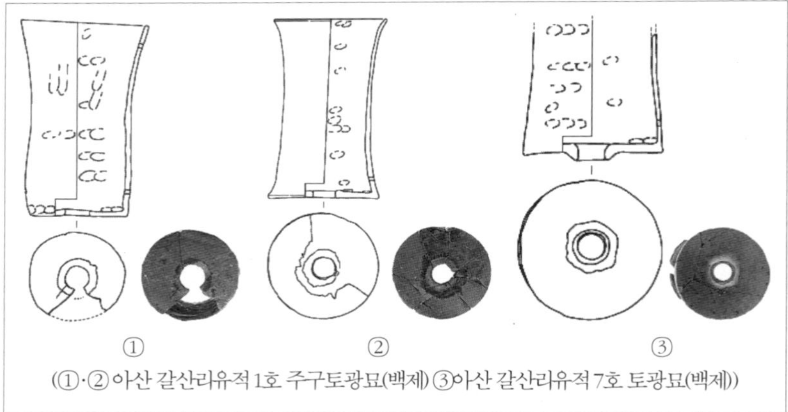

(①·② 아산 갈산리유적 1호 주구토광묘(백제) ③아산 갈산리유적 7호 토광묘(백제))

9) II 형식에서 세분 기준으로 제시한 저부의 존재 유(A)·무(B)는 본인의 논고(이상엽 2014)에서 곡교천유역과 영산강유역에서 출토된 원통형토기에 대한 전체적인 형식분류 과정에서 분류한 기준으로 곡교천유역의 경우 현재까지 저부가 존재하지 않는 원통형토기가 확인되지 않아 모두 유(A)로 분류된다. 한편 기존 군산 축동유적에서 상부가 호형을 이루는 것으로 판단되는 기형이 출토되었으나, 출토 예가 적어 커다란 범주에서 II-A-가-2-a형식으로 분류하였으나, 최근 군산 축산리 계남유적에서 상부가 호형을 이루고 있는 원통형토기가 출토되어 기존 분류 안에서 세분하여 새로이 II-A-가-2-c형식으로 추가하였다.

10) 곡교천유역에서 출토된 II 형식 원통형토기는 기존 저부 투공 모양 및 동체부의 원공 개수 차이를 세부 분류안으로 제시하여 형식분류하였으나, 무의미하다고 판단되어 세분하지 않았다.

약하게 내만한 후 다시 약하게 외반하고 있다. II-A-가-1-c형식은 곡교천유역의 아산 명암리 밖지므레유적·갈매리유적·아산 갈산리유적, 천안 청당동유적에서 출토되고 있다. 한편 아산 갈산리유적 8호 주구토광묘에서 출토된 유물 중 기존 원공 지름과 저부 지름 비율이 대략 1:5 내외인데 비해 2:3으로 영산강유역에서 출토된 원통형토기의 원공 지름과 유사한 모습을 보이고 있다. II-A-나-1-c형식 역시 아산 명암리 밖지므레유적과 아산 갈산리유적에서만 출토되고 있으며, 위에서 언급하였듯이 아산 갈산리유적 8호 주구토광묘 출토품은 창원 다호리유적 54호분및 전 다호리유적 출토품과 저부와 기벽의 투공을 제외하고 기형상 유사성을 보이고 있다.

〈표 1〉 대각 유무에 따른 원통형토기 형식 분류

대각 유무	
유	무
I 형식	II 형식

〈표 2〉 I 형식 원통형토기 대각 형태에 따른 분류

형태		
팔자형	원형 기둥+팔자형	나팔형
A	B	C

〈표 3〉 II 형식 원통형토기 형식분류

저부 유무		저부 투공 유무		기벽 투공 및 투창 유무		상부 형태		
유	무	유	무	유	무	발형	호형	통형
A	B	가	나	1	2	a	b	c

위와 같이 곡교천유역에서 출토된 원통형토기의 가장 큰 차이점은 대각의 존재유무이며, 이를 통해 I 형식과 II 형식으로 구분하였고, 원통형토기는 I · II 형식과 구분없이 동체부에 1개 또는 2개의 원공이 자리하고 있는데, 이 원공의 존

재는 원통형토기의 기능적인 측면과 관계된 것으로 추정된다.[11)]

2. 제작기법

곡교천유역에서 출토된 원통형토기는 연질소성으로 동체부 외면은 무문이다. 제작에 사용된 태토는 낙랑토성에서 출토된 기존 원통형토기로 불리웠던 토기의 경우 태토에 불순물이 전혀 혼입되지 않은 순수한 니질계 점토를 태토로 사용하는데 비해 곡교천유역에서 출토된 원통형토기의 태토는 크게 3가지로 구분해 볼 수 있다. 첫째 낙랑토성 출토품과 같이 혼입물이 전혀 포함되지 않는 니질계 태토, 둘째 니질토에 세사립이 소량 혼입된 태토, 셋째 점 토에 세사립이 다량 혼입된 태토로 원통형토기의 제작에 사용된 태토는 니질토 또는 니질토에 보강제로써 세사립이 혼입된 태토가 일반적이었던 것으로 판단되며, 세 번째 유형의 태토는 소수에 불과하여 예외적인 것으로 판단된다.

이처럼 곡교천유역에서 출토된 원통형토기의 태토는 일부를 제외하고 미세한 차이는 확인되나 기본적으로 낙랑토성 출토품과 유사한 니질토를 사용하고 있으며, 보강재로써 사립이 소량 혼입되는 모습을 보이고 있다. 따라서 이러한 보강재의 사용은 토기 제작에 있어 토기의 내구성 또는 제작의 편의성을 향상시키기 위한 제작기술상의 발전으로 이해해야 할 것으로 판단된다.

곡교천유역에서 출토된 원통형토기의 제작방법은 대각의 존재유무와 관계없이 저부와 동체부로 구분하여 살필 수 있다. 먼저 저부는 대부분 바닥면이 수평을 이루고 있지만, 일부의 경우 약하게 오목한 형태를 띠는 경우도 확인되나 전체적으로는 평저로 구분할 수 있다. 저부의 성형을 살펴보면 수날법을 이용하여 점토덩어리를 둥그런 형태의 원판으로 제작하였 고, 이로 인해 저부 내면에서 손누름흔이 관찰되며, 일부 저부 외면에는 녹로와의 분리과정에서 생긴 사절흔이 관찰되기도 한다. 더불어 일부 원통형토기의 저부 중앙에는 원형 또는방형의 구멍이 천공되어 있는데, 투공방향은 저부 외면에서 내면으로 투공하였다.

11) 원공의 위치는 1개 또는 2개가 자리하고 있는데, 토기별로 위치를 달리하고 있어 당시 원통형토기의 기능적인 측면에 따라 위치를 달리하여 제작된 것으로 보인다.

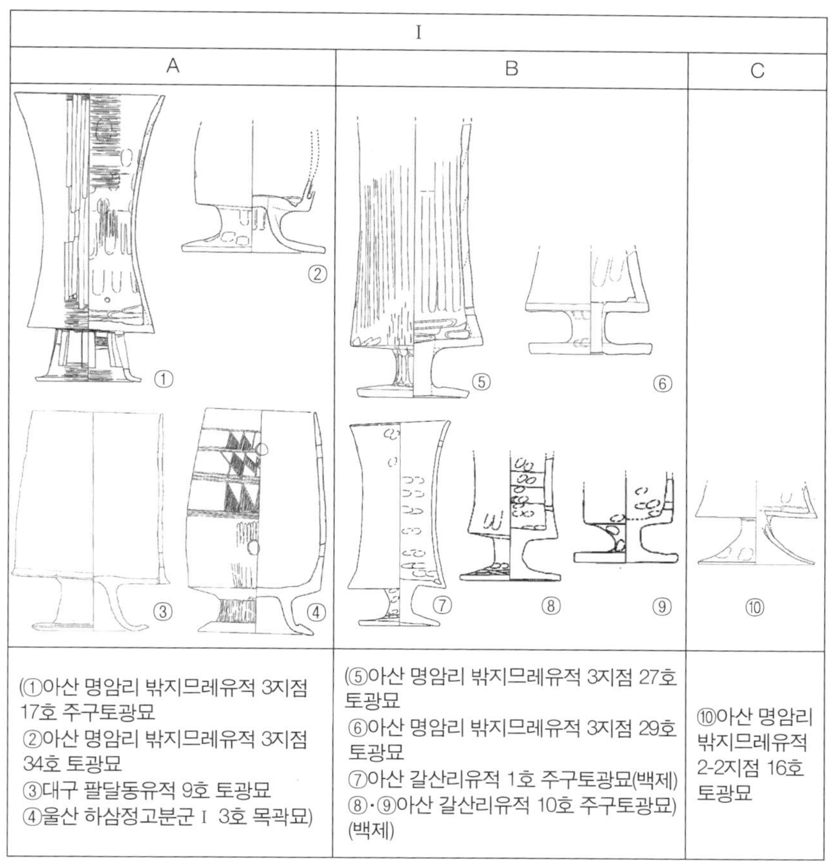

Ⅰ
A
B
C
①
②
③
④
⑤
⑥
⑦
⑧
⑨
⑩
(①아산 명암리 밖지므레유적 3지점 17호 주구토광묘
②아산 명암리 밖지므레유적 3지점 34호 토광묘
③대구 팔달동유적 9호 토광묘
④울산 하삼정고분군 Ⅰ 3호 목곽묘)
(⑤아산 명암리 밖지므레유적 3지점 27호 토광묘
⑥아산 명암리 밖지므레유적 3지점 29호 토광묘
⑦아산 갈산리유적 1호 주구토광묘(백제)
⑧·⑨아산 갈산리유적 10호 주구토광묘)(백제)
⑩아산 명암리 밖지므레유적 2-2지점 16호 토광묘

〈도 1〉 형식 원통형토기 분류안(축적부동)

한편 곡교천유역에서 출토되고 있는 원통형토기 중 일부 저부에 대각이 부착된 기형이 출토되고 있다. 대각은 저부와의 접합방법에 따라 3가지로 구분할 수 있는데, 첫 번째는 대각 형태와 무관하게 대각과 저부를 별도로 제작하여 저부 외면에서 대각을 접합하는 방법(도 3-①·②), 두 번째는 저부와 별도로 원판의 대각 접지면을 제작하고 저부와 원판의 중앙부를 원형으로 투공시킨 후, 별도로 점토를 이용한 원주형 기둥을 제작하여 저부와 원판의 중앙부에 원주형 기둥을 삽입시킨 후 외면에 점토를 덧발라 접합하는 방법(도 3-③), 세 번째는 저부의 중

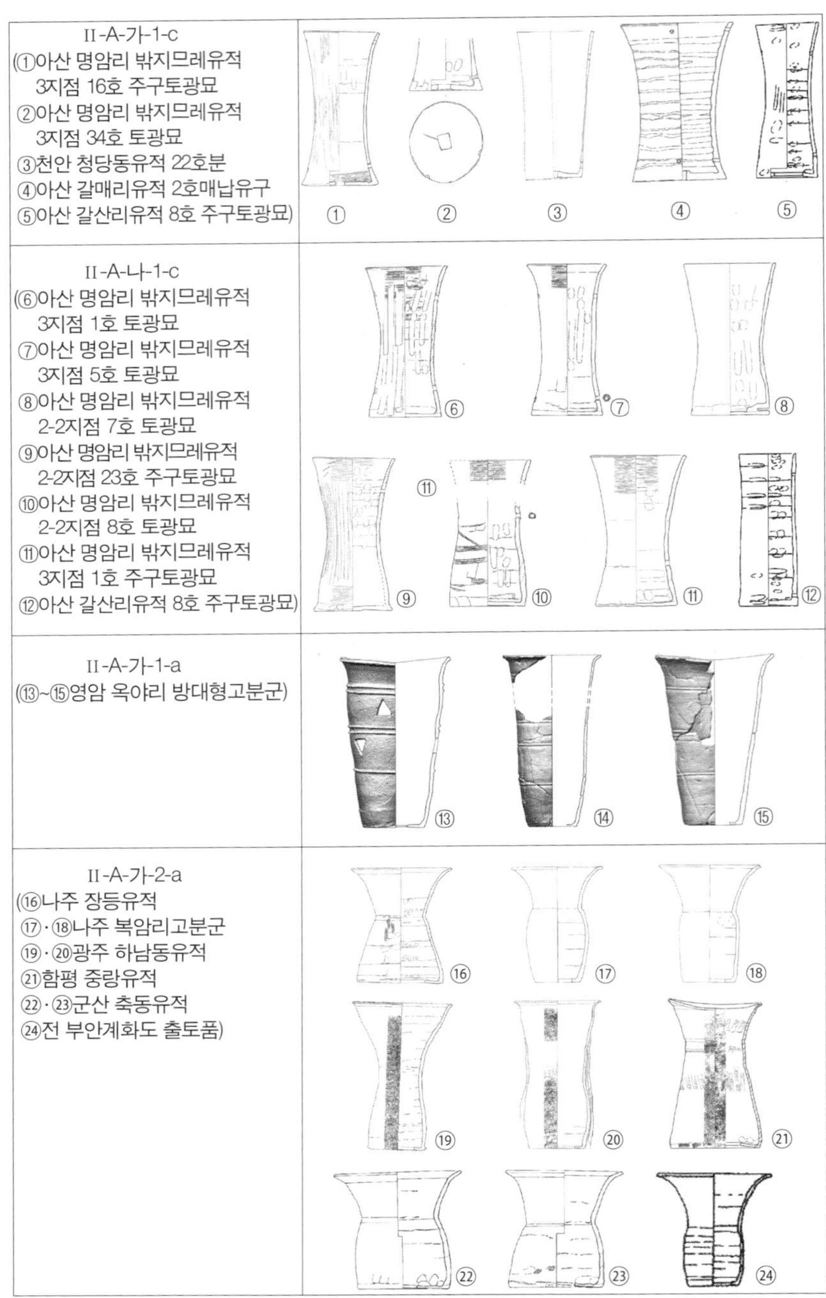
II-A-가-1-c
(①아산 명암리 밖지므레유적
3지점 16호 주구토광묘
②아산 명암리 밖지므레유적
3지점 34호 토광묘
③천안 청당동유적 22호분
④아산 갈매리유적 2호매납유구
⑤아산 갈산리유적 8호 주구토광묘)
① ② ③ ④ ⑤
II-A-나-1-c
(⑥아산 명암리 밖지므레유적
3지점 1호 토광묘
⑦아산 명암리 밖지므레유적
3지점 5호 토광묘
⑧아산 명암리 밖지므레유적
2-2지점 7호 토광묘
⑨아산 명암리 밖지므레유적
2-2지점 23호 주구토광묘
⑩아산 명암리 밖지므레유적
2-2지점 8호 토광묘
⑪아산 명암리 밖지므레유적
3지점 1호 주구토광묘
⑫아산 갈산리유적 8호 주구토광묘)
⑥ ⑦ ⑧ ⑨ ⑪ ⑩ ⑪ ⑫
II-A-가-1-a
(⑬~⑮영암 옥야리 방대형고분군)
⑬ ⑭ ⑮
II-A-가-2-a
(⑯나주 장등유적
⑰·⑱나주 복암리고분군
⑲·⑳광주 하남동유적
㉑함평 중랑유적
㉒·㉓군산 축동유적
㉔전 부안계화도 출토품)
⑯ ⑰ ⑱ ⑲ ⑳ ㉑ ㉒ ㉓ ㉔

〈도 2〉 II형식 원통형토기 분류안(축적 부동)

II-A-가-2-c ㉕군산 축동유적	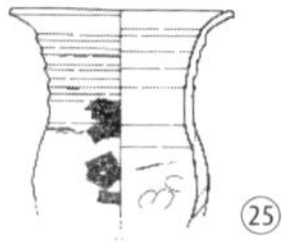
II-A-나-2-a ㉖·㉗함평 중랑유적	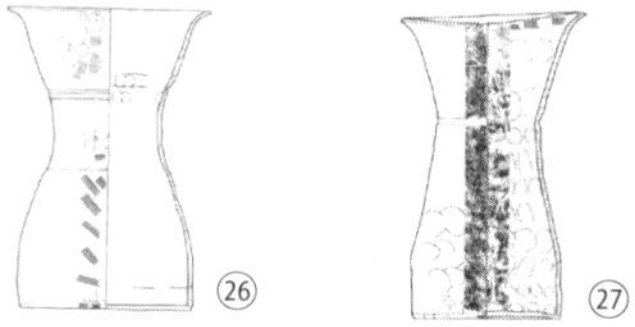
II-B-1-a (㉘·㉙광주 명화동고분 ㉚함평 노적유적 ㉛·㉜광주 월계동 2호분 ㉝·㉞나주 덕산리 9호분)	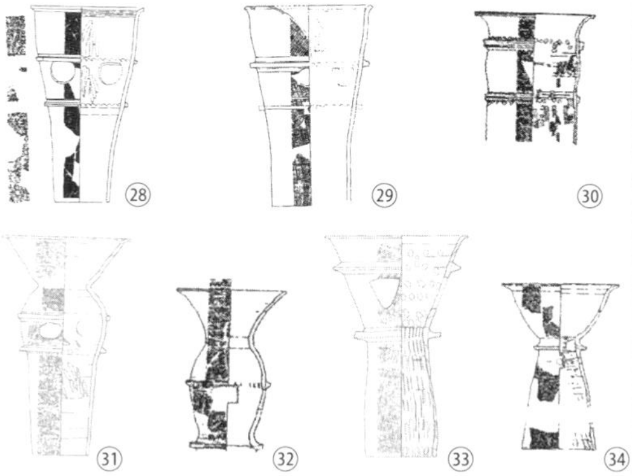
II-B-1-b (㉟나주 신촌리 9호분 ㊱나주 덕산리 9호분)	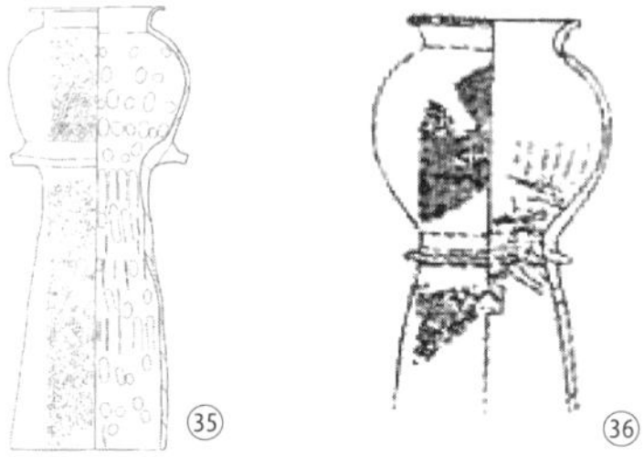
II-B-1-c ㊲광주 월계동 1호분	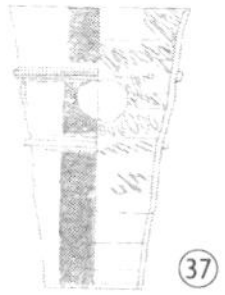

앙부를 투공하여 빈 공간을 만든 후, 원형으로 투공된 저부 바닥면에 대각의 상부를 삽입시켜 저부의 透孔된 면과 대각 안쪽에는 점토 덩어리로 채워 마무리하고, 대각과 저부의 외면 접합부는 점토를 보강하여 제작하는 방법(도 3-④)이다.

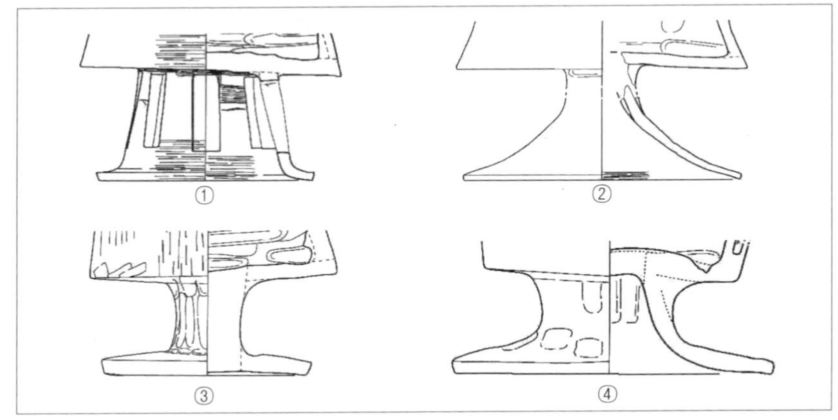

〈도 3〉 곡교천유역 출토 원통형토기 대각 접합방법
(①아산 명암리 밖지므레유적 3지점 17호 토광묘 ②아산 명암리 밖지므레유적 2-2지점 16호 토광묘 ③아산 명암리 밖지므레유적 3지점 27호 토광묘 ④아산 명암리 밖지므레유적 3지점 34호 토광묘)

이와 같이 대각이 부착된 I 형식 원통형토기의 대각 접합방법의 차이는 시기 또는 기능보다 대각의 형태와 관련된 것으로 판단된다. 한편 대각이 부착된 원통형토기에서 당시 곡교천유역에 자리하고 있던 마한의 대외교류관계를 보여주는 제작기법이 확인되고 있어 주목되는데, 아산 명암리 밖지므레유적 3지점 17호 주구토광묘 출토품이다. 3지점 17호 주구토광묘에서 출토된 대각이 부착된 원통형의 토기의 저부 내면에서 물레작업 시 나타나는 회전흔이 관찰되기 때문이다. 회전흔은 좌측에서 우측으로 확인되고 있으며, 이는 회전판이 부착된 물레를 반시계방향으로 돌려 제작하였음을 보여주고 있다. 이처럼 회전판을 이용하여 제작한 기법이 기형적으로 차이는 있지만 낙랑토성지 출토 원통형토기의 저부 내면에서 보이는 제작기법과 동일한 모습을 보이고 있다. 따라서 비록 현재까지 1점에 불과하지만 동일한 제작기법이 양 지역 출토품에서 확인되고 있어 당시 곡교천유역의 마한 소국과 낙랑지역 간에 상호 교류가 이루어지고 있음을 보여주는 것이라 판단된다(도 4).

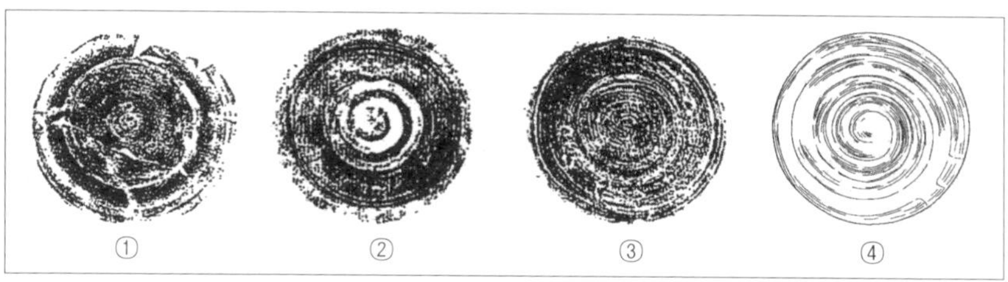

〈도 4〉 원통형토기 저부 내면 성형흔
(①~③ 낙랑토성 출토품 ④아산 명암리 밖지므레유적 3지점 17호 주구토광묘)

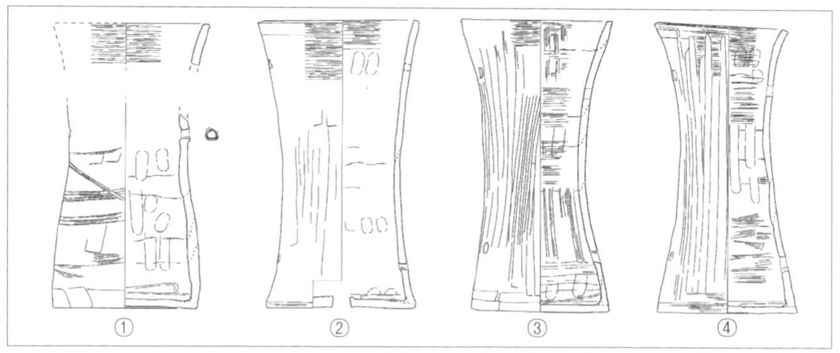

〈도 5〉 곡교천유역 원통형토기 동체부 성형 및 정면기법(축척부동)
(①아산 명암리 밖지므레유적 2-2지점 8호 토광묘 ②아산 명암리 밖지므레유적 2-2지점 12호 토광묘
③아산 명암리 밖지므레유적 3지점 1호 주구토광묘④아산 명암리 밖지므레유적 3지점 5호 토광묘)

동체부 제작방법은 대각의 존재여부와 관계없이 곡교천유역에서 출토된 원통형토기의 단면을 살펴보면, 일정한 크기의 대상 점토띠를 쌓아 올려 제작하는 윤적법을 이용하였으며, 이로 인해 동체부 내면에서 손누름흔이 관찰된다. 더불어 높이가 대부분 40㎝ 이하에 해당하고 있어 정립기법으로 제작되고 있다(도 5). 더불어 동체부에는 약 1㎝ 미만의 소형 원공이 외면에서 내면으로 1개 또는 2개씩 투공되고 있다. 1개일 경우 동체부의 중상단부 혹은 중하단부와 중단부 및 상단부에 자리하고 있으며, 2개일 경우 대부분 동체부의 상단부와 하단부 근처에 자리하고 있는데 반해 일부의 경우 중상단부와 중하단부에 자리하기고 한다. 이처럼 원공이 2개일 경우를 포함하여 1개일 경우 원공의 위치가 다양한 모습을 보

이고 있는데, 이러한 원공의 위치 및 수적 차이는 원통형토기의 시간적인 선후 관계보다 기능적인 측면에 따라 개수와 위치에 있어 차이가 있었던 것으로 보일 뿐, 명확한 이유는 밝혀지지 않는 상태이다.

동체부는 대상의 점토띠를 윤적법으로 성형함에 따라 내면에서 접합흔을 조정하기 위한 지두조정흔과 물손질정면흔이 관찰된다. 더불어 구연부는 내외면 모두 회전물손질정면하였으며, 동체부 외면은 대부분 종방향으로 깍기조정하였고, 기저부는 횡방향으로 깍기조정하거나 선별적으로 물손질정면하였다(도 5).

이상과 같이 곡교천유역에서 출토되고 있는 원통형토기의 태토 및 일부 제작기법을 통해 당시 곡교천유역의 마한 소국과 낙랑지역과의 교류관계가 있었을 살필 수 있다.

Ⅳ. 공반유물을 통해 본 원통형토기의 편년

곡교천유역에서 출토된 원통형토기는 외형상 대각의 존재유무에 따라 Ⅰ·Ⅱ 형식으로 분류할 수 있으며, 세부 속성에 따라 5개의 세부형식으로 구분하였다. 이들 원통형토기는 공반 출토된 유물들을 통해 편년을 살펴보았으나[12], 자료의 증가로 인해 일부 보완수정하였다.

Ⅰ형식[13] 원통형토기는 평저의 저부에 대각이 부착된 형식으로 대각의 형태에 따라 3가지 형식으로 분류하였으며, 아산 명암리 밖지므레유적 5점, 아산 갈산리유적 6점, 영남지역인 대구 팔달동유적 9호분과 울산 하삼정고분군 Ⅰ 3호분에서 각각 1점씩 출토되어 현재까지 총 13점이 출토되었다. Ⅰ형식 원통형토기는 곡교천유역에서 토광묘와 주구토광묘, 영남지역은 토광묘에서 출토되고 있

12) 이상엽, 2015, 「영산강유역 원통형토기와 중서부지역 원통형토기와의 비교 및 검토」『한국의 원통형토기(분주토기)Ⅱ』, 국립나주문화재연구소·전남대학교박물관.

13) 대각이 부착된 원통형토기는 곡교천유역에서 출토되기 전 대구 팔달동유적에서 1점이 출토되었으나, 출토 당시 영남지역에서 유사한 형태의 토기가 출토되고 있지 않아 주목받지 못한 실정이었으며, 최근 울산 하삼정 고분군 Ⅰ에서도 1점이 출토되어 영남지역에서는 대각의 유무와 관계없이 원통형토기는 2점에 불과하다.

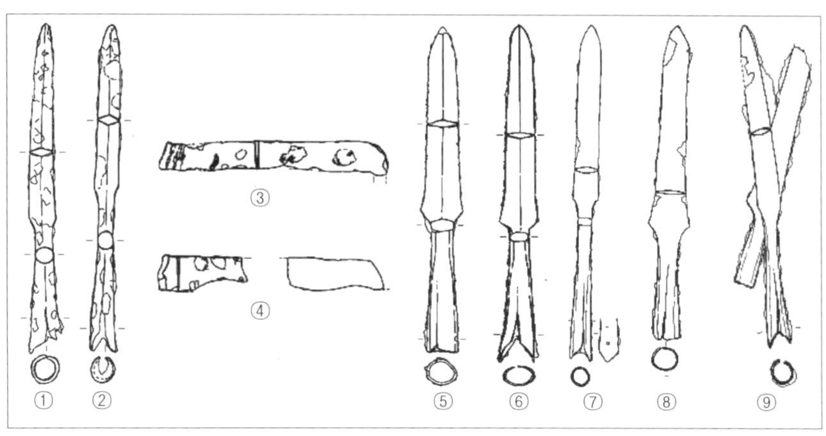

〈도 6〉 유관연미형 철모 출토현황
(①~③ 아산 갈산리유적 1호 주구토광묘 ④ 아산 갈산리유적 10호 주구토광묘
⑤·⑥ 김포 운양동유적 2-9지점 1호 분구묘 ⑦·⑧울산 하대유적 41호 ⑨ 포항 옥성리고분군 78호)

는데, 매장주체부의 형식은 곡교천유역은 목관묘 4기, 목곽묘 2기이며, 영남지역은 2기 모두 목곽묘이다. Ⅰ형식 원통형토기는 매장주체부가 목관인 경우 관 외부의 묘광 단벽과 목관 사이에 부장되었으며, 목곽 역시 곽 외부의 묘광 단벽과 목곽 사이에 부장되었다. 공반되는 유물은 기본적으로 원저단경호와 심발형토기가 세트관계를 이루고 있으며, 분묘에 따라 철기류가 부장되거나 부장되지 않고 있다. 이에 공반출토된 유물 중 토기류는 원저단경호와 심발형토기, 철기류는 철모와 철겸을 통해 살펴보았다.

Ⅰ형식 원통형토기와 공반 출토된 원저단경호의 세부적인 기형을 살펴보면, 구연부는 경부에서 살짝 외반되거나 수평으로 처리되었고, 경부는 직립하거나 살짝 외반되었으며, 동체부는 역삼각형 또는 편구형화 되는 형태가 대부분을 차지하고 있어 청당동 Ⅲ기와 같이 동체부가 구형화되거나 단경의 구연부가 외반된 형태가 보이지 않으므로 청당동 Ⅱ기(함순섭 외 1995) 또는 중서부지역 Ⅱ단계 중 4분기(성정용 2006)인 3세기 중후반으로 비정하고자 하였다. 그리고 동반 출토된 심발형토기 역시 저부에서 외반되어 올라가다 동 중상위에서 최대경을 이룬 후 내만하며 구연부는 약하게 외반하였는데, 이러한 기형은 청당동 Ⅲ기 이전에 해당되고 있어 원저단경호와 동일한 양상을 보이고 있다. 더불어 2-2지점

16호 토광묘에서는 토기류가 공반되지 않고 직기형 철모 1점이 출토되었는데, 출토된 철모의 형식은 직기유관형 철모로 4세기 대 출토되는 연미형 철모 이전 단계에 해당된다. 철겸은 선단부의 형태가 직선에서 곡선으로, 최대폭의 위치가 선단부에서 인부쪽으로 변화된다고 이해하고 있는데, 3지점 17호 주구토광묘에서 출토된 철겸은 선단부가 직선의 형태를 띠고 있으며, 최대폭 역시 선단부에 위치하고 있어 이른 시기에 해당되는 철겸이라 할 수 있다(성정용 2006, 김승옥 2011, 이보람 2011, 김새롬 2011). 이에 I 형식 원통형토기는 대각의 형태에 따라 3가지 형식으로 세분하였으나, 공반 출토된 토기류와 철기류 등을 유물을 통해 3세기 중반경으로 설정하였다[14](도 7). 더불어 최근 아산 갈산리유적에서 출토된 I-B형식 원통형토기 역시 동반 출토된 철겸과 철모의 속성변화를 통해 3세기 중반 이후로 편년할 수 있다(도 7). 즉 1호 주구토광묘와 10호 주구토광묘(도 6)에서 출토된 철겸은 10호 주구토광묘 출토품의 기부가 결실된 상태이나 잔존상태를 통해 선단부의 형태가 직선에 가까우며, 최대폭이 선단부에 위치하고 있기 때문이다. 또한 1호 주구토광묘에서 2점의 철모가 출토되었는데, 2점 모두 공부가 일부 결실되어 있으나, 잔존상태를 통해 연미유관형 철모(도 6)로 판단할 수 있다. 연미유관형 철모는 중서부지역의 경우 4세기 대에 출현하는 형식으로 알려있었으나, 최근 김포 운양동유적 1-11지점 12호묘에서 연미유관형 철모가 출토되었다. 4세기 대에 출현하는 유관연미형 철모는 일반적으로 신부가 짧고 관부가 간략화됨과 동시에 공부가 긴 형태로 30㎝ 미만의 소형인데 비해 김포 운양동 1-11지점 12호·2-9지점 1호 출토품은 신부가 길고 관부가 발달되어 있으며, 공부가 짧은 모습을 보이고 있으며, 전장이 50㎝ 정도이다. 이러한 유관연미형 철모는 영남지역의 포항 옥성리유적 78호, 울산 하대유적 41호(도 6)에서 출토되었

14) 대각이 부착된 원통형토기는 곡교천유역과 대구 팔달동유적 및 울산 하삼정고분군 I 에서 출토되었다. 이들 원통형토기가 출토된 영남지역 유적에 대한 편년을 살펴보면, 대구 팔달동유적은 동반 출토된 노형토기, 대부장경호, 철모는 3세기 중엽 이후에는 모두 소멸되는 유물들로 이를 통해 늦어도 3세기 이전에에 해당된다고 볼 수 있으며, 울산 하삼정고분군 I 3호 목곽묘 출토 원통형토기는 유적 내에서 확인된 분묘 구조가 목곽묘에서 위석목곽묘로 변화됨을 상정하면서 유적을 4단계로 구분하였는데, 가장 늦은 IV단계를 3세기 후반경에서 4세기 전반경으로 편년하였고, 이를 통해 원통형토기가 출토된 3호분은 위석목곽묘 이전인 목곽묘 단계에 해당되며, 이를 통해 늦어도 III단계인 3세기 중반 이전에 조영된 것으로 볼 수 있다.

는데, 공반유물을 통해 기원 후 2세기 후반으로 편년(김새봄 2011)하고 있다. 아산 갈산리유적에서 출토된 유관연미형 철모는 김포 운양동유적 출토품에서 보여지는 관부의 발달정도가 미약하나, 4세기에 출현하는 유관연미형 철모에 비해 공부의 길이보다 신부의 길이가 길며, 관부 역시 발달되어 있고 전장이 40㎝로 차이를 보이고 있다. 따라서 아산 갈산리유적에서 출토된 2점의 유관형철모는 중서부지역과 영남지역에서 출토되고 있는 유관연미형 철모의 형식변화를 통해 3세기 중반 이후로 편년하고자 한다.

II형식은 넓은 범위에서 곡교천유역과 영산강유역에서 출토되나, II-A-가-1-c형식과 II-A-나-1-c형식은 I형식과 함께 곡교천유역에서만 출토되고 있으며, 토광묘와 주구토광묘, 매납유구에서 출토되고 있다. 매장주체부는 목곽과 목관으로 목곽의 경우 목곽 내부 또는 부장칸 및 목곽 뚜껑 상부에서 출토되었으며, 목관의 경우 관 외부와 목개 상부에서 출토되었다. II-A-가-1-c형식과 II-A-나-1-c형식은 대각이 부착된 원통형토기 또는 저부에 투공이 있는 경우와 없는 경우가 함께 동반 출토되었다. 이들 두 형식의 원통형토기는 공반 출토된 I형식 원통형토기를 통해 살펴보면, 저부의 투공여부가 시간성을 반영하지 않는 듯하며, 이 두 형식에 있어 시간성은 저부와 구연부 사이의 동체부 곡률 차이인 듯하다. 즉 대각이 부착된 원통형토기와 출토된 II-A-가-1-c형식과 II-A-나-1-c형식 원통형토기는 동체부의 최소경 비율이 구연부와 저부의 지름에 비해 큰데 비해, 후행하는 것으로 판단되는 II-A-가-1-c형식과 II-A-나-1-c형식의 원통형토기는 동체부의 최소경 비율이 낮은 모습을 보이고 있다. 따라서 II-A-가-1-c형식과 II-A-나-1-c형식 원통형토기 중 대각이 부착된 원통형토기와의 공반관계를 통해 공반된 경우 3세기 중후반, 공반되지 않은 경우 3세기 말로 설정하였다(도 7).

위와 같이 곡교천유역에서 출토된 원통형토기는 공반된 토기류와 철기류 및 II형식 원통형토기의 기형변화를 통해 I형식 원통형토기와 일부 II형식 원통형토기가 3세기 중반경 출현하였고, 이후 II형식 원통형토기가 3세기 말까지 사용되었음을 살필 수 있었다(도 9).

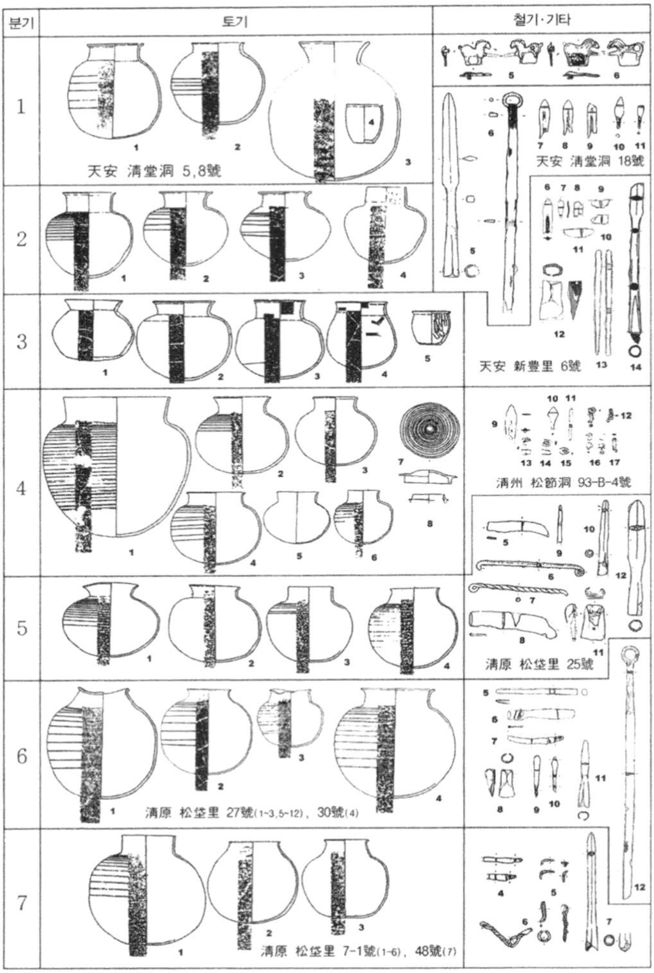

분기	토기	철기·기타
1	天安 清堂洞 5,8號	天安 清堂洞 18號
2		
3		天安 新豊里 6號
4		淸州 松節洞 93-B-4號
5		淸原 松垈里 25號
6	淸原 松垈里 27號(1~3,5~12), 30號(4)	
7	淸原 松垈里 7-1號(1~6), 48號(7)	

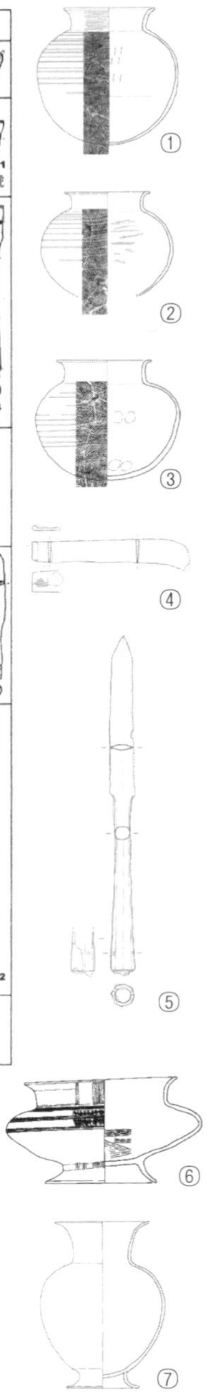

①

②

③

④

⑤

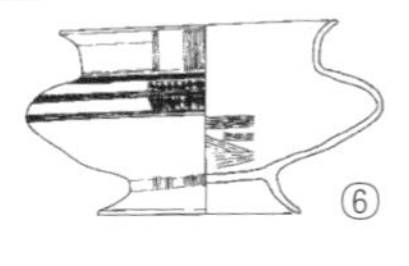
⑥

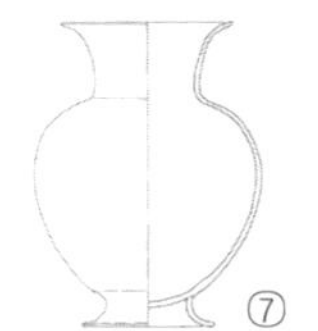
⑦

〈도 7〉 곡교천유역출토 Ⅰ형식 원통형토기 공반유물 검토
(성정용 2006, 편년안 참조)

(①·④ 아산 명암리 밖지므레유적 3지점 17호 주구토광묘, ② 아산 명암리 밖지므레유적 3지점 34호 토광묘, ③ 아산 명암리 밖지므레유적 3지점 27호 토광묘, ⑤ 아산 명암리 밖지므레유적 2-2지점 16호 토광묘, ⑥ 대구 팔달동유적 9호 토광묘, ⑦ 울산 하삼정 고분군 Ⅰ 3호 목곽묘)

V. 맺음말

원통형토기는 곡교천유역을 중심으로 출토되는 양상을 보이고 있으며, 명칭이 동일한 영산강유역 출토 원통형토기는 외형적인 측면에서 많은 차이를 보이고 있으나, 동체부가 통형의 형태를 취하고 있어 원통형토기의 범주에 포함하여 살펴보았다.

곡교천유역에서 출토된 원통형토기는 대각의 존재 여부에 따라 크게 두 가지 형식으로 구분한 후 세부적인 형태를 통해 세분하였다. 구분결과 Ⅰ형식과 Ⅱ-A-가-1-c형식 및 Ⅱ-A-나-1-c형식이 시간적으로 가장 빠른 위치에 해당하며, 시간상으로 3세기 중후반에 집중되어 있다. 이에 비해 비교자료로 살펴본 영산강유역 출토품은 Ⅱ-A-가-2-a형식이 곡교천유역보다 늦은 4세기 전반경에 출현하여 6세기 전반까지 다양한 형태를 보이며 비교적 긴 시간 동안 사용되고 있어 차이를 보이고 있다.

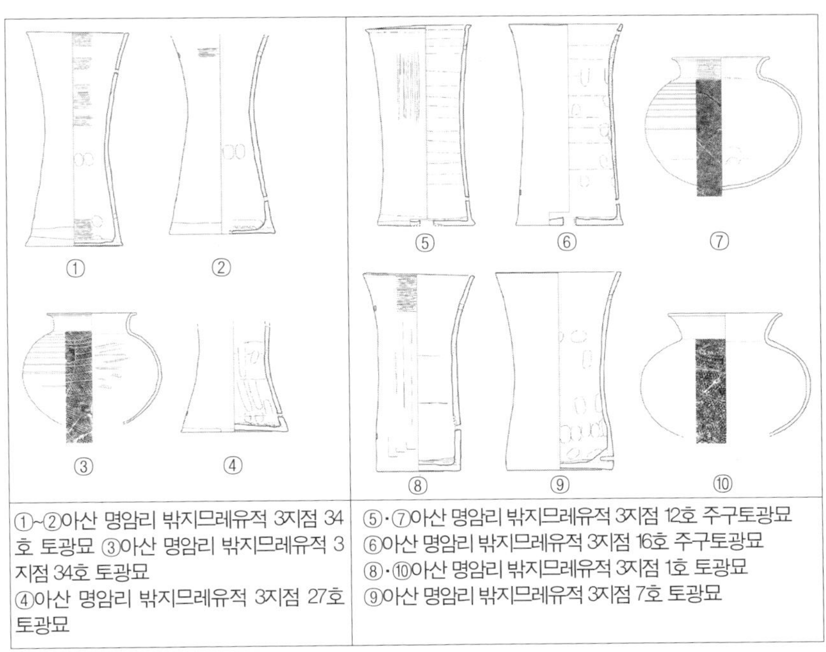

①~②아산 명암리 밖지므레유적 3지점 34호 토광묘 ③아산 명암리 밖지므레유적 3지점 34호 토광묘
④아산 명암리 밖지므레유적 3지점 27호 토광묘

⑤·⑦아산 명암리 밖지므레유적 3지점 12호 주구토광묘
⑥아산 명암리 밖지므레유적 3지점 16호 주구토광묘
⑧·⑩아산 명암리 밖지므레유적 3지점 1호 토광묘
⑨아산 명암리 밖지므레유적 3지점 7호 토광묘

〈도 8〉 곡교천유역 출토 Ⅱ형식 원통형토기 기형변화 및 공반유물 검토

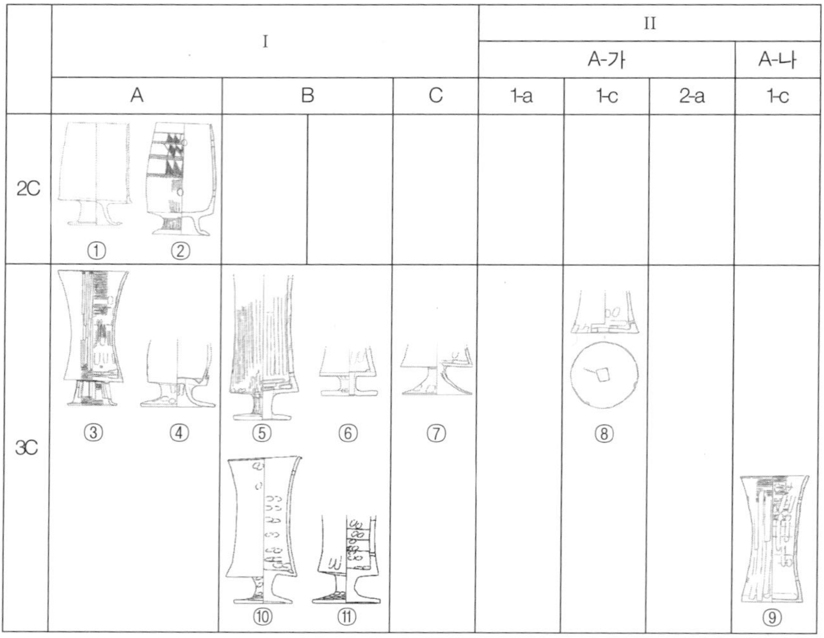

	I			II			
				A-가			A-나
	A	B	C	1-a	1-c	2-a	1-c
2C	① ②						
3C	③ ④	⑤ ⑥ ⑩ ⑪	⑦		⑧		⑨

〈도 9〉 곡교천유역 출토 Ⅰ·Ⅱ형식 원통형토기 편년안

(①대구 팔달동유적 9호 토광묘, ②울산 하삼정고분군 Ⅰ 3호 목곽묘, ③아산 명암리 밖지므레유적 3지점 17호 주구토광묘, ④아산 명암리 밖지므레유적 3지점 34호 토광묘, ⑤아산 명암리 밖지므레유적 3지점 27호 토광묘, ⑥아산 명암리 밖지므레유적 3지점 29호 토광묘, ⑦아산 명암리 밖지므레유적 2-2지점 16호 토광묘, ⑧아산 명암리 밖지므레유적 3지점 34호 토광묘, ⑨아산 명암리 밖지므레유적 3지점 1호 토광묘 ⑩아산 갈산리유적 10호 주구토광묘(백제), ⑪아산 갈산리유적 1호 주구토광묘(백제))

이처럼 곡교천유역에서 출토된 원통형토기는 아산 갈매리유적을 제외하고 분묘유적에서 출토되고 있어 일상생활용기보다 의례와 관련된 기능으로 제작 및 사용된 것으로 파악하였다. 한편 최근 중서부지역에서 출토된 원통형토기를 통해 분묘 조영집단의 성격을 분석한 연구(신민철 2014)가 진행되기도 하였다.

본고는 현재까지 곡교천유역에서 출토된 원통형토기를 중심으로 형식분류 및 제작기법을 살핀 후 편년을 검토하였다. 하지만 곡교천유역을 중심으로 출토되고 있는 원통형토기가 특정시기와 특정지역에서만 출토되는 모습을 보이고 있어 차후 자료의 증가를 통해 이러한 문제점을 해결하고자 한다..

〈참고문헌〉

谷豊信 1984 「楽浪土城址出土の土器(上) －楽浪土城研究 その2－」『東京大學考古學研究室研究紀要』第3號.

국립나주문화재연구소
2012 『영암 옥야리 방대형고분 제1호분』.

김건수 외 2004 『광주 향등유적』, 호남문화재연구원.

김새봄 2011 「원삼국후기 영남지역과 경기·충청지역 철모의 교류양상」, 영남대학교대학원 문화인류학과 석사학위논문.

김승옥 2011 「중서부지역 마한계 묘제의 성격과 발전과정」『분구묘의 신지평』, 전북대학교박물관.

김정배 1985 「목지국소고」『천관우선생환력기념한국사학논총』, 정음문화사.

노중국 1990 「목지국에 대한 일고찰」『백제논총』2, 백제문화개발연구원.

박중환 1996 『광주 명화동 고분』, 국립광주박물관.

신민철 2014 「곡교천유역 원삼국시대 원통형토기의 성격과 의미」『호남고고학보』46, 호남고고학회.

백제문화재연구원
2014 『아산 갈산리유적-초등학교 조성부지내-』.

서오선 1990 「천안 청당동 및 안성출토 일괄유물」『고고학지』제2집, 국립중앙박물관.

서오선·권오영
1990 「천안 청당동유적 발굴조사보고」『휴암리』, 국립박물관고적조사보고 제22책, 국립중앙박물관.

서오선·권오영·함순섭
1991 「천안 청당동 제2차 발굴조사보고서」『송국리』IV, 국립박 물관고적조사보고 제23책 국립중앙박물관.

서오선·함순섭
1992 「천안 청당동 제3차 발굴조사보고서」『고성패총』, 국립박물관고적조사보고 제24책, 국립중앙박물관.

성정용 2006 「중서부지역 원삼국시대 토기 양상」『한국고고학보』60, 한국고고학회.

안재홍 1947 『조선상고사감』, 민우사.

영남문화재연구원
1998 『포항 옥성리고분군 I·II-나지구』.

영남문화재연구원
2000 『대구 팔달동 유적 I』.

原田淑人·田澤金吾

1930 『樂浪』東京帝國大學文學部.

윤용진 외 1993 『대구 팔달동유적』, 경북대학교박물관.

이건무 외 1989 「의창 다호리유적 발굴진전보고(Ⅰ)」『고고학지』 제1집, 한국고미술연구소.

1991 「의창 다호리유적 발굴진전보고(Ⅱ)」『고고학지』 제3집, 한국고미술연구소.

1993 「의창 다호리유적 발굴진전보고(Ⅲ)」『고고학지』 제5집, 한국고미술연구소.

1995 「의창 다호리유적 발굴진전보고(Ⅳ)」『고고학지』 제7집, 한국고미술연구소.

이도학 1998 「새로운 모색을 위한 점검, 목지국연구의 현단계」『마한사연구』, 충남대출판부.

이병도 1976 『조선고대사연구』, 박영사.

이보람 2011 「중서부지역 원삼국~삼국시대 철모연구」『분구묘의 신지평』, 전북대학교박물관.

이상엽 2009 「중서부지역 원통형토기의 성격 검토」『선사와 고대 31』, 한국고대학회.

이상엽 외 2011 『아산 명암리 밖지므레유적』, 충남역사문화연구원.

이상엽 2015 「영산강유역 원통형토기와 중서부지역 원통형토기와의 비교 및 검토」『한국의 원통형토기(분주토기) Ⅱ』, 국립나주문화재연구소·전남대학교박물관.

이영철 외 2005 『함평 노적유적』, 호남문화재연구원.

이영철 외 2006 『군산 축동유적』, 호남문화재연구원.

이영철 외 2007 『나주 장등유적』, 호남문화재연구원.

이영철 외 2008 『광주 하남동유적 Ⅰ』, 호남문화재연구원.

이홍종 외 2007 『아산 갈매리(Ⅲ지역)유적』, 한국고고환경연구소.

임영진 1994 「광주 월계동의 장고분 2기」『한국고고학보 31』, 한국고고학회.

임영진 외 1999 『나주 복암리 고분군』, 전남대학교박물관.

임영진 외 2002 『나주 덕산리 고분군』, 전남대학교박물관.

임영진 외 2003 『광주 월계동 고분군』, 전남대학교박물관.

鄭仁盛 2003 「楽浪圓筒形土器の性格」『東京大學考古學研究室研究紀要』第18號.

정인성 2004 「낙랑토성의 토기」『한국고대사연구』 34, 한국고대사학회, 서경문화사.

천관우 1979 「목지국고」『한국사연구』 24, 한국사연구회.

최성락 외 2003 『함평 중랑유적 Ⅱ-분묘-』, 목포대학교박물관.

충청문화재연구원 2011 『아산 명암리유적(12지점)』, 충청문화재연구원.

한국문화재보호재단
2009 『울산 하삼정 고분군 I』.
한영희·함순섭
1993 「천안 청당동 제4차 발굴조사보고서」『청당동』, 국립박물관고적조사보고 제25책 국립중앙박물관.
함순섭 외 1995 『청당동 II』 국립박물관고적조사보고 제27책, 국립중앙박물관.

남한지역의 고구려 성곽 조사와 최근 연구 경향

정 원철 (동북아역사재단 연구위원)

I. 머리말

고구려 성곽은 지금의 중국 동북지역과 북한, 남한 중부지역에 이르기까지 광범위하게 분포하고 있다. 그러나 이들 지역은 그동안 서로 다른 역사적 과정을 거쳐 왔고, 지금도 서로 다른 연구 환경에서 고구려 성곽에 대한 조사와 연구가 이루어지고 있다.

먼저 중국에서의 고구려 성곽 조사는 1980년대 이후 본격화 되었는데, 길림성과 요녕성의 각 시(市)와 현(縣)별로 이루어진 지표조사를 통한 성과들이 중국 내 고구려 성곽 연구를 위한 기본적인 자료가 되었다.[1] 북한의 경우는 고구려 성곽을 조사한 시기가 상대적으로 빨랐는데, 이미 1960년대에 자체적으로 대성산성과 안학궁성의 발굴조사를 실시함에 따라 고구려 성곽 연구가 고고학 분야에서 중요한 하나의 연구분야가 되기도 하였다.[2]

1) 길림성에서는 1980년대 전 지역에 대한 문화재 지표조사를 통하여 길림성 각 지역별 문물지(文物志)를 발간하였고, 요녕성에는 1990년대 환인, 무순, 철령, 개원, 수암, 대련, 단동 등 각 시와 현별로 고구려 성곽에 대한 지표조사를 실시하였다. 그러나 초창기 발굴조사가 이루어진 고이산성 등 일부 고구려 성곽을 제외하면 1990년대 중반까지도 크게 두드러진 발굴조사 성과는 확인되지 않는다.

2) 사회과학원출판사, 1964, 『대성산 일대의 고구려 유적에 관한 연구』; 1964-3, 「대성산 못 발굴

이에 비하면 남한지역의 고구려 성곽에 대한 조사와 연구는 상대적으로 그 역사가 짧다. 남한지역에서 처음 발굴조사가 이루어진 고구려 유적은 1977년 조사된 한강유역의 구의동보루[3)]인데, 당시에는 이 유적을 백제유적으로 인식할 정도로 한국학계에서는 고구려 유적에 대한 기본적인 인식조차 마련되지 않았다. 그러던 것이 1990년대로 접어들면서 1980년대 말 몽촌토성 조사에서 출토된 고구려 토기에 대한 분석이 진행되고, 1990년 중반 무렵부터 경기도지역에서 광역지표조사가 실시되면서 비로소 남한지역 고구려 유적과 유물에 대한 기본적인 인식이 마련되기에 이르렀다. 그리고 1990년대 말 진행된 한강유역 아차산보루군에 대한 발굴조사는 남한지역에서 고구려 고고학의 본격적인 조사와 연구를 가져오게 한 실질적인 계기가 되었다. 그 이후 남한지역 고구려 성곽 조사와 연구는 중국과 북한에 비해 자세하고 치밀하게 진행되고 있는 상황이다. 2000년대 중반 이후부터 최근 10여 년 사이의 상황만 개관해 보더라도 1990년대 조사가 이루어졌던 한강유역 아차산보루군에 대한 추가 조사가 실시되었고, 조사 범위는 점차 확대되어 경기북부 지역의 임진강 유역과 양주분지 일원, 경기 남부 안성지역에서 새로운 고구려 성곽에 대한 발견과 발굴조사 성과들이 확인되고 있다. 또한 연구 분야에 있어서도 그동안의 발굴조사 결과를 바탕으로 주로 남한지역 고구려의 방어체계 연구와 고구려 토기의 편년 연구에 집중되었던 한계에서 벗어나 새로운 연구 주제와 방법을 활용한 다양한 연구 성과들이 확인되고 있는 추세이다. 이 글에서는 최근까지의 발굴조사 성과를 포함한 남한지역 고구려 성곽의 조사 현황을 살펴보고, 최근의 고구려 성곽 연구가 어떤 방향으로 진행되고 있는지 그 연구 경향을 구체적으로 검토해 보고자 한다. 앞으로의 고구려 성곽 연구에 작은 도움이 되기를 바란다.

중간보고」, 『고고민속』; 1965-2, 「대성산에서 나온 단지」, 『고고민속』; 김일성종합대학출판사, 1973, 『대성산의 고구려유적』; 백종오, 2008, 「북한의 고구려 유적 연구현황 및 성과」, 『정신문화연구』 제31권 제1호.

3) 구의동보고서 간행위원회, 1997, 『한강유역의 고구려요새』.

II. 남한지역 고구려 성곽 조사현황

지금까지 남한지역에서 확인된 고구려 유적의 수는 100개소 이상인 것으로 알려져 있는데,[4] 이 가운데 절대 다수의 수를 차지하고 있는 유적이 바로 성곽이다.[5] 남한지역의 고구려 성곽은 경기 북부지역의 임진강유역과 양주분지 일대를 거쳐 서울의 한강유역, 경기 남부 및 충청 일부 지역까지 폭넓게 분포하고 있다. 앞서 언급한 것과 같이 그동안의 발굴조사는 주로 한강유역의 고구려 보루를 중심으로 이루어졌고 임진강유역, 금강유역의 극히 일부 고구려 성곽이 비교적 이른 시기에 조사되었다. 최근에는 조사의 지역적 범위가 점차 확대되어 발굴조사가 이루어진 고구려 성곽의 수는 이미 15개소를 넘어선 상황이다.[6] 〈표1〉 기존에 조사되었던 한강유역 고구려 보루의 경우 추가적인 전면 조사를 통해 한강유역 고구려 성곽의 면모가 자세하게 드러나게 되었다. 또한 경기 북부지역에서는 임진강 유역과 양주분지 일대에서 새로운 고구려 보루가 조사되고 있으며, 최근에는 경기 남부지역인 안성지역에서도 고구려 성곽에 대한 발굴조사 성과가 보고되었다. 기존의 발굴조사와 최근의 발굴조사 상황을 지역별로 구분하여 간략하게 정리하자면 아래와 같다.

1. 경기 북부지역 일대

경기 북부지역에 해당하는 임진강유역의 고구려 성곽 가운데 발굴조사가 이루어진 대표적인 유적으로는 연천 호로고루를 손꼽을 수 있다. 호로고루는 2000

4) 국립문화재연구소, 2006, 『남한의 고구려 유적』에는 남한에서 확인된 고구려 관련 유적의 수를 92개소로 파악하였다. 그러나 최근 경기도와 강원도 일원의 여러 곳에서 고구려 고분과 취락 유적 등이 확인되면서 그 수는 100개소를 넘어섰다.

5) 남한지역 고구려 성곽의 현황을 정리한 것으로는 다음과 같은 것들이 있다.(백종오, 2006, 『고구려 남진정책 연구』, 서경; 2005, 「남한지역의 고구려성곽」, 『한국 고대의 Global Pride, 고구려』; 심광주, 2001, 「남한지역의 고구려 유적」, 『고구려연구』 12, 학연문화사; 2005, 『남한지역 고구려 성곽 연구』, 상명대학교박사학위논문; 국립문화재연구소, 2006, 『남한의 고구려 유적』.)

6) 최근까지 조사된 고구려 성곽은 17개소에 이르며 고분도 최대 14개 지역으로 파악된다. 이 경우 남한지역에서 발굴조사 된 유적 수가 30개소를 넘어선다.

년 한국토지공사 토지박물관에서 1차 발굴조사를 실시하였다. 조사 결과 동벽에서 고구려 체성벽과 신라의 성벽이 함께 확인되었고, 그 외곽에서는 2기의 치가 확인되었다. 출토유물로는 여러 종류의 토기류와 기와류가 있다.[7] 2차 발굴조사는 2005년~2006년까지 역시 한국토지공사 토지박물관에서 실시하였다. 석축 성벽보다 시기가 앞서는 목책열이 확인되었고 기와 건물지, 지하식 벽체 건물지, 우물, 토광, 수혈 등의 다양한 유구가 조사되었다. 출토유물 역시 다양하게 확인되었다. 남한지역 고구려 유적에서는 쉽게 확인되지 않는 연화문수막새가 확인되었으며, 여러 문양의 기와류, 토기류, 전돌, 관모형 및 도침형 토제품, 저울추 등이 출토되었다. 그와 함께 쌀·조·팥·콩 등의 탄화곡물, 소·말·개·사슴·노루·멧돼지 뼈 등도 출토되었다.[8] 3차·4차 발굴조사는 한국토지공사 토지주택박물관에서 2009년과 2011~2012년에 실시하였다. 2009년 3차 발굴조사에서는 지하식 벽체건물지(집수시설), 목책유구, 기와 퇴적지 1·2호에 대해 조사하였다. 지하식 벽체건물지에서는 목재구조물이 확인되었는데 집수시설로 추정된다. 4차 발굴조사에서는 지하식 벽체건물지 하부구조인 집수시설과 고려시대 건물지 등에 대한 조사가 이루어졌다. 그와 함께 동벽의 체성벽과 보축 성벽에 대한 추가 조사를 실시하였다. 이를 통해 호로고루 성벽의 구조와 축조방식을 구체적으로 확인하였다. 출토유물로는 연화문수막새, 착고기와, 치미, 경질 기와 등의 기와류, '相鼓' 명문 토기, 호, 옹 등의 토기류 및 이형 토제품이 있다. 또한 철촉을 비롯한 금속류, 기타 석제류, 각종 동물뼈 등이 함께 출토되었다.[9]

최근에는 임진강변 구릉상에 위치한 고구려 보루 가운데 처음으로 연천 무등리2보루가 조사되었다. 2010년~2012년까지 3차에 걸쳐 서울대학교 박물관에서 시굴 및 발굴조사를 실시하였다. 조사결과 보루 내에서는 석축 성벽, 기둥 구멍과 기둥 구덩이, 치 2기, 석축 방형 유구 및 축대, 배수로 등 유구가 확인되었다. 이 가운데 성벽은 남한지역 다른 고구려 보루와는 달리 대강 치석된 석재를 사용하면서 점토를 최대한 활용하였는데, 성벽의 뒷채움, 성돌 틈, 성벽 외면까지 모

7) 한국토지공사 토지박물관 연천군, 2003, 『연천 호로고루(제1차 발굴조사보고서)』.
8) 한국토지공사 토지박물관 연천군, 2007, 『연천 호로고루III(제2차 발굴조사보고서)』.
9) 한국토지공사 토지주택박물관, 2014, 『연천 호로고루IV(제3·4차 발굴조사보고서)』.

두 점토를 덧대어 축조한 것이 특징이다. 성벽 하단부에서는 다수의 기둥 구덩이가 확인되었는데 성벽 안쪽에서 탄화된 나무기둥이나 기둥 구멍 흔적이 나타나는 것으로 보아 이는 성벽을 지탱하는 영정주의 흔적일 가능성이 높다. 출토유물로는 여러 종류의 토기류와 일부 기와류, 토제품, 철기류, 탄화곡물 등이 있다. 특히 완전한 형태의 찰갑(투구와 갑옷 상의 1세트와 그동안 출토 예가 없었던 망태형 철기(조사 당시 사행상철기로 보고)는 고구려 철기 연구에 활력을 불어넣을 수 있는 유물로 평가된다.[10)]

이밖에도 임진강유역에서 이미 시굴조사가 이루어진 고구려 성곽으로는 파주 덕진산성[11)]과 연천 은대리성[12)], 당포성[13)]이 있다. 이 가운데 파주 덕진산성은 2012년~2015년까지 4차에 걸쳐 중부고고학연구소에서 발굴조사를 실시하였다. 산성은 내성과 외성으로 이루어진 복합성이며, 규모는 내성 둘레 약 600m, 외성 둘레 약 1200m이다. 발굴조사는 주로 내성을 중심으로 이루어졌다. 조사결과 성내 토축부와 성외 석축부를 확인하였고, 산성의 북서쪽, 남서쪽, 북쪽에서 총 3기의 치를 조사하였다. 성내에서는 부뚜막과 주혈이 있는 수혈건물지와 건물지, 집수지 등의 유구와 함께 고구려, 통일신라, 조선에 이르는 여러 시기의 토기편와 기와편, 자기편 등의 유물을 확인하였다. 이를 통해 덕진산성의 대략적인 축조시점과 구조에 대한 자료를 확보하였다. 특히 초축 세력에 대한 궁금증을 해결했다는 점에서 발굴 조사의 의미를 찾을 수 있는데 북쪽 치의 토축부 초축층을 굴착하여 고구려 수혈건물지와 건물지가 조성되었음을 확인하였고, 내성 서벽의 1차 성벽 안쪽에서는 고구려 시기 성벽을 새롭게 확인하는 성과를 거두었다. 또한 토축 기저부와 1차 성벽 석축 기저부에서 출토된 목탄시료를 분석하여 해당 성곽이 고구려 때 처음 축조되었음을 증명하는 절대연대 자료도 확보하였다. 해당 산성의 축성 주체는 고구려일 가능성이 높으며 초축 시기는 6~7세기로 추정된다.

10) 서울대학교박물관, 2015, 『연천 무등리 2보루』.

11) 육군사관학교 화랑대연구소, 2004, 『파주 덕진산성 정밀지표조사 및 시굴조사 보고서』.

12) 단국대학교매장문화재연구소, 2004, 『연천 은대리성 지표 및 시·발굴조사보고서』.

13) 육군사관학교화랑대연구소, 2003, 『연천 당포성 발굴조사 약보고서』; 경기도박물관·육군사관학교화랑대연구소, 2008, 『연천 당포성II-시굴조사보고서』.

고구려 이후에는 통일신라와 조선시대에 여러 차례 수축과 개축하였다.[14)]

한편 양주분지 일대에는 30개소에 가까운 고구려 보루가 분포하는 것으로 파악된다.[15)] 이 가운데 최근 천보산2보루와 태봉산보루에 대한 발굴조사가 이루어졌다.

천보산2보루는 2012년 서울대학교 박물관에서 발굴조사하였다. 이 조사는 양주 일원에서 처음으로 고구려 성곽을 조사하였다는 의의가 있으나, 양주시에 해당하는 일부 구간만 대상으로 조사한 것이기 때문에 천보산2보루 전체에 대한 구조와 성격을 파악하기에는 한계가 있다. 조사 결과 석축 치와 성벽 관련 시설로 추정되는 목책용 수혈, 온돌 건물지 1동, 굴립주식 건물 1동, 집수시설 등이 조사되었고, 여러 종류의 토기와 철기가 출토되었다.[16)]

태봉산보루는 2014년 겨레문화유산연구원에서 시굴조사 및 1차 발굴조사를 실시하였다. 조사 결과 석축시설과 건물지 2동을 확인하였으며, 120여 점 이상의 갑주편, 투구 복발, 살포 등의 철제유물과 대옹, 장동호, 완, 시루, 파수 등 토기류의 유물이 함께 출토되었다.[17)]

2. 한강유역 일대

한강유역의 아차산 일원에는 일정한 간격을 유지하면서 고구려 보루들이 하나의 군을 이루고 있는데, 대체로 아차산을 중심으로 서쪽으로는 중랑천, 동쪽으로는 왕숙천을 넘지 않는 분포범위를 보인다. 현재까지 확인된 아차산 일대의 고구려보루는 20여 개소가 넘으며 대부분 아차산과 용마산 일대에 자리하고 있다. 앞서 언급한 것과 같이 남한지역에서 가장 먼저 발굴조사가 이루어진 고구

14) 박현준, 2016, 「파주 덕진산성 발굴조사 성과와 과제」, 『2016년 고구려발해학회 학술회의-고구려 발해 유적의 최신 발굴조사 성과와 과제』, 1~34쪽.

15) 백종오, 2006, 『고구려 남진정책 연구』, 서경, 132~170쪽.

16) 서울대학교 박물관, 2014, 『양주 천보산 2보루-2012년 조사 보고서』.

17) 겨레문화유산연구원, 2014, 『고구려유적 태봉산보루 시굴조사 학술자문회의자료』; 이준민·박햇님, 2014, 「양주 태봉산 고구려보루 유적 시굴 및 1차 발굴조사」, 『중부고고학회 2014년 유적조사발표회』, 128~135쪽.

려 성곽은 구의동보루이다. 그러나 당시에는 백제 관련 유적으로 알려졌다가 이후 몽촌토성에서 고구려 관련 유물이 확인되고,[18] 관련 유적과 유물에 대한 재검토[19]가 이루어지면서 뒤늦게 고구려 보루임이 밝혀졌다. 그 이후 1990년대 말 아차산4보루와 시루봉보루가 발굴조사되면서 본격적인 발굴조사가 진행되었다.

아차산4보루는 1997년~1998년 서울대학교 박물관에서 발굴조사하였다. 당시 성벽과 치 등의 방어시설이 확인되었고, 성내에서는 여러 기의 건물지와 저수시설 등의 유구가 조사되었다. 특히 500여 점 이상의 토기와 300여 점의 철기 등 대량의 유물이 출토되었다.[20]

시루봉보루는 1999년~2000년까지 역시 서울대학교 박물관에서 발굴조사하였다. 유적의 기본 시설인 성벽을 비롯하여 치, 대형 건물지, 저수시설, 배수시설이 확인되었으며, 출토유물은 토기류와 철기류 등이 확인되었다.[21]

한편 2000년대 이후에도 아차산 일원의 고구려 보루는 지속적으로 발굴조사되고 있다. 아차산4보루와 시루봉보루에 대한 추가 발굴조사가 이루어졌으며, 홍련봉1보루와 2보루, 아차산3보루, 용마산2보루도 새롭게 발굴조사되었다.[22]

아차산4보루는 2007년에 국립문화재연구소에서 성벽에 대한 추가 발굴을 진행하였다. 조사결과 이중 구조의 치를 비롯한 3기의 치를 남벽과 북벽에서 새롭게 확인하였으며, 온돌 유구 4기와 기단석축과 같은 유구를 추가로 확인하였다.[23]

시루봉보루는 2009년~2011년 서울대학교 박물관에서 추가 발굴조사를 실시하였다. 이를 통해 3기의 치와 목책열, 2중 석렬, 건물지 등이 추가적으로 확인되

18) 서울대학교박물관, 1988, 『몽촌토성-동남지구발굴조사보고서』.

19) 서울대학교박물관, 1997, 『한강유역의 고구려요새』; 최종택, 1993, 「구의동-토기류에 대한 고찰」, 『서울대학교박물관학술총서』 제2집; 1995, 『한강유역 고구려토기연구』, 서울대학교대학원 석사학위논문; 1998, 「고고학상으로 본 고구려의 한강유역 진출과 백제」, 『백제연구』 28.

20) 서울대학교박물관, 2000, 『아차산 제4보루』.

21) 서울대학교박물관, 2002, 『아차산 시루봉보루』.

22) 현재까지 아차산일원에서 발굴조사가 이루어진 고구려보루는 구의동보루, 아차산4보루, 시루봉보루, 아차산3보루, 홍련봉1보루, 홍련봉2보루, 용마산2보루 모두 7개소이다. 최근 7개 보루에 대한 발굴조사 현황을 최종택이 종합적으로 정리 분석하였다.(최종택, 2013, 『아차산 보루와 고구려 남진경영』, 서경문화사.)

23) 국립문화재연구소, 2009, 『아차산4보루』.

었으며, 여러 종류의 고구려 토기 및 철기가 함께 출토되었다.[24)]

아차산제3보루는 고려대학교 고고환경연구소에서 2005년 발굴조사를 실시하였다. 조사 범위는 보루 전체 면적의 1/3에 해당한다. 아차산3보루는 둘레 길이가 350m정도로 아차산 일원의 고구려 보루 가운데 규모가 가장 큰 편에 속한다. 조사 결과 다른 보루에 비해서 다양한 유적들이 확인되었는데, 성벽과 온돌시설을 갖춘 건물지를 비롯하여 계단식 출입시설과 방앗간, 저장시설, 단야시설, 배수시설 등이 확인되었다.[25)]

홍련봉1보루는 2004년 고려대학교 고고환경연구소에서 발굴조사를 실시하였다. 보루의 기본 구조는 아차산 일대의 다른 보루와 기본적으로 비슷하다. 성내 시설물로는 건물지, 온돌유구, 저수시설, 배수시설이 있으며, 출토 유물은 대부분 토기류 및 철기류이다. 특히 연화문수막새를 비롯한 기와류가 아차산 일원에서 처음으로 확인되었는데, 아차산 일원의 20곳이 넘는 유적 가운데 위계가 가장 높은 보루였을 것으로 추정되고 있다. 연화문수막새는 형태상 6세기 중반으로 편년되고 있다.[26)] 2012년~2013년에는 한국고고환경연구소에서 기존의 미조사구간에 대하여 추가적인 발굴조사를 실시하였다. 이 때 조사는 성벽 전체에 대한 노출조사로 이를 통해 홍련봉1보루의 구체적인 성벽 축조방식을 확인하였다.[27)]

홍련봉2보루는 2005년 고려대학교 고고환경연구소에서 발굴조사를 실시하였다. 기본구조는 역시 아차산 일대의 다른 보루들과 거의 유사하며, 보루 내에서는 온돌을 갖춘 건물지와 저수시설, 집수정, 소성유구, 배수시설 등이 확인되었다. 다만 홍련봉 제1보루와는 달리 기와류는 확인되지 않았으며 다양한 토기류와 철기류가 출토되었다. 특히 아차산보루군의 사용연대를 추정할 수 있는 "庚子"년 토기가 출토되어 큰 주목을 받았다.[28)] 2012년~2013년에는 역시 한국고고

---

24) 서울대학교박물관, 2013, 『시루봉보루 II』.

25) 고려대학교 고고환경연구소, 2007, 『아차산 제3보루』.

26) 고려대학교 고고환경연구소, 2007, 『홍련봉 제1보루』.

27) 이정범 조성윤, 2013, 「아차산 홍련봉 보루 발굴조사」 『한국고고학회 2013년 유적조사발표회-발표자료집』, 130~140쪽.

28) 고려대학교 고고환경연구소, 2007, 『홍련봉 제2보루』.

환경연구소에서 2005년 당시 미조사된 성벽과 내부시설에 대한 추가 발굴조사를 실시하였다. 성벽 부속시설로는 치 7개소를 확인하였고 성벽 북서쪽 일부 지점을 제외한 성벽 외곽으로 길이 204m, 너비 1.5~2m 규모의 해자(외황)를 처음으로 확인하였다. 내부시설로는 건물지, 축대, 저수시설과 집수정, 배수시설, 계단시설, 가마유구 등 다양하며, 출토유물로는 토기류와 철기류가 있다.[29)]

용마산2보루는 2006년 서울대학교 박물관에서 발굴조사하였다. 조사 결과 성벽과 2차에 걸쳐 축조된 치 1기, 저수시설과 저장시설, 온돌시설을 갖춘 건물지와 배수시설 등이 확인되었다. 출토유물은 토기류와 철기류가 대부분이다.[30)]

3. 경기 남부 및 충청지역 일대

경기 남부지역과 충청지역에서는 금강유역에서 먼저 고구려 성곽이 확인되었다. 남성골산성은 2001년과 2002년 충북대학교 박물관에서 두 차례에 걸쳐 발굴조사를 실시하였고[31)], 2006년에는 중원문화재연구원에서 추가 발굴조사를 실시하였다.[32)] 조사결과 한강유역을 대표로 하는 아차산일대 고구려 보루와는 달리 토축과 내외곽 이중 목책으로 이루어진 구조임이 확인되었다. 내곽에서는 일부의 석축성벽과 문지가 확인되었으며 문지 아래쪽으로는 환호를 이용한 차단시설을 구축하였다. 또한 성벽 회절부에는 내곽과 외곽에 목책으로 치를 축조하였다. 성 안에서는 온돌시설이 구비된 건물지와 수혈, 가마터가 발견되었다. 출토유물은 토기류와 철기류가 있으며 2006년 조사에서는 금제귀걸이 1점이 출토되기도 하였다. 출토 토기의 기본적인 양상을 통해 볼 때 아차산보루군보다 시기가 오히려 이른 5세기 중후반에 축조된 것으로 판단된다.

역시 금강유역에 위치한 월평동산성은 2001년 충청문화재연구원에서 발굴조

29) 이정범 조성윤, 2013, 「아차산 홍련봉 보루 발굴조사」『한국고고학회 2013년 유적조사발표회-발표자료집』, 130~140쪽.

30) 서울대학교박물관, 2009, 『용마산 제2보루』.

31) 충북대학교박물관, 2005, 『청원 남성골 고구려유적』.

32) 중원문화재연구원, 2008, 『청원IC~부용간 도로공사구간내 청원 남성골 고구려유적』.

사하였다.[33] 산성 남쪽 구간에서 길이 약 85m의 고구려시기 목책유구가 확인되었다. 목책 유구 뒤쪽에서는 영정주 또는 수직기둥홈이 남아 있는 석축성벽이 함께 발견되었다. 해당 유구는 백제시기 목책과는 다른 방향으로 축조되었고, 유구 주변에서는 고구려 토기가 출토되었다. 고구려가 해당지역을 일시적으로 점유하면서 방어시설을 축조했을 것으로 추측된다.[34]

한편 최근까지 경기 남부지역에서는 고구려 성곽의 존재가 확인되지 않고 있었다.[35] 그런데 경기도 안성지역에서 처음으로 고구려 관련 성곽이 보고되어 학계의 주목을 끌고 있다. 기남문화재연구원에서 실시한 경기도 안성시 도기동 산 51-5임 일원에 대한 발굴조사에서 삼국시대 목책성과 수혈이 확인되었다. 해당 성곽의 위치는 안성천 남쪽에 연접한 나지막한 해발 78m의 독립 구릉지로 안성 일대의 조망이 유리한 곳이다. 구릉의 정상은 넓고 편평하며, 북쪽은 경사가 급한 반면 남쪽은 완만한 경사로 평지와 연결된다. 현재까지 발굴조사가 이루어진 지역은 구릉 정상부 일부와 북쪽 사면부에 해당한다. 구제조사의 한계로 정확한 구조와 초축연대는 아직 확인되지는 않았으나, 조사팀은 해당 성곽이 토루 조성 후 목책을 내외 이중으로 구축한 목책성 구조이며, 먼저 백제가 성곽을 축조한 후 고구려가 이 일대를 점령하면서 고쳐 활용한 것으로 판단하였다. 유적에서는 한성백제시기 토기와 고구려 토기 등 관련 유물이 함께 출토되었으며 유적의 중심연대는 4~6세기 초로 판단된다.[36]

---

33) 충청문화재연구원, 2003, 『대전 월평동산성』.

34) 양시은, 2016, 『고구려 성 연구』, 진인진, 102~105쪽.

35) 최몽룡은 최근 경기도에서 발굴·조사된 산성 자료들을 정리하여 그 역사적 맥락을 구체적으로 살폈다.(최몽룡, 2015, 「안성 죽주산성-최근 경기도에서 발굴·조사된 산성들의 역사적 맥락」, 『호불 정영호 박사 팔순 송축기념논총』.)

36) 김진영, 2016, 『안성 도기동 성곽유적의 발굴조사 성과와 과제』, 『2016년 고구려발해학회 학술회의-고구려 발해 유적의 최신 발굴조사 성과와 과제』, 35~46쪽. 한편 양시은은 유적에서 출토된 고구려 토기의 편년을 5세기 중후반으로 편년하고, 고구려가 475년 한성을 점령한 후 남하하면서 재활용한 것으로 추정하였다.(양시은, 2016, 『고구려 성 연구』, 진인진, 105쪽.)

37) 몽촌토성, 풍납토성, 진천 대모산성, 연기 나성 등에서 고구려 유물이 확인되었으나 성벽과 같은 성곽의 핵심시설을 고구려가 축조하였는지는 확실하지 않다. 따라서 여기서는 이들 성곽은 제외하였다. 한편 고구려 토성혼축성으로 알려져 있던 연천 전곡리토성은 2006년과 2010년에 서울대학교박물관에서 유적의 동남쪽, 북쪽, 동쪽 구간을 절개하여 조사하였다. 그 결과 기존

〈표 1〉 남한지역의 고구려 성곽 발굴조사 현황[37)]

연번	성곽명	발굴 연도	발굴기관	유구(유물)
1	구의동보루	1977	서울대학교 박물관	성벽, 온돌, 배수로, 저수시설(토기·철기)
2	아차산4보루	1997~1998	서울대학교 박물관	성벽, 목책, 치, 건물지, 저수시설, 배수시설(토기·철기)
		2007	국립문화재연구소	성벽, 치, 온돌유구, 기단석축(토기·철기)
3	시루봉보루	1999~2000	서울대학교 박물관	성벽, 치, 건물지, 저수시설, 배수로(토기·철기)
		2009~2011	서울대학교 박물관	목책열, 치, 이중 석렬, 건물지(토기·철기)
4	아차산3보루	2005	고려대학교 매장문화재연구소	성벽, 계단식출입시설, 방앗간, 단야시설, 저장시설, 건물지(토기·철기)
5	홍련봉1보루	2004	고려대학교 매장문화재연구소	성벽, 건물지, 온돌유구, 저수시설, 배수시설(기와·토기·철기)
		2012~2013	한국고고환경연구소	성벽, 치, 목책열(토기, 철기)
6	홍련봉2보루	2005	고려대학교 매장문화재연구소	성벽, 목책, 건물지, 저수시설, 배수시설, 집수정, 소성유구, (토기·철기)
		2012~2013	한국고고환경연구소	성벽, 치, 건물지, 축대, 저수시설, 집수정, 배수시설, 계단시설, 해자, 가마유구, (토기, 철기)
7	용마산2보루	2006	서울대학교 박물관	성벽, 치, 건물지, 저수시설, 저장시설, 창고, 수혈(토기·철기)
8	호로고루	2000	토지박물관	고구려 성벽, 신라 보축성벽, 치(기와·토기)
		2005~2006	토지박물관	목책열, 기와건물지, 지하식 벽체 건물지, 우물(기와, 토기, 전돌, 토제품, 저울추, 각종 탄화곡물, 각종 짐승뼈)
		2009	토지주택박물관	지하식건물지, 목책유구, 기와집중퇴적지(기와, 토기, 철기, 목기, 동물뼈)
		2011~2012	토지주택박물관	집수시설-지하식건물지, 성벽, 기와집중퇴적지(기와, 토기, 철기, 목기, 동물뼈)

에 성벽으로 알려져 있던 구간은 후대의 형질변경에 의해 성벽으로 보였을 뿐 인공적으로 축조한 성벽이 아니라는 것이 확인되었다. 이를 통해 전곡리토성은 존재하지 않는다는 사실이 입증되었다.(서울대학교박물관 연천군, 2015, 『연천 무등리 2보루』「부록5: 전곡리토성 시굴조사 보고서」, 229~236쪽) 다만 전곡리 선사유적지 남쪽 일부구역에서는 단구 지형을 이용한 소규모의 고구려 목책 방어시설과 건물지가 확인되었다.(한양대학교 문화재연구소, 2008, 『전곡선사박물관 건립부지 2차 발굴조사 현장설명회 자료집』)

9	당포성	2002~2003	육군사관학교 화랑대연구소	성벽(수직기둥홈, 기둥구멍),
		2005~2006	육군사관학교 화랑대연구소	석렬유구, 수혈유구(토기·기와·철기)
10	은대리성	2003	단국대학교 매장문화재연구소	문지, 건물지,치(토기)
11	덕진산성	2004	육군사관학교 화랑대연구소	성벽, 문지, 집수지(토기)
		2012~2015	중부고고학연구소	내성성벽, 치, 집수지, 외성성벽(토기·기와)
12	무등리2보루	2010~2012	서울대학교 박물관	성벽, 기둥구멍, 기둥구덩이, 치, 석축방형유구, 축대, 배수로(토기·철기·탄화곡물)
13	천보산2보루	2012	서울대학교 박물관	치, 저수시설, 온돌유구(토기·철기)
14	태봉산보루	2014	겨레문화유산연구원	석축시설, 건물지(토기·철기)
15	월평동산성	2001	충청문화재연구원	목책유구(토기)
16	남성골산성	2001~2002	충북대학교 박물관	목책, 치, 온돌유구, 방어호, 토기가마(토기·철기)
		2006	중원문화재연구소	수혈유구, 온돌유구(토기·철기·금제귀걸이)
17	도기동 성곽유적	2015	기남문화재연구원	목책유구(토기)

III. 남한지역 고구려 성곽의 최근 연구 경향

1. 관방체계 연구

1) 방어체계 연구(축조 및 사용시기 · 성격 및 기능)

남한학계의 고구려 성곽 연구는 남한지역의 고구려 성곽 조사와 그 궤를 함께 한다. 초창기의 성곽 연구는 1990년대 경기도지역의 지표조사와 한강유역 고구려 보루군에 대한 발굴조사를 통해 확인된 결과를 토대로 한 것으로 주로 한강유역을 포함한 경기 북부지역에서의 고구려의 방어체계[38]를 분석하거나, 이와 함

38) 백종오, 1999,「경기북부지역 고구려 성곽의 분포와 성격」,『경기도박물관연보』 3; 최종택, 1999,「경기북부지역의 고구려 관방체계」,『고구려산성연구』.

께 해당 지역 고구려 보루군의 축조시기와 축조 성격 및 기능을 규명하려는 연구가 많았다.

최종택은 한강유역의 고구려 보루를 포함한 경기 북부지역 고구려 보루의 분포, 유형과 구조상의 특징 등을 살펴 고구려의 방어체계를 살폈다. 남한지역 관방유적을 크게 평지성과 보루, 산성으로 구분하고 이 가운데 보루는 규모에 따라 소형과 대형으로 분류하였다. 보루의 분포는 강을 따라 배치된 경우와 양주, 한강 북안처럼 능선을 따라 배치된 두 종류 나누었다. 또한 보루의 입지는 구릉상에 단독으로 배치된 것과 일정 거리를 두고 몇 개가 서로 연결되어 배치된 것으로 구분하고, 그 구조는 외곽의 석축 성벽과 온돌, 저수시설, 배수구 등을 갖춘 내부 건물지로 파악하였다. 한편 보루의 기능에 대해서는 임진강유역의 보루들은 도하하기 위한 교두보 또는 도하를 차단하기 위한 방어기지 역할을 한 것으로 보았으며, 양주 일대나 한강 북안의 보루들은 남하하는 고구려군의 교통로 확보나 북상하는 백제나 신라군의 교통로를 차단하는 기능을 한 것으로 추정하였다.[39)]

백종오 역시 당시까지 파악된 고구려 성곽의 분포 상황을 토대로 경기 북부지역 고구려 성곽의 구체적인 양상과 성격을 파악하였다.[40)] 그 가운데 임진강유역의 고구려 관방체계는 철저한 지형분석을 통한 치밀한 계획 아래 설계되었으며, 하천과 교통로를 중심으로 효율적인 방어체계가 구축된 것으로 판단하였다. 구체적으로 임진강 북안은 은대리성, 당포성, 호로고루와 같은 강안평지성이 거점성 역할을 담당하고, 주변의 소규모 위성보루가 조합관계를 이루면서 선상(線上)방어체계를 형성하였다고 보았다. 임진강과 한탄강의 합류지역에는 동서교통로와 남북교통로가 교차하는데, 이곳의 경우 능형(菱形) 평면 형태의 고구려 성곽을 배치하여 방어체계를 구축하였다고 보았다. 또한 임진강 남안에는 남진하는 하천로에 산성을 거점성으로 배치하여 남진로의 교두보로 이용했다고 분석했다. 임진강 유역 고구려 보루의 축조시기에 대해서는 이 일대 고구려 유적에서 출토된 기와 제작방법의 속성 분석을 통하여 1기 5~6세기, 2기 7세기로 편

39) 최종택, 1999,「경기북부지역의 고구려 방어체계」,『고구려산성연구』8, 257~284쪽.

40) 백종오, 1999,「경기북부지역 고구려 성곽의 분포와 성격」,『경기도박물관연보』3; 2005,「남한지역의 고구려성곽」,『한국 고대의 Global Pride, 고구려』; 2006,『고구려 남진정책 연구』, 서경.

년을 설정하였다.[41]

한강유역의 아차산 일대 고구려 보루는 상대적으로 일찍부터 발굴조사가 이루어진 만큼 한강유역의 고구려 관방체계는 여러 연구자가 관심을 가졌다.

최장열은 아차산 보루군의 축조시기에 대해 5~6세기 고구려사 전개과정 속에서 그 축조시점을 찾았다. 위치적으로 아차산은 백제도성인 풍납토성과 몽촌토성이 육안으로 조망되는 곳이므로 일국의 수도가 강을 경계로 군사적으로 대치하는 상황은 설정하기 어렵기 때문에 그 시점을 475년 백제의 공주 천도 이후라고 보았다. 보루의 축조 성격에 대해서는 495년 문자명왕의 남순(南巡)으로 상정되는 여러 조치의 하나로 한강 북안의 보루 축조와 남평양건설과 연관시켰다. 남평양은 지금의 서울 광진구 일대에 두었던 고구려의 거점 도시로 보고 한강 북안의 보루는 그 외곽의 방어를 위해 축조한 것으로 파악하였다. 보루군의 주기능에 대해서는 교통로 장악과 백제와 신라의 북상을 염두에 두고 배치한 것이나 백제나 신라군과의 전면적 대치 상황을 두고 축조된 것은 아니라고 보았다.[42]

김희선은 당시까지 발굴조사 된 구의동보루, 아차산4보루, 시루봉보루 발굴보고서에 유적의 중심연대를 5세기 중엽으로 잘못 상정하고 있다고 지적하고, 고구려의 한강유역 경영에 대한 이해와 한성 함락 이후 삼국의 동향 등을 분석하여 한강유역 고구려 보루군의 축조시기를 고찰하였다. 축조시기에 대해서는 백제가 다시 한강유역으로 북상하기 시작하는 6세기 이후부터 529년 안장왕대 고구려의 남하를 전후한 어느 시기로 추정하였으며, 그 기능에 대해서는 백제의 북상로를 차단할 수 있는 방어계선으로서의 역할을 했을 것으로 보았다.[43]

한편 서영일은 단순히 보루의 분포 상황만으로 고구려의 방어체계를 파악하는 것은 문제가 있으며, 보루들의 각 시기별 변화상을 고려하여야 한다고 지적하였다. 특히 고구려 보루의 축조시기 및 사용시기를 밝히는 것은 당시까지 고구려 고고학의 한계가 있기 때문에 구체적으로 접근하기는 어렵다고 보고 역사 지

41) 백종오, 2007, 「남한지역 고구려 관방체계-임진강유역을 중심으로」, 『선사와 고대』 26, 279~306쪽.

42) 최장열, 2001, 『한강북안 고구려보루의 축조시기와 그 성격』, 서울대학교 석사학위논문.

43) 김희선, 2002, 「고구려의 한강유역 진출과 그 방어체계」, 『서울학연구』 20, 1~37쪽.

리적 상황과 당시까지 발굴조사 된 유적의 성격을 종합 검토하여 문제에 접근하였다. 그는 한강유역을 중심으로 한 경기북부지역은 5세기 후반~7세기 후반까지 삼국의 각축전이 치열하게 전개된 상황을 고려하여 고구려 보루 활용과 폐기는 임진강 이남에서 한강 이북까지 신라의 행정구획화 진행과 비례하여 이루어졌다고 판단하였다. 고구려 보루의 사용시기에 대해서 아차산 일대 보루는 6세기 중엽, 양주분지 일대 보루는 6세기 중엽~7세기 초반, 임진강 일대 보루는 475년~668년으로 편년하였다. 그리고 고구려 보루의 성격에 대해서는 군사지역에 축조된 군사 요새로 보아 군사 및 행정적 목적을 병행하는 산성과는 달리 행정지배가 불가능하다고 판단했다.[44)]

그런데 최근에는 문헌 기록을 다시 분석하여 기존의 연구와는 다른 시기 구분을 시도하고 새롭게 유적의 성격을 파악하는 연구 성과가 나타나고 있으며, 새로운 연구 방법을 활용하여 관련 유적의 사용 주체와 기능을 분석한 연구가 발표되었다.

김영섭은 아차산보루군의 축조시기 및 활용시기, 성격에 대해서 새로운 설을 제기하였다. 관련 문헌 기록을 분석하여 5세기 후반~7세기 중반까지 고구려가 한강유역으로의 진출과 퇴각을 반복한 것으로 보고, 모두 여섯 시기로 구분하였다.[45)] 이 가운데 고구려가 아차산보루군을 축조 활용한 시기는 471~501년, 529~551년, 568~604년 세 시기라고 추정하였다. 이 가운데 475~501년에는 일부 한강변의 보루가 축조되었을 것으로 보고, 본격적으로 아차산보루가 축조된 것은 529~551년, 568~601년으로 추정하였다. 아차산보루군의 성격에 대해서도 그동안 육상로와 관련되었을 것으로 본 기존의 연구와는 달리 아차산 일원이 한강 하구를 지나 경기만과 이어진다는 점에 주목하여 한강 하구지역을 방어하기 위한

44) 서영일, 2002, 「경기북부지역 고구려 보루 고찰」, 『문화사학』, 63~80쪽.

45) 먼저 1시기(475~501년)는 고구려가 한강 하류지역에 진출한 시기, 2시기(501~529년)는 백제가 한성지역을 회복하면서 고구려가 한강 하류지역에서 퇴각한 시기, 3시기(529~551년)로 백제의 예성강 진출을 저지하고 충청도 지역까지 밀어내면서 다시 한강 하류까지 진출한 시기로 보았다. 4시기(551~568년)는 나제연합군에 의해 다시 한강 하류지역 상실 시기, 5시기(568~604년)는 고구려가 다시 한강 하류지역에 진출한 시기, 6시기(604~629년 신라가 다시 한강 하류지역으로 진출하면서 고구려가 완전히 퇴각한 시기로 구분하였다.

거점으로 활용하였을 것으로 추정하였다.[46)]

이정범은 양주분지와 아차산 일원에 위치한 보루들에 대한 가시권역을 ArcGIS프로그램을 이용하여 분석하였다. 이는 고구려 유물이 확인된 고구려 보루 외에도 사용주체가 확인되지 않은 보루가 다수 존재한다는 점에 착안한 것이며, 이 분석을 근거로 경기 북부지역 보루의 사용주체와 기능을 추정하였다. 분석에 따르면 양주분지 일원 보루의 경우 고구려 보루와 고구려 보루로 확인되지 않은 보루가 모두 동일한 감시대상권역을 갖고 있는 것으로 파악하였다. 이를 근거로 양주분지 지역은 고구려와 신라 모두에게 중요하게 여겼던 교통로였으며 동일한 군사거점 지배 방식을 택했을 것으로 판단하였다. 다만 천보산 3~5보루는 포천일대를 조망하고 있어 북동쪽으로 남하하는 말갈세력을 감시하기 위해 신라가 주로 사용했을 것으로 추정하였다. 한편 아차산보루, 망우산보루, 시루봉보루 등에 대해서는 주요 감시대상지역이 왕숙천의 서쪽 평야와 한강 상류에 해당한다고 분석하였다. 반면 왕숙천을 따라 북쪽으로 이어지는 교통로를 감시하는 보루들은 확인되지 않았으며, 포천일대로 이어지는 교통로는 중랑천 쪽을 향하고 있음을 확인하였다. 따라서 아차산 일대에서 동쪽을 주요 감시대상으로 하는 보루들은 왕숙천을 이용한 교통로보다는 한강 남안의 풍납토성과 몽촌토성 일대, 한강 상류를 주요 감시대상지역으로 삼았다고 분석하였다.[47)]

권순진은 임진강유역에 소재한 호로고루, 당포성, 은대리성에 대한 역사·지리적 환경, 지형적 특징과 성곽의 활용을 군사사적 관점에서 새롭게 고찰하였다. 그 결과 이들 성곽의 기능이 시기별로 각각 상이했을 것으로 보았다. 먼저 4세기 중후반~6세기 중반은 고구려의 공격작전이 본격화되는 시기로 이들 성곽은 처음 목책이나 토축으로 조성되었을 것으로 판단하였다. 발굴조사 결과에 따르면 호로고루는 목책, 당포성은 토루, 은대리성은 토석혼축으로 축조되었으며, 기능면에서 호로고루는 고구려의 주공방향, 당포성과 은대리성은 보조공격 또는 우회공격방향에 위치하여 그 역할이 달랐을 것으로 추정하였다. 이후 호로고루와

46) 김영섭, 2009, 『아차산 고구려 보루군의 재고찰』, 단국대학교 석사학위논문.

47) 이정범, 2010, 「감시권역 분석을 통해본 경기북부지역 보루의 사용주체와 기능」, 『고구려발해연구』 37, 117~154쪽.

당포성은 수·개축을 통하여 임진강유역의 행정치소와 병참기지 역할을 수행한 것으로 보았다. 한편 6세기 중후반~7세기 중후반은 고구려가 방어(후퇴) 작전과 전선이 고착화되는 시기로 이들 성곽은 입지에서 방어진지를 편성하기 취약한 단점이 있기 때문에 아차산과 양주일대 보루군의 후방에서 후방의 작전지휘소와 병참기지 역할을 주로 수행한 것으로 판단하였다.[48)]

2) 군사 편제 연구

아차산 일원 고구려 보루에 대한 고고학 조사가 진행되면서 고구려의 관방체계 가운데 당시 고구려군의 군사 편제 역시 그 일면이 파악되었다.

최종택은 일찍이 구의동보루의 출토 유물을 분석하여 당시 고구려 군사편제는 최소부대 단위를 10명 가량으로 보았으며 상급 부대가 주둔했을 것으로 추정되는 아차산4보루에는 100여명이 주둔했을 것으로 추정하였다.[49)]

최근 이러한 연구 결과를 좀 더 구체화하여 관련 문제를 검토한 연구 성과들이 확인되고 있다. 신광철은 최종택과 마찬가지로 한강유역의 고구려 보루 가운데 폐기 동시성이 인정되는 구의동보루 출토 철제무기류의 분석을 통해 고구려 주둔부대의 편제와 그 위계를 파악하였다. 분석에 따르면 고구려 주둔부대의 최소 단위는 창수, 궁수, 부월수, 환도수 등 10명으로 이루어진 보병편제였으며, 이보다 규모가 큰 보루에는 100명으로 이루어진 상급 부대가 주둔했던 것으로 보았다. 또한 한강유역 일대에는 대규모 성곽이 없고 소규모 보루를 중심으로 하나의 전선을 형성하고 있었던 만큼 소수 주둔 부대의 효율적 운용을 위해 평시와 전시에 따른 유동적인 편제가 운용되었을 것으로 추정하였다.[50)]

조성윤은 한강유역에서 발굴조사가 이루어진 7개소의 고구려 보루에서 출토된 무기류를 분석하여 고구려 중기의 무기체계와 병종구성의 일면을 살폈다. 이들 보루에서 출토된 무기류는 촉, 도, 모, 부, 갑주, 겸, 마름쇠로 구성되는데, 이

48) 권순진, 2012, 「임진강유역 고구려성의 성격 재고」, 『군사』 83, 163~196쪽.

49) 최종택, 1999, 「경기북부지역의 고구려 방어체계」, 『고구려산성연구』 8, 257~284쪽.

50) 신광철, 2010, 「고구려 남부전선 주둔부대의 편제와 위계-한강유역의 고구려 보루를 통해서」, 『고고학』 9-1호, 65~111쪽.

가운데 형식 분류가 가능한 기종은 촉, 모, 갑주 등이며 이를 통해 무기체계의 변화를 파악하였다. 주요무기로는 세장된 촉과 모를 사용하였고, 부수적인 무기로는 부를 사용한 것으로 판단했다. 도는 실전용으로의 사용도가 줄고, 지휘용 및 참수용, 위신재 역할을 한 것으로 보았다. 이러한 무기체계를 통해 한강유역 고구려보루에서의 병종을 추정하였다. 활과 모는 주력 무기로 궁수와 창수가 사용하였고, 부와 겸은 궁수와 창수의 겸장용 무기로 해석했다. 이 가운데 부는 부만을 사용하는 병력도 있었을 가능성이 있다고 추정했다. 그러나 고구려 중기의 보편적인 주력 병종으로 이야기되는 중장기병은 한강유역 보루에서는 확언하기 어렵다고 밝혔다.[51)]

한편 신광철은 『한원(翰苑)』「번이부(蕃夷部)」〈고려기(高麗記)〉의 무관직 관련 기사를 재검토하여 '말약(末若)'은 1천명을 지휘하는 '영천인'급 무관보다 상위의 무관직이었을 가능성을 제시하고, '말약'을 중심으로 임진강유역~한강유역까지 각 권역별 관방체계와 군사편제를 살폈다. 이 가운데 임진강유역은 고구려가 멸망할 때 까지 지속적으로 영역 지배한 지역으로 말약 휘하에 영천인급-당주급 지휘관이 편제되어 국경 방어를 담당했을 것으로 보았다. 양주분지 일원은 임진강유역과 한강유역의 교두보 역할을 했을 것으로 보고 역시 1명이 말약이 2~3명의 영천인급 지휘관과 당주급 지휘관을 예하에 두었을 것으로 추정하였다. 이에 비해 한강유역은 몽촌토성을 중심으로 영역 지배가 이루어졌을 가능성이 높은 권역이나 내지화가 이루어지지 못하고 변경으로 정비된 지역으로 파악하였다.[52)]

3) 생활사 연구

관방체계 연구와 직접적인 연관이 있는 것은 아니나 신광철은 한강유역 고구려 보루에서 출토된 유적과 유물 분석을 통해 당시 한강유역 일대 고구려 주둔부대의 생활상 복원을 시도하였다. 방추차 등 도구를 이용하여 자체적으로 군복 및 깃발과 옷깃 등을 수선하고, 둔전의 경작, 수렵 및 어로 활동을 통해 식량을 공급

51) 조성윤, 2011, 『한강유역 고구려 무기체계 연구』, 고려대학교 석사학위논문.

52) 신광철, 2011, 「고구려 남부전선의 지휘관과 군사편제」, 『한국상고사학보』 74, 171~202쪽.

하고 외부에서 물을 길어와 식수를 확보한 것으로 분석하였다. 또한 땔감의 확보 등을 위하여 벌목 작업을 벌였으며, 석재를 채취하여 성벽의 증, 보축에 이용한 것으로 보았다. 또한 주둔군의 병영막사로 쓰였던 건물지를 비롯하여 디딜방앗간, 간이 소성시설, 단야시설 등이 확인됨에 따라 고구려 주둔군이 각종 일상의 의식주 생활을 영위하였음을 밝혔다. 특히 표준화된 대량의 토기 제작과 보급, 간이 소성시설을 통한 토기 제작의 가능성, 단야시설을 통한 철기의 가공과 수리 등의 모습을 통해 보루 내에 기술병들이 주둔하고 있었을 것으로 해석하였다.[53)]

2. 영역 확장 및 지배방식 연구

475년~551년까지 한강유역은 고구려가 영유하고 있었던 것으로 보는 것이 다수설에 속한다. 반면 한성 함락 후에도 백제가 한강유역을 여전히 영유했다고 보는 반론도 그동안 만만치 않게 제기되었다.[54)] 그러나 국가의 영역 확장을 가장 잘 대변해 주는 관방유적의 존재와 최근 경기도 남부지역과 충청 지역에서 새롭게 고구려 고분이 확인되면서[55)] 고구려 영유설에 더 힘이 쏠리는 듯한 상황이다.[56)] 최근 고구려의 한강유역 지배방식에 대해서는 양시은과 이정범 등의 연구자가 관련 연구를 진행하였다.

양시은은 한강유역과 한강 이남지역의 고구려 성곽과 고분, 생활 유구 등 고구려 유적들을 근거로 475년~551년까지 약 80년간 고구려가 안정적으로 이 지역을 점유 및 지배한 것으로 보았다.[57)] 구체적으로 5세기 중후반 몽촌토성이 고

53) 신광철, 2010, 「고구려 남부전선 주둔부대의 생활상-한강유역의 고구려 보루를 통해서」, 『고구려발해연구』 38, 9~49쪽.

54) 475년~551년 한강유역 영유설에 대한 제견해와 쟁점은 김현숙, 2009, 「475년~551년 한강유역 영유국 논의에 대한 검토」, 『향토서울』 73, 5~49쪽 참조.

55) 백종오, 2009, 「남한내 고구려 고분의 검토」, 『고구려발해연구』 35; 안신원, 2010, 「최근 한강 이남에서 발견된 고구려계 고분」, 『고구려발해연구』 36; 최종택, 2011, 「남한지역 고구려고분의 구조특징과 역사적 의미」, 『한국고고학보』 81.

56) 최종택, 1998, 「고고학상으로 본 고구려의 한강유역 진출과 백제」, 『백제연구』 28; 2008, 「고고자료를 통해 본 백제 웅진도읍기 한강유역 영유설 재고」, 『백제연구』 47.

57) 양시은, 2010, 「고구려의 한강유역 지배방식에 대한 검토」, 『고고학』 9-1호.

구려 군의 남진사령부로서 기능을 하며 한강유역 전역을 중심으로 금강유역까지 영역을 확장하는데, 이와 관련된 유적으로 금강유역의 목책 방어 단계의 관방 유적과 한강 이남에서 확인되고 있는 5세기 중후반 고구려 고분을 예로 들었다. 이에 비해 금강유역의 경우 유적의 분포 양상과 역사적 상황을 고려했을 때 거점지배와 같은 군사적 점유의 성격이 강했을 가능성이 있다고 보았다. 6세기에는 백제가 세력을 재정비하자 고구려는 금강유역에서 한강유역으로 후퇴하는데 몽촌토성은 이미 그 기능을 상실하고 그 대신 아차산보루군에 석축 성벽을 쌓아 방어체계를 전환하여 중심지 역할을 담당하면서 한강 이북을 경영한 것으로 파악하였다. 이 때 축조된 아차산보루군은 유기적으로 서로 연결되어 행정 및 군사 기능을 모두 담당할 수 있는 일종의 대형 성곽으로서 기능을 했을 것으로 추정하였다.[58)]

이정범은 경기북부지역, 금강유역 고구려 성곽의 분포상 특징과 편년, 방어체계 등을 비교하여 5~6세기 고구려의 한강유역 지배형태를 추론하였다. 고구려는 5세기 중후반 한강유역으로 남하하여 한반도 중부지역의 영향권을 넣게 되는데, 이 과정에서 임진강, 한탄강유역과 한강유역 몽촌토성에 군사적 거점을 조성한 것으로 보았다. 금강유역의 경우에는 5세기대 청원 남성골산성과 대전 월평동산성에 목책유구를 사용한 군사 거점이 확인되는데 이는 5세기 초중반 안정된 영역화를 이룬 충주지역에서 이루어진 고구려 세력 진출의 결과물로 이해하였다. 6세기 이후 한강유역에는 아차산 일대의 교통로 방어를 위해 보루군이 조성되는데, 홍련봉보루가 그 치소 역할을 한 것으로 보았다. 하지만 홍련봉보루 이외에 다른 치소는 확인되지 않고 있는 것으로 보아 한강유역에서 권역지배 단계로의 이행은 이루어지지 않은 것으로 판단하였다.[59)]

한편 최근에는 고구려의 중원지역 진출 과정과 지배 방식에 관심을 둔 연구 성과들이 연속해서 발표되었다.

정운용은 청원 남성골산성의 발굴조사보고서 내용을 종합하여 각 유구의 특

58) 양시은, 2011, 「남한에서 확인되는 고구려의 시 공간적 정체성」, 『고고학』 10-2호, 101~131쪽; 2012, 「아차산 고구려 보루의 구조 및 성격」, 『고문화』 79.

59) 이정범, 2015, 「5~6세기 고구려의 한강유역 지배형태」, 『고구려발해학회』 51, 73~100쪽.

징을 정리하고, 당시 남성골산성 주변의 삼국시대 상황을 살펴 남성골산성의 축조 목적과 운용 방식을 고찰하였다. 남성골산성의 축조 시점은 5세기 중후반으로 보았는데, 당시에는 백제가 한성지역을 여전히 유지하고 있었기 때문에 고구려의 남성골산성 축조는 한성 방면인 북쪽에서의 진출이 아니라 중원고구려비를 통해 알 수 있듯 충주, 중원지역에서의 진출에 따른 것으로 보았다. 그러나 목책을 통해 서둘러 성곽을 축조한 것으로 보아 고구려가 남성골산성을 유지했던 기간은 비교적 짧았을 것으로 판단하였다. 결국 남성골산성의 역사적 의미는 중원고구려비의 존재와 상관성을 가지며, 중원지역을 중심으로 한반도 중부지역에 군사력을 확장하려고 했던 고구려 세력의 반영으로 판단하였다.[60]

백종오는 중원지역에서 확인되고 있는 고구려 유적과 유물은 대체로 5세기 후반에서 6세기 전반경의 짧은 시기동안 고구려가 추진한 남진정책에 의한 영역확장의 결과물로 보았다. 특히 군사적으로 활용도가 높은 지점에 성곽을 축조하여 관방체계를 구축하고 이를 기반으로 영역을 확장시켰으며, 이러한 과정에서 고구려 관련 묘제와 주거지 등을 비롯한 시설과 유물이 전파된 것으로 보았다. 현재 고구려 관련 유적과 유물은 충주지역에 집중되는 양상을 띠는데, 이는 고구려가 남한강 수로를 이용한 교통로를 통해 충주지역에 안정적인 배후 거점을 마련하고 충주지역을 고구려 남진의 핵심 거점으로 인식했기 때문이라고 판단했다. 이에 따라 중원고구려비의 건립 등 적극적인 관련 정책이 펼쳐지고 짧은 기간 고구려의 문화 전파 내지는 이식이 가능했다고 보았다.[61]

신광철은 중원지역 일대에서 확인된 고구려계 고고자료의 분석을 통해 고구려의 중원지역 진출 과정과 한반도 남부전선의 변화상, 고구려의 중원지역 지배방식 등을 고찰하였다. 중원지역의 경우 고구려의 관방시설이 다수 확인되고 있고, 보루가 아닌 성곽을 축조하였다는 점에서 고구려가 중원지역 진출 초기부터 이 지역에 대한 영역화를 염두해 둔 것으로 보았다. 그러나 삼국이 중원지역을 두고 각축전을 벌이는 상황 속에서 고구려의 한반도 중남부지역의 영역지배는 순탄치 못했으며, 이러한 일련의 과정이 중원지역의 고구려 성곽과 생활 유적,

60) 정운용, 2013, 「청원 南城谷 고구려 산성의 축조와 운용」, 『동북아역사논총』 39, 53~91쪽.

61) 백종오, 2014, 「중원지역 고구려 유적 유물의 검토」, 『고구려발해학회』 50, 221~255쪽.

고분군, 중원고구려비 등에 나타나게 된 것으로 보았다.[62)]

3. 성곽 구조 및 축조 방식 연구

고구려 성곽 연구의 대상은 여러 가지가 있으나 우선적으로 분석이 필요한 것이 바로 해당 성곽의 구조와 축조 방식을 밝히는 것이다. 남한지역 고구려 성곽의 구조는 해당 성곽의 보고서에 관련 내용이 언급되어 있겠으나 관련 내용을 종합적으로 정리, 분석하여 고찰한 연구는 의외로 그 수가 많지 않다.

양시은은 아차산보루군을 중심으로 남한지역 고구려 성곽의 구조와 축조 방식, 그 성격을 살폈다. 먼저 남한 내 고구려 성곽의 축조 방식에 대해 체성벽은 목책, 토석혼축, 석축으로 구분하고, 이 가운데 남한에서는 목책이 석축 성벽에 앞서 채택되었음을 주장하였다. 남한 내 고구려 성곽 대부분은 석축 성벽인데, 주로 고구려보루에서 확인되며 산봉우리를 둘러싸고 석축 성벽을 축조하면서 흙으로 뒷채움을 하고 있어 중대형의 고구려 산성과는 구조적인 차이가 있음을 밝혔다. 남한지역 고구려 성곽의 성격에 있어서는 백제나 신라의 공격에 대응하기 위해 강 북안에 위치하고 있으며 규모면에서는 중국이나 북한에 비해 아주 작은 편이나 아차산보루군의 경우에는 여러 보루가 유기적으로 연결되어 마치 대형 성곽으로서의 기능을 했을 가능성이 있음을 언급하였다. 이 점에 있어 보루의 역할이 단순히 교통로 확보를 위한 전략적 기점이 아닌 특정 구역을 관할하기 위한 행정 중심의 기능을 했을 가능성도 충분하다고 주장하였다.[63)]

최종택은 아차산 일원 고구려 보루에 대한 발굴조사와 그동안의 연구 성과를 토대로 아차산보루의 입지와 분포, 그 구조와 특징을 종합적으로 분석하였다. 이 가운데 주요 방어시설인 성벽은 석축성벽과 목책이 결합된 형태로 보고, 성벽 및 관련 구조물의 기본 구조는 약간씩 차이가 있긴 하나 바깥에서부터 외황-외부주공-석축성벽-바깥쪽목책-뒷채움층-안쪽목책-석축담장의 순으로 구성되어 있었을 것으로 판단했다. 그리고 목책열과 석벽의 축조시점과 기능에 대해서

---

62) 신광철, 2015, 「고구려의 '중원 지역' 진출에 대한 소고」, 『고구려발해학회』 51, 31~71쪽.

63) 양시은, 2010, 「남한 내 고구려 성곽의 구조와 성격」, 『고구려발해학회』 36, 97~132쪽.

는 몇 가지 가능성을 상정해 두고 선후관계와 기능을 검토하였다. 또한 성벽 외곽에 설치된 치의 형태와 구조, 출입시설의 구조에 대해서도 함께 살폈으며, 보루 내부에 축조된 시설인 건물지, 저수시설, 배수시설, 저장시설, 방앗간, 소성시설, 단야시설도 세분하여 그 구조와 특징을 종합하여 분석하였다.[64)]

백종오는 남한지역에서 발굴된 고구려 성곽을 중심으로 유적의 구조와 유구의 중복, 후대보축구간에 대한 해석 등에서 새로운 관점을 제시하였다. 이 가운데 아차산4보루 3차 발굴에서 선후관계가 확인되는 건물지의 층위관계, 구의동보루에서 나타나는 축성재료와 불규칙한 평면 형태, 용마산2보루 정상부 북벽에서 나타나는 수축 및 개축 흔적이 나타나고 있음을 주목하였다. 이와 같이 축조방법의 차이가 확연한데도 불구하고 그동안의 연구에서는 이들 보루를 모두 한 시기로 파악하고 있다고 지적하고 관련 유적에 대한 층위 파악, 유구의 축조방법과 선후관계 등을 포함한 종합적인 판단이 필요하다는 의견을 제시하였다.[65)]

한편 특정 고구려 성곽의 축조방식과 성격을 고찰할 연구도 있다. 서영일은 임진강유역의 한탄강과 차탄천이 합류처에 위치하고 있는 연천 은대리성의 축조방법과 성격을 고찰하였다. 은대리성의 성벽은 흙으로 축조되었으나 다른 토성과 달리 점토와 모래에 잔돌을 섞어서 축조하였다. 그리고 중심토루 내외벽 하단부에 석축을 보강하는 방법이 특징적인데 이는 석축성벽의 기단보축과 같은 의미로 보고 성토다짐한 중심토루의 약점을 보완하기 위한 것으로 해석하였다. 또한 이 방법은 평양 일대 고대산성에서 볼 수 있는 축조방식이나 은대리성의 석축은 높이가 높고 기단부 전체를 막돌로 덮고 있어 차이점도 있음을 지적하였다. 이러한 축조 방식은 석축성의 장점을 토축성벽에 적용한 것으로 성곽축조기술의 발전을 보여주는 사례로 보았다. 은대리성의 성격에 대해서는 성내에서

---

64) 이와 함께 발굴조사를 통해 확인된 고구려 유물에 대한 분석을 겸하여 아차산 일원 고구려 보루의 구조와 연대, 기능을 고찰하였다. 또한 문헌기록과 고고자료를 통한 고구려의 한강유역 진출과정과 경영에 대해서도 함께 살폈다. 아차산 일원 고구려 보루의 고고학적 성과와 당시 역사적 전개과정을 종합적으로 이해하는데 아주 유용한 연구 성과라고 할 수 있다.(최종택, 2013, 『아차산 보루와 고구려 남진경영』, 서경문화사.)

65) 백종오, 2008, 「남한 내 고구려 유적 유물에 대한 새로운 이해-최근 발굴 유적을 중심으로」, 『선사와 고대』 28, 122~126쪽.

중심연대가 5세기 후반으로 추정되는 고구려 토기가 확인되고 있어 남한 지역에서 가장 이른 시기에 축조된 고구려성으로 보고 475년 장수왕의 한성 침공시 고구려군의 지원을 위한 목적으로 축조되었다고 판단하였다.[66)]

4. 출토유물 연구

1) 토기 연구

남한지역 고구려 유적의 축조 및 사용 시기는 대체로 475년 고구려의 백제 한성 점령을 기점으로 551년 고구려가 한강유역에서 물러나는 시간을 중심으로 몇 단계의 단층을 찾는 방향으로 논의가 진행되어 왔다. 이러한 논의는 문헌 기록과 지금까지 남한지역의 고구려 성곽에서 출토된 고구려 토기의 연구에 힘입은 바가 크다.[62)]

먼저 최종택은 남한지역 고구려 토기와 관련된 절대연대와 제작기법, 형식변천, 역사적 상황 등을 종합적으로 분석하여 고구려 토기의 편년 연구를 주도하였다. 남한지역에서 가장 이른 시기의 토기는 주월리유적으로 4세기 후반대로 편년하였으며, 다음으로 남성골산성, 월평동유적, 은대리성, 몽촌토성 등 유적에서 출토된 고구려 토기를 5세기 후반대로 편년하였다. 특히 몽촌토성의 경우 고구려의 한성공함 연대를 상한으로 475년~500년 전후로 보았다. 아차산 일원의 고구려 보루, 임진강유역과 양주지역의 일부 고구려 유적에서 출토된 고구려 토기의 편년도 대체로 비슷하게 보았는데, 이들 유적의 편년은 홍련봉2보루의 '庚子'명(520년) 토기를 기준으로 6세기 전반 경으로 보았다. 다만 시루봉보루의 경우 일부 토기의 형태상의 특징에서 다른 보루보다 시기가 늦을 가능성이 있으며, 홍련봉1보루에서 고구려문화층이 상하층으로 겹쳐 확인된 것으로 보아 이를 세분

66) 서영일, 2009, 「연천 은대리성 축조공법과 성격 고찰」, 『문화사학』 31.

67) 최종택, 2004, 「남한지역출토 고구려 토기 연구의 몇 가지 문제」, 『백산학보』 69; 2006, 「남한지역 고구려 토기의 편년 연구」, 『선사와 고대』 24; 양시은, 2003, 『한강유역 고구려 토기의 제작기법에 대하여』, 서울대학교대학원 석사학위논문; 2003, 「한강유역출토 고구려 토기의 제작기법 검토」, 『한국고고학보』 49.

할 수 있을 가능성도 함께 언급하였다.[68)]

양시은 역시 남한지역에서 출토된 고구려 토기의 현황을 정리하면서 기본적으로 당시 역사적 정황에 입각한 475년~551년이라는 편년안을 기준으로 한강 이남 지역에서 출토된 고구려 토기와 비교 검토하였다. 그 결과 한강 이남 고구려 유적에서 타날 흔적과 파상문, 점열문 등의 문양이 시문된 경우가 많다는 것을 확인하고 이를 5세기 후반에 제작된 것으로 판단하였다. 특히 타날 기법이 적용된 제작법은 고구려의 남진과정에서 고구려의 영토가 된 지역의 옛 백제 공인이 토기 제작에 일정 부분 관여한 결과물로 보았다. 아차산 보루군의 경우 '庚子'명 토기를 기준으로 6세기 전반기에 이미 조성되었으므로 이와 유사한 토기 특징이 나타나는 양주 일대, 임진강 유역의 고구려 유적 출토 토기는 5세기 토기와는 차이가 있다고 밝혔다. 결국 남한 지역의 고구려 토기는 제작기법, 형태적 특징에 따라 6세기를 기준으로 전후로 구분할 수 있다고 판단했다.[69)]

그런데 최근에는 이러한 기본적인 편안 안에 대해서 새로운 편안 안을 제시하고, 고구려 토기의 구체적인 사용 방식에 대한 연구도 진행되고 있는 상황이다.

김한성은 남한지역에서 출토된 고구려 토기 가운데 대표적인 실용기인 장동호, 장동옹, 광구옹에 대한 새로운 형식 분류와 편년을 시도하였다. 이들 토기의 공반관계와 형식적 병행 관계 등을 통해 총 4단계의 분기를 설정하였다. 1기는 5세기 중엽~475년경으로 이 시기에 해당하는 유적으로는 아차산4보루, 구의동보루가 있으며, 이들 유적이 한성백제 공격의 전초기지 역할을 하였다고 보았다. 2기는 5세기 후엽으로 시루봉 보루가 추가로 축조되었으며, 3기는 6세기 전반으로 아차산보루군의 모든 보루가 축조된 시기로 보았다. 4기는 6세기 중엽 경으로 고구려가 한강유역에서 철수한 551년을 하한으로 설정하였다.[70)]

이형호는 연천 호로고루 발굴조사에서 출토된 고구려 토기의 편년 과정에서 기존의 고구려 토기 편년안과는 차이가 있음을 발견하고, 호로고루 유구의 층서

68) 최종택, 2006,「남한지역 고구려 토기의 편년 연구」,『선사와 고대』24, 283~299; 2004,「남한지역출토 고구려 토기 연구의 몇 가지 문제」,『백산학보』69, 43~69쪽.

69) 양시은, 2014,「남한지역 출토 고구려 토기의 현황과 특징」,『호남고고학보』46, 61~87쪽.

70) 김한성, 2013,『남한지역 출토 고구려토기의 편년-장동호와 옹을 중심으로』, 숭실대학교 석사학위논문.

관계와 출토유물의 변화상, 제작기법상의 특징을 종합하여 3시기(1기-5세기 중엽~후엽, 2기-6세기 전엽~중엽, 3기-6세기 후엽 이후)로 구분하였다. 그리고 이 시기 구분을 기준으로 남한지역 고구려 유적 출토 토기들을 다시 편년하였다. 그 결과 은대리성, 마북동유적, 남성골산성, 한강이남 고구려고분 출토품은 5세기 중엽~후엽으로, 구의동보루는 6세기 중엽으로 기존 편년안과 유사하지만, 아차산 보루군의 경우는 중심 연대가 6세기 후엽으로 판단되어 기존의 견해와는 차이가 있다고 보았다. 구체적으로 아차산보루군은 6세기 중엽~후엽, 용마산보루군, 시루봉보루는 6세기 후엽으로 판단하였다. 이에 따라 고구려는 475년~551년까지 지속적으로 한강유역을 영유한 것이 아니라 475~598년까지 적어도 3번 이상의 남하와 철수를 반복한 것으로 해석하였다.[71]

사공정길은 고구려 유적에서 출토된 취사용기를 대상으로 어떠한 취사방식이 존재했는지, 그리고 시기에 따른 취사방식의 변화 양상을 파악하고 그 배경까지 살폈다. 고구려의 취사용기는 심발형토기, 시루, 부형토기, 철제용기로 대표되고, 취사방식은 심발형토기를 사용해 액상음식물이나 반찬류를 조리하는 방법, 철제용기와 시루를 결합해 음식을 쪄먹는 조리법, 철제용기를 단독으로 사용한 취사방식이 있다고 밝혔다. 이 가운데 시루를 사용하여 음식을 쪄 먹는 취사방식은 4세기 이후 보편화되었을 것으로 추정하였는데 이 시기를 기점으로 고구려는 농경환경이 우수한 한반도 서북부지역으로 영토를 확장하였고, 철제 농기구의 보급을 통한 농업의 발전, 농업생산력의 증대 등 생업경제 측면에서의 변화가 나타난 것으로 판단하였다.[72]

2) 기와 연구

남한지역의 고구려 기와 연구는 일부 연구자에 의해서 기와의 형태분석과 제작기법, 편년 연구를 중심으로 이루어지다가[73] 최근에는 일부 기와에서 나타나

71) 이형호, 2014, 『남한지역 출토 고구려토기 연구』, 고려대학교 석사학위논문.

72) 사공정길, 2013, 『고구려 식생활 연구』, 고려대학교 석사학위논문; 2014, 「고구려의 취사용기와 취사방식」, 『고구려발해연구』 49.

73) 최맹식·서길수, 1999, 「고구려 유적 기와에 대한 조사 연구」, 『고구려연구』 7, 69~126쪽; 최맹식, 2001, 「고구려 기와의 특징」, 『고구려연구』 12, 987~1042쪽; 백종오, 2004, 「임진강유역 고구

는 훼기 특징과 그 상징성을 연구하는 단계까지 진행되고 있다.

백종오는 남한지역에서 발굴조사 된 고구려 성곽의 유구와 유물 공반 관계 등을 새롭게 검토하였다. 특히 호로고루와 홍련봉 1보루에서 출토된 수막새의 경우 주변부만 훼기한 흔적을 확인하여 이를 의도적인 의례행위로 해석하였다. 이러한 흔적이 남아 있는 유적은 군사적인 기능 외에도 고구려의 동맹과 유사한 상징적 의례행위가 함께 이루어진 공간이었으며, 다른 고구려 유적보다 위계가 높은 행정중심이었을 가능성이 높다고 보았다.[74] 이와 더불어 수막새 주연부를 훼기한 출토사례와 방법 등을 보다 확대하여 고찰하였다. 수막새의 주연부 훼기는 연화문와당 단계부터 확인되며, 불교 교리인 윤회사상과 관계된다고 보았다. 특히 주연을 훼손하는 행위는 태양과 광명, 윤회를 상징하기 때문에 지붕에 사용하지 않고 재활용할 때에는 물과 관련된 유구에 매납 또는 투기하는 것으로 파악하였다.[75]

3) 철기 연구

곽보선은 한강유역의 7개 보루에서 출토된 고구려 철촉의 형태와 제작기법을 검토하고, 철촉이 확인된 위치를 분석하여 그 사용방식을 추정하였다. 먼저 한강유역에서 출토된 고구려 철촉은 대략 착두형, 유엽형, 검신형, 도신형 등으로 분류하였다. 고구려 보루에서 검출된 방사성탄소연대 측정치가 5세기 후반~6세기 중엽(490~550년경)에 중심연대가 맞춰지는 것을 감안하여 철촉의 연대도 이에 해당할 것으로 추정하였다. 한강유역 고구려 철기의 제작 기법은 선 제강, 후 성형의 제작기술체계가 적용되었을 것으로 보았는데, 화살제작과정에서 살대 및 깃과의 무게비율 조정상 이미 완성된 철촉을 부득이하게 재가공할 수밖에 없었을 것으로 추정하였다. 한편 각 보루에서 출토된 철촉은 유적의 남쪽, 서남쪽, 남서쪽, 서쪽 등 특정 방위를 향해 분포하는 양상을 보인다는 점을 확인하고

려 평기와 연구」, 『문화사학』 21, 171~217쪽; 2005, 「남한지역 고구려 기와 제작방법 고찰」, 『백산학보』 72, 347~383쪽; 2006, 「고구려 국내성기 평기와 고찰」, 『문화사학』 25, 29~65쪽.

74) 백종오, 2008, 「남한 내 고구려 유적 유물에 대한 새로운 이해-최근 발굴 유적을 중심으로」, 『선사와 고대』 28, 113~147쪽.

75) 백종오, 2012, 「고구려 와당의 훼기와 그 상징적 의미」, 『한국고대사연구』 66, 139~168쪽.

철촉의 배치가 해당 보루들의 감시대상 지역과 상관관계가 있을 것으로 보고, 주 감시 및 경계방향이 원사무기 혹은 궁수의 주배치방향이었을 것으로 추론하였다.[76)]

김보람은 주로 중국 동북지역과 남한에서 출토된 고구려 철촉을 대상으로 형식분류와 편년을 시도하였다. 철촉의 형태를 촉의 신부 여부, 촉두의 폭, 촉두의 생김새에 따라 세분하여 모두 15개 형식으로 분류하였다. 편년은 철촉이 출토된 유적의 연대와 공반유물의 편년을 참고하여 고구려 초기~4세기 중엽, 4세기 중엽~5세기 중엽, 5세기 중엽 이후 총 3단계로 분기를 설정하였으며, 시기에 따라 신부가 없는 촉두와 경부로 이루어진 형태에서 촉두-신부-경부로 구분된 형태로 변화하였음을 밝혔다. 또한 초기에는 다양했던 형식이 후기로 가면서 세장형의 정형화된 형태로 변화하였다고 보았다.[77)]

4) 명문 자료 연구

심광주는 남한지역에서 발굴조사가 이루어진 9개 유적의 명문 자료를 소개하고 이를 분석하였다. 남한지역에서 출토된 명문자료는 128건 정도이며 대부분이 토기나 기와편에 쓰여진 것이다. 그 가운데 문자로 추정되는 것은 82건(65%)이고 부호로 추정되는 것은 46건(36%)이다. 이들 명문의 의미에 대해서는 첫째, 제작자나 제작 집단 또는 제작 장소를 표시했을 가능성, 둘째, 주문자나 사용처 또는 사용자에 대한 표시일 가능성, 셋째, 상징부호일 가능성을 제시하였다. 특히 명문 전체의 86%인 110건이 한 글자 또는 의미를 알 수 없는 부호의 형태인데 '井'자, '十'자, '中'자, '吉'자 등과 의미를 알 수 없는 부호들은 벽사의 의미를 가진 상징부호일 가능성이 높다고 보았다.[77)]

76) 곽보선, 2011, 『한강유역 고구려 철촉의 제작과 사용에 관한 연구』, 고려대학교 석사학위논문.
77) 김보람, 2013, 『고구려 철촉 연구』, 고려대학교 석사학위논문.

IV. 맺음말

위와 같이 남한지역에서 이루어진 지금까지의 고구려 성곽 조사와 이를 바탕으로 한 국내학계의 최근 연구 현황을 살펴보았다.

남한지역 고구려 성곽은 발굴조사가 본격화된 1990년대 말 이후부터 지금에 이르기까지 지속적인 발굴조사가 이루어지고 있는 상황이다. 최근에는 1990년대 말부터 2000년 중반까지 조사되었던 아차산4보루, 시루봉보루, 홍련봉1보루, 홍련봉2보루에 대한 추가적인 발굴조사가 이루어졌다. 이를 통해 아차산 일원 고구려 보루의 구조와 축조 방식, 사용 시기와 기능 등을 연구하는데 귀중한 고고학적 자료를 제공해 주고 있다. 고구려 성곽에 대한 조사 범위도 그동안 조사가 다소 미비했거나 조사가 이루어지지 못했던 지역까지 점차 확대되어 가고 있는 추세이다. 경기 북부지역인 임진강유역에서는 무등리2보루와 덕진산성이 조사되었고, 양주분지 일원에서는 천보산2보루와 태봉산보루가 새롭게 조사되었다. 또한 그동안 고구려 성곽의 존재가 전혀 확인되지 않았던 경기 남부지역(안성 도기동)에서도 최근 고구려 성곽이 조사된 것으로 보고되었다.

한편 최근의 남한지역 고구려 성곽의 연구 역시 이전에 비해 다양한 연구 주제와 연구 방법이 활용되어 활발하게 진행되고 있다. 이글에서는 관방 체계, 영역 확장과 지배방식, 성곽의 구조와 축조 방식, 출토유물 연구로 구분하여 관련 연구 경향을 확인해 보고자 하였다.

먼저 고구려 관방체계 연구는 남한지역에서 고구려 유적에 대한 기초적인 조사가 진행되면서 일찍부터 연구자들이 관심을 가졌던 주제이다. 관련 연구는 주로 남한지역 고구려 성곽의 분포 상황에 근거하여 방어체계를 밝히고, 그와 함께 축조 성격 및 기능, 축조시기를 살피는 연구가 중심을 이루었다. 최근에는 기존의 연구 방식에서 벗어나 새로운 연구 방법을 활용하여 관련 유적의 구체적인 사용 주체와 기능을 판별하거나, 관련 유적과 유물에 대한 정밀한 검토를 통해 고구려군의 구체적인 군사편제를 밝히는 연구가 이루어지고 있다. 심지어는 남한

---

78) 심광주, 2009, 「남한지역 고구려유적 출토 명문자료에 대한 검토」, 『목간과 문자』 4호, 252~296쪽.

지역에 당시 주둔하였던 고구려 병사들의 생활상까지 복원하고 있는 상황이다.

한편 475년~551년까지의 삼국 역사에서 가장 주목 받아 온 연구 주제 가운데 하나는 바로 남한지역에서 고구려의 영역 확장과 지배방식에 대한 것이다. 그동안 조사된 남한지역 고구려 관방 유적의 존재와 최근 새롭게 확인된 고구려 고분의 발굴조사 결과를 토대로 관련 주제는 여전히 관심을 받고 있다. 최근 상당수의 연구 성과들이 발표되었는데 주로 한강유역과 중원(충주)지역에서의 고구려의 진출 과정과 지배 방식을 주제로 다루었다.

남한지역 고구려 성곽의 구조와 축조방식에 대한 연구는 발굴조사 과정에서 기본적으로 다루는 내용이다. 따라서 발굴조사가 가장 많이 이루어진 아차산 일원의 고구려 보루를 중심으로 최근 고구려 성곽의 구조와 축조 방식의 특징을 종합적으로 분석한 연구가 진행되고 있다.

남한지역 고구려 성곽에서 출토된 유물로는 토기류와 기와류, 철기류와 같은 것이 있다. 이들 출토 유물에 대한 연구도 최근 활발하게 진행 중이다. 이 가운데 고구려 토기가 중심된 연구 대상이 되고 있다. 그동안 고구려 토기에 대한 연구는 주로 형식 변천 및 편년 연구가 중심을 이루면서 제작 기법에 대한 연구도 상당한 진전을 거두었다. 그런데 최근에는 기존 연구 성과에 머물지 않고 고구려 성곽의 층서 관계, 출토유물의 변화상, 제작기법의 특징 등을 종합적으로 검토하여 새로운 형식 및 편년 연구가 나타나고 있어 주목된다. 이 밖에도 기와 연구는 기존의 제작기법과 편년 연구에서 최근에는 기와에서 확인되는 훼기 특징을 분석하고 그 상징적 의미를 규명하고자 하는 연구 성과가 확인되며, 철기 연구는 최근 한강유역에서 출토된 철촉의 형식분류와 편년, 제작기법 등에 대한 연구가 진행되었다.

〈참고문헌〉

겨레문화재연구원
2014 『고구려유적 태봉산 보루 시굴조사 학술자문회의자료』.

경기도박물관
2005 『우리곁의 고구려』.

경기도·경기문화재단 경기문화재연구원
2008 『경기도 고구려유적 종합정비 기본계획』.

경기도박물관·육군사관학교화랑대연구소
2008 『연천 당포성II-시굴조사보고서』.

고려대학교 고고환경연구소
2007 『아차산 제3보루』.
2007 『홍련봉 제1보루』.
2007 『홍련봉 제2보루』.

공석구 1998 「고구려 성곽의 유형에 대한 연구」, 『한국상고사학보』 29.

구의동보고서 간행위원회
1997 『한강유역의 고구려요새』.

국립문화재연구소
2006 『남한의 고구려 유적』.
2009 『아차산4보루』.

곽보선 2012 『한강유역 고구려 철촉의 제작과 사용에 관한 연구』, 고려대학교대학원 석사학위논문.

권순진 2012 「임진강유역 고구려성의 성격 재고: 호로고루·당포성·은대리성을 중심으로」, 『군사』 83.

김병희 2012 『한국의 성곽 축성기법과 변천과정』, 세종대학교대학원 박사학위논문.

김보람 2013 『고구려 철촉 연구』, 고려대학교 석사학위논문.

김영섭 2009 『아차산 고구려 보루군의 재고찰』, 단국대학교대학원 석사학위논문.

김진영 2016 『안성 도기동 성곽유적의 발굴조사 성과와 과제』,『2016년 고구려발해학회 학술회의-고구려·발해 유적의 최신 발굴조사 성과와 과제』.

김한성 2013 『남한지역 출토 고구려토기의 편년-장동호와 옹을 중심으로』, 숭실대학교 석사학위논문.

김현숙 2009 「475년~551년 한강유역 영유국 논의에 대한 검토」, 『향토서울』 73.

김희선 2003 「고구려의 한강유역 진출과 그 방어체계-한강유역의 고구려 관방유적과 관련하여」, 『서울학연구』 20.

단국대학교매장문화재연구소
2004 『연천 은대리성 지표 및 시·발굴조사보고서』.
박현준 2016 『파주 덕진산성 발굴조사 성과와 과제』,『2016년 고구려발해학회 학술회의-고구려·발해 유적의 최신 발굴조사 성과와 과제』.
박현준·김한성·홍현진
2013 「파주 덕진산성 학술발굴조사」, 『한국고고학회 2013년 유적조사발표회 발표자료집』.
백종오 1999 「경기북부지역 고구려성곽의 분포와 성격」, 『경기도박물관 연보』 제3호.
2004 「임진강유역 고구려 평기와 연구」, 『문화사학』 21.
2005 「남한지역 고구려 기와 제작방법 고찰」, 『백산학보』 72.
2005 「남한지역의 고구려성곽」, 『한국 고대의 Global Pride, 고구려』.
2005 「최근 발견 경기지역 고구려 유적: 향후 과제와 전망을 제시하며」, 『북방사논총』 7.
2006 『고구려 남진정책 연구』, 서경.
2007 「남한지역 고구려 관방체계: 임진강유역을 중심으로」, 『선사와 고대』 26.
2008 「남한 내 고구려 유적 유물의 새로운 이해-최근 발굴 유적을 중심으로」,『선사와 고대』 28.
2009 「남한 내 고구려 고분의 검토」,『고구려발해연구』 35.
2012 「고구려 와당의 훼기와 그 상징적 의미」, 『한국고대사연구』 66.
사공정길 2013 『고구려 식생활 연구』, 고려대학교 석사학위논문.
2014 「고구려의 취사용기와 취사방식」, 『고구려발해연구』 49.
서영일 2002 「경기북부지역 고구려보루 고찰」, 『문화사학』 제17호.
2009 「연천 은대리성 축조공법과 성격 고찰」, 『문화사학』 31.
서울대학교박물관
1988 『몽촌토성-동남지구발굴조사보고서』.
2000 『아차산 제4보루』.
2002 『아차산 시루봉보루』.
2009 『용마산 제2보루』.
2013 『시루봉보루 II』.
2014 『양주 천보산 2보루-2012년 조사 보고서』.
2015 『연천무등리2보루』.
심광주 2001 「남한지역의 고구려 유적」,『고구려연구』 12.
2005 『남한지역 고구려성곽 연구』, 상명대학교박사학위논문.
2009 「남한지역 고구려유적 출토 명문자료에 대한 검토」,『목간과 문자』 4호.

신광철 2010 『한강유역 고구려 관방시설을 통해 본 고구려 남부전선 주둔부대의 성격과 군사전략』, 고려대학교대학원 석사학위논문.

2010 「고구려 남부전선 주둔부대의 편제와 위계-한강유역의 고구려 보루를 통해서」,『고고학』 9-1호.

2010 「고구려 남부전선 주둔부대의 생활상: 한강유역의 고구려 보루를 통해서」, 『고구려발해연구』 38.

2011 「고구려 남부전선의 지휘관과 군사편제」, 『한국상고사학보』 74.

2015 「고구려의 '중원지역' 진출에 대한 소고」, 『고구려발해연구』 51.

안신원 2010 「최근 한강 이남에서 발견된 고구려계 고분」, 『고구려발해연구』 36.

양시은 2003 「한강유역출토 고구려 토기의 제작기법 검토」, 『한국고고학보』 49.

2010 「남한 내 고구려 성곽의 구조와 성격」, 『고구려발해연구』 36.

2010 「고구려의 한강유역 지배방식에 대한 검토」, 『고고학』 9.

2011 「고구려 성곽의 축조방식 연구」, 『21세기의 한국고고학III』, 주류성출판사.

2012 「아차산 고구려 보루의 구조 및 성격」, 『고문화』 79.

2013 『고구려 성 연구』, 서울대학교대학원 박사학위논문.

2016 『고구려 성 연구』, 진인진.

육군사관학교 화랑대연구소

2003 『파주 덕진산성 시굴조사 약보고서』.

2003 『연천 당포성 발굴조사 약보고서』.

이원근 1981 『삼국시대성곽연구』, 단국대학교박사학위논문.

이정범 2010 「감시권역 분석을 통해 본 경기북부지역 보루의 사용주체와 기능」, 『고구려발해연구』 37.

2015 「5~6세기 고구려의 한강유역 지배형태」,『고구려발해연구』 51.

이정범·조성윤

2013 「아차산 홍련봉보루 발굴조사」『한국고고학회 2013년 유적조사발표회-발표자료집』.

이준민·박햇님

2014 「양주 태봉산 고구려보루 유적 시굴 및 1차 발굴조사」, 『중부고고학회 2014년 유적조사발표회』.

이형호 2014 『남한지역 출토 고구려토기 연구』, 고려대학교 석사학위논문.

정운용 2013 「청원 南城谷 고구려 산성의 축조와 운용」,『동북아역사논총』 39.

정영호 1999 「경기 남부와 충청지역의 고구려 성」, 『고구려산성연구』.

조성윤 2011 『한강유역 고구려 무기체제 연구』, 고려대학교대학원 석사학위논문.

중원문화재연구원

2008 『청원IC~부용간 도로공사구간내 청원 남성골 고구려유적』.

차용걸 1999 「남한 내 고구려 산성의 현황과 특성」, 『고구려산성연구』.
최몽룡 2015 「안성 죽주산성-최근 경기도에서 발굴·조사된 산성들의 역사적 맥락」, 『호불 정영호 박사 팔순 송축기념논총』.
최무장 1997 「고구려 산성의 건축구조 연구」, 『건대학술지』 제41집.
최장열 2001 『한강북안 고구려보루의 축조시기와 그 성격』, 서울대학교석사학위논문.
최종택 1993 「구의동-토기류에 대한 고찰」, 『서울대학교박물관학술총서』 제2집;
1995 「한강유역 고구려토기 연구」, 서울대학교대학원 석사학위논문.
1999 「경기북부지역의 고구려 관방체계」, 『고구려산성연구』.
1998 「고고학상으로 본 고구려의 한강유역 진출과 백제」, 『백제연구』 28.
2004 「남한지역출토 고구려 토기 연구의 몇 가지 문제」, 『백산학보』 69.
2006 「남한지역 고구려 토기의 편년 연구」, 『선사와 고대』 24.
2006 「아차산 고구려유적의 보존 및 활용방안」, 『선사와 고대』 28.
2008 「고고자료를 통해 본 백제 웅진도읍기 한강유역 영유설 제고」, 『백제연구』 47.
2011 「남한지역 고구려고분의 구조특징과 역사적 의미」, 『한국고고학보』 81.
2013 『아차산 보루와 고구려 남진 경영』, 서경문화사.
2014 「남한지역 고구려유적 연구현황과 과제」, 『고구려발해연구』 50.
충북대학교박물관
2005 『청원 남성골 고구려유적』.
충청문화재연구원
2003 『대전 월평동산성』.
한국토지공사 토지박물관
2003 『연천 호로고루(제1차 발굴조사보고서)』.
2007 『연천 호로고루III(제2차 발굴조사보고서)』.
한국토지공사 토지주택박물관
2014 『연천 호로고루IV(제3·4차 발굴조사보고서)』.
한국고고환경연구소
2012 『홍련봉 제1·2보루 발굴조사 약보고』.

Excavation of the fortress walls of Goguryo in South Korea and the latest research trend

Chung, Won-Chul (Northeast Asian History Foundation)

Since the late 1990s, the full-scale excavation of Goguryo's fortresses in South Korea has been continuing until today. Recently, Mt. Acha Fort 4, Sirubong Fort, Hongryeonbong Fort 1, Hongryeonbong Fort 2 have been excavated additionally, and Moodeungri Fort 2 and Deokjin mountain fortress in Imjin River basin have been investigated. These areas have neither been excavated nor excavated properly. In addition to this area, Mt. Choenbo Fort 2 and Mt.Taebong Fort 2 have been newly investigated. Recently, Goguryo's fortress walls in Ansung located in the south of Gyeonggi have been investigated. In this area, the existence of Goguryo's fortress walls has not been identified until now.

For the recent researches of Goguryo's fortress walls in South Korea, more diverse research subjects and methods are employed. In this research, the author has examined the trend of researches in the category of military defense system, territorial expansion, ruling system, structure of fortress walls, construction method and researches of excavated relics. For the researches of the military defense system of Goguryo, new research methodologies are employed to determine the users and intended purpose of relevant relics and remains. Furthermore, even the lifestyle of the soldiers of Goguryo stationed in South Korea is being restored.

One of the research subjects in the Three Kingdoms Period(475~551) attracting our attention is the territorial expansion and ruling system of Goguryo. In recently years, a number researches have been published, largely addressing the advancement process and ruling system of Goguryo in Han River basin and central region.

For the researches of the structure and construction methods of Goguryo's fortress walls in South Korea, researches have been largely focused on Mt. Acha Fort, analyzing the structure and construction method of them synthetically. The relics excavated from Goguryo fortress walls in South Korea include different types of earthware, tiles and ironware. Of them, the researches of earthware address the stratigraphic relationship of Goguryo fortress walls, changes in excavated relics and the features of manufacturing techniques synthetically, leading to new format and chronological researches.

In addition, for the researches of tiles, researches analyze the characteristics of damages and determine the symbolic meanings. For the researches of ironware, researches are being conducted on form classification, chronology and manufacturing techniques of the iron arrowheads excavated in Han River basin.

연천 무등리 2보루 출토 찰갑으로 본 6세기대 찰갑 양상

이 현주 (부산 정관박물관 관장)

I. 머리말

한국의 고대갑주 전체의 흐름을 관통하는 가장 중요한 기종은 다름 아닌 찰갑과 종장판주이다. 특히 찰갑은 4세기 전엽에 갑주의 철제화가 처음 이루어진 기종이며 조선시대에 이르기 까지 제작전통이 이어진다. 그러나 그동안의 갑주연구가 지역적으로는 신라와 가야지역, 기종으로는 판갑위주로 진행되었는데, 까닭은 발굴자료가 풍부한 지역에서 입체 복원이 용이한 기종인 판갑 위주로 진행되었기 때문이다. 이에 비해 찰갑은 다양한 부속갑이 뒤섞인 채 출토되어 개체를 구분하고, 분리하여 형태를 파악하기 어려울뿐더러, 찰갑 일부만 부장하는 경우도 있어 혼란을 초래하기도 한다. 찰갑 전체를 부장한다하더라도 가시적으로 전체를 복원하기도 어렵고 오랜 시간이 소요되어 연구진척이 더딘 요인이기도 하다(이현주 2009). 그래서 찰갑 출현의 의미에 대한 평가를 중심으로 논의가 주로 이루어졌고(신경철 1997), 제작기술과 변화양상에 대한 구체적인 논의는 2000년대 이후 들어서야 연구성과가 축적되고 있는 상황이다(우순희 2001, 송계현 2005, 森川祐輔 2008, 송정식 2010, 황수진 2011, 김혁중 2011·2015, 이현주 2014).

특히 5세기 말경부터 6세기 이후의 찰갑양상은 파악하기가 더욱 어렵다. 삼국의 매장의례 관념의 변화로 전반적인 고분 출토 부장품 수량이 적어지고 품목도 간소화되며, 착장형 위세품을 위주로 한 신분질서의 표현에서 군사적 상징성은 더욱 축소된다. 이는 부장품으로서의 갑주류의 출토빈도가 적어지는 결과를 낳아, 자료의 지역적 연속성이 떨어지고 전개과정을 파악하기 어렵게 만든다. 그럼에도 불구하고 5세기 후반부터 삼국은 각각의 독자적인 특징을 잘 드러냄과 동시에 일정한 방향성을 가지고 찰갑을 제작해 나갔슴을 알 수 있다(이현주 2014). 그동안 갑주부장 개념이 희박하던 백제지역에서는 영산강하류의 정치체를 중심으로 왜와의 관련성을 가지는 몇 몇 고분에서 갑주부장이 이루어졌다. 가야지역에서는 정치 패권이동으로 갑주부장이 지역적으로 확산되는 경향을 가지고, 제작기술은 일본으로 전수되어 고분시대 후기 찰갑제작에 결정적인 영향을 끼치게 된다. 고구려는 부장품목록에서 완전히 배제되었던 찰갑이 산성과 보루를 중심으로 출토되어 실제 전투과정에서 사용했던 찰갑양상의 생생함을 더해준다(이현주 2014). 특히 최근 연천 무등리 2보루에서 한 개체가 완전한 모습으로 출토된 고구려찰갑은 6세기대 갑주양상을 해명할 수 있는 중요한 단서를 던져주고 있어 의미가 크다(서울대학교박물관 2015). 이는 7~8세기대 동북아시아 공통의 찰갑형식으로 진행하는 과정에서 중간 연결고리를 찾을 수 있을 것이며, 이에 대한 검토를 중심으로 6세기대 찰갑양상에 대해 살펴보고자 한다.

II. 연구사

삼국의 6세기대 찰갑에 대해서 일찍부터 주목한 이는 内山敏行이다. 6~7세기대에 해당하는 일본 고분시대 후기부터 종말기까지의 철제갑주에 대해 개관하면서 한반도 갑주와의 관련성에 대해 부단하게 천착하였다. 그에 의하면 5세기 후엽에 일본 자체적으로 대금식판갑 계열을 대체하는 찰갑의 도입필요성이 제기되었고, 이에 한반도에서 건너간 공인들로 조직된 기술집단에 의해 시작되어(内山敏行 2001), 한정된 최상위계층의 무덤에만 부장되는 특징을 보인다고 하였다(内山敏行 2006). 6세기 전엽에는 한반도와 일본 양 지역간 제작에 대한 정

보가 교류되어 S자형 요찰에서 파생한 Ω자형 요찰, 수결2열과 하단 3공, Ω자형 도련찰도 양지역에서 나타나는 것으로 보았다(内山敏行 2008). 또한 6세기 중엽에는 후지노키형(藤ノ木型) 찰갑으로 변화하는 과정에서 한반도로부터 영향을 받아 새로운 계열의 찰갑으로 성립되었으며, 그 배경으로 상광하협 편원두형의 상박찰과 U자형 철판, 광형종장판충각부주 등을 근거로 고구려의 가능성을 조심스럽게 지목하였다. 6세기 후엽에 성립된 아스카형 찰갑에도 마찬가지로 고구려 찰갑에서 보이는 3결공 에 대해 주목하였다.

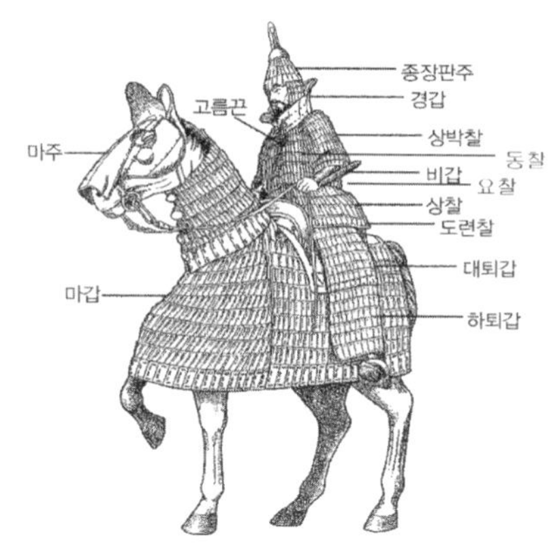

〈그림 1〉 찰갑의 부위별 명칭(황수진 2011;61 수정후 인용)

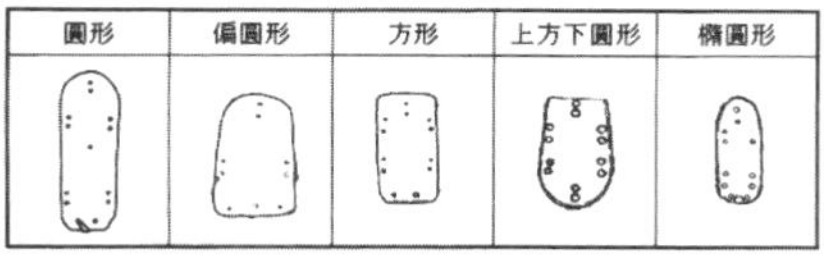

圓形	偏圓形	方形	上方下圓形	橢圓形

〈그림 2〉 소찰 두부의 형태(이현주 2014)

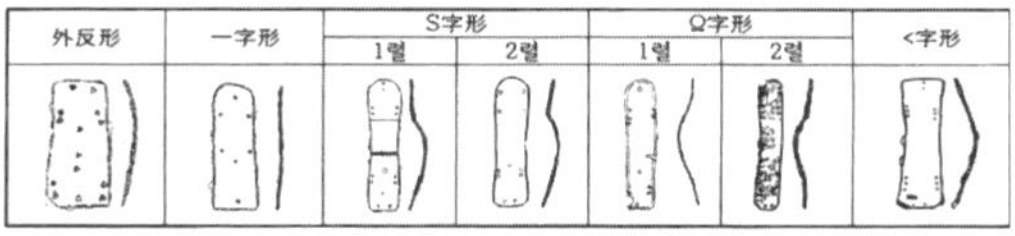

外反形	一字形	S字形		Ω字形		<字形
		1렬	2렬	1렬	2렬	

〈그림 3〉 각종 요찰의 단면 형태(이현주2014)

송계현(2005)은 환인과 집안지역의 고구려고분에서 출토된 기와를 중심으로 세밀한 연대관을 제시하여, 그동안 모호했던 고구려갑주의 편년을 확정하였다. 그는 고구려의 갑주문화는 삼연지역의 영향을 받았고, 이전에 존재하던 토착 기술력을 바탕으로 4세기대 갑주생산이 본격화되었음을 주장하였다. 또한 5세기대가 되면 신라·가야

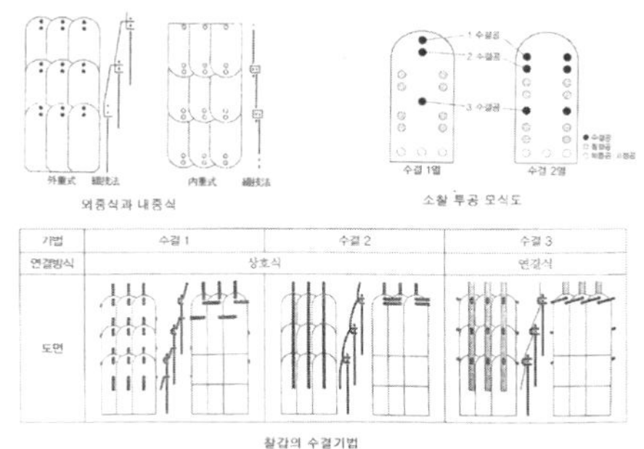

〈그림4〉 찰갑의 누중방식과 수결기법(황수진 2011 수정후 인용)

에 직접적인 영향을 준 것으로 보았다. 5세기 후반 경 벽화고분의 갑주양상과 오녀산성 출토 찰갑의 소찰 하단 모서리 재단, 평면 방형 혹은 사다리꼴을 띠는 소찰 등 새롭게 등장하는 요소들을 통해 갑주제작에 변화가 일어나고 이것이 6세기대 영남지역까지 연동됨을 밝혔다. 즉 이러한 양상은 지역적 구분의 의미보다는 한반도 갑주 전반에 걸친 시기적인 변화과정으로 보았다.

성정용(2006)은 고구려 갑주의 발달과정은 투구에서 계보와 특징이 잘 드러난다고 생각했다. 그래서 방형의 전국계 소찰주계통은 압록강 주변지역에, 상원하방형 소찰과의 종장판주로 구성된 중원계 갑주문화가 낙랑고지가 있었던 대동강 이남지역에 분포하였음을 주장했고, 이는 한반도 내에 다양한 갑주제작의 계보가 혼재되었다는 것을 지적했다는 점에서 의미가 크다.

이유경(2010)는 고구려찰갑의 전개과정을 3단계로 나누어 찰갑의 출현시기부터 6세기 전엽까지 다루었으며, 소찰유형을 3형으로 구분하여 각 단계별 사용 시기를 살폈다. 그리하여 5세기 전엽에는 재지의 생산력과 기술력을 바탕으로 독자적인 생산체계를 갖추고, 5세기 후엽이후 소찰 평면 상부직선형과 모서리 재단 등 찰갑에 변화가 나타나며, 이를 소찰주의 확산과 함께 고구려의 독자적인 갑주문화로 보았다.

이현주(2009·2014)는 5세기 후엽을 지나면서 매장의례 상 갑주를 부장하던 관습이 대부분의 지역에서 사라지는 현상에 대해, 영토전쟁의 서막이 열리면서 실전용 철제무기의 매납에 대한 통제로 해석하였다. 뿐만 아니라 선학들의 지적대로 고구려찰갑의 특징을 〈형 요찰, 평면 방형소찰, 소찰 하단부 재단, 하단이 좁은 사다리꼴 소찰로 보았다. 그 외에도 백제는 상원하방형의 수결1렬 찰갑을 기본으로 하면서도 영산강유역에서는 왜계찰갑이 부장되기도 하고, 공주 공산성 출토 옻칠갑과 부여 송국리 출토 찰갑을 근거로 7세기 이후에는 양당갑이 제작되었을 가능성을 제시하였다. 신라와 가야에서는 수결1렬의 S자형요찰을 기본으로 하는 가운데 Ω자형요찰과 Ω자형 도련찰, 수결2열식 혹은 병용식이 추가되는 등 삼국에서는 다종다양한 갑주문화가 복잡하게 전개되었음을 피력하였다.

III. 연천 무등리 2보루 출토 찰갑 검토

1. 출토상황 검토

연천 무등리 2보루는 2010년~2012년에 걸쳐 서울대학교박물관에 의해 세 차례 발굴조사 되었다. 위치는 경기도 연천군 왕징면 무등리 산 34번지 일대의 장대봉(해발 97m) 정상부를 둘러싸고 있으며, 강쪽은 급경사라서 방어에 용이하고 강 건너편의 움직임을 조망하기에 지리적 조건을 갖춘 보루이다. 보루의 석축성벽의 안팎으로 영정주로 보이는 기둥구멍과 기둥구덩이가 발견되었고, 보루 남서쪽과 북쪽 두 군데에서 치성(雉城)이 발견되었다. 출토유물은 고구려 기와 및 토기 외에도 망태기형 철기와 소찰주를 포함한 찰갑세트 등이 확인되었다. 이외에도 다량의 탄화곡물과 철재슬러그가 출토됨으로써 군창과 무기생산, 그리고 수선을 위한 작업공방이 보루 내에 존재했던 것으로 추정하고 있다. 찰갑은 보루의 서쪽 적석유구 인근에서 발견되었으며, 돌확과 나란히 출토되어 출입시설 부근이라고 생각되고 있다.

찰갑은 현재 출토상태 그대로 고착시켜 보관 전시 중이므로, 개별소찰의 규격이나 구조는 정확하게 알기 어렵다. 또한 보루에서의 출토정황이라는 것이 고분 부장품과 달리 방치 후 일정 기간 야외에 노출된 상황이므로 동시대에 이미 약간의 교란되었을 가능성이 있다〈그림5〉.

찰갑 형식은 한반도에서 일반적으로 보이는 동환식 갑주로 추정된다. 소찰 형태는 6세기대 고구려갑주의 특징이라고 하는 두부 방형에 하단 모서리가 재단되었고, 수결 1렬식이다〈그림6〉.

여밈부는 〈그림5〉〔뒷면〕에서 보이는 가지런히 정렬된 신갑 소찰과 소찰 두부가 땅에 박힌 채 뒤집어져 하단만 드러난 소찰군(A영역)과의 경계(그림5 ⇨표시)지점에서 이루어졌다. 신갑 중위에 위치한 요찰[1]은 단면〈형으로, 보고서명칭의 투구소찰 B형·동체소찰 C형[2]이 1렬(■, 그림5) 돌아간다. 요찰은 소찰주

1) 찰갑은 다양한 부위의 조합으로 이루어진 갑옷으로, 그림1과 같이 황수진 2011(「三國時代 嶺南出土 札甲의 硏究」『韓國考古學報』 78)에 따라 세부용어를 부르기로 한다.

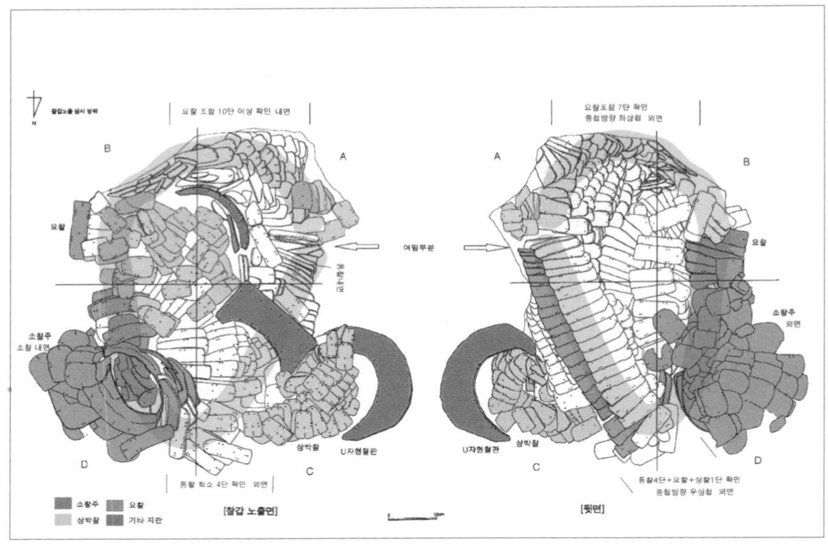

〈그림 5〉 연천 무등리 2보루 찰갑출토상태(서울대학교박물관 2015 ; p63 수정후 인용)

보고서 명칭	동체소찰 A	동체소찰 B	동체소찰 C
형태			
부위	상박찰	동찰	요찰
규격	3.5×6cm	3.8×9cm	3.6×12cm

〈그림 6〉 연천 무등리 2보루 동체소찰

대륜부[3] 주변에도 산발적으로 출토되어 혼란을 주고있으나[4], 전체적으로 동환식 찰갑의 출토상태에서 보이는 분포패턴과 동일한 양상을 보인다[5]. 요찰 규격은 길이 12cm 내외, 폭 3.6cm로, 동체소찰 B형 보다 약 3cm 길다. 횡결공은 3결공으로 소찰 중위에 상하좌우 4군데 배치되었으며, 제3수결공에 대해서는 소찰 개체

---

2) 보고자는 동체소찰 A·B·C와 투구소찰 A·B·C로 구분하였다(서울대학교박물관 2015). 그 중 동체소찰의 경우 세부규격이 기재되지 않아서 모식도의 축소비율을 고려하여 수치를 환산하였고, 단면형태에 대한 언급은 미비하였다. 하지만 동체소찰 C형은 다른 동체소찰 A·B와는 달리 3결공 배치를 가지고, 길이도 투구소찰 B형과 같다는 점 등으로 보아 이 둘은 같은 소찰로 판단된다. 즉 〈형 단면을 가진 요찰로 그림3과 같이 소찰분포범위를 따라 둥글게 돌아가며 출토된 것으로 파악된다.
서울대학교박물관·연천군 2015『연천 무등리 2보루』

에 따라 유무에 차이가 있다고 보고하면서 투구소찰 B형에는 표시된 것으로 보아 요찰의 제3수결공도 확인되었다고 할 수 있다〈그림6〉. 동체부 전체는 동체소찰 B로 구성되었는데, 길이 9cm, 폭 3.8cm 규격이다. 동찰의 제3수결공은 상부에 위치하여 활동성이 좋았을 것으로 보인다[6]. 허리 아래 상찰이 제 위치에 놓은 것은 1단뿐이라서 전체가 몇 단으로 구성되었는지는 알 수 없다. 다만, 〈그림5〉〔뒷면〕 최상단에서 확인된 상찰에 복륜의 흔적이 없는 것으로 보아 가장 마지막 단인 도련찰로 단정하기는 어렵고, 그 아래에도 몇 단의 상찰이 더 존재했을 가능성이 있다. 신갑 동체부의 단수는 정확하지 않으나 A영역〔뒷면〕에서는 7단이, 〈그림5〉〔찰갑 노출면〕에서는 10단[7]이 확인되었고, 〔찰갑 노출면〕 C와 D영역에서는 요찰 상단의 동찰에 해당하는 부위에서 최소 4단 이상 확인된다. 이상을 정리해서 신갑을 복원해본다면, 동찰은 4단 이상으로 구성되었으며, 단면〈 형 요찰 1단과 상찰 4단 이상으로 된 최소 10단 이상으로 구성되었음을 추정할 수 있다. 참고사례를 살펴본다면 동체소찰 길이가 9cm 내외인 점이 동일한 복천동11호 찰갑이 동찰6단+요찰1단+상찰4단으로 모두 11단으로 구성되었다는 점(송계현 1988)은 가장 유사한 예가 될 것이다. 일본 자료 중 복원이 가능한 것을 참고한다면, 5세기 후엽의 오카야마현 텐쿠야마고분(岡山縣 天狗山古墳) 출토 찰갑의 경우 길이 6cm 내외의 소찰을 사용하여 동찰5단(후동6단)+요찰1단+상찰4단으로 모두 10단(전동부)~11단(후동부)으로 구성되었고(天狗山古墳發掘調査團 2014),

3) 소찰주에 대한 세부명칭은 필자의 전고에 따르기로 한다.
이현주 2015『友情의 考古學』故 孫明助 先生 追慕論文集 刊行委員會, p346의 도1

4) 보고자는 투구 주변의 단면〈형소찰을 경갑이거나 투구에 부속된 소찰로 이해한 듯하다.
서울대학교박물관·연천군 2015『연천 무등리 2보루』p 59

5) 김해 여래리 찰갑II지구 40호 찰갑, 울산 하삼정 나 26호 찰갑, 김해 칠산동 35호 찰갑, 경주 쪽샘C10호 등에서도 나타나듯이 동환식 찰갑은 출토범위를 따라 둥글게 돌아가는 양상을 보이므로, 다소 동떨어졌다하더라도 요찰이 둥글게 돌아가는 것으로 보는 것이 가장 자연스러운 해석일 것이다.

6) 제3수결공의 위치가 소찰 상부에 있으면 수결을 위한 가죽이 길어지기 때문에 상단과 하단의 유격이 커져서 활동성이 커진다. 연천 무등리 2보루 찰갑의 A영역처럼 아랫단이 윗단을 넘어 출토될 수 있는 것도 제3수결공의 위치가 상부에 있었기 때문에 가능하다.

7) A영역이 정연하기는 하나, 하단부만 노출된 상태이기 때문에 요찰의 위치를 알 수 없다. 그렇지만 10단이나 되므로 그 중에 요찰이 포함되었음을 예상할 수 있다.

오오사카부 나가모찌야마고분(大阪府 長持山古墳) 찰갑은 길이 5.7cm의 비교적 짧은 소찰을 사용하여 동찰6단(후동7단)+요찰1단+상찰5단로 전체 12단(전동부)~13단(후동부)으로 구성되었다(塚本敏夫 1997).

소찰 중첩방향은 여밈부를 중심으로 좌우가 다른 것으로 보아, 후동부 중앙의 어느 지점을 중심으로 좌상첩과 우상첩의 반대방향으로 나누어졌을 것이다. 소찰의 횡결과 수결기법의 근거를 찾을 수 있는 가죽흔적은 보이지 않지만, 동찰과 요찰에 전체에 제3수결공이 있기 때문에 황수진(2011)의 수결1기법을 사용하였다〈그림4〉. 양 팔을 보호하는 상박찰은 〈그림5〉〔찰갑 노출면〕의 B와 C영역에서 대부분 보이는데, 특히 C영역에서는 4~5단이 정연하게 보인다. 흥미로운 사실은 어깨판[8]으로 추정되는 凹자형 철판의 주변에서 상박찰이 발견되었고, 또 C영역 뒷면의 상박찰은 U자형철판[9] 내부에서 방사상으로 돌아가는 출토정황이 확인된다〈그림5, 그림8-3〉. 이는 일반적으로 인식되고 있는 어깨 위로 얹기만 하는 덮개형 상박찰[10]이 아닌 단면 원형으로 돌아가며 반소매정도 길이의 소매형일 가능성을 제시해본다.

투구는 전형적인 소찰주로 방형소찰 47매를 사용하였다. 소찰평면형은 상원하방형[11]으로 폭 5.6cm, 길이 6.7cm, 단면은 살짝 내만한다. 〈그림5〉〔뒷면〕 출토상태로 보았을 때 3단으로 구성되었으며, 합천 옥전 M3, 반계제 가-A, 고성 송학동 I A, 오구라컬렉션 TJ5227, 한남대 소장품 등과 동일한 형태의 소찰주로 복원

---

8) 연천 무등리 찰갑 보고자는 이를 '견갑'으로 지칭하였으나, 황수진(2011)이 제의한 바와 같이 전체를 구성하는 신갑을 하나의 개체로 보고 이를 구성하는 부분일 경우 ○○찰, ○○지판, 개체분리가 가능한 별도의 부속갑일 때 ○○갑으로 부를 것을 제안하였다. 상기 어깨판은 개체분리가 아닌 소찰과 결합되는 것으로 보이므로 어깨판으로 부르고자 한다.

9) 보고자는 'U자형 부속갑'으로 지칭하였으나, 주8)처럼 자체가 갑옷이 될 수 없으므로 'U자형 철판'으로 부르고자 한다. 이는 内山敏行의 '胸板狀鐵製品'과 동일한 것으로, 투구의 차양부 중에 유사한 예가 있으며, 이는 규격과 형태에서 차이가 나타나지 않아 출토상황 등 주변 정황으로 판단해야 할 것이다.

10) 복천박물관 2001『古代戰士-고대전사와 무기』p67 복원도
국립김해박물관 2002『한국고대의 갑옷과 투구』p36 복원도

11) 보고자는 이를 상방하원형으로 파악하고 있다. 그러나 〔찰갑노출면〕의 투구소찰은 중앙의 대륜부를 중심으로 벌어진 채 내면이 드러난 것으로,〔뒷면〕에서 보이는 면이 투구의 외면으로 상원하방형의 소찰로 보는 것이 자연스럽다.

〈 그림 7 〉 연천 무등리 출토 찰갑의 구성요소와 비교자료

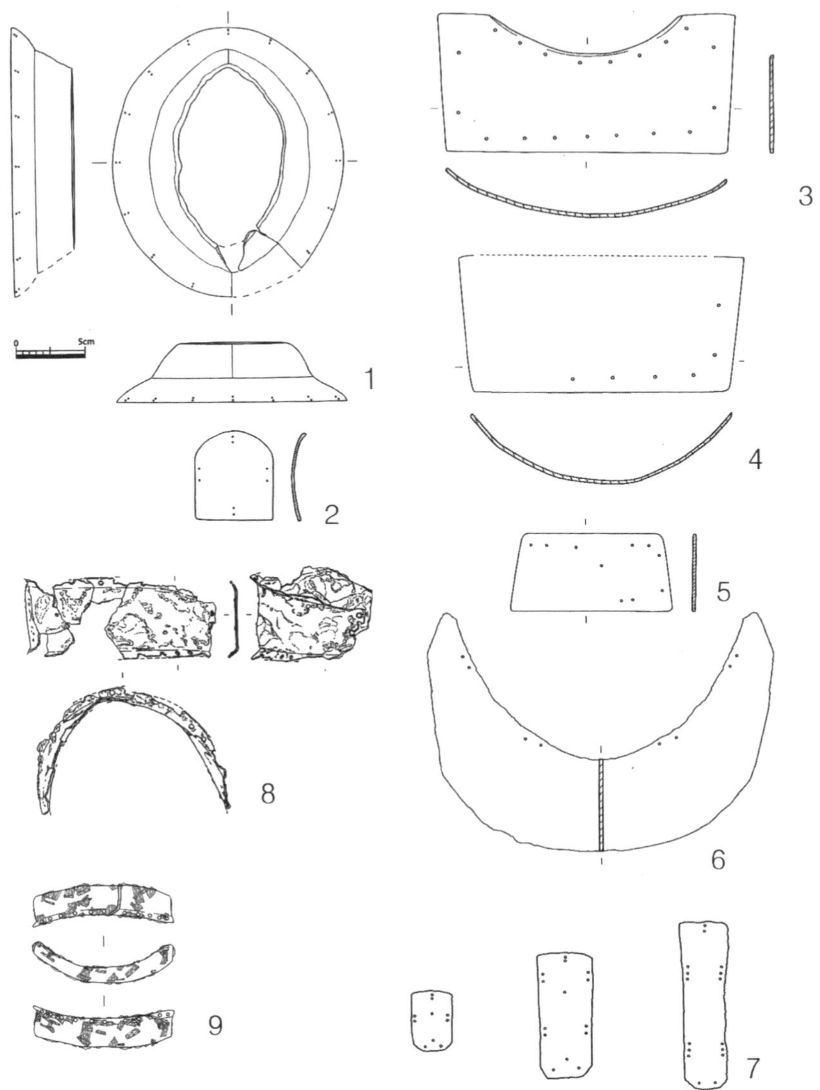

1~2:소찰주 3~5:어깨판 6:U자형철판 7:찰갑소찰 8:창녕교동3호 출토 찰갑부속구
9:부산 복천동35·36호 출토 찰갑부속구

가능하다. 볼가리개는 불명확하나 투구 소찰 사이로 부정형의 소찰이 보이는 것으로 보고자는 구리 아차산 4보루와 같이 1~2매로 된 별도의 지판을 사용한 것으로 추정하였다. 대륜부는 평면 타원형으로 내부에 유기질제 모자와 결합하는 형태이다.

2. 연천 무등리 2보루 찰갑의 특징

연천 무등리 2보루 찰갑은 그동안 인식했던 찰갑의 틀에서 벗어나 철제지판과 혼합된 찰갑이라는 점이다. 이는 홍련봉 1·2보루, 아차산3보루 등에서 출토된 불명의 철판들을 해명할 단서를 제공할 수 있으리라 생각된다.

1) 어깨판

대금식갑주의 견갑[12]과 형태적으로 유사하나, 어깨와 목의 경계에서 꺾이는 철판 절곡부가 거의 없다는 점 등 차이가 있다. 별도의 부속갑이 아닌 소매와 몸통을 연결하면서 전동과 후동을 어깨에서 이어주기 위해 고안된 것으로 추정된다. 일반적으로 찰갑에서는 가죽이나 천과 같이 부드러운 재질의 어깨끈이 금속보다 어깨 통증에 부담을 주지 않을 것으로 추정된다. 그러나 4세기대에 경주지역에서 제작된 종장판갑에는 철제 어깨판이 존재하고, 이러한 전통은 찰갑에도 영향을 미쳐 포항 마산리 2호 목곽묘 찰갑에 어깨판이 동반되었으며 나아가 6세기대 연천 무등리 찰갑에까지 이어져 온 것으로 생각된다.

이 외에도 형태적으로는 차이가 있기는 하나 기능적으로 유사한 예가 있다. 부산 복천동 35호, 창녕 교동 3호에서 출토된 세장한 지판은 목의 형태를 따라 둥글게 구부리고 철판을 절곡하여 목과 어깨의 경계에 착장하는 장치로 추정된다 〈그림7〉. 연천 무등리 찰갑의 어깨판과 서로 상관관계에 대해서도 향후 검토해 볼 필요가 있을 것으로 보인다.

2) U자형 철판

12) 한국에서는 肩甲이라 부르며, 일본에서는 襟甲으로 명칭한다.

반달모양의 U자형 철판은 연천 무등리 2보루 외에도 몇 례가 있다. 용도가 확실하게 투구 차양인 것은 2례로 전(傳) 부여 출토 한남대학교 소장품과 남원 월산리 M5호 출토품이다. 그러나 함평 신덕고분·집안 오녀산성, 그리고 연천 무등리 2보루 찰갑은 아직 용도를 확정짓지 못하고 있다. 일본에서도 이러한 철기를 '胸板狀鐵製品'라고 부르며 일본의 고분시대 후기 한반도계 투구와 동반하여 群馬縣 錦貫 觀音山古墳, 福島縣 渕の上 1號, 福島縣 勿來 金冠塚古墳 등에서 출토되고 있다(內山敏行 2006, 横須賀倫達 2009). 일본에서는 흉판상철제품에 대해서 기능적으로 투구 부속품으로 단정하지는 않지만, 한반도계 투구와 동반되는 매우 특징적인 부속구로 보고 있다(横須賀倫達 2009). 연천 무등리 2보루의 경우 투구와 떨어져 출토되었고, 투구의 차양이라고 주장하기엔 주체부와의 결합을 위한 구조가 전혀 보이지 않는다[13]는 점에서 투구 부속품으로 확정하기는 어렵다. 오히려 내부에 상박찰이 노출되어 소매와의 연결 등 신갑의 일정부분을 차지할 가능성도 있다. 그런 기능이라면 일본 고분시대 중기의 대금식갑주에 동반되는 脇當이 연상되는데, 형태적으로도 유사한 면도 있다. 하지만 시기적인 격차가 크고, 규격·단면 형태·착장을 위한 투공 위치 등 구조적인 면에서 차이가 있어 현재로서는 직접적인 관련성을 찾기 어려운 점이 있다(横須賀倫達 2009). 향후 사례의 증가에 기대를 걸며 출토상태에 대한 면밀한 검토가 필요할 것이다.

3) 소매

찰갑의 상박찰에 대한 논의는 그동안 소찰 평면형태만을 취급해왔기 때문에, 그것이 신갑과 어떤 방식으로 연결되는지 혹은 완성형의 모습은 어떤지에 대해서는 구체적이지 못한 편이다. 이는 우리나라 초창기 갑주연구사에 있어서 복원연구가 부족했던 한계와 주변국가와의 관계 속에서 북방계 찰갑계보의 고정 관념 속에서 생긴 결과일 수도 있다. 그런 점에서 찰갑의 소매 구조에 대한 구체적 고민없이 상박갑이라는 부속구로 구분해버리는 경향이 있다. 연천 무등리 2보

13) 투구 주체부와 결합을 위해서는 남원 월산리 M5호 종장판 관모주의 챙부처럼 철판 내측이 직각으로 절곡되어야 하는데, 이 U자형 철판은 단면이 일자형이라 결합을 위한 장치는 확인되지 않는다.

〈그림 8〉 찰갑 소매부 출토양상(1·2 국립김해박물관 2015, 3 서울대학교박물관 2015에서 인용)

1-1. 포항 마산리 2호 목곽묘 찰갑 전면상태 (한국문화재보호재단 2013에서 인용)

1-2. 포항 마산리 2호 목곽묘 찰갑 후면상태 (국립김해박물관 2015에서 인용)

2. 경주 쪽샘 C10호 찰갑과 소매부 노출상태 (국립김해박물관 2015에서 인용)

3. 연천 무등리 2보루 상박찰 출토상태 (서울대학교박물관 2015에서 인용)

루 찰갑에서는 수량이 많지는 않으나 양쪽에 상박찰이 출토되었고, U자형 철판 내부에서 출토된 상박찰의 경우 방사상으로 펼쳐져 노출되었음을 볼 때 단면 원형의 소매형의 가능성을 앞서 언급하였다.

이처럼 찰갑에 단면 원형의 소매가 착장되었을 가능성을 보여주는 좋은 예는 4세기대 포항 마산리 2호 목곽묘 출토 찰갑이다〈그림8-1〉. 부장 당시 찰갑을 세워서 포개지 않고, 펼쳐서 바닥에 깔았으며 찰갑 전동부를 위로 하였다〈그림8-1-1〉. 양쪽 어깨부위의 상박찰은 상원하방형 작은 소찰을 이용하였고, 어깨와 팔의 경계부에서 소매가 시작되어 팔꿈치 쪽으로 갈수록 좁아지는 형태를 띤다. 5

〈그림 9〉 고구려 벽화고분의 찰갑 소매 양상 (성정용 2006, 朝鮮畵報社1985에서 인용)

소매형		덮개형	민소매형	
 1. 감신총	 2. 통구12호	 3. 안악3호분	 4. 안악3호분	 5. 삼실총

세기 전엽에는 경주 쪽샘 C10호 찰갑에서도 좋은 예가 발견되었다. 부장 당시 찰갑을 세워서 순차적으로 포개어 안치하였는데, 찰갑 상부에 얹어진 만곡종장판주와 경갑을 제거하고 나니 신갑 양쪽에 둥글게 돌아가는 소매부가 선명하게 노출되었다〈그림8-2〉[14). 소찰 수량이 많고 여러 단이 중첩된 것으로 보아 손목까지 내려오는지도 모르겠다. 반면에 울산 하삼정 나26호 찰갑의 경우 상박찰이 전혀 확인되지 않아 민소매형도 분명 존재하므로, 소매구조는 다양했을 것이다.

한편, 고구려 벽화고분에서 찰갑은 조끼 같은 민소매형과 양 어깨에서부터 자연스럽게 이어진 소매형, 그리고 어깨위에 걸치는 덮개형 등 세 가지 형태가 나타난다. 이것이 시기나 지역적인 차이로는 나타나는 것은 아니다. 4세기대 감신총(龕神冢)의 전실 서벽 감실 좌측의 인물은 布製 혹은 革製札甲을 입은 전사로 추정되고 있고 있는데(송계현 2002;p67), 어깨에서 소매로 이어지는 선이 매끄럽게 이어지며 양쪽 소매가 있는 찰갑을 착용하였다〈그림9-1〉. 이러한 형태는 통구 12호 무사〈그림9-2〉, 안악2호분 주실 남벽 호위무사, 쌍영총 기병 등 5세기 후엽에까지 이어진다. 한편, 4세기 중엽의 안악3호분 벽화에서는 두 가지 형태

14) 중국의 경우 內蒙古自治區 呼和浩特市 二十家子 出土 漢代札甲, 陝西省 西安市 長安 武庫 出土 西漢 札甲, 河北省 滿城漢墓 출토 札甲 등 한대에는 소매부가 부착된 찰갑의 사례가 있다. 이는 후한대에 출현해서 서진대에 가장 유행한 筒袖鎧로 분류할 수 있다(楊泓 1985). 한편 高橋 工(1995)은 낙양 서진묘 출토 도용의 표현방식으로 볼 때 통수개를 한대 어린갑의 일종으로 보기도 한다.

가 공존한다. 즉 중장기병의 소매는 덮개형으로 표현된 반면〈그림9-3〉, 보병은 민소매 찰갑을 착용하고 있다〈그림9-4〉. 5세기 후엽의 집안 삼실총 제2실 좌벽 문지기의 묘사에서도 민소매 찰갑이 선명하게 확인된다〈그림9-5〉. 이를 한반도 남부지역에서 출토하는 실물자료인 찰갑에 적용한다면, 신갑형태에서 소매형과 민소매형으로 구분되고, 민소매형의 부속갑으로 덮개형 상박갑이 추가되는 형태가 있는 것으로 정리된다.

IV. 6세기대 찰갑의 특징

1. 신라·가야 찰갑의 변화과정

5세기 말부터 6세기 이후의 찰갑양상은 지역적 고유색이 잘 드러나는 시기라고는 하지만(이현주 2014), 실물자료로서의 찰갑의 시기별 분포는 균질하지는 않다(표1). 특히 고구려와 백제는 전 시기를 통해 부장품으로서의 찰갑은 쉽게 발견되지 않기 때문에 전반적인 변화과정은 신라·가야지역의 자료에 기초할 수 밖에 없다.

신라와 가야지역에서는 4세기대 갑주의 철제화가 이루어지고 난 이래, 매장의례 상 부장품으로서 중요한 비중을 차지한다. 초기찰갑[15]의 형태를 벗어나 소찰 두부 원형, 제3수결공을 가진 수결 1렬의 S자형 요찰을 가진 외중식 구조에, 각종 부속구를 갖춘 찰갑의 정형화는 5세기대가 되어서야 이루어진다.

5세기 전엽의 김해지역은 칠산동 35호, 능동 25호, 대성동 11호 등 찰갑의 부장이 빈번한 편이다. 그러나 찰갑을 구성하는 소찰 종류가 단순하고, S자형 요찰은

15) 송정식(2010)은 4세기대 찰갑의 소찰형태, 수결방법에 의한 구조적인 문제 등을 고려하여 5세기대 찰갑과 구분하여 초기찰갑이라 명하였다. 현재는 4세기대와 5세기대 찰갑의 상하 수결법이 달라서 나타나는 구조적인 차이는 없으나, 4세기대 찰갑이 소찰폭과 길이가 크고, 횡결공의 배치와 요찰의 곡률이 미미하다는 점에서 5세기대 찰갑과는 구분되므로 초기찰갑이라는 명칭을 그대로 사용하기로 한다. 초기찰갑은 높은 제작 기술수준에 이르지는 못했기 때문에 소찰 폭을 넓게 잡아 전체적인 소찰 수량을 줄였으며, 불량 재단도 많고, 소찰 크기가 불규칙하다는 특징도 있다.

보이지 않는 등 초기찰갑의 전통이 지속되는 양상을 보인다. 반면 부산 복천동 34호 찰갑에서는 S자형 요찰과 함께 수결 2열식 제작기법이 가장 먼저 나타난다(황수진 2011, 이현주 2014). 수결2열식의 연결기법은 부속갑이나 투구의 볼가리개·수미부가리개, 마갑 등의 제작에 영향을 주었다(内山敏行 2008)고 평가되었지만 현재의 자료로서는 신갑제작을 위해 개발되어 투구나 마갑으로 확산되었으며 동시기에 다발적으로 사용된 기술이라 보는 것이 자연스럽다.

5세기 중엽에는 부산 복천동 고분군, 고령 지산동고분군, 함안 도항리고분군 등 여러 대형분에서 S자형 요찰에 제3수결공의 수결 1렬 구조의 정형화된 찰갑이 일반화된다. 특히 5세기 전엽부터 부산과 김해지역에 많았던 방형소찰의 제작 전통은 계속되며, 특히 상박찰에 사용된 방형소찰의 경우 수결2열로 제작되는 경우가 많다.

5세기 후엽이 되면 5세기 중엽의 정형화된 찰갑에 수결 2열, Ω자형 요찰, 동찰과 비율이 1.5:1을 넘어서는 긴 요찰이라는 요소가 추가된다. 수결 2열식 제작기법은 5세기 전엽에 처음 출현하였지만 5세기 후엽부터 6세기대에 들어서 집중적으로 발견되는데, 합천 옥전 28호, 부산 연산동 8호분, 창녕 교동3호, 고성 송학동1A-1호, 거제도 장목고분 등이 그 예이다. Ω자형 요찰 역시 부산 연산동 8호를 비롯하여 창녕 교동3호, 합천 옥전 5호, 함안 도항리 8호와 6세기 전엽 고성 송학동 1A-1호, 거제도 장목고분 등에서도 나타난다. 뿐 만아니라 혁제찰갑인 합천 옥전 M3, 경산 임당 7B, 조영 EIII-4호 부곽, 부산 복천동 8호 등의 요찰에도 단면 Ω자형이 적용되는 것으로 보아 철제찰갑만이 아닌 갑주문화 전반에 걸쳐진 현상으로 이해할 수 있을 것이다(이현주 2014).

일본에서는 수결2열식 기법과 Ω자형 요찰·Ω자형 도련찰에 대해 한반도의 찰갑제작기술을 바탕으로 양국 간의 정보교류를 통해 자체 개발하여 탄생한 일본 고분시대 후기의 定型化된 찰갑으로 정의하고 있다. 그러나 적어도 수결2열식 배열은 이미 오래 전에 한반도에서 개발되었던 기술이었음이 확실하고, 주류에서 벗어나지만 다양한 기술요소 중의 하나라고 볼 수 있다. 전반적인 주류는 수결1렬식에 S자형 요찰, 그리고 평찰로 마무리되는 거찰로, 이러한 기본형식은 6세기 중엽까지 관통한다. 그런데 일본의 고분시대 후기에 대금식갑주에서 찰갑

〈 표 1 〉 5~6세기 지역별 찰갑출토상황

(방형소찰:▮, 동찰:요찰 1.5이상:||, 수결2열:2, 병용:1-2 혹은 2-1, 요찰단면:S·Ω·〈·ㄷ, 도련찰단면:Ω)

구분	고구려	백제	신라	가야
5C 전엽	천추총 태왕릉((||S) 마선구 2100호(▮S)	오산 수청동 5-1구 61호	경주 사라 56호 경주 쪽샘 C10호(ㄷ) 경산 임당 G5호(S) 울산중산리 I A138호	부산 복천동36호 부산 복천동34호(▮2) 김해 대성동11호 김해 능동 25호 김해 칠산동 35호(▮) 합천 옥전67B호(S)
5C 중엽			경주 계림로1호(2-1S) 영천 화남리30호 경산 조영E1-1호 경산 임당 CII-2호(▮) 경산 문산리 114호	김해 여래리 II 40호(▮〈) 부산 학소대1구3호(▮S) 부산 복천동 11호(▮S) 고령 지산동32호(S) 고령 지산동 75호(▮) 함안 도항리43호 함안 도항리 48호
5C 후엽	집안 우산하 41호(||S)	화성 백곡리 1호(▮) 서울 몽촌토성(▮)	경주 인왕동C-1호	합천 옥전 5호(Ω) 합천 옥전 28호(||2S) 합천 옥전35호(S) 합천 옥전 M1호(S) 고령 지산동 74호(S) 함안 암각화고분 함안 도항리 8호(▮Ω) 부산 오륜대고분(▮) 부산 연산 M10호(ㄷ) 부산 연산 M3호(▮) 부산 연산 8호(▮||2Ω) 창녕 교동 3호(▮2Ω)
6C 전엽		광주 쌍암동고분(ΩΩ) 함평 신덕고분(||1-2ΩΩ)	경주 금관총 경주 황오리54호 을총	합천 옥전 M3호 합천 옥전 M7호 고령 본관동 36호 고령 지산동 1호-영남대 고령 지산동 44호 고령 지산동 45호(Ω) 남원 월산리 M5호 고성 송학동 1A호-1(||2ΩΩ) 거제 장목고분(||2ΩΩ)
6C 중엽	연천 무등리 2보루(▮〈) 서울 용마산 2보루(▮〈) 구리 아차산 3보루(▮) 구리 아차산 4보루(▮〈) 구리 아차산 시루봉(▮) 서울 홍련동 2보루(▮〈) 양주 태봉리 산성(▮) 오녀산성 4기(▮S)			
6C 중엽 이후	오녀산성 5기(▮)	부여 부소산성 부여 송국리(▮) 부안 죽막동(▮)		

으로 전환한 후 발전하는 과정에서 수결2열식과 Ω자형 요찰의 찰갑양식을 선호하였고, 고분부장품으로 갑주의 상징성이 지속되었던 만큼 출토량도 한반도보다 많아 일본의 고유형식으로 보여지고 있다.

신라지역은 출토자료의 전체 수량은 적지만 한반도에서는 고구려 다음으로 가장 일찍 완성형의 찰갑을 제작하였고, 5세기 전엽의 경산 임당 G5호 찰갑과 경주 쪽샘 C10호 찰갑이 그것이다[16]. 특히 경주 쪽샘 C10호 찰갑은 단면 'ㄷ'자 요찰을 2단으로 겹치는 형태로 Ω자형 요찰에 선행하는 형태로 생각되며, 5세기 후엽의 부산 연산동 M10호에까지 이어지는 것으로 보아 지속적으로 사용되었음을 알 수 있다. 경주 황남동 109호 3·4곽은 찰갑이 부장된 것으로 알려져 왔으나, 보고서 도판상에는 마갑과 종장판주만 확인될 뿐이라서 구체적인 내용은 알 수 없다.

5세기 중엽이 되면 신라지역에서도 수결2열식이 나타난다. 경주 계림로 1호분 찰갑에서 동찰을 수결2열, 상찰은 수결1열로 제작한 일종의 竝用式으로, S자형 요찰을 중심으로 상부와 하부가 서로 다른 수결기법을 사용하였다. 신라의 찰갑 부장은 명맥은 유지하나, 신라 중심지 경주에서는 거의 이루어지지 않고 외곽의 군사 요충지인 영천, 울산, 경산 등지에서의 갑주부장이 늘어나는 양상을 보인다. 이는 삼국이 본격적인 영토전쟁이 시작되면서 신라는 실용적인 철제무기를 매장의례상 무덤에 폐기하는 행위에 대한 규제가 있었을 것으로 추정된다. 뿐만 아니라 착장형 위신재로 표현되는 신분질서가 매장의례에 적극 반영되면서 갑주매납은 의미가 퇴색되었다(송계현 2002). 그러나 부산 연산동고분군과 창녕 교동고분군처럼 외곽에 위치하면서 신라로 편입되었음에도 그 지역을 다스리는 수장에 의한 자치권이 어느 정도 부여된 지역에서는 군사적 위용을 상징하는 의미가 통했기 때문에 통치수단의 하나로 갑주부장이 지속되었을 것이다.

2. 6세기대 고구려찰갑의 특징

4~5세기 전엽의 고구려는 초대형 적석총을 통해 왕권을 상징하던 시기로, 집

16) 부산 복천동 35·36호 찰갑도 있긴 하나 잔존상태가 불량하여 현 단계에서 단정하기 어려우며, 복천동 34호 찰갑은 자료정리가 끝나는 대로 검토가 필요할 것이다.

안 천추총, 태왕릉, 마선구 2100호 등 왕릉급 무덤에서 철제·금동제 갑주와 마구 등이 발견되었다. 찰갑의 소찰은 매우 세장하여 폭 2~2.5cm 내외로 좁은 편이다. 이러한 일률적인 소찰의 규격화, 찰갑 전체 조립에 높은 난이도를 필요로 하는 좁은 소찰폭을 가지며, 요찰과 동찰길이의 차이 등 매우 정제되고 세련된 완성형의 찰갑임을 알 수 있다. 그러나 이후 5세기 중엽에는 실물자료가 아직 알려진 바 없고, 5세기 후엽의 집안 우산하 41호 찰갑을 통해 변화과정의 실마리를 찾을 수 있다. 요찰 단면 'S'자에 소찰두부 원형인 수결1렬식 찰갑인 점은 이전과 동일하나, 요찰:동찰의 비율이 1.8:1로 요찰길이가 더욱 길어졌다. 뿐만 아니라 소찰두부 규형의 상박찰도 나타난다[17].

6세기대가 되면 외관상 거대한 무덤의 축조가 아니라 봉토 석실분 내부에 사신도로써 상징성을 대체하면서 부장품으로서의 갑주는 전무하다.

한편 6세기 전엽에 고구려는 한강유역의 교통로를 방어하기 위해 신라나 백제와 대치했고, 그들이 주둔했던 관방유적에서는 다수의 찰갑이 출토되어 고구려갑주의 부족한 부분을 대신하는 좋은 자료가 되었다. 이들 찰갑은 551년 고구려가 한강유역을 포기하면서 버려진 것으로 추정되며, 한 시기 유행했던 고구려 찰갑의 양상을 잘 보여주고 있다. 두부와 하단부가 모두 방형이며, 하단부는 모서리를 잘라내어 재단한다는 특징이 있다[18]. 또한 상단폭이 넓고 하단이 좁은 사다리꼴모양의 제형소찰은 상박찰로 사용되었다. 구조적으로는 수결1렬, 상하중첩방식은 외중식이다. 이는 5세기 후엽 집안 우산하41호 출토 찰갑과는 전혀 다른 완전히 새로운 한 형식의 찰갑이 등장한 것으로 볼 수 있다. 동반되는 투구 역시 종장판주가 아닌 변형육각형소찰주, 방형소찰관모주 등과 세트되는 등(이현주 2015) 약 30~40년의 시간적인 공백동안 고구려의 무장은 일신하였다(송계

17) 부산 복천동 35·36호 찰갑도 있긴 하나 잔존상태가 불량하여 현 단계에서 단정하기 어려우며, 복천동 34호 찰갑은 자료정리가 끝나는 대로 검토가 필요할 것이다.

18) 소찰을 마연하는 정리하는 과정에서 모서리를 부드럽게 하는 작업은 기본적으로 이루어진다. 다만 뚜렷하게 모서리를 죽이기 시작하는 것은 5세기 전엽 김해 대성동 11호 찰갑부터 확인되며, 5세기 중엽에는 부산 학소대1구3호, 복천동11호, 고령 지산동 75호 등 다수의 찰갑에서 확인된다. 그러나 찰갑 전체에 적용되는 것은 아니었다. 5세기 후엽부터는 찰갑 전체에 사용되는 소찰을 기계적으로 모서리를 잘라내기 시작하는데, 집안 우산하 41호, 창녕 교동3호, 그리고 고구려 보루유적 출토 찰갑들이 그 예이다.

현 2005).

1) 방형소찰

가야지역에서는 부분적으로 상찰이나 상박갑에 방형소찰이 사용되었으나, 6세기의 고구려에서는 찰갑 전체에 방형소찰이 사용되었다. 동찰 길이는 대체로 10cm 내외로 5세기대 가야 찰갑의 평균길이 7~9cm에 비하면 약간 긴 편이다. 반면 요찰과 비교하면 동일하거나 2~3cm 정도 동찰이 짧아, 입체적으로 복원한다면 전체적으로 직사각형의 격자문으로 표현할 수 있을 것이다. 상박찰은 위가 넓고 아래가 좁은(上廣下狹) 사다리꼴 제형소찰이 특징이다. 현재까지 발견된 자료로 볼 때 고구려에서는 수결2열은 확인된 바 없으며, 제3수결공의 위치도 중위 이하로 내려오는 경우도 많지 않다.

2) 〈 형 요찰

단면 〈 형 요찰을 고구려 찰갑의 특징으로 규정되며 단면이 명확하게 〈 형으로 나타나는 것은 연천 무등리 2보루, 구리 아차산 4보루, 부여 부소산성 출토품 등 3점이며, 용마산 2보루와 홍련봉 2보루 출토품은 완만한 곡률만 가져 〈그림4〉의 외반형에 가깝다. 그러나 모두 〈 형 요찰에 포함시킨 이유는 인체의 곡선에 따라 곡률이 강하게 들어가는 부분과 완만하게 처리하는 부분이 있었음을 감안하였기 때문이다. 〈 형 요찰은 5세기 중엽의 이른 시기인 김해 여래리 II40호 찰갑에서 처음 확인된 이래, 6세기대에 이르기까지 연결고리가 없어 변화과정은 읽혀지지 않고 있다. 다만 〈 형 요찰이 고구려지역에 많기는 하지만 지역색으로 파악하기 보다는 백제의 부소산성에서도 몇 례가 확인되는 만큼 시기적인 특징으로 보는 것이 안정적일 것이다.

3) 3결공

일반적으로는 2개의 횡결공이 1조가 되어 서로 대응하는 구멍에 가죽을 연결시켜 결합하나, 구멍이 3개인 3결공이면 위의 2개의 횡결공으로 결합한 후 2번과 3번 구멍으로 한 번 더 결박하기 때문에 고정력이 더 좋아진다. 고구려 찰갑과 백제 부소산성 찰갑의 요찰과 동찰에서 확인되기 때문에 고구려 찰갑의 특징이기도 하지만 6세기대 찰갑의 일반화된 기술속성으로 보는 것이 안정적일 것이다.

V. 맺음말

연천 무등리 2보루 찰갑을 중심으로 6세기대 고구려 찰갑의 특징을 삼국시대 신라·가야 찰갑의 변화과정 속에서 살펴보았다. 고구려 찰갑만으로는 자료가 부족하여 타 지역 자료를 포함하여 살펴 본 결과, 5세기 전엽의 늦은 시기에 초기 찰갑의 불규칙성에서 벗어나 전형적인 상원하방형 소찰, 수결1렬, S자형요찰을 사용하는 외중식 찰갑이 정립되었다가 5세기 후엽에 Ω자형 요찰, 동찰에 비해 1.5배 이상 긴 장요찰, 수결2열 등이 추가되면서 찰갑형식이 다종다양해 진다. 그러나 6세기 중엽 이후의 신라·가야 찰갑양상은 더 이상의 자세한 양상이 알 수 없어진 가운데, 고구려 보루유적의 자료가 보강되었다. 〈 형요찰과 방형소찰, 3결공, 제형 상박찰을 특징으로 하고 있는데, 이를 지역적 특징으로 볼 것인지, 시기적 보편성인지에 대해서는 좀 더 자료가 증가해야 정확하게 판단될 것이다. 다만 지금까지의 상황으로는 6세기 전엽까지의 존재했던 완성형의 찰갑형식에 고구려찰갑과 같은 방형소찰 찰갑이 추가되면서 삼국의 찰갑형식이 더욱 다종다양해졌슴음 분명하다. 이는 부여 부소산성 출토 찰갑, 정읍 고사부리성 출토 기와의 기마인물상에서 보이는 격자문의 찰갑표현, 경주 안압지 출토 찰갑의 상박찰 등에서 고구려찰갑과 유사한 형식이 보이기 때문이다. 나아가 일본의 6세기 중엽이후「후지노키형(藤ノ木型)」,「아스카데라형(飛鳥寺型)」에도 고구려 찰갑과 유사한 평면형태, 제형 상박찰, 〈 형 요찰 등이 나타나는데(内山敏行 2006), 일본과 고구려의 긴밀한 교류의 증거에 의한 것으로 해석되기 보다는, 이 시기 일본과의 교류가 잦았던 남부지역 찰갑에도 고구려에서 파급된 이러한 형식이 존재하였으며, 그로 인해 일본의 후기갑주에 영향을 미친 것으로 보는 것이 타당할 것이다.

〈 표 2 〉 5세기대 찰갑의 변화과정

구분	고구려	백제	신라	가야
5C 전엽	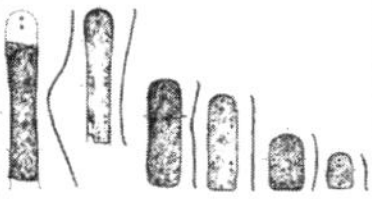 집안 태왕릉 집안 마선구 2100호	 오산 수청동 5-1구 61호	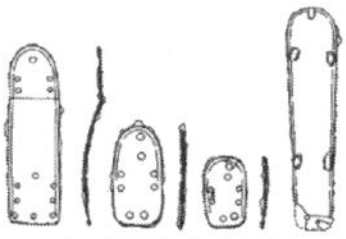 경산 임당 G5호	 김해 능동 25 김해 칠산동 35호
5C 중엽			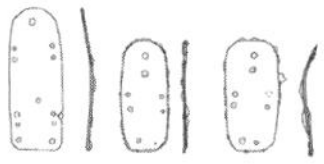 영천 화남리 30호 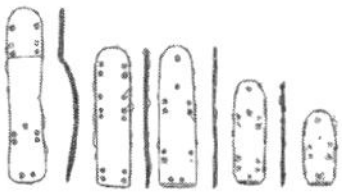경주 계림로1호	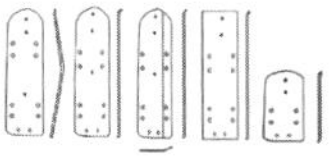 김해 여래리 II 40호 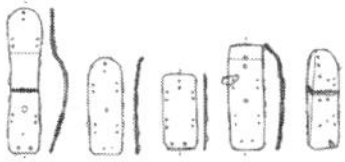부산 학소대1구3호 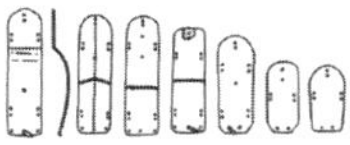부산 복천동 10 11호
5C 후엽	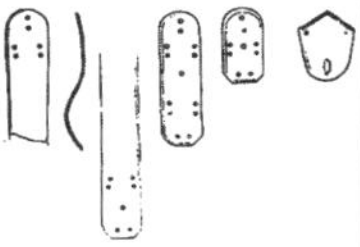 집안 우산하 41호	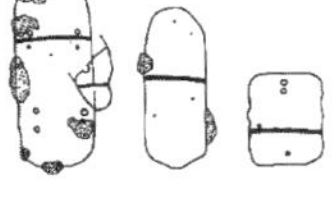 화성 백곡리 1호 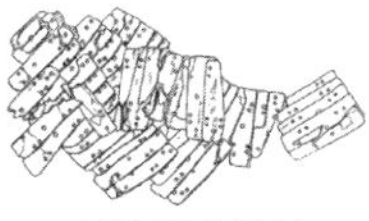서울 몽촌토성	경주 인왕동C-1호	 합천 옥전 28호 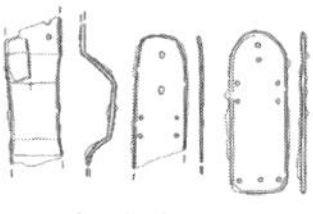부산 연산동 M10 창녕 교동 3호 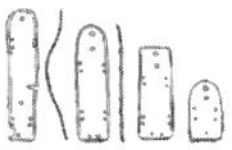함안 도항리 8호

표3. 6세기대 찰갑의 변화과정

구분	고구려	백제	신라	가야
6C 전엽		 함평 신덕고분	경주 금관총 경주 황오리 54호 을총	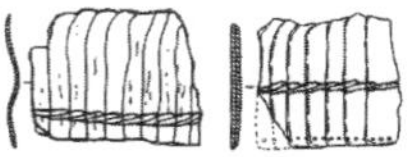 고령 지산동 45  고성 송학동 ⅠA호 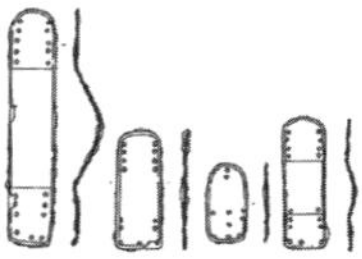 거제 장목고분
6C 중엽	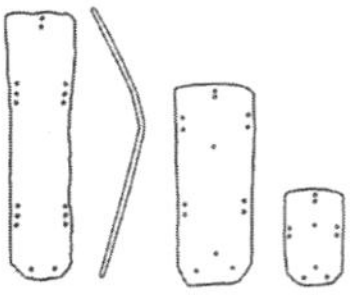 연천 무등리 2보루 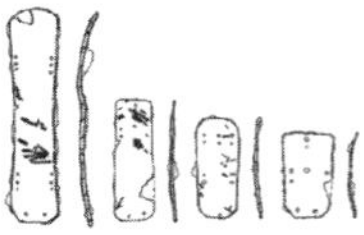 서울 용마산 2보루 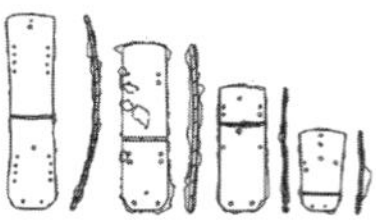 서울 홍련봉 2보루			

〈참고문헌〉

강현숙 2013 『고구려고분연구』 진인진

김재우 2010 「金官伽耶의 甲胄」『大成洞古墳群과 東亞細亞』 第16회 伽耶史國際學術會議 金海文化院

金赫中 2011 「한반도 출토 왜계갑주(倭係甲胄)의 분포와 의미」『中央考古研究』 中央文化財研究院

______ 2015 「中國 中原·東北地方 甲胄로 본 嶺南地方 甲胄文化의 전개과정과 특징」『嶺南考古學』 第72號

성정용 2006 「高句麗의 甲胄文化」『고고자료에서 찾은 高句麗人의 삶과 文化』 高句麗研究財團

宋桂鉉 1988 『三國時代 鐵製甲胄의 研究-嶺南地域 出土品을 中心으로-』 경북대학교 석사학위청구논문

______ 2001 「우리나라 甲胄의 變化」『古代戰士-고대전사와 무기』 복천박물관

______ 2002 「韓國 古代의 甲胄」『한국고대의 갑옷과 투구』 국립김해박물관

______ 2005 「桓因과 集安의 高句麗甲胄」『북방사논총』 3

宋楨植 2010 「동북아시아 찰갑의 技術系統 연구」『야외고고학』 9 한국문화재조사연구기관협의회

申敬澈 1997 「福泉洞古墳群의 甲胄와 馬具」『伽耶史復原을 위한 福泉洞古墳群의 再照明』 第1會 부산광역시립박물관 복천분관 학술발표대회

______ 2000 「百濟의 甲胄에 대하여」『百濟史上의 戰爭』

禹順姬 2001 「IV. 考察」『東萊福泉洞 鶴巢臺古墳』 釜山大學校 研究叢書 第26輯

李有京 2010 『高句麗 札甲에 대한 研究』 高麗大學校 大學院 碩士學位論文

李賢珠 2008 「三國時代의 甲胄」『日韓의 武具-韓國과 日本의 武具』 西都原考古博物館

______ 2009 「韓國 古代甲胄研究의 現況과 課題」『韓國의 古代甲胄』 福泉博物館

______ 2011 「百濟甲胄의 形成과 그 背景」『軍史研究』 第131집 陸軍軍史研究所

______ 2014 「三國時代 札甲 製作技術의 受容과 展開」『古代武器研究』 第10号 古代武器研究會

______ 2015 「삼국시대 소찰주 연구」『友情의 考古學』 故 孫明助 先生 追慕論文集 刊行委員會

최종택 2004 「峨嵯山 高句麗堡壘 出土 鐵製甲胄와 馬具」『加耶, 그리고 倭와 北方』

黃秀鎭 2011 「三國時代 嶺南 出土 札甲의 研究」『韓國考古學報』 第78輯, 韓國考古學會

内山敏行 2000 「北朝·鄴南城出土甲胄の持つ意味」『ASIAN LETTER』 第7号

______ 2006 「古墳時代後期の甲胄」『古代武器研究』 第7号 古代武器研究會

——— 2008 「小札甲の變遷と交流-古墳時代中·後期の縅孔2列小札とΩ字型腰札-」『王權と武器と信仰』
塚本敏夫 1997 「長持山古墳出土挂甲の研究」『王者の武裝』 京都大學總合博物館
清水和明 1993 「挂甲-製作技法の變遷からみた挂甲の生産」『甲冑出土古墳にみる武器·武具の變遷』 第1分冊 埋藏文化財研究會
——— 2009 「小札甲の製作技術と系譜の檢討」『月刊考古學ジャ-ナル』 1月號 No 581
横須賀倫達
2009 「後期型鐵冑の系統と系譜」『月刊考古學ジャ-ナル』 1月號 No581
森川祐輔
2008 「東北アシアにおける小札甲の樣相」『朝鮮古代研究』 第9號
天狗山古墳發掘調査團
2014 『天狗山古墳』
서울대학교박물관·연천군
2015 『연천 무등리 2보루』
고려대학교박물관·서울시
2005 『한국고대의 Global Pride 고구려』 고려대학교 개교 100주년 기념 박물관 특별전
복천박물관
2001 『古代戰士-고대전사와 무기』
2009 『韓國의 古代甲冑』
국립김해박물관
2002 『한국고대의 갑옷과 투구』
2015 『甲冑-갑주, 전사의 상징』
朝鮮畵報社
1985 『高句麗古墳壁畵』 東京

高句麗의 生態環境과 飮食文化의 연관성 검토

박 유미 (상명대 문화콘텐츠학과 강사)

고구려의 주요 영역인 만주와 한반도 북부는 산이 많아 평야지대가 부족한 지형을 갖고 있다. 이러한 지형 때문에 고구려는 경작지를 얻기 위해 끊임없이 주위 종족이나 인근 국가와 전쟁을 치러야 했다. 경작지를 얻었더라도 이 지역은 여름이 짧고 작물재배가 어려운 겨울이 길어 작물의 대다수를 多毛作이 아닌 一毛作으로 재배해야 했다. 이렇게 토지이용률이 낮은 지역적 제약을 고구려는 고민해야 했을 것이다.

또한 생산 활동을 통해 얻은 식재료는 보관기간이 짧기 때문에 고구려인들에게는 긴 겨울 동안 소비할 다양한 식재료의 보관기술의 향상이 요구되었다. 길고 긴 겨울을 버틸 양식의 준비는 다양한 종류의 식재료를 오래도록 먹게끔 만들어야 한다. 이때 주목되는 그 과정 중 하나가 바로 발효방법이었고 발효로 만들어진 음식은 이렇게 고구려인들의 생존에 필수가 되었을 것이다. 고구려 영토 전역에서 발굴되는 다양한 항아리류도 고구려인들이 '善藏釀'했음을 알려주는 유물이라고도 할 수 있다.

한편, 2세기에서 4세기 사이 급격하게 기온이 한랭화된 시기가 있었는데, 이 시기 고구려에서도 생산량 감소 및 사회불안이 생겼을 것이다. 이러한 상황을 타개하기 위해 고구려인은 정복전쟁을 비롯하여 기존의 賑貸法과 같은 사회복지법의 활용, 농업기술 및 농기구의 혁신, 구황작물로서의 콩 활용 증가와 같은 다양한 노력을 기울였다고 생각된다.

이렇게 살펴본 고구려인들은 척박한 환경과 부족한 자원을 본인들의 적극적인 개척의지로 극복하였다. 영토적 한계는 활발한 정복전쟁으로, 부족한 음식자원은 품종개량 및 농기구와 농사기술의 개발로, 허기를 해소하기 위한 다양한 음식자료 생산과 소비의 효율성 극대화 및 저장기술의 개량 등 여러 방법을 통해 고구려인들은 고구려라는 영토 내에서 그들의 삶을 개척하고 영위했다고 보인다.

[키워드] 고구려, 음식문화, 생태환경, 발효음식, 기후한랭화

I. 序論

음식은 지역과 민족에 따라 특수성과 고유성을 갖는다. 이때의 음식은 생산수단과 소비의 양상에서 각 민족이 갖는 지역성에 깊은 연관성을 갖는다. 고구려 음식문화에 있어서도 지역성은 주요한 요소로 간주된다. 이러한 지역성에서 음식문화와 관련되어 주목할 부분은 생태환경이다. 생태환경은 우리가 흔히 '영역'이라고 부르는 권역을 의미하는데 영역은 특정 국가 및 종족의 행동이 이뤄지는 테두리로 한 집단의 활동을 조정하고 집단을 결속시키는 장소이며 기본적인 행동체계를 결정한다.[1)]

흔히, 생태환경은 신석기 이래 오늘날까지 큰 차이가 없었을 것으로 막연히 생각하는 경우가 많아[2)] 소홀이 생각하는 경우도 있다. 그러나 고구려는 700년이 넘는 오랜 존속 기간 동안 활발한 정복정책을 통해 영역이 끊임없이 변화됐고 확장되었으며 시기별로 자연재해는 물론 주목할 만한 기후의 변화까지도 겪었다. 특히 고구려의 존속시간 동안 나타난 2세기에서 4세기 사이 기후의 한랭화는 다양한 역사적 변환을 일으킨 요소로 간주되어 주목받고 있다.[3)]

1) 에드워드 홀, 2002, 『숨겨진 차원』, 한길사, 48~51쪽.

2) 최덕경, 1994, 「고대의 자연환경과 지역별 농업조건」, 『역사와 세계』 18, 효원사학회, 1~2쪽.

3) 중국사와 관련되어 후한시기 황건적의 난이나 대규모 북방종족의 남하와 밀접한 관련을 맺고

따라서 이렇게 인간 생존에 영향을 끼치는 영역의 생태환경과 기후의 변화를 살펴보는 것은 고구려가 생산력을 제한하는 요소가 무엇이고, 이를 극복하는 과정을 유추해볼 수 있는 계기가 될 것이다. 고구려인들의 극복 과정 속에서 정립시킨 음식문화적인 면모가 어떻게 우리 음식문화에서 계승되어 나타나는지도 살펴볼 수 있는 기회가 될 것이라 생각된다.

이 글에서는 이와 같은 내용을 살펴보기 위하여 문헌사료와 고고학적 자료에 근거하여 고구려의 영역 확장 과정의 역사적 추이를 살펴본다. 아울러 이때에 어떠한 생태환경과 기후적 여건을 갖고 있었는지를 알아보고, 당시의 생산 환경으로 말미암은 음식문화적 양상이 무엇인지를 고찰하도록 한다.

II. 高句麗의 領域擴張과 食材料 공급의 다변화

고구려는 서기 전 37년 주몽[4]에 의해 현재의 동가강 중상류 일대인 졸본지역에서 건국되었다. 그러나 문헌적인 기록이나 고고학적 추정에 의해서 빠르면 서기 전 4세기에서 3세기, 늦어도 서기 전 2세기에는 압록강 중류 일대에서 초기 고구려 세력이라고 볼 수 있는 정치세력이 출현했음을 시사한다.[5]

있으리라 생각되며 일본의 야마토 정권의 성립을 비롯한 우리나라 해수면의 변동 및 철기시대의 패총 출현 등이 모두 기온의 한랭화와 긴밀한 관련성이 있다고 보는 견해이다(Jin-Qi Fang, Guo Liu, 1992,「Relationship between climatic change and the nomadic southward migrations in eastern Asia during historical times」,『Climatic Change』 22, Springer Netherlands ; 서현주, 2000,「호남지역 원삼국시대 패총의 현황과 형성배경」,『호남고고학보』 11, 호남고고학회 ; 최성락·김건수, 2002,「철기시대 패총의 형성 배경」,『호남고고학보』 15, 호남고고학회).

4) 『三國史記』 卷13,「高句麗本紀」 第1, "時, 朱蒙年二十二歲, 是漢孝元帝建昭二年, 新羅始祖赫居世二十一年甲申歲也."

5) 서영대(2011,「고구려의 성립과 변천」,『제1회 고구려문화제 학술회의-일본과 고구려』, 1~4쪽)는 글에서 고구려는 서기전 37년 이전부터 존재한 것은 확실한 것 같다고 했다. 그것의 증거는 한이 고조선을 멸망시킨 후 서기 전 107년에 설치한 현도군 수현(首縣)의 명칭이 고구려현이라는 점이나 서기 전 87년 현도군이 夷貊의 침입 때문에 서북지역으로 이주하게 되었다는 내용에서 현도군 지역에서 고구려를 두고 현도군을 몰아낼만한 세력이 찾아지지 않는다는 점 등에서 찾을 수 있다고 했다. 아울러 서기 전 4~3세기경 동가강, 독로강을 비롯한 압록강 중류 지역에서 야철 유적이나 명도전 유적 등 철기문화의 발달을 보여주는 자료가 확인되며 서기 전 3세기

고구려는 발전하기 위해 졸본지방의 산골을 벗어나 넓은 들이 있는 곳으로 영토를 넓혀야 했다. 그래서 서기 3년에 수도를 졸본에서 압록강가의 국내성으로 옮겼다. 이곳은 뒤에 환도성이 가로막고 남쪽으로 압록강이 트여 방어에도 좋고 밖으로 진출하는데도 유리한 지형을 지니고 있었다.[6] 그러나 국내성 시대에도 경제적 상황은 그리 좋은 형편은 아니었다.

II-1. 큰 산과 깊은 골짜기가 많고 넓은 들은 없어 산골짜기에 의지하여 살면서 산골의 물을 식수로 한다. 좋은 田地가 없으므로 부지런히 농사를 지어도 식량이 충분하지 못하다. 그들의 습속에 음식은 아껴 먹으나 宮室은 잘 지어 치장한다.…그 나라 사람들의 성질은 흉악하고 급하며, 노략질하기를 좋아한다.[7]

II-2. 그 나라의 넓이는 사방 2천리인데, 큰 산과 깊은 골짜기가 많으며 사람들은 산골짜기에 의지하여 산다. 농사지을 땅이 적어서 힘껏 농사를 지어도 自給하기에 부족하기 때문에 그 習俗에 음식을 아낀다.…그 나라 사람들은 성질이 흉악하고 급하며, 氣力이 있고 전투를 잘하고 노략질하기를 좋아하여…[8]

국내성 천도 이후의 사료인 II-1과 II-2에 따르면 고구려에는 여전히 산간지대가 더 많았다. 그래서 농사지을 땅이 부족하여 농사를 통한 곡물 생산이 충분하지 못해 식량수급에 어려움을 겪고 있었다. 부족한 田地와 곡물로 인해 건국 초기 고구려인들이 음식을 아끼는 풍속을 가지게 되었음을 알 수 있다. 그러나 음식을 아껴 먹는 것은 한계가 있고, 이러한 한계는 인간 활동에 제약을 주기 때문에 더 나은 삶을 위하여 고구려인들은 활발한 정복활동 등으로 田地를 비롯한

경 고구려의 특징적 묘제인 적석총, 특히 무기단 적석총이 축조되는 등의 여러 증거가 나타난다고 했다.

6) 한영우, 2010, 『다시찾는 우리역사』, 경세원, 98~99쪽.

7) 『三國志』 卷30, 「魏書 東夷傳」 第30 高句麗傳, "多大山深谷, 無原澤. 隨山谷以爲居, 食澗水. 無良田, 雖力佃作, 不足以實口腹. 其俗節食, 好治宮室. 於所居之左右立大屋, 祭鬼神, 又祀靈星·社稷. 其人性凶急, 喜寇鈔."

8) 『後漢書』 卷85, 「東夷列傳」 第75 高句麗傳, "地方二千里, 多大山深谷, 人隨而爲居. 少田業, 力作不足以自資, 故其俗節於飮食, 而好修宮室…其人性凶急, 有氣力, 習戰鬪, 好寇鈔…."

식재료 생산 환경을 넓힐 필요가 있었다.

졸본시대부터 주변 종족을 복속시키고 인근 국가를 정복한 고구려는 유리왕 때인 서기 12년에 新과 충돌하기도 하고 13년에는 부여를 정벌하였다.[9] 14년에는 太子河 상류일대의 梁貊을 치게 하여 현도군의 高句麗縣을 습격하여 빼앗았다.[10] 대무신왕 때인 21~22년에는 부여의 공격을 저지하고 26년에는 압록강 중류 유역에 위치했다고 판단되는[11] 蓋馬國과 句茶國의 투항을 받았다. 이어서 32·37·44년에는 낙랑지역으로의 진출을 시도하는[12] 등 주변지역으로 영토를 확장해 나가며 田地 확충 및 생산 환경을 증대시킬 기회를 계속 모색했다.

사실, 생산 환경의 획기적 증대는 1세기 후반에서 2세기 전반의 태조왕 대에 이뤄졌다. 태조왕은 근 100년간을 집권하면서 56년에 東沃沮를, 72년 및 74년에는 각각 藻那[13]와 朱那[14]를 정벌했으며, 98년 동해안에 위치한 柵城지역을 순행하고[15] 118년에 濊를 정복하였다. 특히, 동옥저와 예의 정벌은 고구려의 식량의 공급과 증대에 큰 영향을 주었다.

II-3. 동옥저의 토질은 비옥하며, 산을 등지고 바다를 향해 있어 오곡이 잘 자라며 농사짓기에 적합하다.… 음식·주거·의복·예절은 고구려와 흡사하다.…東沃沮는 나라가 작고 큰 나라의 틈바구니에서 핍박을 받다가 결국 고구려에 臣屬케 되었다. 고구

---

9)『三國史記』卷13,「高句麗本紀」第1 琉璃王條,“扶芬奴將兵走入其城. 鮮卑望之, 大驚還奔. 扶芬奴當關拒戰, 斬殺甚多. 王擧旗, 鳴鼓而前. 鮮卑首尾受敵, 計窮力屈, 降爲屬國；扶餘人來侵. 王使子無恤, 率師禦之. 無恤以兵小, 恐不能敵, 設奇計, 親率軍伏于山谷以待之. 扶餘兵直至鶴盤嶺下, 伏兵發, 擊其不意. 扶餘軍大敗, 棄馬登山, 無恤縱兵盡殺之.”

10)『三國史記』卷13,「高句麗本紀」第1 琉璃王條,“秋八月, 王命烏伊摩離領兵二萬, 西伐梁貊, 滅其國, 進兵襲取漢高句麗縣[縣屬玄菟郡].”; 국사편찬위원회, 2013,『한국사』5, 탐구당, 39쪽.

11) 박경철, 2005,「고구려 변방의 확대와 구조적 중층성」,『한국사학보』19, 고려사학회, 222쪽.

12)『三國史記』卷14,「高句麗本紀」第2 大武神王條,“王親征蓋馬國, 殺其王, 慰安百姓, 毋虜掠, 但以其地爲郡縣. 十二月, 句茶國王聞蓋馬滅, 懼害及己, 擧國來降. 由是 拓地浸廣；崔理以鼓角不鳴不備, 我兵掩至城下. 然後知鼓角皆破, 遂殺女子, 出降.”

13)『三國史記』卷15,「高句麗本紀」第3 太祖大王條,“二十年春二月, 遣貫那部沛者達賈, 伐藻那, 虜其王.”

14)『三國史記』卷15,「高句麗本紀」第3 太祖大王條,“二十二年冬十月, 王遣桓那部沛者薛儒, 伐朱那, 虜其王子乙音爲古鄒加.”

15)『三國史記』卷15,「高句麗本紀」第3 太祖大王條,“四十六年春三月 王東巡柵城.”

려는 그 지역 인물 중에서 大人을 두고 使者로 삼아 토착 渠帥와 함께 통치하게 하였다. 또 大加로 하여금 租稅를 통괄 수납하여, 貊布, 魚鹽·海中食物 등을 천리나 되는 거리에서 나르게 하고, 또 동옥저의 미인을 보내게 하여 종이나 첩으로 삼았으니, 그들을 奴僕처럼 대우하였다.…질솥에 쌀을 담아서 곽의 문 곁에다 엮어 매단다.[16)]

II-4. 濊는 남쪽으로는 辰韓과 북쪽으로는 高句麗·沃沮와 접하였고, 동쪽으로는 大海에 닿았으니, 오늘날 朝鮮의 동쪽이 모두 그 지역이다. 戶數는 2만이다. 濊에는 大君長이 없고 漢代 이래로 侯·邑君·三老의 관직이 있어서 下戶를 통치하였다. 삼베가 산출되며 누에를 쳐서 옷감을 만든다. 새벽에 별자리의 움직임을 관찰하여 그 해의 풍흉을 미리 안다. 해마다 10월이면 하늘에 제사를 지내는데, 주야로 술 마시며 노래부르고 춤추니 이를 '舞天'이라 한다. 또 호랑이를 神으로 여겨 제사지낸다. 부락을 함부로 침범하면 벌로 生口와 소·말을 부과하는데, 이를 '責禍'라 한다. 바다에서는 班魚의 껍질이 산출되며, 땅은 기름지고 무늬 있는 표범이 많다. 또 果下馬가 나는데 후한의 桓帝 때 獻上 하였다.[17)]

사료II-3과 II-4는 각각 옥저와 예에 관한 설명이다. 동해안가에 위치한 옥저와 예는 농사를 지으며 말이나 어염 등의 해산물 같은 토산품이 유명했다. 고구려가 옥저와 동예의 풍부한 해산물을 비롯한 토산품을 확보하는 것은 당연했다. 이 때, 확보하는 방법은 공납이었는데, 고구려는 옥저의 사회질서를 유지시킨 채 공납을 징수하는 속민지배·집단 예민지배를 실시했다. 옥저의 大人을 使者로 삼아 사회를 통솔하도록 하는 한편, 고구려의 大加로 하여금 조세를 통책하도록

---

16)『三國志』卷30,「魏書 東夷傳」第30 沃沮傳, "國小, 迫于大國之間, 遂臣屬句麗. 句麗復置其中大人爲使者,使相主領, 又使大加,統責其租稅, 貊布·魚·鹽,海中食物, 千里擔負致之, 又送其美女,以爲婢妾, 遇之如奴僕.…又有瓦鑩, 置米其中, 編縣之於槨戶邊."

17)『三國志』卷30,「魏書 東夷傳」第30 東濊傳, "濊南與辰韓,北與高句麗·沃沮接, 東窮大海,今朝鮮之東皆其地也, 戶二萬.無大君長, 自漢已來, 其官有侯邑君·三老,統主下戶. 有麻布, 蠶桑作緜.曉候星宿,豫知年歲豐約.常用十月節祭天, 晝夜飮酒歌舞, 名之爲舞天, 又祭虎以爲神. 其邑落相侵犯, 輒相罰責生口牛馬, 名之爲責禍. 出其地. 其海出班魚皮,土地饒文豹, 又出果下馬, 漢 桓時獻之."

하여 토산품이자 고구려에 필요한 물품을 공납하게 했다.[18] 이러한 공납은 고구려의 '坐食者' 및 '下戶'와 관련되어 그 내용이 주목된다. 고구려의 지배층들의 식생활이 하호가 '먼 곳에서 양식, 고기, 소금을 운반하여 공급'하는 것으로 꾸려지는 것과 관련이 있기 때문이다.[19]

한편, 245년 동천왕 대에도 신라의 북쪽 변경을 공격하는 등 고구려의 영토 확장 노력은 계속되었다.[20] 280년 서천왕 대에는 肅愼을 공격하여 부락 6·7개소의 항복받아 부용세력으로 삼았다.[21] 輝發河 유역을 따라 송화강 유역방면으로 세력을 확산하는 과정에 조우한 '肅愼'이라 불리는 말갈세력을 제압하고 이들에 대한 사민·부용화 정책을 실시했는데[22] 이들은 고구려의 음식문화에서 육류 및 乳類 음식문화에 영향을 끼쳤을 가능성이 있다. 이후 미천왕 대에는 313년 樂浪郡[23]에 이어 314년 帶方郡[24]·315년 玄菟郡[25]을 축출하였다. 320년에는 遼東을 공격[26]하여 서쪽으로 영토를 확장시켰다. 미천왕의 영토확장을 통해 고구려는 요동과 요서에 걸쳐진 평야지대를 확보하여 田地를 확장시켰고, 이를 통해 오곡 및 벼농사의 생산량을 증가시킬 수 있는 농업환경을 확충하였다고 볼 수 있다.

이와 같은 정복전쟁을 통해 고구려는 1세기에서 4세기사이 동쪽으로는 옥저와 예, 신라의 북변으로 진출하고 서쪽으로는 낙랑군·대방군·현도군 등의 한군현을 밀어냈음을 알 수 있다. 또한 고구려는 남쪽으로는 淸川江까지 영토를 확

---

18) 국사편찬위원회, 앞의 책, 40쪽.

19) 『三國志』 卷30, 「魏書 東夷傳」 第30 高句麗傳, "其國中大家不佃作, 坐食者萬餘口, 下戶校勘遠擔米糧魚鹽供給之."

20) 『三國史記』 卷17, 「高句麗本紀」 第5 東川王條, "十九年冬十月 出師侵新羅北邉."

21) 『三國史記』 卷17, 「高句麗本紀」 第5 西川王條, "達賈出奇掩擊, 拔檀盧城, 殺酋長, 遷六百餘家於扶餘南烏川, 降部落六七所, 以爲附庸. 王大悅, 拜達賈爲安國君, 知內外兵馬事, 兼統梁貊肅愼諸部落."

22) 박경철, 2005, 앞의 글, 234쪽.

23) 『三國史記』 卷17, 「高句麗本紀」 第5 美川王條, "十四年冬十月 侵樂浪郡, 虜獲男女二千餘口."

24) 『三國史記』 卷17, 「高句麗本紀」 第5 美川王條, "十五年秋九月 南侵帶方郡."

25) 『三國史記』 卷17, 「高句麗本紀」 第5 美川王條, "十六年春二月 攻破玄菟城, 殺獲甚衆."

26) 『三國史記』 卷17, 「高句麗本紀」 第5 美川王條, "二十一年冬十二月遣兵寇遼東, 慕容仁拒戰破之."

장했으며 북쪽으로는 부여와 경계를 접하게 되었다.[27] 즉, 활발한 정복전쟁과 부용 통해 농사의 생산량 증대 및 육류, 乳類 등의 여러 음식문화 활용의 저변을 확대할 수 있는 요소가 마련된 것이다.

이후 고구려의 영역은 광개토왕의 등장과 함께 더욱 확장된다. 즉위년인 391년 가을 9월에 북쪽으로 거란을 쳤고[28], 404년[29]부터 406년[30]사이 後燕과 격돌한 후 요동지역을 확실하게 지배하면서 東北平原의 상당부분을 차지했다.[31] 현재도 오곡의 생산지로 알려져 있는 동북평원의 획득은 고구려의 식량생산에 있어 큰 변곡점이 되었을 것으로 생각된다. 4세기 말에는 백제 침공을 막아내며 남한강 부근까지 영역을 확대시켰고 영락 10년(400)에 낙동강 유역으로 진출하여 신라에 고구려군이 주둔하기도 하였다. 이로써 고구려는 한반도 서해안과 한강유역의 곡창지대를 얻으며 농업 생산량을 더욱 증가시켜 나갔으며 고구려의 문화가 신라로 전파되는 계기가 되기도 하였다.[32] 또한 광개토왕은 명목상으로 북부여[33]를 존치시키고 함경도 영흥만 일대 또는 두만강 하류의 琿春방면에 위치한

27) 이종욱, 2007, 「영토확장과 대외활동」, 『고구려의 정치와 사회』, 동북아역사재단, 126쪽.

28) 『三國史記』 卷18, 「高句麗本紀」 第6 廣開土王條, "一年秋九月, 北伐契丹."
이 거란침공에 관해 광개토왕비에서는 즉위 5년의 일이라고 했다. 기록과 비문과의 내용에 차이점을 보인다. 비문의 내용은 "영락5년 을미년으로 왕은 패려가 조공하지 않으므로 몸소 토벌에 나섰다. 부산을 넘어 산을 등지고 염수에 이르러 패려의 부락 6~7백영을 부수고 소와 말, 양떼를 헤아릴 수 없이 노획했다(永樂五年歲在乙未 王以碑麗不歸△人 躬率往討 過富山負山至鹽水上 破其三部洛六七百營 牛馬群羊 不可稱數)."라고 하여 그 자세한 내용을 전한다.

29) 14년 봄 정월에 연왕 모용희가 요동성을 공격해왔다.…이로 말미암아 성 안에서 방비를 엄히 할 수 있게 되어 마침내 이기지 못하고 돌아갔다(『三國史記』 卷18, 「高句麗本紀」 第6 廣開土王條, "燕王熙來攻遼東城且陷. 熙命將士, 毋得先登, 俟剗平其城, 朕與皇后乘轝而入. 由是, 城中得嚴備, 卒不克而還").

30) 겨울 12월에 연왕 모용희가…우리의 목저성(木底城)을 공격하였으나 이기지 못하고 돌아갔다(『三國史記』 卷18, 「高句麗本紀」 第6 廣開土王條, "燕王熙襲契丹至陘北, 畏契丹之衆, 欲還, 遂棄輜重, 輕兵襲我. 燕軍行三千餘里, 士馬疲凍, 死者屬路, 攻我木底城, 不克而還.").

31) 대부분이 해발고도 200m 미만이나 중간부인 장춘(長春) 부근에 해발고도 250m 정도의 구릉지가 가로놓여, 북부의 송화강·눈강 유역의 송눈(松嫩) 평원과 남부의 요하 유역의 요하 평원으로 나뉘는데, 합쳐서 송요(松遼) 평원이라고도 한다. 동북평원은 중국 유수의 농업지대 가운데 하나로 현재에도 수수·콩·조·밀 등 밭농사 중심의 농산물 생산이 많은 지역이다.

32) 신형식, 2002, 「고구려의 성장과 그 영역」, 『한국사론』 34, 국사편찬위원회, 53~54쪽.

33) 북부여는 3세기 말에서 4세기 중엽사이 선비족의 침입으로 이후 길림, 장춘 방면의 부여를 지

동부여를 함락시켰다.[34] 이처럼 광개토왕 때 고구려의 영토는 동쪽으로 두만강 하류와 연해주 일부, 서쪽으로 요하, 남쪽으로 남한강 유역과 소백산맥을 넘어 영일만을 잇는 지역, 북쪽은 農安과 송화강 유역까지 미쳤다.

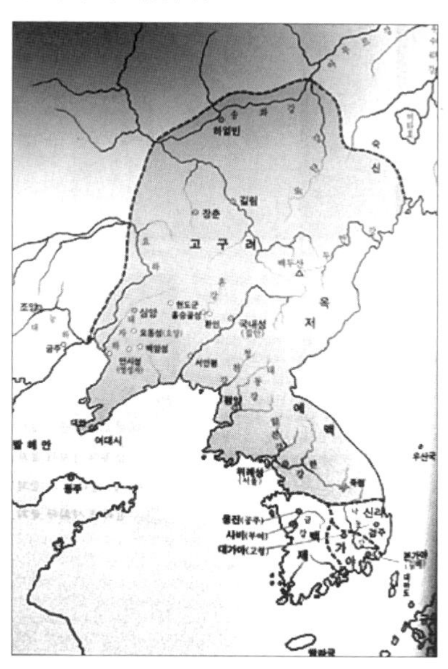

〈 그림 1 〉 5세기 후반 고구려 영역

광개토왕의 정복사업을 이어받은 장수왕은 79년간 재위하면서 고구려 최고의 전성기를 구가했다. 장수왕은 재위 15년(427년)에는 수도를 국내성에서 평양성으로 천도하고, 중국이 남북조시대(439~491)로 분열된 정세를 이용하였다. 이 때 실시된 장수왕의 평양 천도는 고구려의 음식문화 정립에 큰 계기가 되었다. 평양은 서해쪽으로 형성된 평야지대가 많은 한반도 서북부[35]의 중심 지역으로, 청동기시대부터 쌀을 비롯한 곡물의 생산경험이나 물산이 풍부했기 때문에 수도 이전 이후 고구려는 쌀을 주재료로 하는 음식문화를 한층 더 발전시킬 수 있었을 것이다. 475년에는 백제의 수도 한성을 함락하고 개로왕을 죽

칭한다(북옥저 방향으로 피난한 부여왕실을 고구려인들은 동부여라고 불렀고, 동부여는 457년 북위에 조공을 하기도 했으나 물길의 침입을 받아 고구려 내지로 옮겨 오면서 결국 소멸했다). 이러한 북부여를 계승한 나라가 두막루국(豆莫婁國)인데 지금의 흑룡강성, 눈강 동쪽과 하얼빈 이북의 호란하(呼蘭河)에 분포하였다. 『魏書』 卷100, 「列傳」 第88 豆莫婁傳, "豆莫婁國, 在勿吉國北千里, 去洛六千里, 舊北扶餘也. 在失韋之東, 東至於海, 方二千里. 其人土著, 有宮室倉庫. 多山陵廣澤, 於東夷之域最爲平敞. 地宜五穀, 不生五果. 其人長大, 性强勇, 謹厚, 不寇抄. 其君長皆以六畜名官, 邑落有豪帥. 飮食亦用俎豆. 有麻布, 衣制類高麗而幅大, 其國大人, 以金銀飾之. 用刑嚴急, 殺人者死, 沒其家人爲奴婢. 俗淫, 尤惡妬婦, 妬者殺之, 尸其國南山上至腐. 女家欲得, 輸牛馬乃與之. 或言本穢貊之地也."

34) 이도학, 2007, 「광개토대왕의 영토확장과 광개토대왕릉비」, 『고구려 정치와 사회』, 동북아역사재단, 179쪽.

35) 한반도 서북부지역은 서해쪽으로 압록강 유역의 용천평야, 청천강 유역의 안주·박천평야, 대동강 유역의 평양평야, 재령강 유역의 재령평야, 예성강 유역의 연백평야 등이 위치한다.

여 백제를 웅진으로 남하하게 만들어[36] 숙원이던 한강유역을 확보하고 이를 기반으로 하여 남양만에서 충청도 북부지역에까지 영토를 넓히게 되었다. 즉, 경기도 여주와 안성, 화성군 일대와 충북 진천·음성·괴산·충주·충남 직산 등을 6세기 초반까지 고구려의 영토로 편입시켰던 것이다.[37] 평양천도 이래 대동강 유역의 쌀농사와 그 문화를 흡수한 고구려는 이와 같이 한강 이남을 차지함으로 인해서 한층 더 성숙되고 발전된 농업환경을 마련할 수 있었을 것이다. 고구려군의 주둔지였던 아차산 유역에서 보이는 여러 농기구 및 방앗간 유적은 이와 같은 농업활동을 입증해준다고 할 수 있다.[38]

나아가 장수왕은 479년 柔然과 함께 地豆于를 분할[39]하려고 하였다. 이것은 시라무렌(Siramuren) 유역에서 거란을 몰아내서 고구려가 송화강 유역을 안정적으로 경영하기 위함이었다. 고구려에게 쫓긴 거란은 이후 돌궐의 위협을 받아 萬家가 고구려에 의탁하기도 했다.[40] 481년에는 신라로 진출하였는데 소백산맥 죽령이남에서 영일만에 이르는 지역인 경북 울진·영덕·진보·임하·청송 등

36) 한영우, 앞의 책, 101쪽.

37) 국사편찬위원회, 2013, 앞의 책, 68~69쪽.

38) 최종택·오진석·조성윤·이정범, 2006, 「아차산 제3보루-1차 발굴조사보고서-」, 『매장문화재연구소 연구총서』 27, 한국고고환경연구소 ; 국립문화재연구소, 2009, 『아차산4보루 발굴조사보고서』, 국립문화재연구소.

39) 『魏書』 卷100, 「列傳」 第88 契丹傳, "태화3년 고구려가 몰래 연연과 모의하여 지두우를 취해서 나누고자 하였다. 거란은 고구려의 침략을 두려워하여…백랑수 [요녕성 대릉하] 동쪽에 머물렀다(太和三年(479), 高句麗竊與蠕蠕謀, 欲取地豆于以分之. 契丹懼其侵軼, 其莫弗賀勿于率其部落車三千乘, 衆萬餘口, 驅徙雜畜, 求入內附, 止於白狼水東)."

40) 『隋書』 卷84, 「北狄列傳」 第49 契丹傳, "當後魏時, 爲高麗所侵, 部落萬餘口求內附, 止于白貔河. 其後爲突厥所逼, 又以萬家寄於高麗."
고수전쟁 때에 수양제가 고구려에 전한 내용 가운데 "일찍이 은혜를 생각하지 않고 도리어 악을 길러, 거란의 무리를 합쳐서 바다를 지키는 군사들을 죽이고, 말갈의 일을 익혀 요서를 침범하였다(『三國史記』 卷20, 「高句麗本紀」 第8 嬰陽王條, "曾不懷恩, 翻爲長惡. 乃兼契丹之黨, 虔劉海戍, 習靺鞨之服, 侵軼遼西")."라는 내용이 나오는데 이로써 고구려에서는 내항한 거란의 일부를 계속 세력권 하에 두었던 것을 알 수 있다.
이러한 거란과의 관계성은 고구려 멸망 때까지 계속된 것으로 이해된다. 그 이유로는 『新唐書』(卷110, 「諸夷蕃將列傳」 第35 泉男生條, "남생은 달아나 국내성을 지키며 무리를 거느리고 거란, 말갈병과 함께 당으로 의탁하였다. 아들 헌성으로 하여금 당에 보내 호소하게 했다(男生走保國內城, 率其衆與契丹, 靺鞨兵內附, 遣子獻誠訴諸朝.")에 기록된 바와 같이 일부이긴 하지만 거란과의 관계가 지속된 것을 알 수 있기 때문이다.

의 지역이 고구려의 영토로 기록되어 있다.[41] 이로써 고구려는 장수왕시대에 신라의 죽령일대로부터 백제의 남양만을 연결하는 선까지 영토를 확장하고 만주까지 판도에 넣어 중국과 당당히 자웅을 겨루는 대국으로 성장했다(〈그림1〉)[42]. 신라의 영토인 충북 中原에서 발견된 고구려비는 이곳이 고구려의 판도에 있었음을 말해주고 있다.[43]

494년 문자명왕 때에는 부여가 항복[44]함에 따라 영토를 송화강 중류 일대로 넓혔으며[45], 512년(재위 21년) 가을 9월 백제의 영토를 함락시켰다. 안원왕 때인 541년(재위 11년) 10월에는 백제와 싸워 이겼다. 594년 영양왕 5년에는 북방의 말갈[46]을 정복함으로써 북방영토를 더욱 확장시켰다. 이로써 고구려는 부여의 옛 땅을 모두 차지하였고 牡丹江 주변[47]과 黑龍江 중상류까지의 농경지를 확보하였다.

고구려의 부여국 점령은 고구려인의 음식문화에 많은 영향을 끼치게 된다. 부여의 지리는 동쪽으로 바다에 이르고 사람들은 정착하여 살아 궁실과 창고가 있고, 나라 대부분은 산릉과 넓은 늪지이며, 동이의 땅에서 가장 평평하고 넓다고 한다. 부여의 토질은 오곡에 적합하지만 오과는 자라지 않으며, 그 군장은 모두 육축으로 관명을 삼았다고도 史書에 전한다. 특히 음식문화와 관련되어 부여의

---

41) 국사편찬위원회, 앞의 책, 70~71쪽.

42) 한영우, 앞의 책, 96쪽 〈5세기 후반 고구려 전성기 지도〉 참조.

43) 위의 책, 102쪽.

44) 『三國史記』 卷19, 「高句麗本紀」 第7 文咨明王條, "부여의 왕과 처자와 함께 나라를 들어 항복했다(扶餘王及妻孥以國來降)."

45) 부여왕 의려가 자살한 이후 부여는 고구려에 흡수된 것으로 보이나 부여의 잔존 세력이 오늘날의 阿城(阿勒楚喀) 지역에 있다가 이때에 와서 勿吉에 의하여 쫓겨 그 지배세력이 고구려로 투항하게 된 것이라고 보는 견해도 있다(池內宏, 1951·1979, 「夫餘考」 및 「勿吉考」, 『滿鮮史研究』 上世 第1). 후자의 견해를 따르면 본문의 내용은 본왕 13년의 "부여는 勿吉에게 쫓기는 바 되었다"는 기사와 대응된다(정구복 외, 1998, 『역주 삼국사기』 3 주석편(상), 한국정신문화연구원, 400쪽 : 국사편찬위원회 한국사데이터베이스, 『三國史記』 卷19, 「高句麗本紀」 第7 文咨明王條, "二月 扶餘王及妻孥以國來降."의 〈주1〉 내용 참조).

46) 고구려와 말갈족과의 관계성은 매우 밀접했으며 그것은 보장왕이 당으로 끌려간 이후까지 지속된다(『三國史記』 卷22, 「高句麗本紀」 第10 寶藏王條, "王至遼東, 謀叛, 潛與靺鞨通").

47) 신형식, 2005, 『한국사입문』, 이화여대 출판부, 54~56쪽.

습속을 보면, 부여에서는 俎와 豆를 사용하며 의복제도는 고구려와 비슷하고 투기한 여자는 죽여 시신을 남산 위에 두어 썩게 하였는데, 여자의 집에서 시신을 가져가려면 소와 말을 내야 시신을 내주었다고 한다. 따라서 고구려의 부여국 복속은 고구려의 음식문화에 보다 육축이 친연되는 관계를 보여 준다고 하겠으며, 고구려의 한반도에 대한 영토확장은 농경활동에 의해 얻어진 산물이 보다 원활히 공급되는 계기를 마련하였을 것이다.

이상으로 살펴본 바와 같이 고구려는 점차 주변지역을 복속하는 과정에서 동쪽으로는 동옥저와 예를, 북쪽으로는 부여의 지역을 차지했다. 서쪽으로는 요동과 요서지역을, 남쪽으로는 한강 유역까지를 영토를 넓혀 나갔다. 영토의 확장에서 얻어지는 농지와 다양한 토산품이 고구려의 음식문화 발달에 토대가 되었으며 인근 종족이나 국가와의 항쟁이나 교류는 고구려가 새로운 음식문화적 사조를 수용할 수 있는 계기가 되기도 했을 것이다.

III. 高句麗의 生態環境과 飮食文化와의 연관성

1. 만주지역과 한반도 북부의 고구려 生態環境과 飮食文化

고구려 영역의 지형을 살펴보려면 만주 지역과 한반도 북부 지역으로 나눠살펴볼 필요가 있는데 만주의 고구려 영토는 현재 흑룡강성, 길림성, 요녕성으로 구성된 만주의 3분의 1정도로 생각된다.[48] 흑룡강성은 동서지역의 대·소흥안령산맥과 동남지역의 張廣才嶺·老爺嶺산맥 등과 같은 산지 및 중부의 흑룡강·송화강·우수리강의 三江평원과 松嫩平原으로 이뤄져있다. 최대의 목재 산지이지며 여름이 짧고 겨울이 긴 특징을 갖고 있다(〈그림2〉[49]).[50] 지역의 산지에서 얻

48) 신형식, 2002, 앞의 글, 65쪽.

49) 王庭槐 外, 1986, 『中国地理』, 江苏教育出版社, 489쪽 그림61 ;
구글 map(https://maps.google.co.kr/maps?ct=reset&tab=ll)

50) 위의 책, 485~490쪽.

을 수 있는 여러 임산물[51]은 고구려인들의 식생활에 부식으로 도움을 주었을 것이나 실제적 식량 증가에는 큰 영향을 주지 못했을 것으로 생각된다. 그러나 고구려가 송눈평원을 田地로 획득한 이후에는 농업환경적 측면에서 오곡 등의 밭농사 부분에 큰 전기를 마련할 수 있었을 것이다.

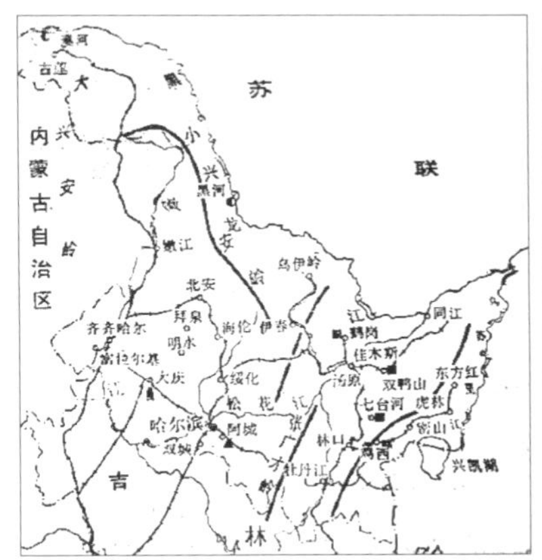

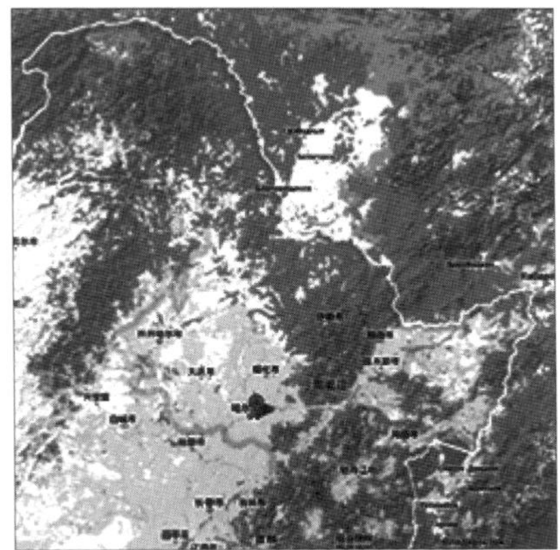

〈 그림 2 〉 흑룡강성 지도

길림성은 자연조건이 다양한데 광활한 산지가 있으며, 비옥한 평원이 있다(〈그림3〉[52]). 초원과 강, 호수 등이 있으며 삼림도 무성하다. 동부는 장백산지인데 장광재산맥과 松花湖-龍崗산맥 以東지역이다. 중부는 낮은 산과 구릉지대로 이뤄져 있으며 제2 송화강과 그 지류로 인해 침식이 장기간 일어나 하곡이 광활하고 평탄하다. 수원이 충족되어 농사짓기 좋은 지역이다. 서부는 松辽平原으로 송화강, 눈강, 요하의 三水 인접으로 소택지가 많으며 초지가 넓어 목축하기 좋다. 고구려인들이 여러 정복전쟁을 통해 이 지역의 초지를 얻은 후, 목축을 통해

51) 산림에서 생산되는 목재·죽재·장작·목탄, 굴취한 수목 및 수근(樹根), 생지(生枝), 수실(樹實), 수피(樹皮), 수지(樹脂), 생엽(生葉), 낙엽, 이끼류, 초본류, 덩굴류, 떼, 토석, 버섯류 등을 임산물로 취급한다(농업용어사전 web서비스: 농촌진흥청 http://lib.rda.go.kr/newlib/dictN/dictSearch.asp).

52) 위의 책, 500쪽 그림62 ; 구글map (https://maps.google.co.kr/maps?ct=reset&tab=ll)

얻은 여러 가축은 고구려인들의 육류문화와 乳類문화를 정립시키는데 역할을 하였을 것으로 보인다. 길림성 또한 흑룡강성과 마찬가지로 겨울이 길고 추우며 여름은 짧고 덥다. 강수량 또한 하계인 6~8월에 집중된다.[53)]

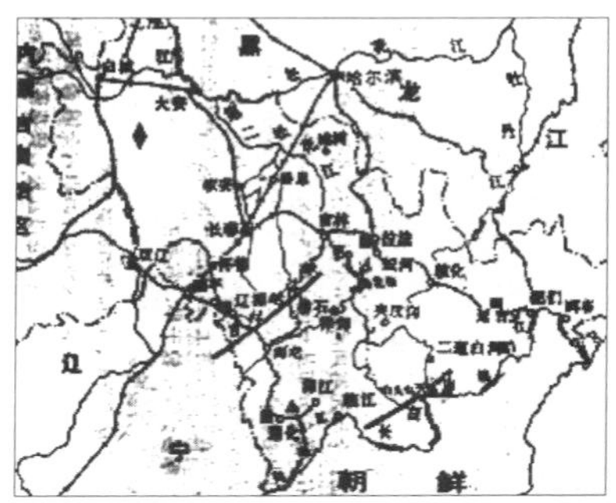
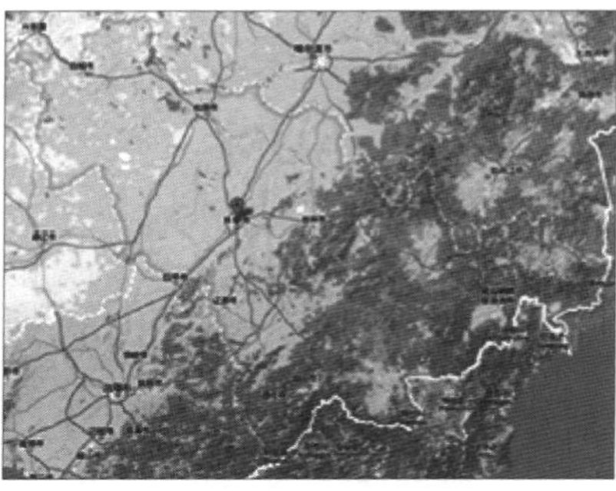

〈 그림 3 〉 길림성 지도

요령성은 동서가 높고 중부가 낮은 지형으로 요동의 低山구릉지대와 요하평원, 요서구릉지대로 나눌 수 있다(〈그림4〉[54)]). 요동저산구릉지대는 산지 양측을 하류가 오랫동안 분할시켜 구릉이 많고 동쪽 압록강 유역에는 각 지류마다 谷地가 산지 서편으로 급하게 기울어져 있다. 산세는 비교적 험하나 좋은 천연 항구가 많다. 요하평원은 남북으로 길고 동서로 협소하며 요하와 그 지류에 충적평야가 이뤄져 있다. 소택지가 많으며 평원 남부 지역으로 삼각주가 형성되었다. 요서구릉지역은 요하 상류지역의 大·小凌河의 분수령이자 비교적 두터운 황토가 퇴적되어 있는 곳이다. 동쪽에는 松嶺과 醫巫閭山 등이 있으며 몇몇 개별 산봉우리를 제외하곤 거의 300~400m의 낮은 산들로 이뤄져 있다. 특히, 요녕성의 하천 대부분이 북에서 남으로 흘러 요하·혼하·압록강 등의 크고 작은 수계를 이루고 있으며 하천이 복잡하게 얽혀있고 河跡湖 및 소택지가 발달되어 농업 생산에 유리하다. 강 하구에도 약 60여개의 크고 작은 섬들이 있으며 좋은 어장이 생

53) 王庭槐 外, 앞의 책, 497~501쪽.

54) 위의 책, 511쪽 그림63 ;
구글map(https://maps.google.co.kr/maps?ct=reset&tab=ll)

성되어있기 때문에 고구려인들이 이를 얻은 후에는 상당량의 수산물을 얻기에 부족함이 없었을 것이다. 이렇게 얻은 수산물에는 魚類, 鹽類, 海中食物 등이 있는데, 이러한 식재료의 생산은 그것의 개별적 활용은 물론 염류와 어류를 결합시켜 만드는 다양한 魚醬문화를 정립시키는 데에도 영향을 주었다고 보인다. 겨울이 길고 여름이 짧으며 연강수량 또한 6~8월에 집중되어 있으며 봄에 강수량이 적어 일상적으로 춘계 가뭄이 발생한다.[55)]

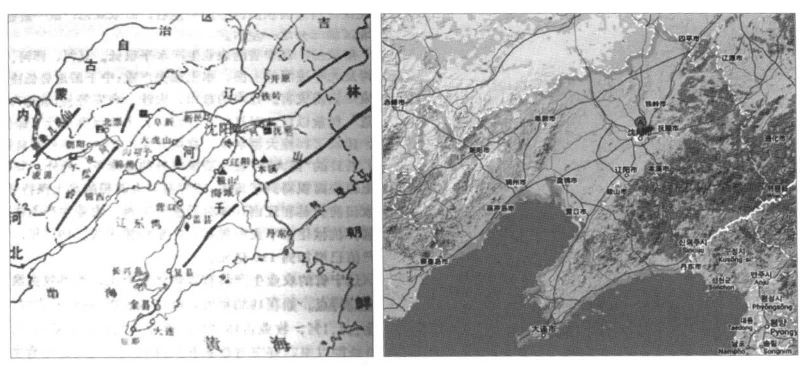

〈 그림 4 〉 요령성 지도

이상에서 살펴본 만주지역 지형의 상당부분이 산악지대였기 때문에 고구려인들은 부단히 산악지대 외의 평야지대로 나아가기 위해 노력할 수밖에 없었다. 산악지대에서 얻을 수 있는 임산물이나, 지역의 하천과 바다에서 얻을 수 있는 수산물은 나름의 쓸모가 있지만 그래도 고구려인들을 유지시켜주고, 인구의 증가를 이뤄줄 수 있는 것은 농산물과 같은 곡물이었다. 하지만 만주지역에서 쓸 수 있는 농경지는 대부분 각 지역의 중부 일부에 위치한 평원이었는데 이러한 지역은 고구려가 3세기에서 4세기 이후에 얻은 지역이었다.

따라서 3세기 무렵에도 고구려인들은 여전히 산지가 많은 지역에서 생활할 수밖에 없었으며 압록강 등의 수계를 따라 형성된 하곡충적평야는 그 면적이 적어서 실제적으로 고구려인을 부양할 수 있는 식량자원을 얻기 힘들었다.

55) 王庭槐 外, 앞의 책, 507~512쪽.

Ⅲ-1. 큰 산과 깊은 골짜기가 많고 넓은 들은 없어 산골짜기에 의지하여 살면서 산골의 물을 식수로 한다. 좋은 田地가 없으므로 부지런히 농사를 지어도 식량이 충분하지 못하다.…[56)]

Ⅲ-2. 그 나라의 넓이는 사방 2천리인데, 큰 산과 깊은 골짜기가 많으며 사람들은 산골짜기에 의지하여 산다. 농사지을 땅이 적어서 힘껏 농사를 지어도 自給하기에 부족하기 때문에 그 習俗에 음식을 아낀다.…[57)]

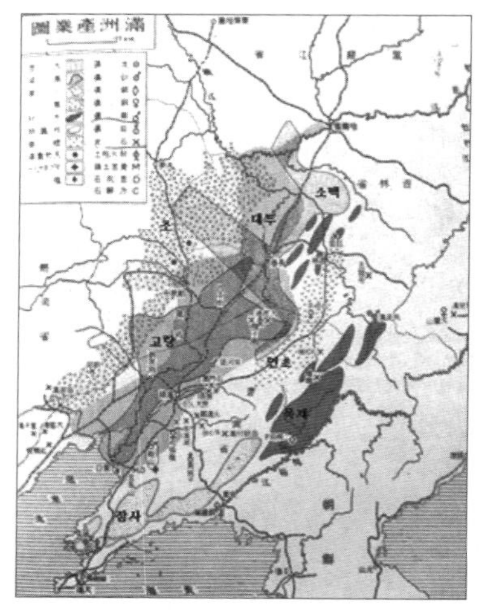

〈 그림 5 〉 滿州產業圖

사료 Ⅲ-1과 Ⅲ-2는 산지가 많은 고구려의 환경을 설명하고 있으며 그로 말미암은 결과인 식량의 부족과 절식풍습을 말해주고 있다. 그렇기 때문에 고구려는 생존과 발전을 위해 부단히 주변국가를 복속시켜 전리품을 얻거나 농사를 지을 수 있는 영토를 확장해야할 필요가 있었다.

그러나 고구려가 정복전쟁을 통해 만주지역에서 최대 영토를 얻은 5세기 이후에도 여전히 농사를 지을 수 있는 면적은 적었다. 〈그림5〉[58)]과 〈표1〉은 일본에서 작성된 산업관련지도와 표이다.[59)] 〈그림5〉은 남만주의 산업을 분석하였는데, 소맥인 밀을 비롯해서 대두, 조, 고량 등이 재배되고 있었다. 이 작물들은 지형적인 이유로 〈그림5〉에서 확인할 수 있는 평야지대에 주로 재배되었다. 농경은 기본적으로 평야지대에서 행해지는 것이기 때

56) 『三國志』 卷30, 「魏書 東夷傳」 第30 高句麗傳. 각주32 참조.

57) 『後漢書』 卷85, 「東夷列傳」 第75 高句麗傳. 각주 33 참조.

58) 仲摩照久, 1930, 『地理風俗』, 新光社, 62쪽 지도 편집.

59) 이 자료들은 비록 후대의 기록이지만 일본의 만주 진출 이후 농업이민을 장려하는 등의 정책을 추진하면서 농사가 가능한 지역을 정책적으로 조사하였기 때문에 만주지역의 가경지를 확인할 수 자료로 활용 가능할 것이다.

문에 이와 같은 지형적 조건을 무시할 수 없었을 것이다.

한편, 〈표1〉은 1930년대 東亞經濟調査局에서 조사하고 분석한 내용이다. 만주지역의 가경지를 조사한 것으로 〈표1〉에서 확인할 수 있듯이 그 비율은 그다지 높지 않다. 총면적당 가장 높은 가경지 비율이 40%를 약간 넘는 정도이다. 가경지에 대한 비율도 현재 요녕성인 봉천성의 농지가 가장 높았고 길림성이나 흑룡강성은 50%가 되지 못했다.

이런 까닭에 고구려는 농지에서 오는 생산력의 한계를 극복하기 위해 영토를 확대하려 노력하는 것과 동시에 토지생산력을 극대화시킬 수 있는 농업기술이나 농기구의 개발에 매진하였을 것이며 기존의 재배 품종을 다수확이 가능한 종자로 개량시키고 외부로부터의 새로운 육종 도입에 힘썼을 것이다.

〈 표 1 〉 만주토지이용통계(1930년)[60]

지역	총면적(陌)	가경지			不可耕地(陌)	총면적에 대한 비율(%)				가경지에 대한비율(%)	
		旣耕地(陌)	未耕地(陌)	계(陌)		가경지	불가경지	기경지	미경지	기경지	미경지
奉天省[61]	18,506,800	4,710,700	1,688,950	6,399,653	12,107,150	34.6	65.4	25.5	9.1	73.6	26.4
吉林省	26,755,300	4,945,670	5,921,070	10,866,740	15,888,560	40.6	59.4	18.5	22.1	45.5	54.5
黑龍江省	58,217,410	3,851,970	8,982,500	12,834,470	45,382,940	22	78	6.6	15.4	30	70

60) 東亞經濟調査局, 1932, 『滿蒙政治經濟提要』 25, 改造社, 24~25쪽 표2 재편집.

61) 봉천성(奉天省)은 요녕성과 내몽고 홍안맹(興安盟), 철리목맹(哲里木盟)일부분, 길림성 서남 일부분을 포괄하는 지역으로 1929년 장학량이 요녕성으로 개칭한 것을 만주국 성립(1931년) 이후 1932년 봉천성으로 개칭되었다. 일본 패망 이후 다시 요녕성이 되었다. 현재 요녕성의 일부 지역이다.

東三省計	103,479,510	13,508,340	16,592,520	30,100,860	73,378,650	29.1	70.9	13.1	16	44.9	55.1

고구려 영역에서 한반도 북부지역은 함경도와 평안도의 한반도 북부, 경기도·강원도·충청도·경상도 북부지역 등으로 나누어진다.[62] 한반도 동북쪽의 함경도는 개마고원을 비롯한 마천령산맥, 낭림산맥, 함경산맥 등 높고 험한 산지가 면적의 대다수를 차지하며 분포되어 있으며 두만강을 비롯하여 동해로 흘러드는 하천과 동해안 가에 형성된 해안평야가 있다. 겨울에는 몹시 춥고 여름은 그리 덥지 않다. 연평균 강수량도 약 1,000mm안팎이며 최저지는 600mm 이하를 기록하기도 한다.

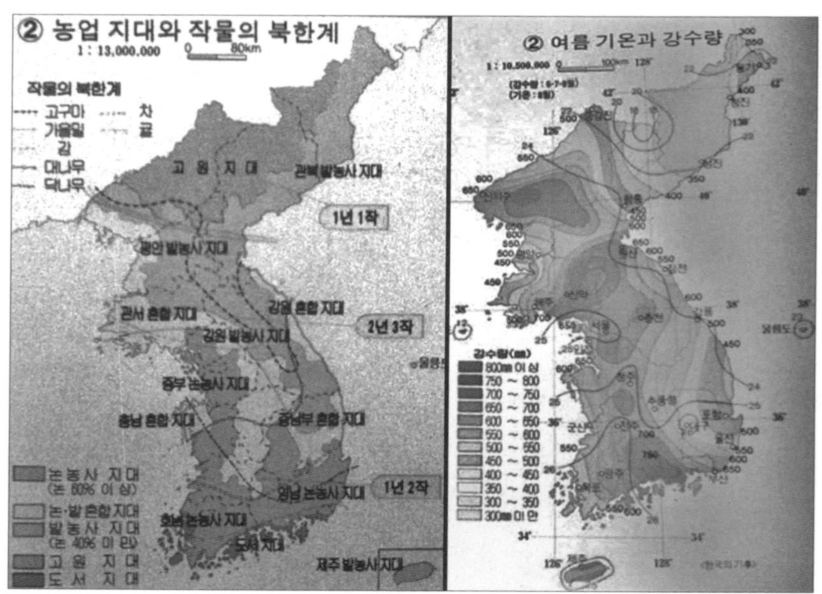

〈 그림 6 〉 한반도 농업지대 및 여름강수량

62) 북한 지리는 『2009 북한개요』(2009, 통일연구원, 15~21쪽) 1장 지리 자연환경편을 전체적으로 참고하였고 『지리부도』(1995, 동아출판사) 자연환경편의 강수량, 기후구분 및 북부지방 지도 및 그래프를 참조하여 기술하였다.

평안도 지역도 강남산맥, 적유령산맥 등 산지가 많으나 압록강이나 청천강, 대동강 등 큰 강과 그 지류를 중심으로 한 하곡평야가 발달해있다. 압록강 하구유역에는 용천 평야, 청천강 하구 유역에는 안주·박천평야, 대동강 유역에는 평양평야가 각각 발달하였다. 대륙성기후의 영향이 많아 겨울과 여름의 기온 교차가 심하고 특히 겨울에 추위가 심하다. 연평균 강수량은 1,000~1,300mm정도이다.

한반도 북부 지역의 농업지대는 함경북도와 평안북도 중부에 형성된 고원지대를 제외하고 대부분 밭농사지대이다(〈그림6〉[63]). 그러나 서해안의 해안가 평야를 중심으로 논농사와 밭농사 혼합지대가 보이는데 이 지역은 신석기 시대부터 농사를 지어 곡물을 생산하고 섭취하였던 곳으로 조, 기장, 콩 등의 작물유체 및 탄화된 벼가 출토되었던 곳이다. 오랜 농업적 전통을 가진 지역이므로 농사경험과 기술이 축적되었기 때문에 이들 지역을 고구려가 차지한 이후 농업기술이나 생산이 한층 안정되게 되었을 것이다.[64]

2. 고구려시기의 氣候와 生育條件

고구려의 영역인 만주와 한반도 북부지역은 지형적으로 산지가 많고 농지가 적다는 것뿐만 아니라 기후적으로도 겨울이 길고 춥다는 공통점이 있다. 겨울이 길고 춥다는 점은 고구려의 작물재배 환경을 제약하는 한계로 작용하는데 그 한계점이란 작물을 생육할 수 있는 기간이 짧은 것이다. 짧은 생육기간은 곡물이나 채소 등과 같은 재배작물을 대부분 一毛作에 그치게 만들어 토지이용률을 낮추는 요소로 작용할 수 있기 때문에 고구려의 식량 수급활동을 어렵게 만드는 인소로 작용한다.

이러한 재배작물 생육기간[65]은 지역적인 편차가 있지만 만주지역의 吉林省

63) 박영한 外, 1995, 『지리부도』, 동아출판사, 6쪽 지도②·11쪽 지도②.

64) 고구려의 영토 가운데 한강 유역과 같은 한반도 중남부 지역은 고구려의 영토로 편입된 기간이 만주나 한반도 북부에 비해 짧다. 또한 6세기 이후 신라의 발전과 백제의 중흥으로 빼앗긴 지역이기도 하다. 그렇기 때문에 고구려 음식문화에 끼친 영향은 비교적 적다고 보아서 지형 고찰에서 제외하도록 한다.

65) 만주 및 한반도 북부의 재배작물 생육기간을 알아볼 수 있는 방법은 지역의 무상일수(無霜日

集安縣의 경우 〈표2〉에서와 같이 최저 120일 이하에서 151일 이상이었다. 즉, 재배하기 위해 생육하여 수확하는 기간이 지역에 따라 최저 4개월 미만에서 약 5개월 정도라는 것이다. 농사를 짓지 못하는 기간이 1년 가운데 약 7~8개월 정도로 길기 때문에 재배가 가능한 시기에 속성으로 자랄 수 있는 곡물이나 수확량이 많은 작물, 채소 등의 품종이 한랭한 날씨에도 비교적 잘 자라는 것으로 선별하여 집중 재배해야 했다. 또한 겨우내 소비할 식량을 가능한 많이, 그리고 오래 저장할 필요성도 제고되었다. 또한 遼寧省 遼陽市 경우에도 〈표3〉와 같이 생육기간은 최저 133일에서 160일로, 4월 중순에서 5월 상순경에 파종하여 9월 하순에 수확한다. 약 5개월 정도가 재배작물의 생육기간이 되고 나머지 기간은 그간 재배하여 얻은 식량을 소비해야 한다.

〈표 2〉 集安縣 主要農作物品种分布表[66]

구역	대표지점	무상일수
晩熟區	勝利村	151일 이상
中晩熟區	頭道村, 財源村	141~150
中熟區	淸河村	131~140
中早熟區	熱鬧村, 雙岔村	121~130
早熟區	文字村	120일 이하

數)를 살펴보는 것이다. 무상일수란 1년 가운데 서리가 내리지 않는 일수로 마지막 서리가 내린 후 첫서리가 내릴 때까지의 일수를 의미한다(농촌진흥청 농업과학도서관 디지털농업용어사전 3.1 웹서비스 검색 http://lib.rda.go.kr/newlib/dictN/dictSearch.asp).

서리는 대개 3℃를 이하일 경우에 내리고, 농작물의 생육기간을 결정하므로 작물재배에 적합한 지역을 검토하는데 중요한 인자가 된다(한국지리정보연구회, 2004, 『자연지리학사전』, 한울아카데미 웹서비스 검색).

따라서 이러한 무상일수는 농경생활에 중요한 인자(因子)로서 작물재배 가능기간의 한계로 흔히 이용되기 때문에 무상일수의 통계자료가 비록 근대의 자료이지만 고구려시대의 재배 작물 가능기간을 짐작할 수 있는 정보를 제공해줄 수 있다고 생각된다.

66) 集安县地方志编纂委员会, 1987, 『集安县志』, 集安县地方志编纂委员会, 76쪽 主要农作物品种分布表 가운데 无霜日數 참조.

67) 辽阳县志编纂委员会办公室编, 1994, 『辽阳县志』,辽阳县志编纂委员会, 85쪽 部分年份辽阳县三村屯黑亮高粱作物物候表 참조.

〈 표3 〉 部分年份遼陽縣三村屯黑亮高粱作物物候表 [67]

연도 구분	大趙台村(大趙台村)			下達河村(下達河村)			興隆溝村(興隆溝村)		
	파종기	생장기(無)	수확기	파종기	생장기(無)	수확기	파종기	생장기(無)	수확기
1905	4/23	153	9/23	4/30	145	9/22	5/11	133	9/21
1912	4/24	152	9/23	4/30	144	9/21	5/10	133	9/20
1935	4/21	154	9/22	4/28	147	9/22	5/8	137	9/22
1948	4/20	155	9/22	4/27	148	9/22	5/7	135	9/19
1956	4/20	157	9/24	4/27	148	9/22	5/6	137	9/20
1963	4/18	155	9/20	4/25	148	9/20	5/4	139	9/20
1970	4/20	153	9/20	4/26	149	9/22	5/5	138	9/20
1980	4/15	160	9/20	4/22	149	9/18	5/4	137	9/18
1985	4/18	160	9/25	4/25	154	9/26	5/6	142	9/25
1987	4/16	156	9/19	4/23	148	9/18	5/2	138	9/17

한반도 북부의 재배작물 생육기간도 〈그림 7〉[68]에 나타난 바와 같다. 대부분 140일에서 180일 사이지만 일부 내륙지역은 120일 이하, 해안가의 몇몇 지역은 최장 200일까지도 나타나고 있다. 이처럼 일부 생육기간이 짧은 내륙지역을 제외하고 평양이나 해주 등과 같이 서해안 방향으로 평야지대가 펼쳐진 곳은 약 6~7개월 이상으로 생육 가능 일수가 비교적 많으므로 다양한 종류의 재배작물을 다량 생산할 수 있기 때문에 여느 지역보다 식량의 수급이 원활했다고 생각된다.

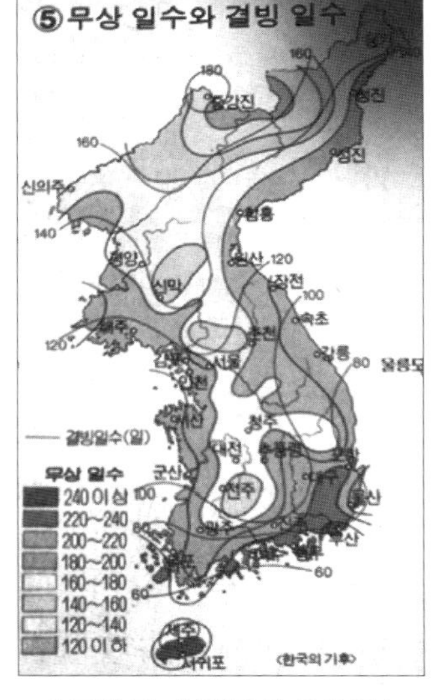

〈 그림 7 〉 한반도의 무상일수

이렇게 볼 때 만주와 한반도 북부지역의 생육기간은 지역적 편차가 있지만 대부분 재배를 통해 식량을 얻을 수 있는 기간이 짧고 한랭한 기후가 일찍 찾아오므로 빨리

68) 『지리부도』, 앞의 책, 6쪽 지도⑤.

자라면서 소출이 많은 작물 품종이나 기온의 영향을 상대적으로 덜 받는 작물을 집중적으로 재배했을 것이다. 작물의 품종 개발 외에도 한랭한 기후를 이겨낼 수 있는 농작물 재배법도 고안하여 활용했을 것으로 생각된다. 이러한 재배법의 개발에는 농기구의 개발 및 가축의 축력 활용이 필요하기 때문에 제철법이나 목축의 발전도 요구되었을 것이다. 또한 이 지역은 겨우내 식량을 소비하는 기간이 길기 때문에 다양한 식량을 저장하고 보관하는 방법이 필수적이었다. 따라서 고구려에서 저장음식의 발달은 필연적이었고 그 가운데서 특히 발효음식에 특화되어 중국문헌에 고구려는 '善藏釀'한다고 기록된 것이라 할 수 있다.[69]

한편, 고구려의 2세기부터는 기온이 떨어지는 현상이 나타났다. 기온은 작물의 생장에 큰 영향을 미치는 요소 가운데 하나로 기온이 상승해도 문제이지만 작물이 얼거나 생장하지 않는 것과 같은 냉해피해 또한 국가 위기상황이나 피해를 주는 요소로도 작용한다. 〈표4〉는 『三國史記』에 나타난 기온의 변화를 수치상으로 나타낸 것이다.

〈 표 4 〉 연대별 한난지수[70]와 건습지수[71]

건윤지수		습윤지수	건조지수	연대	한냉회수	온난회수	한난지수	
濕	3	4	7	서기전 51~서기50	4	4	0	暖
	5	7	12	서기 1~100	4	4	0	
	2	10	12	51~150	3	4	-1	
	-1	11	10	101~200	9	2	7	寒
	4	8	12	151~250	10	2	8	
乾	13	5	18	201~300	4	3	1	
	13	5	18	251~350	4	2	2	
	12	4	16	301~400	2	4	-2	暖
	9	6	15	351~450	2	4	-2	

69) 『三國志』 卷30, 「魏書 東夷傳」 第30 高句麗傳, "其人絜淸自喜, 善藏釀."

70) 김연옥, 1985, 『한국의 기후와 문화-한국 기후의 문화역사적 연구』, 이화여대 출판부, 365쪽.

71) 위의 책, 367쪽.

72) 자료에 따라 한랭화는 2세기에서 5세기까지라고도 한다.

濕	4	11	15	401~500	4	3	1	暖
	3	10	13	451~550	3	4	-1	
	5	5	10	501~600	2	3	-1	
	6	4	10	551~650	4	2	2	
	-2	9	7	601~700	5	1	4	
	0	11	11	651~750	3	2	1	

한랭하다고 나타난 시기가 2세기에서 4세기 사이이다.[72] 비단 『三國史記』의 기록뿐만 아니라 중국측 문헌 기록을 살펴봐도 기온의 한랭화는 여실히 드러난다. 후한대부터 문헌에 여름이 덥다거나 겨울이 따뜻하여 얼음이나 눈이 내리지 않는다는 기록이 나타나지 않는다. 위진시기와 5호 16국시대, 남북조시기도 후한시기와 마찬가지로 한랭 건조하였음을 알 수 있는 것이다. 가령, 진 武帝시기인 271년에서 290년에는 가뭄이 아닌 해가 없다고 기록되기도 했는데[73] 약간의 과장은 있겠지만 당시의 가뭄이 든 상황을 반영한 것이라 할 수 있다. 蝗蟲의 피해 또한 이러한 기후의 여파라고도 볼 수 있는데, 『晉書』에는 후한에서 서진, 북위에 이르기까지 큰 서리에 벼와 콩이 얼어 죽었으며 누에와 보리가 서리에 손상되고 죽었다고 기록되었다. 이러한 내용은 후한시대부터 남북조에 이르는 시기의 기후가 대체로 한랭했음을 알려준다.[74]

아래의 〈그림8〉은 지난 2,000년간 북반구의 기후변화를 프록시 데이터(proxy data)를 사용하여 복원한 기온변화 그래프다. 역시 서기 초부터 약 600년까지의

73) 『晉書』 卷28, 「志」 第18 五行中, "武帝泰始七年(271)五月閏月旱, 大雩. 八年五月, 旱…太熙元年二月, 旱."
진무제의 연호인 태시(泰始)·함녕(咸寧)·태강(太康)을 비롯하여 마지막 연호인 태희(太熙) 원년까지 빠짐없이 가뭄을 의미하는 "旱"이 기록되어 있다.

74) 『晉書』 卷28, 「志」 第18 五行中, "元興元年(402)七月, 大饑. 九月, 十月不雨, 泉水涸. 二年(403)六月, 不雨. 冬, 又旱.…三年(404)八月, 不雨."; 『晉書』 卷29, 「志」 第19 五行下, "元興二年(403)十二月, 酷寒過甚."; 『魏書』 卷121, 「志」 第17 靈徵八上, "高祖太和三年(479)七月…仇池鎮並大霜, 禾豆盡死.…世宗景明二年(500)三月辛亥, 齊州隕霜, 殺桑麥. 四年(502)三月壬戌, 雍州隕霜, 殺桑麥. 辛巳, 青州隕霜, 殺桑麥."; 朱士光·王元林·呼林贵, 1998, 「历史时期关中地区气候变化的初步研究」, 『第四纪研究』 1998-2, 中国第四纪研究委员会;中国科学院地质与地球物理研究所, 4쪽.

기온이 비교적 한랭했다가 점차 기온이 상승되는 경향을 그래프를 통해 확인할 수 있다. 그래프 상으로 가장 기온이 낮았던 시기는 서기 200년에서 400년 사이였다. 2세기에서 4세기 사이 한랭화되었다는 문헌사료의 기록을 과학적으로 입증해주고 있음을 알 수 있다.[75]

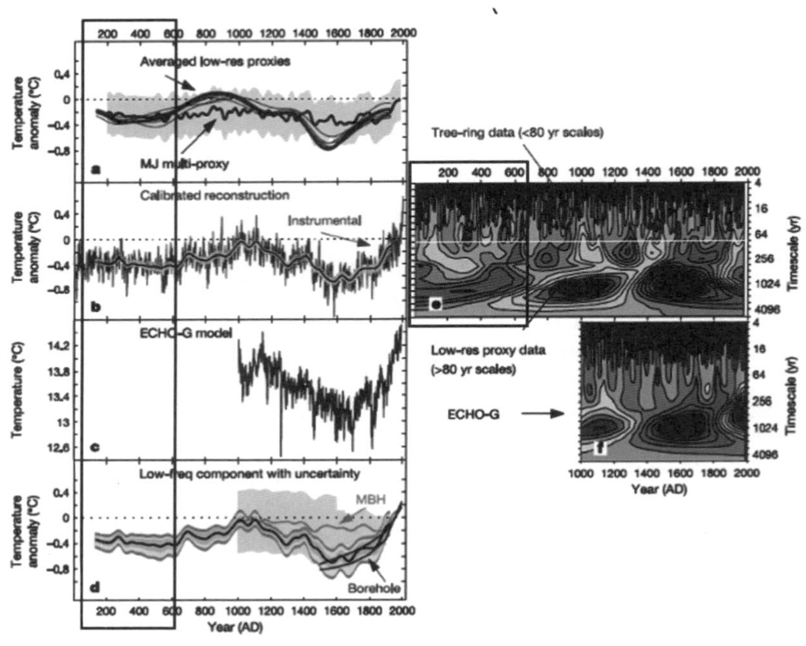

〈 그림 8 〉 프록시 데이터로 복원한 북반구 기온

또한 『三國史記』 기록을 살펴봐도 유난히 300년대에 "相食"이란 내용이 나온다. 흉년이 들어 백성들이 굶주리는 상황인 '民饑'라는 내용은 자주 나오지만 '相食'이라고 기록된 내용은 봉상왕 9년[76], 소수림왕8년[77], 고국양왕 6년[78]의 기록뿐이다. 각각 300년·378년·389년으로 '相食'은 사람들이 굶주려 서로를 잡아먹

75) Anders Moberg, Dmitry M. Sonechkin, Karin Holmgren, Nina M. Datsenko & Wibjörn Karlén, 2005(FEB. 10), 「Highly variable Northern Hemisphere temperatures reconstructed from low- and high-resolution proxy data」, 『Nature』 vol 433, 616쪽 Figure 2.

는다는 뜻이지만 실제로 고구려에서 굶주림 때문에 식인을 했는지는 알 수 없다. 다만, 일반적인 흉년 상황이 아니라 '식인'을 할 정도로 굶주리고 어려운 극한의 상황이었다고 이해할 수 있다. 이러한 내용은 비슷한 시기 중국의 위진시대와 5호 16국시대에도 나타나는데, "百姓相食", "民人相食" 등과 같은 내용이 문헌에 등장한다.[79)]

현재에도 그렇지만 평균 기온이 1℃ 변화하면 수확량은 그만큼 줄어든다. 냉해나 가뭄 등의 천재지변 등으로 인한 곡물생산량 감소는 고대에 왕을 바꿀 정도의 일인데[80)] 지속적인 한랭화로 인한 생산량 감소는 국가적인 큰 위기가 아닐 수 없다. 고구려의 경우 건국 초기부터 산지가 많은 지형적 요소나 짧은 생육기간에도 불구하고 생산의 증대, 생산 환경의 변화와 그의 상향 조정을 위해 다각도로 방법을 모색하는 고구려에 2~4세기 가중된 한랭화는 큰 부담으로 작용하였을 것이다. 이러한 상황을 극복하는 방법으로써 고구려는 국가적으로 더욱 활발한 정복전쟁을 펼칠 수밖에 없었을 것이고 그로인한 농경지의 확보 및 확대[81)]를 꾀했을 것이다. 아울러 옥저, 예 등과 같이 새로 편입된 영역에서 납부되는 공납의 확보 외에도 기존의 굶주린 백성을 정책적으로 구제하는 빈민구제법인 賑貸法[82)]의 활용이나 농업기술 향상을 통해 자체 생산력을 높이는 노력 및 식량의 善

---

76) 『三國史記』 卷17, 「高句麗本紀」 第5 烽上王條, "9년(300)2~7월이 되도록 비가 내리지 않았다. 흉년이 들어 백성들이 서로를 잡아먹었다(九年自二月至秋七月, 不雨, 年饑民相食)."

77) 『三國史記』 卷18, 「高句麗本紀」 第6 小獸林王條, "8년(378) 가물어 백성들이 굶주리자 서로 잡아먹었다(八年, 旱, 民饑相食)."

78) 『三國史記』 卷18, 「高句麗本紀」 第6 故國壤王條, "6년(389) 봄에 기근이 들어 사람들이 서로 잡아먹었다(六年, 春饑, 人相食)."

79) 孙彦, 2010, 『河西魏晋十六国壁畫墓研究』, 文物出版社, 185~186쪽.

80) 부여의 경우 초기상황이긴 하지만 "옛 부여의 풍속에는 가뭄이나 장마가 계속되어 五穀이 영글지 않으면, 그 허물을 王에게 돌려 '王을 마땅히 바꾸어야 한다'고 하거나 '죽여야 한다'고 하였다(『三國志』 卷30, 「魏書 東夷傳」 第30 夫餘傳, "舊夫餘俗 水旱不調 五穀不熟 輒歸咎於王 或言當易 或言當殺)"라는 기록이 있는 것으로 보아 곡식을 제대로 수확하지 못하는 것을 국가적인 큰 위기로 생각했는데, 고구려의 경우에도 지속적인 한랭화로 인한 농작물 피해가 커지면 그것에 따라서 목축이나 다른 산업도 함께 어려워지므로 큰 위기감을 가졌을 것으로 생각된다.

81) 앞의 고구려의 역사적 영토와 관련된 내용 참조.

82) 『三國史記』 卷16, 「高句麗本紀」 第4 故國川王條, "十六年冬十月, 王畋于質陽, 路見坐而哭者, 問何以哭爲. 對曰, 臣貧窮, 常以傭力養母. 今歲不登, 無所傭作, 不能得升斗之食, 是以哭耳. 王

藏釀 기술 확보 노력은 한층 더 절실했다고 생각된다.

IV. 結論

고구려의 생태환경이나 기후는 산출되는 생산물을 결정하고 제한하는 요소로 작용되었다. 고구려의 주요 영역인 만주와 한반도 북부는 산이 많아 평야지대가 부족한 지형을 갖고 있다. 이러한 지형 때문에 고구려는 경작지를 얻기 위해 끊임없이 주위 종족이나 인근 국가와 전쟁을 치러야 했다. 경작지를 얻었더라도 이 지역은 여름이 짧고 작물재배가 어려운 겨울이 길어 상대적으로 작물재배가 가능한 기간이 적은 한계를 지니고 있었다. 짧은 생육기간 때문에 작물의 대다수가 多毛作이 아닌 一毛作으로 재배되어 토지이용률이 낮은 지역적 제약을 고구려는 고민해야 했을 것이다.

또한 생산 활동을 통해 얻은 식재료는 보관기간이 짧기 때문에 고구려인들에게는 긴 겨울 동안 소비할 다양한 식재료의 보관기술의 향상이 요구되었다. 이러한 까닭으로 고구려는 겨우내 생명유지에 필요한 저장음식의 발달이 필연적이었다. 길고 긴 겨울을 버틸 양식의 준비는 이른 시기부터 다양한 종류의 식재료를 오래도록 먹게끔 만들어야 한다. 이를 위해 건조와 훈연, 장양 등의 다양한 방법이 동원되는데 이때 주목되는 그 과정 중 하나가 바로 장양, 즉 발효방법이고 발효로 만들어진 음식은 이렇게 고구려인들의 생존에 필수적이었을 것이다. 고구려 영토 전역에서 발굴되는 다양한 항아리류도 고구려인들의 '善藏釀'했음을 알려주는 유물이라고도 할 수 있다.

한편, 2세기에서 4세기 사이 급격하게 기온이 한랭화된 시기에는 고구려도 생산량 감소와 그에 따른 사회불안을 겪어야했을 것이다. 4세기경에 집중된 '相食'이란 기록이 이때 나타난 흉년과 재난을 의미한다. 이러한 상황을 타개하기 위

曰, 嗟乎! 孤爲民父母, 使民至於此極, 孤之罪也. 給衣食以存撫之. 仍命内外所司, 博問鰥寡孤獨老病貧乏不能自存者, 救恤之. 命有司, 毎年自春三月至秋七月, 出官穀, 以百姓家口多小, 賑貸有差, 至冬十月還納, 以爲恒式, 内外大悅."

해 고구려인은 정복전쟁을 비롯하여 기존의 賑貸法과 같은 사회복지법의 활용, 농업기술 및 농기구의 혁신, 구황작물로서의 콩 활용 증가와 같은 다양한 노력을 기울였을 것이다.

이렇게 살펴본 고구려인들은 척박한 환경과 부족한 자원을 본인들의 적극적인 개척의지로 극복하였다. 영토적 한계는 활발한 정복전쟁으로, 부족한 음식자원은 품종개량 및 농기구와 농사기술의 개발로, 허기를 해소하기 위한 다양한 음식자료 생산과 소비의 효율성 극대화 및 저장기술의 개량 등 여러 방법을 통해 고구려인들은 고구려라는 영토 내에서 그들의 삶을 영위해 나갔다.

〈참고문헌〉

1. 문헌사료

『三國史記』, 『後漢書』, 『三國志』, 『隋書』, 『新唐書』, 『魏書』, 『晉書』

2. 단행본

국사편찬위원회
　2013 『한국사』 5, 탐구당.

국립문화재연구소
　2009 『아차산4보루 발굴조사 보고서』, 국립문화재연구소.

김연옥 1985 『한국의 기후와 문화-한국 기후의 문화역사적 연구』, 이화여대 출판부.

동북아역사재단 저
　2009 『역주 중국 정사 외국-魏書 외국전 역주』 7, 동북아역사재단.

박영한 外 1995 『지리부도』, 동아출판사.

신형식 2005 『한국사입문』, 이화여대 출판부.

에드워드 홀
　2002 『숨겨진 차원』, 한길사.

정구복 외 1998 『역주 삼국사기』 3 주석편(상), 한국정신문화연구원.

통일연구원
　2009 『2009 북한개요』.

한국지리정보연구회
　2004 『자연지리학사전』, 한울아카데미.

한영우 2010 『다시찾는 우리역사』, 경세원.

孙彦 2010 『河西魏晋十六国壁畵墓研究』, 文物出版社.

東亞經濟調查局
　1932 『滿蒙政治經濟提要』 25, 改造社.

王庭槐 外
　1986 『中国地理』

仲摩照久
　1930 『地理風俗』, 新光社. 江苏教育出版社.

辽阳县志编纂委员会办公室编
　1994 『辽阳县志』, 辽阳县志编纂委员会.

集安县地方志编纂委员会
　1987 『集安县志』, 集安县地方志编纂委员会.

3. 학술논문

박경철 2005 「고구려 변방의 확대와 구조적 중층성」, 『한국사학보』 19, 고려사학회.

서영대 2011 「고구려의 성립과 변천」, 『제1회 고구려문화제 학술회의-일본과 고구려』 발표논문집.

서현주 2000 「호남지역 원삼국시대 패총의 현황과 형성배경」, 『호남고고학보』 11, 호남고고학회.

신형식 2002 「고구려의 성장과 그 영역」, 『한국사론』 34, 국사편찬위원회.

이도학 2007 「광개토대왕의 영토확장과 광개토대왕릉비」, 『고구려 정치와 사회』, 동북아역사재단.

이종욱 2007 「영토확장과 대외활동」, 『고구려의 정치와 사회』, 동북아역사재단.

최덕경 1994 「고대의 자연환경과 지역별 농업조건」, 『역사와 세계』 18, 효원사학회.

최성락·김건수

2002 「철기시대 패총의 형성 배경」, 『호남고고학보』 15, 호남고고학회.

최종택·오진석·조성윤·이정범

2006 「아차산 제3보루-1차 발굴조사보고서-」, 『매장문화재연구소 연구총서』 27, 한국고고환경연구소.

池內宏 1951 「夫餘考」, 『滿鮮史研究』.

池內宏 1979 「勿吉考」, 『滿鮮史研究 上世』 1.

朱士光·王元林·呼林贵

1998 「历史时期关中地区气候变化的初步研究」, 『第四纪研究』 1998-2, 中国第四纪研究委员会;中国科学院地质与地球物理研究所.

Jin-Qi Fang, Guo Liu

1992 「Relationship between climatic change and the nomadic southward migrations in eastern Asia during historical times」, 『Climatic Change』 22, Springer Netherlands.

Anders Moberg, Dmitry M. Sonechkin, Karin Holmgren, Nina M. Datsenko & Wibjörn Karlén

2005 「Highly variable Northern Hemisphere temperatures reconstructed from low- and high-resolution proxy data」, 『Nature』 vol 433.(FEB. 10)

4. 웹서비스

농촌진흥청 농업과학도서관 디지털농업용어사전 3.1 웹서비스 검색 (http://lib.rda.go.kr/newlib/dictN/dictSearch.asp)

구글맵(https://maps.google.co.kr/maps?ct=reset&tab=ll)

Study of the Correlation between Ecological Environment and Food Culture of Koguryo

Park, Yu-Mi

The main areas of Koguryo, Manchuria and the northern part of the Korean peninsula have a topography lacking plain areas with many mountains. Because of this topography, Koguryo had to constantly fight wars against races around it or neighboring countries in order to get arable lands. Even if the Koguryo people got arable lands, these areas had short summers and long winters when it was difficult to grow crops, so they had to cultivate the majority of the crops, not by multiple cropping but by double cropping. Koguryo should be concerned about this regional constraint of low-land utilization.

In addition, since the period of storing the food ingredients obtained through the production activities was short, the Koguryo people should enhance the technology of storing a wide variety of food ingredients to consume for the long winter. For the preparation of food for holding out the long winter, they should process a wide range of food ingredients so that they could be consumed for a long time. One of the processes to which attention is paid is the method of fermentation and food made through fermentation might be essential for the Koguryo people to survive. Various pots excavated in the whole areas of the Koguryo territory can be said to be relics that let us know that the Koguryo people were good at storing and brewing fermented food and beverage.

In the meantime, during the period of rapid cooling between the 2nd century and the4th century, Koguryo, too, had to experience the decrease of output and social unrest according to that. In order to overcome this situation, the Koguryo people might make various efforts such as the expansion of social welfare law like Jindae system (the first social security system in Korea), including conquest wars, innovations of agricultural technology and farm equipment, and the expansion of the use of soybean as a hunger crop.

As discussed above, the Koguryo people overcame the harsh environment and the lack of resources by their own active pioneering will. They got over the territorial limit by active conquest wars, their scarce food resources by improving breeds and developing farm equipment and agricultural technology, and through several methods such as producing various food resources, maximizing the efficiency of consumption and improving their storage technology to resolve hunger, the Koguryo people led their lives in the territory of Koguryo.

[keyword] Koguryo, ecological environment, food culture, fermented food,climate cooling

하남 이성산성의 초축시기에 대한 검토

심 정보 (한밭대 명예교수)

이성산성은 20여년간에 걸쳐 11차의 발굴조사가 이루어졌으며, 제8차 발굴조사보고서에서는 남벽에서의 2차 성벽과 3차성벽이 고구려 축성술로 판단하고 출토유물 중 고구려 토기와 목간을 들어 고구려가 점거한 후 축성되었음을 밝히게 되었다. 그리고 축조기법을 비교하고 출토유물 중 한성백제시기 토기편을 삼국시대 전기 토기라고 수록하여 초축시기가 백제일 가능성을 제시하였음에도 불구하고 발굴조사기관에서 간행한 이성산성 발굴조사 20주년을 기념하는 특별전 논고에서는 초축시기를 통일신라시대로 규정하는 예상 밖의 견해를 밝혀 혼동을 주고 있다.

초축시기의 축성기법은 암반까지 굴착하고 지대석 없이 기단석 위에 장방형 및 방형의 면석을 '品'자 형태로 바른층쌓기로 축조한 것으로, 한성백제시기에 축성한 설봉산성, 설성산성, 반월산성, 장미산성 등과 유사한 축성기법을 보여주고 있다. 동문지는 설성산성 서문지와 같이 다락문에 내옹성을 시설하였으며, 통일기에 성문 너비를 2m 정도 좁혀서 사용하였으며, 성내외로의 출입을 용이하게 하기 위하여 등성시설을 한 것 까지 매우 유사하다는 것이 확인되었다. 문지 바닥면 하부에 시설한 배수로의 출수구가 등성시설로 인하여 폐쇄되었다는 것은 초축시기와 분명한 時期差異가 있다는 것을 나타내 주는 것으로, 같은 使用時期에는 있을 수 없는 增築 내지는 改築하였음이 분명한 것이다.

2011년에 국립문화재연구소에서 펴낸 『한성지역 백제토기 분류표준화 방안 연구』는 한성백제시기 토기의 발전과정을 파악하는데 많은 도움을 주고 있다. 이에 따르면, 제8차 보고서에서 토층 층위 별로 수습하여 제시한 삼국시대 전기 토기는 한성백제시기 백제토기로 보아 무리가 없으며, 특히, 그리고, C지구 저수지 제4문화층에서 출토한 직구단경호는 풍납토성 및 몽촌토성에서 수습된 고급 기종으로 한성백제시기 중앙과 밀접한 관련이 있는 토기로 백제의 초축시기를 더욱 명확하게 하는 것이라 하겠다.

또한, 통일신라 유물포함층 아래에서 출토한 고구려 목간도 분명히 고구려에서 제작한 것이다. 특히 '辛卯年'으로 시작되는 목간은 광개토왕비문 내용 중에서 가장 많은 학자들의 주목을 받은 '辛卯年(391)條 記事'의 내용과 흡사한 것으로, 이성산성에서 광개토왕비문 내용을 보완할 수 있는 중요한 목간이 출토됐다는 것은 한국고고학에서 차지하는 중요도로 볼 때 더 이상 말할 나위도 없겠지만 한편으로는 백제에 의한 이성산성 축조시기가 400년 이전에 이루어졌다는 것을 명확하게 밝혀주고 있어 한국고대사에서 차지하는 비중도 매우 크다고 하겠다.

이를 볼 때, 이성산성은 백제에 의하여 처음 축조되어 사용되다가 고구려에 의하여 점유된 후에는 고구려에 의하여 개축되어 사용되었으며, 통일기에 신라에 의하여 경영되었음을 알 수 있는 것으로, 이는 역사적인 맥락과도 부합되는 것이다.

[주제어] 축조기법, 초축시기, 지대석, 다락문, 내옹성, 치성, 목간, 광개토왕비문

I. 머리말

이성산성은 경기도 하남시 춘궁동 산 36번지외에 입지하고 있으며, 평면은 부정형 5각형으로 전체 길이는 1,925m에 달한다. 이성산성의 입지는 풍납토성 및 몽촌토성과 인접하여 있을 뿐만 아니라 漢江 본류와 南漢江과 北漢江이 합류하는 兩水里 아래의 삼거리에 위치하고 있으며, 북쪽으로는 한강 주변의 여러 성을 한 눈에 조망할 수 있고 남쪽과 동쪽은 남한산과 검단산이 연결되고, 서쪽은 야산이 겹겹이 내려다 보이고 있어 배후에 펼쳐진 평야지대와 한강유역을 방어하기에 매우 유리한 입지조건을 갖추고 있는 전략적 요충지이다.[1)]

이성산성은 일찍부터 선학들에 의하여 백제시대 도성 중의 하나로 지목받고 있어서 문헌사 뿐만 아니라 고고학적으로도 관심도가 매우 높았던 성곽유적이다. 丁若鏞[2)]이 하남위례성을 廣州宮村(現 春宮里)에 비정한 이래 이병도[3)]는 하남위례성과 한성을 춘궁리에 비정하였으며, 성주탁[4)]은 후기도성인 한성을 춘궁리일대에, 차용걸[5)]은 하남위례성을 몽촌토성과 이성산 사이로, 최몽룡과 권오영[6)]은 한성은 춘궁리일대로, 한산은 이성산성으로 비정하고, 윤무병[7)]은 하남위례성을 이성산성에 비정하여, 이성산성이 하남위례성 및 한성으로 또는 춘궁리일대에 소재한 도성의 배후산성으로 지목받게 되었다. 특히 최몽룡은 이성산성의 축조 목적이 백제 근초고왕이 371년 평양전투에서 고구려 고국원왕을 사살한 후 고구려의 보복에 대비하기 위해 축조한 백제 최초의 石城이라고 판단하고[8)]

---

1) 崔夢龍, 2011,「二聖山城과 百濟 -고고학과 문헌으로 본 한성시대 백제」『'이성산성'에 대한 학술대회』, 하남문화원 제3회 학술대회 발표문, p.16, 하남문화원

2) 丁若鏞,『與猶堂全書』疆域考卷3 慰禮考

3) 李丙燾, 1981,「慰禮考」·「近肖古王拓境考」,『韓國古代史研究』

4) 成周鐸, 1984,「漢江流域 百濟初期 城址研究」『百濟研究』14, 忠南大學校百濟研究所
1985,「都城」『韓國史論』15, 國史編纂委員會,

5) 車勇杰, 1981,「慰禮城과 漢城에 대하여(Ⅰ)」『鄕土서울』39, 서울특별시사편찬위원회

6) 崔夢龍·權五榮, 1985,「考古學的 資料를 通해본 百濟初期의 領域考察」『千寬宇先生還曆紀念韓國史學論叢』

7) 尹武炳, 1984,「漢江流域에 있어서의 百濟文化研究」,『百濟研究』15, 忠南大學校百濟研究所)

8) 崔夢龍, 2011, 상게문, p.13

있기도 하다.

이성산성에 대한 고고학적인 조사는 1985년 한양대학교 박물관에 의해 실시된 지표조사를 토대로 1986년에 제1차 발굴조사가 시작된 이래 20여년간에 걸쳐 11차례의 발굴조사가 이루어지게 되었다. 조사 결과 1차보고서[9)]에서는 '土器나 瓦片 등의 자료를 통해 本 城이 百濟 漢城時代 後期에 축조되어 高句麗·新羅로 이어지면서 계속 改築, 사용되다가 統一新羅에 이르면서 점차 그 효용가치를 상실해 폐성된 것으로 생각된다.'고 하여 초축시기를 백제 한성시대로 보았다. 그리고, 이성산성 성벽 조사에서 초축시기의 체성이 드러난 것은 6차조사[10)]이며, 제8차 발굴조사[11)]시에는 남벽의 절개부에서 확인된 초축성벽이 백제일 가능성을 제기하게 되었다. 그러나, 특별전 논고[12)]에서는 백제 및 고구려 유물이 전혀 출토되지 않았다고 하여 이를 부정하는 결과를 내놓게 되어 초축시기에 대하여 혼동을 주고 있다.

필자는 하남 이성산성 축조기법에서의 문제점과 출토유물 중 백제 및 고구려를 대표할 수 있는 유물을 검토하여 이성산성 초축시기에 대하여 제시하고자 한다. 이 원고는 『위례문화』 15호에 실었던 「이성산성 초축시기에 대한 검토」[13)]를 보완하여 완성하였음을 밝힌다.

II. 축조기법

1. 남벽

9) 金秉模·沈光注, 1987, 『二聖山城 發掘調査中間報告書』

10) 漢陽大學校博物館, 1999, 『二聖山城 6次發掘調査報告書』

11) 金秉模·裵基同·兪泰勇·方玟奎·曺瑢瑄, 2000, 『二聖山城 第8次 發掘調査報告書』

12) 안신원, 2006, 「이성산성 발굴사」 『이성산성발굴20주년기념특별전』
심광주, 2006, 「三國時代 城郭과 二聖山城」 『이성산성발굴20주년기념특별전』

13) 심정보, 2012, 「이성산성 초축시기에 대한 검토」, 『위례문화』 15호, 하남문화원

하남 이성산성의 초축성벽은 5차 조사[14]시에 노출되었으나 단지 성벽 보축과정에서 생긴 여러 성벽 중의 일부로만 추정했었으며,[15] 6차조사[16] 시에 확인되었고, 7차조사[17]에서 좀 더 실체가 확인되었으나, 초축시기에 대해서는 파악을 하지 못하였다. 8차 발굴조사[18]시 남벽의 절개부에서 초축성벽의 규모와 성격이 파악되었다. 기저부는 암반층까지 제토하고 직접 석축을 하거나 석비래층은 흙을 다져서 기저부를 견고하게 하였다. 이 남벽 절개부에서는 3차에 걸쳐 축조한 성벽이 확인되었는데, 조사자는 2차성벽을 고구려 성벽으로 판단하면서 초축성벽이 설봉산성, 설성산성, 검단산성, 임존성 등 백제산성과 축성방식에서 상당히 유사한 면을 보여주고 있다고 하여, 백제산성일 가능성을 제시하고 있다.

사진 1. 남벽 초축성벽 및 상부 2차성벽 지대석
(하남시, 2003, 이성산성 출토 유물집 전재)

초축성벽은 지대석이 없이 평균 44.3cm×20.5cm 크기의 석재를 전면부만 치석하여 협축기법으로 쌓아 올렸는데, 적심부는 부정형의 할석으로 채우고 그 공간은 점토질의 흙으로 메꾸었다. 석재는 흑운모 편마암을 사용하였으며, '品'자형의 바른층쌓기로 정연하게 축조하였으며, 부분적으로 그렝이기법이 보이고 있다. 초축성벽의 너비는 9.25m, 현재 높이는 2.2m이다. 이 초축성벽은 동벽, 서벽, 북벽에서도 확인되고 있다.

초축성벽 앞의 무너진 할석을 정리하는 과정에서 한성백제 전기 후반의 토기편들이 수습되었다.

2차 성벽은 초축성벽이 무너진 후 그 상부에 지대석[19]을 놓고 쌓았다. 성벽 절

14) 김병모·김아관, 1998, 『二聖山城 5次發掘調査報告書』

15) 金秉模·裵基同·兪泰勇·方玟奎·曺瑢瑄, 2000b, 『二聖山城 第8次 發掘調査報告書』, p268

16) 漢陽大學校博物館, 1999, 『二聖山城 6次發掘調査報告書』

17) 金秉模·尹善暎, 2000a, 『二聖山城 7次 發掘調査報告書』

18) 金秉模·裵基同·兪泰勇·方玟奎·曺瑢瑄, 2000b, p.30 및 pp.268~270

19) 보고서에서는 기단석으로 서술하였으나, 성곽용어 예에 따라 지대석으로 고쳐 서술하기로 한다.

개부에는 현재 지대석만 남아 있으나 이 지대석이 7차 발굴의 1구간에 계속 이어지고 있어 7차 발굴시 노출된 1구간을 토대로 2차성벽을 복원할 수 있다. 2차성벽은 초축성벽의 무너진 면석이나 할석을 제거하지 않고 평탄하게 평면 정리를 하고 그 위에 다시 잡석과 토사로 다지고 지대석을 놓는 축성법으로 성벽 전체에 대한 전면적인 개축작업이 진행되었던 것으로 파악하고 있다.[20] 따라서 2차성벽의 특징은 외벽쌓기에서 원래의 초축벽 상부에 커다란 지대석을 수평으로 놓고 잘 다듬은 화강암제 견치석을 면석으로 들여쌓기를 하고 있다는 점이다. 그리고, 이 면석도 지대석에서 약간 들여서 축조한 점이 초축성벽과 다른 점이다. 성벽 너비는 10.1m이며, 뒷채움은 할석으로 면석과 엇물리도록 쌓고 공간은 흙으로 메웠다. 또한, 2차성벽에서 지대석의 사용과 면석으로 화강암제 견치석을 사용한 것, 그리고 체성 외벽을 계단상으로 들여쌓기 하는 것을 고구려 성곽축조의 주요한 특징으로 파악하면서, 면석 크기가 고구려산성에 사용된 성돌의 크기와 대동소이하다고 하여 2차성벽을 고구려에 의하여 축성되었을 것으로 판단하고 있다.

3차 성벽은 2차 성벽이 무너진 후 3.8m 밖에서 다시 쌓았는데, 체성의 전체 너비는 14.2m이다. 3차 성벽은 기저부를 수평으로 조정하고 체성의 하중을 받기 위한 지대석을 놓았으며 면부를 둥글게 다듬은 화강암제 사각추형의 석재를 들여쌓기로 축조하였다. 이와 같은 축성과정은 동문지 외벽에서도 확인되고 있으며, 고구려의 축성기법과 가장 가깝다고 하겠다.

사진 2. 남벽 3차 성벽 지대석 및 면석상태

내벽은 흙과 판석, 또는 흙과 강돌을 사용하여 판축다짐을 하였다.[21] 그리고 내벽 상부 20cm 안쪽으로 3단 정도의 석축을 하고 배수로 시설을 하였다. 배수로는 성내 유수지와 연결되어 雨水를 배출시키는 성벽 통과식으로 시설하었다.

20) 金秉模·裵基同·兪泰勇·方玟奎·曺瑢瑄, 2000b, 상게서, p.270

21) 金秉模·裵基同·兪泰勇·方玟奎·曺瑢瑄, 2000b, 상게서, p.37

배수로의 바닥은 판석을 계단상으로 깔고 양 측벽은 2~4매의 석재를 쌓고 덮개돌을 덮은 암거식이다. 입수구와 출수구는 방형에 가까우며, 출수구의 받침돌은 외벽에서 60cm 정도 돌출시켰다.[22)]

한편, 신라산성에서 보편적으로 나타나는 기단보축이 전면적으로 축조되지 않은 것은 또 하나의 특징이라 하겠다.

2. 동벽

동벽에 대한 조사는 9차조사[23)] 시에 다락문인 동문지 조사와 함께 문지 하단 외벽에 대한 조사가 있었으며, 10차조사[24)] 시에 동문지 하단에서 동북치성 연접부까지의 체성 길이 39m에 대한 조사가 이루어졌다. I 지구 평탄면에서 확인된 내벽 노출부의 잔존상태를 고려하여 볼 때 성벽의 높이는 약 6.5m이며, 체성의 폭은 7.5m로 추정할 수 있다.

사진 3. 동벽 1차성벽 및 2차성벽

1차 성벽은 풍화암반을 정지하여 장방형 석재의 전면을 잘 치석한 기단석을 놓고 그 상부에 장방형 형태로 전면을 치석한 성돌을 쌓아올렸다. 성벽은 '品'자형으로 단을 맞추어 기단부에서 수직으로 쌓아올렸는데, 동문지 하단의 기단석 2매에서만 약 15cm 정도 들여쌓기 하였을 뿐 나머지 성벽에서는 들여쌓기를 하지 않고 수직에 가깝게 쌓아올렸다.

기단석은 전면이 편평하게 잘 치석되었고 뒷뿌리는 삼각형 모양이거나 둥글게 다듬었고 그 틈새에 폭이 좁고 길쭉한 북꼴모양의 석재를 끼워 넣었다. 기단

22) 漢陽大學校博物館, 1999, 상게서, pp215~216

23) 裵基同·尹善暎·金允兒, 2002, 『二聖山城 9次發掘調査報告書』

24) 裵基同·安信元·金允兒, 2003, 『二聖山城 10次發掘調査報告書』

석은 북쪽으로 경사면을 따라 일정한 폭으로 기단석 하부를 다져 윗면의 높이를 맞추어 계단상을 이루며 쌓아 올라갔다. 기단석의 크기는 가장 큰 대석의 경우 110×60cm정도이고, 평균 크기는 74.9×55.7cm정도이다.

동문지 하단의 면석 잔존높이는 최고 17단, 3.6m의 높이로 남아있으며, 나머지 체성 구간은 부분적으로 2단까지 축조된 부분이 남아있는 경우도 있으나 대부분 성벽이 북쪽 사면의 지형을 따라 올라오면서 유실되어 현재 동문지 하단의 남단 13.5m 지점에서부터 21m까지의 구간은 기단석만 잔존하고 있다.

현재 뒤채움부의 잔존높이는 약 6m 정도이며, 길이 80cm 정도인 북꼴모양의 할석을 엇물려 쌓고, 그 틈새는 잔돌로 채워 넣었다.

체성의 외벽 기단석 전면부에서 1차 성벽 축성과정에서 이용된 것으로 추정되는 기둥구멍 9개가 확인되었다. 기둥구멍의 평균지름은 약 67cm이고 기둥의 추정지름은 평균 30cm, 기둥구멍의 중심지름간 간격은 최대거리 2.4m이고, 최소거리 1.5m 평균 약 2m이다. 또한 1차 성벽 및 기둥 중심간의 거리는 최대거리 75cm, 최소거리 33cm, 평균거리 52cm이다.

2차 성벽[25)]은 1차 성벽 앞의 무너진 할석들을 정리하는 중에 드러났으며 2차 성벽의 면석은 뿌리를 길게 다듬고 면석의 모를 죽여 전면부를 둥굴게 다듬은 화강암제 석재를 사용하였다.

2차 성벽의 기저부는 1차 성벽 외곽에 평균 약 3.86m 정도 이격하여 암반층을 정리하여 지대석을 놓고 1차 성벽과의 사이에 뒤채움석을 채워 넣었다. 지대석은 1차 성벽의 기단석보다 거칠게 치석되었고 전면부만 다듬은 상태이며, 뒷뿌리는 1차 성벽의 기단석과 거의 유사한데 장방형과 사각추의 두 가지 형태로 치석되었다. 지대석의 평균크기는 71×52×27cm이다. 2차 성벽의 면석은 평균 28.6×37.1cm 정도 크기의 성돌을 지대석에서 6.2~23cm정도 들여쌓았으며, 현재 최고 3단까지만 잔존하고 있다.

내벽은 표토 아래로 2m 정도 암반을 경사지게 굴토하여 5단의 석렬을 쌓은 것이 확인되어 내탁기법에 의하여 축조한 것을 파악할 수 있다. 외벽과의 거리는 7.5m이며, 그 사이는 장타원형의 할석으로 뒤채움을 하였는데, 기저부는 기단부

---

25) 9차보고서에서는 남벽에서의 3차성벽을 2차성벽으로 수정하고 있다.

를 따로 시설하지는 않았다.[26] 이와 같은 축성기법은 내탁하여 외벽만을 축조하였다는 것을 보여주는 것이다.

3. 동문지

사진 4. 동문지 외벽 및 출수구

사진 5. 동문지 내옹성

이성산성의 동문지는 9차조사[27]에서 확인되었으며 다락문과 내옹성이 시설되어 있는데, 2차에 걸친 개축이 있었던 파악하고 있다. 1차 문지의 너비는 6m~6.8m인데 외부로 갈수록 약간씩 벌어지고 있다. 북측벽에서 연접하여 'ㄱ'자 형으로 꺾이는 내옹성이 시설되어 방어력을 높이고 있다. 북측벽의 길이는 내옹성

사진 6. 2차 동문지 문초석

사진 7. 2차동문지 북쪽석확

26) 裵基同·安信元·金允兒, 2003, 상게서

27) 裵基同·尹善暎·金允兒, 2002, 상게서

을 포함하여 1,590cm이다. 문지 바닥에서는 1차 축조시 동시에 조성된 것으로 추정되는 집수시설과 배수로가 확인되었으며, 방형의 출수구가 시설되어 있다. 출수구는 내옹성에서 540cm 떨어진 지점에서 시작하여 문지 내부의 중앙부를 관통하여 흐르는 820cm 길이의 배수로와 연결되어 있다. 이 수구의 규모는 40×38cm로 거의 정방형을 나타내고 있다.

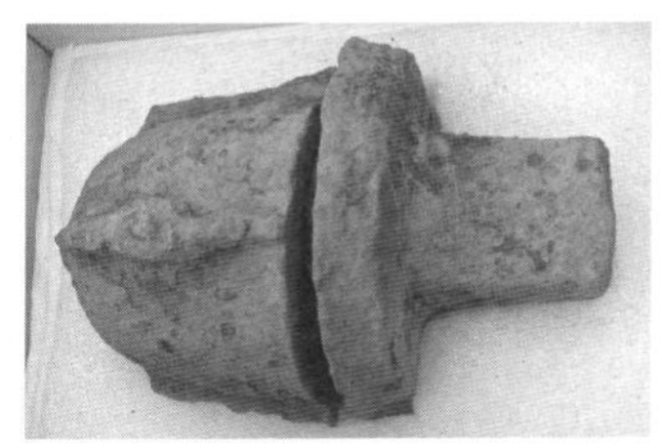

사진 . 충주산성 북문지 확쇠

2차 문지는 너비가 2m이상 축소되었으며, 바닥은 55cm 이상 높아졌다. 북쪽 측벽은 1차 문지의 측벽을 재사용하고 있으며 현재 확인되고 있는 문확석은 2차문지로 개축하는 과정에서 동시 제작한 것으로 확석의 규모는 북측이 장방형으로 110×120cm, 남측이 부정형으로 120×95cm를 나타내고 있는데, 확석의 문지공 형태를 볼 때 충주산성 북문지에서 출토된 암수확쇠와 유사한 형태의 확쇠를 사용하였을 것으로 판단된다. 문지공은 타원형의 외연 내부에 장방형으로 파낸 것으로 외연의 규모는 북측 확석이 28.5×22.5cm, 남측 확석이 26×24cm이며, 문지공은 북측이 19×12cm, 남측이 16.5×13cm이다. 성문 축부에 사용하는 암수확쇠는 이제까지 대모산성 동문지, 삼년산성 남문지, 부모산성 북문지, 고모산성 서문지, 충주산성 북문지에서 확인되었으며 통일신라시대에 개축된 산성에서 사용하는 것[28]으로 2차문지는 통일기에 문구부를 축소하여 사용한 것으로 파악된다.

도면 1. 동문지 출토 와편 탁본 및 두께실측도(2002, 9차보고서 전재)

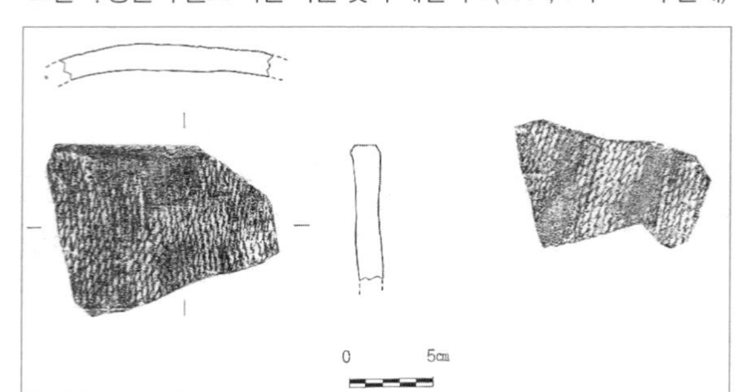

이 동문지 집수지에서 8엽 연화문와당 1점이 출토되었으며, 북쪽 측벽이 성안으로 회절하는 끝부분에서 승문(繩文) 와편 105점이 출토되었으

28) 심정보, 2010, 「新羅山城의 築造技法과 性格」『韓國 城郭硏究의 새로운 觀點』, p.120

며, 이 승문 와편 중에는 5.5cm 간격의 모골흔이 있는 와편[29]도 수습되었다. 이외에도 기와를 제작하기 위한 와통에서 모골의 흔적이 보이는 것이 있었음[30]을 밝히고 있어 1차 문지는 백제시대에 시설한 것으로 판단된다.

사진 9. 동문지 등성시설

동문지 외곽에서 등성시설이 확인되었다. 옥수수알 모양의 성벽외에 가장 바깥면에 위치한 것은 등성시설로 현재 'ㄴ'자의 형태로 일부가 발견되었다. 수직의 1차 성벽에서 성의 바깥쪽으로 6m 떨어진 곳에 위치하며 1m 높이의 5단이 확인되었으며 풍화암반층위에 시설하였는데 기단부 없이 장방형의 석재를 이용하였다. 1m의 폭에 일부 치석된 석재로 수직으로 쌓았으며 사이에는 쐐기돌과 점토를 이용하여 틈을 메웠다. 남쪽의 끝은 옥수수알 모양의 3차 성벽과 맞닿고 있으며 북쪽 끝은 조사되지 않아 전체적인 평면형태는 알 수 없다. 이 등성시설로 인하여 1차문지에 시설한 출수구가 막히게 되어 있다. 이 사실은 1차 문지가 폐쇄된 후에 등성시설이 시설된 것을 단적으로 말해주는 것이다. 이 등성시설은 2차문지와 관련하여 시설한 것으로 적의 위협으로부터 해소된 통일신라시대에 성내외로의 출입을 용이하게 하기 위하여 시설한 것으로 판단된다. 또한, 문지 외곽에서 등성시설이 발견된 것은 거의 같은 시기에 조사된 이천 설성산성이 있다[31]고 하여 유사성을 밝히고 있다.

발굴조사단에서 유사성을 언급하고 있듯이 이성산성의 1차 동문지는 구조면에서 볼 때 설성산성 서문지와 매우 흡사하다.[32] 설성산성의 서문지는 초축 이후 2차례의 수·개축이 이루어진 것으로 파악하고 있으며, 1차 문지의 문폭은 5m, 양 측벽의 길이는 6m이다. 문지 측벽은 북측벽과 남측벽이 비교적 양호한 상태

29) 裵基同·尹善暎·金允兒, 2002, 상게서, p.232

30) 裵基同·尹善暎·金允兒, 2002, 상게서, p.238

31) 裵基同·尹善暎·金允兒, 2002, 상게서, p.195

32) 설성산성의 서문지는

로 노출되었으며, 북측벽의 경우 44×22cm, 27×26cm 크기의 장방형 석재를 사용하여 축조하였으며, 길이 6m, 잔존높이15단 2.5m이다. 통로 바닥 하부에는 성 내부의 우수를 방출하기 위한 1차 배수로를 시설하였다.[33)]

사진 10. 설성산성 1차 서문지 및 내옹성
(2002, 설성산성 1차보고서 전재)

1차 배수로의 입수구는 방형으로 남측벽에서부터 북쪽으로 1.5m, 내벽선에서 성 내부로 50cm 들어온 지점에 설치되어 있었다. 입수구는 방형으로 얇은 석재를 2단으로 놓아 측벽을 만들고 그 위에 판석형 덮개돌을 올려놓았다. 입수구의 규모는 20×20cm이며, 출수구의 규모는 가로 26cm, 세로 15cm이고, 입수구와 출수구의 레벨차는 98cm이다.

사진 11. 설성산성 2차 서문지 축소상태
(2002, 설성산성 1차보고서 전재)

내옹성은 1차 문지 북측벽에서 연장되어 2m 직진하다가 이후 남쪽으로 원을 그리며 휘어져 약 7m정도 진행되고 있었다. 잔존 길이는 9m, 최고 높이 6단의 110cm 정도가 남아 있다.

사진 12. 설성산성 서문지 등성시설

2차 문지는 1차 문지에 비하여 2m 가량 축소되었고 바닥도 100cm정도로 높아졌으며, 전체 규모는 문폭 3m 내외, 양 측벽 길이 6m로 추정된다. 또한 문지의 네 모서리에 주칸 거리가 3.5m로 정사각형을 이루도록 초석을 놓고 앞, 뒤 초석 사이에 석재를 쌓아올려 측벽

33) 박경식·서영일·방유리·김호준, 2002, 『이천 설성산성 1차 발굴조사보고서』, pp.29~31

을 구성하였다. 그 과정에서 1차 배수로는 폐쇄되고 대신에 1차 남 측벽 전면에 90cm 간격을 두고 2차 배수로를 설치하였다. 2차 문지의 활용시기는 6세기 후반이나 7세기 전반에서 9세기까지로 추정하고 있다.[34] 3차 문지는 2차 문지의 규모와 거의 유사한 것으로 보이며, 9세기 후반이후에 축조된 것으로 추정하고 있다.[35]

서문지 외곽에 등성시설[36]을 구축하였는데, 지형적인 여건에 의해서 전체적으로 북쪽은 넓고 높으며 남쪽은 낮고 좁은 편이다. 등성시설은 풍화암반을 정지한 후, 그 위에 먼저 적갈색점토+굵은모래+자갈 등을 섞어서 다짐하고 다시 그 위에 석재를 쌓아올렸다. 다짐토의 높이는 남쪽에서 북쪽으로 갈수록 높아지고 있었다. 등성시설의 규모는 1단이 남벽 3.5m, 서벽 10.1m, 북벽 6.1m등이며, 상면의 폭은 약 3.5m내외이고 길이는 6m 내외로 성벽의 개구부 보다 약간 크다. 등성시설 상면이 넓은 경우에는 성문을 방어하는데 어려움이 있음으로 좁게 축조하였던 것으로 추정하고 있다.

이성산성 동문지는 설성산성 서문지와 같이 다락문에 내옹성을 시설하였으며, 통일기에 성문 너비를 2m 정도 좁혀서 사용하였으며, 성내외로의 출입을 용이하게 하기 위하여 등성시설을 한 것 까지 매우 유사하다는 것이 확인되었다. 이성산성 동문지와 설성산성 서문지 공히 문지 바닥면 하부에 시설한 배수로의 출수구가 등성시설로 임하여 폐쇄되었다는 것은 초축시기와 분명한 時期差異가 있다는 것을 나타내 주는 것으로, 같은 使用時期에는 있을 수 없는 增築 내지는 改築시설임이 분명한 것이다.

4. 치성

10차조사시에 동벽에서 북벽으로 회절하는 지점에 시설된 동북치가 조사되었

34) 박경식·서영일·방유리·김호준, 2002, 상게서, pp.32~34

35) 박경식·서영일·방유리·김호준, 2002, 상게서, p.35

36) 박경식·서영일·방유리·김호준, 2002, 상게서, pp.37~39

다.[37] 1차 치 동북치성의 형태는 전체적으로 보아 장방형이며, 크기는 2m×13.2m×2.1m로 일반적인 치보다 전면부의 너비가 크다고 하겠다. 1차 치성의 면석은 북측벽에서 4단 112cm 높이로 잔존하고 있으며, 지대석에서 9~14cm 정도 들여서 면석을 '品'자형으로 바른층쌓기 하였다.

사진 13. 이성산성 동북치성 전경 (2003, 10차 조고서 전재)

특히 북측벽 연접부의 면석에서는 체성벽과의 맞물림을 정교하게 하기 위해 그렝이기법으로 모서리부분에 홈을 냈다. 남측벽은 기단석만 남아있고, 전면부는 기단석이 하나도 남아있지 않은데, 뒤채움돌의 시작 부분에 부분적으로 지대석을 놓았던 형태대로 할석이 깔려있어서 지대석의 크기는 약 90×60cm, 90×70cm, 55×70cm, 110×75cm로 추정하고 있다.

2차 동북치성은 1차 치성에서 3.2m 외곽에서 노출되었다. 대부분 지대석만 잔존하고 있으며, 옥수수알 모양의 면석이 부분적으로 1단씩 총 7매가 남아있다. 지대석의 평균 크기는 80×7×32cm로 5.5~14cm 정도 들여서 면석을 쌓았다. 때로는 1차 치성의 지대석을 재사용한 것으로 보인다. 2차 치성의 규모는 3.4×24.5×5.1m로 매우 큰 편이다. 이 2차 치성과 유사한 사례로 국내성의 서남치성이 주목된다. 국내성의 서남치성은 서벽과 남벽의 회절부에 시설한 것으로 이성산성의 동북치성과 입지적인 조건이 같으며, 규모도 2.3×(10.8+10)×4.5m로 비교가 되고 있다.

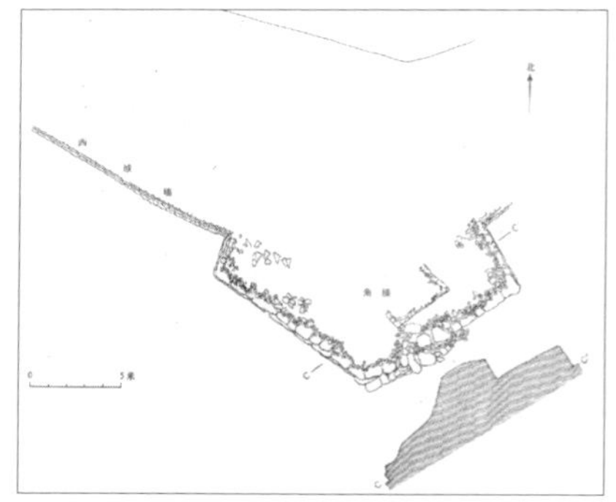

도면 2. 국내성 서남치성 평, 단면도(2004, 國內城 전재)

37) 裵基同·安信元·金允兒, 2003, 상게서, pp70~82

5. 집수지

이성산성의 집수지는 남벽에 A지구에서 1·2차 집수지와 C지구 집수지가 확인되었다. 1·2차조사 시에 노출이 되었지만 3차조사 시에 윤곽이 드러난 2차 집수지는 평면 장방형으로 현재 호안 석축의 잔존높이는 2m정도이며, 10~14단의 석축이 남아 있었는데 들여쌓기와 品자형쌓기로 구축하였다. 내부에서는 목제품과 칠기를 비롯한 각종 유물이 출토되었다. 일부만이 조사된 1차 집수지의 규모는 54×30m 정도로 추정되며, 퇴적층위는 29층으로 구분되는데, 문화층은 10층위에서 처음 나타나고 있는데, 이 10층위와 11층위에서 삼국시대 전기 토기로 기술된 한성백제 전기 후기의 백제토기편 3점[38]이 수록되어 있으며, 제21층위에서 고구려토기 15점이 수록되어 있고, 22~24층위에서 신라 ·통일신라토기가 11점이 수록되어 있어 층위상으로 점유시기가 드러나고 있다. 그리고, 초축성벽 앞의 무너진 할석을 정리하는 과정에서 백제토기편 2점[39]이 수습되어 수록되었다. 이 1차 집수지에 대한 전면조사가 이루어진다면 이성산성의 성격을 밝히는데 큰 역할을 할 것으로 판단된다.

사진 14. C지구 저수지 전경
(2000b, 8차 보고서 전재)

C지구에서 장방형의 집수지는 제8차 발굴조사[40]시에 확인되었는데, 조사결과 이 집수지는 동벽을 타원형으로 축조하였으나 붕괴되자 직선화하여 다시 쌓은 것으로 파악하고 있다. 규모는 남벽 21.42m, 동벽 16.04m, 북벽 21.35m, 서벽 13.95m이다. 이 C지구 집수지는 제7차 발굴조사 시에는 토층을 5개의 층위로 구분하였지만 전면 발굴조사가 시행된 제8차 발굴조사에서는 좀 더 세분화 하여 7개의 층위로 구분하여 조사하였다. 집수지의 가장 하

38) 金秉模·裵基同·兪泰勇·方玟奎·曺瑢瑄, 2000b, 상게서, pp.44~45

39) 金秉模·裵基同·兪泰勇·方玟奎·曺瑢瑄, 2000b, 상게서, p.46

40) 金秉模·裵基同·兪泰勇·方玟奎·曺瑢瑄, 2000b, 상게서, pp.65~75

층인 제7문화층에서는 공열토기편 등 청동기시대 후기의 유물들이 다수 수습되었으며, 제6문화층에서는 무문토기 태토의 우각형파수 2점이 출토되었다. 제5문화층에서 삼국시대 전기토기로 수록된 한성백제전기 후반에 해당하는 백제토기와 고구려토기가 공반하여 수습되었는데, 이 층에서 '辛卯'명 고구려목간이 출토되었다. 제4문화층에서는 백제토기 및 고구려토기와 신라토기가 혼재하여 출토되었으며, 그 상부인 제3문화층에서는 통일신라토기가 출토하였다. 그리하여 C지구 집수지에 대한 발굴조사를 통하여 3국 중 백제가 가장 먼저 점유하였으며, 고구려와 신라가 그 뒤를 이어 점유하였음이 확인된 것이다.

III. 출토유물에 대한 검토

이성산성에 대한 발굴조사는 20년에 걸져 11차에 달하는 발굴조사가 이루어졌기 때문에 그 출토유물도 상당하다고 하겠다. 유물의 개체수도 많지만 유형별로도 많은 수를 차지하고 있어 한정된 시간으로 모두 섭렵할 수 없기 때문에, 본고에서는 한성백제 토기 중 대표적인 기종의 하나인 고배를 중심으로 살펴보되 11차에 대한 발굴조사 보고서 중 제8차 보고서가 출토유물을 층위별 시대별로 구분하여 잘 정리되어 있다고 판단되어 이를 중심으로 검토해 보고자 한다. 고구려 유물은 층위별로 토기류가 많이 제시되어 있으나, 가장 중요하다고 판단되는 '辛卯'명 목간에 대하여 검토하도록 한다.

1. 한성백제토기

하남 이성산성 출토 토기 중에는 몽촌토성[41]이나 풍납토성 출토 토기와 유사성을 가진 것들이 상당 수 관찰되고 있다. 특히 6차 발굴조사보고서의 A지구 1차

41) 夢村土城發掘調查團, 1985,『夢村土城發掘調查報告』
金元龍·任孝宰·林永珍, 1987,『夢村土城 東北地區發掘調查報告』
金元龍·任孝宰·朴淳發, 1988,『夢村土城 東南地區發掘調查報告』
金元龍·任孝宰·朴淳發·崔鍾澤, 1989,『夢村土城 西南地區發掘調查報告』

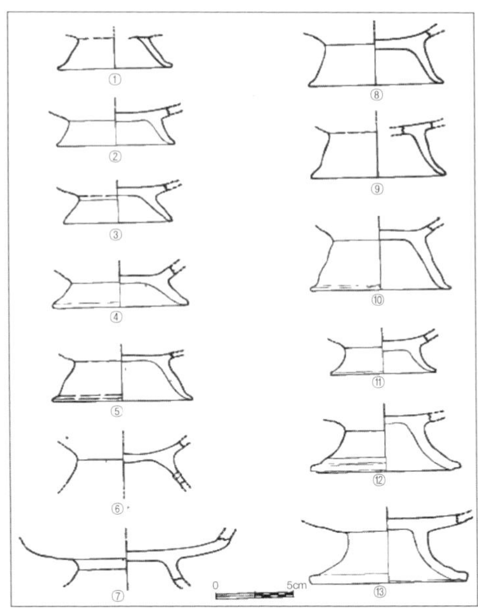

도면 3. 몽촌토성출토 고배 저부
(김원용외, 1989, 보고서 p.231 전재)

저수지 출토 토기 중에는 백제토기들이 많이 수록되어 있는 것을 볼 수 있다. 제8차 보고서에서는 남벽 내에 조성되어 있는 1차 집수지의 문화층 가장 아래층위에서 삼국시대 전기토기로 기술된 백제전기 후반의 특징을 나타내는 토기편 5점이 출토되었으며, 그 위층에서 고구려토기가 출토되고 가장 상층에서 신라·통일신라 토기가 출토된 점이라 하겠다. 또한, C지구 저수지에서 고구려토기와 같은 층위에서 출토되어 삼국시대 전기 토기로 기술된 토기편 18점[42]과 C지구 추정건물지 출토 토기편 중 삼국시대 전기 토기로 분류된 11점[43]은 대부분 한성백제토기로 분류할 수 있는 것들이다.

한성백제 토기에 대한 분류는 몽촌토성 발굴조사보고서에서부터 시도되었으며,[44] 그 후 많은 연구업적[45]이 이어져 한성백제시기 토기에 대한 분류체계가 세

42) 金秉模·裵基同·兪泰勇·方玟奎·曺瑢瑄, 2000b, 상게서, pp.114~123

43) 裵基同·尹善暎·金允兒, 2002, 상게서, pp.233~239

44) 金元龍·任孝宰·朴淳發, 1988, 상게서
金元龍·任孝宰·朴淳發·崔鍾澤, 1989, 상게서

45) 다음 연구업적들이 참고된다.
李盛周, 1988,「三國時代 前期 土器의 分析」『韓國上古史學報』1, 韓國上古史學會
朴淳發, 1989,「漢江流域 百濟土器의 變遷과 夢村土城의 性格에 대한 一考察」, 서울大學校 碩士學位論文
成正鏞, 1993,「한성백제기 중서부지역 백제토기의 양상과 그 성격」, 서울대학교 석사학위논문
林永珍, 1996,「百濟初期 漢城時代 土器硏究」『湖南考古學報』4, 湖南考古學會
金成南, 2000,「百濟 漢城樣式土器의 形成과 變遷에 대하여」『고고학』3-1, 서울경기고고학회
韓志仙, 2005,「百濟土器 成立期의 樣相에 대한 再檢討」『百濟硏究』41, 忠南大學校 百濟硏究所

워지게 되었다. 2011년에 국립문화재연구소에서 펴낸『한성지역 백제토기 분류표준화 방안연구』는 풍납토성을 중심으로 유적 내 층위분석과 유적간 교차편년 등의 방법을 동원하여 개별 기종에 대한 변천과정 및 발전양상을 파악하고 편년안을 수립하여 한성백제시기 토기의 발전과정을 파악하는데 많은 도움을 주고 있다.

여기에서는 앞의 연구업적과 비교하여 한성백제 토기 중 대표적인 기종 중의 하나인 고배[46]에 대하여 검토해 보고자 한다. 이 고배는 풍납토성과 몽촌토성 출토 백제토기 중 대표적인 기종 중의 하나일 뿐만 아니라 이성산성과 축성기법 등 가장 비교가 용이한 설성산성[47]에서도 많이 출토되어 비교가 가능하기 때문이다.

고배는 무개고배와 유개고배로 구분되는데, 몽촌토성의 경우 무개고배가 유개고배 보다 선행하며, 연질고배는 대각(굽다리)이 낮고, 경질고배는 대각이 높은 것으로 파악하였으며, 구연이 낮은 연질고배가 높은 경질고배 보다 먼저 출현하였음을 밝히고 있다.[48]

유개고배는 백제의 특징적인 기종이며, 기본적으로 물건을 담는 용기로써 그 형태적 변이가 비교적 다양하게 나타나는 기종이다.[49] 유개고배의 태토는 니질, 정질, 정조질, 조질의 4가지로 구분했는데,

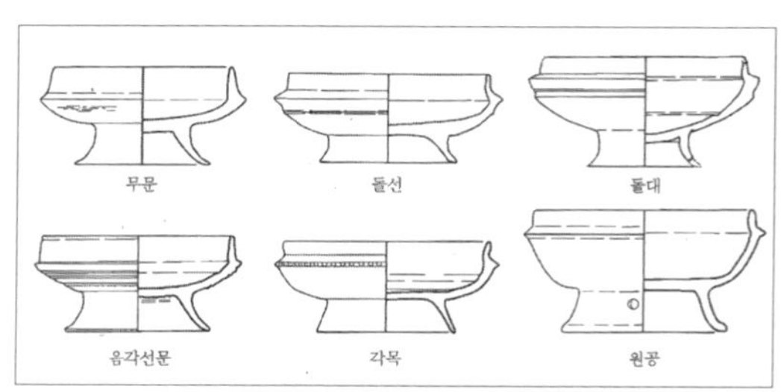

도면 4. 유개고배의 시문양식(국립문화제연구소, 2011, 한성지역 백제토기 분류표준화 방안연구 전재)

46)『한성지역 백제토기 분류표준화 방안연구』에서는 유개고배에 국한하고 있으나『二聖山城 第8次 發掘調査報告書』에서는 유개고배와 무개고배에 대하여 모두 고배로 통칭하고 있다.

47) 설성산성에서 출토한 고배 중에서 완형과 도상복원이 가능하여 전체의 형태와 수치를 확인할 수 있는 것은 106점 중 22점이다. 고배 높이는 5.5㎝ 이하는 확인되지 않고, 6.5㎝~7.0㎝ 사이가 많은 편이며, 굽다리 높이는 2.5~3.0㎝에 가장 많은 개체가 해당되고 있다.(박경식외, 2004,『이천 설성산성 2,3차 발굴조사 보고서(본문)』, 단국대학교 매장문화재연구소, p.435)

48) 金元龍·任孝宰·朴淳發, 1988, 상게 보고서, pp.85~87

49) 국립문화재연구소, 2011,『한성지역 백제토기 분류표준화 방안연구』, pp.108~110

니질은 토기의 태토 내 석립과 사립이 거의 없이 진흙과 같은 고운 점토로만 구성된 것으로 주로(흑색)마연토기 태토가 이에 해당하며, 정질은 토기의 破面이나 내·면에서 석립이 거의 관찰되지 않고, 미세한 원료점토로만 구성된 것으로 유개고배의 경우 태토조성을 알 수 있는 137점 중 75점(54.7%)이 이에 해당된다. 정조질은 미세 점토내에 작은 석립이 소량 혼입되어 있는 것으로 43점(31.4%)이 확인되며, 조질은 비교적 굵은 석립이 포함된 것으로 19점(13.9%)이 이에 해당되는데 인위적으로 혼입하였을 가능성이 높다.

경도는 주로 소성온도에 의해 결정된다고 파악하는데 경질은 전체 점수 중 127점(63.8%)이며, 반면 연질 내지 중경질로 분류될 수 있는 유물은 72점(36.2%)이 확인된다. 기존의 연구에서는 구연이 낮은 연질고배가 높은 경질고배보다 먼저 출현하였음을 확인하였다고 하였으나,[50] 풍납토성의 경우에는 대부분의 유구에서 서로 공반 출토되는 경우가 상당히 많으며, 화재 폐기된 주거지나 의례용으로 생각되는 폐기유구, 완형의 유물들이 다수 출토되는 수혈 등 폐기 동시성이 인정되는 다수의 유구에서 연질고배와 경질고배가 같이 나오는 경우가 빈번하여, 연질고배가 선행하는 것은 인정하나, 출토 양상으로 봤을 때 그 발생시점이 기존 견해처럼 100여년의 차이가 날만큼 크지는 않아 보인다.[51]

정면기법상으로는 물손질, 마연, 깎기 등의 수법이 보이는데, 회전물손질로 정면한 것이 199점 중 165점(82.9%)이 확인되고, 마연한 것이 31점(15.6%)에서 확인되며, 깎기 기법으로 정면한 것이 3점(1.5%) 확인된다.

대부분의 유개고배는 문양이 없는 무문이 대부분이나 일부 고배의 배신에 돌선 또는 돌대가 형성되어 있거나, 음각선이 시문된 것, 뚜껑받이턱에 각목을 한 것, 대각부에 원형의 작은 구멍이 뚫린 것이 출토되기도 하는데, 이러한 요소들은 시간의 흐름에 따른 변화가 다양하기 때문에 토기 편년을 위한 형식분류에서 중요하게 다루어진다.

연구대상 유개고배[52]의 전체 높이는 최소값 4.4cm, 최대값 8.6cm, 평균 6.3cm

---

50) 金元龍·任孝宰·朴淳發, 1988, 상게 보고서, p.87

51) 국립문화재연구소, 2011, 상게서, p.121

52) 한성지역 백제유적에서 출토·보고된 유개고배는 모두 370여 점으로 전체 백제토기 중 약 5%

로 5cm 미만과 8cm 이상을 각각 낮은 고배, 높은 고배로 분류할 수 있으며, 배신은 평저형과 원저형으로 구분되는데, 높이는 2~5.4cm 내에 분포하며 평균이 4.1cm로 3cm 미만을 낮은 배신으로 분류할 수 있다.

대각은 연구대상 121점 중 직선형 48점(39.7%), 외반형 67점(55.4%), 단부홈형 6점(5%)으로 확인되는데, 대각 높이는 0.6~4cm 내에 분포하며, 최빈값은 1.7cm, 평균은 2.17cm이다. 대각 높이 1.4~1.8cm 사이에 55점이 분포하며, 2~2.8cm에 51점이 밀집하고 있어 2cm 미만은 낮은 대각 유개고배로, 2cm 이상은 높은 대각 유개고배로 구분된다.

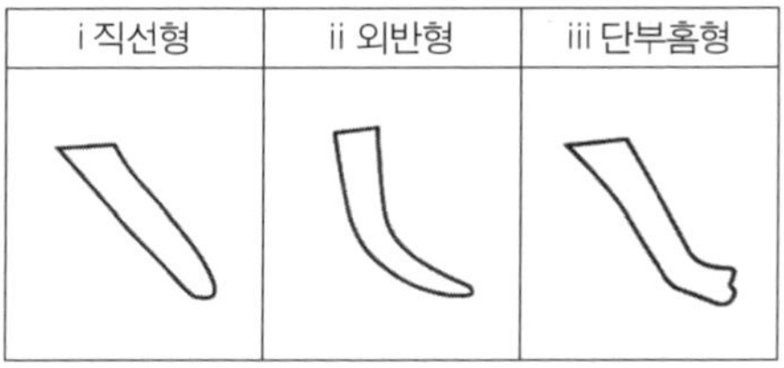

i 직선형	ii 외반형	iii 단부홈형

도면 5. 유개고배의 대각형태
(국립문화재연구소, 2011, 연구보고서 전재)

구연부의 형태는 직립, 내경, 외경으로 구분되나 직립하는 것이 연구대상 195점 중 185점(94.9%)에 해당하며, 뚜껑받이턱의 형태는 연구대상 191점 중 돌대형 79점(41.3%), 둥근형 8점(4.2%), 각진형 104점(54.5%)의 분포를 나타낸다. 구연높이를 알 수 있는 것은 167점으로 평균 구연높이는 1.26cm이며, 0.6~2.1cm 사이에 분포한다. 전반적으로는 하나의 집단으로 볼 수도 있으나 1.2cm를 중심으로 0.6~1.6cm 사이의 그룹(147점 ; 88%)과 1.8cm를 중심으로 한 1.7cm이상인 그룹(20점 ; 12%)으로 세분 가능하다.

상기 분석을 바탕으로 기능과 관련될 가능성이 높은 배신형태를 중심으로 살펴보면, 평저형 배신의 유개고배는 돌대형 뚜껑받이턱, 직선형 대각형태와 밀접한 상관관계를 가지며, 구연높이가 1.2cm 이하에 75%, 대각높이 2.1cm 이하에 75%가 몰려 있고, 연질토기의 비율이 70%를 정도로 높게 나타난다. 이에 비해 원저형 배신의 유개고배는 각진 뚜껑받이턱, 외반형 대각형태와 밀접하고, 구연높이 1.2cm이상에 75%, 대각높이 2.2cm 이상에 75%가 몰려 있으며, 경질토기의 비율이 94%로 상당히 높다. 즉 평저형과 원저형 유개고배는 일반적인 형태와 경

의 비율을 차지하고 있다. 이 중 상당부분 남아있어 형태가 확실한 195점을 선별하여 상기 연구의 분석대상으로 삼았다고 한다(국립문화재연구소, 2011, p.108).

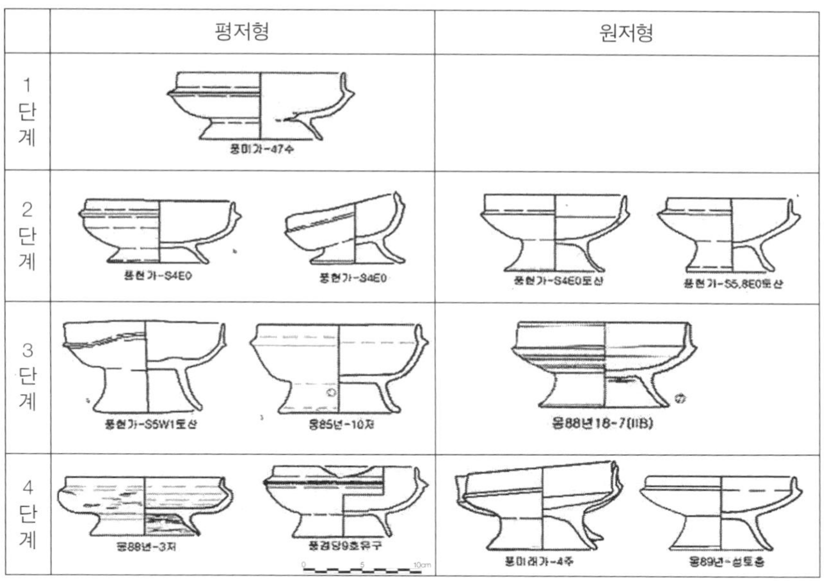

도면 6. 유개고배 변천 모식도(국립문화재연구소, 2011, 연구보고서 전재)

도를 중심으로 한 제작기법에서 뚜렷하게 구별되는 군집양상을 보이고 있다.[53)]

또한, 유개고배의 형식 변천은 해당 유구의 공반유물의 양상, 층위, 고배의 속성들 중 늦은 시기로 판단되는 것들의 발생을 고려하여 잠정적으로 4단계의 변천과정을 설정고 있는데, 1단계는 전형적인 돌대형 뚜껑받이턱에 낮은 대각·무문양·연질·마연기법 등 일반적인 형태의 평저형 유개고배 모습을 보이고 있으며, 2단계는 평저형의 경우 전 단계의 전형 형식(IAa형)이 주류를 이루나 이 단계의 후반기에는 경질의 원저형 유개고배가 출현하는 것으로 보인다. 원저형은 낮은 구연에 보다 일반적으로 출토되는 중간정도의 배신깊이와 대각비를 가진 것이 나타난다.

3단계는 다양한 기종들이 공반되며, 몽촌토성에서도 확실히 이 단계의 유개고배가 출토되는 유구들이 나타나고 있다. 평저형에서 대각높이가 높아지면서 연질 기대 등에서 보이는 작은 원형 구멍을 대각부에 뚫는 모습이 확인된다. 원저

53) 국립문화재연구소, 2011, 상게서, pp.119~120

형의 경우 구연높이가 높은 것이 나타나고, 음각선 등이 시문되는 양상도 보인다. 4단계는 풍납토성의 경우 백제문화층 최상층의 유구들의 출토품이며, 일부에서는 고구려 토기인 구의동 유형이 다수 출토된다.

평저형의 경우 원저형이나 삼족배의 영향을 받아 각진 뚜껑받이턱이나 둥근 뚜껑받이턱이 일부이긴 하나 도입되며, 어깨부분을 각목 시문하는 기법도 채용되는 것으로 보인다. 원저형은 배신깊이가 낮고, 대각이 높은 형태들이 유행하기 시작하여 웅진기, 사비기까지 이어지는 것으로 파악된다.[54)]

이를 토대로 이성산성 출토 고배를 살펴보면 다음과 같다.

1) 고배 대각편(도면 7)[55)]

보고서에서는 삼국시대 전기 토기의 합 저부편으로 수록되었다. 저부 및 대각의 일부로 C지구 저수지 제5문화층에서 출토되었으며, 태토는 석영계 사립이 약간 함유된 정선된 니질의 회백색 연질토기이나 소성강도는 높은 편이다. 표면에 물레를 사용한 흔적이 있으며, 표면에는 갈색의 슬립을 입혔던 것으로 보인다. 대각은 밖으로 벌어지며 높이는 1.3cm, 대각의 저경은 6.6cm, 현재의 높이는 3.7cm이다. 풍납토성의 사례로 비교하면 대각의 높이가 2cm 미만으로 낮은 대각 유개고배로 파악된다. 변천과정으로 살펴보면 평저형 유개고배의 3단계에 해당한다.

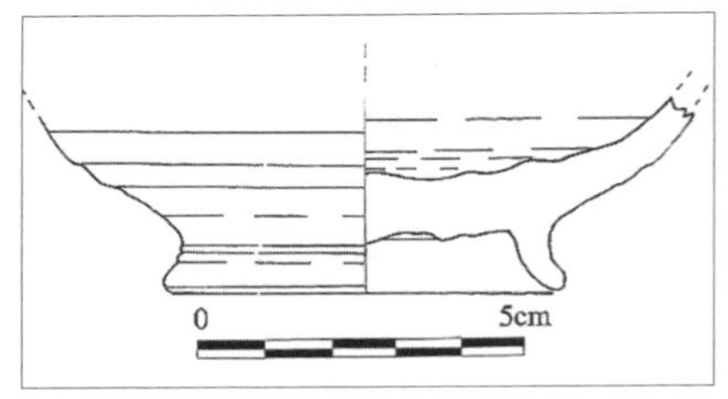

도면 7. 고배 대각(2000b, 보고서 전재)

2) 고배 대각편(도면 8)[56)]

이 대각편은 C지구 저수지 제5문화층에서 출토되었으며, 태토는 석영과 장석의 사립이 다수 함유된 니질의 회백색 연질토기이나 소성강도는 높은 편이다.

54) 국립문화재연구소, 2011, 상게서, pp.126~128

55) 金秉模·裵基同·兪泰勇·方玟奎·曺瑢瑄, 2000b, 상게서, pp.115~116

56) 상게서, p.117

표면은 흑색의 슬립을 입혀 흑색이나 벽심은 회백색이다. 대각은 밖으로 벌어지며 끝부분이 둥글게 처리되었다. 현재 잔고는 3.0cm이며, 대각의 높이는 2.6cm, 대각의 저경은 7.3cm이다. 보고서에서는 삼국시대 전기 토기로 수록되었다. 높은 대각으로 분류되며, 변천과정으로 살펴보면 평저형 유개고배의 2단계에 해당한다.

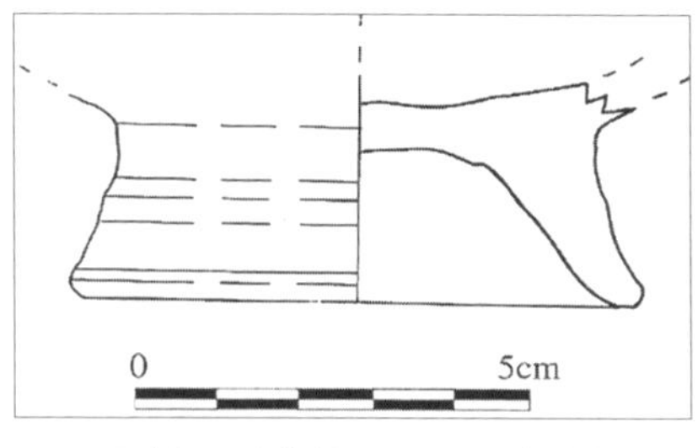

도면 8. 고배대각(2000b, 보고서 전재)

3) 고배 대각편

이 고배 대각편들은 신라·통일신라 토기로 분류되었으나 고배 대각의 형태나 드림새로 보아서 한성백제 고배로 파악되어 정리해 보았다.

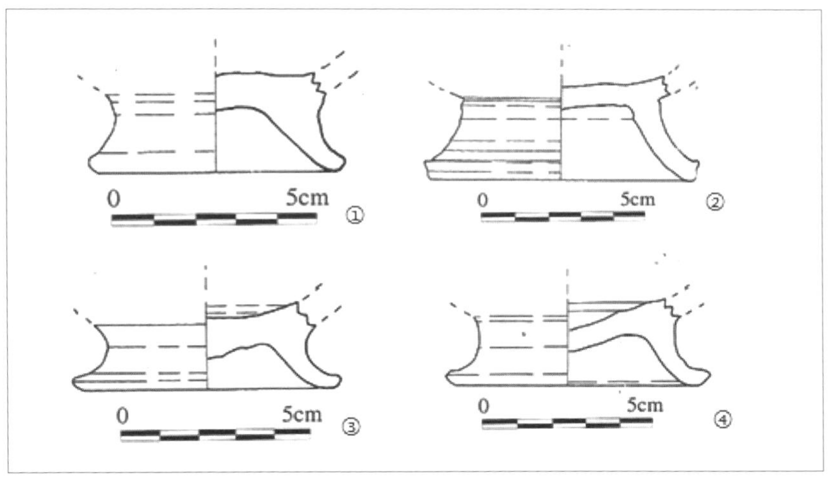

도면 9. 고배대각(2000b, 보고서 전재)

① 고배 대각편(도면 9-①)[57)]

C지구 저수지 제4문화층에서 출토되었으며, 태토는 회백색 연질토기로 대각

57) 상게서, pp.147~149

높이는 1.9cm, 대각 저경은 6.3cm이다. 낮은 대각으로 분류되며, 변천과정으로 살펴보면 평저형 유개고배의 3단계에 해당한다.

② 고배 대각편(도면 9-②)[58]

이 고배 대각편은 신라·통일신라 토기로 분류되었으나 한성백제 고배로 파악된다. C지구 저수지 제4문화층에서 출토되었으며, 태토는 회갈색 연질토기이다. 대각은 외반형으로 높이는 2.7cm, 대각 저경은 8.2cm이다. 높은 대각으로 분류되며, 변천과정으로 살펴보면 평저형 유개고배의 3단계에 해당한다.

③ 고배 대각편(도면 9-③)[59]

이 고배 대각편은 신라·통일신라 토기로 분류되었으나 한성백제 고배로 파악된다. C지구 저수지 제4문화층에서 출토되었는데, 태토는 회갈색 연질토기로 대각은 외반하며 높이는 1.7cm, 대각 저경은 7.3cm이다. 낮은 대각으로 분류되며, 변천과정으로 살펴보면 평저형 유개고배의 3단계에 해당한다.

④ 고배 대각편(도면 9-④)[60]

이 고배 대각편은 신라·통일신라 토기로 분류되었으나 한성백제 고배로 파악된다. C지구 저수지 제4문화층에서 출토되었으며, 태토는 회청색 경질토기로 대각은 외반하고 높이는 1.7cm, 대각 저경은 7.35cm이다. 낮은 대각으로 분류되며, 변천과정으로 살펴보면 원저형 유개고배의 4단계에 해당한다.

4) 고배 대각편(도면 10)[61]

C지구 추정 건물지 트렌치4의 제2층에서 출토되었으며, 보고서에서는 삼국시대 전기 토기의 합 저부편으로 분류되었다. 태토는 회백색 연질토기로 소성도가

---

58) 상동

59) 상동

60) 상동

61) 金秉模·裵基同·兪泰勇·方玟奎·曺瑢瑄, 2000b, 상게서, p.236

낮아 문지르면 묻어날 정도이다. 현재 잔고는 2.4cm로 대각은 외반하며 높이는 1.3cm, 대각 저경은 7.0cm이다. 낮은 대각으로 분류되며, 변천과정으로 살펴보면 평저형 유개고배의 2단계에 해당한다.

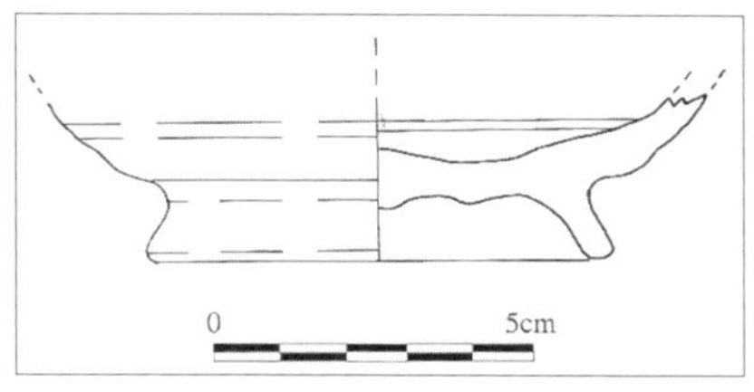

도면 10. 고배대각(2000b, 보고서 전재)

5) 흑색마연 직구단경호(도면 11)[62]

C지구 저수지 제4문화층에서 출토되어 고구려계 토기로 분류되었으나, 형태적인 특성으로 볼 때 한강유역을 비롯한 한성백제 유적에서 많이 출토되는 기종[63]이라 백제토기에 포함시켰다. 흑회색 연질토기로 동체부만 일부 남아 있다. 태토는 정선된 점토질이며, 표면은 흑색이나 벽심은 회색인 것으로 보아 흑색마연을 하였던 것으로 파악된다. 견부에는 2조의 침선을 횡으로 돌리고 그 안에 파상문이 돌아가고 있다. 이 문양은 몽촌토성 보고서(金元龍·任孝宰·朴淳發·崔鍾澤, 1989)에 의하면 b_2에 해당하는 문양이라 하겠다. 현재 잔고는 13.8cm, 동체부 두께 0.6cm, 복원 동경은 26cm이다.

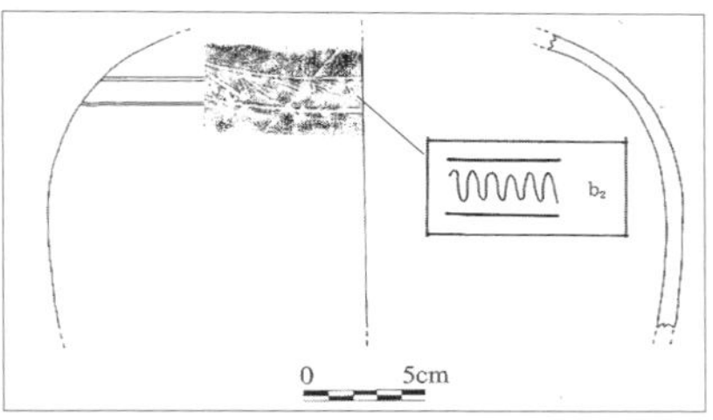

도면 11. 직구단경호(2000b, 보고서 일부 보완)

2. 고구려 '辛卯'명 목간

'辛卯'명 목간은 C지구 저수지의 제5문화층에서 출토되었다. 칼로 여러 번 다듬어서 단면을 방형의 형태로 만들고 그 4면에 묵서한 것이다. 하단부가 파손되어 전체 길이는 알 수 없으나 현재 잔존길이는 35cm이다. 제8차 보고서에 수록

62) 金秉模·裵基同·兪泰勇·方玟奎·曺瑢瑄, 2000b, 상게서, p.127

63) 金元龍·任孝宰·朴淳發·崔鍾澤, 1989, 상게서, pp.67~73

된 묵서의 내용은 다음과 같다.

1면 : 辛卯五月八日向三△北吳△△△前褥薩郭△△△六月九日

2면 : △△△△密計△△(罰)百濟△△△△△九月八日△△△

3면 : △△△大九△△△

4면 : △△△△前卩高△大九乃使△△

사진 15. '辛卯'명 목간
(한양대학교박물관, 2006, 이성산성 전재)

보고자는 이 목간을 고구려에서 사신을 파견했던 내용으로 파악하면서 그 시기를 신묘년의 다음 해인 문자명왕 21년(512)조의 "5월에 魏에 조공을 하고 9월에 백제의 加弗·圓山 두 城을 쳐서 남녀 1,000여명을 사로잡았다."[64]는 기사내용에 연관시키고 있다. 그러나, 이것은 문자명왕 21년조의 기사 내용에 5월의 사신 파견과 9월의 백제 공격내용이 목간의 1면의 5월8일과 2면의 9월8일의 월별상황이 우연하게 일치한 때문이 아닌가 한다. 목간에서의 신묘년 바로 그해 5월8일에 있었던 내용과 『삼국사기』의 신묘년 다음 해인 '壬辰'(512)년 5월과 9월에 있었던 상황을 결부시키고 있어 1년의 시차를 두고 있기 때문이다. 그리고 이때는 密計를 내릴 만한 정황이 형성되지 않았기 때문에 더욱 수긍하기 어렵다고 하겠다.[65]

목간 내용 중에서 확인되는 묵서 중에서 중요한 단어는 辛卯, 褥薩, 密計, 百濟(罰) 이라고 하겠다. 여기에서 우선 알 수 있는 것은 褥薩이라는 관명과 '백제를 벌'한다는 내용으로 보아 고구려와 백제 간의 불편한 상황이 전개되고 있으며,

64) 『삼국사기』「고구려본기」문자명왕21년 5월조

65) 그러나 이 경우에도 이 목간의 주체는 고구려임이 명백하다고 하겠다.

주체는 고구려임을 알 수 있어 고구려에서 작성한 목간임을 파악할 수 있다.

이와 유사한 내용으로 광개토왕릉비문의 '辛卯年'條 기사와 영락 9년조의 '百殘違誓與倭和通' 내용이 각기 목간1·2면의 내용과 대비되어 주목된다.

Ⓐ 百殘新羅 舊是屬民 由來朝貢 而倭以辛卯年來渡 △破百殘△ △(新)羅以爲臣民 以六年丙申 王躬率(官)軍 討伐殘國 …

이 광개토왕릉비문의 내용에 대해서는 몇 자의 결자가 있어 해석상의 이견이 가장 많은 것으로 알려져 있다. 나름대로 석문을 해 보면 다음과 같다. "백잔과 신라는 오래전부터 속민임을 인정하고 이로 말미암아 와서 조공을 하였다. 그런데 왜가 신묘년(391) 이후 건너오므로 그때마다 백잔과 왜는 격파하고, 신라는 구원하여 신민으로 삼았다. (영락) 6년에 왕이 친히 관군을 이끌고 백제를 토벌하였다.…"로 해석된다고 하겠다. '△破百殘△'에서 '△破'는 耿鐵華의 설에 따라 '(每)破'로 하였으며, '百殘△'는 '百殘(倭)'로 하여 백제와 왜를 같이 격파한 것으로 하였다.

이 비문 내용은 영락 6년부터 백제를 침공하기 위한 명분을 세우기 위해 작성된 전치문으로서 주된 공격 대상이 백제와 왜임을 강조하고 있는 것이라 하겠다. 이 비문 내용을 해석하기에는 이도학의 연구업적이 많은 도움이 되었다.[66] 그러나, 백제가 신라를 臣民으로 삼았다는 데에는 동의하기 어렵다. 왜냐하면 신묘년 다음 해인 내물왕 37년(392)에 實聖을 인질로 하여 고구려와의 우호를 꾀하고 있기 때문이다. 이때 고구려와 신라와의 교섭은 고구려가 먼저 사신을 신라에 보내 이루어진 것으로 신라는 전 해인 391년 고구려의 침공으로 백제가 큰 타격을 입은 것을 보고 고구려에 의지하려고 했던 것으로 파악된다. 그리고 '王躬率△軍'에서 '△軍'은 점령한 58성의 위치비정을 감안하여 '水軍'으로 대부분 해석하고 있으나, 水軍 뿐만 아니라 陸軍도 출병하였을 것이고, 백제 정벌의 정당성을 확보할 목적이 강할 것이므로 '官軍'이라 하는 것이 합리적일 것 같다.

광개토왕릉비문에서는 신묘년 이후부터 왜가 한반도로 건너 올 때마다 격파

66) 이도학, 2006, 『고구려 광개토왕릉 비문연구』, pp.236~239

하고 있었다고 하여 총괄하여 기술하고 있다. 이와 같은 상황 전개에 대하여, 목간 1면 내용으로 보완해 보면 신묘년(391) 5월 8일에 三(軍)이 큰소리치며 북으로 향하매 전 욕살 郭△△이 격파하였다는 내용이 있었을 것으로 보인다. 여기에서 3군은 백제, 가야, 왜의 軍士일 가능성을 제기해 둔다. 왜냐하면 이 3국이 고구려군의 토벌 대상이 되어 있기 때문이다. 그리하여 이에 대한 보복으로 6월 9일에 전군에 명령을 내려 백제를 침공하는 내용이 이어질 것으로 짐작된다. 『삼국사기』에 의하면 광개토왕 2년 7월에 "南으로 백제를 쳐서 10城을 함락시켰다고 하고, 10월에 관미성을 20일 만에 함락시키는 기사가 수록되어 있다. 다음은 목간 2면에서 묵서하여 나타난 '密計'와 관련있는 광개토왕릉비문의 내용을 살펴보기로 한다.

Ⓑ 九年己亥 百殘違誓與倭和通 王順下平穰 而新羅遣使白王云 倭人滿基國境 潰破城池 以奴客爲民 歸王淸命 太王[恩慈]矜其忠(誠) △遣使還告以△計

"영락 9년 己亥에 百殘이 서약을 어기고 왜와 화통하므로, 왕은 평양으로 순수해 내려갔다. 신라가 사신을 보내 왕에게 아뢰기를, '왜인이 국경에 가득차 웅거하며 城池를 파괴하여 무너뜨리고 있습니다. 노객은 백성된 자로서 왕에게 귀의하여 명령 내릴 것을 청합니다.' 고 하였다. 태왕은 恩慈하여 그 충성을 불쌍히 여겨, 그 사신을 돌려보내 密計를 고하도록 하였다."고 해석할 수 있겠다.

영락 9년조에서 백제가 왜와 화통했다는 것은 아신왕 6년(397)에 왕이 왜국에 전지를 인질로 보내 우호를 맺은 것을 의미하는 것 같다. 이때 전지를 왜에 보낸 궁극적인 목적은 군사를 요청하는 것일 것으로 판단되기 때문이다. 그리고 399년에 왜가 신라를 공격하고 있음을 볼 수 있다.

여기에서 '△計'는 王健群[67]이 '密計'로 해석 한 이후 대체로 이에 따르고 있다. 이때 광개토왕이 내린 密計는 고구려에서 원군을 보내준다는 내용이 포함되어 있었을 것으로 파악된다. 그리하여 광개토왕릉비문에 의하면 다음 해인 영락 10년(400)에 "태왕은 교시를 내려 보병과 기병 5만을 보내 신라를 구원하게 했다."

67) 王健群, 1984, 『好太王碑硏究』

는 기사가 이어지고 있다.

이 영락 9년조 기사내용이 목간 2면의 '密計△△(罰)百濟'와 상통하는 내용이라고 하겠다. 이때의 상황을 목간 내용을 통하여 보완한다면 신라에 출병한 고구려 5만군은 南部이기도 한 前部의 高△大九가 거느리는 보병과 기병일 가능성이 크다고 하겠다.

그러면 이 목간의 성격은 무엇일까? 고구려에서 백제에 보내 힐책하는 글로 보인다. 만약 고구려 내부의 문서라면 신묘년인 391년부터 신라에게 '密計'를 내리는 399년까지의 내용을 기록하면서 백제를 벌하라는 표현을 굳이 하지 않아도 될 것으로 생각되며, 광개토왕릉비문과 같이 백제를 폄하하는 '百殘'으로 묵서하지 않고 '百濟' 라는 공식 국호를 사용하고 있기 때문이다.

따라서 이 목간의 내용은 백제가 辛卯年 이후 왜를 끌어들여 三國을 戰亂에 휩싸이게 한 것을 조목조목 날짜를 들어 지적하며 힐책하고 고구려가 출병하여 백제를 벌하게 된 데에 대한 정당성을 표방하는 것을 목적으로 하고 있다고 하겠다. 고구려에서 백제에 이 목간을 보낸 것은 신라에 침입한 왜구를 물리치고 군대를 철수한 광개토왕 10년(400)일 가능성이 크다. 고구려는 신라에 출병한 시점에도 연나라의 침입에 시달리고 있었으며, 광개토왕 11년부터는 연나라 정벌에 나서고 있어 백제를 묶어둘 필요를 느꼈을 것으로 판단된다.

이성산성 제8차 조사 시에 C지구 저수지 제5문화층에서 수습된 목간의 '辛卯'명 묵서내용은 고구려 廣開土王代에 작성된 것으로 함축된 광개토왕릉비문의 내용을 얼마간 보완할 수 있을 것으로 보인다. 또한, 이성산성의 초축이 백제에 의하여 이루어졌으며, 그 축성시기는 늦어도 400년 이전이라는 것이 파악되며 광개토왕이 보낸 목간이 이성산성에서 발견되었다는 것은 이성산성이 당시 백제의 도성인 漢山이라는 것을 파악할 수 있는 매우 중요한 자료라고 하겠다.

한편, 광개토왕릉비문에 의하면 영락 6년(396)에 광개토왕이 직접 군사를 거느리고 백제를 토벌하는데, 壹八城 등 諸城을 함락하고 그 國城으로 진격하고 있으며, 아리수를 건너 國城에 선발대를 보내 꾸짖고 성을 포위하자 백제 아신왕이 괴롭고 지쳐서 인질 1천명과 細布 1,000필을 바치면서 '지금부터 영원히 노객이 되겠다.'하고 맹서하였다고 하였는데, 그 國城이 바로 하남 이성산성으로 판단된다.

IV. 초축시기에 대한 검토

이성산성 남벽 조사 시에 확인된 초축성벽은 지대석이 없이 평균 44.3cm×20.5cm 크기의 석재를 전면부만 치석하여 협축기법으로 쌓아 올렸는데, 적심부는 부정형의 할석으로 채우고 그 공간은 점토질의 흙으로 메꾸었다. 석재는 흑운모 편마암을 사용하였으며, '品'자형의 바른층쌓기로 정연하게 축조하였으며, 부분적으로 그렝이기법이 보이고 있다. 초축성벽의 너비는 9.25m, 현재 높이는 2.2m이다. 이 초축성벽은 동벽, 서벽, 북벽에서도 확인되고 있다.

그림 29. 양천고성 남벽1(초축성벽 상부에 지대석 및 면석이 축조되어 있다)

그림 30. 양천고성 남벽2(초축성벽 좌측에 지대석 및 면석이 축조되어 있다)

초축성벽 상부의 지대석은 축성시기를 달리하여 새로운 주체가 축조하였음을 밝혀주는 중요한 고고학 자료이다. 이와 같은 사례로 2013년~2014년에 걸친 조사[68]에서 확인된 양천고성이 주목된다. 양청고성 남벽조사에서 확인된 바에 의

68) 한얼문화재연구원, 2013,「서울 강서구 양천고성지 남벽구간 내 유적 발굴(시굴)조사 약식보고서」

하면 외벽 기저부는 기단석에서 바로 '品'자형 바른층쌓기로 면석이 축조되고 밀림방지를 위하여 암반에 턱을 만들거나 석재 및 점질토를 다져서 보축을 한 백제시대의 축조기법을 보이고 있으며, 출토된 기와 내면에 통쪽흔이 있는 백제시대 와편이 수습되어 초축성벽이 백제시대로 파악된다. 그런데 이 초축성벽 위에 지대석을 놓고 기단석 및 면석을 축조하거나 초축성벽과 잇대어서 지대석을 놓고 기단석 및 면석을 축조한 성벽이 구간별로 확인되고 있다. 이와 같은 축성 변화를 보이는 것은 이성산성과 유사한 축성사례로 시기를 달리하여 수·개축하였음이 분명하다고 하겠다.[69]

이성산성의 동벽은 동문지 조사와 함께 조사되었는데, 초축성벽은 풍화암반을 정지하여 장방형 석재의 전면을 잘 치석한 기단석을 놓고 그 상부에 장방형 형태로 전면을 치석한 성돌을 쌓아올렸다. 면석은 '品'자형으로 단을 맞추어 기단부에서 수직으로 쌓아올렸는데, 동문지 하단의 기단석 2매에서만 약 15cm 정도 들여쌓기 하였을 뿐 나머지 성벽에서는 들여쌓기를 하지 않고 수직에 가깝게 쌓아올렸다. 기단석의 크기는 가장 큰 대석의 경우 110×60cm정도이고, 평균 크기는 74.9×55.7cm정도이다. 남벽 보다 동문지 부근의 동벽이 면석의 크기도 좀 더 크고 치석도 정교하게 하였는데, 이는 전쟁 시 가장 취약한 부분이 문지이기 때문이기도 하지만 위용을 나타내기 위하여 좀 더 정치하게 축조하였을 것으로 판단된다.

이성산성 남벽의 2차성벽과 3차성벽 및 동벽의 2차성벽은 지대석을 놓고 전면

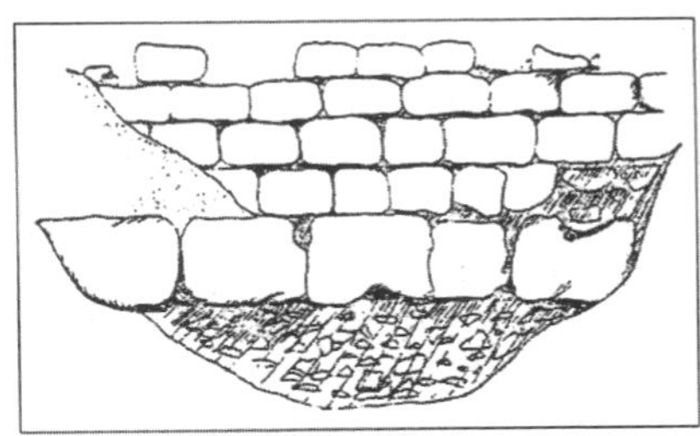

도면 12. 평양성 내성 북벽 기저부

사진 16. 오녀산성 동벽 기저부

69) 양천고성 남벽에서 확인된 지대석이 부가된 성벽의 주체는 출토유물로 보아 축성주체는 고구려 보다는 통일신라로 파악된다.

부를 둥글게 다듬은 화강암제 석재로 축조하였는데, 초축성벽과는 다르게 화강암제 석재를 반입하여 축성하였다는 것은 초축성벽과는 사용주체가 다른 집단에 의하여 축조되었다는 것을 반증하는 것으로 이 성벽은 고구려에 의하여 축조되었을 것으로 판단된다.

이성산성 동문지는 설성산성 서문지와 같이 다락문에 내옹성을 시설하였으며, 통일기에 성문 너비를 2m 정도 좁혀서 사용하였으며, 성내외로의 출입을 용이하게 하기 위하여 등성시설을 한 것 까지 매우 유사하다는 것이 확인되었다. 이성산성 동문지와 설성산성 서문지 공히 문지 바닥면 하부에 시설한 배수로의 출수구가 등성시설로 임하여 폐쇄되었다는 것은 초축시기와 분명한 時期差異가 있다는 것을 나타내 주는 것으로, 같은 使用時期에는 있을 수 없는 增築 내지는 改築하였음이 분명한 것이다. 통일기에 신라에서 백제산성을 재사용할 시 대체로 2m 정도 문폭을 좁히고, 성문 축부에 암수확쇠를 사용하고 있는데[70] 이성산성도 이 사례에 속한다고 하겠다.

이성산성의 동북치성은 1차치성과 2차치성이 확인되었는데, 1차치성의 규모는 측벽 길이 2~2.1m에 전면부 너비 13.2m이며, 2차치성은 측벽 길이 3.4~5.1m 길이에 전면부 너비 24.5m를 나타내고 있어 일반적인 치보다 전면부의 너비가 넓다고 하겠다. 이와 같이 전면부가 넓은 치성은 고구려성에서 많이 확인되고 있으며, 이성산성과 같이 동북 회절부에 시설한 國內城 서남치성은 측벽 길이 2.3~4.5m에 전면부 너비는 각을 이루며 10.8m와 10m가 이어지고 있어 도합 20.8m 너비를 나타내고 있으며,[71] 황해남도의 구월산성의 서남치성은 측벽 길이 2.5m에 전면부 너비는 19m를 나타내고 있어,[72] 체성 회절부에 각을 이루며 시설하는 城隅의 형태는 고구려성에서 확인되는 특수한 사례라 하겠다. 그러나, 신라성에서는 아직까지 이와 같은 대규모의 전면부 너비를 갖추고 있는 치성이 확인되지 않고 있다.

그리고, 이성산성의 동문지 박석 하부를 통과하는 배수로는 성내 우수(雨水)

70) 심정보, 2010, 상게문, p.120

71) 鄭元喆, 2010, 「高句麗山城研究」, 吉林大學 博士學位論文, pp.131~147

72) 徐日範, 1999, 「北漢地域 高句麗山城 研究」, 檀國大學校 博士學位論文, pp.160~167

로 인한 휩쓸림으로부터 미연에 방지토록 하기 위하여 시설한 것인데, 설성산성, 대전 계족산성, 논산 노성산성, 순천 검단산성, 하동 고소성과 금산 백령산성에서도 문지에서의 배수로가 확인되고 있어 백제산성에서 더 많은 예가 보고되고 있다.[73)]

사진 17. 옥천 성치산성 수구

사진 18. 보은 삼년산성 수구

또한, 이성산성 수구와 같이 방형의 수구형태를 갖추고 있는 백제산성은 옥천 성치산성, 공산성, 검단산성, 설성산성, 부모산성, 백령산성 등에서 확인되고 있어, 수구의 상부가 점차 좁아져 사다리꼴을 나타내거나 수구의 측벽 중간부분부터 점차 좁혀져 궁륭상에 가깝게 구성되고 있는 신라산성의 수구[74)]와 비교되는 것이다.

남벽 내 1차저수지와 C지구 저수지는 초축시기에 시설한 것으로 토층 층위상으로 가장 하부 문화층에서 한성백제시기 토기편이 출토되고 그 상부로 올라가면서 고구려 유물과 신라·통일신라 토기들이 출토하고 있어 이성산성 사용시기를 명확하게 하고 있다고 하겠다.

또한, 동문지 북쪽 측벽이 성안으로 회절하는 끝부분에서 승문(繩文) 와편 105점이 출토되었으며, 이 승문 와편 중에는 5.5㎝ 간격의 모골흔이 있는 와편도 관찰되고 있어 1차 동문지는 백제에 의하여 축조되었음이 분명하다고 하겠다. 그

73) 심정보, 2011, 「이성산성 축조기법에 대한 고찰」『'이성산성'에 대한 학술대회』, 하남문화원, p.54

74) 車勇杰, 1984, 「忠州山城의 樣式과 編年」『忠州山城綜合地表調査報告書』, PP.53~55

리고, 동문지 바닥면 하부에 시설한 배수로의 출수구가 등성시설로 인하여 폐쇄되었다는 것은 초축시기와 분명한 時期差異가 있다는 것을 나타내 주는 것으로, 같은 使用時期에는 있을 수 없는 增築 내지는 改築시설임이 분명한 것이다.

특히, C지구 저수지 제4문화층에서 출토한 직구단경호는 풍납토성 및 몽촌토성에서 수습된 고급 기종으로 한성백제시기 중앙과 밀접한 관련이 있는 토기로 백제의 초축시기를 더욱 뒷받침 하는 것이라 하겠다.

그리고, 광개토왕대에 작성된 '辛卯'명 목간의 묵서내용은 광개토왕릉비문의 내용을 얼마간 보완할 수 있을 뿐만 아니라 이성산성의 초축이 백제에 의하여 이루어졌으며, 광개토왕이 보낸 목간이 이성산성에서 발견되었다는 것은 이성산성이 당시 백제의 도성이었음을 파악할 수 있는 매우 중요한 자료라고 하겠다.

이성산성에서 백제의 특징적인 유물이 단 한 점도 발굴되지 않아서[75] 백제성은 될 수 없다는 심광주는 신라성의 특징을 살펴보면서 서울·경기도지역의 신라산성 중 1,500m가 넘는 성으로 이천 설봉산성, 안성 망이산성, 화성 당성, 하남 이성산성, 평택 비파산성 등 5개소가 있으며, 1,000m가 넘는 성으로 양주 대모산성, 포천 반월산성, 고양 행주산성, 이천 설성산성, 서울 호암산성, 아차산성, 파주 봉서산성 등을 들고 있다.[76] 그러나, 설봉산성, 망이산성, 이성산성, 대모산성, 반월산성, 설성산성은 이미 선행연구에 의해 초축시기가 백제산성[77]으로 파악하고 있는 산성들이다. 이 백제산성들의 축성기법을 신라산성의 축성기법으로 전개한다면 큰 오류를 낼 수밖에 없다. 이와 같은 백제산성의 축조기법은 신라의 도성이었던 경주에서도 확인되지 않기 때문이다.

만일 이 산성들을 신라산성으로 주장하기 위해서는 어떠한 문제점 때문에 신라산성으로 보아야 하는지 고고학적인 근거자료를 제시하여야 한다. 그리고, 유사한 형태의 축성재료를 사용하여 성곽 축조기법이 유사하며 신라유물만 출토

---

75) 심광주, 2006, 상게문, p.81

76) 심광주, 2006, 상게문, p.70

77) 沈正輔, 2001,「百濟 石築山城의 築造技法과 性格에 대하여」,『韓國上古史學報』第35號, 韓國上古史學會
심정보, 2004,『백제산성의 이해』, 도서출판 주류성 : 2009,『백제산성의 이해』개정증보판, 주류성

되는 유적 사례를 제시하여야 한다. 막연하게 순환논리로 설명해서 안된다던지, 백제 한성시대부터 웅진시기를 거쳐 사비시기에 이르기까지 도성이 모두 토성으로 이루어져서 석축산성을 축조할 기량이 부족했다는 주장은 설득력이 없는 것이다.

신라에서 가장 우수한 장인집단을 보유하고 있었을 왕경 경주에서 월성이 통

사진 19. 명활성 북벽 외벽 및 기단보축상태(계림문화재연구원, 2014 검토회의 자료집 p.25 전재)

사진 20. 명활성 북벽 내탁부 상태(계림문화재연구원, 2013 약보고서 p.13 전재)

일신라에 이르기까지 토석혼축성으로 지속되었고, 왜구 침입 시 보장처인 명활성도 토성에서 석성으로 개축되는 것이 551년에 이르러서야 이루어지고 있으며 북문지 부근에서 조사[78]가 이루어진 내탁기법의 체성은 내탁부가 정교하게 구축되지 못한 상태이며, 외벽의 할석으로 축조한 면석 사이의 틈새는 쐐기돌로 메운 상태로 확인되고 있어 한성기 백제 석축산성과 비교되고 있다. 또한, 고려 개경이나 발해도성도 토축으로 이루어졌으며, 조선시대 태조대의 한양도성도 전 구간의 75%가 토축으로 이루어졌었다는 것을 상기할 필요가 있다. 조선 초에 이르기까지 석성 축조기술이 발달하지 못하여 토축으로 구축했다는 설은 성립될 수 없기 때문이다.

또한, "한성기 후반에는 교통로상의 주요 루트를 따라 북동쪽으로 포천 고모리산성과 반월산성, 북서쪽으로 파주 오두산성과 월롱산성, 남동쪽으로는 이천

78) 계림문화재연구원, 2013, 『경주 명활성 정비복원사업부지내 북문지문화재발굴조사 약보고서』
, 2014, 『경주 명활성 정비복원사업부지내 북문지 동서확장부지 발굴조사 검토회의 자료집』

설봉산성과 설성산성, 충주 장미산성 등이 축조되었다. 이 산성들의 석축성벽에 대해서는 한성백제 축조설과 6세기 후반 신라 축조설이 대립하고 있지만, 성내에서 백제토기가 출토되어 백제 한성기부터 방어시설이 있었음은 분명하다. 또, 그 백제토기가 지역 양식이 아니라 삼족기, 고배, 직구단경호 등 중앙에서 유행하는 것이어서 이 산성들이 백제 중앙세력에 의해 축조되었고, 중앙에서 파견된 사람들이 거주하고 있었던 것으로 판단되고 있다.[79)]"고 하여, 논란을 불식시키고 있어 참고가 된다.

V. 맺음말

이성산성 초축시기의 축성기법은 암반까지 굴착하고 지대석 없이 기단석 위에 장방형 및 방형의 면석을 '品'자 형태로 바른층쌓기로 축조한 것으로, 한성백제시기에 축성한 것으로 밝혀진 양천고성, 설봉산성, 설성산성, 반월산성, 장미산성 등과 유사한 축성기법을 보여주고 있다. 특히, 양천고성 남벽의 경우 이성산성 남벽 2차성벽과 같이 초축성벽 상부에 지대석을 시설한 것이 확인되고 있어 시기를 달리하여 축성주체가 다른 국가에 의해 축성하였음이 밝혀져 주목되고 있다.

이성산성 동문지는 설성산성 서문지와 같이 다락문에 내옹성을 시설하였으며, 통일기에 성문 너비를 2m 정도 좁혀서 사용하였다. 동문지 외연에는 등성시설을 구축하였는데 이 등성시설로 인하여 문지 바닥면 하부에 시설한 배수로의 출수구가 폐쇄되었다는 것은 초축시기와 분명한 시기차이가 있다는 것을 나타내 주는 것으로, 같은 使用時期에는 있을 수 없는 增築 내지는 改築하였음이 분명한 것이다. 동문지 북쪽 측벽이 성안으로 회절하는 끝부분에서 승문(繩文) 와편 105점이 출토되었으며, 이 승문 와편 중에는 5.5cm 간격의 모골흔이 있는 와편도 관찰되고 있어 1차 동문지는 백제에 의하여 축조되었음이 분명하다고 하겠다.

---

79) 한국고고학회, 2010, 『한국고고학강의』 개정신판, pp.272~274

이성산성 남벽에서의 2차 및 3차성벽과 동벽에서의 2차성벽은 대형의 지대석으로 하중을 받게 하고 그 상부에 전면부를 둥글게 다듬은 화강암제 사각추형의 석재를 들여쌓기로 축조하였다. 초축성벽과는 다르게 화강암제 석재를 반입하여 축성하였다는 것은 초축성벽과는 사용주체가 다른 집단에 의하여 축조되었다는 것을 반증하는 것으로 이 성벽은 고구려에 의하여 축조되었을 것으로 판단된다.

이성산성 남벽 내 1차 저수지와 C지구 저수지는 초축시기에 시설한 것으로 토층 층위상으로 가장 하부 문화층에서 한성백제시기 토기편이 출토되고 그 상부로 올라가면서 고구려 유물과 신라·통일신라 토기들이 출토하고 있어 이성산성 사용시기를 명확하게 하고 있다고 하겠다.

특히, C지구 저수지 제4문화층에서 출토한 직구단경호는 풍납토성 및 몽촌토성에서 수습된 고급 기종으로 한성백제시기 중앙과 밀접한 관련이 있는 토기로 백제의 초축시기를 더욱 뒷받침 하는 것이라 하겠다.

한편, C지구 저수지의 제5문화층에서 출토된 '辛卯'명 목간의 묵서내용은 고구려 廣開土王代에 작성되어 백제에 보내진 것으로, 광개토왕이 보낸 목간이 이성산성에서 발견되었다는 것은 이성산성이 당시 백제의 도성인 漢山이라는 것을 파악할 수 있을 뿐만 아니라 이성산성이 백제에 의하여 축조되었으며, 그 축성시기는 늦어도 400년 이전이라는 것을 파악할 수 있는 매우 중요한 자료라고 하겠다.

〈참고문헌〉

『三國史記』

丁若鏞 『與猶堂全書』疆域考卷3 慰禮考

王健群 1984 『好太王碑硏究』

夢村土城發掘調查團
1985 『夢村土城發掘調查報告』

金元龍·任孝宰·林永珍
1987 『夢村土城 東北地區發掘調查報告』, 서울大學校博物館

金元龍·任孝宰·朴淳發
1988 『夢村土城 東南地區發掘調查報告』, 서울大學校博物館

金元龍·任孝宰·朴淳發·崔鍾澤
1989 『夢村土城 西南地區發掘調查報告』, 서울大學校博物館

金秉模·沈光注
1987 『二聖山城 發掘調查中間報告書』, 漢陽大學校博物館

김병모·김아관
1998 『二聖山城 5次發掘調查報告書』, 漢陽大學校博物館

漢陽大學校博物館
1999 『二聖山城 6次發掘調查報告書』

金秉模·尹善暎
2000a 『二聖山城 7次 發掘調查報告書』, 漢陽大學校博物館

金秉模·裵基同·兪泰勇·方玟奎·曺瑢瑄
2000b 『二聖山城 第8次 發掘調查報告書』, 漢陽大學校博物館

裵基同·尹善暎·金允兒
2002 『二聖山城 9次發掘調查報告書』, 漢陽大學校博物館

裵基同·安信元·金允兒
2003 『二聖山城 10次發掘調查報告書』, 漢陽大學校博物館

裵基同·安信元·尹明俊·趙成祐·柳在勳·車敏浩
2006 『二聖山城 11次發掘調查報告書』, 漢陽大學校博物館

박경식·서영일·방유리·김호준
2002 『이천 설성산성 1차 발굴조사보고서』, 단국대학교 매장문화재연구소

박경식외
2004 『이천 설성산성 2,3차 발굴조사 보고서(본문)』, 단국대학교 매장문화재연구소

심정보 2004 『백제산성의 이해』, 도서출판 주류성 : 2009, 『백제산성의 이해』개정증보판, 주류성

이도학 2006 『고구려 광개토왕릉 비문연구』, 서경
한국고고학회
2010 『한국고고학강의』 개정신판
국립문화재연구소
2011 『한성지역 백제토기 분류표준화 방안연구』
한얼문화재연구원
2013 「서울 강서구 양천고성지 남벽구간 내 유적 발굴(시굴)조사 약식보고서」
계림문화재연구원
2013 『경주 명활성 정비복원사업부지내 북문지문화재발굴조사 약보고서』
李丙燾 1981 「慰禮考」·「近肖古王拓境考」, 『韓國古代史硏究』
車勇杰 1981 「慰禮城과 漢城에 대하여(Ⅰ)」『鄕土서울』39, 서울특별시사편찬위원회
尹武炳 1984 「漢江流域에 있어서의 百濟文化硏究」, 『百濟硏究』15, 忠南大學校 百濟硏究所
車勇杰 1984 「忠州山城의 樣式과 編年」『忠州山城綜合地表調査報告書』
成周鐸 1984 「漢江流域 百濟初期 城址硏究」『百濟硏究』14, 忠南大學校百濟硏究所
1985 「都城」『韓國史論』15, 國史編纂委員會,
崔夢龍·權五榮
1985 「考古學的 資料를 通해본 百濟初期의 領域考察」『千寬宇先生還曆紀念 韓國史學論叢』
李盛周 1988 「三國時代 前期 土器의 分析」『韓國上古史學報』1, 韓國上古史學會
朴淳發 1989 「漢江流域 百濟土器의 變遷과 夢村土城의 性格에 대한 一考察」, 서울大學校 碩士學位論文
成正鏞 1993 「한성백제기 중서부지역 백제토기의 양상과 그 성격」, 서울대학교 석사학위논문
林永珍 1996 「百濟初期 漢城時代 土器硏究」『湖南考古學報』4, 湖南考古學會
徐日範 1999 「北漢地域 高句麗山城 硏究」, 檀國大學校 博士學位論文
金成南 2000 「百濟 漢城樣式土器의 形成과 變遷에 대하여」『고고학』3-1, 서울경기고고학회
沈正輔 2001 「百濟 石築山城의 築造技法과 性格에 대하여」, 『韓國上古史學報』 第35號, 韓國上古史學會
심광주 2004 「漢城時期의 百濟山城」『한성기 백제고고학의 제문제(Ⅰ)-연대문제를 중심으로-』, 제2회 서울경기고고학회 학술대회
韓志仙 2005 「百濟土器 成立期의 樣相에 대한 再檢討」『百濟硏究』41, 忠南大學校 百濟硏究所

안신원 2006 「이성산성 발굴사」『이성산성발굴20주년기념특별전』

심광주 2006 「三國時代 城郭과 二聖山城」『이성산성발굴20주년기념특별전』

심정보 2010 「新羅山城의 築造技法과 性格」『韓國 城郭研究의 새로운 觀點』

鄭元喆 2010 「高句麗山城研究」, 吉林大學 博士學位論文

崔夢龍 2011 「二聖山城과 百濟 -고고학과 문헌으로 본 한성시대 백제」『'이성산성'에 대한 학술대회』, 하남문화원 제3회 학술대회 발표문, 하남문화원

심정보 2011 「이성산성 축조기법에 대한 고찰」『'이성산성'에 대한 학술대회』, 하남문화원 제3회 학술대회 발표문, 하남문화원

Study of the Initial Construction Period of Iseongsan-seong in Hanam

Sim, Jeong-Bo (Hanbat National University)

Research on the Korean fortress Iseongsan-seong was conducted by menas of excavation eleven times, over the course of about 20 years. The eighth report on excavation says that the second and third walls in the south of the fortress were constructed with techniques that were used in the kingdom of Goguryeo. Moreover, earthenware goods and wooden notepads from Guguryeo were discovered there. This means that these walls were constructed after Goguryeo occupied the region. The construction techniques used for the fortress were compared to each other and among the discovered objects were earthenware pieces from Baekje that were produced when Hanseong was its capital. Thus, according to the excavation research on Iseongsan-seong, these earthenware pieces would belong to the early period of the Three Kingdoms and the fortress may have been constructed for the first time by Baekje. However, the report on the special exhibition celebrating the 20th anniversary of the excavation research on Iseongsan-seong published by the institution in charge of the excavation research unexpectedly argues that the period of initial construction was that of Unified Silla, causing confusion.

During the initial construction period, the land was first excavated up to the bedrock. After that, rectangular or square surface stones were piled up on stylobates without foundation stones so that the pattern looked like '品' (coursed masonry). Similar techniques were used for Seolbongsan-seong, Seolseongsan-seong, Banwolsan-seong and Jangmisan-seong which were constructed during the Hanseong-Baekje period. On the east gate site, an inner outwork was added to the attic gate just like on the west gate site of Seolseongsan-seong. During the period of Unified Silla, the width of the fortress gate was shortened by about two meters. In addition, a fortress climbing facility was constructed to help people go in and out of the fortress easily. All of these features are very similar to those of the fortresses that were constructed during the Hanseong-Baekje period. The drain installed beneath the ground surface of the gate site is blocked by the fortress climbing facility. This indicates that there is a clear time gap between the initial construction of the fortress and that of the facility. In other words, extension work or reconstruction was carried out and such work cannot be done at the time of initial construction.

The Research on How to Standardize the Classification of Baekje's Earthenware Found in Hanseong that was published by National Research Institute of Cultural Heritage in 2011 greatly contributes to understanding the development of earthenware from the Hanseong-Baekje period. The research says that the earthenware from the earlier period of the Three Kingdoms collected from each layer of the soil stratum and described in the eighth report is clearly that of the Hanseong-Baekje period. Furthermore, it is clear that the wooden notepads that were found under the layer containing the objects of Unified Silla were produced in Goguryeo. In particular, one of the notepads has a text starting with the Chinese characters "辛卯年", meaning the Year of the Rabbit. This text is similar to the records of the Year of the Rabbit (391) (辛卯年(391)條 記事), the part of the epitaph of King Gwanggaeto that drew attention from the greatest number of scholars. Thus, this notepad that was found in Iseongsan-seong is valuable not just because it could complement the king's epitaph but also because it clearly indicates that the fortress was constructed before 400 by Baekje.

Considering this, Iseongsan-seong was first constructed and used by Baekje and after the region was occupied by Goguryeo, the fortress was reconstructed and used by it. Later on, it was managed by Silla after it unified the country. Therefore, the fortress reflects this history of different kingdoms.

[Keywords] construction technique, initial construction period, foundation stone, attic gate, inner outwork, outer wall, wooden notepad, the epitaph of King Gwanggaeto

오산 내삼미동 유적의 백제시대 주거지와 수혈유구 검토

강 아리 (서해문화재연구원 실장)

I. 調査概要

오산 내삼미동 유적은 경기도 오산시 내삼미동 275-4번지 일대에 위치한다. 2012년 2월 6일에 문화재 지표조사가 실시되었고, 2013년 5월 1일~15일 시굴조사가 진행되었으며, 시굴조사에서 유적의 존재가 확인된 3개의 지점을 중심으로 2013년 5월 31일~7월 12일까지 발굴조사가 실시되었다.

발굴조사는 편의상 지형 조건에 따라 가구역, 나-1구역, 나-2구역 등 3개의 구역으로 나누어 실시되었다. 발굴조사 결과, 가구역에서는 조선시대 건물지 3기가 조사되었고, 나구역에서는 백제시대 주거지 7기, 석곽묘 1기, 수혈유구 11기, 조선시대 토광묘 7기 등이 확인되었다. 본고에서는 오산 내삼미동 유적의 백제시대 유구를 중심으로 검토하고자 한다.

II. 住居址의 構造와 性格

1. 주거지의 구조

〈사진 1〉 오산 내삼미동 유적 원경

〈사진 2〉 나구역 전경

오산 내삼미동 유적의 백제시대 주거지는 나구역에서 남북으로 길게 늘어진 능선을 따라 모두 7기가 조사되었다. 나구역은 지표조사에서 유적분포예상지로 조사되었던 조사구역의 구릉 정상부에 해당하며, 해발고도 70~75m의 비교적 완만한 구릉성 산지를 이루고 있다. 주거지에서는 회백색 연질토기, 경질무문토기, 타날문토기, 철부편 등의 유물이 출토되었다.

1) 1호 주거지

1호 주거지는 조사지역 북쪽의 해발고도 76m에서 확인되었다. 1호 주거지의 동쪽 벽면은 유실되었으나 잔존상태로 보아 평면형태는 장방형으로 추정된다. 풍화암반층을 수직에 가깝게 굴착하고 주거지를 조성한 것으로 판단되나 토층의 삭토가 매우 심하여 바닥면만 겨우 잔존한 상태여서 유구의 정확한 조성과정은 알 수 없다.

1호 주거지의 규모는 남북 장축 길이가 698cm이고, 단축 폭은 183cm이며, 잔존 깊이는 15cm 내외이다. 주거지 내부시설은 4주식 주공, 보조 주공, 수혈식 노지 등이 노출되었다. 4주식 형태의 주공은 직경 20~30cm에 해당하며, 깊이는 10~40cm에 이른다. 수혈식 노지는 중앙에서 약간 북쪽으로 치우친 지점에서 조사되었는데, 평면형태는 원형이며, 직경은 70~85cm이고, 깊이는 5~10cm이다. 바닥에서 소결흔과 목탄흔이 확인된다. 보조 주공은 주거지 남벽과 서북벽 근처에서 모두 5기가 확인되고 있는데, 크기는 직경이 30~45cm이고 깊이는 45~60cm이다. 유물로는 토기 저부편이 바닥면에서 수습되었다.

2) 2호 주거지

2호 주거지는 조사지역 북쪽의 해발고도 76m 지점에서 1호 주거지와 중첩되어 노출되었는데, 1호 주거지의 동벽 일부를 파괴하면서 2호 주거지가 조성되었다. 따라서 2호 주거지는 1호 주거지보다 나중에 조성된 것으로 보인다. 2호 주거지는 풍화암반층을 안쪽으로 약간 경사지게 굴착하고 바닥을 평탄하게 조성한 것으로 보인다. 그러나 2호 주거지는 1호 주거지와 마찬가지로 토층의 삭토가 매우 심하여 바닥면만 겨우 잔존하고 있다.

2호 주거지의 평면형태는 동북벽이 완전히 유실되어 정확한 형태는 알 수 없으나 잔존 형태로 보아 서북-동남 방향의 장방형으로 추정된다. 2호 주거지 규모는 장축 길이가 400cm이고, 단축 폭은 102cm이며, 잔존 깊이는 14cm 내외이다. 주거지 내부에서 주공이나 저장공 같은 특정한 시설은 확인되지 않으나 주거지 중앙에서 남쪽 모서리 방향으로 바닥에 일부 불에 탄 흔적이 나타나 있다. 바닥면에서 연질토기 동체부편 1점이 수습되었다.

3) 3호 주거지

3호 주거지는 조사지역 북쪽의 해발고도 75m에서 확인되었다. 3호 주거지는 1호 주거지에서 남쪽으로 약 160cm 떨어진 지점에서 서북-동남 방향으로 노출되었다. 유구는 풍화암반층을 거의 수직에 가깝게 굴착하고 바닥을 평탄하게 조성하였다. 3호 주거지는 대체로 토층의 삭토가 매우 심하여 바닥면만 겨우 잔존하고 있으며, 해발고도가 낮은 서남쪽 벽면은 완전히 유실되었다.

3호 주거지의 평면형태는 서남벽이 유실되어 정확한 형태는 알 수 없으나 서북-동남 방향의 장방형으로 추정된다. 주거지의 바닥면은 암반층을 평탄하게 조성하고 그대로 사용한 것으로 보이나 북쪽 벽면 근처의 바닥은 약간 경화되어 있다. 주거지 규모는 장축 길이가 487cm이고, 단축 폭은 106cm이며, 잔존 깊이는 18cm 내외이다. 주거지 내부시설은 동쪽 모서리 부분에서 직경 35cm이고, 깊이가 15cm되는 주공 1기만 확인되었고, 동남쪽 벽면 근처에서 직경 12cm이고, 깊이 15cm 되는 수혈유구 1기가 노출되었다. 3호 주거지에서 출토된 유물은 없다.

4) 4호 주거지

4호 주거지는 조사지역 북쪽의 해발고도 70m에서 확인되었다. 4호 주거지의 동남쪽 벽면은 완전히 유실되었으나 잔존상태로 보아 평면형태는 등고선과 평행한 동북-서남 방향의 장방형으로 추정된다. 유구는 풍화암반층을 약간 안쪽으로 경사지게 굴착하고 주거지 바닥면을 조성한 것으로 보인다. 그러나 주변 토층의 삭토가 매우 심하여 정확한 유구의 조성과정은 알 수 없다. 4호 주거지의 규모는 장축 길이가 453cm이고, 단축 폭은 169cm이며, 깊이는 5cm 내외이다.

깊이가 낮은 것은 주변 토층 대부분이 삭평되었기 때문이다. 유구의 내부시설로는 주공과 저장공 그리고 수혈식 노지가 확인된다. 주공은 북쪽 단벽에서 주공1이 노출되었고, 서북쪽 장벽에서 주공2가 조사되었다. 주공1의 크기는 직경이 5.2cm이고, 깊이는 20cm이며, 주공2는 직경이 58cm이고, 깊이는 12cm이다. 저장공은 서북쪽 장벽과 동남쪽 단벽에 걸쳐 각각 1기씩 2기가 조사되었다. 서북쪽 벽면에 위치한 저장공1의 크기는 직경이 56cm이고, 깊이는 12cm이며, 저장공2는 직경이 64cm이고, 깊이는 12cm이다. 노지는 풍화암반층을 원형으로 굴착하고 조성된 것으로 크기는 직경이 64cm이고, 깊이는 10~12cm로 낮은 편이다. 바닥면은 풍화암반층을 그대로 평탄조성하고 사용하였으며, 바닥면에 소결흔과 목탄흔이 일부 관찰되었다. 4호 주거지에서 출토된 유물은 없다.

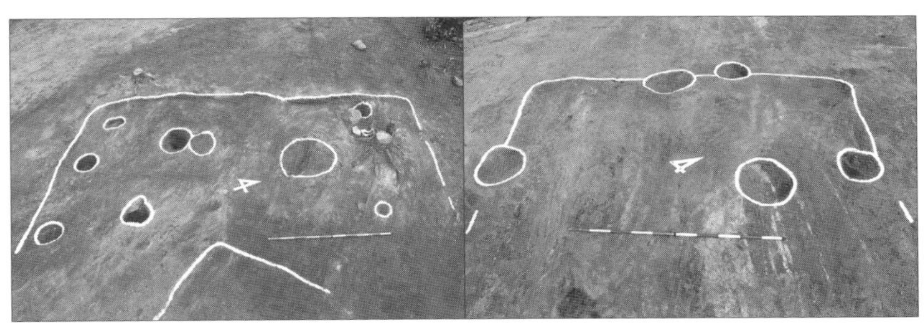

1호 주거지(동→서) 4호 주거지(동남→서북)

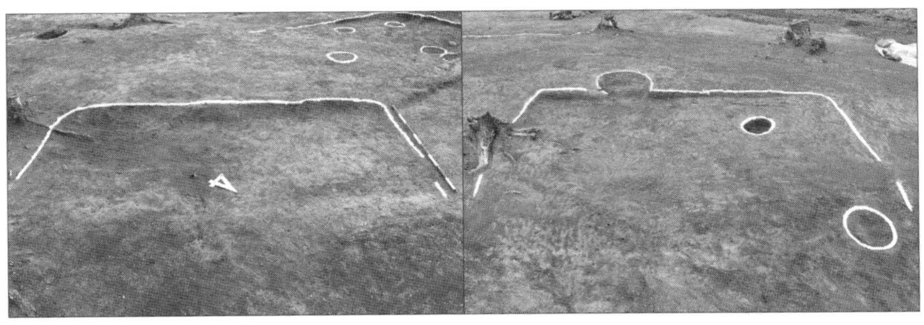

2호 주거지(동북→서남) 3호 주거지(서남→동북)

〈사진 3〉 오산 내삼미동 유적 백제 주거지(1호~4호)

5) 5호 주거지

5호 주거지는 나-2구역 북동쪽의 해발고도 72m에서 조사되었다. 5호 주거지는 풍화암반층을 굴착하고 조성하였으며, 상부면의 교란과 삭토가 심하나 네 벽면과 바닥면을 고려하면 평면형태는 대략 방형으로 판단된다. 주거지의 규모는 동북-서남의 길이가 606cm이고, 서북-동남 길이는 602cm이며, 깊이는 36cm 내외이다. 내부시설로는 벽면을 따라 조성된 주공과 서북벽의 벽면을 따라 조성된 온돌시설이 있고, 동벽 중앙에 출입시설이 확인된다. 화재로 인해 전소된 것으로 보인다.

주공은 네 벽면을 따라 15개의 벽체 주공과 3개의 보조 주공이 조사되었다. 벽체 주공 사이의 간격은 85~100cm이고, 벽체 주공의 직경은 45~55cm이며, 깊이는 30~50cm내외이다. 중심 주공 사이의 간격은 275cm이고, 중심 주공의 직경은 48~55cm이며, 깊이는 25~53cm내외이다.

온돌시설은 서북쪽 벽면을 따라 북쪽으로 길게 외줄온돌 구조로 조성되어 있으며, 남쪽의 아궁이 바닥면에서는 목탄과 소결 흔적이 남아있었다. 고래둑은 우측은 점토를 이용하여 폭 38cm, 높이 25~35cm로 쌓고 그 위에 17cm 내외 두께의 넓적한 판석을 길이 방향으로 올려놓았으며, 좌측 고래둑은 풍화암반층 벽면의 안쪽에 점토를 수직으로 덧바르고 역시 그 위에 길이 방향으로 16cm 두

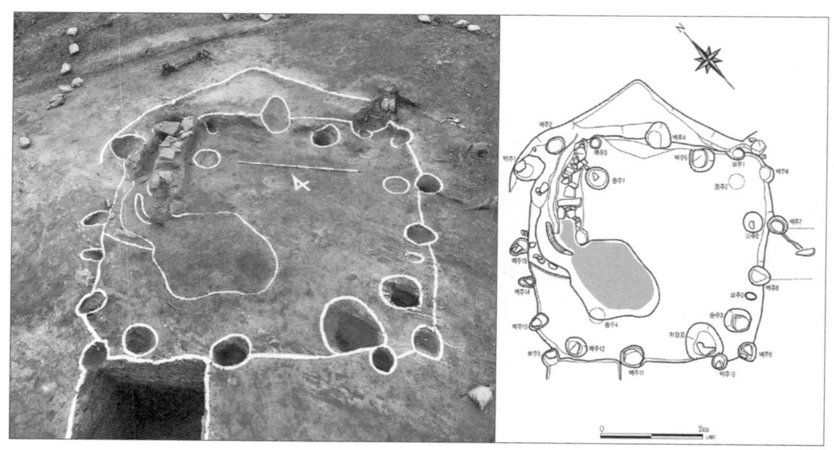

〈사진 4〉 오산 내삼미동 유적 백제 주거지(5호 주거지)

께의 판석을 얹어 고래둑을 조성하였다. 그리고 양쪽 고래둑 위에 대략 25×31×18cm 크기의 판석을 덮개석 또는 구들장용으로 걸쳐 올려놓았다. 온돌구조의 전체 규모는 장축 길이는 460cm이고, 온돌구조 폭은 100cm이다. 고래 폭은 20~23cm이고, 고래 높이는 북쪽으로 올라가면서 25~37cm로 높아진다.

출입시설은 동남쪽으로 추정되고 있다. 즉, 이곳에서 조사된 벽주7과 벽주8은 벽면과 겹치거나 외곽에서 조사되었고, 이들 주공 사이에는 벽면에 해당하는 수직 굴착면이 없이 자연스럽게 내부로 이어지고 있어 출입부로 추정된다. 그러나 이외에 출입부로 추정할 수 있는 뚜렷한 특징은 확인되지 않았다.

6) 6호 주거지

6호 주거지는 5호 주거지에서 서남쪽으로 약 192cm 떨어진 곳에서 조사되었으며, 해발고도 72m에 위치한다. 6호 주거지는 2호 토광묘를 조성하는 과정에서 동남벽 일부가 유실되었다. 6호 주거지는 풍화암반층을 수직으로 굴착하고 조성하였으나 상부면의 삭토가 매우 심하여 서남쪽 단벽을 제외한 나머지 세 벽면은 거의 남아있지 않고 바닥면만 일부 잔존한다.

6호 주거지의 평면형태는 동북-서남 방향의 장방형이다. 주거지의 규모는 동북-서남의 장축 길이가 579cm이고, 서북-동남 단축 폭은 436cm이며, 깊이는 18cm 내외로 매우 얕은 편이다. 내부시설로는 벽면을 따라 조성된 주공이 있고,

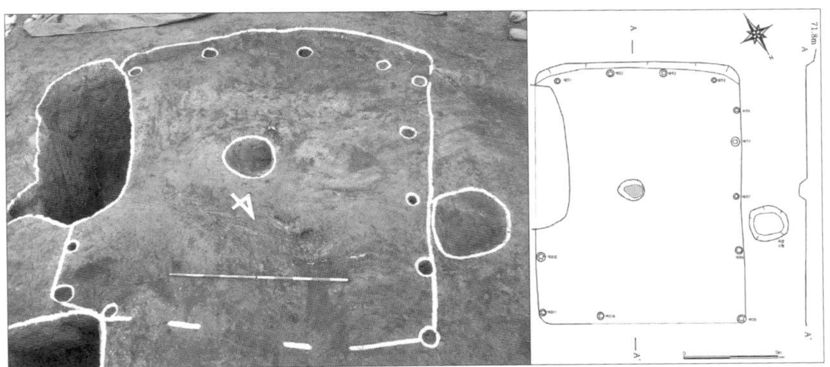

〈사진 5〉 오산 내삼미동 유적 백제 주거지(6호 주거지)

유구 중앙에서 수혈식 노지가 노출되었다. 그리고 서북벽 외곽에서 원형수혈이 조사되었는데, 바닥면에 소결흔과 목탄 흔적이 일부 검출되었다.

주공은 삭토가 심한 동북쪽 벽면을 제외하면, 세 벽면에 걸쳐 100~120cm 간격으로 노출되었다. 주공의 크기는 직경이 17cm내외이며, 깊이는 5~15cm이다. 노지는 주거지의 중앙부에서 조사되었는데, 평면형태는 원형이며, 크기는 직경이 65cm이고, 깊이는 15cm내외이다. 내부 바닥에는 결흔과 목탄 흔적이 남아있다. 원형수혈은 서북벽의 북쪽에 인접하여 노출되었는데, 풍화암반층을 둥글게 굴착하고 조성하였다. 수혈유구의 크기는 직경이 173cm이고, 깊이는 13~18cm내외이다. 출입시설은 확인되지 않았다.

7) 7호 주거지

7호 주거지는 나-2구역 서남쪽의 해발고도 67m 지점에 위치하고 있으며, 풍화암반층을 수직으로 굴착하고 조성되었다. 서남쪽 벽과 바닥은 유실되었으나 평면형태는 동남쪽에 돌출된 출입구가 있는 '凸'자형이다. 주거지의 규모는 서북-동남의 장축 길이가 670cm이고, 동북-서남의 단축 폭은 420cm이며, 깊이는 50cm 내외이다. 내부시설로는 벽면을 따라 조성된 주공과 서북쪽 벽면에 조성된 온돌시설이 있고, 동남벽 중앙에 출입시설이 돌출되어 있다.

주공은 바닥과 벽면이 유실된 서남쪽 부분을 제외한 나머지 세 벽면의 가장자리에는 130~160cm 간격을 두고 벽체 주공이 배치되어 있으며, 동남쪽 벽면에는 벽체 주공 사이에 보조 주공이 조사되었다. 벽체 주공의 직경은 40~51cm이며, 깊이는 25~55cm내외이다. 보조 주공의 직경은 20~25cm이며, 깊이는 10~18cm 내외이다. 그리고 내부에서도 4주식 배치 형태로 중심 주공 4개가 노출되었다. 중심 주공 사이의 간격은 220~450cm이고, 중심 주공의 길이는 27~35cm이다.

온돌시설은 서북쪽 벽면 남쪽에서 해발고도가 높은 북쪽으로 벽면을 따라 2줄 온돌구조로 조성되어 있으며, 남쪽의 아궁이 시설은 거의 유실되었고 바닥에서 목탄과 소결 흔적이 일부 잔존한다. 고래둑의 조성방법을 보면, 아궁이의 우측 고래둑은 점토를 이용하여 폭 50cm, 높이 23cm로 쌓고 그 위에 18~20cm 두께의 넓적한 판석을 길이 방향으로 올려놓았으며, 좌측 고래둑은 풍화암반층 벽면을 수직으로 굴착한 후 그 안쪽에 높이 20cm로 점토를 벽면에 덧붙여 조성하였으며, 중앙에 있는 고래둑은 폭 19cm, 높이 22cm로 점토를 쌓아 조성하였고, 북쪽 2줄 고래가 합쳐지는 지점에서 고래둑 폭이 좁은 부분을 보정하기 위해 낮은 점토 고래둑 위에 기다란 할석을 고래둑 방향으로 배치하였다. 2줄 고래의 폭은 80~85cm이고, 높이는 20~25cm이다. 그리고 양쪽 고래둑 위에 대략 35×20×17cm, 27×23×15cm, 33×27×18cm 크기의 판석을 덮개석 또는 구들장용으로 걸쳐 올려놓았다. 고래의 바닥에는 토기 잔편들이 깔려있으나 2줄의 고래가 합쳐지면서 북쪽 배연부로 이어지는 부분에서 고래의 높이가 높아지고 바닥에 작고 얇은 판석편이 배연부 입구까지 깔려있다. 배연부 아래에는 직경 22cm, 깊이 17cm 크기의 타원형 수혈이 조사되었는데, 노출 위치로 보아 굴뚝개자리로 판단된다. 온돌시설의 전체 규모는 장축 길이가 320cm이다.

출입시설은 동남쪽 단벽에서 외부로 돌출된 '凸'자 형태로 조사되었는데, 출입구 바닥은 내부 실내 바닥면보다 약간 높은 편이다. 출입시설의 구조는 벽체 주공과 출입구의 돌출된 양 끝단에 배치된 출입 주공을 고려하면 4주식 형태이다. 입구 주공 간의 좌우 폭은 200cm이고, 벽체 주공과의 출입 주공과의 거리는 165cm 이다. 출입 주공의 직경은 90~35cm이고, 깊이는 12~18cm내외이다. 출입구 바닥면에는 화재로 인해 단단하게 소결되어 있으며 목탄흔적이 남아 있었다.

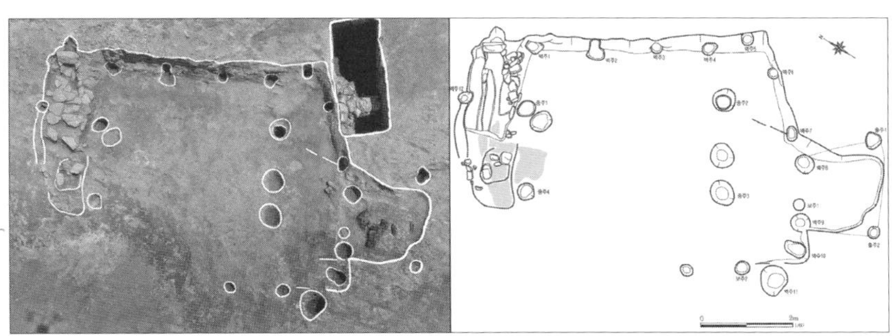

〈사진 6〉 오산 내삼미동 유적 백제 주거지(7호 주거지)

2. 주거지의 성격

백제시대 주거지는 조사구역 중앙에서 남북 방향으로 형성된 구릉 정상부에서 모두 7기가 조사되었다. 조사구역에서 확인된 전반적인 취락의 규모는 소규모로 파악되지만, 주변 유적의 조사결과 및 향후 결과에서 취락의 규모는 밝혀질 수 있을 것으로 생각된다.

오산 내삼미동은 지리적으로 필봉산(145m)이 동북지역을 감싸고 있으며, 8개의 봉우리와 가지능선이 발달하고 있어 취락 입지에 있어 좋은 조건을 가지고 있다. 오산 내삼미동 유적에서는 필봉산의 가지능선 중 하나로 해발 65~75m에 해당하는 구릉 정상부에서 소규모의 백제시대 취락이 조사되었다. 또한 수혈유구는 주거지 주변에서 확인되고 있으며, 이들 수혈유구는 상단의 입구부에서 하단의 바닥으로 내려가면서 폭이 약간 좁아지는 단면 'ㅂ'자 형태로 확인된다. 따라서 오산 내삼미동 유적에서 조사된 백제시대 주거지와 수혈유구는 백제시대 소규모 취락 구성에 대한 중요한 고고학적 자료를 제공해준다.

오산 내삼미동 유적의 백제시대 주거지는 해발 65~75m의 구릉 정상부를 기준으로 북쪽 구릉과 남쪽 구릉 정상부 사면에서 조사되었다. 북쪽 구릉은 나-1구역으로 원래 지형이 크게 삭평되어 주거지의 평면형태와 바닥면 일부만 확인되고 있다. 따라서 조사구역에서 발굴된 주거지의 특징을 분석하는데 많은 어려움이 있다. 하지만 남쪽 구릉 일대에서 확인된 5호 주거지와 7호 주거지는 화재로 인해 전소되었기 때문에 비교적 정확한 규모와 구조를 파악할 수 있다.

오산 내삼미동 유적에서 조사된 주거지는 총 7기이다. 나-1구역에서 장방형 주거지 4기가 조사되었고, 나-2구역에서 장방형 주거지 1기와 凸자형 주거지 2기가 확인되었다. 장방형 평면형태를 가진 주거지는 1호~4호, 6호 주거지이며, 평면형태가 凸자형으로 분류되는 주거지는 5호와 7호 주거지이다. 나-1구역에서 조사된 장방형 주거지는 토층의 심한 삭토로 인하여 바닥면의 윤곽만 확인되는 경우가 대부분이어서 정확한 구조나 성격을 알 수 없지만, 1호 주거지는 잔존상태로 볼 때 4주식 주공을 가진 주거지로 판단된다. 凸자형 주거지는 나-2구역에서 조사된 5호와 7호 주거지인데, 이들 주거지는 평면형태가 거의 방형에 가까우며, 동쪽 벽면에서 외부로 돌출된 형태의 출입구로 추정되는 양상이 나타나고 있다. 이들 주거지 중 7호 주거지는 凸자형 주거지 형태에 내부 주공이 4주식이어서 주목된다. 주거지의 내부시설은 중심 주공과 보조 주공, 저장공, 온돌시설, 수혈식 노지, 출입시설 등이 조사되었다.

〈표 1〉 백제 주거지 속성표

유구명(호)		평면형태	규모(cm) 장축 단축 깊이	내부시설	출토유물	비고
나-1 구역	1호	장방형	698×183×15	4주식 주공, 수혈노지, 저장공	경질무문 평저토기편	반파
	2호	장방형	400×102×14	-	연질토기편	반파
	3호	장방형	487×106×18	주공	-	반파
	4호	장방형	453×169×5	주공, 수혈노지, 저장공	-	반파
나-2 구역	5호	凸자형	602×606×36	중심 주공, 부뚜막, 저장공, 추정 출입시설	회청색 타날문 토기 구연 및 저부편	-
	6호	장방형	579×436×18	주공, 수혈노지	회청색 타날문 토기 구연 및 동체부편	-
	7호	凸자형	670×420×50	중심 주공(보조공), 부뚜막, 출입시설	회청색타날문토기 철부편, 경질무문토기 파수부편	-

주거지의 주공은 벽면 주공과 내부 주공으로 나누어 볼 수 있다. 5호 주거지는 벽면의 가장자리를 따라서 일정한 간격으로 노출되는 중심 주공과 중심 주공 사이에 규모나 깊이에 있어 차이가 있는 보조 주공으로 나누어진다. 7호 주거지에서는 벽면 가장자리를 따라서 중심 주공이 일정한 간격으로 조사되고 있으나 동쪽 출입구와 그 남쪽 벽면 가장자리에서는 중심 주공 사이에 보조 주공이 노출되고 있다. 그리고 6호 주거지는 평면형태가 동북-서남 방향의 장방형인데, 가장자리 벽면을 따라서 직경이 17cm에 해당하는 소형 주공들이 100~120cm 간격으로 배치되어 있다. 비록 토층의 삭토가 심하기는 하지만 1호 주거지의 서남쪽 단벽의 안쪽에서도 60~100cm 간격으로 깊이가 낮은 주공이 확인되기도 한다.

내부 주공으로는 1호 장방형 주거지의 서쪽 단벽의 안쪽 좌우측과 동북쪽 벽면 안쪽에서 2개의 주공이 확인되었고, 3호 주거지에서는 동쪽 벽면 안쪽에서 중심 주공 1기가 확인되었다. 5호 주거지에서는 가장자리 벽면에서 약간 안쪽에서 중심 주공으로 판단되는 주공이 3개가 확인되었고, 7호 주거지에서도 내부 바닥에서 5개의 주공이 노출되었는데, 이들 가운데 3개는 중심 주공으로 판단된다. 이러한 중심 주공의 배치는 경기도 남부지방과 충청·전라지방에서 발견되는 백제시대 4주식 주거지와 관련되어 있을 가능성이 있다.

온돌시설은 5호 주거지와 7호 주거지에서 조사되었다. 5호 주거지의 온돌시설은 서북쪽 벽면을 따라 북쪽으로 길게 외줄온돌 구조로 조성되어 있다. 고래둑은 우측 안쪽은 점토를 이용하여 뚝을 조성하고, 그 위에 넓적한 판석을 길이 방향으로 올려놓았으며, 좌측 고래둑은 풍화암반층 벽면 안쪽에 점토를 덧바르고, 그 위에 판석을 얹어 조성하였다. 그리고 양쪽 고래둑 위에 넓은 판석을 덮개석 또는 구들장용으로 걸쳐 올려놓았다. 7호 주거지의 온돌시설은 5호 주거지와는 달리 2줄 온돌구조로 조성되어 있으나 고래둑을 조성하는 방식은 5호 주거지와 같은 방법으로 축조하였다.

출입시설은 5호와 7호 주거지에서 확인되고 있다. 5호 주거지의 출입구는 동남쪽 벽면의 중앙지점에서 벽주7과 벽주8이 벽면과 겹치거나 외곽에서 조사되었는데, 뚜렷한 특징이 확인되지는 않았다. 그러나 이들 주공 사이에는 주거지 내부와 외부의 바닥 사이에 수직 굴착면이 없이 자연스럽게 내부로 이어지고 있어 출입부로 추정된다. 7호 주거지의 출입구는 비교적 명확한데, 동남쪽 단벽에서 외부로 돌출된 '凸'자 형태의 바닥면이 조사되었는데, 출입구 바닥은 내부 실내 바닥면보다 약간 높은 편이다. 출입시설의 구조는 내부 주공과 출입구의 돌출된 양 끝단에 배치된 주공을 고려하면 4주식 형태이며, 바닥면에는 화재로 인해 단단하게 소결되어 있으며 목탄흔적이 남아있었다. 이러한 4주식 주거지의 온돌구조와 출입시설 등은 한반도 중서부지역에서 확인되는 한성기 백제시대 3~4C에 해당하는 유적으로 편년되고 있다.[1]

주거지의 저장공은 토기가 내부에 출토되어 온전한 양상으로 확인되지는 않지만 주공 중에 규모가 현저히 큰 수혈을 저장공으로 분류하였다. 또한 5호와 7

---

1) 송만영, 2012, 「「경기남부 마한계 주거지의 변천」, 『古文化』 54~55쪽.
박강민, 2005, 「三韓時代 住居址內 부뚜막과 구들施設에 대한 硏究」, 동아대학교 석사학위논문.

호 주거지는 화재로 인해 중심 주공과 보조 주공의 단면상에 목주흔의 목탄 혼입 여부로 저장공을 판단하였다. 내삼미동 주거 유적의 경우 주거지 내부에 저장공을 설치했지만, 주거지 외부 주변으로 대형의 저장시설도 확인되고 있다. 1호 주거지에서는 내부 주공에 인접하여 저장공이 조사되었고, 4호 주거지에서는 두 벽면에 직경 56~64cm 크기의 저장공으로 추정되는 대형 원형수혈이 조사되었으며, 5호 주거지의 동남쪽 벽면 안쪽에서는 직경 72cm 크기의 저장공이 조사되었다. 주거지 내부에 있는 이들 소형 저장공 이외에도 주거지 주변에서 조사된 11기의 원형수혈들은 실외의 대형 저장소로 판단된다.

〈표 2〉 백제 주거지 평면형태(축척부동)

장방형 1식	장방형 2식	凸자형
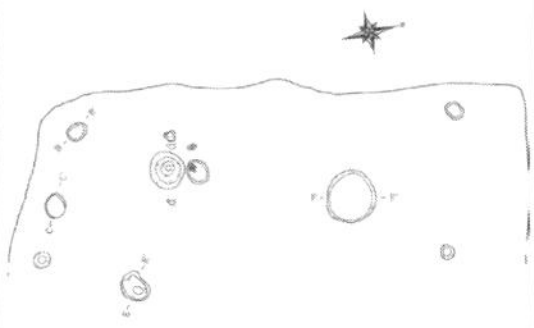	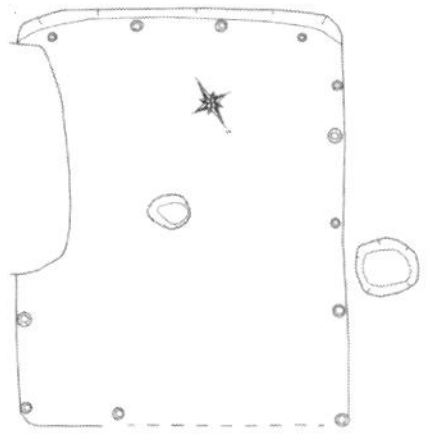	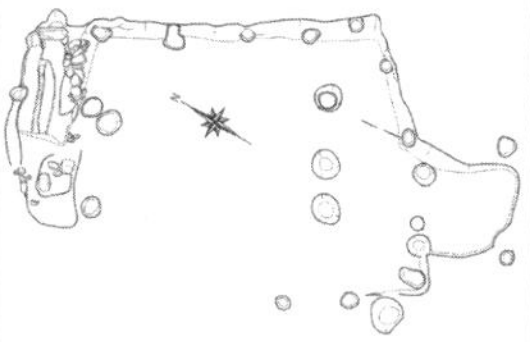
1호 주거지	6호 주거지	7호 주거지

이러한 주거지 형식은 기전문화재연구원에서 2011년에 조사한 오산 세교택지개발지구 내 2지점에서도 확인된 바 있다. 기전문화재연구원에서 발굴한 오산 내삼미동 세교택지개발지구에서는 구릉 정상부와 완만한 경사면에서 발굴한 31기의 주거지 가운데 백제시대 주거지는 장방형, 방형, 凸자형 등 모두 29기로 판단된다. 이곳에서 조사된 주거지의 구조를 보면, 주거지의 좌측 벽면에서 등고선과 직교방향으로 외줄온돌과 2줄온돌이 설치되어 있다. 그러나 8호, 18호, 25호 주거지 등에서는 4주식으로 판단되는 내부 주공을 제외하면, 거의 대부분의 주거지에서는 벽면 주공이나 4주식 형태의 내부 중심 주공은 거의 확인되지 않았다.[2)]

2) 기전문화재연구원, 2011, 『烏山內三美洞遺蹟-烏山細橋宅地開發地區內2지점 文化遺蹟發掘調

한편 한백문화재연구원에 의해 2007년 발굴조사가 이루어진 서수원-오산-평택 고속도로 구간 외삼미동 유적에서도 17기의 백제시대 주거지가 조사되었는데, 이 유적에서 조사된 주거지의 평면형태는 장방형과 방형이며, 2기의 주거지에서 온돌시설이 확인되었다. 온돌시설은 등고선상 주거지의 좌측 벽면에서 등고선과 직교 방향으로 조성되었으며, 온돌형태는 대체로 외줄온돌이다. 이들 주거지의 벽면에서는 벽체 주공들이 확인되었고, 특히 가-3호와 가-4호 주거지 내부에서는 4주식으로 판단되는 중심 주공이 조사되었다.[3)]

오산 내삼미동 275-4번지 유적의 주거지들은 구조적인 측면에서 본다면, 평면형태나 온돌시설 등의 측면에서 기전문화재연구원에서 발굴한 주거지와 같은 양상을 보이고 있다. 그러나 벽체 주공이나 중심 주공이 결여된 측면이 있다. 반면에 비록 숫자는 적지만, 주거지의 평면형태나 온돌시설 등은 물론 벽체 주공이나 내부의 중심 주공 등이 확인되고 있다는 점에서는 오히려 한백문화재연구원에서 조사한 서수원-오산-평택 고속도로 구간 외삼미동 유적에서 조사된 주거지의 구조와 형식에 가까운 양상을 나타낸다고 하겠다.

오산 내삼미동 275-4번지 유적에서 발굴된 온돌시설은 벽체의 일부를 좌측 고래둑으로 이용하고자 설계한 것이다. 오산 세교택지개발지구 내 2지점에서 처음 조사된 바 있는 이러한 형식의 주거지는 기존 백제 초기 주거지 형식에서 나타나지 않았던 것이다. 특히 내부 온돌 구조는 주거지를 조성하기 위한 기획 단계에서 풍화암반층의 벽체를 한쪽의 고래둑으로 이용하고, 반대 측면의 고래둑만 추가적으로 조성하여 설치한 것이다. 그리고 양쪽 고래둑 입구에 아궁이를 조성하는 방식인데, 이는 최근까지 조사된 한성백제시대의 주거지 구조이며, 내부에 중심 주공이 확인되는 주거지는 기존의 벽체 주공을 가진 凸자형이나 방형 주거지에 4주식 주거지의 구조가 결합되면서 보다 발전된 형식의 온돌시설이 난방이나 취사시설로 채택된 것으로 판단된다.

査報告書』, 235~357쪽.

3) 한백문화재연구원, 2011, 『서수원-오산-평택 고속도로구간 오산 외삼미동유적』, 283~284쪽.

〈표 3〉 경기 남부지역의 벽체온돌 주거지(축척부동)

내삼미동 유적(기전)	외삼미동 유적(한백)	내삼미동 275-4번지 유적

III. 竪穴遺構의 構造와 性格

1. 수혈유구의 구조

오산 내삼미동 유적에서는 총 11기의 수혈유구가 확인되었다. 이 중 백제시대 주거지 주변에서 조사된 수혈유구 가운데 비교적 규모가 크고 유물이 출토되어 저장시설로 해석될 수 있는 수혈유구는 3호, 4호, 5호 6호, 7호, 8호, 11호 등 총 7기이다.

1) 3호 수혈유구

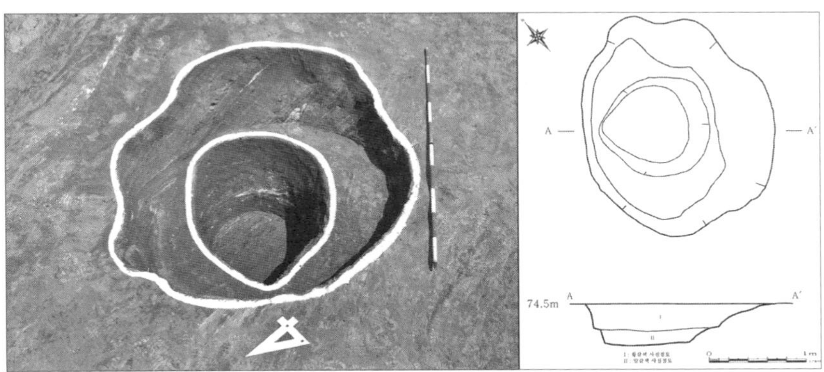

〈사진 7〉 오산 내삼미동 유적 3호 수혈유구

3호 수혈유구는 나-1구역 중앙 서쪽의 가장자리 지점에서 조사되었으며, 이곳은 해발고도 74m에 위치한다. 3호 수혈유구의 평면형태는 원형이며, 풍화암반층을 수직으로 2단 굴광하여 조성되었다. 수혈유구의 1단 굴광 규모는 장축 직경이 197cm이고, 단축 폭은 183cm이며, 깊이는 40cm이다. 2단 굴광의 규모는 직경이 108cm이고, 깊이는 50cm이다. 따라서 3호 수혈유구의 전체 깊이는 90cm이다.

유구 내부의 층위는 갈색 사질토와 적갈색 사질점토가 순차적으로 퇴적된 양상을 보이고 있으며, 토층 자체는 비교적 단순한 층위 구조를 보이고 있다. 유구의 용도는 주거지와 관련된 저장시설로 판단되고 있으며, 바닥면은 인위적으로 평탄하게 정지하였다. 수혈유구는 오산 세교지구 주변 도로구간 내 유적[4]에서 조사된 바 있다. 내부에서 출토된 유물은 없다.

2) 4호 수혈유구

4호 수혈유구는 4호 주거지에서 동남쪽으로 약 560cm 정도 떨어진 나-1구역의 남쪽 중앙에서 조사되었으며, 이곳은 해발고도 73m에 위치한다. 4호 수혈유구의 평면형태는 원형이며, 풍화암반층을 수직으로 굴광하고 조성하였다. 유구의 규모는 장축 직경이 221cm이고, 단축 폭은 220cm이며, 깊이는 80cm 내외이다. 4호 수혈유구는 주변에서 조사된 주거지들과 관련된 저장시설로 판단되고 있다.

유구의 층위는 적갈색 사질점토와 갈색 사질토가 순차적으로 퇴적된 양상으

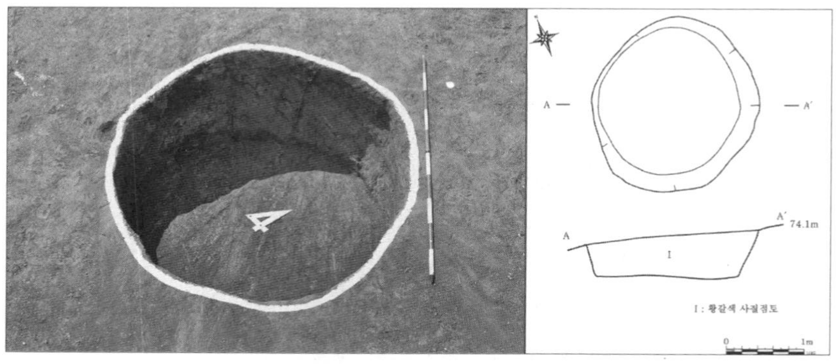

〈사진 8〉 오산 내삼미동 유적 4호 수혈유구

4) (재)고려문화재연구원, 2010년, 『오산 내삼미동 유적 발굴조사 보고서』

로 나타나고 있어 비교적 토층은 단순한 층위적 구조를 이루고 있으며, 바닥면은 인위적으로 평탄하게 정지하여 사용하였다. 수혈유구의 바닥면에서 회청색 경질토기편 1점이 수습되었다.

3) 5호 수혈유구

5호 수혈유구는 4호 수혈유구에서 서남쪽으로 약 750cm 정도 떨어진 나-1구역의 서남쪽 경사면의 해발 73m 지점에서 조사되었다. 5호 수혈유구의 평면형태는 장타원형이며, 풍화암반층을 수직으로 굴착하고 조성하였다. 유구의 상부면은 심하게 삭토되어 대부분 유실되었다.

유구의 규모는 장축 직경이 127cm이고, 단축 폭은 64cm이며, 깊이는 15cm이다. 바닥면은 인위적으로 평탄하게 정지하였으며, 주변지역에서 조사된 주거지의 저장시설로 추정된다. 내부 바닥면에서 연질토기편 1점이 수습되었다.

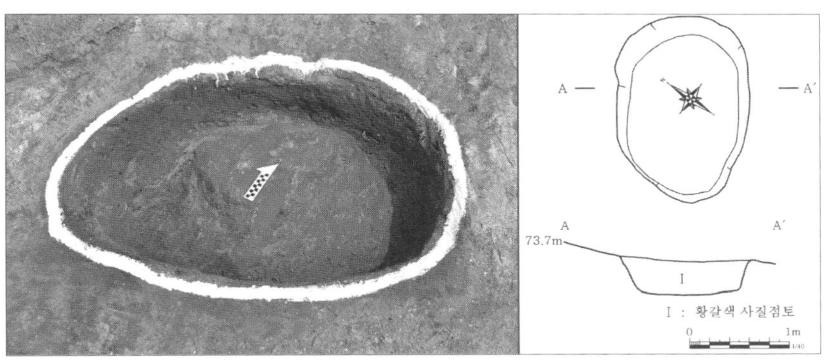

〈사진 9〉 오산 내삼미동 유적 5호 수혈유구

4) 6호 수혈유구

6호 수혈유구는 나-2구역의 2호 주거지에서 남쪽으로 188cm 거리에서 조사되었으며, 해발고도는 72m 지점에 위치한다. 수혈유구의 평면형태는 원형이며, 나무뿌리로 인해 일부 훼손되었다. 수혈유구의 규모는 장축 직경이 193cm이고, 단축 직경은 189cm이며, 깊이는 70cm이다. 내부층위는 적갈색 사질점토가 순차적으로 퇴적된 양상이지만 나무뿌리로 교란되어 단언하기 어렵다.

수혈유구의 바닥면은 수평으로 정지되어 있었으며, 내벽에 특별한 시설은 확인되지 않았다. 바닥면의 크기는 직경이 165cm로 수혈유구의 단면 형태는 'ㄩ'자형이다. 6호 수혈유구는 주변에서 발굴된 백제시대 주거지와 관련된 저장시설로 추정된다.

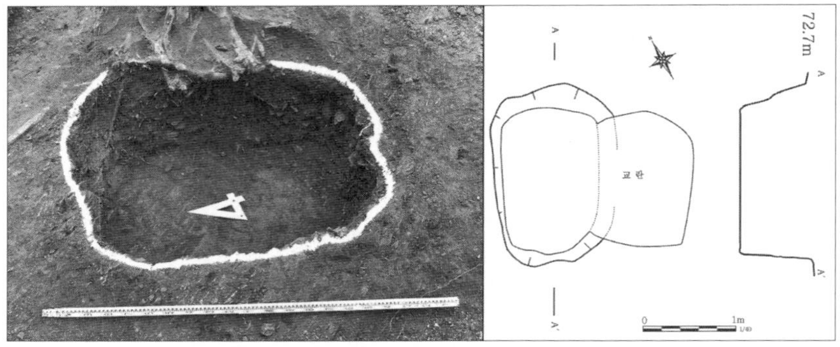

〈사진 10〉 오산 내삼미동 유적 6호 수혈유구

5) 7호 수혈유구

7호 수혈유구는 나-2구역의 2호 토광묘에서 동쪽으로 190cm 떨어진 지점에서 조사되었는데, 주변 지형의 삭평으로 인해 상부면 대부분이 일부 유실되었다. 7호 수혈유구는 풍화암반층을 수직에 가깝게 굴착하고 조성하였으며, 내부의 토층은 경사면을 따라 적갈색 사질점토와 암갈색 사질점토가 순차적으로 퇴적된

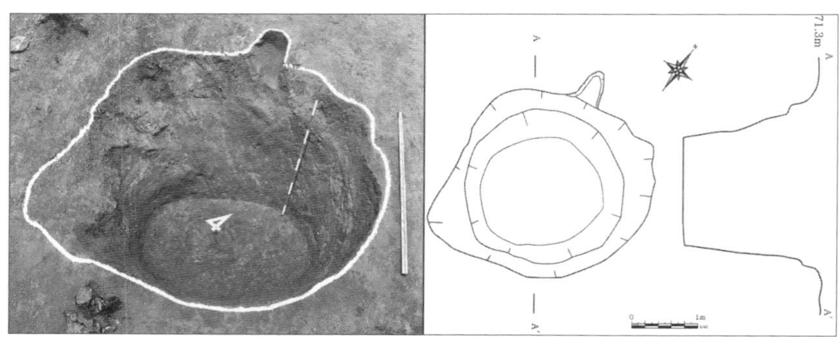

〈사진 11〉 오산 내삼미동 유적 7호 수혈유구

양상을 나타내고 있다.

수혈유구의 평면형태는 원형이며, 바닥면은 풍화암반을 정지하여 평탄하게 만들었다. 수혈유구의 규모는 장축 직경이 287cm이고, 단축 직경은 254cm이며, 잔존 깊이는 198cm이다. 내부에 특별한 시설은 확인되지 않았으며, 바닥면의 크기는 직경이 165cm이고, 단면형태는 'U'자형이나 입구부보다 바닥부가 약간 좁게 나타난다. 수혈유구는 주거지와 관련된 저장시설로 추정된다.

6) 8호 수혈유구

8호 수혈유구는 나-2구역의 6호 수혈유구에서 남쪽으로 375cm지점에서 확인되었으며, 해발고도 70m에 위치한다. 8호 수혈유구는 풍화암반층을 수직에 가깝게 굴착하고 조성하였으며, 내부의 토층은 암갈색 사질점토와 적갈색 사질점토가 순차적으로 퇴적된 양상을 나타난다.

수혈유구의 평면형태는 원형이며, 바닥면은 풍화암반을 평탄하게 정지하였는데, 바닥의 중앙에는 직경 70cm, 깊이 12cm 크기의 원형 수혈이 파여져 있다. 수혈유구의 규모는 장축 직경이 214cm이고, 단축 직경은 200cm이며, 잔존 깊이는 150cm이다. 바닥면의 크기는 직경이 160cm이고, 단면형태는 'U'자형이다. 수혈유구는 주거지와 관련된 저장시설로 추정된다.

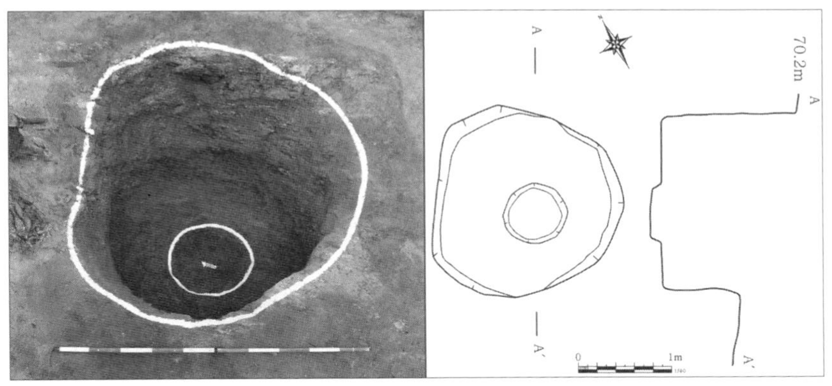

〈사진 12〉 오산 내삼미동 유적 8호 수혈유구

7) 11호 수혈유구

11호 수혈유구는 나-2구역의 동남쪽에 위치하고 있으며, 석실묘에서 북쪽으로 80cm 정도 떨어진 지점에서 확인되었고, 해발고도 67m 지점에 위치한다. 11호 수혈유구의 평면형태는 원형이며, 11호 수혈유구의 서쪽에는 민묘를 이장하는 과정에서 파괴된 원형 수혈유구의 존재가 일부 확인되고 있다. 따라서 11호 수혈유구는 동서 양쪽에 2개의 수혈유구가 조성된 것으로 판단된다.

서쪽의 수혈유구와 연결되었던 것으로 보이는 통로 일부만 잔존하고 있어 현재 노출된 수혈유구의 서쪽에 조성되었을 것으로 보이는 유구의 정확한 구조는 알 수 없다. 11호 수혈유구의 내부층위는 적갈색 사질점토와 암갈색 사질점토에 목탄흔과 석영석이 혼합된 양상으로 나타나고 있으며 경사면을 따라 순차적으로 퇴적된 양상을 보인다. 11호 수혈유구의 규모는 장축 직경이 206cm이고, 단축 직경은 200cm이며, 깊이는 110cm이다.

바닥면 중앙에는 원형 수혈이 조성되어 있는데, 이 수혈의 크기는 직경이 52cm이고, 깊이는 24cm이다. 11호 수혈유구의 입구부는 바닥부와 크기가 같으며, 단면은 내벽이 확장한 단지 형태를 이루고 있고, 최대 직경은 240cm이다.

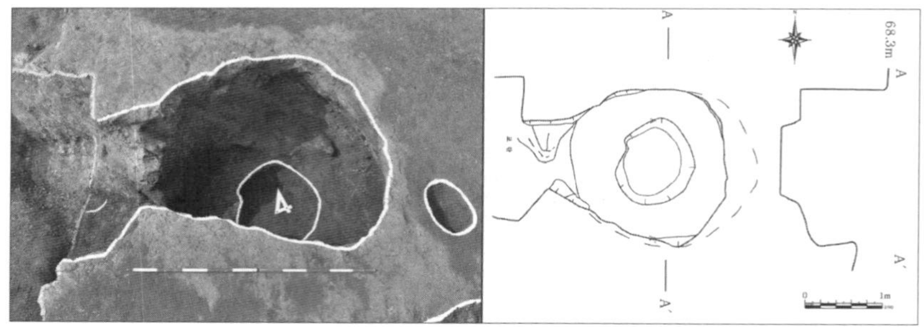

〈사진 13〉 오산 내삼미동 유적 11호 수혈유구

2. 수혈유구의 성격

오산 내삼미동 유적에서 백제시대 저장시설로 해석될 수 있는 수혈유구는 3호, 4호, 5호, 6호, 7호, 8호, 11호 등 모두 7기이다. 이들 원형 수혈유구는 주변의 조사지역이 위치한 오산지역 일대는 물론 백제시대의 영역에 해당되는 지역들에서도 다수 조사되고 있다. 백제시대의 수혈유구가 확인된 유적으로는 포천 성동리 유적,[5] 양주 대모산성, 서울 몽촌토성, 하남 미사동 유적, 용인 내대지 유적·보정리 소실유적[6]·청덕리 유적,[7] 기흥 구갈리 유적, 화성 당하리 유적·석유리 먹실유적, 오산 가수동 유적·외삼미동 유적, 이천 설봉산성·설성산성, 충주 수룡리 유적, 공주 공산성·안영리 유적·신매 유적·장선리 유적,[8] 대전 월평동, 논산 마전리 유적·원북리 유적, 익산 화산리 신덕유적[9] 등이 있다.

수혈유구의 명칭은 수혈·구덩이·수혈구덩이·토광·심혈형토광 등으로 불리다가 최근에는 학계의 연구 성과 등을 반영하여 저장혈·저장공·저장구덩이·저장고·구덩유구 등의 명칭을 사용하는 경향을 보이고 있다. 이런 명칭들은 기본적으로 대형 원형 수혈유구가 저장시설이라는 개념을 포함하는 것이다. 본고에서는 가장 일반적인 명칭인 수혈유구를 사용하였다.

지금까지 백제시대 수혈유구의 성격은 크기와 규모를 토대로 대체로 저장시설과 제의행위로 해석되어 왔다. 저장시설은 토기와 석기들이 공간 분할하여 출토되고 있는 점을 고려하여 곡물은 물론 실생활 기물 등도 보관했을 것으로 추정하는 견해이며, 제의행위는 유구가 고립되어 분포하고 있을 뿐만 아니라 유구 내부에서 다양한 기종의 토기들이 하나의 조합을 이루고 출토되고 있는데, 특히 고배의 출토량이 많다는 점을 근거로 하고 있다.

현재까지의 연구 결과들은 백제시대 수혈유구가 대체로 저장시설의 하나로 해석하는 견해로 모아지고 있다. 오산 내삼미동 275-4번지의 발굴조사에서 출토된 유물들은 주로 생활용기와 관련된 경질토기편 또는 타날문토기편들이다. 따라서 오산 내삼미동 유적의 대형 원형 수혈유구는 평면형태나 크기 또는 출토유물 등에서 저장시설로 판단된다.

---

5) 경기도박물관, 1999, 『포천 성동리 마을유적』

6) 기전문화재연구원, 2005, 『용인 보정리 소실유적』

7) 기전문화재연구원, 2006, 『동백-죽전간 도로개설구간 내 용인 청덕리 백제 수혈유적』

8) 충남발전연구원, 2003, 『공주 장선리 토실유적』

9) 국립전주박물관, 2002, 『익산 화산리 신덕유적』

수혈유구 7기의 규모를 보면, 입구부의 직경에 따라 소형의 127~214cm와 대형의 287cm 등 2가지로 분류된다. 소형 입구부를 가진 것은 3호·4호·5호·6호·8호 등 5기이고, 대형 입구부는 7호와 11호 수혈 등 2기이다. 그리고 높이는 상부 표면의 삭토가 심하여 대부분 낮은 편이다. 높이는 삭토가 가장 심하여 겨우 40cm에 이르는 5호 수혈유구를 제외하면, 3호·4호·6호는 높이가 대체로 70~90cm에 이르나 11호는 110cm 높이까지 잔존하고 있고, 8호는 150cm 높이로 남아 있으며, 7호 수혈유구는 198cm 높이까지 잔존한다. 바닥은 모두 평평하게 정지되어 있으며, 목탄이 얇게 깔려있고, 4호·5호·7호·11호 수혈유구에서는 토기편이 출토되었다. 특이한 점은 3호·8호·11호의 바닥 한 가운데에 직경 52~70cm 크기의 원형 수혈이 파여져 있다는 점이다.

〈표 4〉 백제 수혈유구 속성표

유구명(호)		평면형태	단면형태	규모cm (입구 바닥 높이)	내부시설cm (폭 깊이)	출토유물	비고
나구역	3호	원형	원통형	197×87×90	바닥수혈 (128×50)	–	–
	4호	원형	원통형	221×180×80	–	연질토기편	–
	5호	원형	원통형	127×107×40	–	연질토기편	–
	6호	원형	ㄩ자형	193×165×70	–		–
	7호	원형	ㄩ자형	287×165×198	–	타날문토기편 경질토기편 연질토기편	–
	8호	원형	ㄩ자형	214×160×150	바닥수혈 (70×12)	–	–
	11호	타원형	단지형	206×200×110	바닥수혈 52×24	연질토기편	통로

오산 내삼미동 275-4번지 유적 발굴 과정에서 조사된 7기의 수혈유구는 보다 정상부에 가까운 나-1구역에서 3기(3호, 4호, 5호)가 위치하고 있고, 그보다 남쪽 구릉 상부의 경사면에서는 4기(6호, 7호, 8호, 11호)가 조사되었다. 그런데 수혈유구의 위치에서 주목되는 점은 나-2구역에서 조사된 4기의 수혈유구는 동북쪽에서 서북쪽을 거쳐 서남쪽을 돌아 동남쪽으로 크게 원을 그리며 둥글게 배치되

고 있다는 점이다. 이러한 점에서 본다면 조사구역 밖에 해당하는 동쪽 능선 사면부에서도 더 많은 수혈유구가 조성되었을 가능성이 있다.

수혈유구는 대체적으로 입구부와 바닥면이 원형 및 타원형의 평면형태를 하고 있으며, 이들 수혈의 단면형태는 상부의 삭토에도 불구하고 축조방식에 차이가 나타난다. 즉, 수혈유구는 평면형태나 단면형태에 따라 크게 3가지로 구분할 수 있다. 첫째는 바닥부와 입구부가 원통형으로 크기가 같은 A유형, 둘째는 바닥부가 입구부보다 좁아지는 B유형, 셋째는 바닥부와 입구부의 지름이 같고 벽면이 블록한 단지형태의 C유형 등으로 대별된다. 그러나 이러한 수혈유구의 3가지 단면형태에 따른 차이에도 불구하고 바닥면의 정지 방법이나 출토되는 토기류의 출토양상 등에서는 크게 차이가 나타나지는 않는다.

〈표 5〉 백제 수혈유구 단면형태(축척부동)

나-1구역	나-2구역	
A형	B형	C형
	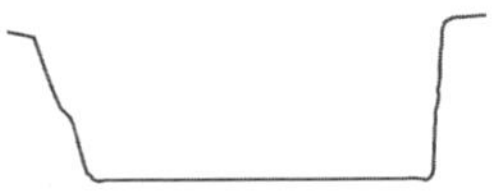	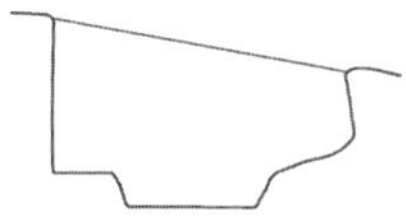

수혈유구의 3가지 유형별 단면형태에 따라 살펴보면, 먼저 A형은 바닥부와 입구부의 지름이 같고 풍화암반의 바닥면과 벽을 정지하여 사용하였다. 지형 삭평으로 인해 상단부가 유실되어 정확한 판단은 어렵지만 대부분 낮은 깊이로 출입이 용이할 수 있게 사용되었고, 주거지 주변의 평탄면에서 활용한 것으로 보인다. 특히 나-1구역의 3호 수혈은 바닥시설의 수혈이 다른 수혈보다 깊은 것으로 평탄한 바닥의 수혈을 쓰면서 재굴착 등의 방법으로 재사용한 것으로 추정된다. 또한 이러한 추정은 바닥면은 정지하여 입출에 필요한 사다리 흔적이나 기둥의 흔적이 없는 점에서도 가능하다.

B형은 바닥부가 입구부보다 직경이 작고, 풍화암반층의 바닥면만 평탄작업 등의 방법으로 정지하여 사용한 것이다. 이는 대부분의 수혈유구가 구릉 정상부

에 위치하기보다 정상부에서 약간 경사면에 조성된 특성을 감안하면, 다수의 사람들이 저장 공간을 활용하기 쉽고 지형에 맞추어 조성하였기 때문일 것이다.

C형은 바닥부와 입구부의 지름이 같고 풍화암반의 바닥면만 정지하여 그대로 사용하였다. 하지만 벽면은 입구부와 바닥부보다 약간 구형 또는 단지형으로 조성한 것인데, 이러한 축조방법은 수혈유구의 공간 활용도가 넓다고 할 수 있다. 게다가 비록 근세 무덤의 이장 과장에서 훼손되기는 하였지만, 11호 수혈유구 서쪽에 다른 수혈유구가 조성되었고, 이들 두 수혈유구가 가운데의 연결통로를 두고 서로 연계되어 사용한 것으로 보인다. 연결통로는 바닥부에서 105cm 정도 단을 두어 조성하였으며, 연결통로도 바닥면을 정지하여 사용하였다. 이는 저장시설로 사용되었지만 토실과 같은 생활공간으로도 활용되었을 가능성을 배제할 수 없다.

저장수혈의 내부 토층은 나-1구역 같은 정상부 평탄지에 있는 수혈유구와 나-2구역의 약간 경사면에 있는 수혈유구가 거의 같은 양상으로 함몰된 것으로 추정된다. 층위는 크게 적갈색 사질점토층과 암갈색 사질점토층 등으로 나타나고 있으며, 층위의 깊이 차이는 있으나 대부분 순차적으로 퇴적된 양상을 나타낸다. 비록 나-1구역은 지형이 상당부분 훼손되어 단언하기 어렵지만, 나-2구역에서는 화재주거지와 관련된 인위적이 아닌 자연적인 퇴적양상으로 함몰된 것으로 추정된다. 이는 수혈유구 내부에서 완형의 출토유물이 남아있지 않고, 소형토기편 등만 출토되는 이유와 유관할 것이다. 따라서 오산 내삼미동의 저장시설은 주거지를 중심으로 형성되었으며, 평면이나 단면형태는 저장수혈을 활용하기 용이하게 지형과 용도를 고려하여 만들어진 공동체적인 성격을 갖고 있는 것으로 추정된다.

IV. 百濟遺構 出土 遺物의 種類와 編年

오산 내삼미동 유적에서 확인된 백제시대 유구는 주거지와 수혈유구(저장시설)로 나누어진다. 주거지는 구릉 정상부를 중심으로 나-1구역에서 4기 그리고

나-2구역에서 3기 등 모두 7기가 조사되었다. 저장시설은 나-1구역에서 3기 그리고 나-2구역에서 4기가 조사되었는데, 이들 저장시설은 구릉 정상부에 조성된 주거지를 중심으로 경사면을 따라 둥글게 원을 그리면서 배치되어 있다. 그리고 조사지역의 지형이 매우 심하게 삭평되면서 대부분 유실되거나 부분적으로 남아 있고, 특히 나-1구역은 원지형이 대부분 삭평되어 주거지와 저장시설도 바닥면만 일부 잔존하고 있는데, 주변의 지형조건으로 보아 좀 더 많은 주거지와 저장시설이 조성되었을 개연성은 충분히 있다.

오산 내삼미동 유적 백제 유구에서 출토된 유물은 대부분 정확한 기형은 알 수 없으나, 일부 저부 및 동체부편으로 유추만 가능하다. 토기 재질로 분류한다면, 경질무문토기편과 연질토기편으로 구성되고 있다. 문양은 승문과 격자문이 남아있지만 표면의 마모상태가 심한 편이다.

〈표 6〉 오산 내삼미동 유적 백제시대 유구 출토유물 속성표

유구명	출토유물	문양
1호 주거지	적황색 경질무문토기편 저부편	–
2호 주거지	적황색 연질토기 동체부편	–
5호 주거지	회청색 경질토기 저부편 적갈색 연질타날문 토기 구연+동체부편 장란형토기(2)	격자문 승문+격자문 승문+격자문+압인문(경부)
6호 주거지	흑갈색 연질타날문 동체부편 황갈색 연질타날문 동체부편 회청색 경질 구연부편	승문
7호 주거지	황갈색 타날문토기(우각형파수 구연부편 적갈색 연질타날문 동체부편 황갈색 연질타날문 동체부편 연갈색 연질타날문 동체부편 회청색 경질토기 동체부편, 철부편(2)	승문+격자문 격자문
석실묘	회청색 경질타날문 동체부편	격자문
4호 수혈유구	회청색 연질토기 동체부편	승문+격자문
5호 수혈유구	회흑색 연질토기 동체부편	격자문 흔적 (마모상태 심함)--횡침선(유물좌측 하단부)
7호 저장시설	황갈색 연질타날문 동체부편 암적색 연질토기 동체부편 회갈색 연질토기 동체부편	격자문

11호 저장시설	회갈색 연질토기 蓋편 회흑색 연질타날문토기壺 구연편	격자문

나-1구역에서는 1호·2호 주거지와 4호·5호 수혈유구에서 유물이 출토되었다. 1호 주거지에서 출토된 경질무문토기는 평저이고 저부에서부터 외반하여 경사져 올라가는 기형이다. 내외 표면은 마모가 심하여 문양 등 제작기법은 관찰되지 않으며, 내저면 및 외면의 저부와 동체부 경계에는 지두흔이 관찰된다. 2호 주거지에서 수습된 적황색의 연질토기편은 동체부 일부만 남아있어 기형은 파악하기 어려우나 호로 추정된다. 이들 토기편의 내외면에 특별한 문양은 관찰되지 않으며, 태토는 세사립이 일부 혼입된 정선된 점토를 사용하였다.

수혈유구에서는 회청색 연질토기와 회흑색 연질토기편이 수습되었다. 4호 수혈유구에서 수습된 회청색 연질토기편은 동체부편으로 내외면에 박리상태가 심하고 심하게 마모되어 있으나, 승문과 격자문이 외면에 희미하게 관찰된다. 5호 수혈유구에서 수습된 회흑색 연질토기는 동체부편으로 내외면에 박리상태가 심하나 문양은 없으며, 동체부 외면부에 횡침선이 각인되어 있는 것으로 관찰된다.

나-2구역은 정상부 주변으로 일부 지형이 삭토되었으나 대부분 원지형이 잘 보존되어 있어 주거지와 저장시설도 비교적 온전한 상태로 조사되었다. 나-2구역의 주거지는 대체로 화재로 폐기된 것으로 파악되었으며, 저장시설은 자연퇴적으로 인해 순차적으로 매몰된 것으로 조사되었다. 나-2구역에서 출토된 토기의 재질은 경질토기와 연질토기로 구분할 수 있으며, 토기의 기형은 장란형토기, 평저 및 원저 토기 호류, 개형의 뚜껑편 등이 확인된다. 또한 대다수의 출토유물이 구연부 및 저부편, 동체부 편으로 확인되었지만, 특별한 기형은 파악되지 않는다. 전체적인 문양구성은 승문+격자문, 승문계, 승문+격자문+압인문(경부), 격자문계 등으로 구분된다. 태토는 세사립이 일부 혼입되기는 하였으나 비교적 정선된 점토를 사용하였다.

주거지에서 확인된 토기는 대부분 경질 또는 연질타날문 토기편이 수습되었으며, 기형은 장란형토기와 호형 토기류 등이 파악되었다. 장란형토기는 2개체가 확인되었으며, 대부분 반파된 상태이지만 구연구와 저부까지 유추할 수 있는 상태이다. 장란형토기의 구연부는 경부 상단에서 외반하였으며, 전체적인 기형은 동체 하단에서 외반하여 올라오다가 동체 상단에 이르러 동체부 최대동경을 형성한 후 경부 쪽으로 내반하였다. 전체적인 문양 구성은 저부와 동체부를 구분하여 타날하였으며, 동체부에는 승문계열을, 저부에는 격자문을 시문하였다. 한 개체는 동체부와 저부를 승문과 격자문으로 타날하고 경부쪽 구연부 아래에 외줄로 압인문이 관찰되었다.

호류는 승문 타날과 승문+격자문을 각각 동체부와 저부로 구분하여 시문한 두 형식으로 구분된다. 전체 기형이 파악되는 건 없지만 동체부에 우각형파수부가 있으며, 구연과 저부편 및 동체부, 동체부와 저부편 등의 부분적인 잔편으로 유추가 가능하다. 따라서 부분적 잔편을 기준으로 한 문양구성은 구연부와 동체부편에서는 동체부에 승문이, 동체부편은 승문타날, 동체부와 저부편에서는 승문타날과 격자문이 순차적으로 타날된 양상으로 나타나고 있다.

저장시설에서 출토된 토기들은 연질토기와 경질토기편으로 대체로 동체부편만 확인되고 있어 정확한 기형은 파악되지 않는다. 문양은 대체로 내외면에 확인되지 않으며, 일부에서 격자문이 타날되었고 물손질 흔적만 관찰된다.

11호 수혈유구에서는 개형 토기편이 확인되었으며, 구연부와 개신 일부가 남아있다. 토기의 색조는 회갈색이고 기형을 보면 개신은 구연부에서부터 아주 완만하게 경사져 올라가고 구연부 끝단은 각이 지게 조영되었다. 내외면에 특별한 문양은 관찰되지 않았고, 물손질로 정면한 흔적만 보인다. 태토는 세사립이 일부 혼입된 정선된 점토를 사용하였다. 그리고 경질 타날문토기 호류의 구연부와 동체부편은 동체 상단에서 내경하여 올라오다 경부에 이르러 바깥으로 다시 외반시킨 형태이다. 구연부 끝단의 외면은 편평하게 손질하여 각이 지게 조성하였다. 동체 상단부와 경부의 경계부에 1줄의 횡침선을 돌렸고, 격자문이 타날되었다. 내면에 특별한 문양은 관찰되지 않았고, 회전물손질로 정면한 흔적만 보인다. 토기의 태토는 세사립이 다량 혼입된 정선된 점토를 사용하였다.

〈도면 1〉 오산 내삼미동 유적 주거지 출토유물

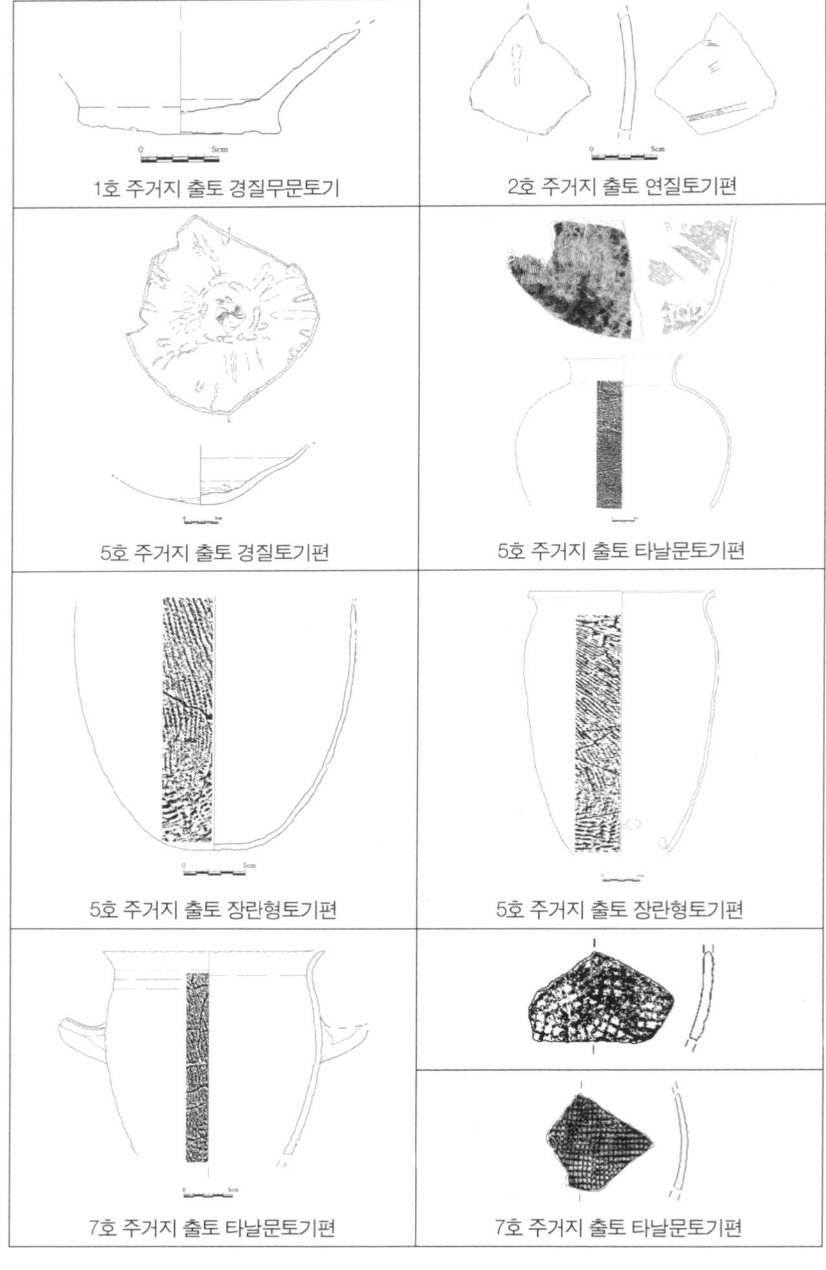

1호 주거지 출토 경질무문토기

2호 주거지 출토 연질토기편

5호 주거지 출토 경질토기편

5호 주거지 출토 타날문토기편

5호 주거지 출토 장란형토기편

5호 주거지 출토 장란형토기편

7호 주거지 출토 타날문토기편

7호 주거지 출토 타날문토기편

〈도면 2〉 오산 내삼미동 유적 수혈유구 출토유물

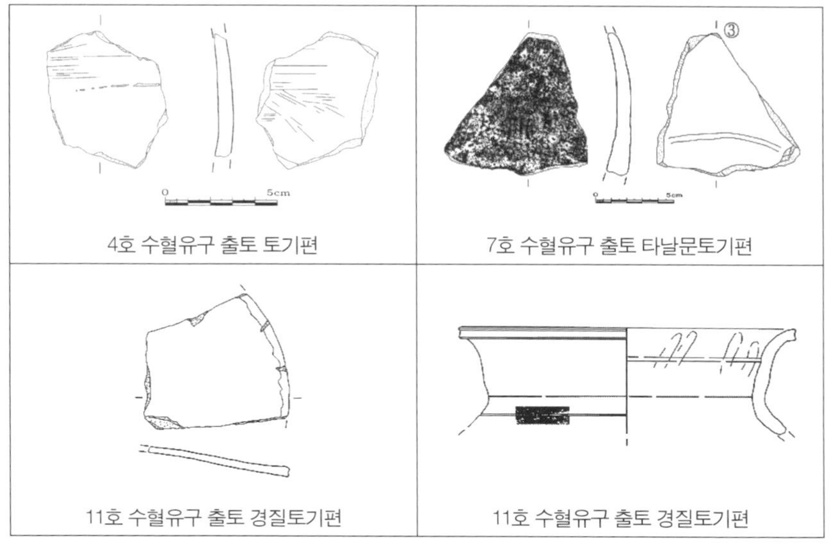

4호 수혈유구 출토 토기편

7호 수혈유구 출토 타날문토기편

11호 수혈유구 출토 경질토기편

11호 수혈유구 출토 경질토기편

오산 내삼미동의 백제시대 유적은 백제시대 취락규모 중 비교적 작은 규모에 속하지만, 토기 기종과 문양의 다양성이라는 측면에서 동일 집단이 오랜 기간 정주하여 온 것으로 해석된다. 이러한 취락 구조와 유물 양상을 볼 때 오산 내삼미동 유적에 정주했던 사람들은 비교적 안정적인 삶을 지속해 온 것으로 추정된다.

기전문화재연구원에서 2011년에 발굴조사가 이루어진 오산 세교택지개발지구 내 2지점의 주거지에서는 심발형토기와 장란형토기 이외에 고배·대부배·광구소호·광구단경호 등이 출토되었고, 토기의 문양은 주로 평행선문과 격자문이 타날되었다. 오산 세교택지개발지구 내 2지점 주거지는 방사성탄소연대측정결과 AD426~AD533년이라는 연대값이 측정되어 5세기 중·후반에서 6세기 전반의 유적으로 편년하고 있다. 한백문화재연구원에서 조사한 외삼미동 유적의 백제시대 주거지에서는 심발형토기·장란형토기와 함께 고배·완·시루·호 등이 출토되었고, 문양은 승문·격자문·집선문 등이 타날되었다. 이러한 특징을 토대로 외삼미동 유적의 백제 주거지들을 4세기 이후 5세기 전반으로 편년하고 있다.

반면에 오산 내삼미동 275-4번지 유적에서 출토된 유물은 장란형토기와 호형

토기류를 제외한 나머지 대다수의 토기편들은 구연부편과 동체부편으로 기형 확인이 어려운 편이다. 다만 주거지·저장수혈 등에서 출토된 유물에서 공통적으로 관찰되고 있는 재질·기종·문양구성·태토속성 등에서 어느 정도 시기를 편년할 수 있다. 확인 가능한 토기의 재질은 경질무문토기와 연질타날문토기이고 기형은 뚜껑·장란형토기·호형 토기류가 대부분이며, 문양은 승문과 격자문이 타날되어 있다. 그리고 주거지 바닥면에서 수습한 목탄시료의 방사성탄소연대측정[10]에서는 1sigma 보정 결과치에서 1호 주거지는 AD420~500, 5호 주거지에서는 AD310~440, 7호 주거지는 AD390~440 등으로 측정되었다.

오산 내삼미동 유적은 방사성탄소연대측정 결과에서 대체로 한성백제시대의 늦은 시기로 측정되었지만, 토기의 재질이나 기종 그리고 문양구성 등에서 한백문화재연구원에서 조사한 외삼미동 유적의 백제시대 주거지보다 1세기 정도 이른 한성백제시대 4C 초에서 5C 초에 해당하는 유적으로 편년할 수 있을 것이다.

V. 맺음말

오산 내삼미동 유적은 행정구역상 경기도 오산시 내삼미동 275-4번지 일원으로 해발 65~75m에 해당하는 구릉이다. 조사지역의 문화재 지표조사는 2012년 2월에 실시되어 유적분포예상지역 1개소와 유물산포지 2개소가 확인되었다. 발굴조사는 2013년 5월 31일~7월 12일까지 실시되었으며, 백제시대 유구는 주거지 7기·수혈유구 7기 등이 조사되었다.

조사지역은 원래의 지형이 거의 삭평되어 풍화암반이 노출된 상태였으며, 유구는 대체로 바닥부분만 확인되었다. 백제시대 주거지는 총 7기가 조사되었는데, 주거지 평면형태는 방형 또는 장방형을 이루고 있다. 내부시설은 온돌시설 및 노지와 주공 등이 확인되었다. 5호와 7호 주거지는 온돌시설과 주공이 확인된 凸자형 주거지로 평면형태는 방형이고, 회청색 경질토기편과 회백색 연질타날문토기편 등이 수습되었다. 주거지에서는 경질무문토기편·연질타날문토기

10) 1호 주거지(1560BP±30), 5호 주거지(1660BP±40), 7호 주거지(1620BP±30)

편·회청색 경질토기편 등이 출토되었다. 수혈유구는 백제시대 주거지 주변에서 총 7기가 조사되었으며, 주거지와 관련된 저장시설로 추정된다. 수혈유구의 형태는 'ㅂ'자형으로 바닥부가 입구부보다 폭이 좁아지는 형태이다. 수혈유구에서는 회청색 경질토기편·연질타날문토기편 등이 출토되었다.

오산 내삼미동 유적에서 확인된 백제시대 주거지와 수혈유구는 출토된 토기의 재질·기형·문양과 방사성탄소연대의 측정치 등을 통해 볼 때 한성백제시대 4C 초에서 5C 초로 편년된다.

〈참고문헌〉

경기도박물관

1999 『포천 성동리 마을유적』.

고려문화재연구원

2010년 『오산 내삼미동 유적』.

국립전주박물관

2002 『익산 화산리 신덕유적』.

기전문화재연구원

2005 『용인 보정리 소실유적』.

2006 『용인 청덕리 백제 수혈유적』.

2011 『烏山 內三美洞 遺蹟』.

박강민 2005 「三韓時代 住居址內 부뚜막과 구들施設에 대한 硏究」, 동아대학교 석사학위논문.

송만영 2012 「경기남부 마한계 주거지의 변천」, 『古文化』 80.

충남발전연구원

2003 『공주 장선리 토실유적』.

한백문화재연구원

2011 『오산 외삼미동 유적』.

A Study of Pit Houses and Pit features unearthed at Naesammi-dong Site of Hansung Baekche Kingdom Period

Kang, A-Ri (Seohae Institute of Culture Heritage)

Naesammi-dong Site was located in 275-4, Naesammi-dong, Osan City, Gyeonggi Province. This site was excavated by Seohae Institute of Culture Heritage, during the summer season from May 31. 2013 to 12. Jury. Seven pit houses in Baekche Kingdom Period were excavated. Among the pit houses, No.5 and No.7 pit houses were 凸 shape. This style of pit house was the typical pattern in Hansung Baekche Kingdom Period. The structure of this style pit house is that columns were consistently established along the walls, wooden poles crossed between them fixed, and the body of walls was finished with clay. Upper parts of the house were topped with beams between walls on both sides, and were covered with tree twigs or herbs. Seven pit features in Baekche Kingdom Period were excavated at the site. Most of pit features had to be constructed for preservation, habitation, or ritual. However, given that practical used the potteries unearthed at the site, these pit features must be constructed for preservation.

안성 도기동 삼국시대 유적의 조사성과와 성격 고찰
-도기동 산51-3 및 산52번지 유적을 중심으로-

하 문식 (세종대 교수)
황보 경 (세종대 박물관 학예연구사)

I. 머리말

경기도 안성시(安城市) 도기동(道基洞) 일원에서는 지표조사와 시굴 및 발굴조사를 통해서 삼국시대 유적과 유물이 확인되어 왔다. 특히 최근에는 도기동 산51-3·52번지와[1] 산51-5번지,[2] 도기동 436-1번지에서[3] 삼국시대 산성(山城)의 일부와 주거지, 수혈 등이 확인되어 학계와 언론으로부터 많은 관심을 받고 있다.

도기동 일원은 지표조사를 통해 토기와 백자 등이 수습되어 백제~조선시대에 이르는 생활 및 분묘유적이 존재할 가능성이 있어 '유물산포지⑥'으로 조사되었고,[4] 도기동 436-1번지에서 목책렬과 주거지 등의 유구가 확인되었다. 또한 도기동 산52번지에서는 삼국시대 석곽묘 1기와 토광묘 1기, 옹관묘 1기, 주거지 등이 조사되었고, 도기동 산51-3번지에서는 목책렬과 석축유구, 건물지와 주거지

1) 세종대학교 박물관, 2016a, 『안성 도기동 산51-3번지 건물신축부지 내 유적』.
세종대학교 박물관, 2016b, 『안성 도기동 산52번지 창고신축부지 내 유적』.

2) 기남문화재연구원, 2015, 「안성 도기동 산51-5번지 일원 창고부지 내 유적 발굴조사 학술자문회의」.

3) 겨레문화유산연구원, 2016, 『안성 도기동 436-1번지 유적』.

4) 기호문화재연구원, 2006, 『안성 뉴타운지구 택지개발부지 문화재 지표조사 보고서』.

등이 발굴되었다. 이밖에도 도기동 일원에는 백제 석곽묘와 토광묘가 대규모로 발굴되어[5] 산성과의 관련성이 있어 보인다.

이 글에서는 세종대학교 박물관이 발굴조사한 산51-3번지와 산52번지 유적 중 삼국시대에 해당되는 유구와 유물을 중심으로 조사현황과 조성시기 및 성격에 대하여 검토해 보고자 마련하였다.

II. 유적 현황

조사지역인 도기동 산51-3번지와 산52번지는 동-서쪽으로 연결되는 야산의 능선으로 북쪽 50m 거리에 안성천(安城川)이 서쪽에서 동쪽으로 흐르고, 서쪽 도로 건너편에는 안성소방서가 자리해 있다. 여기에서는 두 유적에서 조사된 삼국시대 유구와 유물에 대하여 살펴보고자 한다.

1. 도기동 산51-3번지 유적 현황

조사지역은 산의 북쪽 끝부분으로 도기동 산52번지와는 동-서쪽으로 마주보고 있다. 시굴조사는 2015년 4월에 진행한 뒤, 유구가 확인된 범위를 중심으로 2015년 6월부터 7월까지 발굴조사를 실시하였다. 조사결과, 삼국시대 석축유구 2기와 목주열 2기, 건물지 2동, 주거지 2채, 목책렬, 고려시대 석곽묘 5기, 토광묘 4기, 제의유구 1기 등이 확인되었다. 여기에서는 삼국시대에 해당되는 석축유구와 목주열, 목책렬, 2호 건물지와 1·2호 주거지에 대하여 정리해 보고자 한다.

1) 석축유구와 목주열

가. 1호 석축유구와 목주열

---

5) 中央文化財硏究院, 2008, 『安城 道基洞遺蹟』.
누리고고학연구소, 2015, 「안성 도기동 산18번지 근린생활시설부지 내 유적 발굴조사 전문가 검토회의 자료집」.

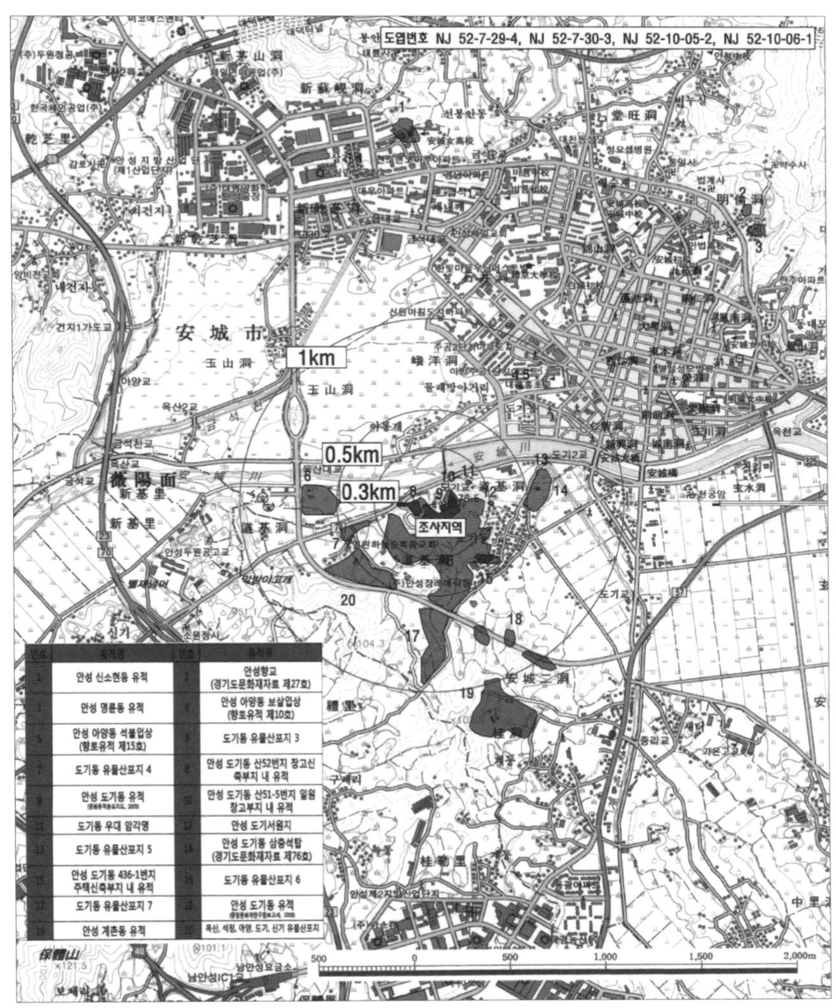

[illegible]	[illegible]	[illegible]	[illegible]
1	안성 신소현동 유적	2	안성향교 (경기도문화재자료 제27호)
3	안성 명륜동 유적	4	안성 아양동 보살입상 (향토유적 제10호)
5	안성 아양동 석불입상 (향토유적 제15호)	6	도기동 유물산포지 3
7	도기동 유물산포지 4	8	안성 도기동 산52번지 창고신축부지 내 유적
9	안성 도기동 유적	10	안성 도기동 산51-5번지 일원 창고부지 내 유적
11	도기동 우대 암각명	12	안성 도기서원지
13	도기동 유물산포지 5	14	안성 도기동 삼층석탑 (경기도문화재자료 제76호)
15	안성 도기동 436-1번지 주택신축부지 내 유적	16	도기동 유물산포지 6
17	도기동 유물산포지 7	18	안성 도기동 유적
19	안성 계촌동 유적	20	옥산, 석정, 아양, 도기, 신기 유물산포지

〈지도 1〉 조사지역 및 주변유적 위치도(1:25,000, 국토지리정보원)

〈사진 1〉 조사지역 전경

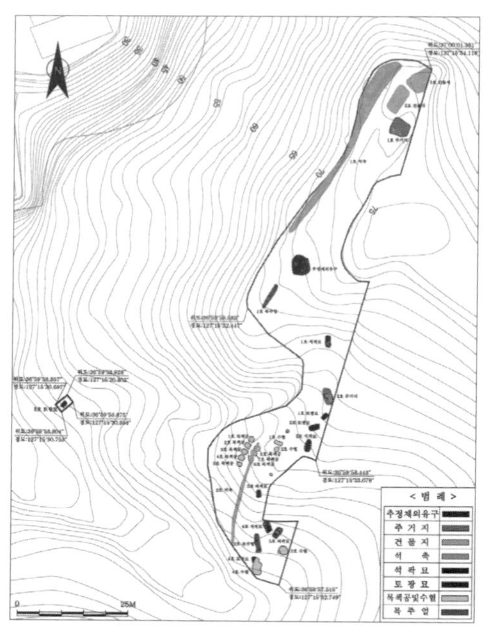

〈지도 2〉 조사지역 현황도

1호 석축은 정상부의 북쪽에서부터 남쪽으로 평탄지가 끝나는 곳에까지 축조되어 있고, 남쪽 끝에서 10m 거리에 1호 목주열이 있다. 석축 안쪽에 해당되는 동쪽 평탄면에는 1·2호 건물지와 1호 주거지가 나란하게 자리해 있다.

석축의 총 길이는 44.6m인데, 축조양상이 다르게 파악되어 3개 구간으로 구분된다. 1구간은 길이 14.5m, 2구간은 22.5m, 3구간은 7.6m이다. 1구간은 할석으로 2~4단 정도

쌓여 있고, 가장 높은 곳이 60cm이며, 2구간은 5~7단이 남아 있고, 높이 66cm이다. 2구간 중간부터는 제법 큰 할석을 사용했고, 생토층을 굴광한 흔적도 확인되었으며, 6Pit의 층위를 통해, 석비레층을 깎아낸 뒤 흙을 다지고 그 위에 석축을 쌓은 것으로 파악되었다. 그리고 석축 바깥쪽에 굳기가 단단한 소토와 모래찰흙을 깔아서 석축이 안쪽 흙의 압력으로부터 밀려나지 않도록 했다.

목주열은 북동-남서방향으로 주공 6개가 확인되었는데, 총 길이 583cm, 주공 지름 30cm 내외, 주공 간격은 40~100cm인 것으로 파악되었다.

출토유물은 1호 석축에서 격자문이 시문된 연질과 경질의 토기조각이 많고, 기종은 호와 옹류일 것으로 추정된다. 1호 목주열에서는 철제 끌과 이형 철기, 연질의 토기 입술조각과 경질 몸통조각이 수습되었다. 이형철기는 큰 방울처럼 생겼는데, 몸통에 구멍이 뚫려 있는 점이 특징이다.

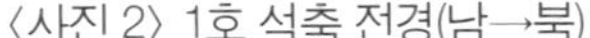
〈사진 2〉 1호 석축 전경(남→북)

〈사진 3〉 2호 석축과 목책렬(남→북)

나. 2호 석축과 목책렬

2호 석축은 경사면을 따라 나지막한 토루가 있고, 토루의 서쪽 부분을 '⊔'자형태로 깎아낸 뒤에 석축을 쌓아 올린 후 거친 모래와 돌이 섞인 흙으로 뒷채움을 했으며, 석축 바깥쪽에는 소토와 숯이 섞인 흙으로 보강하여 석축이 무너지지 않도록 했다. 석축의 남은 길이는 25m 정도이고, 석축에 영정주 5군데가 확인되었는데 3번~5번 영정주 간격은 120cm로 일정하다.

석축 북쪽 구간에 목책공이 매몰되어 있는 것으로 파악되어 석축을 조사한 후 제거하였는데, 목책공 8기가 2열로 서로 엇갈리게 배치되어 있음이 확인되었다. 1열은 석축 바깥쪽에 5기, 2열은 안쪽에 3기가 석축 아래에 매몰되어 있었다. 목책공의 평면은 방형과 (타)원형이 섞여 있고, 단면은 역사리꼴과 통형이다. 1열의 종방향 중심간격은 150~200cm이다.

2) 건물지

건물지는 정상부 평탄지에 2동이 나란하게 있고, 북쪽으로 안성천 일대를 바라보기에 좋은 곳에 입지해 있다. 1호 건물지는 석렬과 불탄 흔적만 남아 있어서 구조를 파악하기가 어려운 상태이고, 2호 건물지는 기단석렬과 집석시설, 구들, 적심석 일부가 남아 있다. 2호 건물지의 평면형태는 장방형이고, 장축이 북동-남서쪽이며, 남아 있는 석렬의 길이는 650cm, 너비 330cm 정도이다.

유물은 1호 건물지에서 대부발과 토기 접시, 격자문이 시문된 토기조각, 크고 작은 숫돌이 수습되었고, 2호 건물지에서는 경질의 단경호와 시루, 옹조각, 숫돌 등 주로 백제 유물이 출토되었다.

〈사진 4〉 2호 건물지 | 단경호

3) 주거지

1호 주거지는 2호 건물지 남쪽 옆에 위치하고, 2호 주거지는 조사지역의 중간 평탄지에 자리해 있다. 1호 주거지는 평면이 방형에 가깝고, 크기가 390×360cm 정도이다. 내부에 구들시설로 보이는 '一'자형 석렬이 남아 있으며, 우각형 손잡이와 입술이 외반된 구연부가 출토되었다. 2호 주거지는 삭평된 부분이 많아 형태와 크기를 추정하기가 어려운데, 남은 크기는 400×170cm 정도이다. 내부에 판석형 돌을 2열로 세워 시설을 하고, 지름 100cm의 원형 수혈이 조성되어 있다. 유물은 철제 끌과 파상문과 횡선문이 반복 시문된 토기조각 등이 출토되었다.

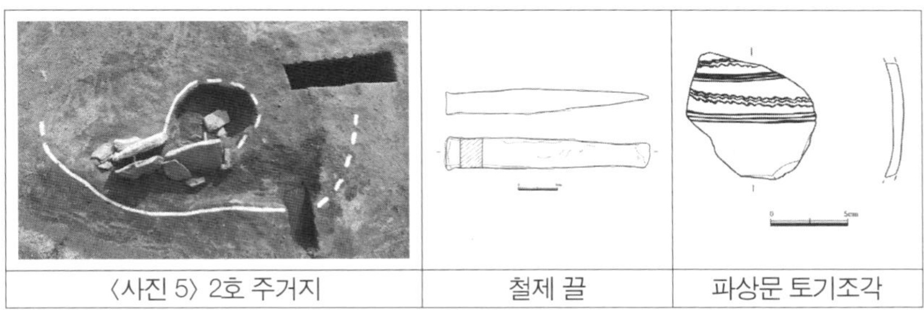

〈사진 5〉 2호 주거지 | 철제 끌 | 파상문 토기조각

2. 도기동 산52번지 유적 현황

조사지역은 산의 북서쪽으로 약간 돌출된 능선의 서쪽과 동쪽사면을 2014년 12월에 시굴조사 한 뒤, 유구가 확인된 범위를 중심으로 2015년 3월부터 5월까지 발굴조사를 실시하였다. 조사결과, 삼국~고려시대 석곽묘 7기, 삼국~조선시대 토광묘 15기, 삼국시대 옹관묘 1기, 주거지 4채, 매납유구 1기, 불탄유구 1기, 수혈 3기가 확인되었다. 여기에서는 삼국시대에 해당되는 석곽묘 1기와 토광묘 1기, 옹관묘 1기, 주거지 1채에 대하여 정리해 보고자 한다.

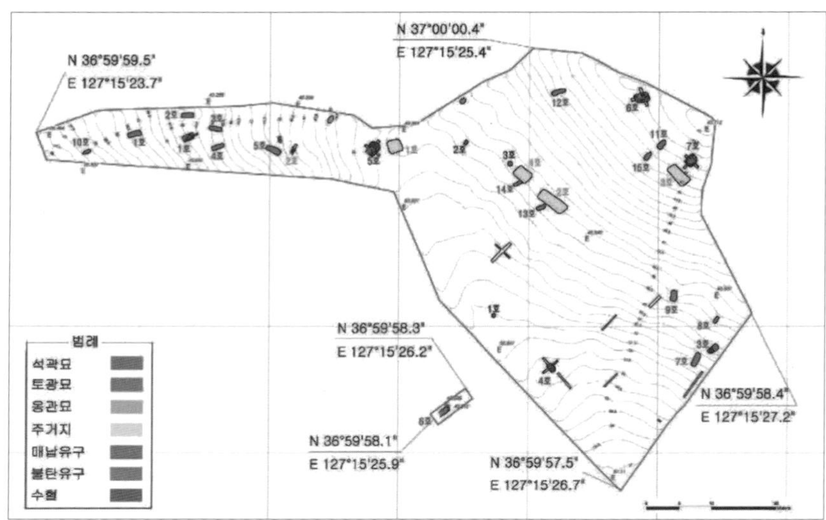

〈지도 3〉 도기동 산52번지 유적 유구 현황도

〈사진 6〉 도기동 산52번지 유적 전경(서→동)

1) 1호 석곽묘

석곽묘는 조사지역의 서쪽 능선 중단부(해발 41.8m)에 위치하고, 장축은 동-서쪽이며, 등고선과 직교한다. 묘는 동단벽과 장벽의 일부가 남아 있고, 중간부분부터 서쪽 단벽쪽으로 유실된 상태이다. 남은 상태로 보아 동벽부터 북벽, 남벽의 순서로 쌓았고, 묘광 최대 길이 120cm, 너비 85cm 정도이며, 석곽 내부 길이 최대 80cm, 너비 35cm이다. 부장품은 석곽 중간부분에서 토기 병과 완 1점씩 출토되었다. 병은 목과 입술이 깨져 있고, 남은 높이는 8.1cm, 밑지름 8.1cm이다. 완 바닥은 평평하며 가운데에 '十'자 모양의 돌대흔이 있고, 입술지름 13.8cm, 밑지름 7.8cm, 높이 6.5cm이다.

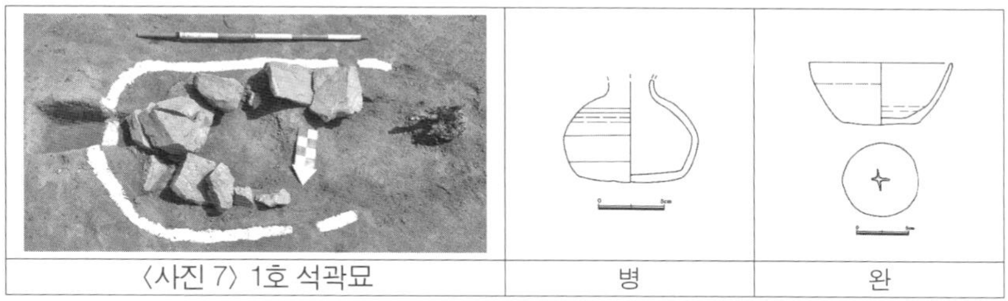

〈사진 7〉 1호 석곽묘	병	완

2) 5호 토광묘

토광묘는 조사지역의 서쪽 능선 상단부(해발 45.2m)에 위치하고, 장축은 동-서쪽이며, 등고선과 직교한다. 토광 평면은 장방형이고, 크기는 길이 238cm, 너비 81cm, 깊이 15~34cm 정도이다. 동벽에서 호형 토기 1점이 출토되었다.

토기의 입술은 외반되었고, 목이 짧으며, 몸통은 바닥에서부터 수직에 가깝게 올라온다. 목과 몸통이 만나는 곳에 부분적으로 횡선이 있는데, 도구를 사용하여 누르거나 깎아낸 자국이 있다. 바닥은 평평하고, 가운데에 '十'자 모양의 돌대흔이 있다. 입술지름은 14.4cm, 밑지름 9.0cm, 높이 17.8cm이다.

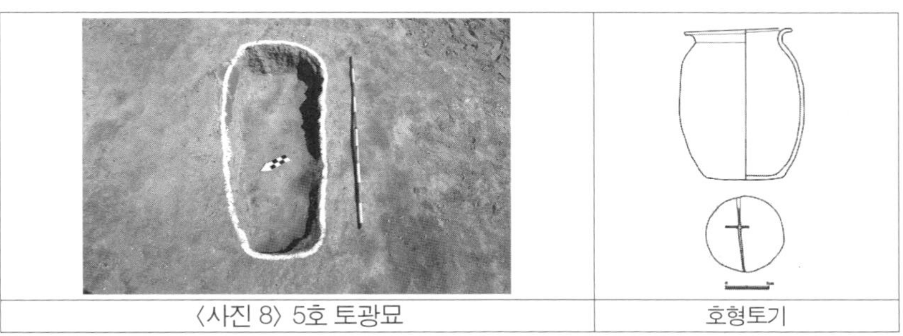

〈사진 8〉 5호 토광묘	호형토기

3) 옹관묘

묘는 조사지역의 서쪽 능선 상단부(해발 48m)에 위치하고, 장축은 동북-서남쪽이며, 등고선과 나란한 편이다. 이 옹관묘는 외반구연옹(동쪽)과 호형토기(서쪽)를 수평으로 조합한 합구식(合口式)으로 호형토기를 옹의 안쪽으로 밀어 넣었다. 옹관의 길이는 95cm, 너비 55cm, 남은 높이 30cm 정도이다.

옹은 입술이 외반되어 있고, 입술 끝이 각이져 있으며, 기벽은 몸통 상단부에서 최대 지름을 이루다가 입술쪽에서 줄어든다. 겉면에 문양은 없고, 바닥은 평평하다. 복원 입술지름은 34.6cm, 밑지름 22.8cm, 높이 70.5cm이다. 호형토기는 입술이 외반되었고, 기벽은 몸통 가운데에서 최대 지름을 이루다가 입술쪽으로 오면서 점차 줄어든다. 겉면에 문양은 없고, 바닥은 평평하다. 밑지름이 19.6cm, 남은 높이 23.4cm이다.

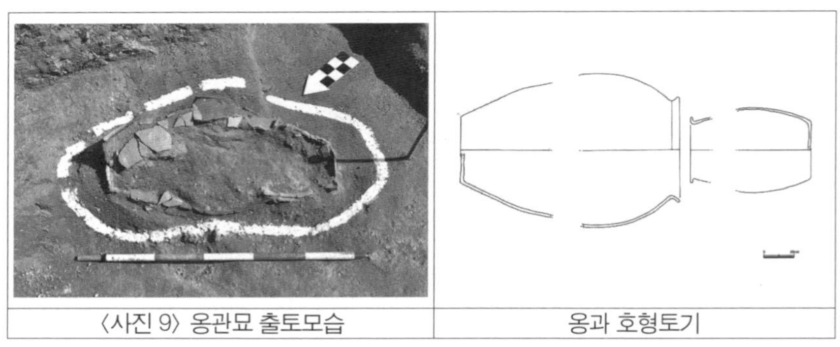

〈사진 9〉 옹관묘 출토모습	옹과 호형토기

4) 3호 주거지

조사지역 동쪽 사면부의 하단부(해발 43.5m)에 위치하고 있으며, 평면은 장방형으로 추정되고, 장축은 북동-남서쪽이다. 남아 있는 주거지의 크기는 440×180(?)×5cm 정도이다. 주거지 바닥은 전체적으로 불에 탄 자국이 많고, 여러 개체의 토기조각들이 남아 있다. 주거지 바닥에는 노지가 여러 군데 있으며, 호와 시루, 발형 토기조각이 출토되었다.

호의 입술조각은 회색을 띠고, 입술이 밖으로 살짝 꺾여 마무리되었으며, 어깨부분에 종선문을 먼저 새기고 그 위에 횡선문이 시문되었다. 시루조각은 하단부에 구멍 4개가 남아 있고, 불탄자국이 있으며, 구멍 지름이 1.2cm 정도이다. 발형 토기는 주거지 바닥의 돌에 엎어진 상태로 출토되었는데, 적황색을 띠고, 바닥이 평평하며 기벽은 직립되어 올라간다.

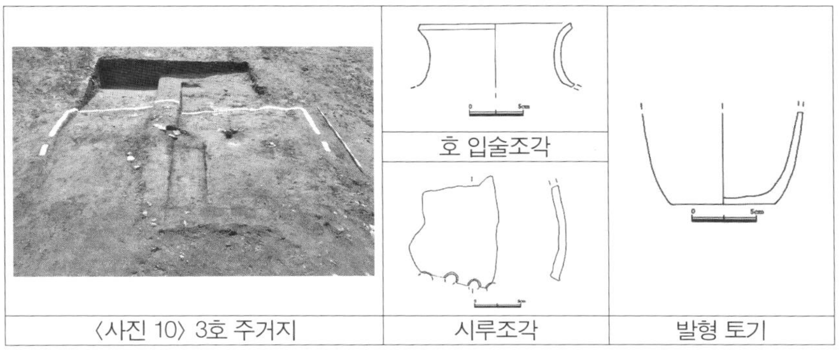

호 입술조각

〈사진 10〉 3호 주거지 | 시루조각 | 발형 토기

III. 조사성과와 주변유적 검토

안성시 도기동 산51-3번지 유적은 도기동 산51-5번지 유적[6] 및 도기동 436-1번지 유적과[7] 같은 성격을 지닌 산성의 일부분이고, 도기동 산52번지 유적에서는 삼국시대 석곽묘와 토광묘, 옹관묘, 주거지가 발굴되었다. 그러나, 도기동 산51-5번지 유적에 대한 조사가 일부분에 대해서만 진행되었고, 앞으로도 추가 조사가 계획되어 있는 만큼 여기에서는 도기동 산51-3, 52번지 유적에 대한 조사성과와 주변에서 발굴된 삼국시대 유적을 검토해 보고자 한다.

우선, 도기동 산51-3번지를 포함한 산성으로 추정되는 유적의 둘레는 약 1.4km로 측정되었고,[8] 성이 있는 산의 지형은 북쪽이 높고 남쪽으로 갈수록 낮아져 해발상으로 48~78m 사이에서 목책렬이 확인되었다. 도기동 산51-5번지

6) 기남문화재연구원, 2015, 앞의 자료.
도기동 산51-5번지 유적은 국가사적으로 지정된 상태이다.

7) 겨레문화유산연구원, 2016, 앞의 보고서.

8) 김진영, 2016, 「안성 도기동 성곽유적의 발굴조사 성과와 과제」, 『삼국시대의 토성과 목책성-한국성곽학회 2016년도 춘계정기학술대회』, 164쪽.

유적에서는 목책렬이 4개 구간에서 약 130m가 확인되었고, 수혈 15기, 고려시대 석곽묘 6기, 조선시대 토광묘 51기 등이 발굴되었다.[9] 도기동 436-1번지 유적에서도 삼국시대(백제) 목책렬과 주거지 1채, 수혈 7기, 조선시대 토광묘 5기 등이 조사되었다.[10] 특히 도기동 산51-5번지와 436-1번지 유적에서 확인된 목책과 토루, 석벽시설 등으로 볼 때, 이 산성이 내·외 중성일 가능성도 제기된 상태이다.[11]

도기동 산51-3번지 유적에서는 산성과 관련있는 유구로 석축 2기와 목책렬 1기, 목주열 2기가 확인되었다. 석축유구는 1호가 산 정상부의 등고선을 따라 축조되어 있고, 2호는 남쪽 경사면에 등고선과 직교되도록 목책렬 및 토루와 함께 중복되어 있다. 따라서, 1호 석축유구는 가장 높은 곳에 축조되어 있으면서 건물지와 주거지, 1호 목주열이 북동-남서방향으로 일직선으로 배치되어 있다. 석축의 축조방식은 풍화암반층을 깎아내고 석축을 쌓았으며, 바깥쪽에 소토가 섞인 흙을 깔아 보강하였다. 2호 석축유구는 먼저 축조된 목책공 중 2열인 6~8호를 매몰한 뒤 그 위에 석축을 쌓았다. 석축은 토루의 일부를 깎아내고 쌓았으며, 바깥쪽에 보축을 하여 석축이 무너지지 않도록 하였다. 또한 석축 남쪽 부분에서 영정주도 확인되어 석축을 쌓으면서 설치했던 것임을 알 수 있었다.

토루는 경사면을 따라 성토다짐을 했는데 층위 두께가 일정하지는 않지만, 찰흙과 석비레를 교대로 쌓았고 석축 뒤쪽에도 거친 모래와 돌이 섞인 흙으로 뒷채움을 단단하게 한 점이 특징이다. 목책렬은 1열과 2열이 서로 엇갈리도록 배치했고, 형태와 크기 차이가 거의 없어 동시에 축조된 것임을 알 수 있다. 따라서, 2호 석축이 목책렬보다 늦게 축조된 것임을 알 수 있고, 토루의 바깥쪽을 일부 깎아내고 석축을 쌓았으며, 보강토로 다진 것으로 파악되었다. 그리고 축조연대는 각 유구에서 채취한 숯을 분석해 본 결과, 5세기 초부터 7세기 중반대인 것으로 밝혀졌으며, 목책렬이 가장 먼저 조성되었고, 토루와 석축이 축조된 것으로 추정

9) 기남문화재연구원, 2015, 앞의 자료.
김진영, 2016, 위의 글.

10) 겨레문화유산연구원, 2016, 앞의 보고서.

11) 김진영, 2016, 앞의 글, 167쪽.

된다.

다만, 축조주체에 대해서는 1호 석축유구와 1·2호 건물지, 1호 주거지에서는 백제 토기가 주로 출토되었지만, 2호 주거지에서는 고구려 토기가 출토되어 주체가 서로 달랐음을 짐작케 해 주고 있다. 또한, 1호 석축이 3개 구간으로 나누어지고, 축조양상도 차이를 보이고 있으므로 석축과 토축의 모든 구간이 한 번에 축조되지는 않았거나 증·개축된 것으로 판단되며, 운영기간에 관한 문제도 앞으로 이루어질 주변지역에 대한 추가조사를 통하여 비교분석이 이루어져야 하겠다.

다음으로 도기동과 그 주변에서 조사된 백제 유적을 중심으로 정리해 보면 아래와 같다.

고분이 발굴된 유적으로는 도기동 유적에서 백제 석곽묘 1기와 토광묘 38기가 조사되었는데, 환두대도를 비롯하여 철모, 철부, 재갈, 호형토기, 심발형토기 등이 출토되었으며, 축조시기는 4세기 후~5세기 초에 해당되는 것으로 보고되었다.[12] 최근에 조사된 도기동 산18번지 유적에서도 백제 석곽묘 4기와 토광묘 21기 등 29기가 발굴되었고, 환두대도와 철정, 과대, 재갈, 장경호, 심발형토기 등이 출토되었다.[13]

장원리에서도 횡혈식 석실묘 3기와 삼국~고려 석곽묘 11기 등이 발굴되었는데,[14] 석실묘의 경우 백제인이 축조하고 나중에 신라인이 재사용한 것으로 밝혀져 주목받은 바가 있다. 부장품 중에는 난형토기와 고배, 광구대호 등과 금·은제 반지와 철겸·철탁·철부 등이 출토되어 4세기 중엽~5세기 초반 이전으로 추정되고 있다. 신두리에서는 토광묘 7기와 옹관묘 1기가 발굴되었는데, 3·7호 묘에는 주구가 갖추어져 있고, 환두대도와 철모, 철도자, 청동팔찌, 원저단경호, 심발형토기 등이 출토되었다. 묘의 축조시기는 3세기 후반에서 4세기 초반으로 추정되고 있다.[15]

백제 주거지가 발굴된 유적으로는 위에서 살펴본 도기동 유적의 B지구에서 3

12) 中央文化財研究院, 2008, 『安城 道基洞遺蹟』.

13) 누리고고학연구소, 2015, 앞의 자료.

14) 韓國文化遺産研究院, 2012, 『安城 長院里·龍舌里·唐木里 遺蹟』.

15) 中央文化財研究院, 2012, 『安城 新頭里遺蹟』.

채가 조사되었는데, 등고선과 나란하면서 평면 장방형에 노지와 주공, 저장공 등이 갖추어진 것으로 파악되었다. 출토유물은 완 등의 토기조각이 출토되었다.[16] 도기동 436-1번지 유적 2지점에서도 방형의 주거지 1채가 발굴되었는데, 이 주거지에는 벽구와 주공이 남아 있고, 단경호와 고배, 시루 등의 토기가 출토되어 4세기 후~5세기 초로 추정되었다.[17]

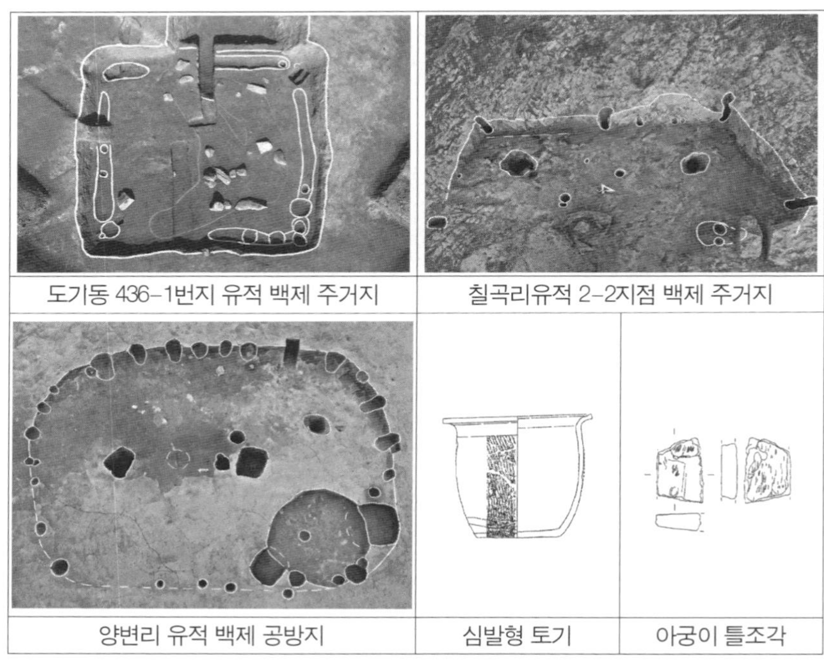

도기동 436-1번지 유적 백제 주거지 / 칠곡리유적 2-2지점 백제 주거지

양변리 유적 백제 공방지 / 심발형 토기 / 아궁이 틀조각

칠곡리 유적의 2-1·2지점에서도 주거지 6채가 조사되었는데, 2-1지점 주거지 5채는 평면 장방형에 노지와 부뚜막시설, 벽구, 주공이 확인되었고, 심발형토기와 호, 장란형토기, 방추차가 출토되었다. 2-2지점에서 발굴된 주거지 1채는 평면이 육각형으로 추정되고, 남은 길이 745cm, 너비 360cm, 깊이 112cm로 규모가 다소 큰 편이다. 주거지 내부에서는 부뚜막과 벽주, 주공 시설이 확인되었고, 출

16) 中央文化財硏究院, 2008, 앞의 보고서 참조.

17) 겨레문화유산연구원, 2016, 앞의 보고서 참조.

토유물로는 유개고배를 비롯한 심발형토기, 장란형토기, 동이 조각 외에 주조철부 등도 출토되었다.[18)]

양기리 유적(안성-음성간 고속도로공사구간)에서는 1지역 B구역에서 구상유구와 수혈, 주거지가 조사되었고, 추가 발굴조사지점에서도 주거지 2채가 발굴되었다. 2호 주거지와 3호 주거지는 벽체 일부가 중복되어 있는데, 2호는 평면이 장방형, 3호는 방형인 것으로 파악되었고, 2호 주거지에서 아궁이틀조각이 출토되었으며 추정 연대는 4세기 중~말에 해당하는 것으로 조사되었다.[19)] 이밖에도 양변리에서 토기가마와 폐기장, 공방지 등이 발굴되었는데, 토기가마에서는 대호류와 심발형토기, 합, 아궁이틀 등이 출토되었으며, 축조시기는 5세기 후엽으로 추정되고 있다.[20)]

도기동 주변 성곽으로는 동-서방향으로 망이산성과 죽주산성, 비봉산성,[21)] 무양산성이 있고,[22)] 남쪽에는 서운산성이[23)] 자리해 있다. 망이산성에서는 다각형 건물지와 백제 토기가 출토되었고,[24)] 죽주산성은 교통의 요지에 입지해 있는 거점산성으로 내·외·중성으로 이루어진 복합식 산성임이 밝혀졌으며, 백제와 신라 유구 및 유물이 발굴되었다.[25)]

---

18) 中部考古學硏究所, 2012a, 『安城 七谷里 遺蹟』.

19) 중원문화재연구원, 2008, 『안성 양기리 유적』.

20) 中部考古學硏究所, 2012b, 『安城 兩邊里 遺蹟』.

21) 이 산성은 석축성(내성, 둘레 714m)과 토축성(중성, 둘레 694m), 포곡식 산성(외성, 1,656m)으로 이루어진 복합산성으로 문지 3개소와 중성의 남장대지가 확인되었다(경기도박물관, 2003, 『안성천』 vol.2, 409~426쪽).

22) 이 성은 테뫼식 내성(둘레 680m)과 포곡식 외성(둘레 400m)으로 이루어진 복합식 산성으로 토축과 석축 성벽이 확인되었다. 시설로는 치성 2개소, 문지 3개소, 장대지 등이 있고, 삼국부터 조선시대 유물이 수습되었다(단국대학교 매장문화재연구소, 1999, 『안성 운수암 삼성각 건립부지 발굴조사보고서』).

23) 이 산성은 산 정상부에 축조된 퇴뫼식성으로 둘레 약 620m이고, 치성 2개소, 문지 2개소, 건물지 4개소 등이 파악되었고, 토축과 석축 성벽이 확인되었으며, 삼국~조선시대 유물이 수습되었다(경기도박물관, 2003, 위의 책, 431~448쪽).

24) 단국대학교 중앙박물관, 1992, 『망이산성 학술조사 보고서』.
단국대학교 중앙박물관, 1999, 『안성 망이산성 2차 발굴조사 보고서』.
단국대학교 매장문화재연구소, 2006, 『안성 망이산성 3차 발굴조사 보고서』.

25) 단국대학교 매장문화재연구소, 2002, 『안성 죽주산성 지표 및 발굴조사보고서』.

이상으로 안성에서 조사된 백제 관련 유적과 유물을 검토해 본 결과, 3~5세기대의 백제 고분과 주거지, 토기가마, 수혈, 구상유구 등이 발굴되었다. 또한 도기동 산52번지 유적에서 발굴된 3호 주거지도 가장 나중에 사용된 시기가 4세기대로 추정되고, 1호 석곽묘와 5호 토광묘는 부장된 토기에서 고구려 토기의 제작기법이 반영된 것으로 보아 5세기 후반 이후에 조성된 것으로 볼 수 있겠다.

IV. 5~6세기 정세와 유적의 성격[26)]

여기에서는 앞에서 살펴본 조사성과를 바탕으로 삼국시대 안성을 둘러싼 당시의 정세를 요약해 보고자 한다.

5~6세기에는 삼국이 한강을 둘러싸고 치열한 공방전을 벌인 때로 1백년도 안되는 사이에 수시로 지배자가 바뀌는 혼란기였다. 475년 고구려는 백제의 한성(漢城)을 공격하여 함락시켰고, 551년에는 백제와 신라 동맹군이 한강과 강원지방을 공략하여 16개 군을 점령하였다. 그러나, 553년 신라는 백제가 회복한 한성지역을 빼앗았고, 554년 고구려는 백제의 웅천성을 공격하기도 했었다. 이러한 정세에서 도기동 산성은 삼국사이에 영역 다툼이 심했던 시기에 운영되었던 것으로 여겨진다.

안성은 지금의 시가지를 중심으로 삼국시대 고구려 때에 내혜홀(奈兮忽)이었다가 신라 경덕왕 때 백성군(白城郡)으로 바뀐 것으로 전해진다.[27)] 그러나, 이러

단국대학교 매장문화재연구소, 2006, 『안성 죽주산성 남벽 정비구간 발굴조사 보고서』.
한백문화재연구원, 2008, 『안성 죽주산성 동벽 정비구간 문화재 발굴조사 보고서』.
한백문화재연구원, 2011, 『안성 죽주산성 성벽 보수구간 내 유적』.
한백문화재연구원, 2012, 『안성 죽주산성 2~4차발굴조사보고서』.
한백문화재연구원, 2013, 『안성 죽주산성 동벽 정비구간(II)내 유적』.

26) III장의 내용은 세종대학교 박물관에서 2016년에 간행한 『안성 도기동 산51-3번지 건물신축부지내 유적』과 『안성 도기동 산52번지 창고신축부지내 유적』의 보고서 중 '유적의 성격'부분을 일부 인용하였음을 밝혀둔다.

27) 『三國史記』 卷35, 雜志4 地理2.
『三國史記』 卷37, 雜志6 地理4.

한 지명은 『三國史記』에 전해져 오는 것일 뿐, 실제로는 안성 지역에 있던 마한(馬韓)을 백제가 병합하면서 백제의 영토로 편입되었을 것으로 사료되고,[28] 475년 고구려가 한성을 점령한 이후 남진(南進)하면서 안성을 점령한 것으로 생각된다. 당시 고구려군은 이제까지의 고고학적 조사성과를 바탕으로 본다면, 한성 함락 이후 서울 아차산에서 송파로 건너 성남, 용인을 거쳐 안성, 청주, 대전 방면까지 남하했던 것으로 추정해 볼 수 있다. 고구려군의 남진로(南進路)로 추정되는 곳에는 성남 판교동 고분군과[29] 용인 보정동 고분군,[30] 보정동 소실고분군[31] 등에서 고구려 석실묘가 발굴된 바 있고, 마북동 취락유적과[32] 425-10번지 유적에서[33] 고구려 토기와 주거지가 확인되었다. 또한 남성골산성(세종특별자치시 기념물 제9호)과[34] 대전 월평동 산성[35] 등으로 보아 이러한 추정이 어느 정도 설득력이 있다고 생각된다. 다만, 『三國史記』에는 475년 이후부터 554년 사이에 백제와 고구려가 치열한 공방전을 벌어진 것으로 전해지고 있는데 이를 정리해보면, 아래와 같다.

---

28) 고이왕대 천안, 아산 방면에 있던 목지국이 병합되어 차령산맥 이북지역이 영역화 된 것으로 이해되고 있다(강종원, 2013, 「백제의 서남방면 진출-문헌적 측면」, 『근초고왕 때 백제영토는 어디까지였나』, 한성백제박물관 참조).

29) 한국문화재보호재단, 2007, 「성남 판교지구 문화유적 2차 발굴조사-5차 지도위원회의 자료-」.

30) 한양대학교 문화재연구소, 2007, 「경기도 용인시 기흥구 보정동 901-3번지 신축부지내 발굴조사 간략보고서」.

31) 보정동 21호 횡혈식 석실묘가 고구려의 것으로 이해되고 있다(畿甸文化財研究院, 2005, 『龍仁 寶亭里 소실遺蹟 試·發掘調査 報告書』).

32) 京畿文化財研究院, 2009, 『龍仁 麻北洞 聚落遺蹟』.

33) 韓國考古環境研究所, 2009, 『龍仁 麻北洞 遺蹟』.

34) 忠北大學校 博物館, 2004, 『淸原 南城谷 高句麗遺蹟』.
中原文化財研究院, 2008, 『淸原 南城谷 高句麗遺蹟』.
정운용은 남성골산성이 당시에 백제가 한강 유역을 여전히 유지하고 있었기 때문에 고구려가 충주, 중원 지역으로의 진출에 따라 축조한 것이며, 점유기간은 짧았던 것으로 보고 있다(정운용, 2013, 「淸原 南城谷 高句麗 山城의 築造와 運用」, 『東北亞歷史論叢』 39, 동북아역사재단).

35) 국립공주박물관·충남대학교박물관, 1999, 『대전 월평동유적』.

왕력(연대)	주요 내용(원문)	출처
문주왕 2년 (476)	2월, 대두산성을 수리하고 보수하여 한강 이북의 사람들을 옮겼다 (春二月 修葺大豆山城 移漢北民戶)	『三國史記』卷26, 百濟本紀4
동성왕 4년 (482)	9월, 말갈이 한산성을 습격해 깨뜨리고 3백여호를 사로잡아 돌아갔다 (秋九月 靺鞨襲破漢山城 虜三百餘戶以歸)	〃
동성왕 5년 (483)	봄, 왕이 사냥하러 한산성에 이르러 군사와 주민을 위문하고 열흘 만에 돌아왔다 (春 王以獵出至漢山城 撫問軍民 浹旬乃還)	〃
동성왕 17년 (495)	8월, 고구려가 치양성을 포위하므로 왕이 신라에게 구원을 청하자 신라왕이 장군 덕지에게 군사를 거느리고 이를 구하라 명하니 고구려병이 물러나 돌아갔다 (秋八月 高句麗來圍雉壤城 王遣使新羅請救 羅王命將軍德智帥兵救之 麗兵退歸)	〃
동성왕 21년 (499)	한산인 2천명이 고구려로 도망하였다 (漢山人亡入高句麗者二千)	〃
무령왕 원년 (501)	11월, 달솔 우영과 군사 5천을 보내 고구려의 수곡성을 습격하게 하였다 (冬十一月 遣達率優永 帥兵五千 襲高句麗水谷城)	〃
무령왕 2년 (502)	11월, 군사를 보내어 고구려의 변경을 공격하였다 (冬十一月 遣兵侵高句麗邊境)	〃
무령왕 7년 (507)	10월, 고구려 장수 고로가 말갈과 모의해 한성을 치기 위해 횡악 아래에 진둔하자 왕이 군사를 출동시켜 격퇴시켰다 (冬十月 高句麗將高老與靺鞨謀 欲攻漢城 進屯於橫岳下 王出師戰退之)	〃
무령왕 12년 (512)	9월, 고구려군이 가불성을 함락하고, 군사를 원산성으로 옮겨 깨뜨렸으며, 죽이고 노략해 간 이들이 많았다. 왕이 기병 3천을 거느리고 위천 북에서 싸웠는데, 고구려 사람들은 왕의 군사가 적은 것을 보고 만만하게 여기고 진을 치지 않았다. 이에 왕이 기묘한 계략을 세워 급격히 쳐서 크게 이겼다 (秋九月 高句麗襲取加弗城 移兵破圓山城 殺掠甚衆 王帥勇騎三千 戰於葦川之北 麗人見王軍少 易之不設陣 王出奇急擊 大破之)	〃
무령왕 23년 (523)	2월, 왕이 한성에 가서 좌평 인수와 달솔 사오 등을 시켜서 한수 북쪽 주군의 백성 가운데 15세 이상을 징발하여 쌍현성을 쌓게 하였다 (春二月 王幸漢城 命佐平因友 達率沙烏等 徵漢北州郡民年十五歲已上 築雙峴城)	〃

성왕 원년 (523)	8월, 고구려군이 패수에 이르자 왕이 좌장 지충에게 명해 보병과 기병 1만명을 출전시켜 물리쳤다 (秋八月 高句麗兵至浿水 王命左將志忠 帥步騎一萬 出戰退之)	〃
성왕 7년 (529)	10월, 고구려 왕 흥안〔안장왕〕이 출전하여 북쪽 변경의 혈성을 함락시켰다. 왕이 좌평 연모에게 명해 보병과 기병 3만명을 거느리고 오곡의 들에서 막아 싸웠으나, 이기지 못하고 2천여명이 전사했다. (冬十月 高句麗王興安躬帥兵馬來侵 拔北鄙穴城 命佐平燕謨 領步騎三萬 拒戰於五谷之原 不克 死者二千餘人)	〃
성왕 16년 (538)	봄, 사비로 천도하고 국호를 '남부여'로 하였다 (春 移都於泗沘 國號南扶餘)	〃
성왕 18년 (540)	9월, 왕이 장군 연회에게 명하여 고구려의 우산성을 공격하게 했으나 이기지 못하였다 (秋九月 王命將軍燕會 攻高句麗牛山城 不克)	〃
성왕 26년 (548)	정월, 고구려 왕 평성〔양원왕〕이 예와 함께 한수 북쪽의 독산성을 공격해 오자, 왕이 사신을 보내 신라에 구원을 청하였다. 신라왕이 장군 주진에게 명하여 갑졸 3천을 거느리고 출발하였다. 주진이 밤낮으로 달려 독산성 아래에 이르러 고구려군과 일전하여 크게 이겼다 (春正月 高句麗王平成與濊謀 攻漢北獨山城 王遣使請救於新羅 羅王命將軍朱珍領甲卒三千發之 朱珍日夜兼程 至獨山城下 與麗兵一戰 大破之)	〃
성왕 28년 (550)	정월, 왕이 장군 달기와 군사 1만명을 보내 고구려의 도살성을 함락하였다. 3월, 고구려군이 금현성을 포위하였다 (春正月 王遣將軍達己 領兵一萬 攻取高句麗道薩城 三月 高句麗兵圍金峴城)	〃
성왕 31년 (553)	7월, 신라가 동북변을 탈취하여 신주를 설치했다 (秋七月 新羅取東北鄙置新州)	〃
위덕왕 원년 (554)	10월, 고구려가 크게 군사를 일으켜 와서 웅천성을 쳤으나 우리에게 패하여 돌아갔다 (冬十月 高句麗大擧兵來攻熊川城 敗衄而歸)	『三國史記』卷27, 百濟本紀5

『三國史記』 백제본기에는 백제가 한성에서 웅진으로 천도한 이후에도 한산성(漢山城)이나 한산인(漢山人)에 대한 기록이 보이고 있다. 그리고 무령왕대에는 고구려와 4회, 성왕대에는 6회에 걸쳐 전쟁을 벌였다. 물론 동성왕대에도 신라와 함께 고구려와 전투를 벌였고, 한산과 관련된 명칭이 기록되어 있기 때문에 이를 감안한다면, 한강 이북의 민호가 사민(徙民)된 연유로 해서 차령산맥 이남

을 '한산'으로 지칭하였을 개연성도 있다. 또한 동성왕대 성을 축성한 지점이 충남 한산·공주·부여·금산, 대전, 충북 괴산으로 보고 있으며, 나제동맹군이 고구려군과 전투를 벌인 지점은 진천–증평–청원 미원–보은 지역으로 보고 있다.[36] 따라서, 동성왕대에는 충남과 충북 지역을 중심으로 고구려와 치열한 접전을 벌인 것으로 볼 수 있겠다.

그러나, 무령왕대에 와서는 고구려에 선제 공격을 가하면서 한성 지역과 그 이북지역까지도 회복한 것으로 보여진다.[37] 그만큼 군사력면에서 백제군이 웅진기에 들어 상당히 회복되었다는 점을 알 수 있다. 그리고 성왕대에도 고구려와의 대결은 지속되었는데, 고구려도 안장왕이나 양원왕이 직접 출전하여 혈성을 함락하고, 독산성을 예와 함께 공략하기도 했다. 이때의 전투를 보면, 백제와 고구려의 전투는 수곡성과 한성, 우산성, 독산성 등 주로 한강 유역과 그 이북지역에 집중되어 있다. 따라서, 6세기초부터 중반까지 백제와 고구려의 충돌지역은 이전의 충청지역이[38] 아닌 그보다 북쪽인 한강과 임진강 유역 및 영서 지역으로 확대되었던 것으로 이해되고 있다.[39]

백제와 고구려가 한강 유역과 그 이북 지역에서 본격적으로 공방전(攻防戰)을 벌인 때는 무령왕 원년(501)에 고구려의 수곡성을[40] 공격한 일부터이다. 507년에도 고구려가 말갈과 함께 한성을 치려하자 왕이 군사를 내어 격퇴시켰고, 512년에는 가불성과 원산성에서 고구려군과 전투를 벌였다. 또한 523년에는 왕이 직접 한성에 가서 쌍현성을 쌓고, 8월 성왕이 즉위한 직후에 고구려군이 패수에

36) 양기석, 2005, 「5~6세기 百濟의 北界」, 『博物館紀要』 20, 檀國大學校 石宙善紀念博物館 참조.

37) 이 문제에 대해서는 많은 연구성과가 있어 왔고, 최근에 고고자료가 확보되면서 더욱 많은 관심과 연구의 대상이 되고 있다. 이에 대한 연구사 정리는 김영관의 글을 참고바란다(김영관, 2015, 「웅진시대 백제의 한강유역 영유권 연구」, 『百濟文化』 52, 공주대학교 백제문화연구소).

38) 여호규는 475년 이후 고구려와 백제가 천안~아산 일대를 경계로 대치했고, 고구려가 6세기 초에 천안 일대를 석권한 다음(512년), 6세기 중반에는 예산 일대로 진격했으나 실패한 것으로 보고 있다(여호규, 2015, 「4~6세기 고구려와 백제의 국경 변천」, 『삼국 한강』, 광진문화원 참조).

39) 김병남, 2002, 「百濟 熊津時代의 北方 領域」, 『白山學報』 64, 白山學會.
金壽泰, 2006, 「백제 성왕대의 변경 : 한강유역을 중심으로」, 『百濟研究』 44, 忠南大學校 百濟研究所.

40) 수곡성은 신계군 침교리나 다율면 구만리로 비정되고 있다(서영일, 2014, 「삼국 항쟁과 아차산성」, 『아차산성』, 광진구·광진문화원, 135쪽).

이르자 1만명을 출전시켜 격퇴시켰다. 그리고 501년부터 507년 사이에 백제는 탄현과 고목성 남쪽 등에 책(柵)을 세웠다는 기록이 있다.[41]

이러한 문헌기록을 참고로 한다면, 6세기 초에는 무령왕이 한성을 회복한 것으로 이해됨에 따라 안성 지역도 475년 이후에 고구려군이 남하하여 여러 성을 점령했다가 백제군이 다시 탈환했던 것으로 볼 수 있겠다. 그러나 529년 고구려 안장왕이 직접 출전하여 한성 지역을 재탈환했을 개연성도 높아 보인다.[42] 이는 고구려, 신라와의 국경이 수시로 변했다는 것을 알려주고 있으며, 이와 관련하여 이번에 조사된 도기동 산성은 당시 정세와 밀접한 연관이 있는 유적으로 평가된다. 특히 이 성은 목책렬을 먼저 구축하고 토루와 석축, 목주를 세우는 등 여러 차례 변화가 이루어졌다는 점과 주거지에서 출토된 유물 중 백제와 고구려 토기가 확인된 점, 1호 석곽묘와 5호 토광묘 출토 토기가 고구려 토기의 영향을 받았다는 점 등으로 보아 각기 축조 주체자가 달랐음을 증명해 주고 있다.

물론 산성의 나머지 지역에 대해서 추가 조사가 이루어져야 보다 구체적인 축조시기와 사용주체자를 파악할 수 있겠지만, 처음 목책렬을 축조한 주체자는 백제가 분명한 것으로 여겨진다. 그러나, 목책렬의 구조와 배치상태가 현재까지의 조사성과로 보아서는 3개 지점에서[43] 확인된 목책렬이 모두 동일하지 않아 수축이나 증·개축된 시점이 달랐던 것으로 보인다. 그리고 토루와 석축도 도기동 산51-5번지 유적에서 조사된 자료를 보면, 도기동 산51-3번지에서 조사된 2호 석축유구와 축조수법이 비슷하기도 하지만, 목책렬 사이에 토루가 있고(4구간), 내·외목책렬의 간격차가 있어서 토루를 높게 구축하기 위한 토성벽일 가능성도 완전히 배제하기 어렵다고 본다. 그렇다면, 이 성은 여러 차례 점유자가 달라지면서 필요에 따라 증·개축을 했던 것으로 이해되는데, 백제는 북쪽을, 고구려는 남쪽을 주로 방어해야 했다는 점을 상기할 필요가 있으며, 성의 규모가 점차 확

41) 『三國史記』 卷26, 百濟本紀4의 동성왕 23년(501)과 무령왕 7년(507)에 탄현과 고목성 남쪽 두 곳에 책을 세웠다고 전한다.

42) 『三國史記』 卷19, 高句麗本紀7 安藏王 11年條 "冬十月 王與百濟戰於五谷 克之 殺獲二千餘級." 『三國史記』 卷26, 百濟本紀4 聖王 7年條 "冬十月 高句麗王興安躬帥兵馬來侵 拔北鄙穴城 命佐平燕謨 領步騎三萬 拒戰於五谷之原 不克 死者二千餘人."

43) 도기동 산51-3, 산51-5, 436-1번지 유적을 지칭함.

도기동 산51-5번지 유적 2~3구간 | 도기동 산51-5번지 유적 4구간

도기동 436-1번지 유적 전경 | 도기동 436-1번지 유적 1지점 목책렬

대되었을 가능성도 높아 보인다. 그리고 도기동 산51-3번지의 2호 주거지에서는 고구려 토기가 출토되어 고구려군이 주둔했음을 알 수 있으며, 토루의 일부를 깎아내고 석축과 영정주를 세워 시설하였다.

다만, 석축을 구축한 시기가 언제일지가 관건인데, 백제가 한성을 회복했던 때가 501년부터 529년 사이라면, 529년부터 539년사이에는 고구려가 한성 지역을 다시 점령했을 가능성이 높다. 그러나, 고구려군이 안성 지역까지 점령했을 가능성은 낮은 것으로 보이는데, 547년에 고구려가 한북의 독산성을 공격해 왔다는 것으로 보아 백제가 일시적으로 한강 유역까지 재차 회복했을 가능성도 있다. 물론 백제가 한강 유역을 다시 되찾은건 551년 신라와 공동작전을 펼쳤을 때이다. 그러나, 553년 신라는 백제가 회복한 한강 유역을 기습하여 신주(新州)를 설치하고, 554년에는 고구려가 많은 병력을 동원하여 웅천성을 공격해 왔다는 점으로 미루어 본다면,[44] 고구려가 육상 또는 해상으로 한강 이남지역까지 일시

44) 임기환은 웅천이 안성천을 가르키는 시점이 늦어도 고이왕대 혹은 3세기 중엽으로 추정하고,

적으로 남하하여 재차 웅진까지 압박했을 가능성도 있다. 그러나, 6세기 중반에서 후반으로 넘어가면서 안성 지역은 신라의 영역으로 편입되었는데, 신라 입장에서는 이 성이 전략적 측면에서 큰 가치가 없었던 것으로 이해된다. 따라서, 이 성에 석축을 구축한 주체는 축조수법으로 보아 고구려일 가능성이 높고, 그 시기는 475~501년 사이일 것으로 여겨지며, 앞에서 언급했듯이 목책과 같이 석축도 지점이나 구간별로 축조수법이 다르기 때문에 몇 차례에 걸쳐 증·개축된 것으로 생각된다.

V. 맺음말

안성 지역에서 확인되고 있는 백제 유적의 중심연대는 앞에서 살펴본 바와 같이 3~5세기대로 편년되고 있는데, 성곽이나 주거지, 고분, 생산유적의 분포양상이 광범위하고 고구려나 신라 유적에 비해 비중이 높다는 점에서 상당기간 안정적인 지배를 했던 것으로 이해된다.[45] 그러다가 475년 이후에 고구려의 남하가 진행되면서 안성천 일대를 고구려군이 점령한 것으로 여겨지는 가운데, 도기동 산성에서 고구려 주거지와 토기가 출토되었고 석축의 구축도 이 때 이루어진 것으로 판단된다. 그러나, 백제가 5세기 후반부터 6세기 초사이에 고구려를 공략함에 따라 안성천 일대도 다시 백제가 점령한 것으로 추정되는데, 501~507년 사이가 가장 주목되는 시기로 생각된다. 이 때가 무령왕이 북진정책을 강력하게 추진해서 어느 정도의 성과를 이루었냈던 시기이며, 성왕대까지도 고구려와 대결을 지속해 나간다. 고구려 안장왕은 529년 군사를 이끌고 직접 출전하여 혈성

금강을 웅천으로 부르게 된 것이 목지국 병합에 따른 영역확장이 된 근초고왕대로 보고 있다(임기환, 2013, 「『삼국사기』 온조왕본기 영역 획정 기사의 성립 시기」, 『역사문화연구』 47, 한국외국어대학교 역사문화연구소).

45) 서현주는 화성지역을 중심으로 경기 남부지역은 중요 위세품이 많지 않고 토기에서 변화가 보이는 점에서 늦어도 4세기부터는 백제의 영역에 포함되었고, 그 지배방식은 토기 변화가 뚜렷하여 직접지배에 가까웠을 것으로 추정하고 있다(서현주, 2013, 「백제의 서남방면 진출-고고학적 측면-」, 『근초고왕 때 백제영토는 어디까지였나』, 한성백제박물관, 124쪽).

을 함락하는 등 한강 유역을 다시 고구려의 지배하에 넣은 것으로 여겨지고 있다.[46] 이에 백제도 사비로 천도한 후 551년까지 고구려와 공방전을 벌여 한성을 다시 회복한 것으로 보인다.

이러한 상황을 감안해 본다면, 도기동 산성은 백제에 의해 본격적으로 구축되기 시작하고, 475년 이후에 고구려가 남진하여 점령하는 동안 석축으로 증·개축한 것으로 추정된다. 6세기 초에는 백제가 다시 안성 지역을 확보했던 것으로 보이는데, 고구려와 전투가 이어지면서 지속적인 관리가 이루어졌던 것으로 이해된다. 그러나, 554년을 기점으로 성왕이 전사하고, 웅천성 전투 이후 백제와 고구려 사이에는 더 이상 전투가 벌어지지 않았다. 대신 555년 진흥왕이 북한산을 순행하고,[47] 557년 신주를 폐하고 북한산주로 옮겼으며,[48] 568년 북한산주를 남천주로 옮기면서[49] 당항성으로 통하는 교통로 확보를 위해 경기 동부와 남부지역에 대한 지배가 공고해 진 것으로 생각된다.

한편, 도기동 지역의 경관변화(景觀變化)를 추정해 보면, 이 지역은 안성천을 따라 발달한 평야지대로 인해 기원전·후부터 농경지와 취락지가 발전했던 것으로 보인다. 특히 도기동 산52번지 유적의 3·4호 주거지에서는 연질의 적갈색 토기조각이 출토되었고, AMS측정연대도 1~2세기대로 분석되어 그러한 가능성을 뒷받침해 주며, 옹관묘도 발굴되어 산성을 중심으로 한 주변 능선에는 주거지와 묘지가 계속해서 조성되어 왔음을 알 수 있다.

이와같이 조사된 고고자료를 바탕으로 본다면, 도기동 일원은 안성천을 따라 농경지와 취락지가 발달함에 따라 기원직후부터 거주민 수가 증가되고, 정세변

---

46) 『三國史記』 卷37, 雜志6 漢山州條에는 한씨 미녀가 높은 산마루에서 봉화를 붙여 밝히고 안장왕을 맞이한 곳이므로 뒤에 고봉(高烽)으로 이름하였다고 전해진다. 따라서, 안장왕이 이끄는 고구려군이 왕봉현(王逢縣)과 달을성현(達乙省縣)방면으로 공격해 왔음을 짐작하는 데 도움이 된다.

47) 『三國史記』 卷4, 新羅本紀4 眞興王 16年條 "冬十月 王巡幸北漢山 拓定封疆."

48) 『三國史記』 卷4, 新羅本紀4 眞興王 18年條 "廢新州 置北漢山州…."

49) 『三國史記』 卷4, 新羅本紀4 眞興王 29年條 "冬十月 廢北漢山州 置南川州…."
진흥왕이 북한산주를 남천주로 옮긴 목적은 백제가 신라의 변경을 침략하거나 가야가 배반하는 등의 일이 벌어지자 백제에 대한 견제를 목적으로 하였던 것인데, 주치소를 옮긴 뒤에도 백제는 신라의 변경지역을 계속해서 침범한 것으로 전한다(황보경, 2009, 『신라문화연구』, 주류성, 54~55쪽 참조).

화에 따라 성이 구축된 것으로 여겨진다. 성에는 처음에 주둔병력이 많지 않았을 것이고, 거점성으로서의 기능보다는 방어나 차단성 정도의 기능만 했을 것이다. 그러다가 군사적 충돌이 잦아지자 이 성의 중요성이 증대되어 점차 주둔병력이 증가되었고 그에 따라 목책보다 견고한 토루와 석축벽이 구축되면서 성의 규모도 확대되었을 것이다. 또한 이제까지 조사된 고분 수가 적지 않고, 환두대도, 말 재갈 등이 부장된 점으로 보아 장기간 주둔한 기마병과 보병이 있었고, 성 주위에 농경지를 경작하던 주민들의 수도 많았다는 점을 알 수 있다. 이들은 평상시에 주변 농경지를 경작하면서 생활했을 것이다.

한편, 지리적으로 안성 도기동은 공주에서 풍납토성으로 가는 주요 교통로의 동쪽 옆에 위치하는데, 공주 공산성으로부터 직선거리 약 60km, 도기동에서 풍납토성까지도 약 60km의 거리로 거의 중간쯤에 해당된다. 또한, 도기동 산성은 지리적으로 남-북 교통로와 동-서 교통로상으로 중요한 위치해 놓여 있다. 그러한 이유는 성이 안성천 남안에 바로 인접해 있어서 북쪽으로부터 공격해 오는 적을 방어하는데 유리하고, 옛길이 하천을 따라 형성되어 있기 때문에 통제와 감제가 용이하다는 장점이 있다. 또한, 지형적으로도 성이 구축된 산이 안성천과 마주하고 있어 방패처럼 막아주는 반면, 성의 남쪽 지대는 얕은 구릉과 평지로 이루어져 성을 등지고 거주와 경작을 하기에 적합한 지세를 갖추고 있다.

이러한 지리적 장점을 감안한다면, 4세기 이전에 마한의 소국이 안성천을 따라 농경지와 취락을 개발했던 것으로 생각되며, 본격적으로 백제에 의해 활용되기 시작한 것으로 여겨진다. 5세기 중반 이후에는 고구려가 안성 일대를 점령하면서 성이 대대적으로 증·개축 되었지만, 무령왕의 북진 정책이 성공하면서 이 일대는 재차 백제군이 점령하여 관리했을 것이다.

이러한 추론과 관련하여 도기동 일원에서는 백제 주거지와 고분군이 확인되었고, 고구려 주거지와 토기도 출토되었다. 그러나, 아직까지 백제나 고구려의 석실묘가 확인되지 않아 지배층의 신분을 추론하는 데 한계가 있으며, 산성 내부에서 중심 건물지와 저수시설이 추가로 확인되어야 성의 면모를 어느정도 밝힐 수 있을 것으로 사료된다. 또한, 산성이 지속적으로 유지된 것인지, 토성이나 석축 성벽이 어느 정도 구축되었는지의 여부도 밝혀져야 할 문제이므로 앞으로의 조사와 분석을 기대해 보고자 한다.

전남동부지역의 대가야문화

이 동희 (인제대 역사고고학과 교수)

I. 머리말

전남동부지역은 순천을 중심으로 여수, 광양, 구례, 보성, 고흥 등의 행정구역을 포함한다. 이 지역은 섬진강의 西岸으로서 산지가 많은 편이다. 이러한 지형은 전남 서부지역인 영산강유역의 평야지대와는 다르고 오히려 섬진강 東岸인 경남서부지역과 통하는 면이 있다.

같은 전남지역이면서도 전남서부의 영산강유역권과 전남동부지역은 고고학적 양상이 상이하다. 예컨대 넓은 평야지대가 펼쳐진 전남서부지역은 3~5세기대에 방형계 4柱式 주거지, 분구묘, 옹관묘 등이 주류를 이루는데 비해, 전남동부지역은 원형계 주거지, 토광묘 등이 주로 확인된다. 이렇듯 주거지와 묘제에 있어서 뚜렷한 차이를 보이는 것은 자연지리적 환경이 가장 큰 요인인 듯하다. 전남동부지역에서 빈출되는 원형계 주거지는 경남 서부지역에서도 4·5세기대까지 지속되기에 상호 동질성이 엿보인다. 요컨대 가야계 문화가 파급되기 이전에 전남동부지역과 경남서부지역은 문화적으로 밀접한 관련성을 확인할 수 있다.

4세기후엽 이래의 가야계 문화의 파급은 상기한 바와 같은 경남서부지역과의 지리적, 문화적 친밀성이라는 배경이 바탕이 된 것으로 보인다. 특히, 소가야계 문화는 백제가 이 지역을 장악한 6세기 중엽경까지도 잔존하고 있어 주목된다.

〈지도 1〉 전남동부지역 위치도

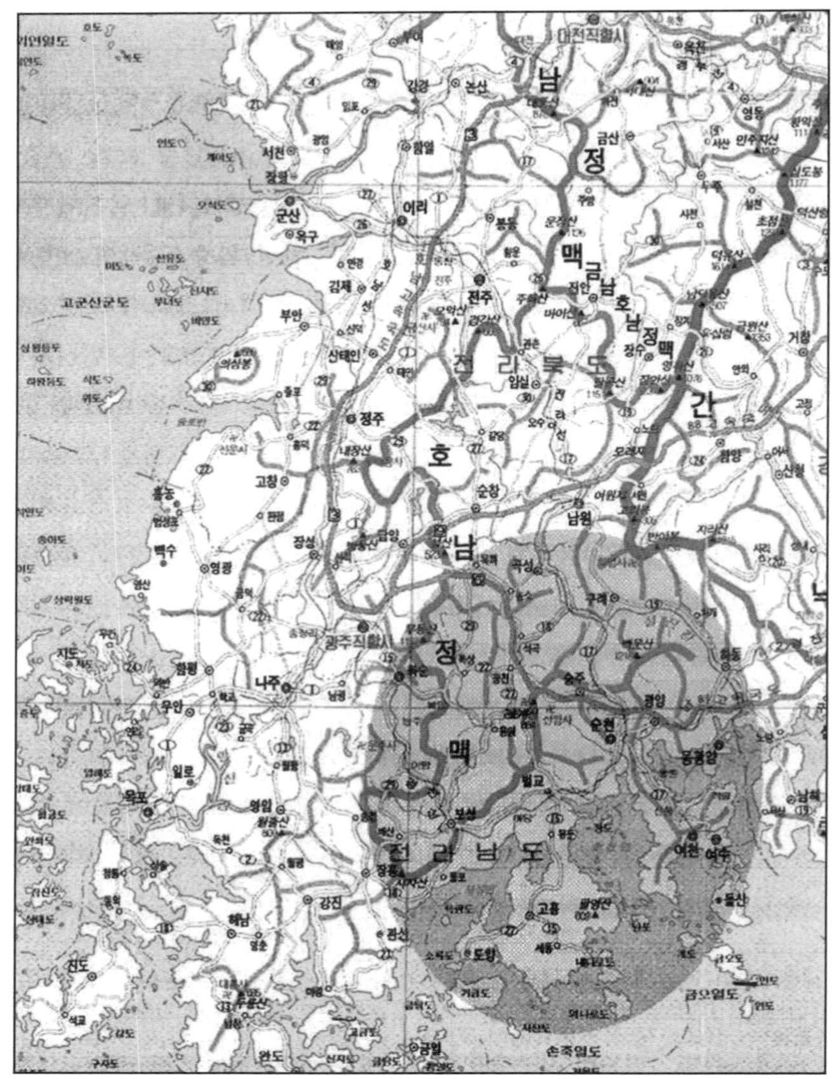

전남동부지역에서 가야계 고분이 확인된 것은 최근의 일이다. 특히, 2006년부터 2012년까지 3차례 발굴조사된 순천 운평리 유적은 대가야계 고분군으로서 전남동부지역의 고대사를 새롭게 조명해볼 수 있는 획기적인 자료이다.

종래 전남동부지역의 고대사는 마한과 백제에 한정하여 인식하고 있었지만, 최근의 조사성과로 마한과 백제 사이에 가야의 문화적·정치적 영향력 하에 들어갔던 시기가 있었음이 밝혀진 셈이다. 이러한 점에서 전남동부지역의 가야유적에 대한 역사적 의미를 부여할 수 있다.

4세기후엽이후 6세기전엽까지 전남동부지역에서는 아라가야·금관가야, 소가야, 대가야계 문화가 계기적으로 확인되고, 6세기 중엽 이후에는 백제문화가 주류를 점한다. 전남동부지역에서의 가야계 유물 및 관련 묘제의 변천에 대한 연구는 문헌이 부족한 전남동부지역의 역사적 추이를 밝혀줄 수 있을 것이다.

본고에서 주된 논점은 섬진강 중하류역 및 전남동부 남해안지역의 대가야문화를 살펴보는 것이다. 특히, 순천 운평리 하동·흥룡리 유적 등 최근 발굴조사된 대가야계 고분을 중심으로 논의를 전개한다. 하동 흥룡리유적은 행정구역상으로는 경남 하동군이지만, 섬진강하류역에 속하므로 전남동부권의 대가야문화와 함께 다루고자 한다.

II. 대가야계 유적 및 유물

1. 대가야계 유적과 유물 개관

전남동부지역에서 대가야계 유물이 출토되는 유적을 정리해 보면 〈표 1〉과 같다.

〈표 1〉 전남동부지역의 대가야계 유물 출토유적 일람표

유적명	유구	출토유물	계통(편년)
순천 덕암동	석곽묘	기대, 장경호	소가야(6세기 전반)
		유개장경호	대가야(6세기 전반)

구례 용두리	고분(추정)	고배	아라가야(4세기후엽)
		고배,기대	소가야(5세기 전반)
		유개장경호	대가야(6세기초)
곡성 방송리	석곽묘(?)	유개장경호, 이식	대가야(6세기초)
순천 운평리	목곽묘	수평구연호,철모, 철검	소가야(5세기 중엽)
	봉토분,석곽묘	유개장경호,개,고배, 이식,마구	대가야(5세기말-6세기전반)
순천 왕지동	석곽묘	기대,고배,개,유개장경호	대가야(6세기 전반)
순천 선평리	고분(추정)	개	대가야(6세기전반)
	고분(추정)	고배	소가야(6세기전반)
광양 비평리	고분(추정)	유개장경호	대가야(6세기전반)
순천 죽내리	석곽묘	대부직구호	소가야(6세기초)
		개, 장경호	대가야(6세기전반)
여수 고락산성	건물지,집수정	고배	소가야(6세기 2/4분기)
	건물지,구상유구	기대,개,유개장경호,고배	대가야(6세기 2/4분기)
순천 죽내리 성암	석곽묘	장경호	대가야(6세기 2/4분기)
순천 검단산성	건물지	고배	소가야(6세기 2/4분기)
		유개장경호	대가야(6세기 2/4분기)
여수 미평동	고분(추정)	장경호,단경호,대부호,	대가야(6세기 2/4분기)
하동 흥룡리	석곽묘	유개장경호,기대,개	대가야(5세기말-6세기전엽)

1) 구례 용두리 고분군

용두리 고분군은 섬진강 북안의 토지면 용두리 용두마을의 남쪽에 해당하는 낮은 구릉상에 입지한다. 1980년대에 밭과 야산을 개간하면서 많은 유물이 수습되었다고 한다. 수습된 토기는 가야양식의 단경호, 장경호, 대부호개, 고배 등이다. 이 가운데 고배는 무개식에 가까운 유개식이며 통형의 대각에는 마름모꼴 투창을 시문한 것으로 아라가야 양식 토기로 파악된다. 장경호는 경부에 파상문을 시문한 대가야양식 유개장경호이다. 그 외에 소가야양식 삼각투창고배와 발형기대가 채집되었다.

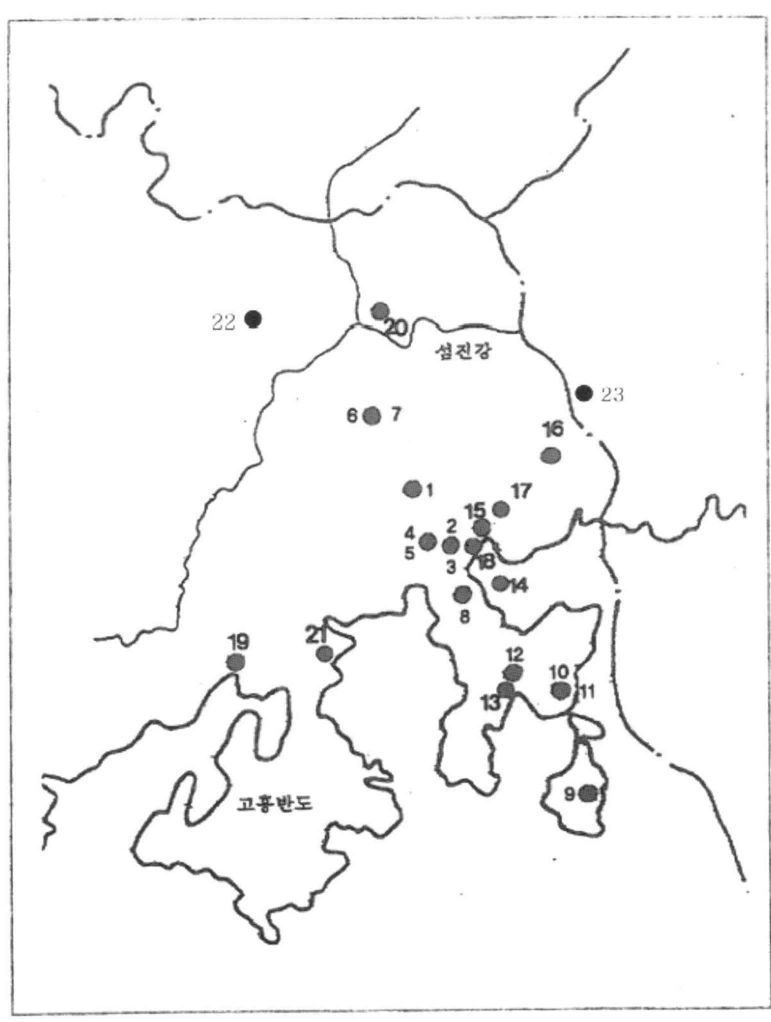

<지도 2> 전남동부지역 가야계 유적 및 관련유물 출토지

1. 순천 운평리 2. 순천 덕암동 3. 순천 왕지동 4. 순천 선평리 5. 순천 용당동 6. 순천 죽내리
7. 순천 죽내리 성암 8. 순천 검단산성 9. 여수 죽포지 10. 여수 고락산성 11. 여수 미평동
12. 여수 화장동 13. 여수 죽림리 14. 여수 장도 15. 광양 칠성리 16. 광양 비평리 17. 광양 용강리
18. 광양 도월리 19. 보성 조성리 20. 구례 용두리 21. 고흥 한천리 22. 곡성 방송리 23. 하동 흥룡리

2) 광양 비평리 고분군

유적은 광양시 진상면 비평리 비촌마을 서쪽의 구릉에 자리한다. 이곳은 현재 수어댐이 건설되어 있는데 출토지점은 수어지의 가장자리에 해당한다. 이곳에서 마을 주민에 의해 대가야계 유개장경호와 광구장경호 1점씩이 수습되었다. 전언에 따르면 유사한 토기들이 더 많이 수집되었었다고 하므로 이 일대에 고분군이 형성되었던 것으로 보인다.

3) 순천 죽내리 고분군

유적은 순천시 황전면 죽내리의 산기슭에 자리한다. 유적이 소재한 곳은 순천에서 남원으로 향하는 17번 국도의 확장구간이며, 옛부터 이용되던 중요한 교통로였다. 서쪽에 바로 인접하여 백제시대의 성암산성(미곡산성)이 있다. 발굴된 7기의 무덤 형식은 장축방향, 바닥석의 유무, 벽석의 축조방법, 관고리와 관못의 유무 등을 기준으로 하여 백제계(1~3호분)와 가야계(4~7호분)로 구분된다. 4~7호 석곽묘는 바닥석·관고리·관못이 없고, 등고선과 나란한 장축을 하였으며, 납작한 강돌을 立垂積하여 벽석 하단부를 마련하고 2~3단은 평적하였다. 이러한 축조방법은 가야후기에 유행한 벽석 축조방법이다. 이에 반해 백제계 석곽은 등고선과 직교하고 바닥석을 깔고 있고, 관고리와 관못이 확인된다. 그리고 석곽의 장폭비를 보면 가야계는 대개 3:1 이상으로 세장방형인데 반하여, 백제계는 그보다 짧아 장방형을 띤다. 가야계 토기는 6호 석곽묘에서 출토된 臺附直口壺와 지표수습된 蓋와 長頸壺 등이다.

4) 여수 고락산성

고락산성은 전남 여수시 문수동과 미평동 일대에 위치하고 있다. 고락산성은 높은 봉우리(해발 335m)에 부속성(길이 100m)을, 상대적으로 낮은 봉우리(해발 200.9m)에 본성(길이 354m)을 갖춘 복합성으로 우리나라에서도 그 예가 드문 형태를 하고 있다. 각각의 성은 산정부의 일정한 공간을 둘러싸고 있는 테뫼식 석성이다. 축성방법을 보면 본성과 부속성 모두 협축식으로 축성하였는데 자연 지형을 최대한 이용하였다. 대가야계 유물은 건물지 2(器臺와 蓋)와 구상유구 1(長

頸壺·器臺·蓋·高杯), 집수정 1(高杯)에서 출토되었다. 구상유구 1에서의 공반유물은 대가야계, 백제계(壺類), 토착계(有孔廣口小壺), 소가야계 토기(杯 등으로 다양한데, 백제계와 대가야계 토기가 가장 많은 비율을 차지한다.

5) 순천 죽내리 성암 고분군

순천시 황전면 죽내리 성암마을에 위치한다. 유적은 황전천의 서쪽 구릉상의 경사면인데, 유적의 북서쪽에 백제시대에 축성된 성암산성이 있다. 2000년에 순천대학교 박물관에 의해서 발굴조사되었는데, 백제시대의 석곽묘 5기가 확인되었다. 석곽묘는 훼손되어 명확하지는 않지만, 수혈식으로 판단된다. 바닥에는 대부분 성암산성에서 출토되는 기와와 동일한 백제기와를 깔고 있어 주목된다. 석곽묘에 사용된 석재는 할석보다는 천석이 다수인데, 인근의 황전천에서 川石을 가지고 와서 축조하였을 것으로 보인다. 조선대 박물관에서 발굴조사한 죽내리유적에서 동쪽으로 약 300m 떨어져 있다. 4호 석곽묘에서 경부와 동중위에 밀집파상문이 시문된 대가야계 장경호가 1점 출토되었다. 성암고분에서 가야토기는 이 장경호가 유일하고, 나머지는 대부분 백제토기이다. 4호 석곽묘의 눈썹형溝는 가야계 묘제의 잔영이라고 판단된다.

6) 순천 검단산성

순천시 해룡면 성산리에 자리한 검단산성은 6세기대에 백제에 의해 초축된 석성이다. 테뫼식 산성으로 내·외벽을 500~550cm 너비로 쌓은 협축식인데, 둘레는 430m이다. 입지상으로 이 산성은 여수반도의 길목에 위치하고 광양만이 한눈에 내려다 보이는 천혜의 요새이다. 출토토기류는 대부분 백제토기이지만 가야계 토기가 소수 확인되었다. 가야계토기로는 小加耶系의 短脚高杯와 大加耶系의 長頸壺片이 출토되었다.

7) 여수 미평동 유적

여수시 미평동 평지마을의 저평한 밭에서 長頸壺 2점, 短頸壺 2점, 臺附短頸壺 1점, 臺附把手附壺 1점 등이 출토되었다. 미평동 출토 토기류의 특징은 百濟土器

와 大加耶 土器가 혼합된 양식이 보인다는 점이다.

8) 순천 왕지동 고분군

비교적 소형의 대가야계 수혈식 석곽묘 8기가 조사되었다. 출토유물은 유개장경호, 개배,고배, 기대, 철도자 등인데, 재지에서 제작한 대가야계 토기가 다수를 점하고 있다.

고분이 산자락에 입지하고 유물 부장이 빈약하여 인근의 운평리 고분군에 비해 하위 집단의 무덤으로 판단된다. 축조연대는 6세기전반대로 추정된다.

2. 순천 운평리 고분군

육안으로 봉분이 확인되는 고분은 10기정도로서 능선상에 입지한다. 봉토의 규모가 직경 10~20m, 높이 1~3m로서 중형급 고총이다. 전남동부권에서 최초로 확인된 대가야계 고분군이다.

3차례의 발굴조사를 통하여, 직경 10~20m의 봉토분 5기, 토광목곽묘 15기, 석곽묘 25기 등이 조사되었는데, 5세기말엽~6세기전엽의 대가야계 고분 외에 4~5세기대의 토광목곽묘가 확인되었다.

1) 단계 설정

운평리 고분군은 무덤의 구조와 출토유물에 근거해 보면, 재지계와 가야계로 대별해 볼 수 있으며, 가야계는 소가야계와 대가야계로 구분된다. 이를 정리해 보면 다음과 같다.

I 단계(재지계)-1차 1, 3, 4, 5, 6호 토광묘와 2호 석곽묘, 2차 1, 2, 3호토광묘 (4세기 후반~5세기 전반)

II 단계(소가야계)-1차 2호 토광묘(5세기 중엽)

III단계(대가야계)-1, 2, 3, 4, 5호분과 1차 1, 3, 4, 5호 석곽묘(5세기말~6세기 전반)

소가야계의 2호 토광묘(1차)가 前段階에 비해 뚜렷한 차이점이라면, 철제무기류(철겸2점, 철검 1점, 철모 1점, 철부 2점 등)가 급증한다는 점이다. 이는 피장자의 위세를 보여주는 것이기도 하지만 당시 사회정세가 급변하고 있음을 시사한다.

1차 2호 석곽묘는 5세기전반기로 편년되어, 전남동부지역에서의 재지계 석곽묘의 상한을 알려주는 자료이다. 재지계인 2호 석곽묘는 외래의 대가야계 석곽묘와는 몇 가지 점에서 차이가 있다. 즉, 가야계 개석은 여러 매의 장대석을 이용한데 비해, 2호 석곽묘는 지석묘 상석 같은 대형 석재를 쓰고 있다. 바닥석에서도 맨바닥의 대가야계 석곽묘와 달리 잔자갈이나 소할석을 깔고 있다. 유물 부장에서도 대가야계 석곽묘는 양단벽쪽에 위치시킨데 비해, 2호 석곽묘는 2점의 토기 가운데 1점은 석곽의 중심부에 부장되고 있다.

2) 봉토분간의 상호 비교

지금까지 운평리고분군에서는 5기의 중형급 고총이 발굴조사되었다. 입지, 규모, 순장이나 배장여부, 위세품, 편년 등을 살펴보면 다음과 같다.

〈표 2〉 순천 운평리고분군의 봉토분 비교 현황

호수	입지	규모 (직경)	형식	순장	배장	위세품	편년 (초축)	비고
M1	가지능선	10m	수혈식	0	4		6세기전엽	
M2	주능선	18m	횡혈식	6	6	통형기대3, 금제이식(수하식)2, 마구류, 유자이기1	5세기말	최고수장
M3	가지능선	14m	수혈식	0	0	금제이식2, 마구류	5세기말	
M4	주능선	14m	수혈식	1	3	통형기대2, 금제이식(수하식)2, 마구류	6세기전엽	최고수장
M5	가지능선	14m	횡혈식	0	0	금제이식2, 마구류	6세기전엽	

고분의 규모와 위세품은 대체로 비례하는 양상을 보인다. 아울러 주구나 봉토에서의 제의 유물 빈도수도 위계차를 반영한다.

특히, M2호와 M4호분이 주목된다. 즉, M2호와 M4호분은 수장급 무덤에서만 확인되는 통형기대와 금제수하부이식이 출토된 바 있다. 더구나 2호분과 4호분은 같은 주능선에 자리하며 주변을 조망할 수 있는 탁월한 자리에 입지하고 있다. 그 중에서도 M2호분은 순장과 배장곽이 12기나 확인되어 5세기말 대가야와 교섭당시의 최고 수장으로 파악된다.

6세기전엽에 조영된 M1호와 M4호분을 비교했을 때 통형기대(4호분)를 제외한 나머지 일반 토기는 대가야계 토기를 모방했다는 공통점이 있다. 더구나 봉토를 감싸는 周溝도 있어 유사하다. 차이점은 M4호분이 주변을 조망할 수 있는 탁월한 입지이고, 금제수하부이식2점·통형기대 2점·마구류 등의 위세품이 있다는 것이다. 여기에 1호분에 없는 순장묘가 확인된다는 점이다. M4호의 피장자는 순천지역이 백제의 직접지배하에 들어가는 시점 전후한 무렵에 대가야계 위세품을 부장한 사타국의 마지막 왕으로 파악된다.

요컨대, 운평고분군은 비교적 짧은 2세대 정도 대가야와 교섭관계를 가진 순천의 최고수장층의 묘역이며 백제의 진출과 함께 쇠락한 것으로 보인다. 조사된 5기의 고분 중에서 탁월한 입지와 위세품, 순장묘를 가진 M2호분과 M4호분이 2대에 걸친 최고 수장묘로 추정할 수 있다.

3) 운평리 M5호분과 고성 내산리 34호분·송학동 1C-1호분의 비교

운평리 M5호분은 M2호분과 더불어 평면 장방형의 초기횡혈식석실분으로서 짧은 중앙연도를 가진 구조이다. 이러한 석실구조는 소가야권인 고성 송학동 1C-1호분이나 고성 내산리 34호분과 유사하여 주목된다. 이를 상호 비교해 보면 다음과 같다.

〈표 3〉 순천 운평리 M5호분과 유사 고분 비교

	순천 운평리 M5호분	고성 송학동 1C-1호분	고성 내산리 34호분
봉분 규모	직경 14m, 잔존높이1.5m	?	직경 16m
석실 규모	535x235x105(잔존높이)cm	500x265x120cm	520x245x182(잔존높이)cm
석실 장축	북동-남서	동-서	동-서
두향	북동쪽(2인)	동쪽(1인), 남쪽(1인)	동쪽(2인)
피장자수	3인	2인(최소)	2인
연도 규모	길이100cm,폭60cm	200cm, 폭65cm	길이170cm,폭75(?)cm
연도 위치	중앙	중앙	중앙

바닥시설	礫石	礫石	소형판석(15-33cm)
꺽쇠 유무	有	有	有
배장곽 유무	無	無	5기
주요 위세품	마구류, 이식	마구류, 이식, 대금구, 옥	통형기대, 마구류, 이식, 팔찌, 옥
출토유물 계통	대가야계 주류, 신라계 마구	소가야계 주류	소가야계 주류
편년	6세기 전엽~중엽	6세기 중엽	6세기 전엽

고성 내산리 34호분 주곽의 奧壁 쪽에서는 길이 100cm내외, 폭 20cm 정도의 세장한 점판암으로 11字形으로 장벽에 나란하게 배치되어 있다. 이 공간내에 대부분의 토기류가 무리지어 있어 유물을 담은 곽이 있었을 가능성이 높다. 이와 관련하여, 운평리 5호분의 奧壁(북벽)쪽에서도 토기류가 다수 확인되어 같은 맥락으로 파악할 수 있다.

내산리 34호분의 부장유물은 현실 내부의 오벽쪽 부장곽, 양장벽(북장벽·남장벽)쪽, 중앙부분과 연도부쪽 부분으로 대략 5개 구획으로 분리되어 부장되어 있다. 운평리의 경우도 이와 유사하다.

내산리 34호분은 남쪽에 남성, 북쪽에 여성이 안장된 것으로 보인다. 즉, 남장벽의 유물은 柄部가 奧壁을 향하는 大刀 1점, 鐵刀子 2점 등이며, 鉸具와 연결고리를 가진 大刀가 출토된 것으로 보아 피장자는 남성이며 허리에 착장한 채로 안장된 것으로 추정된다. 한편, 북장벽 쪽에서는 금제이식 1조·곡옥·수정옥·은제팔찌 1조 등 장신구류와 철도자 5점 등이 출토되어 피장자가 여성임을 알 수 있다. 두 피장자 사이의 중앙부분에서는 다수의 토기류와 鐙子 1조, 鞍橋, 재갈 등 馬具類, 鐵鏃群, 鐵斧 2점 등이 출토되었다.

운평리 5호분의 경우, 고성 내산리 34호분과 같이 奧壁(북단벽쪽)에서 1m 정도의 공간에 토기류가 주로 출토되어 유물을 담은 부장곽의 존재를 시사해준다. 부장곽의 남쪽으로 꺽쇠가 일정공간에 분포한다. 그 범위는 길이 250-270cm, 너비 80-90cm 정도로서 목관의 크기를 가늠할 수 있다. 이식은 奧壁(북단벽쪽)에서 150cm 정도 떨어져서, 1점씩 110cm정도 간격을 두고 각기 위치한다. 따라서 북단벽쪽을 두향으로 하여, 2명이 안장되었음을 알 수 있다. 그런데, 마구류나 무기류, 살포 등이 동장벽쪽에 대부분 치우쳐 있어 동쪽에 남성, 서쪽에 여성이 안치된 것으로 보인다.

운평리 M5호분, 송학동 1C-1호분, 고성 내산리 34호분 모두 연도 폭이 80cm미만이어서 관을 들고 옮기기에는 매우 좁다. 이러한 경우, 운구하는 관이 아닌 미리 설치된 관을 사용하여 피장자만 이동하였거나 석실 내부와 외부에 각각 인원을 배치하여 연도 바깥에서 석실 내부로 관을 밀어가며 안치시켰을 가능성 등 다양한 해석이 가능하다. 여기서 어떠한 방법을 이용하였더라도 사람이 관을 운구하여 직접 연도를 통과하였을 가능성은 매우 희박하다. 그렇기 때문에 연도의 폭이 넓어질 이유가 없었던 것이고 관과 고정 끈을 결속하는데 필요한 관고리 역시 불필요했던 것으로 보인다. 수혈식 석곽 단계에서부터 관을 운구하는 전통이 없었을 가능성이 큰 고성지역의 특성으로 본다면 이러한 석실 구조의 성립 역시 자연스러운 현상일 수 있다(김준식 2013).

석실 구조상 고성 내산리34호분과 순천 운평리 5호분이 유사하지만, 가장 큰 차이점은 유물상에서 전자는 소가야계유물이 주류를 점하는 반면, 후자는 대가야계 유물이 다수를 차지하면서 일부 신라계 마구와 토기류가 확인된다. 이는 결국, 순천 운평리 세력이 대가야와 연맹관계를 유지하여 대가야계 유물이 주류를 이루지만 소가야계의 석실, 신라계 마구와 토기를 수용할 정도로 어느 정도의 독자성을 유지했음을 반영한 것이다.

이에 대해서 좀 더 상술해 보기로 한다.

운평리 M5호분 뿐만 아니라, 운평리 M2호분에서도 신라계이식과 신라토기가 출토된 바 있다. 6세기 초엽을 전후한 시기로 편년된다. 신라계유물이 대거 유입된 6세기초엽은 전남동부지역에서 백제가 대가야세력을 밀어내고 섬진강유역을 장악하기 직전단계이다.

이 무렵에 신라계 유물이 운평리에 출현한 것은 신라의 정치적 의도와 관련될 수도 있다. 즉, 백제의 전남동부지역의 영역화 이전에 신라가 전남동부지역의 중심지인 순천 운평리세력에 영향력을 끼치려는 노력의 일환일 수가 있다는 것이다.

운평리에 전달된 신라계 마구류는 신라의 전초기지인 창녕을 통했을 가능성이 높다. 즉, 운평리 M5호분처럼 패제운주와 십자문심엽형판비가 조합하여 출토되는 지역은 경주 금령총, 창녕 송현동 6·7·15호, 부산 두구동 임석 5호, 순천 운평리로 한정된다. 특히, 창녕 송현동 6·7호분에서 출토된 패제운주가 운평리 5호분의 패제운주와 흡사하다. 그런데 창녕지역 출토품은 제작방법에서 경주지역과 약간의 차이점을 보인다. 전체 마장을 갖추기 보다는 위세품으로서 운주가 창녕을 거쳐 순천 운평리로 전해졌을 가능성이 높다(순천대학교박물관 2014).

신라가 창녕–부산–고성을 거치는 바닷길을 통해 전남동부권 및 섬진강유역에 영향력 확보를 위해서 전남동남부의 유력토착세력인 순천 운평리세력에게 환심용으로 제공한 유물로 보여진다.

신라의 의중과는 달리, 순천 운평리세력의 입장에서 보면, 선진문물을 수용하려는 의도로 볼 수도 있다. 즉, 운평리 M2·3·4호분에서의 대가야계 위세품(마구·이식·통형기대 및 M1·3·4호분의 대가야식 석곽, M2·5호분의 남해안식(송학동유형 석실, M2·5호분에서의 신라계유물(마구·이식·토기 등의 다원적인 문물의 수용양상을 보면 운평리세력은 대가야와 긴밀하게 연결되었으면서도 외부 유력세력의 문물을 적극적으로 수용했음을 알 수 있다. 이는 운평리세력이 대가야와 연맹관계를 맺고 있지만, 상당한 정도의 자율성을 가지고 있었음을 보여준다.

4) 통형기대

대가야권역에서 통형기대는 수장급 고분에 부장되는 특징적인 토기이다. 운평리고분군에서는 모두 4점의 대가야계 통형기대가 확인되었다.

대가야양식의 통형기대는 대각 및 동부의 투창형태, 세로장식띠를 통해 변화를 살펴볼 수 있다(박천수 2010). 즉, 대각은 완만한 바리모양에서 종모양으로 높아지며, 동부의 투창은 방형에서 삼각형으로 변화한다. 세로장식띠의 끝부분 형태가 평면은 능형에서 사각형으로, 단면은 삼각형에서 장방형으로 바뀐다. 시문된 파상문은 波數가 10조 전후에서 점차 줄어들어 나중에는 1조로 변한다.

대가야양식 통형기대의 특징 및 편년 등을 살펴보면 다음과 같다.

〈표 4〉 대가야양식 주요 통형기대 일람표

유구명	출토위치	특징				편년
		胴部透窓	臺脚透窓	裝飾突帶	胴部波數	
고령지산동 32·34호분 묘사유구	호석 밖	방형	삼각형	뱀모양장식(1유형)		5세기중엽
		방형	방형+삼각형	뱀모양장식(1유형)		
		종장방형+삼각형	장방형+삼각형	횡방향 장식돌대(下)		
고령지산동 30호분	주구	종장방형+삼각형	방형	횡방향 장식돌대(下)	12	5세기중엽
합천반계제가 B호분	봉토	종장방형+삼각형	삼각형	뱀모양장식(2a유형)	10내외	5세기3/4
합천옥전 M4호분	석곽	횡장방형+삼각형	삼각형	뱀모양장식(2a유형)	10	5세기4/4
고령지산동 44호분	봉토	횡장방형+삼각형	삼각형	뱀모양장식 횡방향장식돌대(下)	?	5세기4/4
순천운평리 2호분a	봉토	종장방형+삼각형	장방형	횡방향 장식돌대(下)	15-19	5세기4/4
순천운평리 2호분b	봉토	세삼각형	장방형	돌대 양단에 궐수문	8-10	6세기1/4
순천운평리 4호분a	주구	삼각형	장방형(梯形)	Y자 장식돌대(上) 횡방향 장식돌대(下)	8-12	6세기1/4
순천운평리 4호분b	주구	세장방형+삼각형	삼각형	횡방향 장식돌대(下)	5-6	6세기2/4
고령본관동 36호분	석곽	삼각형	삼각형	뱀모양장식(2b유형)	5	6세기1/4
남원 두락리 1호분	봉토(?)	횡장방형+삼각형	삼각형	뱀모양장식(2a유형)	11	6세기1/4
진주 수정봉 2호분	석실 현문	삼각형	삼각형	뱀모양장식(3유형)		6세기1/4

통형기대의 동부 장식돌대는 5세기중엽에 대각부 상단까지 이어지는 뱀모양장식(박천수 분류 1유형, 박천수 2010)과 胴部 下端의 횡방향 장식돌대가 같이 출현한다. 운평리 고분의 경우에는 횡방향 장식돌대가 주류를 점하고 있다. 횡방향 장식돌대는 대가야양식 통형기대 중에서도 비교적 이른 단계에 성행한 양

식이다. 따라서 운평리 2호분 출토 횡방향 장식돌대가 있는 통형기대는 고식에 속한다. 운평리 2호분 이후에도 4호분에서 횡방형 장식돌대가 보이고 있어 대가야의 통형기대의 변천양상과는 상이하다. 이는, 2호분의 대가야통형기대가 고령에서 유입된 후 고령과의 원거리인 관계로 자체발전했다고 볼 수 있다. 즉, 4호분 통형기대 중에 Y자형의 장식돌대가 있다거나 6세기 이후인데도 대각투창이 고식인 장방형인 것은 이질적이다. 또한 4호분 통형기대b는 동부투창이 세장방형+삼각형이어서 동시기에 대가야의 통형기대의 동부투창이 삼각형 혹은 횡장방형+삼각형인 것과는 차별적이다. 더구나 운평리 2호분 b통형기대는 돌대 양단에 궐수문이 확인되어 백제 영향일 가능성이 높다.

다만, 운평리 4호분 a통형기대는 4호분 출토 발형기대나 고배 등의 일반적인 토기보다는 소성온도가 높아 별도의 가마에서 구웠을 가능성이 높다. 4호분 출토 이식이 대가야에서 전래되었을 가능성과 같이 외부에서 유입되었다가 전세된 후 매장되었을 가능성도 배제할 수 없다.

일반적으로 6세기대로 넘어가면 수정봉 2호분 같이 대각부의 비율이 통형기대 전체높이의 반 정도 되는데 6세기대전엽으로 편년되는 운평리 4호분 출토 통형기대는 5세기말 단계와 별 차이없는 대각부 비율을 보이고 있다. 아울러 운평리 4호분 출토 통형기대의 대각부는 늦은 양식인 종형이 아니라 앞선 단계의 바리형에 가깝다. 이러한 측면 외에도 파상문이 선명하지 못한 것은 4호분 출토품의 재지 제작가능성을 시사해 준다.

운평리 4호분 출토 발형기대는 2호분의 그것과 달리 소성도나 기형에서 재지에서 제작한 것이 뚜렷이 확인된다. 이에 비해 4호분 출토 통형기대는 4호분 출토 발형기대에 비해 소성도가 높은 편이어서 정성을 기울였음을 의미하고 발형기대와 동일한 가마에서 제작되지는 않은 것으로 보인다. 두 기종 모두 지배층 무덤에서 출토되고 중요한 제사용토기이지만, 발형기대보다는 통형기대가 가지는 상징성이 더 크다. 전세의 가능성도 배제할 수는 없지만 당시 운평리집단이 대가야의 정치적 영향권에서 멀어지고 있었지만 아직 통형기대가 가지는 의미 즉 지배자의 신분을 나타내는 상징성에 대한 인식은 잔존했기에 수장급 고분에 부장된 것으로 보인다. 봉상돌대 위에 V자로 이어지는 돌대를 더한 부분은 기존의 대가야 양식의 특징에서는 볼 수 없기에 재지계 장인에 의해 제작되었을 가능성이 높다.

5세기말-6세기초의 대표적인 대가야 통형기대인 합천 옥전 M4호분, 고령 본관동 36호분, 남원두락리 1호분 진주 수정봉 2호분 등의 출토품은 기형이나 장식돌대·투창 등에서 정형성을 보일 뿐만 아니라 일정한 변화 양상을 보인다. 이에 비해 운평리 출토품은 통형기대는 비교적 많이 출토되었지만 2호분 a출토품을 제외하고는 정형성이 없어 재지에서 제작되었을 가능성이 높다. 대가야연맹체에서 가장 멀리 떨어진 만큼 전남동부권의 세력들이 독자성이 있었던 것으로 보인다.

운평리 M2호분 a출토품이 5세기중엽으로 추정되는 지산동 30호분과 흡사하다는 것은 그 무렵의 통형기대 형식이 유입된 후 일정한 전세기간을 거쳐 5세기말에 매납되었다고 판단된다. 그렇다면 대가야와 사타국이 교섭관계를 가진 것은 5세기4/4분기보다 이른 5세기 3/4분기 일 수도 있다.

제의용토기의 대표격인 통형기대의 양식적 특징과 이의 분포범위가 가야의 제의문화권과 일치하고 있어 묘제와 제의는 정치권의 영역과 불가분의 관계임을 알 수 있게 해 준다. 특히 그 영역이 수계와 분지로 구성되는 지역경계를 넘어 여러 정치체를 통합한 대가야지역의 경우 원통형기대의 공유와 제사토기 파쇄행위[1]는 고령 지산리 32호분을 시작으로 고령 본관리 36호분, 합천 반계제 가-B호분·다-A호분, 합천 옥전 M4호분, 진주 수정봉 2호분, 남원 두락리 1호분에서 공통적으로 나타나 대가야권의 상징처럼 인식되기도 한다(박천수 1994, 김세기 2004).

운평리 M2·4호분의 통형기대는 파쇄된 채로 확인되었고, 기형상 대가야 형식임이 확실하다. 따라서 운평리 고분군은 대가야 제의문화권에 속하였고 대가야와 긴밀한 관계를 유지했음을 알 수 있다.

---

1) 제의 행위 후에 유물을 깨트려 주위에 뿌리는 경우를 파쇄형, 깨트리지 않고 함께 묻는 행위를 비파쇄형으로 분류하기도 하는데, 파쇄형 제의습속은 고령 지산동·본관리, 합천 반계제, 함양 백천리, 남원 두락리, 고성 연당리 등 주로 가야문화권에서 보이고, 비파쇄형 제의습속은 경주 황남동·월성로, 의성 탑리, 안동 조탑동, 성주 성산리, 선산 낙산리 등 신라문화권 고분군에 나타난다(박천수 1997).

III. 대가야계 문화와 역사적 성격

1. 관련 문헌자료의 검토

1) 日本書紀 繼體紀 6년(512년)條에 任那四縣(上哆唎·下哆唎·娑陀·牟婁)의 백제에 양도기사 –

이는 결과적으로 백제가 임나국의 4현을 빼앗은 것이니, 원래는 그곳이 任那, 즉 加耶의 범위에 해당한다는 셈이 된다.

任那四縣의 위치에 대해서는 여러 의견이 제시되었는데, 최근에는 전남동남부지역을 임나사현으로 비정하고 있는 설이 주류를 이루고 있다. 임나사현은 기문과 대사지역을 공략하기 위한 일종의 교두보 역할을 하였으므로 기문·대사와 가까운 지역이다. 기문이 백제와 대가야 사이에 공방이 치열하던 남원지역이고 대사가 하동지역이라고 한다면, 임나사현도 기문·대사와 인접해 있는 곳일 가능성이 높기 때문에 섬진강하구의 서안, 즉 전남동부지역에 해당한다(김영심1997). 특히 전영래(1985)는 임나사현의 구체적인 위치까지 언급하고 있어 주목된다. 즉 上哆唎는 麗水半島, 下哆唎는 여수 突山島, 娑陀는 順天, 牟婁는 光陽(馬老縣)으로 추정하고 있는데, 이 견해는 점차 인정되는 추세이다.

2) 日本書紀 繼體紀 8년(514년)條에 반파, 즉 대가야는 子呑(진주)과 帶沙(하동)에 성을 쌓아 滿奚(광양)에 이어지게 하고 봉수대와 저택을 설치하여 백제 및 왜국에 대비했다(김태식 2002).

3) 日本書紀 繼體紀 23년(529년)條에 백제가 가라의 다사진을 倭에 요구하였고 왜는 이를 승인하였다. 이때 백제가 다사진을 확보하였다(이영식 1995).

繼體紀 6년(512년)條에 임나사현이 백제의 수중에 들어갔다고 하지만, 완전한 영역화는 아닌 듯하다. 왜냐하면 514년에 대가야가 광양에까지 영향력을 미치고 있고, 529년이 되어서야 백제가 섬진강하류역을 장악하기 때문이다.

2. 대가야세력의 진출과 그 배경

낙동강 하류지역이 5세기초 이후로 신라의 통제를 받는 상황에서 가야제국은 섬진강을 통해서 대외교역을 이루었던 듯하며 대가야가 479년에 중국 南齊와 교역을 이룬 통로도 바로 하동을 통해서였던 것으로 추정된다(김태식 1993, 박천수 1996). 아울러 섬진강서안의 勿慧(광양)와 達已(여수)를 포함한 우륵 12곡에 거론된 지명들은 5세기 후엽 가실왕 때 이래 그 소국들이 대가야 중심 후기 가야연맹의 소속국이었다고 보는 견해가 참고된다(김태식 2002). 이러한 점에서 대가야가 전남동부지역으로 영향력을 미친 시기의 상한을 5세기 후엽으로 볼 수 있다.

대가야세력이 섬진강 하구로 내려왔을 때 西岸과 東岸 양쪽으로 진출할 수 있는 기회가 있었다. 그런데 섬진강 서안으로 더 적극적으로 진출한 것은 상대적으로 서안의 토착세력이 약했다는 것을 반증하는 것으로 보인다. 즉, 전남동부지역은 영산강유역이나 경남서남부지역과 달리 5세기대까지 독자적으로 지역연맹체를 형성할 만한 주체적인 역량을 갖추지 못하였기에 대가야계 세력이 용이하게 진출할 수 있었던 배경이었다고 판단된다.

3. 전남동부지역과 대가야

대가야연맹체의 성격은 좁은 의미의 대가야(고령의 반파국)가 맹주국이며 각 구성국은 독립성을 유지하되 어느 정도의 上下관계 속에 놓여 있었던 것으로 파악된다. 그 상하관계의 강약은 고령으로부터의 지리적 원근과 각 세력의 강약에 따라 결정되었을 것이다. 진주의 경우 수정봉·옥봉 고분군의 하위 취락 고분군이라 할 수 있는 가좌동 고분군에는 고령양식 토기가 나오지 않아 고령과 진주의 연계는 수장층을 중심으로 한 연계라고 볼 수 있다(이희준 1995). 이러한 관점에서 보면, 전남동부지역은 고령에서 원거리에 해당하며 대부분 거점지역에서만 대가야토기나 묘제가 확인되고 있기에 수장층을 중심으로 한 연맹관계일 것으로 보인다.

한편, 전남동부지역에서의 대가야토기의 분포양상과 묘제를 보면 박승규의 확산유형 가운데 III형에 속한다. 즉 대가야토기의 확산이 이루어지지만 재지의 묘제 또는 재지토기양식과 공존하는 것으로 보아 대가야 중심집단으로부터 독립적인 자치권이 보장된 지역집단으로서 대가야와 연맹관계를 유지하고 있는 것이다. 類例로는 남원 월산리·두락리, 진주 수정봉·옥봉, 합천 삼가, 의령 경산리 유적 등이 있다(박승규 2003).

이와 같이 대가야계 토기가 출토되는 고분군은 대가야세력이 전남동부지역으로 진출하는 과정에서 대가야와 관계를 맺은 재지세력이 조영한 것으로 판단된다(박천수 2003). 전남동부지역에서 대가야토기나 관련 묘제가 출토되는 거점 가운데 임나사현의 비정지 혹은 우륵 12곡에 등장하는 대가야연맹의 소속국과 관련지어 고찰해 보면 다음과 같다.

1) 사타(娑陀)

순천 운평리유적은 임나사현의 하나로서 순천으로 비정되는 娑陀(김태식 2002)의 중심 고분군으로 추정된다. 운평리 유적은 전남동부지역의 대표적인 대가야계 고총 고분군이다. 운평리 고분군 바로 인근에는 '가라골'(秋洞)이 있어 주목되는데, 지명상으로도 (大)加耶와 밀접한 관련성을 가진다. 백제시대 순천의 지명이 '사평'이었고, 최근에 조사된 순천 왕지동·덕암동·선평리·검단산성 등지에서도 대가야계 석곽묘나 토기들이 빈출되고 있기 때문이다. 이러한 점에서 순천 일대를 임나사현의 娑陀와 연결시키는 것은 문제가 없다고 판단된다.

운평리고분군으로 대표되는 전남동부지역의 대가야계 고분의 숫자가 작고 소규모인 것은 전북동부나 경남서북부지역과 달리 대가야가 영향력을 끼친 기간이 상대적으로 짧았다는 것을 의미한다. 그 만큼 대가야가 임나사현에 대한 장악력이 약했고, 한편으로 토착 수장층의 자치권이 강했으며 토착문화가 꾸준히 지속되었음을 의미한다.

6세기전반대에도 대가야계 고분과 토기가 변형되고 토착화된 채 지속되는 것은 그 이전단계에 단순한 교류차원이 아니라 한동안 대가야 영향권하에 있었음을 반증한다. 대표적인 예가 순천 왕지동 고분군이다. 운평리 주변의 왕지동이나 선평리 일대의 토기는 대부분 대가야토기를 모방한 것이다. 즉, 기층에까지 미친 대가야토기문화는 단순한 교류나 교역차원에서 볼 수 없고, 대가야의 정치적 영향력을 의미하는 것이다.

사진 6. 3호 석곽묘 조사후(위), 측벽축조상태(아래:좌), 유물출토상태(아래:우)

〈그림 1〉 순천 왕지동 고분(2호 석곽묘) 대가야계 유물

대가야에 의한 직접지배가 이루어진 곳은 이제까지의 재지 수장세력이 폐절되고 새로운 곳에 갑자기 고총이 조영되는 현상이 발생한다고 한다(박천수 2006b).

순천 운평리 고분군은 동일묘역에서 4세기대의 재지 토광묘로부터 소·대가야계 묘제를 거쳐 백제 영역화시점까지의 묘제와 토기가 꾸준히 이어지고 있다. 이는 운평리고분군이 4세기부터 6세기에 이르기까지 토착 수장세력의 묘역이라는 것을 뒷받침하는 것이다. 이는 대가야의 정치적 영향력에 의해서 새로운 곳에 고총이 출현한 것이 아니라 토착세력의 墓域에 대가야계 묘제와 토기문화가 유입된 것임을 보여주는 것이다. 이는 순천지역에 대한 대가야의 정치적 영향이 직접지배가 아니라 간접지배나 상하연맹관계임을 시사하는 것이다. 이는 재지 수장층의 自治를 용인되는 선에서 대가야와 토착세력이 정치적 동맹관계를 맺은 것을 의미한다. 요컨대, 전남동부지역은 대가야의 직접지배라기보다는 토착

首長을 통한 간접지배이거나 상하연맹관계로 이해하는 것이 적절할 것이며, 고고학적 양상도 그에 부합하고 있다. 운평리고분군의 고총들에서 대가야계 세장방형 석곽묘와 위세품(통형기대, 이식, 마구류 등)의 출토는 고령의 대가야와 순천 사타국과의 정치적 동맹관계를 뒷받침하는 것이다.

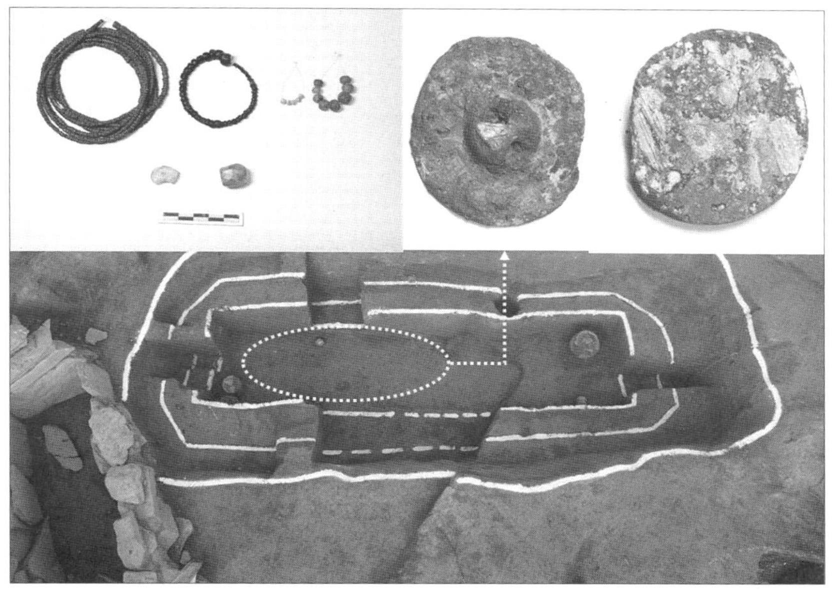

〈그림 2〉 순천 운평리 재지계 토광묘

다만, 대가야 묘제와 다소 다른 속성, 예컨대 주구가 있다든지, 지하식이 아니라 반지하식인 것은 전술한 바와 같이 전남 동부지역이 대가야의 정치적 영향 이전에 주류를 이루었던 소가야묘제가 잔존한 것에서 찾을 수 있다.

운평리 1호분에서의 배장(추가장)에 의한 다곽식 묘제와 周溝의 존재는 소가야 묘제와 유사한 속성이라고 볼 수 있다. 하지만, 1호분의 주곽을 만들면서 동시에 봉토를 축조한 것은 '분구묘'가 아니라 '봉토분'이라는 것을 의미한다.

그리고 1호분 주곽의 축조방법을 보면 동시기의 고령의 대가야 석곽묘의 축조방법과 동일하지는 않다. 즉, 동시기에 대가야 수장층 석곽묘의 벽석은 대부분

평적한다. 1호분 주곽 하단에 1단으로 수적한 것은 늦은 단계의 (소)가야 석곽묘에 보이는 특징적인 속성이자, 석곽 축조의 노동력을 절감하려는 의도가 있는 것으로 보인다. 이는 대가야의 영향하에서도 토착화된 소가야계 묘제가 6세기전반기까지 지속된 것을 보여주는 것이다.

이와 같이 무덤의 양식상 고령의 대가야와 차이점이 확인되지만, 그렇다고 대가야와의 관련성을 부정할 수는 없다. 이는 매장주체부에 부장된 주된 유물과 위세품이 대가야계통이라는 점에서 뒷받침된다. 요컨대 순천, 여수, 광양 일대에서는 대가야 문화 유입이전에 소가야양식의 묘제가 유행하여 그러한 배경하에 대가야묘제와의 혼합양식이 등장한 것으로 판단된다.

한편, 운평리 2호분 주석실에서는 대가야계 금제이식이 출토되었는데, 이와 관련하여 상술해 보기로 한다.

유적	순천 운평리 M2호분	창원 다호리 B-15	고령 지산동 44호석곽	합천 옥전 91호분	고성 율대리 2호분	남원 월산리 M5호분
형태						
길이	5.6cm	7.2cm	6.5cm	11.9cm	현6.0cm	?

〈그림 4〉 대가야계 이식(순천대학교박물관 2010)

대가야형 이식의 가장 큰 특징은 사슬형 연결금구와 공구체형 중간식을 조합한 金製라는 점이다. 대가야형 이식은 고령 지산동, 합천 옥전, 합천 반계제A호분, 함양 백천리 1호분, 진주 중안동, 고성 율대리 2호분-3호석곽, 창원 다호리 B-15호석곽에서 출토되었다(이한상 2004). 그 외 장수 봉서리·곡성 방송리 고분

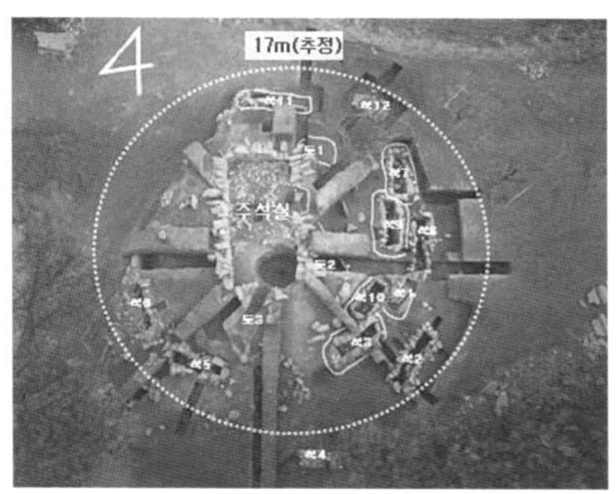

(좌↑) 2호분

(우상↑)
2호분 출토유물

(우하←)
2호분 출토이식

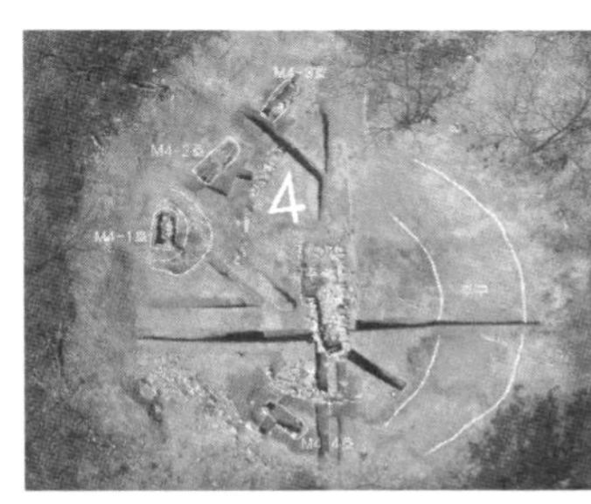

(좌↑ 4호분
(우➔ 4호분 출토유물

(좌↑ 5호분

(우↑ 5호분 출토유물

〈그림 3〉 운평리 출토 유적 및 유물

군 출토품이 있다. 곡성 방송리고분군 출토 금제이식도 백제이식으로 파악되어 왔으나(성정용 2001), 함양 백천리에서 출토된 대가야산 이식과 같은 형식이고 이와 함께 대가야양식 토기가 공반되고 있어 대가야산으로 파악된다. 장수 봉서리와 곡성 방송리 고분군에서 출토된 대가야식 금제수식부이식은 섬진강 수계가 대가야의 위세품 체계하에 들어갔음을 보여준다. 대가야산 이식은 5세기 후반에는 황강수계와 남강상류역·금강상류역·섬진강수계에 분포하다가, 6세기 전반에는 소가야권역의 진주·고성 그리고 금관가야권역의 창원 진영분지까지 확산된다. 이와 같이, 대가야산 위세품의 분포와 대가야양식 토기의 분포가 궤를 같이하는 점에서 양자는 대가야의 권역의 확대와 영향력 증가를 반영하는 것으로 볼 수 있다(박천수 2006a).

요컨대, 섬진강 상류권의 장수 봉서리, 섬진강 중류권의 곡성 방송리 외에 섬진강하류권의 순천 운평리에서의 대가야계 金製耳飾은 고령의 대가야와 섬진강 유역권간의 정치적 연맹관계를 웅변하는 위세품이다. 대가야계 이식은 대가야와 연계된 지방 수장급 고분에만 부장된다는 공통점이 있다.

그런데, 운평리 2호분에서는 신라계 금제이식(주석실)과 유자이기(봉토내)가 출토되어 주목된다. 즉, 대가야계 유물이 다수를 차지하는 운평리 고분에서 신라계 이식과 옥전고분군 출토품과 유사한 유자이기가 확인된 것이다. 신라계 이식의 특징은 중간식인 소환연접입방체인데, 이 입방체는 5세기 전반부터 나타나는 신라 이식의 대표적인 특징이다. 5세기말 혹은 6세기초로 비정되는 대가야계 고분인 옥전 M4호에서도 소환연접입방체의 중간식을 가진 대가야계 이식이 부장되고 있다. 물론 옥전 M4호분 출토품과 운평리 출토품은 큰 차이점을 보이지만 대가야 이식과 신라 이식의 특징이 혼재한다는 것은 유사하다. 옥전고분군의 신라계 유물은 신라의 전초기지인 창녕을 통해서 유입된 것으로 보인다. 운평리 2호분은 횡혈식구조이고, 土器나 耳飾의 형식상 1차례의 추가장이 상정되므로 하한은 6세기 초엽까지 내려올 가능성이 높다.

이상과 같이 순천 운평리유적에서 대가야문물과 더불어 옥전 다라국 관련 유물이 일부 확인된 것은 대가야연맹체에서 중요한 위치를 점하고 있었던 다라국의 일정한 역할을 상정할 수 있다. 다시 말하면, 고령의 대가야가 서부경남과 호

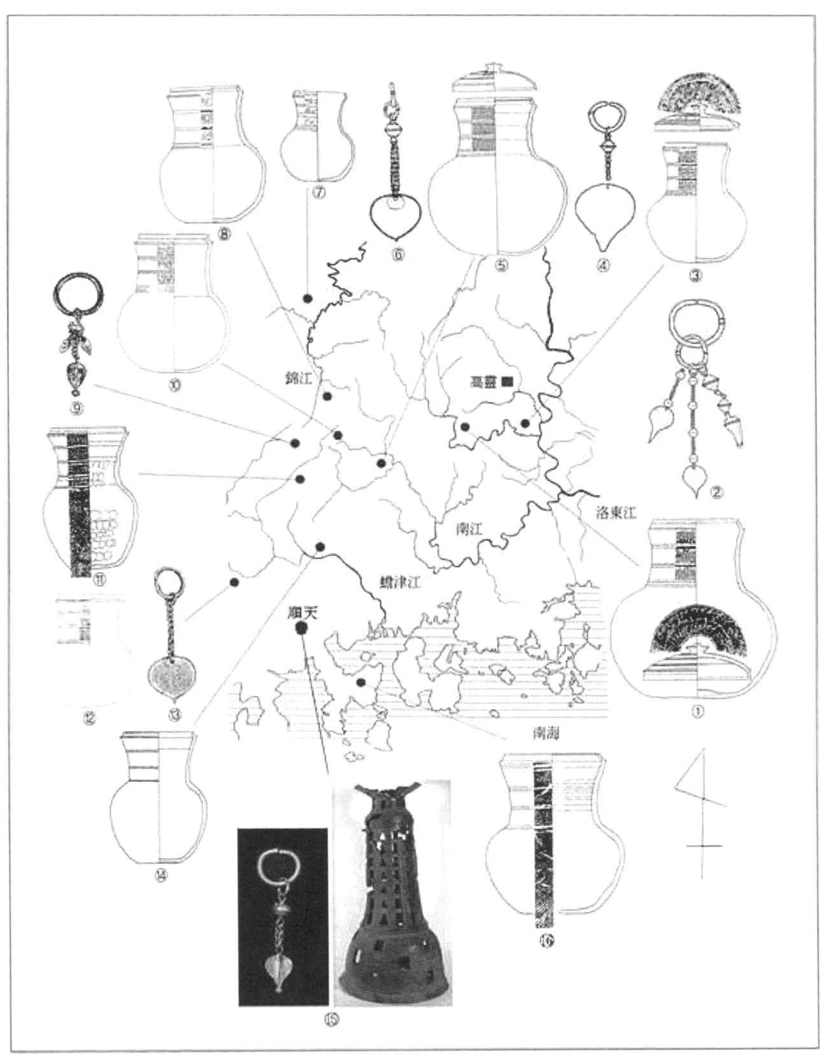

① 합천 옥전 M3호분 ② 합천 옥전28호분 ③-④ 합천 반계제 가A호분 ⑤-⑥ 함양 백천리 1호분 ⑦ 진안 황산리고분군 ⑧장수 삼고리5호분 ⑨ 장수 봉서리 고분군 ⑩남원 두락리1호분 ⑪남원 호경리고분군 ⑫-⑬곡성 방송리고분군 ⑭ 구례 용두리고분군 ⑮ 순천 운평리2호분 ⑯여수 미평동고분군

〈지도 3〉 토기와 장신구로 본 대가야 권역(박천수, 2006)

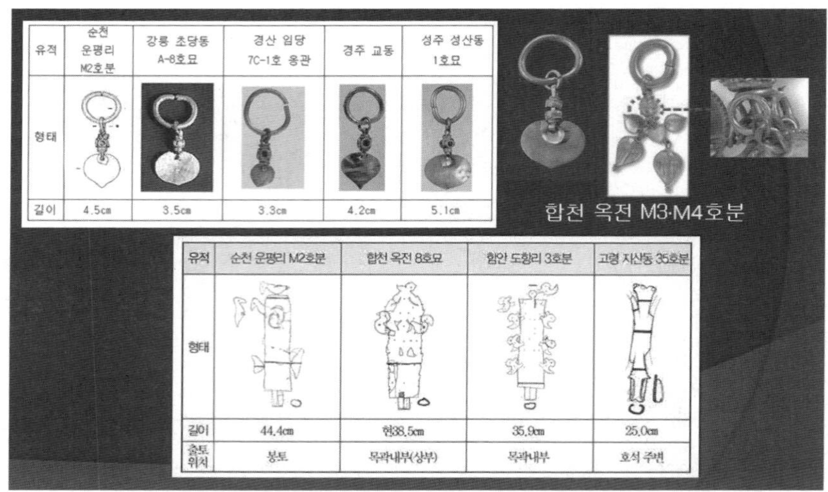

유적	순천 운평리 M2호분	강릉 초당동 A-8호묘	경산 임당 7C-1호 옹관	경주 교동	성주 성산동 1호묘
형태					
길이	4.5cm	3.5cm	3.3cm	4.2cm	5.1cm

유적	순천 운평리 M2호분	합천 옥전 8호묘	함안 도항리 3호분	고령 지산동 35호분
형태				
길이	44.4cm	현38.5cm	35.9cm	25.0cm
출토위치	봉토	목곽내부(상부)	목곽내부	호석 주변

〈그림 5〉 순천 운평리 출토 신라계 이식과 유자이기(순천대학교박물관 2010)

남동부권에 영향력을 끼칠 무렵에 연맹체의 일원인 옥전의 다라국 세력의 도움도 있었던 것으로 보인다(조영제 2007).

2) 달이(達已, 上哆唎·下哆唎)

우륵 12곡에 등장하는 가야제국 가운데 達已는 여수로 비정된다(김태식 2002). '達已'는 上·下로 구분되어 上哆唎는 麗水半島, 下哆唎는 여수 突山島로 추정한 견해가 있다(전영래 1985).

고고학적으로 보면 下哆唎는 (소)가야계 토기가 다량 출토된 돌산 죽포리 부근으로 비정할 수 있고, 上哆唎는 대가야토기가 집중 출토된 고락산성과 고락산성 아래의 여수시 미평동 일대라고 보여진다. 미평동 토기의 경우는 백제토기

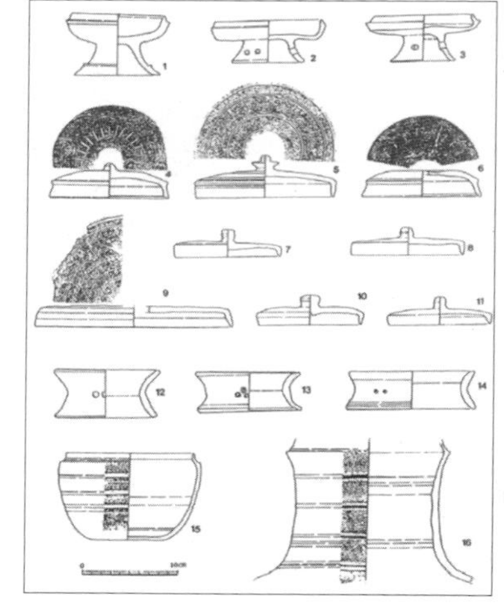

〈그림 6〉 고락산성 가야계 토기

와 대가야계토기의 융합현상도 보이기에 거점지역에서의 역사적 연속성을 보여준다. 이 일대에는 백제 산성인 고락산성과 척산산성이 바로 인접하여 자리하고 있어 백제시대까지 요충지였으며 해안에서 내륙으로 통하는 길목이다. 최근에는 미평동과 멀지 않은 곳에 자리한 죽림리 유적에서 소가야계 석곽묘·토기와 더불어 대가야계 토기가 출토된 바 있어, 여수반도에도 가야문화가 성하였음을 뒷받침해 주고 있다.

3) 모루(牟婁)

임나사현의 하나인 牟婁(우륵 12곡의 勿慧)의 중심지는 광양읍으로 비정하고 있다(김태식 2002). 이는 광양의 백제때 명칭이 '馬老'라는 점에서도 뒷받침된다. 최근에 광양읍 도월리 분구묘와 취락유적에서 5세기말~6세기초의 소가야 및 대가야토기들이 출토된 바 있다.

〈그림7〉 광양 도월리 고분 및 유물(전남문화재연구원2010)

이와 더불어 대가야계 장경호 2점이 출토된 광양시 진상면 비평리 일대가 주목된다. 광양 비평리는 광양과 하동을 잇는 길목에 자리하여 전략적 요충지이다. 비평리 일대에서는 대가야계 토기들이 더 많이 수집되었었다고 전하므로 이 일대에 고분군이 형성되었던 것으로 보인다. 비평리의 비촌(飛村)은 과거에 비읍('飛邑')이라고도 불리어져 역사적으로 요충지였음을 알 수 있게 해주는데, 비

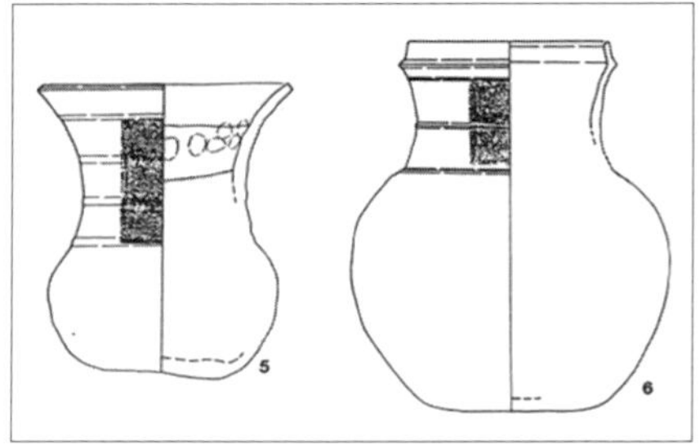

〈그림 8〉 광양 비평리 대가야계 토기

촌마을은 삼한의 城址로도 알려져 있다. 고분군에서 동북쪽으로 1km 지점에 백제시대에 초축된 불암산성이 위치하며, 광양과 하동을 잇는 길목이면서 섬진강과 직선거리로 3km 밖에 떨어지지 않으므로 이 일대가 지정학적으로 아주 중요한 지역임을 짐작할 수 있다. 대가야고분 관련 유적에 바로 인접하여 백제의 산성이 있는 것은 백제의 거점 지배와도 관련된다.

4. 대사(帶沙)

1) 帶沙와 하동

〈日本書紀〉에 다사진(多沙津·대사진(帶沙津 등으로 전하는 곳은 일반적으로 섬진강 하구의 항구인 하동지역으로 비정되어 왔다. 하동 일대는 고대에 가야와 백제가 경쟁적으로 중국 및 왜국과 교역을 이루던 주요 항구였다. 백제는 6세기 초에 대사지방을 대가야로부터 빼앗으려고 시도하다가 대가야의 무력대응으로 물러난 적이 있었다. 이 대사를 대구광역시 달성군 하빈면·다사읍으로 비정한 견해도 있지만, 가야와 백제 사이의 분쟁지대라면 역시 섬진강변의 경남 하동군(옛 지명 韓多沙郡)으로 비정하는 것이 타당하다(김태식 2002).

〈日本書紀〉 繼體紀 23년(529년)條에, 백제가 가라의 다사진(대사)을 倭에 요구하였고 왜는 이를 승인하였다고 나온다. 이는 백제가 다사진을 확보했음을 의미한다.

繼體紀 23년(529년)條 백제왕의 말을 통해 보면, 하동의 다사진(대사)은 가라, 즉 대가야측의 소유이며 이곳이 대왜 무역을 위해서 상당히 중요한 항구였다는 점을 알 수 있다. 낙동강 하류 지역이 5세기초 이후로 신라의 통제를 받는 상황에서 가야제국은 섬진강을 통해서 대외교역을 하였던 것으로 보이며, 대가야가

479년에 중국 남제와 교역을 이룬 통로도 바로 하동을 통해서였던 것으로 추정된다(김태식 2002).

2) 하동 홍룡리 고분군으로 본 대사(帶沙)

전술한 바와 같이, 대사는 대개 섬진강 하구의 항구인 하동지역으로 비정되어 왔는데, 최근에 하동 홍룡리고분군이 발굴조사되어 주목된다(동아세아문화재연구원 2012). 즉, 종래 문헌기록으로만 대사의 위치를 추정해 왔는데, 관련 고고학적 자료가 발굴됨으로써 하동 비정설은 더 설득력을 확보한 셈이다.

하동 홍룡리 고분군은 섬진강변에 인접한 능선말단부의 사면부에 21기의 수혈식 석곽묘가 위치한다. 이 유적에서는 서부경남에서 주로 보이는 최하단석을 세워쌓기한 수혈식 석곽묘와 눈썹형 구(溝)가 확인되고 있다. 하지만, 출토유물은 대가야계 토기가 대다수를 차지하고 있고, 늦은 단계에는 백제계 토기가 일부 확인된다. 즉, 출토 토기의 계통을 보면 대가야계 136점, 백제계 11점, 소가야계 2점, 신라계 1점 등이다. 철기의 부장비율이 극히 낮으며, 신분을 상징하는 유물은 출토되지 않아 위계가 비교적 낮은 집단으로 파악된다. 대가야계 유물로 보면 5세기말-6세기전엽으로 편년된다.

백제계토기가 출토된 21호분은 매장주체부의 구조에서 이질적인 면이 보이는데, 백제양식토기가 부장되는 시점에서는 토기의 부장과 함께 묘제의 양상도 변화되고 있음을 알 수 있다. 21호분은 다른 매장주체부(세장방형)와 달리 장방형(2.5:1)이어서 차별적인데, 백제 고분의 전형적인 유물인 광견호, 개배, 관정 등이 출토되어 백제의 영향으로 축조된 것으로 보인다. 시기는 6세기 중엽이후로 편년된다.

하동 홍룡리 고분은 周溝(눈썹형 溝)가 설치되고 다곽식과 반지하식 구조를 가지며 최하단석을 세워쌓기한 축조수법 등이 확인되어 소가야양식 토기가 주로 부장되는 서부경남지역과 유사함을 알 수 있다. 이와 같이, 홍룡리 고분군은 소가야 중소형분의 묘제와 유사한 양상을 보이지만, 유물은 재지의 소가야계가 아닌 고령의 대가야계 토기가 대다수를 차지하고 있다는 점에서 주목된다. 그리고, 마지막 단계에는 백제계 유물이 등장한다. 이는 문헌에서도 확인되다 싶이,

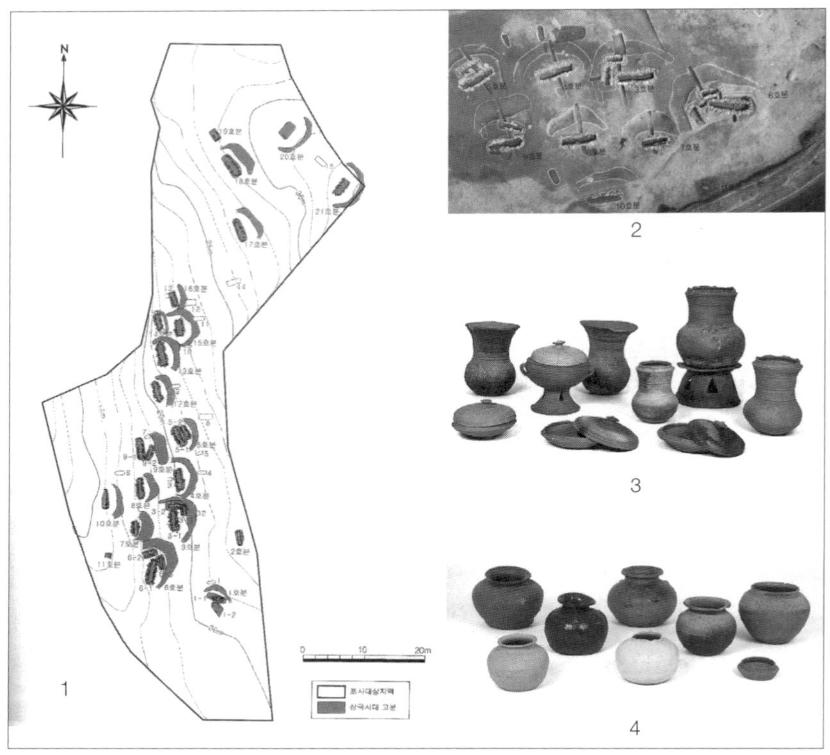

〈그림 9〉 하동 흥룡리 고분군 (1-유구배치도, 2-남쪽군집 고분전경, 3-대가야토기, 4-백제토기)

정치적인 문제를 언급하지 않을 수 없다. 즉, 재지의 소가야계 묘제를 사용하지만 대가야의 정치적 영향속에서 대가야계 유물이 주류를 이루는 단계가 있고, 마지막 단계에는 백제의 영향속에서 백제계 유물이 등장하고 있어 529년에 백제가 대사지역을 영역화했다는 기사와 연결해 볼 수 있다. 흥룡리고분군에서 발굴조사된 대가야계 유물의 등장은 5세기말경으로 추정되지만, 대가야와 하동세력(대사)과의 정치적인 교섭의 시작은 적어도 1세대 정도는 소급해 볼 수 있을 것이다.

향후 추가조사가 있어야 하겠지만, 지금까지의 조사 성과나 하동 흥룡리 고분 발굴조사로 보면 하동에는 고총고분이 확인되지 않고 있다. 흥룡리 고분은 중소형분이어서 뚜렷한 위세품이 확인되지 않고 있어 순천 운평리고분군과 차별성을 보인다. 흥룡리 고분의 구조가 재지 서부경남(소가야)양식이고 대가야계 유물이 유입되는 양상이므로, 피장자는 대가야에 협조적인 토착민일 가능성이 높다고 판단한다.

이 지역에 고총이 확인되지 않는 것은 대가야가 이 지역이 가진 전략적인 중요성 때문에 재지의 수장층을 해체하고 지방관을 파견하여 직접지배했을 가능성이 높다(김세기 2003·박천수 2006). 伴跛(대가야)가 대사(하동지역)에 대해 자국의 항구라고 주장하고 있는 것(繼體紀 23년 3월條)은 이 같은 정황을 말해 주는 것이다(박천수 2006).

5. 순천 운평리 고분군과 임나일본부설

운평리 고분군은 전남동부지역에서 발굴조사된 유일한 가야계 고총고분군이다.

운평리 1-3차 발굴조사에서 직경 10~20m의 봉토분 5기, 토광목곽묘 15기, 석곽묘 25기를 조사하여 4~5세기대의 재지 토광묘와 5세기말엽~6세기전엽의 대가야계 석곽묘·석실묘를 확인하였다. 특히 M2·3·4호분에서 출토된 대가야계 위세품은 5세기말~6세기초엽의 전남동부지역과 대가야와의 연맹관계를 보여주는 대표적인 자료이다.

이처럼 순천 운평리고분군은 백제가 전남동부권을 장악하기 직전인 기원후 500년을 전후한 시기의 순천지역 지배층 무덤이다. 즉, 전남동부권에 존재하는 대가야계 고분군으로서, 대가야와 연맹체를 이루고 있던 임나사현(任那四縣:사타·모루·상다리·하다리)의 하나인 '사타'(沙陀)의 실체를 보여주는 자료이다.

'任那四縣'할양 기사는 임나일본부설(任那日本府說)의 중요한 근거자료 중 하나이므로, 임나사현의 위치는 매우 중요하다.

임나일본부설은 일본의 야마토왜가 4세기후반에 한반도 남부지역에 진출하여 백제·신라·가야를 지배하고, 특히 가야에는 일본부라는 기관을 두어 6세기 중엽까지 직접지배했다는 설이다. 일제강점기에 일본관학자들이 임나일본부설을 증명하기 위해 무엇보다도 먼저 도굴수준의 발굴조사를 시행한 것이 가야고분이다.

이 학설은 일본이 조선을 침략하고 그 지배를 정당화하기 위해 날조한 식민사관의 하나인 타율성이론의 대표적 산물로서 남선경영론(南鮮經營論)과 궤를 같이 한다. 이는 한·일 양국의 자존심이 걸린 문제이기도 하거니와, 독도 영유권문제와 함께 한·일관계 복원에 최대의 걸림돌로 작용한다. 즉, 학술적인 연구를 떠나서 일본교과서의 왜곡된 기술이나 한·일 양국의 정치적문제로 비화되어 오늘날까지 자국의 입장에서 서로 다른 의견을 제시하고 있다.

〈日本書紀〉의 6세기초 기록에는 임나사현을 백제에 할양했다는 기사가 나오지만, 이는 일본의 왜곡된 史觀이 반영된 것으로, 일반적으로 백제가 가야영역을 영역화했다는 것으로 파악하고 있다. 임나사현에 대해 한국고대사학계에서는 섬진강서안의 전남동부권(순천·광양·여수)으로 보는 것이 통설이며, 이를 고고학적으로 확인한 것이 순천 운평리고분군 발굴조사의 가장 큰 성과이다. 반면, 일본에서는 일제강점기 관학자들로부터 최근까지 '임나사현'을 영산강유역에 비정하는 견해가 대세이다. 그렇게 함으로써 '임나' 즉 가야의 영역을 영산강유역까지 확대해 보고 있다(지도4 참조). 더구나, 영산강유역에는 일본 고분시대의 전방후원형 고분이 존재하고 있어 논란의 대상이 되고 있다. 아직까지도 일본의 국수주의자들을 중심으로 임나일본부설을 인정하는 분위기가 있다.

하지만, 일본학계에서도 '임나'를 '가야'와 동일시하고 있듯이 임나사현 영역내에서는 가야와 관련된 유적과 유물이 확인되어야만 한다. 그런데 호남지역에서 가야와 관련된 유적·유물은 호남동부권에 한해서 출토되고 있을 뿐, 호남서부권의 영산강유역은 가야와 무관한 옹관묘문화권을 형성하고 있다. 아울러 〈日本書紀〉에서 '임나사현' 기사가 나오는 6세기초엽에 하나의 '縣'단위가 오늘날의 시군단위를 넘어서지 않으므로 임나사현을 영산강유역을 중심으로 한 호남지역까지 확대하는 것은 불가능하다. 더구나 임나사현 가운데 모루(牟婁)와 사타(沙陀)는 백제시대 당시에 광양과 순천의 지명인 '마로(馬老)' 및 '사평(沙平)'과 음이 유사하여 연결된다. 예로부터, 임나사현으로 비정되는 순천·광양·여수는 광양만권으로 같은 생활문화권을 이루어왔다.

섬진강서안의 전남동부권에서 대가야계 문물이 집중적으로 출토되는 순천 운평리 고분군이야말로 임나사현의 하나인 '사타'의 지배층고분임이 확실하다.

요컨대, 일본의 관학자들을 중심으로 임나일본부를 주장하였지만, 임나사현의 하나인 순천 '사타국'의 지배층 무덤에서는 왜계 유물이 아니라 대가야계 유물이 출토되고 있다. 따라서 '임나사현'은 순천·광양·여수 등의 전남동남부권에 비정되며, 5세기말~6세기초엽 후기가야의 맹주국인 고령의 대가야와 연맹관계를 맺고 있던 가야(임나)의 4개 고을일 뿐이다.

순천 운평리고분군의 발굴성과는 임나일본부설의 중요한 논거중 하나인 임나사현의 위치와 내용을 수정함으로써, 일본연구자들이 주장하고 있는 임나일본부설을 부정할 수 있는 고고학적 자료이다.

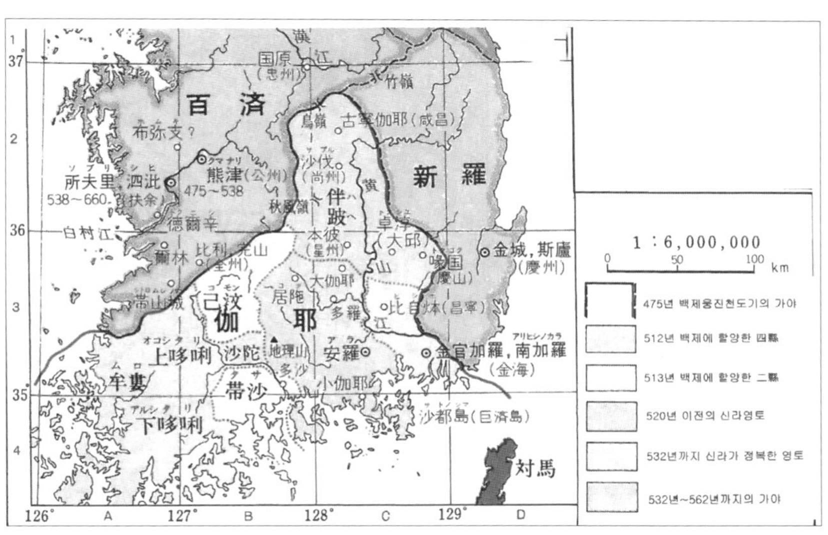

〈지도 4〉〈日本史年表 地圖〉에서의 任那四縣 位置 비정(吉川弘文館, 2010, 東京)

IV. 가야와 백제의 관련성

1. 백제의 전남동부지역 영역화 시기

百濟의 전남동부지역 및 섬진강유역진출에 대한 문헌자료로는『日本書紀』가 참고된다. 즉,『日本書紀』繼體紀 6年(512년 12月條에 任那四縣의 할양기사가 나오는데, 이는 결과적으로 백제가 임나국의 4현을 빼앗은 것을 의미한다. 전술한 바와 같이 이들 임나사현의 위치에 대해서는 여러 의견이 제시되었으나, 최근에는 전남동남부지역으로 비정되고 있다.

『日本書紀』에 보이는 백제의 전남동부지역에 대한 진출기사는 최근에 발굴조사된 고고학적 자료로도 뒷받침된다. 즉, 전남동부지역에서 백제계 유물이 최초로 등장하는 것은 6세기 전반기(웅진기 후기)인데, 이와 관련해서는 광양 용강리 고분이나 여수 고락산성 출토유물이 방증자료이다. 즉, 백제고분인 광양 용강리 출토 유물 중 이른 단계는 웅진기 후기에 해당하며, 여수 고락산성에서 출토된 6세기 2/4분기의 대가야계 토기가 백제산성인 고락산성이 축조된 직후에 유입된 것으로 판단되기 때문이다.

2. 묘제(墓制)의 변천

전남 동부지역의 6-7세기대의 고분은 백제계가 주류를 점하고 있지만, 6세기 전반대에는 전 단계의 가야계 석곽묘가 공반되고 있다.

백제계와 가야계 고분을 구분할 때 다음의 기준이 참고가 된다. 즉 우선 석곽의 장폭비를 보면 가야계는 대개 3:1 이상으로 세장방형이다. 반면 백제계는 그보다 짧아 장방형을 띤다. 예컨대 백제계인 순천 성암고분의 경우, 석곽의 장폭비가 2:1 내지 2.5:1로서 장방형이다. 그리고 일반적으로 가야의 수혈식 석곽의 경우 棺은 썼을 것이지만 관못은 확인되지 않는다. 이에 반해 백제계 석곽묘는 대부분 철제 관못이 확인되고 있다. 예컨대 말기의 가야계 석곽 양식을 지닌 순천 죽내리 4~7호분이나 순천 용당동 1호 석곽묘는 관못이 확인되지 않고 있다.

이러한 백제계와 가야계 고분의 구분을 잘 보여주는 예가 순천 죽내리 고분군이다. 발굴된 7기의 무덤 형식은 장축방향, 바닥석의 유무, 벽석의 축조방법, 관고리와 관못의 유무 등을 기준으로 하여 2가지로 구분된다. 하나는 장축방향이 등고선과 직교하고 바닥에 작은 돌을 깐 1~3호분이고(1·2호분은 관고리와 관못이 출토), 다른 하나는 유구의 장축방향이 등고선과 나란하며 무덤바닥이 맨바닥인 4~7호분이다. 前者(백제계 석곽)는 크기가 일정하지 않은 割石과 川石으로 1단은 臥垂積하고, 2~3단은 平積하였다. 後者(가야계 석곽)의 경우, 납작한 강돌을 立垂積하여 벽석 하단부를 마련하고 2~3단은 조금 더 작은 강돌로 平積하였다. 이러한 축조방법은 가야후기에 유행한 벽석의 축조방법으로서 호남 동부지역에서는 남원 건지리에서 조사된 바 있다. 유물 조합상에서 보면, 순천 죽내리에서는 백제계 토기가 주류이고, 건지리에서는 백제토기인 병형토기 외에는 고령양식의 가야계토기가 대부분을 차지하고 있다. 그리고 4-7호분은 1-3분에 비해서 평면형태가 細長하다는 점에서 가야계 석곽형태를 유지하고 있다.

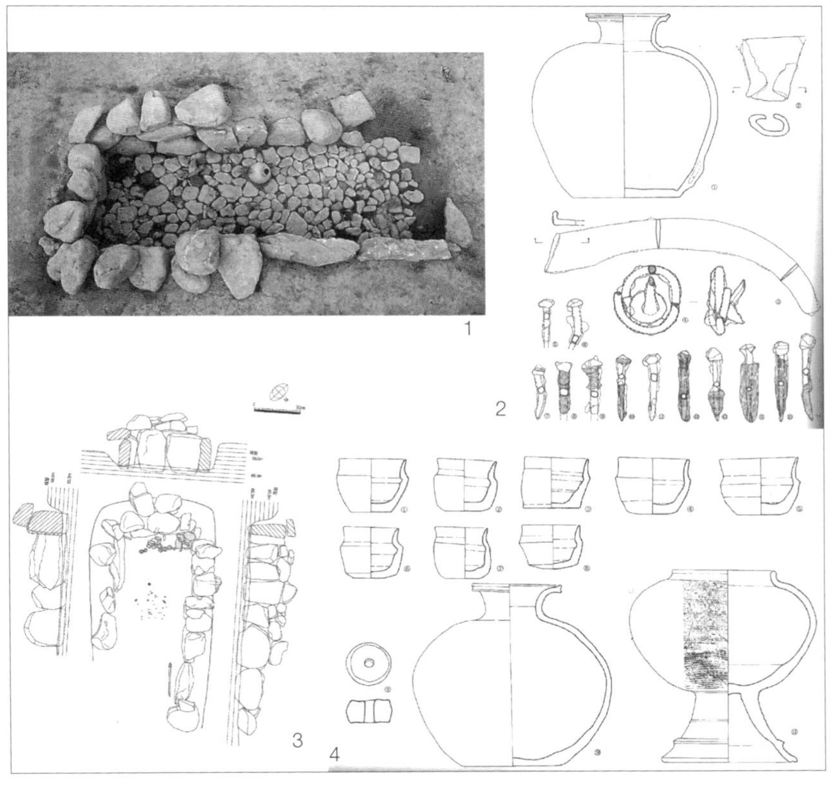

〈그림 10〉 순천 죽내리 고분군 (1·2-1호석곽[백제계], 3·4-6호석곽[가야계])

유구 뿐만 아니라 遺物相으로 보아도 가야계 석곽이 백제계 석곽보다 이르다는 점을 알 수 있다. 즉 순천 죽내리 6호분 출토 토기병은 동최대경이 가운데에 있어 상대적으로 이른 시기에 편년되지만, 1호분 출토 토기병은 동최대경이 상부에 있어 백제후기의 광견호의 특징을 보이고 있다. 죽내리 석곽묘에서는 대개 백제유물이 출토되고 있지만, 지표수습유물 가운데에는 대가야계 토기뚜껑이 확인되어 주목된다. 이러한 점은 죽내리 유적이 형성되는 시점 이전에는 가야계 문화의 영향이 강하다가 백제가 이 지역을 영역화함에 따라 점차적으로 백제양식의 분묘와 유물이 나타나게 되었음을 반증하는 것이다. 이러한 양상은 순천 성암 4호분에서 묘제나 유물에서는 전반적으로 백제 양식이지만, 肩部 상부에 밀집파상문이 시문된 長頸壺 1점이 출토되어 가야말기의 속성을 보여준다는 점이 좋은 참고자료가 된다.

그리고 석곽묘의 장축이 등고선과 직교한 경우가 橫穴式 石室墳의 영향이라는 관점에서 보면 죽내리 고분의 경우, 등고선과 나란한 가야계 수혈식 석곽묘가 상대적으로 이른 시기의 것이다. 순천 용당동고분에도 석곽의 장축이 등고선과 나란한 1호(竪穴式)가 직교한 2호(橫口式)보다 이르다.

3. 百濟와 토착세력의 관련성

백제와 토착세력의 관계를 파악하기 위해서는 공반되는 백제와 가야의 유적·유물을 검토하는 것이 필요하다.

여수 고락산성에서 6세기 2/4분기 내지 6세기중엽경의 소가야계토기·대가야계토기·백제토기의 공반 양상은 가야계토기를 사용하던 토착세력과 전남동부지역을 영역화한 백제세력의 관계를 살펴볼 수 있는 중요한 자료이다.

여수 고락산성과 가야계 토기의 관련성을 알기 위해서는 순천 성암산성(미곡산성)과 산성아래의 죽내리 고분의 관계에 대해 살펴보는 것이 필요하다. 백제산성인 성암산성 아래에는 가야계 석곽과 백제계 석곽이 혼재하고 있는데, 가야계 석곽에서 백제계 석곽으로의 변화과정이 확인된다. 즉 가야계 석곽에서 가야계 유물이 줄어들면서 백제계 유물이 다수를 차지하게 된다. 죽내리 고분보다 조금 더 늦다고 보여지는 죽내리 성암고분에서는 백제계 석곽이 대부분이고, 변형된 가야계 토기 1점이 출토되고 있다. 아울러 죽내리 유적 주변에서 적지 않은 대가야계 토기가 출토됨은 전남동부지역에 대한 백제의 영역화 이전에 가야계 문화가 주류를 점하고 있었음을 시사한다. 요컨대, 백제산성 아래의 백제고분군에 가야계 묘제와 토기가 확인됨은 백제산성이 축조될 무렵에 가야토기와 가야묘제를 사용하던 재지세력이 있었고, 백제에 협조적이었음을 시사한다. 이는 토착세력의 백제화를 보여주는 중요한 자료라고 할 수 있다.

고락산성 출토 대가야토기의 성격 파악을 위해서는 고락산성이 백제산성이라는 점을 염두에 두고 접근하여야 한다. 즉 城과 관련된 유구 내부에서 출토된 대가야토기는 고락산성 축조이후에 대가야토기를 쓰고 있던 재지민이 남겨놓은 유물로 판단된다. 이는 백제의 영역화 후에 재지민의 다수가 백제의 정책에 동조했다는 의미이다. 그리고 고락산성 아래의 미평동에 백제토기와 대가야토기의 혼합 양식의 존재는 재지민이 기존의 대가야토기와 새로이 들어온 백제토기를 결합시킨 것을 의미한다.

이와 같이 고락산성의 백제 건물지나 구상유구에서 대가야계 토기와 백제토기가 공반되는 것은 백제와 토착세력의 관계를 보여주는 것이다. 일본서기 계체기 6년(512)조 임나사현 기사에서도 보이듯이 땅을 쉽게 백제에 내어주는 것은 전남동부지역에서의 대가야와 관련된 토착세력이 己汶에 비해 미약했음을 의미한다. 즉 전남동부지역에서 대가야계 고분은 현재까지의 토기자료로는 1~2世代 정도 지속했다고 보여지기에 대규모 고분군이나 대형 고총이 잔존하지 못했다고 판단된다. 이에 비해서 5세기중엽부터 비교적 장기적으로 대가야의 영향력이 미쳤던 전북동부지역에는 남원 월산리나 두락리, 장수 삼봉리와 동촌리 같은 대형의 군집 고총이 확인되어 전남동부권과는 확연히 다르다.

己汶과 帶沙에 대해서는『百濟本記』가 자세한 기록을 남기고 있는데 반하여, 임나사현문제는 전혀 언급하지 않고 있다. 이는 기문·대사문제가 任那四縣 문제보다 훨씬 큰 반향을 일으킨 사건이고, 가야제국이 이 사건을 해결하기 위해 다방면으로 외교활동을 전개한 결과, 백제로서도 기문, 대사 영유의 정당성을 주장할 필요가 있었기 때문에 백제본기에 자세한 기록이 남게 된 듯하다. 반면 임나사현은 이해당사자들인 四縣 토착세력들의 반발이 크지 않았거나 외교문제로 비약되지 않았기에 백제본기에 구체적인 내용이 전해지지 않은 듯하다(이근우 1994).

V. 맺음말

전남동부지역에서는 최근에 대가야계 유물 뿐만 아니라 대가야계 고분의 조사례가 증가하고 있다.

현재까지의 고고학적 자료로 보면, 전남동부지역에서 대가야계 묘제와 토기의 출현은 5세기말경으로 추정된다. 전남동부지역은 任那四縣(上哆唎·下哆唎·娑陀·牟婁)으로 비정되고 있는데, 그러한 중심지로 여수, 순천, 광양의 대가야토기출토 고분유적과 관련시킬 수 있다. 특히, 娑陀의 지배층 묘역인 순천 운평리 고분군은 3차례의 발굴조사를 통하여 상당한 조사성과가 있었다. 여수, 순천, 광양지역은 대가야 토기와 고분이 출토되는 지역거점의 수장층이 고령의 대가야와 연맹관계를 맺은 대가야의 일부로 볼 수 있다. 전남동부지역이 대가야에 포함된 중심연대는 5세기말~6세기초로 설정할 수 있다.

'任那四縣'할양 기사는 임나일본부설(任那日本府說)의 중요한 근거자료 중 하나이므로, 임나사현의 위치는 매우 중요하다.

〈日本書紀〉의 6세기초 기록에는 임나사현을 백제에 할양했다는 기사가 나오지만, 이는 일본의 왜곡된 史觀이 반영된 것으로, 일반적으로 백제가 (대)가야영역을 점유했다는 것으로 파악하고 있다. 임나사현에 대해 한국고대사학계에서는 섬진강서안의 전남동부권(순천·광양·여수)으로 보는 것이 통설이며, 이를 고고학적으로 확인한 것이 순천 운평리고분군에 대한 발굴조사이다. 반면, 일본에서는 일제강점기 관학자들로부터 최근까지 '임나사현'을 영산강유역에 비정하는 견해가 대세이다. 그렇게 함으로써 '임나' 즉 가야의 영역을 영산강유역까지 확대해 보고자 하는 것이다.

섬진강서안의 전남동부권에서 대가야계 문물이 집중적으로 출토되는 순천 운평리 고분군이야말로 임나사현의 하나인 '사타'의 지배층 묘역임이 확실하다.

요컨대, 일본의 관학자들을 중심으로 임나일본부를 주장하였지만, 임나사현의 하나인 순천 '사타국'의 지배층 무덤에서는 왜계 유물이 아니라 대가야계 유물이 출토되고 있다. 따라서 '임나사현'은 순천·광양·여수 등의 전남동남부권에 비정되며, 5세기말~6세기초엽 후기가야의 맹주국인 고령의 대가야와 연맹관계를 맺고 있던 가야(임나)의 4개 고을일 뿐이다.

순천 운평리고분군의 발굴성과는 임나일본부설의 중요한 논거중 하나인 임나사현의 위치와 내용을 수정함으로써, 일본연구자들이 주장하고 있는 임나일본부설을 부정할 수 있는 획기적인 자료이다.

한편, 대사(帶沙)는 일반적으로 섬진강 하구의 항구인 하동지역으로 비정되어 왔는데, 최근에 하동 홍룡리고분군이 발굴조사되어 하동 비정설은 더 설득력을 얻게 되었다.

하동 홍룡리 고분군에서 출토유물의 대다수는 대가야계유물이어서 주목되며, 5세기말-6세기전엽으로 편년된다. 그리고, 고분군의 마지막 단계에는 백제계 유물이 등장한다. 이는 문헌에서도 확인되다 싶이, 정치적인 문제와 궤를 같이한다. 즉, 대가야의 정치적 영향속에서 대가야계 유물이 주류를 이루는 단계가 있고, 마지막 단계에는 백제의 영향속에서 백제계 유물이 등장하고 있어 529년에 백제가 대사지역을 영역화했다는 기사와 연결해 볼 수 있다. 홍룡리고분군에서 발굴조사된 대가야계 유물의 등장은 5세기말경으로 추정되지만, 대가야와 하동세력(대사)과의 정치적인 교섭의 시작은 1세대 정도는 소급해 볼 수 있을 것이다.

향후 추가조사가 있어야 하겠지만, 지금까지의 조사 성과나 하동 홍룡리 고분 발굴조사로 보면 하동에는 고총고분이 확인되지 않고 있다. 홍룡리 고분은 중소형분이어서 뚜렷한 위세품이 확인되지 않고 있어 순천 운평리고분군과 차별성을 보인다. 이 지역에 고총이 확인되지 않는 것은 대가야가 이 지역이 가진 전략적인 중요성 때문에 재지의 수장층을 해체하고 지방관을 파견하여 직접지배했을 가능성이 높다.

6세기 전반대에는 전남동부권에 대한 백제의 직접지배가 이루어진다. 백제산성인 광양 마로산성 아래에 자리하고 있는 광양 용강리 고분군에서는 웅진기 후기의 백제토기가 출토되고 있어 6세기 전반기 백제의 진출을 뒷받침하고 있다. 전남동부지역에 비정되는 百濟 각 郡縣에는 百濟山城과 古墳群이 확인되고 있다. 백제산성 아래의 백제고분군에 가야계 묘제와 토기가 확인됨은 백제산성이 축조될 무렵에 가야토기와 가야묘제를 사용하던 재지세력이 있었고, 백제에 협조적이었음을 시사한다. 이는 토착세력의 백제화를 보여주는 자료이다.

〈참고문헌〉

1. 보고서

동아세아문화재연구원
　　2012　『하동 흥룡리고분군』

마한문화연구원
　　2009　『순천 왕지동고분군』

순천대학교박물관
　　2008　『순천 운평리 유적 Ⅰ』
　　2010　『순천 운평리 유적 Ⅱ』
　　2014　『순천 운평리 유적 Ⅲ』

2. 저서

곽장근　1999　『호남 동부지역 석곽묘 연구』, 서경문화사
김세기　2003　『고분자료로 본 대가야연구』, 학연문화사
김종만　2007　『백제토기의 신연구』, 서경문화사
김태식　1993　『가야연맹사』, 일조각
　　2002　『미완의 문명 7백년 가야사』, 푸른역사
문안식　2002　『백제의 영역확장과 지방통치』, 신서원
박천수　2010　『가야토기』, 진인진
조영제　2007　『옥전고분군과 다라국』, 혜안

3. 논문

김세기　2004　「대가야의 묘제」,『대가야의 유적과 유물』, 대가야박물관
김영심　1997　『백제지방통치체제연구』, 서울대학교대학원 박사학위논문
　　2003　「웅진·사비시기 백제의 영역」,『고대 동아시아와 백제』,서경출판사
김준식　2013　『가야 횡혈식석실의 성립과 전개』, 경북대학교 대학원 석사학위논문
김태식　2000a　「역사적으로 본 소가야의 연맹체」『묘제와 출토유물로 본 소가야』, 국립창원문화재연구소개소10주년기념학술회의
　　2000b　「역사학에서 본 고령 가라국사」『가야각국사의 재구성』, 부산대 한국민족문화연구소
박승규　2003　「대가야토기의 확산과 관계망」,『한국고고학보』49, 한국고고학회
박천수　1994　「伽耶·新羅地域の首長墓における筒形器臺」,『考古學硏究』40-1
　　1996　「대가야의 고대국가형성」『석오윤용진교수정년퇴임기념논총』
　　1997　「정치체의 상호관계로 본 대가야왕권」,『가야제국의 왕권』, 신서원
　　1999　「器臺를 통하여 본 加耶勢力의 動向」『가야의 그릇받침(특별전)』,국

립 김해박물관

2000 「고고학으로 본 가라국사」『가야각국사의 재구성』, 부산대한국민족문화연구소·가야사 정책연구위원회

2006a 「대가야권의 성립과정과 형성배경」, 『토기로 보는 대가야』, 대가야박물관

2006b 「임나사현과 기문, 대사를 둘러싼 백제와 대가야」,『가야, 낙동강에서 영산강으로』, 제12회 가야사국제학술회의, 김해시

성정용 2001 「대가야와 백제」, 『대가야와 주변제국』(제2회 대가야사 국제학술세 미나), 한국상고사학회

이근우 1994 『일본서기에 인용된 백제삼서에 관한 연구』,한국정신문화연구원박사 논문

이동희 2004 「전남동부지역 가야계 토기와 역사적 성격」,『한국상고사학보』46집

2006 『전남동부지역 복합사회 형성과정의 고고학적 연구』,성균관대 박사학위논문

2008 「섬진강유역의 고분」,『백제와 섬진강』, 서경문화사

2008 「5세기후반 백제와 가야의 국경선」,『한국 고대 사국의 국경선』, 서경문화사

2011 「전남동부지역 가야문화의 기원과 변천」,『백제문화』45집

이미란 2009 「전남동부지역 출토 가야토기의 검토」,『한국대학박물관협회 제60회 춘계학술발표대회요지』

이성주 2000 「가야사회의 변동과 국가형성」,『동아세아의 국가형성』, 제10회 백제 연구국제학술회의

이영식 1995 「백제의 가야진출과정」,『한국고대사논총』7.

이한상 2004 「대가야의 장신구」, 『대가야의 유적과 유물』, 대가야박물관

이희준 1995 「토기로 본 대가야의 권역과 그 변천」,『가야사연구-대가야의 정치와 문화-』

2003 「합천댐 수몰지구 고분 자료에 의한 대가야 국가론」,『가야고고학의 새로운 조명』, 혜안

전영래 1985 「백제남방경역의 변천」,『천관우선생환력기념 한국사학논총』

조영제 2003 「가야토기의 지역색과 정치체」,『가야고고학의 새로운 조명』, 부산대 학교 한국민족문화연구소 편

2006 『서부경남 가야제국의 성립에 대한 고고학적 연구』, 부산대학교 박사학위논문

新羅의 龍仁地域 進出과 定着*

姜眞周 (한국교통대 강사)

I. 머리말

용인은 한반도의 중서부에 위치한 지역으로 선사시대부터 인류가 살기 시작해 현재까지 문화적 단절없이 이어오고 있는 역사문화의 고장이다[1]. 그러나 1990년대까지 고고학적 조사로 얻어진 자료는 비교적 적은 편이었는데, 90년대 후반 용인 수지일대에 대규모 주거단지가 개발되면서 이에 따른 조사로 인해 고고학적 자료가 급격히 증가하기 시작했다. 그간 이 지역은 한강유역에 속하기 때문에 고대 탄천을 중심으로 한 한성백제문화권으로 간주되어 신라나 고구려의 관심은 비교적 적은 편이었다[2].

이러한 상황에서 신라에 대한 관심을 이끌어낸 전환점이 된 계기는 2002년 보

* 이 글은 「신라의 용인지역 정착과정에 대한 고고학적 검토」(강진주, 『신라사학보』 36, 신라사학회, 2016)의 내용을 일부 수정·보완하여 게재하였음을 밝혀둔다.

1) 1996년 서울대학교 박물관에 의해 용인 지역 전체를 대상으로 한 학술적 지표 조사가 이루어졌는데, 구석기시대~조선시대에 이르는 유적들을 정리하고 새로 발견하여 보고하였다(崔夢龍 외, 『龍仁市의 文化遺蹟』, 서울大學校博物館, 1996).

2) 이는 1980년대 진행된 조사가 백제문화유적에 대한 조사였던 점에서도 알 수 있다(金秉模 외, 『京畿道百濟文化遺蹟』, 漢陽大學校, 1986).

정동 신라고분군이 발견이었다[3]. 당시 지표조사에서 대규모 신라 고분이 입지한 것으로 보고되면서 파주 성동리 고분군과 충주 루암리 고분군에 비견될 만큼 주목을 받았다. 이어 그간 삼국시대 성으로 알려져 있던 할미산성이 경기도박물관의 조사로 순수 북진기 신라성으로 밝혀졌다[4]. 당시까지만 해도 한강유역에 입지한 고대산성에서 신라토기가 출토되면 역사적 맥락에 따라 해당유적의 하안을 알려주는 자료로써만 활용되던 상황에서 신라산성의 가치를 인정받을 수 있는 기회가 되었다. 할미산성은 현재까지 4차에 이르는 학술조사가 이루어졌으며 특히, 3차 조사에서 다각형 건물지가 발견되어 유적의 위상이 다시금 재고되고 있다. 또한, 마북동 취락 유적은 백제-고구려-신라의 흔적이 모두 나타나 보정동에 이어 삼국시대 유적의 寶庫로 평가받고 있다[5].

이처럼 신라의 북진기에 있어 용인이 주목되는 이유는 山城-古墳-聚落 유적이 함께 확인되었기 때문이다. 신라가 진출한 지역에는 흔히 중요 거점 지역에 산성과 고분이 함께 인근에 조성되는 경향이 나타난다. 그러나 이처럼 한 지역에서 취락유적이 함께 발견된 사례는 많지 않다. 더군다나 보정동 고분군, 할미산성, 마북동 유적은 신라 북진기라는 상한시점이 뚜렷하고 인화문 토기가 적극적으로 출토되지 않고 있어 하안은 통일기 이전까지로 볼 수 있다. 다시 말해, 이들 유적은 조성과 운영의 시기는 비슷하지만, 목적과 성격이 달라 특징적이다.

따라서 이들 유적들을 비교함에 따라 신라가 진흥왕 시기에 영역화한 과정을 고고학적 측면에서 상세히 다루어 볼 수 있을 것으로 기대되었다. 먼저 본고에서는 용인지역의 신라 유적 분포 양상과 북진기의 대표적인 유적인 보정동 고분군, 할미산성, 마북동 취락 유적의 조사 현황을 살펴보도록 하겠다. 그리고 각 유적에서 출토된 유물의 출토 양상과 대표 기종 분석을 통해 유적간의 비교 검토를 한 뒤 용인지역의 신라 진출과 정착과정을 고고학적으로 고찰해 보고자 한다.

---

3) 한국토지공사토지박물관, 『용인시의 역사와 문화유적』, 2003.

4) 白種伍 외, 『龍仁 할미산성』, 京畿道博物館, 2005.

5) 京畿文化財硏究院, 『龍仁 麻北洞 聚落遺蹟』, 2009.

II. 新羅遺蹟 分布와 調査 現況

용인지역의 신라유적의 조사는 2000년 이후 고고학 조사가 활발히 진행되고 있다. 특히 유적조사는 용인의 서부지역에 집중되어있는데, 이는 대규모 아파트 개발 사업과 관련이 있다. 2000년대는 수지지역에 아파트 단지가 들어섰으며, 2010년에 들어서는 수원과 가까운 광교지역에 신도시가 개발되었다. 이에 따라 대부분 고고학 유적 조사 또한 개발에 따른 구제 조사의 성격으로 용인 서부지역에 집중될 수 밖에 없는 상황이다.

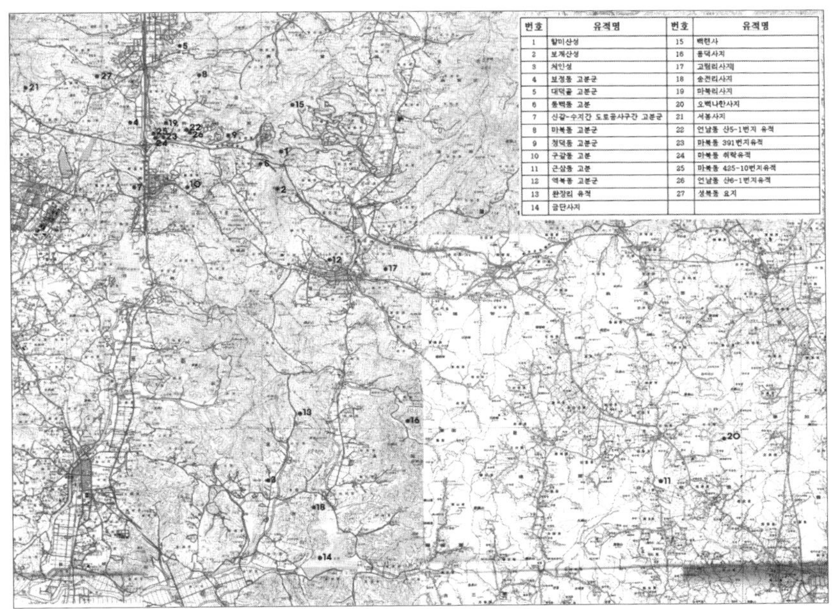

번호	유적명	번호	유적명
1	할미산성	15	백련사
2	보개산성	16	용덕사지
3	처인성	17	고림리사지
4	보정동 고분군	18	송전리사지
5	대덕골 고분군	19	마북리사지
6	동백동 고분	20	오백나한사지
7	신갈-수지간 도로공사구간 고분군	21	서봉사지
8	마북동 고분군	22	언남동 산5-1번지 유적
9	청덕동 고분군	23	마북동 391번지유적
10	구갈동 고분	24	마북동 취락유적
11	근삼동 고분	25	마북동 425-10번지유적
12	역북동 고분군	26	언남동 산6-1번지유적
13	완장리 유적	27	성복동 요지
14	금단사지		

도1) 용인지역 신라 유적 분포도
(황보경, 「고고자료로 본 용인지역 신라문화의 변천과정」『한국고대사탐구』 8, 한국고대사탐구학회, 2011, 113쪽, 지도1 전재)

용인에는 한강의 지류천인 탄천과 경안천 그리고 오산천이 흐르는데, 이중 탄천이 용인에서 발원하여 서울 강남과 송파를 지나 한강으로 유입되는 하천이다. 이처럼 남-북 즉, 종방향으로 흐르는 탄천은 고대부터 한강을 장악하거나 또는 남북으로 진출하는데 있어 중요한 교통로이자 생활터전이었다. 실제 고대 유적이 탄천 인근에서 집중되는 경향을 보이며 용인에서는 마북동과 보정동 일대에서 많은 유적이 보고되었다.

마북동과 보정동은 탄천을 경계로 마주한 지역으로 보정동에서는 2002년 소실봉 사면에서 신라고분이 처음 발견되어 보고되었다[6]. 이어 지표조사와 발굴조사가 이루어져 현재 사적 제500호로 지정·보호되고 있다. 마북동은 보정동과 인접한 곳으로 대규모 취락유적이 도로공사 중 확인되어 주목을 받았다. 마북동 취락 유적의 경우 백제가 처음 마을을 형성한 이후 고구려와 신라가 지속해서 사용한 유적으로 한강유역의 역사적 맥락을 이해할 수 있는 유적이다[7].

할미산성은 다른 유적과는 달리 순수 학술 발굴조사가 진행되고 있는 유적이다. 2004년 시굴조사이후 현재까지 4차에 걸쳐 발굴조사가 이루어졌다[8]. 할미산성은 탄천의 상류에 위치해 있으며, 출토되는 유물은 대부분 북진기에 해당되는 신라토기로 보정동 고분군과 마북동 취락 유적과 비슷한 시기에 해당된다.

용인지역에서 통일이후 사용된 유적은 현재까지 알려진 바로는 성복동 통일신라 요지[9]와 언남동 유적[10] 등이 있는데, 이들은 모두 9~10세기 해당되는 유적들이다. 이 밖에 비슷한 시기의 불교 유적이 다수 산재해 있다.

본고에서는 신라 북진기에 신라가 용인지역에 진출하고 정착한 과정을 고고학적으로 유추해 나가는 것을 목적으로 하고 있기에 발굴조사가 이루어진 유적을 대상으로 살펴보고자한다. 여기에 해당되는 유적은 할미산성, 보정동 고분군, 마북동 취락유적 등이다.

---

6) 한국토지공사토지박물관, 앞의 보고서, 2003.

7) 京畿文化財硏究院, 앞의 보고서, 2009.

8) 京畿道博物館, 앞의 보고서, 2005 ; 한국문화유산연구원, 『龍仁 할미산성II』, 2014 : 『龍仁 할미산성III』, 2015a : 「용인 할미산성 3차 발굴조사 학술자문회의 자료」 : 「용인 할미산성 3차 발굴조사 제2차 학술자문회의 자료」, 2015b : 「용인 할미산성 3·4차 발굴조사 제2차 학술자문회의 자료」, 2015c.

9) 權五榮 외, 『龍仁 星福洞 統一新羅窯址』, 한신大學校博物館, 2004.

10) 李南珪 외, 『龍仁 彦南里』, 한신大學校博物館, 2007.

1. 용인 할미산성

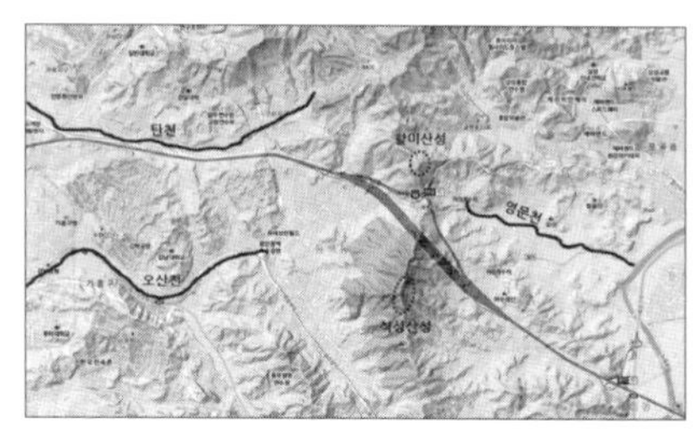

도2) 용인 할미산성 주변 지형과 하천

할미산성(경기도 기념물 제215호)은 경기도 용인시 처인구 포곡읍 마성리와 기흥구 동백동의 경계에 위치한 할미산(해발 349m)의 정상부를 중심으로 축조된 석축산성이다. 지형은 동쪽으로 광주산맥이 지나고, 동남쪽에는 차령산맥이 뻗어있는 등 높은 산지에 둘러싸인 분지에 해당한다. 분지 내에는 산지에서 발원한 탄천, 오산천, 경안천 등이 흐르고 이 하천의 침식분지를 따라 고대로부터 교통로가 형성되었다. 또한, 영동고속도로를 경계로 석성산성과 마주보고 있다.

이 성에 대해서는 『增補文獻備考』에 廢城된 '姑母城'[11]으로 처음 기록된 이후 다른 地誌類에는 나타나지 않다가, 1998년 충북대학교 중원문화연구소의 지표조사를 통해 새롭게 알려지게 되었다[12]. 이후 2004년부터 2005년에 걸쳐 경기도박물관에 의해 시굴조사가 이루어졌으며, 2011년부터 현재까지 한국문화유산연구원에 의해 4차에 걸친 발굴 조사가 진행되고 있다.

시굴조사는 성의 북쪽을 중심으로 시계방향으로 A~F지역까지 나누어 조사하였다. 1차 발굴조사는 시굴조사시 D지역이었던 성의 남쪽 회절부의 성벽과 내부를 발굴하여 5기의 주거지와 2기의 원형수혈, 수혈군 등을 확인하였다. 2차 발굴은 시굴조사시 공유벽이라 불렀던 축대시설과 북쪽 성벽과 성내 평탄지 부분에서 집수시설을 비롯하여 13기의 주거지, 6기의 원형수혈, 석렬유구, 적석유구, 수혈유구, 목책렬, 가마 등 여러 성격의 유구를 발견하였다.

특히, 괄목할 만한 조사 성과는 최근의 3·4차 발굴조사이다. 3차 조사지역은 축대시설을 중심으로 북쪽에 해당되며 집수지·건물지·주거지·매납유구 등 50

11) 『增補文獻備考』 卷26 輿地考14 關防2 城郭.
"姑母城 備局謄錄 並有廢城"

12) 충북대학교 중원문화연구소, 「할미산성」『용인의 옛성터』, 1999.

여기의 유구가 확인되었다. 이중 다각형 건물지 2기와 장방형 건물지 2기가 보고되었는데, 제사유구로 추정되고 있다. 또한, 4차 발굴조사는 축대시설의 남사면에 트렌치를 설치하여 유구를 확인하였다. 남사면에서도 역시 집수지와 함께 많은 유구들이 발견되고 있어 앞으로의 조사성과에 큰 관심이 모여있다.

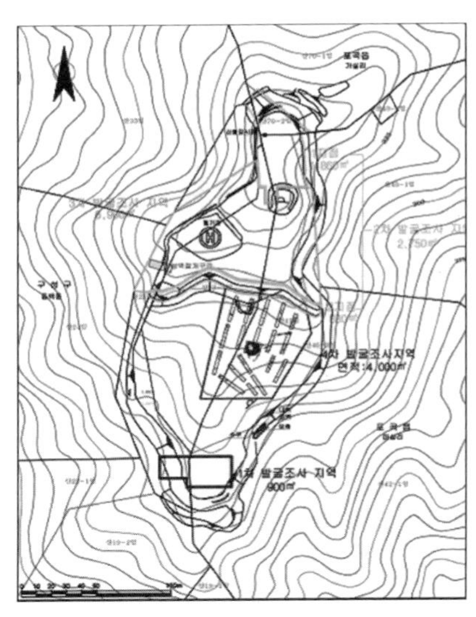

도3) 할미산성 1~4차 발굴조사 지역
(한국문화유산연구원, 「용인할미산성3·4차 발굴조사 학술자문회의자료집」, 2015)

이러한 할미산성은 2차 발굴조사 때까지만 해도 출토된 유물들을 통해 신라 북진기에 한시적으로 사용한 유적으로 주목을 받았다[13]. 다른 한강유역의 산성들이 삼국이 의해 번갈아 가며 점유되었던 것과는 달리 순수 신라산성이라 알려짐에 따라 6세기 중엽 신라의 산성의 축조 기법과 유물 양상들을 볼 수 있는 좋은 편년적 자료로 이용되었다. 그러나 현재 4차까지 조사가 이루어지면서 예상과는 달리 좁은 면적에 비해 주거지, 집수지, 굴립주 건물지, 다각건물지, 방형건물지, 수혈유구 등 많은 유구가 분포하고 2차 발굴조사 시 백제 토기가 2호 원형 수혈에서 확인됨에 따라 유적의 성격과 시기에 대해 재고해야한다는 주장도 있다. 그러나 현재까지 출토된 유물로 보아 여전히 중심연대는 7세기를 전후한 북진기 산성으로 판단된다[14].

2. 용인 보정동 고분군

13) 백종오·오강석, 「용인 할미산성의 축성방법과 시기」『한국성곽학회 2005년 추계학술대회』, 한국성곽학회, 2005 ; 백종오, 「신라 북진기 할미산성의 고고학적 검토」『신라사학회』, 2006 : 「할미산성의 고고학적 검토」『용인의 할미산과 할미산성』, 용인향토문화연구회, 2010.

14) 강진주, 「용인 할미산성 출토 유물의 검토」『용인 할미산성 발굴조사 성과와 보존활용 방안』, 한국문화유산연구원, 2015.

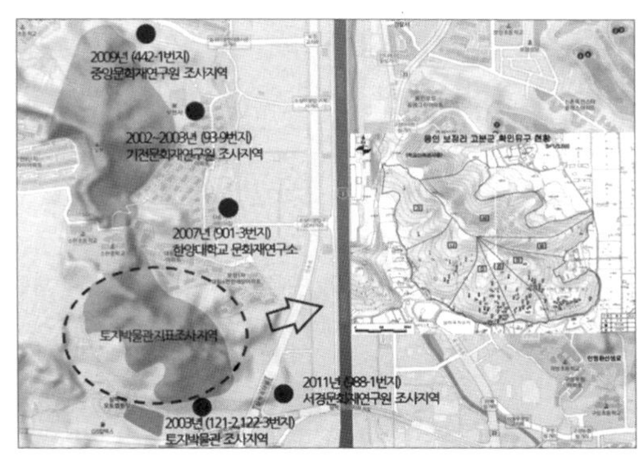

도4) 용인 보정동 고분군 조사현황

용인 보정동 고분군(사적 제500호)은 용인시 기흥구 보정동에 있는 해발 약 186m의 소실봉 능선에 위치한 유적이다. 소실봉은 광교산의 끝자락에 해당되며, 주로 남동사면에서 고분이 밀집 분포되어 2009년 사적 제500호 "용인 보정동 고분군"으로 지정되었다. 소실봉은 허리에 자리한 소현초등학교와 중학교를 중심으로 북쪽과 남쪽으로 나뉠 수 있는데, 사적으로 지정된 곳은 2003년 토지박물관에서 조사한 121-2번지 지역으로 소실봉의 남쪽에 해당된다. 보정동 고분군은 2002년 토지박물관에 의해 실시된 용인시 광역 지표조사에서 처음 확인된 이후, 개발에 따른 손상을 우려해 한신대학교 박물관에 의해 남사면 일대에 대한 지표조사가 실시되었고 적어도 30여기의 고분이 존재하는 것으로 파악하였다. 이에 토지박물관에서 2003년 규모가 큰 2기의 고분(다-23호, 다-19호)에 대한 발굴조사를 실시하였다. 토지박물관은 발굴조사 당시 정밀지표를 함께 진행하여 남사면일대를 가~사지역으로 나누고 33기의 고분과 40여 기의 추정 고분을 확인하였다. 고분은 주로 남사면의 낮은 구릉상인 다~마지역에 밀집해 있는 것으로 보고하였다.

비슷한 시기에 유적의 북동사면에서 공동주택 신축공사를 추진하던 중 유물이 노출되어 지표조사로 문화재 부존범위가 확인됨에 따라 바로 발굴조사에 착수하였다. 조사결과 27기의 석실 및 석곽묘, 20여기의 주거지와 수혈유구 등 127기의 유구가 확인되었는데, 이는 현재까지 보정동 일대에서 진행된 조사 중 규모가 가장 크고 유구도 가장 많이 발견된 사례이다.

2009년에는 처음 북쪽 사면에 대한 조사가 이루어져 통일신라 석실묘 1기를 비롯한 숯가마, 주거지, 토광묘 등 24기의 유구가 확인되었다. 가장 최근에는 남동사면 끝자락에서 석실묘 2기와 석곽묘 1기를 비롯하여 원형수혈, 토광묘 등 22

도5) 용인 보정동 고분군 발굴조사 전경
(左上.토지박물관:2003년, 左下.한양대학교 문화재연구소:2007, 右上.기전문화재연구원:2002~2003, 右下.서경문화재연구원:2011)

기 등이 보고되었다.

한편, 2007년에는 동사편의 끝자락 즉, 거의 평지와 같은 완만한 구릉에서 고구려 석실분 2기가 발견되어 학계에 큰 주목을 받기도 하였다.

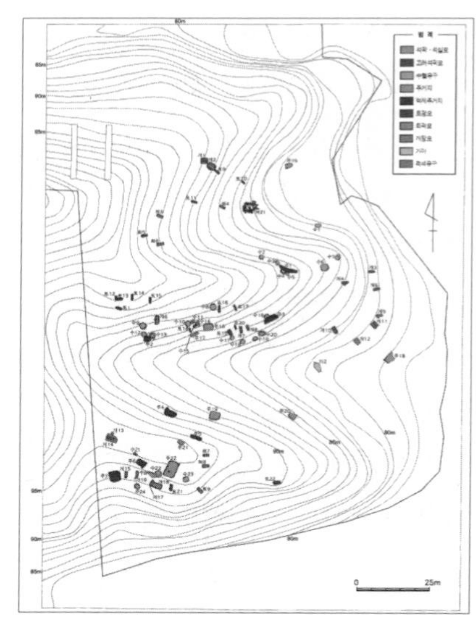

도6) 용인 보정동 고분군 기전문화재연구원 조사 지역 유구 분포도

이처럼, 최근까지의 조사 결과로 볼 때 보정동 고분은 소실봉의 서사면을 제외한 북·동·남쪽 사면에서 모두 확인되고 있는 것을 알 수 있다. 대부분 개발에 따른 조사가 진행되어 정확한 유적의 범위와 기수를 파악하지 못했지만, 주변에 100여기 이상의 고분이 산재했을 가능성이 있다. 2002년부터 최근까지 발굴조사된 고분은 현재

까지 35기로 2기를 제외하고 모두 신라 고분이며 이외 고려와 조선시대의 토광묘와 회곽묘 등도 발견되었다. 유구의 주요 사용주체는 대부분 신라이나 고구려 고분이 위치해 있고 기전문화재연구원 조사 당시 수혈에서 백제 토기가 발견된 것으로 보아 삼국이 모두 점유했던 지역임을 알 수 있다.

표 1) 용인 보정동 고분군 조사 현황

번호	조사연도	조사기관	조사성격	조사지역	유구	보고서	시기
1	2002	한국토지공사 토지박물관	지표	소실봉 남사면 일대	고분군 발견 및 보고	한국토지공사 토지박물관, 『용인시의 역사와 문화유적』, 2003.	삼국
2	2002	한신대학교 박물관	지표	소실봉 남사면 일대	30여기 고분 파악	한신대학교박물관, 『용인 보정리 고분군 지표조사 결과보고』, 2002.	삼국
3	2003	한국토지공사 토지박물관	지표 발굴	보정동 산121-2·122-3 번지 소실봉 남사면 일대	발굴 : 석실분 2기 지표 : 33기, 추정고분40여기	한국토지공사 토지박물관, 『용인 보정리 고분군 발굴조사 보고』, 2004.	신라
4	2002	세종대학교 박물관	지표	소실봉 북동사면일대	유적 범위 확인	세종대학교박물관, 2002, 『용인 수지빌라트 신축공사부지 문화유적 지표조사 보고서』.	삼국
5	2002 ~2003	기전문화재 연구원	발굴	보정동 산 93-9번지	석곽 및 석실묘27기 주거지22기, 수혈24기 토광묘22기, 회곽묘9기 적석 및 석렬유구 등 총 127기	기전문화재연구원, 2005, 『용인 보정리 소실유적』.	삼국, 조선
6	2007	한양대학교 문화재연구소	발굴	보정동 901-3번지	석실분2기	한양대학교 문화재연구소, 2007, 『경기도 용인시 기흥구 보정동 901-3번지 신축부지내 문화재 발굴조사 간략보고서』.	삼국 (고구려)
7	2009	중앙문화재 연구원	발굴	보정동 442-1번지	석실분1기,숯가마1기 주거지5기,회곽묘6기 수혈유구1기 등	중앙문화재연구원, 2011, 『용인 보정동 442-1 유적』.	삼국, 조선
8	2012	서경문화재 연구원	시굴 발굴	보정동 988-1	석실분2기, 석곽묘1기 원형수혈3기, 토광묘 및 회곽묘11기, 수혈유구3기,석렬유구2기 등	서경문화재연구원, 2014, 『용인 보정동 988-1번지 일원 유적』.	삼국, 조선

3. 용인 마북동 유적

도7) 용인 마북동 일대 조사현황

용인 마북동은 경부고속도로와 영동고속도로가 교차하는 신갈 JC의 북동쪽에 인접해있다. 이 일대는 2002년 지표조사에서 입지상 얕은 구릉과 소하천이 흐르고 유물이 수습되어 '유물산포지2'로 보고되었다[15]. 2003년에는 경기지역 최초로 주구목곽묘가 확인되고 소환두대도와 금동세환이식 등이 출토됨에 따라 중요성이 인식되었다[16].

또한 같은 시기 동백지구 택지개발공사에 따른 주변도로 개설공사의 일환으로 시작한 삼막곡~연수원간의 도로개설구간에서 삼국시대 유구가 대규모로 발견되어 주목받았다. 이 도로구간에서 가장 많은 유구가 확인되었는데, 삼국시대 주거지 71기, 수혈 390기, 구상유구 36기, 굴립주 건물지 10기, 우물 1기, 석렬유구 2기, 적석유구 4기, 옹관묘 1기, 토광묘 1기와 함께 조선시대 주거지 33기, 수혈 11기, 소성유구 8기, 삼가마 8기, 우물 1기 등 총 577기의 유구가 확인되었다[17].

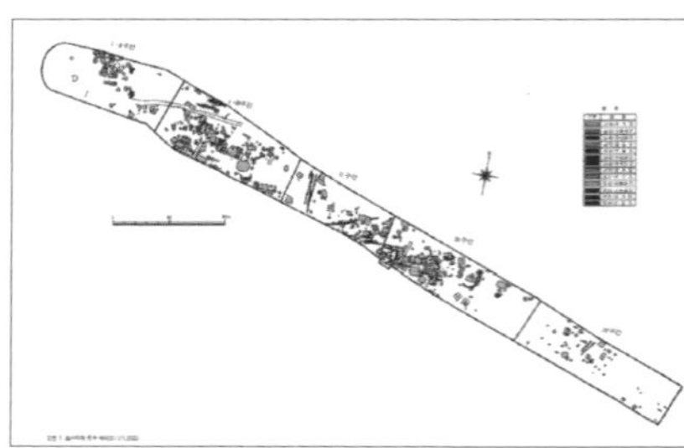

도7) 마북동 취락유적 유구 배치도
(경기문화재연구원, 『마북동 취락유적』, 2009)

도8) 마북동 취락유적 발굴조사 후 모습
(경기문화재연구원, 『마북동 취락유적』, 2009)

마북동에서는 현재까지 삼국시대 유적이 지속해서 확인되고 있는데(표2), 주로 마북동 취락유적의 남쪽에 분포하고(도7) 대부분 주거지와 수혈 유구로 2013년에는 경작유구 또한 보고되었다. 중심 시기는 삼국시대이나 백제 토광묘 유적 발굴 당시 청동기시대 주거지가 발견되기도 하였다[18]. 따라서 현재까지의 조사 성과로 볼 때, 마북동 일대는 청동기시대부터 신라통일기 이전까지 지속되어 유적이 형성된 것으로 판단된다.

표 2) 용인 마북동 일대 유적 조사현황

번호	조사연도	조사기관	조사성격	조사지역	유구	보고서	시기
1	2002	기전문화재 연구원	지표	삼막곡-연구원간 도로 건설지역	유물산포지 지정	기전문화재연구원, 『삼막곡-연수원간 도로건설사업 문화재 지표조사보고서』, 2002	삼국
2	2003	기전문화재 연구원	발굴	마북동 408-1번지	토광묘3기, 주거지3기, 구들, 수혈유구 등	기전문화재연구원, 『용인 마북리 백제 토광묘』, 2005	청동기, 삼국, 조선
3	2003	경기문화재 연구원	발굴	마북동 502-273번지 보정동 1019-220번지	주거지71기, 수혈390기, 구상유구36기, 굴립주 건물지10기 등	경기문화재연구원, 『용인 마북동 취락 유적』, 2009	삼국, 조선
4	2007	한국 고고환경연구소	발굴	마북동 425-19번지	백제굴립주건물지2기, 백제수혈21기, 신라굴립주건물지2기, 신라수혈2기 등	한국고고환경연구소, 『용인 마북동 유적』, 2009	삼국
5	2009	한국문화유산 연구원	발굴	마북동 422번지	원형수혈64기, 백제주거지1기	한국문화유산연구원, 『용인 마북동 422번지 유적』, 2011	삼국
6	2013	한국문화유산 연구원	발굴	마북동 502-35번지	주거지10기, 수혈24기, 원형수혈군3군, 굴립주건물지1기 등	한국문화유산연구원, 『용인 마북동 502-35번지 유적』, 2015	삼국

15) 畿甸文化財硏究院, 『삼막곡-연구원간 도로건설사업 문화재 지표조사 보고서』, 2002.

16) 畿甸文化財硏究院, 『龍仁 麻北里 百濟 土壙墓』, 2005.

17) 京畿文化財硏究院, 앞의 보고서, 2009.

18) 畿甸文化財硏究院, 앞의 보고서, 2005.

7	2013	서경문화재 연구원	발굴	마북동	수전7면	서경문화재연구원, 『용인 마북동 경작 유적』, 2015	삼국
8	2013	기호문화재 연구원	발굴	마북동 502-233번지	주거지1기, 수혈23기, 구상유구4기 등	기호문화재연구원, 『용인 마북동 502-33번지유적』, 2015	삼국, 조선

III. 유물의 출토 양상 및 분석

1. 출토유물 양상

1) 할미산성

할미산성은 현재까지 시굴조사와 4차의 발굴조사를 통해 많은 량의 유물이 보고되었다. 3·4차 조사를 올해 조사가 이루어져 아직까지 보고서가 발간되지 않은 상태이다. 따라서, 본고에서는 시굴조사와 1·2차 보고서에 수록된 유물을 중심으로 출토 양상을 살펴보도록 하겠다.

시굴 및 1·2차 발굴조사에서 많은 수의 유물이 출토되었으며 종류는 토기류, 기와류, 금속제류, 석제품 등으로 자기류나 목재류는 확인되지 않았다. 가장 많은 수를 차지하는 것은 토기류로 개체별 특징이 드러나는 것을 위주로 선별하였으며 나머지 기와류, 금속제류, 석제품 등은 비교적 적은 량이 수습되어 대부분 보고하였다.

표 3) 용인 할미산성 출토 조사별 유물 개체수

종류	토기류			금속제류			석제품			기와류			계
	시굴	1차 발굴	2차 발굴	시굴	1차 발굴	2차 발굴	시굴	1차 발굴	2차 발굴	시굴	1차 발굴	2차 발굴	
수량(점)	298	181	279	3	23	69	·	2	6	·	1	4	866
계(점)	758			95			8			5			
비율(%)	87.5			11.0			0.9			0.6			100

표 4) 할미산성 시굴조사 및 1·2차 발굴조사 유구별 토기 출토 현황

출토지역		기종	고배	뚜껑(蓋)	완	대부호	호·옹류	동이	시루	병	접시	합	파수	기타	토기편	소계
시굴조사		A	6	4	11	2	3	2	·	·	·	·	1	·	37	66
		B	·	·	·	·	·	2	1	1	·	·	1	·	2	7
		CN	2	5	2	·	7	1	1	·	·	·	2	·	13	33
		CS	12	8	10	3	23	6	1	1	1	·	3	·	52	120
		D	1	4	6	·	2	1	·	·	1	·	·	·	8	23
		E	3	2	3	·	2	1	1	3	·	·	·	·	8	23
		지표	7	2	4	·	2	1	·	·	·	·	·	·	10	26
1차 발굴조사		南회절부 성벽트렌치	20	5	14	2	16	11	1	1	3	1	2	·	15	91
		1호주거지	1	·	1	·	1	·	·	·	·	·	·	·	·	3
		2호주거지	3	·	·	·	·	·	·	·	·	·	·	·	1	4
		3호주거지	·	3	1	·	6	3	1	1	·	·	1	·	8	24
		4호주거지	2	2	1	·	1	·	·	·	·	·	·	·	5	11
		5호주거지	2	·	·	1	2	·	·	·	·	·	·	·	·	5
		1호원형수혈	·	·	·	·	·	·	·	·	·	·	·	·	1	1
		2호원형수혈	·	·	·	·	·	·	·	·	·	·	·	·	·	·
		수혈군	·	·	1	1	1	·	·	·	·	·	1	·	·	4
		지표	4	6	7	2	9	1	1	·	1	·	·	·	7	38
2차 발굴조사	I 지점	집수시설	9	1	6	·	15	1	·	2	·	·	·	·	9	43
		1호주거지	·	·	1	·	2	·	·	1	·	·	·	1(방추차)	1	6
		2호주거지	·	·	1	·	1	2	·	·	·	·	·	·	2	7
		3호주거지	·	·	·	·	·	·	·	·	·	·	·	·	·	·
		4호주거지	1	1	·	·	1	·	·	·	·	·	·	1(방추차)	·	4
		5호주거지	·	·	·	·	·	·	·	·	·	·	·	·	·	·
		6호주거지	·	·	·	·	1	·	·	·	·	·	·	·	3	4
		7호주거지	·	·	1	·	1	·	1	·	·	·	·	·	2	5
		8호주거지	1	·	2	·	·	3	·	·	·	·	·	·	1	7
		9호주거지	·	·	·	1	2	1	·	·	·	·	·	·	1	5
		10호주거지	·	·	·	·	·	·	·	·	·	·	·	·	·	·
		11호주거지	1	·	·	·	·	·	·	·	·	·	·	·	2	3
		12호주거지	·	·	·	·	·	·	·	·	·	·	·	·	·	·
		13호주거지	1	2	·	·	·	·	·	·	·	·	·	1(방추차)	·	4
		1호원형수혈	·	·	·	·	·	1	·	·	·	·	·	·	1	2
		2호원형수혈	1	·	·	·	1	·	·	·	·	·	·	·	·	2
		3호원형수혈	1	1	·	·	2	·	1	·	·	·	·	·	3	8
		4호원형수혈	1	2	1	·	1	1	·	1	·	·	·	·	2	9
		5호원형수혈	·	·	·	·	·	·	·	·	·	·	·	·	·	·
		6호원형수혈	·	·	·	·	·	·	·	·	·	·	·	·	·	·
		석렬유구	·	·	·	·	·	·	·	·	·	·	·	·	·	·
		적석유구	·	·	·	·	·	·	·	·	·	·	·	·	·	·
		수혈유구	·	·	·	·	1	·	·	·	·	·	·	·	1	2
		목책렬	·	·	·	·	·	·	·	·	·	·	·	·	·	·
		지표	28	18	14	1	37	13	4	3	2	·	15	2(미상1, 방추차1)	14	151
	II 지점	축대시설	·	·	·	·	1	·	·	·	·	·	·	·	·	1
		가마	·	·	1	·	·	·	·	·	·	·	·	·	2	3
		지표	2	1	·	·	5	·	·	1	·	·	2	·	2	13
계			109	67	88	13	146	51	13	15	8	1	28	5	213	758

보고된 유물의 개체수를 분석한 결과 표3)과 같이 토기류>금속제류>석제품>기와류 등의 순으로 나타났으며 토기류가 전체 유물의 87.5%로 가장 많은 수를 차지하고 있다. 다음으로 금속제류가 95점으로 11%를 차지하며, 나머지는 1% 미만의 비율을 보이고 있다.

시굴조사는 성의 북쪽을 중심으로 시계방향으로 A~F지역까지 나누어 조사하였다. 1차 발굴조사는 시굴조사시 D지역이었던 성의 남쪽 회절부의 성벽과 내부를 발굴하여 5기의 주거지와 2기의 원형수혈, 수혈군 등을 확인하였다. 2차 발굴은 시굴조사시 공유벽이라 불렀던 축대시설과 북쪽 성벽과 성내 평탄지 부분에서 집수시설을 비롯하여 13기의 주거지, 6기의 원형수혈, 석렬유구, 적석유구, 수혈유구, 목책렬, 가마 등 여러 성격의 유구를 발견하였다.

표3)에서 보이듯, 토기류는 시굴과 2차발굴조사에서 가장 많은 수가 수습되었으며, 금속류는 2차 발굴조사 지역이었던 성내 가장 높은 지역인 북쪽지역에서 집중되는 경향을 보였다. 석제품은 2차 발굴조사시 3호 주거지에서 출토된 숫돌을 제외하고 모두 지표에서 수습되었으며 8점 중 5점이 숫돌이며 1점은 석부, 2점은 용도 미상이다. 기와는 집수시설에서 확인된 1점을 제외하고 모두 지표에서 수습되었다. 1점만이 암키이고 나머지는 모두 수키와로 판단되며 문양은 2차 조사시 수습된 기와 중 1점에서 승문이 시문되고 나머지는 모두 무문이다. 기와는 개체수량이 워낙 적기 때문에 시기나 특징을 찾아보기 어렵다.

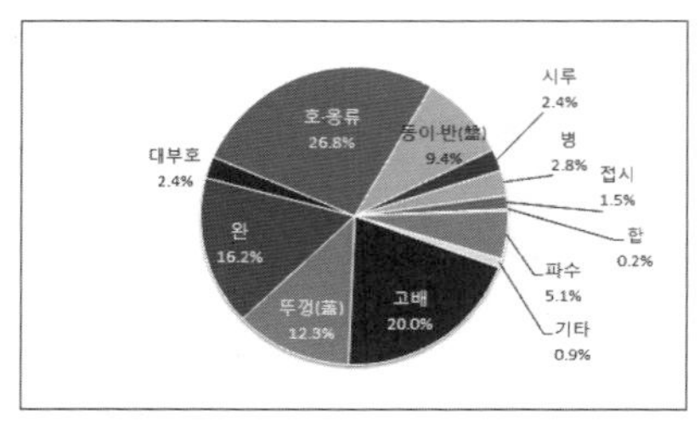

도9) 할미산성 출토 토기의 기종 및 비율

할미산성에서 가장 많은 개체수를 차지하는 토기류를 기종별, 출토 지역별로 분류한 결과 표3)과 같이 확인되었다. 기종은 고배, 뚜껑, 완, 대부호, 호·옹류, 동이, 시루, 병, 접시, 합 등 10가지로 파악되었으며, 파수는 1점을 제외하고는 모두 우각형이다. 기타는 기형을 알 수 없는 편과 방추차 4점이다. 토기편은 동체와 저부편으로 대부분 호나 옹의 편으로 추정된다.

기종별 비율로 보면, 호·옹류가 26.8%로 가장 많은 비중을 보였으며 고배>완

〉뚜껑〉동이 등의 순이고 나머지는 소량으로 파악되었다. 시굴 조사에서는 수구가 확인된 남동벽안쪽에서(CS Tr.) 가장 많은 토기가 출토되었는데 다른 시설물은 확인되지 않았다. 발굴조사는 집수시설이 43점으로 가장 많고, 유구보다는 지표에서 다량 수습되었다.

1차 발굴조사 지역인 남쪽 회절부에서는 남동쪽과 남서쪽 성벽에 기대어 설치한 트렌치에서 가장 많은 90여점의 유물이 보고되었다. 기종 중에서는 고배가 가장 많은 비율을 차지하며 호·옹류와 완의 비율도 높게 나타나고 있다.

주거지는 모두 방형으로 5기가 확인되었는데, 이중 가장 다양한 토기 기종이 확인된 것은 3호 주거지이다. 3호주거지 내 중앙에는 원형수혈이 위치하는데 이는 주거지와 동시기 혹은 주거지 사용 중 부가된 것으로 추정되었다. 때문에 원형수혈을 주거지의 부속시설로 보았으나 내부에서 유물은 출토되지 않았다[19]. 3호주거지가 어떠한 성격을 가졌는지는 다른 주거지들의 상태 또한 모두 양호하지 않아 알 수 없다. 다만, 부장용 혹은 제의용으로 여겨지는 고배편들이 3호 주거지를 제외한 다른 주거지에서는 모두 출토되는 양상이 확인된다. 수혈군은 목주의 흔적이 발견되고 수혈간의 거리가 일정하여 고상식 건물로 추정되었다. 여기에서는 완·부가구연장경호·호 편 등이 수습되었으며 시기는 성벽 축조시점과 동시기 또는 선행하는 것으로 보고 있다[20]. 이외 두 기의 원형수혈에서는 호의 잔편 외에는 발견된 것이 없어 성격과 시기를 판단하기 어렵다.

2차 발굴조사는 성의 북쪽(I지점)과 시굴조사시 일명 공유벽이라 지칭되었던 축대시설(II지점)에 대한 조사가 이루어졌다. 성의 북쪽에서는 집수시설을 비롯한 많은 유구가 확인되었는데, 이 중 집수시설에서 많은 양이 보고되었다. 집수시설은 정상부 평탄대지에 위치하며 규모는 장축 12.2m, 단축 5.9m, 최대깊이 2.8m로 암반을 수직으로 굴착하여 조성하였다. 2차에 걸쳐 사용한 것으로 추정되며 1차는 암반을 굴착한 후 네 면에 점토를 채운 점토집수지이고 유물은 고배·뚜껑·완·병·호·동이·철촉·철겸 등 45점이 보고되었다. 2차는 석재를 1~4단

19) 3호 주거지 부뚜막 내부서 수습된 시료의 AMS 값이 BP 1530±40으로, 교정연대가 520년에 해당하는 것을 보고되었다(한국문화유산연구원, 앞의 보고서, 2014, 87·134~135쪽).

20) 한국문화유산연구원, 앞의 보고서, 2014, 110쪽.

정도 말각장방형의 형태로 쌓아 올려 사용하였는데, 유물은 수습되지 않았다. 주거지와 원형수혈에서는 대부분 3가지 정도의 기종만 수습된 반면, 4호 원형수혈이 적은 수량이나 고배·뚜껑·완·호·동이 등 다양한 기종이 확인되었다. 4호 원형수혈은 6호와 7호 주거지 인근에 위치하는데 6호 주거지가 7호 주거지 보다 먼저 조영되고 4호 원형수혈 또한 7호 주거지 보다는 앞서 조영된 것으로 보고 있다[21]. 또한, 3호 원형수혈에서는 뚜껑·고배·시루·호·철도자 등이, 4호에서는 뚜껑·고배·완·병·호·동이 등이 출토되었다. 이들 3호와 4호 원형수혈에서 수습된 목탄의 연대측정값은 각각 580년과 620년으로 측정되었다. 이외 석렬·적석·수혈 유구 등과 목책렬, 축대시설·추정 가마 등에서는 유물이 없거나 1~2점만 있어 성격과 시기를 파악하기 어렵다.

금속유물은 동지금박이식 1점을 제외하고 모두 철제류이며 기종은 15가지로 95점이 출토되었다. 철촉이 가장 많은 비율을 차지하며 용도미상을 제외하고 철겸, 도자, 괭이, 소찰 등이며 5점 이상 보이고 나머지는 1~2점이다.

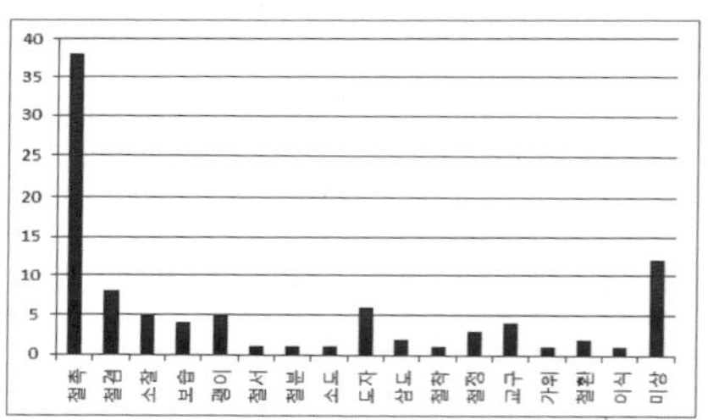

도10) 금속유물 기종과 개체수

금박이식은 장신구이며, 철제류는 주로 무기와 농공구로 사용된 기종들이다. 철제류는 토기 다음으로 많은 수량 출토되었으며, 2차 발굴조사에서 전체의 70% 정도의 수량이 보고되었는데, 대부분 I지점에 해당된다. I지점은 성에서 가장 높은 지점인 북쪽에 해당되며 내부에 평탄지가 형성되어 있다. 특히 1호주거지에서 11기종에 달하는 철기가 출토되어 주목된다.

21) 한국문화유산연구원, 2015, 앞의 보고서, 82쪽.

22) 기전문화재연구원, 앞의 보고서, 2005, 323쪽.

표 5) 할미산성 시굴조사 및 1·2차 발굴조사 유구별 금속유물 출토 현황

출토지역 \ 기종			철촉	소도	철겸	보습	괭이	철서	삼도	철분	철착	철정	도자	가위	이식	소찰	교구	철환	미상	소계
시굴	CS		2	·	·	·	·	·	·	·	·	·	·	1	·	·	·	·	·	3
1차 발굴 조사	南회절부 성벽트렌치		4	·	2	1	1	·	·	·	·	1	1	·	1	·	·	·	4	15
	1호주거지		·	·	·	1	·	·	·	·	·	·	·	·	·	·	·	·	·	1
	3호주거지		·	·	·	·	·	·	·	·	·	·	·	·	·	·	·	·	1	1
	5호주거지		·	·	·	·	·	·	·	·	·	·	·	·	·	·	·	·	2	2
	지표		1	·	·	·	1	·	·	·	·	·	1	·	·	·	·	·	1	4
2차 발굴 조사	I 지점	집수시설	1	·	1	·	·	·	·	·	·	·	·	·	·	·	·	·	·	2
		1호주거지	·	·	1	1	1	1	1	1	1	1	1	·	·	1	1	·	1	12
		3호주거지	·	·	·	·	·	·	1	·	·	·	·	·	·	·	·	·	·	1
		4호주거지	·	·	1	·	·	·	·	·	·	·	·	·	·	·	·	·	·	1
		7호주거지	·	·	·	·	·	·	·	·	·	·	1	·	·	·	·	·	·	1
		8호주거지	1	·	·	·	·	·	·	·	·	·	·	·	·	1	·	·	·	2
		9호주거지	1	·	·	·	·	·	·	·	·	·	·	·	·	1	·	·	1	3
		3호원형수혈	·	·	·	·	·	·	·	·	·	·	2	·	·	·	·	·	·	2
		5호원형수혈	·	·	·	·	1	·	·	·	·	·	·	·	·	·	·	·	·	1
		지표	28	1	2	1	·	·	·	·	·	1	·	·	·	2	2	2	2	41
	II 지점	지표	·	·	1	·	1	·	·	·	·	·	·	·	·	·	1	·	·	3
계			38	1	8	4	5	1	2	1	1	3	6	1	1	5	4	2	12	95

2) 보정동고분군

보정동 고분군의 발굴조사는 현재까지 5차례 이루어졌는데, 2007년 한양대학교 문화재연구소에서 실시한 2기의 고분은 고구려 석실분으로 밝혀졌다. 신라 고분은 기전문화재연구원의 석실분 16기·석곽 6기, 토지박물관의 석실분 2기, 서경문화재연구원의 석실분 1기·석곽 1기, 중앙문화재연구원의 석실분 1기 등을 총 27기가 발굴조사 되었다. 이중 중앙문화재연구원과 서경문화재 연구원의 조사지역은 통일신라기에 축조된 것으로 보고되었다.

이곳에 위치한 석곽 및 석실분들은 낮은 사면에서 평지에 가까운 부분까지 분포하고 있으며 군집양상이라든지 특정 무덤의 입지 및 규모 그리고 부장 유물에서 큰 차이점이 보이지 않고 있다. 가장 많은 수를 발굴한 북동사면의 경우 묘의 주향은 북동-남서향이며 대부분 등고선과 평행하는데 반해 소형 수혈식 석곽묘는 모두 등고선과 직교하고 있다[22]. 추가장은 1~3차례 이루어졌으며 대부분 1~

2회이고 3차이상 추가장된 것은 기전문화재연구원 11호, 토지박물관 다-19호, 서경문화재연구원 마-40호 그리고 중앙문화재연구원 1호 석실 등에서 확인되었다.

주묘제는 횡구식 석실묘이며 출토된 유물은 토기류와 금속류로 총 159점이 보고되었다. 도굴된 것들도 있어 유물이 출토되지 않았거나 많아도 20점이 넘지 않는 박장을 보이고 있다. 기전문화재연구원 2-1·12호가 각각 18점과 17점으로 가장 많은 수가 확인되었다.

표 6) 보정동고분군 출토 유물 현황

기관 및 호수 \ 기종		토기류									금속류					기타	계
		고배	뚜껑(蓋)	완	대부완	대부장경호	합	배	호	병	철겸	도자	과대금구	주조철부	관정		
기전문화재연구원	1호	·	·	·	·	·	·	1	2	·	·	·	·	·	·	방추차1	3
	2-1호	8	7	·	·	·	1	·	1	·	1	·	·	·	·	방추차2	18
	2-2호	·	·	·	·	1	·	·	·	·	·	·	·	·	·	·	1
	3호	6	3	·	·	·	·	·	1	·	·	·	·	·	·	·	10
	4호	1	1	·	·	·	·	·	1	·	·	·	·	·	·	·	3
	5호	2	2	·	·	1	·	·	·	·	1	1	·	·	·	·	7
	6호	6	6	·	1	·	·	·	1	·	·	·	·	·	·	·	14
	8호	1	·	·	2	·	·	·	1	·	·	1	2	·	·	미상토기1	7
	11호	1	·	1	·	·	·	·	·	·	·	·	·	·	·	미상철제품2	2
	12호	3	3	4	·	·	·	·	2	3	·	·	·	·	·	방추차1 동체부1	17
	13호	1	·	1	·	·	·	·	·	·	·	·	·	·	·	·	2
	14호	1	·	·	·	·	·	·	·	·	·	·	·	·	·	·	1
	16호	2	2	·	·	·	·	·	2	·	1	·	·	·	·	·	7
	17호	·	·	·	1	·	·	1	·	·	·	·	·	·	·	·	2
	18호	2	2	·	·	·	·	·	·	·	1	·	·	·	·	·	5
	20호	1	2	·	·	·	·	·	·	·	·	·	·	·	·	·	3
토지박물관	나-19	2	·	3	·	·	·	·	·	·	·	·	·	·	·	·	5
	다-23	4	3	·	·	2	·	·	3	·	·	·	·	1	·	방추차1	13
중앙문화재연구원	1호	2	4	·	3	·	·	·	·	·	·	·	7	·	·	·	16
서경문화재연구원	마-40	·	1	·	1	·	·	·	·	·	·	·	·	·	·	·	2
	마-41	·	1	1	1	·	·	·	1	·	·	·	4	·	6	·	14
계		43	37	10	9	4	1	2	15	3	4	2	13	1	6	9	159

토기류는 고배·뚜껑·완·대부완·대부장경호·합·배·호·병 등 9가지 기종이며, 금속류는 철겸 도자 주조철부 과대금구 관정 등 4가지가 부장되었다. 그 외 방추차와 용도미상의 토기와 철제품이 소량 보고되었다. 출토된 토기를 수량별

로 분석한 결과, 고배〉뚜껑〉병〉완〉대부완〉대부장경호〉병〉배〉합 등의 순으로 나타났다. 고배와 뚜껑의 수량이 거의 유사한데, 대부분 유개고배에 뚜껑이 세트로 출토된 것이 많았기 때문이다. 완과 대부완은 굽이 달린 것과 달리지 않은 것으로 구분한 것인데, 굽이 달린 대부완의 경우 통일신라기양식 토기이다. 합과 배는 1~2점으로 소량 출토되었다. 금속류의 경우 과대금구는 기전문화재연구원 8호, 중앙문화재연구원 1호, 서경문화재연구원 마-41호에서 출토되었는데, 중원문화재연구원 1호 석실에서 가장 많은 수가 확인되었다.

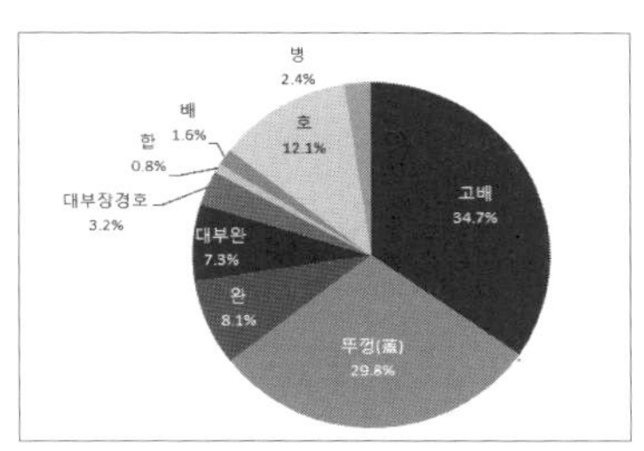

도11) 보정동 고분군 출토 토기의 기종 및 비율

3) 마북동 취락유적

마북동 취락유적은 총 577기의 유구가 조사되었는데, 그중 삼국시대에 해당되는 것은 주거지를 비롯한 수혈 그리고 건물지 등이다. 그중 가장 많은 수를 차지하는 것은 백제주거지와 수혈이다. 삼국시대 주거지 총 71기중 백제 주거지 50기이고 신라주거지는 21기이다. 백제주거지가 I구간에 집중 분포하는데 반해 신라주거지는 III구간에 절반이상이 분포해 있다.

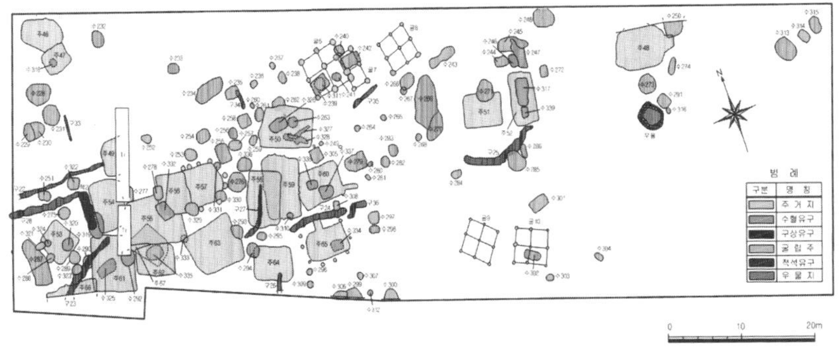

도12) 마북동 취락 유적 III구간 유구배치도 (기전문화재연구원, 2009, 『마북동취락유적』)

신라주거지는 표7)과 같이 1·2·3·15·20·22·27·28·40·47·50·53·54·55·56·58·61·62·63·64·70호로 총 21기이며, 주거지의 평면 형태는 장방형(1호·20호·22호·40호·50호·54호·55호·56호·58호·61호·62호·63호·64호) 13기, 추정 장방형(2호·3호·27호·28호) 4기와 방형(15호·47호·53호·70호) 4기 등이 확인되었으며, 원형 및 타원형은 없는 것으로 보고되었다. 주거지의 규모는 대략 길이 264~905cm, 너비 264~590cm으로 길이 너비의 차이가 크게 차이나지 않으며, 중·소형의 주거지가 대부분을 이룬다. 주거지 내부시설로는 부뚜막과 구들, 내부수혈, 주혈 등이 있다. 주거지내 부뚜막은 1호·3호·22호·28호·40호·50호·53호·54호·56호·63호·70호 등 총 11기이며, 구들은 47호·55호·58호·61호·62호·64호·63호 등 7기에서 확인되었다.

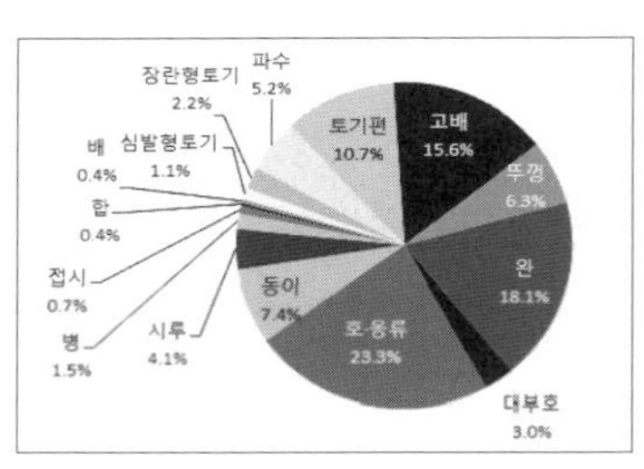

도13) 마북동 취락유적 신라주거지출토 토기의 기종 및 비율

발굴 보고자가 신라의 주거지로 추정한 유구에서 출토된 유물의 종류와 수량은 표7)과 같다. 토기류, 철제류, 기와, 곡옥 및 구슬 등의 장식류, 지석 등 비교적 다양한 종류가 출토되었으나 총324점의 유물중 270점이 토기류로 전체수량의 약 84%를 차지한다. 토기류는 고배, 뚜껑, 완, 대부호, 호·옹류, 동이, 시루, 병, 접시, 합, 배, 심발형토기, 장란형토기 등 약 13기종이 확인되었으며 이중 심발형토기와 장란형토기는 백제토기로 추정된다. 토기류는 호옹류〉완〉고배〉동이〉뚜껑〉시루〉대부호〉장란형토기〉병〉심발형토기〉접시〉배 합 등으로 나타났다. 토기편이 대부분 호·옹의 동체부로 추정되므로 호옹류가 가장 많은 수량을 차지하고 있다.

표 7) 마북동 취락유적 발굴조사 유구별 토기 출토 현황

기종 / 출토지역	고배	뚜껑(蓋)	완	대부호	호·옹류	동이	시루	병	접시	합	배	심발형토기	장란형토기	파수	토기편	철제류	기타	소계
1호 주거지	1	·	1	·	2	1	·	·	·	·	·	·	·	1	1	화살촉4	곡옥1	12
2호 주거지	·	·	1	·	1	1	·	·	·	·	·	·	·	·	2	·	·	5
3호 주거지	·	·	1	2	·	·	·	·	·	·	·	3	2	·	·	·	·	8

15호 주거지	3	·	7	·	2	1	2	·	·	·	·	·	·	3	1	착형공구1 철도자2 철촉1,철솥1 주조철편4	방추차1 미상토제2	31
20호 주거지	1	·	·	·	4	·	·	·	·	·	·	·	·	·	3	·	·	8
22호 주거지	3	·	3	·	5	1	·	·	·	·	·	·	·	·	·	·	·	12
27호 주거지	1	·	2	·	3	·	·	1	·	·	·	·	·	·	·	·	어망추1	8
28호 주거지	4	4	3	·	11	2	1	·	·	·	·	·	·	·	2	철촉1, 철정1 착형공구2	·	31
40호 주거지	1	1	·	·	2	·	·	·	·	·	·	·	1	·	1	·	·	6
47호 주거지	2	1	3	·	·	1	·	·	·	·	·	·	·	1	2	·	·	10
50호 주거지	4	4	6	2	8	4	1	·	·	·	·	·	·	·	1	·	어망추1	31
53호 주거지	1	·	·	·	·	·	1	·	·	·	·	·	·	·	·	철촉1, 주조철부1	·	4
54호 주거지	1	·	1	1	3	1	2	·	·	1	·	·	·	·	3	철촉1	·	14
55호 주거지	4	2	1	1	2	2	·	·	·	·	·	·	2	3	3	철도자2 철촉1, 미상1 주조철부2	방추차1 유리구슬1	28
56호 주거지	1	1	2	2	7	1	·	·	·	·	·	·	·	1	1	철도자1 철촉1	·	18
58호 주거지	·	1	1	·	·	1	1	·	2 (대부)	·	·	·	·	·	2	·	·	8
61호 주거지	2	·	3	·	2	·	1	1	·	·	·	·	·	1	1	주조철부1 철겸1 미상철제품1	지석3 어망추1	18
62호 주거지	3	·	6	·	2	1	1	·	·	·	1	·	·	2	2	철겸1, 철촉2 착형공구1	석부1 수키와2	25
63호 주거지	2	1	1	·	4	1	·	·	·	·	·	·	·	·	2	·	·	11
64호 주거지	1	·	1	·	3	·	1	·	·	·	·	·	1	·	1	철도자1	구슬1	10
70호 주거지	7	2	6	·	2	2	·	2	·	·	·	·	·	2	1	철겸1, 철촉1	·	26
소계	42	17	49	8	63	20	11	4	2	1	1	3	6	14	29	38	16	324

신라주거지는 동시기에 축조된 것보다는 백제 주거지를 파괴하고 들어선 것들이 많은데, 이는 신라주거지로 판단되었던 주거지 70호 목탄시료값이 440년과 600년이라는 것에서 유구가 중복된 것에서도 알 수 있다[23]. 신라 주거지라고 하나 내부에서 장란형 토기와 백제 고배와 같은 토기가 함께 출토되거나 백제 주거지라고 한 4·5호 주거지 같은 경우에는 신라토기가 공반되고 있다. 이는 생활유적인 까닭에 신라토기 편년에 표지적으로 사용되고 있는 고배와 뚜껑, 대부장경호 등이 부재되고 호·옹 혹은 동이와 같은 타날 토기만 출토되면 그 주체를 파악하기가 쉽지않다. 필자가 판단하기에 순수 신라유물만 확인된다고 생각되는

23) 기전문화재연구원, 앞의 보고서, 2009, 446~447쪽.

70호의 주거지 경우에도 목탄시료값이 한성백제기인 440년이 측정된 것으로 보아 모두 다 신라토기로 간주할 경우 논란의 여지가 있다. 때문에 여기에서는 보편적으로 신라의 기종을 인정되는 고배, 뚜껑, 대부장경호 등이 출토된 주거지를 중심으로 살펴보고자 한다. 신라 고배 및 뚜껑 그리고 장경호가 출토된 주거지는 1·4·5·15·22·28·47·50·54·55·56·58·61·62·63·64·70호 이다. 수혈은 총 390기 중 신라토기가 출토된 수혈은 34기이다. 그러나 대부분 파편만이 확인되고 있어 기종은 알 수 있으나 전체적인 형태는 알 수 없는 것이 많다. 철제류는 철촉, 철부, 철도자, 철도자 등이 확인되었으며 그 외 곡옥 유리구슬 등 장식류가 1호주거지와 55호 주거지에서 1점씩 출토되었다. 또한, 어망추는 인근의 탄천을 이용한 당시 생활모습을 알 수 있게 한다.

2. 출토유물의 분석

앞서 살펴본 바와 같이 할미산성, 보정동고분군, 마북동 취락유적에서 출토된 유물 중 절대적으로 많은 수량을 차지하는 것은 토기류이다. 토기는 고대 국가의 형성과 전개 그리고 발전, 쇠퇴 과정을 살피는데 영세한 문헌자료를 보완하고 당시 생활상을 복원하는데 중요한 역할을 하고 있다. 토기는 시기에 따라 형태적 변화가 비교적 민감하게 반영하고 있어 시간적으로는 편년을 설정하고 분포범위에 따라 공간적 확대과정을 살필 수 있기 때문이다. 신라토기에서 시기를 민감하게 반영하는 기종은 고배, 뚜껑, 부가구연대부장경호 등이다. 이들 기종은 고분에 부장하는 기종으로 알려져 왔으나, 산성과 주거지에서도 큰 비중을 차지하고 있다. 따라서, 본고에서는 고배, 뚜껑, 부가구연대부장경호 등의 분석을 통해 세 유적의 유사성과 차이점을 보고자 한다.

1) 고배

고배는 접시보다 깊은 배신에 대각이 다린 그릇을 말한다. 이러한 형태는 백제토기에도 나타나지만 신라토기는 긴 대각에 투창[24)]이 뚫려있는 것이 특징이

24) 본고에서 투창과 투공을 구분해서 사용하고자 하다. 투창은 전기양식토기의 고배나 혹은 후기양

다. 생활유적이나 고분유적에 상관없이 출토되어 제의와 관련하여 사용된 것으로 추정된다.

구연의 형태에 따라 유개고배와 무개고배로 나뉘며 전자는 개받이턱이 돌출된 것이고 후자는 직립한 것을 말한다. 주로 개와 함께 출토되고 유개고배에는 드림부형태가 'ㅏ'자인 개가, 무개고배에는 '入'자형 개가 짝을 이룬다. 유개고배의 구연부는 전기와 후기양식이 뚜렷하게 차이가 나고 있다. 전기에는 구연이 길고 개받이턱이 약간 나온 것이 유행한다. 후기로 오면 개받이 턱이 길어지는 경향이 나타나는데 서울·경기지역에서는 전기양식의 구연부 형태는 나타나지 않는다. 무개고배는 형태적 변화가 거의 드러나지 않는다. 다만 시기가 지날수록 외반형태가 많아지는 것으로 보고 있다.

고배는 대각 또한 구연과 함께 시기에 따라 민감하게 반영한다. 전기에는 높은 대각에 2단 투창을 뚫은 것이 전형적인 형태이다. 후기양식은 배신이 깊고 단각화된 대각이 특징적이다. 이처럼 대각의 높이와 투창은 시기적 변화를 민감하게 반영하고 있다. 서울·경기지역을 비롯한 용인지역에서 출토된 고배는 이미 단각화가 진행되어 무투공인 형태가 많다. 이는 신라가 용인지역으로 진출하는 시기가 6세기 중반이기 때문이다. 고분에서 주요 기종으로 확인되고 있으나 산성과 주거지에서 출토되고 있다. 다만, 고분에서는 대부분 완형이지만 산성과 주거지에서는 파편인 경우가 많다.

형식분류를 위해 먼저 투공이 있는 것과 없는 것으로 나누었다. 일반적으로 고배에서는 투공이 점차 소멸해 하는 경향으로 보기 때문에 투공의 유무는 고배에서 중요한 분류기준으로 작용하고 있다. 다음으로 고려한 것은 대각과 배신의 비율이다. 이 비율과 투공의 유무는 서로 관계가 있을 것으로 보기 때문이다. I형은 대각이 배신보다 높거나 적어도 1:1의 비율을 보이는 것이다. II형는 배신이 대각보다 큰 형태로 배신과 대각의 비율이 3:1정도이다. III형은 대각이 굽과 같고 배신이 깊어진 모습이다. 비율로 보면 4:1~5:1정도까지이다. 다음으로는

식토기 초에 나타나는 것으로 배신 보다 긴 대각에 장방형 혹은 사다리꼴 모양의 구멍을 낸 것을 말한다. 투공은 형태는 같지만 한변의 크기가 1㎝ 내외로 투창에 비해서 매우 작아진 것을 말한다. 후기에 들어서 투공은 현저히 낮아진 대각에 형식상으로만 남게 되는 것으로 여겨지며 점차 무투공화되어간다. 이처럼 투창과 투공은 전기양식과 후기양식을 나누는데 중요한 요소로 작용한다.

구연과 각단 모양으로 분석해보았다. 구연은 각각 4가지로 나누었으며, 각단의 모양은 유개고배와 무개고배에 관계없이 비슷한 형태로 만들어졌기 때문에 같은 형식을 적용하였다.

유개고배의 구연부는 A~D식 등 4개의 형태로 나누었다. A식은 구연이 직립하고 드림턱이 평행하거나 올라온 형태이다. B식은 구연이 내경하고 개받이턱이 짧게 올라온 형태이며, C식은 구연이 내경하고 받침턱이 B식보다 길다. D식은 구연과 개받이턱의 길이가 같고 받침턱이 구연과 같은 위치까지 올라와 단면형태가 'V'자를 이룬다. 이를 그림으로 나타내면 다음과 표 8)와 같다.

표 8) 유개고배 구연부 형식분류

 A	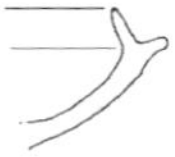 B	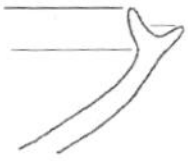 C	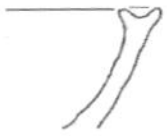 D

대각단부의 형태는 총 5가지로 나누어 a~e식으로 구분하였다. a식은 끝이 둥근형태로 사선인 것과 외반하는 것으로 포함한다. b식은 단부가 편평한 형태로 a식과 마찬가지로 사선으로 내려오는 것과 외반하는 것을 함께 한다. c식은 단부의 단면이 삼각형을 띠며 d식은 둥글게 나온 형태이다. e·f식은 밖으로 말린 형태로 끝이 둥글거나 뾰족한 것으로 나누었다. g식은 단부가 밖으로 말려 뾰족한 형태이다.

표 9) 고배 대각단부 형식분류

a	b	c	d	e	f	g

보정동 고분군의 경우 완형의 유개고배는 35점이며 이중 투공이 있는 고배는 6점이다. I형은 없고 II·III형이 확인된다. II형은 21점, III형 14점으로 전체의 1/3비율을 보이는 것이 많았다. II형에서 구연은 B식이 12점으로 가장 많고 D식

5점, C식 4점이 이었다. 각단은 a식 4점, b식 4점, d식 5점, e식 4점, f식 1점, g식 3점으로 비교적 많은 형태가 고르게 나타나고 있다. Ⅲ형은 구연은 B와 C식만 나타나며 각각 8점과 6점이 확인되었다. 각단은 a식 3점, b식 5점, c식 1점, d식 4점, e식 1점 등이다. 보정동 고분군에서 구연부는 B식이, 각단은 a·b·d식이 많은 수를 비교적 많은 수를 차지한다. 이를 조합해 보면, II-B-a·II-B-d·Ⅲ-B-b형이 비교적 많은 유형에 해당된다. 특징적인 것은 각단에서 g와 f의 경우 II형에서만 확인되고 투공이 있으며, Ⅲ-B에서 주로 b식이 조합되는데 반해 토지박물관에서 조사한 다-23호에서만 e와 d식이 보이고 있다. 이는 토지박물관과 기전문화재연구원에서 발굴조사한 부분이 지역적 혹은 시기적 차이를 반영하는 것일 수 있다. 또한, Ⅲ형 중에서도 굽과같은 형태의 짧은 대각은 유개고배에서만 확인되고 또 보정동 고분군에서만 확인되는 특징이 있다.

표 10) 보정동 고분군 출토 (① 2-1호 ②③3호 ④5호)

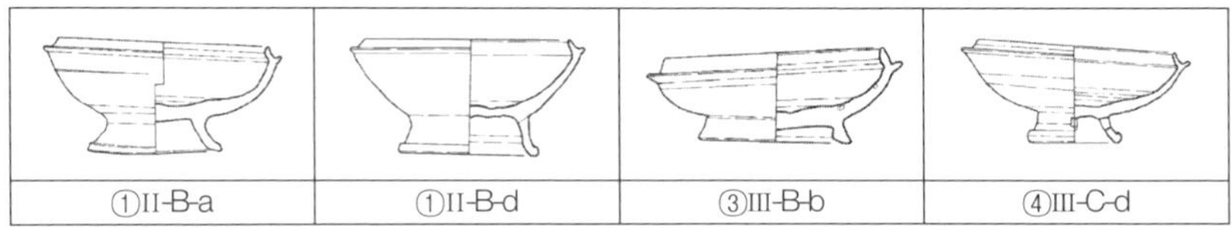

용인 할미산성에서는 유개·무개고배가 모두 확인되며 대부분 완형보다는 편으로 출토되었으며 보고서에 수록된 것은 109점이다. 세 유적 중에서 가장 많은 수량이 출토되었다. 1점을 제외한 108점은 모두 신라고배이며, 2차 발굴조사에서 I지역 2호원형수혈에서 백제고배 1점이 수습되었다. 유개고배로 알 수 있는 것은 8점이 출토되었는데, 이중 완형이 2점이다. 투공은 2점에서 확인되며 I·II형이 각각 1점씩으로 II형이라 하더라도 I형에 가까울 정도로 대각이 높은 편이다. 구연인 A식 3점, B식 3점, C식 1점, D식 1점이다.

마북동취락유적에서 출토된 유개고배는 14점으로 이중 완형은 3점이다. 완형으로 출토된 것은 II·Ⅲ이며 구연은 C식 9점, D식 1점, B식 3점이다. 각단은 모두 a가 확인된다. 마북동에서 출토된 유개고배의 특징은 보정동 고분군과 할미산성의 유개고배의 구경이 10㎝내외인 반면에 마북동 취락유적의 유개고배의 구경은 10~16cm로 큰 편이다. 또 구경이 10cm정도인 구연은 B식이고 11cm이상에서는 C식이 나타나고 있어 형태적 차이가 존재한다.

무개고배는 A·B형은 직립한 형태로 A형을 끝이 둥글고 B형은 비교적 뾰족하게 표현하였다. C·D형은 끝이 외반된 형태로 C형은 끝만 외반되었으며, D형은 굴곡진 동체에서 외반된 형태이다. 무개고배는 대체로 구연 아래와 동체에 2~3줄의 횡선을 돌리는 것이 특징이다.

표11) 무개고배 구연부 형태

 A	 B	 C	 D

보정동 고분군에서 무개고배는 6점이고 이 중 투공 고배는 3점이다. 무개고배의 경우 Ⅰ~Ⅲ형이 모두 있으며, 투공은 모두 Ⅲ형에서 1단으로 뚫려있다. 구연 역시 D식을 제외하고 모두 확인되고 각단 또한 b~e식이 모두 나타나고 있다. 따라서 전체적은 적은 수량에 비해 여러 형태가 출토된 것을 알 수 있다.

할미산성에서 무개고배는 31점이 수습되었다. 완형으로 추정될 수 있는 무개고배는 모두 4점이 출토되었다. 유개고배에 비해 배신의 높이와 크기가 큰 것을 알 수 있다. 대각은 투공과 무투공이 모두 있으며 각단은 밖으로 외반되어 둥글게 처리하였다.

할미산성 출토 고배의 대부분은 구연과 각단부분이 결실된 것이 많은데, 할미산성에서는 모두 18점이 확인되었으며, 대각 부분만 잔존하는 것은 50점이 수습되었다. 우선 각단까지 남아있는 편을 중심으로 투공 대각과 무투공 대각을 나누어 볼 수 있다. 대각의 높이는 약 2~5cm 전후이며, 저경은 5~11.8cm 까지 확인되었다. 대각에는 돌개 있는 것과 없는 것이 관찰되며 투공은 1단만 나타났으며, 2단 투공은 확인되지 않았다. 대각편 중 투공이 있는 것이 37점으로 무투공 22점보다 많은 양을 보였다.

표12) 할미산성 완형 고배 형식

유개고배		무개고배		
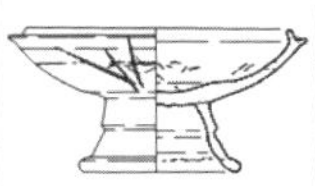	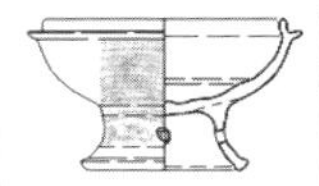	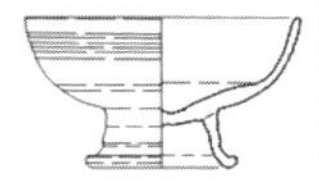	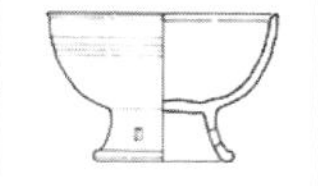	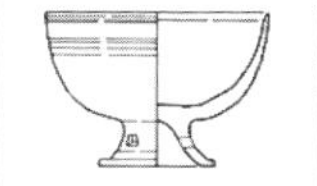
① I-B-a	②II-B-b	③II-A-e	④II-C-d	⑤II-B-a

①1차-남동회절부 ②2차-지표 ③2차- I 지점집수1차 ④시굴-북A지역 ⑤시굴-동CS Tr.8층

마북동 취락유적에서는 16점의 무개고배가 확인되었으며 이중 완형은 9점이다. I~III형까지 모두 확인되는데, III형이 6점으로 많은 편이다. 구연은 D식을 제외하고 모두 있으며 이중 A와 B식이 대부분을 차지하고 있다. 대각의 형태는 f식이 3점, a·d는 2점씩, f가 1점 있다. 이외에도 마북동 취락 역시 대각편만 출토되는 것이 20점 이상 확인되는데, 완형이 아니라 단정지을 수는 없지만, 형태상 I형에 해당되는 것들이 관찰된다. 대각은 밖으로 말아 둥글게 혹은 뾰족하게 말은 것들이 확인되며, 할미산성과 마찬가지로 2단 투공은 없다. 그리고 대각만 잔존하는 15점 중에 투공이 있는 것이 11점으로 투공 대각이 다수를 차지한다.

표13) 마북동 취락유적 완형 고배 형식

유개고배		무개고배		
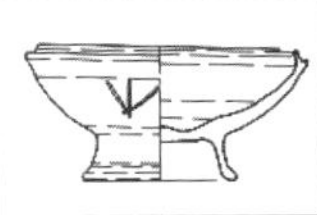	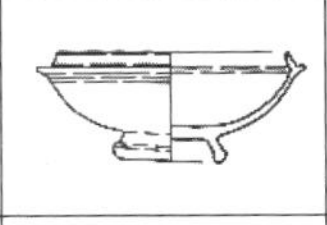	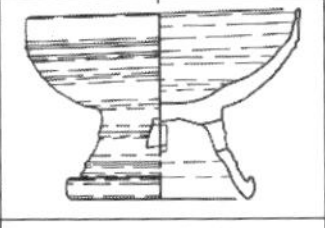	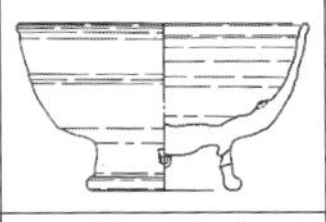	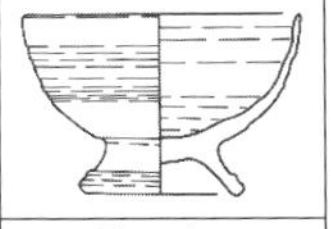
① II-B-a	②II-B-b	③I-A-f	④ III-D-d	⑤III-A-g

①28호주거지 ②63호주거지 ③ 61호주거지 ④ 54호주거지 ⑤ 70호주거지

전체적으로 무개고배의 양은 할미산성이 가장 많으며, 구경이 13cm이상 되는 것도 할미산성에서 가장 많이 찾아진다. 대개 무개고배는 구경이 10~15cm 나타는데, 구경이 13cm 이상 커질수록 대각이 낮아지는 경향이 보인다.

2) 뚜껑(蓋)

蓋는 그릇의 내용물에 잡물이 들어가는 것과 상하는 것을 막기 위해 그릇의 아가리를 덮는 諸具이다. 신라토기에서 개는 주로 고배와 대부완에 씌워졌다. 구

연의 형태에 따라 구연형태가 다른 개가 쓰였는데, 뚜껑받이턱이 있는 그릇에는 '卜'자형 구연이, 직립구연에는 '入'자형 구연의 개가 사용되었다. 통일기를 전후로 해서 고배가 사라지고 대부완이 유행하는데, 개 또한 '入'자형이 주로 짝을 이룬다. 꼭지의 형태는 지름이 큰 굽형과 가운데 부분이 거의 붙어 단추모양 같이 보이는 것이 있다. 이 외에 단면이 마름모꼴인 보주형과 꼭지가 없는 접시형 뚜껑도 있다.

표14) 뚜껑 동체 형태

I	II	III	Ⅳ
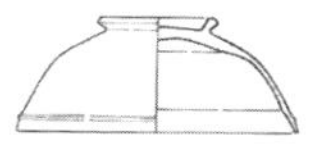	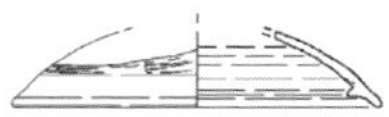	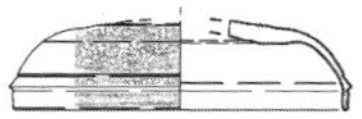	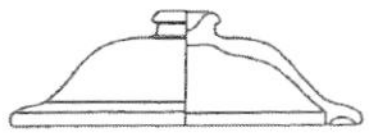

전기에는 주로 굽형 혹은 단추형의 긴 꼭지가 있는 반구형의 개가 주로 사용되었고 간혹 긴 꼭지에 투창을 두기도 하였다. 통일기로 가면서 드림턱이 길어지며, 점차 안턱이 사라지는 형태로 변화한다. 또한, 드림턱이 길어지면서 개신에 굴곡이 생겨 단면형태가 '凸'자형을 이룬다. 이처럼 개는 단면형태와 꼭지 그리고 드림부가 시간성을 반영하고 있기 때문에 분류함에 있어 이 세 가지를 함께 검토해야 한다. 그러나 '凸'자형인 Ⅳ형의 경우 통일기 양식으로 본고에서 대상으로 하는 유적에서는 보정동 고분군에서 마지막 추가장 단계에서 확인되고 있다. 다시말해, 할미산성과 마북동 취락유적에서는 출토되지 않았다.

꼭지는 굽형·단추형·보주형으로 나뉠 수 있는데, 한강유역에서 출토되는 꼭지의 형태는 그 안에서도 여러가지 형태로 나타나고 있다. 그러나 본고에서는 개체수가 많지 않기 때문에 크게 굽형과 단추형 보주형만으로 분류하였다.

표15) 뚜껑 꼭지 형태

A(단추형)	B(굽형)	C(보주형)			
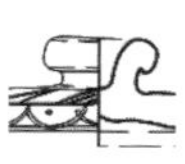		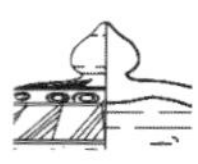			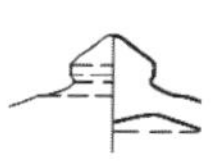

드림부의 형태는 총 5가지로 나타나면 a형은 구연에서 거의 수평방향으로 얕게 턱을 조성했으며, b형은 구연이 내경한 형태, c형은 턱이 길고 사선으로 내려온 형태, d형은 안쪽으로 얕게 턱을 만든 형태, e형은 구연과 턱이 같은 짧게 같은 위치에 내려오거나 안턱이 살짝 들린 형태이다.

표16) 뚜껑 드림부 형태

a	b	c	d	e
			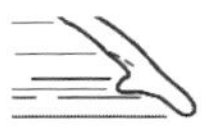	

보정동 고분군에서 출토된 뚜껑은 모두 37점이다. I형은 26점, II형은 4점, IV형은 7점으로 반구형인 I형이 많다. 꼭지는 A식 2점, C식 5점이고 나머지는 모두 B식이다. 구연의 형태는 a식 13점, b식 6점, d식 7점, e식 5점이다. I형은 B-a와 조합되는 형태가 많았고 b와 e도 각각 6점과 3점이 있었으며, II형은 C-e가 4점 확인되었으며 주로 직립구연을 가진 무개 고배와 혹은 직구호에 세트로 출토되고 있다. IV형는 5점으로 모두 B-d 형태로 IV-B-d는 마지막 단계에 추가장 되거나 통일신라기 석실묘에 부장되었다. 여기에는 기전문화재연구원 6호의 3차 시상대 출토, 서경문화재연구원 마-40·41호, 중앙문화재연구원의 1호 석실이 해당된다. 특히, 서경문화재연구원과 중앙문화재연구원이 조사한 석실에서는 과대금구가 출토되어 상한을 적어도 8세기 전후한 시기로 볼 수 있다[25]. 그러나 출토된 양식의 대부완과 뚜껑이 무문화되어 가는 경향을 나타내고 있어 시기가 더욱 늦을 가능성이 있다. 문양은 주로 II-C-e에서 확인되는데, 구경이 10cm 미만이며, 보정동 4호분에서 삼각집선문이,

표17) 보정동 고분군 뚜껑 시문 문양

삼각집선문	반원점문
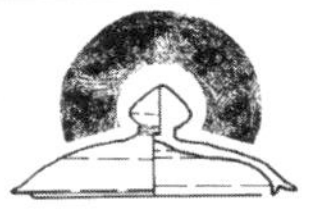	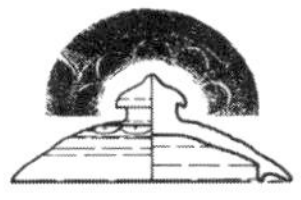

25) 『三國史記』에 의하면 김춘추가 眞德王 2년(648)에 입당하여 이듬해 처음으로 중국의 의관을 착용하였다는 기록이 있어 당식과대금구의 출현 상한을 7세기 중반경으로 보고 있다(『三國史記』 劵5, 眞德王2·3年 條).

보정동 6호에서는 삼각집선문이 확인되었다. 전자는 직구호의 뚜껑으로 후자는 무개고배와 세트로 출토되었다.

표18) 보정동고분군 뚜껑 형태

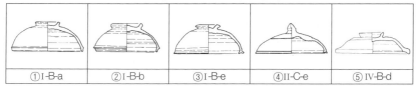

①I-B-a	②I-B-b	③I-B-e	④II-C-e	⑤IV-B-d

①③④ 2-1호 ②6호 ⑤중앙문화재연구원 석실

할미산성에서는 전체 중 개신의 형태를 알 수 있는 것은 28점으로 I형은 11점, II형은 16점, III형은 1점이다. 꼭지의 형태는 A형인 단추형은 1점이 확인되며, B형은 17점, C은 9점이다. 드림부는 a형은 11점, b형은 2점, c형은 8점, d형은 2점, e형은 12점이다.

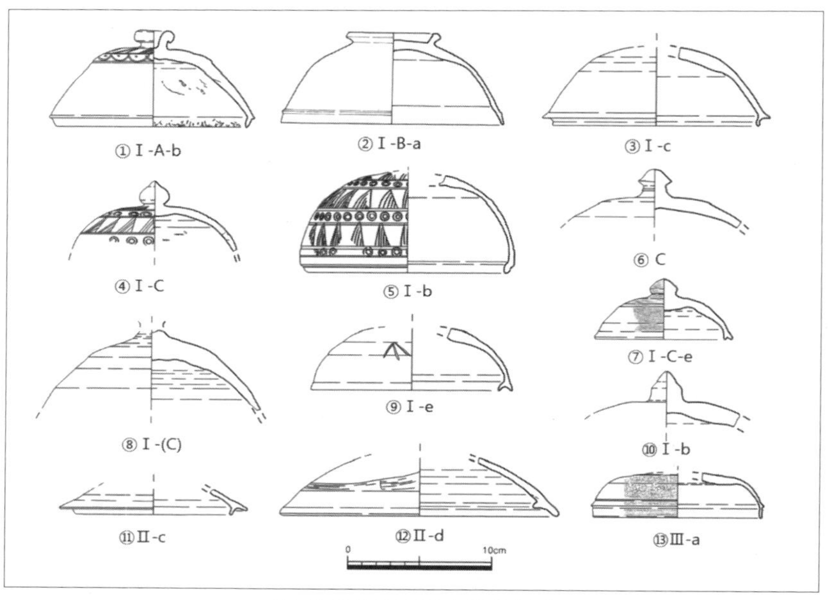

도14) 할미산성 출토 뚜껑 형태

①⑪1차-지표 ②시굴-북A지역 ④1차-3호주거지 ⑤2차-I집수1차 ③⑥⑦⑨⑩⑫⑬2차-I지표 ⑧1차-4호주거지

뚜껑은 주로Ⅰ-A·B-a·b가 조합되며, Ⅱ형은 C와 c·d·e가 결합된 형태가 많다. Ⅲ형은 2차 발굴조사시 지표에서 1점이 꼭지가 유실된 채 수습되어 형태를 알 수 없다.

Ⅰ-A·B-a·b이 조합된 형태의 경우 구경이 12~14cm 정도이며, Ⅱ와 d가 결합된 경우는 17~19cm, e는 주로 편이 많은데 구경이 추정되는 경우 10~12cm 정도로 확인되었다.

표19) 할미산성 뚜껑 시문 문양

삼각집선문+반원점문	삼각집선문+이중원문
	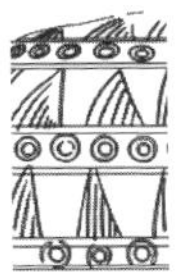

뚜껑에 시문된 문양은 삼각집선문+반원점문, 삼각집선문+이중원문이 있다. 삼각집선문+반원점문은 뚜껑과 인접한 개신 상부에 표현되었으며, 두 줄의 횡선으로 구획한 다음 위에는 삼각집선문을 아래는 반원점문을 두었다. 삼각집선+이중원문은 개신 전면에 시문되었는데 2줄의 횡선을 중심으로 위아래 삼각집선문과 이중원문을 둔 것을 1조로 모두 3조가 개신 전면에 표현되었다. 뚜껑과 개신의 일부가 남은 편에서 삼각집선문과 이중원문이 확인되었다(1차-3호주거지-124). 삼각집선문+이중원문이 있는 뚜껑은 Ⅰ-A-b이며, 삼각집선문+이중원문은 구연이 없는 편에서는 Ⅰ-C, 꼭지없는 편에서 Ⅰ-b로 나타났다. 이로 볼 때 삼각집선+이중원문은 보주형 뚜껑에 반구형의 개신을 갖고 안으로 내경한 구연을 가진 뚜껑일 가능성이 있다.

마북동 취락유적은 반구형은 Ⅰ형만 18점이 출토되었으며 꼭지도 확인되는 것은 모두 B식으로 굽형이다. 드림부는 b식 5점, e식 2점을 제외하고 모두 a식이다. 높이는 모두 4.5cm이상이며 구경은 11~18cm이다.

3) 대부장경호

대부장경호는 대각이 달린 호를 말하며, 여기서는 부가구연대부장경호를 포함한다. 부가구연대부장경호는 6세기 이후부터 등장하며 횡구·횡혈식 고분의 출현과 직접적인 관련이 있는 것으로 보고있다[26].

26) 홍보식,『신라 후기 고분 문화 연구』, 2003, 춘추각.

통일기를 전후로 하여 크기가 작아지고 동체가 편구형화 되면서 경부나 견부에 인화문 베풀어진다. 고분에서 8세기 전까지 발견되는 것으로 보이며, 통일이후가 되면 화장의 유행으로 인해 횡구·횡혈식 고분이 소형화 되거나 소멸되는데 이 때 부가구연대부장경호도 사라지는 것으로 추정된다.[27] 하지만 통일을 전후로 해서 부가구연이 있는 대부병이 새로 등장하며, 부가구연형태는 고려시대 이후까지 병에 남아 지속된다.

그동안 한강유역에서 부가구연대장경호는 파주 성동리 고분군·보정동 고분군·할미산성·여주 상리·매룡리·하거리 방미기골 고분군 등에서 완형이 출토되었다. 이외에도 파편으로는 6세기 중반경 신라가 진출했던 유적, 특히 한강유역에서는 산성과 주거지에서 출토되고 있다. 본고에서 대상으로 한 할미산성, 보정동 고분군, 마북동 취락유적에서도 부가구연대부장경호가 출토되고 적어도 3점 이상씩은 출토되고 있으며 할미산성과 마북동 취락유적에서는 각각 6점, 5점, 보정동고분군에서는 3점이 출토되었다. 그러나 이 중 형태를 알 수 있는 것은 할미산성 1점과 보정동고분군에서 출토된 3점이다. 기존에 한강유역 출토 부가구연대부장경호를 연구한 사례에서 보면 부가구연대부장경호는 크기가 소형화 및 편구화될수록 시기가 늦은 것으로 판단하였다[28].

할미산성의 부가구연대부장경호는 구연이 결실되었으나 잔존 높이가 23.5cm로 전체높이는 25cm이상으로 추정된다. 보정동고분군에서 출토된 부가구연대부장경호는 높이가 22.5cm, 22.2cm, 17.8cm 등으로 할미산성의 것보다는 크기가 작으며 22cm정도 되는 2점은 토지박물관 다-23호에서, 17.8cm는 기전문화재연구원 5호분에서 출토되었다. 최대경과 높이의 차이가 적을수록 편구화된 형태를 띠는데, 할미산성은 최대경이 19cm로 약 6cm 이상 차이가 날 것으로 추정된다. 보정동고분군에서 출토된 것은 22cm정도 높이에 최대경은 17cm였으며, 가장 작은 17.8cm의 최대경은 15cm였다. 이로 볼 때, 편구화의 정도는 보정동고분군 5호〉보정동고분군 다-23호〉할미산성 순으로 볼 수 있다. 따라서 크기가 작고

27) 홍보식, 위의 책, 2003, 67~71쪽.

28) 강진주, 「附加口緣臺附長頸壺를 통해 본 新羅의 漢江流域 進出」『경기도의 고고학』, 주류성, 2007.

편구화가 진행된 것은 보정동고분군이며, 그중에서도 5호분 출토품이 시기적으로 가장 늦을 가능성이 있다.

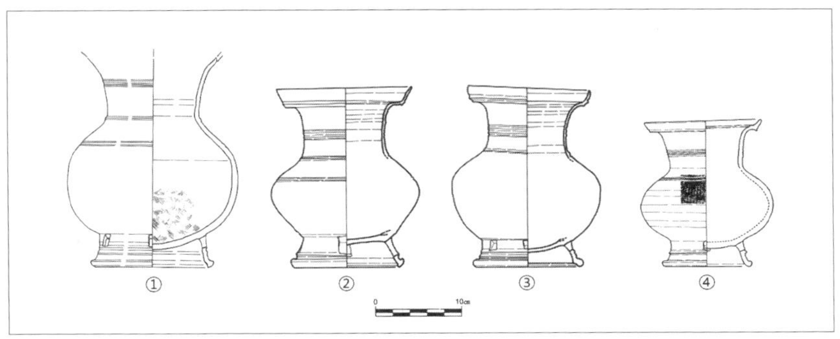

도15) 할미산성과 보정동고분군 출토 부가구연대부장경호
①할미산성 시굴 ②보정동고분군 다-23 ③보정동고분군 5호

IV. 신라의 진출시기와 정착과정

지금까지 용인지역의 신라 북진기의 대표적인 유적인 보정동고분군, 할미산성, 마북동 취락유적의 조사현황과 유물의 출토 양상 그리고 신라토기 후기양식의 표지적 기종인 고배·뚜껑·부가구연대부장호를 분석해보았다.

세 유적은 축조 목적이 뚜렷하고 서로 성격이 다른 유적들이다. 할미산성은 군사적 공간[29], 보정동 고분군은 망자를 위한 공간, 그리고 마북동 취락유적은 생활공간으로써 조성되고 사용된 곳들이다.

여기서 출토된 유물들을 종류별로 살펴본 결과 토기류가 모든 유적에서 단연 가장 많은 수를 차지하고 있었다. 용인 할미산성은 출토 유물 총 866점 중 758점으로 87.5%의 비중을 보이고 보정동 고분군은 총 159점 중 124점으로 78%, 마

29) 할미산성은 최근 3·4차 조사에서 다각형 건물지와 방형 초석 건물지가 발견되어 제의와 관련 시설로써 주목받고 있다. 이에 일각에서 군사적 목적 보다는 제의적 목적이 더 강했다는 주장도 있다.

북동 취락유적에서 신라 주거지로 보고된 유구에서는 총 324점 중 270점으로 83.3%의 비율을 보이고 있다.

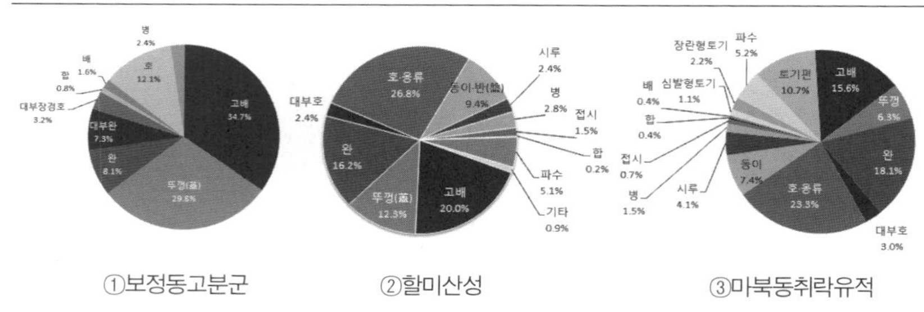

①보정동고분군 ②할미산성 ③마북동취락유적

도16) 유적별 토기 기종 비율

먼저 기종을 보면 보정동 고분군은 9개 기종이 확인되는 반면, 할미산성과 마북동 취락유적에는 각각 10개 기종(파수·기타 제외), 13기종(파수·토기편 제외)이 확인되었다. 보정동 고분군은 다른 유적에서는 동이류가 보이지 않고 할미산성과 마북동 취락 경우 보정동 고분에는 없는 시루와 접시가 있다. 또 마북동 취락유적에서는 백제시기에 사용된 것을 재사용한 것을 추정되는 장란형토기와 심발형토기를 포함하여 기종의 수가 타유적에 비해 늘어났다. 따라서 토기의 기종은 고배, 뚜껑, 호·옹, 완, 대부호, 시루, 병 등 비슷한 기종 양상을 보이고 있는데, 취락유적이 다른 유적에 비해 다양한 기종이 보이고 있다. 기종별 수량에서는 보다 차이가 드러나는데, 보정동 고분군에서는 고배와 뚜껑이 가장 많은 비율을 차지하는 반면에 할미산성과 마북동 취락유적에서는 호·옹류와 완과 고배의 비율이 높은 것을 알 수 있다. 이는 산성과 취락유적의 경우는 실용적 측면에 강했기 때문에 저장 용기인 호·옹류의 수가 많은 것으로 추정된다. 그리고 동이와 시루, 접시 등은 당시 고분에 부장되지 않은 기종으로 판단된다.

보정동 고분군에서 고배와 뚜껑의 수량이 비슷하고 다른 유적에서는 고배의 수가 뚜껑보다 많은 수를 차지하는 것은 고분군에서는 무개고배보다 유개고배가 많고 뚜껑과 세트로 출토되었기 때문이다. 반면, 생활유적에서는 유개고배보다 무개고배가 더 많이 출토되는 경향이 보였다.

완은 할미산성과 마북동 취락유적에서 호·옹류 다음으로 많은 수량이 출토된 것을 알 수 있고 고분에도 부장되기도 하였다. 완은 신라왕경지역보다는 신라가 6세기 이후 북진기에 활용한 유적에서 더욱 많은 수가 나타나고 있다. 완은 나말여초기까지 꾸준히 확인되고 있는데, 점차 크기가 커지고 구연이 직립되는 경향이 나타난다. 한강유역의 신라산성에서 출토된 토기 기종을 분석한 결과, 완은 통일 이전 시기에 사용된 유적에서는 호·옹류와 함께 가장 많은 수를 차지하고 통일기이후 지속적으로 사용된 산성에서는 그 비율이 점차 줄어들고 있다[30]. 북진기 산성과 같이 군사적 성격이 강한 유적에서 완이 비율이 높게 나타는 것은 완이 군사들의 개인용 배식기로 사용되었을 것으로 생각된다. 통일기 이후, 완의 비중이 낮아지는 것은 군사적 목적이 약해져 산성 내 주거한 사람들의 구성과 수가 변했거나 식생활에 변화가 온 것으로 볼 수있다. 반면, 한강유역의 고구려 보루들에서는 접시류가 많은 수를 차지는데, 이는 신라와 고구려의 음식문화가 달랐다는 것을 보여준다. 완에는 액체를 담을 수 있지만, 접시는 액체상의 음식을 담기 어렵다는 것에서 그 차이를 알 수 있다.

토기 다음으로 비중을 차지하는 것은 금속유물로 용인 할미산성은 11%, 보정동 고분군은 16.3%, 마북동 취락유적은 11.7%이다. 가장 다양한 기종을 나타내는 것은 15가지 95점이 출토된 할미산성이다. 할미산성의 철제유물은 무기, 농구, 공구 등 기타를 포함해 15기종 94점이 출토되었으며, 철솥과 같은 용기류, 다양한 무기류 및 공구류, 건축부재류 등은 출토되지 않았다. 한강유역에서 신라가 점유했던 다른 산성들에서는 설봉산성 8종류 31기종 총 182점, 설성산성 8종류 26기종 162점, 이성산성 6종류 13기종 88점, 아차산성 7기종 26기종 88점, 반월산성 10종류 26기종 131점 등[31] 다양한 철제류가 보고되었다. 다른 유적들에 비해 할미산성의 철제류가 다양하지 않은 것은 점유했던 시간과 성격에 차이가 있을 것이다. 한강유역의 다른 산성들이 대부분 백제에서 통일신라기까지 오랜 기간 주체를 달리하며 운용되었기 때문에 그 안에서 신라의 철제유물들을 추정하기 어렵다. 그러나 할미산성의 철제유물들은 신라 북진기라는 한정된 시기를

30) 강진주, 앞의 논문, 2006, 92~94쪽.

31) 송윤정,「통일신라 철제 농·공구의 특성과 발전 양상」, 한신대학교 석사학위 논문, 2006, 14~18쪽.

보여줄 수 있기 때문에 오히려 가치가 클 수 있다.

할미산성에서 특징적인 것은 우경구를 비롯한 농구가 출토된다는 것이다. 농구로는 철겸, 보습, 괭이, 철서 등이 있다. 보습은 잔존하는 편으로 추정하였는데, 보습은 출토 예가 적어 그 의의가 크다고 할 수 있다. 이천 설봉산성, 이천 설성산성, 서울 아차산성, 안성 망이산성, 양주 대모산성 등에서 우경구가 확인되었지만 모두 통일신라시대로 추정되고 있다[32]. 그러나 할미산성이 북진기에 주로 사용된 유적이기 때문에 통일신라시대 보다 더 소급될 가능성이 있다. 신라의 철제 농구들은 6세기 이전까지만 해도 분묘에 부장되는 경향이 많았다. 농구 또한 당시에는 위세품으로써 의미가 있었기 때문으로 해석된다. 그러나 6세기 이후가 되면 지증왕 3년(502)년에 "始用牛耕"에서 드러나듯이 우경과 함께 철제 농기구가 저변에 확대 보급 되었던 것으로 여겨진다[33]. 6세기는 신라에 있어서는 큰 변혁기에 해당되는 시기로 분묘가 석실분으로 변화하고 부장된 유물의 변화 등 또한 분명하게 드러나는 때이다.

보정동 고분군에서는 철겸, 도자, 철부 등이 소량 출토되는데, 이는 할미산성의 출토량 보다도 적은 량에 해당된다. 석실분이 등장하기 이전에 철제 무기와 농구가 다량 부장되는 것과는 전혀 다른 현상이다. 관정이 출토된 것은 통일기가 되면 석실 내에 관을 사용하는데, 관정은 관을 고정하기 위해 사용된 것으로 시기적인 차를 나타내고 있다. 과대 금구 또한 앞서 언급했듯이 그 상한은 7세기 중반기에 두고 있기 때문에 한강유역에서는 대부분 8세기를 전후한 시기부터 고분에 부장이 되고 있다. 그러나 보정동 고분군의 경우 인화문 토기가 부재되어 있고 무문화 경향이 나타나는 것으로 보아 9세기 이후로 보아도 무방할 것이다.

마북동 취락유적에서는 철도자, 철촉, 철겸 등이 출토되고 농구는 출토되지 않고 있다. 정착을 위해서는 생산력이 기반이 되어야 하는데, 생산력 증가를 위한 도구가 부재된 것이다. 오히려 농구가 출토되어야 한다면 산성보다는 취락이어야 할 것이다. 이는 마북동 일대가 모두 발굴 조사가 이루어진 것이 아니기 때문

---

32) 송윤정은 통일신라시대 철제 농공구 연구를 진행하면서 이들 유적에서 출토되는 유물들을 통일신라시대로 분류하였다(송윤정, 위의 논문, 2006).

33) 이하나, 「4~6세기 신라 철제농구의 변천과 확산」, 경북대학교 석사학위논문, 2011, 95쪽.

에 판단을 하기 어렵지만, 당시 한강유역은 전시 상황이었기 때문에 불안한 상황 속에서 안정된 농사를 지을 수 있는 여건이 아니었을 수도 있고 철제류는 전쟁을 수행하기 위한 무기류에 집중되었을 가능성도 있다. 또한 철제 농구는 당시 누구나 소유하는 것이 아니라 어느 특정 집단 혹은 장소에 함께 보관 및 관리되었을 수도 있다[34]. 할미산성에서 우경구를 비롯한 철제류들은 또한 장기간 사람들이 거주를 했다면 농구로써 기능했을 가능성도 있다. 소량만이 발견된 이유는 철제류 자체가 높은 경제적 가치를 가진 물품인데다 파손되었다 할지라도 재사용이 가능하기 때문에 이주시 함께 이동되었을 수도 있다. 그러나 실제 사용한 것이 아닌 제의에 사용되었을 가능성도 배제할 수 없다. 철제의 매납의도는 단순한 저장보다는 제의와 퇴장의 측면으로 이해가 되는 측면이 있기 때문이다[35].

앞서 3장에서는 기종의 구성과 함께 가장 많은 수를 차지하는 토기 기종 중 고배·뚜껑·부가구연대부장경호의 세부적인 분류를 시도해 보았다. 이는 이 기종들이 비교적 시기를 민감하게 반영하고 있고 그동안 부장용토기로써 분류되어 고분유적에서만 다뤄져 왔으나 산성과 취락에서도 함께 출토되고 있어 제의용으로 사용된 것으로 이해되고 있다. 나머지 저장과 운반용기로 실생활에 주로 사용되는 호·옹, 동이, 시루 등은 형태와 속성의 변화가 둔감하기 때문에 주체와 시기를 추정하는데 한계가 있다. 특히 마북동 취락은 백제 주거지와 중복되어 있어 출토된 타날문 토기의 경우 구별이 쉽지 않아 신라토기로 분류하면 논란이 있을 수 있어 분류에서 제외되었다.

먼저, 고배는 할미산성이 출토량이 가장 많았으나 유개고배의 경우는 보정동 고분군이 35점으로 가장 많았다. 물론 완형으로 확인되는 양이 고분이 많기도 하지만, 취락과 산성에서 구연부편으로만 수습된 것에도 유개고배보다는 무개

---

34) 이는 시기는 다르지만, 인근의 나말여초기로 편년되는 언남리 유적에서도 확인된다. 언남리 유적에서는 300여점의 철제 농구가 집중되어 출토되었는데, 특히 우경구가 25점에 달하한다. 이는 단일 유적 출토품으로 유례가 없을 만큼 압도적 수치이다. 당시도 철제 농구는 아무나 소유한 것이 아닌 것으로 판단되었으며 철제 농구가 출토된 지역이 모두 지방행정 관할지인 치소 및 군진의 소재와 일치하고 있다. 때문에 우경구의 제작과 보급은 국가의 통제하에 이루어지고 지방에서는 치소를 통해 관리 보급되었던 것으로 추정된다(李南珪 외, 앞의 보고서, 한신大學校博物館, 2007, 349~353쪽).

35) 李南珪 외, 앞의 보고서, 한신大學校博物館, 2007, 296쪽.

고배의 비율이 크다. 대각의 높이로 볼 때, 보정동 고분군에서는 배신과 대각의 비율이 같은 I형은 없고 대부분 II·III형이 다수를 점하고 특히 굽과 같이 짧은 형태는 고분군에서만 출토되고 있다. I형에 해당되는 것은 할미산성에서 찾아지는데, II형이라 할지라도 I형에 가까울 정도로 대각이 높은 편으로 이는 시기적 차이를 반영하는 것일 수 있다. 또 마북동에서 출토된 유개고배의 특징은 보정동 고분군과 할미산성의 유개고배의 구경이 10cm내외인 반면에 마북동 취락유적의 유개고배의 구경은 10~16cm로 큰 편이다. 또 구경이 10cm정도인 구연은 B식이고 11cm이상에서는 C식이 나타나고 있어 형태적 차이 또한 관찰된다. 무개 고배는 보정동 고분군에서는 6점만 출토되고 할미산성과 마북동 취락유적에서는 유개고배보다 많은 양을 차지하고 있다. 전체적으로 무개고배의 양은 할미산성이 가장 많으며, 구경이 13cm이상 되는 것도 할미산성에서 가장 많이 찾아진다. 대개 무개고배는 구경이 10~15cm 나타는데, 구경이 13cm 이상 커질수록 대각이 낮아지는 경향이 보인다. 이와 같이 부장용과 일반 취락에서 사용되는 고배의 크기와 형태적 차이가 있다는 것은 용도나 제의 형식에 따라 다르게 제작·보급되었을 가능성을 보여준다.

뚜껑은 보정동 고분군에서는 고배의 수량과 유사하게 출토되었는데, 이는 고배와 함께 세트로 부장되었기 때문이다. 총 37점으로 반구형의 개신에 'ㅏ'자형 구연을 가진 a, b형이 다수를 이루고 있다. 문양은 II-C-e의 소형 뚜껑에서 확인되는데 삼각집선문과 반원점문 등 후기양식의 전형적인 형태를 보여주고 있다. IV형는 5점으로 모두 B-d 형태로 IV-B-d는 마지막 단계에 추가장 되거나 통일신라기 석실묘에 부장되었다. IV형은 통일기 양식에서 대부완과 함께 합을 이루어 출토되는데, 8세기에는 인화문이 시문되는게 일반적이다. 그러나 보정동 고분군에서 출토되는 IV형은 인화문이 시문되지 않아 9세기 이후 무문화되어 경향을 반영한 것으로 판단된다. 이에 따라, 보정동 고분군은 7세기 중반이후 9세기 이전까지 공백기가 존재하는 것으로 추정된다.

할미산성은 IV형은 제외한 형태가 모두 나타나며 I-A·B-a·b이 조합된 형태의 경우 구경이 12~14cm 정도이며, II와 d가 결합된 경우는 17~19cm, e는 주로 편이 많은데 구경이 추정되는 경우 10~12cm 정도로 관찰되었다. 문양은 삼각집선문+반원점문, 삼각집선문+이중원문이 있는데, 이 문양들은 반구형에 안으로 내경한 드림부를 가진 I-b에서 확인된다. 삼각집선문과 조합된 문양과 밀집파상문 등은 인화문 토기 출현 이전 시기의 문양이다[36].

보정동 고분군에서 구경이 11~13cm로 나타난 것과 비교하면 할미산성과 마북동 취락 유적의 구경이 큰 것이 특징이다. 대신 e형이 결합될 경우 할미산성과 마북동 취락유적 모두 10~12cm로 나타나고 있어 크기에 따라 형태적 변화가 있는 것을 알 수 있다. 그리고 d가 결합될 경우 구경이 대부분 16cm이상으로 동체의 형태가 반구형이 아닌 II·IV형으로 기고가 낮아지고 구경이 넓어지는 경향이 나타났다. 보정동 고분군에서 d형은 IV형과 결합되어 통일기 양식의 형태를 보이고 있다.

부가구연대부장경호는 6세기부터 등장하는 기종으로써 편년을 살피는데 중요한 표지적 유물로 작용된다. 이 기종은 통일기가 되면 인화문이 시문되고 동체가 주판알과 같은 형태로 편구화되어 부가구연대부장경병으로 변화된다. 때문에 한강유역의 부가구연대부장경호가 존속된 기간은 6세기 중엽부터 7세기 중엽경까지로 볼 수 있다[37]. 할미산성에서 출토된 부가구연대부장경호는 구연은 결실되었으나 잔존하는 높이가 25cm이상이고 동체가 편구화되지 않아 상대적으로 빠른 시기로 판단된다. 보정동 고분군의 다-23호에서 출토된 2점과 5호분에서 출토품은 편구화가 진행된 것으로 보인다. 특히 이중 5호분에서 출토품이 시기적으로 볼 때 용인지역의 다른 부가구연대부장경호 중 비교적 늦다고 할 수 있다. 또한, 구연의 형태 또한 편구화진행된 것은 구연이 길이가 짧게 조성되는 경향이 보인다. 마북동 취락유적에서는 완형이 없고 구연만 5점이 확인되었는데, 55호 주거지 출토품을 제외하고 구연의 길이가 긴 것으로 보아 대부분 상대적으로 시기가 빠를 가능성이 높다.

이처럼, 출토된 유물의 검토로 세 유적의 조성 시기는 비슷하지만 세부적으로 보면 약간의 차이가 존재하는 것으로 추정된다. 이러한 시기 차이 혹은 집단의

36) 박성남, 「서울·경기지역 성곽 및 고분 출토 신라 인화문토기 연구」, 경북대학교 석사학위논문, 2009, 51쪽.

37) 강진주, 앞의 논문, 『경기도의 고고학』, 주류성, 2007, 648쪽.

차이는 부호가 세겨진 토기에서도 알 수 있다.

할미산성과 마북동 취락에서는 토기 표면에 부호가 나타나기도 하는데, 뚜껑의 동체, 고배의 배신, 완의 동체, 호와 동이의 동체 상부, 접시 바닥 등에서 확인되었다. 부호는 '□', '×', '∨', '▽', '○' 등이 있다. 이러한 부호가 어떠한 의미를 나타낸 것인지는 아직까지 명확히 밝혀진 바가 없다. 지역과 시기를 달리하는 유적에서도 지속적으로 확인되고 있으며 고구려나 백제 토기에서도 부호가 있기 때문이다. 이들 부호는 토기의 생산시스템 즉, 생산지역 혹은 가마의 위치 혹은 제작자, 사용 집단, 용도, 벽사적인 의미 등으로 볼 수 있으나 이는 아직까지 추정일 뿐이므로 더 많은 출토 사례와 연구성과를 기대해야 할 것 같다. 그러나 특징적인 것은 보정동 고분군에서 이러한 부호가 새겨진 토기 출토되지 않았다는 것이다. 이러한 부호가 어떠한 의미인지는 모르겠으나 보정동 고분군에서만 보이지 않는 다는 것은 조성 집단 혹은 토기를 수급받은 지역과 시기가 다를 가능성을 추정해볼 수 있다.

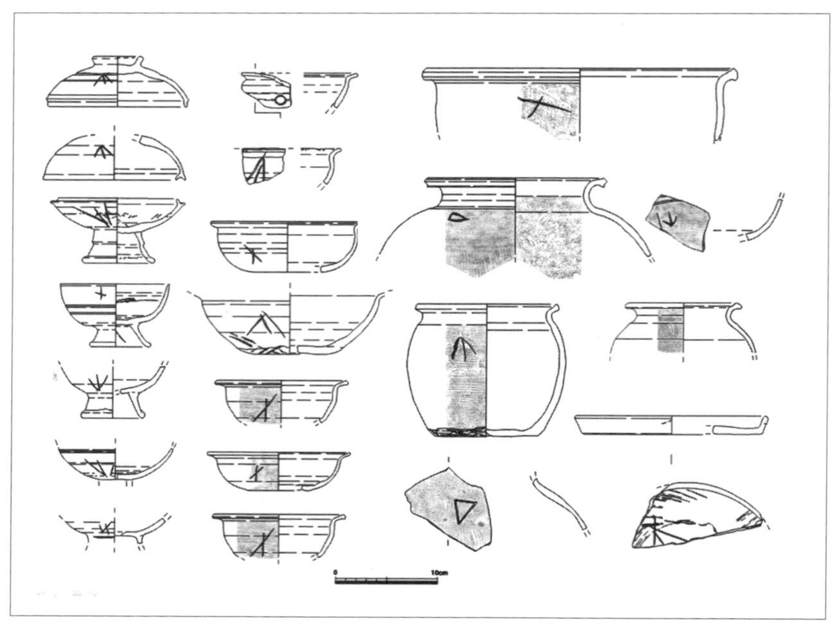

도 17) 부호가 새겨진 할미산성 출토 토기류

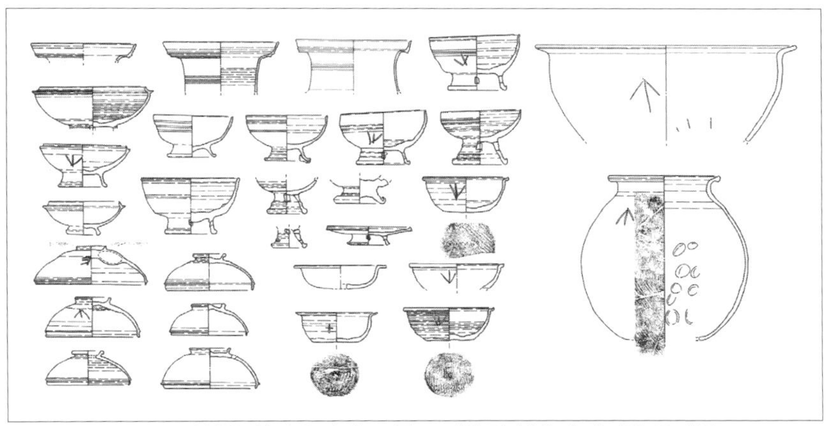

도 18) 마북동 취락 유적 출토 주요 기종 및 부호가 새겨진 토기류

보정동 고분의 보고자는 토기의 정면방법과 소성기술를 통해 영남지방 토기와 유사한 양질 소성의 토기와 소성상태가 불량한 토기로 두 그룹으로 나누었다. 그리고 기술적 차이가 나는 재지 장인의 생산품을 가능성을 제시하였다[38]. 이후, 홍보식은 두 개의 그룹으로 상정하되 기술체계와 공인집단의 차이를 반영하는 것으로 이입품과 재지품, 두 가지가 존재한다고 보았다. 시기적으로 빠를수록 이입품이 1:1로 많고 7세기로 초반으로 갈수록 재지생산품이 많아지다 점차 재지품으로 대체된다고 보았다. 이는 기술의 재지화를 설명하는 새로운 정복지역에서의 신라문화의 수용 및 정착과정을 나타내는 것으로 이해하였다[39]. 이러한 기술의 재지화를 입증하기 위해서는 한강유역에서 같은 시기 많은 토기를 제작했던 가마의 존재가 해결되어야 하는데, 현재까지 한강유역에서 6~7세기에 해당되는 신라가마는 보고된 바가 없다. 한강유역의 신라가마는 대부분 나말여초기에 해당되는 것으로 그나마 규모가 큰 것은 용인 성복동 통일신라 요지[40]이다. 때문에 이 시기의 가마의 부재는 재지화를 설명하는데 있어 가장 큰 난제로

38) 畿甸文化財硏究院, 앞의 보고서, 2005, 331~332쪽.

39) 홍보식, 「신라토기의 한강유역 정착과정에 대한 試論-용인 보정리 소실분묘군 출토품을 중심으로」 『畿甸考古』 5, 기전문화재연구원, 2005.

40) 權五榮 외, 앞의 보고서, 한신大學校博物館, 2004.

작용하고 있다. 이외 사당동 통일신라요지는 8세기대에 인화문이 가장 극성기를 달하는 토기를 생산한 가마로 수 천점의 달하는 유물이 수습되었다[41]고는 하나 보고서가 발간되지 않아 자세한 상황을 알 수 없다. 여하튼 한강유역에서 현재까지 가장 빠른 신라요지는 8세기대의 사당동 요지이고, 같은 시기의 가마 또한 다른 곳에서는 확인된 바가 없다. 때문에 현재 고고학적 조사 상황에서의 재지화는 통일양식 토기가 생산되는 시기부터이다.

그러나 유적이 발견되지 않았다고 해서 재지화에 대한 반대 의견을 말하고자 하는 것은 아니다. 다만, 보정동 고분군이 재지화된 토기가 부장되었다면, 553년이 아닌 좀 더 지난 '이후'라는 것이다. 기술을 습득하기 위해서는 적어도 한 세대 정도가 지나야 가능할 것으로 여겨지는데, 이 소요시간은 대략 20년 전후로 봐야 할 것이다. 그리고 당시의 석실분은 추가장이 행해진 장법으로 추가장이 가능한 대상은 가족관계였을 것이다. 가족관계로 추가장을 행한 기간은 인화문이 출토되지 않는 것으로 보아 100년 정도이다. 통일기에 고분의 축조나 추가장이 없는 것은 아니지만 그 예가 적기 때문에 활발한 양상을 보이지는 않다. 이는 새로운 장법인 화장 유행의 영향 혹은 마북동와 할미산성도 유적이 존속되지 않는 것으로 보아 통일기 이후 다른 지역으로 이주했을 가능성도 있다.

처음 이곳에 사민되었던 집단에 대해서는 금관가야계로 추정되고 있다. 이는 553년 한강유역 진출 이후 신주를 설치하고 금관가야의 후손인 김무력을 군주로 임명하였다는 기록 때문이다. 이 기록과 부합되어 당시 한강본류역에 축조된 고분군이 횡혈식 석실을 주묘제로 하는 경주와 백제지역과는 달리 횡구식석실이라는 점, 석실의 구조와 유물양상에서 백제적 요소를 간취하기 어렵다는 점, 석실구조상 영남서남부지역과 연결되는 점 등을 들어 이 지역으로 사민된 집단을 가야계로 보고 있다.[42]

이는 마북동 취락 유적에서도 드러나는데, 신라주거지는 백제인들의 주거지를 파괴하고 새롭게 조성하는데서 새로운 이주 집단을 설명할 수 있다. 고대시

---

41) 金元龍·郭承勳,「서울 舍堂同窯址의 新羅土器」『大邱史學』7·8합집, 大邱史學會, 1973 ; 金元龍·李種宣,「舍堂同 新羅土器窯址 調査 略報」『文化財』11, 國立文化財研究所, 1977.

42) 김진영,「한강유역 신라 석실묘의 구조와 성격」『先史와 古代』27, 2008, 韓國古代學會.

기 이 유적을 최종적으로 형성한 사람들은 신라인들이었다. 신라 유물이 출토되고 신라인들이 거주한 곳에 백제 토기가 출토되었다는 것은 신라인이 이전 시기의 백제 토기를 재사용한 것일 수 있고, 아니면 원주민이있던 백제인들이 새로운 양식인 신라토기를 사용했을 수도 있다. 그러나 마북동 취락 유적의 경우는 전자일 가능성이 높다. 이는 백제주거지를 파괴하고 신라주거지를 새롭게 조성한 데서 알 수 있다. 다시 말해, 원주민이 백제인들이었다면 신라의 물품을 자신들의 주거지에 그대로 받아들여 사용했을 것이다. 또 신라가 이곳을 잠시 영유할 생각이었다면 새롭게 주거지를 조성하지 않았을 것이다. 지속적인 삶의 터전으로 생각했기 때문에 자신들이 영위했던 방식대로 주거지를 조성하고 그 안에 익숙한 물품들을 구비해서 살았을 것이다.

그렇다면, 왜 백제 주거지가 밀집되었던 곳을 선택했을까? 추측하자면 신라가 빠르게 영역화를 위한 방법은 기존에 마을의 기반시설이 갖춰진 곳에 자리를 잡는 것이 가장 경제적이었을 것이다. 때문에 한성 백제인들의 집단 거주지역었던 마북동 일대를 선택할 수밖에 없었을 것이다. 하지만, 이 지역 일대를 선택한 신라는 1세기를 넘지 못하고 다른 곳으로 이주할 것으로 추정된다. 이는 마북동 취락유적에서는 통일기 양식 토기가 출토되지 않고 있기 때문이다. 7세기 이후의 인근의 신라 취락은 언남동와 서천동 일대에서 확인이 되고 있다. 다만, 이 유적들에서 출토되는 유물은 흔히 나말여초라고 말하는 9~10세기 전후한 시기이다.

할미산성은 처음 시굴조사에서 순수 신라성으로 보고되었을 때, 기존의 신라의 북진로에서 떨어져 있어 그 기능에 대해 남천정을 보조하는 기능으로 보고 주의 치소가 북한산주로 옮겨가면서 그 효용성이 낮아져 기능이 쇠락한 것으로 이해되었다[43]. 또한, 부가구연대부장경호가 산성내 가장 높은 지대인 평탄지에서 직치된 채로 출토되어 주목받았다. 이 기종이 고분에 주로 부장된다는 점, 출토된 곳이 산성에서 가장 높은 지대라는 점, 구연부 훼기습속이 있는 점 등을 보아 제의와 관련된 유물로 판단되었다. 설봉산성에서도 제의 유구로 추정되는 칼바위 주변에서 출토된 사례가 있어 당시 상황으로 볼 때 승리를 염원하는 제의가

43) 강진주, 앞의 논문, 2007, 670쪽.

이루어졌을 것으로 추정하였다[44]. 이러한 할미산성의 제의적 기능은 3차 발굴조사에서 일명 공유벽이라 불렸던 축대시설 북쪽으로 다각형 건물지 2동과 방형 초석 건물지 2동이 발견되면서 더욱 가시화되었다. 그러나 제의적 기능이 강했다 해서 전시 상황임을 가만할 때 군사적 기능을 무시할 수 없다. 할미산성은 추풍령을 넘어 청원-청주-진천-안성-화성-용인-서울가는 길과 충주-장호원-이천-서울로 가는 계립령로에서 동-서로 가는 길목에 위치해 있다. 할미산성을 지나면 당항진으로 가는 서해로 갈 수 있는 요충지였다. 또한, 할미산성은 오산천과 탄천 그리고 진위천의 상류에 해당하고 있어 하천로 또한 이용할 수 있었다. 당시 신라는 대중교통로에 대한 큰 열망이 있었기 때문에 남북으로 고구려·백제와 대치하고 있는 상황에서 대중국 출항지를 확보하기 위해서는 할미산성의 중요성이 컸다[45]. 이러한 할미산성 또한 출토되는 유물양상을 보아 7세기를 지나면서 효용성이 낮아져 결국 폐성된다. 영동고속도로를 사이에 두고 남북으로 마주보고 있는 석성산성에서 통일기 기와가 다량 확인되어 할미산성의 일부 기능이 석성산을 옮겨간 것으로 이해되고 있는데, 석성산성 내에 군부대가 위치해 있어 정밀 조사가 이루어지지 않은 상태로 추정만 할 뿐이다.

이처럼, 용인지역의 보정동 고분군, 마북동 취락 유적, 할미산성은 신라에 의해 비슷한 시기에 조성되었다가 쇠락한다. 이 유적들이 사용된 기간은 100년 남짓한 기간으로 비교적 짧은 기간에 해당된다. 그리고 용인지역이 활성화 되는 시기는 9세기 경으로 신라 하대의 지방세력과 관계있는 것으로 추정된다. 북진기이후부터 9세기 경까지의 공백기를 메울 수 있는 유적과 유물이 출토되지 않는 한 이 시기에 왜 신라가 용인지역에 집중하지 않았는지에 대한 설득할 만한 논지가 있어야할 것으로 판단된다.

그러나 통일기 이후의 공백은 비단 용인지역에만 한정된 것은 아니다. 중원소경이 설치되어 부도로써의 성격까지 추정되고 있는 충주의 중앙탑면일대도 마

44) 강진주, 위의 논문, 2007, 672쪽.

45) 서영일, 「신라 북진기 한강유역과 용인 할미산성」 『용인할미산성 발굴조사 성과와 보존활용 방안 학술심포지움』, 한국문화유산연구원, 2015 ; 장창은, 「眞興王代 新羅의 北方進出과 對高句麗 領域向方」 『신라사학보』 24, 신라사학회, 2012.

찬가지이다. 이 일대는 루암리 고분군과 하구암리 고분군 그리고 탑평리 유적, 장미산성 등이 위치해 있어 국원경, 국원소경, 중원경의 치소가 있던 도시유적으로 추정되고 있다. 그러나 이 지역 역시 통일기 유물이 부재되어 통일기에는 현재 충주의 시가지 형성되어 있는 동편으로 확장해 간 것으로 이야기되기도 한다.[46)]

V. 맺음말

신라는 553년 백제로부터 한강유역을 탈취하는데 성공한 뒤, 빠르게 영역화를 시작한다. 신라는 북진을 하면서 처음 시작하는 것이 산성의 축조이다. 용인지역에도 할미산성을 축조하면서 영역화의 첫발을 내딛었는데, 할미산성에서 출토되는 높은 대각은 가진 고배 그리고 편구화되지 않은 부가구연대부장경호 등은 같은 시기로 판단되는 보정동 고분군의 유물보다는 빠른 것으로 판단된다. 그리고 산성과 주거지의 고배와 뚜껑은 고분군에 부장된 것보다 비교적 크기가 크고 유개 고배보다는 무개 고배의 비율이 많아 용도나 제의 형식에 따라 다르게 제작·보급되었을 가능성이 있다. 또한 같은 부호가 새겨진 토기편이 할미산성과 마북동 취락유적에서 동일하게 확인되는 반면에 보정동 고분군에서는 출토되지 않고 있다. 부호의 의미와 목적은 파악하기 어려우나 보정동 고분군은 조성 집단 혹은 토기를 수급받은 지역과 시기가 할미산성·마북동 취락유적과는 다를 수 있다. 따라서 할미산성과 마북동 취락 유적은 동시기에 같은 집단에 의해 형성되고 보정동 고분군은 두 유적보다는 늦은 시기에 조성되었을 것으로 판단된다.

또한 보정동 고분군은 주로 영남서남부지역과의 유사성을 들어 가야계 집단으로 추정되었는데, 이는 당시 신라가 한강유역으로 진출하는데 큰 역할을 담당한 김무력과의 관계 속에서 같이 해석되고 있다. 그러나 용인지역의 사민된 집단이 금관가야계로 단정하는 것은 아니며, 기존 세력의 흡수와 다양한 세력의 이주 가능성 또한 있다고 여겨진다. 이에 대한 세밀한 고찰은 추후 다시 다루도록 하겠다. 다만, 확실한 것은 마북동 취락유적이 기존의 백제 주거지 위에 새롭게 조성되므로 새로운 집단의 이주를 상정해 볼 수 있

46) 강진주,「삼국의 충주지역 진출과 지배」『高句麗와 中原文化』, 주류성, 2014, 514~517쪽.

다. 할미산성은 신라가 북진한 6세기 중반 무렵 남북으로 고구려·백제와 대치하고 있는 상황 속에서 대중국항구인 당항성으로 향하는 길을 지킬 수 있는 길목에 위치하였다. 이 유적에서는 다각건물지와 방형건물지 등이 발견되어 내륙 교통로상 중요한 위치를 차지함과 동시에 제의적 기능도 함께 수행한 것으로 보인다. 그러나, 통일이후 그 기능이 약해지면서 폐성되는데 이는 보정동 고분군, 마북동 취락유적의 상황도 마찬가지였다. 용인지역에 다시금 활기를 띠는 시기는 9세기 이후로 취락, 요지, 사지 등 다양한 유적들이 확인되고 있다.

신라가 진출한 지역은 산성과 고분이 같이 조성되는 특징이 있는데, 거기에 주거지까지 확인된 사례는 드문 편이다. 이렇게 북진기에 서로 다른 성격의 유적이 세트로 확인된 곳은 한강유역에서 용인 지역외에 충주 중앙탑면 일대, 파주 성동리 일대가 있다. 앞으로 이들 지역이 본고에 다뤄진 용인 지역 함께 비교검토가 이루어진다면, 사료가 전해주지 못하는 생생한 역사가 보다 상세히 복원 될 수 있을 것으로 기대한다.

〈참고문헌〉

1. 사료

『三國史記』, 『增補文獻備考』.

2. 보고서

京畿文化財硏究院
2009 『龍仁 麻北洞 聚落遺蹟』.

權五榮 외
2004 『龍仁 星福洞 統一新羅窯址』, 한신大學校博物館.

畿甸文化財硏究院
2002 『삼막곡-연구원간 도로건설사업 문화재 지표조사 보고서』.
2005a 『龍仁 麻北里 百濟 土壙墓』.
2005b 『龍仁 寶亭里 소실遺蹟』.

기호문화재연구원
2015 『龍仁 麻北洞 502-33番地遺蹟』.

金秉模 외
1986 『京畿道百濟文化遺蹟』, 漢陽大學校.

李南珪 외
2007 『龍仁 彦南里』, 한신大學校博物館.

白種伍 외
2005 『龍仁 할미산성』, 京畿道博物館.

서경문화재연구원
2014 『용인 보정동 988-1번지 일원 유적』.
2015 『용인 마북동 경작유적』.

中央文化財硏究院
2011 『龍仁 寶亭洞 442-1 遺蹟』.

崔夢龍 외
1996 『龍仁市의 文化遺蹟』, 서울大學校博物館.

하문식 외
2002 『용인 수지빌라트 신축공사부지 문화유적 지표조사 보고서』, 세종대학교박물관.

한국고고환경연구소
2009 『용인 마북동 유적』.

한국문화유산연구원
2011 『용인 마북동 422번지 유적』.

2015 『용인 마북동 502-35번지 유적』.
2014 『龍仁 할미산성 II』.
2015a 『龍仁 할미산성III』.
2015a 「용인 할미산성 3차 발굴조사 학술자문회의 자료」.
2015b 「용인 할미산성 3차 발굴조사 제2차 학술자문회의 자료」.
2015c 「용인 할미산성 3·4차 발굴조사 학술자문회의 자료」.

한국토지공사토지박물관
2003 『용인시의 역사와 문화유적』.
2004 『용인 보정리 고분군 발굴조사 보고』.

한양대학교 문화재연구소
2007 『경기도 용인시 기흥구 보정동 901-3번지 신축부지내 문화재 발굴조사 간략보고서』.

3. 단행본

徐榮一 1999 『新羅 陸上 交通路 硏究』, 학연문화사.
황보경 2009 『신라문화연구』, 주류성.
洪潽植 2003 『新羅 後期 古墳文化 硏究』, 春秋閣.

4. 논문

강진주 2007 「附加口緣臺附長頸壺를 통해 본 新羅의 漢江流域 進出」『경기도의 고고학』, 주류성.
2014 「삼국의 충주지역 진출과 지배」『高句麗와 中原文化』, 주류성.
2015 「용인 할미산성 출토 유물의 검토」『용인 할미산성 발굴조사 성과와 보존활용 방안』, 한국문화유산연구원.

金元龍·郭承勳
1973 「서울 舍堂洞窯址의 新羅土器」『大邱史學』7·8합집, 大邱史學會.

金元龍·李種宣
1977 「舍堂同 新羅土器窯址 調査 略報」『文化財』11, 國立文化財硏究所.

김진영 2008 「한강유역 신라 석실묘의 구조와 성격」『先史와 古代』27, 韓國古代學會.
朴成南 2009 「서울·京畿地域城郭및 古墳出土新羅印花文土器硏究」, 경북대학교 석사학위논문.

백종오·오강석
2005 「용인할미산성의 축성방법과 시기」『한국성곽학회 2005년 추계학술대회』, 한국성곽학회.

백종오 2006 「신라 북진기 할미산성의 고고학적 검토」『新羅史學報』6, 新羅史學會.

2010 「할미산성의 고고학적 검토」『용인의 할미산과 할미산성』, 용인향토문화연구회.

서영일 2010 「산성 분포로 본 신라의 한강유역 방어체계」『고고학』9-1, 중부고고학회.

2015 「신라 북진기 한강유역과 용인 할미산성」『용인할미산성 발굴조사 성과와 보존활용방안 학술심포지움』, 한국문화유산연구원.

송윤정 2006 「통일신라 철제 농·공구의 특성과 발전 양상」, 한신대학교 석사학위 논문.

이하나 2011 「4~6세기 신라 철제농구의 변천과 확산」, 경북대학교 석사학위논문.

장창은 2012 「眞興王代 新羅의 北方進出과 對高句麗 領域向方」『新羅史學報』24, 新羅史學會.

황보경 2008 「한강유역 신라 성곽의 특징과 성격」『한민족연구』6, 한민족학회.

2011 「고고자료로 본 용인지역 신라문화의 변천과정」『韓國古代史探究』8, 한국고대사탐구학회.

2011a 「서울·경기지역 신라 주거지와 건물지 고찰」『先史와 古代』35, 한국고대학회.

2011b 「중부지방 신라 유적의 연구 및 조사현황과 성격 고찰 : 서울·경기·강원지역을 중심으로」『文化史學』36, 한국문화사학회.

홍보식 2005 「신라토기의 한강유역 정착과정에 대한 試論-용인 보정리 소실분묘군 출토품을 중심으로」『畿甸考古』5, 기전문화재연구원.

화성 청계리유적의 통일신라시대 토기 생산유적 검토

이 민정 (서해문화재연구원 연구원)

I. 서론

화성 청계리 유적은 경기도 화성시 청계리에 위치하고 있으며, 2006년부터 2011년까지 총 5년여에 걸쳐 한백문화재연구원에 의해 발굴조사가 진행되었다. 조사결과 원삼국~백제시대 생활유적 및 생산유적에서부터 고구려 석실묘, 통일신라시대 취락 및 생산유적, 고려시대 기와가마, 조선시대 주거지에 이르기까지 다양한 시기의 유구와 유물이 확인되었다. 이 중 본고의 연구대상이 되는 통일신라시대 토기 생산유적은 나지구 A지점 1구역, 나지구 A지점 2구역, 나지구 B지점, 마지구 D지점에서 확인되었다.

특히 나지구 A지점 1구역에서는 토기 생산과 관련된 여러 시설이 밀집되어 조사되었다. 나지구 A지점 1구역에서 확인된 토기 생산시설1)은 가마 7기, 공방지 4기, 건조장 4기, 폐기장 9기, 저장시설 4기, 주거지 4기, 공동생활시설 2기 등이다. 나지구 A지점 1구역의 토기 생산시설은 각각의 시설이 성격에 따라 유기적

1) 기존에 생산유적이라 하면 대부분 가마만을 지칭했다. 그러나 가마는 제작공정 중 소성 단계에서 이용되는 것으로 가마 이외의 시설에 대한 연구는 매우 미진한 편이다. 이로 인해 가마 주변에서 생산과 관련된 유구가 조사되어도 실체를 정확하게 파악하지 못하는 경우가 대부분이다. 본고에서는 가마 뿐 만 아니라 공방지·건조장·주거시설·공동생활시설·저장시설·집수시설·폐기장 등을 통칭하여 생산시설이라 하고 이를 종합적으로 분석·검토하고자 한다.

으로 밀집 배치되어 있어 통일신라시대 토기 생산시설의 구조 및 성격을 파악하는데 매우 중요한 자료로 판단된다. 따라서 본 논문에서는 청계리 유적에서 조사된 유구 가운데 통일신라시기의 토기 생산시설을 중심으로 검토하고자 한다.

II. 입지 및 배치양상

1. 입지

가마를 비롯한 생산 관련시설이 입지하기 위해서는 원활한 운영을 위한 몇 가지 조건이 필요하다. 먼저 생산에 1차적으로 필요한 물과 점토·연료 등의 생산 재료가 풍부해야 하는데, 양질의 점토 채취가 용이해야 하고 풍부한 연료림이 존재해야 하는 등 생산 재료의 공급이 우선시되어야 한다. 또한 가마 축조와 운영에 적합한 지형[2)]과 생산 활동을 위한 작업 및 생활공간이 확보되어야 하며, 생산된 기물의 운송이 용이한 지역이어야 한다. 이러한 입지적인 조건이 복합적으로 충족되는 지역에 가마를 비롯한 생산시설이 조성되고 있다.

〈사진 1〉 화성 청계리 유적 주변 지형

화성 청계리 유적이 위치한 동탄면 일대는 동고서저형의 지형

2) 이와 관련된 요소로는 해발고도, 사면향, 풍향, 경사도, 지질 등이 있다(金昌億·金才喆, 2004, 「三國時代 土器가마 調査方法論」, 『발굴사례연구논문집』 창간호, 한국문화재조사연구전문기관협회).

을 이루고 있으며, 낮은 구릉성 산지가 넓게 분포하고 있다. 또한 인근에 중소하천이 발달하여 풍부한 수자원을 근거리에 두고 있어 선사시대부터 사람이 살기에 적합한 환경을 제공하고 있었던 것으로 보인다. 이러한 지리적 위치와 지형적 특징은 생산시설의 설치에도 영향을 주었을 것으로 판단되는데, 화성 청계리 유적 역시 구릉사면에 위치하고 있으며, 유적 주변으로 세 개의 중소하천이 반경 1.5km 이내에 흐르고 있다.

생산시설의 입지를 선정하는데 중요한 요소 중의 하나는 물이다. 물은 토기를 제작하는데 있어 직접적으로 필요한 생산 재료인 동시에 생산된 토기의 공급과 관련하여 운송로의 역할을 하기도 한다. 따라서 가마가 입지한 곳 인근에는 하천이 흐르고 있는데, 기존에 이루어진 GIS 연구에서도 가마를 중심으로 약 2km 반경에는 하천이 존재하고 있음이 밝혀졌으며[3)], 경기도 광주군 일대에 분포해 있는 조선시대 자기요지에 대한 입지분석 결과에서도 가마 주변 100m 이내에 1개 이상의 수계가 있는 것으로 확인되었다[4)]. 화성 청계리 유적 역시 인근에 하천을 끼고 입지하고 있는데, 유적을 중심으로 서쪽으로 약 1.4km 떨어진 지점에는 오산천이 북남 방향으로 흐르고 있으며, 북쪽으로 약 0.7km 떨어진 지점에는 치동천이, 남쪽으로 약 1.5km 떨어진 지점에는 신리천이 동서 방향으로 흘러 오산천과 합류하고 있다. 또한 청계리 유적과 이들 하천 사이에 충적평야가 발달되어 있고, 유적의 구릉 계곡부와 말단부를 중심으로 습지가 넓게 형성되어 있는 것으로 보아 물의 공급은 원활하게 이루어졌을 것으로 판단된다.

점토는 토기나 기와 같은 생산품의 태토로 이용되는 꼭 필요한 요소 중 하나로 가마 구축에 있어서도 중요한 재료이다. 화성 청계리 유적에는 구릉 기반암에서 풍화침식된 토양들이 구릉 곡간지와 충적평야로 연결되는 구릉 말단부로 이동퇴적하여 조성된 양질의 원료점토가 매우 풍부하다. 가지구 원삼국~백제시대 토기가마에 대한 고고과학적 분석 결과에서도 가마 인근에서 채취한 토양시료가 토기 원료로서의 요건을 갖추고 있다는 것이 밝혀졌다. 또한 이 토양시료와

3) 이진영·박준범·양동윤·김주용·홍세선·정계옥, 2005, 「GIS 중첩분석을 이용한 요지 유적 분포 예측의 시범연구」, 『한국지리정보학회지』 8권 4호.

4) 國立中央博物館, 2000, 『京畿道廣州中央官窯-窯址地表調査報告書』.

가마에서 출토된 토기를 비교분석한 결과 토양시료와 토기가 근본적으로 동일한 과정에 의해 생성된 토양과 태토일 가능성이 높다는 결론이 도출되었다.[5] 따라서 가지구 가마에서 출토된 토기는 모두 화성 청계리 유적 내의 토양을 이용하여 제작된 것으로 판단된다. 이러한 분석 결과와 함께 화성 청계리 유적 내에 전 시기에 걸친 다수의 가마유적이 분포하고 있는 것으로 보아 이 지역 일대에서 점토 공급은 매우 원활하게 이루어졌던 것으로 판단된다.

점토 및 물과 함께 생산시설 입지의 중요한 요소 가운데 하나는 연료의 공급이다. 가마는 연료를 쉽게 구할 수 있는 곳에 조성되었을 것으로 판단되는데, 연료는 주변 지역에서 자생하는 나무를 사용했을 것으로 판단된다. 조선시대 백자가마의 경우에도 대부분 평지가 아닌 산림이 무성한 산사면이나 소구릉의 능선상에 축조되어 있다. 화성 청계리 유적의 생산시설 역시 능선 사면부에 입지해 있으며, 주변으로 낮은 구릉성 산지가 넓게 분포하고 있어 이 지역 일대가 연료 습득에 용이한 지역이었던 것으로 판단된다. 한편 경기도 광주관요에서 관찰되는 가마의 이동양상을 연료의 공급과 관련된 것으로 보고 있는데, 생산유적이 입지한 지역 인근에서 공급할 수 있는 연료의 양이 한정적이기 때문에 생산 집단이 연료의 공급이 원활한 지역으로 이동하게 된다고 보고 있다.[6]

생산시설의 입지 선정에는 생산원료의 원활한 공급 요건 외에도 가마를 비롯한 생산시설의 축조와 운영에 적합한 지형적 조건이 중요하다. 화성 청계리 유적의 생산시설은 구릉 사면에 조성되었는데, 이는 능사면에 가마를 축조함으로써 경사면을 이용한 열의 효율을 극대화시키기 위한 것으로 판단된다. 또한 가마가 대부분 반지하식 혹은 지하식 구조를 하고 있고 이러한 구조가 단단한 지반을 필요로 하기 때문에 구릉의 암반층에 가마를 축조한 것으로 판단된다.

---

5) 이찬희, 2009,「화성 청계리 유적 출토 토기 및 토층의 고고과학적 분석」, 공주대학교문화재보존과학과.

6) 이를 통해 연료를 찾아 이동하는 비용이 연료를 운송해오는 비용보다 저렴하다는 것을 의미한다고 보고 있다(金女珍, 2007,「高麗時代 陶器生産施設과 生産品에 대한 硏究」, 한신대학교대학원석사학위논문, p.65).

2. 배치양상

화성 청계리 유적에서 조사된 통일신라시대 토기 생산시설은 전체 제작공정에 필요한 여러 생산 관련 시설이 밀집되어 확인되었다. 기존에 조사된 생산유적은 전체 제작공정 중 소성단계에서 이용되는 가마만 확인되는 경우가 대부분이었다. 이는 조사지역의 한계성으로도 설명할 수 있지만 불의 영향을 강하게 받는 가마가 폐기된 후에도 가장 명확한 형태로 잔존하는 시설이기 때문인 것으로 판단된다. 한편 일부 유적에서는 공방지도 확인되는데, 녹로 거치 흔적이나 토기 정면에 사용되는 내박자의 출토를 통해 성격을 규명하고 있다.

토기는 여러 제작공정을 통해 생산되는데, 크게 채토·수비·성형·정면·건조·소성의 단계를 거치게 된다. 토기 제작은 각 단계별로 일정한 공간에서 이루어지게 되는데, 채토장·수비장·공방지·건조장·가마 등의 유구가 제작공정에 따른 작업 공간에 해당된다. 또한 이 밖에도 수비된 점토나 건조된 토기, 제작 완료된 토기 등을 저장한 저장시설과 집수시설, 폐기물이 퇴적되어 있는 폐기장, 작업 공인들의 생활을 위한 주거시설과 공동생활시설[7] 등이 생산 관련 시설에 포함된다.

나지구 A지점 1구역의 통일신라시대 토기 생산유적은 화성 청계리 유적의 중앙부에 위치해 있으며, 해발 52~65m 지점에 밀집 배치되어 있다. 생산시설은 남북 방향으로 뻗어있는 능선의 남동사면과 동사면을 중심으로 조성되어 있는데, 이곳은 급경사 지역인 북쪽과 서쪽 능선부에서 급격하게 완만해지는 지역이다. 생산유적의 전체 범위는 남북 50m, 동서 100m 가량으로 가마를 비롯한 공방지·건조장·폐기장·저장시설·주거시설·공동생활시설 등의 생산 관련 시설이 제작공정에 따른 순서와 특징에 따라 유기적으로 배치되어 있다.

먼저 토기를 만들기 위해서는 태토를 채취하고 수비하는 과정을 거치게 된다. 채토장과 수비장은 확인되지 않았으나 전체 생산시설의 배치 구조를 통해 위치를 추정해 볼 수 있다. 채토장은 공방지가 위치해 있는 중앙부 남쪽 전면에 조성되었을 것으로 추정된다. 이곳은 계곡부가 형성되는 지점으로 입자가 고운 점토

7) 공동생활시설은 취사 및 휴식을 위한 공간으로 정의하였다.

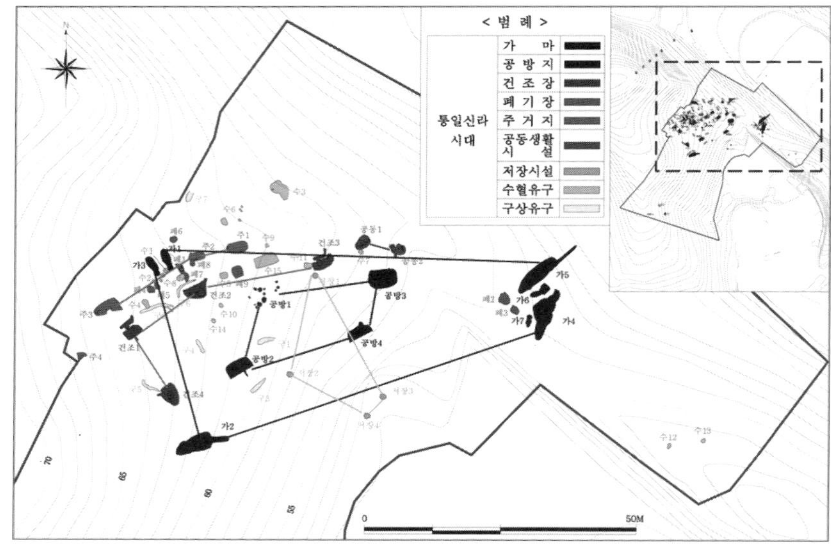

〈도면 1〉 화성 청계리 유적 통일신라시대 토기 생산시설 배치도

질 토양이 주변으로 넓게 분포되어 있다. 수비장은 공방지 인근에서 점토와 물을 저장한 시설이 확인되는 것으로 보아 채토장과 공방지 사이에 조성되었을 것으로 여겨진다.

공방지는 토기의 모양을 만드는 성형 작업이 이루어지는 공간으로 총 4기가 확인되었다. 전체 생산시설의 중앙부에 위치해 있으며, 공방지를 중심으로 다른 생산시설이 주변에 배치되어 있다. 공방지는 방형에 가까운 배치 구조를 하고 있으며, 공방지간의 거리는 9~18m 정도이다. 공방지와 인접해서는 점토 저장시설과 집수시설이 확인된다. 1호 공방지에서 북서쪽으로 16m 떨어진 지점에는 1호와 3호 가마가 위치해 있으며, 2호 공방지에서 남서쪽으로 11m 거리에 2호 가마가 조성되어 있다. 또한 3호와 4호 공방지에서 동쪽으로 22~30m 떨어진 지점에는 4호~7호 가마가 위치해 있다. 한편 공방지 남쪽 경사면 하단부로는 약 20m 떨어져 채토장으로 추정되는 점토 분포 지역이 위치해 있다.

건조장은 공방지에서 성형 작업이 완료된 토기를 가마에 굽기 전에 건조시키는 곳으로 총 4기가 확인되었다. 건조장은 공방지의 서북쪽을 'ㄱ'자 형태로 감싸고 있으며, 건조장간의 거리는 11~20m 정도이다. 건조장은 공방지보다 높은 곳에 배치되어 있는데, 공방지에서 가마로의 이동이 용이한 지점에 위치해 있다.

가마는 총 7기가 확인되었다. 모두 동사면에 위치해 있는데, 실제 지형의 흐름에 따라 1호와 3호는 남북 방향으로, 2호와 4호~7호는 동서 방향으로 축조되었다.[8] 가마는 전체 생산시설의 외곽부에 다른 생산시설과 거리를 두고 조성되어 있다. 이는 가마가 입지 및 바람의 영향을 직접적으로 받는 시설이기 때문인 것으로 여겨진다. 또한 불을 사용하고 오랜 시간 불과 열기를 유지시켜야 하는 시설이기 때문에 다른 생산시설과 일정한 거리를 두고 축조된 것으로 판단된다.

폐기장은 소성이 완료된 가마에서 배출되는 폐토기편·재·벽체편 등이 버려지는 곳으로 가마 주변에서 총 9기가 확인되었다.

주거시설은 1호와 3호 가마를 중심으로 동쪽에 2기, 서쪽에 2기가 확인되었다. 생산시설 내에 위치한 주거지는 토기 제작 과정에서 임시로 사용한 공간으로 추정되는데, 가마 인근에 위치해 있는 것으로 보아 소성 작업이 이루어지는 일정 기간 동안 거주하기 위해 축조된 것으로 판단된다.

공동생활시설은 북쪽 중앙부에서 2기가 확인되었다. 공동생활시설이 위치한 곳은 비교적 평탄한 지역으로 전체 생산시설이 모두 조망되는 지점이다. 이곳에 공동의 생활시설을 배치함으로써 토기 제작 공인들을 위한 취사 및 휴식의 공간을 마련한 것으로 여겨진다.

지금까지 살펴본 바와 같이 통일신라시대 토기 생산시설은 경사면 하단부에서부터 제작공정에 따른 순서에 따라 채토장→수비장→공방지→건조장→가마→폐기장이 유기적으로 배치되어 있다. 또한 공인들의 임시 생활을 위한 주거지와 공동생활시설이 기능과 특징에 따라 적절한 공간에 위치해 있다. 이를 통해 볼 때 당시 생산집단이 토기 제작의 효율성과 생산력 증대를 고려하여 각각의 생산시설을 배치했던 것으로 판단된다.

---

8) 나지구 A지점 1구역은 지형도상 모두 동사면 또는 동남사면에 해당한다. 그러나 전면 제토 후 실제 지형을 확인한 결과 동쪽 끝 지점(4호~7호 가마)을 제외한 서쪽과 중앙부는 남쪽으로 향하면서 고도가 낮아지는 남사면의 지형 구조를 하고 있었다.

III. 구조 및 특징

1. 가마

가마는 전체 생산시설 외곽부에서 총 7기가 확인되었다. 가마는 축조위치와 방법에 따라 등요·평요, 지하식·반지하식·지상식으로 구분된다. 화성 청계리 유적에서 조사된 통일신라시대 가마는 경사면에 축조된 등요의 형태로 천정 구조가 일부 확인된 2호·5호 가마는 지하식, 1호·3호·4호·6호·7호 가마는 반지하식 구조로 판단된다.

가마의 평면형태는 장타원형으로 경사면을 따라 길게 축조되었다. 가마 바닥과 벽체는 단단한 암반층을 지반으로 하여 점토를 발라 조성하였다. 1호 가마 소성부 벽체에는 점토를 바른 도구흔이 종방향으로 남아 있다. 벽체에 잔존한 도구흔을 통해 볼 때 도구는 원형의 형태로 크기는 직경 8cm 내외로 추정된다.

〈표 1〉 통일신라시대 토기가마 속성표

유구번호	구조	평면형태	규모(cm)-연도부~요전부			장축방향	소성부경사도	단벽/높이(cm)		특징	출토유물
			길이	너비	깊이						
1	반지하식 등요	장타원형	458	160	50	N-14°-W	23°	○	20	토기거치 홈, 도구흔	완, 반, 병, 호, 동이, 시루
2	지하식 등요	장타원형	822	252	108	N-75°-E	21°	×	-	구(484×36cm)	뚜껑, 완, 반, 병, 호, 동이, 시루
3	반지하식 등요	장타원형	396	142	42	N-18°-W	24°	○	22	-	완, 병, 호, 동이, 시루
4(1차)	지하식 등요	장타원형	600	240	64	N-58°-E	24°	×	-	-	완, 병, 호, 동이, 시루
4(2차)	반지하식 등요	장타원형	502	170	50	N-58°-E	20°	○	30	축소 보수 후 재사용	완, 병, 호, 동이, 시루
5	지하식 등요	장타원형	876	282	133	N-58°-E	18°	×	-	천정 잔존 구(544×54cm)	뚜껑, 완, 반, 병, 호, 동이, 소성불량토기
6	반지하식 등요	장타원형	176	104	28	N-80°-E	-	○	30	숯 다량 출토	완, 반, 병, 호, 동이, 시루

7	반지하식 등요	장타원형	200	98	10	N-22°-E	25°	○	16	-	완, 병, 호, 동이

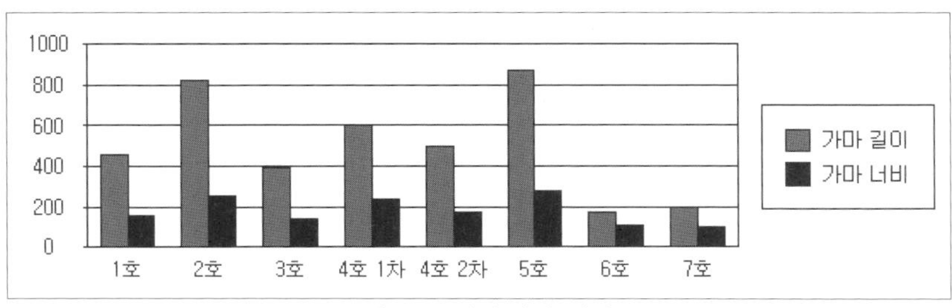

〈삽도 1〉 가마 길이-너비

가마의 규모는 크게 대형·중형·소형으로 분류할 수 있다.[9] 대형에 속하는 가마는 2호 가마와 4호 1차 가마[10], 5호 가마로 규모는 요전부까지의 길이가 800cm 이상이고, 너비는 250cm 내외이다. 중형으로 분류되는 가마는 1호 가마와 3호 가마, 4호 2차 가마로 길이가 400~600cm이고, 너비가 150cm 내외이다. 소형 가마는 6호 가마와 7호 가마로 길이는 200cm 이하이고, 너비는 100cm 내외이다.

가마는 규모에 따라 구조와 형태 및 출토유물의 양상이 다르게 나타난다. 대형 가마로 분류되는 2호·4호 1차·5호 가마는 모두 지하식 가마이며, 소성부의 너비가 250cm 내외로 매우 넓고 중형이나 소형 가마에 비해 경사도가 크지 않다. 소성부에서 연소부로 이어지는 지점에는 단벽이 확인되지 않으며, 연소부와 소성부가 완만한 경사를 이루며 연결되어 있어 경계가 뚜렷하지 않다. 다만 바

9) 가마를 규모에 따라 분류하는 기준은 연구자마다 다르다. 김여진은 고려시대 도기 가마를 전체길이가 400cm 이하인 것은 소형, 900cm 이상인 것은 대형으로 분류하고 400~900cm에 해당하는 것을 중형으로 분류하였다(金女珍, 2007, 「高麗時代 陶器生産施設과 生産品에 대한 硏究」, 한신대학교 대학원 석사학위논문, p.80). 본고에서는 화성 청계리 유적 내에서 확인된 통일신라시대 가마를 기준으로 전체 길이가 200cm 이하인 것을 소형으로, 800cm 이상인 것을 대형으로 구분하고 200~800cm에 해당하는 것을 중형으로 분류하였다. 단 화성 청계리 가마 중 6호·7호 가마는 토기를 생산한 가마는 아닌 것으로 판단되나 전체 분류기준에 따라 소형 가마로 구분하고자 한다.

10) 4호 1차 가마는 2차 가마로 보수되면서 요전부가 대부분 파괴되어 잔존 길이가 600cm에 불과하다. 그러나 잔존한 소성부 및 연소부의 구조와 규모로 볼 때 2호·5호 가마와 마찬가지로 대형 가마에 속할 것으로 판단된다.

닥에 남아 있는 목탄의 분포범위로 대략적인 구분이 가능하다. 유물은 경질의 대호류와 병류가 다량 확인되는데, 대부분 소성에 실패한 불량품으로 출토되었다. 한편 2호와 5호 가마는 요전부에서 가마 외곽으로 연결되는 구가 확인된다. 구의 길이는 2호가 484cm, 5호가 544cm이고 너비는 36~54cm이며 단면형태는 'U'자형이다. 구의 기능과 관련해서는 배수로나 재 배출구로 보는 것이 일반적인데, 구가 요전부 바닥보다 높은 곳에서 시작되는 것으로 보아 배수로의 기능보다는 재의 배출과 관련된 기능을 한 것으로 추정된다.

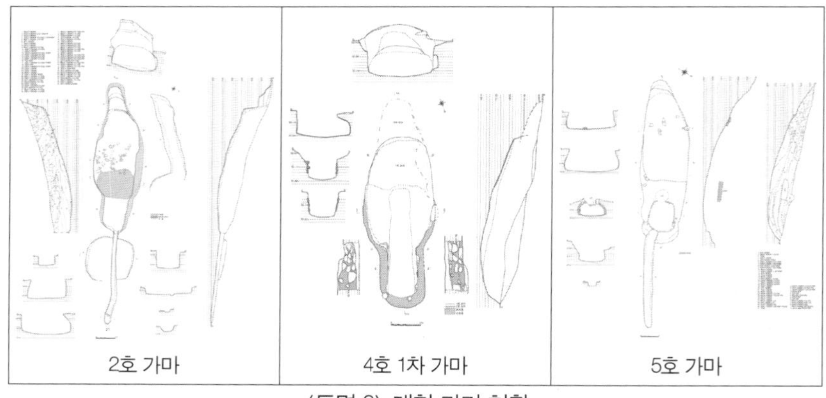

〈도면 2〉 대형 가마 현황

중형에 속하는 가마인 1호·3호·4호 2차 가마는 소성부의 너비가 150cm 내외로 확인되었으며, 대형 가마에 비해 경사도가 크다. 소성부 바닥에는 원형의 홈이 확인되는데, 바닥에 토기를 세우기 위한 시설로 판단된다. 이는 중형 가마의 경사도를 보완하기 위한 것으로 추정되며, 토기거치 홈 주변에는 토기를 사방에서 받치는데 사용한 것으로 추정되는 석재가 다량 확인되었다. 연소부에서 소성부로 이어지는 지점에는 단벽이 존재한다. 단벽의 높이는 20~30cm 정도이다. 연소부는 대부분 원형의 형태로 폭은 1m 내외이다. 특히 4호 2차 가마는 4호 1차 가마의 소성부 중앙부에서부터 폭을 좁혀가며 석재를 쌓은 후 1차 가마 벽면과 석재 사이에 점토로 채워 연소부를 조성하였다. 유물은 경질의 대호류와 병류를 비롯하여 연질의 동이류가 다량 출토되었는데, 대형 가마에 비해 불량품의 비율은 적은 편이다.

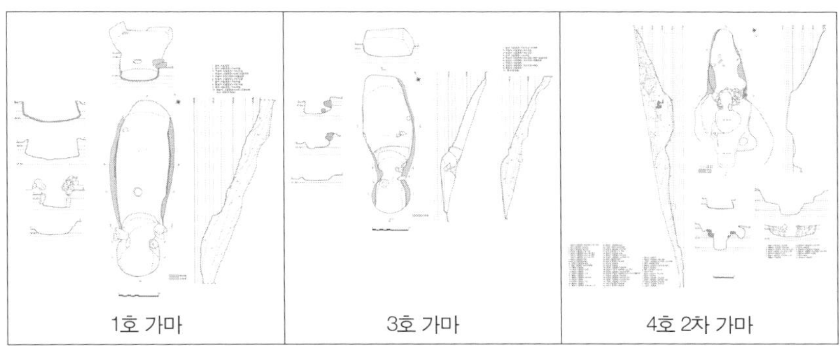

〈도면 3〉 중형 가마 현황

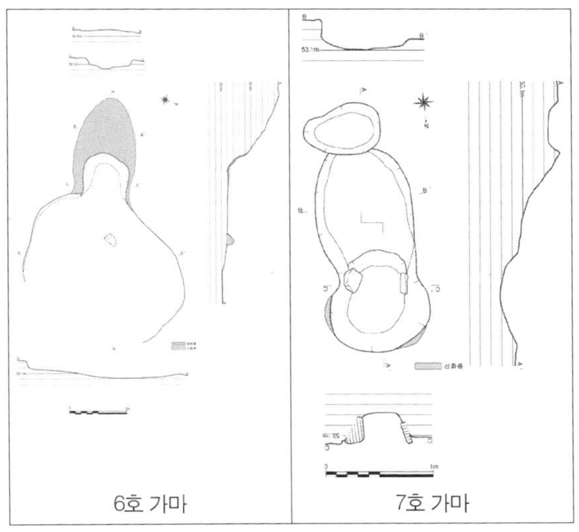

〈도면 3〉 소형 가마 현황

소형 가마인 6호와 7호 가마는 다른 가마에 비해 규모가 매우 작다. 소성부는 연소부의 규모에 비해 작은 편으로 내부에서는 토기가 출토되지 않았다. 연소부에서 소성부로 이어지는 지점에는 단벽이 존재한다. 단벽의 높이는 16~30cm 정도이다. 연소부는 원형의 형태로 폭은 1m 이내이다. 연소부에서는 다량의 목탄이 확인되었다. 유물은 연소부 전면의 요전부에서 대부분 출토된 것으로 4호 가마의 폐기장과 연결되어 있어 폐기 유물일 가능성이 높다.

이처럼 나지구 A지점 1구역에서 조사된 7기의 가마는 규모에 따라 분류가 가능하다. 먼저 대형 가마인 2호·4호 1차·5호 가마는 경질의 대호류와 병류가 주로 출토되고 있어 비교적 경질의 큰 기종을 중심으로 소성이 이루어졌던 것으로 추정된다. 다만 다른 가마에 비해 불량품의 비율이 높은 것으로 보아 큰 가마의 효율성은 떨어졌던 것으로 판단된다. 중형 가마인 1호·3호·4호 2차 가마는 다른 가마에 비해 경사도가 높아 열의 효율을 극대화하기 위한 구조로 축조된 것으로 추정된다. 중형 가마에서는 동이류의 출토 비율이 가장 높고 대호류와 병류를 비롯한 전 기종이 출토되고 있어 모든 기종을 대상으로 소성이 이루어졌던 것으로 판단된다. 소형의 가마는 규모와 형태로 보아 토기를 소성했던 것으로 보기에는 다소 무리가 있어 보인다. 특히 4호·5호 가마와 인접하여 위치해 있고 연소부 내부에서 다량의 목탄이 확인되고 있는 것으로 보아 이들 가마와 관련된 부속 가마인 것으로 추정된다.

가마의 시기는 출토된 유물로 보아 통일신라시대 후기로 추정되며, 유물 차이가 뚜렷하게 확인되지 않아 각 가마별 시기 차는 크지 않은 것으로 판단된다.[11] 다만 세부적인 구조 차이와 일부 출토 유물의 양상으로 보아 대형 가마가 먼저 조성되고 후에 중형 가마가 축조된 것으로 추정된다. 이는 4호 1차 가마가 대형이고 이후 보수하여 사용한 2차 가마가 중형인 점을 통해서도 추론이 가능하다. 다만 소형 가마는 6호 가마가 대형인 5호 가마와 거의 인접하여 위치하고 있으며, 역시 대형 가마에 속하는 4호 1차 가마 상면에 조성된 점 등으로 보아 4호 1차 가마가 2차 가마로 보수되면서 사용되었을 것으로 추정된다.

2. 공방지

공방지는 수비가 완료된 태토를 저장하고 토기의 성형 작업이 이루어지는 공간으로 총 4기가 확인되었다. 공방지는 전체 생산시설 중앙부에 방형으로 배치되어 있다.

공방지는 암반층을 굴착하여 조성한 수혈식 구조로 바닥과 벽체 일부만 잔존

11) 통일신라시대 생산시설(나지구 A지점 1구역)의 출토유물은 7장에서 통일신라시대 취락(나지구 A지점 2구역 유물과 함께 종합적으로 검토·분석하였다.

해 있다.[12] 공방지의 평면형태는 2호~4호 공방지를 통해 볼 때 말각장방형으로 추정된다. 공방지 내부에는 수혈이 다수 되는데, 태토를 저장한 공간이나 녹로 축혈인 것으로 판단된다. 태토 저장 공간으로 추정되는 4호 공방지 내부의 원형 수혈에는 회색의 고운 점토층이 퇴적되어 있었다. 녹로축혈은 1호와 2호 공방지에서 확인되는데, 녹로축이 박혔던 자리인 수혈 주위로 부정형 할석재가 채워져 있었다. 한편 각 공방지 바닥에는 소토와 목탄이 깔린 내부 수혈이 확인되는데, 토기 성형 작업과 관련된 노지가 있었던 것으로 추정된다. 노지의 기능은 단순 난방 및 내부 습기 제거 등으로 추정해 볼 수 있다.

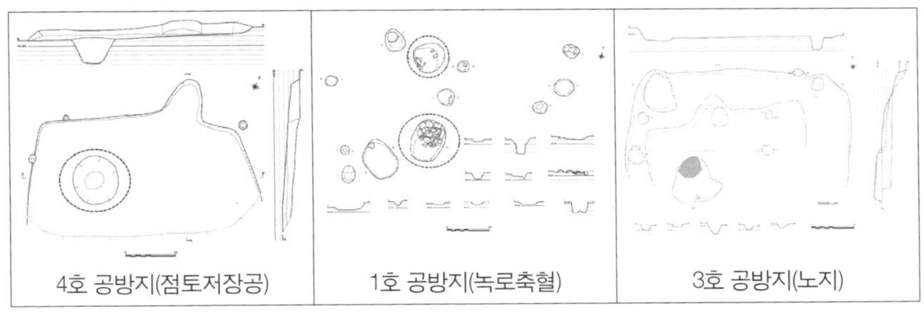

4호 공방지(점토저장공)
1호 공방지(녹로축혈)
3호 공방지(노지)

〈도면 4〉 공방지 현황

3. 건조장

토기는 성형이 완료된 후 가마에 굽기 전에 수분을 완전히 제거해야 하는데, 이러한 과정이 이루어지는 공간이 건조장이다.[13] 건조장은 총 4기가 확인되었다. 건조장은 방형으로 배치된 공방지를 'ㄷ'자 형태로 감싸고 있으며, 공방지보다 높은 곳에 배치되어 있다. 또한 가마 전면부에 배치되어 있어 가마로의 이동이 용이한 지점에 위치해 있다.

건조장은 경사면 상단부 벽면에 구들시설을 축조하고 구들시설 전면에 내부

12) 1호 공방지의 경우 내부 수혈만 잔존해 있다.

13) 건조과정에서 수분을 완전히 제거하지 않으면 소성 과정에서 소성 수축이 심해져서 열팽창으로 인해 기물의 균열이 생기거나 파손되기도 한다.

작업 공간을 둔 형태로 조성되었다. 구들시설은 'ㅜ'자형의 형태로 중앙에 위치한 아궁이에서 직교되게 양 방향으로 고래부가 연결되는 구조이다. 연도부는 고래부 끝에서 약 45° 꺾여 설치되었다. 건조장에 설치된 구들시설은 일반적인 주거지의 구들시설과는 뚜렷한 차이를 보이고 있다.

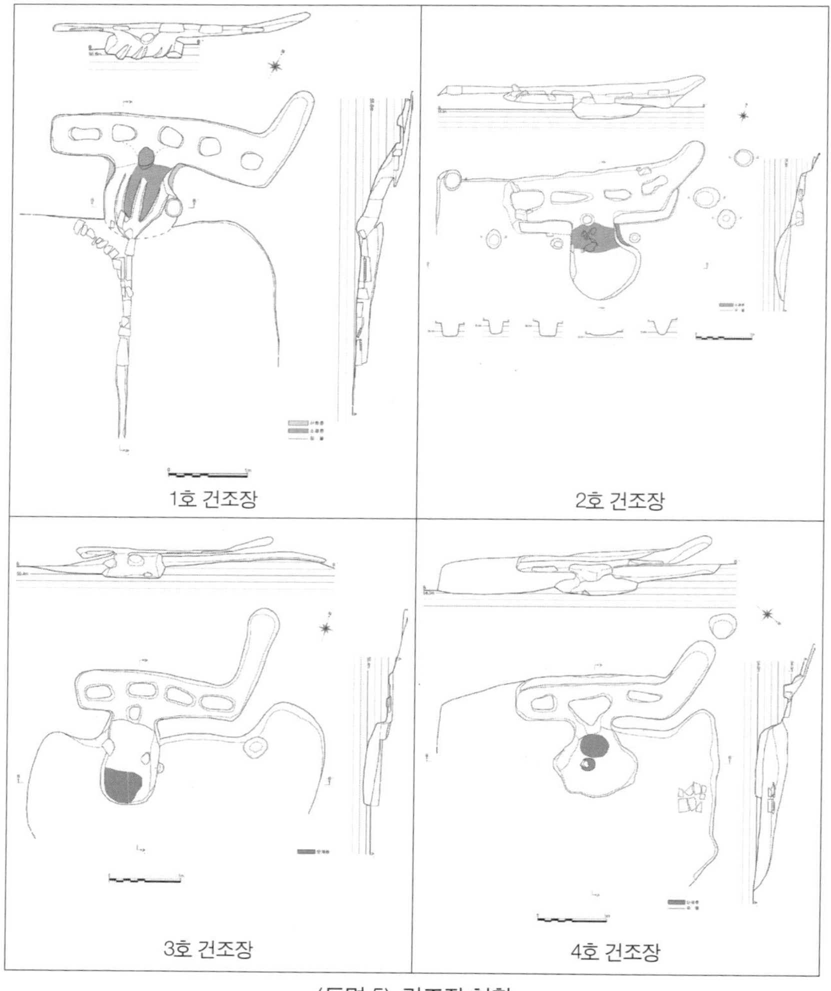

〈도면 5〉 건조장 현황

아궁이는 평면 원형에 가까운 형태로 탄재층이 깔려 있으며, 바닥에는 소결된 흔적이 뚜렷하게 확인된다. 아궁이에서 고래부로 넘어가는 단벽은 경사져 올라가는 형태로 중앙에 원형의 둑을 설치하여 열이 양 방향으로 원활하게 나가도록 조성하였다. 아궁이 바닥과 고래 바닥의 높이 차는 30~40cm 정도로 주거지의 구들시설보다 크다. 이는 열의 효율을 더욱 높이기 위한 구조인 것으로 추정된다.

고래부는 아궁이를 중심으로 양 방향으로 꺾어 설치하였다. 원토층을 굴착하여 고래 바닥을 조성하였으며, 고래둑은 원토면을 그대로 이용하였다. 고래둑은 주거지의 구들시설과 달리 원형·타원형의 형태로 20cm 내외의 간격을 두고 3~5개가 조성되었다. 이는 주거지의 '一'자형 고래둑 중간을 인위적으로 끊어 조성한 형태로 고래열 사이의 열 흐름을 원활하게 하기 위한 구조로 여겨진다.

한편 1호 건조장에서는 아궁이에서부터 내부 작업 공간을 지나 외곽으로 연결되는 기와열이 확인되었다. 기와열은 수키와로 조성되었으며, 기와열 하부에는 단면 'U'자형의 구가 형성되어 있다. 기와열은 아궁이 바닥에 조성된 3열의 구가 한 곳으로 모아진 지점에서부터 연결되는 형태로 송풍구의 기능을 한 것으로 추정된다.

구들시설 외의 내부 작업 공간은 구들시설보다 낮게 조성되어 있다. 바닥은 편평하게 점토다짐하여 사용하였으며, 부분적으로 불다짐 처리하여 소결된 흔적이 확인된다. 작업 공간 바닥과 구들시설 상면의 높이 차는 40~50cm이다. 이 공간은 건조할 토기를 적재했던 장소로 추정된다.

건조장은 통일신라시대의 일반적인 구들주거지와 유사한 구조를 갖춘 형태로 조성되었으나 세부적으로는 주거지의 내부시설과 뚜렷한 차이를 보이고 있다. 이는 건조장을 토기의 건조를 위한 최적의 공간으로 만들기 위해 기존의 주거지 내부시설 구조를 변형한 결과로 여겨진다. 즉 아궁이와 고래부의 구조를 변형시킴으로써 열의 순환 구조와 효율성을 극대화시켜 토기의 건조 작업을 더욱 쉽고 원활하게 한 것으로 추정된다.

이처럼 화성 청계리 유적에서 확인된 통일신라시대 토기 생산집단은 건조장에 구들시설을 설치함으로써 자연 건조가 아닌 인위적인 건조 작업을 선택하였다. 그 결과 건조 작업에 소요되는 시간을 단축시켰을 것으로 여겨지는데, 이를 통해 볼 때 토기를 급속으로 건조시켰을 경우 발생하는 문제점을 해결할 수 있는 토기 제작 기술이 발전했음을 추정해 볼 수 있다.

4. 폐기장

폐기장은 생산된 제품의 폐기물·재·소토·벽체편 등이 버려지는 곳이다. 총 9기가 확인되었으며, 이 밖에 2호와 3호 공방지 역시 최종에는 폐기장으로 재사용되었다.

폐기장은 가마의 요전부 전면이나 가마 주변에서 수혈의 형태로 확인되는데, 가마에서 배출되는 폐기물을 버리기 쉬운 지점에 위치해 있다. 폐기장의 평면형태는 원형·타원형·부정형 등으로 형태와 규모는 일정하지 않다. 폐기장 내부에는 탄재층과 소토가 두껍게 쌓여 있었으며, 토기편이 다수 출토되었다.

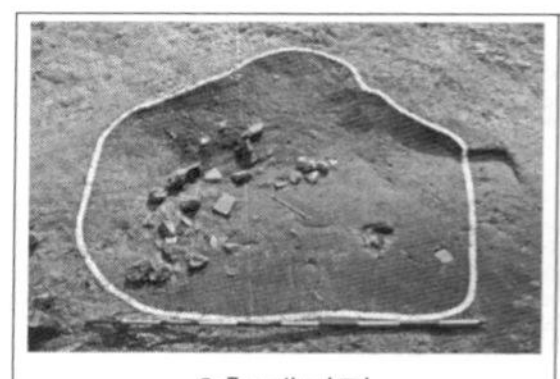	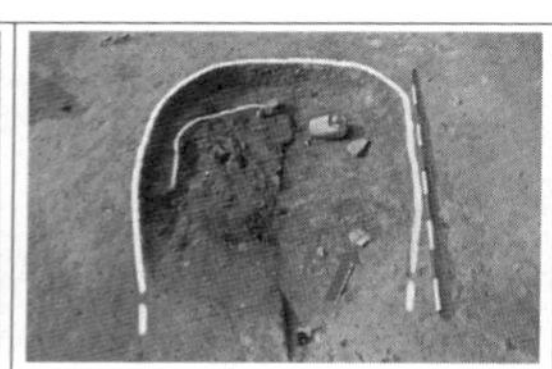	
2호 폐기장	9호 폐기장	2호 공방지(폐기장으로 재사용)

〈사진 1〉 폐기장 현황

5. 저장시설

저장시설은 토기의 원료인 태토와 물 등을 저장하는 시설로 총 4기가 확인되었다. 저장시설은 공방지 주변에서 수혈의 형태로 확인되었다.

저장시설의 평면형태는 원형·방형 등으로 내부에는 태토로 추정되는 회색 점토가 채워져 있거나 물을 저장한 용기인 동이가 놓여 있었다.

3호 저장시설(태토 저장) 1호 저장시설(물 저장)

〈사진 2〉 저장시설 현황

6. 주거지

토기를 생산하기 위해서는 생산품의 제작 및 생산과 관련된 시설 외에도 작업 공인들의 주거와 관련된 생활시설이 필요하다. 이와 관련하여 작업 공인들의 임시 거처로 사용된 공간인 주거지가 총 4기 확인되었다.

주거지는 1호·3호 가마를 중심으로 서쪽에 2기, 동쪽에 2기가 동일한 해발고도상에 위치해 있다. 주거지는 경사면 하단부가 대부분 유실되어 정확한 형태와 규모는 파악할 수 없으나 잔존상태로 보아 평면은 말각방형의 형태였을 것으로 추정된다. 주거지의 구조는 통일신라시대의 일반적인 수혈주거지와 동일한 형태로 내부에는 구들시설이 설치되어 있다. 구들시설은 경사면 상단부 벽에 'ㅜ'자형 또는 'ㄱ'자형으로 조성되었다.

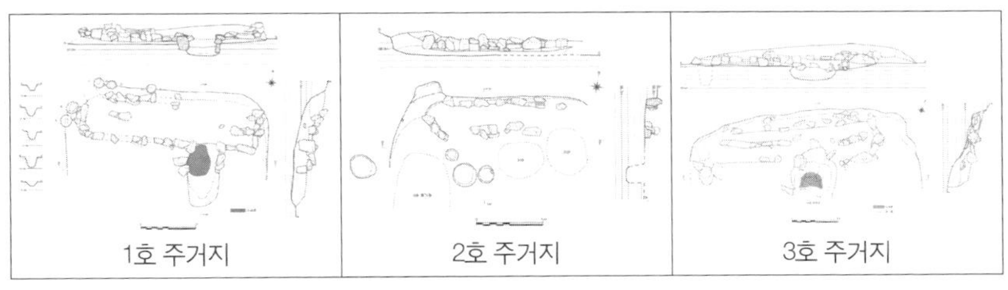

1호 주거지 2호 주거지 3호 주거지

〈도면 6〉 주거지 현황

주거지는 모두 가마 인근에 위치해 있는데, 다른 제작공정에 비해 오랜 시간이 소요되고 자주 점검해야 하는 소성 작업이 진행되는 기간 동안 임시로 거주하기 위해 축조된 것으로 판단된다.

7. 공동생활시설

공동생활시설은 토기를 생산하는 공인들의 취사 및 휴식을 위한 공간으로 총 2기가 확인되었다. 공동생활시설은 북쪽 중앙부에 위치해 있는데, 이곳은 다른 곳에 비해 비교적 평탄한 곳으로 전체 생산시설이 모두 조망되는 지점이다.

공동생활시설의 평면은 말각방형 및 말각장방형의 형태로 추정되며, 내부에는 취사시설로 추정되는 부뚜막이 설치되어 있다. 1호 공동생활시설의 부뚜막은 'ㅠ'자형으로 석재와 기와를 이용하여 측벽을 세우고 이맛돌을 대신하여 수키와를 얹은 형태이다. 부뚜막 상면에서는 토기 호가 정치된 상태로 출토되었는데, 자비용기로 사용된 것으로 추정된다. 부뚜막 바닥에는 소결된 흔적이 뚜렷하게 확인되며, 매우 단단하다. 부뚜막 주변과 바닥에서는 완·병·호·동이·시루 등의 실생활 용기가 다량 출토되었다.

공동생활시설은 축조 위치 및 내부시설, 출토된 유물 등을 통해 볼 때 작업 공인들의 취사와 관련된 공동의 생활공간이었던 것으로 판단된다.

1호 공동생활시설 유물 출토광경	1호 공동생활시설 부뚜막 조사 전	1호 공동생활시설 부뚜막 조사 후

〈사진 3〉 공동생활시설 현황

IV. 성격 및 조업시기

화성 청계리 유적의 통일신라시대 토기 생산시설은 가마, 공방지, 건조장, 폐기장, 저장시설, 주거지, 공동생활시설 등 제작공정에 필요한 여러 생산 관련 시설이 밀집되어 확인되었다. 생산시설은 제작공정에 따른 순서와 특징에 따라 채토장→수비장→공방지→건조장→가마→폐기장이 유기적으로 배치되어 있으며, 공인들의 임시 생활을 위한 주거지와 공동생활시설이 기능에 따라 적절한 공간에 위치해 있다. 이를 통해 볼 때 토기 제작의 효율성과 생산력 증대를 고려하여 각각의 생산시설이 배치된 것으로 판단된다.

화성 청계리 유적의 통일신라시대 토기 생산시설은 배치양상과 조업의 규모로 볼 때 전문적인 토기 생산집단에 의해 조성된 것으로 추정된다. 이는 다른 지역으로의 공급을 목적으로 토기가 생산된 것을 의미한다. 생산시설에서는 뚜껑·완·반·병·호·동이·시루 등 다양한 기종의 토기가 출토되었다. 이 중 병·호·동이 등 대형 기종의 출토비율이 가장 높다. 또한 연질보다는 경질의 토기가 다수 출토되었다. 따라서 청계리 생산시설에서는 대형의 경질 토기가 주로 생산된 것으로 여겨진다.

생산시설에서 출토된 토기를 살펴보면 인화문은 거의 출토되지 않으며, 점열문 또는 음각선문이 시문된 주름무늬병이 출토된다. 또한 경질의 대호와 사면편병이 다수 출토되고 있어 출토유물의 연대는 통일신라시대 후기인 8세기 후반~9세기경으로 추정된다.

사면편병은 다른 기종에 비해 출토비율이 매우 높고 기고 30cm 이상의 대형 편병이 출토되는 특징을 보인다. 편병은 동체부가 각진 형태로 여러 개를 일렬로 배치하거나 운반할 때 용이한 장점을 가진다. 이런 특징으로 인해 편병은 군수용으로 제작되었을 것으로 추정되는데, 대형 편병의 생산은 통일신라시대 후기의 불안정한 시대상과 밀접한 관련이 있을 것으로 여겨진다. 이를 통해 볼 때 화성 청계리 유적의 토기 생산시설은 단순히 일상생활에 필요한 토기를 제작하기 위해 조성된 민영의 생산시설이라기 보다는 당시 시대상과 관련하여 특수한 목적으로 형성된 중앙 혹은 지역 세력 집단의 관리 체계를 받는 생산시설이었던 것으로 추정된다.

한편 통일신라시대 토기 생산시설의 조업시기를 추정하기 위해 자연과학적 분석 방식인 AMS 연대측정법, 고고지자기 연대측정법을 활용하였다. AMS 연대측정 결과 생산시설의 연대 폭은 AD640년~1040년으로 나타난다. 총 18개의 시료 중 눈금 맞춤 결과의 중심연대를 살펴보면 9세기 후반대의 결과가 도출된 것이 9개로 가장 많으며, 8세기 중후반이 5개, 10세기 이후가 4개 확인되었다.

생산시설 중 가마에서 수습된 목탄의 측정 결과를 살펴보면 총 7개의 시료 중 3호 가마와 5호 가마를 제외하고는 모두 9세기 중후반경의 중심연대가 도출되었다. 가마 내부에서 수습되어 시료로 사용된 목탄은 가마가 최종적으로 사용되고 남은 목탄일 가능성이 높다. 따라서 가마의 연대는 생산시설의 폐기시점에 인접한 측정치로 추정된다.

고고지자기 연대측정은 1호~4호·7호 가마 바닥면에서 채취한 시료로 측정이 실시되었다. 고고지자기 연대측정 분석결과 생산시설의 연대 폭은 AD570년~780년으로 나타난다.

자연과학적 분석 결과를 종합해 볼 때 AMS 연대측정 결과와 고고지자기 연대측정 결과는 일치하지 않는다. 그러나 분석한 유구의 연대 폭을 살펴볼 때 AMS 연대측정 결과 중 가장 이른 시기와 고고지자기 연대측정 결과의 가장 늦은 시기가 8세기 중반경으로 일부 중복되는 구간이 확인된다. 이 시기는 생산시설의 상한 연대로 추정되는데, 그 이유는 출토된 토기가 8세기 중반 이전으로 소급되기는 어렵기 때문이다. 따라서 AMS 연대측정 결과와 고고지자기 연대측정 결과를 종합해 볼 때 유적의 연대는 8세기 중반~10세기경으로 추정되며, 가마의 연대측정 결과로 보면 생산시설의 중심 조업시기는 9세기 후반경으로 판단된다.

한편 화성 청계리 유적 주변에서 통일신라시대 토기 생산시설이 확인된 유적은 용인 성복동 유적[14](가마, 폐기장), 서울 사당동 유적[15](가마), 봉담 수영리 유적[16](가마), 평택 갈곶리 유적[17](가마), 안성 오촌리 유적[18](가마 등이 있다. 이 중 서울 사당동 유적 가마에서는 다양한 인화문토기를 비롯하여 대부장경호 등이 출토되고 있어 청계리 생산시설보다는 이른 단계에 조성된 것으로 보인다. 용인 성복동 유적의 가마는 형태 및 구조에서 청계리 가마와 매우 유사하나, 출

14) 한신대학교박물관, 2004, 『龍仁 星福洞 統一新羅 窯址』.

15) 김원룡·곽승훈, 1973, 「서울 사당동요지의 신라토기」, 『대구사학』 7·8권.

16) 中央文化財研究院, 2007, 『峰潭 水營里 遺蹟』.

17) 中央文化財研究院, 2008, 『平澤 葛串里 遺蹟』.

18) 中央文化財研究院, 2008, 『安城 梧村里 遺蹟』.

토유물에서 연질 토기가 다수를 차지하는 특징을 보인다. 이밖에 평택 갈곶리 유적, 안성 오촌리 유적의 가마 역시 용인 성복동 가마와 마찬가지로 청계리 가마와 형태 및 구조가 매우 유사하다. 용인 성복동 유적과 평택 갈곶리 유적, 안성 오천리 유적의 연대는 통일신라시대 후기인 9~10세기경으로 추정하고 있다.

지금까지 살펴본 결과를 종합해 보면 출토유물의 연대는 통일신라시대 후기인 8세기 말~9세기경으로 편년된다. 유구에 대한 자연과학적 분석 결과에서는 9세기 중.후반경을 중심으로 한 8세기 중반~10세기의 중심연대가 도출되었다. 또한 주변 유적과의 비교·분석 결과 가마 및 출토 토기의 연대는 9~10세기경으로 추정하였다. 따라서 화성 청계리 유적의 통일신라시대 토기 생산시설의 중심 조업시기는 출토 토기의 연대와 연대측정 결과, 주변 유적과의 비교 연대를 종합해 볼 때 9~10세기경으로 판단된다.

V. 결론

화성 청계리 유적은 경기도 화성시 청계리에 위치하고 있으며, 이곳에서는 원삼국~백제시대 생활유적 및 생산유적에서부터 고구려 석실묘, 통일신라시대 취락 및 생산유적, 고려시대 기와가마, 조선시대 주거지에 이르기까지 다양한 시기의 유구와 유물이 확인되었다.

화성 청계리 유적의 통일신라시대 토기 생산시설은 가마, 공방지, 건조장, 폐기장, 저장시설, 주거지, 공동생활시설 등 제작공정에 필요한 여러 생산 관련 시설이 밀집되어 확인되었다. 생산시설은 제작공정에 따른 순서와 특징에 따라 채토장→수비장→공방지→건조장→가마→폐기장이 유기적으로 배치되어 있으며, 공인들의 임시 생활을 위한 주거지와 공동생활시설이 기능에 따라 적절한 공간에 위치해 있다. 이를 통해 볼 때 토기 제작의 효율성과 생산력 증대를 고려하여 각각의 생산시설이 배치된 것으로 판단된다.

토기 생산시설은 배치양상과 조업의 규모로 볼 때, 전문적인 토기 생산집단에 의해 조성된 것으로 판단되며, 이곳에서 다른 지역으로의 공급을 목적으로 토기가 생산된 것을 의미한다. 화성 청계리 유적의 통일신라시대 토기 생산시설의 중심 조업시기는 출토 토기의 연대와 연대측정 결과, 주변 유적과의 비교 연대를 종합해 볼 때 9~10세기경으로 판단된다.

〈참고문헌〉

國立中央博物館

2000 『京畿道廣州中央官窯-窯址地表調査報告書』.

金女珍 2007 「高麗時代 陶器生産施設과 生産品에 대한 研究」, 한신대학교대학원석사학위논문.

金昌億·金才喆

2004 「三國時代 土器가마 調査方法論」, 『발굴사례연구논문집』, 창간호.

김원룡·곽승훈

1973 「서울 사당동요지의 신라토기」, 『대구사학』 7·8권.

이진영·박준범·양동윤·김주용·홍세선·정계옥

2005 「GIS 중첩분석을 이용한 요지 유적 분포 예측의 시범연구」, 『한국지리정보학회지』 8권 4호.

이찬희 2009 「화성 청계리 유적 출토 토기 및 토층의 고고과학적 분석」, 공주대.학교 문화재보존과학과.

中央文化財研究院

2007 『峰潭 水營里 遺蹟』.

2008a 『安城 梧村里 遺蹟』.

2008b 『平澤 葛串里 遺蹟』.

한신대학교박물관

2004 『龍仁 星福洞 統一新羅 窯址』.

A Study of Pottery Production Facilities in United Silla Period unearthed at Cheonggye-Ri Site, Hwasung City

Lee, Min-Jeong (Seohae Institute of Culture Heritage)

Cheonggye-Ri Site was located at Cheonggye-Ri, Hwasung City, Gyeonggi Province. This site was excavated by Hanbaek Institute of Culture Heritage. Several features such as dwelling and production facilities in Baekche, stone tomb in Koguryo, settlements and production facilities in United Silla, rooftile kilns, and dwellings in Chosun.

Pottery production facilities like kiln, workshop, drying feature, waste yard, storage facility, dwelling, and communal life facilities were densely excavated at Cheonggye-Ri site. Cheonggye-Ri site was shown the correlation in each facilities and various aspects of pottery making process in their workmanship. Pottery production facilities excavated at Cheonggye-Ri site would be constructed by pottery producing specialist. Regarding typology and chronology of potteries, Pottery production facilities of Cheonggye-Ri site must be constructed at the late United Silla Period(9th to early 10th Century).

춘천 봉의산 고분군

심 재연 (한림대 한림고고학연구소)
구 문경 (국립중앙박물관)

I. 머리말

춘천지역에는 삼국시대부터 통일신라시대에 이르는 마을유적과 분묘유적이 분포하고 있다. 마을유적은 규모를 정확히 파악할 수는 없지만, 지금까지 확인된 바로는 여러 곳에 폭넓게 분포하고 있는 양상을 보이고 있다.

이에 비하여 분묘유적은 발견매장문화재신고된 유적으로 후평동, 삼천동, 우두동, 신매리, 증리, 원창리, 봉명리 등(盧爀眞·張美英·沈載淵, 1994 ; 盧爀眞·沈載淵, 1997)이 알려져 있었을 뿐 발굴조사를 통해서 알려진 유적은 다른 시기의 유구를 조사하는 과정에서 그 존재가 확인되기 시작하였다. 춘천지역에서 다른 시기의 유구를 조사하는 과정에서 처음으로 신라토기가 확인된 유적은 천전리 지석묘군(國立博物館, 1967)으로 2호 지석묘 매장주체부를 개조한 부분에서 완과 고배류 등이 조사되었다. 이후, 발산리지석묘군(江原文化財硏究所, 2004) 2호 지석묘 북쪽 파괴된 고분에서 토기 뚜껑, 잔, 완등이 확인된 바 있다. 이후, 발산리유적에서 정식으로 분묘의 조사(江原文化財硏究所, 2010)가 이루어졌고 그 동안 발견매장문화재신고 자료를 근거로 고분의 존재를 짐작하고 있던 삼천동고분군에 대한 시굴조사 결과 그 존재가 확인(국강고고학연구소, 2015)되었다.

그런데 발산리고분이나 삼천동고분군에 대한 조사가 이루어지기 전인 1984

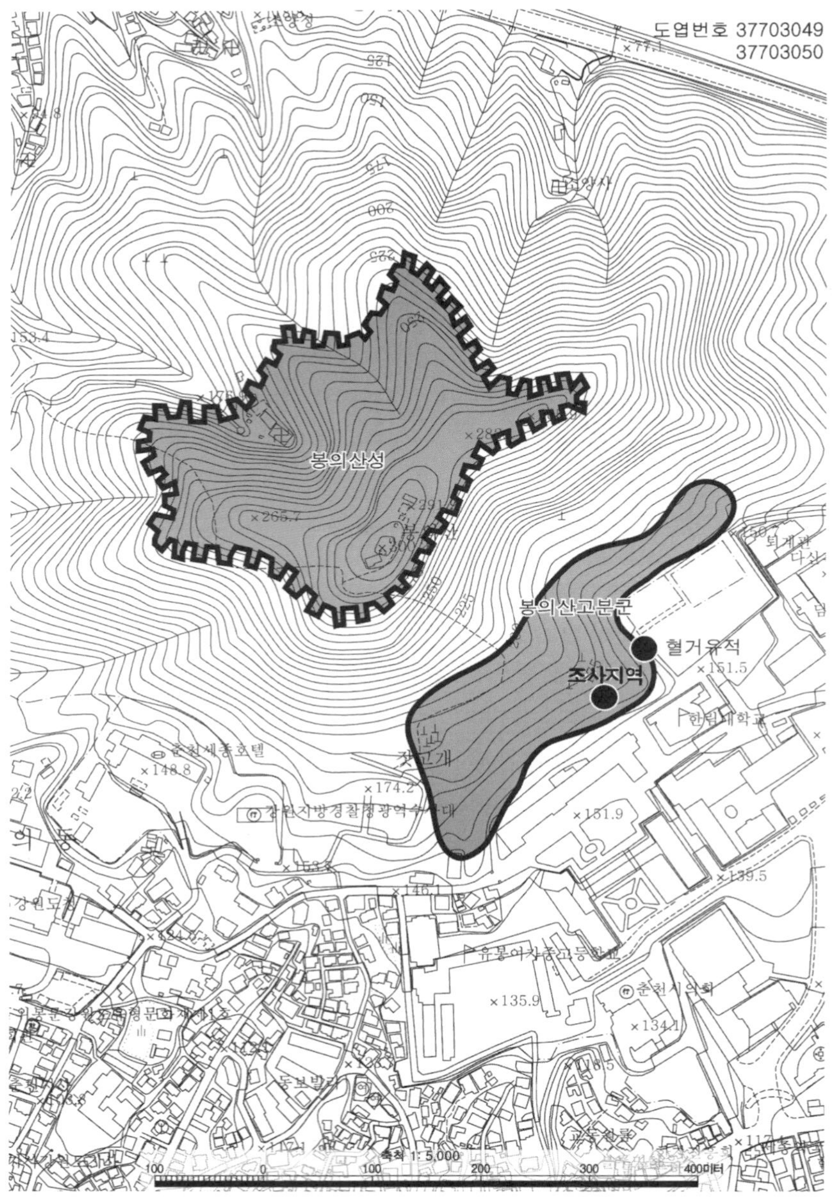

그림 1. 봉의산성과 봉의산고분군 위치도

년, 봉의산에 고분군이 존재하는 것을 확인하고 5기의 고분이 긴급수습조사된 바 있다. 이 조사 내용은 약보고 형태로 보고(翰林大學 博物館, 1985)된 바 있으나 이에 대한 정식보고는 이루어지지 않았다. 이에 발굴조사된 유물들을 중심으로 보고를 하고자 한다.[1)]

II. 조사경위[2)]

봉의산 고분군은 1984년 12월 9일 한림대학에서 지하정수조 매립공사를 끝내고 복토 등 마무리를 하는 과정에서 파괴 석곽의 석재가 노출되었다. 이 소식을 듣고서 현장을 답사해 본 결과, 평소에 자연석으로 무심코 보아 넘겼던 판석들이 모두 고분에서 이탈된 석재들임을 직감할 수 있었다. 심지어는 등산로에 놓여있어 계단처럼 이용했던 석렬이 석곽의 잔존 부분이었음을 파악할 수 있었다. 이 조사과정에서 총 5기의 석곽이 확인되었는데 모두가 현재의 경사면 수준으로 깎여 나간 것들이다.

긴급 수습 발굴 조사는 한림대아시아문화연구소가 허가를 받아 1984년 12월 20일부터 12월 26일 까지 진행하였다.

III. 조사내용[3)]

1. 1號墳

1) 유구

1) 긴급수습발굴조사가 이루어진 부분은 옥천동에 위치하고 있으며 동쪽으로는 후평동과 연접하여 고분군이 분포하고 있어 '봉의산 고분군'으로 부르고자 한다.

2) 조사경위는 1985년 발간된 한림대 박물관보(翰林大學 博物館, 1985)의 내용을 전재한다.

3) 5기의 고분이 조사되었다고 하나 2기에 대한 관련 자료는 찾을 수 없었다. 이에 본고에서는 3기에 대한 보고와 지표수습 유물, 발견매장문화재신고 관련 내용을 소개하고자 한다.

상부와 석곽 내부의 시상면은 완전히 파괴된 상태로 조사가 실시되었다. 남쪽 부분은 완전히 결실되었다. 석곽은 할석으로 최대 4단까지 쌓은 후 덮개돌은 얹은 것으로 추정된다.

석곽 내부 크기는 남북 잔존길이 140cm, 폭 90cm, 높이는 60cm이다.

2) 유물

(1) 臺附長頸壺

회흑색 경질토기로 고운 점토질 태토로 만들었다. 내외면은 일부 회황색을 띠거나 자연유가 흡착되어 있으며, 속심은 회청색을 띤다. 구연부는 외반하다가 끝에서 약간 내반하고, 횡선이 돌려져 있다. 경부는 끝부분에서 심하게 외반한다. 동체부는 최대경이 약간 상부에 치우쳐 있으며, 대각의 투창을 뚫다가 생긴 흔적이 남아있다. 대각에는 3개의 물방울 모양의 투창이 밖에서 안으로 뚫려 있는데, 이 투창들의 상대각이 거의 120°에 가깝다. 내외면에 전체적으로 회전물손질이 이루어졌으며, 일부 거친 물손질흔도 관찰된다. 토기의 전체적인 느낌이 거칠게 느껴진다. 대각 일부에 기포가 형성되어 있다.

구경:약4cm, 동최대경:14.7cm, 기고:17.5cm, 두께:0.5~0.7cm, 대각경:11.2cm, 대각고:2.5cm

(2) 牛角形把手附鉢

회청색 경질토기로 태토는 점토질에 소량의 사립이 혼입되었다. 기형 전체가 양쪽에서 눌려 저부를 제외하고는 평면상 타원형이다. 구연은 끝에서 약간 내반하고, 구연단은 둥글게 처리되었다. 동체부에는 1개의 횡선이 돌려져 있으며, 동최대경부터 상부로는 내반하고 있다. 동체부 일부에는 타날 후에 물손질한 흔적이 관찰된다. 횡선상 양쪽에는 우각형파수가 붙어있는데, 한쪽은 결실된 상태이다. 저부는 평저이며, 바닥이 거칠게 처리되어있고, 동체와의 접합 또한 거칠게 처리되었다. 내외면에 회전물손질이 이루어졌고, 일부 거친 물손질흔도 관찰된다.

최대구경:13.2cm, 동최대경:15.4cm, 기고:14.5cm, 두께:0.5~0.6cm

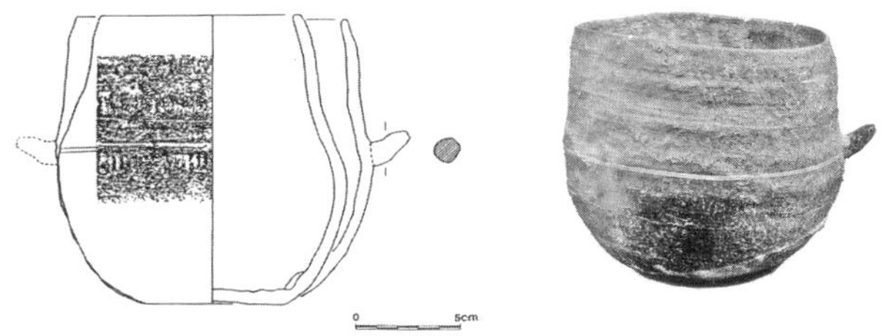

(3) 軟質壺

적갈색의 연질토기로 태토는 약간의 석립질이 혼입된 사질점토이다. 외면에는 일부 탄소흡착흔이 관찰되며, 속심은 갈색을 띤다. 구연부는 급격히 외반하며, 구연단은 약간 둥글게 처리되었다. 동체부의 최대경은 중간부에 있고, 저부는 평저이다. 내외면에 고운 물손질이 이루어졌고, 동체부와 저부 접합부는 거칠게 처리되었다.

구경:13cm, 동최대경:16.7cm, 기고:17cm, 두께:0.4~0.6cm

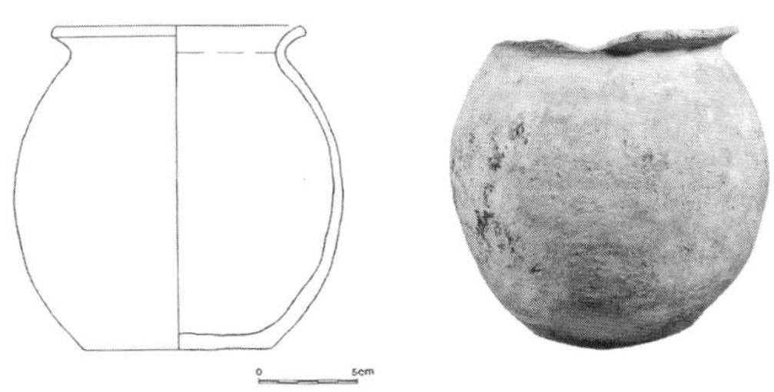

2. 2號墳墓

1) 유구

상부와 석곽 내부의 남쪽 벽, 시상 남쪽이 파괴된 상태로 조사가 실시되었다. 석곽은 할석으로 최대 4단까지 쌓은 후 덮개돌을 얹은 것으로 추정된다.

석곽 내부 크기는 남북 잔존길이 148cm, 폭 93cm, 높이는 57cm이다.

시상은 폭 48cm, 잔존 길이 125cm이다.

2) 유물

(1) 甁

회청색 경질토기로 고운 점토질 태토에 약간의 사립질이 혼입되었다. 외면 상부는 회황색을 띠고, 속심은 자색을 띤다. 구연부는 일부를 제외하고 모두 결실된 상태로 경부에서 급격히 외반하며, 동체부와의 접합흔이 내면에 남아있다. 동체부는 중간부에 최대경이 형성되어있고, 이를 중심으로 상·하부로는 완만하게 성형되었다. 동체 상부에는 2줄씩 4조의 횡선을 그은 후에 불규칙하게 9개의 점열로 구성된 花葉文 106개가 押印되어있다. 저부는 평저이며, 바닥면에 거친 물손질이 이루어졌다. 동체부와 저부의 접합부분은 거칠게 처리되었다. 전체적으로 회전물손질흔이 관찰된다.

동최대경:16cm, 저경:8.7cm, 잔고:11.5cm, 두께:0.3~0.6cm

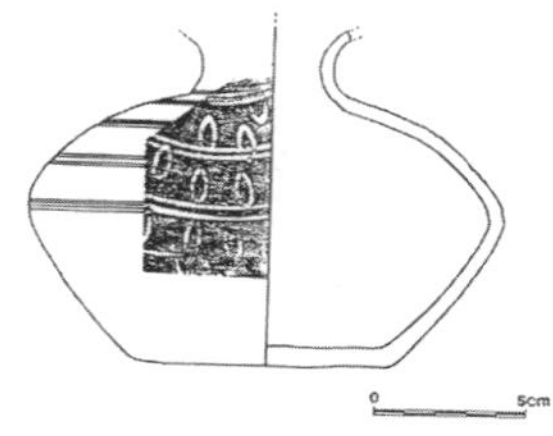

(2) 有蓋高杯

① 뚜껑

연질토기로 회황색을 띠며, 사질점토로 만들었다. 속심은 회색을 띤다. 環形의 꼭지가 따로 제작되어 부착되었다. 드림부는 입술이 돌대처럼 짧게 돌출되었고, 안턱은 일부 결실된 상태로 안쪽으로 꺾인다. 외면에는 횡선 1줄을 돌렸으며, 내면에는 회전물손질에 의한 굴곡이 관찰된다.

구경:14.8cm, 기고:6.1cm, 꼭지경:3.7cm, 꼭지고:1.2cm, 두께:0.4~1.2cm

② 高杯

회황색 연질토기로 점토질의 태토에 약간의 석립질이 혼입되었다. 속심은 회색을 띤다. 배신과 대각은 따로 만들어 붙인 것이 관찰되며, 뚜껑받이턱 일부가 결실되었다. 배신은 한쪽으로 기울어져 있는 상태이고, 각단은 밖으로 각이지게 벌어졌다. 뚜껑받이는 안으로 급격하게 꺾이고, 턱보다도 약간 높게 만들었다. 내외면에 회전물손질흔이 관찰된다.

구경:14cm, 기고:6.4cm, 대각경:7.7cm, 대각고:2.8cm, 두께:0.4~0.7cm

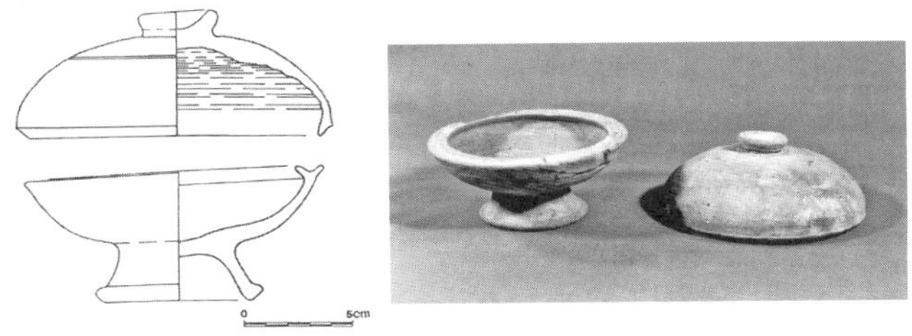

(3) 有蓋高杯

① 뚜껑

연질토기로 색조는 회황색을 띠며 약간의 석립질이 혼입된 점토질 태토로 만들었다. 속심은 회색을 띠고 있다. 꼭지는 環形으로 따로 제작되어 붙였는데, 가운데가 볼록하게 솟아있다. 드림부는 입술이 둥글게 처리되었고, 안턱은 1/3정도가 결실된 상태로 안쪽으로 약간 꺾여있다. 내외면에는 회전물손질에 의한 굴곡이 관찰된다.

구경:14.8cm, 기고:6.3cm, 꼭지경:4.5cm, 꼭지고:0.8cm, 두께:0.5~1.0cm

② 高杯

회황색 연질토기로 약간의 석립질이 혼입된 점토질 태토로 만들었으며, 속심은 회색을 띠고 있다. 뚜껑받이와 턱 일부가 결실된 상태이다. 뚜껑받이는 얇게 안으로 꺾였으며, 턱은 끝에서 짧게 외반한다. 뚜껑받이가 턱보다도 높게 만들어졌다. 대각은 배신과 따로 제작되어 접합한 것으로 추정되나, 그 흔적이 잘 보이지 않는다. 다만, 배신과 접합한 후에 물손질을 하였다. 각단에서 급격히 밖으로 꺾인다. 내외면에 회전물손질이 이루어졌는데, 외면 일부에 거친 물손질흔도 관찰된다.

구경:14.3cm, 기고:6.4cm, 대각경:7.9cm, 대각고:2.7cm, 두께:0.4~0.7cm

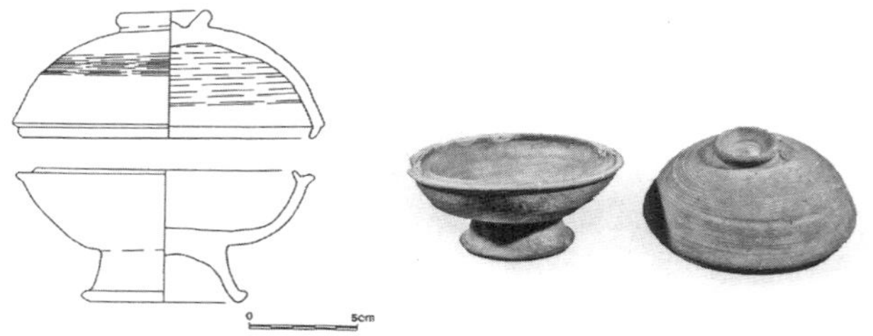

3. 3號墳

1) 유구

상부와 석곽 동벽과 남벽은 완전히 파괴된 상태로 조사가 실시되었다. 사진상으로 보면 시상이 남아 있는 것으로 확인된다. 석곽은 할석으로 최대 3단까지 쌓은 후 덮개돌은 없은 것으로 추정된다.

석곽 내부 크기는 남북 잔존길이 240cm, 잔존 폭 80cm, 잔존 높이는 40cm 이다.

2) 유물

(1) 有蓋臺附盒

① 뚜껑

회청색 경질토기로 점토질 태토에 약간의 석립질이 혼입되었다. 일부 내외면은 회황색을 띠기도 한다. 꼭지는 寶珠形으로 따로 제작되어 접합시켰으며, 꼭지 상부에 홈이 있다. 드림부는 입술이 외반하고 있고, 안턱은 안으로 짧게 내경한다. 입술과 안턱의 높이가 같다. 내외면에 회전물손질이 이루어져 일부 굴곡이 형성되어 있고, 외면에는 2줄의 횡선이 돌려져있다.

구경:17.5cm, 기고:7.1cm, 꼭지최대경:3.3cm, 꼭지고:2.1cm, 두께:0.4~0.9cm

② 臺附盒

회청색의 경질토기로 약간의 석립질이 혼입된 점토질 태토로 만들었다. 많은 부분이 회황색을 띠고 있다. 구연부는 동체부 상부에서부터 직립하며, 구연단이 둥글게 처리되었다. 동체부에는 2줄의 횡선이 돌려져 있고, 이 횡선을 기준으로 상부는 직립하고 있다. 대각은 盒身과 따로 만들어 접합하였으며 각단은 각이지게 벌어졌다. 내외면에 회전물손질이 이루어졌고, 내면은 이로 인한 굴곡이 형성되었다.

구경:16.3cm, 기고:10.3cm, 대각경:9.1cm, 대각고:3.2cm, 두께:0.4~1.0cm

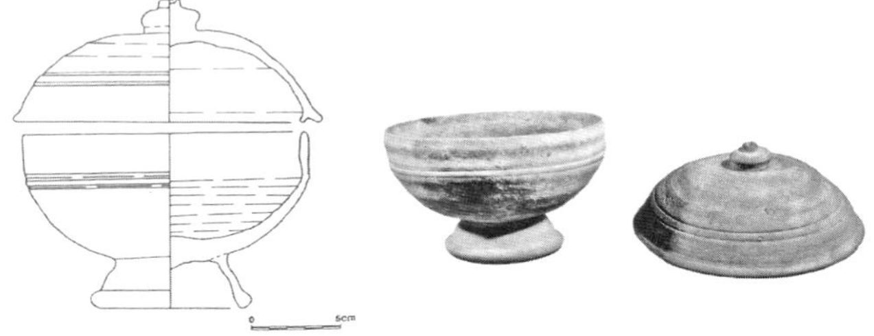

(2) 有蓋高杯

① 뚜껑

회청색 경질토기인데, 내면에는 일부 회황색과 회갈색을 띠기도 한다, 태토는 약간의 사립질이 혼입된 점토질이다. 꼭지는 寶珠形으로 2줄의 횡선을 돌렸다. 드림부는 입술이 약간 외반하고, 안턱은 들리면서 얇게 안으로 꺾여있다. 내외면에 회전물손질이 이루어졌는데, 외면에는 2줄의 횡선 3조를 돌렸고, 내면에는 회전물손질에 의한 굴곡이 있다. 기형이 약간 한쪽으로 치우쳐 있으며, 일부 기포가 형성되어있는 것이 관찰된다.

구경:12.8cm, 기고:7.0cm, 꼭지최대경:2.5cm, 꼭지고:1.9cm, 두께:0.5~1.4cm

② 高杯

연질토기로 회황색의 색조를 지녔으며, 일부 회색을 띠기도 한다. 속심은 암갈색이다. 태토는 소량의 석립이 혼입된 점토질이다. 뚜껑받이는 턱보다도 높게 만들어졌으며, 거의 직립에 가깝다. 뚜껑받이턱은 일부가 결실된 상태로 배신에서 짧게 외반하고 있다. 뚜껑받이와 턱 사이는 각지게 꺾였다. 대각은 각단이 밖으로 각지게 벌어졌으며, 배신과 따로 만들어 접합하였다. 내외면에 회전물손질이 베풀어졌으며, 내면에는 굴곡이 형성되었다.

구경:12.3cm, 대각경:6.9cm, 대각고:1.2cm, 기고:5.7cm, 두께:0.4~0.9cm

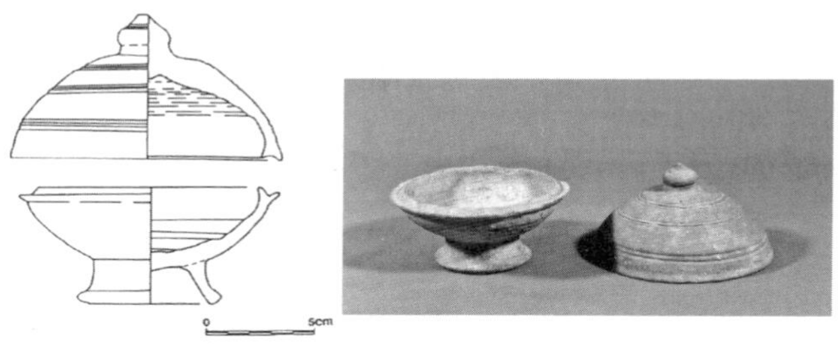

(3) 有蓋高杯

① 뚜껑

연질토기로 외면은 회흑색, 일부 회황색을 띠며, 내면은 전체가 회황색을 띤다. 태토는 점토질이다. 꼭지는 環形이고, 동체와 따로 성형하여 접합하였다. 중앙이 볼록하게 솟아있다. 드림부는 입술이 흔적만 있을 뿐 거의 형성되어있지 않다. 내외면에 회전물손질이 이루어졌는데, 내면은 이로 인해 굴곡이 생겼다.

구경:12.3cm, 기고:5.4cm, 꼭지최대경:3.0cm, 꼭지고:0.8cm, 두께:0.3~0.9cm

② 高杯

회백색 경질토기로 약간의 사립질이 혼입된 점토질 태토로 만들었다. 내면 일부와 속심은 회청색을 띤다. 뚜껑받이는 각이 지면서 급격하게 안으로 꺾이면서 볼록하게 성형하였고, 턱은 외반한다. 뚜껑받이가 턱보다 높게 만들어졌다. 대각은 굽으로 느껴질 만큼 짧으며 각단이 밖으로 돌출되어 말려있다. 내외면에 회전물손질이 관찰된다. 배신의 1/3 정도가 결실된 상태이다.

구경:12.6cm, 기고:4.1cm, 대각경:6.6cm, 대각고:0.9cm, 두께:0.5cm

(4) 有蓋高杯

① 뚜껑

회청색 경질토기이며, 외면 일부와 내면은 회황색을 띤다. 태토는 사립질이 혼입된 점토질이다. 꼭지는 환형으로 중앙이 약간 볼록하게 솟아있다. 드림부는 입술이 동체에서 짧게 돌출되어 안턱으로 얇아지면서 내려온다. 내외면에 전체적으로 회전물손질이 이루어졌고, 외면 상부에는 물손질에 의해 단이 생기기도 하였다.

구경:14.2cm, 기고:6.1cm, 꼭지최대경:3.9cm, 꼭지고:1.1cm, 두께:0.3~1.0cm

② 高杯

연질토기로서 소량의 사립질이 혼입된 점토질 태토로 만들었으며, 크기가 뚜껑에 비해 작다. 색조는 외면은 회색과 회황색을 띠며, 내면은 회황색을 띤다. 뚜껑받이턱은 짧게 외반하며, 뚜껑받이와의 사이가 각이지게 꺾였다. 뚜껑받이는 약간 내반되었으며, 턱보다도 약간 높게 만들었다. 대각은 밖으로 뻗어있으며, 각단에 살짝 말린 흔적이 관찰된다. 대각 안쪽면은 오목하게 패여있다. 내외면에 회전물손질이 이루어졌다.

구경:12.1cm, 기고:5.5cm, 대각경:6.8cm, 대각고:1.8cm, 두께:0.4~0.9cm

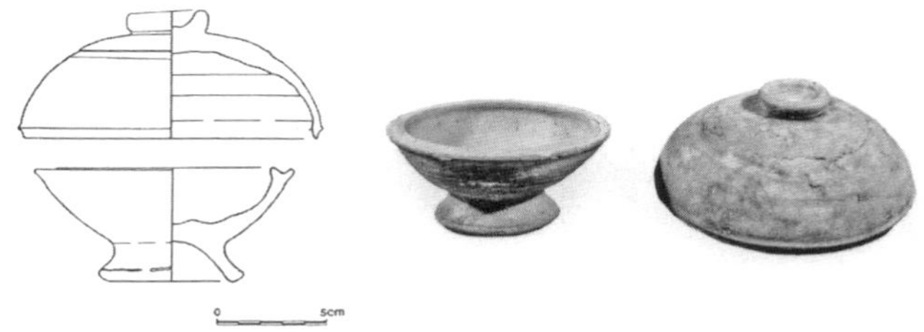

(5) 有蓋高杯

① 뚜껑

이 토기는 고배의 형태를 하고 있으나 출토된 상태는 뚜껑으로 사용되었다. 여기서는 분류상 뚜껑으로 하고, 설명은 고배형식으로 하기로 한다.

흑청색의 경질토기로 대각은 회색을 띠기도 하며, 약간의 석립이 혼입된 점토질 태토로 만들었다. 뚜껑받이는 급격하게 안으로 꺾였고, 턱은 약간 외반한다. 뚜껑받이와 턱의 높이는 같다. 대각은 단이 지면서 밖으로 벌어졌으며, 내면 중앙이 볼록하게 솟아있다. 내외면에 회전물손질이 이루어졌고, 외면에는 굴곡이 생겨 횡선을 그은 것처럼 성형되었다. 전체적으로 기형이 한쪽으로 기울어져 있다.

구경:12.4cm, 기고:6.1cm, 대각경:7.3cm, 대각고:2.0cm, 두께:1.4~0.8cm

② 高杯

회황색 연질토기로 다량의 석립질이 혼입된 점토질 태토로 만들었다. 뚜껑받이와 턱은 거의 결실되어 있는 상태이나 뚜껑받이의 일부 잔존상태로 보아 안으로 꺾이는 것으로 생각된다. 대각과 배신은 따로 제작되어 접합하였고, 각단에서 약간 말리면서 밖으로 꺾인다. 내외면에 회전물손질흔이 관찰되며, 내면 일부에 거친 물손질흔도 남아있다.

구경:11.2cm, 잔존고:5.7cm, 대각경:6.5cm, 대각고:약2.5cm, 두께:0.4~0.7cm

4. 地表收拾

1) 臺附長頸壺

회흑색 경질토기로 소량의 사립질이 혼입된 점토질 태토로 만들었다. 내외면은 일부 회황색을 띠고, 외면에는 자연유가 흡착되어있는 것이 관찰된다. 속심은 회흑색을 띤다. 구연부는 경부 끝에서 외반하다가 직립하며, 구연하단부에 2줄의 횡선을 돌렸다. 경부는 2줄의 횡선을 중앙에 돌리고, 그 상하에 각각 2줄의 파상문을 시문하였다. 동체부와 경부 사이에는 단이 형성되어있다. 동체부에는 약간 상부에 2줄의 횡선을 돌렸고, 하부에 불규칙적인 회전물손질이 이루어졌다. 내면에도 불규칙적인 회전물손질이 이루어졌다. 대각은 밖으로 돌출되었고, 각단이 두텁게 형성되어있다. 대각 안쪽은 볼록하게 솟아있다. 토기 전체기형은 한쪽으로 치우쳐 있으며, 여러 곳에 기포가 형성되어있다.

구경:12cm, 동최대경:16cm, 기고:15.9cm, 두께:0.7~1.2cm, 대각경:11.3cm, 대각고:2.3cm

2) 완

연질토기로 회색을 띠며, 태토는 소량의 석립질이 혼입된 사질점토이다. 구연부는 구연 일부가 결실된 상태로 외반하며, 구연단에 횡선을 돌렸다. 동체부 내외면에 회전물손질에 의한 굴곡이 형성되었으며, 저부는 평저이다.

구경:12.3cm, 저경:5.7cm, 기고:4.8cm, 두께:0.4~0.5cm

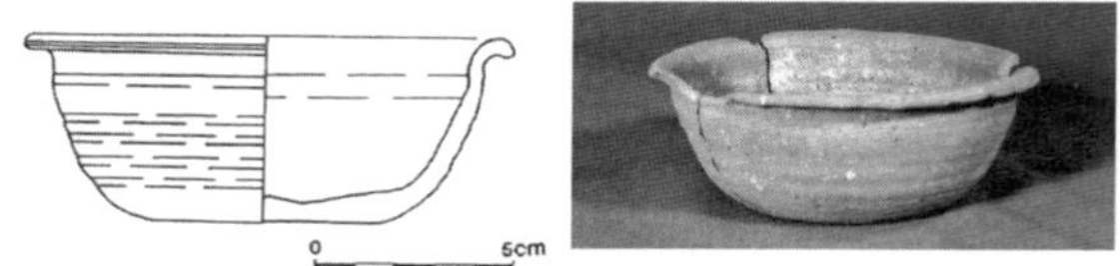

3) 軟質小壺

회황색 연질토기로 소량의 석립이 혼입된 사질점토의 태토로 만들었다. 현재 구연부는 일부만 남고 모두 결실되었으며, 동체부도 1/4 정도가 결실된 상태로 도면상 복원하였다. 구연부는 외반하였으며, 구연단은 직선적으로 처리되었다. 동체부는 외면에 박리가 심하고, 저부와의 접합면에 얇은 승문 타날이 관찰된다. 저부는 평저이며, 거친 물손질이 이루어졌다.

구경:10.3cm, 동최대경:12.0cm, 저경:7.4cm, 기고:11.5cm, 두께:0.5~0.9cm

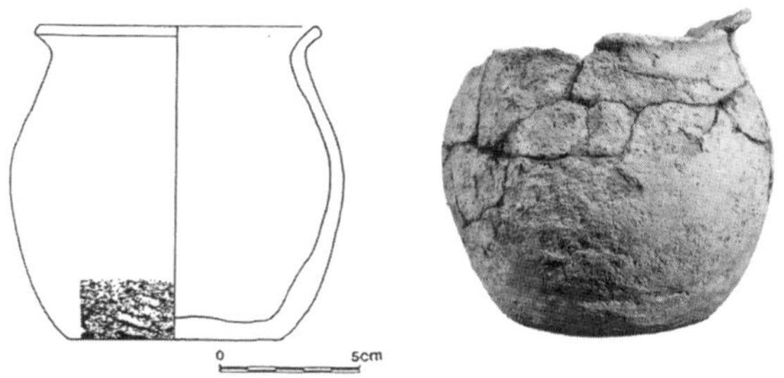

4) 甁

회청색 경질토기로 점토질 태토로 만들었다. 구연부 전체와 동체부 1/3, 저부 일부가 결실된 상태로 도면상 일부 복원하였다. 구연부는 작고 짧은 경부에 연결되어 외반하나, 구연단의 형태는 알 수가 없다. 동체부 내면에는 회전물손질이, 외면에는 회전물손질과 거친물손질이 이루어졌다. 저부는 평저이며, 거친물손질흔이 관찰된다. 저부와 동체부 접합면이 거칠게 처리되었다.

동최대경:11.7cm, 저경:5.5cm, 잔존고:11.0cm, 두께:0.4~0.9cm

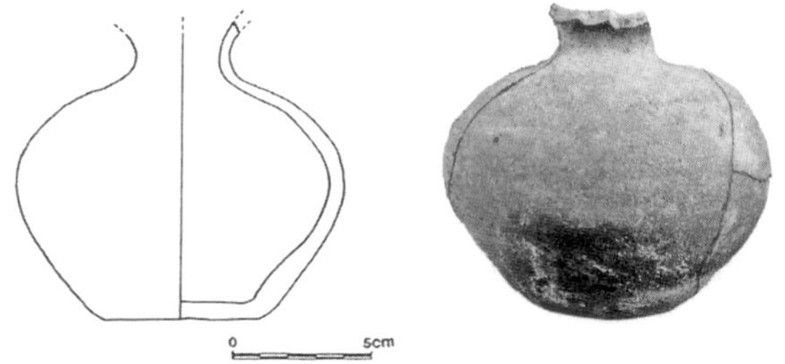

5) 臺附壺

경질토기로 색조는 회청색을 띠며, 약간의 석립이 혼입된 점토질 태토로 만들었다. 구연부는 거의 직립하고 있으며, 일부분이 결실된 상태이다. 동체부의 최대경은 상부에 있으며, 2줄의 횡선 2조가 돌려진 후에 원형의 押印文 128개가 불규칙하게 시문되었다. 대각은 밖으로 돌출되어 있는데 따로 제작되어 접합하였으며, 중앙에 돌대선을 돌렸다. 장방형의 투창 3개가 밖에서 안으로 뚫려있는데,

그 상대각은 거의 90°로 사방에서 한쪽만 투창이 없다. 내외면에 회전물손질이 이루어졌고, 일부 기포가 형성되어있다.

구경:10.7cm, 동최대경:13.2cm, 대각경:9.6cm, 대각고:2.2cm, 기고:7.5cm, 두께:0.4~1.2cm

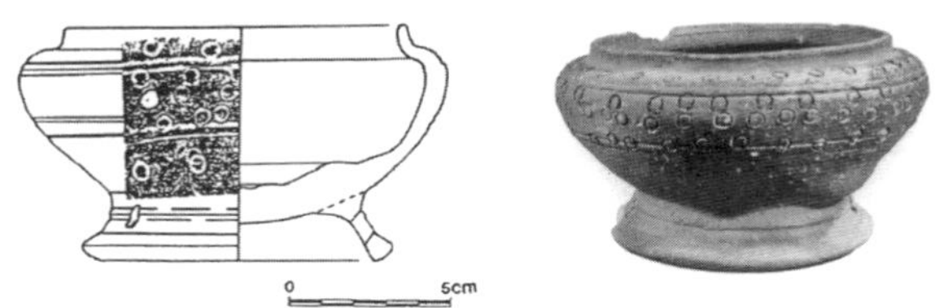

6) 잔

회청색 경질토기로 정선된 점토질 태토로 만들었다. 구연부는 일부가 깨져나간 상태로 동체 상부에서 곡선을 이루며 끝이 두께 0.15cm로 얇아지면서 외반한다. 동체부의 최대경은 하부에 치우쳐있다. 저부는 동체부와 구분이 없으며, 바닥은 거칠게 처리되었다. 저부와 동체 일부는 회백색을 띠기도 한다. 내외면에 회전물손질이 이루어졌다.

구경:6.8cm, 동최대경:6.4cm, 기고:5.7cm, 두께:0.3~0.5cm

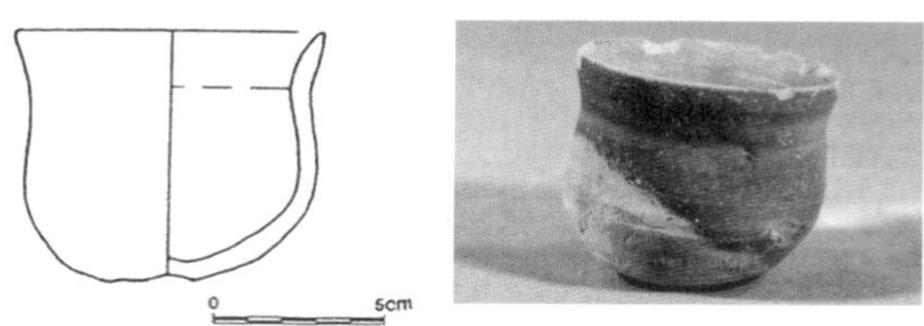

7) **有蓋高杯**

이 고배와 뚜껑을 한 세트로 할 만한 증거자료는 없으나, 유물정리 과정에서 서로 일치되는 점이 많아 한 세트로 분류하여 설명하고자 한다.

① 뚜껑

경질토기로 소량의 사립질이 혼입된 점토질 태토로 만들었고, 색조는 회청색을 띠는데, 속심은 자색을 띤다. 현재 동체부와 드림부 일부가 결실된 상태이며, 외면 일부에 자연유가 흡착되어있다. 꼭지는 環形으로 끝이 밖으로 말려있다. 드림부는 입술이 각을 이루며 돌대처럼 짧게 돌출되었고, 안턱은 입술에서 안으로 꺾인다. 내외면에 회전물손질이 이루어졌으며, 일부 거친물손질흔도 관찰된다.

구경:12.7cm, 기고:5.5cm, 꼭지경:3.9cm, 꼭지고:1.0cm, 두께:0.4~0.9cm

② 高杯

경질토기로서 전체적으로 회흑색을 띠며, 대각 일부는 적갈색을 띤다. 속심은 자색을 띤다. 태토는 소량의 석립질이 혼입된 점토질이다. 뚜껑받이와 턱 일부가 결실된 상태로 뚜껑받이가 턱보다 높게 만들어졌다. 뚜껑받이턱은 끝에서 살짝 외반하며, 뚜껑받이는 약간 내반한다. 동체부는 내외면에 회전물손질이 이루어졌다. 대각은 따로 제작되어 접합하였고, 각단이 형성되면서 밖으로 돌출하였다.

구경:13.4cm, 기고:5.9cm, 대각경:7.0cm, 대각고:1.6cm, 두께:0.3~0.6cm

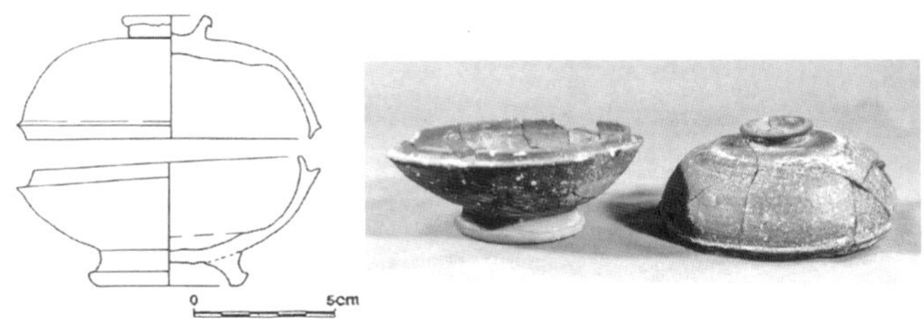

8) 뚜껑

회청색 경질토기로 점토질 태토로 만들었다. 현재 드림부와 동체부의 1/3이 결실된 상태로 도면상 복원하였다. 꼭지는 단이진 우산모양으로 꼭지 상부에 홈이 패여있고, 아랫부분은 안쪽으로 말리듯이 꺾였다. 동체부 내외면에 회전물손질이 이루어졌는데, 외면에는 7줄의 횡선을 돌렸으며, 내면에는 회전물손질에 의한 횡선이 관찰된다. 동체부 상부에는 횡선을 긋는 과정에서 단이 형성되어있다. 드림부는 입술이 거의 형성되어있지 않으며, 안턱은 각을 이루며 급격히 안쪽으로 꺾인다. 전체적인 기형은 한쪽이 약간 부풀려 있는 듯하다.

구경:10.4cm, 기고:5.0cm, 꼭지경:3.7cm, 꼭지고:2.0cm, 두께:0.3~1.1cm

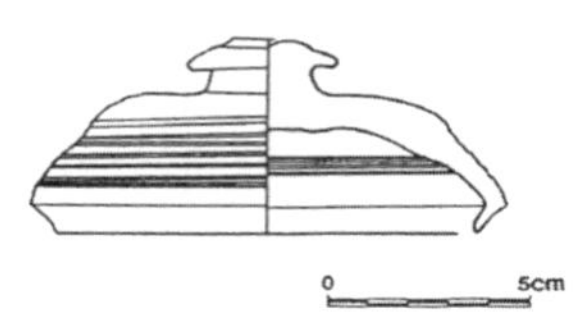

9) 有蓋高杯

회갈색 경질토기로 속심은 회청색을 띤다. 태토는 사립질이 일부 섞인 점토질이다. 뚜껑받이 일부가 결실된 상태로 내반하고 있으며, 턱보다도 높게 만들었다. 뚜껑받이턱은 끝에서 짧게 외반하였다. 동체부 내외면에는 회전물손질에 의한 굴곡이 형성되어있다. 대각은 얇게 성형하였고, 배신과 따로 제작되어 접합한 흔적이 관찰된다.

구경:12.3cm, 기고:5.4cm, 대각경:6.6cm, 대각고:2.3cm, 두께:0.5~0.9cm

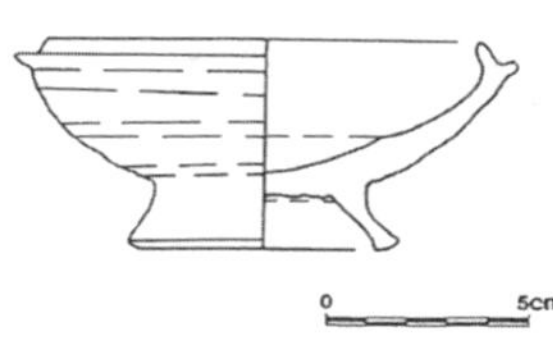

10) 有蓋高杯

회청색 경질토기로서 소량의 석립질이 혼입된 점토질 태토로 만들었다. 뚜껑받이턱 일부분이 결실된 상태로 끝에서 짧게 외반하며, 뚜껑받이는 각을 이루며 급격히 내반하였다. 뚜껑받이가 턱보다도 높게 성형되었다. 동체부 내외면에는 회전물손질이 이루어졌다. 대각에는 2줄의 횡선을 돌린 후에 장방형의 투창 3개를 밖에서 안으로 뚫었으며, 그 상대각은 거의 120°에 가깝다. 대각은 각단이 형성되면서 밖으로 심하게 꺾였다.

구경:12.3cm, 기고:6.7cm, 대각경:8.2cm, 대각고:2.8cm, 두께:0.4~1.0cm

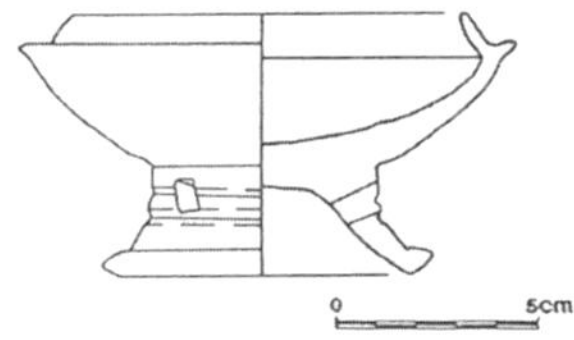

11) 有蓋高杯

회청색 경질토기로 태토는 점토질이다. 뚜껑받이턱은 끝에서 살짝 외반하며, 뚜껑받이는 내반하고 있다. 동체부는 내외면에 회전물손질이 이루어졌는데, 내면에는 이로 인한 굴곡이 형성되어있다. 대각은 2줄의 횡선을 돌렸으며, 얇게 내려오다가 각단이 형성되면서 밖으로 돌출하였다.

구경:11.2cm, 기고:6.1cm, 대각경:6.8cm, 대각고:2.7cm, 두께:0.5~0.7cm

12) 有蓋高杯

회청색 경질토기로 일부 회황색을 띠기도 한다. 태토는 약간의 사립질이 혼입된 점토질이다. 뚜껑받이와 턱, 배신 일부가 결실된 상태이며, 배신과 대각은 따로 제작되어 접합한 후에 물손질한 흔적이 남아 있다. 뚜껑받이는 얇게 살짝 안으로 꺾이고 턱은 얇게 외반한다. 뚜껑받이가 턱보다도 더 높게 만들어졌다. 대각은 약간 외반하다가 각단에서 말아올렸다. 내외면에 회전물손질이 이루어졌다.

구경:11.5cm, 기고:5.1cm, 대각경:6.7cm, 대각고:2.2cm, 두께:0.4~0.8cm

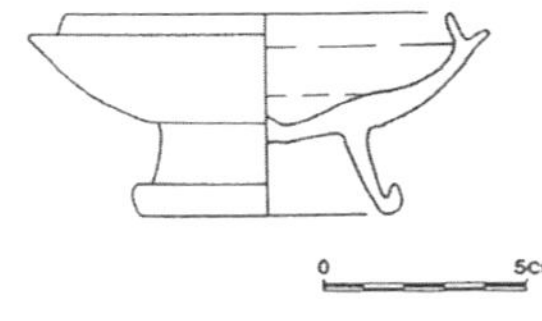

5. 발견매장문화재 신고품

봉의산 고분군을 중심으로 주변지역에서 발견매장문화재 신고된 지역이 여러 곳이 있다(盧爀眞·沈載淵, 1997). 우선, 1976년 11월 11일 후평동 산16-5번지에서 반종림이 토기원저호 등 통일신라시대 유물 24점을 발견하여 매장문화재발견 신고를 한 바 있다. 이후, 1982년 5월 10일 송중욱이 후평동 589-6번지에서 토기대부장경호 등 통일신라시대 유물 9점을 매장문화재발견 신고를 하였다. 그런데 같은 해 같은 날에 후평동 446 3/1에서 이한구가 대부장경호 등을 신고한 것으로 기록되어 있다. 같은 해 같은 날자에 신고한 점과 통일신라시대 토기가 신고된 것으로 보아 송중욱과 이한구의 주소지가 발견 장소로 알려졌을 가능성이 있다. 즉, 송중욱이 신고한 지역은 현재 존재하지 않는 지번으로 현 삼운사 서쪽 편에 연접한 후평동 589-5번지에 가깝다. 이 지역은 고분이 존재할 가능성이 매우 적은 지역으로 후자의 이한구가 신고한 지역도 현 더샵아파트 부근으로 주변에는 고분군이 존재하지 않는 것으로 볼 때 이것 역시 봉의산 일원에서 발견한 것일 가능성이 높다고 판단된다.

한편, 1973년 4월 15일 춘천시 후평동 6반에서 토기대부호 등 27점이 발견매장문화재 신고되었다. 지번에 대하여는 현재 어느 지점인지 특정할 수 있는 자료는 없지만 봉의산 일원으로 추정된다. 이상의 발견매장문화재신고된 것을 재구성하면 다음과 같다.

현재, 봉의산 고분군이 위치하는 지역의 행정 지번은 옥천동 학1-1번지이다. 그리고 옥천동 학1-1번지 동쪽으로 연접한 지번이 후평동 산 15-5번지[4]이다. 후평동 산16-5번지로 신고된 지역은 돼지골로 알려진 지역으로 발견매장문화재 신고될 당시에는 주민이 살고 있던 지역이다. 또한 산16-5번지는 존재하지 않으며 산 16-1번지가 존재하고 있다. 따라서 이 산16-5번지 신고품은 15-5번지의 오기일 가능성이 있다.[5]

이러한 발견매장문화재 신고 지역을 살펴보면 한림대학교 교정에 포함된 지역

4) 이 지번에 춘천 교동동굴로 알려진 신석기시대 유적이 있다.

5) 현재 국립중앙박물관에 보관되어 있는 유물카드에는 산 15-5번지로 되어 있다.

인 것을 알 수 있다. 발견매장문화재 신고의 경위는 정확히 알 수 없지만 대부분은 성심여자대학교가 춘천지역에 있을 당시에 신고된 것임을 알 수 있다. 이것은 성심여자대학의 건축 행위과정에서 발견되었을 가능성이 크다고 생각된다.

따라서 후평동에서 발견매장문화재 신고된 지역 대부분은 봉의산 고분군과 관련된 것으로 볼 수 있다.

이러한 사실로 미루어 볼 때 봉의산 고분군은 현재 알려진 5기의 고분과 주변에 광범위한 범위로 분포하였을 가능성이 있다.

IV. 춘천지역의 신라고분 현황과 조영 집단

춘천지역에는 신라와 관련된 주거유적으로 천전리(江原文化財研究所, 2008 ; 한림대학교박물관, 2008 ; 국강고고학연구소, 2014 ; 강원문화재연구소, 2014a), 우두동(江原文化財研究所, 2006 ; 江原文化財研究所, 2007 ; 한림대학교박물관, 2007 ; 예맥문화재연구원, 2009 ; 江原文化財研究所, 2011a; 예맥문화재연구원, 2013), 근화동(국립중원문화재연구소, 2010; 江原考古文化研究院, 2011 ; 江原文化財研究所, 2011b; 예맥문화재연구원, 2011 ; 江原文化財研究所, 2014 ; 강원문화재연구소, 2016), 현암리(예맥문화재연구원, 2011), 송암동(예맥문화재연구원, 2010) 등지에서 확인된다. 반면에 분묘유적은 봉의산 고분군, 발산리고분, 삼천동 고분군 이외에 정식으로 조사된 것은 없다. 삼천동 고분군은 일부 지역에 대한 시굴조사 결과 고분의 존재는 확인되었다. 이외에 몇 차례의 조사를 통하여 신라토기가 동반되는 파괴분이 확인되었다.

지금까지 확인된 고분(군)을 표시하면 그림 1과 같다.

신라고분(군)으로 추정되는 유적은 북쪽으로는 발산리고분, 발산리지석묘군 파괴분, 천전리 지석묘군이 있으며 남쪽으로는 삼천동고분군, 증리고분군, 원창리 발견매장문화재신고지가 있다. 이외에 우두동 402번지에서 발견매장문화재 신고된 바 있지만 지금까지 이 지역에 대한 정식 조사는 이루어지지 않았다.

대체적으로 고분은 홍천지역에서 춘천지역으로 연결되는 교통로와 남쪽 홍천

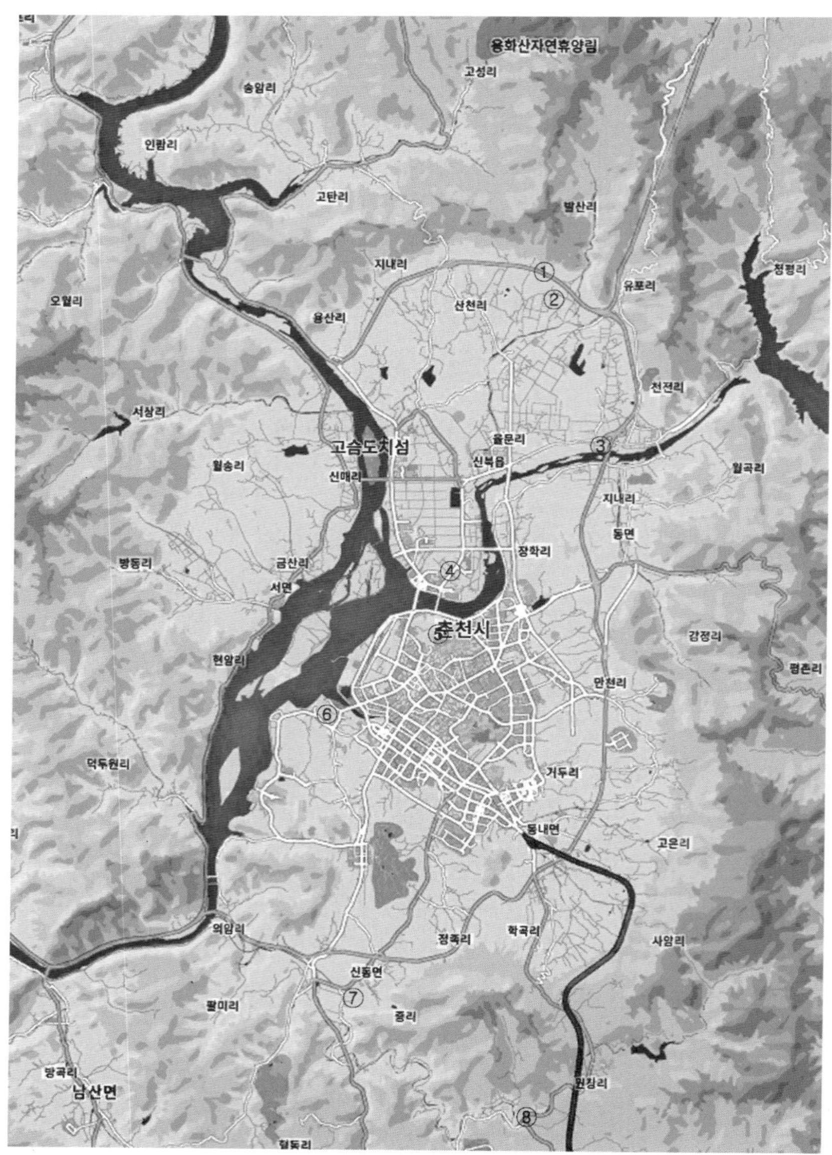

그림 1. 춘천지역 신라고분군 분포도
(① 발산리고분 ② 발산리 지석묘군 파괴분 ③ 천전리 지석묘군 파괴분 ④ 우두동 발견매장문화재신고지 ⑤ 봉의산 고분군 ⑥ 삼천동 고분군 ⑦ 증리 고분군 ⑧ 원창리 발견매장문화재신고지)

강유역으로 연결되는 지역, 소양강 북안에 위치하는 양상을 보여주고 있다.

이러한 양상은 춘천지역이 신라마을유적의 분포 양상과 신라 9州의 하나인 朔州(牛首州)의 州治所라는 점에서 고분군의 분포 양상은 상대적으로 적은 양상을 보여주고 있다.

반면에 봉의산 고분군은 봉의산성 남쪽에 위치하고 있어 봉의산성과 관련된 고분군일 가능성이 높다고 보아왔다. 그러나 고분의 축조 양상과 부장 유물의 질과 양으로 볼 때 신라 중앙 세력이나 지방 유력자의 무덤으로 보기에는 어려운 상황이다. 때문에 봉의산 고분군은 신라 북진기 이후인 6세기 후엽 이후 형성된 고분일 가능성이 많다. 왜냐하면 발굴조사에서 확인된 토기의 완성도나 토기의 소성도 등을 볼 때 재지에서 생산한 토기임이 확실하기 때문이다. 봉의산 고분군에서 확인되는 토기류들은 마을유적에서 확인되는 신라토기류와는 완성도와 소성도에서 완연히 차이가 보인다.

이러한 점으로 볼 때 봉의산고분군의 피장자들은 선덕왕 6년(637)에 설치된 牛首州, 문무왕 13년(673)에 확인되는 首若州, 경덕왕 16년(757)에 중국식 명칭인 朔州에 파견된 중앙세력이나 지역 유력자의 분묘로 볼 수 없는 상황이다. 결국 봉의산 고분군의 피장자는 재지세력의 분묘일 가능성이 많다고 판단된다.

그런데 신라의 춘천지역 진출 시기에 재지세력의 동향을 파악할 수 있는 고고학 자료나 문헌자료는 그리 양호한 자료가 확인되지 않고 있다. 다만 근화동유적에서 재지민들이 철기시대부터 상용하였던 철자형 주거지에 신라토기가 동반되어 나타나고 있어 소위 '중도유형문화'가 적어도 6세기 중후반까지 지속(심재연 2015)되고 있는 것이 확인 될 뿐이다. 그렇지만 지금까지 근화동유적에서 확인된 주거지 1기 이외에는 신라의 진출에 따른 주거의 변화 양상은 확인되지 않고 신라의 'T'자형 구들이 시설된 (장)방형 주거지가 주로 확인되고 있다. 따라서 이들은 신라가 이 지역을 차지하는 6세기 중후엽경까지 뚜렷한 재지세력의 형성을 이루지 못한 것으로 판단된다. 다만, 한성기 백제의 영역과 고구려의 남진에 따른 소속국의 변경이 지속되었던 것으로 보인다. 이러한 측면에서 『삼국사기』에 등장하는 '맥국'의 존재가 주목된다. 소위 춘천지역에는 '춘천 맥국설'이 회자되고 있는데 실제 고고학 발굴을 통하여 '國'의 존재를 증명할 만한 자료는 검출되지 않고 있다. 아마, 춘천지역은 4세기경 한성기 백제의 영역화가 이루어지고 화천 원천리유적을 중심으로 거점지배가 이루어지는 상황에서 기존 집단의 문화가 지속된 것으로 추정된다.

이러한 기존 '중도유형문화'는 삼국항쟁기까지 지속되었을 가능성이 높다. 이 '중도유형문화' 집단은 고대 국가를 이룰 정도로 정치적 통합은 이루어지지 않았지만 적어도 『三國史記』 편찬자가 '맥국'이라고 지칭할 정도[6]로 그 존재는 인식되었던 것으로 볼 수 있다.

이러한 재지문화의 지속에도 불구하고 그 소속은 삼국의 정치적인 역학 관계에 따라 백제-고구려-신라 순으로 귀속되었다.

고분군의 분포는 지금까지 확인되는 신라마을과 연관관계를 밝히기에는 한계가 있다. 삼천동고분군은 송암동유적과 관련성을 검토할 수 있지만 표본조사를 통하여 확인된 자료로는 더 이상의 논의는 어렵다. 봉의산 고분군도 근화동일원의 마을유적과 관련되었을 것으로 보이지만 양호한 자료의 검출이 힘든 상황이다. 한편, 발산리고분군은 그 규모에 비하여 주변에서 관련 마을유적을 확인하기에는 어려움이 있다. 차후, 자료의 증가를 기대한다.

V. 맺음말

춘천지역은 삼국시대에는 백제, 고구려, 신라순으로 귀속되어 갔다. 백제의 소속 시기는 적어도 4세기 중엽경 이후 귀속된 것으로 보이고 그 이후 고구려에 귀속된 것으로 보인다. 이후 신라의 북진과 한강하류지역으로 진출하는 것과 궤를 같이 하면서 비교적 이른 시기에 신라의 영역에 편입되었을 것으로 보인다.

이러한 소속 국의 변화에도 불구하고 여·철자형의 주거에서 거주하면서 경질무문토기를 盛用하던 재지문화는 지속된 것으로 보인다. 이 재지문화는 분묘유적을 남기지는 않았으며 고구려, 신라의 분묘가 춘천 분지에서 확인되고 있다.

6) '貊國' 관련 기사가 문헌에 등장하는 배경에 대한 검토는 임기환(2006), 김창석(2009), 윤용구(2015)의 글이 참고가 된다.

신라의 분묘는 지금까지 뚜렷한 고고학적 사실을 보여줄 만한 발굴 조사는 이루어지지 않아 그 특징을 파악하기에는 어려움이 있다.

봉의산 고분군은 석곽의 규모나 부장품의 종류와 제작 방법을 보면 때 중앙귀족과는 관련이 없는 것으로 판단된다. 따라서 봉의산 고분군의 조성은 신라의 북진 정책이 완성되고 봉의산성이 축성되는 시기를 전후하여 조성되었을 가능성이 높다.

하지만 지금까지 매장문화재발견신고된 내용을 살펴 볼 때 봉의산고분군의 규모는 상당하였을 가능성이 높다. 따라서 봉의산고분군의 조영시기에 대하여는 종합적인 분포 범위의 확인과 정식 발굴조사가 선행되어야 할 것으로 판단된다.

그림 2. 지하저수조 공사중 고분 파괴지역 전경

그림 3. 유물 수습 과정 전경

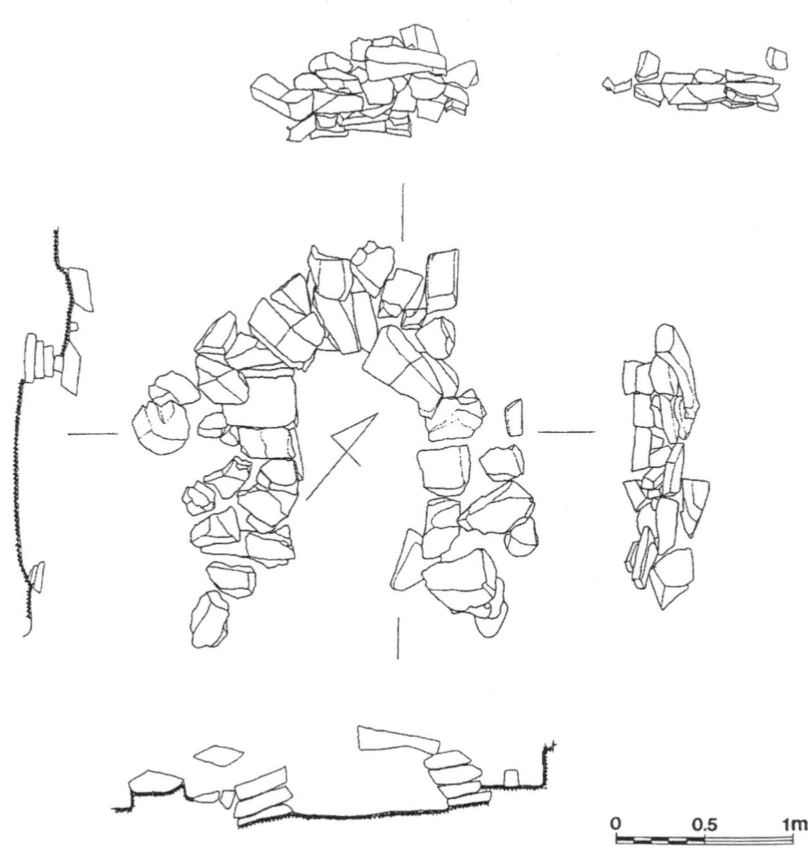

그림 4. 1호분 실측도

그림 5. 1호분 내부 조사전 상황

그림 6. 1호분 내부 조사 후 전경 및 유물 출토 모습

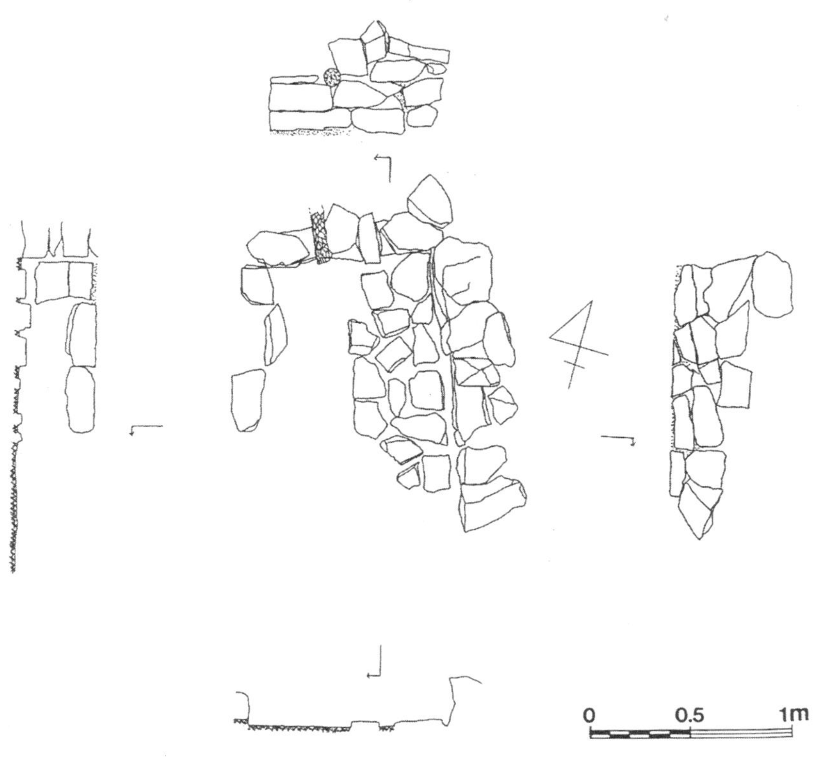

그림 7. 2호분 실측도

그림 8. 2호분 조사 후 전경

그림 9. 2호분 출토 유물 세부

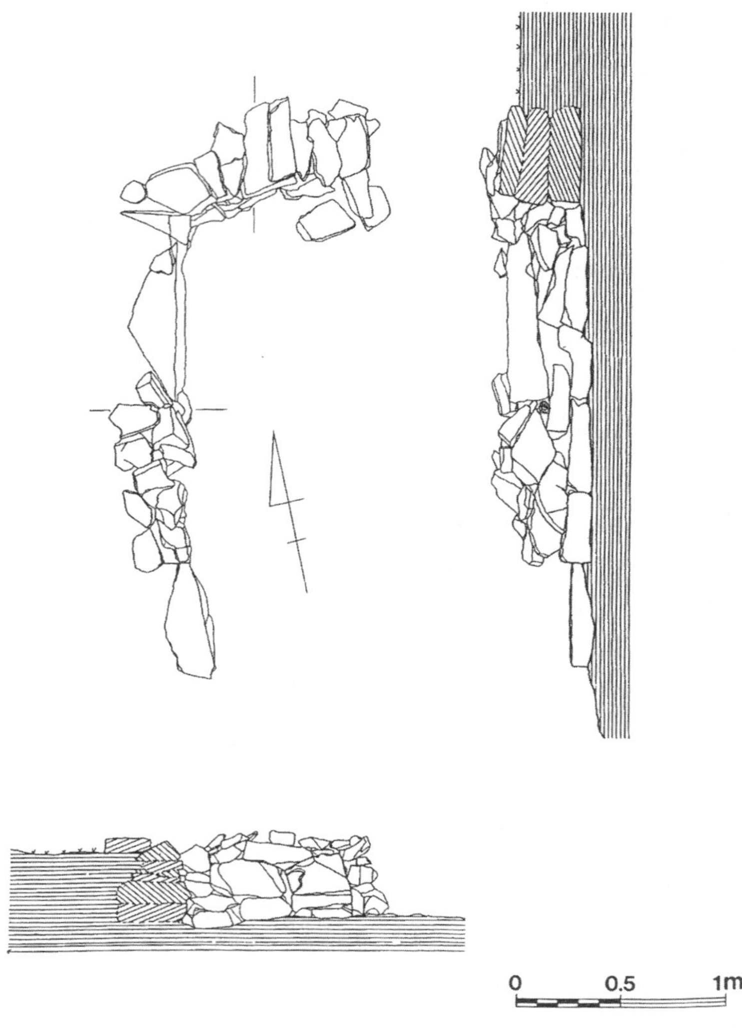

그림 10. 3호분 실측도

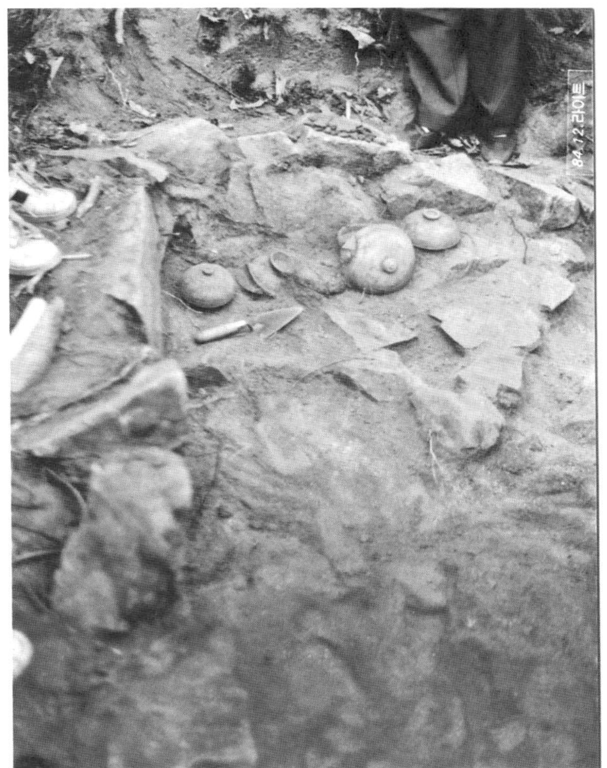

그림 11. 3호분 조사 후 전경 및 유물 출토 모습

그림 12. 파괴고분 유물 출토 모습

〈참고문헌〉

江原考古文化硏究院

2011 『春川 槿花洞遺蹟-경춘선 춘천정거장 예정부지내 A구역 발굴조사』.

江原文化財硏究所

2004 「春川 鉢山里 支石墓群 發掘調査 報告書」, 『春川地域 支石墓群 發掘調査 報告書』.

2006 『春川 牛頭洞 707-1, 35番地 遺蹟 發掘調査 報告書』.

2007 『春川 牛頭洞 롯데인벤스 우두파크 신축부지內 發掘調査 報告書』.

2008 『泉田里-동면-신북간 도로확장 및 포장공사구간내 遺蹟 發掘調査 報告書』.

2010 『春川 鉢山里 遺蹟-춘천시 관내 국도대체 우회도로(신북-용산) 건설공사 유적 발굴조사 보고서』.

2011a 『春川 牛頭洞遺蹟 I -직업훈련원 진입도로 확장구간내 유적 발굴조사 보고서-』.

2011b 『春川 槿花洞遺蹟-경춘선 복선전철 춘천정거장 B구역 문화재 발굴조사 보고서』.

강원문화재연구소

2014a 「춘천 천전리 90-19번지외 1필지 근린생활시설부지 내 유적 국비지원 정밀발굴조사 약식보고서」.

2014b 『春川 槿花洞 792-2番地 遺蹟-춘천 근화동 792-2번지 단독주택 신축공사 부지 문화재발굴조사 보고서』.

2016 「춘천 근화동 786-1번지 일원 휴게시설부지 내 유적 발굴(정밀)조사 약식보고서」.

국강고고학연구소

2014 『춘천 천전리유적-춘천 천전리 118-21번지 근생시설 신축부지내 유적 발굴조사 보고서』.

2015 「의암공원 자연환경복원사업 부지내 유적 문화재 시굴조사 약보고서」.

國立博物館

1967 「四. 泉田里遺蹟」, 『韓國支石墓硏究』.

국립중원문화재연구소

2010 『춘천 반환미군기지(캠프 페이지)부지 내 유적 표본시굴조사보고서』.

김창석 2009 「고대의 영서 지역과 춘천맥국설」, 『사회적 네트워크와 공간』, 태학사.

盧爀眞·張美英·沈載淵
1994 「春川郡의 古墳遺蹟」, 『春川郡의 歷史와 文化遺蹟』, 翰林大學校博物館.

盧爀眞·沈載淵
1997 「春川의 古墳遺蹟」, 『春川의 歷史와 文化遺蹟』, 翰林大學校博物館.

심재연 2015 「춘천의 철기~삼국시대 취락」, 『고고학과 문헌으로 본 춘천문화의 정체성』, 한림대학교 박물관·한림고고학연구소.

예맥문화재연구원
2009 「부록:춘천 사우교차로-명진학교간 도로공사구간내 유적 시굴조사 보고서」, 『春川 昭陽路遺蹟』.
2010 『春川 松岩洞遺蹟-춘천 의암 레저스포츠타운 조성부지내 유적 발굴조사보고서-』.
2011a 『春川 槿花洞遺蹟-경춘선 춘천정거장 예정부지내 C구역 유적 발굴조사보고서-』.
2011b 『春川 玄岩里遺蹟-춘천 서면 문화산업단지 조성지구내 유적 발굴조사보고서-』.
2013 『春川 牛頭洞遺蹟-춘천 우두동 711-1번지 일원 근린생활시설부지내 유적 발굴조사보고서-』.

윤용구 2015 「이른바 '영서예' 이해의 몇 가지 문제」, 『고고학과 문헌으로 본 춘천문화의 정체성』, 한림대학교 박물관·한림고고학연구소.

임기환 2006 「고대의 강원도와 삼국의 역관계」, 『강원도와 고구려』, 강원발전연구원.

翰林大學 博物館
1985 「4. 春川市 鳳儀山 古墳調査略報」, 『翰林大 博物館報』 創刊號.

한림대학교박물관
2007 「춘천 사우교차로-명진학교간 도로공사구간 내 문화재발굴조사 약보고서」.
2008 『춘천 천전리 121-16번지 유적』.

국립문화재연구소 문화유산 연구지식포털 발굴연표
(http://portal.nrich.go.kr/kor/excavationChronologyView.do?menuIdx=566&idx=6600)

경기 남부 7~9세기대 통일신라 취락유적의 성격

정 동헌 (서해문화재연구원)

최근 수도권의 경기 남부지역을 중심으로 7~10세기 통일신라시대 취락 유적의 조사가 증가하고 있다. 한강 유역은 신라의 통일 이후 신주 한산주 한주 등으로 칭해지면서 지배를 공고히 한 지역이다. 특히 통일 이후 안정기에 들어서는 7세기 후반~9세기대 유적은 당시의 촌락으로 인식될 수 있을 것으로 생각된다.

해당지역의 유적을 검토한 결과 취락의 입지·주거지의 구조·취락의 규모 등에서 여러 공통점이 확인된다. 입지는 수전 등 농경을 위해 하천 인근에 입지하였으며, 주거지의 구조는 'ㄱ'·'T'자형 구들이 설치된 주거지가 정형화 및 보편화되어 있다. 취락유적의 규모는 20~30가구로 구성되었으며, 80~100여명 내외의 인구가 거주한 것으로 추정된다.

통일신라시대 촌락에 관한 가장 대표적인 기록은 '신라촌락문서'에 대한 연구 결과들을 통해 볼 때 기록된 촌락들은 가구수 및 인구수 등 규모 면에서 고고학적으로 조사된 취락유적들과 거의 유사하다. 또한 취락유적에서 출토되는 철제 농기구와 석제추, 여러 유적의 유사성 등 고고학적인 현상은 중앙의 영향력이 침투된 결과로 볼 수 있다. 즉, 경기 지역의 통일신라시대 취락유적은 국가의 관리 대상이었을 것이다.

결국 경기 지역에서 확인되는 7~9세기대 통일신라시대 취락유적들은 당시의 일반적인 말단자연촌이며, 국가의 수세대상이었다고 볼 수 있다. 향후 취락간의 위계 및 관계설정과 군현제 하에서의 예속관계 등에 대해 많은 부분에서 연구될 여지가 있다.

I. 머리말

최근 수도권을 중심으로 증가한 발굴조사를 통해 한강유역의 신라 문화에 대한 연구가 활성화되고 있다. 기존의 한강유역 신라 문화 연구가 성곽과 분묘 중심으로 이뤄졌다면 최근에는 주거지 및 취락과 같은 생활유적으로 확장되고 있다.[1] 하지만 이러한 생활유적에 대한 연구가 주거지 구조 변화에 집중하여 단편적으로 진행되고 있는 것으로 보인다.

통일신라시대에는 이미 촌락이라는 개념이 정립되어 있는 시기라 할 수 있다. 그동안 이러한 신라 촌락에 대한 연구는 '新羅村落文書' 등 문헌사료를 중심으로 이뤄졌다. 고고학적 자료가 늘어나는 상황에서도 취락유적을 문헌에 나타나는 신라의 촌락과 접목시키려는 연구는 부족한 실정이다.[2]

신라의 통일 이후 한주[3]에 해당하는 경기지역에서는 취락유적이 7세기~10세기에 이르기까지 폭넓게 나타난다. 발굴조사 후 보고된 취락유적의 대다수는 경기 남부 지역의 광주산맥 주변에 밀집해 있다. 이 유적들 중 어느 정도 취락의 면모를 보이는 유적을 중심으로 분석하여 통일신라시대 촌락과의 비교해 볼 필요가 있다.

시기적으로는 신라가 한강유역을 점령하고 삼국 통일 후 안정기에 들어서는 7세기 후반부터 혜공왕대 분열이 시작되는 9세기까지이다. 이 시기는 전쟁 이후

---

1) 이상복(2008, 2011), 정동헌(2011), 신유리(2011), 황보경(2011), 김은겸(2014), 박수미(2015) 등.

2) 聚落과 村落의 개념에 대해서는 연구자마다 차이가 있다. 본고에서 다루는 통일신라시대에는 '촌락'이라는 개념 자체가 보편화된 시기이므로 취락과 촌락이라는 용어를 혼용하여도 크게 문제될 것은 없을 것이다. 하지만 혼란을 피하기 위해 고고학적으로 발굴조사되었으나 역사적으로 성격이 파악되기 이전의 유적의 경우 취락이라고 칭하고, 역사적 의미를 갖게 되면 촌락이라는 용어를 사용하고자 한다.

3) 이 지역은 新州·漢山州 등으로도 불렸으나, 경덕왕 16년(757) 지방제도 개편 이후의 명칭인 漢州로 칭하고자 한다.

중앙정부가 비교적 안정화되어 지방에까지 지배력을 충분히 미친 시기로 볼 수 있다. 또한 촌락에 대해 많은 정보를 제공하고 있는 '신라촌락문서'의 제작 시기와도 부합한다. 따라서 경기 남부지역에서 조사된 7~9세기 통일신라시대 취락유적을 정리하여 '신라촌락문서'에 나타나는 촌락과 비교하여 그 성격을 검토하고자 한다.

II. 취락유적 현황

1. 현황

1) 광주산맥 동쪽

(1) 이천 갈산동[4)]

이천 갈산동 유적은 이천시 갈산동 일원에서 조사된 유적이다. 유적은 해발 67m 내외의 나지막한 구릉 남사면에 위치하고 있다. 해당유적에서는 통일신라시대 주거지 28기, 수혈 4기 등이 확인되었다. 주거지 내부에는 'ㄱ'자형 및 'T'자형 구들과 화덕 등이 설치되어 있었다. 유물은 완, 대부완, 덧띠무늬병, 대옹편 등이 출토되었으며, 출토유물을 근거로 8세기 중후반에 해당하는 취락으로 판단된다.

(2) 이천 주미리 유적[5)]

경기도 이천시 호법면 주미리·송갈리 일원에서 '안평-송갈'간 도로확장 공사와 관련하여 조사된 유적이다. 유적은 복하천 인근의 평탄한 충적대지에 입지해 있다. 조사 결과 통일신라시대 주거지 19기가 확인되었으며, 내부에는 구들과 부뚜막이 설치되어 있었다. 도로구간이라는 조사구역의 한계로 일부 주거지만 확인되었으며, 주변의 평탄한 충적대지를 따라 다수의 주거지가 입지해 있을

---

4) 중앙문화재연구원, 2007, 『이천 갈산동 유적』.

5) 국방문화재연구원, 2010, 『이천 주미리 유적』.

것으로 추정된다. 유물은 이중원문이 시문된 인화문 토기와 개신부가 '凸'자형인 뚜껑, 완, 동이, 호, 숫돌 등이 출토되었다. 출토된 유물로 보아 8세기 전반에 해당하는 취락으로 판단된다.

(3) 이천 덕평리 유적[6)]

경기도 이천시 마장면 덕평리 일원에서 덕평물류창고 조성과 관련하여 조사된 유적이다. 유적의 2구역으로 명명된 낮은 구릉의 남사면 중턱부 일대를 중심으로 통일신라시대 주거지 11기 등이 조사되었다. 주거지의 내부에는 구들시설이 설치되어 있었다. 유물은 완, 대부완, 석제추 등이 출토되었다. 주거지가 밀집한 능선 바로 옆으로 인화문 토기 뚜껑 완 등이 매납되어 있는 석실묘·석곽묘군이 위치해 있다. 분묘군은 신라가 한강유역으로 진출하던 시기에 조성된 것으로 폐기 이후 생활공간이 들어선 것으로 판단된다. 출토 유물 및 분묘군과의 관계를 고려할 때 취락은 8세기 후반에 해당하는 것으로 판단된다.

2) 광주산맥 서쪽

(1) 화성 청계리[7)]

화성 청계리 유적은 화성 청계지구 택지개발과 관련하여 화성시 동탄면 청계리 일원에서 발굴조사된 유적이다. 해당유적에서는 통일신라시대 주거지 75기, 가마, 우물, 수혈 및 굴립주 건물지 등 다양한 유구가 출토되었다. 취락의 형태는 구역별로 여러 곳에서 확인되는데, 대체로 낮은 구릉의 사면 중턱부~하단부에 걸쳐 입지한다. 특히 나-A-2구역의 능선 일대에는 능선을 따라 3단으로 시설물들이 배치된 단위취락이 확인되었다. 주거지의 구조는 'ㄱ'자·'T'자형 구들이 설치된 수혈주거지가 대부분이었다. 유물은 '凸'자형 뚜껑, 발형 완, 대부완, 호, 동이 등이 출토되었다. 출토된 유물과 AMS 측정 결과 및 주변 유적과의 비교를 통해 볼 때 8세기 중후반에 해당하는 취락으로 판단된다.

---

6) 한백문화재연구원, 2014, 『이천 덕평리 유적』.

7) 한백문화재연구원, 2014, 『화성 청계리 유적』.

(2) 화성 동탄[8)]

화성 동탄 유적은 화성시 동탄면 산척리에서 동탄2 신도시 개발과 관련하여 발굴조사된 유적이다. 해당유적에서는 주로 오산천 동쪽은 낮은 구릉 사면 말단부 일대를 중심으로 주거지와 수혈이 입지해 있었다. 조사지역은 여러 지점으로 나뉘었는데, 그 중 인근한 34~36지점에서 17기의 주거지가 확인되었다. 주거지의 구조는 대체로 내부에 'ㄱ'자형 구들이 설치되어 있었다. 유물은 완·대부완·병·호 등 소형토기류가 주류를 이룬다. 출토 유물로 보아 7세기 중반~8세기 중반에 해당하는 취락으로 추정된다.

(3) 용인 영덕동 유적[9)]

용인 영덕동 유적은 경기도 용인시 기흥구 영덕동 일원에서 용인 흥덕지구 도시개발사업과 관련하여 조사된 유적이다. 유적 내의 통일신라시대 주거지는 원천 인근의 평탄지에 위치해 있었다. 통일신라시대 유구로는 주거지 이외에도 저수시설 제의유구·우물·경작유구·수혈 등이 다양하게 확인되어 취락의 구조를 확인할 수 있다. 유물은 뚜껑·완·동이·호·병 등의 토기류가 주로 출토되었으며, 보습·볏 등 철제농기구가 출토되기도 하였다. 저수시설·경작유구·철제 농기구의 출토 등으로 농경이 주 생업이 되는 취락으로 판단된다. 취락의 존속시기는 출토유물을 통해 7세기~9세기까지 비교적 폭 넓은 사용시기를 보이는데, 중심시기는 8세기로 추정된다.

(4) 용인 서천동 유적[10)]

용인 서천동 유적은 경기도 용인시 기흥구 서천동 일원의 서천택지개발사업의 일환으로 조사되었다. 해당유적에서 통일신라시대 주거지는 능선 말단부와 곡간 저지대 사이에서 22여기가 조사되었다. 1기를 제외하고 대부분의 주거지에 구들이 설치되어 있었다. 주거지 이외에도 낮은 평탄지 일대에서 대규모 주

8) 기호문화재연구원, 2013, 『화성 동탄 유적』.

9) 경기문화재연구원, 2010, 『용인 영덕동 유적』.

10) 경기문화재연구원, 2011, 『용인 서천 유적』

혈군과 경작유구 등이 확인되어 농경과 관련된 취락으로 판단된다. 유물은 인화문토기 뚜껑·완·대부완·동이·단경호 등이 출토되었으며, 출토유물로 보아 8세기대의 취락으로 추정된다.

(5) 용인 마북동[11)]

경기도 용인시 마북동에서 용인 동백지구 택지개발과 관련하여 조사된 유적이다. 해당유적에서는 삼국시대 주거지 71여기가 조사되었는데, 이 중 신라 주거지는 총 21기이다. 주거지의 평면형태는 대부분 방형계이며, 규모가 40㎡ 이하의 소형이 대부분이다. 주거지 내부에는 부뚜막과 구들 등이 설치되어 있었다. 유물은 뚜경, 고배, 시루, 연질발, 파수발 등 소형의 생활용기가 주로 출토되었다. 출토유물로 보아 유적의 조성시기는 6세기 후반으로 신라의 한강유역 진출과정에서 조성되었으며, 퇴화된 인화문토기 등이 출토되는 것으로 보아 8세기를 전후한 시점까지 존속된 것으로 판단된다.

(6) 오산 가수동[12)]

오산 가수동 유적은 경기도 오산시 가수동 일원에서 아파트 건립과 관련하여 조사된 유적이다. 해당유적에서는 낮은 구릉과 남쪽의 하천 사이에 위치하는 능선 사면부 및 곡간부 일대에서 주거지 23기가 조사되었다. 대부분의 주거지 내부에는 부뚜막 및 구들이 설치되어 있었다. 또한 우물·저수시설·물막이시설·호안시설·집수시설 등 치수 및 수리와 관련한 다양한 유구가 공반 확인되었다. 수리관련 시설은 수로변에 위치하는 유적의 입지 및 농경과 밀접한 관련이 있는 것으로 판단된다. 이 외에도 고상식건물지가 군집되어 있었다. 유물은 뚜껑·완·고배·동이·옹·숫돌 등이 다양하게 출토되었으며, 출토 유물로 보아 취락의 중심연대는 7세기 중반대로 추정된다.

(7) 평택 도일동 유적[13)]

---

11) 경기문화재연구원, 2007, 『용인 마북동 취락유적』.

12) 경기문화재연구원, 2010, 『오산 가수동 유적』.

경기도 평택시 도일동 일원에서 평택종합유통단지 조성사업과 관련하여 조사된 유적이다. 해당유적에서는 도일천 남쪽의 낮은 구릉 남사면 일대에 입지해 있으며, 통일신라시대 주거지 27기가 조사되었다. 주거지는 유실이 심한 상태이나 대체로 방형계로 추정되며, 내부에는 대부분 화덕과 구들이 설치되어 있었다. 유물은 완, 호, 지석 등이 출토되었으며, 8세기 후반의 취락유적으로 판단된다.

2. 특성

1) 입지

취락의 입지에 있어서 자연적인 조건 및 생업은 중요한 결정요인이 되며, 통일신라시대 취락유적의 입지 또한 이러한 요인을 충분히 반영하고 있다. 앞에서 열거한 유적에서 확인되는 입지는 주로 하천이 인접한 완만한 구릉상의 입지 양상을 보인다. 특히 동남향하는 능선의 중턱부라는 입지가 가장 보편적이다.[14)]이천 주미리 유적과 용인 마북동 유적에서는 하천의 배후습지나 평지에 입지하는 경우도 확인된다. 입지양상은 구릉이나 배후습지 및 평지로 나뉘지만, 공통점은 하천 인근에 위치해있다는 점이다.

하천 인근의 입지는 생업적 요인을 반영한 것으로 보인다. 구릉형 입지를 보이는 화성 청계리 유적은 취락 전면으로 오산천까지 넓은 평지가 입지해 있는데, 수전에 적합한 입지이다. 이천 갈산동 유적과 이천 덕평리 유적 또한 취락이 입지한 능선 전방에 약 1~1.2km 거리에 복하천이 흐르고 있으며, 사이에는 넓은 평지가 형성되어 있어 농경에 유리하다.

생업을 농경으로 추정하는 것은 유적의 입지뿐 아니라 농경과 관련된 유구가 공반되는 것에서도 확인할 수 있다. 오산 가수동 유적에서는 밭과 함께 도랑 및 수리시설이 다수 확인되어 농경이 있었음을 잘 보여주고 있다. 또한 출토유물에서도 농경의 흔적이 나타난다. 화성 청계리 유적에서는 논의 물꼬를 막고 열어

13) 중앙문화재연구원, 2007, 『평택 도일동 유적』.

14) 김진영, 2008, 「경기 남부지역 신라 취락의 입지와 주거구조」, 『史學志』 40, 단국사학회.

조절할 때 쓰는 철제살포 등 농기구류가 출토되고 있으며, 용인 영덕동 유적에서는 철제 볏과 낫 등이 출토되었다.

즉, 경기 지역 통일신라시대 취락의 입지는 계절풍 및 일조량 등 자연적인 조건을 반영한 동남향의 능선상에 주로 입지해 있으며, 또한 하천이 인근해 있으면서 수전 등 경작에 적합한 넓은 평지가 형성되어 있어 농경이라는 생업적인 요인도 적극 반영하고 있는 것으로 볼 수 있다.

2) 주거지 구조

7~9세기 경기지역 통일신라시대 주거지의 가장 큰 특징은 내부에 구들이 설치된 주거지가 보편화되었다는 점이다. 이러한 수혈주거지에 대해서는 많은 연구[15)]가 활발히 진행중이기 때문에 간략히 언급하고자 한다.

7~9세기 주거지의 구들은 평면형태 'ㄱ'자·'T'자형으로 크게 구분되며, 고래의 수·고래 축조재료 등 다양한 기준으로 분류되고 있다. 다소 이른 시기인 신라의 한강유역 진출기의 용인 마북동유적에서는 구들이 설치되어 있으나, 7~9세기 주거지 구들과는 다르게 아궁이가 고래와 평행하게 설치된 '—'이며, 정형화 및 보편화되었다고 보기 어려운 구조이다. 이러한 'ㄱ'·'T'자형 구들은 7~9세기 어느 시점에 정형화되었다고 생각되는데, 시기적으로 신라 통일 이후 안정기와 관련이 있을 것으로 추정된다.

3) 취락의 규모

취락의 규모라 함은 취락민들의 생활터전 전체인 농경지 및 삼림의 면적 또한 포함하여야 할 것이다. 하지만, 현실적인 조건에서 고고학적으로 이러한 전체 면적을 확인하기는 사실상 불가능에 가깝다. 또한 조사범위의 한계 및 후대 지형의 변화와 훼손 등으로 인해 취락 전체의 가구수나 인구수를 추정하는 것도 쉽지 않은 일이다. 통일신라시대 취락 또한 주거지를 중심으로 일부만 확인되는 경우가 대부분이다. 이러한 점을 감안할 때 취락이 입지한 능선의 거의 온전하게 조사범위에 포함된 화성 청계리 유적의 나-A-2구역은 주목할 만 하다. 이 유

---

15) 각주 1)의 논문.

적을 통해 통일신라시대 취락의 규모를 가구수와 취락민의 인구수 등 일부 추정 해보고자 한다.

화성 청계리 유적 나-A-2구역에는 능선을 따라 주거시설·작업장 및 가마·대형저장시설 및 우물 등이 3단으로 배치되어 있다. 이 중 취락의 인구규모와 직접적으로 연관되는 주거지는 능선 사면을 따라 총 30기가 확인되었다. 주거지의 중복관계와 파괴된 능선을 고려할 때 동시기에 사용된 주거지의 기수는 25기 내외로 추정된다. 1가구당 인구수는 주거지 내부 생활공간의 면적으로 추정할 수 있다. 청계리 취락에서 확인되는 주거지의 내부에서 난방시설로 활용되었을 구들시설을 제외하고 생활공간면이 확인된다. 주거지 내 생활공간의 최소면적은 잔존상태가 양호한 주거지에서 나타나는 단축 너비 3m를 장축의 길이에 대입하여 산출하였다. 취락 내에서 소형으로 분류되는 방형계 주거지가 9.9㎡~11.4㎡, 중형의 장방형계 주거지가 11.1~13.8㎡, 대형의 장타원형계 주거지가 14.7㎡로 확인되었다. 생활공간에서는 작업공간으로 활용한 흔적이 확인되지 않으며, 주거지 가까이에 소형저장시설인 수혈유구가 배치되어 있어 저장을 위한 공간도 많이 필요하지 않았을 것이므로 생활공간은 주로 숙식을 위해 사용되었을 것이다.

1인당 생활공간의 면적을 1인당 생활공간을 위에서 확인한 최소면적과 비교해보면 대략적인 거주 인원을 알 수 있다. 1인당 생활공간을 3㎡로 계산하여[16] 소형의 방형 주거지는 3~4인, 중형의 장방형 주거지는 4~5인, 대형의 장타원형 주거지는 5인 이상이 거주하였을 것으로 추정할 수 있다. 장방형계 주거지가 76%를 차지할 정도로 대다수임을 감안하면, 1가구당 거주인원은 평균 4~5명으로 설정할 수 있겠다. 따라서 청계리 취락의 인구수는 76~95명이 된다. 파괴된 지형에 있었을 것으로 추정되는 주거지까지 고려하면 100~125명까지도 늘어날 수 있을 것으로 생각된다.

---

16) 이 시기 1인당 평균 주거 공간은 아직 연구되어 있지 않다. 일반적으로 청동기 시대에는 수혈주거지 내 1인당 주거공간의 규모를 5㎡ 로 설정한다.(金正基, 1968) 이에 반해 3㎡로 설정하는 연구도 있다.(權五榮, 1997) 청동기시대에는 주거지 내부에 작업공간 등의 활용흔적이 확인되는 예가 많은데 반해, 청계리 취락의 주거지는 내부에서 작업공간의 활용흔적이 확인되지 않는다. 따라서 1인당 주거공간의 규모를 3㎡로 설정하는 것이 타당할 것으로 판단된다.

이는 하나의 유적에서만 확인된 결과이지만, 다른 취락들과 주거지의 구조·입지·출토유물 등을 고려할 때 거의 유사한 형태 및 구조로 판단된다. 따라서 전체적인 취락의 양상이 확인되지 않은 유적에도 일정부분 대입할 수 있을 것이다.

이상의 취락유적에 대한 분석 결과 경기지역 7~9세기 통일신라시대 취락유적에서는 몇가지 공통적인 특징이 보인다. 먼저 주거지의 입지에 있어서 하천이 인근한 구릉 사면이 가장 일반적이며, 하천 인근의 충적대지 및 평지 입지도 나타난다. 즉 하천이 인근해 있다는 점이 취락 입지의 가장 큰 특징인데, 이는 수전 등 경작활동과 밀접한 관련이 있을 것으로 추정된다. 취락의 입지에 있어서 생업적인 요인이 크게 반영된 것이라 할 수 있다. 주거지의 구조에 있어서는 'ㄱ'·'T'자형 구들이 설치된 주거지가 정형화 및 보편화 되어 있다. 통일신라시대의 촌락과 비교할 취락의 규모는 20~30여기의 주거지로 구성되어 있으며, 주거지 내부규모를 통해 추정되는 취락의 인구는 80~100여명 내외로 판단된다. 이러한 고고학적 분석결과를 토대로 7~9세기 통일신라시대 취락유적을 통일신라시대 촌락과 비교·검토하여 그 성격을 추론해 볼 필요가 있겠다.

III. 취락유적의 성격

1. 취락유적과 '촌락'의 비교

7~9세기 및 신라시대에는 각종 기록을 통해 나타나듯 '촌락'이라는 개념이 보편화된 시기이다. 신라 촌락에 대해 언급된 사료는 '蔚珍鳳坪碑'·'大邱戊戌塢作碑'·'永川菁堤碑' 등의 금석문과 함안 성산산성에서 출토된 목간, 1933년 일본 正倉院에서 발견된 '新羅村落文書' 등이 있다. 금석문 자료와 목간 자료는 대체로 6세기대로 편년되는 신라 통일 이전의 자료이며, 신라의 주 활동범위인 영남지방의 자료이다. 반면 '신라촌락문서'는 문서의 작성연대나 세부내용 등에서 많은 논의가 진행중이긴 하지만, 통일을 이룬 이후의 사료이다. 따라서 문서를 통해 통일신라시대 촌락의 형태와 성격을 살펴볼 수 있다.

문서에는 沙害漸村, 薩下知村, ○椒子村, 무명촌의 총 4개의 촌락에 대한 기록이 나타나 있다. 문서의 방식은 일정한 기재 순서에 따르고 있으며, 촌락의 이름·촌역·戶의 수·인구 수·우마 및 토지·인구 및 우마의 증감 등이 상세하게 기록되어 있다. 문서의 기록은 8세기대[17]의 일반 촌락[18]에 대한 양상으로 볼 수 있으며, 신라 통일기의 대민지배체제의 실상이 비교적 잘 나타내고 있다. 문서의 작성 목적은 신라정부는 원활한 수세를 위해 촌락의 사정을 상세히 파악하는 이와 같은 문서를 제작하였다고 추정할 수 있다.[19]

앞에서 열거한 취락유적들은 유물을 통해 나타나는 형성시기가 7세기를 전후한 시점이며, 폐기시점은 9세기 전후이다. 유적별로 다소 차이는 있지만, 대체로 중심연대는 통일 이후 안정기에 들어선 8세기대로 볼 수 있다. '신라촌락문서'가 8세기대의 촌락과 관계가 깊은 문서임을 감안할 때, 8세기를 중심연대로 하는 취락과 문서에 나타난 촌락은 시기적으로 밀접한 관련이 있다고 볼 수 있다.

'신라촌락문서'에 나타난 내용 중 고고학적인 조사결과와 직접적인 비교가 가능한 것은 촌락의 규모이다.

문서에는 촌락의 규모를 나타내는 村域이 기재되어 있다. 촌역은 촌의 둘레를 기재한 것으로 沙害漸村이 5,725步, 薩下知村이 12,830步, ○椒子村이 4,800步로 나타나고 있다. 1步는 6尺이고, 1尺은 唐尺으로 30cm정도이다.[20] 촌역의 규모를 환산하면 A촌이 10.3km, B촌이 23km, D촌이 8.6km이다. 이같은 촌역의 규모는 촌이 형성된 지역의 가옥과 경작지는 물론 주변의 산과 하천까지도 포함하고 있는 규모이다. 촌역이 둘레의 길이이므로 가옥이 밀집된 부분을 중심으로 한 원

17) 문서의 작성연대에 관해서는 695년설(윤선태, 1995), 755년설, 815년설(김기홍, 1991 ; 李仁哲, 1996) 등이 논쟁 중에 있다. 이 중 815년설이 가장 유력한 학설로 받아지고 있다. 통일 이후 안정기에서 촌락 또한 어느정도 보편성을 가졌을 것을 고려하면, 문서에 나타난 촌락은 8세기대 촌락의 모습과 밀접한 관련이 있을 것으로 판단할 수 있다.

18) 촌락의 성격에 대해서는 녹읍 혹은 왕실직속촌과 같은 특수한 형태로 보는 입장(김기홍, 1989 ; 이태진, 1990)이 있지만, 대체로 문서가 율령의 규정에 근거하여 작성된 공문서라는 점에는 이견이 없다. 이러한 보편적인 작성방법이나 다른 특수형태의 촌락에 대한 기록이 나타나지 않는 상태에서 특수촌으로 보기에는 한계가 있고, 일반촌락의 형태를 나타낸다고 보아야 할 것이다.

19) 이인철(1996) 12쪽.

20) 李宇泰, 1983,「新羅 村落文書의 村域에 대한 一考察」,『金哲埈博士華甲紀念史學論叢』.

형의 형태로 설정하면 대략적인 반경을 계산할 수 있다. 이러한 방식의 계산에 의해 가옥밀집지역을 중심으로 한 촌역의 반경을 계산해보면 A촌이 1.6km, B촌이 3.7km, D촌이 1.4km로 나타난다.

문서에는 전체 촌역과 다른 형태의 규모인 戶와 口의 수가 기재되어 있다. 촌을 이루는 호 수와 인구수는 국가의 입장에서 收稅를 위해 아주 중요한 근거자료이다. 따라서 그에 대해 등급을 세세하게 나누고, 증감내용까지 매우 상세하게 기록되어 있다. '신라촌락문서'에는 戶의 수를 孔烟·計烟·等級烟·三年間 中 收坐內烟 등으로 나누어 기재하였다. 이 중 촌을 구성하는 戶의 수를 추정할 수 있는 중요한 단서는 공연과 계연이다. 학계의 많은 연구를 통해 공연과 계연의 성격이 점차 밝혀짐에 따라 문서에 나타난 촌락의 규모도 추정해볼 수 있게 되었다. 계연은 말 그대로 '계산되어진 烟'으로 이를 근거로 수취의 기본단위로 설정되었다는 것이 일반적인 견해이다. 계연의 계산법은 여러 학자들의 견해가 제시되었는데, 9등호제에 근거하여 중상연을 기준 1로 하여 하하연부터 1/6~6/6으로 기본수를 설정하여 산출된 것으로 풀이하였다.[21)]

반면 孔烟에 대해서는 自然戶說과 編戶說이 논쟁 중에 있다[22)]. 공연을 일반적인 상태의 戶로 보는 자연호설은 일본인 학자들의 연구 이래로 별다른 비판 없이 수용되어 왔다. 그러나 후에 촌을 이루는 戶의 수가 의외로 적은 반면 호당 인구수가 높은 수치를 보이고 있는 점, 전답의 호당평균치가 휴한법의 제약을 상정하더라도 후대에 비해 지나치게 많다는 점, 문서에 보이는 이동연에 대한 검토를 통하여 공연은 자연호와 자연호 뿐만 아니라 자연호와 개별인의 합으로도 구성된 편호임이 밝혀졌다.[23)] 즉 孔烟은 국가의 수취단위로 설정된 編戶라는 것을 알 수 있다.

촌락의 인구수를 나타내는 口의 수도 세세하게 구분되어 기재된 것으로 나타난다. 인구의 구분은 크게는 양인과 노비로 구분되어 있다. 양인은 남자와 여자

---

21) 李泰鎭(1986) 45쪽.

22) 孔烟의 구조에 대한 연구 등이 논쟁 중에 있지만, 여기에서는 자연호인지 편호인지만 구분하고 그것을 바탕으로 촌락의 구성 戶의 수를 추정하는 정도로 그치고자 한다.

23) 李泰鎭, 1979, 「統一新羅期의 村落支配와 孔烟」, 『韓國史硏究』 25.

로 분류하고 나이에 의하여 다시 세분하였다. 남자는 老公·除公·丁·助子·追子·小子로 나누어 기재되었으며, 여자는 老母·除母·丁女·助女子·追女子·小女子로 구분하였다. 노비의 연령별 명칭은 따로 설정되지 않고 양인의 구분에 맞추어 기재하였다. 여기에 촌의 인구증감을 三年間中加收合人數·收坐內烟合人 등으로 나누어 자세하게 기재하였다. 이렇게 인구의 증감을 세세하게 구분하고 상세하게 기록한 것은 인구의 수가 세금의 징수와 役의 부과에 있어서 기준이 되기 때문이다.[24)]

문서에 나타난 촌의 총 인구수는 沙害漸村이 142명, 薩下知村이 125명, 무명촌이 69명, ○椒子村이 106명이다. 이를 합공연 수로 나누어 공연당 평균인구수로 환산하면 沙害漸村이 13.4인·薩下知村이 8.3인·무명촌이 6.5인·○椒子村이 11.8인이다.[25)] 이러한 평균 인구수는 孔烟이 단순히 自然戶가 아니라는 사실을 뒷받침한다. 고고학적으로 조사된 신라시대 주거유적을 통해 볼 때 1戶에 7인 이상이 거주할 수 있는 면적이 아니다.[26)] 문서에 나타나는 내용 중 B촌과 C촌의 전입호가 공연을 이루는데 각각 4인과 6인이라는 것도 위의 사실을 방증한다. 그렇다면 合孔烟은 대략 몇 개의 자연호가 묶여 있는지에 대한 문제가 남는다. 이것은 역으로 1호당 평균인원을 5인으로 계산하여 추정해볼 수 있겠다.[27)] 공연을 편호로 파악하고, 인구수를 가구당 평균 5인으로 설정할 때, 촌락은 대략 20호 내외의 개별戶가 모여 이루어졌을 것으로 추정할 수 있다.

이상에서 살펴본 바와 같이 문서에 나타난 촌락의 규모는 주변의 경작지와 산·하천 등을 모두 포함한 村域이 기재되어 있고, 戶의 수와 인구수가 상세하게 조사되어 있다. 촌역은 후대의 지형변화 및 고고학적 발굴의 한계로 인하여 비교가 현실적으로 어렵다. 따라서 문서의 내용과 고고학적 조사결과를 비교할 수

---

24) '신라촌락문서'가 율령에 의거하여 만들어졌다는 사실은 이제 정립되었으며, 문서의 내용이 조용조의 세금부과와 군역의 근거자료가 된 것으로 알려져있다.(이인철, 1996. 165~166쪽.)

25) C촌의 경우 합공연의 수가 정확하지 않으므로 평균인구는 정확하지 않다.

26) 이러한 면적은 화성 청계리 취락에서도 마찬가지이다.

27) 앞서 청계리 취락의 주거지당 인원은 소형인 경우 3~4인, 중형인 경우 4~5인, 대형인 경우 5인 이상으로 밝혀진 바 있다. 또한 전입호의 구성원이 4인·6인으로 나타나고 있다. 따라서 대략적인 주거지 1기당 평균인원을 5인으로 설정하는 것은 크게 무리가 없을 것으로 판단된다.

있는 것은 戶의 수와 인구수이다. 앞장에서 확인한 바와 같이, 취락유적의 규모가 20기 내외의 주거지의 기수를 가지고 있다. 또한, 유적의 전체적인 양상이 비교적 잘 남아있는 청계리 취락에서 나타나는 추정 인구수는 80~100명 내외이다. 문서에 나타나는 촌락의 인구는 70~140명 가량이며, 4개 촌락에서 나타나는 평균인구는 110명 내외가 된다. 戶의 수를 나타내는 공연이 자연호가 아닌 편호라는 사실을 감안하고, 1戶당 평균 거주 인원을 5인으로 설정하여 계산해보면 20戶~22戶 내외로 추정된다. 이러한 점을 통해 볼 때 취락과 문서의 촌락은 20戶 내외의 가구수와 100명 내외의 인구수로 구성된 비슷한 규모를 갖춘 것으로 볼 수 있다.

2. 통일 후 신라의 취락경영

한강유역 통일신라시대 취락유적은 '신라촌락문서'에 나타난 촌락과 규모 등에서 상당히 유사하다. 문서가 촌락에 대한 원활한 수세를 목적으로 율령에 의거하여 작성되었다는 점을 고려할 때, 문서에 나타난 촌락은 신라 정부의 입장에서 수세의 대상임을 알 수 있다. 즉, 소규모 촌락에까지 신라 중앙 권력이 침투한 것이다.[28] 따라서 통일기 신라의 촌락지배 방식의 변화를 통해 청계리 취락에 침투된 중앙 권력의 영향을 살펴볼 수 있겠다.

기존 연구 성과에 따르면 신라가 통일을 이루기까지 대민지방지배방식은 중앙집권화에 맞추어 변화하게 된다. 7세기 전쟁 종식 후 국가는 民의 자립성을 강화시킴과 동시에 사회생산력을 발달시켜 체제정비의 토대를 구축하였다. 이를 바탕으로 民을 국가의 기반으로 묶어내고 중앙집권을 달성할 수 있었다.[29] 이 과정에서 중고기의 읍락에 대한 간접지배방식이 이제는 직접지배방식으로 전환되었고, 지방에 대한 지배를 강화하였다. 또한 넓어진 영토를 효율적으로 관리하기 위해 9주 5소경을 설치하고 군현제를 확립하였다. 문서에 當縣·西原京 등의

28) 신라의 관리 파견 등을 통해 직접적인 관리를 하지 않았다고 하더라도, 중앙에 수세의 대상이 된 촌락이라면 중앙 정부의 권력이 영향을 끼쳤다고 판단할 수 있다.

29) 이창훈, 「7세기 신라 民의 재편과정」, 『한국고대사연구』 16, 고대사학회, 1999.

기록으로 보아 촌락에 대한 지배 또한 군현제 아래에서 이루어졌던 것이다. 7세기의 이러한 지배 방식의 변화는 안정기에 들어선 8세기에 이르러 더욱 공고히 되었을 것이다.

통일기 신라가 추구하는 통치체제는 왕권 중심의 국가 권력이 모든 영토 내에 지배력을 행사하는 중앙집권화였다. 7세기 전쟁 전의 신라 사회는 기득권을 유지하려는 귀족세력과 성장하는 民을 기반으로 사회를 재편하려는 왕권이 대립하였다. 7세기 전쟁의 성공적인 결과로 인하여 왕권은 새로운 체제 구축을 가속화할 수 있었다. 7세기 중반 삼국 및 唐과의 전쟁이 마무리 된 후 신라는 내적 정비에 힘썼다. 이러한 내적 정비는 왕권 중심의 국가권력이 영토 내에 지배권을 관철시키는 중앙집권화의 방향으로 나아갔다.[30)]

이러한 중앙집권화의 과정에서는 반대세력이 되는 귀족세력의 기득권을 박탈하고, 반대로 民이 사회의 기반이 될 필요가 있다. 즉 民의 성장이 그 초석이 되어야 한다는 것이다. 하지만 오랜 전쟁 기간을 통해 농토의 황폐화·터전의 상실로 인한 유리화 등의 문제가 생겨 民이 어려움을 겪고 있는 상황이었다. 이것을 타개하기 위해서는 民의 생업을 안정시키고 사회생산력을 향상시키는 일이 중요하다. 이러한 생산력 향상과 民의 안정을 바라는 신라 왕실의 의지는 文武王의 遺詔[31)]에도 잘 나타나 있다. 遺詔의 내용 중에는 철제 농기구의 비약적인 확산을 나타내는 내용이 있다.

이것은 고고학적 조사결과와도 일치한다. 신라 통일기 철제 농기구의 출토는 성곽을 중심으로 하는 국가와 관련된 유적에서의 집중적으로 출토되고 있다.[32)] 하지만 통일 이후에 확인되는 유적에서는 이러한 경향에서 탈피하는 현상이 나타난다. 최근 7세기 후반 이후의 유적인 용인 언남리 유적, 이천 갈산동 유적, 화성 청계리 유적 등에서 신라시대 주거유적과 함께 철제 살포, 주조 철부 등의 철제 농기구가 출토되고 있다. 결국 문무왕 이전 시기에는 철제 농기구가 국가와 관련된 곳에 주로 보급되지만, 문무왕 이후에는 철제 농기구의 보급이 일반 촌

30) 이창훈(1999) 31쪽.

31) 『三國史記』 券 7, 新羅本紀7, 文武王 21年條.

32) 李宇泰(1981) 100~101쪽.

락에까지 넓게 확산된 것으로 보인다. 이렇듯 철제 농기구의 보급이 확산되는 것은 사회생산력을 향상시키고 民을 안정시키려는 국가의 의도 아래 이루어진 것이다.

전쟁을 통한 영역의 확장 과정에서 새롭게 복속되는 지역에 대한 신라의 경영 형태도 중앙집권화라는 같은 맥락에서 변화하였다. 중고기 신라의 촌락 경영 형태는 기존 邑落國家의 기반을 완전히 해체하여 새로이 편제한 것이 아니라 그 체제를 그대로 두고 지방관만 파견하는 정도였다.[33] 이것은 신라가 아직 중앙집권이 되지 못하고 재지세력의 독자성이 강한 상태였기 때문으로 판단된다. 또한 이런 방식으로 지방제도를 편제하였던 탓에 토착세력의 계속 유지되어 중앙권력이 촌락 내부에까지 침투하기에는 많은 시간이 소요되었을 것이다. 이러한 사정 때문에 신라의 촌락지배는 재지세력을 인정하면서 그들과 연합하는 형태로 전개되었다.

통일기에 들어서서 일련의 정책들로 중앙집권화가 이루어지면서 지방에 대한 지배형태가 변화하게 된다. 재래의 지방 편제 방식을 버리고 田丁과 戶口를 기준으로 한 지방편제가 이루어진 것이다. 이것은 곧 지방을 중앙권력 아래 두는 것이고, 토착세력에 대한 재편이 마무리되었다는 것을 의미한다.[34] 결국 통일기 신라의 촌락 지배 형식은 지방관을 통하거나 중앙에서 직접 지배하는 형식으로 변화하게 되어 주로 읍락국가의 수장이었던 촌주의 역할이 줄어들고, 현령 주도의 관 중심 지방운영으로 이루어진다.[35]

통일신라시대 지방 제도의 근간을 이루는 郡縣制에도 신라의 촌락에 대한 중앙의 직접지배방식이 잘 나타난다. 군현제의 실시는 지증왕대의 기록을 통해 처음 나타나고 있다. 이후 통일기를 거치고 경덕왕 16년(757)에 개편을 통해 체제가 완성된 것으로 보이는 군현제에서는 전국에 州·郡·小京·縣·鄕·部曲 등을 설치하였다. 이러한 지방지배체제인 군현제의 완성은 앞에서 살펴본 일련의 중앙집권화 정책의 바탕 위에서 이루어졌다. 군현제 속에서 縣이 지방통치의 단

33) 李宇泰(1981) 100~101쪽.

34) 주보돈(1998) 268~270쪽.

35) 金在弘(2003) 137쪽.

위가 되는 것은 문무왕 후반 대에 국왕 중심의 지방 지배체제를 구축해 가는 과정에서 대두한 것이다.[36] 현 이외에도 향과 부곡이 나타나는데, 지방체제의 재편과정에서 田丁戶口가 작아 현이 될 수 없는 규모인 경우에 향·부곡으로 삼았다.[37] 이러한 州·郡·縣·鄕·部曲 등은 촌락이 모여서 이루어진 것이다. '신라촌락문서'에 나타나는 서원경 소속의 촌의 기록을 보면, 5소경 또한 여러개의 촌락으로 구성되었음을 알 수 있다. 결국 신라의 지방통치에 있어서 기본이 되는 단위는 '村'이 된다.[38]

통일신라시대의 촌락에 대한 중앙의 직접 지배를 나타내는 또 하나의 근거로는 앞에서 살펴본 '신라촌락문서'를 들 수 있다. '신라촌락문서'는 알려진 바와 같이 收稅의 목적으로 작성된 것으로, 이는 州治를 거쳐 중앙에까지 보고되었다.[39] 이것은 통일기 신라의 정부는 인구 100명 이하의 촌락까지 파악하여 수세의 대상으로 관리했다는 증거가 된다.[40]

이상의 내용과 같이 신라는 통일 이룬 후 소규모 촌락까지 권력을 침투시키는데 성공하였다. 한강유역의 취락유적들 또한 '신라촌락문서'에 나타나는 촌락과 유사한 촌락으로 중앙의 권력이 침투되었을 것이다. 취락유적 내에서 출토된 철제살포나 주조철부와 같은 철제농기구는 이러한 국가의 영향력과 밀접한 관련이 있을 것으로 추정된다. 따라서 7~9세기 통일신라시대 취락유적은 국가의 영

---

36) 姜鳳龍, 2000, 「統一新羅 州郡縣制의 構造」, 『통일신라의 대외관계와 사상연구』, 백산자료원.

37) 『三國史記』 券 34, 雜誌 3, 地理1 新羅條. "九州所管郡縣無慮四百五十(方言所謂鄕部曲等雜所不復具錄)".
『新增東國輿地勝覽』 권 16, 驪州牧古跡 登神莊條 "今按新羅建置州郡時 其田丁戶口未堪爲縣者 或置鄕或置部曲 屬于所在之邑".

38) 강봉룡은 중고기의 村은 기존의 소국 단위가 군으로 편제되어질 때 각 소국을 구성하고 있던 邑落 단위가 재지의 질서체계에 따라서 재편되어진 것이며, 통일기의 村은 중고기의 村이 국가의 공식적인 지방행정기구로서의 縣으로 재편됨에 따라 縣을 구성하는 보다 소규모적인 재지의 단위로 재편된 것이라 하였다.(강봉룡, 2000, 47쪽.)

39) 이우태는 중국의 경우와 비교하여 '신라촌락문서'는 웅주에서 중앙에 보고하기 위하여 작성한 문서이고, 발견된 문서는 중앙 정부인 경주에 보관되어 있던 문건이라고 판단하였다.(이우태, 2001, 240쪽.)

40) 일부 취락유적에서 확인되는 대형 저장시설인 굴립주건물지와 계량도구인 '석제추'의 출토는 납세와 관련된 시설로 추정된다. 추후 고고학적 자료의 분석을 통해 이 부분에 대한 연구도 진행하고자 한다.

향력이 미치는 단위로 볼 수 있다.

IV. 맺음말

이상으로 경기 지역의 7~9세기 통일신라시대 취락유적의 현황과 특성을 살펴보고, '신라촌락문서'의 내용을 토대로 당시 보편화된 개념인 '촌락'과 비교해서 검토해 보았다. 취락유적은 수전 등 농경을 위해 하천 인근에 입지하였으며, 'ㄱ'·'T'자형 구들이 설치된 주거지가 정형화 및 보편화 되어 있다. 취락유적의 규모는 20~30가구로 구성되었으며, 80~100여명 내외의 인구가 거주한 것으로 추정된다. 이러한 취락의 규모는 '신라촌락문서'에 나타나는 촌락들과 거의 유사한 규모이다.

또한 취락유적에서 출토되는 철제농기구 및 여러 유적의 유사성 등 고고학적인 현상은 국가의 영향력이 취락유적에 투영된 결과로 볼 수 있다. 기존의 많은 연구성과 결과 통일 이후 신라의 촌락 운영방식의 기본단위는 촌락으로 인식할 수 있다.

결국 경기지역에서 확인되는 7~9세기대 통일신라시대 취락유적은 당시의 일반적인 말단자연촌이며, 국가의 수세대상이었다. 추후 취락간의 면밀한 분석을 통한 위계 및 관계 설정이 필요할 것이다. 또한 국가의 수세 대상 및 영향력이 닿았다는 것은 당시 지방제도인 군현제 중 어딘가에 예속되었다는 의미가 된다. 따라서 치소로 추정되는 성곽에 대한 조사 및 연구성과와 연계해 군현제의 고고학적 실상을 어느 정도 복원하는 연구도 진행될 수 있을 것이다. 앞으로 취락유적을 개별적인 유적 현상에 국한하지 않고, 촌락으로 인식해 문헌자료 및 연구성과·타유적과의 비교를 통해 계속 연구되어진다면 당시 촌락의 실상을 밝혀나갈 수 있을 것이라 생각된다.

〈참고문헌〉

▶ 단행본

『三國史記』

김기흥 1991 『삼국 통일 및 통일신라 세제의 연구』, 역사비평사.

李仁哲 1996 『新羅村落社會史硏究』, 일지사.

주보돈 1998 『신라 통치체제의 정비과정과 촌락』, 신서원.

황보경 2009 『신라문화연구』, 주류성.

▶ 연구논문

權五榮 1997 「한국 고대의 聚落과 住居」, 『韓國古代史硏究』 12.

김기흥 1989 「'新羅村落文書'에 대한 新硏究」, 『韓國史硏究』 64.

金正基 1968 「韓國竪穴住居址考(二)」, 『考古學』 1, 韓國考古學會.

金在弘 2003 「新羅 統一期 專制王權의 강화와 村落支配」, 『新羅文化』 22.

김은겸 2014 「중서부지방 신라 취락의 고고학적 분석 연구」, 아주대학교대학원.

김진영 2008 「경기 남부지역 신라 취락의 입지와 주거구조」, 『史學志』 40.

박수미 2015 「경기지역 신라말~통일신라시대 수혈주거지 연구」, 한양대학교대학원.

신유리 2011 「중부지방 신라 수혈주거지 연구」, 단국대학교대학원 석사학위논문.

이상복 2008 「이천 갈산동 유적의 통일신라시대 수혈주거지 연구」, 한남대학교대학원.

2011 「중서부지역 통일신라시대 수혈주거지의 분류와 편년」, 『중앙고고연구』 9.

이태진 1990 「新羅 村落文書와 牛馬」, 『碧史李佑成敎授定年退任紀念論叢』.

李宇泰 1983 「新羅 村落文書의 村域에 대한 一考察」, 『金哲埈博士華甲紀念史學論叢』.

李泰鎭 1979 「統一新羅期의 村落支配와 孔烟」, 『韓國史硏究』 25.

이창훈 1999 「7세기 신라 民의 재편과정」, 『한국고대사연구』 16, 고대사학회.

정동헌 2011 「화성 청계리 통일신라시대 취락 연구」, 중앙대학교대학원.

李宇泰 1981 「新羅의 村과 村主」, 『한국사론』 7, 서울대학교.

姜鳳龍 2000 「統一新羅 州郡縣制의 構造」, 『통일신라의 대외관계와 사상연구』, 백산자료원.

이우태 2001 「신라촌락문서에 보이는 촌락의 위치와 성격」, 『신라서원소경연구』, 서경문화사.

황보경 2011 「서울·경기지역 신라 주거지와 건물지 고찰」, 『선사와 문화』 35.

▶ 발굴조사보고서
국방문화재연구원
2010 『이천 주미리 유적』.
경기문화재연구원
2007 『용인 마북동 취락유적』.
2010 『용인 영덕동 유적』.
2010 『오산 가수동 유적』.
2011 『용인 서천 유적』.
기호문화재연구원
2013 『화성 동탄 유적』.
중앙문화재연구원
2007 『이천 갈산동 유적』.
2007 『평택 도일동 유적』.
한백문화재연구원
2014 『이천 덕평리 유적』.
2014 『화성 청계리 유적』.

A Study of the Settlement Remains in Unified Silla Period from 7 Century to 9 Century in Southern Area of Gyeonggi Province

Jeong, Dong-Heon (Seohae Institute of Culture Heritage)

With active archaeological excavations, the settlement structures of Unified Silla Period from 7 Century to 9 Century in Southern Area of Gyeonggi Province were increased. The region of Han river bank was called as Shinjoo, Hansanjoo, or Hanjoo after occupied by Unified Silla. It may be possible that Archaeological remains about the settlement structures from 7 Century to 9 Century of Unified Silla Period would be counted as a community.

Settlement structures in this period shows the similarity of the sites in terms of place of sites, structure of pit houses, the size of community. Places of site were located at the river bank in relation to the paddy field for agriculture. The floor heating system of 'ㄱ' -shape and 'T'-shape in structure of pit houses become common patterns. The size community must be consisted of about 20~30 residences and about 80~100 villagers.

With recent archaeological excavations and other studies about settlement patterns of Unified Silla Period, Silla Village Document also without doubt shows the status of villages in Unified Silla in the 8th century. The size of community in Gyeonggi province is similar to the other comjmunities at those time. If taking the fact that Silla Village Document was to collect taxes into account, the governmental authority in the era of Unified Silla Period seems to be reached even to the naturally formed terminal villages. The management of villages in Unified Silla Period presents the fact that the central government was successful in controlling even the naturally formed terminal villages after unification.

Case study of Representations of Foreigners: Examination of the Tomb of Li Xian

Park, Ah-Rim (Sookmyung Women's University)

During the Tang, foreign influences were formative in all of the arts, reflecting the pervasive role of Western culture in Chinese society. Increased contact with the West was a direct result of the unification and expansion of the Tang empire. Improved trade and communications with the distant reaches of the country and outlying states beyond its frontiers, traveled along the vital routes from the South China seas to the Indian Ocean, from the mainland coast to the Far East, and along the famous silk roads traversing the Central Asian states, India, Persia and Syria. Turks, Uighurs, Arabs, Tocharians, and Sogdians lived in settlements often numbering in the hundreds of thousands of residents. International markets and bazaars offered a broad range of exotic goods. By the 7th century foreign elements were ubiquitous in Chinese society. Readers of Chinese literature find poems set to the irregular metres of Western tunes; and the performing arts presented new dances, pantomimes, plays and music for Western instruments like the flute, oboe, and bent-necked-lute.

In the Tang dynasty arts, numerous cases of the representations of foreigners have been found in the form of either a tomb figurine or a tomb wall painting.

As for the previous studies of representations of foreigners in arts, C. Hentze's *Chinese Tomb Figurines* published in 1928 is an early work discussing general features of tomb figurines. Jane Mahler's *Foreigners among the figurines of the T'ang dynasty of China* is probably the most exhausted survey of foreign figurines supported by literary records.[1] *Foreigners in ancient Chinese art* published by the China Institute in America deals with the same topic, but it only provides a brief description of each figurine. All of them are quite outdated and do not give a date or provenance of an object. Patricia Karetzky's article "Foreigners in Tang and pre-Tang Painting" concerns representations of Westerners on painting and her book, *Court art of the Tang* is a chronological study of Tang imperial arts including archaeology, Buddhist arts and ceramics.[2] With regard to the Tang imperial tombs showing Western influences, *Han and Tang murals* by Jan Fontein and Wu Tung provides a general description of several tomb with lots of illustrations.[3] Mary Fong's studies on Tang arts mostly focus on wall painting in tombs and Buddhist caves.[4]

In addition to these researches of Tang dynasty arts, we can find some articles describing a single monument with a depiction of foreigners such as the Miho

---

1) Jane Gaston Mahler, 1959, "The Westerners Among the Figurines of the T'ang Dynasty of China," *Serie Orientale Roma*, 20, Rome: Instituto italiano per il Medio ed Estremo Oriente..

2) Patricia Eichenbaum Karetzky, 1996, Court Art of the Tang, Lanham, New York and London: University Press of America.
Patricia Eichenbaum Karetzky, 1984, "Foreigners in Tang and pre-Tang Painting," *Oriental Art*, vol. XXX, pp.160-166.

3) Jan Fontein and Tung Wu, 1976, *Han and T'ang Murals: Discovered in Tombs in the People's Republic of China and Copied by Contemporary Chinese Painters*, Boston: Museum of Fine Arts.

4) Mary Fong, 1972, *Secular figure painting of the T'ang dynasty, A.D. 618-906: based on archaeological finds and sources of unquestioned authenticity (the Tun-huang Cave Shrines and the Shosoin Treasury)*, Ann Arbor: University Microfilms International.
Mary Fong, 1984, "Tang tomb murals reviewed in the light of Tang texts on painting," *Artibus Asiae*, Volume 45, Number 1, pp.35-72.
Mary Fong, 1978, "T'ang tomb wall paintings of the early eighth century," *Oriental Art,* XXIV, pp.185-194.

funerary couch dates from 6th to 7th centuries and a Northern Chi'i gate shrine.[5] The study of the presence of foreigners seen in arts can even be traced back to the Shang dynasty as we can learn from V. Mair's article, "Old Sinitic Myag, Old Persian Magus, and English Magician." Therefore, the study of foreign figures in Tang arts shows features of one phase of continuous East-West contacts in Chinese history.

According to Patricia Karetzky, an analysis of Tang figure painting reveals three major areas in which the Western presence makes itself known: political, social and religious.[6] Literary chronicles provide several references to imperial summons issued to court artists to portray foreign emissaries and their gifts. A number of extant painted scrolls for example illustrate the theme of tribute bearers. Such painting function as a record of the curious peoples of distant lands and an inventory of their offerings. In a more general way Tang painting reflect the 7th and 8th centuries fashion for exotic things. The international population of dignitaries and merchants residing in the great cities of China had a widespread influence on the daily life of the nobility. Recently excavated imperial tombs of the early Tang have murals that provide evidence of the vogue for foreign clothing, sports, dancing and the role of the alien residents in social events. In the last category are Buddhist Tang painting which depict foreigners. They are present among the imperial entourage listening to Buddhist teachings, as mourners in the death of the Buddha, and as celestial entertainers in scenes of paradise.

Tang imperial tombs in Qianxian, Shaanxi are well-known for numerous examples of how Western culture affected the everyday of the nobility. Especially, the tomb of Li Xian is an important tomb whose painting as well as whose figurines

---

5) Annette L. Juliano and Judith A. Lerner, 1997, "Cultural Crossroads: Central Asian and Chinese Enterta iners on the Miho Funerary Couch," *Orientations*, Volume 28 Number 9, pp.72-78.
Gustina Scaglia, 1958, "Central Asians on a Northern Ch'i Gate Shrine," *Artibus Asiae*, vol. 21, no. 1, pp.9-28.

6) Patricia Eichenbaum Karetzky, 1984, "Foreigners in Tang and pre-Tang Painting," *Oriental Art*, vol. XXX, pp.160-166.

includes political and social themes of Western influences except for a religious one. Thus, focusing on the Tomb of Li Xian, the paper will try to examine major Western-inspired subjects that occur in the Tang arts in order to recreate a picture of the secular life of that period as it was influenced by China's Western neighbors.

Li Xian(AD 654-684), posthumously called Zhang Huai, was the second son of Emperor Gaozong and Empress Wu. In 675, Li Xian was designated crown prince. According to Chinese historians, the occupant was licentious and depraved, being inordinately fond of women and wine. Modern scholars have agreed with this assessment. Complaints of his behavior led to a search of his domicile, where "illicit arms" were found; some maintain these had been placed there to incriminated him. For plotting to seize political power, in 680 he was stripped of all rank and position, made a commoner, and confined to Chang'an. Fearing a loyalist insurrection, in 684 Empress Wu ostensibly sent a general to protect the prince on his move to Sichuan. Whether under her direction or not, the general reputedly contrived Li's death; it appeared as if the prince took his own life. Although traditionally Li was thought to be Empress Wu's son, making her crime all the more heinous, Fitzgerald has convincingly argued that, in fact, Li was her nephew, the illicit child of her sister and the emperor.[7] It seems possible that loyalist factions, seeking to restore the Tang, gathered around Li and thus threatened not only Empress Wu's reign, but her hopes for her son and chosen heir. Modern Chinese sources explain the Li was guilty of organizing a number of scholars to write an exegesis on the text-the History of the Later Han dynasty- by Fan Ye; their aim was to attack Empress Wu as an illegal occupant of the throne by drawing analogies to an ill-fated Han empress and the disastrous results of her short reign.[8]

Died by his own hand, Li Xian was buried at Bazhou (in the present Bazhong County, Sichuan province). After the abdication of Empress Wu in 706, his remains

---

7) C. P. Fitzgerald, 1968, *Empress Wu*, London: The Cresset Press, p.85.

8) Patricia Eichenbaum Karetzky, 1996, *Court Art of the Tang*, pp.52-55.

were exhumed and brought to the imperial cemetery in the present Qianxian County, Shaanxi Province, where he was reburied with all the honor due an imperial prince. According to the *New Tang History* he was posthumously elevated in rank to crown prince Zhanghuai in the spring of 711. Six months later his widow, Lady Fang, died and was buried in the same grave.[9)]

Li Xian's tomb was excavated in 1971 and 1972. Surmounted by a tumulus measuring fifty-four feet in height, it consists of a sloping passageway, a corridor with four compartments, four air shafts, six niches, a front corridor leading into the antechamber, and an inner corridor leading into the rear burial chamber. The entire mausoleum stretches over a distance of 225 feet. In spite of the fact that the tomb was robbed at an early date, its principal feature of interest, a large number of wall painting, remains largely intact.

The wall painting in Li Xian's tomb were probably first done at the time of his reburial in 706. Two archaeological reports (*Wenwu*, 1972, no.7, p.48; *Wenwu*, 1973. no.12, p.67) indicate that the walls were repainted five years later, although they differ in their statements as to the extent of this repainting. In all probability the new painting were made at the time when Lady Fang was interred with her husband or-even more likely-when the posthumous promotion made it necessary to adapt the subject matter to the recently conferred status of crown prince. Whether the repainting was limited to certain areas or whether it included the entire mausoleum is unclear. There is, however, a marked difference in the quality of the paintings, those in the interior being less skillfully executed than those along the walls of the sloping passageway. Whatever difference in date there may be, it is evident that all paintings were executed no later than AD 711.[10)]

Li's tomb has 50 groups of murals totaling a painted area of around 121 square meters. The tomb was robbed but some silver vessels remain. A series

---

9) Jan Fontein and Tung Wu, 1976, *Han and T'ang Murals*, p.90.

10) Jan Fontein and Tung Wu, 1976, *Han and T'ang Murals*, p.90.

of spectacular compositions was painted. Depictions on the east wall includes a hunting party, the entertaining of foreign guests. honor guards, and the Green Dragon the symbolic representation of the east; on the west wall are scenes of a game polo, the entertaining of foreign guests, honor guards, and the White Tiger, the symbolic representation of the West. Many of these painting reflect Western influences on court life.

(fig. 1) Foreign envoys and Chinese civil servants, Tomb of Li Xian, Qianxian, Shaanxi, China

Painted on the east wall toward mortuary chambers of Li Xian's tomb path are foreign dignitaries in the company of Chinese civil servants(fig. 1).[11] Foreign officials were expected to take part in certain imperial ceremonies, notably weddings, funerals, and state rituals; their presence here is a cleat indication of the importance of foreigners in such events. Attempts have been made to identify the nationalities of these individuals by their carefully rendered articles of clothing. One with bald

11) See figure 25 in Patricia Eichenbaum Karetzky, 1996, *Court Art of the Tang.*

head, long hooked nose, large ears, and thick sideburns, probably a Persian, is dressed in a wide-lapelled, open-neck tunic. Another wearing a small conical hat with feathers, a long robe with voluminous sleeves in which his hands are buried, and yellow shoes is identified as a Korean in accordance with historical costume descriptions and Xiao Yi's scroll of AD 539. In addition, a Korean envoy wearing the same costume is found among various attendants in the Vimalakirti scene, Dunhuang Cave 336 dated 686 as well as in wall paintings at Afrasiab, Sogdiana. Bringing up the rear of the cortege is the last character with and eared-fur hat, heavy mantle, belted tunic and fur trousers, the winter grab of the tribes inhabiting the northern steppes.[12)] These figures are a contrast to the three Chinese officials in long court robes upturned shoes, and tall starched silk caps who lead the procession.

Besides those on wall painting, sculptures of foreign envoys participating in funeral are found in front of an imperial tomb. For example, inside the entrance on the path to the Qianling Mausoleum for 3rd Emperor Gaozu and his Wife Empress Wu are 60 figures of foreign ambassadors, their heads now missing(fig.2).[13)] They are arranged into two groups-29 on one side, 31 on the other. These represent the foreign officials who attended the funeral services.[14)]

Numerous literary references and several extant scrolls of the 7th and 8th centuries document the recurrence of the image of the foreigner in Tang pictorial art. Several late copies of Tang painting of foreigners paying tribute at court are attributed to various artists, including Yan Liben, who was an artist highly honored at the court of Empress Wu; these indicate the popularity of the theme. Emperor Taizong in 629 ordered Yan Lide, a foremost figure painter, to make a visual record of the "Eastern Barbarian." Lide's treatment of exotic visitors was so highly regarded that he was

12) Patricia Eichenbaum Karetzky, 1996, *Court Art of the Tang.*

13) See figure 18 in Patricia Eichenbaum Karetzky, 1996, *Court Art of the Tang.*

14) Patricia Eichenbaum Karetzky, 1996, *Court Art of the Tang.* pp.37-38.
PAnn Paludan, 1983, "Some foreigners in the spirit roads of the Northern Song imperial tombs," *Oriental Art,* 29, No.4, pp.377-388.

(Fig. 2) Sculptures of foreign ambassadors, Qianling, Shaanxi, China

said to have surpassed the ancient masters in this genre. Nothing survives of his work. Yan Liben, Lide's brother who rose to the rank of Prime Minister and whose reputation as a court portraitist was supreme, has a scroll of Western Barbarians Bringing Tribute in the Taiwan Palace Museum attributed to him.[15)] A procession of eminent emissaries wearing long beards and formal lobes are accompanied by semi-clad attendant carrying parasols over their masters heads, peacock fans, decorative garden rocks, plants, ivory tusks, caged animal and a white antelope. Thick curly hair adorned with fillet, large beard, tunic, trousers and boots identify the alien.

The earliest reference to the portrayal of non-Chinese is found in the History of the Thee Kingdoms; there a picture of "Southern Barbarians" by Zhu Guoliang (AD 181-234) is recorded. Later, during the Liang, Xiao Yi (who ascended the throne as Liang Yuan Di r.552-7) represented foreigners and their gifts of tribute. An 11th-

15) See fig. II and III in Edward Schafer, 1963, *The Golden Peaches of Samarkand*, Berkeley and Los Angeles: University of California Press.

century copy of the AD 539 scroll is in the Nanjing Museum; only 13 of the original 35 portraits with explanatory texts survive.

A scroll from the Freer Gallery has a series of ambassadors with tribute horses. Differing greatly from the appearance of Chinese gentleman decorously dressed in high starched gauze hats and long robes are these foreigners; one has high piled top knot, heavy beard, ribbon-decked jacket richly embroidered apron, tall ornate turquoise boots, and a horse whose blanket gas design of a quadruped-ribben by a figure with long plaited locks. The second ambassador has a heavily bearded figure riding a lion embroidered on it. The third emissary is dressed in a thin draped tunic, brocade trousers, bare feet and peaked cap.

The Histories transcribe other pre-Tang artists noted for their renderings of foreigners. For example, Zhang Sengyu of the early 6th century was said to be able to render the subtleties of strange forms of far off places whether barbarian or Chinese. Other historical references include mention of a certain Lou Xuanying and his brother Shen who were skilled at depicting barbarians and horse, barbarian feasts with music and pictures of Byzantine. Hunguei and his son Qi an were also specialists portraying foreigners.[16)]

The painting on the west wall of the passage of the Tomb of Li Xian shows men of other nationalities of the northern steppes and three lesser-ranking Chinese officials (to judge by their low caps and less formal robes). These portrayals exactly conform to the Tang monumental figure painting style: They are shown against a blank background, in large scale, grouped in a variety of postures-frontal, profile, three-quarter frontal, three-quarter rear, an full rear. Each figure is individually rendered-details are meticulously observed in drawing their postures, physique, facial features, and expressions.[17)]

---

16) Patricia Eichenbaum Karetzky, 1984, "Foreigners in Tang and pre-Tang Painting," *Oriental Art*, vol. XXX, pp.160-166.

17) Patricia Eichenbaum Karetzky, 1996, *Court Art of the Tang*, pp.52-55.

More conventional subjects like dancers and court attendants are painted in the walls of the passageway of Li Xian's tomb.[18)] Some palace attendants painted on the walls of Li Xian's tomb are dressed as Central Asians wearing wide-lapelled, open-necked, belted tunics and striped trousers. Among door attendants on the east wall of fourth compartment are two servants wearing wide-lapelled tunics in a kneeling posture on a porch, carrying on a vivid conversation. The use of indoor furniture was not yet widespread in the Tang period. A scene similar to this one appears on the opposite wall. Some of them are found in the company of portly court ladies and dwarfs. In another scene a female courtier expose the deep decollete of her dress, a style untypical of the demure Chinese ladies, while another does a whirling dance. The ideal of female beauty represented here is one of youthful delicacy; the girls wear slim dresses that fall gracefully, a short shawl covers their shoulders. Occasionally one wears a deeply cut garment that reveals cleavage, a rather unusual occurrence in Chinese art of other periods. These garments are probably based on the latest imported fashion. The girl's tresses are gathered on top or at the back of their heads in a natural way; there is no exaggerated piling up of hair. Here, for the first time, narrative interest can be seen in the depiction of the palace attendants. In one extremely telling detail, the artist has rendered a woman reacting to a specific situation-she protects her face against a gust of wind.[19)] In another, a young palace maid, holding a large colorful rooster, turns her head to rebuff the seemingly lewd comments of a male attendant. His head, with large bulbous nose, thick reddened lips, and buck teeth, is tilted upward; leaning forward, he eagerly anticipates her response. Other groups of figures include unusual characterizations and odd types; In one, a portly older woman with a high, piled chignon is attended by a

18) For foreign musicians and dancers,
Edward Schafer, 1963, *The Golden Peaches of Samarkand,* Berkeley and Los Angeles: University of California Press, pp.50-57.

19) See fig. 28 in Patricia Eichenbaum Karetzky, 1996, *Court Art of the Tang.*

female dressed as a Central Asian male and a dwarf in court dress. The Tang artists delighted in depicting both a variety of figure types and individual moods. Dramatic contrasts among the figures are achieved. The artists carefully illustrate the physical type and psychological reaction through attention to physiognomy, pose, and expression.[20)]

It is interesting to note that numerous Tang figures represent persons in foreign costumes. In a chapter about carriages and garments, the official history of that dynasty states that the fashion of the time favored Hu costumes and head dresses. Tang foreigner representations thus provide a wealth of information about their period illustrating popular pastimes and lives of foreigners of the era.

Dancers and musicians from foreign countries are frequently depicted topics in Tang arts. One example is foreign entertainers from the Tomb of Su Si-xu dated to 745.[21)] Accompanied by a nine-piece band and two singers, the dancing central figure widely spreads his long-sleeved arms. Exaggerated features, such as the hook nose, not a Chinese characteristic, are rendered with a sketchy brush; the figure sports foreign grab-cloth cap, tunic, trousers, and red boots. Similarly clad, the singers call out, their faces expressive of the lively mood of the tune, their arms reaching out in emphasis.

The theme of musicians on a camel or on an elephant is a familiar one in the Tang; it is a romantic evocation of the exotic concerts led by Central Asian entertainers. From the Tomb in Zhongbao, Xian we can see a camel carrying six musicians on its back; the camel rears its head as if bellowing; even the tongue and teeth in the mouth are rendered.[22)] Roughly textured clay is used for the three-dimensional tufts of hair on its head, throat, and front legs. The musicians are seated in decorous postures playing their instruments-horizontal and vertical pipes and a

---

20) Patricia Eichenbaum Karetzky, 1996, *Court Art of the Tang*, pp.52-55.

21) See figure 41 in Patricia Eichenbaum Karetzky, 1996, *Court Art of the Tang*.

22) See figure 45 in Patricia Eichenbaum Karetzky, 1996, *Court Art of the Tang*.

stringed lute. Standing at the center of the players is a figure performing the sleeve dance.

A set of eleven marble panels and two gate towers originating in China and dating from the second half of the sixth to the early seventh century in the Miho Museum, Japan shows Central Asian entertainers in several scenes such as marriage feast as well as goddess Nana and heavenly and earthly entertainers. Pilgrim flask (*bianhu)* from Northern Qi/Sui dynasty in Royal Ontario Museum, Toronto has a depiction of foreign entertainers as well. The juxtaposition of cultures, evident in all the Miho couch panels but most dramatically manifest in the panel with both Central Asian and Chinese orchestras finds an more explicit representation on the base of a Buddhist stele dating from the Northern Zhou period (557-81) from the tomb of Emperor Taizong (r.627-49) of the Tang period, Liquan, Shaanxi province. A Northern Ch'i gate shrine studied by Gustina Scaglia is another monument with representations of Central Asian entertainers.[23)]

Several such themes are found on objects in the Shosoin collection, and most noteworthy are those that adorn musical instruments.[24)] A foreign dancer accompanied with musicians is also found at Anak tomb no 1, Koguryo kingdom (37 BC-668 AD) located in Hwanghae south province, North Korea.

Aristocratic sports are an important theme in Tang royal tombs. Hunting, a sport imported from the West and held in high esteem during the Tang, was enjoyed daily by Li's father, Gaozong. Here the hunting party painted on the first half of east wall of the sloping path of Li Xian's tomb, covering a length of about twenty -five feet, is a spectacle, with over 50 horsemen in a landscape of sparsely placed trees and large boulders(fig. 3).[25)] Against a backdrop of mountains and trees a

23) Gustina Scaglia, 1958, "Central Asians on a Northern Ch'i Gate Shrine," *Artibus Asiae*, vol. 21, no. 1, pp.9-28.

24) Patricia Eichenbaum Karetzky, 1996, *Court Art of the Tang*, pp.84-85.

25) See figures 108-112 and pp.90-93 in Jan Fontein and Tung Wu, 1976, *Han and T'ang Murals*.

party of horsemen occupies the east wall. All of the horsemen and their mounts are individually portrayed; not only has the artist rendered the hunters' racial characteristics, garments, physiognomy, and posture but also their psychological bearing as well. The horses are shown in a wide variety of poses, many in full gallop. In the foreground, outriders carry banners and flags with the insignia of the prince. The composition extends across the walls in a figural arrangement that creates a horizontal movement common in long hand scrolls. Like later landscape painting, this organization of motifs may be compared to a musical composition. The introductory passage states the hunting theme: A few outriders are distributed across the picture plane; next the opening theme is developed, and the composition grows in complexity and size, building to a climax near the center. The mounted hunters become more numerous; riding in full, flying gallop, they are in tightly, in the backgrounds, a small caravans of camels is seen through a screen of tall leafy trees.

(fig. 3) Hunting scene, Tomb of Li Xian, Qianxian, Shaanxi, China

(fig. 4) Polo scene, Tomb of Li Xian, Qianxian, Shaanxi, China

This funnel like distribution of figures-slowly building to a crescendo and winding down to a denouement of a few characters-is common in Tang hand scrolls; the technique is seen in later Japanese scrolls. Remarkable details of the horsemen and their paraphernalia reveal the particulars of the aristocratic pastime of hunting.

Hunting animals, familiar in the West, were used by the nobility in China for a brief period during the Tang. As in the West, falcons and dogs accompany the hunt. Cheetahs were in China for only a short period of time and their use on hunting derives from Persia. Dogs and hawks were among the gifts of tribute from the Near Eastern and Central Asian states. According to documents, hunting hounds were sent to China from Samarkand in 714 and 721. Hawking was an ancient sport in China, but although it continued to be popular in the Tang, it was considered frivolous and outlawed by Gaozong. From these illustrations it is clear that after the emperor's death the sport was resumed.[26)] In the Tomb of Prince Yide, Li Zhongzhon are pictures of palace attendants with hunting animals-hawks, cheetahs and dogs. The trainers of the animals are both Chinese and foreign: they stands in file with one hand holding the halter of the cheetah, the training tool in the other; or with the goshawk perched on their gloved right hand, the dogs crouch nearby. Han Gan also reportedly made a painting of a cheetah.

Another aristocratic sports depicted in Li Xian's tomb is polo. Polo, which is widely believed to have originated in Persia, was introduced in the early Tang and was promoted by Emperor Taizong as a sport and military exercise.[27)] On the west wall of sloping passageway of Li's tomb is a scene of polo players(fig. 4).[28)] Immediately opposite the hunting scene is a painting of horsemen playing polo in a mountainous landscape studded with trees. Landscape painting on such a large

---

26) Patricia Eichenbaum Karetzky, 1996, *Court Art of the Tang*, pp.52-55.

27) Virginia L. Bower, 1991, "Polo in Tang China: Sport and Art," *Asian Art*, volume 4, number 1, Winter, pp.23-47.

28) See figs. 122-125 in Jan Fontein and Tung Wu, 1976, *Han and T'ang Murals*.

scale (covering about twenty-seven feet) is unique in the history of early Chinese art, and so is the elaborate depiction of a polo game. This is probably the earliest representation of the game after its introduction into the Tang court during the middle of the seventh century. Here the game, played by five contestants, takes place in a hilly, sparsely wooded landscape. Four of the horses are in full gallop, with all of their hooves in midair. The riders are shown in his saddle, hits the ball with his mallet, his horse rearing as he takes his shot. Three others close in on the ball. This is a portrait of strong competitors at play. Broad-shouldered costumes and wavy lines of the lower edge of the sleeves are typical features associated with the fashion an style of the early eighth century. The players wear black boots, turban-like headgear, and costumes of different colors, indicating that they probably belong to different teams. The curved polo sticks provide the first evidence of the form of these sticks during the Tang dynasty. The landscape setting of polo game suggests that the march was played in an open field rather than in a regular ball park; it must, therefore, have been a novelty.[29)] Riders and horses are all painted in a manner quite different from the early Tang exemplified by wall paintings in the tomb of Li Shou.[30)] A polo arena from the late Tang has been discovered as well as bronze mirrors decorated with representations of polo sticks. Polo was a favorite sport enjoyed by both men and women as seen in the several ceramic figures depicting the sport that were found, like those in the tomb of Wei Jiong(dated 692). Polo' s popularity reached its height during the reign of Xuanzong, whose court artists made several paintings of the imperial members at play. Han Gan made a number of pictures related to it: *Xuanzang Trying Out a Horse for Polo and Prince Ning Managing his Horse Playing Polo*.[31)]

---

29) Jan Fontein and Tung Wu, 1976, *Han and T'ang Murals*, p.101.

30) See fig. 97 in Jan Fontein and Tung Wu, 1976, *Han and T'ang Murals*.

31) Patricia Eichenbaum Karetzky, 1996, *Court Art of the Tang*, pp.52-55. Besides, a theme of foreigners participating in a sports is also found in ancient Korean murals. It is depicted in Tomb of the Wrestlers, Tomb no 1 at Changchuan, Anak tomb no 1 and so on. Usually, one of wrestlers in

Among Tang ceramic creations, figurines buried with the dead may be regarded as faithful clues to the material culture of the living. We find that foreigners were so much a part of the life of the times that their images were often included among the figurines placed in countless graves. Various foreign figurines are usually entertainers, caravanners, merchants, and guardians. The diversity of ethnic types represents in Tang figurines including Chinese, Turks, Mongol, Uighur, Caucasian as well as various mixed races reflecting the heterogeneous populations which inhabited China at this time. The careful depiction of ethnic features and dress are important features of this period's style displaying the interest in portraiture seen in court art of the time.

Like other Tang tombs, various kinds of ceramics were excavated from the Tomb of Li Xian. A Westerner groom and a horse as well as an equestrian ceramic figure who sits on a horse and turns backward to ward off a wild animal are typical types of Tang foreigner figurines.[32] The latter is also seen among figurines from the tomb of Princess Yongtai where about 25 foreigner figurines and 24 horse-riders were excavated.[33] An equestrian figure from the tomb of Princess Yongtai, a foreigner dressed in typical garb-wide, belted tunic, trousers, boots, and a low, tied cap-turns in his saddle to ward off the attack of a wild animal. Foreign figurines in a tomb dated to the fourth year of Dazong (850) are examples of the late Tang period. One is a portrayal of a camel and his Central Asian groom; the foreigner extends his hands before him, holding the reins (now lost) of the camel. In response to the pressure on the reins, the camel pulls its head back. One new feature is the large

---

a wrestling scene is a westerner with a high nose and mustache.

32) See. fig. 3 in Shaanxishengbowuguan, Qianxianwenjiaoju, Tangmufajuezu, 1972, "Tang Zhanghuai taizu mu fajue jianbao(A brief Report on the Excavation of the To mb of the Tang Crown Prince Zhanghuai)," *Wenwu*, no.7, pp.13-25.
See fig. 33 in Patricia Eichenbaum Karetzky, 1996, *Court Art of the Tang.*

33) See fig 2-3 in Shaanxishengbowuguan, Qianxianwenjiaoju, Tangmufajuezu, 1972, "Tang Zhanghuai taizu mu fajue jianbao(A brief Report on the Excavation of the To mb of the Tang Crown Prince Zhanghuai)," *Wenwu*, no.7, pp.13-25.

monster face modeled in shallow relief on the saddlebag.[34] The camel is nicely realized-there are textual contrasts between the areas of hair and the tufts of fur on the body, but the eighth-century exactness in rendering details and the overall portrait like effect are lacking. These two pieces are not glazed; their only decoration is hand-painted. A second figurine from this tomb portrays a foreigner, an African man.[35] More crudely rendered than the others and looking like a cartoon, this character is painted black, with a mass of tightly curled hair. Two additional figurines of Africans were found in the tomb belonging to the Lady Pei. It was apparently not uncommon to see such visitors here in the Tang, curly haired, black-skinned people arrived from India and Southeast Asia, but there were also people arrived from East Africa who were presented at court in the years 813 to 818. Because of their exotic appearance, they were thought to have supernatural powers. One ninth-century historian remarked on their "nakedness" and on their "ability to tame ferocious beasts." The theme of the African as mythic hero is also found in the literature of the time, for example the miraculous exploits of "The Kunlun Black Slave."[36]

Among figurines in the Li Xian' tomb are typical military guardians. Their facial features and armor may portray Turks of Turk-Mongolian people who were a powerful presence in north China from the Six Dynasties into the Tang. Along with horse-related figures and entertainers merchant from the West is often found among Tang figurines. A very striking type of merchant is the Semite, with his hooked nose and a pack on his back. Another striking figurine in the Museum of Fine Arts in

34) See fig. 88 in Patricia Eichenbaum Karetzky, 1996, *Court Art of the Tang.*

35) See fig. 89 in Patricia Eichenbaum Karetzky, 1996, *Court Art of the Tang.*

36) Patricia Eichenbaum Karetzky, 1996, *Court Art of the Tang.* p.172. The theme, a foreign groom holding the reins of a horse is also found on the west wall of the front chamber in Changchun tomb no1 of ancient Korean kingdom, Koguryo in Jian, Jilin province (the 5th century). On the upper left corner of the west wall are depicted the foreign groom and wrestlers among figures in various activities such as dancing and hunting.

Boston is called an Armenoid. Their large eyes and powerful noses were praised in ancient poetry. Their heavy eyebrows meeting over the bridge of the nose in characteristic.[37)]

Thus, Tang imperial murals provide evidence of the vogue for foreign clothing, sports, dancing and the role of the alien residents in social events. Examinations of wall painting and tomb figurines excavated from the tomb of Li Xian in the early Tang reveal the scope of the influence of Western culture affected the everyday of the nobility.

---

37) See Jane Gaston Mahler, 1959, "The Westerners Among the Figurines of the T'ang Dynasty of China," Serie Orientale Roma, 20, Rome: Instituto italiano per il Medio ed Estremo Oriente, pl. II and pl. IIIa.

〈국문초록〉

중국 당나라의 미술은 실크로드를 통한 문물교류를 배경으로 한 국제적 성격의 미술로 잘 알려져 있다. 본 논문에서는 장회태자로 알려진 이현(654-684)의 벽화묘를 중심으로 정치, 사회, 종교적인 측면에서 당나라 궁정의 미술에 많은 영향을 미친 외래계 문물과 인물의 교류에 대하여 고찰하고자 하였다. 먼저 이현의 생애에 대하여 살펴보고, 이현의 무덤의 구조적 특징, 벽화의 주제를 개관하였다. 이현의 무덤은 50여개의 벽화 장면으로 장식되었으며 총 121 평방미터를 덮는 대량의 벽화가 발견되었다. 특히 묘도의 벽화는 동서 양벽에 수렵과 폴로 게임을 즐기는 모습이 그려져 있으며, 고구려 사신을 포함한 외국 사신의 방문을 그린 접객도로도 유명하다. 이러한 접객도와 같은 외국 사신의 그림은 당 건릉 앞에 세워진 외국사신의 조각상이나 당의 궁정화가인 염립본의 회화작품을 통해서 당시 당의 궁정에서 유행한 주제임을 알 수 있다. 외국인의 묘사는 당의 궁정만이 아니라 귀족들의 무덤에서 나오는 수많은 외국계 인물을 묘사한 도용을 통해서도 살펴볼 수 있는데 이들의 다양한 국적을 반영한 용모는 당대의 문화가 외래계 인물과 문물의 전파와 교류를 통하여 풍부한 국제적 성격을 지녔음을 확인하게 해준다.

〈Bibliography Cited〉

Bower, Virginia

1991 "Polo in Tang China: Sport and Art," *Asian Art*, volume 4, number 1, Winter, pp.23-47.

Fitzgerald, C. P.

1968 *Empress Wu*, London: The Cresset Press, p.85.

Fong, Mary

1972 *Secular figure painting of the T'ang dynasty, A.D.618-906: based on archaeological finds and sources of unquestioned authenticity (the Tun-huang Cave Shrines and the Shosoin Treasury)*, Ann Arbor: University Microfilms International.

1978 "T'ang tomb wall paintings of the early eighth century," *Oriental Art*, XXIV, pp.185-194.

1984 "Tang tomb murals reviewed in the light of Tang texts on painting," *Artibus Asiae*, Volume 45, Number 1, pp.35-72.

Fontein, Jan, and Wu Tung

1976 *Han and T'ang Murals: Discovered in Tombs in the People's Republic of China and Copied by Contemporary Chinese Painters*, Museum of Fine Arts, Boston.

Juliano, Annette L. and Lerner, Judith A.

1997 "Cultural Crossroads: Central Asian and Chinese Entertainers on the Miho Funerary Couch," *Orientations*, Volume 28 Number 9, pp.72-78.

Karetzky, Patricia

1984 "Foreigners in Tang and pre-Tang Painting," *Oriental Art*, vol. XXX, pp.160-166.

1996 *Court Art of the Tang*, Lanham, New York and London: University Press of America.

Mahler, Jane Gaston

1959 "The Westerners Among the Figurines of the T'ang Dynasty of China," *Serie Orientale Roma*, 20, Rome: Instituto italiano per il Medio ed Estremo Oriente.

Paludan, Ann

1983 "Some foreigners in the spirit roads of the Northern Song imperial tombs," *Oriental Art*, 29, No.4, pp.377-388.

Scaglia, Gustina

1958 "Central Asians on a Northern Ch'i Gate Shrine," *Artibus Asiae*, vol. 21, no. 1, pp.9-28.

Schafer, Edward

1963 *The Golden Peaches of Samarkand*, Berkeley and Los Angeles: University of California Press.

A Comparison of Organic Technologies: Upper Paleolithic and Early Paleoindian Bone, Antler, and Ivory Assemblages

유 태용 (서해문화재연구원 원장)

I. Introduction

The hypothesis that humans successfully colonized the New World via Beringia sometime during the Late Pleistocene has long been accepted as the most plausible explanation for the origins of the first Americans. Since that time researchers have struggled with the details of how and when this migration took place (Adovasio 1993; Haynes 1983, 1986; Kelly and Todd 1988; Meltzer 1993; Stanford 1991). The most reasonable and dominant method for making these determinations have been attempts to demonstrate that cultural relationships and continuities existed across the Bering Strait.

These studies have included comparisons in such areas as religious practices (Roper 1991 and skeletal characteristics (Turner 1992). However, the majority of investigations have focused on identifying similarities in lithic and bone technological systems (Haynes 1982; Stanford 1991; Wormington 1963). Specifically, attempts have been made to identify antecedents to the fluted point traditions of North America. The vast majority of these studies have concentrated on stone tool economies and their development, and subsequently, only briefly mention similarities between the bone, ivory and antler technologies of Russia and the Americas. In this essay, I will demonstrate that technological similarities are most likely to be discernible in the bone, ivory and antler inventories of Upper Paleolithic groups of Russia and the early Paleoindian traditions (Clovis and Folsom of the United States. I will demonstrate these similarities by presenting a detailed inventory of the bone, ivory and antler tool types represented in the assemblages of each of the two above cultural periods.

The similarities will be shown to exist not only in appearance, but also in the level of technological skill needed to produce these tools. It is not the author's intent to produce a theoretical framework for identifying when the first peoples arrived in North America. Instead, it is hoped that this investigation may provide the initial groundwork for additional studies which attempt to identify further similarities that lie beyond the realm of technological development in Pleistocene societies.

To date, lithic studies have been unable to securely identify a specific technological tradition out of which early Paleoindian economies may have developed. It is the authors belief that stone tool technological systems may have been too dynamic to retain characteristics which may be identifiable or traceable over the long periods of time and across the great distances in space that relate to this discussion. This may at least be partially a result of the lack of familiarity of early peoples with the landscape and particularly where suitable raw materials needed to produce stone tools were located (Kelly and Todd 1988). Therefore, stores of lithic materials may have been conserved by two strategies; curation, and use of alternate materials that were readily available to produce tools. These two strategies would not represent new adaptations, but techniques of efficiency that had long been incorporated into the life ways of Paleolithic groups. Bone, ivory and antler are the most likely candidates for alternate materials for the production of tools because these materials would, theoretically, always been available as a byproduct of procurement strategies.

It is also believe that these organic materials would have represented a more stable technological medium than stone. These materials, besides being more readily available, would also be subject to less variability as a whole. In other words, unlike variability from source to source in cherts or quartzites, only two types of these organic materials would exist, green and dry. Techniques for production of tools out of these materials would be more compatible or interchangeable within the range of each material. Although it is the predictability of fracture mechanics that made lithic technology a viable option to early hunter-gatherers, bone, ivory and antler would have represented materials that could have been more predictable and more readily available. These two considerations would have been important to Paleoindian groups that were attempting to adapt to environmental conditions that were changing due to two factors; climatic changes and migration of Paleoindian groups into new regions.

II. Bone Technology during the Paleolithic

Developments in organic technologies (bone, antler and ivory during the Paleolithic can be roughly broken down into the th...ree chronological designations of this period-the Lower, Middle, and Upper Paleolithic. The two basic methods of working bone that existed during the Lower Paleolithic consisted of transverse division of antler using fire and stone, and the percussion-dressing of long bones (Semenov 1964:147). The development of whittling as a means of shaping long and flat bones, antler, and ivory was not added to the repertoire of bone working until sometime during the Middle Paleolithic. However, the most crucial development took place at the beginning of the Upper Paleolithic, as an indirect result of developing blade technologies. This technology allowed the production of many tools, including the burin, which were excellent for working bone, ivory and antler.

It can be argued that the use of burins is the most refined method to work bone that was ever developed, until the development of metal tools.

For the purposes of this discussion five general methods for working bone will be briefly discussed; these include percussion, grooving, sawing, whittling, and grinding (for additional discussion see Bonnichsen 1973; Johnson 1985; Semenov 1964). The use of percussion to work bone is a method of long history, and its discussion often includes heated debate over natural and cultural flaking processes. Percussion techniques are an extension of knapping stone and were a common method for producing expedient tools from green bones for butchering activities. Although this method was still important during the Upper Paleolithic, its use in the production of formal tool types was mainly limited to early stages of manufacture. This can be seen in the working of mammalian long bones, where the diaphyses were broken off using this technique to enable splinters to be removed longitudinally. An improvement on the percussion technique is the use of circular grooving to cut through bone, ivory and antler.

Initially, it was likely that percussion was used for this purpose, but limited control of the results especially with large bones probably led to the development of grooving. This technique consists of two main types, grooving transversely and longitudinally. Transverse fracture is achieved by producing a groove that encircles the objective piece being worked and when the groove is approximately half way through, the piece is broken. This technique was commonly used to. remove tusks from the skulls of mammoths; evidence for this method is seen at the site of Eliseevich (Semenov 1964:149-151). Grooving longitudinally was possibly the most important technique used in Paleolithic bone technologies, and was incorporated into the production of a wide variety of tool types. Most basically, this technique consists of producing two longitudinal grooves, approximately half way through the bone, down the surface of a bone (generally after the diaphysis has been removed), then a pointed tool is used as a chisel to split the bone along the path provided by the groove.

This method enabled the bone worker a great deal of control over the shape of the desired piece. A third technique incorporated into Paleolithic bone technologies is sawing. This method was likely used on small mammal bones for the production of needles, awls, perforators, beads and other tools that benefit from being made from tough and durable materials. Sawing was probably accomplished by using a retouched blade tool to either completely cut through the bone, or partially through it and then broken. The fourth technique, whittling, was probably accomplished by utilizing sharp flakes or blades at either right angles or in a manner similar to knives at low angles. This method was probably enhanced by softening the bone through soaking or steaming, and, therefore, allowing the removal of rough areas for further work. Whittling was probably not relied upon to remove considerable amounts of material because grinding is a much more efficient method for this type of work. Grinding incorporates the use of rough materials such as sandstone and limestone for the removal of mass material. For the latter task, grinding was more efficient than other techniques, such as whittling, because flake tool edges are generally not durable enough to withstand the force of such heavy work. Finer grained materials were used for polishing / smoothing tools or ornaments as a final stage of production.

III. Overview of Paleolithic Cultural Chronology

Although the rich material culture of Paleolithic groups from the Central Russian Plain to Eastern Asia are quite diverse, a great deal of technological continuity can be observed. Consequently, cultural chronologies for much of this area are in the preliminary stages of development (Vasil'ev 1992). Typologies for artifacts of this large region are problematical because assemblages largely appear to represent a mixture of both Middle and Upper Paleolithic technologies (Grigor'ev 1993:64). Cultural chronologies have been presented for the Central Russian Plain (Soffer 1993 and far Eastern Siberia (Mochanov and Fedoseeva 1986), but should probably be viewed as incomplete until additional data (mainly radiocarbon dates are substantiated. A very broad trend that appears to have existed, based on radiocarbon dates and spatial distributions of artifact types, was that cultural groups may have migrated across this region in a southwest to northeast direction (Anikovich 1992:241; Mochanov 1986:703; Soffer 1993:45).

IV. Overview of Paleolithic Bone, Antler and Ivory Artifacts

As mentioned above, Paleolithic bone assemblages from the study area contain a large, varied collection of tool forms and types. In this section I will present a brief summation and description of the bone artifacts that are associated with Upper Paleolithic sites that date between 34,000-11,000 years B.P.(Yu, 2011). Additional descriptions for specific sites and their bone assemblages will be listed in Table l.

The diverse assemblage of bone tool types that have been recovered in Paleolithic sites include: bone points (sagaies), needles, awls, burnishers, batons de commandment, hammers, flake retouchers, knives/ daggers, bone rods (baguettes), atlatls, spatulas/ shovels, lyngby axes, bone mortars and shaft wrenches (Figure l-7).

Projectile points (sagaies produced from bone, antler and ivory have been recovered at virtually all sites in the study area. These artifacts were produced in a wide variety of shapes, sizes and forms, but more or less conformed to a shared mental template. Two main categories of bone points that are recorded from sites in the region are slotted and unslotted. The grooves on slotted points are believed to have originally contained hafted microblades or flakes to aid in penetration and are longitudinally, unilaterally, bilaterally (Borziyak 1993:69 along the axis, or near the tip (Vasil'ev 1992:353 of the projectile. Points are curved or straight, and vary in cross section, from round, oval or flattened (Grigor'ev 1993:132-133; Vasil'ev 1992:354). The original lengths of bone, antler and ivory points are somewhat unknown, but have varied from 50 em at Avdeevo to 75cm at Kostenki (Grigor'ev 1993:55). The production sequence for unslotted and slotted points has been reconstructed by Semenov (1964:160 by studying trace wear on points from Luka-Vrublevetskaya (an early Tripole settlement and other Paleolithic sites. Antler points representing all stages of production were also present at Bol'shaya Slizneva in the Yenesei basin (Vasil'ev 1992:356), and apparently support Semenov's conclusions. In addition to the above projectile points (which are the most common types), are the Sungir darts or lances. These objects were produced from straightened mammoth tusks and were amazingly up to 2.42m long (Anikovich 1992:231, from Bader 1977).

Table 1. ASIAN SITE INVENTORIES

Sites	Inventories	References
Kostenki 1-la] (24,100-18,230 yrs BP)	Ivory point (75cm long), points are infrequent at Kostenki sites. Bone and ivory spatulas/ shovels, burishers, needles with triangular heads, points shaped like camel legs, mammoth phlanges carved into human forms, animal figurines, mammoth rib knife, and human burials.	Grigor'ev, G. P. 1993 Anikovich, M. 1992
Avdeevo (22,700-16,565 yrs BP)	Ivory points (up to 50 cm long), some ornamented with conical ends. Bone and ivory spatulas/ shovels, burishers, needles with triangular heads, points shaped like camel legs, human and animal figurines	Grigor'ev, G. P. 1993
Kosoutsy (19,020-15,520 yrs BP)	Bone and antler points (unslotted and slotted), slotted antler daggers, mattucks (bone, antler and ivory), awls, needles, antler hoes and hammers, atlatls, two possible arrowheads of bone (17,800 years BP), burnishers, composite sickles. Faunal assemblage dominated by reindeer.	Borziyak, I. A. 1993

Molodova V (29,650-10,590 yrs BP)	Bone and antler points (unslotted and slotted), slotted antler daggers, antler hoes and hanmmers, atlatl, burishers, composite sickles. Faunal assemblage dominated by reindeer, shaft wrench, lyngby axes, antler batons de commandment.	Borzitak, I. A.1993 Anikovich, M. 1992
Pavlov (no dates)	Mammoth phlanges shaped in simple human form.	Grigor'ev, G. P. 1993
Rashkov VII (no dates)	Bone and antler points (unslotted and slotted), antler hammers, slotted antler daggers, atlatls, burishers and composite sikles. Faunal assemblage dominated by reindeer.	Boraiyak, I. A. 1993
Iudinovo (18,630-12,300yrs BP)	Ivory points and rods, ivory beads (possible bead workshop).	Abramova, Z. A. 1993
Amvrosievka Kill site (21,500 yrs BP) Campsite (no dates)	25 bone points (unslotted and slotted). Bone points (unslotted and slotted and beads.	Krotova, A. A. and N. G. Belan 1993
ivashkovo VI (Terminal Pleistocene)	Composite sickles / knives	Boriskovskij, P. I. 1993
Korpatch Cape (no dates)	Two Mladec ivory Points.	Anikovich, M. 1992
Syuren I (no dates) Sungir (25,500-2t800 yrs BP)	Bone points and beads. Bone and ivory points, needles bracelets, rings, antler batons de commandment, ivory carvings of horse and mammoth, ivory disks, shaft wrench and human burials.	Anikovich, M. 1992
Yenesei Basin Afontova Gora sites (approx. 18,500 yrs BP)	Knives with inserted blades, eyed needles, bone and ivory points (slotted and unslotted), batons de commandment, awls, wedge and rod shaped tools, ivory spatulas / shovels, burnishers, ivory spheres and disks, ivory pick, and a antler composite tool. Subterranean dwellings.	Anikovich, M. 1992
Pereselencheskii Punkt (no dates)	Bone awls, antler burnisher, and other unnamed bone tools.	Vasil'ev, S. A. 1992

Kokorevo I (14,000-13,000yrs BP)	Ivory points and rods, eyed needles, awls, slotted bone points and daggers, beads, batons de commandment with inserted blades, and subterranean dwellings.	Borziyak, A. 1993 IKawa-Smith, F. 1982
Malaya Syiya (33,500 yrs BP)	Bone and antler points, antler composite tools, and pendants.	Vasil'ev, S. A. 1992
Kurtak IV (no dates)	Ivory tools, disks and pendants; bone tool fragments.	Vasil'ev, S. A. 1992
Dvuglazka Shelter (no dates)	Perforated bones, pendants and decorated wedge shaped tool.	Vasil'ev, S. A. 1992
Shlenka (24,000-18,000 yrs BP)	Bone rod fragments, composite tools, awls, antler points, pendants, and bone retoucher.	Vasil'ev, S. A. 1992
Ui I (24,000-18,000 yrs BP)	Composite tools, awls, antler points, pendants, and bone retoucher.	Vasil'ev, S. A. 1992
Bol'shaya Slizneva (no dates)	Engraved baton de commandment, antler points (evidence from all stages of production), Antler hammer, bone mortar, and needles.	Vasil'ev, S. A. 1992
Biriusa I (no dates)	Described as having an assemblage similar to Afontova Gora sites.	Vasil'ev, S. A. 1992
Northeast Asia Mal'ta and Buret' (no dates)	Composite tools associated with flake assemblage and few burins. Slotted bone points. Faunal assemblage dominated by reindeer. Subterranean dwellings.	IKawa-Smith, F. 1982
Shih-Yu (28,000 yrs BP)	Unnamed worked bone	IKawa-Smith, F. 1982
Diuktai Tr39.ition (35,000-10,800 yrs BP Bifacial lithic technology, Berelekh (11,000 yrs BP)	bifacial lithic technology, mammoths dominate the faunal assemblage.	Ikawa-Smith, F. 1982
Ushki	Bone beads and bifacial lithic technology,	Masson, V. M. 1993
Niah Caves (approx. 16,000 yrs BP)	23 bone tools recovered, including bone spatulas/ shovels.	Ikawa-Smith, F. 1982

Figure 1. Double-slotted (1-3 and flattened points (4 made of reindeer antler and needles (5-17 from Kosoutsy. 1-4, Layers 3 and 3B; 5-7, Layers 2-6.

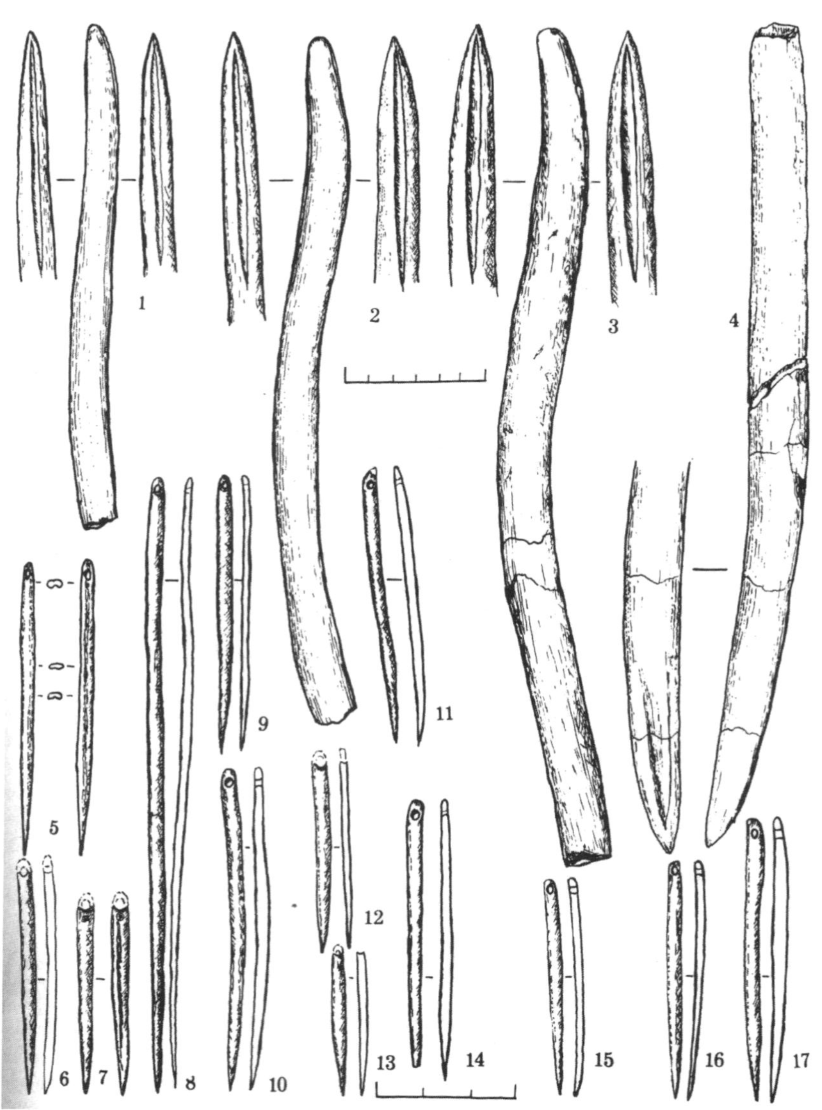

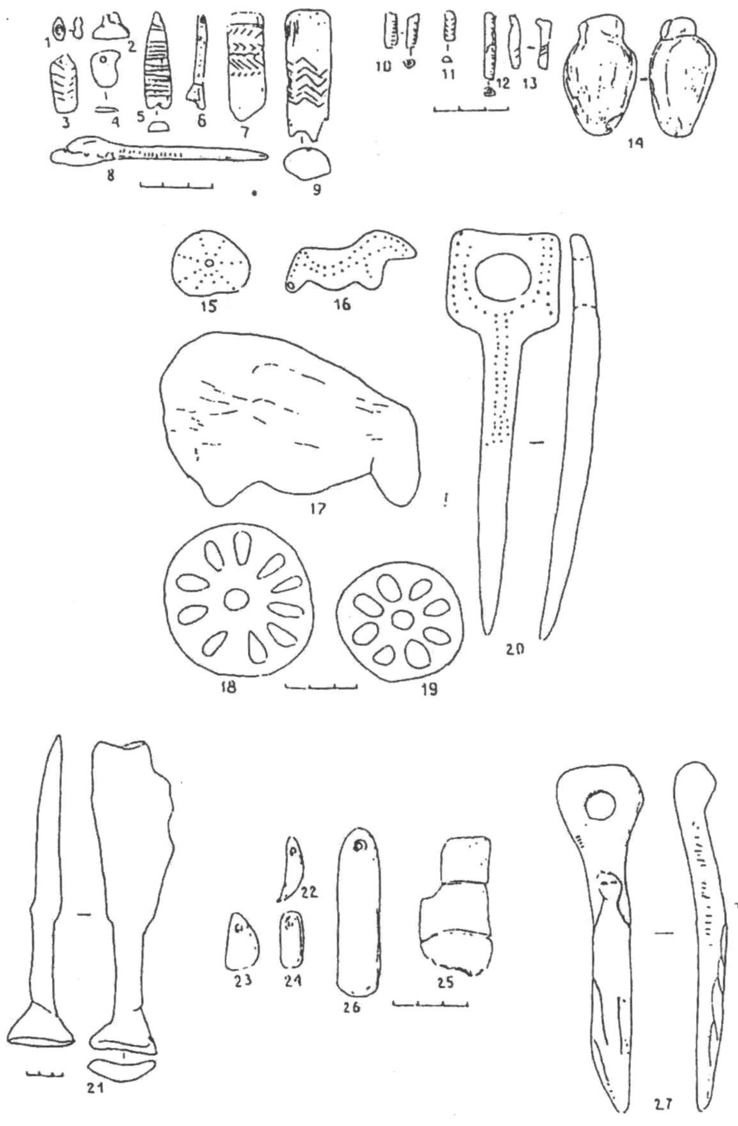

Figure 2. Artworks and bone tools from Kostenki 14 Layers 2(1–9), Kostenki 8 Layers 2(10–14), Sungir(15–20), Kostenki 15(21), Kostenki 17 Layer 2(23–26), and Molodova 5 Layer 7(27).

Figure 3. Daggerlike tools for skinning prey (1,3 and Picks (2 from. Kosoutsy, 1,3,Layer 3B; 2,layer 3,

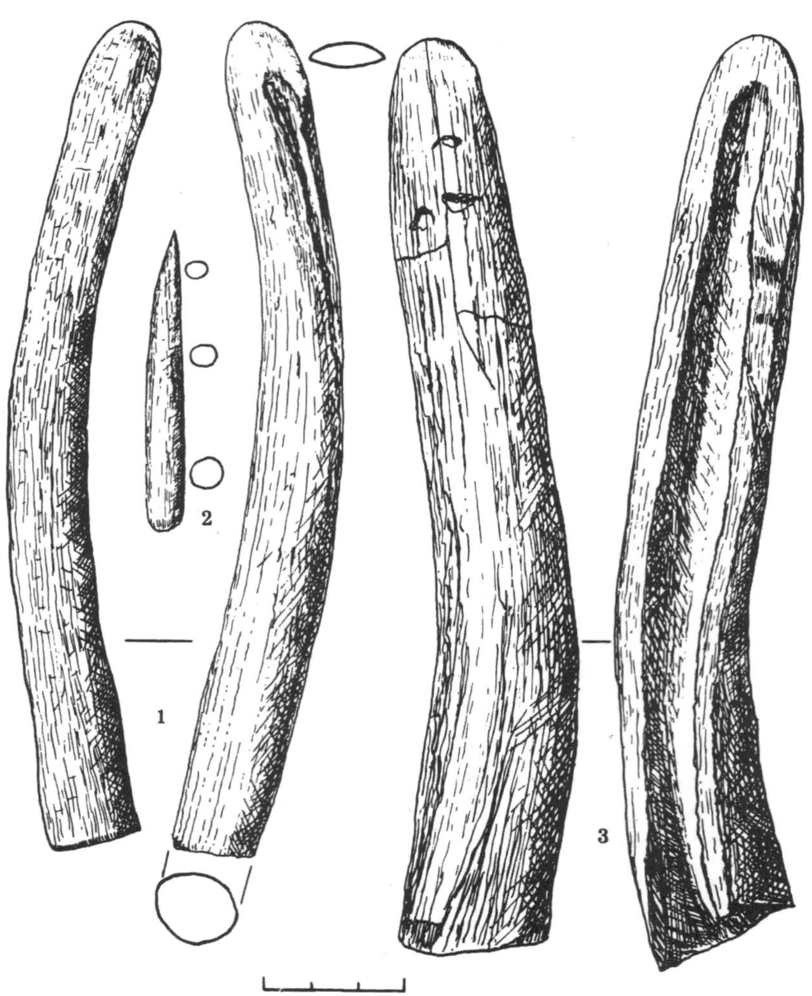

Figure 4. Hammerlike instruments from reindeer antler from Kosoutsy. 1, Layer 3B; 2, 1 ayer 5.

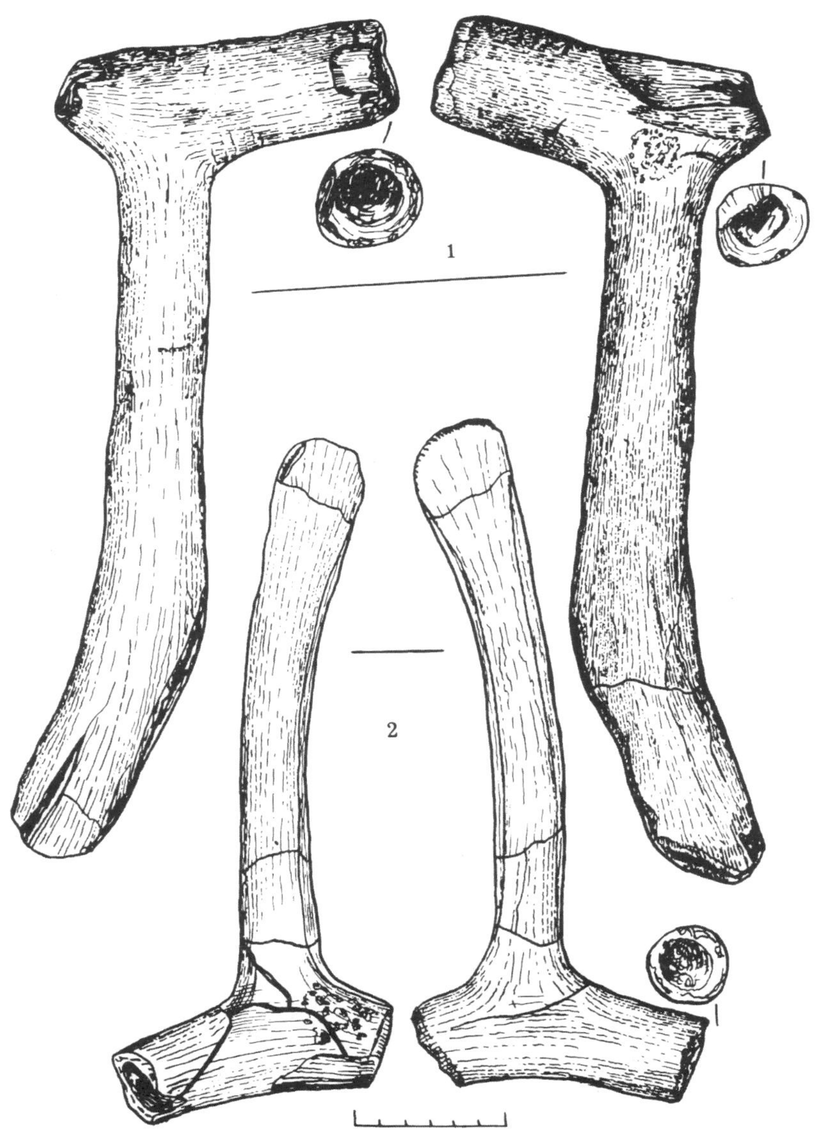

Figure 5. stone, bone, and antler artifacts from Kokorevo I (Kokorevo culture). 1-2, Needles; 3, ornament; 4-5, bone objects; 6, antler"dagger"; 7, baton de commandment.

Figure 6. Bone and ivory spears and arrow heads from Kosoutsy. I, Ivory, layer 4; 2, reindeer antler, layer 6; 3, long bone, layer 6; 4, long bone, 1 ayer 3B; 5, long bone, 1 ayer 3; 6, 7, long bone, layer 3B.

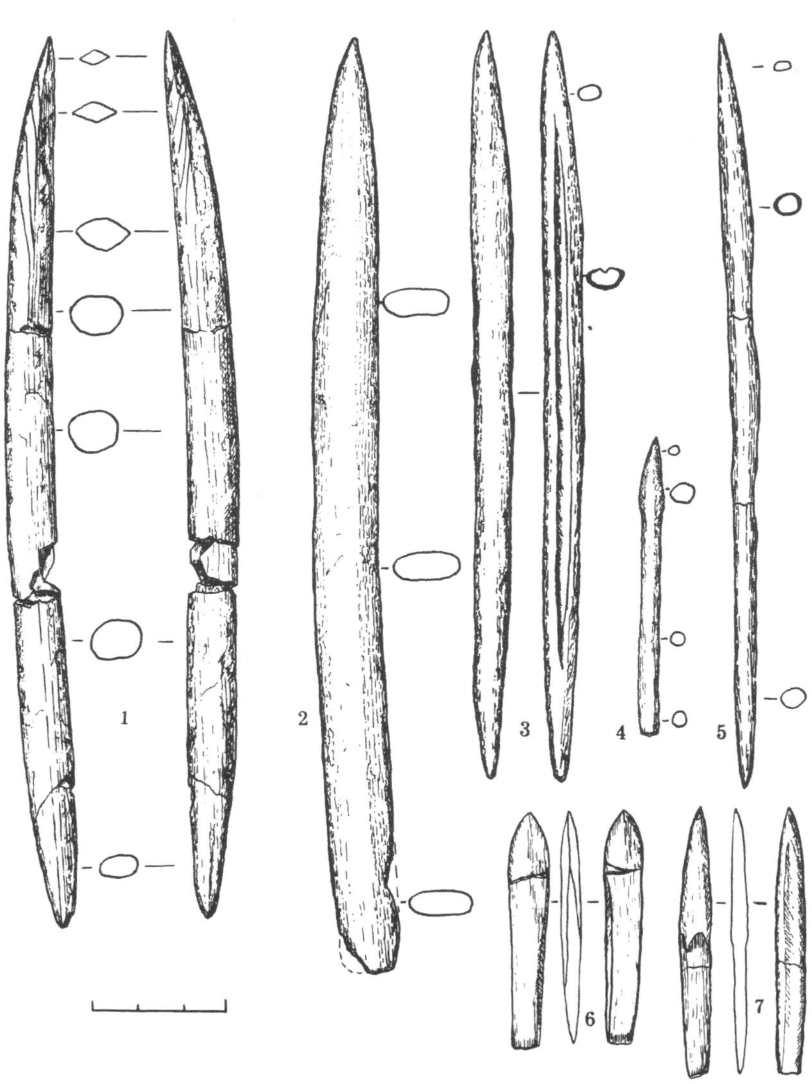

Figure 7. Amvrosievka. Bone inventory.

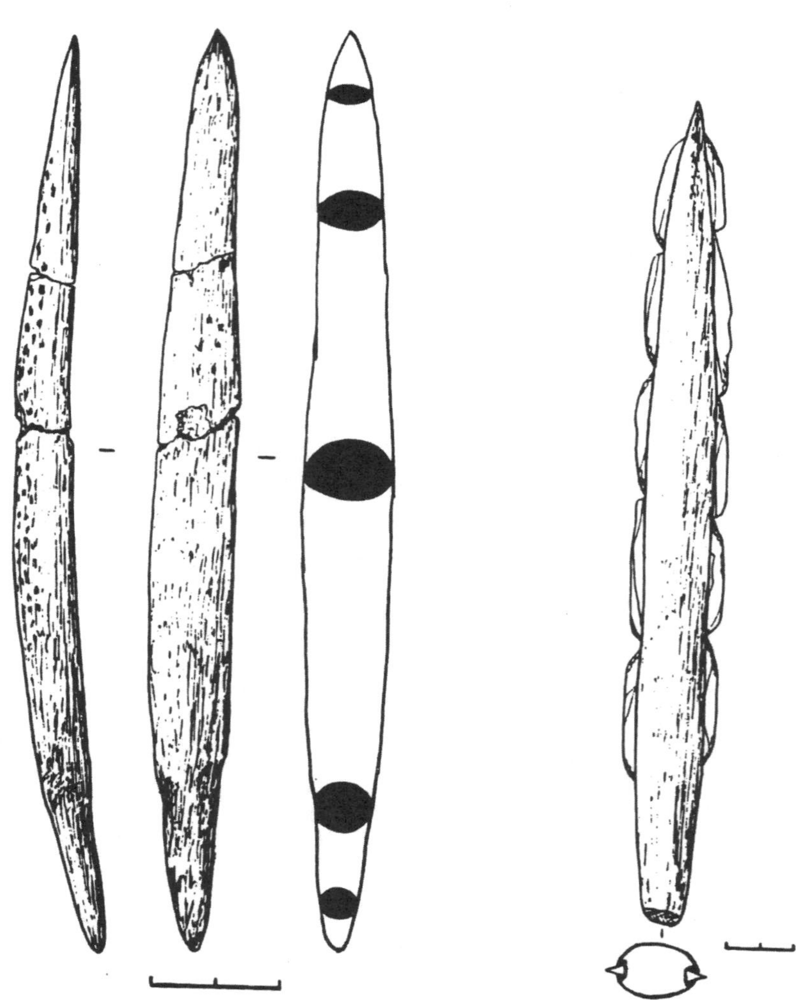

Another variant point type is the Mladec point. These are short (approximately 12cm long), flat, and elongated tear-dropped shaped projectiles that have been recovered at Korpatch Cape, and were associated with a blade/bifacial lithic technology (Anikovich 1992:214). Artifacts designated as knives or daggers are very similar to the projectile points described above, in that they come in both slotted and unslotted forms. Apparently, the major differences between these two forms of artifacts are that knives or daggers are generally flatter and have blunt tips. Artifacts called shaft wrenches have been recovered at two sites (Molodova and Sungir and are shaped like large eyed needles (Anikovich 1992:238). The function of these arti.facts is essentially unknown, but it has been suggested that they were used for straightening spear shafts.

Batons de commandment, generally of reindeer antler, and rods and hammers of bone, ivory and antler are other common tool types recovered in Paleolithic assemblages. Although the definite function of these tool types is unknown, it is presumed that they were used as soft hammer percussors in the lithic reduction sequence. However, it is likely that at least some rods were utilized as retouchers or pressure flakers. These rods are produced from all three varieties of organic material, while batons de commandment and hammers were constructed primarily from reindeer antler. The durable quality of this material would have been an asset for use as a percussor or possibly to crush bone to extract marrow (Borziyak 1993:75).

Burnishers, awls and needles represent the successful adaptation to cold environments during Paleolithic times (Masson 1993:17). The abundance of these tools in virtually all assemblages stresses the importance of specialized clothing for protection against the elements. Evidence from burials at Sungir and Kostenki has provided information on the types of clothing worn at this time and the work that was needed to produce them (Masson 1993:17; Anikovich 1992:239). Needles and awls were predominately made from split bone and came in two forms, eyed and eyeless. These forms are remarkably similar to more recent or modern implements used for the same functions. Burnishers, also called bone mattucks or polishers are essentially scrapers that were produced from deer or mammoth ribs that were split in half (Semenov 1964:175). These items which were used to rub or scrape hides have flat sections and are curved with a convex bit. Bone and ivory spatulas or shovels are tool types that are frequently mentioned in many Paleolithic assemblages and were probably used for the same activities, i.e., as burnishers. These two tool forms are described as similar to burnishers, except. that while the latter tend to be parallel sided, spatulas and shovels usually narrow toward the heads or working ends (Grigor'ev 1993:55). Another difference that has been noted between these two tool types, was that although few polishers were decorated, numerous spatulas were ornamented (Grigor'ev 1993:55).

Additional organic artifacts recovered from Paleolithic sites include composite tools and ornaments. Other composite tools recovered in Paleolithic assemblages, besides the projectile points and knives described above, consist of mCi!nly two types-sickles and miscellaneous hafted tools. Sickles, which contained hafted microblades, are often associated with increased cereal or grass utilization that occurred near the end of the Pleistocene at sites such as Ivashkovo IV (Boriskovskij 1993). Miscellaneous composite tools consisted of bone and antler hafting elements for stone scrapers, burins, blades, etc. Although ornaments have not been described, their recurring presence in these sites is worth mentioning and includes: human and animal figurines, beads, pendants, rings, bracelets, and various ivory or bone disks and spheres.

V. Overview of Clovis and Folsom Bone, Antler and Ivory Artifacts

Presently, the bone, ivory and antler technologies of Clovis and Folsom groups are not well known because so little evidence for these materials has been recovered (Frison and Craig. 1982)1(Table 2). However, it has been determined that Paleoindian bone technologies mainly consisted of a fracture-based utilitarian tradition made up of bone quarrying and bone expediency tools (Johnson 1989:438). Although the majority of organic tool remains at most early Paleo indian sites are of the expedient category (e.g., Frison and Craig 1982; Hannus 1990; Johnson 1989; Miller 1989), several sites contain tool forms that are very similar or identical to those found in Upper Paleolithic sites of Asia.

Bone and ivory points and foreshafts have been found at several sites of Clovis and Folsom age and provide at least a basis for making comparisons with the Paleolithic (Fig. 8-14). These points are cylindrical in profile and complete specimens vary in length from 24 to 33cm. They generally exhibit beveled bases which have been roughened by engraving or crosshatching (Haynes 1983:565). Haynes (1983:395 observes that these characteristics are generally not found on their Asian counterparts, but notes exceptions recovered at Mal'ta.

Table 2. NORTH AMERICAN SITES

Sites	Inventories	References
Anzick (Clovis materials)	Two bone foreshafts	Taylor, D. C. 1969 Lahren, L. and
Auchilla river (Clovis ?)	I vory point	Haynes, C. V. 1986
Blackwater Draw (Clovis materials)	Bone points, bone flesher, awl, bone knife or point, bead and possible baton de commandment	Hester, J. J. 1972
Drake cache (Clovis materials)	Ivory fragments, possibly points or foreshafts	Stanford, D. J. and M. A Jodry, 1988
Murray Springs (Clovis materials)	Mammoth shaft wrench	Haynes, C. V. and T. Hemmings 1968
Ritchie-Roberts (Clovis materials)	Bone points, foreshafts and rods	Mehringer, P. J. 1989
Sheaman Agate Basin (Folsom materials)	Ivory point or foreshaft Five bone points, needles, possible antler hammer	Frison, G. C. and C. Craig 1982 Frison, G. C. and G. M. Zeimens 1980
Hanson (Folsom materials)	Bone needles	Frison, G. C. and B. A. Bradley 1980
Lindenmier (Folsom materials)	Bone needles	Wilmsen, E. N. and F. H. H. Roberts Jr. 1978

Figure 8. Blackwater Draw. Folsom and Clovis Age bone tools: b and c are of Folsom Age; a and d are from the Clovis level.

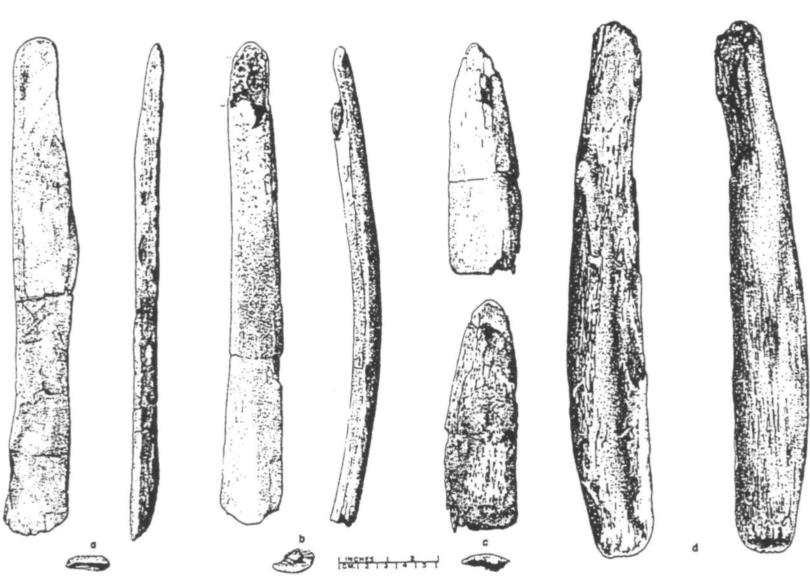

Figure 9. Ivory projectile point from a Clovis level in the Agate Basin site locality.

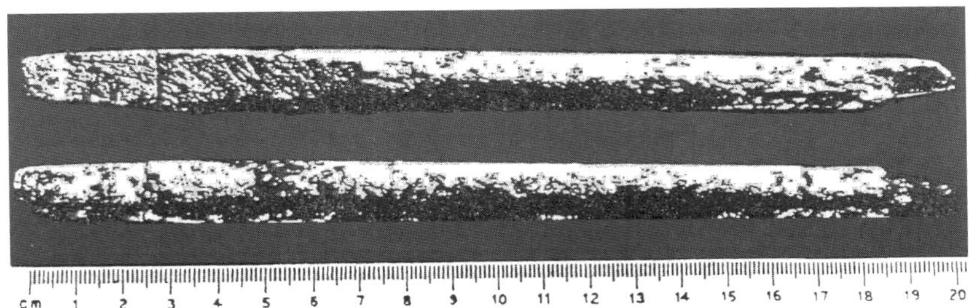

Figure 10 . Agate Basin. Elk antler tool from the Folsom level in Area 2.

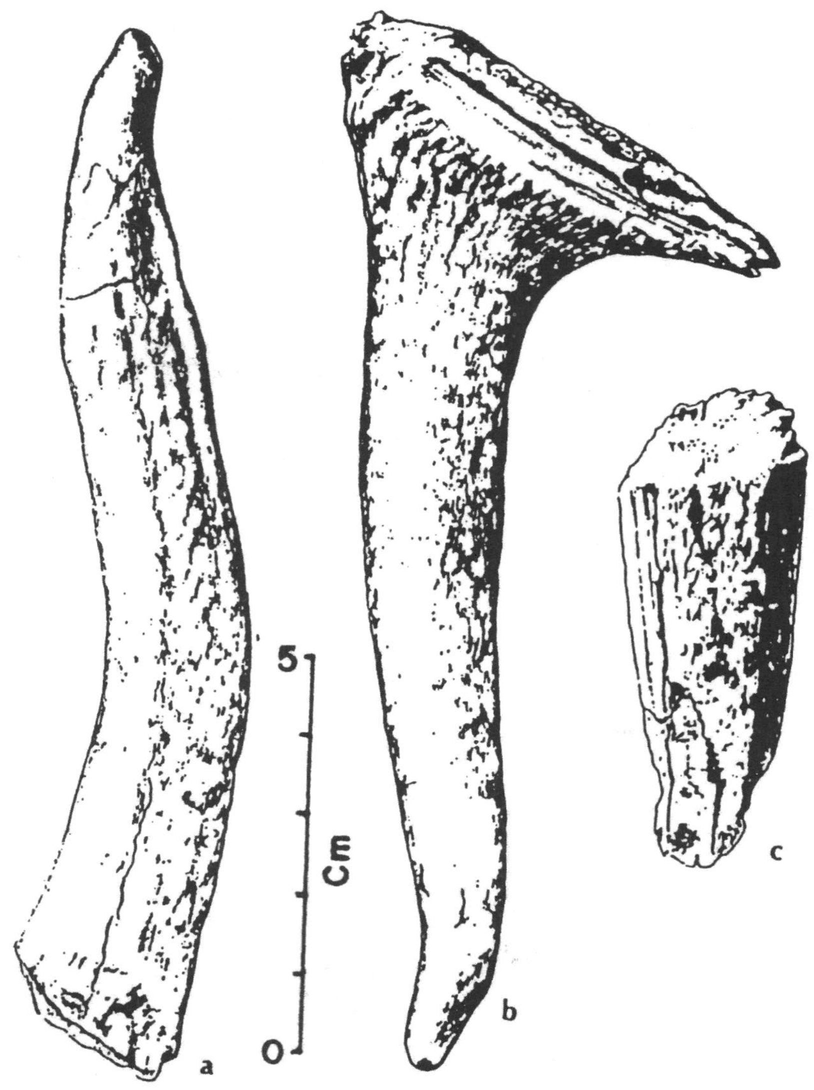

Figure 11. Clovis Age bone projectile points or foreshafts : a is from the Gray Sand, band c are from Cotter's 1936 excavations at the south end of the South Pit.

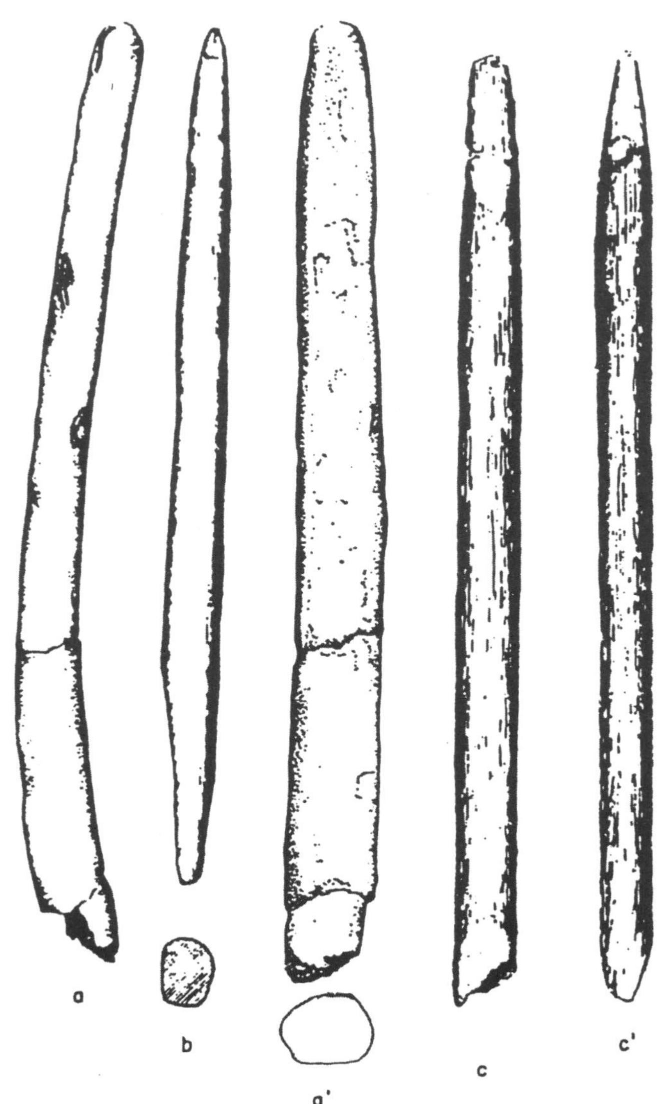

Figure 12. Bone and ivory tools: A-B, foreshafts, Anzick Cache; C, projectile point, Blackwater Draw Locality No.1; D, shaft wrench, Murray Springs.

Figure 13. Ivory projectile point or foreshaft from the sheaman site.

Figure 14. Agate Basin. Eyed bone needles from the Folsom level in area 2.

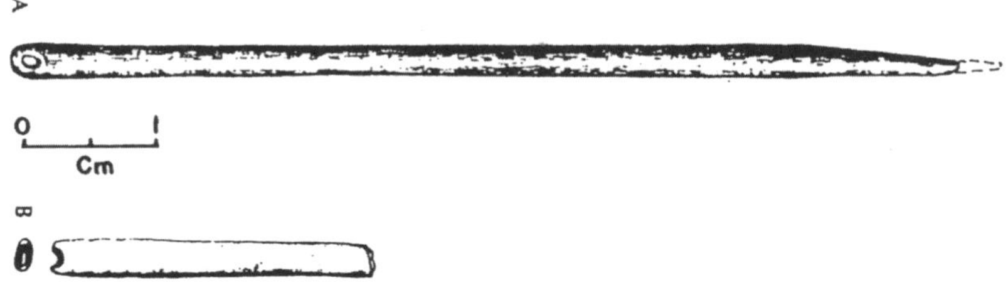

Bone needles are a second reoccurring tool type recovered frequently at Folsom sites, but rarely at Clovis sites. These items are often fragmentary, but undoubtedly occur in both eyed and eyeless forms. In addition to needles, beads and awls are other common bone artifacts that are recovered at both Paleolithic and Paleo indian sites, however; these generic forms are often found at sites of all ages and, therefore, should not be considered valuable markers for basing comparisons.

Additional Clovis and Folsom age artifacts from Blackwater Draw, Agate Basin and Murray Springs provide tantalizing evidence for seeking parallels with the Paleolithic and will be briefly mentioned. A bone flesher recovered at Blackwater Draw is remarkably similar to burnishers found in Paleolithic assemblages. Like its Paleolithic counterparts, this artifact was produced from a rib (possibly mammoth that has been split and exhibits a thin, flattened working end produced by grinding (Hester 1972:111). Stanford (1991:3 notes a possible ivory baton de commandment that was recovered from this site; however, information on this artifact has yet to be published. An antler artifact recovered from the Agate Basin site (Frison and Craig 1982:161 appears to be quite similar to antler hammer tools found at numerous Paleolithic sites, but this resemblance may be only an optimistic impression and cannot be substantiated without further research. The shaft wrench recovered at Murray Springs is a tool form that has nearly identical counterparts in Paleolithic assemblages. This artifact was produced from the wall of a mammoth long bone (Haynes and Hemmings 1986 and is probably the most promising piece of information that links Paleoindian bone technology to that of the Paleolithic(Yu, 2011).

VI. Conclusions

This discussion has presented a detailed description and comparison of bone, antler and ivory artifacts that are associated with assemblages of the Upper Paleolithic of Asia and early Paleoindian period of North America. It was proposed that due to the inherent stability offered by organic technologies, early Paleoindian societies would have relied on these materials to produce tools. It was also argued that these technologies would be less likely to manifest the variability that dominates in lithic technological systems and that a comparison between Paleolithic and Paleo indian bone assemblages would reveal a continuity in tool forms and designs. However, the information presented does not provide conclusive evidence to support these propositions.

Although numerous similarities exist between the two assemblages, an obvious shift from the production of curated, formal tool types, that prevail during the Paleolithic, to an increased dependence on expedient strategies by Paleoindian times has occurred. This shift may be a direct result of attempts to reduce the transport costs of Paleoindian tool kits, as levels of mobility increased during the migration process. This is a reasonable hypothesis if our reconstructions of high mobility patterns by these groups are accurate. A second plausible hypothesis that would explain the variabilities observed in this study is that the period of time between when early Paleoindian groups originally split from the core of Paleolithic cultural contact in Asia is longer than what our evidence currently indicates. If this is the case, then where are the sites that unquestionably predate Clovis? The lack of such sites would presently indicate that this second hypothesis is not supportable.

If Clovis cultures are manifestations of the first adaptations on North American continent, then the rate of cultural change was evidently very rapid. This view is supported by our inability to effectively identify technological antecedents to Clovis and Folsom lithic assemblages. However, it is the author's belief that continued joint research between Russia and American archaeologists who view the material culture of these two continents as congruent will eventually allow us to reconstruct Pleistocene cultural processes.

〈한글요약〉

아메리카 인디언이 Late Pleistocene에 Beringia를 지나 북미대륙에 성공적으로 이주하였다는 가설은 오랫동안 아주 그럴듯한 설명으로 받아들여져 왔다. 그러나 많은 연구자들 사이에서 언제 그리고 어떻게 인간의 이주가 북미대륙으로 이루어졌는가에 대한 자세한 설명에는 역시 현재까지 많은 논쟁이 진행 중에 있다. 인간의 이주에 관한 설명으로 가장 합리적이고 지배적인 것은 베링지아를 가로질러 존재하는 동서 양 지역에서의 문화적 연관성과 계속성을 구체적으로 증명하는 것이다.

지금까지 이들에 대한 연구는 종교 행위의 풍습과 체질인류학적 특징의 비교연구 등을 포함하는 범주에서 진행되어 왔다. 그러나 연구의 대부분은 석기나 골각기의 유사성을 증명하는데 초점이 맞추어져 있었으며, 특히 북미대륙의 Clovis나 Folsom 첨두기에 나타난 fluted 석기 제작기법의 선조들을 확인하고 증명하려는 시도들이 진행되어 왔었다. 이러한 연구의 많은 부분은 석기제작의 기술과 발전 정도에 집중되어 있었으며, 러시아의 베링지아 서쪽과 북미대륙의 베링지아 동쪽에 있어서의 골각기의 제작기술에 대한 언급은 대개 매우 간단하게 취급되어지는 경향이 있었다.

본 논문에서는 러시아 동부 시베리아의 후기구석기시대와 북미대륙의 초기 고인디언 문화전통에 있어서의 골각기에 나타난 제작기술의 유사성을 검토하였다. 특히 이들 두 시기의 석기와 골각기 조합상에 나타난 골각기의 종류와 석기 형태에서의 유사성을 집중적으로 분석하였다. 이들 유물의 유사성은 외형적 형태의 관찰 뿐만 아니라 이들 도구를 제작할 때 요구되는 기술적 수준에서의 구체적 분석이 이루어져야 하며, 이러한 연구는 필자가 북미대륙에 도착한 초기 고인디언들의 시점을 증명하기 위한 이론적 틀을 의도한 것은 아니다. 대신에 이러한 유물 조합상이 Pleistocene 시기에 삶을 영위했던 사람들에 있어서 기술적 발달의 영역을 넘어서 놓여있는 어떤 문화적 유사성을 증명하는데 있어서의 부가적인 연구를 위한 기초작업을 제공하는데 목적을 두었다.

검토 결과, 골각류를 이용한 도구 제작 기술은 베링지아의 동서 지역에서 상당한 본질적 연속성을 나타내고 있으며, 초기 고인디언들은 도구를 제작하는데 있어서 이들 물질재료에 의존하고 있었던 것으로 보인다. 이들 골각기 도구들은 석기의 제작기술에서의 가변성을 명확하게 나타내지는 않으며, 따라서 러시아 동북의 후기구석기와 북미의 고인디언 사이에서의 골각기 유물 조합상에 대한 비교는 도구의 형태와 디자인에서 연속성을 드러내는 것으로 보인다. 그렇다고 해서 이들 유물에서 얻어진 기술적 성격이 그러한 가정을 지지할 수 있는 결정적 증거로 제시되지는 않는다.

비록 두 지역의 유물 조합상 사이에 수많은 유사성이 존재한다 할지라도, 후기 구석기시대 동안에 널리 유행하였던 전형적인 석기 형태에서 고인디언 시기에 이르러 편의적 방법에 의존하게 되면서 명확한 기술적 변화가 진행되었다. 이같은 변화는 이주과정에서 이동의 이려움이 증가됨으로서 고인디언들이 석기 도구에서 운반비용을 줄이기 위한 시도의 직접적인 결과로 말미암은 것이다. 이러한 관점에서 볼 때, 비록 북미대륙에서의 최초 문화에 해당하는 Clovis 문화에 러시아의 후기구석기시대 석기제작기술이 반영되었다 할지라도 석기제작기술 그 자체로만 본다면, 북미대륙의 최초 고인디언 문화인 Clovis 문화는 후기구석기시대 문화로부터 문화적 변동이 매우 급격하게 진행되었던 것으로 보인다.

〈References Cited〉

Adovasio, J. M.

1993 The Ones that Will Not Go Away: A biased View of Pre-Clovis Populations in the New World. In *Kostenki to Clovis*, edited by O. Soffer and N. D. Praslov, pp. 199-218. Plenium Press, New York.

Ambramova, Z. A.

1993 Two Examples of Terminal Paleolithic Adaptations. In *Kostenki to Clovis*, edited by O. Soffer and N. D. Praslov, pp.85-100. Plenium Press, New York.

Anikovich, M.

1992 Early Upper Paleolithic Industries of Eastern Europe. *Journal of World Prehistory* 6:205-245.

Bonnichsen, R.

1973 Some qperational Aspects of Human and Animal Bone Alteration. In *Mammalian Osteo-Archaeology: North America*, edited by B. M. Gilbert, pp.9-24. Special Publications of the Missouri Archaeological Society, Columbia.

Boriskovskij, P. 1.

1993 Determining Upper Paleolithic Historicocultural Regions: A Case Study. In *Kostenki to Clovis*, edited by O. Soffer and N. D. Praslov, pp.143-148. Plenium Press, New York.

Borziyak, 1. A.

1993 Subistence Practices of Late Paleolithic Groups Along the Dnestr River and Its Tributaries. In *Kostenki to Clovis*, edited by O. Soffer and N. D. Praslov, pp.67-84. Plenium Press, New York.

Frison, G. c., and B. Bradley

1980 *Folsom Tools and Technology at the Hanson Site, Wyoming.* University of New Mexico Press, Albuquerque.

Frison, G. C. and C. Craig

1982 Bone, Antler, and Ivory Artifacts and Manufacture Technology. In *The Agate Basin Site: A Record of the Paleoindian Occupation of the Northwestern Plains*, edited by G. C. Frison and D. J. Stanford, pp.157-173. Academic Press, New York.

Frison, G. C. and G. M. Zeimens

1980 Bone Projectile Points: An Addition to the Folsom Cultural Complex.

American Antiquity 45:231-237.

Grigor'ev, G. P.

1993 The Kostenki-A vdeevo Archaeological Culture and the Willendorf-Pavlov-Kostenki-Avdeevo Cultural Unity. In *Kostenki to Clovis*, edited by O. Soffer and N. D. Praslov, pp.52-67. Plenium Press, New York.

Hannus, L. A.

1990 The Lange-Ferguson Site: A Case for Mammoth Bon-Butchering tools. In *Megafauna and Man: Discovery of America is Heartland*, edited by L. D. Agenbroad, J. I. Mead and L.W. Nelson, pp.86-99. The Mammoth Site of Hot Springs, South Dakota, Inc. Scientific Papers, Vol. 1. Hot Springs, South Dakota.

Haynes, C. V.

1983 Were Clovis Progenitors in Beringia? In *Paleoecology of Beringia*, edited by D. M. Hopkins, J. V. Matthews Jr., C. E. Schweger and S. B. Young, pp. 383-398. Academic Press, New York.

1986 Mammoth Hunters of the USA and USSR. In *Beringia in the Cenozoic Era*, edited by V. L. Kontrimavichus, pp.557-570. A. A. Balkema, Rotterdam.

Haynes, C. V. and E. T. Hemmings

1968 Mammoth-Bone Shaft Wrench from Murray Springs, Arizona. *Science* 159:186-187.

Hester, J. J.

1972 *Blackwater Locality No. 1, A Stratified Early Man Site in Eastern New Mexico*. Fort Burgwin Research Center Publication no. 8, Ranchos de Taos, New Mexico.

Ikawa-Smith, F.

1982 The Early Prehistory of the Americas as Seen from Northeast Asia. In *Peopling of the New World*, edited by J. E. Ericson, R. E. Taylor and R. Berger, pp.15-33. Anthropological Papers no. 23, Ballena Press, Los Altos, California.

Johnson, E.

1985 Current Developments in Bone Technology. In *Advances in Archaeological Method and Theory*, vol. 8, edited by M. B. Schiffer, pp.157-235. Academic Press, New York.

1989 Human-Modified Bones from Early Southern Plains Sites.

In *Bone Modification*, edited by R. Bonnichsen and M. H. Sorg, pp.431-471. Center for the Study of the First Americans, Institute for Quaternary Studies. University of Maine, Orono.

Kelly, R., and L. C. Todd

1988 Coming into the Country: Early Paleo indian Hunting and Mobility. *American Antiquity* 53:231-244.

Lahren, L. and R. bonnichsen

1974 Bone Foreshafts from a Clovis Burial in Southwestern Montana. *Science* 186:147-150.

Masson, V. M.

1993 The Environmental and Human Adaptation Systems in Prehistoric Times. In *Kostenki to Clovis*, edited by O. Soffer and N. D. Praslov, pp.15-20. Plenium Press, New York.

Meltzer, D. J.

1993 Is There a Clovis Adaptation? In *Kostenki to Clovis*, edited by O. Soffer and N. D. Praslov, pp.293-310. Plenium Press, New York.

Mehringer, P. J., Jr.

1989 Of Apples and Archaeology. *Universe* 1(2):2-9.

Miller, S. J.

1989 Characteristics of Mammoth Bone Reduction at Owl Cave, The Wasden Site, Idaho. In *Bone Modification*, edited by R Bonnichsen and M. H. Sorg, pp.381-393. Center for the Study of the First Americans, Institute for Quaternary Studies. University of Maine, Orono.

Mochanov, Y. A.

1986 Paleolithic Finds in Siberia (Resume of Studies). In *Beringia in the Cenozoic Era*, edited by V. L. Kontrimavichus, pp.694-725. A. A. Balkema, Rotterdam.

Mochanov, Y. A. and S. A. Fedodeeva

1986 Main Periods in the Ancient History of North-East Asia. In *Beringia in the Cenozoic Era*, edited by V. L. Kontrimavichus, pp.669-693. A. A. Balkema, Rotterdam.

Roper, D. C.

1991 A Comparison of Contexts of Red Ochre Use in Paleoindian and Upper Paleolithic Sites. *North American Archaeologist* 12:289-301.

Semenov, S. A.

1964 *Prehistoric Technology*. Barnes and Noble, London.

Stanford, D. J.

1991 Clovis Origins and Adaptations: An-Introductory Perspective. In *Clovis: Origins and Adaptations,* edited by R. Bonnchsen and K. L. Turner, pp.1-13. Center for the Study of the First Americans. Oregon State University, Corvallis.

Stanford, D. J. and M. A. Jodry

1988 The Drake Clovis Cache. *Current Research In the Pleistocene* 5:21-22.

Taylor, D. C.

1969 The Wilsail Excavations: An Exercise in Frustration. *Proceedings Montana Academy Science,* 36:355-405.

Turner, C. G., IT

1992 New World Origins: New Research from the Americas and Russia. In *Ice Age Hunters of the Rockies,* edited by D. J. Stanford and J. S. Day, pp.7-50. Denver Museum of Natural History and University Press of Colorado, Niwot.

Vasil'ev, S. A.

1992 The Late Paleolithic of the Yenesei: A New Outline. *Journal of World Prehistory* 6:337-383.

Wilms en, E. N. and F. H. H. Roberts, Jr.

1978 *Lindenmier, 1934-1974: Concluding Report on Investigations.* Smithsonian Contributions to Anthropology no. 24.

Wormington, H. M.

1962 The Problems of the Presence and Dating in America of Flaking Techniques Similar to the Paleolithic in the Old World. In *Atti del VI Congresso Internazional delle Scienze Preistorichee Protostoriche,* pp.273-283. Via del Collegio Romano, Roma.

Yu, TaeYong

2011 New Perspective of Clovis Blade Technology. In *21 Century Korea Archaeology* IV, edited by Mong-Lyong Choi, pp.673-717

돌고예 오제로 유적을 통해 본 서아무르 유역의 고고학적 양상과 주거지 특징

홍 형우 (강릉원주대 사학과 교수)

I. 머리말

돌고예 오제로 유적은 아무르 주 아르하린스크 지구 이노켄지예프카 마을 주변에 있는 호수('돌고예 오제로'는 긴 호수라는 뜻) 연안에 위치한다. 이 지역은 부레야 강이 아무르 강으로 합류하는 지점 부근으로, 상·중·하류로 나뉘는 아무르 강의 중류(제야 강에서 하바롭스크 시까지) 지역 중 서부에 해당한다[1](그림 1).

아무르 주 동남쪽에 위치하는 아르하린스크 지구에는 신석기시대에서 초기 중세에 해당하는 다수의 유적이 분포하는 것으로 알려져 있다. 그러나 돌고예 오제로 유적 이전에 아르하린스크 지구에서 정식으로 발굴이 이루어진 유적은 우릴 섬 유적이 유일하며, 나머지는 모두 탐색(시굴)조사를 포함한 지표조사에서 확인된 유적이다. 우릴 유적은 아무르 유역 초기철기시대인 우릴 문화의 대표적인 유적이다. 참고로 우릴 문화는 기원전 12세기에서 기원전 5~4세기까지로 편년되고 있으며, 서아무르 지역에서는 기원전 2세기까지도 존속했던 것으로 평가된다[2].

1) 국립문화재연구소 외, 2009,『돌고예 오제로 유적』西아무르 유역 한·러 공동연구 II.

2) 홍형우, 2014,「극동지역 초기철기시대 지역별 토기문화의 양상과 전개」,『한국상고사학』제 384호.

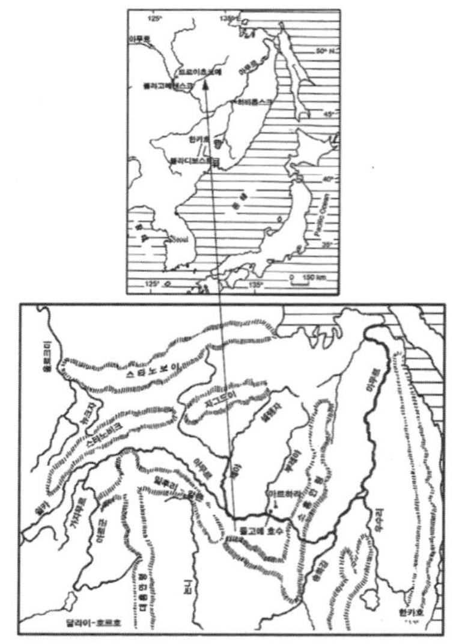

그림 1. 아무르 주 아르하린스크 지구 위치도
(돌고예 오제로 발굴조사보고서에서)

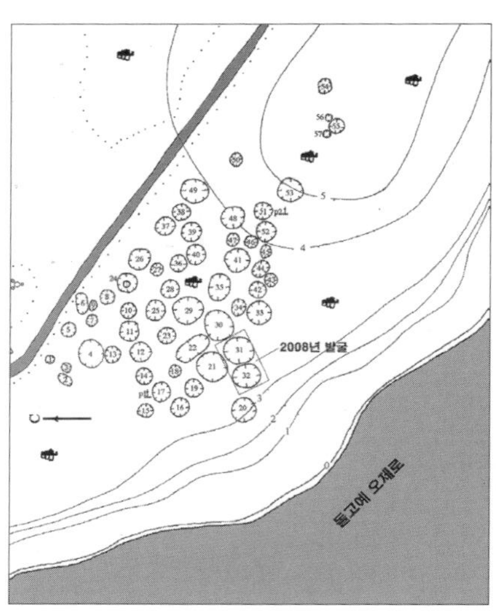

그림 2. 돌고예 오제로 유적 유구 분포도
(돌고예 오제로 발굴조사보고서에서)

돌고예 오제로 유적은 완만한 경사를 이루고 있는 호수가에 위치한다. 현재 연안 사면에서는 모두 57기의 수혈이 확인되는데, 대략 평균 3×4m에서 7×7m 크기의 수혈주거지들이다. 이 유적이 처음 확인된 것은 2005년이었고, 2008년에 두 기의 수혈주거지가 한·러공동발굴조사의 일환으로 국립문화재연구소에 의해 발굴조사되었다(그림 2).

발굴조사 결과 2기의 수혈주거지(31호와 32호)와 저장물 보관을 위한 저장시설 1기가 확인되었다. 비록 발굴된 주거지는 두 기에 불과하지만, 단편적이나마 이를 통해 이 지역의 초기철기시대에서 초기중세로 이어지는 주거지의 특징을 비교·검토할 수 있다. 31호 주거지는 탈라칸 문화에 속하며, 32호 주거지는 미하일로프카 문화에 속한다. 탈라칸 문화는 앞서 언급한 바 있는 우릴 문화에서 이어지는 초기철기시대 문화이고, 미하일로프카 문화는 기원후 3세기에 탈라칸 문화에서 발전한 초기중세 문화이다. 따라서 논의의 초점은 초기철기시대 탈라칸 문화와 초기중세 미하일로프카 문화의 주거지에 두고자 한다.

주거지의 특징을 검토하기 위해 돌고예 오제로 발굴유구를 살펴보고 이를 동시기의 다른 유적과 비교하여 두 문화 주거지의 축조기법 상의 특징을 고찰해보고자 한다.

이에 앞서 이 지역 역사·고고학적 흐름의 이해를 위해, 먼저 아르하린스크 지구의 유적 조사에 대한 역사를 간략히 살펴보고, 이어 돌고예 오제로의 발굴 과정에서 출토된 신석기시대에서 초기 중세까지의 고고학의 개략적인 흐름과 시대별 연구 쟁점 또한 살펴보겠다.

II. 아르하린스크 지구와 돌고예 오제로 유적의 고고학적 양상

1. 아르하린스크 지구의 고고학 조사[3)]

아르하린스크 지구에는 신석기시대에서 초기중세에 이르는 다양한 유적이 분포한다. 이 지역에 대한 조사는 일찍이 20세기 초에 시작되었으나, 1970년경에는 조사가 중단되다시피 하였고, 조사가 다시 재개된 것은 2000년대 이후이다. 2008년에 실시된 돌고예 오제로 유적 발굴조사 이전에 발굴이 이루어진 곳은 우릴 섬이 유일하다. 우릴 섬을 제외하고는 아르하린스크 암각화가 조사되었을 뿐이다.

우릴 섬은 1902년 A.R.루고브이에 의해 발굴되었으며, 1961년 A.P.오클라드니코프, 1963년에 A.P.데레뱐코에 의해 조사되었다. 발굴구역에서 모두 5기의 수혈주거지가 조사되었다. 평면 말각방형이며, 면적은 200㎡이다. 우릴 문화는 기원전 12~5세기로 편년되며, 서아무지역에서는 기원전 2세기까지 존속하다가 탈라칸 문화로 교체된다.

1960년경에는 여러 유적들이 조사되는데, 발굴되지 않은 자료이지만 대체로 주라블로프스키 섬 유적은 신석기시대, 노보포크로프카 유적은 초기철기시대, 이노켄지예프카 유적은 미하일로프카 문화, 아르하린스크 유적은 말갈 문화 유적으로 평가된다.

---

3) 국립문화재연구소 외, 2009,『돌고예 오제로 유적』西아무르 유역 한·러 공동연구 II.

1970년경부터 중단되었던 이 지역에 대한 조사는 2000년대에 다시 활발히 재개된다. 이는 주로 아무르 주의 역사문화재 보존센터를 중심으로 이루어지는데, 2003년과 2005년에 조사를 통해 114기의 신석기시대 주거유적이 확인되며 초기 중세의 주거유적과 분묘 유적도 다수 확인된다[4].

2004년의 조사에서는 성(城)관련 유적들이 발견된다. 성들은 대체로 아무르 강의 단구에 자리하고 있다. 소하찐느이 클류치 유적과 체스노치하 클류치 유적이 주목된다[5](그림 3).

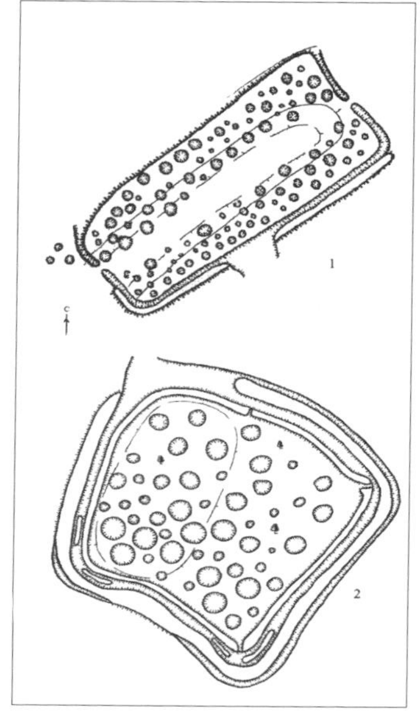

그림 3. 아르하린스크 지구 발해유적
1. 소하찐느이 클류치,
2. 체스노치하 클류치(볼코프, 2006)
(돌고예 오제로 발굴조사보고서에서)

소하찐느이 클류치 유적은 평면 장방형으로 동북-서남이 500m, 서북-동남이 200m로 작은 규모의 성이다. 성에는 2개의 출입구(성문지)가 있고, 내부에는 직경 6~15m 깊

4) Зайцев Н.Н. Отчет об археолоической разведке в Свободненском, шимановском, Бурейком, Архаринском, Михайловском районах Амурской области в 2003 г. -Благовещенск, 2004. - 246 л. / Архив управления культуры Администрации Амурской области ≪Цетнр по сохранению историко-культурного наследия Амурской области≫. (자이체프 N.N., 2003년도 아무르 주에 위치한 스바보드네스키, 쉬마노프스키, 부레야 지역의 유적 답사 보고서, 블라고베쉔스크, 2004, 246쪽 / 아무르 주의 문화 ≪아무루 주 역사 문화 센터≫).Зайцев Н.Н. Отчет об археолоической разведке в Свободненском, Мазановском, Серыпевском, Белогорском, Завитинском, Михайловском, Бурейком, Архаринском, Шимановском районах Амурской области в 2005 г. -Благовещенск, 2006. - Т. П. - 233 л. / Архив управления культуры Администрации Амурской области ≪Цетнр по сохранению историко-культурного наследия Амурской области≫.(자이체프 N.N., 2005년도 아무르 주에 위치한 스바보드네스키, 마잔스키, 세르이펩스키, 벨로고르스키, 자비틴스키, 미하일로스키, 부리이스키, 아르하린스키, 쉬마놉스키 지역의 유적 답사 보고서, 블라고베쉰스크, 2006, 233쪽 / 아무르 주의 문화 ≪아무루 주 역사 문화 센터≫).

5) 스토야킨 막심, 2015,「아무르-연해주 지역의 중세시대 성곽 연구」 고려대학교 대학원 박사학위 논문. 국립문화재연구소 외, 2009,『돌고예 오제로 유적』 西아무르 유역 한·러 공동연구 II.

이 0.5~1.5m의 원형 수혈 100여 기가 확인된다. 체스노치하 클류치 유적은 체스노치하 강 범람원 쪽으로 돌출된 단구에 위치한다. 성의 평면은 방형으로 150×150m로 소규모의 성이다. 성의 동북쪽과 동쪽 및 남쪽 모서리에 출입구가 있다. 유적 내부에는 직경 6~12m, 깊이 70cm 미만의 원형 수혈 46기가 조밀하게 열을 이루고 있는 것이 확인된다.

이와 유사한 성들이 같은 아무르 주의 블라고베쉔스크 지구 및 콘스탄티노프카 지구에서도 다수 확인된다. 블라고베쉔스크 지구에서는 소하찐느이 성과 유사한 유적이 다수 조사되었으며, 특히 아무르 주 콘스탄치노프카 지구 보이코보 마을 주변의 오시노보예 호수에서 발견된 성(城)유적은 소하찐늬이 클류치 유적과 유사하다. 오시노보예 호수 유적은 기원후 8세기로 편년되는 트로이츠코예 말갈(발해말갈) 문화와 관련된다. 소하찐늬이와 체스노치하 성(城) 유적 등 아무르 주에서 발견되는 다수의 성 유적들의 말갈 문화 유적들은 8세기로 판단되는데, 이 지역에서 8세기 이전 시기에는 말갈 주민과 관련된 유적은 없다. 따라서는 이는 발해(말갈) 주민의 이동과 관련이 깊은 것으로 검토된 바 있다[6]. 이런 점을 생각해 본다면, 이 지역의 고고학적 양상과 주민 구성 등과 관련하여 특히 발해와 관련하여 이 지역에 대한 지속적인 관심을 기울여야할 것이며, 체계적인 유적 조사 및 발굴조사 계획도 수립·실행하여야 할 것으로 판단된다.

2. 돌고예 오제로 유적을 통해 본 고고학적 양상

돌고예 오제로 유적은 이노켄지예프카 마을 서북쪽으로 10.4km, 부레야 강 하구에서 동북쪽으로 약 10km 떨어진 지점에 위치한다. 이 유적에는 모두 57기의 수혈이 확인되고 이중 31호와 32호가 2008년에 발굴되었음은 앞서 언급한 바와 같다. 지표에서 수습된 유물과 발굴과정에서 확인된 유물을 통해 이 유적의 역사적 고고학적 상황을 파악할 수 있다. 이 장에서는 발굴된 두 주거지를 살펴보기에 앞서 이들을 통해 돌고예 오제로 유적의 역사적·고고학적 정황을 먼저 살

6) 홍형우, 2011, 「서(西)아무르 지역 말갈토기의 특성과 그 전개 - 최근 발굴 유적을 중심으로 -」, 『한국상고사학보』 第74호.

펴보도록 하겠다.

먼저 주목되는 것은 신석기시대 유물들이다. 돌고예 오제로 유적에서는 전기 신석기시대를 대표하는 노보페트로프카 문화 유물과 후기 신석기시대로 편년되는 오시노오제로 문화의 유물들이 확인되었다.

이 지역 신석기 문화는 노보페트로프카 문화, 그로마투하 문화, 그리고 오시노오제로 문화로 구분된다. 노보페트로프카 문화는 한반도의 융기문 토기와 관련하여 주목된 바와 같이 세형돌날문화의 석기군과 융기문토기가 함께 출토된다[7]. 그로마투하문화는 자갈돌 석기와 고토기 유형의 토기로 대표된다[8]. 오시노오제로 문화는 옥수(玉髓)로 만든 석기가 특징적이며 토기는 압날문과 융기문의 심발, 호, 완 등이 출토된다. 각각의 문화는 당초 기원전 6~5천년, 4~3천년 그리고 3천년 경으로 편년된 바 있으나, 노보페트로프카 문화와 그로마투하 문화는 아무르 하류의 고토기가 출토되는 오시포프카 문화의 연대가 상향 조절됨에 따라 상향되었다. 노보페트로프카 문화는 노보페트로프카-III유적과 노보페트로프카-IV유적이 기원전 9만4천~8만5천 년으로 측정된 바 있다.

세 문화는 노보페트로프카 - 그로마투하 - 오시노오제로 문화로 이어지는 것으로 보는 것이 일반적인 견해이다. 그러나 최근 노보페트로프카 문화와 오시노오제로 문화의 융기문 토기의 상관성, 전기 두 문화(노보페트로프카, 그로마투하)와 후기 문화(오시노오제로) 사이의 시기적 공백, 층위상의 검토 등을 고려할 때, 노보페트로프카 문화를 그로마투하 문화보다 하향 편년해야 할 가능성이 조심스럽게 제기되기도 한다.[9]

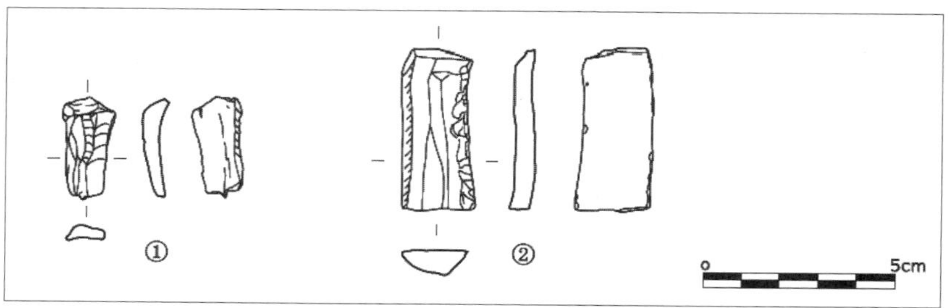

그림 4. 돌고예 오제로 유적 주변 수습유물
(노보페트로프카 문화)(돌고예 오제로 발굴조사보고서에서)

신석기시대 다음 단계는 우릴문화이다. 서아무르에서는 기원전 12세기에서 기원전 2세기 초기철기시대로 편년된다. 카라숙 유물을 모방한 청동유물과 철기가 함께 출토되며, 구형 동체의 대형 호와 홍의를 입힌 토기를 특징으로 한다[10].

돌고예 오제로 유적에서는 2층과 31호 수혈주거지의 바닥에서 토기편이 출토되었다. 고온으로 소성되었으며, 일부는 회전판을 사용하여 성형하였다. 우릴문화 토기에는 구연 외면 가장자리에 장식이 있으며, 동체부에는 격자문이 시문되어 있다.

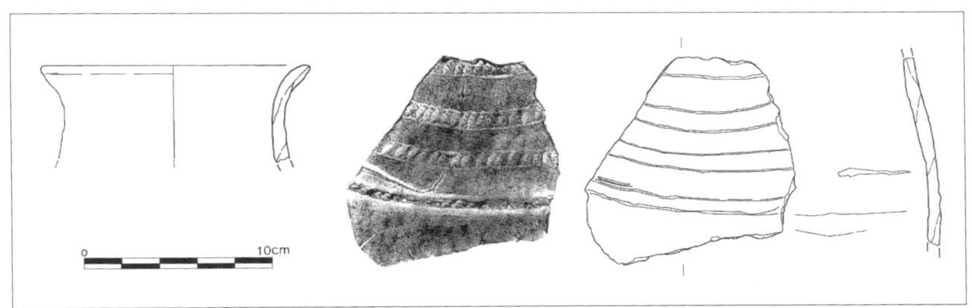

그림 5. 돌고예 오제로 출토 우릴문화 토기(돌고예 오제로 발굴조사보고서에서)

초기 철기시대 두 번째 단계는 탈라칸 문화이다. 탈라칸 문화는 서아무르 유역에서 우릴문화를 잇는 초기철기시대 문화로, 기원전 4-1세기(대체로 기원전 2세기)에서 기원후 3세기로 편년된다. 동물머리 장신구와 연주형 장식이 있는 청동제품과 철기가 출토되며, 토기는 장란형 동체에 격자 타날되었거나 문양 말소된 호형토기를 특징으로 한다. 네스테로프에 따르면 바이칼 호수의 동쪽에서 이주한 몽골어족의 선비(오환)와 관련이 있는 종족의 문화이다[11]. 돌고예 오제로

7) Деревянко А.П. Новопетровская культура среднего Амура. Новосибирск, 1970.(데레뱐코, A.P., 『아무르 중류의 노보페트로프카 문화』, 노보시비르스크).

8) 최몽룡·이헌종·강인욱, 2003, 『시베리아의 선사고고학』, 주류성.

9) 국립문화재연구소 외, 2009, 『돌고예 오제로 유적』 서아무르 유역 한·러 공동연구 II.

10) 홍형우, 2014, 「극동지역 초기철기시대 지역별 토기문화의 양상과 전개」, 『한국상고사학』 제384호.

11) Нустеров С.П., Алкин С.В. Забайкалькощ направление связей талаканской культуры раннего железного века Западного Приамурья // Завйкалье в геополитике России. - Улан-Удэ: Издательство Буряеского научного центра СО РАН. 2003, С. 82-84(네스테로프

31호 주거지가 탈라칸 문화에 속한다.

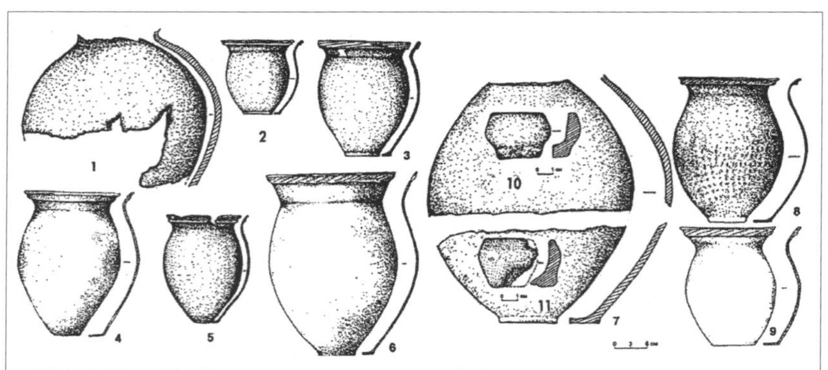

그림 6. 탈라칸 문화 토기(네스테로프 1998에서)

돌고예 오제로 유적에서는 초기철기시대 폴체 문화의 토기편도 몇 점이 출토되었다. 폴체 문화는 동아무르 지역의 초기철기문화로 서아무르 지역에서는 부레야 강에 위치한 우스치-탈라칸 유적을 제외하고는 돌고예 오제로 유적에서 처음 확인된 것이다. 이는 소흥안령을 사이에 두고 양쪽 주민들이 교류활동을 하였던 것을 의미하는 것으로 파악된다.

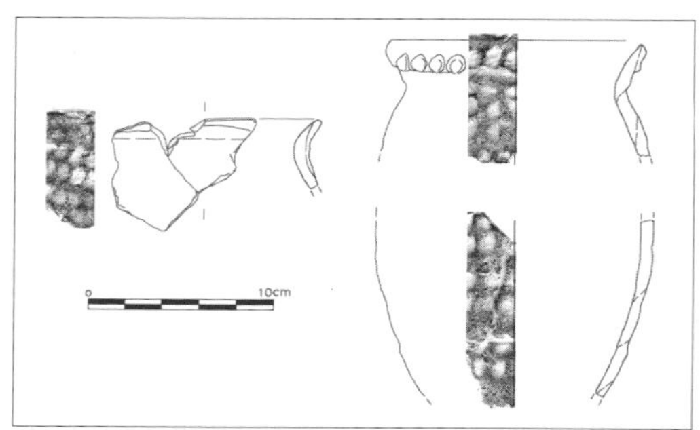

그림 7. 돌고예 오제로 출토 폴체 문화 토기(돌고예 오제로 발굴조사보고서에서)

S.P., 알킨 S.V., 서아무르 초기 철기시대 탈라칸문화와 바이칼 동쪽 지역 // 러시아의 지리학에서 본 바이칼 동쪽 지역, - 울란 우데 ; 부랴트 고고민속학연구소 학술센터 출판, 2003, 82-84쪽)

다음은 초기 중세에 해당하는 미하일로프카 문화이다. 미하일로프카 문화는 탈라칸 문화를 계승하는 것으로 인정되는 문화로, 대체로 기원 3-7세기로 편년된다. 탈라칸 문화와 같이 호형토기를 특징으로 하며 동체부 문양은 격자문이다. 미하일로프카 문화는 실위의 문화로 보는 것이 러시아 학계의 다수 의견이다[12].

발굴된 31호와 32호 주거지는 각각 탈라칸 문화와 미하일로프카 문화에 속한다. 이에 대하여는 장을 달리하여 자세히 살펴보겠다.

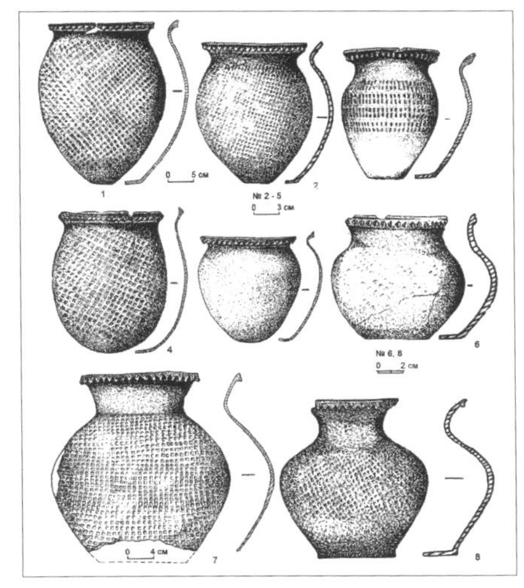

그림 8. 미하일로프카 유적그룹의 문양-형태 유형 (부레야 주거유적)
부킨스키 클류치-2: 1,4,5(1호주거지); 2(2호주거지).
볼시예 시미치: 3(2호주거지); 6~8(4호주거지)
(네스테로프 1998에서)

III. 돌고예 오제로 유적 주거지의 특징

돌고예 오제로 유적에서는 2기(31호, 32호)가 발굴되었다. 31호 주거지는 초기 철기시대의 탈라칸 문화의 수혈주거지이고, 32호 주거지는 초기 중세에 해당하는 미하일로프카 문화의 수혈주거지이다.

31호 주거지는 북쪽과 동쪽이 4.34m, 남쪽이 4.65m, 서쪽이 4.38m로 말각방형에 가깝다. 남쪽에 30cm정도의 차이가 있어 사다리꼴 모양을 갖게 되었지만 원래 방형이며, 이는 모서리가 말각인 것과 함께 탈라칸 문화의 특징을 보여준다.

노지는 주거지의 중앙에 위치한다. 노지는 방형으로 동북방향을 장축으로 하고 있으며, 길이는 동쪽 96cm, 서쪽 10cm, 남쪽 90cm, 북쪽 85cm이다. 주거지 바

12) Нестеров С.П., Народы Приамурья в эпоху раннего средневековья, Новосибирск, 1998, -С. 184.(S.P.네스테로프, 1998, 『초기중세 아무르 유역의 민족들』, 노보시비르스크.)

닥을 10cm 가량 굴착하여 조성한 수혈식이다. 노지의 바닥에는 북쪽에서 남쪽으로 50cm, 서쪽에서 동쪽으로 35cm 가량 타원형 형태의 자작나무껍질이 두 겹으로 깔려있었다. 자작나무껍질은 열을 보관해 두었다가 내보내는 일종의 난로 같은 역할을 한 것으로 보인다. 노지의 가장자리 벽은 나무껍질 판자들을 덧붙였던 것으로 추정되었는데, 북쪽을 제외한 나머지 부분에서는 질은 띠 모양의 목탄으로 확인된다.

출입구는 동남쪽 모서리로 생각되는데, 모서리 1m 거리에 약 1m의 타원형의 돌출부가 확인되었다. 이는 계단의 역할을 하였던 것으로 추정된다. 출입구 방향은 호수를 향하고 있다.

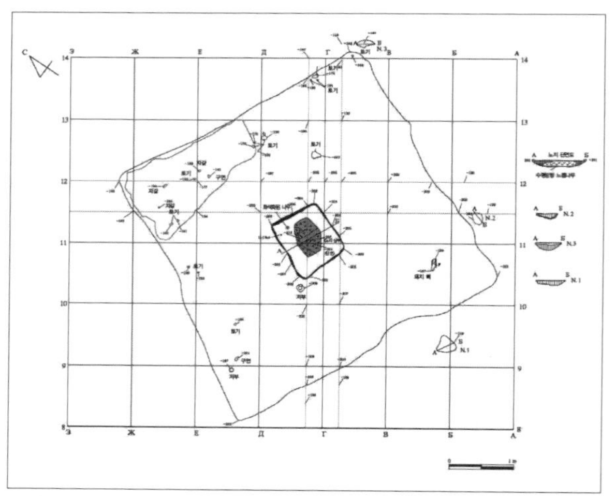

그림 9. 31호 주거지 실측도(돌고예 오제로 발굴조사보고서에서)

주거지 내부에서는 기둥과 관련된 흔적은 확인되지 않았다. 아마도 수혈주거지 외부에서 확인된 3개의 구멍이 기둥구멍으로 생각된다. 1번 기둥구멍은 주거지 남편에 위치하며 축조 당시는 원형(직경 36cm)이었으나 현재는 부정형을 이룬다. 구멍의 한쪽 모서리는 주거지를 향하고 있으며, 내부에는 모래와 혼합된 황갈색 점토와 숯 그리고 타고 남은 재들로 채워져 있었다. 2번 기둥구멍은 타원형(17×21cm)으로 동벽 바깥 동남 모서리에 가까운 곳에 위치한다. 구멍 주변은 검은 사질점토로 이루어져 있으며, 남쪽에 불에 그을린 흔적이 확인되었다. 3번 주혈은 주거지 북동 모서리 바깥에 위치한다. 평면은 원형이며, 동쪽으로 13cm 정도 돌출되어 있다. 내부에는 밝은 황색점토가 섞인 황갈색사질점토가 채워져 있었다.

주거지 내부에서 출토된 유물은 많지 않다. 석기와 토기가 대부분이며 금속제품은 바늘이 한 점 출토되었다. 토기는 초기철기시대 탈라칸 문화의 토기가 대부분이나 초기중세의 미하일로프카 문화는 물론 우릴 문화 및 폴체 문화의 토기편들도 출토되었다. 그러나 이들은 모두 내부 퇴적토층에서 출토된 것이며, 확실한 주거지 바닥면 출토 유물은 소량이다. 이 중 노지의 서남쪽 모서리 바닥면에서 출토된 토기는 확실히 탈라칸 문화 토기로 이 주거지가 탈라칸 문화에 속한다는 것을 보여준다. 이밖에 동남 모서리에서는 집돼지 턱뼈도 확인되었다.

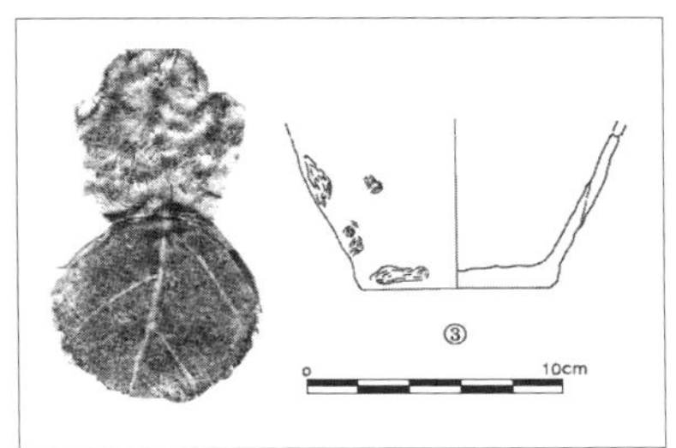

그림 10. 31호 주거지 바닥면 출토 탈라칸 문화 토기
(돌고예 오제로 발굴조사보고서에서)

한편 이 주거지를 탈라칸 문화의 주거지로 보는 것은 바닥면 출토유물과 함께 주거지의 구조도 관련된다. 기존의 연구 결과에 의하면 탈라칸 문화의 주거지는 두 가지 유형이 있다. 첫 번째 유형은 수혈식이고 두 번째 유형은 지상식 주거지이다. 이는 우스티-탈라칸 유적의 발굴에 기초한 것으로 이 유적에서는 모두 7기의 주거지가 확인되었는데, 탈라칸 문화의 토기가 출토된 주거지는 5기이다. 이중 3기가 수혈주거지였고, 2기가 지상식 주거지였다.

탈라칸 문화의 수혈주거지는 깊이가 50~100cm 정도(그림 11의 1, 4, 6호 주거지)이며, 평면 형태는 정방형에 가깝다. 수혈의 벽체는 수직으로 세운 자작나무와 횡방향의 나무판을 이용하여 만든다. 모서리에는 서까래로 추정되는 긴 목재와 목재판이 발견되기도 한다. 노지는 돌고예 오제로 31호 주거지와 같이 방형의 수혈식에 자작나무를 깔고 벽을 두른 것도 있고(그림 11의 1호 주거지), 원형 노지에 강돌을 두른 위석식 노지(도면 11의 4호 주거지)도 있다. 출입구는 주거지 바닥에서 12cm 높은 지점에서 길고(2.25cm) 좁은(47~80cm) 형태로 확인되기도 하였는데, 주거지 쪽으로 완만한 경사를 이루고 있으며, 계단이 있었을 것으로 추정되는 곳에 작은 수혈이 확인되었다(그림 11의 6호 주거지).

탈라칸 문화의 두 번째 유형의 주거지는 지상식 주거지이다(그림 11의 5, 7호 주거지). 5호 주거지는 5×6m의 평면 방형에 가까우며, 중앙부에 60×100cm 크기의 노지가 있다. 골조는 4개의 서까래로 이루어져 있으며, 기둥은 주거지의 각 모서리에서 확인되었다.

7호 주거지 역시 5×6m 크기의 평면 방형이다. 주거지 서남과 동남 편을 따라 탄화된 판자들이 남아 있었는데, 주거지 장축과는 직교하게 놓여 있었고 위에는 자작나무가 놓여있었다. 이는 주거지 벽면을 따라 판자로 만든 침상으로 보인다. 침상은 두껍지 않은 나무판으로 만들었으며, 횡방향으로 놓여 진 나무판 위에 종방향으로 나무판을 깔았다. 노지는 주거지 중앙에 위치하며 장방형이다. 노지 주변을 나무판이 에워싸고 있다.

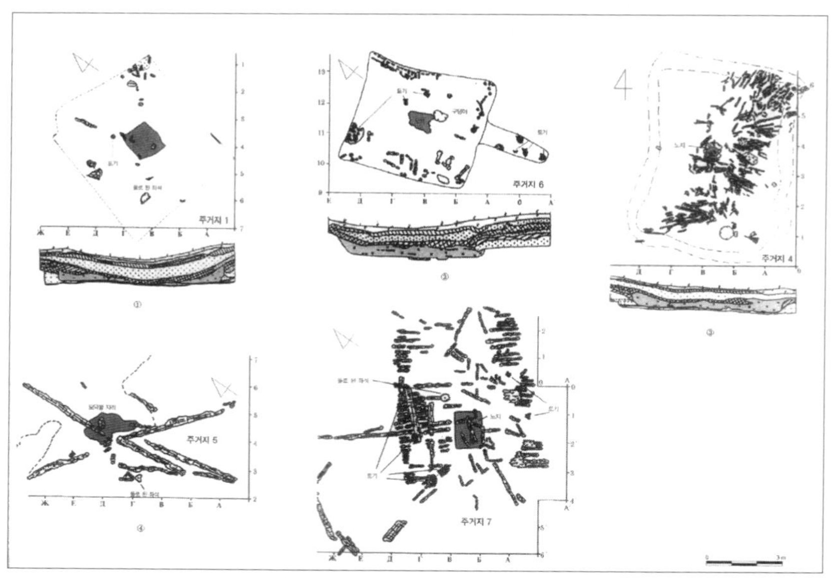

그림 11. 부레야 강 연안 우스치-탈라칸 수혈주거지 유형
(수혈식, 1,4,6호(①, ②, ③), 지상식 5,7호(④, ⑤)(돌고예 오제로 발굴조사보고서에서)

32호 주거지는 동북·동남·서남쪽이 5.34cm, 서북쪽이 5.28cm로 방형이다. 수혈주거지 동남쪽으로부터 1.7m 정도 거리에 출입구에 해당하는 길이 48cm, 폭 83~90cm의 돌출부가 존재한다. 출입구는 역시 호수 쪽을 향하고 있다.

32호 주거지에는 많은 량의 목조 구조물 흔적이 남아 있었다. 기둥구멍은 모두 7개가 확인되었는데, 4개는 주거지 내부에 일정한 간격을 두고 방형으로 배치되어 있어 내부에 기둥을 4주식으로 수직으로 세웠음을 알 수 있다. 주거지 모서리 기둥은 하단부가 원추형으로 가공되어 있었으며, 경사는 60~65°를 이루고 있어 내부공간을 실용적으로 활용할 수 있었던 것으로 보인다.

벽은 자작나무 나무토막 또는 판자를 수직으로 세워 축조하였다. 노지는 내부 중앙의 돌출 지점에서 확인되었다. 노지 주변은 나무로 둘러싸여 있었으며, 바닥은 자작나무껍질을 2겹으로 깔았다. 출입구 시설은 수혈주거지의 서벽에서 확인되었다. 길이 1.5m, 폭 78cm이다. 출입구의 동남쪽 벽은 통나무 또는 작은 자작나무를 이용해 수직으로 세웠던 것으로 추정된다. 통나무 폭은 7~8cm이다.

32호 주거지 바닥면에서는 많은 유물이 출토되었다. 유물은 크게 5군데에 집중적으로 모여 출토되었는데, 유물 출토양상으로 볼 때, 화재 당시 유물들은 변동 없이 원래의 자리에 있었던 것이 확실하다. 출토 유물들은 강한 열을 받은 흔적이 확인되는데, 열로 인한 균열과 그을음이 확인된다. 바닥면에서 출토된 유물은 모두 미하일로프카 문화에 속한다. 북쪽 모서리에서는 멧돼지의 턱뼈도 발견되었다.

32호 주거지와 같은 미하일로프카 문화의 주거지는 자비트이 강 연안 미하일로프카 유적에서 9기, 부레야 강 유적에서 9기, 제야 강 유역에서 2기 등 돌고예 오제로 유적 32호 주거지를 포함하여 21기가 조사되었다. 미하일로프카 문화 주거지는 부킨스키 유형과 시미치 유형 등 2개 유형으로 나뉜다. 부킨스키 유형은 지상식 주거지이고, 시미치 유형은 수혈주거지이다.

부킨스키 유형은 수혈을 굴착하지 않고 목재를 이용해 주거지 기초 틀을 이중으로 만들고, 주거지 모서리에서 목재를 서로 결구시키는 것이 이 유형 주거지의 특징이다. 노지는 무시설식이다. 부킨스키 유형은 삼림 개간과 같은 성격의 일 년 중 따뜻한 시기에 사용되는 단순한 주거용 구조물이다. 1호 주거지는 주거

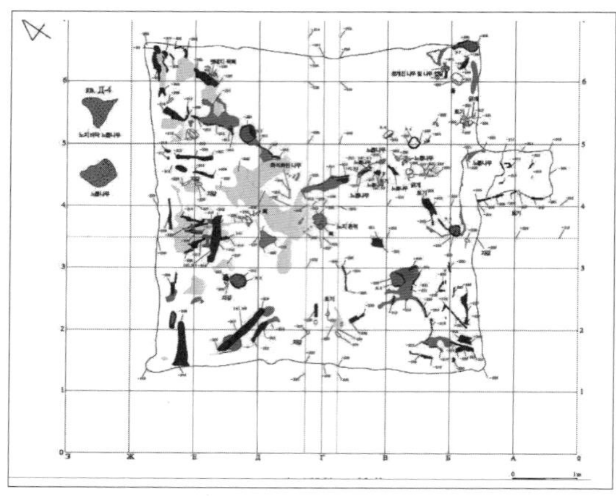

그림 12. 32호 주거지 목탄 출토 모습(돌고예 오제로 발굴조사보고서에서)

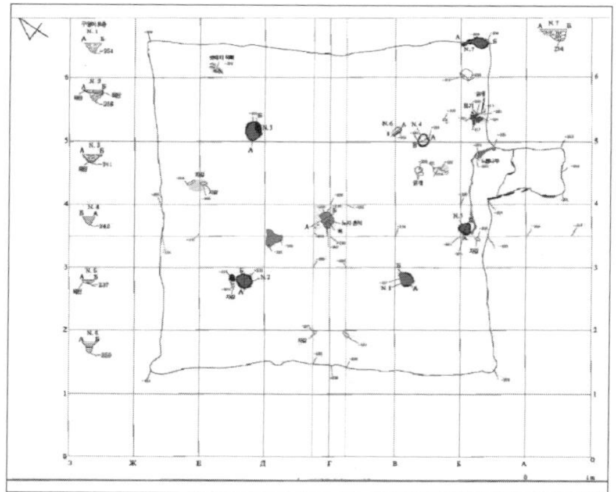

그림 13. 32호 주거지 목탄 제거후 바닥면 모습(돌고예 오제로 발굴조사보고서에서)

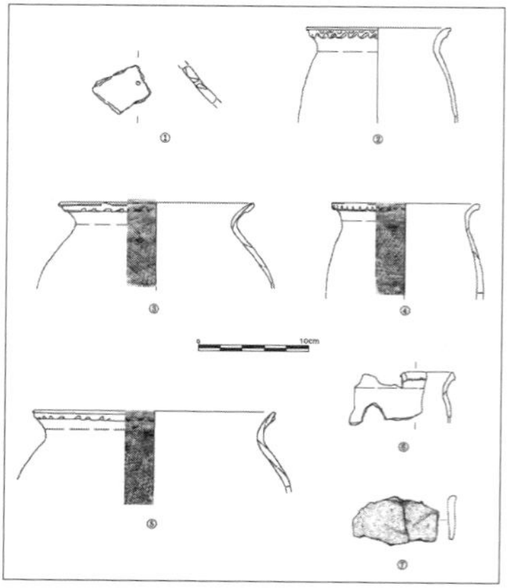

그림 14. 32호 주거지 바닥면 출토 미하일로프카 문화 유물(돌고예 오제로 발굴조사보고서에서)

용이고, 두 번째 것은 보조적인 건물이다. 수혈이 없다는 것 이외에 부킨스키 주거지의 구조상 특징으로는 이중 기초 틀을 들 수 있다. 기초 틀은 안쪽의 두 번째 틀을 횡으로 연결하고 다시 통나무 끝을 묶는 "장작더미" 식으로 쌓는 것으로, 통나무의 한쪽 끝이 다른 통나무의 끝부분과 연결되며, 다시 반대편 끝이 다른 통나무 끝에 놓이며 틀-기초를 이룬다(그림 15, 16).

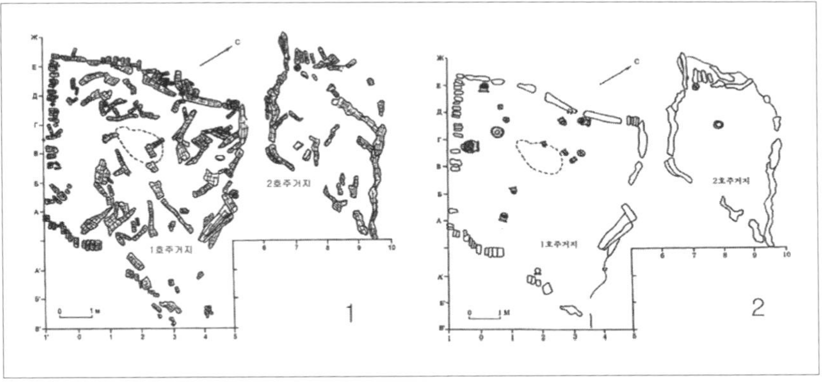

그림 15. 미하일로프카 문화 주거지 유형(1,2 부킨스키 유형(부킨스키 클류치-2유적 1,2호 주거지 목재제거전(1), 목제제거후(2))(네스테로프, 1998에서)

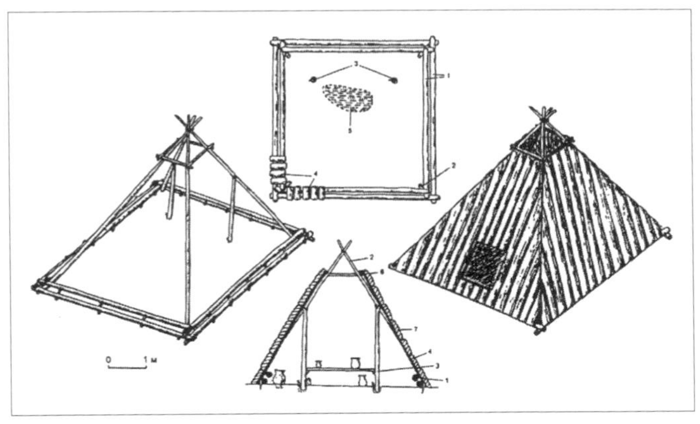

그림 16. 부킨스키 유형(지상 주거지) 복원도
1-틀-기초 통나무들; 2-서까래; 3-주기둥;
4-지붕을 덮는 통나무; 5-노지; 6-상부 들보; 7-나무껍질(네스테로프, 1998에서)

시미치 유형은 수혈식 주거지이다. 평면은 방형이다. 시미치 유형의 축조 과정은 다음과 같다. 먼저 평면 방형으로 수혈을 판다. 수혈의 크기는 향후의 주거 구조물보다 약간 크다. 다음 단계는 4개의 통나무로 이루어진 평면 방형의 기초틀을 만드는 것이다. 사각형 틀은 가능한 한 벽선과 나란하도록 횡방향으로 만든다. 수혈 벽선과 주거지 틀 사이의 공간은 수직의 나무 조각으로 공간을 메우는 방법, 가장자리에 나무토막을 채우는 방법, 판자 또는 얇은 나무판을 이용하는 방법 등으로 메웠다. 주목되는 점은 주거지 기초를 만드는 데는 어떠한 공통적인 기술이 적용되지 않았다는 점인데, 예를 들어 벽을 덮는 방법, 수혈 끝선에 직접적으로 기초틀로서 하나의 통나무를 까는 방법(4호 주거지), 출입구 지역에 통나무가 두 부분으로 떨어진 것 등이다.

기둥 구멍은 벽면의 하단부, 모서리의 아랫부분 또는 유구선의 모서리 윗부분에 접해 있으며, 주거지 중앙 쪽으로 60-70도 기울어져 있다. 출입구는 볼시예 시미치 유적처럼 대체로 강쪽을 향하고 있다. 잘 다져진 흙으로 된 경사면이 형성되기도 하며, 가끔은 단이나 문지방(볼시예 시미치 2호주거지)이 있기도 하다. 출입구에 복도 시설이 확인되기도 하여 전체 평면이 철(凸)자형 주거지처럼 보인다(그림 19).

두 유형의 주거지는 지상식과 수혈식이라는 점만 다른 뿐 구조면에서 거의 유사하다. 아마도 하나의 축조 전통에 두 가지 유형이 있었던 것으로 볼 수 있을 것이다.

시미치 유형의 주거지는 니브흐족의 주거지와 구조적인 면에서 많은 공통점을 보인다. 니브흐 족의 주거지 축조과정은 다음과 같다. 먼저 깊이 약 1m의 방형 수혈을 굴착하고 각 모서리에 1m 가량 깊이로 주혈을 굴광한 후 4개의 주기둥을 세운다. 지붕은 넓은 판자를 이용하여 덮으며, 그 위에 건조된 풀이나 모래를 덮는다. 주기둥의 상단에는 배연시설을 만든다. 겨울에는 보온을 위해 출입문에 복도를 만들고 최대한 낮게 만들어 지표 쪽으로 밀착시킨다. 출입구에는 2-3개의 계단을 만든다. 이와 같은 공통점 이외에 일정한 차이점도 보인다. 니흐브 주거지에서는 일부 모서리에서 서까래가 확인되지 않고, 주거지 바닥의 높이가 중세시대의 주거지보다 높은 곳에서 위치한다는 점 등이다.[13)]

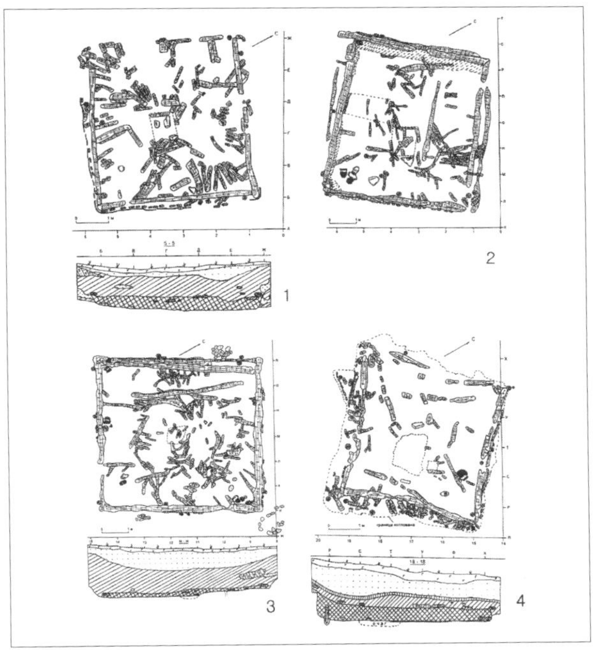

그림 17. 미하일로프카 문화 주거지 유형(볼시예 시미치 유적 1-4호 주거지)
(네스테로프 1998에서)

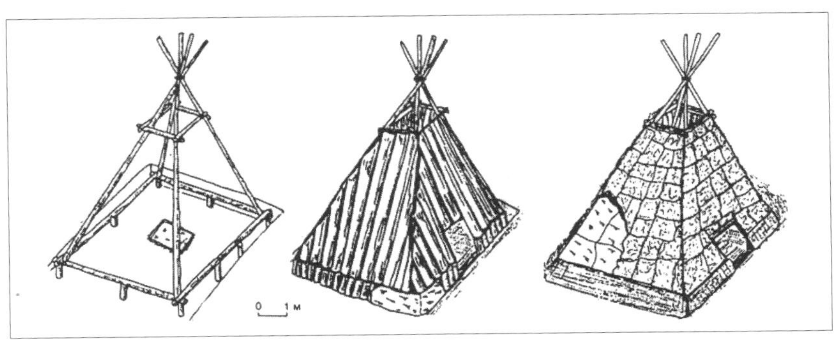

도면 18. 미하일로프카 문화 수혈이 있는 주거지 복원도 (네스테로프 1998에서)

---

13) Крейнович Е.А. Нивхгу. Закадочное обитатели Сахалина и Амура. -М.: Наука, 1973ю -496 с.(크레이노비치 E.A. 미스터리한 사할린과 아무르의 거주자, 모스크바 : 나우카, 1973, 496쪽)

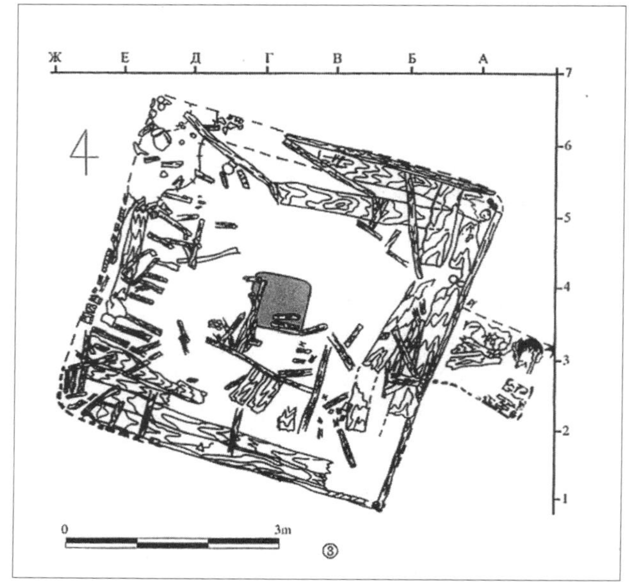

그림 19. 미하일로프카 문화 시미치 유형 출입구 달린 주거지
(돌고예 오제로 발굴조사보고서에서)

이상에서 돌고예 오제로 유적 31호와 32호 주거지를 살펴보았다.

31호 주거지는 방형의 수혈식 주거지로 구조는 내부 기둥 없이 주거지 모서리와 벽 외부에서 가운데로 모이는 기둥을 가지고 있으며 천장구조는 가운데가 트인 피라미드형이다. 이러한 수혈주거지의 구조는 탈라칸 문화의 전통이 반영되어 있다. 기원전 2세기말에서 기원후 2세기로 편년되는 탈라칸 문화의 대표적인 유적인 우스치-탈라칸 유적의 1호 수혈주거지와 유사하다.

32호 주거지 역시 방형의 수혈식 주거지로 미하일로프카 문화에 속한다. 32호 주거지 내부에 4개의 기둥을 수직으로 세운 4주식 주거지이다. 이러한 구조 역시 부레야 강의 미하일로프카 문화의 주거지들에서 확인되는 구조이다. 발굴된 유구를 통해 추정 복원을 해 보면 다음과 같다(그림 13, 14)

그림 20. 31호 수혈주거지 복원도
(돌고예 오제로 발굴조사보고서에서)

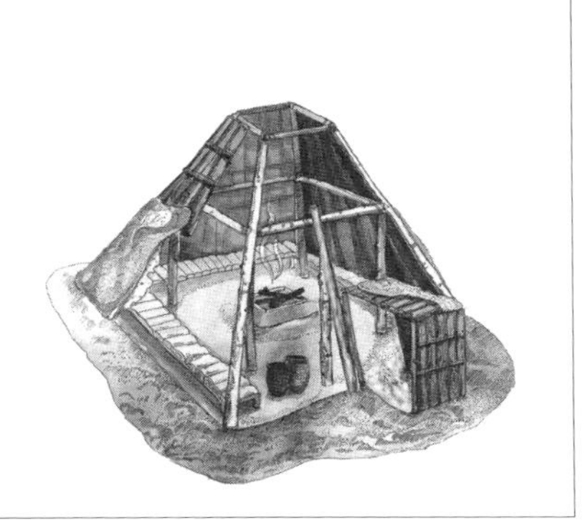

그림 21. 32호 수혈주거지 복원도
(돌고예 오제로 발굴조사보고서에서)

IV. 맺음말

이상에서 러시아 아무르주 아르하린스크 지구의 이노켄지예프카 마을에 있는 돌고예 오제로 유적에서 발굴된 두 기의 주거지를 통해 이 지역 주거지 축조기법의 특징에 대하여 살펴보았다. 앞의 글을 요약하는 것으로 맺음말을 대신하고자 한다.

31호 주거지는 초기 철기시대 탈라칸 문화의 수혈주거지이고, 32호 주거지는 초기 중세시대 미하일로프 문화의 수혈주거지이다.

31호 주거지는 평면 말각방형으로 깊이는 약 90cm이다. 주거지의 벽은 수직으로 세웠으며, 자작나무껍질과 판자를 사용하여 벽을 덮었다. 지붕을 받치는 목재들은 주거지 모서리에서 세웠다. 노지는 주거지의 중앙에 위치하는데 수혈식이다. 출입구는 호수를 향하고 있으며 타원형의 돌출부가 확인되었다. 기둥구멍은 수혈주거지 외부에서 3개가 확인되었다. 주거지 내부에서 출토된 유물은 많지 않았으나, 바닥면에서 탈라칸 문화의 토기가 출토되어 이 문화에 속함을 알 수 있다.

탈라칸 문화의 주거지는 지상식과 수혈식으로 나뉜다. 수혈주거지는 평면 정방형에 가깝고 모서리에서 가운데로 모이는 기둥을 가지고 있으며 천장구조는 가운데가 트인 피라미드형으로 추정된다. 노지는 방형의 수혈식에 자작나무를 깔고 벽을 두른 것도 있고(돌고예 오제로 31호 주거지), 원형 노지에 강돌을 두른 위석식 노지(우스치-탈라칸 4호 주거지)도 있다. 기원전 2세기말에서 기원후 2세기로 편년되는 탈라칸 문화의 대표적인 유적인 우스치-탈라칸 유적의 1호 수혈주거지와 유사하다.

지상식 주거지는 우스치-탈라칸 유적의 5호와 7호 주거지로 대표되는데, 방형의 평면에 중앙에 무시설식 노지를 가지고 있다. 골조는 4개의 서까래로 이루어져 있으며, 기둥은 주거지의 각 모서리에서 확인되다. 주거지 내부에서는 벽면을 따라 판자로 만든 침상으로 보이는 자작나무 판자들도 확인되었다(7호 주거지).

32호 주거지는 평면 방형으로 출입구에 해당하는 돌출부가 존재하여 전체적으로 철(凸)자형에 가깝다. 출입구는 호수 쪽을 향하고 있다. 많은 량의 목조 구조물이 남아 있어 주거지의 축조 기법을 추정 복원할 수 있다. 기둥구멍은 모두 7개가 확인되었는데, 4개는 주거지 내부에 일정한 간격을 두고 방형으로 배치되어 있어 내부에 기둥을 4주식으로 수직으로 세웠다. 벽은 자작나무 나무토막 또는 판자를 수직으로 세워 축조하였다. 노지는 내부 중앙의 돌출 지점에서 확인되었다. 노지 주변은 나무로 둘러싸여 있었으며, 바닥은 자작나무껍질을 2겹으로 깔았다. 출입구 시설은 수혈주거지의 서벽에서 확인되었다.

32호 주거지와 같은 미하일로프카 문화의 주거지는 모두 21기가 조사되었다. 이 문화의 주거지는 지상식(부킨스키 유형)과 수혈식(시미치 유형)으로 구분된다.

지상식 주거지는 수혈을 굴착하지 않고 목재를 이용해 주거지 기초 틀을 이중으로 만들고, 주거지 모서리에서 목재를 서로 결구시키는 것이 이 유형 주거지의 특징이다. 노지는 무시설식이다. 수혈이 없다는 것 이외에 부킨스키 주거지의 구조상 특징으로는 이중 기초 틀을 들 수 있다.

수혈식 주거지는 평면 방형이다. 이 유형의 축조 과정은 다음과 같다. 먼저 평면 방형으로 수혈을 향후의 주거 구조물보다 약간 크게 판다. 이후 4개의 통나무로 이루어진 평면 방형의 기초 틀을 만드는데, 사각형 틀은 가능한 한 벽선과 나란하도록 횡방향으로 만든다. 수혈 벽선과 주거지 틀 사이의 공간은 수직의 나무 조각으로 공간을 메운다.

수혈식 유형의 주거지는 니브흐족의 주거지와 구조적인 면에서 많은 공통점을 보인다. 니브흐 족의 주거지는 먼저 깊이 약 1m의 방형 수혈을 굴착하고 각 모서리에 1m 가량 깊이로 주혈을 굴광한 후 4개의 주기둥을 세운다. 지붕은 넓은 판자를 이용하여 덮으며, 그 위에 건조된 풀이나 모래를 덮는다. 주기둥의 상단에는 배연시설을 만든다. 겨울에는 보온을 위해 출입문에 복도를 만들고 최대한 낮게 만들어 지표 쪽으로 밀착시킨다. 출입구에는 2-3개의 계단을 만든다.

이밖에 돌고예 유적에서는 신석기시대 노보페트로프카 문화와 오시노오제로 문화의 유물도 확인되었으며, 초기철기시대 우릴 문화와 탈라칸 문화 그리고 폴체 문화의 유물도 확인되었다. 폴체 문화는 서아무르 지역에서는 매우 드물게 출토되고 있어 향후 동아무르 지역과의 관계 고찰에 새로운 자료를 제공하고 있다.

끝으로 이 지역의 이 시기 주민에 대한 문제를 약간 언급하고자 한다. 돌고예 오제로 유적의 2기의 주거지는 모두 몽골어족 계통의 종족으로 추정되고 있는데, 특히 32호 주거지의 미하일로프카 문화는 실위로 보는 것이 러시아학계의 다수의 의견이다. 이러한 지역에 기원 8세기이후로는 말갈 문화의 유적들로 교체되기 시작한다. 취락 유적은 물론 다수의 평지성들이 축조된다. 이는 발해 전성기의 영역 확장과 밀접한 관련이 있으며, 일부 10세기 이후의 유적들은 후발해 시기의 주민 이동과도 관련있는 것으로 생각된다. 향후 이 지역에 대한 체계적인 지원과 함께 꾸준한 조사와 관심이 이루어지기를 기대한다.

〈참고문헌〉

- 한국어 -

국립문화재연구소 외
2009 『돌고예 오제로 유적』 西아무르 유역 한·러 공동연구 II.

스토야킨 막심
2015 「아무르-연해주 지역의 중세시대 성곽 연구」 고려대학교 대학원 박사학위 논문.

최몽룡·이헌종
1994 「러시아고고학의 연구현황과 과제」, 『한국상고사학보』 15.

최몽룡·이헌종·강인욱
2003 『시베리아의 선사고고학』, 주류성.

홍형우 2009 「연해주 초기철기시대의 연구현황과 과제」, 『철기시대 한국과 연해주』, 환동해고고학연구회 편, 주류성, 42-97쪽.
2011 「서(西)아무르 지역 말갈토기의 특성과 그 전개 –최근 발굴 유적을 중심으로 -」, 『한국상고사학보』 제74호.
2014 「극동지역 초기철기시대 지역별 토기문화의 양상과 전개」, 『한국상고사학』 제384호.

- 일본어 -

笹田朋孝 2010 「東北アジアの古代鐵文化」, 『東アジアの古代鐵文化』, 雄山閣, 47-67쪽.

大貫靜夫 1988 『東北アシア考古學-世界考古學』, 同成社 186-190쪽.

臼杵 勳 2004 『鐵器時代の東北アジア』, 同成社, 84-89쪽.

- 러시아어-

Амурская область. Опыт энциклопедического словря. - Благовещенсл: Амурское отделену Хабаровсклщго кинжного издательства, 1989. -416 с .(아무르주, 백과사전 – 블라고베쉔스크; 하바롭스크 출판사 아무르 지부, 1989, 416쪽).

Болотин Д.П., Сапунов Б.С., Зайцев Н.Н. Новац памятники раннуго железного вака на Верхнем Амура // Проблемц археологии, этнографии, антропологии Сибири и сопредельных территорий. - Новосибирсл: Издательство Института археологии и этнографии СО РАН, 1997. - Т. Ш. -С. 155-159(볼로틴 D.P., 사푸노프 B.S., 자이체프 N.N. 아무르 초기철기 시대의 새로운 유적 // 시베리아 인접지역의 인류, 민족, 고고학적 문제. -노보시비르스크: 고고학민족학연구소 출판, 1997, 3권 155-159쪽).

Глушков И.Г. Керамика как археологический источник. Новосибирск, 1996,-С. 328. (I.G. 글루시코프, 1996, 『고고학 자료로서의 토기』, 노보시비르스크.)

Гребенщиков А.В., Е.И. Деревянко, 2001, 『Гончарство древних племен приамурья』, Новосибирск.(A.V. 그레벤시코프, Ye.I. 데레뱐코, 2001, 『아무르유역의 고대 민족의 요업』, 노보시비르스크.)

Деревянко А.П. Новопетровская культура среднего Амура. Новосибирск, 1970. (데레뱐코, A.P., 『아무르 중류의 노보페트로프카 문화』, 노보시비르스크).

Деревянко А.П. Ранний железный век Приамурья. Новосибирск, "Наука", 1973, - 354с. (데레뱐코 아.페., 1973, 『아무르유역의 초기철기시대』, 노보시비르스크, "나우카".)

Деревянко А.П. Приамурье (1 тысячелетие до нашей эры). Новосибирск, "Наука", 1976, - 384 с. (A.P. 데레뱐코, 1976, 『아무르 유역(기원전 I 천년기)』, 노보시비르스크, "나우카".)

Деревянко А.П. Польцевская культура на Амуре. Новосибирск, ИАЭ СО РАН, 2000, - 68 с. (A.P. 데레뱐코, 2000,『아무르의 폴체문화』, 노보시비르스크.)

Деревянко Е.И., Гребенщиков А.В. Гончарство древних племён приамурья(начало эпохи раннего железа). - Новосибирскл; издательстов Института археологии и этнографии СО РАН, 2001. -120 с.(데레뱐코 E.I., 그레벤쉬코프 A.V. 아무르 고대민족의 토기 제작자(초기 철기시대의 시작), 노보시비르스크, 고고학민족학연구소 출판, 2001, 120쪽)

Дребущак В.А., Дребущак Т.Н., Мыльникова Л.Н., Хон Хен У, Болдырев В.В., Деревянко Е.И., Результаты термогравиметрических и ренгеогавфических исследований древней керамики российского дальнего востока // Проблемы археологии, этнографии, анторполоии сибири и сопредельных мерритории. Том X часть II, издательство института археологии и этнографии СО РАН нососибирск, 2004, - с. 215-217.(B.A.드레부삭, T.N. 드레부삭, L.N. 므일리코바, 홍형우, B.B. 볼드이레프, Ye.I. 데베뱐코, 2004, 「러시아 극동 고대토기의 열중량분석과 X선그래프분석 결과」,『시베리아민 주변지역의 고고학, 민족학, 인류학의 제문제』, 노보시비르스크.)

Древности Бурей / С.П. Несотеров, А.В. Гребенщиков, С.В. Алкин и др. -Новосибирск: Издательство Института археологии и этнографии СО РАН. 2000. -352 с.(고대 부레야/ 네스테로프 S.P., 그레벤쉬포프 A.V., 알킨 S.V. 외, 노보시비르스크, 고고학민족학연구소 출판, 2000, 352쪽)

Зайцев Н.Н. Отчет об археолоической разведке в Свободненском, шимановском, Бурейком, Архаринском, Михайловском районах Амурской области в 2003 г. -Благовещенск, 2004. - 246 л. / Архив управления культуры

Администрации Амурской области ≪Цетнр по сохранению историко-культурного наследия Амурской области≫.(자이체프 N.N., 2003년도 아무르 주에 위치한 스바보드네스키, 쉬마노프스키, 부레야 지역의 유적 답사 보고서, 블라고베쉔스크, 2004, 246쪽 / 아무르 주의 문화 ≪아무루 주 역사 문화 센터≫).

Зайцев Н.Н. Отчет об археолоической разведке в Свободненском, Мазановском, Серыпевском, Белогорском, Завитинском, Михайловском, Бурейком, Архаринском, Шимановском районах Амурской области в 2005 г. -Благовещенск, 2006. - Т. П. - 233 л. / Архив управления культуры Администрации Амурской области ≪Цетнр по сохранению историко-культурного наследия Амурской области≫.(자이체프 N.N., 2005년도 아무르 주에 위치한 스바보드네스키, 마잔스키, 세르이펩스키, 벨로고르스키, 자비틴스키, 미하일로스키, 부리이스키, 아르하린스키, 쉬마놉스키 지역의 유적 답사 보고서, 블라고베쉰스크, 2006, 233쪽 / 아무르 주의 문화 ≪아무루 주 역사 문화 센터≫).

Жущиховская И.С. Очерки истории древнего гончарства Дальнего Востока России. Владивосток, 2004, -С. 312. (I.S. 주시홉스카야, 2004, 『러시아 극동지역 고대 토기생산의 역사 개론』, 블라디보스토크.)

История Амурской области с древейших времен до начала XX века. - Благовщенск, 2008. -424 С.(고대에서 20세기 전반까지 아무르 주의 역사, 블라고베쉔스크, 2008, 424쪽).

Крейнович Е.А. Нивхгу. Закадочное обитатели Сахалина и Амура. -М.: Наука, 1973ю -496 с.(크레이노비치 E.A. 미스터리한 사할린과 아무르의 거주자, 모스크바 : 나우카, 1973, 496쪽)

Нестеров С.П., Народы Приамурья в эпоху раннего средневековья, Новосибирск, 1998, -С . 184.(S.P. 네스테로프, 1998, 『초기중세 아무르 유역의 민족들』, 노보시비르스크.)

Нестеров С.П., Гребенщиков А.В., Алкин С.В., Болотин Д.П., Волков П.В., Кононенко Н.А., Кузьмин Я.В., Мыльникова Л.Н., Табарев А.В., Чернюк А.В. Древности Буреи. Новосибирск, 2000, -С. 352. (S.P. 네스테로프외, 2000, 『고대의 부레야』, 노보시비르스크.

Нустеров С.П., Алкин С.В. Забайкалькощ направление связей талаканской культуры раннего железного века Западного Приамурья // Завйкалье в геополитике России. - Улан-Удэ: Издательство Буряеского научного центра СО РАН. 2003, С. 82-84(네스테로프 S.P., 알킨 S.V., 서아무르 초기 철기시대 탈라칸문화와 바이칼 동쪽 지역 // 러시아의 지리학에서 본 바이칼 동쪽 지역, - 울란 우데 ; 부랴트 고고민속학연구소 학술센터 출판, 2003, 82-84쪽)

Окладников А.П. Далекое прошлое Приморья. Владивосток, 1959, - с. 292.(A.P. 오클라드니코프, 1959,『연해주의 먼 과거』, 블라디보스토크.)

Окладников А.П., Деревянко А.П. Далекое прошлое Приморья и Приамурия. Владивосток, 1973, -с. 440.(A.P. 오클라드니코프, A.P. 데레뱐코,『연해주와 아무르의 먼 과거』, 블라디보스토크)

Шаповалов Е.Ю., Новая группа памятников эпохи палеометалла в северном приморье // Росиия и АТР, 2009-4, 2009, -С. 36-40.(E.Yu. 사포발로프, 2009,「북부연해주 고금속시대 새로운 유적그룹」,『러시아와 주변지역』2009-4호.)

Яншина О.В., Поселениу жёлтый яр: к пробломе соотношения польцевских и ольгинских памятников // Приоткрыбая завесу тысяцелетий..., Владивосток, 2010, - 348С.(O.V. 얀시나, 2010,「졸트이 야르 주거 유적: 폴체와 올가 유적의 상호관계 문제와 관련하여」,『『새천년 커튼을 열며…』, 블라디보스톡, 259-272쪽.)

21세기 유라시아 고고학의 민족주의적 시각과 한국

강 인욱 (경희대 사학과 교수)

I. 서론

고고학에서의 보이는 민족주의[1)]적 시각은 고고학이라는 학문이 동아시아에 유입된 이래 지속되었다고 할 수 있다. 동북공정과 일본의 제국주의 고고학 등으로 대표되는 동아시아의 자국 중심의 해석은 고고학이 태동된 이래에 고고학 및 고대사를 해석하는 가장 중심 되는 흐름이었다. 한국의 경우 일제강점기 이후 해방 이후의 상황에서 이러한 민족주의적 해석은 탈식민주의라는 명제 하에서 널리 확산되었고, 한국고고학의 발달을 이해하는 주요한 사조라고 해도 과언이 아닐 것이다. 하지만, 정작 고고학적 방법론의 관점에서 본다면 민족주의적 연구방법은 많은 비판에 직면한다. 민족주의가 고고학자에게 비판받는 가장 큰 이유는 민족주의적 선입견이 개입하는 순간 '자국'의 시공적인 범위를 규정하고 고고학적 자료를 그에 맞게 맞추기 때문일 것이다. 한국고고학계에서도 이러한 동아시아의 민족주의에 대한 관심을 꾸준히 보여 왔다. 2009년 역사학대회에서

1) 사실 고고학 자료에 대한 '민족주의'라는 정의는 다소 애매할 수 있다. 다민족국가인 러시아, 중국 등의 경우는 자국중심주의라고 볼 수도 있으며, 때로는 민족들을 아우르는 범슬라브, 범튜르크민족 들의 연합도 보이기 때문이다. 또한, 지나친 자국 중심의 해석은 때로는 국수주의로도 불리울 수 있다. 이 문제는 조금 더 심도있는 토론이 필요한 바, 본고에서는 고고학자료에 한정하여 자기 집단의 이익을 대표하는 민족주의라는 명명하고자 한다.

다루어진 바 있다(한국고고학회 2009). 사실 지나친 민족주의적 역사해석의 논리 및 근거는 매우 취약하여서 학문적으로 논쟁이 되기도 어렵다. 그럼에도 한국을 비롯한 동아시아 일대는 이전보다 훨씬 더 자국 중심화 되어가고 있다. 반면에 한국 고고학계에서도 정작 민족주의적 시각에 대한 체계적인 분석은 그리 많지 않은 형편이다[2].

21세기에 들어서 고고학자료의 자국 중심적인 해석은 탈식민지주의가 주요한 명제였다는 20세기 후반과는 다소 다르지만 훨씬 더 강화되어서 한국을 비롯한 동아시아 일대에 전개되고 있다. 그 배경에는 동아시아 일대의 경제 발달에 따라 자국의 문화재 및 고고학에 대한 정부 차원의 투자와 대중들의 관심은 비약적으로 증가하는 데에 있다. 즉, 최근 고고학자료를 둘러싼 민족주의적인 요구는 고고학 내부의 요구라기보다 고고학을 둘러싼 현대사회와 대중들의 요구에 따라 전개되며, 비단 동아시아뿐 전 세계적으로 강화되고 있는 현상의 일부라는 점에서 조금 더 거시적인 시야에서 이 문제를 바라보고, 향후 고고학계에서 논의할 수 있는 기반을 마련할 필요가 있다.

춘천 중도의 고조선 논쟁, 동북아역사재단 지도, 홍산문화 고조선설 등 최근 한국에서도 고고학계를 둘러싸고 민족주의를 표방하며 기존의 고고학적 성과를 전면적으로 부정하는 목소리가 커지고 있다. 이러한 움직임은 전례없이 커지고 있어서 한국고고학을 둘러싼 민족주의적 시각에 대한 검토가 필요한 상황이다. 하지만 이제까지 한국 고고학계에서 민족주의에 대한 논의는 대부분 고고학적 방법론에 기반을 둔 원론적인 것으로 실제 사회적으로는 전혀 영향력을 미치지 못했다. 그 사이에 단편적인 고고학자료를 들어서 극단적인 민족주의적 시각을 내세우는 주장들이 최근에 급증하고 있는 형편이다. 이 문제는 단순한 고고학적 방법론을 벗어나서 한국, 나아가서 세계적인 사회변화의 흐름에서 살펴볼 필요성이 절실하다. 이에 본 논문에서는 우리 고고학계에서 한국 현대사회에서 벌어지고 있는 민족주의적 시각을 논의하기 위한 초석으로 한국을 둘러싼 동아

2) 실제로 고고학계에서 민족주의적인 시각을 비판하는 주요한 근거는 20세기 전반기에 유럽을 중심으로 등장했던 코지나의 문화권역론에 대한 비판으로 이것만으로는 동아시아 고고학에서 벌어지고 있는 고고학을 둘러싼 제현상을 적극적으로 해석하기에는 부족함이 있음이 사실이다.

시아에서 고고학적 자료가 민족주의적인 관점으로 어떻게 해석되고 있는지 일별하고 비교를 해보고자 한다. 이를 통하여 민족주의적 시각은 현재 대부분의 국가에서 공통적으로 발견할 수 있으며, 각국의 역사적인 기억 및 현실적인 사회와 직결되어 매우 복잡하게 다른 맥락에서 진행되고 있음을 논의해보고자 한다. 이러한 주변 국가들의 현상들과 한국의 현상을 비교를 근거로 이 문제에 대한 필자의 대안을 제시하여 향후 고고학계의 적극적인 연구를 위한 기반으로 삼고자 한다.

II. 동아시아 각국의 사례

1. 유라시아의 민족주의
: 범유라시아주의, 범투르크주의, 그리고 범몽골주의의 등장

1990년 소비에트연방의 붕괴와 CIS의 성립은 정치적으로는 물론 사회적으로 각국의 국민들에게 매우 큰 영향을 미쳤다. 기존에 그들을 연결시켰던 공산주의가 사라지고 2000년대 이후 경제적으로 급성장한 러시아 및 중앙아시아 일대는 고고학적 자료를 통하여 자신들의 정통성을 확인하려는 작업이 시작되었다. 러시아와 러시아에서 분리된 주변의 여러 나라들의 기본적인 전략은 러시아의 힘과 영토지배 범위를 고고학적 자료로서 확인하려 한다는 점은 같지만 세부적으로는 크게 러시아 슬라브 문화권 중심의 유라시아주의, 중앙아시아를 중심으로 이루어지는 투르크주의, 그리고 몽골공화국, 자바이칼 등을 중심으로 논의되는 몽골중심의 해석으로 나뉜다. 이를 본 논문에서는 각각 '범(凡)유라시아주의' '범투르크주의' '범몽골주의'등으로 명명하고 살펴보겠다(도면 1).

범유라시아주의는 러시아의 저명한 역사가 N. 구밀료프에 의해 20세기 중반에 제기된 개념으로 러시아는 유럽의 변방이 아니라 유라시아의 중심이라는 점을 지적한 데에서 시작되었다. 구밀료프는 "유라시아 역사"에서 러시아 고대의 흐름은 바로 유라시아 초원 스텝에서 시작된 역동적인 고대 문화의 발흥에서 유

〈도면 1〉 실크로드와 유라시아 문화권

래했으며, 이 유라시아 초원은 민족들을 통합하는 기반이 되었다고 보았다. 사실 구밀료프의 역사관은 시베리아와 중앙아시아를 통합하여 유라시아의 대부분을 차지한 소비에트 연방에 적절하기 때문에 소련시절에 폭넓게 수용될 수 있었다.

이러한 판유라시아적 해석은 종종 슬라브인의 민족기원과도 맞물리기도 한다. 이러한 슬라브민족주의에 입각한 고고학자로는 B.A.르이박코프(1908~2001)이 대표적이다. 그는 슬라브민족의 기원을 흑해연안의 스키타이에서 찾았고, 그은 곧바로소비에트 시절에 널리 통용되었다. 르이박코프(1979; 1981)는 슬라브인들은 서유럽(대체로 로마)의 영향을 거의 받지 않고 현재의 우크라이나 지역에서 유목민족인 스키타이의 영향을 받아서 독자적으로 기원했다고 보았다. 르이박코프는 러시아과학원의 원사(Academician)에 오르는 등 러시아 고고학의 중심에서 활동하며 소비에트 고고학의 형성에 많은 영향을 미쳤다. 그의 견해에 따르면 슬라브인의 기원은 스키타이인이고, 스키타이인들이 만들어놓은 유목문화는 기원전 1천년기에 유라시아 초원 일대에 널리 퍼졌다. 즉, 그의 견해는 사실상 슬라브계통인 러시아인들이 유라시아 초원지역에 대한 지배를 역사적으로 합리화하는 도구로 사용될 수 있다.

그런데 구밀료프의 판유라시아적 사관은 소련이 붕괴된 이후인 현재에도 여전히 유효하다. 그의 역사관은 21세기에 다시 부활하여 '유라시아 연합' 또는 '철의 실크로드'와 같이 유라시아를 하나의 경제권으로 묶고, 러시아가 중앙아시아의 여러 나라들에 대한 영향력을 유지하기 위한 이론적 기반이 되고 있다. 나아가서 이러한 자민족 중심의 해석은 2000년대 이후 신나치주의(스킨헤드)의 등장과 남오세티야, 크림반도 등으로 러시아가 팽창되어가면서 이러한 자민족 중심의 해석에 대한 근거로서 고고학적 자료가 동원되는 횟수가 늘어나고 있다. 남우랄산맥에서 발견된 기원전 2천년기에 발견된 거대한 도시 아르카임은 '안드로노보문화권'으로 고대 전차를 발명한 사람들이 만든 거대한 도시 유적이다. 히틀러가 아리안족의 위대함을 표현하기 위해서 사용했던 나치의 상징인 하겐크로이츠(꺾어진 십자가)가 바로 안드로노보문화인들이 표현했던 태양의 상징에서 유래한 것이다. 이를 들어 러시아의 스킨헤드(극우주의자)들은 우랄산맥 일대가 아리안족의 기원지라고 보고 나아가서 시베리아아 우랄 산맥 일대를 슬라브인의 발상지로 보게 되었다.이런 인식이 극단적으로 나갈 경우 '슬라브족=아리안족'으로 해석되기 때문에 이 종족 이외 다른 인종은 제거되어야 한다는 논리가 만들어진다. 즉 이러한 극단적 논리창출에 아르카임이 잘못 이용되고 있다(쉬네렐만 2001). 아르카임 유적은 러시아의 대표적 위서로 20세기 중반에 미국으로 이민한 러시아 망명가 미로류보프가 만든 위서 '벨레스書'와 결합하여 극우주의자들의 논리로 사용되고 있다[3].

최근에는 러시아가 남오세티야를 병합하면서 오세티야의 알란 등 고대 민족을 슬라브인들과 연결시키는 중학교 역사교과서를 만들고, 크림 지역의 발굴에 푸틴이 직접 참여하는 등 최근 러시아의 민족주의적 색채는 아주 노골화되고 있다.

한편 러시아에 속해있는 소수민족들 사이에서도 자신들의 정체성을 역사적인 유적과 유물로부터 찾으려는 움직임이 구체화되고 있다. 중앙아시아와 시베리

---

3) 벨레스서는 슬라브인들이 기원전 9~7세기 경에 파미르 고원에서 발흥한 아리아인의 후손이 이후 바빌로니아, 스키타이 지역을 거쳐서 서기 3~9세기 경에 현재의 러시아의 선조인 루시를 이루었다는 내용이다. 이에 대해서는 별고로 곧 논의할 예정이다.

아 일대에서 독립한 CIS나 자치공화국의 국민들은 러시아에서 분리된 자신들만의 정체성을 강조하고자 한다. 그들의 이념적인 기반은 '범투르크주의'로 요약할 수 있다. 즉, 슬라브중심주의와 대립되는 개념으로 투르크계통의 민족들이 유라시아 초원의 실질적인 주인공이었음을 강조하는 논리인데, 이들 역시 다양한 고고학적 자료를 통하여 자신들의 독자적인 문화를 강조한다.

이와 관련된 몇 가지의 고고학적 자료 활용 사례를 보면, 1993년에 러시아 알타이 우코크 고원에서 발굴된 여성 미라의 알타이공화국로의 반환운동이 있다. 한국에서도 전시회를 할 정도로 유명한 이 미라를 발굴한 바람에 조상들이 노했고, 그에 따라 알타이 전역에서 지진과 기후변화가 났다며 지방정부은 고고학자들에게 책임을 물었고, 결국 2011년에 알타이 출토의 여성미라는 고르노-알타이스크로 반환되었다. 물론, 원래 유물이 출토된 자치공화국으로 반환하는 것은 반대할 이유가 없다. 문제는 자국으로의 반환은 알타이 미라를 다시 땅에 묻기 위함이기 때문이다. 미라가 알타이로 반환된 이후에도 여전히 알타이 주민들 사이에서는 알타이 미라를 재매장하기 위한 운동이 꽤 구체적으로 진행되고 있다. 사실 자신의 조상을 재매장하려는 것은 아메리아 원주민들의 재매장(reburial)운동과 외견상 유사해 보인다. 하지만 현재 알타이주민들은 오이라트족 계통으로 몽골제국 이후에 이 지역으로 유입되었다는 점에서 아메리카 원주민의 재매장 운동과는 완전히 다른 맥락이다.

중앙아시아의 범투르크주의는 카자흐스탄, 키르기스탄, 알타이 등으로부터 동부 시베리아의 사하족(야쿠츠크)까지 이어지는 유라시아 일대에서 투르크계통 문화의 우월성을 강조하는 역사관이다. 범투르크주의(Pan-Turkism)는 '범투란주의(Pan-turanism)'라고도 하는데, 그 연원은 19세기말부터 서구열강에 세력이 급격히 위축되는 것에 반발한 오트만제국시기에 시작되어서 근대 터키를 세운 케말 파샤에 의해 더욱 발전된 사상이다. 아말 가 개국된 시기로 그 연원이 올라간다.

이 범투르크주의는 고고학적으로 볼 때에 스키타이계통의 문화 대신에 중앙아시아 기원전 8~3세기에 널리 확산된 사키문화를 강조하는 것으로 표현된다.[4] (도면 2) 예컨대, 카자흐스탄의 경우 사키문화에 속하는 이식고분에서 발굴된 황

〈도면 2〉 알마티박물관에 전시중인 이식고분 출토 황금인간

금인간을 국가가 대대적으로 홍보하고 있다. 이 황금인간은 사실상 고분의 중심곽이 아니라 배장된 부곽에서 발굴된 것이며, 현대의 카자흐인 역시 이 당시 사키인들과 직접적인 관련성을 찾기는 거의 어렵다. 그럼에도 불구하고 이와 같이 사키문화를 전면으로 내세우는 이유는 러시아가 스키타이문화를 내세우는 것에 대한 반발이기도 하며, 사키문화에 이란계 문화요소가 강하게 있다는 점에서 터키에서 시작된 중앙아시아의 독자적인 문화를 '페르시아계문화'의 확산으로 해석하여 자신들의 정체성을 찾기 위함이다. 이러한 고고학의 범투w르크주의는 시베리아 극북지역에 거주하는 사하(야쿠티아)들에게도 보인다. 사하인들은 이 지역의 토착민인 퉁구스-고아시아족과는 다르게 자신들은 투르크계통임을 지역정부 차원에서 홍보하고 교육하고 있다.

다음으로 '범몽골주의'를 살펴보도록 하겠다. '범몽골주의'는 유라시아 전역을 지배했던 칭기즈칸과 관련된 일련의 역사적 홍보를 하고 있음은 잘 알려져 있다. 이는 사회주의의 붕괴와 러시아의 영향으로부터 독립하면서 그러한 경향은 더욱 강해지고 있다. 또한 고고학적으로는 칭기즈칸의 이전에 흉노로부터 몽골의 정통성을 구하려는 움직임도 나타나고 있다(도면 3). 최근에는 자바이칼의 부리야트(러시아)-몽골공화국-중국 내몽골 등 몽골계통의 나라들이 연합하여 고고학 사업을 추진할 뿐 아니라 다양한 국제적인 연구사업으로 확대해 하고 있다.

이러한 사회주의권의 민족주의적인 경향은 역사 및 고고자료를 통해 다양한

4) 이러한 시각은 이미 1970년대에 보인다. 아르타모노프는 그의 저서 '사키인의 보물'에서 중앙아시아는 물론 알타이의 파지릭문화와 남부 시베리아의 타가르문화 등 전체 시베리아의 유목문화를 사키계로 포함시킨 바 있다.

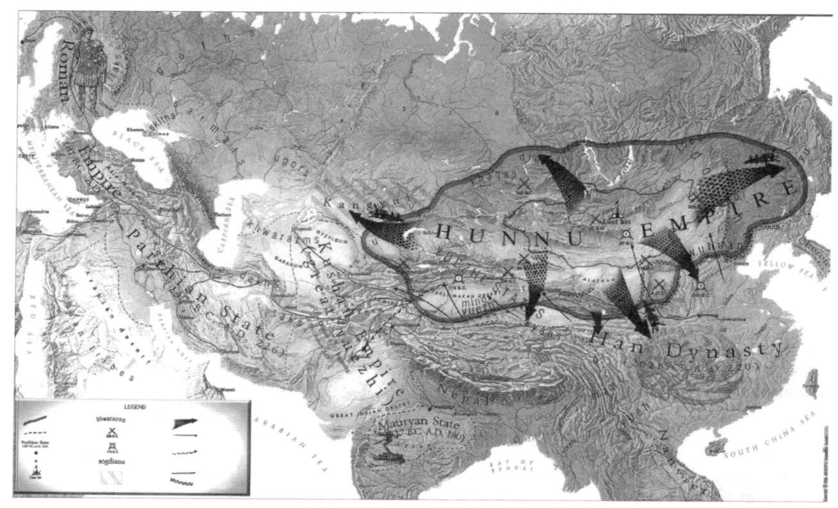

〈도면 3〉 몽골에서 간행된 흉노제국 판도

방법으로 각자의 역사를 소급하여 때로는 국가 간의 분쟁이 되기도 한다. 지난 2014년 10월 23일에 카자흐스탄의 대통령 누르술탄 나자르바예프는 카자흐스탄 국가의 성립을 1465년으로 소급하고 2015년 국가성립 550주년임을 내외에 천명했다. 그의 주장은 케레이와 쟈니벡이 세운 '카자흐한국'을 카자흐스탄의 시작으로 간주한 것에서 기인한다.[5] 이는 그 전에 푸틴이 카자흐스탄에는 이전에 국가라는 것이 없었다는 담화에 반발해서 나온 것이다. 카자흐스탄은 나자르바예프의 담화 이후에 국가의 기원을 소급하려는 노력을 국가적으로 진행하며 홍보하고 있다.

이러한 민족주의가 각 국가에서 주요한 교육 및 정치의 이론적 기반으로 활용되는 데에는 사회주의의 붕괴에 따른 이념의 부재를 극복하고 국가의 단결을 이룰 수 있기 때문이다. 또한 민족주의는 기존의 가치관이 붕괴되고 천민자본주의의 유입되면서 극도의 혼란을 보였던 이 지역 사람들을 지탱해주는 주요한 수단이 되었다. 이러한 과정에서 고고학발굴은 국가적인 사업이 되어서 전국민적인

5) 관련기사는 다음의 인터넷 기사를 참고했다. (2015년 10월 확인)http://e-islam.kz/ru/basty/item/5738-kazakhskoj-gosudarstvennosti-v-2015-godu-ispolnitsya-550-let-nazarbaev

관심을 끌기도 했다. 매해 러시아과학원은 남부 시베리아에 위치한 투바공화국에 위치한 위구르의 성터인 포르-바쥔 발굴을 대대적으로 홍보하며 자원자들을 모으고 있다. 또한 국가적으로 볼 때에도 사회주의가 붕괴되기 이전의 강대국의 면모를 회복하는 데에 고고학적 발굴은 사람들을 단결시키는 주요한 기제가 된다는 점에서 적극적으로 지원하고 있다. 포르-바쥔의 발굴에는 푸틴도 직접 참여하였다. 또한 최근에 우크라이나와 러시아가 크림반도를 사이에 두고 갈등을 빚는 시기는 민감한 시점에 푸틴은 크림반도 앞에서 수중고고학발굴에 직접 참여하며 러시아의 실효적 지배를 대내외적으로 과시한 것이 그 좋은 예이다.

하지만 지나친 민족주의적 경향은 최근에 러시아의 스킨헤드의 등장 등 국수주의로 귀결되는 부작용을 낳고 있다. 또한 우크라이나와 러시아에서는 '벨레스서'를 비롯하여 자신들에게 유리하게 급조된 위서(僞書)들이 다수 등장하였고 서점 등에서 유통되고 있다(페트로프 슈니넬만 2011). 구소련권의 여러 국가에서 보이는 일련의 움직임은 궁극적으로 역사에서 현대 사회의 정당성을 찾으려 한다는 점에서 동아시아 각국에서 보이는 역사 및 고고자료의 민족주의적 해석과 일맥상통한다.

2. 중국 동북공정에서 一帶一路로

중국은 1990년대 후반부터 중화문명탐원공정 및 동북공정 등으로 자국 영토의 모든 고고자료 및 역사를 중원문명과 연결시켜왔음은 국내 학계에서도 잘 알려져 있다. 중국은 자국 영토 내의 모든 민족과 고고문화에 대하여 다원일체라는 개념을 내세워 궁극적으로 한족 중심의 중화문명에 모든 민족과 그 문화가 흡수되어 현재의 중국을 이루었다고 한다. 중국의 중화민족 중심적 해석은 구계유형론을 통한 중국 변방의 조사(1970~1980), 중원 문명의 연구 및 주변지역과의 연계(1990~2000), 그리고 중국의 영향력을 주변국가로의 확대하는 시기(2000~최근) 등 3단계로 세분할 수 있다. 공식적으로 동북공정과 관련한 사업은 마무리되었지만, 대신에 중국 주변의 여러 지역으로 그 관심을 확대하고 있다. 1단계에서 중국 각지에 대한 조사로 전반적인 편년적인 체계를 마련했다면, 2단계에서는 각 변방의 고고자료에서 중원지역과의 관련성을 논의하여 모색하였다. 이런 팽창주의적 역사관은 중국 내 모든 소수민족을 중원 중심의 역사 속으로 편입시키고 그 소수민족의 거주하는 중국 외부의 지역까지 중국사에 포함시킬 수 있는 이론적 토대가 되었기에 그 심각성이 크다.

중국의 자국사에 대한 확대해석은 최근에 홍산문화로 대표되는 요하문명론의 확산에서 만리장성 개념의 확산으로 이어지고 있다. 이는 2012년 6월 5일에 중국 국가문물국이 공식적으로 만리장성의 연장을 공포하면서 시작되었다. 하지만 중국 중앙정부 차원에서 만리장성의 연장에 대한 대대적인 공정은 없었다. 대신에 만리장성의 범위를 확대해서 중국 내에 있는 모든 성벽은 궁극적으로 만리장성에 들어간다는 포괄적인 해석을 제시했고, 이후 각지의 지방정부는 경쟁적으로 자기 구역 내의 장성을 수리하고 만리장성으로 선전하기 시작했다. 이에 만리장성과 전혀 관계없는 목단강유역 일대의 지방정부도 만리장성을 홍보하기 했다. 원래 만리장성은 중국이 북방의 이민족으로부터 자신들을 분리하고, 중국의 영토를 분명하게 하기 위하여 만든 것이다. 따라서 만리장성이 중국을 대표하는 유적이 될 경우 만리장성 북쪽에 위치한 지역은 본래 중국의 영토가 아니라는 뜻도 내포할 수 있는 자기모순적인 유적이 아닐 수 없다. 사실 만리장성이 중국을 대표하는 유적으로 등장하게 된 배경에는 중국 역사에 대하여 무지했던 서양 사람들이 청나라 시기에 중국을 방문하며 시작되었다. 나아가서 만리장성이 중국을 상징하는 기념물로 세계에 알려진 것은 1972년 닉슨 대통령이 중국 방문 때 중국을 대표하는 문화재로 언급한 이후였다. 즉, 중국문화에 무지한 서양인들에 만리장성을 중국을 대표하는 기념물로 인식하면서 장성은 중국의 감추고 싶은 건축물에서 그들의 많은 문화적 업적 중에서 가장 큰 것으로 재탄생된 것이다(줄리아 로벨 2007). 그런데 홍산문화와 달리 만리장성의 대두에서 보이는 두드러진 현상은 지방 정부차원에서 경쟁적으로 경내에 있는 여러 성벽유적을 만리장성으로 바꾸어서 홍보한다는 것이다. 이는 중국 내의 여러 변방지역에 대한 공정사업이 마무리되면서 지역의 역사문화의 관광자원에 대하여 지역정부가 관심을 기울이는 경향과 맞물리는 것이다.

1980~90년대 중국고고학계에서 요서지방의 홍산문화 및 하가점하층문화를

중원문명으로 연결시킨 것은 바로 '변강의 역사'도 '중화문명'의 일부가 될 수 있음을 보여준 것이었고, 만리장성의 확장은 중국변방의 모든 역사도 궁극적으로 중화문명의 일부가 되었다는 의식이 지방정부에서 구체화되었다. 그래서 흑룡강과 길림성 이래의 고구려 및 금나라의 장성도 시기적으로는 맞지 않지만 '중화민족의 유산'인 만리장성과 성벽이라는 점에서 동일하기 때문에 충분히 중화문명의 일부로 간주할 수 있다고 본 것이다. 이와 같이 1990년대의 홍산문화론, 그리고 2012년의 만리장성론은 서로 일맥상통한다. 즉, 홍산문화의 '玉'이라는 요소는 중원 문화에서 널리 쓰였기 때문에 '옥=중원문명의 기원'이라는 단순한 논리구조와 같이 중국동북지방의 장성은 곧바로 '만리장성'으로 치환시키는 같은 논리구조로 대중들에게 쉽게 파급될 수 있었다.

최근에는 이러한 논리로 중국의 영향력을 주변으로 확대하려는 움직임이 강해지고 있다. 시진핑은 '일대일로'라는 정책을 통하여 해양과 육상의 실크로드를 잇는 중국의 유라시아 경제권확장을 선언했다. 이는 중화 중심으로 하여 모든 민족의 문화와 그 영역을 중국으로 흡수하려는 논리에 기반을 두어 중국의 영향력을 주변으로 확대하려는 움직임의 발현이다. 이에 따라 중국은 몽골, 우즈베키스탄, 카자흐스탄 등지에 대한 연구 및 공동발굴을 강화하고 있다. 아직까지는 실크로드 및 유라시아 초원로드에 대한 중국의 관점이 하나의 이론으로 형성된 것은 아니기 때문에 자료의 소개 및 발굴 등에 주로 치중되고 있다. 그렇지만 중국 정부 차원의 연구비 및 박물관의 여러 사업을 통하여 이러한 민족주의적 사상을 뒷받침하는 방향으로 연구를 지원하고 있다는 것은 여러 점에서 확인된다.

중국의 고고학에 대한 민족주의적 경향은 정부의 정책에 따라 큰 방향이 설정되고, 그에 맞는 다양한 사업이 뒤따르는 정부주도형이다. 여기에 개방 이후 중국 경제의 발달에 따른 중산층의 등장과 자국 역사에 대한 관심이 증가하면서 『大衆考古』와 같은 새로운 대중적인 고고학 잡지가 출판되고 있으며, 각 지방정부에서도 경쟁적으로 박물관을 짓고 문화재를 관광자원화하면서 중국 정부주도의 학술정책에 발맞추고 있다.

3. 일본

2차대전 패망이후 일본고고학은 전세계적으로 유례가 없을 정도로 호황을 누리며 그 연구가 다양해졌지만, 민족주의에 대해서는 일정한 거리를 두고 있는 편이다. 패전 이후 戰前體制에 대한 경계를 하는 사회적 분위기 때문이다. 일본의 고고학계는 공식적으로 정치 또는 현대사회와 무관하다는 입장을 취했지만, 그 이면에는 다양한 이념적 갈등이 존재했음이 확인된다. 그 이면에는 다양한 이념적 갈등이 존재했음이 전공투 사건이 한창이던 1969년의 "일본고고학협회 해체 투쟁사건'에서 확인된다. 1969년에 全共闘사건에 맞물려서 고고학 전공 학생 79명이 京都博物館에 난입, 농성하여 일본고고학회의 해체를 요구하다가 전부 체포되었었다. 이들의 주장은 '전면적인 발굴을 중지하라'였다. 그 이유는 표면적으로는 일본의 패망 이후 경제개발에 따라 고고학의 붐이 일어나서 호황이었지만, 그 내부적으로 건국기념일제정, 교과서검정 등 황국사관으로 돌아가려는 움직임이 나타났기 때문이다. 이들의 재판 과정에서 여러 대학 고고학전공 학생들의 성명서가 발표되었던 것으로 보아 이 사건은 소수의 돌출적인 행동은 아니었던 듯하다. 하지만 이 사건 이후 더 이상 일본 고고학계의 우경화를 우려하는 행동은 사라졌고, 관련된 학생들도 익명으로 처리되었다(福田敏一 編 2007).

반면에 일본에서 팽창적인 민족주의적 관점은 패망 이후에 이미 은연 중 드러나고 있었다. 그 일례가 바로 江上波夫의 '기마민족설'이다. 기마민족설은 일본이 제국주의에 근거 만주와 몽골을 침략하면서 수집한 여러 자료에 기반한 학설로 패전 이후 GHQ에 점령되었던 시절에 옛 제국주의의 영광에 대한 일본인의 향수를 불러일으키는 기제로 작용했을 가능성이 크다(강인욱 조정민 2008). 이후 江上波夫의 설은 佐原眞과의 대담 및 저서를 통해서 그 내면에 담긴 제국주의적 관점에 대한 비판이 일어난 바 있다(江上波夫 佐原眞 1989). 하지만 고고학계의 비판적 분위기와 달리 江上波夫는 사회에서 큰 인기를 얻고 지금도 그의 설이 미치는 영향은 적지 않다. 이러한 사회의 배경에는 러시아 및 몽골 등 북방지역을 감상적으로 서술하며 북방지역으로 진출했던 시절을 그리워하는 분위기와도 관련이 있다[6]. 한편 고고학 주류세력과는 별도로 일본의 역사를 메소포타미아나 시베리아에서 찾으며, 僞書를 만들거나 연구하는 국수주의 계열의 사람들도 존재한다. 환단고기를 메소포타미아의 역사로 해석하는 가지마 노보루(鹿島昇)와 같은 사람들은 태국의 반쳉문화를 일본인의 원류로 보고 있는 것이 그 좋은 예이다. 이러한 유사사학의 뿌리는 매우 깊어서 메이지시절부터 시작된 위서의 제작과 고고자료의 확대해석에서 그 뿌리를 찾을 수 있다(오구마 에이지 2005).

일본의 고고학 저변에 흐르는 자국 역사 중심적인 사관을 극명하게 보여주는 것은 1999년에 일어난 후지무라 신이치(藤田新一)의 구석기 위조사건이다. 1980년대말 일본의 버블경제가 붕괴된 이후 1990년대 일본의 발굴 건수는 매년 증가했지만, 발굴총액은 1990년대 중반 이후 급락했다. 이러한 상황에서 각 지역의 발굴종사자들은 대중의 관심을 끌 수 있는 요소를 경쟁적으로 만들 수밖에 없었다. 1980년 당시 일본 구석기시대는 상한연대가 5만년에 불과했지만 후지무라의 조작으로 1999년에는 70만년까지 올라갔다. 이와 같은 급격한 연대의 소급은 사실 후지무라에 의해 매우 어설픈 방법으로 조작되었음에도 일본의 고고학계는 침묵으로 일관했다. 결국 20년에 걸친 후지무라의 조작은 고고학자가 아닌 언론인에 의해 폭로가 되었다는 것은 '和'를 강조하여 상호 비판을 피하는 일본 학계의 분위기와 교과서를 중심으로 우경화되는 사회분위기를 단적으로 보여준다. 또한 야요이문화의 재편년 역시 일본의 편년체계를 열도만의 체계에서 동북아 대륙과 연동하는 편년체계를 구축하는 시발점이 되었다는 점도 주목할 필요가 있다. 제국주의 시절의 동북아 지역 연구에 대한 일본 학계의 재해석이 최근 우경화되고 있는 일본사회에 어떻게 영향을 미칠지는 계속 주시해야할 것이다.

4. 북한 : 고조선 재요령설에서 단군릉으로

북한이 고고학을 민족주의에 이용하는 예는 1960년대 리지린의 고조선 연구

6) 북방 러시아 및 몽골에 대한 일본인들의 관심은 러일전쟁을 기점으로 폭발하였고 만주국의 성립과 함께 본격화되었다. 이러한 북방지역에 대한 로망은 일본의 패망이후에도 여전했다. 일본인의 북방 및 러시아에 대한 관심과 분위기를 알 수 있는 대표적인 책으로는 司馬遼太郎(1989)가 있다.

와 1990년대의 단군릉 발굴로 대표된다. 전자는 고조선의 재요령설이고, 후자는 재평양설로 외견상 서로 상반된 것처럼 보이지만 사실상 두 연구 경향은 맥을 완전히 같이한다. 먼저 리지린이 1963년도에 출판한 고조선연구와 63~65년에 이루어진 조중고고발굴대를 보자. 북한은 1960년대 초반에 고조선대토론회를 거쳐서 고조선의 재요령설을 확정짓고, 1963~65년에 직접 요동지역을 발굴하여 그 실증적인 근거를 마련했다. 그런데 최근 필자의 분석에 따르면(2015) 리지린이 제기한 재요령설은 1950년대 후반에 주체사상의 확립과 도유호의 숙청을 위한 북한 학계의 일련의 정치적인 포석으로 나온 것이며, 실제로 리지린이 단독으로 집필했는지도 불투명하다. 원래 중국철학을 전공했던 리지린은 만 42세의 늦은 나이에 1958년~1961년에 북경대의 顧頡剛의 지도로 박사학위를 받았고, 그 논문은 자신의 저서 『고조선 연구』의 토대가 되었다. 고대사에 대한 경력이 전무한 리지린은 중국에 온지 2년도 안된 기간에 고조선연구와 거의 동일한 내용의 박사논문을 집필하여 형식적인 지도를 거쳤다. 이후 리지린은 조중고고발굴대를 조직하여 고고학적 자료로 자신의 설을 보강한다. 실제로 리지린의 설이 공인받는 1961년 9월 2일의 '고조선 영역에 관한 토론회'에 리지린은 참석하지 않았던 것으로 밝혀져서 정치적인 의도로 리지린을 앞세웠다는 것을 알 수 있다.

이러한 일련의 과정은 북한 내에서 주체사상을 강조하여 자국중심의 역사를 확보하는 과정에서 일어난 것이다. 이후 1974년도에 북한을 방문한 러시아학자들의 기록(라리체프 2012)이나 1980년대 북한학자의 담화(이광린 1989)로 볼 때에 단군릉에서 나타나는 자국중심의 역사관은 이미 1960년대에 시작된 것이다. 고조선의 영역에 대하여 재요령설과 재평양설(단군릉설)은 차이가 있는 듯하지만 궁극적으로 주체사상을 강화하기 위하여 고고유물을 이용한 북한 정책의 결과일 뿐이다. 그 결과 1960년대 이후 중국은 사회주의 우방인 중국 등과 학문적인 교류는 중단하고 자신들만의 단절적이며 고립적인 연구의 전통이 시작되었다. 이러한 학문적 고립 상황에서 1990년대 이후 사회주의권의 개혁개방으로 북한은 민족주의적 경향은 더 강해질 수밖에 없었다. 1990년대의 단군릉발굴과 대동강문명론으로 대표되는 북한의 극단적인 자국 중심주의의 고대사연구는 궁극적으로 리지린의 고조선 연구로 대표되는 1960년대의 북한의 정치·사회적 요구/필요에서 출발했다고 할 수 있다.(강인욱 2015) 북한학계의 고대사 및 고고학에 대한 민족주의적 해석은 6.25 직후 1950년대말에 이미 등장했다는 점이 주목된다. 북한은 표면적으로 사회주의 국가의 표방했음에도 불구하고, 북한 성립직후 곧바로 자국 중심의 역사관을 채택하고 고고학 자료를 통하여 이를 실현하고자 했다. 즉, 1990년대 단군릉의 발굴은 리지린의 등장으로 대표되는 1960년대 북한의 고고학과 마찬가지로 고고학을 민족주의적 성향을 관철시키기 위한 수단으로 이용했었다는 점에서 일맥상통한다.

III. 고찰

1. 한국의 민족주의적 해석과 동아시아

동아시아 각국의 자민족(또는 국가) 중심의 고고학적 자료해석은 크게 본다면 고고학적 자료를 통하여 현대 사회에서 자신들의 입장을 합리화하려는 데에 공통점을 지닌다. 물론 각론으로 들어가면 각 나라의 상황별로 다소 다르게 나타나는데, 이는 크게 두 가지 경향으로 나뉘어 볼 수 있다. 첫 번째로는 고고학적 유물들을 활용하여 자기 고고학적 문화가 주변지역과는 구별되는 독자성을 강조하는 예이다. 한국, 북한, 카자흐스탄 등과 같이 20세기 초엽에 식민지를 경험한 국가들에서 보이는 경향으로 주권을 읽은 민족들이 민족적 자존감을 회복하기 위한 수단으로 주로 사용되었다[7]. 두 번째로 러시아와 중국이 취하는 입장으로 강대국이었던 그들이 현재 지배하고 있는 영역을 넘어서 과거에 지배했던 주변지역에 대한 영향력을 주장하며 그 정당성을 강조하는 팽창주의적 관점이다.

그런데 한국의 경우 단일민족기원설로 대표되는 독자적인 문화를 강조하는 입장과 북방기원설 또는 환단고기와 같은 재야사서류로 대표되는 팽창주의적

---

7) 한편 일본의 경우도 메이지연간에 일본민족의 기원에 관한 '고로봇쿠루'논쟁이 있었다. 脫亞入歐하려는 상황에서 일본인은 섬나라라는 컴플렉스를 현재의 일본인은 본디 대륙에서 내려온 선진적인 주민이라는 설을 증명하고자 했다. 바로 鳥居龍藏이 이때에 활약한 대표적인 학자이다.

역사관이 공존한다. 사실 한국은 지난 20세기에 단일민족이라는 민족적 자긍심이 강하게 남아있었고, 그것이 일정 정도 역사연구 및 대중들의 역사인식에 반영되어 있었다. 이는 식민지를 경험한 대부분의 국가들이 해방 이후 겪는 탈식민주의 과정에서 나타나는 현상이다. 또한 소비에트 연방의 붕괴이후에 중앙아시아 및 몽골에서도 보인다. 한국에서는 해방 이후 청동기시대의 설정, 초기 삼국시대의 증명 등 주요한 고고학적 이슈는 바로 자국의 고고학적 자료에 대한 주체적인 해석이라는 점에서 이러한 탈식민지주의적 시각의 연장선으로 볼 수 있다. 다른 한편으로는 이러한 자국중심적인 시각과 팽창주의적 시각이 공존하여서 북방지역의 고고학자료를 팽창주의적 시각에 적극적으로 활용하려 한다. 주지하다시피 환단고기로 대표되는 재야사학의 입장은 한국의 역사를 극도로 확장하려한다. 한국과 같이 식민지를 경험한 나라가 자국의 범위를 넘어서 극도로 역사의 범위를 확장하려는 경우는 전세계적으로 찾아보기 힘들다. 북한에서도 단군릉 발굴과 함께 고조선의 재요령설을 완전히 폐기했던 것에 보듯이 이러한 팽창주의적 사관과 단일 민족 중심의 사관은 병존하기 어렵기 때문이다.

이와 같이 한국에 공존하는 2개의 시각에서도 특히 팽창주의적 시각은 북방지역의 고고학자료를 적극적으로 활용한다는 점이 다른 나라들과는 차별화되는 부분이다. 한국에서 제기되는 팽창적 민족주의적 시각의 주요한 근거로는 홍산문화, 시베리아 고고학자료, 심지어는 메소포타미아와 아메리카 대륙의 자료도 언급된다. 이러한 원거리의 교류는 완전히 무시할 수 없으며, 실제로 유사성이 보이는 자료는 차분한 연구가 선행되어야 한다. 그런데 최근 한국의 팽창주의 여러 연구들은 일부 유사성을 시간/공간의 거리 및 자료 자체의 맥락을 감안하지 않은 채 곧바로 '한민족'으로 선험적으로 규정한다는 데에 문제가 있다. 이렇게 외국고고학자료가 민족주의적 자료에 등장하는 예는 20세기 초의 서구의 유사역사학에서도 등장했던 현상이다(로널드 프리츠 2010). 아틀란티스대륙, 뮤우대륙 등 각 문명간에 보이는 단편적인 유사성을 곧바로 민족의 이동 및 전파로 해석하는 아마추어 역사가들이 등장했었고, 그들의 저서는 한국에서도 많이 소개되었다[8)]. 이러한 유사역사학에 고고학자료가 이용되는 데에는 해당지역의 정

8) 한국에 소개된 대표적인 저서로는 수차에 걸쳐 번역된 에리히 폰 데니켄(2015)가 대표적이다.

보가 부족한 상황에서 유물자료는 확실한 증거로 간주될 수 있기 때문이다.

다음으로 한국에서 민족주의적 시각은 현대 한국사회 내부의 갈등구조와도 관련되며, 나아가서 정치권과 연합하여 적극적인 사회운동화 하려는 움직임마저 있다. 위에서 살펴 본 바와 같이 자민족 중심으로 고고자료를 해석하려는 움직임은 동아시아의 공통적인 현상이다. 하지만 최근 한국에서는 정부가 자민족중심주의 지향성을 표방하고, 그에 대한 지원을 표방한다는 점한다는 점에서 매우 우려된다. 국가적으로 새로운 주제를 연구하기 특정한 주제에 대한 지원으로 연구를 진흥하는 경우는 있지만 특정한 사관을 지지하고 주류학계를 노골적으로 비판하는 현상은 유례를 찾아보기 어렵다. 최근 고고학과 역사학계를 둘러싸고 벌어지는 사건, 즉, 상고사지원사업과 국사교과서 국정화 등은 고고학을 둘러싼 민족주의적 성향은 정부 주도의 정책과 이어지는 것이다. 이러한 정부 및 사회에서 벌어지고 있는 최근의 민족주의적 시각은 주로 팽창주의적 시각에 근거한 것이다. 이는 표면적으로는 식민지상황을 극복하고 이미 선진화된 한국의 상황과 관련된 것처럼 보인다. 하지만 팽창적 민족주의적 관점에서 북방지역과 한국의 관련성을 주장하는 근거는 냉전시기의 북방기원론과 완전히 동일하다. 또한, "홍산문화=고조선"과 같은 검증되지 않은 역사를 사실로 규정한 뒤, 그것을 근거로 기존의 학계를 식민사학 또는 반도사관으로 규정하여 논의자체를 막고 있다. 민족주의적 관심이 단편적으로 표출되거나 국가의 정책으로만 제기되는 다른 나라에 비하여 논리적인 대안이 없이 선험적인 규정을 통해 기존 학계를 일방적으로 규정하는 점은 한국만의 특징이자 문제라고 할 수 있다.

2. 대안의 모색

위에서 살펴본 바와 같이 한국을 비롯한 동아시아의 고고학을 둘러싼 민족주의적 시각은 매우 복잡한 역사 및 정치적인 배경을 가지고 있다. 더욱이 민족주의적 성향으로 고고학자료들을 해석하며 대중들에 어필하는 학자들은 대부분 실제 고고학계과는 멀다는 점에서 고고학계는 더 이상 좌시할 수만은 없다. 하지만 현대 사회와는 일정정도 거리를 두며 활동하는 것에 적응된 한국고고학계로서는 이 문제에 대한 즉각적인 대응은 결코 쉽지 않을 것이다. 현 상황에서 필자가 생각하는 한국고고학계의 대안 및 대처방안을 몇 가지 제시보고자 한다.

1) 통합적 동아시아고고학의 이해

최근에 특히 강해지고 있는 재야의 민족주의적 시각에 대하여 더 이상 원론적인 탈민족주의적 논의는 의미가 없으며 학계역시 그에 대한 차분한 대응을 해야한다. 기존의 고고학계서 논의된 민족주의에 대한 논의는 주로 코지나의 문화권론을 막연히 차용하면서 이러한 민족주의적 상황을 설명하는 수준이다(이성주 2014). 하지만 코지나 자신이 그러한 인종주의를 위하여 논의를 제기한 것도 아니며, 그에 대한 극도의 민감한 반응을 보인 것은 나치의 패망으로 형성된 전후 유럽의 사회적 상황과도 전혀 무관하지 않다. 즉, 1930년대 코지나의 이론은 향후 평가와 관계없이 20세기 초반의 인종차별적 성향을 반영한 이론이며, 21세기 한국사회에 그대로 적용하기는 어렵다.

남한 고고학의 경우 실제 현장은 남한이지만, 기본적인 고고학의 범위를 한반도와 만주(중국동북지방)을 포괄한다. 즉, 전체 대상 고고학의 3/4은 직접 조사할 수 없는 상황이다. 실제 모든 역사 및 고고관은 동아시아이지만, 실제 고고학적인 작업은 남한에서만 이루어지는 기형적인 상태이다. 즉, 원칙적으로는 한반도와 중국동북지방이 한국고고학계의 범위이지만, 사실상 한국고고학자의 대부분은 남한 고고학를 전공한다. 이런 상황에서 남한의 고고학자가 제대로 접하기 어려운 북방지역 고고자료에 대한 막연한 환상이 들어가 여지가 많다. 즉, 북방지역 고고학자료가 팽창주의적 민족주의에 적극적으로 활용되는 데에는 한국고고학의 태생적인 한계도 있다. 따라서 거시적으로 본다면 동아시아 고고학에 대한 전반적인 체계를 수립하고 문화의 변천상에 대한 연구의 틀을 만드는 것이 한국고고학계에 필요하다. 실제로 다른 나라에서 일어나는 수많은 유사사학이 대중적으로 널리 통하지 못하는 이유는 이러한 전반적인 연구의 틀이 잡혀있다는 점을 참고해야한다.

2) 고고학의 본질을 알리는 사회활동을 강화 및 대중서의 출판

최근 한국에서 대두되고 있는 민족주의적 관점은 탈식민지적 관점을 벗어나 논리적인 체계가 거의 없이 국수주의적으로 흐르고 있다. 사실 유사사학 관련된 저서를 소비하는 사람들은 최근에는 특정한 종교추종자와 같은 소수집단에서 벗어나 사회엘리트로 확산되고 있다. 그들에게 고고학계의 현실을 다양한 경로를 통하여 꾸준히 알려야한다. 예컨대 '홍산문화'나 '하가점하층문화'와 같이 일반인들이 오해하기 쉬운 문제들에 대하여 고고학계의 전공자는 물론, 대중서도 전무하다. 고고학적 발굴과 달리 대중적인 교양서의 집필을 위한 소양은 매우 장기간의 시간이 필요하다는 점에서 이 점은 꾸준히 관심을 가지고 추진해야한다. 고고학은 다른 학문과 달리 연구비뿐 아니라 발굴 현장의 재원 역시 궁극적으로 국가의 정책과 이어진다는 점에서 다른 역사학계보다 현실 사회에 대한 의존도가 더욱 높다.

3) 국제적인 연대를 통한 담론의 형성

민족주의의 발흥은 한국고고학뿐 아니라 전체 유라시아의 공통적인 현상이다. 최근 세계적인 경제불황으로 자민족 중심의 인종주의가 발흥하며, 군사적인 분쟁이 있는 곳에는 고고학적 자료가 근거로 등장하고 있다. 전 세계적으로 민족주의적 시각은 존재했었고, 향후 더 강해질 것이라는 점에서 각국의 고고학들은 비슷한 상황에 처해있다. 한국 안에서 이 문제를 바라보기 보다는 조금 더 시야를 넓혀서 각국의 사례를 서로 비교분석하고 그 결과를 공유하는 것이 매우 절실하다. 특히 유라시아 북방지역은 '한민족의 역사'로 주장하는 국내의 시야를 감안한다면 바로 유라시아 북방지역에서 벌어지고 있는 범유라시아, 범투르크주의 발흥은 각론에 대한 반박보다 훨씬 좋은 효과를 기대할 수 있다.

4) 현대사회와의 소통기회의 상시화

작금의 한국 고고학에 닥친 위기를 타개하기 위해서는 무엇보다 고고학계가 적극적으로 사회와 소통하고, 사회의 요구가 무엇인지를 확인하여야한다. 자기가 살고 있는 사회와 독자적으로 존재하는 고고학은 전 세계 어디에도 없다. 작금 동아시아는 물론 유라시아 전역으로 확산되고 있는 민족주의적 역사인식에 대해서 이제까지 그래왔듯이 내부적으로 비판하고 도외시하는 것으로 해결될 가능성은 없다. 민족주의적 시각을 비판할 것이 아니라 초중고부터 민족주의적 정서에 기반을 둔 교육을 받아온 일반 국민들을 비롯하여 민족주의적 정서가 등장할 수밖에 없었던 현실을 생각해봐야 한다. 적어도 민족주의는 고고학을 비롯한 고대의 역사에서 그 정당성을 찾은지 100여년이 넘는다. 이들에게 1930년대 전파론적 사상으로 비판하는 식의 접근은 결코 설득력도 없고 대안도 될 수 없다. 즉, 고고학 내부의 논의는 현재의 상황에 별 도움이 될 수 없다는 점을 직시하고, 사회와의 소통을 조금 더 적극적으로 하고 상시화하는 것이 이 문제를 해결하는 궁극적인 해결책의 첫걸엄이 될 것이다.

IV. 결론 : 고고학은 현대사회의 거울인가 등대인가

고고학의 기본적인 연구가 유물과 유적의 시공적인 위치를 규정하는 것이기 때문에 유물의 조합을 곧바로 민족 또는 집단으로 연결시키고 우월을 논하기 쉽기 때문이다. 또한, 고고학적 자료는 특정한 시기에만 쓰여진 문헌과 달리 다양한 시대에 걸쳐서 출토되기 때문에 다양한 해석이 가능하기 때문에 자기 중심의 역사관을 쉽게 투영할 수 있다. 즉, 고고학자들이 적극적으로 유물에 대한 해석을 하고 대안을 제시하지 않는다면 고고학자료를 통한 민족주의적 시각에 따른 왜곡에 노출될 수 밖에 없다. 고고학은 과연 현대사회를 반영하는 거울인가, 아니면 새로운 대안을 제시하고 결정을 인도하는 등대와 같은 역할인지에 대해서는 다양한 의견이 있을 수 있다. 하지만, 한국고고학에서는 이와 같은 현대사회에서의 역할과 관련한 거대 담론의 형성 및 현대사회와의 소통이 원활하지 않다. 고고학계가 현대 사회와 적극적으로 소통하는 장이 없는 상황 때문에 고고학계의 고립을 초래하고 있다.

또한, 본 논문에서 본 바와 같이 고고학자료를 통하여 자신들의 정체성을 강조하고자 하는 경향은 비단 한국뿐 아니라 동아시아 각국에서 공통적으로 보인다. 그리고 이러한 경향은 최근의 탈이데올로기와 세계 경제의 위기로 각국의 자국 중심적 문화해석은 이어지고 있다. 게다가 UNESCO 지정 세계문화유산과 같이 멸절 위기에 처한 문화재를 보호하려는 운동은 민족주의적 시각과도 이어지기 때문에 대안이 없이 민족주의적 시각을 무조건 적으로 비판하는 것도 적절하지는 못하다. 하지만 한국의 경우 주변 나라와 비교했을 때에 매우 특이하게 논의가 되고 있다. 바로 한국사를 팽창주의적 시각에서 넓은 영토를 차지했다고 보는 사람들은 단편적인 북방지역의 고고학자료를 주로 이용한다는 점이다. 국내에서 북방지역에 대한 자료가 많지 않고 실제 고고학자들 중에는 그 지역을 주전공으로 하는 사람이 거의 없다는 상황이 이러한 문제를 초래했다는 고고학계의 자기반성도 필요할 것이다. 이와 같은 선험적인 규정은 궁극적으로 한국과 주변지역의 교류관계를 한민족의 기원 또는 영역이라는 문제로 단순히 치환시키는 부작용 또한 크다.

매우 늦은 감이 있지만, 고고학계도 본격적으로 현대 사회와 소통하는 노력이 필요할 것이다. 고고학은 결코 현실과 유리될 수 없으며, 현실을 도외시할 수 없음이 최근 들어서 더욱 뚜렷해지고 있다. 최근 들어 강해지고 있는 고고학계에 대한 외부의 압력에 대하여 우리도 합리적인 대안을 제시해야할 것이다. 민족주의적 시각은 사실상 한국을 비롯한 여러 나라에서 거의 공통적으로 나타나고 있는 현상이다. 이에 대한 합리적인 대안 제시가 없는 고고학계만의 논의는 그렇게 유효하지 못할 가능성이 크다. 고고학은 현대 사회라는 렌즈로 과거를 보는 카메라와 같다고 할 수 있다. 고고학이 현대사회와 접점을 이루는 민족주의적 시각을 더 이상 외면하거나 피하지 말고 보다 적극적인 대안 제시 및 담론의 형성이 필요하다.

이 논문은 2015년 11월에 개최된 한국고고학전국대회 [고고학과 현대사회]에서 필자가 발표한 내용을 보완하고 첨삭한 것이다.

〈참고문헌〉

강인욱 2005 「구계유형론과 중국동북지역의 고고학」『한국고고학보』 제 56집.

2010 「鳥居龍藏으로 본 일제강점기 한국 선사시대에 대한 이해」『제 34회 한국고고학 전국대회 발표문』 한국고고학회.

2015 「리지린의『고조선 연구』와 조중고고발굴대」『선사와 고대』 제 45호, 한국고대학회.

강인욱·조정민

2008 「GHQ와 江上波夫의 騎馬民族說」『동북아시아문화학회 국제학술대회 발표자료집』 521-526, 동북아시아문화학회.

로널드 프리츠 저, 이광일 역

2010 『사이비 역사의 탄생 거짓역사 가짜 과학 사이비종교』 이론과 실천.

리지린 1963 『고조선연구』 과학원출판사.

리지린 외 1963 『고조선에 관한 토론 론문집』 과학원 출판사.

시안 존스, 한건수 이준정 역

2008 『민족주의와 고고학 과거와 현재의 정체성 만들기』 사회평론.

안승모 2009 「한국 선사고고학화 내셔널리즘」『제 52회 전국역사학대회 고고학부 발표자료집』 한국고고학회.

에리히 폰 데니켄

2015 『초고대 문명의 창조자들-10,000년 전 하이테크의 비밀』 청년정신.

오구마 에이지

2005 『일본 단일민족신화의 기원』 소명출판.

이문영 2010 『만들어진 한국사』 파란미디어.

정인성 2011 「일제강점기의 낙랑고고학」『한국상고사학보』 제 71호, 한국상고사학회.

조대연 2015 「근대국가의 형성, 민족주의, 그리고 고고학 -그리스의 사례를 중심으로」『인문논총』 72-3호, 서울대학교 인문학연구원.

조중고고학발굴대

1966 『중국 동북 지방의 유적 발굴보고』 사회과학원출판사.

줄리아 로벨, 김병화 역

2007 『장성, 중국사를 말하다 문명과 야만으로 본 중국사 5천 년』 웅진지식하우스.

한국고고학회

2009 『동아시아의 고고학연구와 내셔널리즘』 제 52회 전국역사학대회 고고학부 발표자료집.

Ларичев В.Е. Путешествие археолога в страну утренней свежести, Новосибирск, Издательство Института археологии и этнографии СО РАН, 2012, 233с.(라리체프 2012 신선한 아침의 나라로 떠난 고고학자들의 여행, 노보시비르스크)
Гумилев Л.Н. 2008 Ритмы Евразии : Эпохи и цивилизации -М : АСТ МОСКВА. (구밀료프 2008 유라시아의 리듬)
Артамонов М.И. 1973 Сокровища Саков -М, -Изд. Исккуство (아르타모노프 1973 "사키인들의 보물")
Петров А.Е., Шнирельман, В. А.(ред.) Фальсификация исторических источников и конструрование этнократических мифов, ИА РАН, -М, 2011. (페트로프 슈니렐만 주편 2011 사서의 위조와 민족계급 신화의 해석)
Шнирельман, В А Страсти по Аркаиму: арийская идея и национализм//Язык и этнический конфликт. 'Гендальф'. Москва. 2001. С. 58-85.(슈니렐만 2009 아르카임에 대한 열망 : 아리안 사상과 민족주의)
Рыбаков Б. А. . Язычество древних славян.—М.: Наука, 1981.
Рыбаков Б. А. Геродотова Скифия. Историко-географический анализ —М.: Наука, 1979.

江上波夫 佐原眞
1989 『騎馬民族は來た!?來ない!?—激論 江上波夫vs佐原眞』小學館.
佐原眞 1993 『騎馬民族は來なかつた (NHKブックス)』日本放送出版協會.
司馬遼太郎
1989 『ロシアについて—北方の原形』文藝春秋
福田敏一 編
2007 『考古學という現代史』, 雄山閣
Junko Habu, Clare Fawcett, John M. Matsunaga (Editor)
2008 Evaluating Multiple Narratives: Beyond Nationalist, Colonialist, Imperialist Archaeologies, Springer.
Kang, In Uk
2013 An Unique travel of Russian Archaeologist to the Nation of Morning Freshness, Localities No.3, Korean Studies Institute Pusan National University, Busan, Korea pp 227~232.
Philip L. Kohl and Clare Fawcett(editor)
1995 Nationalism, politics, and the practice of archaeology, Cambridge University Press.

夏家店 下層文化의 最近 調査成果

– 赤峰 二道井子遺蹟을 中心으로 –

백 종오 (한국교통대 교수)

I. 머리말

赤峰 二道井子遺蹟은 遼西地域 初期 靑銅器時代文化인 夏家店 下層文化의 集團聚落遺蹟이다. 이 유적은 잔존상태가 매우 양호한 관계로, 유구간 중복관계와 내부 구조 및 취락의 전모를 파악하기에 용이하다. 또 赤峰地域의 청동기시대 취락유적 중 단위 면적당 유구의 밀집도가 가장 높고, 지층 관계 역시 명확하다는 점에서 관련 연구자들의 주목을 받고 있다.

지금까지 夏家店 下層文化의 취락연구는 대부분 자료가 많이 발표된 石城遺蹟에 집중된 편이었다. 그러나 二道井子遺蹟에서 밝혀진 土築城壁과 환호의 결합 구조는 이 방면 연구에 새로운 전기를 제공해주고 있다. 아직까지 정식 발굴조사 보고서가 출간되지 않았기 때문에 전체 유적에 대한 종합적 고찰은 어렵다. 하지만 그간의 약보고와 간략보고의 내용만으로도 유적의 중요성을 충분히 간취할 수 있다.[1] 추후 주변지역에서 보고된 유사한 성격의 유적들과 함께 종합적인 검토가 이루어진다면 이 지역 초기 청동기시대 취락연구 및 당시 사회의 성

1) 본 논문은 『고조선단군학』 32집(2015.6)에 수록한 내용을 일부 수정·보완한 것이다. 邊冀, 2010, 「二道井子夏家店下層文化聚落遺址」, 『實踐』 2010-2 : 內蒙古文物考古研究所, 2010, 「內蒙古赤峰市二道井子遺址的發掘報告」, 『考古』 2010-8 : 王永樂等, 2014, 「內蒙古赤峰市二道井子遺址出土銅器的初步科學分析」, 『邊疆考古研究』 13集.

격을 이해할 수 있는 중요한 자료가 될 것으로 기대된다.

이 글에서는 赤峰 二道井子遺蹟의 최근 조사 자료를 기초로 유적의 존속 연대 및 취락의 변천 과정과 그 문화 양상을 살펴보고자 한다. 나아가 최근 발굴된 유사한 성격의 주변 유적들과 비교를 통해 遼西地域 초기 청동기시대 취락유적의 특징과 변천 양상을 개략적으로 검토해 보도록 하겠다.

II. 그간의 調査成果

주지하듯이 夏家店 下層文化는 內蒙古 赤峰市 夏家店遺蹟의 발굴을 통해 정식으로 명명되었다.[2] 1920~1930년대 초에는 夏家店 上·下層에 대한 이해가 없었고, 관련 유적내에서 秦·漢시대 유물이 공반되었기에 이를 통칭하여 赤峰 2期文化[3]로 불려졌다. 그러나 1950년대 초에 진행된 凌源縣 馬廠溝 小轉山子遺蹟의 발굴을 통해 이 문화의 연대 해석에 새로운 전기를 마련하게 된다. 즉, 이 유적에서는 商周時期의 青銅禮器가 출토되는 저장구덩이가 夏家店 下層文化의 주거지를 파괴한 상태로 발견되었다.[4] 따라서 이 문화는 적어도 西周前期 이전의 유적으로 판명되었고 더불어 遼西地域 초기청동기문화 역시 中原의 龍山文化와 상관된 것으로 인지하게 되었다.[5]

이후 1960년에는 赤峰市 藥王廟遺蹟과 夏家店遺蹟이 발굴되었는데, 이때의 조사에서 상·하 두층으로 구분되는 청동기문화층을 확인하였고 하층에서 발견된 특징적 유물군에 대해 '夏家店 下層文化'로 이름 붙여졌다.

그간의 조사에 의하면, 이 문화의 주요 분포범위는 燕山山脈을 중심으로 한 그

2) 中國社會科學院考古硏究所內蒙古工作隊, 1974, 「赤峰藥王廟夏家店遺址試掘報告」, 『考古學報』, 1974-1, 111~143쪽.

3) 濱田耕作, 1929, 『貔子窩』 東亞考古學叢刊 第1策 : 濱田耕作·水野淸一, 1938, 『赤奉紅山後-熱河省赤峰紅山後先史遺迹』 東方考古學叢刊 甲種 第6册, 東亞考古學會 : 八幡一郎, 1940, 「熱河北部的先史時代遺迹及遺物」, 『第一次滿蒙學術調査硏究團報告』 50쪽 : 八幡一郎, 1940, 「熱河南部的先史時代遺迹及遺物」, 『第一次滿蒙學術調査硏究團報告』 圖版 二.6, 十.23, 圖5.4, 30.7

4) 王增新, 1957, 「凌源靑銅器群出土地點發見新石器時代遺址」, 『文物參考資料』, 1957-3.

5) 郭大順·張興德 著, 김정렬 옮김, 2008, 『동북문화와 유연문명』, 동북아역사재단, 538쪽.

남북지역의 西遼河流域으로 볼 수 있다. 북쪽으로는 老哈河와 西拉木倫河유역에 집중되며, 동쪽은 遼河 하류와 醫巫閭山 서쪽 기슭까지, 서쪽은 河北省 張家口地區의 壺流河유역과 경계를 가지며, 남쪽은 大·小凌河를 비롯한 渤海연안까지 이른다.

이 중 유적이 가장 집중된 곳은 老哈河유역의 赤峰市 남부 및 大陵河유역의 朝陽地區 일대이다. 1970년대에 실시된 朝陽지구의 고고조사를 통해 朝陽市의 北票縣, 建平縣, 朝陽縣, 喀左縣, 凌源縣 및 赤峰市 남부의 赤峰縣, 寧城縣, 敖漢縣, 喀喇沁旗縣 등에서 약 3,000여 곳에 이르는 관련 유적이 조사되었다.[6] 또한 1980년대부터 2000년 초반까지 지속적인 조사를 통해 보다 많은 수의 유적이 확인되었으며, 赤峰市 敖漢旗일대에만 약 2,000곳 이상의 유적이 집중된 것으로 보고되었다.[7] 지금까지 발굴된 주요 유적의 현황을 정리하면 다음의 표1·2와 같다.

〈表 1〉 夏家店 下層文化 主要遺蹟 發掘 現況(1960~2000)

遺蹟名	調査年度	性格	主要 內容	비고
藥王廟[8]	1960	취락	주거지 2기, 다수의 土器와 石器, 骨器, 동물뼈 등 출토	
夏家店	1960	취락·분묘	전체 3개 층위 중 제2·3층은 夏家店 上層文化, 제4층은 하층문화에 속함. 제4층의 유물이 약왕묘유적과 유사하여 동일한 성격의 유적·유물군에 대해 夏家店 下層文化로 명명	
南山根[9]	1961	취락	灰坑 1기와 다량의 土器, 石器, 骨器, 동물 뼈 등 출토	
蜘蛛山[10]	1963	취락	홍산 - 夏家店 하층 夏家店 상층 - 전국~한초 등 4시기 문화층이 순차적으로 발견. 하층문화에서 주거지 4곳, 灰坑 11기 및 다수의 土器, 石器, 骨器, 동물뼈 등 출토. 탄소연대 값이 3,695년B.P.(수륜교정 기원전 2,466~2,147년)로 측정되어 이 유적의 상한연대로 활용됨	
英金河石城遺蹟群[11]	1964	취락	赤峰市 英金河와 陰河유역에서 43기 이상의 석성유적 조사, 각 성들은 소규모로 군집하여 약 250~300m 사이의 간격을 두고 분포	石築

6) 遼寧省博物館, 1980, 「1979年朝陽地區文物普查發掘的主要收藏」, 『遼寧文物』, 980-1.

7) 邵國田, 1997, 「我旗五十年來考古綜述」, 『敖漢文博』,1997-8 : 席永杰·滕海鍵, 2011, 「夏家店下層文化研究術論」, 『赤峰學院學報』, 2011-4기, 6쪽.

8) 中國社會科學院考古研究所內蒙古工作隊, 1974, 앞의 글, 111~143쪽.

9) 中國社會科學院考古研究所內蒙古工作隊, 1975,「寧城南山根遺址發掘報告」,『考古學報』, 1975-1, 117~140쪽.

豊下[12)]	1972	취락·분묘	완전히 보존된 주거지 18기, 저장갱 15기, 무덤 1기 및 다수 유물출토. 주거지 중복관계와 유물변화 상을 통해 전체 3기로 구분 가능	
小河沿[13)]	1973	취락	夏家店 下層文化층이 소하연문화의 상층에서 중복되어 확인. 주거지 3기 및 다량의 土器와 石器 출토	
東山嘴[14)]	1973	취락	파괴된 석성유적지 내에서 주거지 9기, 灰坑 18개 등 확인	石築
大甸子[15)]	1974~1977·1983	분묘·취락	무덤 804기를 비롯한 토축 성벽내에서 주거지 4기와 각종 취락유구가 조사된 대규모의 복합유적군. 土器, 옥기, 石器, 漆木器, 청동기, 骨角器 등 다량 출토	土築
水泉[16)]	1977·1978	취락	토축 성벽내에서 夏家店 하층 - 상층 - 전국시기 등 3개 층위 확인, 夏家店 下層文化期의 주거지 120기, 저장구덩이 107기, 대량의 土器, 石器, 骨器 등 출토	土築
平頂山[17)]	1988·1989	취락·분묘·취락	夏家店 하층 - 고대산 - 魏營子문화순의 층위 확인, 夏家店 下層文化는 석성내 주거지 1기, 灰坑 6기, 무덤 1기 등	石築
点將臺[18)]	1990	취락	夏家店 하층 - 상층 - 전국시기의 문화층 확인, 夏家店 下層文化에는 주거지 21기, 灰坑 10개 및 각종 유물 출토	
向陽嶺[19)]	1992	취락	夏家店 下層文化의 전·후기로 구분 가능한 주거지 1기와 灰坑 24개에서 다량의 土器, 石器, 骨器 등 출토	
大山前[20)]	1996~1998	취락	영금하의 지류인 반지전하 중류에서 수십여 곳 이상의 夏家店 下層文化 관련 유적이 광범위하게 조사, 대표적으로 대산전유적이 발굴됨. 토축 성벽내 주거지, 灰坑, 灰溝 등 각종 생활유구와 土器, 石器, 卜骨 등 출토	土築
康家屯[21)]	1997~2000	취락	보존상태가 좋은 석성과 그 내부의 각종 생활유적이 발굴됨, 土器와 石器, 骨器, 청동기 등 다수 출토	石築

〈表 2〉 夏家店 下層文化 聚落遺蹟의 最近 發掘 現況(2005~2010)

遺蹟名	調査年度	性格	主要 內容	비고
三座店[22)]	2005·2006	취락	夏家店 下層文化 후기의 취락유적. 크고 작은 두 개의 석성이 연결된 쌍성구조. 주거지 38기, 저장시설, 각종 암각화 확인.	
上機房營子[23)]	2005	취락·분묘	홍산 夏家店 하층 夏家店 上層文化의 3개 문화층. 夏家店 하층 시기 灰坑과 窯穴 178개, 주거지 10기, 무덤 10기, 窯址 3기, 환호 및 고랑유구 등 발굴.	
姜家灣[24)]	2006	취락·분묘	무덤 5기, 灰坑 6개, 회구 2줄 등 조사	
二道井子[25)]	2009~2010	취락·분묘	환호와 성벽, 흙벽돌을 구워서 축조한 지면식 구조의 주거지 149기, 각종 시설물(원락, 교혈, 도로, 우물 등) 및 무덤 268기 확인. 잔존 상태 양호.	

한편 2000년 이후 새롭게 발굴된 유적의 수는 많지 않다. 그중에서도 발굴 후 구체적인 자료가 소개된 유적은 몇 예에 불과한데 대표적으로 三座店, 上機房營子, 二道井子유적 등의 대규모 취락유적이 해당된다. 주요 내용은 다음의 표2와 같다.

---

10) 中國社會科學院考古研究所內蒙古工作隊, 1979,「赤峰蜘蛛山遺址的發掘」,『考古學報』, 1979-2, 215~244쪽.

11) 徐光冀, 1986,「赤峰英金河, 陰河流域石城遺址」,『中國考古學研究-夏鼐先生考古五十年紀念論文集』文物出版社, 82~93쪽.

12) 遼寧省幹部培訓班, 1976,「遼寧北票縣豊下遺址1972年春發掘簡報」,『考古』, 1976-3, 197~209쪽.

13) 遼寧省博物館·昭烏達盟文物工作店·敖漢旗文化館, 1977,「遼寧敖漢旗小河沿三種原始文化的發見」,『文物』1977-2.

14) 遼寧省博物館·昭烏達盟文物工作店·赤峰縣文化館, 1983,「內蒙古赤峰縣四分地東山嘴遺址試掘簡報」,『考古』1983-5.

15) 中國社會科學院考古研究所, 1996,『大甸子-夏家店下層文化遺址與墓地發掘報告』科學出版社.

16) 遼寧省博物館·朝陽市博物館, 1986,「建平水泉遺址發掘簡告」,『遼海文物學刊』, 1986-2, 11~29쪽.

17) 遼寧省文物考古研究所·吉林大學考古學系, 1992,「遼寧阜新平頂山石城址發掘報告」,『考古』, 1992-5, 399~420쪽.

18) 劉晉祥, 1992,「赤峰市点將臺青銅時代遺址」,『中國考古學年鑒·1991』文物出版社.

19) 王成生, 1993,「義縣向陽嶺青銅時代遺址」,『中國考古學年鑒』文物出版社, 118쪽.

20) 赤峰考古隊, 1988,「內蒙古赤峰市半支箭河中流1996年調査簡報」,『考古』1998-9.
赤峰考古隊, 2002,『半支箭河中流先秦時期遺址』科學出版社.

21) 遼寧省文物考古研究所, 2001,「遼寧北票市康家屯城地發掘簡報」,『考古』2001-8.

22) 郭治中, 1988,「遼城縣三座店商周至西漢時代遺址」,『中國考古學年鑒』文物出版社 : 內蒙古文物考古研究所, 2006,「赤峰市松山區三座店遺址2005年度發掘揀報」『內蒙古文物考古』, 2006-1 : 內蒙古文物考古研究所, 2007,「內蒙古赤峰市三座店夏家店下層文化石城遺址」『考古』2007-7.

23) 吉林大學邊疆考古研究中心·內蒙古自治區文物考古研究所, 2008,「赤峰上機房營子西梁石城址2006年考古發掘簡報」,『邊疆考古研究』6 : 吉林大學邊疆考古研究中心·內蒙古自治區文物考古研究所, 2012,『赤峰上機房營子與西梁』,科學出版社.

24) 陳國慶·王立新, 2008,「內蒙古赤峰市康家湾遗址2006年发掘简报」,『考古』2008-11.

25) 內蒙古文物考古研究所, 2010, 앞의 글.

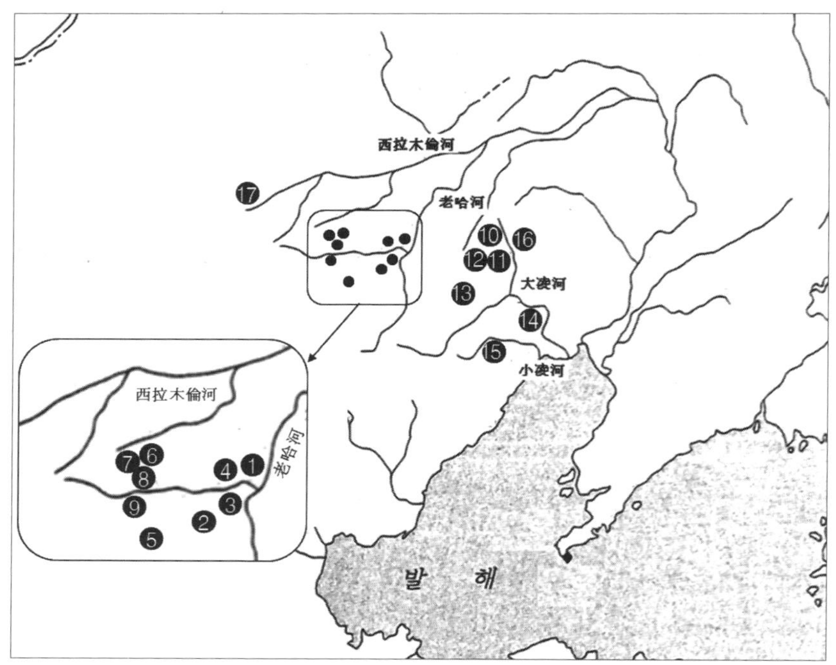

〈地圖 1〉 夏家店 下層文化의 主要遺蹟 分布圖
1.夏家店 2.藥王廟 3.二道井子 4.蜘蛛山 5.南山根 6.三座店 7.上機房營子 8.姜家灣 9.大山前 10.大甸子 11.康家屯 12.豊河 13.水泉 14.向陽領 15.羅鍋地 16.平貞山 17.龍頭山

三座店과 上機房營子遺蹟은 석성을 중심으로 한 취락유적으로 그 내용은 이미 몇 차례에 걸쳐 국내 학계에 소개된 바 있다.[26] 각각의 성내부에는 돌과 흙벽돌을 쌓아 만든 각종 시설물이 확인되며 개별 규모와 출토유물 및 배치관계 등에 따라 등급을 매길 수 있어 당시 사회의 계층화 정도를 파악 할 수 있다.[27]

三座店石城은 2005년과 2006년 발굴되었다. 크고 작은 두 개의 성이 나란히 연결된 쌍성구조로서 지금까지 발견된 夏家店 下層文化의 석성 중 가장 완벽하게 보존되었다. 작은 성은 평면형태가 장방형이며, 남북 길이 50m, 동서 너비는

26) 복기대, 2008, 「시론 주거유적으로 본 하가점하층문화의 사회성격」, 『선사와 고대』 29 : 서길수, 2008, 「夏家店下層文化의 石城 연구」, 『고구려발해연구』 31.

27) 복기대, 2002, 『요서지역의 청동기시대문화 연구』, 90~94쪽 : 郭大順 張興德, 2005, 『東北文化與幽燕文明』, 315~318쪽.

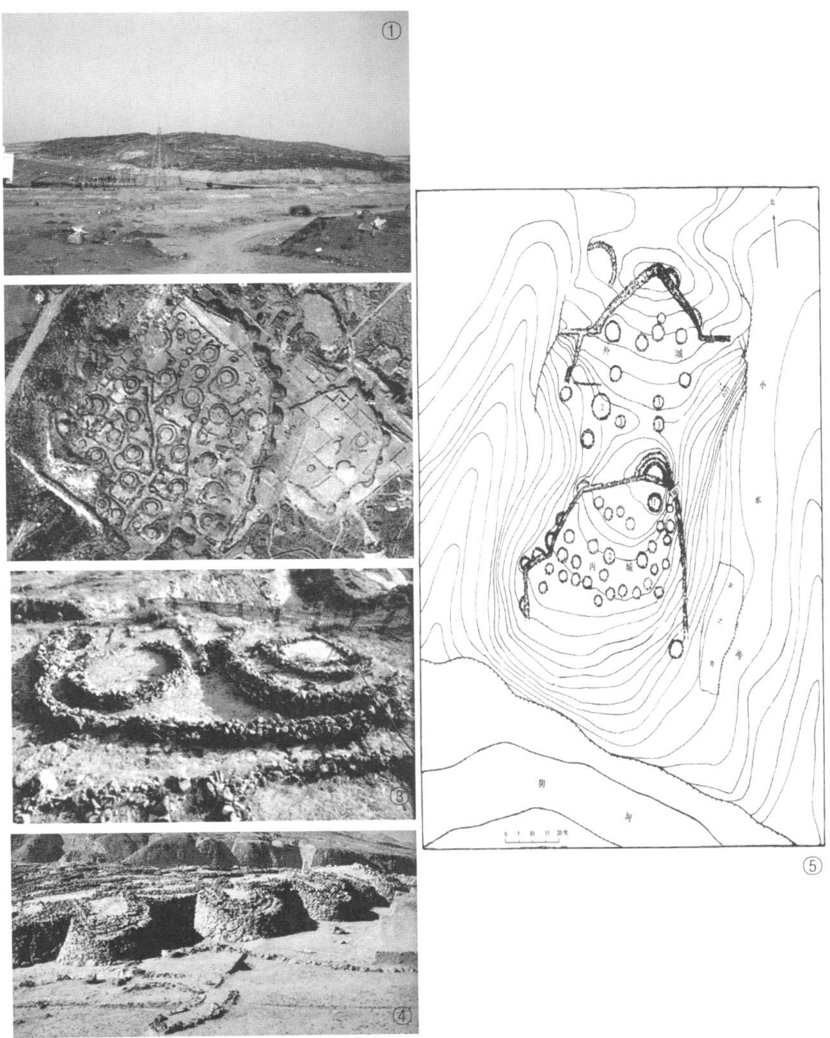

〈圖 1〉 赤峰市 三座店石城遺蹟 발굴후 모습(출전:內蒙古文物考古研究所, 2006·2007) ①유적 원경 ②유적 전경(항공촬영) ③성내부 F7·F9 ④大城 北城壁 및 치〔馬面〕 ⑤ 三座店 東梁 東區石城 평면도

40m이다. 4면 모두 다듬은 석재를 쌓아 올렸고, 성벽 바깥으로 약 10개의 雉〔馬面〕가 돌출되었다. 큰 성에서는 석축의 원형 주거지 38기와 저장시설 및, 각종 암각화 등이 발견되었다. 성벽에는 15개의 치가 남아 있는데 잔존높이는 3.5~4m이며, 그 외곽으로는 壕가 설치되어 있다. 두 성내에서 출토된 유물은 대부분 夏家店 下層文化의 후기단계의 것들로서 양자는 같은 시기에 공존한 것으로 파악된다. 이외에 三座店 석성의 인근에 위치한 三座店村 東梁 동남쪽에서도 유사한 구조의 성터가 조사되었다.[28] 성 내부에는 돌로 쌓은 원형과 반원형의 주거지와 저장시설, 담장과 해자 등의 구조물이 잘남아 있었는데 유적 주변으로 康家灣이나 大山前과 같이 夏家店 下層文化 후기유적이 밀집되어 당시의 취락형태를 알 수 있는 중요한 자료가 된다.

二道井子遺蹟은 토성과 환호유적으로 구성된 대규모의 취락유적이다. 이 유적은 가장 최근에 발굴된 夏家店 下層文化의 토성 위주 취락유적으로서 遼西地域 청동기시대의 취락연구에 매우 중요한 의미를 가진다. 그동안 이방면의 연구는 석성을 위주로 그 구조적 특징을 분석하는데 집중되었고 이미 상당수의 연구성과가 축적되어 있다. 반면 토성유적은 완벽한 상태로 확인된 예가 많지 않으며, 조사성과 또한 미미하여 그 전모를 파악하기가 어려웠다. 그런데 二道井子遺蹟에서는 성벽(토성)과 환호시설, 院落, 주거지, 무덤, 저장시설, 도로 등으로 구성된 취락유적이 거의 완전한 형태로 발굴되어 이방면 연구의 새로운 전기를 마련한 것으로 평가받고 있다.

다음 장에서는 최근 주목받고 있는 赤峰 二道井子遺蹟의 발굴내용을 좀 더 구체적으로 살펴보겠다.

III. 二道井子遺蹟의 現況

유적은 內蒙古 赤峰市 紅山區 文鐘鎭 二道井子行政村 粮溝門自然村의 북산에 위치한다(지도1). 2009년 "赤峰—朝陽"간 고속도로 건설 과정 중 확인되었으

28) 內蒙古文物考古硏究所, 2007, 「內蒙古赤峰市三座店夏家店下層文化石城遺址」, 『考古』 2007-7.

며 내몽골문물고고연구소에서 발굴조사를 실시하였다. 유적내에서는 거의 완벽하게 보존된 夏家店 下層文化의 환호와 토축 성벽 및 성내의 각종 시설물 305기가 조사되었으며, 토기와 석기, 골각기, 복골, 옥기, 청동귀걸이, 청동칼 등 모두 1,000여점 이상의 유물이 출토되었다. 2013년에는 전국중점문물보호유적으로 지정되었는데 지금까지 발굴된 가장 완벽한 형태의 토성 중심의 취락으로 赤峰地域에선 처음 발견된 자료이기에 매우 중요한 의미를 가진다.

〈地圖 2〉 二道井子遺蹟 位置圖

1. 遺構現況

유적이 자리한 마을 북산의 해발고도는 617m로 산세는 비교적 평탄하며, 동고서저의 형세를 보인다. 주변으로는 저평한 구릉성 산지가 지속적으로 펼쳐지며, 그 서남쪽으로 한줄기의 소하천이 흐른다.

유적 입지는 지세가 완만하게 형성된 산하단의 경사면 중심부에 해당되는데 사실상 이곳은 하천변의 평탄한 대지와 맞닿아 평지에 가깝다. 유적의 남북 길이는 190m, 동서 너비 140m, 전체면적은 27,000㎡이다. 이곳의 전체적인 형세를 보면 남북 양쪽은 우묵하게 들어가 있어, 환호의 윤곽이 대략적으로 확인된다. 동쪽은 완만하게 경사를 이루며, 서쪽에는 계절성 하천이 한줄기 흐른다.

1) 環壕와 城壁

환호와 성벽은 취락내 가장 중요한 방어 시설이다. 환호의 평면은 타원형에 가까우며, 남북 길이 190m, 동서 너비가 140m 이다. 단면은 V자형으로 외벽은 비스듬하게 기운 형태이며, 내벽은 간단하게 계단 형태를 갖추었다. 상면의 너비는 11.8m, 바닥은 0.2~0.5m, 깊이 6.05m 가량 된다.

성벽은 환호의 안쪽에 설치되었고 기초부의 너비는 9.6m, 잔존 높이는 6.2m 가량 된다. 축조 법을 보면 먼저 땅을 파서 지면위로 사다리꼴의 생토 벽을 쌓았고, 그 양쪽으로 다시 흙을 보축하는 방법으로 성벽의 두께와 높이를 증가시켰다.

성벽안쪽은 비교적 경사가 완만하게 토축하였고, 취락 내부의 활동공간으로 들어가면서 점차 높아지게 하였다. 따라서 성벽의 정상부와 생활면(활동공간)의 고도는 거의 수평을 이루는데 이로 인해 일부의 주거지는 성벽위에 자리 잡기도 한다. 성벽의 외측은 경사도가 가파르며 환호의 내벽과 직접 맞닿아 하나의 경사면을 이루었다. 성벽의 꼭대기부터 환호바닥까지의 깊이는 약 12m 이상이다. 환호를 팔 때 생긴 흙은 성벽을 쌓을 때 그대로 사용되었다. 성벽의 단면을 통해 볼 때 아래에서 위로 경사지게 올라가면서 성벽외벽에 덧붙이는 방식이다. 성벽은 지속적으로 확장되었기에 성벽에서 덧붙인 흙의 퇴적면은 13층에 달하는데, 각층의 표면은 모두 고르게 정면 되었다. 또한 성벽을 보다 견고히 하기 위해 개별적으로는 板築기법과 함께 흙벽돌을 쌓아 보강하였다.

2) 院落

院落은 주거지, 저장구덩이, 담장시설 등으로 구성되며 모두 4組가 조사되었다. 그중 3호 院落은 60호 주거지 아래에서 확인되었다. 지상식의 건축물로서 평면이 장방형에 가깝고, 동서 길이는 8.7~9.5m, 남북 폭은 6~7m이다. 전체적으로 담장시설, 출입구(院門), 주거지 69호, 61호, 灰坑 153호로 구성된다.

담장시설은 Q1~Q3구역으로 나누어진다. 대부분 판축기법으로 세워졌는데 벽체의 넓이는 0.3~0.6m이고, 남은 높이는 0.8~1m이다. Q1 동부와 1호 院落의 서벽은 맞닿아 있다. 서, 남, 북쪽의 3벽은 모두 한번에 판축되었다. 벽체의 상부에는 흙벽돌 혹은 석재를 쌓았고 모퉁이 부분은 다시 돌을 둘러놓아 견고히 하였다. 남벽부분은 灰坑 152호에 의해 파괴된 상태였다. Q2는 Q1의 서벽안쪽에 있는데, 남북양쪽은 각각 Q1 남벽과 주거지 61호와 연결되어, Q1의 서벽을 견고히 한다. Q3은 院落 서부에 위치한다. Q2와 평행하며, 남북 양쪽은 각각 Q1 남벽과 주거지 61호와 연결된다. 출입구(院門)는 Q1남벽의 동부에 위치하며, 너비 0.5m 이며, 남은 높이는 0.8m이다.

주거지 69호는 3호 院落의 주요시설물로서, 院落의 중앙 동쪽에 위치했다. 평면 원형의 지상식 주거지이며, 직경 4.1m이다. 벽체는 흙벽돌을 쌓아 만들었고 너비 0.4m, 남은 높이는 0.5~0.7m이다. 사용된 흙벽돌의 길이는 대략 0.5m, 넓이는 약 0.3m, 두께는 약 0.2m이며, 흙벽돌 사이에는 풀을 섞은 진흙을 발라 놓았다. 벽체는 보존상태가 비교적 양호하였다. 내외벽 모두 풀을 섞어 비진 진흙을 두께 2cm 정도로 두겹 가량 발랐는데, 부분적으로 불에 구운 흔적이 관찰된다. 내부의 생활면은 외부의 지표보다 약 0.12m 정도 높았다. 바닥면 역시 풀을 섞은 진흙을 바른 후 불다짐하였다. 바닥면 중앙으로 노지를 놓았고, 주변으로 소량의 燒土가 검출되었다. 출입문은 서남쪽으로 내었는데 넓이는 약 0.5m 이다. 주거지 61호는 69호와 동시기에 축조되었으나 69호보다 먼저 폐기되었다. 院落의 서북각에 위치하며 원형의 지상식 건축물로서 직경은 약 3m이다. 벽체는 雜土 판축되었으며, 폭은 0.25~0.5m, 남은 높이는 0.5~0.7m이다. 축조법은 61호와 대체적으로 유사하며, 바닥면 동북각에서 원형의 노지가 확인되었다.

灰坑 153호 역시 지상식 건축물로서 Q2, Q3 사이의 院落내 서남각에 위치한다. 평면은 정방형에 가깝고 긴변의 길이는 약 1.6m이다. 마찬가지로 벽체는 版築하였고, 폭은 약 0.3m, 남은 높이는 0.5~0.7m이다. 구덩이의 안과 밖, 밑바닥 등은 모두 두께 1cm 정도로 풀을 섞은 진흙을 발랐고, 부분적으로 불에 구운 흔적이 있다.

3) 住居址와 窖穴

주거지는 모두 149기가 조사되었다. 이중 2기만 장방형의 반지하식 주거지이며 나머지는 모두 평면 원형의 지상식이다. 대표적으로 54호의 내용을 보면 아래와 같다.

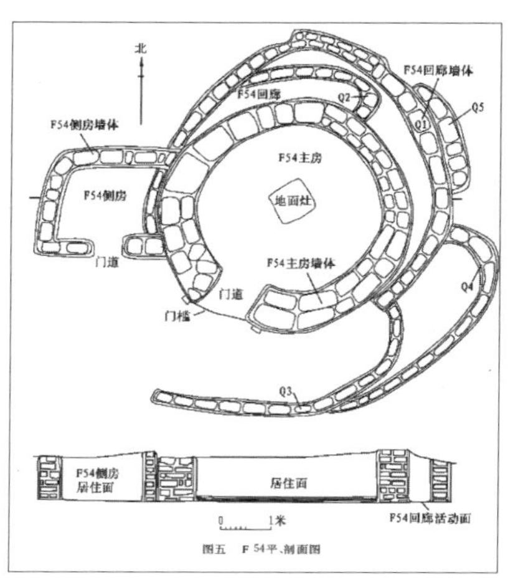

〈圖 2〉 二道井子遺蹟 54호 주거지 평단면도

54호는 81호를 파괴하고 들어섰으며 38호주거지에 의해 중복된 상태였다. 전체적으로 主室과 側室 그리고 외벽의 3부분으로 구성되는데, 이들은 모두 단 한번에 동시 축조된 것이 아니라 시간을 두고 연차적으로 조성되었다. 전체면적은 72㎡이다. 벽체는 크기가 다른 흙벽돌 여러 개를 쌓아서 만들었고, 벽돌 사이에는 풀을 섞은 진흙을 발랐다. 主室의 평면은 원형이며 직경은 약 5m이고, 폭은 약 0.8m, 남은 높이는 0.9~1m이다. 벽면은 정연하게 쌓았고, 내외벽 모두 3겹 정도로 풀을 섞은 진흙을 발랐다. 대체적인 축조법과 구조는 주거지 69호와 동일하다. 특이한 점은 출입문 양쪽으로 흙벽돌을 쌓아서 "門柱"를 두었는데 길이 0.2m, 폭은 0.1m, 남은 높이는 약 0.5m이다.

외벽(Q1~Q5)은 모두 5차례에 걸쳐 완성되었다. 이중 Q1은 主室 동북쪽에 세워졌으며 폭은 약 0.2~0.5m이고, 남은 높이는 0.3~0.9m이다. 벽면 안밖의 양쪽은 풀비짐을 한 진흙을 약 2cm 가량 두께로 발랐다. Q2는 Q1의 안쪽에 세웠으며, 양단의 끝면은 主室의 외벽과 Q1내벽에 맞닿는다. 벽체의 폭은 0.3m, 남은 높이는 0.5m이고, 마찬가지로 내외벽 모두 풀비짐한 진흙을 발랐다. Q3은 Q1의 남단과 곡선으로 연결되었는데, 主室과의 공간 배치상 마치 院落의 구조와 닮아 있다. 벽체의 너비는 0.3m, 남은 높이는 0.25m이다. Q4의 양단은 Q1과 Q3 외측과 연결되어 하나의 독립된 공간을 구성한다. 너비는 0.25~0.4m, 남은 높이는 0.25m이다. Q5은 Q1의 외측에 붙어 Q1을 보다 견고히 하는 역할을 하고 있다.

窖穴은 모두 153기가 확인되었다. 대부분 평면 원형의 지하식이며, 반지하식과 지상식도 소량 확인된다. 이외에 입구주변으로 흙벽돌을 세워 둘러놓은 형태도 일부 관찰된다. 구덩이의 벽면에는 습기가 차는 것을 방지하기 위해 풀비짐한 진흙을 바르거나 혹은 흙벽돌을 둘러놓기도 하였다. 부분적으로 窖穴내에서 탄화된 곡물이 검출되기도 하였다. 대표적으로 39호의 내용을 보면 아래와 같다.

39호의 입구 주위에는 흙벽돌을 약 2층으로 쌓아 둘러놓았다. 평면 원형이며, 직경 2.5m, 너비 0.32m, 남은 높이는 0.16m이다. 벽면의 보존상태는 매우 좋으며, 내외벽 모두 두께 0.2cm 정도의 풀비짐 된 진흙을 발랐다. 벽체의 남쪽에 출구를 두었는데 너비는 약 0.4m이다. 구덩이의 입구는 담장시설 정 중부에 위치하며, 평면은 원형이고, 단면은 주머니모양으로 만들었다. 구경은 0.64m, 바닥 지름 1.72m, 깊이는 1.6m이다. 구덩이 벽면은 비교적 정연한데, 특별히 가공된 흔적은 발견되지 않았다. 구덩이 내부에는 석회토가 퇴적되었다. 내부에서는 石斧, 骨匕, 骨針 등과 소량의 토기편, 짐승뼈, 炭化穀物 등이 출토되었다.

IV. 二道井子遺蹟의 性格

이 장에서는 분포와 입지, 주거 구조와 특징, 취락 구조와 변천 양상 등으로 나누어 그 성격을 검토해 보고자 한다.

1. 分布와 立地樣相

夏家店 下層文化의 분포범위는 매우 넓은 편으로 북으로는 燕山山脈 이북의 遼西산지 전체지역을 포괄하며, 남으로는 壺流河, 永定河와 海河유역까지 포함될 수 있다. 이러한 견해를 가장 먼저 제기한 것은 李經漢이다. 그는 燕山山脈을 기준으로 夏家店 下層文化를 燕南類型과 燕北類型으로 나누었고, 豊河유적과 張家院유적의 지층관계를 기준으로 각각 早·中·晚 3시기의 발전과정을 제안하

였다.[29] 또한 鄒衡은 장성지대를 기준으로 그 이북지역의 遼西類型과 그 이남의 燕山型으로 구분하였으며[30], 張忠培는 이 문화의 분포권역이 하천을 따라 구분되고, 그 내용의 차이도 발견됨에 근거하여 西拉木輪河와 遼西緣海諸河流域을 묶어 한유형의 西遼河水系區, 永定河 이북지역을 海河北系區로 구분하였다.[31] 또한 李伯謙은 기존의 견해에 보다 세부적인 분류를 시도하였는데 유적이 발견된 지역적 특징을 중심으로 藥王廟類型, 大砣頭類型, 壺流河類型으로 구분하였다.[32]

이상의 견해는 최근 趙濱福에 의해 보다 체계적으로 정리되었는데 그는 기본적으로 張忠培와 李伯謙의 견해를 수용하면서 燕山南北의 각지에서 확인되는 제 문화요소는 모두 夏家店 下層文化에 귀속할 수 있으며, 여기서 발견되는 문화 내용의 차이는, 동일문화에 대한 각 지방유형에 대한 반영으로 해석하였다. 동시에 각 지역 출토 토기의 개괄적 비교를 통해 遼西山地地區의 藥王廟類型과 海河北系區의 大砣頭類型, 壺流河類型 등으로 세분였다.[33] 그러나 이처럼 광범위한 지역내에서 확인되는 문화의 현상들을 모두 동일한 문화유형으로 설정 할 수 있을지에 대한 의문이 제기되면서 다양한 반론이 제기되고 있다.

먼저 韓嘉谷은 燕山 이남지역에서 확인되는 夏家店 下層文化의 요소는 당지의 주체문화가 되지는 못하며, 遼西山地의 영향을 받아 형성된 것이기에 夏家店 下層文化에 포함시킬 수 없다고 지적하였고 더불어 燕山 이남지역의 大坨頭類型을 독자적인 형태의 문화로 설정하였다.[34] 王立新은 夏家店 下層文化의 기원문제를 심층적으로 분석한 후, 기존의 燕南類型 혹은 海河北系區의 초기 청동기문화는 夏家店 下層文化와 그 연원 및 토기조합 등의 문화내용면에서 현격한 차기가 발견됨을 지적하였다.[35] 복기대는 王立新의 견해를 대체적으로 인정하면

29) 李經漢, 1980, 「試論夏家店下層文化的分期和類型」, 『中國考古學會第1次年會論文集』, 文物出版社.

30) 鄒衡, 1980, 「關於夏商時期北方地區諸隣境文化的初步探討」, 『夏商周考古論文集』, 文物出版社.

31) 張忠培, 1987, 「夏家店下層文化研究」, 『考古學文化論集(一)』, 文物出版社.

32) 李伯謙, 1990, 「論夏家店下層文化」, 『記念北京大學考古專業30周年論文集』, 文物出版社.

33) 趙濱福, 2005, 앞의 책, 52~53.

34) 韓嘉谷, 1992, 「大坨頭文化土器群淺析」, 『中國考古學會第7此年會論文集』, 文物出版社.

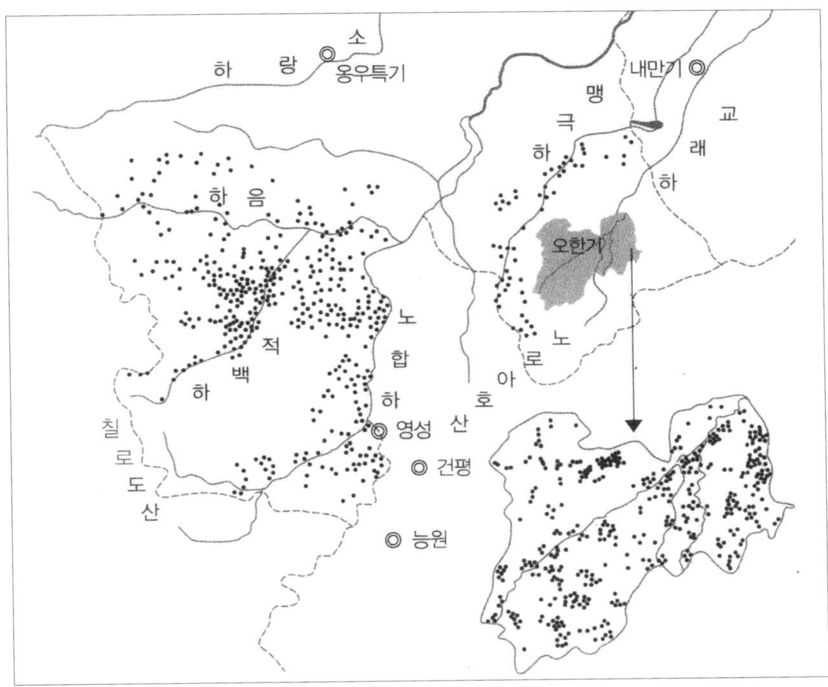

〈地圖 3〉 夏家店 下層文化의 聚落遺蹟 分布圖 (출전 : 경기도박물관, 2010)

서 보다 다각적인 면에서의 검토를 실시하였는데 문화권역을 서구유형와 동구유형으로 구분하면서 각 유형간의 단계별 변천양상을 구체적으로 살폈다.[36] 이처럼 夏家店 下層文化가 燕南의 海河北係區文化와 구분되며, 다시 동·서유형(권역)으로 나뉠 수 있음을 인지하게 됨으로서 그 다음에 연속되는 魏營子와 夏家店 上層文化와의 관계설정 및 계통성문제를 풀어가는 중요한 계기가 되었다.

이상을 통해 볼 때 夏家店 下層文化의 주요 분포범위는 燕山山脈을 중심으로 한 그 이북지역의 西遼河流域으로 볼 수 있다. 북쪽으로는 老哈河와 西拉木輪河流域에 집중되며, 동쪽은 遼河 하류와 醫巫閭山 서쪽기슭까지, 서쪽은 河北省 張家區地區의 壺流河流域과 경계를 가지며, 남쪽은 大·小凌河를 비롯한 渤海沿岸

35) 王立新 等, 1993, 「夏家店下層文化淵源芻論」, 『北方文物』 1993-2.

36) 복기대, 2002, 앞의 책, 70~72쪽.

까지 이른다. 이 중 유적이 가장 집중된 곳은 赤峰-寧城일대의 황토 구릉지대, 奈曼-庫侖二旗以南의 황토대지 및 熱河山地 일대이다.[37] 그중에서도 老哈河유역의 赤峰남부지구 및 大凌河유역의 朝陽지구에서 가장 높은 밀집도를 보이며 대체로 하천 양안의 완만한 구릉성 대지에 관련 유적들이 입지한 특징을 보인다.

이러한 유적의 분포 및 입지방식의 검토는 당시 사람들의 활동범위와 생계형태 및 이들이 구성한 사회의 성격을 이해하는 기초자료가 될 수 있기에 중요하다.

여기에서 살펴볼 二道井子遺蹟은 赤峰 남부의 황토 구릉지대에 입지한다. 이곳은 老哈河의 중류역으로써 지대가 비교적 높은 곳에 해당되지만 실상은 저평한 구릉지대가 광범위하게 펼쳐지는 평야지대에 가깝다. 유적이 입지한 곳은 지세가 평탄한 산사면 하단부의 평지와 맞닿는 부분으로 주변의 조망이 매우 좋다. 또한 유적 바로 앞으로 한줄기 하천이 흘러 당시의 주요한 수원이 되었을 것이다. 이러한 입지환경은 수원과 산림자원을 동시에 활용할 수 있어 삶에 매우 유리한 조건을 제공한다. 그러나 사방이 모두 노출된 관계로 접근성이 용이한 반면, 외부로부터의 침입과 방어에 취약한 약점이 있다. 바로 여기에서 환호와 결합되어 방어적 기능이 강화된 토축 성벽의 필요성이 제기되는데 석재를 쉽게 찾아 볼 수 없는 지형에서 고안된 한 방법으로 여겨진다.

당시의 사람들이 정착할 곳을 선택하는 데에는 다양한 요소가 고려되었을 것이다. 입지의 선택은 생계의 수단과 방식을 결정짓는 근간이 됨은 물론 삶의 질적 수준을 좌우하는 주요 원인이 되기 때문이다. 이 시기 대부분의 취락유적들이 저평한 산지 근처의 하천을 따라 형성되는 것은 당시의 생활환경과 밀접한 연관이 있을 것이다. 아마도 농경과 수렵 등의 복합적 생계형태가 반영된 결과로 예상된다.

이도정자유적은 遼西地域 초기 청동기문화에 해당되는 夏家店 下層文化에 속한다. 이미 이때부터 비교적 안정된 정착생활과 발달된 농경의 흔적들이 관찰되는데 다양한 자료를 통해 볼 때 이 유적의 주거입지는 생계를 위한 정주취락의 성격이 강하게 엿보인다. 단순히 주거만을 위한 공간이 아니라 생산과 의례, 무

37) 席永杰·滕海鍵, 2011, 「夏家店下層文化硏究術論」, 『赤峰學院學報』, 2011-4기, 6쪽.

덤 등 보다 구조적인 측면의 활용성이 강화되었다. 그런데 정착 초기에는 이러한 모든 조건을 충족할 만한 공간을 찾기가 어려웠을 것이다. 여기에는 정착할 곳의 주변 환경에 대한 적응과정 및 생계방식의 숙달문제, 혹은 주변지역 선행 토착세력과의 관계성 등 보다 다양한 원인이 존재할 것으로 여겨진다. 이에 대한 보다 면밀한 검토는 보고서 발간후로 미루고자 한다.

2. 住居 構造와 特徵

이 유적에서는 주거지 149기가 발굴되었다. 평면형태가 장방형인 반수혈식 2기를 제외한 나머지는 대부분 지상식 건축물이다. 개별 주거지의 평면은 원형이 많으며, 외부에 회랑과 측실이 딸린 경우도 많다. 주거지의 벽체는 흙벽돌을 층층이 쌓아 만들며 부분적으로 흙을 다져쌓기도 하였다. 벽체의 안팎은 모두 풀과 황토를 섞어서 여러 겹으로 발라 마감하였는데 최대 높이는 약 2.1m에 달한다.

회랑의 안쪽 역시 흙벽돌을 쌓아서 낮은 담장시설을 하며, 사이마다 다시 벽체(담장)시설을 두어 몇 개의 소구역으로 나누었다. 이러한 벽체 사이에는 문시설을 두었고, 그 주변으로 기둥구멍이 배열되기도 하였다. 주거지의 바닥면에는 일반적으로 풀을 섞어 다진 진흙을 발랐으며, 중앙으로 노지를 두었다. 출입구시설은 대부분 서남향으로 내었으며, 문 안팎으로는 문지방시설이 확인된다.

8호 주거지는 조사구역 북부에 위치하며 취락내 규모가 가장 크다. 벽체의 잔존 높이는 2m이며, 면적은 대략 110㎡ 정도이다. 8호 주거지의 남측에는 약 300㎡의 광장 터가 부속되어 공간의 활용성을 증가시켰다. 또한 조사구역 남부에는 보존상태가 거의 완벽한 주거지와 저장시설 및 이들을 둘러싼 담장으로 구성된 院落시설 4조가 있으며, 그 주위로 도로시설이 잘 정비되어 있다.

유적내에서 출토된 유물은 토기와 석기, 골기 위주이며, 소량의 옥기와 청동기도 확인되었다. 토기는 筒腹鬲, 球腹鬲, 罐形鼎, 豆, 罐, 三足盤, 大口尊 등이 주종이다. 청동기는 刀, 錐, 나팔형 귀걸이 등이 있다. 석기는 斧, 刀, 鏟, 鏟, 球, 槽, 臼, 갈판과 갈돌, 각종 연마기 등으로 농경과 관련된 도구들이 눈에 띈다. 또한 특징적인 점은 점사에 사용된 것으로 보이는 복골이 출토된 점이다.

한편 완벽한 형태로 발굴된 4조의 院落시설은 유적내 가장 독특한 건축물에 해당된다. 주실과 측실, 창고, 뜰담 등으로 구성되며 모두 수차례에 걸친 보축과정이 확인되었다. 취락의 중심부에 위치한 54호 주거지도 이와 유사한 구조를 보여 비교가 된다. 54호는 주실과 측실, 외벽 등 3부분으로 구성된 대형 주거지로서 면적은 약 72㎡가량 된다. 역시 크고 작은 여러 개의 흙벽돌을 쌓아 올린 후 내외 안팎과 벽돌사이 틈새에 풀을 섞어 비진 점토흙을 발라 벽체를 구성하였다. 주실과 측실을 둘러싼 외벽 담장은 모두 5차례에 걸쳐 보축되었는데 이는 주실의 벽체를 보강하는 한편 측실과 연결되어 회랑의 역할도 하는 등 위에서 살핀 院落의 구조와 매우 닮아 있다.

이러한 특이구조의 건축물들은 취락내의 공간배치 및 다른 주거지들과의 규모 및 부속구조물 등 차이를 볼 때 마을의 공공의례 장소이거나, 특수한 용도로 사용된 것으로 보인다. 뿐만 아니라 해당 건축물들이 여러 차례에 걸쳐 보축된 점으로 보아 비교적 장기간 동안 사용되었음을 알 수 있다. 이상의 내용을 종합적으로 고려할 때 이곳에 거주한 사람들은 비교적 오랜 시간 동안 안정된 상태로 정착생활을 한 것으로 추정된다.

주목되는 점은 39호와 58호 주거지에서 복골(점사)이 출토된 점이다. 약보고서에는 유적 전체의 평면도가 제시되지 않아 주거지간의 평면배치와 중복관계를 명확히 알 수는 없으나 주거지에 매겨진 번호의 순서로 보아 58호는 마을 중심에 위치한 54호와 인접하였을 가능성이 크다. 이로 미루어 58호 역시 취락내 중심부에 위치하며 공용시설로 이용된 54호와 유사한 성격일 수 있는데 여기서 점사에 이용된 복골이 발견된 점은 시사하는 바가 크다.

이외에 2010년 조사에서는 취락 남쪽에서 268기의 무덤이 정리되었다.[38] 여기에서는 두 구역 사이를 구분하는 명확한 형태의 분계선이 확인되어 생활공간과 분리된 곳에 따로 무덤구역을 설치한 것으로 추정된다.

이상을 종합하면 이도정자유적은 주거 및 생활구역, 마을의 공공의례 장소, 무

---

38) 2010년도의 조사자료는 아직까지 발표되지 않았다. 현재 길림대학교의 변강고고연구중심 및 내몽골문물연구소에서 자료를 정리중이며, 조만간 약보고 형식으로 발표될 예정이다.

덤구역 등으로 정교하게 구획된 복합적인 성격의 정주취락으로 판단된다.

3. 취락의 구조와 변천양상

夏家店 下層文化의 취락형태는 크게 성지 취락과 일반취락으로 나눌 수 있다. 먼저 성지는 성벽을 축조한 방식과 재료에 따라 다시 석성유적과 토성유적으로 구분되며, 일반취락에는 단순 환호만 둘러진 것을 포함시킬 수 있다.[39] 석성유적은 대체로 赤峰을 중심으로 한 老哈河流域(서구유형)에 집중된 양상을 보이는 반면, 토성유적은 朝陽일대의 凌河流域(동구유형)에서 보다 보편적으로 확인된다. 환호취락은 두 지역에서 모두 간헐적으로 조사되고 있다.[40]

그중 二道井子遺蹟은 赤峰地域에서 발굴된 대표적인 토성유적이다. 성벽의 구조를 보면 먼저 사다리꼴모양으로 흙을 쌓은 후, 그 바깥쪽으로 다시 환호를 둘러 파는데, 여기서 생긴 흙을 다시 성벽에 쌓는 수법을 반복하여 대략 13층 정도의 다짐층이 형성되었다. 이러한 과정 중 황토를 구워 만든 흙벽돌을 쌓아 보충한 구간도 부분적으로 확인된다. 이와 유사한 구조의 토성유적이 인근에 위치한 大山前 1지점에서도 발굴되었다.[41] 二道井子遺蹟과 마찬가지로 단면 사다리꼴 형태로 성벽을 쌓았는데 내벽의 경사는 완만한 편이나, 바깥쪽은 경사가 제법 있으며, 환호와 바로 연결되어 접근성을 제한하였다. 이러한 특징은 老哈河流域의 토성취락에서만 확인되는 특징으로 토성취락이 보다 보편적으로 유행한 凌河流域의 축조법과는 차이가 있다.

대표적으로 大甸子遺蹟의 토축벽은 먼저 흙을 다져서 版築기법으로 성벽을 쌓은 후 다시 그 내외측으로 돌과 흙을 덧붙여 견고히 하였다. 성벽 바깥쪽에는 환호를 둘렀는데, 여기서 성벽과 환호의 거리가 대략 3~4m 정도 떨어져 있다.[42]

---

39) 王太一, 2011, 『夏家店下層文化的聚落形態硏究』陝西師范大學 碩士學位論文, 39~40쪽.

40) 王太一, 2011, 위의 글, 40~42쪽.

41) 赤峰考古隊, 1988, 「內蒙古赤峰市半支箭河中流1996年調査簡報」, 『考古』1998-9 : 彭善國·朱延平, 2004, 「內蒙古喀喇沁旗大山前遺址1998年的發掘」, 『考古』2004-3.

42) 中國社會科學院考古硏究所, 1996, 『大甸子 夏家店下層文化遺址與墓地發掘報告』科學出版社, 7~17쪽.

즉, 老哈河流域에서는 토성벽과 환호가 직접 연결되어 높고 가파른 경사면을 구성하지만, 大凌河流域에서는 성벽에서 다소의 간격을 두고 환호가 설치되어 구조적인 차이가 발견된다. 이러한 차이는 취락의 방어적인 기능과 상관된 것으로 두지역의 지역적 혹은 시대적 상황이 반영된 것으로 이해된다.

주지하다시피 夏家店 下層文化의 석성유적은 방어적 기능이 한층 강화된 취락유적이다. 비교적 지대가 높은 곳에 축조되며 주로 산세에 의지하여 그 형태가 결정된다. 이 시기 석성유적의 계층성과 방어적 성격은 英金河유역 석성취락군의 분포양상을 통해 엿볼 수 있다.

〈地圖 4〉 英金河·陰河流域 石城 分布圖(출전 : 徐光翼, 1986)

老哈河의 지류인 英金河와 陰河流域에서는 총 43기의 석성이 조사되었는데 대부분 하천의 양안에 산세를 이용하여 시야가 광활한 산사면 혹은 구릉 정상부에 입지한다. 각각의 성들은 소규모로 밀집한 형태로 약 250~300m 사이의 간격을 두고 배치된 양상을 보인다. 대체적으로 일정 범위 내에 소형과 중형의 석성(집단 취락군)이 밀집하고, 그 중심부 혹은 입지적 요충지에 대형의 석성 1기가 배치된 규칙성이 확인된다. 성의 축조법을 보면 대략 두 종류의 구조를 볼 수 있다. 첫번째는 모두 산세에 의지한 片築法('╲ ㄱ'형태)으로 석축하였으며, 외층은 높게 쌓고, 내층은 낮은 것이 공통적인 현상이다. 두번째는 평지상에 두줄의 석벽을 쌓고 그 중간에 흙을 채워 넣는 형식이다. 두 유형 모두 성내에는 돌을 쌓아 만든 각종 건물지의 흔적들이 잘남아 있으며, 성벽바깥으로 치성이 공통적으로 발견되어 방어적 기능을 가진 것으로 볼 수 있다.[43]

전술하였듯 흙벽돌을 사용하여 주거지 혹은 성벽의 벽체를 만드는 수법은 주

43) 郭大順·張興德, 2005, 앞의 책, 315~318쪽.

로 凌河流域(동구유형)의 朝陽지구 일대에서 보편적 현상이다. 반면 二道井子遺蹟이 위치한 老哈河流域(서구유형)에서는 석재를 이용하거나 석재와 흙벽돌을 함께 사용 한 사례가 많으며, 흙벽돌이 주로 사용된 취락유적은 소수에 불과하다. 마찬가지로 凌河流域에서는 석재를 쌓아 만든 주거지의 발견 례가 많지 않다. 그러나 양자사이에는 벽체를 구성하는 재료상의 차이만 존재할 뿐 평면형태는 대부분 원형의 지상식 혹은 반지하식이며 직경은 평균 4~5m 전후이고 벽체를 이중으로 둘러 회랑을 형성하는 등 공통점도 확인된다. 주목되는 것은 이러한 구조의 주거지들은 주로 늦은 시기의 유물과 공반되며 생토면을 벽체로 사용한 지하식 혹은 반지하식 주거지를 파괴한 상태로 조사된 예가 많아 시간성을 반영하는 것으로 보인다.

선행연구에 의하면[44], 주거지의 형태와 구조적 특징의 변화상을 통해 그 선후관계 즉 시간상의 발전관계를 유추할 수 있다고 한다. 2013년 張冠超는 이 문화의 발전단계를 전·중·후기의 3단계로 나누고 그에 따른 주거지의 변화상을 체계적으로 정리하였다. 이 논문은 夏家店 下層文化의 주거지만을 분석 대상으로 한 최초의 성과로서 2000년 이후 미보고 발굴자료도 모두 반영한 점이 주목된다. 그 내용을 정리하면 다음과 같다[45].

ⓐ 전기 : 주거지는 대부분 지하식과 반지하식이며, 평면은 방형, 원형, 타원형 등이 있다. 주거지의 벽체는 생토면을 그대로 활용하였으나 일부유적에서 황토(풀비짐)를 바른 현상이 간헐적으로 확인되기도 한다. 초기 주거지의 가장 큰 특징은 혈벽에 붙어 불을 때는 목적의 壁龕을 내는 것인데 이는 굴뚝시설(烟道)을 통해 외부로 연기를 쉽게 배출하는 효과와 긴급 상황 시 벽을 허물어 화재를 방지하는 실용성을 보여준다.

ⓑ 중기 : 새롭게 지상식 주거지가 출현하며, 전기에 비해 건축기법이 한층 발

44) 李恭篤·高美漩, 1985, 「夏家店下層文化若干問題硏究」, 『遼寧省博物館學術論文集』 1. : 張忠培 等, 1987, 「夏家店下層文化硏究」, 『考古學文化論集』 1, 文物出版社 : 張冠超, 2013, 『夏家店下層文化房址硏究』 遼寧大學碩士學位論文.

45) 張冠超, 2013, 앞의 글, 22~25쪽.

달된다. 벽체를 세울 때 흙벽돌이나 석재를 쌓기도 하며, 내벽과 바닥면에 풀을 섞은 황토를 1층 바르고 다시 그 위로 白灰를 바른다. 또한 내부시설 중 柱洞의 흔적이 점차 감소하며, 전기의 특징인 벽감과 연도가 거의 확인되지 않는다.

ⓒ 후기 : 반지하식과 지상식만 발견되며, 지하식은 더 이상 축조되지 않는다. 또한 벽감과 연도는 완전히 소멸되며, 바닥면의 노지를 흙벽돌로 구성한 형태가 새롭게 등장한다. 벽체의 내벽과 바닥면에는 진흙과 백회를 이중으로 바르는 현상이 보편화되며, 주거지의 벽체가 이중으로 구성되거나 여러 개의 시설물이 종합된 院落시설로 발전된다.

二道井子遺蹟은 정식 발굴조사 보고서의 미발간으로 주거구조나 출토유물을 통한 형식학적 편년 작업은 불가능하다. 하지만 앞서 언급한 선행 연구를 통해 대략적인 시기 구분이 가능한데, ⓑ와 ⓒ의 특징으로 보아 夏家店 下層文化의 중기 후반에서 후기단계인 기원전 18~15세기 사이로 설정할 수 있다. 현재 하가점 하층문화의 중심연대는 기원전 20~15세기로 파악되며, 그 상한연대는 기원전 23세기까지 올려 보기도 한다[46].

이상을 종합하면 二道井子遺蹟은 기원전 18~15세기 사이의 夏家店 下層文化 중·후기 단계의 취락유적으로서, 그 존속연대가 비교적 길고, 각종 성격의 시설물로 정교하게 구획된 복합 취락유적으로 볼 수 있다. 이러한 토성 중심의 취락유적은 대체로 동구유형인 大凌河流域에서 보편적 현상임을 볼 때, 이 문화의 중기 후반부터는 두지역의 교류관계 혹은 물질문화의 결합양상이 본격화되는 것으로 여겨진다. 주목되는 현상은 이 문화의 전기 초반에는 老哈河流域에서만 취락과 성지의 밀집도가 높고, 중기단계에 들어서야 비로써 大凌河流域에서도 대규모의 성지취락이 등장하게 된다.[47]

요컨대 이 문화 초반에는 서구유형인 老哈河流域이 문화의 중심지로서 기능하였고 점차 동구지역으로 확대되어 가면서 양 지역은 하나의 문화권으로 통합

46) 郭大順·張興德, 2005, 앞의 책, 296~297쪽.

47) 王太一, 2011, 앞의 책, 53~54쪽.

됨을 볼 수 있다. 二道井子遺蹟은 그 실증적 사례로서, 동구유형의 대표적인 취락형태(토성-환호결합 및 흙벽돌 건축)를 취하고 있으나 구조적 측면에서는 서구유형의 석성취락과 그 맥락을 같이 하는 점에서 이를 엿볼 수 있다.

V. 맺는말

지금까지 하가점 하층문화의 최근 조사성과 중 赤峰 二道井子遺蹟의 현황과 성격을 중심으로 살펴보았다. 이 장에서는 앞서 언급한 내용을 정리하며 맺는말을 대신하고자 한다.

1. 이도정자유적은 적봉 남부의 황토 구릉지대에 위치한다. 이곳은 지세가 평탄한 산사면의 하단부로서 유적 바로 앞으로 하천이 흘러 주요한 수원이 되고 있다. 이러한 입지환경은 수원과 산림자원을 동시에 활용할 수 있어 삶에 매우 유리한 조건을 제공하였을 것이다. 그러나 사방이 모두 노출된 관계로 외부로부터의 침입과 방어에 취약한 약점이 있는데 이를 극복하기 위하여 환호와 결합된 토축 성벽을 쌓아서 접근성을 제한하였다.

2. 이 유적에서는 주거지 149기가 발굴되었다. 평면형태가 장방형인 반수혈식 2기를 제외한 나머지는 대부분 지상식 건축물이다. 개별 주거지의 평면은 원형이 많으며, 외부에 회랑과 측실이 딸린 경우도 많다. 주거지의 벽체는 흙벽돌을 층층이 쌓아 만들며 부분적으로 흙을 다져 쌓기도 하였다. 벽체의 안팎은 모두 풀과 황토를 섞어서 여러 겹으로 발라 마감하였는데 최대 높이는 약 2.1m에 달한다.

3. 특히, 주거지 39호와 58호에서 복골이 출토되었다. 주거지에 부여된 번호를 통해 볼 때 58호는 마을 중심에 위치한 54호와 인접하였을 가능성이 크다. 따라서 58호 역시 취락내 중심부에 위치하며 공용시설로 이용된 54호

와 유사한 성격일 수 있는데 여기서 占辭에 이용된 복골이 발견된 점은 시사하는 바가 크다.

4. 주실과 측실, 窖穴, 뜰담 등으로 구성되는 院落 시설은 유적내 가장 독특한 건축물에 해당된다. 조사결과 이들은 동시기에 축조된 것이 아니라 모두 수차례에 걸쳐 수·개축된 것으로 밝혀졌다. 주거지 54호는 주실과 측실, 외벽 등 3부분으로 구성된 대형의 지상식 건축물이다. 주실과 측실을 둘러싼 외벽 담장은 모두 5차례에 걸쳐 수리되었는데, 이는 주실의 벽체를 보강하는 한편 측실과 연결되어 회랑의 역할도 하는 등 위에서 살핀 院落의 구조와 매우 닮아 있다. 이러한 특이구조의 건축물들은 취락내의 공간배치 및 다른 주거지들과의 규모 및 부속구조물 등으로 볼 때 마을의 공공의례 장소이거나, 특수한 용도로 사용된 것으로 보인다. 뿐만 아니라 해당 건축물들이 여러 차례에 걸쳐 보축된 점으로 보아 비교적 장기간 동안 사용되었음을 알 수 있다.

5. 환호취락 남쪽에서 268기의 무덤이 발굴되었다. 여기에서는 두 구역 사이를 구분하는 명확한 형태의 분계선이 확인되어 생활공간과 분리된 곳에 따로 무덤구역을 설치한 것으로 추정된다. 따라서 이도정자유적은 주거 및 생활구역, 마을의 공공의례장소, 무덤구역 등으로 정교하게 구획된 복합적인 성격의 정주취락으로 판단된다.

6. 이 유적은 기원전 18~15세기 사이의 夏家店·下層文化 중 후기단계로 편년되며 각종 성격의 시설물로 정교하게 구획된 복합취락유적이다. 이러한 토성 중심의 취락유적은 대체로 동구유형인 大凌河 유역에서 보편적 현상임을 볼 때, 이 문화의 중기 후반부터는 두 지역의 교류관계 혹은 물질문화의 결합양상이 본격화되는 것으로 여겨진다.

7. 夏家店 下層文化 초반에는 서구유형인 老哈河流域이 문화의 중심지로서

기능하였고 점차 동구지역으로 확대되어 가면서 양 지역은 하나의 문화권으로 통합됨을 볼 수 있다. 이도정자유적은 그 실증적 사례로서, 동구유형의 대표적인 취락형태를 취하고 있으나 구조적 측면에서는 서구유형의 석성취락과 그 맥락을 같이 하는 점에서 이를 엿볼 수 있다.

이상에서 살핀 바와 같이 제한된 발굴 자료로 인해 보다 정치한 분석과 검토는 사실상 불가능하다. 하지만 대규모 토성 취락의 존재는 이후 동시기 석성 취락과 비교·검토에 많은 시사성을 제공해 준다. 추후 정식 발굴조사 보고서의 간행을 기대하며 이 글을 마치고자 한다.

[주제어] 적봉 이도정자유적, 하가점 하층문화, 대릉하, 노합하, 토성, 석성

〈參考文獻〉

1. 韓國

경기도박물관

2010 『요령고대문물전–2010년 해외교류 특별전 도록』.

郭大順·張興德 著, 김정렬 옮김

2008 『동북문화와 유연문명』, 동북아역사재단.

복기대 2002 『요서지역의 청동기시대문화 연구』, 백산자료원.

2008 「시론 주거유적으로 본 하가점하층문화의 사회성격」,『선사와 고대』29.

서길수 2008 「夏家店下層文化의 石城 연구」,『고구려발해연구』31.

許宏著, 김용성 옮김

2014 『중국 고대 城市의 발생과 전개』, 진인진.

2. 中國

郭大順·張興德

2005 『東北文化與幽燕文明』.

郭治中 1988 「遼城縣三座店商周至西漢時代遺址」,『中國考古學年鑒』文物出版社.

吉林大學邊疆考古研究中心·內蒙古自治區文物考古研究所

2008 「赤峰上機房營子西梁石城址2006年考古發掘簡報」,『邊疆考古研究』6.

2012 『赤峰上機房營子與西梁』,科學出版社.

內蒙古文物考古研究所

2006 「赤峰市松山區三座店遺址2005年度發掘揀報」『內蒙古文物考古』2006-1.

2007 「內蒙古赤峰市三座店夏家店下層文化石城遺址」『考古』2007-7.

2010 「內蒙古赤峰市二道井子遺址的發掘報告」,『考古』2010-8.

濱田耕作

1929 『貔子窩』東亞考古學叢刊 第1策.

濱田耕作·水野淸一

1938 『赤奉紅山後-熱河省赤峰紅山後先史遺迹』東方考古學叢刊 甲種 第6冊, 東亞考古學會.

边冀 2010 「二道井子夏家店下层文化聚落遗址」,『实践』2010-2.

徐光冀 1986 「赤峰英金河, 陰河流域石城遺址」,『中國考古學研究-夏鼐先生考古五十年紀念論文集』文物出版社.

席永杰·滕海鍵

2011 「夏家店下層文化研究術論」, 『赤峰學院學報』2011-4.

邵國田 1997 「我旗五十年來考古綜述」,『敖漢文博』,1997-8.

王成生 1993 「義縣向陽嶺青銅時代遺址」,『中國考古學年鑒』文物出版社.

王永樂等 2014 「內蒙古赤峰市二道井子遺址出土銅器的初步科學分析」,『邊疆考古研究』13集.

王立新 等
1993 「夏家店下層文化淵源芻論」,『北方文物』1993-2.

王增新 1957 「凌源青銅器群出土地點發見新石器時代遺址」,『文物參考資料』1957-3.

王太一 2011 『夏家店下層文化的聚落形態研究』陝西师范大学 碩士學位論文.

劉晉祥 1992 「赤峰市点將臺青銅時代遺址」,『中國考古學年鑒·1991』文物出版社.

遼寧省文物考古研究所
2001 「遼寧北票市康家屯城地發掘簡報」,『考古』2001-8.

遼寧省文物考古研究所·吉林大學考古學系
1992 「遼寧阜新平頂山石城址發掘報告」,『考古』, 1992-5.

遼寧省幹部培訓班
1976 「遼寧北票縣豊下遺址1972年春發掘簡報」,『考古』1976-3.

遼寧省博物館
1980 「1979年早陽地區文物普查發掘的主要收藏」,『遼寧文物』1980-1.

遼寧省博物館·昭烏達盟文物工作店·敖漢旗文化館
1977 「遼寧敖漢旗小河沿三種原始文化的發見」,『文物』1977-2.
1983 「內蒙古赤峰縣四分地東山嘴遺址試掘簡報」,『考古』1983-5.

遼寧省博物館·朝陽市博物館
1986 「建平水泉遺址發掘簡告」,『遼海文物學刊』1986-2.

李恭篤·高美漩
1985 「夏家店下層文化若干問題研究」,『遼寧省博物館學術論文集』1.

李經漢 1980 「試論夏家店下層文化的分期和類型」,『中國考古學會第1次年會論文集』,文物出版社.

張冠超 2013 『夏家店下層文化房址研究』遼寧大學碩士學位論文.

張忠培 1987 「夏家店下層文化研究」,『考古學文化論集(一)』文物出版社.

赤峰考古隊
1988 「內蒙古赤峰市半支箭河中流1996年調查簡報」,『考古』1998-9.
2002 『半支箭河中流先秦時期遺址』科學出版社.

中國社會科學院考古研究所內蒙古工作隊
1974 「赤峰藥王廟夏家店遺址試掘報告」,『考古學報』.
1975 「寧城南山根遺址發掘報告」,『考古學報』, 1975-1.
1979 「赤峰蜘蛛山遺址的發掘」,『考古學報』, 1979-2.

中國社會科學院考古研究所

1996 『大甸子—夏家店下層文化遺址與墓地發掘報告』科學出版社.

陳國慶·王立新

2008 「内蒙古赤峰市康家湾遗址2006年发掘简报」,『考古』2008-11.

鄒衡 1980 「關於夏商時期北方地區諸隣境文化的初步探討」,『夏商周考古論文集』文物出版社.

八幡一郎 1940 「熱河北部的先史時代遺迹及遺物」,『第一次滿蒙學術調査研究團報告』50쪽.

彭善國·朱延平

2004 「内蒙古喀喇沁旗大山前遗址1998年的发掘」,『考古』2004-3.

韓喜谷 1992 「大坨頭文化土器群淺析」,『中國考古學會第7此年會論文集』, 文物出版社.

Recent Research Findings of the Lower Xiajiadian Culture
- Focusing on Erdaojingzi relic site in Chifeng, Inner Mongolia -

Baek, Jong-Oh (Korea National University of Transportation)

This study was conducted focusing on current status and characteristics of Erdaojingzi relic site in Chifeng among the recent research findings on the Lower Xiajiadian Culture. The relic site is located in the red clay hill of Chifeng. It is on the lower part of the gentle mountain slope. Just at the front of the relic site flows the river, which is a major water source. Such locational environment assumed to have provided very advantageous conditions for life as the people could utilize both water source and forest resources. However, they were vulnerable to invasion and defense from outside due to the location being disclosed to all directions. In order to overcome such weak point, they restricted accessibility by building an earthen fortress wall combined with round ditches.

In the relic site, 149 residential units were excavated. Except for two semi-pit type tombs with rectangular plane, most of them were the structures on the ground. As for the plane, a lot of individual residential sites were circular-type and they had a corridor and a side room outside. The wall of the residence was made of earthen bricks piled up layer by layer and some of them were built by piling up with hardened soils. Inside and outside of the wall were finished with layers of mixed grass and red clay, of which maximum height reached up to about 2.1m.

It is notable that fortune-reading animal bones were found in Residence Site #39 and #58. Assuming from the number that was given to each residential site, there is high possibility that #58 was located close to # 54, which was located in the center of the village. Therefore, #58 Residential site also was likely to be located in the center of a village and might have similar characteristics to #54 that was used for a common facility. The fortune-reading animal bones found suggested a lot of significance.

In a courtyard, there was a facility consisiting of a main room, a side room, underground storage pit, and a garden. It was the most unique structure in the relic site. According to our research, it was found that they were not built in the same period of time but amended and rebuilt numerous times. Residential site #54 was a large-sized structure on the ground consisting of a main room, a side room and external wall. The external wall surrounding the main room and the side room was repaired five times in total. It reinforced the wall of the main room and took the role of a corridor connected to the side room, which was similar to the structure of the facility in the courtyard stated above. Based on the spatial layout, the size and attached facilities of the structure with unique structure, it was assumed to have been used for public ritual services or special usages. Furthermore, considering their rebuilding history of numerous times, it seemed to have been used for relatively long period of time. 268 tombs were found in the southern part of the circular ditch-form village. There was a clear boundary between two areas, which was assumed that a tomb area was separated from living zone. Therefore, Erdaojingzi relic site was assumed to be a community village having complex characteristics precisely segmented by residential zone and living zone, public ritual service place of the village, and tomb area. In that sense, Erdaojingzi relic site was chronicled to be mid and late stage of Lower Xiajiadian Culture between 18th– 15thcentury B.C. It was a complex community relics it eprecisely segmented with facilities of various usages. Based on the fact, it was assumed that the exchange or combination of material cultures of two regions had been made in full scale since the mid period of this culture. At the early times of the Lower Xiajiadian Culture, Laoha River basin, which had the Western Europe-type culture functioned as a center of the culture, and its influence gradually expanded to the Eastern Europe. Finally two regions were integrated as one cultural zone. Erdaojingzi relic site is an empirical example of it. It shows representative form of Eastern European-type village. But in terms of structure, it was similar to a village in a stone-fortress, which was of Western

Europe culture-type.

[Keywords] Erdaojingzi relic site in Chifeng, The Lower Xiajiadian culture, Darling River, Laoha River, earthen fortress, stone fortress

牌坊河 流域의 支石墓群과 盖州市 團山 支石墓群의 정치사회적 성격

吳江原(한국학중앙연구원 부교수)

I. 머리말

요동 남부 지역은 청동기시대 지석묘와 쌍방형 심발형토기로 상징되는 특징적인 유물복합이 형성되어 있던 지역이다. 이러한 점에 주목하여 필자는 일찍부터 이 일대의 청동기시대 물질문화를 요동반도 남단의 崗上類型, 요동 북부의 二道河子類型, 요동 동부의 大梨樹溝類型, 요서의 十二臺營子文化 十二臺營子類型, 압록강 중상류역의 公貴里類型, 압록강 중하류역의 新岩里-美松里類型과 구별되는 특징적인 지역 문화로서 雙房類型이라 명명하였다(오강원 2006, 345~361쪽). 쌍방유형은 중국 동북 지역의 여러 지석묘 관련 지역 문화 가운데 하나이자 이들 지석묘 문화 전체를 상징하는 표지적 성격의 문화이기도 하다.

요동 남부 지역의 쌍방유형은 지석묘와 쌍방형 심발형토기가 중심적인 유물요소를 이루고 있기는 하지만, 실제로는 내부에 여러 소규모 지역권이 형성되어 있었다. 또한 각 하위 유형들 내부에도 지역에 따라 현지의 자연지리적인 조건과 고고지리적인 환경의 차이에서 유발된 여러 변이적인 형태들이 형성되어 있었다. 필자는 이러한 점에 주목하여, 중국 동북 지역 지석묘 유적의 실상을 보다 구체화하기 위해, 최근 이 일대 지석묘 유적들의 지역 문화적 성격·대형 지석묘의 사회경제적 배경·동일 유형 내 소지역 간 관계·석재의 채석과 운반·입지 유형·배치 유형 등에 대해 세부적인 연구를 진행하였다(吳江原 2011·2012a·2012b·2012c·2012d·2012e).

여기에서는 이러한 작업의 일환으로 牌坊河 유역의 지석묘군 속의 蓋州市 團山 지석묘군의 정치사회적 함의에 대해 살펴보고자 한다. 패방하는 碧流河 상류의 서쪽 지류 가운데 하나이다. 패방하 유역에서 지석묘가 분포하고 있는 구간은 패방하 중류단으로부터 상류단까지인데, 벽류하 상류역의 여러 지류 가운데 지석묘가 가장 밀집 분포하고 있다. 더욱이 패방하 유역의 지석묘군은 기념물·표지물과 무덤이 제한된 공간 내에 의미 있는 분포 양상을 보이고 있을 뿐 아니라 일부 무덤에서는 비파형동검 등의 유물이 출토되기도 하였다. 여기에서는 이러한 점에 주목하여 관련된 논의를 진행하고자 한다.

II. 패방하 유역 지석묘군의 조사 현황과 분포

牌坊河는 蓋州市 서쪽의 遼東灣 연해 지역과 개주시 동쪽의 碧流河 상류역 사이에 형성되어 있는 천산산맥 서남 지맥의 동사면 산곡에서 발원하여 벽류하로 유입되는 우리의 지방 2급 하천에 해당하는 2차수 하천이다. 행정 구역을 기준으로 하면, 개주시 什字街鎭 南臺子村 서쪽에서 발원한 뒤 동남류하여 십자가진 北崴子村에서 벽류하로 유입된다. 전체 길이는 17.7km 가량이다. 유역의 지형 지리적 조건과 절대 길이를 고려할 때, 侯家溝 산곡의 곡구 바깥(姜窯溝村 서측)으로부터 北崴子村까지를 하류단(길이 6.4km), 侯家溝 곡구로부터 侯家村까지를 중류단(길이 5.5km), 그 외를 상류단으로 구분할 수 있다.

패방하 유역의 지석묘군은 서북-동남향의 산줄기를 사이로 하여 바로 남쪽 2.2~3km 가량 떨어져 있는 什字街鎭 소재지 남쪽을 경유하여 벽류하로 유입되는 連雲寨河의 지석묘군과는 달리 1980년대와 그 이후에야 유적의 존재가 처음으로 알려졌다. 벽류하 중상류역과는 달리 과거 오지에 속하여 지표 조사조차 제대로 이루어지지 않았기 때문인데, 1990년대 이후 필자의 간단한 탐문 조사와

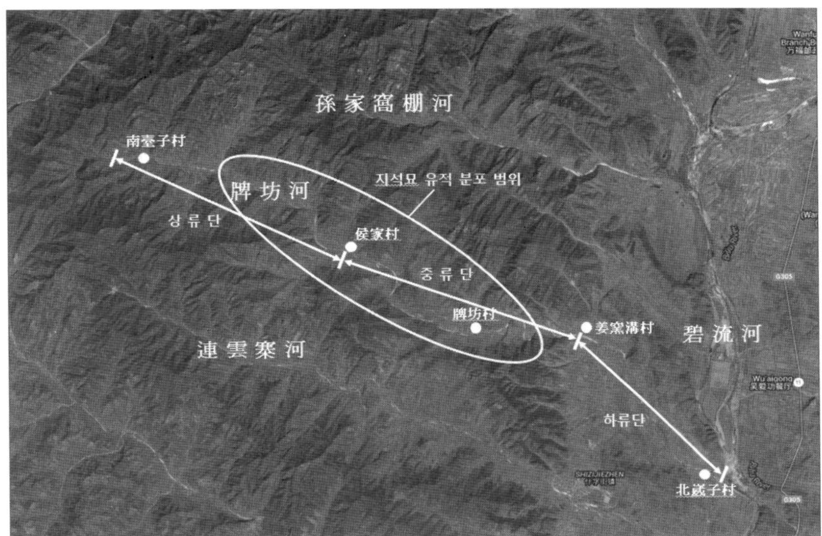

〈그림 1〉 패방하의 유역 구분과 패방하 유역 지석묘군의 분포역(바탕 : 구글위성)

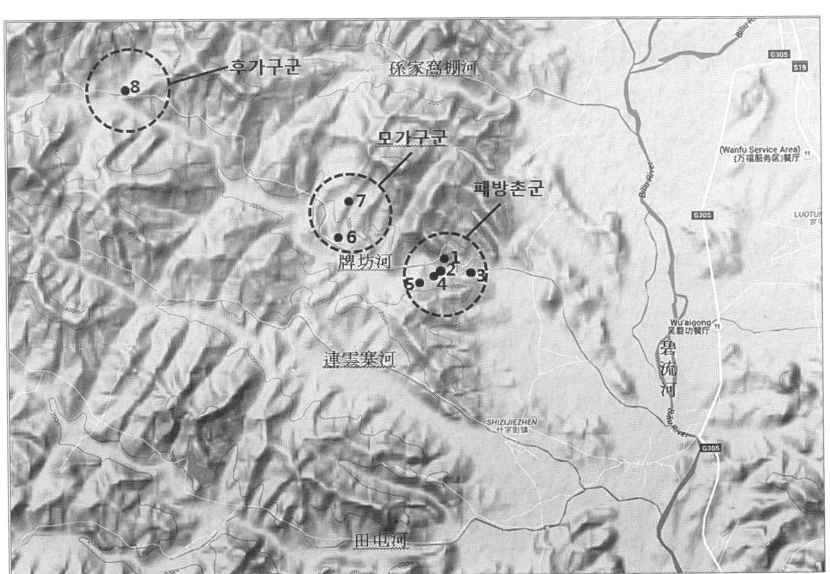

〈그림 2〉 패방하 유역 지석묘 유적의 분포와 군집 단위 분류(바탕 : 구글지형)
1. 개주시 長脖崗子 지석묘군, 2. 개주시 高麗城山 北 지석묘군, 3. 개주시 高麗城山 東崗 지석묘군, 4. 개주시 牌坊 二百壟地 지석묘, 5. 개주시 牌坊 團山 지석묘군, 6. 개주시 龍王廟崗 지석묘, 7. 개주시 牟家溝 지석묘군, 8. 개주시 侯家溝 西 지석묘군

지표 조사를 통해서도 기존에 전혀 알려져 있지 않던 새로운 지석묘가 어렵지 않게 확인될 정도로 아직까지 이 일대의 유적에 대한 조사는 여전히 초기적인 상태에 머물러 있다.

패방하 유역의 지석묘는 필자가 새로이 확인한 것까지 포함하면, 8개 유적에 54기 이상이 있다. 이들 지석묘 유적은 牌坊村의 남쪽 구릉지와 구릉 사면 脚部와 연접하고 있는 미고지에 분포하고 있는 유적군, 牟家溝屯 서쪽과 侯家村 북측의 구릉지에 분포하고 있는 유적군, 侯家溝村 하안 고대지에 분포하고 있는 유적해서 세 개의 유적군으로 세분된다. 여기에서는 이를 순서대로 牌坊村 일대 지석묘군(A군), 牟家溝屯 일대 지석묘군(B군), 侯家溝村 일대 지석묘군(C군)으로 나누고자 한다. 그러면 이하 각 지석묘군 별로 지석묘 유적을 소개하는 것으로써, 이 장에 대한 기술을 마치기로 하겠다.

1. 牌坊村 일대 지석묘군(A군)

1) 盖州市 牌坊 團山 支石墓群(遼寧省博物館 1985, 112쪽)

盖州市 什字街鎮 牌坊村 남서쪽 340m, 패방하 남쪽의 團山 사면부 정상부와 북사면에 위치하고 있다. 영구시박물관이 1981년 11월~12월 영구시박물관이 21기의 탁자식·개석식 지석묘를 1차 지표 조사하였고, 이어 1983년 가을 이 가운데 개석식 지석묘 1기를 수습 조사하였다. 북쪽 0.15km 패방하 남안 평지에 '二百壟地' 탁자식 지석묘가, 동북쪽 0.5km에 '長脖崗子' 지석묘군이, 서북쪽 2.24km 패방하 건너 牟家溝 서쪽 구릉에 牟家溝 지석묘군이 있다. 패방하를 따라 동남쪽으로 6km 가량을 내려가면 北崴子村이 나오고 북외자촌 동쪽에서 패방하가 벽류하 본류로 합류한다.

패방 단산 지석묘군은 1기(M1)의 탁자식 지석묘와 20기(M2~M21)의 개석식 지석묘로 구성되어 있다. 1호 탁자식 지석묘[1)]는 주민들에 의해 상석이 반으로 쪼개어져 유구 주변으로 이동되어져 있다. 장축 방향은 동서이고, 묘실 내에서

---

1) 『遼東半島石棚』(1994)에서는 '대석개묘'로 보고하였으나, 확인 결과 탁자식이 분명하므로 바로잡는다.

십이대영자형 정가와자식(AⅢ식) 비파형동검 결손품 1점, 검병두식 1점, 돌그물추 1점, 돌가락바퀴 1점, 청동장식 1점, 사슴뿔 뿔송곳 1점, 목걸이용 원형 구슬(곱돌, 뼈) 다수가 출토되었다. 2012년 현재 파괴된 상석 가운데 1편의 규격은 길이 1.37m·너비 0.99m·두께 0.12m이고, 남장벽은 길이 1.91m·노출 높이 0.78m·두께 0.16m이다. 문향은 곡구 쪽인 동향이다.

〈사진 1〉 개주시 패방 단산 1호 지석묘

2) 盖州市 牌坊 二百壟地 支石墓(遼寧省博物館 1985, 112쪽)

盖州市 什字街鎮 牌坊村 남서쪽 250m, 패방하 남안의 미고지에 위치하고 있다. 營口市博物館이 1981년 11월~12월 탁자식 지석묘 1기를 지표 조사하였다. 서남쪽 0.15km의 단산 정상부에 '단산' 지석묘군이, 동쪽 0.5km에 '長脖崗子' 지석묘군이, 서북쪽 1.2km 패방하 건너 牟家溝 서쪽 구릉에 牟家溝 지석묘군이 있다. 상석이 동남쪽으로 기울어져 한쪽 끝이 매몰되어 있다. 조사 당시에는 미고지였으나, 1999년 현재는 농경지로 바뀌어져 있고 일부 부재 또한 보다 파괴된

상태이다[2]. 상석의 현재 노출 규격은 길이 2.33m·너비 1.26m 이상·두께 0.26m 이다[3]. 상석 평면은 부정형이다. 장축 방향은 동서이고, 문향은 서쪽이다.

〈사진 2〉 개주시 패방 이백룡지 지석묘

3) 盖州市 長脖崗子 支石墓群(遼寧省博物館 1985, 112쪽)

盖州市 什字街鎮 牌坊村 동남쪽 450m 패방하 남안에 돌출되어 있는 高麗城山의 북사면 돌출 구릉(長脖崗子; 龍脖子)의 정상부 평탄 대지와 완사면지에 위치하고 있다. 1983년 12월 영구시박물관이 '제2차 요령성 일제 지표 조사' 때 지표 조사하였다. 북쪽 구릉 아래에 패방하와 그 너머에 侯家溝 곡말부 방향의 侯家溝村과 什字街鎮 간의 향로가, 서쪽 0.5km에 '이백룡지' 탁자식 지석묘가, 서남쪽

2) 1999년 현재 유구 주변 3~7m 범위에 파괴된 지석묘 부재가 흩어져 있는 상태이고, 조사 당시까지 잔존하고 있던 북단벽석 일부 등이 모두 파괴되어 없는 상태이다. 현재는 상석과 서장벽석 일부만이 남아 있다.

3) 遼寧省博物館(1985)과 遼寧省文物考古研究所(1994)에는 상석의 규모가 길이 2.5m·너비 1.15m로 되어 있어 저자의 실측과 다르다.

0.5km에 '단산' 지석묘군이 있다. '문화대혁명' 전까지 이 일대 주민들이 영험하다 하여 때마다 장발강자 지석묘에 치성을 드렸다고 한다.

長脖崗子 지석묘군은 長脖崗 정상부 평탄 대지에 '▷' 狀으로 배치되어 있었는데, 남서쪽의 것이 1호·북서쪽의 것이 3호·삼각형의 꼭지점에 있는 것이 2호이다. 1호는 지상에 쓰러져 있었는데, 상석의 크기는 길이 2.5m·너비 1.5m·두께 0.15m이다. 2호는 1호 동북쪽 7m에 있는데, 조사 당시 이미 완전히 파괴되어 일부 벽석만이 잔존하고 있었다. 3호는 2호 서북쪽 30m에 있었는데, 이 또한 지상에 쓰러져 있었고, 상석의 일부가 땅에 파묻혀 있었다. 지상에 드러난 부분만의 크기는 길이 2.2m·너비 1.0m·두께 0.2m이었다[4].

〈사진 3〉 개주시 장발강자 지석묘군이 있던 곳 원경

4) 長脖崗子 지석묘군은 1999년까지만 해도 지석묘의 일부 석재가 잔존하고 있었으나, 2012년 현재 이 구릉에 계단상 과수원을 전면적으로 조성하면서 완전히 파괴되어 흔적조차 남아 있지 않다.

4) 盖州市 高麗城山 東崗 支石墓群(崔德文·李雅君 1997, 1702쪽; 崔德文 1997, 1744쪽)

盖州市 什字街鎮 牌坊村 패방하 남안의 고려성산 동쪽 구릉 단부 정상부 평탄 대지에 위치하고 있다. 1983년 12월 영구시박물관이 '제2차 요령성 일제 지표 조사' 때 지표 조사하였다. 1983년 당시 전부 파괴되어 완전히 떠내어진 상태였고, 지석묘가 있던 5개의 구덩이와 그 주변에서 석재편만이 발견되었다고 한다. 주민들의 전언에 따르면, 소형 탁자식 지석묘와 개석식 지석묘로 구성된 지석묘군이었던 것으로 생각된다. 바로 옆 서북쪽 구릉이 長脖崗子(龍脖子) 지석묘군이고, 서쪽 1.2km에 단산 지석묘군이 있다. 장발강자 지석묘군과 같은 집단에 의해 축조된 것으로 여겨진다.

〈사진 4〉 개주시 고려성산 동강 파괴 지석묘 석재

5) 盖州市 高麗城山 北 支石墓群

1999년과 2012년 2차에 걸쳐 필자가 高麗城山에서 長脖崗子로 넘어가는 구릉 정선부와 사면부에서 파괴된 또 다른 지석묘 2기를 확인하였다. 위치와 지형이 高麗城山과 長脖崗子와 다르므로 별개의 유적으로 분류하였다. 1호는 구릉 정선부에 위치하고 있는데, 장벽석과 단벽석 각 1매만이 남아 있는 상태이고 지상에 쓰러져 있다. 평면 부정형의 장벽석은 길이 2.16m·너비 0.58m·두께 0.11m이고, 단벽석은 길이 0.3m·너비 0.3m·두께 0.35m이다. 놓여져 있는 상태만으로는 장축이 구릉 정선부의 방향과 같은 남북이다. 2호는 1호 바로 옆 서사면으로 파괴되어 넘어져 있는데, 평면 타원형에 길이 1.88m·너비 0.78m·두께 0.06m의 석재가 파쇄된 지석묘 석재편과 함께 쓸려져 있다.

〈사진 5〉 개주시 고려성산 북 지석묘
1. 1호, 2. 2호

2. 牟家溝屯 일대 지석묘군(B군)

1) 盖州市 牟家溝 支石墓群(崔德文·李雅君 1997, 1703쪽; 崔德文 1997, 1745쪽)

盖州市 什字街鎮 牌坊村 牟家溝屯 서쪽 구릉 정선부 아래 완사면지에 능선 방향을 따라 동북쪽에서 서남쪽으로 17기의 지석묘가 열상으로 배치되어 있다. 1983년 12월 영구시박물관이 '제2차 요령성 일제 지표 조사' 때 지표 조사하였고, 이 가운데 4호 탁자식 지석묘를 수습 조사하였다. 16기(1호~16호)는 탁자식이고, 1기(17호)는 개석식이다. 일찍부터 경작지로 개간된데다 주민들에 의해 도굴된 까닭에 대부분 상석이 남아 있지 않고 일부는 파괴되었다. 대체로 묘실 규모가 길이 1.4~2.0m, 너비 0.7~1.0m 이내의 소형들이다. 주변에서 홍갈색 무문토기편들이 수습된다.

1983년 수습 조사된 4호 탁자식 지석묘는 동벽석은 바깥쪽으로 넘어져 있고 남벽석과 북벽석은 남쪽으로 비스듬하게 기울어져 있으며 상석은 남벽석 바깥쪽 지면에 여러 조각으로 파쇄되어 흩어져 있는 상태였다. 묘실 내 서반부에만 바닥석이 깔려져 있었는데, 동반부에는 마사토 생토가 그대로 드러나 있었다. 묘실 내 서북쪽에서 굵은 사립이 혼입되어 있는 홍색토기편이 집중되어 있었다고 하는데, '각획문'이 있었다고 하는 것으로 보아, 인위적인 원인에 의해 쓸려들어간 것일 수도 있다. 벽석의 규모로 보아 묘실 규모는 길이 1.5m·너비 0.9m·높이 0.8m 가량이었을 것으로 생각된다.

〈사진 6〉 개주시 모가구 지석묘군 원경

2) 盖州市 龍王廟崗 支石墓群(崔德文·李雅君 1997, 1702쪽; 崔德文 1997, 1744쪽)

盖州市 什字街鎮 侯家村 동쪽 1.5km 패방하가 북류하며 크게 휘돌아가는 지점 북안의 돌출 구릉 남사면에 위치하고 있다. 북서쪽 0.7km에 모가구 지석묘군이, 동남쪽 1.6km 패방하 건너편에 단산 지석묘군이, 동쪽 1.8km 패방하 건너편에 장발강자 지석묘군이 있다. 1983년 12월 영구시박물관이 '제2차 요령성 일제지표 조사' 때 지표 조사하였다. 탁자식 지석묘 3기가 파괴되고 남은 석재편과 개

석식 지석묘 파괴분 1기 해서 도합 4기 지석묘의 흔적이 확인되었다고 한다[5]. 모가구 지석묘군과 근접하여 있는 것으로 보아 같은 집단에 의해 남겨지게 된 것일 수도 있다.

〈사진 7〉 개주시 용왕묘강 파괴 지석묘

3. 후가구촌 일대 지석묘군(C군)

1) 盖州市 侯家溝 西 支石墓群

盖州市 什字街鎭 侯家溝村 서측 패방하 북안의 하안 고대지에 위치하고 있다. 1983년 영구시박물관이 부근의 지석묘를 조사하면서 용왕묘강 지석묘군만을 조사한 까닭에 중국측에는 전혀 보고되지 않은 유적이다. 원래 소형 탁자식 지석묘와

〈사진 8〉 개주시 후가구 서 지석묘군이 있던 자리

5) 마을 주민들의 증언에 따르면, 문화대혁명 기간에 모두 파괴하였다고 한다.

개석식 지석묘가 수기 분포하고 있었으나, 문화대혁명 기간 마을 부근의 황무지를 농경지로 개간하면서 모두 파괴되었다고 한다. 지석묘가 원래 위치하고 있던 지점은 패방하 북안의 저산 구릉 남사면 끝자락에 근접하여 있는 하안 고대지이다. 1999년까지 파괴되고 남은 지석묘 석재편 일부가 확인되었으나, 2012년 현재 그마저도 남아 있지 않다.

III. 개주시 단산 지석묘군의 정치사회적 성격

牌坊河 유역의 지석묘는 앞 장에서 살펴본 것처럼 패방하 중류단에 2개 유적군, 상류단에 1개 유적군 해서 도합 54기 이상이 분포하고 있다. 이들 지석묘는 개별 유적과 분류된 유적군과 상관없이 상석의 규모가 길이 2.5m 이하·너비 1.5m 이하로 제한되어 있다. 다시 말해 모두 소형 지석묘에 속하는 것들이다(吳江原 2011, 56쪽). 요동 남부 지역의 지석묘가 늦은 시기로 갈수록 소형화되는 추세를 보이고 있다는 점(許玉林·許明綱 1981, 15쪽)과 團山 1호 지석묘에서 십이대영자형 정가와자식 비파형동검이 출토되었다는 점 등을 고려할 때, 패방하 유역의 지석묘군은 시간적으로 기원전 6~5세기의 기간 동안에 조성된 것으로 여겨진다.

이렇게 볼 때, 패방하 유역의 지석묘군은 전체가 동일한 지석묘 집단에 의해 200년 이하의 기간 동안 축조된 것이라고 할 수 있다. 그렇다고 해서 패방하 유역의 지석묘군이 모두 동일한 소집단에 의해 축조되었다고 보기는 어렵다. 이러한 점은 패방하 유역의 3개 지석묘 유적군이 중간에 지석묘 공백 공간을 둔 채 일정한 거리를 유지하며 구분되어 있을 뿐 아니라, 牌坊村群과 牟家溝群의 경우 구릉 정선부와 사면부에 17~21기 가량의 무덤 지석묘가 열상으로 배치되어 있음과 동시에 근접한 지점에 무덤 집단과 연관이 있는 기념물 지석묘가 조성되어 있는 것에서 드러난다.

예를 들어, 패방하 유역의 牌坊村群에서는 21기의 무덤 지석묘가 조성되어 있는 단산 지석묘군의 동북쪽 0.5km 長脖崗子 또는 龍脖子라 불리우는 高麗城山

의 북사면 돌출 구릉의 정상부 평탄 대지와 완사면지에 기념물이자 표지물적 성격을 띠고 있는 탁자식 지석묘군이 배치되어 있는데에 반해, 牟家溝群에서는 17기의 무덤 지석묘가 조성되어 있는 모가구 지석묘군의 남동쪽 0.7km의 모가구 곡구로 이어지는 구릉의 정선부 평탄면에 역시 무덤 표지물적 성격을 띠고 있는 탁자식 지석묘와 개석식 지석묘 등이 배치되어 있어 각각 상대적으로 독립된 단위를 이루고 있다.

그렇다면 패방하 유역의 각 群 사이의 관계를 어떻게 보아야 할 것인가?

필자는 위에서 세 群 모두 유사한 성격을 갖고 있는 동일 집단에 의해 조성된 것으로 보았다. 그 이유는 첫째 세 群이 동일한 산곡(侯家溝) 내에 근접 배치되어 있고, 둘째 각 群에 조성되어 있는 지석묘의 구조와 형식은 물론 규모에서 차이가 없으며, 셋째 지석묘의 세부적인 형태와 치석 상태에서 동일한 집단의 지석묘 석재 가공과 축조 기술이 확인되고, 넷째 지석묘 내부와 주변에 산포되어 있는 유물에서 동일한 시간적 단계성을 뛰어넘는 양상이 확인되지 않으며, 다섯째 곡구 쪽에서 곡말 쪽으로 갈수록 유적의 규모가 점차적으로 축소되는 등 지석묘 축조 공간 구성에서 일정한 규제가 확인되기 때문이다.

이러한 점들을 고려할 때, 이들 지석묘군이 패방하 유역에 지역적 연고를 형성하고 있던 동일 단위의 집단에 의해 조성된 것임은 분명하다. 다만 패방하 유역의 지석묘군이 서로 구분되는 3개 群으로 나뉘어져 있다는 점 등을 감안할 때, 지석묘가 가장 많이 조성되어 있을 뿐 아니라 侯家溝 곡구 쪽에 기념물을 조성하고 있는 牌坊村群은 동일 집단 내 상위 소집단, 지석묘와 유적의 수가 그보다 적은 牟家溝群은 동일 집단 내 차상위 소집단, 후가구 곡말부의 좋지 않은 입지에 위치하고 있을 뿐 아니라 기념물을 남기지 못하고 있는 侯家溝群은 동일 집단 내 하위 소집단이었던 것으로 볼 수 있다.

이렇게 볼 때, 侯家溝 곡구 쪽에 위치하고 있는 牌坊村群의 최상위자가 곧 기원전 6~5세기 패방하 유역 전체에 영향력을 행사하던 수장이었다고 할 수 있다. 실제로 앞 장에서 소개한 것처럼, 牌坊村群에 속하는 團山 지석묘군의 1호 탁자식 지석묘에서는 이 지석묘의 주인공이 수장임을 시사하는 비파형동검과 각종 장식품들이 출토되었다. 특히 團山 1호 지석묘에서는 정가와자식 비파형동검편이 출토되었는데, 이를 통해 패방하 유역의 수장이 직접적이지는 않더라도 十二臺營子文化 鄭家窪子類型을 중심으로 한 요동 지역의 상호 작용 관계망에 연결되어 있었음을 알 수 있다.

〈사진 9〉 개주시 패당 단산 1호 지석묘 출토 비파형동검, 검병두식, 돌가락바퀴

그렇다면 패방하 유역 지석묘 집단 전체를 대표하는 수장의 정치사회적인 성격은 어떠하였을까?

이와 관련하여 패방하 유역 전체 지석묘 집단의 수장묘의 조성 위치에 주목할 필요가 있다. 패방하 유역을 포함한 요동 남부 지역 쌍방유형 지석묘군은 여러 부족 집단 공동의 의례 공간이자 기념물로 조성한 대형 탁자식 지석묘(蓋州市 石棚山 지석묘 등)를 제외한 나머지 대부분, 특히 산곡을 중심으로 지석묘가 조성되어 있는 경우에는, 외부에서 산곡으로 진입할 때 가장 눈에 잘 띄는 곡구 쪽 구릉 말단부 정상 평탄 대지나 구릉 정선부의 평탄지나 구릉 사면의 평탄 대지(평탄지)에 자신들의 집단을 상징하는 표지물이자 기념물로서 탁자식 지석묘를 단독 또는 수 기 조성해 놓는다.

청동기시대 요동 남부 쌍방유형 지석묘 집단의 위와 같은 일반적인 지석묘 조성 원리를 고려하여 볼 때, 侯家溝 산곡 곡구 남측에 있는 高麗城山 주능선부에서 패방하 방향으로 뻗어내린 여러 산줄기 가운데 侯家溝 산곡이 시작되는 곡구 쪽으로 마치 용머리가 길게 빼어져 있는 듯 정북향으로 좁고 길게 뻗어져 내려 자연스럽게 侯家溝 산곡 곡구를 형성하고 있는 가지 구릉 정상부의 평탄 대지의 長脖崗子 탁자식 지석묘군은 구릉의 지형·지석묘 입지·지석묘 구조·유물 부재 등 여러 점을 고려할 때, 侯家溝 지석묘 집단 전체의 기념물이자 표지물이자 공동의 의례 공간이었음이 분명하다[6].

그런데 團山 1호 지석묘와 長脖崗子 지석묘군이 포함되어 있는 侯家溝 산곡 내 牌坊村群의 지석묘군 배치를 보면 특이한 점이 주목된다. 그것은 첫째, 牌坊村群에서 기념물이자 표지물적인 성격을 띠고 있는 지석묘가 長脖崗子 지석묘군 3기 외에 二百壟地 탁자식 지석묘 1기 해서 좁은 지점에 다수가 밀집 분포하고 있다는 점, 둘째 일반적인 요동 남부 지역 쌍방유형의 산곡 내 배치 지석묘 유적군과는 달리 수장묘를 비롯한 동일 집단 내 상위 소집단의 묘역이 기념물이 배치되어 있는 지점에 너무 근접(최대 500m) 배치되어 있을 뿐만 아니라 이들 기념물들을 호위하듯 마주하고 있다는 점이다.

부연하면, 長脖崗子 지석묘군은 요동 남부의 일반적인 기념물과는 달리 3기가 삼각상으로 배치되어 있는데, 패방하 유역 지석묘 집단 내의 3개 소집단을 상징하는 기념물이거나 또는 처음에 단독으로 축조되었다가 여러 세대를 거치면서 각 세대군의 필요에 따라 기념물이 추가된 것일 가능성이 있다. 二百壟地 지석묘는 長脖崗子와 團山 사이의 미고지 평탄처에 단독으로 축조되어 있는데, 의례공간이자 신성 공간인 長脖崗子 지석묘군과 기념할만한 수장이 묻혀 있는 團山 지석묘군이 모두 조성된 후, 후대에 두 공간역을 신성화하거나 기념하게 되면서 추가로 조성된 것으로 생각된다.

이렇게 볼 때, 문제가 되는 것이 바로 장발강자 능선의 중단부에 배치되어 있

---

6) 이러한 점에서 牟家溝群의 龍王廟崗 탁자식 지석묘는 의례 장소나 기념물이라기 보다는 묘역의 시작을 알리는 표지물적 성격이 강한 것으로 생각된다. 실제로 龍王廟崗 탁자식 지석묘의 뒷 쪽 능선 정선부에 소형 개석식 지석묘 수 기가 종열로 배치되어 있기도 하다.

는 高麗城山 北 지석묘군인데, 이 지석묘군은 원래 2기의 소형 반지하식 탁자식 지석묘였을 것으로 여겨진다. 高麗城山 北의 2기 지석묘는 長脖崗子 지석묘군이 있는 구릉 단부로 이어지는 능선 정선부에 배치되어 있을 뿐 아니라 長脖崗子 지석묘군과 근접하여 있다는 점을 고려할 때, 후대에 의례기념물의 축조가 장발강자 구릉 중단부로까지 확대된 것으로 해석할 수도 있으나, 요동 지역의 일반적인 기념물 지석묘의 입지와 큰 차이가 있다는 점 등을 고려할 때, 기념물 지석묘에 근접되어 있는 무덤임이 분명하다.

여러 모로 보아 高麗城山 北 지석묘의 주인공은 의례 활동을 주관하던 인물이었음이 분명하다. 그렇다면 牌坊村群에는 2인의 의례 주관자가 있는 모순이 발생하게 된다. 여기에서는 高麗城山 北 지석묘군의 규모가 2기에 지나지 않는다는 점, 高麗城山 北 지석묘와는 달리 團山 1호 지석묘에는 비파형동검 등의 청동기가 부장되어 있다는 점 등을 고려하여, 高麗城山 北 지석묘가 團山 1호묘 수준의 수장권이 확립되기 이전에 조성된 부족장의 무덤인 것으로 보고자 한다. 결국 牌坊村群 지석묘에는 패방하 유역 지석묘 사회의 3차 시기에 걸친 단면이 물질적으로 반영되어 있다고 할 수 있다.

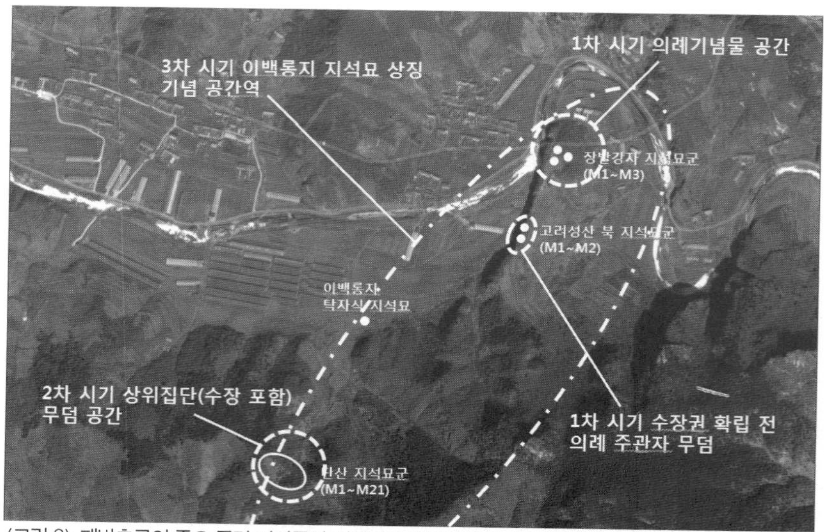

〈그림 3〉 패방촌군의 주요 무덤 지석묘와 의례기념물 지석묘의 배치와 의례 기념물의 상징 공간역 변천

이러한 점들을 고려할 때, 패방하 유역 집단의 수장은 사회정치적인 권위와 권력을 증대시켜 나가는 것을 통해 수장권을 확보하였다기 보다는, 전통적인 토착적 의례 활동을 주관하고 이러한 의례 주관을 통해 수장권을 확립하였던 것으로 여겨진다. 물론 수장권 구축에 이것만이 작용한 것은 아니었다. 이러한 점은 團山 1호 지석묘에 부장되어 있는 정가와자식 비파형동검편과 검병두식을 통해서 잘 드러나는데, 패방하 유역 집단의 수장은 외부 집단과의 교류와 최신 소재의 위신재이자 실용 무기인 비파형동검 등의 수입을 통해 자신의 정치적 권위를 구축해 나가기도 하였다.

그러나 패방하 집단 수장의 권력은 매우 제한적이었을 것으로 여겨진다. 이러한 점은 團山 1호 지석묘의 부장 수준이 빈약할 뿐만 아니라 비파형동검 외에 실제적인 생산 활동을 상징하는 돌그물추·돌가락바퀴·사슴뿔로 만든 뿔송곳이 각각 단수로 부장되어 있다든지, 수장의 가슴 부위를 장식하였을 목걸이가 곱돌과 뼈를 원형으로 갈아 만든 구슬로 이루어져 있다든지 하는 것에서 잘 드러난다. 이렇게 볼 때 團山 1호 지석묘는 발달된 부족사회 또는 초기 군장사회의 수장묘라고 할 수 있고, 패방하 유역 수장의 수장권은 주로 전통적인 의례의 주관과 종교적 신성 공간의 관리 및 독점을 통해 이루어졌다고 할 수 있다.

IV. 맺음말

碧流河 상류역의 서쪽 지류인 牌坊河 유역에는 侯家溝 산곡이 시작되는 곡구부부터 곡말부, 즉 패방하 중류단으로부터 상류단에 이르는 약 7km 범위 내에 8개 지석묘 유적 54기 이상의 지석묘가 분포하고 있다. 패방하 유역 지석묘군은 80년대에 들어와서야 지석묘의 존재가 알려졌고, 90년대에 들어와 필자에 의해 새로운 지석묘가 확인되거나 구체적인 유적 정보가 확보될 정도로 조사가 거의 이루어지지 않은 지역 가운데 하나이다. 아무튼 패방하 유역의 지석묘군은 유적의 밀집도와 거리 등을 고려할 때, 牌坊村群·牟家溝群·侯家溝群의 3개 지석묘군으로 분류할 수 있다.

이 가운데 牌坊村群은 곡구 쪽에 위치하고 있을 뿐 아니라 侯家溝 전체 지석묘군을 대표하는 기념물이 조성되어 있다든지, 團山 1호 탁자식 지석묘에서 십이대영자형 정가와자식 비파형동검과 검병두식이 출토되었다든지, 5개 유적에 30기 이상의 지석묘가 집중되어 있다든지 하는 점을 고려할 때, 패방하 유역 집단의 상위 소집단, 2개 유적에 21기 이상의 지석묘가 집중되어 있으면서 묘역 표지물 성격의 소형 탁자식 지석묘가 조합하고 있는 牟家溝群은 동일 집단 내 차상위 소집단, 1개 유적에 3기 무덤만이 조성되어 있는 侯家溝群은 동일 집단 내 하위 집단에 의해 조성된 것으로 생각된다.

侯家溝 산곡 내의 牌坊村群·牟家溝群·侯家溝群은 지석묘의 구조·형식·규모·가공은 물론 출토 유물이 동일하여 정가와자식 비파형동검으로 상징되는 기원전 6~5세기의 시간 범위 내에 여러 세대에 걸쳐 축조된 것임이 분명하다. 따라서 패방하 유역에 처음 지석묘가 조성되던 시점부터 마지막으로 조성되는 시점까지 侯家溝 산곡 내에는 단위 유적과 개별 지석묘의 수에서 차이만이 있었을 뿐, 기본적으로 위의 각 群의 정황이 그대로 유지되었다고 할 수 있다. 따라서 최후 조성 시점의 경관과 유사한 현재의 지석묘 정황을 대상으로 패방하 유역 지석묘군을 분석하는데에 별다른 문제는 없다.

이렇게 볼 때, 侯家溝 산곡의 3개 지석묘군 가운데 곡구 쪽에 배치되어 있는 牌坊村群의 상위무덤을 패방하 유역 전체 지석묘 집단의 수장묘로 판단할 수 있는데, 실제로 牌坊村群에 속하여 있는 團山 1호 지석묘에 다른 지석묘에는 결여되어 있는 정가와자식 비파형동검편과 검병두식이 출토되어 이를 패방하 유역 지석묘 집단의 수장묘로 비정할 수 있다. 그런데 牌坊村群의 지석묘 구성과 배치는 요동 남부 쌍방유형의 일반적인 사례와는 다소 다르다. 즉, 기념물 지석묘군과 團山 지석묘군이 지나치게 근접 배치되어 있을 뿐 아니라 구릉 단부 정상부와 그 아래 평탄지에 다수의 기념물 지석묘가 조성되어 있다.

이러한 점들을 고려할 때, 團山 1호 지석묘로 상징되는 기원전 6~5세기 패방하 유역 지석묘 집단의 수장은 기념물 조성과 기념물을 중심으로 한 공동의 의례 주관을 수장권 확보의 주요한 원천으로 삼고 있었음을 알 수 있다. 이러한 점에서 패방하 유역 지석묘 집단 수장층은 수장권 확립에서 같은 시기 독특한 정치사회적 의미를 갖고 있다고 할 수 있는데, 이러한 점은 단산 1호 수장묘에 생산 활동을 상징하는 소수 기종의 석기와 골기가 단수로 부장되어 있는 것 등에서 잘 나타난다. 이렇게 볼 때, 기원전 6~5세기 패방하 유역 지석묘 집단은 부족사회 또는 초기 군장사회의 수준에 머물러 있었다고 할 수 있다.

〈참고문헌〉

I. 국어

오강원 2006 『비파형동검문화와 요령지역의 청동기문화』, 청계.

吳江原 2011 「遼東 南部 浮渡河 流域圈의 형성과 大型 支石墓群 출현의 社會經濟的 背景」, 『考古學探求』 10.

2012a 「靑銅器文明 周邊集團의 墓制와 君長社會-遼東과 吉林地域의 支石墓와 社會-」, 『湖西考古學』 26.

2012b 「遼東 南部 地域 支石墓의 立地와 長軸 方向 設定 背景과 패턴」, 『동아시아문화연구』 51, 한양대학교 동아시아문화연구소.

2012c 「중국 동북 지역 지석묘의 상석 채석과 운반」, 『考古廣場』 10.

2012d 「東洲河 流域~蘇子河 下流域의 支石墓와 梁貊」, 『동아시아고대학』 28.

2012e 「遼東 南部 地域 支石墓의 무덤 배치 유형 분류와 조성 맥락」, 『한국학논총』 38, 국민대학교 한국학연구소.

II. 중국어

遼寧省文物考古研究所 編

1994 『遼東半島石棚』, 遼寧科學技術出版社.

遼寧省博物館

1985 「遼東半島石棚的新發現」, 『考古』 1985年 2期.

崔德文 1997 「遼寧省營口地區石棚研究」, 『中國考古集成·東北卷·靑銅時代(二)』, 北京出版社.

崔德文·李雅君

1997 「遼東半島石棚文化研究」, 『中國考古集成·東北卷·靑銅時代(二)』, 北京出版社.

許玉林·許明綱

1981 「遼東半島石棚綜述」, 『遼寧大學學報』 1981年 1期.

그 많던 북방민족들은 다 어디로 갔을까?

문 재범 (하남역사박물관 관장)

동아시아대륙의 북부인 지금의 몽골공화국과 중국의 내몽고, 신강지역 일대는 광대한 초원과 사막, 끝없는 삼림지대와 황토고원 등 다종다양한 자연환경을 지닌 곳이다.

이 넓은 지역을 무대로 활동하였던 고대 북방민족들은 그들이 처한 혹독한 자연환경에 적응하기 위하여 유목과 축목, 수렵과 어렵이라는 다양한 경제수단을 발명하였으며 부족한 식량자원을 보충하고 보다 나은 거주환경을 찾아 끊임없이 중국중원의 농경민족과 접촉하였다. 그 과정은 때로는 사막의 모래폭풍처럼 거칠었으며 때로는 초원의 미풍처럼 부드러웠었다.

메마른 초원에서 하늘을 뒤덮는 거대한 들불이 일어나듯이 하나의 민족이 들불처럼 일어났다가 사그라지면 다음 민족이 그 빈자리를 채워 자유롭고 개방적이되 신산한 삶을 이어갔으며, 때로는 서로 융합하고 때로는 서로 강제하였던 것이 수 많은 북방민족들의 삶이었다고 할 수 있다.

이처럼 다양한 유목경제지역의 민족들은 때로는 중원의 농경민족을 경유하여, 또 때로는 대흥안령을 넘어 직접 우리의 옛 선조들과 문화를 교류하였다. 이들 북방민족들의 민족적 다양성과 문화 교류에 있어서의 개방성은 끊임없이 우리에게 문화적 다양성을 제공해주는 화수분 같은 존재들이었다.

[주제어] 북방민족, 유목경제, 흉노, 동호, 선비

I. 머리말

동아시아대륙 북부의 사막과 초원지대 그리고 대흥안령(大興安嶺)동쪽의 만주평원과 흑룡강(黑龍江) 동북의 대 삼림(森林)지대는 역사상 수많은 북방민족들이 활동하였던 무대였었다. 수많은 민족들이 이곳에서 생겨났으며 때로는 고대국가를 세우고, 또는 광활한 동북아지역을 통일한 대제국을 이루기도 하면서 명멸해 갔다.

동아시아대륙의 북부[1)]는 역사적으로 경제체제와 자연환경에 따라서 3개의 권역으로 구분이 가능하다.

첫 번째는 흑룡강유역을 중심으로 하는 채집어렵(採集漁獵)경제구역이다. 이 지역은 수량이 풍부하고 수로(水路)가 발전하였으나 고위도에 위치하여 농경에 불리한 자연환경이었다. 따라서 삼림(森林)과 수자원을 활용한 채집어렵경제가 발전하였다. 두 번째는 혼합(混合)경제구역으로 중국 동북의 길림성과 요녕성을 포괄하는 지역이며 이 지역은 한지농업(旱地農業)을 기본으로 하며 부족한 식량자원을 보충하기 위하여 축목(畜牧)을 병행하는 지역이다. 마지막으로 세 번째 지역은 건조한 사막과 초원지대에 위치하여 유목(遊牧)을 주요 생계수단으로 삼는 유목(遊牧)경제구역으로 내몽고와 몽골 등 대초원지역이다. 이들 지역은 각각의 지역이 지니고 있는 독특한 자연환경과 인문환경 때문에 이들 지역에서 거주했던 수 많은 민족들의 사회발전과정은 자연환경과 사회환경의 많은 영향을 받을 수 밖에 없었다.

신석기시대 이래 이 지역의 주민들의 흐름을 일별해 보면, 우선 채집어렵경제지역은 肅愼-挹婁-勿吉-靺鞨-女眞으로 이어지는 흐름을 보이고 있으며, 혼합경제지역은 濊貊-朝鮮-夫餘·沃沮·高句麗-渤海로 이어지고, 유목경제지역은 匈

1) 이 글에서 이야기하는 동아시아대륙의 북부는 현재 중화인민공화국의 북부와 동북부 지역, 즉 몽골국과 중국 신강, 내몽고, 요녕, 길림, 흑룡강성 일대를 지칭한다.

奴·東胡(烏桓·鮮卑)-柔然-突厥·鐵勒·回紇-契丹-蒙古로 이어지는 등 크게 3개의 흐름을 찾을 수 있다.

본문에서는 이 같은 많은 북방민족들 중에서 특히 유목경제지구에 거주했던 민족들이 유구한 역사속에서 어떻게 변화해 갔는지를 간단하게 살펴보겠다.

II. 초원에 부는 바람-北方民族

본문에서 이야기하는 유목경제지구는 지금의 몽골공화국과 중국의 내몽고, 신강지역 일대로 대부분의 지역이 해발 1,000m이상의 고원지대이다. 이 지역은 온대성계절풍지대에 속하는 대흥안령산지를 제외하고는 대부분이 온대성반건조 또는 건조한 대륙성기후지대에 속한다. 워낙 광활한 지역이기 때문에 지역적인 편차가 심하기는 하지만 대체로 사계절이 분명하고 강우량이 적으며 여름과 겨울의 온도차가 매우 큰 특징을 가지고 있다. 겨울이 5개월이 넘고 년중 강우량이 150mm 정도에 불과한 지역이 대부분이라서 농경보다는 양(羊)이나 말(馬)등이 먹을 수초를 찾아서 상시 이동하는 유목경제가 발달하였다.

1. 흉노(匈奴)

역사상 가장 유명한 유목민족은 흉노(匈奴)이다. 흉노는 중국의 사서에 鬼方·獫狁·獯鬻이 그 선조로 기록되어있다. 그러나 험윤(獫狁)의 현대 중국어 발음이 Xia˘n yu˘n이고 훈육(獯鬻)은 Xun yu` 이다. 또한 흉노(匈奴)의 박음은 Xiong nu로 고대의 발음은 지금보다 더욱 비슷했을 것으로 보인다. 이는 같은 사람들에 대하여 중국측이 시대에 따라 가장 좋지 않은 의미의 한자단어를 사용하여 부른 것이라 생각된다. 漢書·匈奴傳의 기록에 따르면 흉노의 선우(單于)가 중국의 천자에게 보낸 서신에 "南有大漢 北有强胡"라고 한 것으로 보아 흉노인들은 스스로를 호(胡)라고 불렀음을 알 수 있다[2].

2) 漢書·匈奴傳 : "其明年, 單于遣使遺漢書云:「南有大漢, 北有强胡. 胡者, 天之驕子也, 不爲小禮

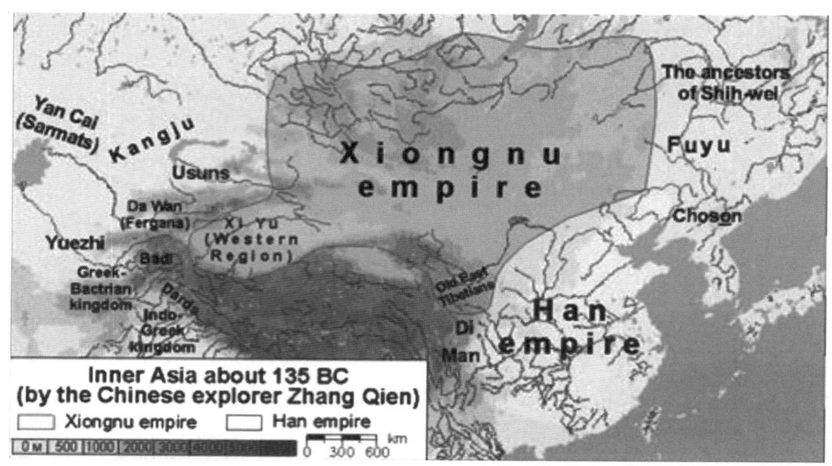

〈그림 1〉 BC2C경 흉노제국 강역도

흉노(匈奴)는 기록상으로 기원전 3세기경부터 흥기하기 시작하여 기원후 1세기경 중국 한(漢)나라의 공격으로 쇠퇴하기 까지 약 400여년간 동북아시아의 북방초원지대를 중심으로 활약하였을 뿐만 아니라 인류역사상 최초의 유목민족제국을 건립한 초원의 패자(覇者)였다. 전성기의 흉노제국의 세력범위는 남으로는 음산(陰山)일대에서부터 북으로는 바이칼호, 동으로는 요하(遼河), 서로는 파미르고원에 이르는 광대한 지역이었다. 전국시대부터 한무제(漢武帝)시기까지 흉노의 정치중심지는 중국북부의 음산일대에 위치하고 있었으며, 황하 중상류지역 역시 흉노의 통제범위 내에 있었다[3].

以自煩. 今欲與漢闓大關, 取漢女爲妻, 歲給遺我蘗酒萬石, 稷米五千斛, 雜繒萬匹, 它如故約, 則邊不相盜矣."

"남쪽에는 대한(大漢)이 있고 북쪽에는 강호(强胡)가 있다. 호(胡)는 하늘의 교자(驕子-총애받는 자식)이니 소소한 예의를 차리며 스스로를 번거롭게 하지 않는다. 이제 한나라와 대관(大關)을 열고 한녀(漢女)를 취해 처로 삼고자 하니, 매년 우리에게 얼주(蘗酒) 1만 석, 직미(稷米) 5천 곡(斛), 잡증(雜繒-잡다한 비단) 1만 필을 보내며 다른 것들도 예전 약속대로 하면 변방에서 서로 침범하는 일이 없을 것이다." 라는 기사로 정화(征和) 4년(B.C 89) 한 무제(漢武帝)때 흉노의 선우가 한나라 황제에게 보낸 서신의 기록이다.

3) 한고조 유방은 80만 대군을 이끌고 흉노정벌에 나섰다가 오히려 흉노의 40만 기병에게 지금의 섬서성(陝西省) 대동시(大同市) 부근의 평성(平城)에서 포위되어 조공을 약속하고 풀려나는 치욕을 당한다.

흉노는 한무제(漢武帝)시기 한나라와의 오랜 전쟁으로 인하여 국력이 많이 쇠퇴하였으며 설상가상으로 본시(本始) 3년(B.C 71년)에 선우가 직접 오손(烏孫)을 공격하는 와중에 기후가 급변하여 많은 피해를 입어 그동안 흉노에 복속하였던 오환(烏桓)과 정령(丁零)등 주변 민족들에게 공격을 받는 일이 발생하게 되었다[4]. 이때부터 흉노는 비록 한나라 초기처럼 강력한 세력을 형성하지는 못했지만 그래도 북방의 패자로서 중원의 한나라와 화친과 전쟁을 반복하였다.

동한건무(東漢建武) 24년(AD48년) 선우(單于) 왕권의 계승문제로 흉노제국은 북흉노와 남흉노로 분열되는데 이때 남흉노는 동한(東漢)에 투항하였으며 동한은 남흉노를 황하 중상류지역에 머물게 하면서 그들을 이용해 북흉노의 침입을 방어하는 정책을 실시한다. 이로서 흉노는 세력이 두 개로 나누어지게 되어 주변 민족들에 대한 지배력이 크게 약화 된다.

동한장화(東漢章和)원년(AD87년) 흉노의 동쪽인 지금의 대흥안령(大興安嶺) 지역에서 거주하던 삼림(森林)민족인 오환(烏桓)과 선비(鮮卑)의 세력이 강성하여 북흉노의 동쪽을 공격하자 흉노는 동북아시아 동쪽의 근거지를 잃고 서쪽으로 이동하게 되었다[5]. 흉노의 서진(西進)으로 중앙아시아지역의 유목민족들이 연쇄적으로 서쪽으로 이동하게 되어 현재의 우크라이나 지역에 있었던 게르만

---

4) 後漢書·匈奴列傳 : "其冬, 單于自將萬騎擊烏孫, 頗得老弱, 欲還. 會天大雨雪, 一日深丈餘, 人民畜產凍死, 還者不能什一. 於是丁令乘弱攻其北, 烏桓入其東, 烏孫擊其西. 凡三國所殺數萬級, 馬數萬匹, 牛羊甚衆. 又重以餓死 人民死者什三, 畜產什五, 匈奴大虛弱, 諸國羈屬者皆瓦解, 攻盜不能理. 其後漢出三千餘騎, 爲三道, 並入匈奴, 捕虜得數千人還. 匈奴終不敢取當, 茲欲鄕和親, 而邊境少事矣.
그 해 겨울, 선우가 직접 1만 기(騎)를 이끌고 오손을 공격해 노약자를 붙잡고 회군하는데 때마침 큰 눈비(雨雪)가 내려 하루만에 1장 남짓 쌓이자 사람들과 가축이 얼어 죽었고 되돌아 간 자는 10분의 1도 되지 못했다. 이에 정령(丁零)이 흉노가 약해진 것을 틈타 그 북쪽을 공격하고 오환(烏桓)은 동쪽을 침입하고 오손(烏孫)은 서쪽을 들이쳤다. 세 나라가 죽인 것이 모두 수만 급이고 말은 수 만 필, 소와 양도 매우 많았다. 더구나 굶어 죽은 사람이 10분의 3, 가축은 10분의 5에 이르러 흉노가 크게 허약해지니 제국의 결속이 와해되어 여러 나라들이 (흉노를) 공격하고 약탈했으나 이를 다스리지 못했다. 그 후 한나라에서 3천 여 기를 출병해 세 길로 나눠 아울러 흉노를 침입해 수천 명을 붙잡고 되돌아왔다. 흉노는 끝내 감히 보복하지 못하고 더욱 화친하고자 하니 변경에 일이 적어졌다.

5) 後漢書·匈奴列傳 : "南部攻其前, 丁零寇其後, 鮮卑擊其左, 西域侵其右"의 기록에 나타난 것 처럼 북흉노는 漢과 南匈奴의 연합세력과, 丁零, 烏桓, 鮮卑등의 압력을 받아 고비사막 북쪽에서 몽골 오르콘 강(Orkhon gol) 서쪽으로 밀려난다.

족을 밀어내었고 쫓겨난 게르만족은 더 서쪽으로 이동하여 로마제국을 위협하게 되었다. 이처럼 흉노의 서진(西進)은 당시 유라시아대륙에 분산되어 있던 유목민족들의 서진을 촉발하는 연쇄반응을 일으켜, 최종적으로는 서방 전통사회의 몰락이라는 결과를 빚어낸다. 이러한 점에서 흉노에 대한 연구는 오랜 기간 동안 동서양 역사학자들의 관심을 끄는 연구주제였었다.

북흉노의 서천 이후 동북아시아에 잔류하였던 흉노의 후예들은 내몽고 하투지역을 위주로 한 북방장성지대를 중심으로 후일 5호16국시대에 前趙(AD 304년~329년), 北涼(AD397년~439년), 夏(AD407년~432년)등의 고대국가를 세우고 중국 중원지역의 농경왕조들과 긴장과 이완관계를 반복하다가 점차 유목국가 고유의 색채가 옅어지며 정착민족화 되어가거나 소규모 그룹화되어 초원으로 되돌아갔다.

2. 동호(東胡)

동호는 중국의 사서인 史記·匈奴列傳의 기록을 해설한 사기집해(史記集解)와 사기색은(史記索隱)에[6] 따르면 "흉노의 동쪽에 있는 민족들이기 때문에 얻어진 이름이다(在匈奴東 故曰東胡)"[7]. 좁은 의미로는 烏桓, 鮮卑 등의 유목민족을 가르키며, 넓은 의미로는 夫餘와 挹婁, 高句麗 등 동북지역의 민족까지도 포함한다.

동호는 중국의 商나라(BC16-BC11) 때부터 기록에 등장하며 지금의 북경을 중심으로 서요하의 상류인 노합하(老哈河)와 시라무렌하(西拉木倫河) 유역일대에 거주하였다. 춘추전국시기에 중국의 燕나라와 趙나라와 자주 충돌하였다. 동호는 하나의 민족으로 보는 것 보다는 사기의 기록대로 흉노의 동쪽에 있던 민족들

---

6) 사기에는 유명한 주석서가 세 권 있다. 배인(裴駰, 南北朝시기 劉宋AD 420-479때 사람으로 생몰년 미상)이 쓴 사기집해(史記集解), 사마정(司馬貞, 唐玄宗재위 AD 712-756때 사람으로 생몰년 미상)이 쓴 사기색은(史記索隱), 장수절(張守節, 唐玄宗재위 AD 712-756때 사람으로 생몰년 미상)이 쓴 사기정의(史記正義)가 있다.

7) 史記·匈奴列傳 : 集解漢書音義曰:「烏丸, 或云鮮卑.」 索隱服虔云:「東胡, 烏丸之先, 後爲鮮卑. 在匈奴東, 故曰東胡.」 [집해한서음의」에서는 "오환(烏丸) 또는 선비(鮮卑)를 말한다." 했다. [색은] 복건(服虔)은 "동호(東胡)는 오환(烏丸)의 선조로 뒤에 선비(鮮卑)가 되었다. 흉노 동쪽에 있었기 때문에 동호(東胡)라 했다." 하였다.

을 총칭하는 의미로 받아들여야 할 것이다.

중국 史記의 기록에는 "冒頓旣立 是時東胡强盛"이라하여 흉노가 번영하기 시작하였을때 동호는 이미 번성하고 있었다고 되어있다. 이처럼 북방민족들 가운데에 가장 먼저 발전하였던 동호는 기원전3세기경에 燕將 秦開의 공격에 의해 커다란 타격을 받았으며[8], 이어서 흉노의 모둔선우(冒頓單于)에게 패하여 북방의 패자(覇者)로서의 지위를 잃게 되었다. 이후 동호의 일부는 烏桓山으로 후퇴하여 나중의 烏桓이되고 일부는 鮮卑山으로 후퇴하여 鮮卑가 된다[9].

동호라는 이름이 포괄하고 있었던 민족은 매우 다양하였는데 예를 들면 烏桓, 鮮卑와 후대에 鮮卑에서 갈라져 나온 慕容·宇文·段部·拓跋·乞伏·禿發·吐谷渾 각부와 柔然, 契丹, 室爲, 蒙古 등이 있다. 동호계들의 언어는 알타이어계통으로 고비사막일대에 거주하였던 고대의 많은 민족들이 이 계통의 언어를 사용하였고 현재의 몽고어도 동호계 언어의 일부로 보고있다.

1) 오환(烏桓)

오환(烏桓)은 시라무렌하(西拉木倫河)양안 일대에서 활약했던 고대 민족이다. 축목(畜牧)과 수렵(狩獵), 제한적인 농경경제를 기반으로 생활하였다. 동호가 흉노에 패하면서 두 개의 부(部)로 분리되는데 그중 오환은 중국중원에 가까운 烏桓山으로 이주하면서 오환이 되었고 선비(鮮卑)는 보다 북쪽의 鮮卑山으로 물러나는데 후대에 정착한 지역과 중국 중원지역과의 지리적인 위치 차이가 두 북방민족이 동아시아사에 등장하는 순서를 결정하게 된다.

오환은 흉노가 강성했던 기간중에는 흉노에 예속되어 공납을 바치는 관계였다. 西漢 武帝元狩元年(BC122년) 한무제는 흉노의 동쪽을 견제하기 위하여 오환을 이용하였는데, 오환을 지금의 북경시 인근인 上谷, 漁陽, 右北平, 遼東, 遼西 등 5郡의 부근으로 이주시켜 중원과의 關市를 개설하는 등 편의를 제공하며 흉노의 동정을 감시하게 하였다. 이후 오환은 흉노와 중원왕조 사이에서 힘의 균형추 역할을 일정부분 수행한다.

---

8) 史記·匈奴列傳"襲破東胡 東胡却千餘里"

9) 後漢書·鮮卑烏桓列傳"冒頓滅其國 餘類保此二山 因名焉"

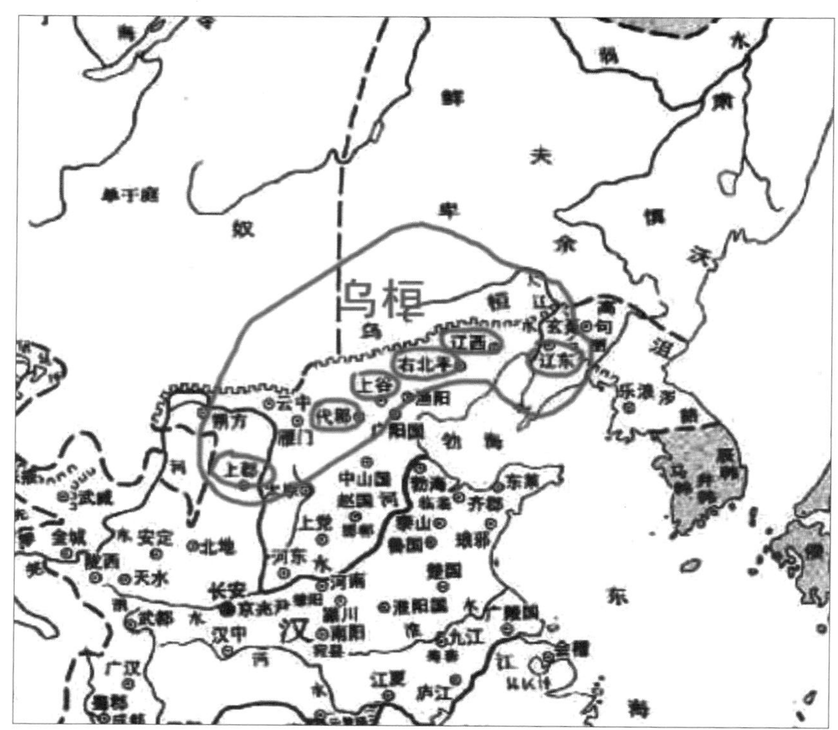

〈그림 2〉 BC2C 경 오환의 세력판도

동한건무(東漢建武) 24년(AD48년) 흉노가 선우(單于) 왕권의 계승문제로 북흉노와 남흉노로 분열되는데 이를 틈타서 오환은 북흉노를 공격한다. 이후 북흉노가 물러난 자리로 이주한 오환은 잔류한 흉노 세력을 흡수하여 그 세력 범위가 지금의 대릉하 하류, 河北北部, 山西北部와 中部, 內蒙古南部에서 오르도스초원 일대를 아우르는 북방의 강자로 등장하게 된다.

오환은 중국의 혼란기에 중원에 대한 영향력을 키웠으나 魏武帝 曹操에 의해 기원207년 柳城(지금의 河北承德부근)전투에서 패함으로써 역사의 전면에서 사라지게 된다. 기록에 따르면 조조군은 이때 오환의 주력 20만을 죽이거나 포로로 잡아서 중국내륙으로 이주시켰다고 한다.

중국내륙으로 이주한 오환은 점차 한족에 융화되어 갔으며, 원거주지에 남아 있던 오환의 잔류세력들은 뒤에 오는 鮮卑族에 의탁하여 선비족의 일원으로 변하며 烏桓이라는 민족이 역사의 기록에서는 사라지게 된다.

2) 선비(鮮卑)

鮮卑는 烏桓과 함께 東胡의 일원이었다. 동호가 흉노에게 패한 후 오환과 마찬가지로 산간지대로 물러나 후일을 도모하는데 이때 선비족이 거주했던 곳이 지금의 通遼市科右中旗 서쪽에 있는 鮮卑山이다. 선비족의 族名은 이 산의 이름에서 기원했다고 전해진다. 언어와 풍습은 오환과 같았다고 전해지고 있으며 오환의 북쪽인 대흥안령의 북부지역이 주요 활동지역이었다. 기원전 5-2세기의 중국 전국시대 중후기에는 흉노에 예속되어 있었으며 주요생계수단은 狩獵과 畜牧이었고 후대에는 漁獵도 병행하였다.

기원전 2세기경 한무제에 의해 흉노의 일부분이 북쪽으로 물러가고 烏桓이 지금의 북경시 인근인 上谷, 漁陽, 右北平, 遼東, 遼西 등 5郡의 부근으로 이주하게 되자, 선비는 생존조건이 비교적 양호한 오환의 故地인 시라무렌하(西拉木倫河) 양안으로 이동하였으며(慕容鮮卑), 일부는 大澤(내몽고 후룬베얼초원) 일원으로 이동하였다(拓跋鮮卑).

북방을 통일하였던 흉노제국이 동한건무(東漢建武) 24년(AD48년) 선우(單于) 왕권의 계승문제로 북흉노와 남흉노로 분열되어 외곽지역에 대한 통제권이 약해지자 烏桓, 鮮卑 등 그동안 흉노의 통제하에 있었던 북방민족들이 흥기하여 흉노와 대적하기 시작하였으며 그 결과 오환이 먼저 흉노의 故地로 이동하고 오환이 떠난 자리로 鮮卑가 이동하는 연쇄반응이 일어나게 되었다.

마침내 동한원화(東漢元和) 2년(AD85년)에 선비는 烏桓, 丁零, 南匈奴 등과 연합하여 북흉노를 공격하여 북흉노를 멀리 몽고초원과 중앙아시아 방면으로 물러나게 만들었으며[10], 북흉노의 영지에 남아있던 주민들을 흡수하여[11] 마침내 북방초원의 새로운 강자로 나타나게 된다.

---

10) 後漢書·南匈奴傳 "時北虜衰耗 黨衆離畔 南部攻其前 丁零寇其後 鮮卑擊其左 西域侵其右 不復自立 乃遠引而去".

11) 後漢書·鮮卑傳, 三國志·魏書·烏桓鮮卑東夷列傳 "餘種十餘萬落 詣遼東雜處 皆自號鮮卑兵".

〈그림 3〉 선비족의 철기(白雲翔 ; 先秦兩漢鐵器的考古學硏究에서 전제)

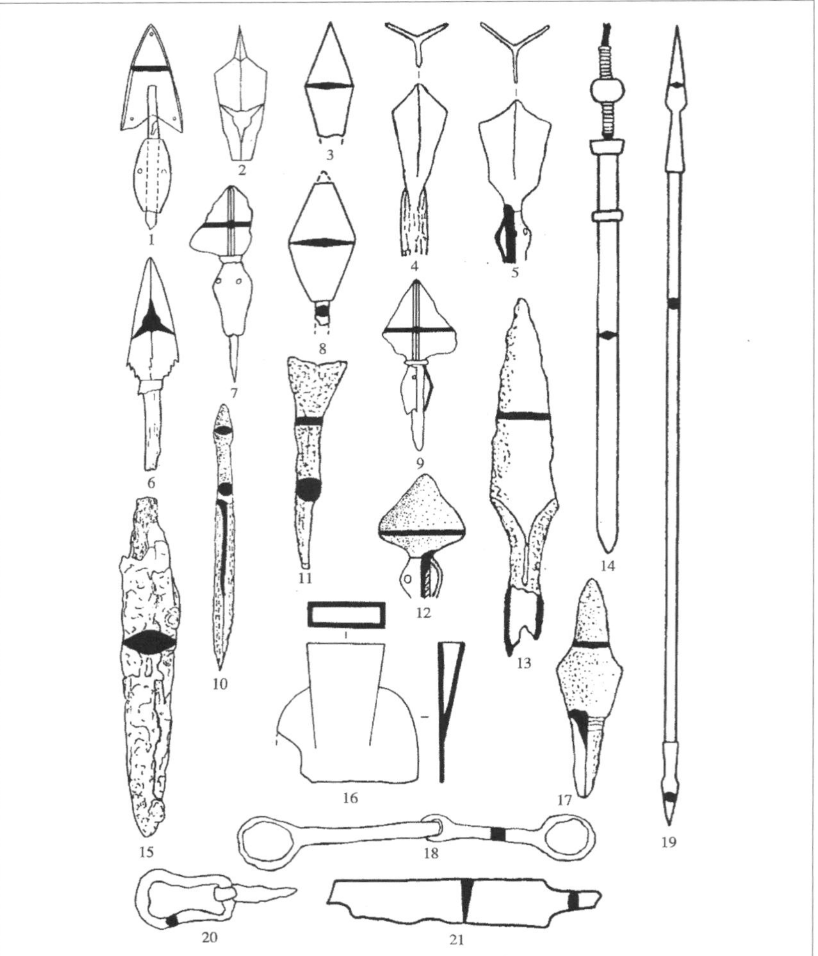

图 6－9　北方长城地带东部及其以北地区鲜卑墓出土铁器

1～5. 镞（额尔古纳右旗拉布达林 LBDLM:4、拉布达林 LBDLM:5、察右后旗三道湾 M102:35、伊敏车站 YMM:08、伊敏车站 YMM:03）　6～12. 镞（拉布达林 LBDLM:3、额尔古纳右旗七卡 QKM:1、三道湾 M21:5、七卡 QKM:4、伊敏车站 YMM:014、伊敏车站 YMM:02、伊敏车站 YMM:05）　13. 矛（海拉尔市孟根楚鲁 M1:4）　14. 中长剑（三道湾M102:31）　15. 短剑（满洲里市扎赉诺尔 M3002:4）　16. 铲（三道湾 M102:3）　17. 镞（伊敏车站 YMM:013）　18. 马衔（七卡 QKM:1）　19. 矛（三道湾 M102:28）　20. 带扣（七卡 QKM:5）　21. 刀（三道湾 M115:11）　（比例不等）

그림3에 보이는 선비족의 철기를 보면 명적(鳴鏑)과 삼익촉(三翼鏃) 등 흉노 철기의 특색이 강한 유물들이 출토되고 있으며[12] 철제마구(鐵製馬具)류 들과 함께 중국 중원식 농경구(農耕具)인 철제삽날(鐵鏟)이 출토되고 있어, 선비의 경제체제가 흉노의 유목경제체제를 기본으로 하면서도 중원의 농경문화를 흡수하려고 노력하였다는 것을 추측해 볼 수 있다.

동한후기인 기원후2세기경 선비에는 걸출한 영웅인 檀石槐가 출현하여 부족을 통일하고 강대한 군사정권을 세워 선비역사상 최고 강성한 시기를 이끈다. 檀石槐는 흉노패망이후 두 번째의 초원제국을 통치하였는데 넓은 제국에 거주하는 선비족들을 東·中·西의 三部로 나누어 군사와 행정이 결합된 軍事行政聯合體를 만들었으며 각 부에는 大人을 두어 영지를 통괄하게 하였다.

동부(東部)의 관할지는 시라무렌하(西拉木倫河)와 老哈河유역과 커얼스초원, 후룬베얼초원 등이었고 중부(中部)의 관할지는 내몽고의 씨린올(錫林郭勒)초원이고, 서부(西部)의 관할지는 음산(陰山)이북의 우란차브(烏蘭察布)고원, 바옌나얼(巴彦淖爾)고원과 아라산맹(阿拉善盟)경내의 사막 등이었다. 檀石槐의 사망이후 鮮卑帝國은 여러 개의 소수부족으로 분열되는데 그 기본에는 계속해서 3부체제의 영향이 남아있었다.

東部의 주요 鮮卑부족은 宇文部와 慕容部가 있으며 西部의 주요부족은 拓跋部와 禿發部, 乞伏部가 있다. 五胡十六國時代에[13] 각부의 선비는 중원민족의 변화에 대응하며 다양한 정권을 창출하였는데 그 중에 慕容鮮卑는 前燕(AD285-

---

12) 문재범 : 「고고학 자료로 본 흉노의 철기문화 - 중국 중원계 철기와의 비교를 중심으로」『문화재』46권4호., 69쪽

13) 4-5세기에 중국 북부지역에 동한(東漢)에서 남북조(南北朝) 시대에 이르기까지, 북방민족들인 흉노(匈奴)·갈(羯)·저(氐)·강(羌)·선비(鮮卑)의 오호(五胡)가 세운 13왕조와 한족(汉族)이 세운 3개의 왕조가 병립하던 시대를 말한다. 이민족(異民族)에 의한 중국지배의 최초의 형태라고 말해진다.
지역적으로 내몽고와 하북북부지역에 전조(前赵)·후조(後趙)·전연(前燕)·후연(後燕)·남연(南燕)·북연(北燕)이 있었으며 , 중원지역인 관중(關중)에 전진(前秦)·후진(後秦)·서진(西秦)이, 황하북부의 하투(河套)지역에 하(夏)가, 사천(四川)지역에는 성한(成汉)이, 감숙과 섬서성의 경계지대인 하서(河西)지역에는 전량(前涼)·후량(後涼)·북량(北涼)·남량(南涼)·서량(西涼)이 있었다.

종족	국명	존속기간	비 고

370)과 後燕(AD384-407), 西燕(AD384-394), 南燕(AD398-410)을 건국하였으며 乞伏鮮卑는 西秦(AD329-431)을 건국하였고 禿發鮮卑는 南涼(AD394-414)을 宇文鮮卑는 北齊(AD550-577)와 北周(AD556-581)를 세웠고 拓跋鮮卑는 중원의 北朝시대를 여는 北魏(AD386-534), 西魏(AD535-556)와 東魏(AD534-550)를 건국하였다. 한편 慕容鮮卑에서 갈라진 나온 吐谷渾은 원래의 거주지역인 遼西에서 甘肅省과 陝西省의 경계지역인 隴西지역의 羌族 지구로 이동하여 吐谷渾部를 세우고 羌族을 통치하였다.

鮮卑의 여러 부족중에서 拓跋鮮卑가 세운 北魏는 중국대륙의 북부를 통일하여 마침내 5호16국시대를 마감하고 南北朝 시대를 열었다. 北魏는 중국 남조와 끊임없이 대립하다가 AD534년 東魏와 西魏로 분열되었으며 宇文鮮卑가 세운 北齊와 北周에게 차례로 멸망을 당하였고 隋나라가 중국을 통일함에 따라 선비족은 역사의 전면에서 사라지게 되었다[14].

3. 유연(柔然)

유연(柔然)은 4세기말에서 6세기중엽에 이르기 까지 고비시막의 남북과 서북

匈奴	前趙	304~329	
	北涼	397~439	
	夏	407~431	
鮮卑	前燕	337~370	慕容鮮卑
	後燕	384~409	慕容鮮卑
	西秦	385~431	乞伏鮮卑
	南涼	397~414	禿發鮮卑
	南燕	398~410	慕容鮮卑
漢族	前涼	301~376	
	西涼	400~421	
	北燕	409~436	
氐	成漢	304~347	
	前秦	351~394	
	後涼	386~403	
羌	後秦	384~417	
羯	後趙	319~351	

14) 북위의 孝文帝는 적극적인 漢化정책을 펼쳐서 선비의 언어를 사용하지 못하게 하고 선비족들의 성씨를 한족의 성씨로 바꾸며 한족과의 결혼을 장려하는 등의 정책을 펼친다. 이것도 역사상에서 선비족이 사라지게 되는 커다란 이유 중의 하나이다. 魏書 : "斷北語 改族姓"

〈그림 4〉 유연인을 표현한 도용(陶俑)

의 광대한 지역에서 거주했던 북방민족이다. 유연의 기원에 대하여는 중국의 사서인 魏书·蠕蠕 傳에는 "東胡와 匈奴의 후예이며 그 先世는 魏나라에서 나왔다."라고 되어있으며 宋書·索虜傳과 梁書·芮芮傳에는 "匈奴의 別種이다". 고 하였고 南齊書·芮芮虜傳에서는 "塞外의 雜胡이다."라고 기록 되어있어 유연이 기본적으로 匈奴와 東胡의 후예 위주로 구성되었으며, 거기에 더해서 중국 변방의 각종 민족이 뒤섞여있는 다민족이라는 것을 알 구 있다[15]. 유연(柔然)은 그들 스스로가 불렀던 이름이라 한다.

유연은 선비가 중국의 화북지방으로 남하한 틈을 타서 바이칼호에서 대흥안령과 음산산맥 북부지방을 아우르는 옛 흉노의 땅을 차지하면서 번성하게 되는데 그 전성기는 AD410년에서 425년 사이이다.

魏書와 北史의 기록에 따르면 유연이 팽창하던 시기에 유연에 복속된 북방민족들이 60여종에 이른다고 한다. 이는 유연제국이 다민족적인 성격을 가졌었다는 것을 의미한다. 6세기 중엽이 되면 원래 유연에 속해있었던 돌궐(突厥)의 세력이 커지면서 유연을 압박하여 유연은 AD555년 돌궐에 의해 패망하게 되었다.

유연인들의 대부분은 돌궐에 복속하였으나 일부는 동쪽으로 이동하여 부여의 북쪽인 흑룡강지역에 있던 室韋와 합쳐졌으며 일부는 서쪽으로 이동하여 알타이 산맥을 넘어 유럽의 다뉴브강 유역까지 진출하게 되는데 이들이 서양사에 기록되어있는 아바르족(Avars)이다[16].

---

15) 魏書 : "東胡之苗裔", "匈奴之裔" / 宋書, 梁書 : "匈奴別種" / 南齊書 : "塞外雜胡"

16) 서기 6세기경 남부러시아의 지배자로 등장한 아바르족(Avars)은 흉노족과 비슷하게 몽골족의 피가 섞인 터키어 계통의 아시아 사람들로 알려져 있다. 그들은 남부러시아에 하나의 강력한 군사국가를 세웠는데, 이 국가는 9세기까지 300년 정도 존속하면서 때로는 동부러시아로까지 판도를 넓혔다. 그들은 한때 비잔틴(Byzantin) 제국을 군사적으로 위협하기도 하였다. 프랑크(Frank)제국이 성장함에 따라 세력이 약화되면서 10세기말경에 역사에서 사라진다.

4. 돌궐(突厥)

유연이 망한 후 북방초원지대는 突厥과 鐵勒, 回紇등에 의해 장악되었다. 돌궐(突厥)은 알타이산맥 남록에 거주했던 민족으로 원류는 정확하지 않으나 대체적으로 흉노(匈奴)의 혈통을 지닌 것으로 보고있다. 돌궐은 초기에는 鐵勒의 일부였으나 5세기 중엽에 柔然에게 패하여 그에 속하였다. 金山모양의 투구인 두무(兜鍪)를 사용하였는데 이를 다른 이름으로 突厥이라 하였다. 여기서 부족명이 유래했다고 한다.

서위(西魏) 시기에 철륵(铁勒), 유연(柔然)을 격파하고 국가를 세웠으며 영토는 동쪽으로는 대흥안령(大興安嶺), 서쪽으로 서해(西海, 咸海)에 이르렀으며 북쪽으로는 바이칼호, 남쪽으로는 아모하(阿姆河, Amu Darya) 남쪽에 이르렀다. 583년에 동돌궐과 서돌궐로 분열되었다.

唐시기인 630년에 동돌궐이 658년에는 서돌궐(西突厥)이 당의 공격으로 차례로 멸망했다. 당은 돌궐인들을 황하의 북쪽이며 옛 흉노의 영역이었던 오르도스 초원일대로 이주시켰으며 일부는 중앙아시아로 흩어졌다. 무측천(武则天) 시기에 다시 후동돌궐(後東突厥)이 세워졌으나 약 7세기 말에서 8세기 초에 회흘(回纥)에 의해 멸망하였다. 이후 대부분은 회흘에 흡수되고 일부는 한족과 융합했으며 서쪽으로 이주한 돌궐족들은 중앙아시아지역에서 셀주크 투르크(Seljuq Turks)와 오스만투르크 제국을 건국하게 된다.

III. 맺음말

동아시아대륙의 북부인 지금의 몽골공화국과 중국의 내몽고, 신강지역 일대는 광대한 초원과 사막, 끝없는 삼림지대와 황토고원 등 다종다양한 자연환경을 지닌 곳이다.

이 넓은 지역을 무대로 활동하였던 고대 북방민족들은 그들이 처한 혹독한 자연환경에 적응하기 위하여 유목과 축목, 수렵과 어렵이라는 다양한 경제수단을 발명하였으며 부족한 식량자원을 보충하고 보다 나은 거주환경을 찾아 끊임없이 중국중원의 농경민족과 접촉하였다. 그 과정은 때로는 사막의 모래폭풍처럼 거칠었으며 때로는 초원의 미풍처럼 부드러웠었다.

메마른 초원에서 하늘을 뒤덮는 거대한 들불이 일어나듯이 하나의 민족이 들불처럼 일어났다가 사그라지면 다음 민족이 그 빈자리를 채워 자유롭고 개방적이되 신산한 삶을 이어갔으며, 때로는 서로 융합하고 때로는 서로 강제하였던 것이 수 많은 북방민족들의 삶이었다고 할 수 있다.

이처럼 다양한 유목경제지역의 민족들은 때로는 중원의 농경민족을 경유하여, 또 때로는 대흥안령을 넘어 직접 우리의 옛 선조들과 문화를 교류하였다. 이들 북방민족들의 민족적 다양성과 문화 교류에 있어서의 개방성은 끊임없이 우리에게 문화적 다양성을 제공해주는 화수분 같은 존재들 이었다.

역사의 기록속에서 영멸하였던 이들은 시대의 흐름에 따라서 일부는 정착된 삶을 선택하고 농경민족에 흡수되었으며, 일부는 그들이 나고 자란 대초원의 자유로운 땅으로 돌아가 오늘날 까지 굳건한 생명력으로 그 삶을 이어가고 있다.

新羅의 丹陽 經營과 丹陽赤城碑

李道學 (한국전통문화대 문화유적학과 교수)

신라 비석의 발전 과정을 살피는 데 빼놓을 수 없는 자료가 丹陽赤城碑이다. 단양적성비가 소재한 남한강 상류 지역의 단양 지역은 당초 백제 영역이었다. 그런데 396년 이후 단양을 비롯한 남한강 상류 지역의 상당 구간은 고구려 영역으로 귀속되었다. 6세기 중엽경 고구려 영역이었던 단양 적성을 신라가 점령한 것이다.

단양적성비가 지닌 의미는 결코 과소 평가할 수 없다. 일단 단양적성비는 신라가 소백산맥을 넘어 고구려 領內로 진출하여 건립한 최초의 비석이었다. 신라의 복속민 시책과 관련해 중요한 단서를 제공해 주는 역할을 하였다. 이러한 단양적성비의 건립 시기에 대해서는 여러 견해가 있었다. 이 중 550년 이전에 건립된 것은 분명하다고 판단되었다. 아울러 신라 국왕의 敎令이 정복지의 주민들에게 침투하는 최초의 書刻이 된 것이다. 단양적성비의 건립 배경과 관련해 비문에 보이는 "△△△使法赤城田舍法爲之"는 신라가 점령한 赤城의 어떤 件과 더불어 田舍에 대해서도 신라 法대로 처리한다는 내용으로 해석했다. 이는 지금까지의 연구에서 고구려의 田舍法으로 해석한 견해와는 다른 것이다. 신라의 점령지 시책인 것이다.

신라의 비석 발전사와 결부 지어 본다면 단양적성비는 기념비의 완결판인 진흥왕 3巡狩碑의 선행 양식에 속한다. 북한산진흥왕순수비의 건립 시기와 관련해 3가지 견해가 제기된 바 있다. 이 중 비석의 형태상으로 판단해 본다면 북한산진흥왕순수비는 561년에 건립된 창녕진흥왕척경비보다는 후대에 건립된 게 분명하다. 그렇다고 할 때 북한산진흥왕순수비의 555년 건립설은 성립이 어렵다.

I. 머리말

신라 비석의 발전 과정을 살피는 데 빼놓을 수 없는 자료가 丹陽赤城碑이다. 신라사에서 동일한 王代에 여러 개의 비석이 건립된 경우는 영토가 비약적으로 발전한 진흥왕대가 유일하지 않나 싶다. 가령 단양적성비와 창녕 신라진흥왕척경비, 그리고 진흥왕 3巡狩碑를 합하면 1代에 5개의 비석이 남아 있기 때문이다. 실제 진흥왕대에 건립한 비석의 숫자는 알 수 없지만 최소한 5기 이상이었음은 분명하다.

진흥왕대의 5碑 가운데 현존하는 가장 오래된 비석은 단양적성비이다. 단양적성비는 6세기 중엽경 신라가 소백산맥 이북으로 진출하면서 확보한 고구려 영역 赤城에 대한 점령과 관련한 주민들에 대한 布告 목적에서 건립되었다. 창녕 진흥왕척경비의 경우는 대가야가 멸망하기 불과 1년 전인 561년에 신라의 주요 지휘관들이 창녕에 집결한 사실이 적혀 있다. 나머지 3巡狩碑(황초령/ 마운령/ 북한산)들은 568년과 그 이후에 건립되었다.[1] 진흥왕대의 5碑 가운데 가장 먼저 건립된 단양적성비를 중심으로 삼아 그 나머지 4碑의 체재와 구성 요소의 차이를 통해 영토 확장기의 신라의 피정복민 시책의 일단과 기념비의 발전과 정형화 과정을 살피고자 한다. 이와 관련해 단양 지역의 영유권 변화 과정을 먼저 살피기로 했다. 그럼으로써 신라의 단양 지배가 갖는 의미와 성격이 명료해 질 것으로 믿어지기 때문이다.

---

1) 마운령비와 황초령비에 대해서는 다음의 논문을 참고하기 바란다.
李道學, 1992, 「磨雲嶺眞興王巡狩碑의 近侍隨駕人에 관한 檢討」『新羅文化』 9, pp.119~130.

II. 단양 지역의 영유권 변화 과정

단양 지역의 영유권은 어떻게 변천해 갔을까? 이와 관련해 忠州의 古地名으로 등장하는 未乙省은 삼국시대의 경기도 고양군을 가리키는 達乙省과 대응되는 면을 보이고 있다. 이 점 주목해 본다. 우선 '達乙'이 '高'의 뜻을 지녔다면, '未乙'은 '밑' 즉 '底'의 뜻으로 풀이할 수 있다. 여기서 達乙省의 達乙에 대한 뜻 옮김은 '高'이고, '省'에 대한 뜻 옮김은 '烽·峰' 즉, '수루(봉우리의 뜻)'에 해당된다고 한다. 여기서 '수루'는 '봉우리'에서 신호를 위해 피우는 '烽火'를 뜻하는 것으로 풀이되고 있다.[2] 그러므로 未乙省은 '底烽'의 뜻이 된다. 이러한 맥락에서 볼 때 남한강 상류의 충주 지역을 가리키는 미을성은 한강 수계를 따라 그 河口 부근의 고양 지역과 연결되어 있다는 사실이다. 그러므로 이러한 지명은 烽燧 體系線上에서 달을성은 그 首點에, 미을성은 그 終點에 소재한데서 유래한 것으로 추정할 수 있다.[3] 고구려 別都인 南平壤城 서북편에서 작동된 烽燧가 또 하나의 別都인 國原城에서 마무리되는 거대한 通信網인 烽燧 體系의 면면이 드러난 것이라고 하겠다.[4] 이러한 봉수 체계는 백제의 그것을 계승했다고 볼 수도 있다.

이와 연계하여 충주 가금면 장미산성에서 출토된 백제와 연관된 鳥足文土器가 지닌 의미를 반추해 본다.[5] 일단 조족문토기는 장미산성의 축조 국가를 암시하고 있다. 이와 더불어 장미산성이 소재한 충주 일대가 한 때 백제 영역이었음을 반증한다. 고구려가 진출하기 이전에 백제가 장미산성을 중심으로 한 충주 지역을 지배했음을 알려준다. 물론 백제와 신라의 동맹군이 한강유역을 회복한 시점이 551년이다. 이때 일시적으로 백제군이 장미산성을 점령한 상황에서 조족문토기가 남겨졌을 수도 있다. 그러나 주지하듯이 한강 하류는 백제가 점령했지만, 남한강 상류 지역의 충주는 신라가 장악하였다. 그러므로 551년의 시점에

2) 류렬, 1983, 『세 나라시기의 리두에 대한 연구』, 과학백과사전출판사, p.244.

3) 충주에서 烽燧는 周井山·大林山·心項山·馬山·望耳山 등에서 확인되고 있다. 이러한 烽燧址가 모두 삼국시대 특히 고구려 당시에 사용되었는지는 알 수 없다. 그러나 적어도 몇 개 烽燧址는 그러하였을 개연성을 부정하기는 어렵다.

4) 李道學, 1992, 「고대·중세의 역사」『일산 새도시 개발지역 학술조사보고』 2, pp.13~14.

5) 忠北大學校 博物館, 1992, 『中原 薔薇山城』, p.172.

서 장미산성의 국적을 백제와 연결 짓기는 어렵다. 고구려가 남한강 상류 지역을 장악하기 이전에 백제가 이곳을 경영했음을 뜻하는 물증인 것이다. 온달성 뿐 아니라[6] 이곳과 인접한 단양 赤城에서 백제계 토기편이 수습된 바 있다.[7] 이 사실은 온달성과 적성을 비롯한 남한강 상류 지역이 백제 세력권임을 뜻한다. 아울러 「광개토왕릉비문」에 보이는 阿旦城은 서울의 아차산성이 아니라 충청북도 단양군 영춘면의 온달성으로 비정된다.[8] 그러한 온달성은 北壁에 성문이 있었는데 폐쇄된 것으로 밝혀졌다. 이 北門을 폐쇄할 수 있는 정황을 놓고 본다면 방어 방향이 북쪽인 국가로서는 공격의 타깃이 되는 北門이야 말로 취약한 부분이었다. 그러한 북문을 폐쇄한 주체는 신라일 수밖에 없다. 역으로 백제나 고구려는 北門을 주출입구로 하면서 남한강 수계를 이용하였음을 알 수 있다. 온달성은 懸門을 구축하는 등 통행 보다 방어에 기능을 집중시킨 면모가 확인되고 있다. 이는 고구려의 남진 공세에 시달렸던 신라의 절박한 입장이 포착되는 면면을 온달성이 보여주고 있다고 판단된다.[9] 요컨대 온달성은 백제 때 축조되어 고구려가 활용했던 「광개토왕릉비문」의 아단성이었다.

369년에 고구려가 백제로부터 빼앗은 城 가운데 온달성이 소재한 단양을 비롯한 남한강 상류 지역은 무려 150년간 고구려 영역으로 존재하였다. 그랬기에 고구려 장군 溫達이 한강유역 회복을 위한 출정 명분으로서 "신라가 우리 漢北의 땅을 빼앗아 郡縣으로 삼았으므로 백성들이 痛恨하고 있습니다. 아직까지 부모의 나라를 잊지 않고 있사오니"[10]라고 하였다. 이는 의미심장한 말로서 국원성을 포함한 남한강 상류 지역 옛 고구려 주민들의 정서를 함축해 주고 있다. 이곳은 고구려인들이 故土 개념 속에서 失地回復을 운위할 수 있었다고 본다. 요컨대 고구려사 속에 忠州가 편제되기 시작한 것은 광개토왕의 水軍 작전으로 백제

6) 忠淸北道, 1982, 『文化財誌』, p.310.

7) 金元龍, 1978, 「丹陽 赤城의 歷史·地理的 性格」『史學志』 12, pp.8~10.

8) 李道學, 1988, 「永樂 6年 廣開土王의 南征과 國原城」, 『孫寶基博士停年紀念 韓國史學論叢』, pp.98~99.

9) 李道學, 2014, 「阿旦城 所在地와 溫達城 初築國에 관한 論議」『한국고대사탐구』 17, pp.163~164.

10) 『三國史記』 권45, 溫達傳.

로부터 남한강 상류 일원을 割壤 받은 396년부터였다. 이후 충주는 고구려 國內城 도읍기의 마지막 시점인 427년 이전 어느 때 國原城이라는 행정 지명을 부여받아 別都로서 역할을 하게 되었다. 고구려가 충주에 별도를 설치하게 된 배경은 이곳의 정치·경제·문화·지리적 배경이 고려된 결과였다. 고구려는 국원성을 軸으로 해서 신라 지역으로 진출하여 소백산맥 이남 즉, 죽령의 동남 지역을 직접 지배하였다. 여기까지가 신라가 단양적성비를 건립하기 이전까지의 남한강 상류 지역에 대한 지배권의 변화 과정이었다.

III. 단양적성비의 형태와 건립 시기

丹陽赤城碑는 1978년 1월 단국대학교 박물관 조사단(鄭永鎬)에 의하여 단양군 일대에서 溫達과 관련된 유적지를 찾는 과정에서 발견한 것이다. 비의 높이는 93cm, 上幅은 107cm, 下幅은 53cm로서 단단한 화강암을 물갈이하여 비면으로 이용하였다. 비의 上端部는 파손되었으나 좌우 兩側面은 원형을 그대로 보존하고 있으므로 비문이 22行으로 구성되었음을 알 수 있다. 每行의 글자수도 碑片의 발견으로 20자였던 것으로 짐작해 볼 수 있게 되었다. 다만 20·21·22行은 다른 행에 비하여 글자수가 적어 대체로 전체 430字 내외로 추정된다. 현재 남아 있는 글자수는 288字이지만 주변의 발굴을 통하여 수습된 비편 21字를 합하면 현재 알 수 있는 확실한 글자수는 309字에 달한다. 비의 글자는 字徑이 2cm 내외로 상당히 얕게 새겨져 있으나 오랫동안 땅속에 파묻혀 있었던 탓인지 판독이 불가능한 글자는 거의 없다. 따라서 丹陽赤城碑는 지금까지 알려진 신라 중고기 금석문 가운데 판독상 異見이 가장 없는 비석이다. 비문은 순수한 漢文式이 아니라 신라식 吏讀文과 한문이 混用되어 있다. 비에 사용된 書體는 중국 南北朝時代의 楷書體이지만 隸書의 餘韻이 강하게 남아 있다. 본비는 서체상 南朝의 영향을 받은 듯하다. 글자의 판독은 완벽하지만 상단부가 파손된 관계로 전체의 내용을 완전하게 파악할 수 없는 게 아쉽다.[11)]

11) 한국고대사회연구소, 1992,「단양 적성비」『譯註 韓國古代金石文』 2권, p.33.

단양적성비의 형태와 계통은 어떻게 연결 지을 수 있을까? 이와 관련해 우선 中古期 新羅碑의 형태와 글자를 새긴 형식의 변천 과정을 다음과 같이 도표를 만들어 살펴 보도록 한다.

이름	연대	형태	글자 새긴 비면
포항 중성리비	441년/ 501년	모양이 일정하지 않은 화강암의 직사각형	자연석 1면만 새김
영일 냉수리비	503년	사다리꼴 모양 사각형	앞면·뒷면·윗면 삼면에 글자
울진봉평신라비	524년	사다리꼴에 가까운 직사각형	앞면만 글자
영천 청제비	536년	장방형의 자연판석	앞면만 글자
단양적성비	550년 이전	화강암을 다듬은 위가 넓고 두꺼우며, 아래가 좁고 얇음.	앞면만 글자
창녕 진흥왕척경비	561년	자연석을 다듬어 글자를 새긴 둘레에 선을 돌려놓음.	앞면만 글자
북한산진흥왕순수비	568년 이후	직사각형의 다듬어진 돌을 사용, 자연암반 위에 2단의 층을 만들고 세움. 碑蓋 碑趺	앞면만 글자
황초령비	568년	직사각형. 碑蓋 碑趺	앞면만 글자
마운령비	568년	직사각형. 碑蓋 碑趺	앞면과 뒷면에 글자

단양적성비와 형태가 가장 근사한 祖形은 536년에 건립된 영천 청제비이다. 그리고 단양적성비와 가장 근사한 형태의 후신은 561년에 건립된 창녕 진흥왕 척경비('창녕비'로도 略記한다)가 된다. 단양적성비는 568년에 건립된 碑蓋와 碑趺를 갖춘 진흥왕 순수비와 비교하면 그 앞선 단계의 비석이다. 그러면 이제는 다음에 보이는 단양적성비의 판독문을[12] 토대로 비석의 건립 시기를 살펴 보고자 한다.

12) 한국고대사회연구소, 1992, 「단양 적성비」『譯註 韓國古代金石文』 2권, p.35.

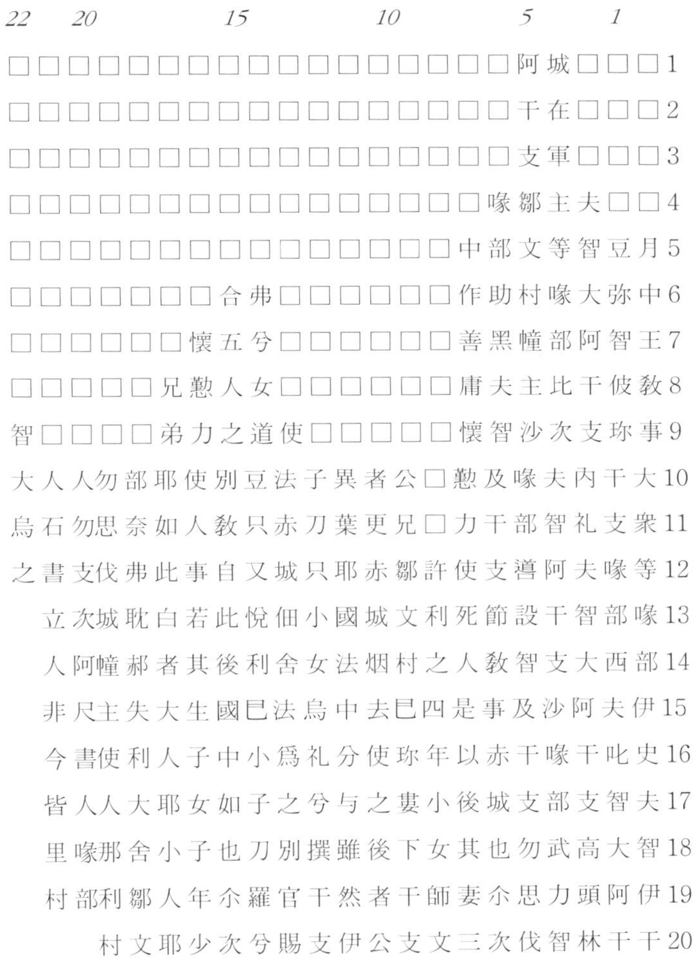

22 20 15 10 5 1

□□□□□□□□□□□□□□□□□阿城□□□1

□□□□□□□□□□□□□□□□□干在□□□2

□□□□□□□□□□□□□□□□□支軍□□□3

□□□□□□□□□□□□□□□□喙鄒主夫□□4

□□□□□□□□□□□□□□□中部文等智豆月5

□□□□□□□合弗□□□□□□作助村喙大弥中6

□□□□□□懐五兮□□□□□□善黑幢部阿智王7

□□□□□兄懃人女□□□□□□庯夫主比干伮教8

智□□□□弟力之道使□□□□□懐智沙次支珎事9

大人人勿部耶使別豆法子異者公□懃及喙夫内干大10

烏石勿思奈如人敎只赤刀葉更兄□力干部智礼支衆11

之書支伐弗此事自又城只耶赤鄒許使支導阿夫喙等12

立次城耽白若此悅佃小國城文利死節設干智部喙13

人阿幢郝者其後利舍女法烟村之人敎智支大西部14

非尺主失大生國巳法烏中去巳四是事及沙阿夫伊15

今書使利人子中小爲礼分使珎年以赤干喙干叱史16

皆人人大耶女如子之兮与之妻小後城支部支智夫17

里喙那舍小子也刀別撰雖後下女其也勿武高大智18

村部利鄒人年尒羅官干然者干師妻尒思力頭阿伊19

村文耶少次兮賜支伊公支文三次伐智林干干20

단양적성비의 건립 연대는 '月中' 위의 4글자가 깨진 관계로 확인할 수 없다. 그러나 이 부분은 창녕비의 첫 머리에 '辛巳年二月一日立'라고 적혀 있는 구절과 대응한다. 이로 볼 때 '△△△△'은 '△△年△'으로 추독할 수 있다. 연호 없이 干支만으로 표기하였다. 그 다음 글자는 아무개 月이 될 것이다. 현재로서는 단양적성비의 건립 연대를 집어서 말할 수는 없다. 그러나 비문에 등장하는 인물들의 관등과 『삼국사기』 상의 관등 변화를 통해 어느 정도 가늠이 될 수 있다. 우선 단양적성비에 적힌 '比次夫智阿干支'의 경우 『삼국사기』에는 551년에 대아찬이었다. 比次夫가 6관등인 아간 즉 아찬에서 5관등 대아찬으로 승진하였다. 그렇다면 단양적성비는 최소한 551년 이전에 건립되었을 것이다.[13)]

단양적성비에서 이사부는 이간 즉 이찬이다. 그의 官歷은『삼국사기』에서 다음과 같이 보인다.

a. 于山國이 귀복하여 해마다 土宜를 바치기로 했다. 우산국은 溟州의 正東쪽 海島에 있는데 혹은 鬱陵島라고도 하는데, 地方이 100里인데, 험한 것을 믿고 귀복하지 않았다. 伊飡 異斯夫가 何瑟羅州 軍主가 되어 생각하되, 于山人은 어리석고 사나워 위세로써 來服케 하기는 어렵지만 木偶師子를 많이 만들어 戰舡에 나누어 싣고…(지증마립간 13년).

b. 6년 7월에는 伊飡 異斯夫가 이르기를 '國史라는 것은 君臣의 善惡을 기록하여 褒貶을 萬代에 보이는 것이니, 史記를 꾸며두지 않으면 후세에 무엇을 보고 알겠습니까?' 하니 王이 깊이 동감하면서 大阿飡 居柒夫 等에게 명하여 널리 文士를 모아 國史를 편찬하게 했다(진흥왕 6년).

c. 정월에 백제가 고구려의 道薩城을 쳐 빼앗고, 3월에는 高句麗가 百濟의 金峴城을 함락시키자 王이 兩國의 병사가 피로한 틈을 타고 伊飡 異斯夫에게 명하여 군사를 내어 이를 쳐 2城을 빼앗고 성을 增築하여 甲士 1천 명을 주둔하여 지키게 했다(진흥왕 11년).

위에서 보듯이 이사부는 적어도 512년~550년 3월까지는 이찬 관등이었음을 알 수 있다. 확인된 바에 의하더라도 그는 무려 38년간이나 이찬이었다. 단양적성비의 건립 시기도 일단 이러한 시간적 범주 안에 묶어 둘 수 있다.

신라는 551년에 다음에서 보듯이 거칠부 주도로 고구려 영내로 진격한 기사가 보인다.

---

13) 邊太燮, 1978,「丹陽眞興王拓境碑의 建立年代와 性格」『史學志』12, p.33.

d. 12년 신미(진흥왕 12년: 551)에 왕이 거칠부와 大角湌 仇珍·각찬 比台·잡찬 耽知·잡찬 非西·파진찬 奴夫·파진찬 西力夫·대아찬 比次夫·아찬 未珍夫 등 8將軍에게 명하여 백제와 더불어 고구려를 침공하게 하였다. 백제 사람들이 먼저 平壤을 격파하고 거칠부 등은 승리의 기세를 타서 죽령 바깥 高峴 이내의 10郡을 취하였다.[14)]

거칠부는 이때 "竹嶺以外高峴以內十郡"을 점령한 것으로 적혀 있다. 그런데 이 구절은 551년에 죽령을 넘어섰다는 의미는 아닌 것이다. 이 범위 안의 10군은 본시 신라 영역이 아닌 신점령 지역이었기에 이렇게 표시한 것 같다. 즉 551년 이전에 이미 적성을 점령했을 가능성이다. 그런데 551년의 10군 점령은 거칠부 주도하에 이루어졌다. 이와는 달리 550년의 소백산맥 이북의 금현성과 도살성 2성의 공취는 이사부 주도였다. 도살성과 금현성을 충청북도 괴산군 增坪과 鎭川으로 각각 지목하는 견해를 취해본다.[15)] 이렇듯 적어도 550년에 이사부가 이미 소백산맥 이북으로 진출했다고 한다면, 적성비의 冒頭에 적힌 이사부가 작전을 주도하였음을 알 수 있다. 그리고 그 시점은 550년이나 그 이전으로 설정하는 게 자연스럽다. 이와 관련해 다음의 기사가 주목을 요한다.

e. 12년(551) 봄 정월에 연호를 開國으로 바꾸었다. 3월에 왕이 巡行하다가 娘城에 이르러, 于勒과 그의 제자 尼文이 음악을 잘한다는 말을 듣고 그들을 특별히 불렀다. 왕이 河臨宮에 머무르며 음악을 연주하게 하니, 두 사람이 각각 새로운 노래를 지어 연주하였다. 이보다 앞서 가야국 嘉悉王이 十二弦琴을 만들었는데, 그것은 12달의 음률을 본뜬 것이다. 이에 우륵에게 명하여 곡을 만들게 하였던 바, 나라가 어지러워지자 [우륵은] 악기를 가지고 우리에게 귀의하였다. 그 악기의 이름은 加耶琴이다. 왕이 거칠부 등에게 명하여 고구려에 침입케 하였는데, 이긴 기세를 타고 10개 郡을

14) 『三國史記』 권44, 거칠부전. "十二年辛未王命居柒夫及仇珍大角湌比台角湌耽知迊湌非西迊湌奴夫波珍湌西力夫波珍湌比次夫大阿湌未珍夫阿湌等八將軍與百濟侵高句麗百濟人先攻破平壤居柒夫等乘勝取竹嶺以外高峴以內十郡"

15) 단재신채호선생기념사업회, 1972, 「朝鮮上古史」『단재신채호전집』 上卷, 螢雪出版社, pp.230~231.

빼앗았다.[16)]

위의 기사를 보면 진흥왕이 낭성에 행차해서 于勒을 만났음을 알 수 있다. 이러한 낭성의 소재지에 대해서는 몇 가지 견해가 있다. 주목되는 견해는 낭성을 낭비성으로 비정하는 견해이다. 629년까지 고구려군이 주둔했던 낭비성은 충청북도 청원으로 비정되고 있다.[17)] 관련 기사를 다음과 같이 인용하였다.

f. 本百濟上黨縣[一云娘臂城 一云娘子谷][18)]

g. 51년 가을 8월에 왕이 대장군 龍春과 舒玄, 부장군 庾信을 보내 고구려 娘臂城을 침공하였다. 고구려인이 성을 나와 진을 벌려 치니 군세가 매우 성하여 우리 군사가 그것을 바라보고 두려워서 싸울 마음이 전혀 없었다. 유신이 말하였다. "내가 듣건대 '옷깃을 잡고 흔들면 가죽옷이 바로 펴지고 벼리를 끌어당기면 그 물이 펼쳐진다'고 했는데, 내가 벼리와 옷깃이 되어야겠다." 이에 말을 타고 칼을 빼들고는 적진으로 향하 여 곧바로 나아가 세 번 들어가고 세 번 나옴에 매번 들어갈 때마다 장수의 목을 베고 혹은 깃발을 뽑았다. 여러 군사들이 승세를 타고 북을 치며 진격하여 5천여 명을 목베어 죽이니, 그 성이 이에 항복하였다. 9월 에 당나라에 사신을 보내 조공하였다.[19)]

g. 12년 가을 8월에 신라 장군 김유신이 동쪽 변경으로 쳐들어 와서 娘臂城을 깨뜨렸다.[20)]

h. 建福 46년 기축 가을 8월에 왕이 이찬 任末里, 파진찬 龍春·白龍, 소판 大因·舒玄

---

16) 『三國史記』 권 4, 진흥왕 12년 조.

17) 『新增東國輿地勝覽』 권15, 淸州牧 建置 沿革 條. "本百濟上黨縣[一云娘臂城 一云娘子谷]"
『旅菴全書』 권5, 疆界考 娘臂城 條. "按娘臂城 一云娘子谷 今淸州"
李元根, 1976, 「百濟 娘臂城考」 『史學志』 10, p.14.

18) 『新增東國輿地勝覽』 권15, 淸州牧 建置 沿革 條.

19) 『三國史記』 권4, 진평왕 51년 조.

20) 『三國史記』 권20, 영류왕 20년 조.

등을 보내 군 사를 거느리고 고구려의 娘臂城을 공격하게 하였다.[21)]

i. 熊川州 一云熊津 熱也山縣 伐音支縣 西原一云娘臂城 一云娘子谷[22)]

그런데 분명한 것은 娘臂城=娘子谷=上黨縣은 동일한 지역을 가리키고 있다. 그러나 그 어디에도 娘城을 청주 지역으로 명시한 기록은 없다. 그리고 娘城이 娘臂城의 略記라는 근거도 없다. 이와 관련해 주목되는 사안은 진흥왕이 우륵을 만난 장소에 河臨宮이 소재했다는 것이다. 河臨宮은 강가에 소재한 행궁이요, 우륵은 충주에서 그의 전설이 전해 오고 있다. 다음의 기사가 그것이다.

j. 月落灘: 주 서쪽 15리에 있는데, 바로 지금의 金遷 月灘으로 于勒이 놀던 곳이다.[23)]

k. 彈琴臺: 犬門山에 있다. 푸른 벽이 낭떠러지라 높이가 20여 길이요, 그 위에 소나무·참나무가 울창하여 楊津溟所를 굽어 임하고 있는데, 于勒이 거문고를 타던 곳이다. 뒷사람이 인하여 그 대를 탄금대라 이름하였다.[24)]

l. 신라 于勒: 古記에 伽倻國 嘉悉王이 당 나라 악기를 보고 거문고를 만들고, 樂師 省熱縣 사람 于勒에게 명하여 12曲을 지었다. 뒤에 우륵이 그 나라가 장차 어지러워질 것을 알고 거문고를 안고 신라로 갔다. 眞興王이 國原에 安置하고 主知·階古·萬德을 보내어 그 기술을 전수하게 하였다. 세 사람이 11곡을 배우고 나서 서로 말하기를, "이것이 번잡하고 또 음란하니, 雅하게 만들지 않을 수 없다"고 하고 드디어 요약하여 5曲을 만들었다. 우륵이 처음에는 듣고 노하였다가, 그 소리를 듣고나서는 눈물을 흘리며 탄식하기를, "즐거워도 흐르지 않고 슬퍼도 비참하지 않으니 바른 소리라 할 수

---

21) 『三國史記』 권41, 김유신전.

22) 『三國史記』 권37, 지리, 웅천주 항.
여기서 '娘'은 『三國史節要』 庚申年 백제 멸망 末尾 條에 따라 補入한 것이다.

23) 『新增東國輿地勝覽』 권14, 忠州牧 山川 條.

24) 『新增東國輿地勝覽』 권14, 忠州牧 古跡 條.

있다"고 하였다. 왕 앞에서 연주하니 왕이 기뻐하였다.[25)]

위의 기사를 유의한다면 진흥왕이 우륵을 만난 장소를 염두에 둘 때 낭성은 지금의 충주를 가리킨다고 하겠다. 단재 신채호는 일찍이 진흥왕이 행차한 낭성을 "今 忠州 彈琴臺 부근"[26)]이라고 한 바 있다. 실제 탄금대에서는 백제 때 축조한 탄금대 토성의 존재가 확인되었다. 탄금대 토성은 백제가 4세기 중후반에 축조한 불규칙한 장방형 내지 타원형으로 둘레 415~420m 규모이다.[27)] 그렇다면 바로 탄금대 토성이 낭성이 분명해진다. 보다 중요한 사실은 우륵이 국원인 지금의 충주에 정착하게 되는 다음의 기사가 된다.

m. 新羅古記에서 이르기를 加耶國의 嘉實王이 唐의 악기를 보고 만들었다. 왕이 여러 나라의 방언이 각기 달라 성음을 어찌 일정하게 하는가 하며 이에 省熱縣 사람 악사 于勒에게 12곡을 만들게 하였다. 후에 于勒이 그 나라가 어지러워져 악기를 가지고 신라 眞興王에게 귀부하였다. 왕이 받아들여서 國原에 안치했다. 이에 대나마 注知·階古·대사 萬德을 보내어 그 기예를 전수하게 했다. 세 명이 이미 12曲을 전해받고 서로 일러 말하기를 이것은 번다하고 또 음란해서 우아하고 바르다고 할 수 없다. 마침내 5曲으로 요약하였다. 于勒이 처음 듣고 화를 냈지만 그 다섯 곡의 음을 듣고 눈물을 흘리면서 탄식하여 말하기를 즐거움이 넘치지 않고 애절하면서 슬프지 않으니 가히 바르다고 이른다. 네가 왕의 앞에서 그것을 연주하라. 왕이 듣고 크게 즐거워하였다. 諫臣이 의논하여 아뢰었다. 망한 加耶의 음은 취할 것이 안됩니다. 왕이 말하기를 加耶王이 음란하여 자멸하였으나 음악이 무슨 죄가 있는가. 대개 성인은 음악을 제정하는 것은 인정으로써 연유하여 조절하게 한 것이니 나라의 다스림과 어지러움은 음악의 調로 유래한 것이 아니다. 마침내 행하여 大樂이 되었다. …[28)]

---

25) 『新增東國輿地勝覽』 권14, 忠州牧 寓居 條.

26) 단재신채호선생기념사업회, 1987, 「朝鮮上古史」『개정판 단재신채호전집』 上卷, 螢雪出版社, p.242.

27) (財)중원문화재연구원 충주시, 2009, 『충주 탄금대토성 I -2007년도 발굴조사보고』, p.132. p.122.

28) 『三國史記』 권32, 雜志 1, 樂.

앞의 인용과 위의 기사를 놓고 본다면 진흥왕이 낭성에 행차하여 우륵을 만난 것이다. 이때 우륵은 국원에 거주하였다. 여기서 551년 3월 이전에 우륵이 국원 즉 충주에 거주했음을 알 수 있다. 그렇다면 신라가 충주를 점령한 시기는 최소한 551년 이전이 되는 것이다.[29] 진흥왕이 우륵을 만나 기사에 이어 "왕이 거칠부 등에게 명하여 고구려에 침입케 하였는데, 이긴 기세를 타고 10개 郡을 빼앗았다"고 했다. 즉 진흥왕이 낭성 즉 충주에 순행한 후에 거칠부 등이 10개 郡을 점령한 것이다. 이는 앞에서 게재한 d 기사의 시점을 알려준다. 이러한 d 기사는 551년에 해당하는 관계로 이때 비로소 신라가 죽령을 넘어 고구려 영역으로 진출한 것으로 지목했다. 그런 관계로 단양적성비의 건립 연대도 551년이나 그 직후로 간주한 것이다. 그러나 신라가 10군을 공취하기 이전에 이미 진흥왕은 낭성 즉 충주에 순행한 바 있다. 그 이전에 우륵은 국원으로 사민된 바 있다. 게다가 단양적성비의 比次夫의 관등은 551년의 대아찬보다 낮은 아찬에 불과했다. 따라서 신라는 적어도 551년 3월 이전에 충주 지역을 안정적으로 장악했음을 알게 된다. 그렇다면 '죽령 바깥 高峴 이내의 10郡' 장악은 최소한 550년 이전부터 이루어졌다고 보아야 한다. 신라가 이전부터 장악해 나갔던 '竹嶺以外 高峴以內'의 범주에서 고현을 上限으로 한 10개 郡을 점령한 것으로 보인다. 이곳은 훗날 고구려가 실지회복을 표방한 '竹嶺以西'로서 철령 이남 죽령 서북으로 지목된다.[30] 따라서 앞서 논의한 바 처럼 신라의 적성 장악은 최소한 550년이나 그 이전으로 소급될 수 있다. 결국 단양적성비의 건립 시기도 이와 엮어서 지목할 수 있게 된다.

그러면 이때 신라군의 北進路는 어떠한 路程을 밟았을까? 이와 관련해 단양적성비에 보이는 '鄒文村幢主'의 鄒文村을 『신증동국여지승람』에서 강원도 영월군 동편 40里에 소재한 '注文伊所' 에 비정해 본다. 그렇다면 실직주가 설치된 동해안의 三陟 방면에서 西進하여 영월까지 점령하고 있던 신라군 支隊가 적성에서 本隊와 합류하여 충주로 進攻했을 가능성이다. 어떠한 路程을 밟았던 551년 이

29) 李道學, 1987, 「新羅의 北進經略에 관한 新考察」『慶州史學』 6, p.29.

30) 李道學, 1987, 「新羅의 北進經略에 관한 新考察」『慶州史學』 6, p.41.

전에 신라 경영을 위한 고구려의 別都였던 國原城이[31] 함락되었다는 사실은 고구려의 남한강 상류와 하류간의 水運交通은 물론 內陸交通까지도 위협을 안겨주었을 것이다. 이로 인해 죽령의 西北에 포진하고 있던 고구려군은 결정적인 타격을 입고 퇴축되었을 것으로 보인다. 이같은 勝勢를 타고 신라군은 550년에 도살성과 금현성을 공취하게 된다. 결국 소백산맥을 넘어선 신라군의 주공격 방향은 단양→충주→증평→鎭川線으로 이어진 것으로 보인다.[32]

IV. 단양적성비의 내용

단양적성비는 561년에 건립된 창녕 신라진흥왕척경비와 동일하게 비문의 冒頭에 연호가 없다. 신라는 536년(법흥왕 23)의 建元 이래로 연호를 사용하였다. 그럼에도 위의 2 비석에는 연호 대신 干支로만 연대를 표기했다. 이는 확실히 진흥왕 3순수비 가운데 마운령비나 황초령비의 연호 표기와는 구분된다. 북한산 순수비의 경우는 연호가 표기되었지만 지금 남아 있지 않은 것일 뿐이다. 신라 비석에서 독자의 연호가 적혀 있는 연호는 568년이 처음이 된다. 문제는 3개의 진흥왕 순수비 가운데 북한산비의 건립 시기이다. 이에 대해서는 북한산비의 건립 시기는 555년(진흥왕 16)說[33]과 568년(진흥왕 29)說[34] 및 568년 以後說[35]로

---

31) 李道學, 1988, 「永樂6年 廣開土王의 南征과 國原城」『孫寶基博士停年紀念韓國史學論叢』, 孫寶基博士停年記念論叢刊行委員會; 2006, 『고구려 광개토왕릉비문 연구』, 서경문화사, pp.380~382.

32) 李道學, 1987, 「新羅의 北進經略에 관한 新考察」『慶州史學』 6, p.32.

33) 崔益翰, 1939, 「北漢山 新羅眞興王碑(四)」『東亞日報』 5월 19일.
李丙燾, 1986, 「北漢山 文殊寺 內의 石窟」『震檀學報』 61, pp.1~3.
노용필, 1996, 『신라진흥왕순수비연구』, 일조각, p.6.

34) 崔南善, 1930, 「新羅 眞興王의 在來 3碑와 新出現의 磨雲嶺碑」『靑丘學叢』 2.
金允經, 1939, 「北漢 眞興王巡狩碑-建立年代 推定에 對한 崔益翰氏의 答을 읽고(四)」『東亞日報』 9월 12일.

35) 金正喜, 1934, 「僧伽眞興王巡狩碑」『阮堂先生全集』.
葛城末治, 1935, 「楊州新羅眞興王巡狩碑」『朝鮮金石攷』, 大阪屋號書店, pp.150~151.
今西龍, 1933, 「新羅眞興王巡狩管境碑考」『新羅史硏究』, 近澤書店.

나누어진다. 이러한 주장들은 나름대로의 근거를 지니고 있었다. 그렇지만 북한산순수비의 555년 건립설은 취하기 어려운 중대한 맹점이 있다. 碑蓋와 碑趺를 갖춘 북한산순수비는 그 형태로 볼 때 568년에 건립된 황초령비나 마운령비와 동일한 형식이다. 그렇다고 할 때 북한산비가 561년에 건립된 창녕비의 선행 양식이 될 수는 없다. 북한산비는 적어도 561년 이후에 건립된 것이라야 맞다.

'王教事'로 시작한 단양적성비의 첫 문장은 '王教事'로 시작한 이사부를 필두로 高官들에게 教를 내리고 있다. 이는 창녕진흥왕척경비와 나머지 3 순수비에서 진흥왕이 행차한 기사와 차이가 나고 있다. 즉 창녕진흥왕척경비문 등에는 "寡人幼年承基政委輔弼"과 같은 진흥왕 자신에 관한 문구가 보이고 있지만 단양적성비에는 그렇지 않다. 이는 국왕인 진흥왕의 현장 행차 여부와 밀접한 관련이 있다고 볼 수 있다. 단양적성비에는 진흥왕이 행차하지 않았기에 왕 자신에 관한 所懷가 피력될 이유가 없었기 때문이다.

단양적성비는 진흥왕의 命을 받고 출정한 이사부를 비롯한 장군들이 고구려 지역이었던 적성을 점령하고 난 후 신라를 도와 功을 세운 赤城 출신의 也尒次와 그와 일정한 관계에 있던 인물들을 褒賞하고 이를 증명할 뿐만 아니라 나아가 적성 주민들을 慰撫할 목적에서 건립한 碑였다.[36] 그러한 목적을 지닌 단양적성비에는 教를 내린 주체로서 '王'의 존재가 보인다. 즉 왕의 教는 일차적으로 伊史夫智 伊干(支)를 비롯한 助黑夫智 及干支에 이르기까지 9명의 高官에게 해당한다. 王의 教는 節教事와 別教의 형태로 적성인 也尒次에게 내려지고 있다. 이러한 왕 즉 진흥왕의 教가 자연석을 다듬은 바위에 刻字되어 있는 것이다. 이는 국왕의 통치권이 변경인 적성 지역 주민들에게 명백히 전달하기 위한 조치로 보인다. 다시 말해 정복지에 王教를 분명히 인지시켜 이곳에 대한 중앙의 관심이 지대하다는 사실과 더불어 教令의 침투를 명백히 보여주고자 한 의도였다. 그리고 단양적성비가 통치의 거점인 산성에 건립되었다. 이는 비석의 位格을 높여주는 동시에 항구적인 안전을 보장하기 위한 목적을 지녔음을 보여준다.

36) 한국고대사회연구소, 1992,「단양 적성비」『譯註 韓國古代金石文』2권, p.34.

〈단양적성비에 보이는 官人 名單〉

관 직	출신지	인 명	관 등
大衆等	喙部	伊史夫智	伊干(支)
	(沙喙部)	豆弥智	彼珎干支
	喙部	西夫叱智	大阿干(支)
		□□夫智	大阿干支
		內礼夫智	大阿干支
高頭林城在軍主等	喙部	比次夫智	阿干支
	沙喙部	武力智	阿干支
文村幢主	沙喙部	導設智	及干支
勿思伐(城幢主)	喙部	助黑夫智	及干支
公兄	文村	巳珎婁	下干支
		烏礼兮	撰干支
		刀羅兮	
	(□□)部	奈弗耽郝失利	大舍
鄒文(村)□□□□			
勿思伐城幢主使人	那利村		
□□□□		人勿支次	阿尺
書人	喙部		
石書立人	非今皆里村		
□□	□□	□□智	大烏

위의 表를 보면 신라 관인들의 출신지는 '喙部'와 같은 '部'를 표기했다. 그러나 영일 냉수리비와 창녕비에는 '部' 字를 삭제하고 '喙'으로만 표기하였다. 이러한 표기는 북한산비에도 동일하게 행해졌다. 그러나 봉평신라비를 비롯하여 황초령비와 마운령비에는 '部' 字를 붙였다. 그런데 남산신성비에는 '部' 字가 붙여진 경우와 기재하지 않은 경우가 병존한다. 따라서 이 사안에는 특별한 의미를 부여하기는 어렵다.

단양적성비를 건립하게 된 목적은 적성인 야이차의 유족에 대한 포상과 관련이 있다. 이러한 포상은 창녕 진흥왕척경비나 진흥왕 3순수비에도 그대로 보이고 있다. 이러한 점에서 볼 때 진흥왕대의 5碑는 영토 확장과 관련한 피정복민 시책과 연관되었음을 알게 된다. 여기서 금석문을 통해 본 신라의 정복 시책은 단양적성비 단계에서는 점령지 확보에 기여한 현지인 褒賞으로 나타난다. 단양적성비의 건립 배경과 관련해 비문에 보이는 '赤城田舍法'은 지금까지의 연구에서 고구려의 田舍法으로 해석하였다. 그런데 단양적성비에는 '赤城田舍法' 바로 윗 구절에 '△△△使法'라는 문구가 있다. 이와 결부 지어 볼 때 어떠한 件에 대해서는 '使法' 즉 법으로 처리하고, 새로 점령한 적성의 田舍도 법대로 한다는 의미로 해석된다. 이는 신라의 점령지 시책에 속한다고 보여진다. 즉 赤城 지역에 대한 토지와 舍宅을 포함한 재산권에 대한 처리 규정으로 보인다. 창녕진흥왕척경비에 보이는 경제적 수취에 대한 내용 역시 이에 포함된 것으로 보인다. 요컨대 신라가 적성을 점령한 후 자국의 여러 법을 점령지에 적용하고 있음을 알게 된다. 울진봉평신라비에 보이는 奴人法 이래로 정비된 점령지 법령이 갖추어졌음을 암시해 준다.

정복의 2단계 모습은 창녕진흥왕척경비를 통해서 읽을 수 있다. 우선 관련 비문의 "土地彊時山林/ 海州白田畓/ 山塩河川"라는 구절에 의미를 부여하여 성격을 논의하기도 했다. 즉 신라인들의 경제적 활동에 관한 것은 물론 그 활동에 대한 관할 계통의 수립에 관한 教事가 국왕에게서 내려졌음을 알려준다. 다시 말해 土地나 山林 등 국가 경제의 중요한 근간이 되는 문제에 관한 국왕의 教를 먼저 적고 이와 관계되는 犯法行爲에 대한 처벌 규정을 명시한 후 그 관련 업무의 실무 계통의 수립과 처벌 결정권의 소재를 밝혀주고 있는 것으로 파악하였다.[37] 이러한 파악은 충분히 의미가 있다고 간주된다. 여기서 한 걸음 나아가 "土地彊時山林/ 海州白田畓/ 山塩河川"라는 구절은 疆域의 설정과 그 안의 경제적 수취에 대한 천명으로 보인다. 山이나 河川과 海라는 자연 속에서 林이나 밭[白田]과 논[畓]과 塩이라는 자원의 존재가 거론되고 있다. 이는 넓어진 영토를 통한 경제적 기반의 확대를 천명하고 四方軍主와 같은 신라 全土를 지키는 사령관을 통해 확보한 영토의 보존과 영토 확장 의지를 재천명하는 목적을 지녔다고 본다. 아울러 이때 진흥왕과 주요 군사령관들의 會同은 이듬해에 단행될 대가야 정벌에 대한 일종의 決議的인 성격도 지녔다고 하겠다. 그러한 決意는 지금까지 점령한

37) 노용필, 1996, 『신라진흥왕순수비연구』, 일조각, p.214.

境域에 대한 경제적 비중과 수호 의지의 천명인 것이다.

〈창녕 진흥왕척경비문 釋文〉[38)]

亲巳年二月一日立　寡人幼年承基政委輔弼侅智　　行悉
事末□□立□赦□□□□□四方□改囚□後地土□陜也
古□□□不□□□□□□□□□□□□□□□人普山□心□
除林□□□□□□□□□□□□□□□此□州□□
而已土地彊時山林□□□□□□□□□也大等与軍主幢主道
使与外村主審故□□□□□□□□□海州白田畓□□与
山河川□教以□□□□□□□□□□□□□□□□□□人
之雖不□□□□□□□□□□心□□河□□□□于之
其餘少小事知古□ 氵□□□□□者□□以上大等与古奈末典
法□人与上□□□□□□□□□□□□此以□□看其身受
討　于時日灬大□□□□□□智葛文王□□□□者漢只□□
屈珎智大一伐干□喙□□智一伐干□□折夫智一尺干□□
□智一尺干喙□□夫智迊干沙喙另力智迊干喙小里夫智□□
干沙喙都設智沙尺干沙喙伐夫智一吉干沙喙忽利智一□□□
珎 氵次公沙尺干喙尒亡智沙尺喙耶述智沙尺干喙□□□□
沙尺干喙比叶□□智沙尺本液末□智及尺干喙□□智□□□
沙喙刀下智及尺干沙喙□□智及尺干喙鳳安智□□□□□
等喙居七夫智一尺干□一夫智一尺干沙喙甘力智□□干□
大等喙末淂智□尺干沙喙七聡智及尺干四方軍主比子伐
軍主沙喙登□□智沙尺干漢城軍主喙竹夫智沙尺干碑利
城軍主喙福登智沙尺干甘文軍主沙喙心夫智及尺干
上州行使大等沙喙宿欣智及尺干喙次叱智奈末下州行
使大等沙喙春夫智大奈末喙就舜智大舍于抽悉土可
西阿郡使大等喙北尸智大奈末沙喙須仃夫智奈□百

38) 한국고대사회연구소, 1992, 「창녕 진흥왕척경비」『譯註 韓國古代金石文』 2권, p.55.

爲人喙德文奈末比子伐停助人喙覓薩智大
奈末書人沙喙導智大舍村主奕聰智述干麻叱
智述干

정복의 3단계 면모는 마운령비와 황초령비에서 확인된다. 즉 "전쟁을 당하여 용감하게 싸워 나라를 위해 충절을 다한 功이 있는 무리들에게는 더욱 賞과 爵을 주어 그 功勳을 표창할 것이다"[39]고 했다. 북한산순수비의 "勞苦를 위로하고자 한다. 만약 충성과 신의와 정성이 있다면…賞을 더하고"라는 구절도 이와 동일하다.

이러한 맥락에서 볼 때 단양적성비는 신라의 정복민 시책에 관한 최초의 선언이라고 하겠다. 울진봉평신라비와는 성격이 동일하지 않다. 이후 신라의 순수비들에서는 단양적성비보다는 훨씬 정교해진 내용으로 정복민에 대한 慰撫와 褒賞을 품격 있게 기술하였다.

V. 맺음말

남한강 상류 지역에 소재한 단양 지역은 당초 백제 영역이었다. 충주의 장미산성에서 출토된 백제의 조족문토기를 비롯하여 赤城의 백제 토기편이 그러한 사실을 반영하고 있다. 더욱이 2개의 阿旦城 가운데 남한강 상류 지역인 단양군 영춘면이 그 한 곳이 되었다. 396년에 고구려가 백제로부터 점령한 阿旦城이 바로 이곳이었다. 그런데 396년 이후 단양을 비롯한 남한강 상류 지역의 상당 구간은 고구려 영역으로 귀속되었다. 6세기 중엽경에 이르러 신라가 고구려 영역이었던 단양 적성을 점령한 것이다.

단양적성비가 지닌 의미는 결코 과소 평가할 수 없다. 일단 단양적성비는 신라가 소백산맥을 넘어 고구려 領內로 진출하여 건립한 최초의 비석이었다. 즉 신라는 진흥왕대에 유례없는 정복 활동을 정력적으로 펼친 바 있다. 이와 맞물

39) 노용필, 1996,『신라진흥왕순수비연구』, 일조각, p.226.

린 신라의 복속민 시책과 관련해 중요한 단서를 제공해 주는 역할을 하였다. 이러한 단양적성비의 건립 시기에 대해서는 여러 견해가 있었다. 이 중 550년 이전에 건립된 것은 분명하다고 판단되었다. 단양적성비의 건립 시기에 관한 여러 견해 중 550년 以前說의 타당성을 보강해 주었다. 아울러 신라 국왕의 教令이 정복지의 주민들에게 침투하는 최초의 書刻이 된 것이다. 단양적성비의 건립 배경과 관련해 비문에 보이는 "△△△使法赤城田舍法爲之"는 어떤 件과 더불어 적성의 田舍에 대해서도 신라 法대로 처리한다는 내용으로 해석했다. 이는 지금까지의 연구에서 고구려의 田舍法으로 해석한 견해와는 다른 것이다. 신라의 점령지 시책인 것이다.

신라의 비석 발전사와 결부 지어 본다면 단양적성비는 기념비의 완결판인 진흥왕 3巡狩碑의 선행 양식에 속한다. 또 단양적성비는 창녕진흥왕척경비의 선행 양식이지만 형태상으로 유사하다. 그렇지만 단양적성비는 창녕진흥왕척경비나 황초령비와는 달리 外廓線이 없다. 이러한 면에서 보더라도 단양적성비는 이들 비석보다는 古形임을 알 수 있다. 참고로 북한산진흥왕순수비의 건립 시기와 관련해 3가지 견해가 제기된 바 있다. 이 중 비석의 형태상으로 판단해 본다면 북한산진흥왕순수비는 561년에 건립된 창녕진흥왕척경비 보다는 후대에 건립된 게 분명하다. 그렇다고 할 때 북한산비의 555년 건립설은 성립이 어렵다.

追補 : 校正 과정에서 정호섭의 관련 논문을 우연히 접하였기에 짧게라도 언급한다. 가령 정호섭은 "한편 광개토왕이 공취한 아단성이 한수 북쪽이고 온달전에 나타나는 아단성은 온달성이라는 입장에서 두 기록에 보이는 아단성을 별개의 두 성으로 보아야 한다는 견해도 제기되었다"[40]고 했다. 그러면서 이러한 논자로서 이도학과 김영관 및 김현길을 거론했다. 그러나 필자는 광개토왕이 공취한 아단성과 온달전의 아단성을 시종 동일한 온달성으로 지목하였다. 즉 고구려가 396년에 백제로부터 빼앗은 58城 가운데 보이는 阿旦城이 서울의 아차산성이라고 하자. 그렇다면 江을 사이에 두고 고구려군이 주둔한 아차산성과 백제의 왕성인 풍납동토성이 맞대치한 형국이 된다. 그러나 실제 이러한 상황이 惹起되기는 어렵다. 그렇기 때문에 「광개토왕릉비문」의

40) 정호섭, 2014, 「삼국사기 온달전을 통해 본 온달의 위상과 아단성」『한성사학』 29, 25쪽.

阿旦城을 서울 아차산성이 아니라 또 다른 곳에서 찾고자 했다. 바로 그 아단성이 영춘의 온달성이었다.[41] 정호섭의 사실 왜곡을 摘示해 둔다.

정호섭은 이어서 "현재로선 문헌기록과 금석문에 공통적으로 보이는 아단성을 전혀 다른 두 곳으로 볼 뚜렷한 근거를 찾기 어렵다"고 했다. 결과적으로 정호섭은 필자의 논지에 공감하고 있다. 문제는 마치 정호섭 자신이 고심해서 문제점을 지적한 양 사실 왜곡을 했다. 그리고 영락 10년에 고구려 5萬의 大兵이 신라 구원을 명분으로 출병할 수 있었던 요인으로서 남한강 상류 지역을 이미 장악하고 있었기에 가능했고, 그러한 연장선상에서 볼 때 단양 일대는 고구려 영역이었고, 나아가 온달성이 아단성일 가능성이 높다는 것이다.[42] 그러나 이러한 견해는 정호섭이 인용한 논문에서 필자가 1988년에 이미 제기한 지론이 된다.[43] 그 밖에 지적할 사안은 別稿에서 거론한다.

41) 李道學, 1988,「永樂6年 廣開土王의 南征과 國原城」『孫寶基博士停年紀念韓國史學論叢』, 98~99쪽; 2006,『고구려 광개토왕릉비문 연구』, 서경문화사, 362~375쪽.

42) 정호섭, 2014,「삼국사기 온달전을 통해 본 온달의 위상과 아단성」『한성사학』 29, 26쪽.

43) 李道學, 1988,「永樂6年 廣開土王의 南征과 國原城」『孫寶基博士停年紀念韓國史學論叢』, 101~102쪽.
李道學, 1988,「高句麗의 洛東江流域 進出과 新羅·加耶經營」『國學硏究』 2 ; 2006,『고구려 광개토왕릉비문연구』, 서경문화사, 405~406쪽.

Dan Yang Management of Silla and Juk Sung Monument in Dan Yang

Lee, Do-Hack

Juk Sung monument in Dan Yang is the name of the game in researching a development process of Silla's monuments. Dan Yang, which is located in an upstream area of NamHan River, was originally of Baekje. However, after 396, a considerable number of regions including Dan Yang and an upstream area of NamHan River belonged to Goguryeo. Silla occupied Dan Yang Juk Sung which was the territory of Goguryeo in the mid of sixth centuries.

The significance of Juk Sung monument in Dan Yang cannot be underestimated. First, it was the first monument ever constructed by Silla as Silla advanced to Goguryeo territory over Sobeck Mountains. It roled to offer an important clue regarding a policy on submitted people of Silla. There were various views on construction times of this monument. Among these perspectives, it was judged to be obvious that the monument was built before 550. In addition, The king of Silla's ordinance became the initial writing that passed throughout people in conquests. There is a phrase related to establishment of the monument, "△△△使法赤地田舍法爲之" It was interpreted that a case including a farm work place of an enemy territory where Silla occupied was dealt with the law of Silla. It is different with the studies so far which interpreted it as Goguryeo's. It was the policy of Silla.

Associating with Silla's monuments history of development, Juk Sung Monument in Dan Yang belongs to preceding style of Jinheung's Sunsu monuments that are final. 3 views have been raised related to the construction time of Bukhansan monument of Jinheung. Inspecting it with physical traits, it is obvious that Bukhansan monument of Jinheung had been constructed later than Jinheung Royal Tour Stele in Chang Neong which was founded in 561. Therefore, the theory that Bukhansan monument of Jinheung was constructed in 555 cannot be valid.

[주제어] 신라(Silla), 단양적성비(Juk Sung Monument in Dan Yang), 신라비(Silla's monuments), 남한강 상류 지역(upstream area of NamHan River), 백제(Baekje), 고구려(Goguryeo), 진흥왕순수비(Jinheung's Sunsu monuments)

〈참고문헌〉

1. 기본사료

『三國史記』

『新增東國輿地勝覽』

『旅菴全書』

2. 단행본

金正喜 1934 『阮堂先生全集』

葛城末治 1935 「楊州新羅眞興王巡狩碑」『朝鮮金石攷』, 大阪屋號書店

今西龍 1933 『新羅史硏究』, 近澤書店

노용필 1996 『신라진흥왕순수비연구』, 일조각

단재신채호선생기념사업회

1987 「朝鮮上古史」『개정판 단재신채호전집』 上卷, 螢雪出版社

류렬 1983 『세 나라시기의 리두에 대한 연구』, 과학백과사전출판사

(財)중원문화재연구원 충주시

2009 『충주 탄금대토성 I - 2007년도 발굴조사보고』

忠北大學校 博物館

1992 『中原 薔薇山城』

忠淸北道 1982 『文化財誌』

한국고대사회연구소

1992 『譯註 韓國古代金石文』 2권

3. 논문류

金允經 1939 「北漢 眞興王巡狩碑-建立年代 推定에 對한 崔益翰氏의 答을 읽고(四)」『東亞日報』 9월 12일.

김영관 1998 「三國爭霸期 아단성의 위치와 영유권」『고구려연구』 5

金元龍 1978 「丹陽 赤城의 歷史·地理的 性格」『史學志』 12

邊太燮 1978 「丹陽眞興王拓境碑의 建立年代와 性格」『史學志』 12

서영교 2011 「高句麗 倭 連和와 아단성 전투」『軍史』 81

李道學 1987 「新羅의 北進經略에 관한 新考察」『慶州史學』 6

1988 「永樂6年 廣開土王의 南征과 國原城」『孫寶基博士停年紀念韓國史學論叢』, 孫寶基博士停年記念論叢刊行委員會

2006 『고구려 광개토왕릉비문 연구』, 서경문화사

1992 「磨雲嶺眞興王巡狩碑의 近侍隨駕人에 관한 檢討」『新羅文化』 9

1992 「고대·중세의 역사」『일산 새도시 개발지역 학술조사보고』 2

2014 「阿旦城 所在地와 溫達城 初築國에 관한 論議」『한국고대사탐구』 17

李丙燾 1986 「北漢山 文殊寺 內의 石窟」『震檀學報』 61

李元根 1976 「百濟 娘臂城考」『史學志』 10

崔南善 1930 「新羅 眞興王의 在來 3碑와 新出現의 磨雲嶺碑」『靑丘學叢』 2

崔益翰 1939 「北漢山 新羅眞興王碑(四)」『東亞日報』 5월 19일.

日本 MIHO MUSEUM 所藏 金銅三尊佛과 金銅佛龕

嚴基杓 (단국대 교수)

I. 序論

韓半島와 日本 列島는 바다를 사이에 두고 있었지만 先史時代부터 밀접하게 교류해 왔다. 韓國은 古代時代 中國의 先進文物을 받아들여 이를 토착화시키면서 발전해 나갔는데, 이러한 文化를 日本에 전해주었다. 특히 古代 韓國과 日本의 文化交流에 있어서 佛敎는 중요한 역할을 수행하였는데, 佛敎는 동아시아에서 宗敎 그 이상으로 政治 經濟 文化 등 다방면에 걸쳐 交流의 매개역할을 해 왔다. 佛敎가 동아시아에 傳播된 이후 종교 활동의 공간으로서 寺刹이 創建되었으며, 信仰과 禮拜 活動을 위한 다양한 佛敎美術品들이 조성되었다. 이러한 佛敎美術品들은 서로 影響을 미치면서 發展을 거듭해 왔다.

古代 日本의 佛敎는 百濟를 통하여 전해졌는데, 『元興寺伽藍緣起』의 記錄에 따라 538年 전해졌다는 見解와 『日本書紀』의 記錄에 따라 552年 전해졌다는 두 가지 意見이 있다. 어떤 견해이든 모두 百濟 聖王 때 百濟가 직접 日本에 佛敎를 처음 전해주었음을 알 수 있다. 그 이후 日本 佛敎는 韓半島와 中國 大陸과의 直間接的인 交流 등을 통하여 발전해왔다. 그러한 과정 속에서 여러 경로와 방법을 통하여 佛敎美術品이 日本에 傳來되기도 했다. 그래서 현재 日本에는 韓半島에서 傳來된 많은 佛敎美術品들이 寺刹이나 博物館, 美術館 등에 所藏되어 있다. 또

한 個人이 所藏하고 있는 경우도 상당하다. 그러한 佛教美術品들에 대하여 그동안 상당한 資料가 소개되었으며, 많은 調査와 研究가 이루어지기도 했다. 그런데 아직도 소개조차 이루어지지 않은 佛教美術品이 상당한 것으로 파악되고 있다.

日本 MIHO MUSEUM에 소장되어 있는 金銅三尊佛과 金銅佛龕 등도 調査와 紹介가 이루어지지 않은 대표적인 遺物 가운데 하나라고 할 수 있다. 所藏 機關에 따르면 그동안 韓國 研究者에 의한 公式的인 調査는 없었다고 한다. 筆者는 2014년 日本 立命館大學 高正龍 教授의 소개와 所藏 機關의 協助로 이들 資料를 調査할 수 있었다. 다시 한 번 진심으로 감사함을 표한다.

한편 佛教美術은 韓國 古代 美術史의 主流를 形成하였기 때문에 木造建築, 石造美術, 佛教彫刻, 金屬工藝, 佛教繪畵 등 그 分野가 多樣하다. 그중에 佛教彫刻과 金屬工藝 분야는 筆者가 主流로 研究하는 分野는 아니다. 그렇다고 어렵게 關係 機關의 協助를 얻어 實見하고 調査한 資料를 紹介조차 하지 않는다면 研究者로서 기본적인 責務조차 忘却한 것이라고 思料되어, 향후 이 분야를 集中的으로 研究하는 研究者들에게 새로운 研究 資料로 活用되기를 期待하면서 調査한 內容을 簡略하게 紹介하고 筆者의 見解를 添言하고자 한다.

II. 調査 經緯

韓國 美術史의 主流는 佛教美術史라고 할 수 있을 만큼 韓國의 美術品과 文化遺産은 量的으로나 質的으로 佛教的인 造形物이 상당한 부분을 차지하고 있는 것은 주지의 사실이다. 佛教美術은 佛教의 教理를 根本으로 하여 발생한 宗教美術로서 純粹美術과는 구분되는 분야이기도 하지만 그 안에 宗教를 넘어 藝術的인 感性과 審美眼 등이 반영되어 있기 때문에 純粹美術로서의 性格도 동시에 內包하고 있다고 할 수 있다. 이러한 佛教美術品은 時代와 場所, 宗派와 信仰的 性格, 材料와 機能 등에 따라 多樣하게 分流되고 있다. 이중에서 韓國의 佛教美術은 現在 材料와 性格 또는 機能에 따라 크게 木造建築, 佛教彫刻, 佛教石造美術, 佛教繪畵, 佛教工藝 등으로 分流되는 것이 가장 一般的이다. 또한 그에 따라 專

攻과 研究 分野 등도 區分되고 있다. 이와 같이 研究 分野가 細分化되고는 있지만 결국은 佛教에서 발생한 佛教美術이기 때문에 가능하면 融·複合的인 視覺과 接近을 통한 研究가 試圖되어야 할 것이다.

筆者는 2012年 益山 深谷寺 7層石塔에 대한 해체 보수의 諮問委員으로 參與하게 되었다. 그런데 2012년 6월 23일 筆者가 參與하여 石塔을 해체하던 중 전혀 예기치 않았는데, 운이 좋게도 石塔에 金銅佛龕이 奉安되었음이 확인되었다. 筆者는 石塔에 봉안된 金銅佛龕을 初面 實見할 수 있었다. 지금도 當時 金銅佛龕에 奉安되어 있던 金銅佛像의 찬란한 금빛이 두 눈에 깊게 刻印되어 있다. 그리고 수백년전의 先祖들이 보았던 바로 그 금빛 金銅佛像을 수백년이 흘러 現代를 살아가고 있는 내가 마주하고 있다는 다소 벅찼던 색다른 느낌을 筆者는 지금도 잊을 수 없다. 益山 深谷寺 7層石塔은 地臺石 上面에 四角形 홈을 마련하여 그 안에 金銅佛龕을 奉安했는데, 발견 당시에도 金銅佛龕의 보존 상태가 상당히 양호하였지만 향후 올바른 보존 처리 등을 위하여 곧바로 수습하지 않도록 조치하였다. 그리고 向後 保存, 調査, 研究 등을 위하여 關係機關에 金銅佛龕 發見 事實을 통보하도록 하였다. 이후 6月 28日 國立文化財研究所에 의하여 金銅佛龕이 수습되었다. 이와 같이 益山 深谷寺 7層石塔에 奉安되었던 金銅佛龕은 出土 位置와 性格 등을 명확하게 밝힐 수 있다는 점에서 重要한 學術的 資料라 할 수 있다.[1] 現在 이 金銅佛龕과 그 안에 봉안되어 있던 7軀의 佛像들은 2016年 國家指定文化財로 指定되었다.

(發見 直後)

(收拾 直後)

益山 深谷寺 7層石塔 出土 金銅佛龕

1) 익산시·한림보존테크,『심곡사칠층석탑 정밀실측 및 보수정비수리보고서』, 2012. 嚴基杓,「益山 深谷寺 7層石塔의 建立 時期와 美術史的 意義」,『전북사학』 제45호, 전북사학회, 2014.

그 이후 筆者는 益山 深谷寺 7層石塔의 구체적인 建立 時期와 來歷, 石塔에서 金銅佛龕의 奉安 歷史와 그 性格 등을 밝혀보기 위하여 金銅佛龕에 관심을 갖게 되었다. 특히 益山 深谷寺 7層石塔은 治石 修法과 樣式 등이 高麗末期와 朝鮮初期의 특징을 동시에 가지고 있어, 樣式史的으로 編年하기가 상당히 어려운 石塔이라 할 수 있다. 즉, 이 石塔을 高麗時代로 설정해야 할지, 朝鮮時代로 編年해야 할지가 어려운 문제였다. 이러한 문제 해결의 실마리가 金銅佛龕에 있다고 보고, 傳來되고 있는 金銅佛龕을 실견하거나 조사하기 위하여 노력하였다. 現在 傳來되고 있는 金銅佛龕은 그 數量이 많지 않은 편이라 할 수 있다. 그래서 現在까지 有存되고 있는 국내의 대표적인 金銅佛龕인 澗松美術館 所藏 金銅佛龕, 順天 松廣寺 高峰國師 金銅佛龕,[2] 求禮 泉隱寺 所藏 金銅佛龕,[3] 國立中央博物館 所藏 金銅佛龕,[4] 順天 梅谷洞 石塔 出土 青銅佛龕(1468年경),[5] 南楊州 水鍾寺 五層石塔 出土 金銅佛龕(1493年경)[6] 등을 實見하거나 所藏 機關의 協助를 얻어 直接 調査하기도 했다. 그리고 海外에 所在하고 있는 우리나라 金銅佛龕에 대한 現況을 파악하던 중 日本에도 한국의 金銅佛龕에 대한 寫眞과 實物 資料가 전해지고 있다는 것을 알게 되었다.

筆者는 日本 立命館大學의 高正龍 敎授님의 資料 調査와 도움으로 日本에 所

2) 문현순, 「송광사 소장 고봉국사주자의 관음지장병립상과 삼신불에 대하여」, 『미술사의 정립과 확산』, 시사평론, 2006. 정은우, 「여말선초의 금동불감 연구 순천 송광사 高峰國師 불감을 중심으로-」, 『불교미술사학』 제15집, 불교미술사학회, 2013.

3) 鄭永鎬, 「智異山 泉隱寺의 金銅佛龕」, 『考古美術』 제1권 제4호(통권 4호), 고고미술동인회, 1960. 鄭明鎬, 「泉隱寺 金銅龕의 金銅佛坐像」, 『考古美術』 제5권 제2호(통권 43호), 고고미술동인회, 1964.

4) 이 金銅佛龕(규모 25.2×12.5cm, 높이 26cm)은 원래 李王家博物館 所藏品이었으며, 開城 附近에서 出土된 것으로 전하고 있다(中吉功, 「高麗の一銅製佛龕について」, 『新羅·高麗の佛像』, 二玄社, 1971, pp.379-388. / 文賢順, 「高麗時代 末期 金銅佛龕의 硏究」, 『考古美術』 179, 韓國美術史學會, 1988, p.43).

5) 허형욱, 「전라남도 순천시 매곡동 석탑 발견 성화4년(1468)명 청동불감」, 『미술자료』 70·71, 국립중앙박물관, 2004.

6) 尹武炳, 「水鍾寺 八角五層石塔內 發見 遺物」, 『金載元博士回甲紀念論叢』, 乙酉文化社, 1969. 鄭永鎬, 「水鍾寺石塔內發見 金銅如來像十二軀」, 『考古美術』 106·107, 韓國美術史學會, 1970. 柳麻理, 「水鐘寺 金銅佛龕 佛畵의 考察」, 『美術資料』 제30호, 국립중앙박물관, 1982. 박아연, 「1493年 水鐘寺 석탑 봉안 왕실발원 불상군 연구」, 『美術史學硏究』 第269號, 한국미술사학회, 2011.

在하고 있는 여러 金銅佛龕을 實見하거나 調査하게 되었다. 奈良市에 소재하고 있는 大和文華館(THE MUSEUM YAMATO BUNKAKAN)은 2012년 여름, 大和文華館과 個人들이 所藏하고 있는 土器, 佛像, 陶瓷器 등 韓國 遺物들을 出品하여 特別展을 開催하였다. 그런데 그중에 個人이 소장하고 있던 韓國의 金銅佛龕이 1點 出品되어 展示되었다. 그래서 이 金銅佛龕을 展示된 狀態로 實見할 수 있었다. 이 金銅佛龕은 수리된 흔적도 있었지만 전체적으로 保存 狀態가 상당히 양호했는데, 當時 여러 가지 여건상 直接的인 調査는 어려운 狀況이었다. 특히 이 金銅佛龕은 후술할 MIHO MUSEUM 所藏 金銅佛龕과 製作 技法과 彫刻像들의 彫刻 技法 등 여러 가지 점에서 강한 類似性을 보이고 있어 주목되었다.[7)]

그리고 日本 東京에 소재하고 있는 東洋文庫에도 韓國의 金銅佛龕 關聯 資料가 있는 것으로 把握되었다.[8)] 東洋文庫에는 우메하라 스에지(梅原末治)의 考古資料 유물 카드가 所藏되어 있는데, 그중에 金銅佛龕과 관련된 寫眞이 收錄된 유물 카드가 있는 것으로 확인되었다.[9)] 遺物 카드에 의하면 사진과 함께 수록된 이 金銅佛龕은 慶尙南道 梁山 通度寺에서 出土된 것으로 전해진다. 또한 遺物 카드에는 이치다지로(市田次郎)의 수집품으로 記錄되어 있다.[10)] 그리고 추가적인 설명에 의하면, 朝鮮博覽會 慶尙北道協贊會의 『新羅藝術品展覽會出品目錄』(1929年)에 수록된 것이라고 했다. 이러한 사실을 기초로 韓國과 日本 어딘가에 有存되고 있을 可能性도 있기 때문에 백방으로 수소문해 보았다. 그런데 이 金銅佛龕은 梁山 通度寺뿐만 아니라 韓國에서 確認되지 않았다. 韓國에서의 實存 與否를 把握할 수 없었다. 이에 金銅佛龕 實物 資料도 함께 전해지고 있을 可能性도 있기 때문에 약간의 期待를 가지고 東洋文庫를 直接 訪問하여 實物 資料의 所藏

---

7) 金銅佛龕 寫眞은 소장자의 허락을 받지 못하여 게재하지 못하는 점 양해를 부탁드린다.

8) 東洋學術協會編, 『梅原考古資料目錄(朝鮮之部)』, 東洋文庫, 1966.

9) 東洋文庫의 추가적인 관련 설명은 아래와 같다. 請求番號:115-1151-4082~3, 名稱:佛像入廚子, 種別:寫眞, 遺物の種類:佛具, 地域:傳慶尙南道梁山郡, 出土地點:通度寺, 時代·時期:新羅時代, 所屬(當時):市田次郎, 出典:『新羅藝術品展覽會出品目錄』(朝鮮博覽會慶尙北道協贊會, 1927).

10) 일제강점기 이치다지로(市田次郎)는 韓國, 中國, 日本 등에서 많은 문화재를 수집하였는데, 그중에 184건 373점이 國立慶州博物館에 입수되어 전해지고 있다. 일제강점기 대표적인 일본인 수집가로는 이토 히로부미(伊藤博文), 고미야 사보마쯔(小宮三保松), 가시이 겐타로(香椎源太郎), 오구라 다케노스케(小倉武之助) 등이 있었다.

與否를 알아보았으나, 實物 資料는 없는 것으로 確認되었다.

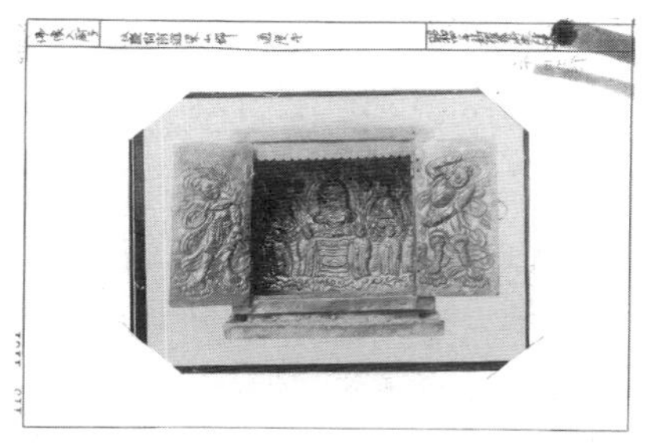

(CARD 番號 115-1151-4082)

(CARD 番號 115-1151-4083)

傳 梁山 通度寺 金銅佛龕(日本 東京 東洋文庫)

日本 滋賀縣 甲賀市에 소재한 MIHO MUSEUM에 보존 상태가 양호한 韓國의 金銅佛龕이 소장되어 있는 것으로 확인되었다. MIHO MUSEUM은 신지수메이카이(神慈秀明會)의 회주 미호코코야마(山美秀子, Mihoko Koyama)가 오랫동안 기증받거나 구입한 이집트와 중국 등 전 세계의 중요 유물 2,000여점의 蒐集品을 所藏 展示하기 위하여 1997年 11月 開館하였다.[11] MIHO MUSEUM은 宗敎的인 色彩가 强하고, 私立美術館이기 때문에 調査가 어려울 것으로 예상되었지만 오히려 容易하게 調査할 수 있었다. 當時 日本 立命館大學의 高正龍 敎授와 龍谷大學의 松波宏隆 敎授의 積極的인 協助와 도움으로 金銅佛龕에 대한 公式的인 調査를 許可받게 되었다. 이에 따라 MIHO MUSEUM 學藝部와 협의하여 2014年 2月 11日 美術館을 訪問하여 直接 調査하기로 결정하였다.. 그래서 調査하기 전에 金銅佛龕 關聯 資料와 參考 文獻들을 찾아 읽어보고 정리하였다. 또한 MIHO

11) MIHO MUSEUM은 日本 滋賀縣 甲賀市 信樂町 桃谷 300에 소재하고 있는데, 敎主가 美術館을 建立하여 一括 寄贈한 遺物들이 所藏 展示되고 있는 곳이다. MIHO MUSEUM은 世界的인 建築家이자 프랑스 루브르 博物館의 유리 피라미드와 미국 워싱턴 내셔널 갤러리 東館을 設計한 페이(I.M.Pei)가 設計하여 더욱 유명한 建築物이기도 하다. 특히 MIHO MUSEUM은 桃園鄕으로 길을 잃은 어부가 우연히 仙境의 樂園인 桃園鄕을 發見한다고 하는 陶淵明의 '桃花源記'에 描寫된 이야기를 信樂의 자연 속에 實現시킨다는 것이 설계 테마로 알려져 있다. 즉, 自然과의 共生이라는 古代 東洋의 精神을 現代的으로 表現한 美術館이라 할 수 있다(MIHO MUSEUM 編集, 『MIHO MUSEUM南館圖錄』, 1997).

MUSEUM 所藏 金銅佛龕과 비교될 만한 韓國의 金銅佛龕들을 踏査하여 實見하거나 檢討하였다.

調査 當時 韓國에서는 檀國大學校 石宙善紀念博物館의 館長 鄭永鎬/學藝硏究室長 嚴基杓/學藝硏究員 吳虎錫, 日本에서는 立命館大學 高正龍/日本 龍谷大學 松波宏隆 等이 함께 2014年 2月 11日 MIHO MUSEUM을 訪問하여 金銅佛龕에 대한 調査를 진행하였다. 그런데 MIHO MUSEUM 學藝部 關係者들은 金銅佛龕 외에도 韓國 關聯 遺物들이 더 所藏되어 있다는 유용한 情報를 제공해 주었다. 그리고 關聯 遺物의 寫眞이 收錄된 책자도 보여주었다. 나아가 向後 協議가 이루어진다면 MIHO MUSEUM에 소장된 韓國 關聯 遺物에 대한 追加的인 調査도 可能하다고 하였다. 當時 MIHO MUSEUM 所藏 金銅佛龕에 대한 調査와 많은 情報를 제공해 주신 MIHO MUSEUM의 學藝部長 片山寬明, 學藝員 桑原康郎, 學藝員 高垣幸繪 등에게 眞心으로 感謝드린다.

이후 金銅佛龕에 대한 最初 調査 時에 未洽했던 部分을 補完하고, 金銅佛龕 外의 다른 韓國 關聯 遺物들에 대한 追加 調査를 進行하기 위하여 再次 調査 協助를 請願하였다. 그리고 MIHO MUSEUM 學藝部로부터 追加的인 調査가 可能하다는 回信을 받았다. 그런데 筆者의 경우는 불가피한 사정으로 2次 調査에는 참여하지 못했다. 지금까지도 아쉬움으로 남아 있다. 앞으로 追加的인 調査가 가능하겠지만 더 이상 調査한 內容에 대한 紹介를 늦추는 것은 그동안 도움을 주신 여러 분들과 關係 機關에 대한 도리가 아니라는 생각이 들었다. 이에 따라 1次 調査의 重要 對象이었던 金銅三尊佛과 金銅佛龕을 中心으로 簡略하게 소개하고자 한다. 이러한 資料들이 향후 이 방면 연구자들의 硏究 基礎 資料로 活用되기를 眞心으로 期待한다.

(全景)

(美術館 入口)

MIHO MUSEUM

III. 金銅三尊佛과 金銅佛龕의 特徵과 造成時期

現在 金銅佛龕 안에 金銅三尊佛이 奉安되어 있는데, MIHO MUSEUM 關係者에 따르면 金銅佛龕과 金銅三尊佛은 教祖가 오래전에 기증받아 소장하고 있다가 MIHO MUSEUM을 현재의 위치에 建立하고 나서 教祖의 蒐集品이 一括 寄贈될 때 함께 寄贈된 遺物이라고 한다. 그래서 出土地와 製作國이 韓國인 것은 확실하지만 出處가 韓國의 어디인지는 알 수 없는 실정이다. 앞으로 많은 연구자

들의 추가적인 조사와 검토가 이루어지길 기대하면서 조사한 내용을 소개하도록 하겠다.

(金銅佛龕 解包 作業)

(金銅佛龕과 金銅三尊佛 調査)

(金銅佛龕 調査)

(金銅三尊佛 調査)

MIHO MUSEUM 所藏 金銅三尊佛과 金銅佛龕 調査

먼저 우리나라 佛龕은 나무, 청동, 금동 등 다양한 재료로 제작되었는데 기본적으로 小形으로 조성된 佛像을 奉安하기 위한 시설물로 일종의 移動形 작은 金堂이라 할 수 있다. 그래서 특별한 경우를 제외하고 대부분은 佛龕과 그 안에 奉安되는 佛像이 같이 조성되어, 한 쌍을 이루게 된다. 그리고 현존하는 사례들로 보아 佛像이 佛龕 안에 가득 차도록 조성된다. 그런데 MIHO MUSEUM 所藏 金銅佛龕은 佛龕과 그 안에 봉안되어 있는 金銅三尊佛의 製作 時期가 서로 다른 것으로 보인다. 왜냐하면 金銅三尊佛이 佛像의 彫刻 技法과 樣式 등으로 보아 金銅佛龕에 비하여 造成 時期가상당히 앞서고 있는 것으로 추정되기 때문이다. 따라서 現在로서는 金銅佛龕과 金銅三尊佛이 원래부터 한 쌍으로 제작된 것이 아닐 可能性이 높다. 그래서인지 비슷한 규모의 다른 佛龕에 비하여 그 안에 奉安된 佛像의 크기가 작은 편이다. 만약 원래부터 金銅佛龕과 金銅三尊佛이 한 쌍으로 조성된 것이라면, 後代에 와서 당시 전해지고 있던 金銅三尊佛을 새롭게 製作한 金

銅佛龕 안에 奉安하기 위하여 조성한 것으로 보인다. 그것도 아니면 따로 전해진 金銅佛龕과 金銅三尊佛을 어느 시기에 현재와 같이 인위적으로 구성한 것으로 추정된다.

MIHO MUSEUM 所藏 金銅三尊佛과 金銅佛龕

1. 金銅三尊佛

金銅三尊佛은 한가운데 마련된 蓮華臺座 위에 坐像의 如來像을 本尊佛로 배치하고, 蓮華臺座의 下臺를 중심으로 左右에 각각 연화줄기가 뻗어 연결되어 있는 별도의 1단 蓮華臺座를 마련하여 그 위에 立像의 菩薩像을 배치하였다.(本尊佛 높이 12.7cm, 左右脇侍佛 높이 11.2cm) 이러한 것으로 보아 金銅三尊佛은 처음부터 佛像 3軀가 一體形으로 설계 제작되었음을 알 수 있다. 현재 이러한 제작기법은 高麗時代 조성된 唐津 靈塔寺 金銅三尊佛, 朝鮮時代 造成된 通度寺 銀製鍍金阿彌陀如來三尊像(1450年) 등에서 볼 수 있다.

이 金銅三尊佛의 本尊佛은 圓形으로 구성된 蓮華臺座를 구비하였는데, 下臺는 1단의 받침단을 두고 그 위에 단판 8엽의 伏蓮紋을 배치하였다. 中臺는 낮게 마련되었는데, 내부로 관통된 8개의 圓孔이 뚫려 있다. 上臺는 단판의 연화문을 화려하게 이중으로 배치하여, 그 위에 奉安된 本尊佛에 대한 신성함이 느껴지도록 했다. 本尊佛은 坐像으로 通肩의 法衣를 걸치고 있는데, 옷주름이 가슴 아래로 일정한 간격을 이루면서 반복 표현되고 있어 다소 形式化의 경향을 보이고는 있지만, 왼손 아래와 옷주름이 겹쳐지는 부분은 비교적 律動的으로 표현되었으며, 신체의 비율도 전체적으로 잘 어울리고 있어 사실감이 크게 떨어지지 않는 우수한 彫刻 技法을 보이고 있다. 手印은 왼손은 무릎 위에 올려 놓았으며, 오른손은 가슴 높이까지 들어 손바닥이 보이도록 했다. 이러한 手印은 모든 중생들의 소원을 들어준다는 施無畏與願印으로 韓國의 佛像에서 三國時代부터 표현된 가장 일반적인 手印이기도 했다. 그리고 목에는 三道가 굵게 표현되었으며, 相好는 佛身에 비하여 크고, 두 눈을 머금고 있어 근엄하면서도 자비스러운 모습을 보이고 있다. 머리는 螺髮인데, 정수리 부분이 높게 솟아난 것처럼 돌출되어 있어 古式의 佛像들처럼 肉髻가 높게 표현되었음을 알 수 있다. 그런데 本尊佛은 佛身 뒷면에 左右 脇侍菩薩像들과는 달리 빈공간의 구멍을 두지 않고 立體形으로 제작되었다. 佛像의 佛身에 胴空을 두는 것은 統一新羅 佛像의 가장 큰 특징이기도 하다. 다만 本尊佛은 蓮華臺座 아래부터 佛頭까지 가운데를 빈 공간으로 처리하였다. 현재 本尊佛은 手印과 法衣의 옷주름 表現 技法 등으로 보아 阿彌陀如來坐像임을 알 수 있다.

그리고 左右의 脇侍菩薩像은 手印을 비롯한 彫刻 技法 등에서 부분적으로 차이가 있을 뿐 거의 동일한 表現 技法으로 製作되었다. 左右에 서 있는 2軀의 菩薩像은 작은 蓮華臺座 위에 서 있는데, 統一新羅時代 조성된 菩薩像들의 일반적인 자세였던 三曲姿勢나 佛身을 살짝 틀어 律動的인 모습의 자세가 아닌 下半身부터 相好까지 곧게 直立形으로 선 立像 姿勢를 취하고 있다. 또한 菩薩像은 通肩의 긴 法衣를 걸치고 있는데, 가슴 아래에서 브이자형을 이룬 옷주름이 길게 발목까지 내려뜨려져 발을 전체적으로 감싸고 있으며, 좌우 팔에도 별도로 걸친 옷자락이 길게 발목까지 내려뜨려져 있다. 가슴에는 양 어깨로 걸친 장식 띠가 좌우로 펼쳐져 있다. 그래서인지 목에 영락으로 구성된 별도의 목걸이를 치장하지는 않았다. 그리고 左脇侍菩薩像은 오른손은 가슴 높이로 들어 손바닥이 보이

(正面)

(後面)

(底面)

MIHO MUSEUM 所藏 金銅三尊佛

도록 했으며, 왼손은 허리 부분에서 손바닥이 보이도록 하여 施無畏與願印의 手印을 취하고 있다. 右脇侍菩薩像은 左脇侍菩薩像과는 반대로 오른손은 허리 부분에서 손바닥이 보이도록 했으며, 왼손은 가슴 높이로 들어 손바닥이 보이도록 활짝 펼치고 있다. 그래서 두 脇侍菩薩像은 左右 對稱形으로 製作되었음을 알 수 있다. 菩薩像들의 相好는 살이 살짝 오른 풍만한 얼굴로 本尊佛과 달리 미소를 살짝 머금고 있어 親和的인 인상을 주고 있다. 그런데 本尊佛처럼 두 눈을 살며시 감고 입을 굳게 다물고 있어 여전히 근엄함이 엿보인다. 菩薩像의 두 귀는 길게 내려와 양 어깨에 닿아 있으며, 어깨 위로 장식 띠가 내려뜨려져 있다. 相好의 이마 위에는 머리카락을 정리한 뒤 그 위에 連珠紋이 띠줄처럼 일렬로 새겨져 있고, 다시 三山冠 형상의 낮은 寶冠을 着用하고 있다. 두 菩薩像은 本尊佛과 달리 속이 빈 상태로 제작되었으며, 佛身 한가운데 圓形 突起가 있는 것으로 보아 원래는 頭光과 身光을 함께 갖춘 光背가 길게 부착되었던 것으로 보인다.

현재 이 金銅三尊佛은 전체적으로 검정색과 청색의 녹이 군데군데 덮여 있으며, 金箔이 탈락된 부분도 많은 상태이다. 그러나 전반적으로는 보존 상태가 상당히 양호한 편이라 할 수 있다. 그리고 金銅三尊佛이 최초 조성된 이후 어느 시기에 改金 佛事가 있었던 것으로도 보인다. 이 金銅三尊佛은 本尊佛의 臺座에 표현된 연화문 표현 기법과 양식, 佛身에 표현된 옷주름, 근엄한 相好와 肉髻의 표현 기법, 左右 脇侍菩薩像의 자세와 수인, 옷주름의 표현 기법, 相好와 寶冠의 표현 기법, 佛身의 뒷면을 전체적으로 빈 공간으로 처리한 기법 등을 고려할 때 統一新羅 末期에서 高麗 初期 사이에 조성된 것으로 추정된다.

2. 金銅佛龕

MIHO MUSEUM 所藏 金銅佛龕은 木造建築物의 單層形 殿閣처럼 구성되었으며, 金箔이 탈락되거나 靑色이나 黑色 녹이 있고, 부분적으로 보수의 흔적도 있지만 전체적으로 보존상태가 양호한 편이다. 이 金銅佛龕은 龕室을 받치고 있는 낮은 基壇部, 門扉가 마련되고 佛像이 봉안되어 핵심부라 할 수 있는 身部, 지붕이 있어 保護의 기능이 있는 屋蓋部로 하여 크게 세부분으로 구성되어 있다.(全

(正面 門扉 開放)

(正側面)

(後側面)

MIHO MUSEUM 所藏 金銅佛龕

(正面 門扉 閉鎖)

(後面)

(左側面)

(右側面)

MIHO MUSEUM 所藏 金銅佛龕

体 規模 28.5×16cm, 全体 높이 29.5cm)

MIHO MUSEUM 所藏 金銅佛龕의 基壇部는 身部에 비하여 상당히 낮게 마련되었는데, 현재 下臺-中臺-上臺로 구성되어 3단을 이루고 있다.(基壇部 規模 26.4×13.5cm, 높이 7.5cm) 이러한 구성과 제작 기법은 현존하는 韓國의 金銅佛龕들의 일반적인 구성 수법이었다. 佛龕의 핵심부는 佛像이 奉安되는 身部이기 때문에 基壇部는 낮게 마련하여 身部를 받치는 기능 위주로 구성하는 것이 일반적이었다. MIHO MUSEUM 所藏 金銅佛龕의 基壇部 바닥면을 보면, 바닥에 별도의 넓은 받침대를 마련하지 않고 빈 공간으로 처리하였다. 사람의 시선이 가지 않는 곳이기 때문에 별도의 版을 바닥에 덧대거나 장식을 할 필요가 없었을 것이다. 현재 바닥 안쪽에서 金箔의 痕迹 등은 확인되지 않고 있으며, 전체적으로 검은색과 청색 녹이 짙게 끼어 있는 상태이다. 바닥면의 상태는 이 佛龕의 材料가 기본적으로 青銅임을 알려주고 있다. 즉, 青銅으로 佛龕의 기본 골격을 제작한 후 중요 부위에 金箔을 입혀 시공했음을 알려주고 있다. 그리고 基壇部를 구성하고 있는 金銅版을 자세히 보면 2겹으로 구성했는데, 외부에는 文樣이 새겨진 얇은 金銅版을 대고, 그 안쪽에 문양이 없는 또 하나의 版을 덧대어 문양이 새겨진 金銅版의 文樣이 안쪽에 그대로 노출되지 않도록 하였다. 또한 金銅佛龕의 안전성과 견고성이 유지되도록 金銅版을 이중으로 구성한 것으로 보인다. 이와 같이 현재 이중으로 덧댄 金銅版이 最初 제작 당시부터 그렇게 한 것인지 아니면 後代에 와서 佛龕의 바닥부분을 견고하게 보강하기 위하여 다시 추가한 것인지는 알 수 없는 상태이다. 그리고 MIHO MUSEUM 所藏 金銅佛龕은 基壇部를 비롯하여 身部도 金銅版을 이중으로 덧대어 제작하였다. 身部도 이중으로 金銅版을 덧대어 押出技法으로 彫刻像이나 文樣을 새겨 넣었다. 이러한 제작 기법과 관련하여 求禮 泉隱寺 所藏 金銅佛龕은 받침부인 基壇은 하나의 金銅版으로만 구성되었지만 身部는 이중으로 金銅版을 덧대어 제작했다. 또한 現存하는 다른 金銅佛龕의 경우도 身部는 金銅版을 이중으로 덧대어 彫刻像이나 文樣을 押出技法으로 새겨졌다. 이러한 것으로 보아 MIHO MUSEUM 所藏 金銅佛龕도 金銅佛龕의 일반적인 製作 技法이 적용되었음을 알 수 있다.

MIHO MUSEUM 所藏 金銅佛龕

求禮 泉隱寺 所藏 金銅佛龕

그리고 基壇部의 下臺는 받침단처럼 1단으로 낮게 마련하였는데, 전체적인 평면을 사각형으로 구성하였다.(높이 1.6cm) 下臺의 모서리는 直角으로 구부러져 있는데, 모서리 바깥 면에 花形 匠錫처럼 별도의 花形 金銅版을 直角으로 덧댄 후, 각 면마다 2개의 리벳을 활용하여 견고하게 고정한 이음새 방식을 활용하였다. 또한 下臺의 上面에는 거의 수평으로 複瓣의 蓮華紋을 장식하였는데, 모서리마다 各 1瓣, 左右側面 各 4瓣, 前後面 各 11瓣으로 總 34瓣의 複瓣 蓮華紋을 사각형으로 배치하였다. 일직선을 이룬 구조물의 표면에 蓮華紋을 표현할 때 가운데 蓮華紋을 중심으로 좌우로 펼쳐진 듯한 느낌이 나도록 새기는 기법과 수직적인 구도로 단조롭게 蓮華紋을 새기는 기법 등이 있었는데, MIHO MUSEUM 所藏 金銅佛龕은 후자의 표현 기법을 적용하였다. 蓮華紋은 전체적으로 볼륨감있게 표현되었는데, 외곽부를 두툼하게 하여 부드럽고 고풍스러운 느낌을 주고 있다. 下臺 上部에는 四角形으로 구성된 角形 1단의 낮은 中臺 괴임대를 사각형으로 마련하여 그 위에 中臺가 결구되도록 했다. 中臺는 前後面 3칸, 側面 2칸의 建物 壁體처럼 좌우에 隅柱를 세우고, 그 사이에 正面은 2柱, 側面은 1柱의 撑柱를 세웠다. 隅柱와 撑柱는 별도로 제작한 기둥형 金銅版을 추가적으로 덧붙여 上下에 2개의 리벳으로 고정하였다. 그리고 기둥 사이의 칸마다 좌우로 긴 楕圓形의 透孔을 마련하였다. 透孔을 통하여 내부를 보면 내부가 빈 공간으로 처리되었음을 알 수 있다. 中臺 위에는 중대 괴임대처럼 낮은 사각형의 上臺 괴임대를 마련하여 上臺를 받치도록 했다. 上臺는 下臺보다는 높이가 낮지만 같은 방식으로 蓮華紋을 배치하였다. 그리고 身部의 下部가 上臺 안쪽으로 끼워져 고정되도록 결구하였으며, 바깥 면에는 일정한 간격으로 리벳을 박아 견고하게 고정되도록 했다.

이와 같이 MIHO MUSEUM 所藏 金銅佛龕의 基壇部는 아래에서부터 크게 下臺-中臺괴임대-中臺-上臺괴임대-上臺인 5개체로 결구되었으며, 낮은 中臺를 중심으로 上下 對稱되게 下臺와 上臺를 구성하였다. 그리고 下臺와 上臺 표면에는 蓮華紋을 가득 장식하여 이 金銅佛龕이 佛敎的인 性格의 造形物임을 분명하게 나타내고 있다. 특히 下臺와 上臺를 낮은 1단의 받침단으로 마련하여 石塔이나 浮屠의 기단부에서 주로 볼 수 있는 甲石形 받침처럼 처리한 제작 기법은 傳梁山 通度寺 金銅佛龕, 求禮 泉隱寺 所藏 金銅佛龕, 國立中央博物館 所藏 金銅佛龕 등과 유사하여 주목된다.

(正面)

(後面)

(左側面)

(右側面)

MIHO MUSEUM 所藏 金銅佛龕

다음으로 身部는 單層의 1칸으로 구성된 木造建築物의 壁體와 같은 기법으로 설계 시공되었다.(身部 규모 25.2×13.8cm, 높이 15.5cm) 현재 身部는 정면에 門扉 한 짝씩 2개의 金銅版, 門扉 左右로 좁게 제작된 2개의 金銅版, 左右側面에 결구된 2개의 金銅版, 後面에 구성된 1개의 金銅版이 서로 결구되어 身部를 구성하고 있다.

이중에서 正面은 2분합문으로 구성된 門扉가 설치되어 있는데, 문비 좌우 측면에 如意頭形 경첩을 上下 2곳에 시공하여 고정하였다.(門扉 規模 15.3×11cm) 경첩은 각각 6개의 리벳을 활용하여 고정하였다. 그리고 左右 門扉가 서로 맞닿는 한가운데 부분에는 실패형 앞바탕을 對稱形으로 달았는데, 잠금 장치는 결실되었다. 역시 여러 개의 리벳을 활용하여 고정하였다. 또한 門扉의 가장자리에는 별도로 제작된 좁은 金銅版을 추가적으로 덧대어 견고성과 안전성을 확보하였다. 門扉 표면의 하부는 일정한 높이로 구획한 다음 點線으로 蓮華唐草紋을 화려하게 장식하였다. 이와 같이 門扉 하부를 일정한 높이로 구획하여 문양을 새긴 기법은 求禮 泉隱寺 所藏 金銅佛龕이나 國立中央博物館 所藏 金銅佛龕 등에서도 보이고 있다. 또한 문비 상부는 넓은 범위에 걸쳐 마름모형 문양이 반복된 창살문을 가득 새겨 窓戶임을 象徵的으로 나타냈다. 이러한 창살 문양은 求禮 泉隱寺 所藏 金銅佛龕이나 國立中央博物館 所藏 金銅佛龕의 門扉 창살 문양과 상당히 닮아 있어 주목된다. 다만 MIHO MUSEUM 所藏 金銅佛龕은 창살 문양 한가운데 圓形紋을 새겼는데, 求禮 泉隱寺 所藏 金銅佛龕과 國立中央博物館 所藏 金銅佛龕은 창살 문양 한가운데에 花形紋을 새겨 약간의 차이를 보이고 있다.

그리고 身部의 左右 側面은 각각 하나로 제작된 金銅版을 활용하여 결구하였는데, 正面이나 後面과 만나는 부위인 모서리에는 별도의 좁은 金銅版을 추가적으로 덧붙이고, 리벳으로 고정하여 견고성을 높였다. 側面 金銅版의 표면에는 左側面에 2軀, 右側面에 2軀를 새겨 總 4軀의 四天王像을 點線으로 조각 배치하였다. 정면을 기준으로 向右側面에는 합장한 廣目天王과 劍을 들고 있는 增長天王을 좌우 나란히 배치하였으며, 向左側面에는 寶塔을 들고 있는 多聞天王과 琵琶를 연주하고 있는 持國天王을 나란히 표현하였다. 이와 같이 금동불감에서 點線紋을 활용하여 佛龕의 좌우 측면에 四天王像을 각각 2軀씩 배치한 기법은 國立中央博物館 所藏 金銅佛龕과 동일한 기법을 보이고 있다. 현재 MIHO MUSEUM 所藏 金銅佛龕은 左右 側面의 表面에 金箔이 상당부분 떨어져 나가고, 녹이 많기는 하지만 전체적으로 정교한 조각 기법에 의하여 四天王像이 새겨졌음을 알 수 있다.

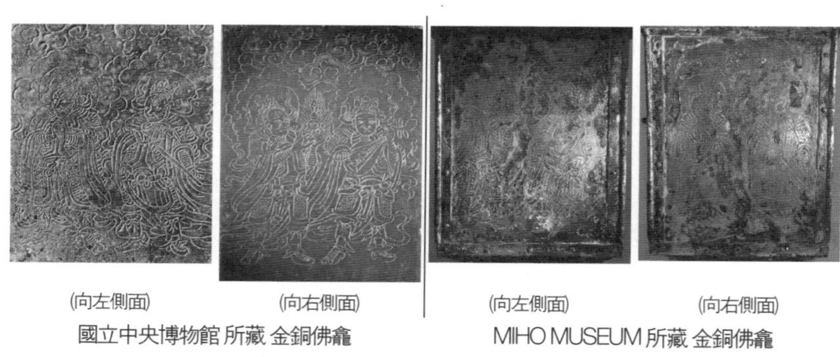

(向左側面) (向右側面)
國立中央博物館 所藏 金銅佛龕

(向左側面) (向右側面)
MIHO MUSEUM 所藏 金銅佛龕

또한 MIHO MUSEUM 所藏 金銅佛龕의 身部 後面은 이 金銅佛龕에서 가장 크게 제작된 金銅版이 결구되어 있다. 後面도 左右 側面과 마찬가지로 點線을 활용하여 조각상을 배치하였는데, 현재 三尊佛像을 새겨 넣었다. 먼저 本尊佛은 부에 蓮花座가 있고, 그 위에 3단으로 구성된 臺座를 구비하였다. 臺座 위에는 蓮華紋이 이중으로 표현된 蓮華臺座를 마련하여 좌상으로 조각되었다. 本尊佛은 說法印 手印을 취하고 있으며, 옷주름이 정교하지는 못하지만 通肩으로 가슴에 매듭이 있는 法衣를 걸치고 있다. 이 如來坐像은 2條의 點線으로 표현된 身光과 頭光을 갖추고 있는데, 身光은 火焰形으로 표현되었다. 그리고 左右 菩薩像은 가운데 本尊佛을 향하여 공양하고 있는 모습인데, 하부에 唐草紋이 표현되고 그 위에 蓮花座를 마련하여 立像으로 새겨졌다. 菩薩像은 곧게 서있어 다소 경직된 인상을 주고 있으며, 머리에는 頭光을 갖추고 있으며, 양 어깨에서 흘러내린 옷자락이 좌우 팔에 걸쳐 발아래까지 길게 내려뜨려져 있다. 後面에 조각된 佛像들이 세밀하고 정교한 기법은 다소 떨어지지만 金銅佛龕에서 가용한 모든 면에 다양한 彫刻像을 배치함으로써 佛龕의 莊嚴的이고 供養的인 側面을 보여주고 있다.

그리고 MIHO MUSEUM 所藏 金銅佛龕에서 身部의 內部는 현존하는 다른 金銅佛龕들과 마찬가지로 각 면마다 彫刻像들을 押出技法으로 가득 새겼는데, 마치 佛畫가 연상될 만큼 繪畵的으로 구성하였다. 먼저 門扉의 內面은 分閣門을 구성하고 있는 각 金銅版에 1軀씩 仁王像을 배치하여 佛龕 內部에 대한 守護의 의미를 분명하게 나타냈다. 佛家에서 仁王像은 가람이나 건물의 입구에 배치되어 守護를 하는 神將像이다. 門扉에 표현된 仁王像은 立像으로 彫刻되었는데, 허리를 살짝 틀어 다소나마 生動感이 반영되었으며, 두 팔은 올리거나 내려 力動的인 印象을 주고 있다. 두 발 아래에는 點線紋으로 蓮花座가 마련되었으며, 두꺼운 갑옷을 입고 있는데, 온몸에 결쳐 길게 옷자락이 휘날리도록 표현하였다. 이와 같이 두 仁王像은 金銅佛龕에서 유사한 자세와 조각 기법을 보이고 있다. 그리고 仁王像은 金銅版에 押出技法으로 조각해서인지 다소 정교하지는 못하지만 金銅版에 仁王像이 가득 차도록 조각하였고 力動的인 모습을 보이고 있어 威壓的인 인상을 주고 있다.

그리고 현재 MIHO MUSEUM 所藏 金銅佛龕의 內部 바닥면에는 별다른 문양이나 장식은 없다. 현존하는 모든 佛龕들이 內部 後面에 가장 많은 彫刻像들을 배치시켜 莊嚴性을 강조했는데, MIHO MUSEUM 所藏 金銅佛龕도 마찬가지로 內部 後面 직사각형의 金銅版에 三尊佛과 供養像들을 押出技法으로 가득 조각하였다. 三尊佛像은 각각 臺座 위에 坐像으로 표현되었으며, 그 주변으로 10名의 羅漢像들이 표현되었다. 그리고 나머지 면에는 雲紋으로 보이는 신성한 기운이 느껴지는 상서로운 문양들을 가득 새겼다. 本尊佛은 3단으로 구성된 臺座를 마련하고 그 위에 蓮花座를 구비하여 설법 자세를 취하고 있는 坐像을 봉안하였다. 本尊佛은 身光과 頭光을 갖추고 있는데, 身光 표면에는 빛이 발산되는 듯한 문양이 새겨져 있다. 左右에 새겨진 脇侍像들도 3단의 대좌 위에 蓮花座를 마련하여, 그 위에 合掌하고 있는 坐像을 조각 배치하였다. 羅漢像들은 두광을 갖춘 僧像으로 각각의 위치에서 합장하고 있는 모습을 취하고 있다.

그리고 佛龕 內部 向右側面에는 코끼리상이 蓮花座를 밟고 측면으로 서 있는데, 등 위에 普賢菩薩坐像이 押出技法으로 표현되었다. 普賢菩薩坐像은 화려한 법의를 걸치고 있는데 1條로 표현된 頭光과 2條로 구성된 身光을 갖추고 있으며,

(向左側面) (向右側面)

求禮 泉隱寺 所藏 金銅佛龕

(向左側面) (向右側面)

國立中央博物館 所藏 金銅佛龕

(向左側面) (向右側面)

日本 個人 所藏 金銅佛龕

(向左側面) (向右側面)

MIHO MUSEUM 所藏 金銅佛龕

(向左側面) (向右側面)

日本 東洋文庫 所藏 金銅佛龕 寫眞

(向左側面) (向右側面)

益山 深谷寺 7層石塔 出土 金銅佛龕

求禮 泉隱寺 所藏 金銅佛龕

國立中央博物館 所藏 金銅佛龕

日本 個人 所藏 金銅佛龕

미국 하버드대학교 포그미술관 所藏 金銅佛龕

日本 東洋文庫 金銅佛龕 寫眞

益山 深谷寺 7層石塔 出土 金銅佛龕

그 주변에는 雲紋으로 보이는 문양들이 가득 표현되었다. 또한 佛龕 內部 向左側面에는 사자상이 蓮花座를 밟고 측면으로 서 있는데, 사자상의 등에 올려진 蓮花座 위에 文殊菩薩坐像이 조각되었다. 文殊菩薩坐像은 普賢菩薩坐像과 마찬가지로 화려한 법의를 걸치고 있으며 身光과 頭光을 모두 갖추고 있다. 또한 보살상 주변으로 雲紋 등 신성한 분위기를 연출하는 문양들이 가득 표현되었다. 이러한 표현 기법은 國立中央博物館 所藏 金銅佛龕과 강한 친연성을 보이고 있다. 한편 求禮 泉隱寺 所藏 金銅佛龕과 日本 個人 所藏 金銅佛龕은 佛龕 內部 좌우측면에 三尊佛像을 배치하여, MIHO MUSEUM 所藏 金銅佛龕과 차별성을 보이고 있다.

또한 MIHO MUSEUM 所藏 金銅佛龕은 佛龕 內部의 天井 中心部에도 테두리를 菱花形으로 구성한 다음 오목하게 하여, 그 안에 龍과 紋樣들을 押出技法으로 표현하였다. 현재 菱花形 테두리 한가운데에는 花紋을 배치하였으며, 그 주변으로 2마리의 龍이 동그랗게 역동적으로 조각되었다. 그리고 나머지 면에는 瑞雲紋이 표현되었다. 이와 같이 佛龕 內部의 天井까지 화려하게 치장하는 것은 佛龕의 신성함이나 莊嚴性을 높이기 위한 표현 기법으로 보인다. 현존하는 金銅佛龕 중에서 佛龕 내부의 天井을 화려하게 조각한 예는 求禮 泉隱寺 所藏 金銅佛龕(2마리 鳳凰), 國立中央博物館 所藏 金銅佛龕(2마리 龍), 日本 個人 所藏 金銅佛龕(2마리 鳳凰) 등에서 확인되고 있다. 이처럼 건물 내부의 天井을 莊嚴的으로 치장한 사례는 宮闕建築으로 景福宮 勤政殿(2마리 龍), 昌慶宮 明政殿(2마리 鳳凰), 昌德宮 仁政殿(2마리 鳳凰) 등이 있다. 또한 표현이나 조각 기법이 조금씩 다르기는 하지만 寺院 建築物 중에서 닫집이 마련된 중요 법당의 천정에서도 여러 사례가 확인되고 있다. 이와 같이 중요 건물의 내부 천정에 龍이나 鳳凰 등을 표현하는 이러한 표현 기법은 원나라 미술의 영향을 받은 이후에 나타나기 시작한 것으로 추정하는 견해도 있다.[12)]

이와 같이 MIHO MUSEUM 所藏 金銅佛龕의 內部는 現存하는 韓國의 여러 金銅佛龕들처럼 佛龕 內部의 벽면에 押出技法에 의하여 變相圖를 연상시킬 만큼 莊嚴的으로 彫刻像들을 배치하였다. 이러한 회화적인 기법들은 고려후기의 여러 조형물에서 나타나는데, 대표적으로 敬天寺址 10層石塔의 塔身 표면에 다양

12) 文賢順, 「高麗時代 末期 金銅佛龕의 硏究」, 『考古美術』 179, 한국미술사학회, 1988, p.42.

하게 표현되었다. 이러한 표현 기법은 朝鮮初期 건립된 圓覺寺址 10層石塔에도 거의 그대로 계승되는데, 金銅佛龕의 내부 벽면에 표현되는 것과 밀접한 관계가 있는 것으로 파악되고 있다.[13] 그런데 金銅佛龕은 金銅版에 押出技法으로 佛像이나 文樣들을 표현해서 그런지 조각기법이 정교하거나 세밀하지는 못하지만 상당히 우수한 금속공예 기술을 보여주고 있는 것은 분명하다. 특히 MIHO MUSEUM 所藏 金銅佛龕 내부의 조각과 표현 기법은 求禮 泉隱寺 所藏 金銅佛龕, 國立中央博物館 所藏 金銅佛龕, 日本 個人 所藏 金銅佛龕 등과 강한 친연성을 보이고 있어 주목된다.

敬天寺址 10層石塔(1348年) 3層 塔身石

圓覺寺址 10層石塔(1467年)

그리고 MIHO MUSEUM 所藏 金銅佛龕의 身部와 屋蓋部는 별도로 제작한 金銅版을 佛龕 내외부의 결합 부위에 부착하고, 리벳을 일정한 간격으로 박아 고정하였다. 특히 안쪽 면에는 身部와 屋蓋部가 결구되는 부위에 직각으로 꺾인 金銅版을 리벳으로 고정하였다. 그리고 屋蓋部는 처마부와 지붕부를 각각 별도로 제작한 부재들을 결구하여 구성하였다. 屋蓋는 전체적으로 身部보다 약간 넓게 제작하여 身部에 대한 보호의 의미를 부여하였으며, 지붕은 팔작지붕으로 구성했다.(屋蓋 規模 28.5×16cm, 높이 6.5cm)

屋蓋部에서 처마부는 서까래만을 올린 단처마로 구성했는데, 서까래 끝은 鬼目紋 수막새의 鬼目처럼 표현하여, 鬼目紋이 새겨진 연목기와를 부착한 느낌이

13) 文化財管理局,『圓覺寺址十層石塔 實測調査報告書』, 1993.

나도록 했다. 지붕부는 4개의 각 면마다 金銅版을 별도로 제작하여 접합되는 부위가 마루부가 되도록 했으며, 마루부에는 별도로 제작한 金銅版을 부착한 다음 리벳으로 견고하게 고정하였다. 그래서 지붕부는 용마루(너비 14.2cm)와 내림마루, 추녀마루에 별도의 금동판을 덧붙이고 리벳을 박아 견고하게 고정되도록 했으며, 기왓등과 기왓골도 분명하게 구분되도록 제작하였다. 용마루 한가운데에는 원형 고리를 부착하여 幡이나 幢과 같은 莊嚴物을 달 수 있도록 했으며, 좌우에는 鴟尾 形像의 裝飾物을 부착하였다. 이와 같이 지붕의 형태는 다르지만 용마루에 원형 고리가 부착되고, 용마루 끝에 치미 형상의 장엄물이 부착된 점은 國立中央博物館 所藏 金銅佛龕과 유사하다. 또한 MIHO MUSEUM 所藏 金銅佛龕은 다른 佛龕에서는 보기 드물게 추녀마루에 2개씩 원형돌기를 부착하여 마치 雜像을 올린 것처럼 보이도록 했다. 이러한 표현 기법은 고려시대 제작된 金銅塔이나 青銅塔에서 자주 적용된 기법이었다. 이와 같이 MIHO MUSEUM 所藏 金銅佛龕의 屋蓋部는 基壇部나 身部에 비하여 목조건축물의 지붕부를 사실적으로 飜案하였다. 그리고 지붕을 팔작지붕으로 구성함으로써 金銅佛龕의 전체적인 外觀을 품격 있게 보이도록 하고 있다.

현존하는 佛龕 중에서는 屋蓋部가 구비된 경우도 있고, 그렇지 않은 경우도 있다. 佛龕은 佛像을 奉安하는 法堂과 같은 기능으로 제작되었기 때문에 기본적으로는 屋蓋部를 구성했는데, 그 용도에 따라서 구비하지 않은 경우도 있었던 것으로 추정된다. 現存하는 佛龕 중에서 屋蓋部가 구비된 경우는 澗松美術館 所藏 金銅佛龕, 求禮 泉隱寺 所藏 金銅佛龕, 國立中央博物館 所藏 金銅佛龕, 日本 個人 所藏 金銅佛龕, 順天 梅谷洞 石塔 出土 青銅佛龕, 南楊州 水鍾寺 五層石塔 出土 金銅佛龕 등이다. 이중에서 求禮 泉隱寺 所藏 金銅佛龕, 國立中央博物館 所藏 金銅佛龕, 日本 個人 所藏 金銅佛龕 등은 우진각지붕이다. 그리고 順天 梅谷洞 石塔 出土 青銅佛龕과 南楊州 水鍾寺 五層石塔 出土 金銅佛龕 등은 팔작지붕으로 구성되었다. 이러한 것으로 보아 지붕의 형태는 제작자에 따라 다양한 형태가 채용되었던 것으로 보인다.

이와 같이 MIHO MUSEUM 所藏 金銅佛龕은 재료적인 측면에서 먼저 青銅으로 골격을 제작한 다음, 그 표면에 金箔을 입혀 완성한 金銅製 佛龕이라 할 수 있

(內部 下面) (內部 正面)

(門扉 向左側面) (門扉 向右側面) (內部 向左側面) (內部 向右側面)

(內部 天井) (屋蓋部 側面)

(屋蓋部 正面) (처마부)

MIHO MUSEUM 所藏 金銅佛龕

다. 그리고 각 면은 金銅版을 이중으로 덧붙여 제작함으로써 견고할 뿐만 아니라 押出技法이나 點線을 활용하여 彫刻像이나 紋樣을 새겨도 크게 문제가 없도록 처음부터 치밀하게 설계 제작되었음을 알 수 있다. MIHO MUSEUM 所藏 金銅佛龕은 세부적인 제작 기법이나 조각 기법 등에서는 부분적으로 차이가 있지만 전체적으로 朝鮮이 건국되기 以前인 高麗末期 14世紀代에 조성된 것으로 추정되는 求禮 泉隱寺 所藏 金銅佛龕이나 國立中央博物館 所藏 金銅佛龕 등과 상당한 유사성과 친연성을 보이고 있다.[14] 그리고 제작 시기가 어느 정도 분명한 順天 梅谷洞 石塔 出土 靑銅佛龕(1468년경)이나 南楊州 水鍾寺 五層石塔 出土 金銅佛龕(1493년경)들과는 유사성도 있지만 그보다는 더 많은 차별성을 보이고 있다. 이러한 것으로 보아 MIHO MUSEUM 所藏 金銅佛龕은 求禮 泉隱寺 所藏 金銅佛龕, 國立中央博物館 所藏 金銅佛龕, 日本 個人 所藏 金銅佛龕 등과 비슷한 시기에 제작된 것으로 보이며, 高麗末期인 14世紀 後半代에 造成된 것으로 추정된다.

【표】韓國의 靑銅 / 金銅佛龕

澗松美術館 所藏 金銅佛龕[15]

14) 현존하는 金銅佛龕 중에서 우수한 제작 기법을 보일뿐만 아니라 편년 기준작이라 할 수 있는 求禮 泉隱寺 所藏 金銅佛龕과 國立中央博物館 所藏 金銅佛龕에 대해서 高麗말-朝鮮初에 조성된 것으로 보는 것이 일반적이다. 그런데 이들 金銅佛龕의 구체적인 造成 時期에 대해서는 高麗後期, 14世紀代, 14世紀 後半, 朝鮮初期, 1450年代, 15世紀 등 다양한 견해가 있다.

15) 황수영 편저, 『國寶 2 -金銅佛·磨崖佛-』, 웅진출판주식회사, 1992, p.64.

16) 고성박물관, 『고성의 유적과 유물』, 2013, p.132.
불교문화재연구소, 『한국의 사지 현황조사 보고서』 -울산광역시 경상남도-, 2013 상, p.118.

17) 조선유적유물도감 편찬위원회 편, 『북한의 문화재와 문화유적』 IV, 서울대학교 출판부, 2000, p.236.

18) 위의 책, p.236.

19) 위의 책, p.235.

慶南 固城 龍安里寺址 出土
靑銅佛龕(國立中央博物館 所藏)[16)]

順天 松廣寺 金銅佛龕
(松廣寺 聖寶博物館 所藏)

北韓 內金剛 金剛郡 出土
佛龕(1344年)[17)]

北韓 金剛郡 內剛里 出土
佛龕(1379年)[18)]

北韓 金剛郡 內剛里 出土
金銅佛龕[19)]

求禮 泉隱寺 所藏 金銅佛龕

國立中央博物館 所藏 金銅佛龕

日本 個人 所藏 金銅佛龕

미국 하버드대학교 포그미술관 所藏 金銅佛龕[20)]

日本 東洋文庫 金銅佛龕(傳 梁山 通度寺, 現在 未詳)

益山 深谷寺 七層石塔 出土 金銅佛龕[21)]

順天 梅谷洞 石塔 出土 靑銅佛龕(1468년경)[22]

南楊州 水鍾寺 5層石塔 出土 金銅佛龕(1493년경)[23]

Ⅳ. 結論

한국 불교미술사에서 佛龕은 돌, 나무, 청동, 순금, 금동 등 다양한 재료로 제작되었을 것이다. 그리고 新羅時代부터 朝鮮時代까지 많은 佛龕들이 제작되었을 것으로 추정된다. 현재 불상을 봉안하고 예배하기 위한 전형적인 佛龕은 아니지만 佛龕의 유래나 양식과 관련하여 感恩寺 3層石塔 出土 舍利莊嚴具, 光州 西 5層石塔 出土 殿閣形 舍利具 등은 佛龕과 유사한 제작 기법과 양식을 가지고 있다. 이들 舍利莊嚴具들은 高麗後期에서 朝鮮初期에 주로 제작된 佛龕보다 상당히 앞선 시기에 제작된 것인데, 전체적인 外觀이나 構成 등이 金銅佛龕과 강한

20) 미국 하버드대학교 포그미술관 홈페이지 자료(www.harvardartmuseums.org/art/fogg-museum).

21) 국립전주박물관, 『심곡사 칠층석탑과 사리장엄』, 2014, p.99./p.104.

22) 불교중앙박물관, 『삶, 그 후』 -2010년 지장보살 특별전-, 2010, p.159.

23) 국립중앙박물관, 『佛舍利莊嚴』, 1991, p.97.

친연성을 보이고 있다. 이러한 사실은 佛龕이 오래전부터 제작되었거나 그 연원이 오래되었음을 알 수 있게 한다. 그런데 佛龕은 일반적으로 청동이나 금동으로 제작되기 때문에 내구성이 약한 편이고 쉽게 부식되는 재료의 특성상 현존하는 수량이 많지 않은 편이다. 특히 青銅이나 金銅으로 제작된 佛龕은 더더욱 소량이 전하고 있다. 최근에 益山 深谷寺 7層石塔에서 새롭게 발견된 金銅佛龕을 합해야 10여점 내외라 할 수 있을 만큼 적은 수량이다.[24] 그래서인지 韓國의 佛龕에 대한 전체적인 연구 성과가 많지 않은 것도 사실이다. 이와 같이 현존하는 자료가 많지 않아 佛龕의 유래와 발전과정, 當代 불교신앙과의 관련성을 비롯한 사상적 배경, 佛龕의 구체적인 용도와 기능, 佛龕의 시대별 특징과 양식의 변천과정 등 연구에 미흡한 부분이 많은 것도 사실이다.

MIHO MUSEUM 所藏 金銅三尊佛과 金銅佛龕은 出土地나 由來는 알 수 없지만 韓國에서 조성된 것으로 보존 상태가 상당히 양호한 편이다. 현재 金銅三尊佛과 金銅佛龕의 造成 時期가 다른 것으로 파악되어 다소 의문점이 있기는 하지만 三尊佛과 佛龕은 서로 다른 시기에 조성되어 전래되고 있었는데, 어느 시기에 한 쌍처럼 金銅佛龕 안에 金銅三尊佛이 봉안된 것으로 추정된다. 그리고 MIHO MUSEUM 所藏 金銅佛龕은 현존하는 求禮 泉隱寺 所藏 金銅佛龕, 國立中央博物館 所藏 金銅佛龕 등과 製作 技法이나 樣式 등이 강한 친연성을 가지고 있다. 이러한 것으로 보아 이들 금동불감과 비슷한 시기에 제작된 것으로 추정되어 귀중한 학술적 자료로 평가된다. 향후 MIHO MUSEUM 所藏 金銅佛龕에 대하여 여러 연구자들이 관심을 갖고 다양한 연구를 통하여, 金銅佛龕의 특징과 조성 시기 등에 대한 깊이 있는 연구가 진행되길 진심으로 바라면서 글을 마치고자 한다.

---

24) 정은우, 「여말선초의 금동불감 연구 순천 송광사 高峰國師 불감을 중심으로-」, 『불교미술사학』 제15집, 불교미술사학회, 2013, p.104 표 1 참고.

〈溫陵奉陵都監 契屛 武夷九曲圖〉의 정치적 性格과 機能

강 신애 (서울대 고고미술사학과 박사과정 수료)

I. 머리말

〈武夷九曲圖〉는 宋代 朱子(1130-1200)의 道學의 정신적 상징으로 여겨졌던 中國 福建省의 武夷山의 九曲溪 풍경을 그린 그림으로 중국에서 전래 되었지만 조선 지식인들에 의해 적극적으로 수용되고 추구되었던 시각문화이다. 이 중 영조(英祖) 15년(1739, 己未)에 제작된 〈溫陵奉陵都監 契屛 武夷九曲圖〉는 조선 궁중화원의 기량을 살펴 볼 수 있는 드문 수작으로 꼽히며, 현재 영남대학교 박물관에 소장되어 전한다.(도판1)[1)]

본 계병은 17세기 계병의 전통을 잇는 18세기 청록산수 계병으로 관원들의 모임을 기념하기 위해 제작된 것이며 '무이구곡도'는 도감을 위해 모인 문인들의 관직 생활 이면에 은일을 동경한 이상경을 그린 것으로 해석되어 왔다.[2)] 한편 필

1) 〈온릉봉릉도감 계병 무이구곡도〉에 대한 본격적인 연구는 1996년 영남대 박물관 포럼을 통해 이루어졌는데, 〈端敬王后 武夷九曲圖〉로 칭하여 소개되었으며 전시와 함께 이에 대한 도상과 양식적 연구논문이 처음 발표되었다. 유준영, 「宋寅明序 溫陵都監契屛 武夷九曲圖의 造形分析」, 『端敬王后 武夷九曲圖와 조선시대 지식인의 유토피아』(영남대 박물관, 1996), pp.28~38.

2) 윤진영, 「조선시대 구곡도 연구」(한국정신문화연구원 석사학위논문, 1997), pp.101~112. 및 「조선시대 계회도 연구」(한국학중앙연구원 박사학위논문, 2003), pp319~321.; 박정혜, 「의궤를 통해서 본 조선시대의 화원」, 『미술사연구』9. (미술사연구회, 1995), pp.230-235와 『《顯宗丁未溫幸契屛》과 17세기의 산수화 契屛」, 『美術史論壇』第29號 (2009. 12), pp.117~118 등이 있다.

자는 이전 연구를 통해서 계병에 그려진 산수 전체를 조망하는 〈무이구곡도〉의 미해결된 일부 도상에 대해 중국 산수판화첩『海內奇觀』과 연관성이 있음을 밝히고, 계병에 〈무이구곡도〉가 채택된 이유에 주목하여 그림의 재구성 및 변형은 영조 15년에 중종반정 이후 廢妃가 된 愼氏(1487~1557)를 단경왕후로 복위함에 따라 이와 관련한 왕실의 제례 의미가 강조된 것으로 보인다고 추정하였다.[3] 이는 신비의 伸寃에 초점을 맞춰 넋을 위로해주기 위함이라 생각했기 때문이었다. 그러나 계병에 그려진 〈무이구곡도〉 도상에 대한 역사와 문화적 맥락을 고려한 논의는 충분하지 못했다. 또한 18세기 조선에서는 지리지 및 산수판화집의 보급으로 '무이구곡'에 대한 정보와 지식을 가지고 있었을 것이며 〈무이구곡도〉가 성리학의 시각물로 상징성이 더욱 강화되었음에도 불구하고 계병에 그려진 그림에서 1곡부터 9곡에 이르는 도상의 순서가 불분명한 이유에 대해서는 보다 명확한 역사적 근거가 필요해 보인다.

따라서 본고에서는 먼저 계병 제작의 추이와 의도를 알아보기 위해서 〈온릉봉릉도감계병〉에 쓰여 있는 序의 전문을 해석하고 병풍의 좌목과 당시 의궤기록과 실록 등 관련 사료를 비교 검토할 것이다.[4] 또한 당시 '무이구곡도' 화제에 대한 인식을 고찰하여 불분명해 보이는 〈무이구곡도〉 도상에 대한 이해를 보완하고, 계병에 그려진 〈무이구곡도〉의 정치적 성격과 그 기능에 대해서도 재조명해 보고자 한다. 관련 문헌기록에 관한 연구는 계병의 실질적 제작 주체를 파악하고 〈무이구곡도〉 도상을 채택하게 된 당시의 정치적 사회문화적 맥락을 이해하는데 도움이 될 것이다.

---

3) 강신애,「조선시대 무이구곡도 연구」(고려대학교 석사학위논문, 2004), pp.59~64. 및「조선시대 무이구곡도의 연원과 특징」,『미술사학 연구』 254 (2007. 6), pp.23~26.

4) 1739년에 단경왕후 복위를 기념하기 위해 제작된 의궤는『溫陵封陵都監儀軌』(서울대학교 규장각한국학연구원 〈奎 14831〉, 한국학중앙연구원 장서각 〈2-2351〉)과『[端敬王后]復位祔廟都監儀軌』(규장각 〈奎13506〉〈奎 13507〉〈奎 13508〉〈奎 13509〉과 장서각 〈2-2242〉·〈2-2220〉·〈2-2624〉) 등이 각각 소장되어 있다. 또한 또 다른 동일본인 파리국립도서관 소장본『端敬王后溫陵封陵都監儀軌上·下』〈2694〉·〈2419〉과『端敬王后復位祔廟都監儀軌 上·下』〈2639〉·〈2640〉이 2011년 외규장각 의궤가 귀환됨에 따라 현재 국립중앙박물관에 소장되어 열람가능하다.(http://uigwe.museum.go.kr/) 귀환된 의궤는 어람용으로 본고에서는 〈온릉봉릉도감계병〉을 이해하는데 주 문헌사료로 사용하였다.

II. 稧屛序와 座目의 내용 분석

〈온릉봉릉도감 계병 무이구곡도〉(도판 1)는 세로 155cm, 가로 488cm의 여덟 폭 병풍으로 한쪽 면에는 무이구곡도가 연속되는 한 장면으로 그려져 있고, 그 뒤에는 행초(行草)로 적은 〈온릉봉릉도감 계병〉의 서문이 다섯폭에 걸쳐 쓰여 있다.(도판1-1) 이는 도감의 총책임자였던 도제조 宋寅明(1689~1746)이 지은 서문으로 계병의 제작 의도를 알아보기 위한 일차적인 기록 자료이다. 전체 내용을 해석하면 다음과 같다.[5)]

영조 15년 기미년(1739)에 단경왕후 위호를 복위시켜 (위패를) 태묘에 합장하고 그 능을 온릉으로 봉하며, 서울 밖에 도감을 설치하고 관리를 파견하여 그 일을 관할하도록 명하셨다. 무능한 내가 황공하옵게도 관리 감독의 소임을 맡아 명을 받아, 1개월만에 합장 의례를 치르고, 다시 10일만에 온릉의 능역을 마쳤다. 산릉의 봉우리를 만들고서 그 마무리 준공을 알리고 이미 관리 업무를 마쳤기에 복명하고 물러나 상의하여

---

5) 上之十五年己未 命復端敬王后位號 陞祔太廟封溫陵 設京外都監差堂郎董其役 不佞忝爲摠理之任 受命一月祔禮成 又一(旬日)陵役竣山陵役最鉅而告竣甚亟 旣堂郎復命退 而相議曰 噫我端敬王后以塗莘之德 抱瑤華之寃誦中廟 糟糠之敬 而想當日之本意讀 先正請復之疎 徵百世之公議 天啓聖心理有必復否 惟曰寧考之所遺恨也 一國所共辭也 斷然追擧縟禮於二百年之後 則玆豈非宗祧之大慶歟 惟玆一杯寄在空山 階庭蕪設 祠屋荒凉 樵牧之所不禁行路之所共嗟 而顧於一 朝百司於是駿奔 衆工於是趨具木石 闢草萊像 設動色殿閣生輝 儼然方中之遺制 煥乎珠立之盛儀 則玆豈非臣民之至幸歟 自㉠夫都監之設堂郞之 寢處於斯 奔走於斯者 官有高下 年有老少 而畚鍤 焉同其勞 泥露焉同其病 行必接袂 坐必連帶 物我之無分 而必相與勸督年位之俱忘而或間以談諧 見星而起 繼燭而罷 如是者 凡四十有餘日 而役始訖人始散 則玆豈非吾輩之奇會歟 ㉡夫有都監 必有稧屛 所以記同事不忘也 而爲近日國俗 則況於慶之大幸之至會之奇 如今設者而闕焉 其可乎 遂咸造不佞而請焉 不佞以其不可己而旣許之 仍又復焉曰子知夫玆役之所以克完 與夫民情之所以樂 玆役者否向使玆役之未完 而有旬日之雨 則雖日督而求其 亟其可能乎 且使役早 而不幸有旬日之旱 則年穀不登民將嗟怨之不暇又奚樂之有 方其役也溪雨不降 旣無一日之或停 而又不至病農及役之訖也 而甘霈始洽歲將大熟 而初(未嘗)妨役 玆皆若有造物者垠陰相 而罔非我聖上至誠達孝之攸致 則向所謂役之亟也民之樂也 又安敢不歸之於我聖上 而豈不猗歟休哉 咸曰 然願公有以識之 遂謹序次如右. 都提調 大匡輔國 崇祿大夫 議政府右議政 兼領經筵監春秋館事 宋寅明序; 한문은 윤진영 1997년 논문, p.102,각주 266)참고하여 다시 읽었으며 ( ) 안의 한자는 병풍에서 일부 박락된 부분이다. 전문을 해석하였으며, 밑줄친 ㉠부분의 해석은 같은 논문 p.106 각주 278), ㉡부분은 윤진영, 2003년 논문 p.319의 해석을 참조하였다.

말하길 우리 단경왕후께서는 도신[6]의 덕을 지니고서 요화[7]의 억울함을 품으셨으니 한탄스럽도다. 위패에 조강지처의 몸가짐을 칭송하며 당시의 본의를 생각하며 복위를 청하는 선대의 상소를 읽어, 후세 백대의 공의를 징험한다. 천의와 성심에는 반드시 다시 논의한 이유가 있으니, 다만 선현의 맺힌 한이요, 온 나라가 이야기하는 것이라 말할 뿐이다. 결연히 2백년 후에 와서 이를 추모하여 욕례[縟禮]를 지내니 이 어찌 종묘의 큰 경사가 아니겠는가? 다만 이 한 잔 술을 빈 산에 바친다. 계단 아래 뜰에는 풀 무성하고 사당은 황량하여 초동과 목동이 지나다니는 것을 막지 못함을 한탄하며 문득 되돌아본다. 조정의 백관이 여기에서 분주히 움직이고, 여러 장인들이 여기에서 목재와 석재를 다듬고 벌초하고 조각을 만들고 색을 칠하여 전각을 빛나게 꾸미고 그 전해져오는 제도에 엄밀하게 맞추어 성대한 의례를 치르니, 이 어찌 신민의 지극한 행복이 아니겠는가?

대저 도감이 설치되면서부터 당랑이 여기에 숙소를 정하고 여기서 분주히 일 함에 있어서는 벼슬에는 높고 낮음이 있고 나이에는 늙고 젊음이 있지만 삼태기와 삽을 잡고 그 수고로움을 같이 하고 진흙과 아침이슬에 그 괴로움을 같이 하였으며 앉으나 서나 반드시 함께 하였으니 너와 나의 구별이 없이 서로 독려하며 나이와 지위를 잊고서 때로 담소와 우스개소리를 나누고, 아침에는 샛별을 보고 일어나고 촛불로 밤을 새워가며 일을 마무리지었다. 이와같이 한 것이 무릇 40여일이 되어, 바야흐로 일이 끝나 사람들이 해산하기에 이르렀으니 이 어찌 우리들의 뜻밖의 만남이 아니겠는가.

무릇 도감이 있으면 반드시 계병이 있어, 그때 함께 일한 것을 잊지 않기 위하여 기록하는 것이 요사이 풍속인데 하물며 이처럼 능역을 세우는 큰 경사에서의 기묘한 만남

---

6) 塗莘은 모두 母儀와 婦德으로 이름난 왕비인데, 塗는 塗山氏의 딸인 禹 임금의 妃를 뜻한다. 《書經 益稷》; 莘은 有莘氏의 딸인 周 文王의 妃를 가리킨다. 〈大明〉, 《詩經 大雅 文王之什》 참고.

7) '瑤華'는 宋代 폐비가 머물렀던 瑤華宮을 의미하며 황후의 복위와 관련된 두 사례가 있다. 송나라 仁宗(재위 1022-1063)이 郭皇后를 廢하여 瑤華宮에 두었던 일을 말한다. 당시 재상 呂夷簡(979-1044)과 환관 閻文應이 주도하여 이루어진 일이고, 인종이 후회하고 복위하려 하자 이들이 또 주도하여 폐후를 살해하였다. 《宋史 卷242 仁宗郭皇后列傳》; 章惇(1035-1105)이 송나라 哲宗(재위 1085-1100)에게 권하여 황후인 孟氏를 폐하여 요화궁에 살게 하였는데, 철종이 황후를 폐한 일을 뉘우치고 탄식하며 "장돈이 나의 절의를 무너뜨렸다." 하였다. 뒤에 徽宗(재위 1100-1125)이 복위시켜 元祐皇后로 삼았다. 《宋史 卷471 章惇列傳》; 여기서는 송 철종의 사례를 뜻하는 것으로 보인다.

에서 어찌 이를 빠뜨릴 수 있겠는가.

이에 모두가 무능한 나에게 부탁을 하였는데 내가 이를 차마 떨치지 못해 허락하였고, 이에 다시 거듭 말하길 이 능역을 마치게 된 경위와 백성들이 반가와한 까닭을 그대는 아는가? 이 능역이 아직 끝나지 않았는데 열흘동안 비가 오면, 비록 매일 독려하더라도 그것을 서둘러 하기가 어찌 가능했겠는가? 가뭄도 일을 도왔다. 불행히 열흘의 가뭄으로 곧 올해의 곡식이 익지 않으면 백성들의 원성이 끊이지 않게 되니, 또한 어찌 그 능역을 반가와하겠는가? 산골짜기에 비가 내리지 않으니 하루도 쉬지 않고 능역을 마치기에 이르렀다. 또한 농사를 걱정하기에 이르지 않고 흡족하게 단비[甘霈] 쏟아지기 시작하여 크게 풍년이 들었으니 처음부터 이 능역을 방해한 적이 없었다. 이에 모두 조물주의 은덕이요, 우리 임금의 지극한 정성과 효심 때문이니, 소위 능역의 절실함과 백성의 기쁨을 또한 어찌 우리 임금에게 돌리지 않을 수 있겠는가? 비로소 휴식을 즐기며 함께 이를 기록하기 원하니 여기에 삼가 이상과 같이 적는다.

英祖 15년(1739, 己未)에 중종의 원비였던 폐비 신씨는 端敬王后로 復位되었다.[8)] 기미년 3월 11일 幼學 金台南의 上疏로 복위를 청하자 영조는 先朝의 유지를 거론하며 '繼述'하는 것이 마땅하다며 적극적으로 복위 의사를 표명하였다.[9)] 200여년 전 폐비 신씨에 대한 복위는 1515년 章敬王后 尹氏(1491~1515)가 사망하자 潭陽府使 朴祥(1474~1530)과 淳昌郡守 金淨(1486~1521)의 상소 이후 재차 거론되었다.[10)] 송인명 서문의 "복위를 청하는 선대의 상소"는 바로 중종 10년(1515)

8) 단경왕후는 愼守勤(1450~1506)의 딸로 성종 18년(1487) 1월 14일에 태어나, 13세인 연산군 5년(1499) 성종의 둘째아들 晉城大君(후일 중종)과 가례를 행하여 府夫人에 봉해졌다. 燕山君의 亂政이 더욱 심해지자 1506년에 朴元宗(1467~1510), 柳順汀(1459-1512), 成希顏(1461-1513) 등 이른바 三大臣들은 신수근에게 연산을 폐하고 중종을 세울 것을 모의하였다. 그러나 연산군의 처남이기도 한 신수근은 臣子의 도리가 아니라 거절하였고 이 때문에 반정 직전에 피살되었다. 중종이 즉위하자 3대신들은 자기들이 죽인 사람의 딸이 왕비로 있는 것에 불안을 느끼고 중종에게 강요, 왕비 신씨를 강제로 廢出시켰다. 『中宗實錄』 14집 71~76면 元年(1506) 9月 2~9日. 단경왕후의 생애와 가계에 대해서는 지두환, 「제1장 단경왕후」, 『중종대왕과 친인척』, (역사문화, 2011), pp.29~114. 참조.

9) 『英祖實錄』 49권, 15년(1739) 3월 11일(정사); "思陵을 復位한 것은 곧 지나간 해에 다하지 못했던 효도이고, 溫陵을 복위한 것은 곧 내가 繼述하는 뜻이었는데,(思陵復位, 卽昔年不匱之孝, 溫陵復位, 卽予繼述之意)", 『英祖實錄』 117권, 47년(1771) 10월 5일(임신).

10) 박상과 김정의 상소문은 『中宗實錄』 22권, 10년(1515) 8월 8일(임술) 참고.

의 김정과 박상의 상소문에서 비롯된 것이다. 또한 숙종 24년(1698, 戊寅)에는 신씨의 복위에 대한 논의가 다시 있었으나 추복되지 못했다.[11] 영조의 '계술'의 뜻은 숙종 무인년의 일을 가르킨다. 국왕인 영조가 중종비 신씨의 복위를 주도한 것이다.[12] 본래 소론신 송인명와 노론신 호판 兪拓基(1691-1767) 등은 처음부터 책봉하지 않았고 私第에 나가 있었으니 복위를 논할 수 없다고 하였으나 영조가 몸소 김태남의 상소에 기뻐하며 우의정 송인명을 필두로 종친 및 문무백관과 收議를 거치게 하였다.[13] 그리고 3월 25일 영조는 신비의 복위를 결정하였다.[14] 신비의 諡號는 端敬이라 올리고,[15] 왕비의 덕을 기리는 徽號는 恭昭順烈이라 올렸으며[16], 陵號를 溫陵이라 정하고 封陵都監과 祔廟都監을 설치하고 무인년(1698, 숙종 24년) 莊陵을 추복할 때의 禮에 따라 이달 太廟에 고하라고 명하였다.[17]

한편 "무릇 도감이 있으면 반드시 계병이 있어, 그때 함께 일한 것을 잊지 않기 위하여 기록하는 것이 요사이 풍속인데 하물며 이처럼 능역을 세우는 큰 경

---

11) 『肅宗實錄』 32권, 24년(1698) 9월 30일(신축); 『肅宗實錄』 32권, 24년(1698) 10월 24일(을축).

12) 선왕 때 송시열에 의해서 거론된 단경왕후 복위가 국왕주도로 이루어진 것에 대해서 정경희는 성리학의 '의리론'을 왕실이 주도하려는 것으로 존왕적 예학 경향으로 주목할 만한다고 논하였다. 鄭景姬, 「英祖의 禮學」 『규장각』 25, 2002, pp.223~225.

13) 『英祖實錄』 권 49, 15년(1739 3월 15일(신유): 1788년경 왕명에 의해 柳義養(1718-?)가 예조의 모든 예제와 예무를 정리 저술한 『春官通考』 권18(奎 12272)의 「吉禮 陵寢」의 '溫陵'에는 우의정 송인명이 唐宋代 폐황후와 明代 宣德 연간에 胡皇后의 故事를 말한 것으로 기록되어 있으나 실록에 의하면 호황후 고사는 判府事 金在魯(1682-1759)가 고한 것으로 기록되어 있다. 즉 노론의 동조를 기반으로 큰 이견없이 복위가 진행되었을 것으로 보인다. 『春官通考』 '溫陵'기록은 영인본 柳義養 著, 『春官通考』 上, (서울:성균관대학교 대동문화연구원, 1975), pp.468-470 참조.

14) 계병이란 도감의 관원들이 투사를 마치고 이를 기념하기 위하여 관원들의 발의에 의해 서문과 좌목을 쓰고 그림과 함께 병풍을 제작하는 것을 말한다. 이러한 계병의 제작은 당시에 유행한 관례였다고 할 수 있다. 17세기 초반부터 기록화 혹은 기념화 등이 계병 형식의 병풍에 그려진 사례들이 빈번하였다. 계회도의 형식이 契軸에서 契屛으로 변화는 현상은 박정혜, 『조선시대 궁중기록화 연구』 (일지사, 2000), pp.62~69 참조.

15) '端'은 禮를 지키고 儀를 지킨다는 의미이며, '敬'은 매사 공경하고 조심한다는 뜻이다.

16) '恭'은 게을리 하지 않아 덕이 있음을 뜻하고 '昭'는 덕을 밝혀서 배움이 있는 것이며, '順'은 도리에 화합하는 것이고 '烈'은 덕을 지키고 사업을 높임을 의미한다.

17) 3월 28일 대신들에게 賓廳에서 논의하게 했다. 온릉의 역사적 의미에 대한 연구는 황정연, 「단경왕후 온릉을 통해 본 조선후기 봉릉의 역사적 의미」 『민족문화논총』 제53집, 2013, pp.167~196.

사에서의 기묘한 만남에서 어찌 이를 빠뜨릴 수 있겠는가."라고 하여 기존의 관례대로 계병을 제작하였음을 알 수 있다.[18] 『端敬王后溫陵封陵都監儀軌』에 따르면,[19] 물품의 기록인「甘結秩」에 都監稧屛所에서 기미 6월 4일 쟁틀[淨機][20] 2부와 淨布 20필을 주문했음을 확인할 수 있다.[21] 계병의 제작시기는 행사가 끝난 직후 동년 6월에 관례대로 제작된 것이다. 또한 〈온릉봉릉도감 계병 무이구곡도〉(도판 1)를 그린 화원이 누구인지 정확히 알 수는 없으나 개인적인 제작이 아닌 국가의 공력을 사용하여 제작된 것으로 의궤에 기록 화원명단에 따르면 張文燦, 張子澄, 玄載恒, 申德洽, 崔鵬運, 李壎, 李世蕃 등이 도화서 화원들이 참여했을 가능성이 크다.[22] 그림의 산의 형태감과 채색으로 음영을 가한 능각 위주의 윤곽선 표현, 전체적인 붉은 바탕에 녹색조의 설채법 및 준법의 구사에서 18세기 전반 화원의 기량을 감지할 수 있다.[23]

도감에 참석한 관인들의 명단은 계병 후면의 6폭에 있는 좌목을 통해 상세히 확인 할 수 있다. 계병에 적힌 23인의 명단은 온릉봉릉도감의궤 기록의 명단과

18) 윤진영, 앞의 논문(2003년), p.319.

19) 1739년에 단경왕후 복위를 기념하기 위해 제작된 의궤는『溫陵封陵都監儀軌』(서울대학교 규장각한국학연구원 〈奎 14831〉, 한국학중앙연구원 장서각 〈2-2351〉)과『[端敬王后]復位祔廟都監儀軌』(규장각 〈奎13506〉〈奎 13507〉〈奎 13508〉 〈奎 13509〉과 장서각 〈2-2242〉·〈2-2220〉·〈2-2624〉) 등이 각각 소장되어 있다. 또한 또 다른 동일본인 파리국립도서관 소장본『端敬王后溫陵封陵都監儀軌上·下』〈2694〉·〈2419〉과『端敬王后復位祔廟都監儀軌 上·下』〈2639〉·〈2640〉이 2011년 외규장각 의궤가 귀환됨에 따라 현재 국립중앙박물관에 소장되어 열람가능하다. 귀환된 의궤는 어람용으로 본고에서는 이를 주 문헌사료로 사용하였다.

20) 비단 위에 그림을 그릴 때 화면을 팽팽하게 만들기 위하여 사면에서 고정하는 장치.

21)『端敬王后溫陵封陵都監儀軌 上』383(694), 己未六月初四日 一本都監稧屛所入淨機二部, 淨布二十疋, 星火進排 事。戶曹 繕工監 濟用監 ; 감결질은 도감의 운영에 필요한 각종 물품을 하급관청으로 실질적으로 인부와 물품의 조달은 실질적으로 호조의 선공감과 제용감에서 이루어졌다.

22) 7인의 화원명단은 〈溫陵封陵都監儀軌〉, (藏書閣 MF 2-2351, 233.) 참조. 윤진영, 앞의 논문(1997년), p.103, 재인용. 한편 어람용으로 보이는『端敬王后溫陵封陵都監儀軌 下』에서는「用後還下秩」의 [工匠秩] 163-164(230)쪽에서 화원명단이 확인된다.『端敬王后復位祔廟都監儀軌 下』권에는 부묘의 행사에 따른 빈차도가 그려져 수록되어 있다. 이 의궤에 참가한 화원은 許俊, 張繼萬, 玄載成, 李世蕃, 張子漢, 許俠 이며 이들중 이세번 만이 두 의궤에 모두 기록되어 있다. 또한 직급순으로 기록된 명단을 고려할 때 화원의 일에 주요 책임을 맡았을 장문찬의 경우, 1736년에 제작된〈〈思悼世子冊禮都監儀軌〉〉〈奎 13108〉의 제작에도 참여한 바 있어 주목된다.『[莊祖世子受冊時]冊禮都監儀軌』, 182b 참고.

23) 유미나,『朝鮮中期 吳派畵風의 傳來』,『美術史學硏究』245(2005. 3), pp. 96~97 참조

다소 차이를 보이는데, 두 기록의 좌목을 비교해 각 관리의 직무기간을 살펴보면, 계병의 명단에 오른 사람들이 모두 투사를 마칠 때까지 일정에 함께한 인물임을 알 수 있다.〈표 1 참고〉

〈표 1〉〈溫陵奉陵都監契屛〉과『端敬王后溫陵封陵都監儀軌』좌목 비교

직책(인원수)	계병의 좌목		의궤의 좌목과 직무기록			
	명단순	직위	성명	직위	(1739년) 직무기간	5월30일 論賞
都提調(1인)	宋寅明	大匡輔國崇祿大夫 議政府 右議政 兼領 經筵監春秋館事	宋寅明	議政府 右議政	3월25일-완료시	鞍具馬 1필
提調(3인)			尹惠敎	三行副司直	3월25일-4월10일 * 조최수로 교대	
	尹陽來	資憲大夫 議政府 右參贊	尹陽來	議政府 左參贊	4월4일-완료시 * 박문수 다음차례	加資
	趙最壽	資憲大夫 知敦寧府事 兼 知義禁府事	趙最壽	知中樞府事	4월10일-완료시	加資
			朴文秀	知敦寧府事	3월25일-4월4일	
	朴師正	嘉善大夫 禮曹參判	朴師正	禮曹參判	3월25일-완료시	加資
都廳(2인)			李錫杓	二前正	3월25일-4월10일	
	宋徵啓	通訓大夫 前行弘文館應敎 兼 世子侍講院文學	宋徵啓	前應敎	3월25일-완료시	加資
	閔珽	通訓大夫 前行 司諫院 司諫	閔珽	副司果	4월10일-완료시	加資
郎廳(6인)	愼龜重	通訓大夫 行 兵曹佐郎	愼龜重	三物所 二兵曹佐郎	3월25일-완료시	陞敍
			洪相朝	成均館典籍	3월25일-3월29일	陞敍
	金東鉉	通訓大夫 前行 稷山縣監	金東鉉	副司果	3월29일-완료시	陞敍
	金遠祚	通訓大夫 行 戶曹佐郎	金遠祚	造成所 一戶曹佐郎	3월25일-완료시	陞敍

			沈銄	大浮石所 一儀賓府都事	3월25일- 4월20일 *교대	陞敍
	辛致復	通訓大夫 前行 仁川府使	辛致復	副司果	4월20일- 완료시	陞敍
			李泠	爐冶所 一司宰監主簿	3월25일 -4월6일 *교대	陞敍
	趙階	通訓大夫 前行 歙谷縣令	趙階	副司果	4월6일- 완료시	陞敍
	許槃	通訓大夫 行 司僕寺主簿	許槃	補土所 一刑曹佐郎	3월25일- 완료시	陞敍
			李長夏	京郎廳 兵曹佐郎	4월13일- 완료시	兒馬1필
監造官 (8인) *본래 7인, 온릉 참봉 포함 8인.	鄭愼儉	通德郎 前行 敦寧府參奉	鄭愼儉	造成所 二副司勇	3월29일- 완료시	陞六品
	洪鏡輔	通訓大夫 前行 內贍寺直長	洪鏡輔	副司勇	3월29일- 완료시	陞六品
	朴師漢	果毅校尉 行 四山監役官	朴師漢	大浮石所(1) 四山監役官	3월29일- 완료시	陞六品
	尹東涵	宣略將軍 前行 世翊衛司侍直	尹東涵	補土所(2) 副司勇	3월29일- 완료시	陞六品
	兪彦徽	通德郎 前行 貞陵參奉	兪彦徽	副司勇	3월29일- 완료시	陞六品
	李墰	奉正大夫 行 內侍教官	李墰	小浮石所(2) 內侍教官	3월29일- 완료시	陞六品
	李匡元	果毅校尉 前行 四山監役官	李匡元	副司勇 輸石所(兼察)	3월29일- 완료시	陞六品
	趙明健	奉正大夫 行 溫陵參奉	趙明健	溫陵參奉	4월17일-	陞六品
分差官 (3인) *論賞: 後因傳敎, 分差官 竝陞六.	柳聖模	奉正大夫 行 繕工監副奉事	柳聖模	別工作繕工監 副奉事	3월29일-	兒馬1필
	宋翼賢	通訓大夫 行 長興庫直長	宋翼賢	分長興庫直長	3월29일-	兒馬1필
			安鎬	燔瓦所瓦署別 提	3월29일- 4월5일 *교대	兒馬1필
	鄭彭壽	通訓大夫 行 瓦署別提	鄭彭壽	瓦署別提	4월5일-	
			馬志遠	加定地官	4월13일-	相當職 除授

의궤 좌목과 계병 좌목의 직위를 비교해 보면 郎廳과 分差官까지 6품 이상의 벼슬에 해당하는 관원임을 알 수 있는데 이는 5월 30일에서 6월 6일까지 논상이 완료된 후의 직위가 계병 좌목에 반영된 것이다.[24] 즉 병풍의 좌목은 기미 6월 4일 호조의 선공감과 제용감에 계병과 관련한 물품을 주문하여 서둘러 조달되게 하고 같은 달 6일 기여한 관원에게 내려주는 상에 대한 재논의가 모두 이루어진 후에, 계병 배면에 도감의 일을 끝까지 참여한 6품이상의 관리들의 명단이 기록된 것으로 보인다.

한편 서문의 마지막에는 "단비"와 관련된 내용이 기술되어 있어 흥미롭다. 앞선 시기에 그려진 계병의 제작배경과는 사뭇 차별화된 내용이다. 그 내용을 요약하면 아직 온릉의 조성이 완성되지 않았는데 다행히 열흘간 비가 내리지 않아 능역을 잘 조성할 수 있었고 또 비가내리지 않아 가뭄으로 백성들의 농사일을 걱정을 했었는데 능역의 일을 마치니 단비가 내렸고 이에 백성들이 온릉의 봉릉을 더욱 기념하고 기뻐했으니, 이는 하늘의 뜻이라고 기술하고 있다. 실제로 5월 19일 영조는 사직에서 친히 기도하는 일을 거행할 것을 명하는데 우의정 송인명은 가물고 더워 친히 기도하는 것에 우려를 표했으나,[25] 5월 21일 영조는 사직단에서 예를 행하였으며 가는 비만이 내렸다.[26] 5월 27일 다시 雩壇에서 친히 기도할 것을 명하고 5월 28일 약방제조들과 신하들이 가는 것을 멈추기를 청하였으나,[27] 5월 29일 雩壇祭를 지냈다.[28] 이렇듯 당시 가뭄이 우려스러운 상황이었

24) 『端敬王后溫陵封陵都監儀軌 上』의 「論賞」 기록에 따르면, 1739년 5월 30일 이후에도 6월 5일과 6일에도 상에 대한 논의가 지속 되었는데, 郎廳과 分差官까지 7품이하 벼슬아치는 모두 6품에 오르고 이미 6품의 벼슬에 있는 사람에게는 兒馬가 하사된 것으로 보인다. 계병에 기록된 사람 중 鄭彭壽의 개별 논상 기록은 확인이 되지 않으며, 도청 이상의 관원 중 제조의 尹惠敎(1676~1739), 朴文秀(1691~1756), 도청의 李錫杓에 대해서는 논한지 않았다. 참여자는 모두 도감의 일이 완료될 때까지 함께한 사람으로 6품 이상의 벼슬에 해당하는 관원이 참여한 것으로 보인다.

25) 『英祖實錄』 권49 15년(1739) 5월 19일 갑자, 송인명의 만류에 대해 史臣은 가물고 더위가 심해도 밤에 제사지내는 것이 어찌 聖體를 손상시키겠냐 하며 아첨하여 임금을 섬기는 것이라 평하고 있다.

26) 『英祖實錄』 권49 15년(1739 5월 21일 병인

27) 『英祖實錄』 권49 15년(1739 5월 27일 임신, 5월 28일 계유

28) 『英祖實錄』 권49 15년(1739 5월 29일 갑술, 우단제 후 關王廟에 再拜禮도 행했음을 알 수 있다.

으며 영조에게는 큰 부담으로 우단제를 강행한 것으로 보인다. 5월 30일 도감에서 수고한 관인들에게 賞典賜給이 이루어짐으로써 도감의 역사가 종료되었고, 6월 1일에 단비가 내렸던 것이다. 이에 영조는 매우 기뻐하며 報謝祭를 거행하게 했다.[29] 때마침 내린 은혜로운 단비는 그간의 가뭄에 대한 우려를 씻어 주어 행사를 더욱 큰 慶事로 인식하게 했던 것으로 보이며 송인명의 서문 내용은 이러한 역사적 사실을 기술한 것이다. 이 모든 경사는 선왕에 대해 못다한 孝를 다하고 임금의 지극한 효심에 있으며 이것은 곧 임금의 큰 덕을 의미하는 것이었다.

요컨대 송인명의 서문의 내용은 일의 진행순에 따른 철저히 국가행사와 관련된 서술임을 알 수 있으며, 단경왕후를 복위하고 부묘하며 온릉을 갖춘 이 모든 일들은 처음부터 끝까지 영조에 의해 적극적으로 추진된 것으로 〈온릉봉릉도감 계병〉 도감 관원들 간의 함께 일한 때를 기념할 뿐 아니라 선왕의 뜻을 잇는 왕실의 정통성과 영조의 계승 의지, 그리고 왕의 덕을 높이고 기리는 禮로써 제작되었을 것이다.

III. 〈武夷九曲圖〉 채택의 의미와 기능

〈온릉봉릉도감 계병〉의 서문을 살펴 본 바 '무이구곡도' 도상이 채택된 이유는 확인 할 수 없었다. 그러나 계병의 서문 분석을 통해 참여한 관리들보다 선왕의 뜻을 잇고 이를 계승하고자 하는 영조의 의도가 적극 반영되어 제작된 것임을 알 수 있었다. 따라서 병풍 8폭의 전면에 그려진 〈무이구곡도〉 역시 영조의 시각문화적 경험을 고려해서 고찰해 볼 필요가 있을 것이다.

이전 시기의 계병 전통의 선례로 중국적인 산수화 화제가 전면에 부각되었다

29) 禮曹에서는 "太廟에서 비를 빌어 친히 제사한 뒤 사흘 안에 비를 얻으면 날을 잡지 않고 바로 보사합니다마는, 外郊에서 친히 제사하여 비를 얻었을 때에는 보사하는 규례가 없습니다. 《五禮儀》의 報祀 註에 '무릇 홍수·가뭄에 빌고 나서 보사는 입추가 되기를 기다린 뒤에 보사한다.("太廟祈雨親祭後, 三日內得雨, 則不卜日報謝, 而外郊親祭得雨, 無報謝之例。《五禮儀》報祀註云: '凡祈水旱之報, 待立秋後報)"고 고하였으나 영조는 지체할 수 없으니 바로 시행하도록 하였다.『英祖實錄』 권49 15년(1739) 6월 1일(병자).

도판 1. 〈溫陵封陵都監 契屛 武夷九曲圖〉 8폭, 1739년, 진채, 견본채색, 488×155cm. 영남대학교 박물관 소장

도판 1-1. 〈溫陵封陵都監 契屛 武夷九曲圖〉 背面 6폭, 宋寅明序 및 座目

도판 2. 〈肅宗辛未親政契屛〉 1691년, 8첩 병풍 中 제2~7첩, 〈소상팔경도〉부분,
비단에 색, 각 145x60cm, 김원길 소장.[30)]
(박정혜, 『조선시대 궁중 기록화 연구』, 一志社, 2000, pp.140-141, 도27-3)

는 공통점을 보여주는 작품으로 〈(景宗)王世子冊禮都監契屛〉(1690)과 〈肅宗辛未親政契屛〉(1691)(도판 2)을 살펴 볼 수 있다. 모두 조선 초기부터 산수화의 대표적인 주제로 애호되었던 중국의 瀟水와 湘水 주변의 四季의 절경을 묘사한 〈瀟湘八景圖〉가 청록산수화풍으로 그려져 있다. 그러나 이 두 계병은 성공한 관료의 개인적 업적과 역량을 영속화하는 도구로 기능했으며 남인계 정치인들의 결속을 위한 정치적 목적을 위해 제작된 것으로 보인다.[31] 비록 〈온릉봉릉도감계병〉이 17세기 계병을 제작하는 관례대로 주문되었으나 계병 서문의 내용에서도 알 수 있듯이 이전 시기의 작품들과 같이 문인들의 모임에만 초점을 맞추기에는 이해가 되지 않는 부분이 많으며, 가문의 후손에 전한다는 어떤 개인의 역량이나 사적인 영속화의 기록은 찾아볼 수 없었다. 또한 도감의 총관리와 각 관할부서의 관리를 담당했던 도제조와 제조의 당색을 살펴 볼 때 도제조인 송인명은 소론 온건파인 緩少에 속하고 제조인 趙最壽(1670-1739), 尹陽來(1673-1751), 朴師正(1682-1739)은 모두 노론에 속해 영조의 탕평정책을 제외하고 문인들 간의 정치적 결속의 명분을 찾기는 쉽지 않다.[32)]

30) 이 작품은 소장자이자 현재 안동 지례예술촌의 김원길 촌장님의「芝村宗宅 소장 興政堂親政宣醞畵屛」(안동문화연구2, 1987), 105~115쪽에 이현일이 지은 화병서「興政堂親政時畵屛序」에 의거하여 〈홍정당친정시화병〉으로 학계에 처음 소개되었다. 당시 그림에 대해서는 안휘준 교수님의 견해를 받아 17세기 화풍을 반영하는 것으로 평가받았다. 최근에는 원본 유물의 상태가 좋지 못하여 복제품이 전시 공개되고 있다.

31) 〈(경종)왕세자책례도감계병〉은 1680년 경신환국으로 숙청되었던 관료들이 10년만에 국왕의 부름을 받아 경종의 왕세자 책봉하는 국가 행사에 참여하고 이를 기념하며 후손에 전하고자 하는 목적으로 제작되었으며, 〈(숙종신미)친정계병〉은 도목정에 참여한 이조와 병조의 관원들과 이를 통해 선발된 권리들 대부분이 안동권씨 일문과 정치적 입장을 같이하는 남인들이었으며, 선온에 참석한 관원들이 낸 물자로 제작 된 이 병풍은 도목정 이튿날에 행해진 선온의 광경 1폭과 좌목 1폭 그리고 6폭의 이상경이 청록으로 채색되어 있다. 〈(경종)왕세자책례도감계병〉과 〈(숙종신미)친정계병〉의 관련 기록과 정치적 성격에 관해서는 서윤정,「17세기 후반 안동권씨의 기념회화와 남인의 정치활동」,『안동학연구』제11집, (한국국학진흥원, 2013), pp.259-294 참조.

32) 초반 제조로 참여했었던 윤혜교와 박문수는 모두 소론이었으나, 윤혜교의 경우 燕行을 다녀온 후 참여한 조최수로 대체되었으며 투사에 끝까지 참여하지 않아 계병의 좌목에 생략되었음으로 여기서는 논한지 않는다. 송인명, 윤양래, 조최수, 박사정은 각각 연행사절로 淸에 다녀온 기록이 있었으나 송인명의 경우는 주로《書經》등의 고전 책자를 들여 온 것으로 보이며 〈무이구곡도〉와 연관된 화목의 기록은 찾아볼 수 없었다. 송인명 관련 기록은 홍선표 외,『17 18세기 조선의 외국서적 수용과 독서실태: 목록과 해제』, 혜안, 2006, 참조. 1720에서 1740

다만 영조 재위기간 중에 가장 중점을 둔 정책 중 하나가 바로 탕평이며 송인명이 탕평 정국에 가장 오래기간 주도적인 역할을 했던 인물이라는 점을 고려해 볼 때,[33] '무이구곡'은 당색에 관계 없이 국가의 큰 행사를 함께 수행해온 당시 조선의 관리들이 공통적으로 추구하는 이상 산수, 즉 주자의 도학적 정신이 깃든 상징적인 장소로 채택되었을만 하다. 또한 영조의 탕평 목적은 바로 국가의 기강을 바로 세우는데 있었는데,[34] 종실의 위계를 바로 잡는 한 역사적 사건이 바로 단경왕후 복위였으며 이에 왕권 계승과 강화의 목적이 있었음을 잘 알고 있었을 당시 관료들은 영조의 의도를 반영하여 계병을 제작하고 도상을 채택했을 가능성이 크다.

한편 〈소상팔경도〉가 아닌 〈무이구곡도〉가 채택된 이유는 18세기 영조 통치 전반기 조선 왕실의 상황과도 연계가 있어 보인다. 『承政院日記』에 따르면 무이구곡도가 궁중에 전하고 있었음을 알 수 있다. 그 내용은 다음과 같다.

> 주상께서 하교하여 이르길, "무이구곡도가 홍문관에 있느냐?"
> 명리[35]가 답하길 "본관[36]과 시강원에 모두 있습니다"

년대 연행 관련된 기록은 林基中, 『燕行錄續集』 111~114, 서울:尙書院, 2008, 참고, 조최수의 연행 기록에 관해서는 정만호,「竹泉趙最壽의 燕行錄과 對淸意識」『語文硏究』 제59집, 2009, pp.185~206. 정만호의 논고는 새로 발굴한 1738년에서 1739년 북경을 다녀온 조최수가 직접 기록한 연행록을 처음 밝히고 있으나 그 내용은 알 수 없었다.

33) 영조 초부터 탕평론을 펴오던 동궁요속 출신의 송인명과 조문명을 발탁하여 이들 중심으로 탕평세력을 양성하였다. 특히 송인명은 1740년 노론 중심의 탕평 정국이 형성되기 전까지 소론의 핵심인사로 자리했다. 영조 초반기(즉위~16년) 탕평정국에 관해서는 정만조, 「영조대 정국추이와 탕평책」, 『영조의 국가정책과 정치이념』, (한국학중앙연구원 출판부, 2012), pp.18~47.참조; 한편 탕평에 대한 비판이 끊임없이 있었는데, 송인명의 파직을 청한 執義 李光運, 掌令 閔瑗, 正言 申思建이 올린 상소에서도 송인명의 신임이 독보적이었음을 확인 할 수 있다.

34) 조선의 정치체제는 왕정이었다. 그러나 500년 정치사를 돌아볼 때, 여러 가지 변수에 따라 왕권의 위상은 다양한 변동을 겪었다. 17세기 후반 이래 붕당 간의 균형이 깨지면서 정국이 위기 상황에 빠져 들자, 국왕이 정국을 주도하는 주체로 새롭게 등장하였다. 이시기 국왕은 인재를 각 붕당에서 고르게 등용한다는 탕평정책을 추진하였다. 동시에 강력한 왕권의 회복이 추진되었고, 성군정치를 표방한 영조와 정조는 신하들의 붕당적 갈등을 탕평책으로 다스렸다. 탕평책은 당파를 조정하려던 것이라기 보다는 왕권을 강화하고 국왕이 중심이 되어 정국을 운영하려던 정책이었다. 심재우, 「조선시대의 왕」, 『조선의 왕으로 살아가기』, 돌베개, 2011, p.42.

주상께서 이르길 "본관에 있는 것을 들여라."

광의[37]가 답하길 "본관에 있는 것은 이미 낡고 더러워졌고, 춘방[38]에 있는 것이 새로운 것입니다."

주상께서 이르길 "새로운 것을 내어오는 것이 좋겠다."[39]

1737년 당시 무이구곡도가 홍문관과 시강원에 모두 있었으며, 홍문관의 것은 낡고 더러워졌으며 시강원에 있는 것이 새로운 것이라고 하였다. 홍문관에 있는 낡고 오래된 무이구곡도는 영조가 왕세제 때에도 보았던 그림으로 추정된다.[40] 영조는 시강원에 새로 그려진 그림이 있음을 알고 시강원에 있는 그림을 보고자 내어오라고 했다. 그리고 다음날 경연에서 시강원에 있던 무이구곡도를 감상한 후 대신들과 나눈 감평에서 더욱 의미심장한 논의를 찾아 볼 수 있다.

"어제 바친 무이구곡도는 중국본인가? 이를 모방한 것인가?"

명리가 답하길 "아마도 주자의 武夷記를 근거 삼아 만든 것인듯 합니다."

주상께서 이르길 "그 구곡을 그린 것이 분명치 않구나"

정[41]이 답하길 "아마도 중국본을 근거삼아 그려낸 것인 듯 합니다."

주상께서 이르길 "일찍이 중국본이 있는 것을 보긴 하였지만, 매우 적었다."

---

35) 趙明履(1697-1756), 당시 교리였다. 『英祖實錄』 권44, 13년(1737 6월 22일 기묘참.

36) 본관은 홍문관을 가르키는 것으로 보인다.

37) 尹光毅(1695-?) 당시 修撰 겸 經筵 檢討官이었다. 『英祖實錄』 권44, 13년(1737) 5월 22일 기유; 『英祖實錄』 권44, 13년(1737) 5월 28일 을묘

38) 춘방은 본래 동궁이나 왕세자를 모시고 경사(經史)를 강의하고 도의를 가르치는 일을 맡던 곳을 모두 의미했는데 여기서는 시강원을 뜻한다.

39) 『승정원일기』 47책 (탈초본 851책) 영조 13년(1737) 6월 24일 신사 기사 중에서 "仍爲下敎曰, 武夷九曲圖, 在弘文館乎? 明履曰, 本館與侍講院, 皆有之矣。上曰, 本館所在者入之。光毅曰, 本館所在者已弊汚, 春坊所在者, 乃新件也。上曰, 新件入之, 可也"

40) 『승정원일기』 의 영조 22년(1746) 병인 9월 망전조에 "조용히 몸을 조리하는 중에 시간을 보내고 싶은데, 홍문관에 〈무이구곡도〉가 있는가? 조사하여 내어오는 것이 좋겠다. 이것은 내가 세제로 있을 때 보았던 것이다."라 하였다. 崔宗鉉, 「조선에 구현된 주자의 무이구곡」, 『울산대곡박물관 개관 1주년 기념 학술심포지엄 발표자료집, 자연에서 찾은 이상향 '구곡문화'』, 2010, p.23.

41) 任珽(1694-1750) 당시 승지였다. 『英祖實錄』 권44, 13년(1737) 5월 18일 을사.

명리가 답하길 "옛사람이 시에서 이르길 '문밖으로 네 다섯 발자국도 나서지 않고서도 강남 천만리를 다 보았다'고 하였습니다. 이 때문에 무이가 조잡한 것입니다."

주상께서 이르길 "주자가 무이에 거하였던 것은 요산요수의 뜻이 있었음이다."

정이 답하길 "무이구곡도에서 이를 붉은 빛으로 그린 것은 자못 화려한 뜻을 담고 있습니다. 이는 그렇지 않은 듯 합니다."

주상께서 이르길 "그런 까닭에 眞을 잃었다고 한 것이다."

명리가 답하길 "그림 속에 초가집만이 있어야 마땅하지만, 화려한 누각이 있는 것은 너무나 그럴듯 하지 않아 보입니다."

여러 신하들이 순서대로 나갔다.[42)]

시강원에 놓여 있던 새로 그려진 무이구곡도가 영조가 왕세제때 부터 보았던 홍문관의 무이구곡도와 비교할 수 있는 직접적인 단서는 알 수 없다. 그러나 묘사된 내용의 특징이 〈온릉봉릉도감 계병 무이구곡도〉와 매우 일치하여 더욱 주목된다. 먼저 "중국본인가? 이를 모방한 것인가?"라는 질문에서 영조가 이전에 봤던 본과는 차이가 있었던 것 같다. 또한 중국본이 당시에도 무척 드물었던 것으로 보인다. 한편 시강원에 놓여있던 무이구곡도는 중국본이 아닌 주자의 「武夷記」를 바탕으로 궁정화원에 의해 새롭게 제작된 것으로 보이는데, 그림에서 구곡이 분명하게 그려져 있지 않음을 지적하였다. 또한 화려한 붉은 주칠이 칠해져 있고 주자가 머물고 강학했던 서원의 위치에 초가집이 아닌 누각이 그려져 있다고 설명하고 있어 계병의 〈무이구곡도〉를 연상하게 한다.

영조와 대신들은 이렇듯 경물의 위치가 불분명한 도상의 그림을 감평하면서 '조잡'해 보이고 화려한 색채와 초가집이 아닌 누각의 표현을 지적하고 '주자가 무이산에 머물렀던 樂山樂水의 심오한 뜻'을 제대로 담고 있지 못하다고 하였다.

42) 『승정원일기』 47책 (탈초본 851책) 영조 13년(1737) 6월 25일 임오 기사 중에서 "昨日所上武夷九曲圖, 唐本乎? 自此模倣者? 明履曰, 似是以朱子武夷記, 依憑爲之矣。上曰, 其圖九曲, 不分明矣。珽曰, 似是依樣唐本而畫出者矣。上曰, 曾見唐本, 亦有之, 而甚少矣。明履曰, 古人詩曰, 不出門庭四五步, 看盡江南千萬里, 此乃武夷糟粕也。上曰, 朱子之居武夷者, 乃樂山樂水之意也。珽曰, 武夷圖之以朱彩爲之者, 頗有繁麗之意, 此似不然矣。上曰, 然故曰, 失眞矣。明履曰, 圖中宜只有草屋, 而彩閣則太不似矣。諸臣以次退出。"

표면적 의미로는 그림 자체가 보여주는 풍경은 眞의 경치를 얻지는 못했다고 논평하는 듯하다. 무이산의 굽이굽이를 흐르는 계곡을 배를 타고 감상하며 매곡의 감회를 읊은 주자의 〈무이도가〉와 함께 一曲부터 九曲에 순차적으로 이르는 풍경 묘사가 당시 무이구곡도의 정형이었을 것이다.[43] 또한 붉고 화려한 채색의 산수에 그려진 누각은 주자의 『武夷精舍雜詠幷記』에 표현된 초라한 띠풀집[茅棟]의 내용과 맞지 않기 때문이었을 것이다.[44] 그러나 교리인 조명리가 그림이 조잡한 이유에 대해서 晩唐 시기 활동했던 시인 吳融(850-903)의 〈畫山水歌〉의 '문밖으로 네 다섯 발자국도 나서지 않고서도 강남 천만리를 다 보았다'라는 시귀를 인용한 점에 주목해 볼 필요가 있다.[45] 이 산수시는 '산중에 살면 뜰 안에서도 산

---

43) 『朱子大全』 卷九, 詩, 「武夷精舍雜詠幷序」, "武夷山의 물이 동쪽으로 흘러 아홉구비를 이루는데 제 5곡이 제일 깊숙하다.(中略)이 은병 아래 양 기슭이 언덕과 낭떠러지로 갈라져 뻗어 내리다가 다시 되돌아 끌어안으니 그 가운데의 땅은 넓고 평평하여 數畝니 되고 그 밖으로는 물이 산세를 따라 서북쪽으로부터 네 번이나 꺾여 비로소 남쪽을 지나 다시 산을 감싸면서 동북쪽으로 흐르면서 또다시 네 번 꺾이어 흘러가니 냇물 양쪽의 舟崖과 翠壁은 수풀이 둘러싸고 귀신이 깎은 듯하여 그 형상을 이루다 표현할 수 없다. (後略).(武夷之溪東流凡九曲 而第五曲爲最深 (中略) 屛下兩麓 坡坨旁引 還復相抱 抱中地平廣數畝 抱外溪水隨山勢終西北來 西屈折始過其南 乃復繞山東北流 亦回屈折而出 溪流兩旁 舟崖翠壁 林立環擁 神剜鬼刻 不可名狀)"

44) 1183년 4월에 무이정사를 건립하고 주자는 『武夷精舍雜詠』을 지어 서문에 무이산의 산세와 정사의 위치, 그 주변의 승경과 인간에 끼치는 자연의 영향 및 동호인과 제자들과의 생활을 상세히 묘사하였다. 또한 〈精舍〉, 〈仁智堂〉, 〈隱求室〉, 〈止宿寮〉, 〈石門塢〉, 〈觀善齋〉, 〈寒棲館〉, 〈晩對亭〉, 〈鐵笛亭〉, 〈釣磯〉, 〈茶竈〉, 〈漁艇〉 등에 관한 12수의 시를 읊었다. 〈精舍〉의 내용은 다음과 같다.

琴書四十年 탄금(彈琴)과 독서의 풍류 40년에
幾作山中客 산 속의 나그네 되기 몇 번이던가
一日茅棟成 하루 아침 띠풀집 완성되니
居然我泉石 거연히 나의 泉石이로다.

45) 吳融는 만당의 혼란한 정치적 상황 속에서도 자연의 아름다움을 잘 형상화 하며 白居易, 韓愈 등을 의식적으로 계승하고 그의 시에 현실정치에 대한 깊고 절묘한 의미를 담았으며, 자신의 情과 志를 자유롭게 표현한 시인이었다. 배다니엘, 『晩唐 吳融 시가에 나타난 현실의식 고찰』, 『중국연구』 Vol.65, 2015 pp.3-21참조. 한편 그의 〈畫山水歌〉는 《古文眞寶》에 전해 자주 인용되었던 것으로 보인다. 전문은 다음과 같다.

良工善得丹青理 훌륭한 화공은 단청의 이치를 잘 터득하고
輒向茅茨畫山水 항상 초가지붕 아래서 산수를 그리는구나
地角移來方寸間 땅 한 구석을 사방 한 치 안에 옮겨오고
天涯寫在筆鋒裏 하늘 끝까지 경치가 붓 끝 아래 그려져있구나
日不落兮月長生 해는지지 않고 달은 항상 떠 있고

이 모두 보인다'는 것으로 주자가 무이산에 거하며 보았던 전 경관이 보이는 것처럼 그림에 표현되었다고 설명하는 것이다. 이를 〈무이구곡도〉의 불분명한 도상과 연관하여 생각해 본다면 궁극의 자연의 모습은 심상에 있어 그림에 그려진 산수 모습은 구성이 분명치 않아도 크게 중요하지 않을 수 있고 오히려 상서로운 기운의 무이산 풍경에 사실적이고 근접하게 형상화 했음을 뜻했을 것이다. 즉 吳融의 시를 인용해서 주자가 은거하며 즐겼을 산수 감흥의 본질에 대해 답한 것이다.[46]

시강원의 〈무이구곡도〉가 불분명한 이유에 대해서는 임정이 '아마도 중국본을 근거로 삼아' 그렸기 때문이라고 답하고 있다. 실제로 현전하는 중국의 〈무이도〉는 주로 도교사원인 武夷宮이 위치한 一曲의 풍경이 주 화목으로 그려져 있다.[47] 현재 밝혀진 무이산과 관련된 산수판화본을 고려할 때 明代 1609년 楊爾曾이 편찬한 『海內奇觀』의 5책 7권에 실린 〈武夷山圖〉(도판 3)가 18세기 전반 당시

雲片片兮水冷冷	구름은 조각조각 떠 있고 강물은 싸늘하게 흐르는구나
經年胡蝶飛不去	한 해가 지나도 나비는 날아가지 않고
一片石數株松	한 조각 바위와 몇 그루 소나무가
遠又淡近又濃	멀어 옅어보이기도 하고 가까워 짙어보이기도 하구나
不出門庭三五步	문이나 마당을 몇 발자국 나가지도 않아
觀盡江山千萬重	중첩된 천만 봉우리 모두 보게 되는구나

46) 시문학 연구에서 조선시대 주자의 〈무이도가〉를 수용하는 태도를 살펴보면 이황과 기대승의 因物起興의 김인후와 조식에의한 入道次第로의 해석을 들 수 있으며, 또는 절충적인 입장을 취하는 사림들도 있다. 조선시대 사림파의 주자시 수용에 대한 주요 논거 이민홍, 『증보 사림파 문학의 연구』, 月印, 2000. (원 논문 1988년.), pp.73~217 참고. 한편 필자의 2007년 앞의 논고를 통해 〈무이구곡도〉 도상에 따라 여정의 感興을 표현한 因物起興적인 성격의 그림과 경물에 대한 홍취보다는 상대적으로 詩가 내포하는 道學적 이념이 두드러지는 入道次第적인 그림으로 도상의 특징에 따라 구분해으며, 남인계에서도 李萬敷(1664-1732) 집안에서 가전된 본은 지리지에 기반한 좀 더 사실적인 경물이 묘사된 그림이었으며, 반면 성호 이익이 발문을 남긴 강세황의 〈무이구곡도〉에서는 그의 화풍에 기인하여 간략한 표현이 이루어졌을 수도 있지만 주자가 머물렀던 五曲의 주요 경물을 설명적으로 묘사한 것에 비해 一曲과 九曲의 경물은 이전보다 더욱 생략적으로 표현되며 주자의 시의 재도론적 성격이 시각적으로 강화되었음을 밝힌바 있다.

47) 1739년보다 이전 시기에 현재 전하는 확인된 중국의 그림으로는 元代 方從義의 〈武夷放棹圖(1359年)〉, 明代 卞文瑜의 〈武夷山色圖(1633年)〉, 文震亨의 〈武夷玉女峰圖(1634年)〉와 淸代 石濤의 〈武夷九曲圖(1681年)〉, 그리고 王翬의 상해박물관 소장 〈武夷疊嶂圖(1703年)〉가 전한다. 강신애, 위의 논문, p.35 표1 중국의 무이도 및 무이구곡도 참고; 王翬의 작품에 대해서는 국립앙박물관 도록, 『산수화, 이상향을 꿈꾸다』, 2014, pp.94~95.

조선에 전래된 무이산 경관에 대한 에 대한 정확한 정보 였을 것으로 보인다.[48)]

도판 3-1. 〈武夷山圖〉, 『海內奇觀』 460, 461면

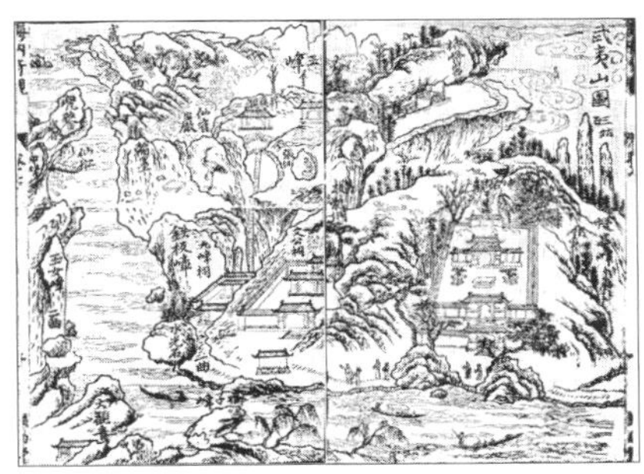

도판 3-2. 〈武夷山圖〉, 『海內奇觀』 462, 463면.

〈온릉봉릉도감계병 무이구곡도〉 그림에서 구곡의 위치가 불분명하게 된 것은 주자의 무이정사가 있는 五曲의 도상이 가운데 위치하지 않고 一曲의 도상이 병풍 가운데 위치하며 그림 위에 기재된 주요 경물의 명칭을 고려하면 一曲에서 九曲까지 순서대로 전개되던 이전의 무이구곡도의 구성과 달라 오히려 도상을 이해하는데 혼란을 주기 때문이다.[49)] 『海內奇觀』의 판본과 비교하여 경물의 시각이미지만을 고려하여 분석하면, 병풍의 우측 1, 2폭에 배가 그려진 부분을 중심으로 二曲부터 五曲의 일부 도상을 확인할 수 있으며, 3폭에서 7폭에 걸치는 중심부의 경물은 모두 一曲의 도상에 포함되는 것들임을 알 수 있다. 병풍의 마지막 8폭에는 七曲에서 九曲의 물이 흐르는 경관이 표현되어 있다. 또한 『海內奇觀』 〈武夷山圖〉의 一曲(도판 3-1)의 상징적인 도상의 표현 역시 〈온릉봉릉

48) 1609년 명대 양이증이 편찬한 『해내기관』은 고려대학교 대학원도서관 석주문고 귀중본으로 원제는 『新鐫海內奇觀』이며, 10권 6책의 형태로 이루어진 산수판화집이다. 이 중 5책 7권에 〈武夷山圖〉가 전한다. 『해내기관』의 유래는 대산 이상적(1711~1781)의 서문과 허주 이종악(1726~1773)의 발문을 통해 살펴볼 수 있는데, 1630년 7월 명나라에 사신으로 간 高用厚(1577~1652)가 1631년(인조9) 6월에 귀국하면서 가져온 것이다.

49) 『海內奇觀』 〈武夷山圖〉의 경물의 위치 및 명칭 비교해보면 병풍 2폭에 해당하는 배가 향하는 부분에 3곡에 위치한 三杯石 부분의 구도의 유사성을 확인할 수 있으며 특히 1곡의 상세한 모습과 명칭을 비교하여 그동안 미해결된 도상의 일부를 재해석하여 제시한 바 있다. 강신애, 앞의 논문(2004), pp.61~64.

도감 계병 무이구곡도〉와 매우 흡사함을 알 수 있다. 그런데 이러한 一曲의 세부 표현은 앞서 전래된 중국본으로 익숙한 도상이었을 것으로 보인다. 실제로 開城에서 출토되었다고 전하는 黑釉盞(도1)이 있는데, 같은 도상의 실물이 현재 일본 根津美術館에 소장되어 있다.(도판 4, 5 참조)[50] 黑釉盞에 구획된 둘레에 朱子의 〈武夷櫂歌〉10수 중 一曲의 시가 적혀 있다.[51]

찻잔의 안 한쪽 면에는 정면관의 부감시점으로 표현되어 있는 충우관이 화면의 중심을 이루며 마주보는 안쪽 면에는 바위에 선인과 학의 형상이 그려져 있어 一曲의 도상임을 알 수 있다.[52] 현재 일본 네즈미술관에 소장된 흑유잔과는 찻잔의 입구 부분의 유약의 발림에만 미미한 차이를 보인다.[53] 1592년의 편년을 갖고

---

50) 쿠지타쿠신(久志卓眞)은 원에 헌상했다는 고려 화금자기의 기록을 고려해서 금채로 그려진 도상의 시기를 추정했으며, 이를 근거로 兪俊英은 고려시대 그림이나 판각화가 전해졌다고 추론하였다. 久志卓眞, 『朝鮮の 陶瓷』(雄山閣出版社, 1975), pp.211-214; 兪俊英, 「九曲圖의 發生과 機能에 대하여」(『考古美術』151호, 1981.) p.4. 필자는 2003년 武夷山 답사 시 안내책자를 통해 北宋代부터 흑유자를 다량 생산했던 遇林亭에서 소성한 南宋代 흑유자임을 확인했으며, 巖茶로 유명한 武夷山 등지에서 주요 茶器로 사용되었던 것으로 보인다. 武夷山市旅游局 編, 『武夷山』(海潮摄影艺术出版社, 2001), pp.81~87; 王長青, 『解讀武夷山』(海風出版社, 2002), pp.151~153 참고. 쿠지타쿠신의 『朝鮮の 陶瓷』(1994)의 기록에서도 개성출토의 자기로 소개되고 있다. 德川美術館, 『天目』,(1979)에 같은 武夷山 도상의 南宋代 흑유잔이 전하고 있어 日本 도쿠가와[德川]미술관에 소장되어 있는 것으로 파악했었으나 『天目』(淡交社, 2009). p.16에 현재 도교 네즈미술관[根津美術館]에 소장유물임을 확인하였다. 필자는 2015년 4월 15일 나고야 도쿠가와미술관에 방문하여 자료조사를 했으며 함께 소장처를 찾아주신 도쿠가와미술관 관계자 분께 감사드린다.

51) 南宋代 理學을 집대성한 朱子는 1183년에 武夷山의 五曲에 精舍를 짓고 은거하였으며, 이듬해인 1184년 〈武夷櫂歌〉를 지었다. 이 櫂歌는 여정을 시작하는 序詩와 함께 一曲부터 九曲까지 낚시 배로 물길을 거슬러 올라가며 幔亭峰·玉女峰·架壑船·金鷄岩·隱屛峰 아래 平林·蒼屛峯·石唐寺, 다시 隱屛峰과 仙掌岩·樓岩·星村市 등 每曲의 승경에 대한 감회를 七言絶句로 노래한 詩이다. 일곡의 시는 다음과 같다.

一曲溪邊上釣船　첫 굽이 시냇가에서 낚싯배에 오르니
幔亭峰影蘸淸川　만정봉 그림자가 맑은 시내 가운데에 잠겨있네.
虹橋一斷無消息　홍교虹橋는 한번 끊어진 후 소식이 없는데
萬壑千巖鎖翠煙　골짜기 암봉巖峯마다 자욱한 안개가 끼어있네.

52) 무이구곡에서 일곡은 도교사원인 충우관(무이궁)과 함께 상서로운 자연경관이 의인화 되어 신선이 노니는 경관으로 표현되었는데 張仙巖이 위치하며 眞人 張垓가 탈골한 곳으로 알려져 있다. 그 좌측 벽면에 학의 형상이 그려져 있는 곳은 仙鶴巖이다.

53) 네즈미술관 소장품과 관련한 최근 논거로는 신용철, 「日本 根津美術館 소장 韓國 石物의 考察」, 『일본학』, 동국대학교 일본학연구소, 2014, pp.319-342가 있어 주목된다. 쿠지타쿠신에

도판 4. 〈金彩武夷山風景文黑釉盞〉, 開城出土 久志卓眞, 『朝鮮の陶瓷』, p.213도판에서 전재 (雄山閣出版社, 1975), p.213

도판 5. 〈金彩武夷山風景文天目盞〉, 높이 5.3cm, 구경 10.4cm, 根津美術館, 日本

도판 6. 李成吉, 〈武夷九曲圖〉, 1592年, 絹本淡彩, 33.5×398.5cm, 국립중앙박물관

도판 6-1. 李成吉, 〈武夷九曲圖〉, 一曲 부분

도판 1-2. 〈溫陵封陵都監 契屛 武夷九曲圖〉 2~4폭 가운데 一曲 도상 *◌ 仙鶴巖, 張仙巖 위치 표시

있으며 주자의 무이도가와 율곡 이이의 고산구곡가가 함께 장첩되어 전하는 국립중앙박물관 소장 이성길 〈무이구곡도〉(도판 6)의 시작부분인 一曲이 도상이 역시 이와 같은 도교적 산수의 모습을 그대로 보여준다. 한편 전체 경관을 조망하는 구도는 중국 각지의 명산 55곳을 골라 실경에 바탕을 두고 그린 『天下名山

책의 도판과 네쯔미술관 소장품의 도상이 매우 일치한다.

勝壇記』의 〈武夷山圖〉(도판 4)와 흡사하다.[54] 더욱 험준한 산의 표현은 차이가 있으나 실경을 바탕으로 한 산수판화에서도 이미 변형된 山勢기 나타나며 樹木표현이 비교될만 하다. 따라서 〈온릉봉릉도감 계병 무이구곡도〉과 같은 병풍 그림이 제작될 당시 전체를 조망하는 산수판화본의 구도에 경물의 상징성이 두드러지는 세부 내용의 판본이 함께 조합되어 재구성되거나 그러한 형태의 모본이 전해진 것으로 보인다.

도판 7. 〈武夷山圖〉, 『天下名山勝壇記』.

당시 조선 지식인이 공유했던 무이구곡도가 함축하는 眞境의 의미에 대해서는 姜世晃(1713-1791)이 1756년에 그린 〈武夷圖帖〉에 성호 이익(1681~1763)이 쓴 찬병서인 「武夷九曲圖跋」을 통해서 구체적으로 확인할 수 있다.

> 내가 고금의 산수도를 보니 반드시 눈과 마음을 유혹하여 천 가지 백 가지의 기이하고 궤이한 것을 들고 나서 오직 사람을 즐겁게 하기만을 추구한다. 요컨대 완상하기는 충분하지만 필경 그 실물은 없는 것이다. 비록 귀신을 부려 온 우주를 두루 찾아보게 하더라도, 과연 어느 곳에서 眞境을 찾아낼 수 있겠는가? 사람과 비교해보면 거짓 이야기를 날조하고 치장하여 남을 속이는데 불과하니 무엇을 취하겠는가? 이를테면 빼어난 곳, 이름난 계곡, 현달한 사람이 거닐었던 곳, <u>高人, 逸士들이 남긴 자취 및 영웅걸사들이 지혜를 펼치고 공을 세운 것이 종종 병풍이나 그림에 드러나 있어, 보는 사람의 눈을 놀래키고 마음을 장쾌하게 한다. 간혹 한 번 보니, 이는 사물의 실상이 丹靑을 빌어 전하는 경우</u>이다. <u>武夷九曲은 朱夫子께서 일찍이 거슬러 올라가며 감상했던 곳</u>이다. 지금 그림이 이미 완성되고 또한 夫子(주희)의 시를 그 위에 썼는데, <u>그의 초상화가 그림이 시는 곧 畵像讚이 되는 것</u>이니 거의 모두 갖추어져 유감이 없다. 나의 발자취가 바다 밖에만 머물러 있으니 무슨 행운으로 이곳에 가서 눈을 틔우고 입

54) 숭정6년(1633)에 간행된 『天下名山勝壇記』는 『三才圖會』(만력 35년 刊行/1607) 地志의 산악도 및 『東西天目山圖』(천계 6년 간행/1626) 등과 함께 안휘파를 대표하는 화가인 蕭雲從(1596~1673)의 『太平山水圖』 제작 참고가 된 주요 실경 판화본이다. 小林宏光, 김명선 譯, 『中國의 傳統版畵』(시공사, 2002), pp105~107. 『天下名山勝壇記』의 板本〈圖 6〉

에 암송하며 정신이 그것과 일치되게 하겠는가? 혹시 꿈속에서나 막히지 않아서 한 번 이 지극한 소원을 이룬다면 俍嬛福地[별천지]를 장차 발 아래로 내려다 볼 것이다. 드디어 이태백의 『天姥吟』 한 편을 읊조리며 그 左方에 쓴다. 丁丑年(1757 星湖 跛翁이 쓰다.[55)]

이익의 글에서 당시 고사인물에 대한 채색 병풍이 제작되고 감상되고 있었음을 확인할 수 있다. 기이하고 궤이한 그림들은 단지 눈을 즐겁게 하나 '무이구곡'의 산수가 의미있는 것은 바로 주자가 머물렀던 곳으로 그의 도학정신을 품고 있기 때문인 것이다. 주자의 도학의 뜻을 담고 있는 산수를 그린 〈무이구곡도〉는 바로 주자와 그의 정신을 보여주는 것으로 진정한 의미를 갖는 것이었다. 이러한 〈무이구곡도〉는 더욱 주자 시의가 강조되며,[56)] 19세기에는 도학의 재도적 의미로 개념화 되는 경향을 보여준다. 상단에 전서체로 '武夷九曲圖'가 묵서되어 있는 이 작품(도판 8)은 검은 선으로 추상화 하여 그리고 그 통로에 朱子의 櫂歌를 배치하여 九曲의 승람을 상수화한 것이다.[57)] 조선시대 명승지의 명칭을 적어 놓

---

55) 『星湖全集』 권56 『武夷九曲圖跋」, 余見古今山水圖, 必劇目鉥心, 千奇出而百詭入, 惟悅人是趨, 要爲十分妙觀, 畢竟無其物, 雖使神遊鬼走, 遍歷宇內, 果何處得眞境, 看比諸人, 不過揑造虛說, 粧點以謾乎人, 奚取焉? 至如地勝 名源, 賢達之盤桓, 高人逸士之留蹟, 與夫英雄傑鉅之騁智辦功, 往往見於屛障繪素間, 令人目動心壯, 或庶幾一覩, 此卽物之實, 有假丹靑以傳信也. 武夷九曲者, 朱夫子所嘗泝洄遊賞之地, 今旣描成圖, 又書夫子詩於其上, 圖其寫眞, 詩便是畫像讚, 殆於纖悉無遺, 余迹滯海外, 何幸得此而眼豁口誦, 精神與之脗然合矣. 或庶幾思夢不阻, 一遂此誠願, 則俍嬛福地, 將俯瞰脚板下矣. 遂詠李太白天姥吟一篇, 題其左方. 歲丁丑星湖跛翁識.

56) 〈무이구곡도〉가 시의도로서 더욱 일반화 된 것은 정조 때 무이도가가 제거 감행시로 중요성이 부각되어 왕의 발원으로 김홍도에 의해 〈朱夫子詩意圖〉 '武夷第四曲'의 시상이 그려지기도 했다. 특히 규장각 差備待令畵員 祿取才에서 무이구곡을 주요 시험문제로 다루어 졌다. 녹취재는 기본적으로 畵門마다 그려야 될 畵題의 내용과 성격이 달랐는데, 산수의 경우는 주로 "도원도나 적벽부, 무이구곡, 오월에도 강이 깊고 초당이 서늘하다"와 같은 당송대의 詩文에서 출제되는 경우가 가장 많았다. 이중 '무이구곡' 역시 규장각의 자비대령화원 녹취재에서도 크게 애호되어 순조대와 헌종대에 5번이나 출제되었다.(순조 7년, 19년, 24년, 헌종7년, 15년) 또한 고종 5년 1868년에는 제 一曲을 읊은 제2수에 보이는 '幔亭峯影蘸淸川: 만정봉 그림자가 맑은 냇물에 잠겨 있다'라는 구절이 출제되기도 하였다. 강신애, 앞의 논문(2004), pp.79~82.; 녹취재에 대해서는 강관식, 『조선후기 궁중화원 연구』 上(돌베개, 2001), pp.125~133, 참고.

57) 최효삼 소장의 이 작품은 인장 위쪽에 湯王의 盤銘, 문왕, 공자, 안자의 어구, 그리고 易과 중용 구절을 인용하여 성현의 요지가 적혀있다. 하단에는 16세기 이후 중신 『櫂歌註解』인 주문공의 무이구곡을 도로 나아가는 하나의 次序라고 찬미한 元代 陳普의 글이 인용되어 있다. 상수

고 유희를 즐긴 산수 놀이판인 〈해동남승도〉(도판 9)에서도 산수를 검은 선으로 위치를 도안한 점을 확인 할 수 있으나, 이 〈무이구곡도〉는 櫂歌가 적혀 있는 陽의 기운을 가진 물길은 열리고 陰의 기운을 가진 산은 막혀 있어 음양의 조화와 주역의 원리를 도식화한 것으로 단순히 산수를 유희하는 것이 아닌 주자 성리학의 의미를 강조하여 보여주는 작품이다.[58] 또한 이렇듯 성리학의 정신적 이상으로 상징화된 '무이구곡' 산수는 가보지 못한 곳에 대한 상상도로 그려지거나 조선의 세계관을 보여주는 지도에 조선 성리학의 정신이 깃든 산수가 간략하게 필사되어 나타나기도 했다.(도판 10 참조)[59] 점차 〈무이구곡도〉 도상이 조선성리학의 사상을 보여주는 중요 시각물로 자리한 것이다.

한편 당시 왕실에서 〈무이구곡도〉가 소장되었던 장소에도 주목해 볼 필요가 있을 것이다. 시강원과 홍문관은 모두 군왕과 세자의 교육을 위한 중요 장소였다. 재위 중인 왕과 신하 간의 講筵의 장소 일 뿐 아니라 다음의 寶位를 미래 통치자를 위한 훈육의 장소인 것이다.[60] 영조가 왕세제 때부터 〈무이구곡도〉를 보았듯이 이러한 교육의 장소에 위치하는 것은 〈무이구곡도〉가 도학의 정신을 일깨우고 治國의 도를 바로 세운다는 의미에서 중요한 시각적 상징물로 그 기능을 담당했을 것임을 생각해 볼 수 있다. 실제로 이익의 찬병서에서 살펴본 바와 같이, 18세기 조선에서 '무이구곡도'는 주자의 「武夷櫂歌」 시와 함께 재도적 의미의 그림으로 감계의 성격을 가졌다. 이전에 제작된 계병들이 문인들의 정치적 결속

학적 도상은 『周易』에 수록된 '洛書之圖'의 도상을 따른 것이다. 국립민속박물관에도 동일 판본(민속 046016)이 소장되어 있다. 19세기에 여러 판본이 존재했을 것으로 보인다.

58) 필자는 2004년 논문에서 사상 의미를 전달하는 도안이라는 점에 있어서 신라의 명승 의상이 화엄사상의 요제를 210자의 간결한 시로 축약하여 54각의 도인에 합쳐 만든 낙산사 유물전시관 소장의 〈화엄일승법계도〉와 비교해 볼 수 있다고 밝힌 바 있다.

59) 『輿地圖: 合五國圖』은 서문에 보면 歲屠維作噩(己酉, 1849)刊의 발행사항을 확인 할 수 있는 동국여지도 목판본에 錦湖散人이라는 필명의 저자가 확인 된다. 필자는 2006년 6월 2일 고려대학교 한적실에서 감사하게도 당시 담당 직원이었던 구자훈 선생님의 도움으로 본 필사본을 발견 촬영할 수 있었다. 같은 해 동일 구성의 도서(想白古 912.51-D717)는 서울대학교 규장각서고에서도 확인할 수 있다. 내부 목판 지도의 내용은 순조년간의 정보를 반영한 것으로 보인다.

60) 조선의 왕은 태어나서 부터 일생동안 지속적인 통치를 위한 교육을 받았으며 시강원은 특히 왕의 후계자 교육과 왕세자의 관례 등 국가행사에 주도적인 역할을 수행했다. 왕과 왕세자의 교육에 관해서는 규장각 한국학연구원, 『조선 국왕의 일생』, 글항아리, 2009; 김문식, 김정호, 『조선의 왕세자 교육』, 김영사, 2003 참고.

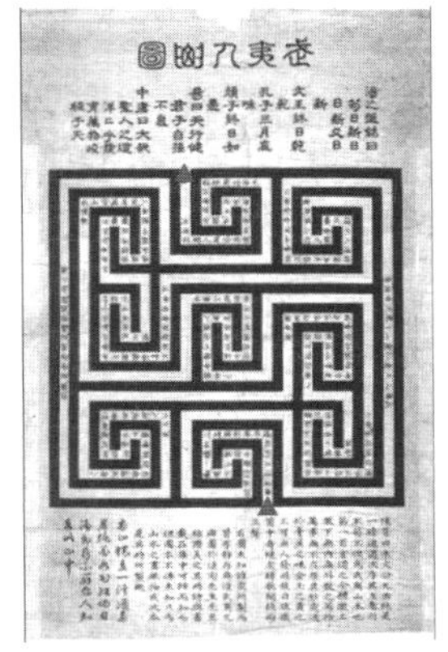

도판 8. 작자미상, 〈武夷九曲圖〉 紙本, 97×45cm, 최효삼 소장

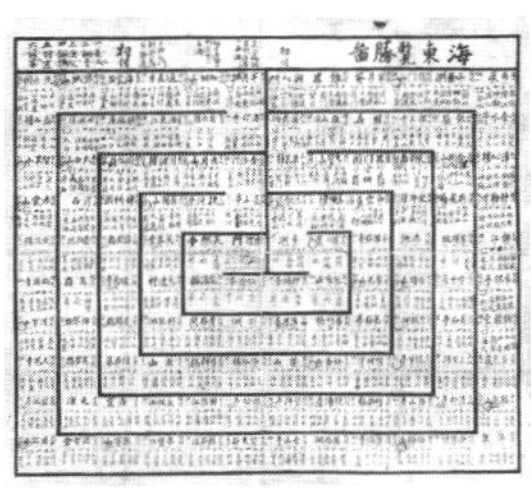

도판 9. 〈海東覽勝圖〉, 紙本, 89.7×97.0cm, 국립중앙박물관 소장

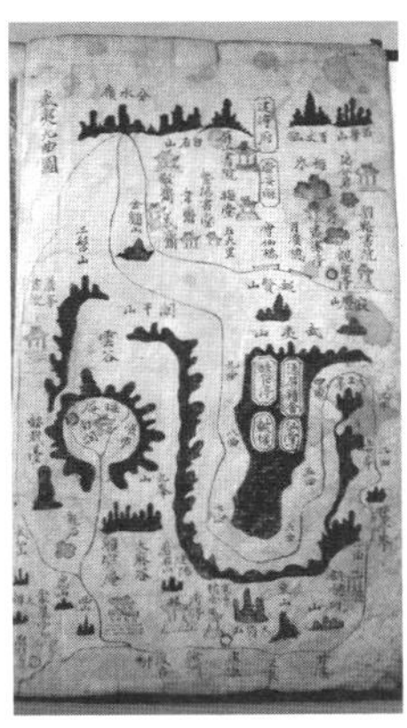

도판 10. 〈武夷九曲圖〉 금호산인, 『輿地圖』 고려대학교 한적실 만송 B10 A61A

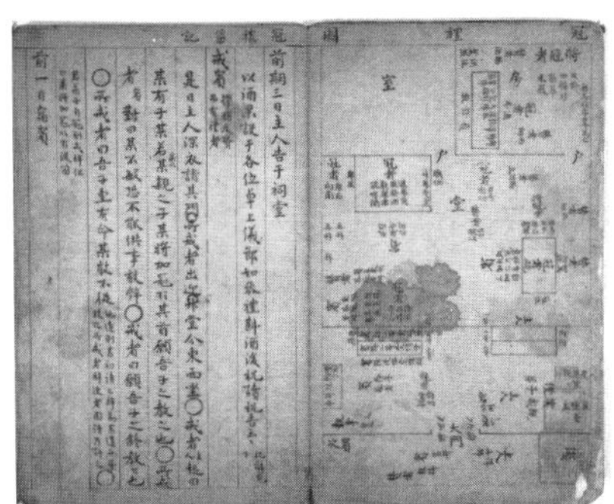

도판 11-1. 〈朱文公棲息講道處帖〉 背面의 長子冠禮圖 도안

도판 11-2. 〈朱文公棲息講道處帖〉 五曲 18세기 후반, 지본담채, 각 28.8×17cm, 영남대학교 박물관 소장

과 가문의 영예를 영속시키는 목적을 감안한다면 철저히 영조의 주도로 추진되었고 영조의 '계술'의 뜻을 보여주는 단경왕후 복위를 기념하여 제작된 〈온릉봉릉도감 계병 무이구곡도〉는 왕손 대대로 왕실의 정통성과 조선 성리학의 가치를 교육하고 영속시키는 목적을 반영하였을 것이다. 이후 왕실의 예는 아니지만 사대부에서 제작된 무이구곡도에서 이러한 쓰임을 확인할 수 있다. 영남대 박물

관 소장의 〈朱文公棲息講道處帖〉(도판 8)은 九曲 그림의 왼쪽 상단에 안동 예안 사람인 金戣 (1522-1565)의 의뢰로 1564년에 이황이 쓴 題跋이 적혀 있고, 그림 배면에 관례 기록과 〈冠禮圖〉가 그려져 있는데, 圖案은 『朱子家禮』 중에서 장차 가문을 이을 長子의 "冠禮"에 관한 것이다.[61] 사대부가에서 관례를 치르고 이를 기념하며 학문에 임하는 자세의 지침으로 성리학의 도학 정신을 상징적으로 보여주는 〈무이구곡도〉를 사용했을 것으로 보인다.

끝으로 앞서 살펴본 『승정원일기』 영조 22년(1746) 9월 1일 기사에는 홍문관에 보관되어 있던 낡은 〈무이구곡도〉 그림에 대한 영조의 감평도 같이 기록되어 있다. 즉 영조는 홍문관에 있던 왕세제 시절에 봤던 무이구곡도를 꺼내오게 하고 '기수에 목욕하고 무우에 바람 쐬는 모양이구나(浴乎沂風乎舞雩之氣像也)'라고 감상하였다. 이는 『論語』의 「先進」에 나오는 말로 공자가 일찍이 제자들에게 각기 정치적 포부를 물었는데 이들 중 曾點(B.C.542이전~?) 만이 거문고를 멈추고 舞雩興을 피력하여 공자가 자연을 즐기는 그의 뜻을 친창한 것을 인용한 구절이다. 조선 성리학자들이 〈무이구곡도〉를 으레 주자의 시를 바로 연상한 것과 달리, 보다 근본적인 공자의 정신을 떠올리고 있는 점이 특이하다. 영조는 무이구곡도를 보며 지극한 도의 자연을 와유하며 공자가 깨달음을 얻은 제자와 함께 즐기듯이 왕실의 후손이 자신의 정치의 뜻을 깨닫기를 바라는 목적으로 〈무이구곡도〉를 사용했을 것이다. 더 나아가 舞雩는 기우제 때 추는 춤을 의미한다는 것을 고려할 때 온릉 봉릉의 행사와 의례가 끝난 후에 하늘의 뜻인 '단비'가 내리던

61) 〈朱文公棲息講道處帖〉의 구성은 다음과 같다. 그림과 함께 『晦庵先生武夷圖序』와 『雲谷先生武夷雜詠書』를 기록하고 各曲의 主要 峰岩亭臺 등을 적었으며, 『櫂歌十絶其一』와 韓元吉의 『武夷精舍記』를 쓴 후 무이산에 대한 소개를 하였다. 또한 제 구곡에는 이황의 跋文을 실었다. 퇴계 이황의 발문이 있어 1564년에 그려진 작품으로 보는 견해도 있으나, 加筆된 흔적, 이황의 서체가 유사하지 않은 점, 현재 전하는 강세황의 그림과 비교해보면 크기와 도상이 매우 일치하고 강세황 작품의 詩에서 보이는 서체까지 유사한 점을 미루어 보아 후대 筆寫家에 의해 그림뿐 아니라 문헌상 전해지는 跋文까지 모사한 것으로 추정된다. 강세황의 그림과 비교는 강신애, 앞의 논문(2007), pp26~29. 〈장자관례도〉에 관해서는 朱熹, 임민혁 譯, 『주자가례』(예문서원, 2001), p.137. 『주자가례』에 따르면, 사대부가에서 관례의 절차는 告于祠堂 → 戒賓 → 陳設 → 陳冠服 → 主人以下, 盛服就立 → 賓室 → 加冠巾 → 再加 → 三加 → 醮禮 → 賓字冠字 → 見于祠堂 → 見于尊長 → 禮賓 그리고 마지막으로 관자가 드디어 나가 향선생과 아버지의 친구를 뵙는 순으로 치러졌다. 〈장자관례도〉는 의례에 관자의 위치를 잘 보여준다.

때의 은혜롭고 경사스러운 사건을 회상한 것은 아닐까?

또한 실제로 영조가 홍문관에 있던 〈무이구곡도〉를 감상한 다음날 『승정원일기』 영조 22년(1746) 9월 2일 巳時 기사를 주목해 볼 필요가 있다. 영조는 歡慶殿에 입시하여 당시 부제학 尹汲(1697~1770)에게 친히 지은 「南康茆庵圖記」를 주고 화면을 세 층으로 나누어 "어제는 상층에 적고, 「朱子語類」의 본문을 가운데 층에 적고, 〈묘암도〉는 아래 층에 그려 넣는 것이 좋겠다.(御製書于上層, 語類本文, 書于中層, 茆庵圖則畫于下層)"고 그림을 주문한 기록이 전한다.[62] 여기서 '남강묘암'은 '장주묘암'을 칭하는 것으로 보이며, 어류 106권에 서술된 후원의 모습을 토대로 상상하여 그린 그림의 상단에 영조의 칠언절구의 어제시에는 '沂水舞雩'의 마음을 깨달아 〈장주묘암도〉(도판12) 그림을 그리도록 명했다고 밝히고 있다.[63] 〈무이구곡도〉

도판 12. 傳 정선, 〈장주묘암도〉, 1746년, 종이에 채색, 112.0×63.0cm, 삼성미술관 리움 소장

62) 『承政院日記』 1008冊, 英祖 22年 9月 2日(乙未) 기사의 해석은 李泰浩, 「英祖의 요청으로 그린 〈漳州茆菴圖〉에 대한 考察」, 이태호·유홍준 편, 『조선후기그림과 글씨』(학고재, 1992), pp.112-113.

63) 〈무이구곡도〉와 함께 성리학적 화제인 〈장주묘암도〉의 성격에 대해서는 필자의 2004년 논문 pp.65-66에 밝힌 바 있으며, 〈장주묘암도〉에 대한 미술사적 연구로는 이태호, 위 논문, pp.109-112; 유홍준, 『화인열전』 1(역사비평사, 2001), pp.286~292.; 조규희, 「1746년의 그림: '시대의 눈'으로 바라본 〈장주묘암도〉와 규장각 소장 「관동십경도첩」」, 『미술사와 시각문화』 6 (사회평론, 2007) PP.224-253.; 이민선, 「영조의 군주의식과 〈장주묘암도〉-궁중회화의 정치적 성격과 관련하여」,(서울대학교 석사학위논문, 2012) 등이 있다. 특히 이민선의 논문은 영조의 '기수무우'의 추구에 대하여 면밀히 고찰하였다. 그리고 〈장주묘암도〉가 이상정치의 형상화였음을 주장했는데, 필자는 〈무이구곡도〉에 대한 영조의 감흥이 〈장주묘암도〉의 제작에 영향을 미쳤다고 생각하며, 〈무이구곡도〉를 보며 주자와 정치적 이상을 떠올렸던 영조의 와유의 태도

의 감상과 함께 주자어류에 대한 영조의 寓興이 〈장주묘암도〉의 제작 주문에 직접적인 영향을 미쳤을 것으로 보이며, 이러한 주자성리학의 道를 반영한 그림들은 선왕 숙종의 뜻을 '계술'하고 이를 지속적으로 후대 왕에게 전하고자 했던 영조의 의지가 투영되어 감계적인 시각매체의 기능을 담당했던 것이다.

IV. 맺음말

지금까지 문헌분석을 통해 〈무이구곡도〉 그림과 도상이 일찍이 중국에서 전래 되었지만 〈온릉봉릉도감 계병 무이구곡도〉을 제작하는 당시에도 중국본은 매우 드물었으며, 영조대에 이 계병에 그려진 그림처럼 一曲부터 九曲의 경관에 대한 구성이 분명치 않은 「武夷記」를 바탕으로 한 것으로 보이는 〈무이구곡도〉 병풍이 시강원에 전해지고 있었음을 밝혔다. 그러나 17세기 전래된 중국의 산수판화첩과 비교했을 때 이러한 도상은 '무이구곡' 전체를 조망하는 구도에 상징적인 세부 도상이 결합되어 재구성된 것으로 판단된다. 또한 〈무이구곡도〉를 대하는 태도에 있어서 주자가 기거한 상징적 장소로서의 의미가 중요한 것으로 당시 조선의 성리학자들에게 변형된 도상의 표현이 그림이 지니는 본질적 의미를 변화시키지는 않았을 것으로 보인다. 성리학자들에게 무이구곡은 가보지 못하는 이상향에 대한 와유의 대상일 뿐 아니라 주자 성리학의 정신적 '道' 자체 였던 것이다. 계병을 제작함에 있어서 서로 정치적으로 이해관계가 달랐던 선비들도 '무이구곡' 산수가 보여주는 상징성에는 이견이 없었을 것으로 보인다. 다만 영조는 〈무이구곡도〉를 감상하면서 주자의 '樂山樂水'의 진의뿐 아니라 공자의 깨달음을 언급하고 있어 해석의 시각에 차이가 있었던 것으로 보인다. 그러나 〈무이구곡도〉는 당시 탕평 정국에 분열된 정치적 견해를 넘어 통합적인 사상을 이끌어 낼 만한 매우 상징적인 시각물이었다. 다시말해 〈무이구곡도〉는 영조 문화통치의 매개체로 활용되었을 것이며, 그 대표적인 예가 바로 〈온릉봉릉도감 계병 무이구곡도〉인 것이다.

역시 서로 상통했다고 본다.

단경왕후의 복위와 온릉봉릉이라는 국가적인 행사는 국왕인 영조에 의해 주도적으로 추진되었고 도감의 일이 끝난 후에 작성된 서문에서도 관례대로 계병을 제작하였으나 그 의의는 선왕의 뜻을 계술하는데 있었다. 영조의 탕평책이 왕권 강화를 위한 인재등용 정책이었듯이 단경왕후 복위는 국가행사를 통해 통합을 이끌어 내고 종실의 위계를 바로 잡아 왕권을 강화하고자 한 역사적 사건이었다. 이를 기념하는 계병은 나이와 지위, 정치적 당색이 서로 달랐지만 함께 고생한 일과 그 공적을 기념하고 관례대로 기록하고자 하는 뜻을 같이하여 제작되었으며 그 이면에는 단경왕후 복위 부터 투사의 일이 끝날 때까지 조정의 화합과 왕실의 정통성을 계승, 그리고 후대에 그 의미를 전하고자 하는 영조의 의지가 적극 반영되었을 것으로 보인다. 계병에 그려진 〈무이구곡도〉는 이러한 모두의 이해관계와 뜻에 부합하는 상징적 도상이었을 것이다. 한편 당시 〈무이구곡도〉는 세자와 세손 훈육에 있어서 국가의 치도와 조선 왕실의 도학 정신을 표상하는 중요한 시각매체로 그 기능을 담당했던 것으로 보인다. 이러한 상징물을 통해 영조가 선왕의 뜻을 계술하였듯이 후손들도 그의 치도를 이어 영속하기를 바라는 뜻이 전해졌을 것이다.

〈참고문헌〉

『端敬王后溫陵封陵都監儀軌 上·下』

『文淵閣四庫全書』, CD-Rom, 上海人民美術出版社, 2001.

『書經』

『星湖全集』

『詩經』

『承政院日記』

『(國譯)朝鮮王朝實錄』, 한국고전번역원

『朱子大全』

『漢語大詞典』

楊爾曾(明) 輯, 『新鐫海內奇觀』, 高麗大學校 圖書館所藏本.

柳義養 著, 『春官通考』上, 서울: 성균관대학교 대동문화연구원, 1975.

『天目: 賞翫され續ける至宝の茶碗』, 日本 : 淡交社, 2009.

강관식 2001 『조선후기 궁중화원 연구』上 돌베개.

강신애 2004 「조선시대 무이구곡도 연구」, 고려대학교 석사학위논문.

2007. 6 「조선시대 무이구곡도의 연원과 특징」, 『美術史學 硏究』 254, pp.5~40.

고바야시 히로미쓰(小林宏光), 김명선 譯

2002 『중국의 전통판화』, 시공사.

국립앙박물관

2014 『산수화, 이상향을 꿈꾸다』.

규장각 한국학연구원

2009 『조선 국왕의 일생』, 글항아리.

김문식, 김정호

2003 『조선의 왕세자 교육』, 김영사.

김원길 1987 「芝村宗宅 소장 興政堂親政宣醞書屛」, 『안동문화연구』 vol2, 안동문화연구회, pp.105~115.

박정혜 1995. 12 「의궤를 통해서 본 조선시대의 화원」, 『미술사연구』 제9호. 미술사연구회, pp.203~290.

2000 『조선시대 궁중 기록화 연구』, 一志社.

2009. 12 「《顯宗丁未溫幸契屛》과 17세기의 산수화 契屛」, 『美術史論壇』 第29號. pp.97~128.

배다니엘 2015 「晚唐 吳融 시가에 나타난 현실의식 고찰」, 『중국연구』 Vol.65, pp.3-21.

서윤정 2013 「17세기 후반 안동권씨의 기념회화와 남인의 정치활동」 『안동학연구』 제11집, 한국국학진흥원, pp.259~294.

신용철 2014 『日本 根津美術館 소장 韓國 石物의 考察」, 『일본학』, 동국대학교 일본학연구소, pp.319-342.

심재우 외 2011 『조선의 왕으로 살아가기』, 돌베개.

예술의 전당
2001. 9 『퇴계선생 탄신 500주년 기념·韓國書藝史特別展 退溪 李滉』, 우일출판사.

유미나 2005.3 『朝鮮 中期 吳派畵風의 傳來-《千古最盛》帖을 중심으로」, 『美術史學 硏究』 245, pp73~116.

兪俊英 1981 「九曲圖의 發生과 機能에 대하여」, 『考古美術』 151호, pp.1~20.

1996 「宋寅明序 溫陵都監契屛 武夷九曲圖의 造形分析」, 『端敬王后 武夷九曲圖와 조선시대 지식인의 유토피아』, 영남대 박물관, pp.28~38.

유홍준 2001 『화인열전』 1, 역사비평사.

尹軫暎 1997 「朝鮮時代 九曲圖 硏究』, 한국정신문화연구원 석사학위논문.

2003 「朝鮮時代 契會圖 硏究』, 한국정신문화연구원 박사학위논문.

이민선 2012 「영조의 군주의식과 〈장주묘암도〉-궁중회화의 정치적 성격과 관련하여」, 서울대학교 석사학위논문.

이민홍 2000 『증보 사림파 문학의 연구』, 月印.

이태호 1992 「영조의 요청에 의해 그려진 장주묘암도에 대한 고찰」, 『조선후기 그림과 글씨 : 인조부터 영조년간의 서화』, 학고재, pp.109-122.

林基中 2008 『燕行錄續集』, 서울 : 尙書院.

鄭景姬 2002. 12 「英祖의 禮學」, 『규장각』 25, pp.201-226.

정만조 외 2012 『영조의 국가정책과 정치이념』, 한국학중앙연구원 출판부.

정만호 2009 「竹泉趙最壽의 燕行錄과 對淸意識」『語文硏究』 제59집, pp.185~206.

조규희 2007 「1746년의 그림: '시대의 눈'으로 바라본 〈장주묘암도〉와 규장각 소장 「관동십경도첩」」, 『미술사와 시각문화』 6, 사회평론, PP.224-253.

朱熹, 임민혁 譯
2001 『주자가례』, 예문서원.

지두환 2011 『중종대왕과 친인척』, 역사문화.

崔宗鉉 2010 「조선에 구현된 주자의 무이구곡」, 『울산대곡박물관 개관 1주년 기념 학술심포지엄 발표자료집, 자연에서 찾은 이상향 '구곡문화'』, pp.7~31.

쿠지타쿠신(久志卓眞)
1944 『朝鮮の陶瓷』, 東京 : 寶雲舍(연세대학교 국학자료실).

1975 『朝鮮の陶瓷』, 雄山閣出版社.

홍선표 외 2006 『17 18세기 조선의 외국서적 수용과 독서실태: 목록과 해제』, 혜안

황정연 2013 「단경왕후 온릉을 통해 본 조선후기 봉릉의 역사적 의미」, 『민족문화논총』 제53집, pp.167~196.

The Political Character and its Function of Onneungbongneongdogam Gyebyeong Muyigugokdo

Kang, Shin-Ae (Ph. D. candidate for Art history, Dept. of Archeology and Art history, Seoul National University)

<Onneungbongneongdogam Gyebyeong Muyigugokdo (溫陵奉陵都監 契屛 武夷九曲圖)>, the Painting of Nine-bend stream of Mt. Wuyi in China for Queen Dankyung(端敬王后, 1487~1557), was the folding screen for celebrating the function of government officials in charge of the state ceremony of rehabilitation of the Mausoleum Onneung, and the painting inherits the tradition of the 17th century Gyebyeong, folding screen with state affairs illustrated. The painting was interpreted as the screen painting of the narrative figure and landscape, which was pursued by the then literati. In the previous research, I pointed out the association with the icon of 《The Spectacular Scenery in the Universe(海內奇觀)》, and also suggested that the Muigugokdo with the formation of an overall perspective was reconstructed by highlighting the meaning of the ceremony in relation to rehabilitation of Queen Dankyung and that the symbols of the 18th century Neo-Confucianism was more consolidated, but the precise evidences could not be presented. However, through the literature review, it was found that Muigugokdo folding screen was also used in the royal court of the Youngjo period(reigned 1724-1776). This study re-approached this folding painting in the perspective of the visual culture of the independent royal family.

Originally, Muigugok(武夷九曲, Wuyijiuqu) indicates the Nine-bend stream of Mt. Wuyi in Fujian Province in China, where Zhu Xi(朱熹, 1130-1200) constructed the Wen gong Academy in 1183 and gave lectures to his disciples. Through the Joseon dynasty, it became the most idealistic nature with Zhu Xi's poem and its landscape was a notable subject as a realistic representation of topography and a symbol of Neo-Confucianism. Muigugokdo(武夷九曲圖, Wuyijiuqutu) was introduced from China. However, the Chinese version was rare even in the time of King Yeongjo. The transformation of icons of the Muigugokdo, which did not have clear explanation about the positions of the scenery in landscape painting from the introduced geographical books or the positions in the landscape painting was not of importance for the then Neo-Confucian literati when Zhu Xi's 'real significance[眞]' of enjoying mountains and waters[樂山樂水] were received as idealistically. This provides an important clue for explaining why the icon of the first valley in <Onneungbongneongdogam Gyebyeong Muyigugokdo> situates in the center of the folding screen rather than in the 1st panel in the right. Apart from this folding screen, the icons of Muigugokdo produced during Joseon period are represented as schematization of Neo-Confucian view of nature, and works of illustration through the imagination of the Neo-Confucian literati have passed down. For the Neo-Confucian literati, Muigugok, Nine-bend stream of Mt. Wuyi in China, was the object of enjoying a secluded life as well as the 'Tao(道)' itself. It seems that the folding screen of Muigugokdo was normally installed and used in the office of special adviser[Hongmoonkwan(弘文館)] dedicated for the royal tutors[Sigangwon(侍講院)] or in the tutoring room for the crown prince[Sejasigangwon(世子侍講院)].

In the discipline and education of the crown prince and the grandson of Youngjo, it may have had the role of an important symbol in the sense of establishing the foundation of the moral philosophy. Not only in the royal court but also in the literati society, the usage can be evidenced. In the back side of the work presumed to be the later imitated copy of Gang Sehwang(1713~1791)'s <Muigugokdocheop, Album on Nine Valleys of Mt. Wuyi in China>, the painting on the eldest son's official courtesy excerpted from 《Master Zhu's Family Rituals[朱子家禮]》 is illustrated. Meanwhile, considering the political situation of the time in relation to Yeongjo's policy on harmonious political powers, the fact that Muigugokdo was used in the Gyegyeong of the governmental office celebrating the rehabilitation of Queen Dankyung, which was a historical event reestablishing the hierarchy of the royal family, may imply the medium as the ideological symbol of Joseon's royal family to strengthen King's power and his succession of the throne.

서평

최몽룡 교수의 〈한국 고고학 연구: 세계사속의 한국〉(주류성, 2014)

이 청규 (영남대 문화인류학과 교수)

I. 책 소개에 앞서

정년을 넘긴지 3년이 된 희정 최몽룡교수는 여전히 학문적 열정이 높아 그간 이룩한 연구 성과를 정리하는 작업에 몰두하고 있다. 이 책은 그의 40년 넘는 연구 성과를 토대로 펴낸 것으로서, 충분하지 않지만 그가 주장하는 한국고고학의 틀을 한 눈에 살필 수 있는 저서이기도 하다.

다 알다시피 1980년대 초에 삼불 김원룡 교수를 끝으로 개인의 관점에서 한국고고학의 전체 틀을 정리한 사례는 거의 없다시피 하다. 비록 개론서의 틀을 취한 것도 아니고, 신라, 고구려, 가야의 고대문화에 대해서는 거의 다루지 못하였지만 이 책은 한국고고학을 이해하는 기본지침서 역할을 하기에 충분하다 하겠다.

이 책을 소개하기에 앞서 그 바탕이 되는 최 교수의 학문 업적을 나름대로 먼저 정리하자면, 크게 네 가지로 정리할 수 있다. 호남지역 현지의 조사연구, 서구 신진화론의 한국적 수용, 한국 역사고고학의 재정립, 그리고 한국상고사학회의 창설이 바로 그것이다.

첫 번째로 1972년 전남대에 부임하면서 그가 현지조사의 현장으로 삼은 곳은 전남 지역으로서, 청동기시대 지석묘와 마한 백제의 고분, 조선시대 관아유적 등 각 시대의 다양한 유적을 직접 발굴하였을 뿐만 아니라 지표조사를 통하여 전남지역의 유적목록을 제작하였다. 두 번째는 1983년 서구의 신진화론을 익힌 후 이를 한국 고고학에 적응한 하바드 대학 학위논문으로 지석묘사회를 족장사회(chiefdoms society)로 규정한 논문을 발표한 것이다.

세 번째로 1985년에 이르러 위만조선과 마한, 그리고 한성 백제에 대하여 문헌기록을 최대한 수용하는 입장에서 접근하고, 그에 고고학적 자료를 대응시킨 작업을 수행하였다. 이를 발판으로 김원룡 선생의 원삼국시대론을 삼국시대 전기론으로 발전시킨 것으로 이해된다.

네 번째는 고고학과 고대사의 학제 간 연구를 체계적으로 시도하고자 하여 1987년에 한국상고사학회를 창설한 것이다. 지금까지 30년 가까이 두 학문분야의 연구 성과가 이 학회의 학술발표회와 학술지를 통해서 산출되었을 뿐만 아니라 이 학회가 주도하여 한국 고고학사전을 처음 펴낸 것 또한 높게 평가할 만하다.

최교수는 학문적 열정뿐만 아니라 그의 후학에 대한 애정 또한 남달라서 전국의 웬만한 곳에 그의 제자가 활동하지 않는 경우가 없다. 이 서평의 필자도 그를 지도교수로 모신 연구자중의 하나로서, 유적 발굴의 기회가 드물었던 필자의 대학원시절인 1970년대 후반에 최교수가 전남대 재직하면서 수행하였던 발굴에 참여하여, 현지조사의 능력을 키울 수 있었던 것이다.

II. 이 책의 개요

이 책은 최몽룡 교수가 기왕에 발표했던 기조강연과 권두논문 17편을 묶은 것이다. 그 내용으로 고고학 전반과 시대구분관련 내용이 먼저 제시되고, 그 다음은 선사시대와 역사 시대 순으로 편집되었다. 그 대강을 살피면 첫째는 한국고고학의 연구사와 시대구분 전반에 걸친 내용이고, 두 번째는 선사고고학분야로서 청동기시대의 유적과 문화에 대한 것이다. 세 번째는 하남과 중원처럼 일정지역의 고고학적 성과를 다룬 것이고, 네 번째는 역사고고학 분야로서 마한과 백제와 관련된 유적 유물을 체계적으로 설명한 내용으로 갖추어져 있다.

구체적으로 각 장별로 살피면, 우선 1장에서는 이 책의 부제에 맞추어 세계사 속에서 한국을 조망하는 관점에서 세계 중요 문명을 개략적으로 소개하고 있다. 유럽과 이집트문명, 인도와 중국문명, 그리고 남미 문명에 중점 두어 설명하고 있는데, 최근에 수행된 남한의 4대강 개발사업을 계기로 강과 문명의 긴밀함을 부각시키고 있다.

2장에서는 한국고고학의 연구사와 시대구분체계가 기술되고 있다. 조선시대 후기부터 시작하는 학문적 관심과 연구경향을 간략하게 설명하고, 구석기시대-중석기시대-신석기시대-청동기시대-철기시대 전기-철기시대후기(삼국시대 전기)-삼국시대 후기-통일신라시대로 이어지는 시대구분체계를 제시하고 있는바 이는 이 책 전체에 걸쳐 일관되게 적용되는 틀이기도 하다.

3장에서 선사시대를 간단히 정의하고, 그를 바탕으로 4장에서는 청동기시대와 철기시대에 대해서 고고학 자료를 근거로 구체적으로 설명하고 있다. 청동기시대의 경우 조기-전기-중기-후기의 각 시기별로 최근의 발굴성과를 대입 시켰는바, 특히 이 시대의 대표적인 지석묘의 형식과 분포와 그 전파과정에 대해 역점을 두어 설명하고 있다. 철기시대의 경우 세계 각 지역의 상황을 소개하는데 중점을 두었다.

5장은 각 시대별로 한반도에서 확인되는 고고학적 팩트를 아시아와 그 주변 각 지역의 사례와 비교하고 그 관계에 대해서 관심을 촉구하는 글로 짜여 있다. 예를 들어 구석기시대에 예니세이강 유역부터 중국 대륙지역의 사례를 살펴 한반도와의 관계를 설명한다든가, 신석기시대 초기의 토기로서 연해주의 사례, 청동기시대의 돌대문토기로서 중국 요령 소주산 등의 사례, 열석 유구로서 요령성 홍산문화의 사례, 철기시대 동복으로서 중앙아시아의 사례 등을 한반도의 그것과 비교하고 있다.

일본과의 관계에 대해서도 주목하고 있는데, 죠몽시대 토기의 남해안 출토사례와 청동기시대와 야요이시대의 농경문화와 관련된 팩트를 설명하고 있다. 나아가 역사시대의 나라 궁정 연지와 경주 안압지를 비교하는 등 폭넓은 논의를 통하여 후학들에게 많은 연구 과제를 던져주고 있다.

6장과 7, 8장에서 청동기시대의 대표적인 문화유형의 표지가 된 여러 유적의 사례를 제시하여 그 편년과 문화변천과정을 설명하고 있는 바, 여주 흔암리와 서울 가락동과 역삼동, 그리고 부여 송국리가 바로 이에 해당한다. 최교수가 직접 조사에 참여한 바 흔암리 유적의 경우 확인된 토기 형식과 석기의 종류, 그리고 집자리의 내용을 기술하고 있는데, 청동기시대 중기를 중심으로 설명하고 있다. 가락동의 경우는 청동기시대 전기, 그리고 역삼동과 송국리 유적의 경우는 중기와 후기로 규정하고 고고학 자료를 제시해 설명하고 있어 각 지역별로 제시되고 있는 다른 사람들의 편년 관과 다소 차이가 있지만, 오히려 그 때문에 이 방면 연구의 지침이 되고 있다.

9장에서는 종교 혹은 제사와 관련된 유적에 대해서 시대 순으로 정리하고 있는 바, 고고학자료 뿐만 아니라 문헌사료의 내용도 비교하여 설명하고 있다. 확인된 유구로서 정령숭배 대상인 산악, 주술적 성소로서의 암각화, 조상숭배의 대상으로 지석묘, 하늘에 대한 제사공간으로서의 환호시설, 역사시대의 신전 건축물을 두루 살피고, 그에 따른 종교와 제사의 변천과정에 따른 논지를 전개하였다.

10장에서는 1970년대에 역시 최교수가 조사를 책임 맡은 창원 성산 패총의 야철지 유적을 소개하면서, 이 유적이 속하는 철기시대 전기와 후기의 역사 문화상을 설명하고 있다. 이와 함께 문헌기록에 등장한 위만조선시대부터 삼국시대 전기와 연계하여 그와 관련된 고고학적 문화와 역사를 설명하고 있어 그가 주장하는 논지를 제대로 이해할 수 있는 내용이 마련되고 있다.

11장에서는 그의 주된 학문적 업적중의 하나인 마한의 역사학과 고고학의 연구 성과를 정리 소개하고 그 과제를 제시하고 있다. 관련된 기록이 부족한 상황이지만 철기시대 전기에서부터 삼국시대 후기에 이르기까지의 마한의 존재와 그 변천과정을 고고학적 자료를 근거로 설명한 바, 그 시간적 폭도 길 뿐만 아니라, 공간적 범위도 일정하지 않음에도 시기별로 각 정치체에 고고학적 자료를 무리 없이 대응시킨 논지를 중점 두어 살펴 볼만하다.

12장에서는 한강유역에서 등장한 한성시대의 백제에 대해서 고고학적으로 접근하였는데, 특히 이 지역에서 확인된 적석총이 압록강 중류의 고구려 지역의 그것과 형식적으로 통하는 점을 근거로 백제 지배층이 고구려계라는 관점을 설득력 있게 설명하고 있다. 13장에서는 한강유역의 상류지역에 해당되는 충북 중원지역을 공간으로 하여 삼국시대 후기에 고구려와 백제의 세력이 교차하면서 남겨진 상고시대의 역사문화를 통시적으로 설명하고 있다.

14장에서는 12장에서 고분을 중심으로 논의하는 것과 달리 성곽을 중심으로 한성시대 백제에 대해서 설명하고 있는 바, 특히 한성백제 후기에 고구려 방어용으로 구축한 것이 하남의 이성산성이라고 판단하고 이에 대한 논의를 한 점이 주목된다.

15장에서는 이성산성이 위치한 하남 지역의 역사와 문화에 대해서 고고학적으로 설명하고 있다. 남한강과 북한강 합류지점에 가까운 동 지역에서는 삼국시대 후기의 이성산성과 함께 고고학적으로 지표가 되는 유적으로 청동기시대 미사동의 사례가 있음을 부각시키고 있다.

끝으로 앞서 각 장과 달리 16장과 17장에서는 한국 고고학의 내용을 총괄적으로 마무리하는 것을 내용으로 하고 있는데, 특히 16장은 고고학의 지역과 시대구분의 지표가 되는 토기에 대한 방법론을 다룬 것으로 그가 일찍이 갖고 있었던 토기에 대한 자연과학적 분석에 대한 관심을 반영한 것이다. 17장은 최교수가 작성한 고등학교 국사교과서 지침 논고로서, 앞서 설명된 구석기시대부터 철기시대에 이르기까지의 역사문화를 다시 한 번 정리하는 것을 내용으로 삼고 있다.

III. 시대구분과 관련하여

일정 영역의 고고학을 제대로 이해하기 위해서는 그 공간을 단위로 한 시대구분의 체계가 전제되어야 한다. 한국고고학의 경우 그 공간이 중국 동북지역과 한반도에 걸쳐 있음에도 한반도 내지 남한을 중심으로 한 시대구분체계가 인정되고 있다. 이러한 관점에서 최몽룡 교수가 제시한 시대구분체계는 널리 활용할 만하다.

우선 선사시대에 해당되는 청동기시대 이전의 경우 각 시대별로 3-4 시기의 구분 안을 제시하고 있는 것이 주목된다. 이러한 시기구분론은 물론 각 시대별 연구자들이 제시한 것을 종합한 것으로 우선 구석기시대의 경우 전기, 중기, 후기로 구분하는데, 전기로 최근에 조사된 오송 만수리, 중기로 연천 전곡리, 그리고 후기로 호평 남양동 유적을 지표로 설명하고 있다. 그의 한국 구석기시대의 이러한 관점은 다수의 구석기시대 연구자들의 전·후기론 혹은 전기 부재론을 지지하는 관점과는 다소 차이가 있다. 한편으로 최교수는 전기의 연대와 화석인골에 대해서 신중한 입장을 보여줌으로써 구석기연구의 과제를 나름대로 제시하고 있다.

중석기시대의 존재에 대해서도 전혀 부정하지 않는데, 그것은 구석기시대에서 신석기시대로의 이행이 단절되지 않았음을 강조하는데 근거를 두고 있다. 구석기에서 신석기시대로의 전환을 고려하여 신석기시대의 조기를 설정하고 있는바, 그가 처음 유적 발견당시 현장을 확인한 제주 고산리의 고토기와 세석린 석기의 조합을 지표로 한다. 그것은 영남지역을 중심으로 한 시기구분체계로 보면 초창기라고 하는 것과 차이가 난다. 뒤이어 전, 중, 후기를 설정하고 그 말기는 다음 청동기시대 조기와 중첩하여 설명하고 있는데, 이 역시 신석기시대에서 청동기시대로의 전환의 의미와 그 중요성을 고려한 관점이라 하겠다

청동기시대는 조기로 서기전 20세기를 상한으로 돌대문토기, 서기전 15세기를 상한으로 하여 가락동식과 흔암리식 토기, 서기전 10세기를 상한으로 하는 중기를 역삼동식 토기, 그리고 서기전 600년을 상한으로 하는 후기를 송국리식 토기 단계로 이해한다. 요약해서 말하자면 가락동·흔암리→역삼동→송국리 순으로 정리하고 있는 것이다. 이러한 시기구분론에 대해서 많은 연구자들이 이견을 갖고 있음은 부인할 수 없다, 특히 조기 연대를 서기전 20세기까지 끌어 올린 것이 그러한데, 그러한 조기 개념은 그가 1970년대에 직접 조사한 북한강의 강원도 춘성군 내평리 돌대문 토기 유적의 성과를 토대로 한 것이다. 이러한 연대관은 서기전 20세기를 상한으로 하는 쌍타자 2-3기와 마성자 1기, 길림 동부지역의 홍성 2-3기 등의 중국 동북지역의 청동기시대 문화와 맞물려 생각할 때 상당한 부분 수용할 수 있다 하겠다. 앞으로의 과제는 이른 단계의 중국동북지역과 한반도 청동기문화를 총체적이고도 치밀하게 비교 편년함으로써 구체화하는 것이다.

원사 혹은 역사시대로 이해되는 철기시대 이후의 경우 철기시대 전기-삼국시대 전기/철기시대 후기-삼국시대 후기로 시기 구분하는 것이 주목된다. 철기시

대를 전기와 후기로 구분한 것은 김원룡 교수가 1970년대 이후 철기시대론을 수용한 것으로, 서기전 1년을 경계로 하는 것도 또한 같다. 단지 그 상한을 100년 올렸을 뿐. 중요한 차이는 철기시대 개념 자체에 있는 것이 아니라, 역사와 관련하여 철기시대 후기를 원삼국시대로 보는 관점을 삼국시대 내로 편입시켜 삼국시대 전기로 이해하였다는 점이다. 그것은 삼국사기 초기기록을 해석하는 관점의 차이로 고고학 자체의 문제는 아니니다.

철기시대의 상한을 점토대토기로 지표로 하여 서기전 400년으로 설정한 바, 그것은 연해주 등지의 철기 편년 론을 염두에 둔 것이다. 철기시대의 상한에 대해서 다수설은 요동-서북한 지역에 연나라 주조철기의 도입이 서기전 300년경에 이루어졌다고 이해하고 이를 기준으로 편년하고 있다. 그러나 최교수는 그보다 1세기 끌어 올려 보고 있는데, 그 근거는 연해주를 통하는 별도의 북방계통의 철기 편년 관에 근거한 것이다. 한편으로 철기시대의 표지인 점토대토기를 기준으로 삼고 있어 그러할 가능성이 높지만, 점토대토기=철기의 관계는 아직 충분하게 입증되지 않는 문제가 있어 앞으로 세심하게 논의해야 할 과제이다.

원삼국시대를 삼국시대 전기로 보는 관점은 여러 측면에서 설득력이 있다. 김원룡 교수가 원삼국시대 개념을 제창하였을 때 고고학적 성과는 지금의 그것에 비할 바 못된다. 지난 수 십 년 동안 동 시대에 해당하는 엄청난 고고학적 성과가 전국에 걸쳐 축적되었을 뿐만 아니라, 동 시대개념이 오늘날까지 고대사학계에서는 전혀 수용을 하고 있지 않다는 점에서 최교수의 삼국시대 전기론은 적극 수용할만하다. 한편으로 최교수는 철기시대 후기라는 고고학적 시대개념을 병용하고 있는 바, 고고학적으로 확인되는 물질문화와 기록에 쓰인 역사적 사실이 서로 일치하지 않는 불가피함을 인정한 것이다. 다만 그 상한을 서기전 100년으로 하는 편년안과 비교하여 보다 적절한 안을 추구하는 과제가 남아 있을 뿐이다.

삼국시대 후기의 개념에 대해서 삼불은 다수 연구자가 인정하는 서기 5-6세기 이후의 그것과 다르다는 점을 들어 부정한 바 있다. 그렇다고 하여 삼국시대 후기설이 무의미한 것은 아닐뿐더러 한 걸음 더 나아가 삼국시대를 전 중 후기의 3시기로 발전시키는 것이 더욱 타당할 수 도 있겠다. 그것은 또한 철기시대 전 후기 개념을 전 중 후기 개념으로 발전시킬 수 있다는 것으로 결론적으로 현재로서 철기시대 전후기론, 삼국시대 전후기론을 적극 수용할만한 것이다.

IV. 중요 주제

1. 족장사회론과 지석묘

최교수가 한국고고학에서 역설하는 주제가 엘만 서비스 등의 신진화론자가 제시한 chiefdoms society 족장사회론으로서, 그것은 청동기시대의 지석묘 축조집단을 대상으로 한다. 여전히 혈연을 기반으로 하는 조상숭배 의식을 갖추면서 대규모 인력의 동원이 가능한 권력이 등장하고, 그것을 뒷받침하는 전문적 장인기술과 잉여식량의 재분배가 가능한 사회라고 규정한다.

최교수의 족장사회론 이전에 지석묘 축조집단의 사회적 성격에 대해서는 남한의 역사학자들은 부족국가 혹은 성읍국가 사회설을 제시한 바 있다. 전자의 경우 지석묘 자체의 고고학적 실체를 살핀 것이 아니라, 신진화론 이전의 초기인류학자들이 말한 부족과 국가의 중간 단계를 다소 막연하고도 임의로 설정한 것이다. 후자의 성읍국가론 또한 성읍의 존재를 당연시하여 설정한 것으로 이 역시 고고학적 실물의 증거가 제시되지 못하였다.

이러한 사정에서 지석묘의 발굴성과를 토대로 그에 대한 실증적인 논의를 통하여 제시된 족장사회론은 한국 고대사의 사회발전단계론을 한 단계 도약한 관점으로 평가할 수 있다. 그것은 또한 한국사를 세계사적인 관점에서 합법칙적인 설명을 하는데 기여한 것이라고 할 수 있다. 세계사적인 관점에서 지석묘사회를 설명한 이론적 틀로서 신진화론 이전의 마르크스 사회발전단계론을 근거로 하여 곧바로 고대노예제 국가사회에 대입시킨 사례가 있다. 그것은 부족사회에서 국가사회로 이행하는 중간 단계를 무시한 것으로 이 관점에서 지금도 북한의 고고학계는 벗어나지 못한 한계를 보여주고 있다.

한편 신진화론을 적용함에 지석묘사회를 족장사회(chiefdoms society) 이전 사회로서 원시 공동체 수준에서 벗어나지 못하였다고 주장하는 연구자도 적지 않다. 그러한 관점에서는 chiefdoms society는 지석묘가 아니라 청동무기와 의기와 장식품을 다량으로 부장한 청동기부장묘에 대응된다는 것이다. 아울러 이 사회를 중국 고대사서(진서 사이전 숙신조)에 등장하는 숙신의 군장에 대응하여, 족장사회가 아니라 군장사회라고 부를 것으로 제안되고 있다. 이밖에도 추장 혹은 추방사회로 부르는 연구자도 있는 바, 명칭에서는 차이가 있지만 지석묘사회를 가리키는 점에서는 최교수와 의견을 같이 한다.

여하튼 많은 인력이 동원되어야 축조될 수 있는 지석묘를 계층화가 전혀 이루어지지 않은 공동체사회에 속한다고 규정하기 어렵다. 최몽룡 교수가 제시한 바 있고 한국의 젊은 연구자들이 검토한 티모시 얼의 권력, 종교, 그리고 이데올로기 부면에서 지석묘사회가 보여주는 일정한 특성을 고려할 때 더욱 그러하다. 특히 최근에 영남지역 등지에서 조사된 대형묘역의 지석묘 자료가 확보됨으로써 그의 족장사회론을 더욱 발전시킨 관점은 경청할만하다. 그것은 족장사회를 단순 족장사회와 복합 족장사회(군장사회)로 구분하고 대형 묘역의 지석묘를 후자에 대응시킨 것이다.

문제는 묘 시설 규모는 작으나 다량의 청동기를 부장한 목관묘를 국가 이전의 복합 족장사회 혹은 군장사회 라고 할 것인지 아니면 초기국가 단계로 규정할 것인지 문제이다. 이에 대해서는 최교수는 명확한 주장을 제시하지 않고 있다. 다만 문헌기록에 숙신에 군장이 있고, 삼한에 신지 읍차가 있는 사회를 복합족장사회 혹은 군장사회로 볼 수 있다고 함으로서 이 방면의 과제를 제시하고 있다.

또한 아직도 족장사회가 한국사회에 적용하는 것은 무리가 있다 하여, 여전히 읍락국가 혹은 성읍국가론을 취하는 고대사학계의 지적을 어떻게 이해할 것인가 하는 문제가 있다. 이는 국가의 개념을 서양 신진화론의 state와 대응시키지 않는 것으로, 실제로 이러한 관점은 이웃 일본의 고고학계에서도 확인이 된다. 물론 문헌기록에 〈국〉으로 칭하는 정치체를 국가로 보는 관점이 성립될 수 있지만, 그러나 후대의 국가와 분명히 구분되어야 하는 바, 아직 한국 고대사학계에서는 이에 대해서 합의된 개념이 없어 보인다.

최근까지도 서구 고고학계에서는 족장사회에 대한 이론에 대해서 새로운 해석과 수정 보완을 덧붙이면서 전지구상의 여러 집단과 문명의 형성과정을 설명하는 틀로써 적극 활용하고 있다. 한국 고고학의 젊은 연구자들 사이에서 그 논의가 활발하게 이루어지고 있는 바, 이는 최몽룡 교수의 선구자적인 제안에 비롯되었음에 다름이 아니다.

2. 국가형성론과 삼국시대의 전개

신진화론에서 주장하는 국가의 개념을 족장사회와 마찬가지로 최몽룡 교수는 한국사에 적극적으로 수용하였는데, 이 책에서 소개하듯이 위만조선-고대국가론이 바로 그것이다. 엘만 서비스의 국가론의 관점에서 관료체계, 무역, 그리고 전쟁관련 기사를 통해서 위만조선을 설명한 것이다. 이미 위만조선을 국가로 설명한 고대사학자도 다수가 있지만, 최교수는 그들과 달리 정교하게 검토한 신진화론의 관점에서 접근한 점에서 큰 차이가 있다. 국가의 형성과 문명에 대한 관심은 최몽룡 교수가 장기간 보여 왔던 것으로 그 실증적인 예가 1989년에 발간한 조나단 하스의 〈원시국가의 형성〉에 대한 번역서이다.

그의 족장사회와 국가 형성론 혹은 사회발전단계론은 일부 비판을 받는 부분이 있었지만, 1970년대의 관점에서 크게 벗어나지 못하는 고대사학계에 중요한 자극이었다. 그럼에도 불구하고 문헌사학에서의 이와 관련한 논의는 1990년대에 잠깐 활성화되다가, 지금에 이르기까지 별다른 진전이 없다. 삼국시대에 이르러 고구려, 백제, 신라, 그리고 가야가 어느 단계에 성숙된 국가사회로 발전하였는지 그리고 그 구체적인 사회의 성격이 무엇인지 충분하게 분석되지 못하고 있는 것이다.

그러나 고고학계에서는 최몽룡 교수의 논의에 힘입어 신진화론적인 관점이 한국고대사회를 이해하는데 차지하는 중요성을 이해하고 서구에서 수학한 젊은 연구자를 중심으로 그 틀을 발전시켜 연구하고 있는 사례가 늘어가는 추세이다.

고대에 국가의 존재를 설명함에 한국에서는 고고학적 자료보다는 문헌기록을 우선시 한다. 그것은 아시아는 물론 구대륙의 문명권에서 일반화된 것으로, 문헌기록을 통해서 권력자의 등장이 관료조직, 법과 조공체계 등 국가를 설명하는데 필수적인 사실들을 설명할 수 있다. 문제는 국가의 등장 시점과 그 상황을 설명하는 데에 문헌기록으로 만으로 충분하지 않다는 것이다. 오히려 문헌기록이 실제 연대를 끌어 올리거나 그 실제 사실을 과장하는 사례가 적지 않기 때문으로, 고증이나 검증 과정을 거치지 않으면 안 되는데 그러기 위해서는 고고학 자료가 동원되어야 한다.

최교수가 시도한 것처럼 위만조선과 삼국의 고대 국가 형성에 대하여 고고학 자료에 근거하여 서구 진화론에서 제시한 관점에서 조망하고 적극 논의할 필요가 있는 것이다. 물론 국가를 입증하는 고고학적 증거는 문명이나 도시의 그것과 통하며 그러한 점에서 이 책 말고도 최교수의 문명에 대한 다수의 저서도 적극 검토할만하다. 또한 신진화론에서 제시한 도시, 국가의 속성 또한 되새겨 보아야 한다. 이와 관련해서 한국을 포함한 동아시아에서는 무엇보다도 도성 유적의 확인과 최고 권력층을 입증하는 무덤시설이 주목된다.

그러한 점에서 마한의 시·공간적 변천과정에 대한 최교수의 설명은 시사한 바가 크다. 고조선도 이동설의 관점이 중요시되고 있듯이, 마한의 이동설 관점은 문화의 변천과정을 역동적으로 설명하는 중요한 틀이 될 뿐만 아니라, 정치체 자체를 입증할 수 있는 고고학적 증거와 깊은 관련이 있기 때문이다.

우선 서기 1-3세기에 마한의 중심이 천안 일대에 위치하고, 4세기에 익산으로 이동하였다가, 5세기에는 나주지역으로 전이되는 것으로 설명하고 있다. 천안을 초기 중심지로 보는 근거는 용원리 등 이 지역에서 발굴 조사된 우두머리 급 목곽묘 유적이 있기 때문이다. 그러므로 근초고왕 때 백제가 복속시켰다고 하는 마한은 바로 이 천안일대를 가리킨다는 것이다. 그것은 광주를 포함한 호남지역까지 장악하였다는 고대사의 다수설과 다른 관점이다.

다음 천안에 위치한 마한이 백제의 공격으로 그 중심지를 금강유역의 공주, 익산 방면으로 이동하였다고 이해하는 바, 이를 입증하는 것 또한 공주 수촌리, 익산 영등동 등지의 지배층 무덤이라는 것이다. 다시 백제가 공주로 천도하면서, 마한의 중심지는 영산강유역인 나주일대로 이동하였는데, 그것이 나주 대안리와 신촌리의 대형 옹관묘인 것이다. 그리고 나주 복암리 등의 고분이 입증하는 것처럼 5세기말까지 마한의 독자적 세력은 유지되었다고 설명하고 있다. 이러한 관점은 문헌기록이 절대 부족하여 그것을 통하여 입증할 수 있는 마한의 실체를 이해하는데 고고학적 자료가 얼마나 유용한지를 잘 보여준다고 하겠다.

백제에 대해서 논란이 있는 서기전 1세기 고구려계 주민의 건국설화에 대해서 고고학적으로 뒷받침하는 논거를 제시하고 있다. 북한강과 남한강 유역에서 확인되는 무기단 적석총이 압록강유역의 고구려 무기단 적석총과 동일 계통이라고 판단하여 서기전 2-1세기경에 고구려 유민이 한강유역에 이주하였다는 것이다. 또한 서기 3-4세기경 석촌동의 계단식 적석총이 연도가 달린 석실구조나 기와건축물의 증거를 통해서 당대 고구려의 그것과 유사하다는 점을 강조하고 있다. 그것은 한성기 백제의 지배층이 고구려와 군사적 갈등을 겪으면서도 공동의 출자라는 것을 의식하여 모방하였다는 것을 말함이다.

최교수는 도성지인 풍납토성이나 몽촌토성는 물론이고 고구려가 남하하기 이전에 경기 충청지역에 이미 다수의 석성을 축조하였다고 추정하는 바, 이천 설봉산성 등이 바로 그렇다는 것이다. 그중에는 백제지역에 석성이 처음 나타난 것으로 이성산성을 그 대표적인 사례로 제시한다. 이성산성이 바로 근초고왕 371년에 축조·천도한 도성이라는 것이 그의 주장이다.

이와 같은 그의 마한과 백제에 대한 고고학적 관점과 준거 틀을 다소 간결 명확하지만 후학들이 숙지하여 검토하고 연구를 발전시키는데 중요한 시금석으로 삼을 만하다. 한국 고대사에서 가야도 충분한 기록이 전하지 않지만 그보다 더한 것이 마한으로 그 실상에 대해서 고고학적 증거의 확보와 그 해석은 매우 중요하다. 한마디로 마한 고고학의 기틀을 정립하였다고 이해할 수 있는데, 그것은 그가 고고학과 역사학의 학제 간 작업을 위하여 한국상고사학회를 창립한 취지와 맥락을 같이 한다.

V. 맺음말

어느 시대 어느 곳에 있는 유적 현장이라 하더라도 부지런히 찾아다니시고, 그 조사 성과 를 열심히 정리하는 원로 고고학자를 떠올린다면 그분은 희정 최몽룡 교수일 수밖에 없다. 전국 어느 유적 현장에서건 수 십 년간 한결 같이 무언가를 열심히 노트에 기록하는 선생의 모습을 자주 목격할 수 있다.

서구에서 수학하고 그곳의 고고학적 방법과 이론을 한국에 소개한 사람은 적지 않지만, 그의 주장이 수 십 년이 지나도록 후학들에게 상당한 논의를 불러일으킨 연구자로서 또한 최몽룡 교수를 제일 먼저 손을 꼽을 수 있다 하겠다.

그러한 그의 학문적 역정이 배어 있는 것이 금 번에 소개한 〈한국고고학연구-세계사 속의 한국〉으로서, 이를 통해서 그가 제시한 한국고고학의 기본적인 틀과 앞으로의 연구 과제를 충분히 인지할 수 있겠다. 물론 그의 업적을 확인할 수 있는 저서는 1980년대 이후 이미 다수가 출간되었지만, 그 모든 업적을 한 곳에 모은 종합 판이 이 책인 것이다.

그 중요한 주제는 앞서 보듯이 세계사와 연계한 한국사, 상고시대의 시대구분론과 사회발전론, 그리고 고고학과 역사학의 대응으로서 이를 통하여 그가 역점 두는 바를 확인할 수 있다. 다만 강연용으로 발표했던 원고가 대부분으로, 그가 서문에서 언급하다시피 각 장간에 중복이 되는 부분이 불가피하게 눈에 뜨이고, 전체적인 흐름이 매끄럽지 못한 부분이 아쉽다 하겠다.

그러한 아쉬움을 없앨 작업을 이제 고희를 맞으신 희정 선생에게 기대하는 것은 무리가 있을지 모르겠다. 그렇다고 한다면 후학들이 이 책에서 제시하는 그의 학문적 틀을 이어 받아 한국고고학의 체계를 발전시키는 것을 희망할 수도 있겠다. 그러한 점에서 젊은 연구자들이 이 방대한 저서를 인내심을 갖고 살펴보기 권한다(考古學報 92호, 2014. 9, pp.124-134).

서평
최몽룡교수의 인류문명발달사 – 고고학으로 본 세계문화사 – 개정 5판(주류성, 2013)

안 승모 (원광대 명예교수)

2013년 9월에 발간된『인류문명발달사』개정5판은 인류문명발달사, 고고학으로 본 세계문화사, 그리고 세계문화유산 목록의 세 장으로 구성되어 있다. 제1장의 인류문명발달사에는 서문과 더불어 수메르, 이집트, 인더스, 상·실크로드, 마야와 아즈텍, 잉카 문명이, 제2장의 고고학으로 본 세계문화사에는 한국 선사고고학의 연구동향, 스키타이·흉노와 한국고대문화, 아프리카의 선사시대, 장사 마왕퇴 전한 고분, 티베트, 대만, 일본, 오끼나와, 대마도, 태국 반창, 캄보디아 앙코르 왓트, 말레이시아의 렌공 계곡, 좌탈 휘윅, 미라와 외찌인, 미노아·미케네 문명과 유럽의 거석문화, 그리스 문명, 로마 문명이 포함되어 있다.

문화는 인간이 환경에 적응해서 나타난 결과인 모든 생활양식의 표현이며, 의식주로 대표된다(33쪽). 문명이란 이러한 보편적인 문화가 질적, 양적으로 발전하여 도시나 문자에 기반을 둔 인간 문화의 발전 단계로 이해된다(40쪽). 도시와 국가를 문명 발생의 부산물로 보는 학자도 있을 정도로 이들의 발생은 상호 보완적 관점에서 연구되어야 한다. 하버드대학 인류학과에서 박사학위를 취득한 저자는 신진화론을 국내에 처음 소개하면서 그 중심 테마인 도시, 문명, 국가의 발생과 이론적 배경에 대한 수많은 논문과 저서를 발표하였다. 초기에는 저자도 외국 학자의 관련 저술을 번역하여 소개하였으나 드디어 2007년에 한국 고고학자가 세계 고고학을 다룬 최초의 저술인 -그리고 지금까지도 유일무이한- 인류문명발달사 초판을 내놓았으며 그 이후 수정과 보완을 반복하면서 2013년 완결판일 수도 있는 개정 5판을 발간하기에 이른다.

이 책은 문명의 발생과 전개에 초점을 맞추면서도 아프리카에서의 인류 출현에서부터 만델라대통령까지 수백만 년에 달하는 시간대를 다루고 있으며, 지역적으로도 아프리카, 유럽, 아시아, 아메리카를 아우르면서 오스트레일리아를 제외한 인간이 거주한 거의 모든 대륙을 연구 대상으로 하고 있다. 일본에서는 고고학의 관심 지역이 진작부터 일본을 벗어나 전 세계로 향하고 있으며 이미 1970년대에 일본인 연구자가 직접 작성한 세계고고학사전이 발간되었으나 우리나라 고고학자는 중국, 일본을 제외하면 외국 고고학에 대한 연구 성과가 극히 적으며 세계를 모두 아우른 저술은 전혀 없는 현실이기에 이 책은 그야말로 가뭄의 단비 같은 존재이다.

이 책을 처음 접하였을 때는 주제가 오락가락하는 것 같아 다소 혼란스러웠다. 예를 들어 수메르문명의 항에서는 농경이 최초로 출현한 신석기시대부터 시작하여 이곳이 구약성서 창세기의 무대와 배경임을 강조하면서 람세스 2세 등 이집트 왕조를 언급하고 화산폭발, 운석 충돌 등의 재해, 아마겟돈으로 표현되는 지구의 종말론까지 소개하고 있다. 그러다가 갑자기 유럽으로 넘어가 선문토기문화(LBK) 등 신석기시대와 청동기, 철기문화를 언급하면서 히틀러, 게르만민족 우월론과 히틀러, 유대인 학살까지 다루고 있다. 그리고 다시 수메르문명과 페르시아제국으로 돌아오면서 수메르문명에서 현재까지의 왕조사 연표를 제시한다. 그리고 다시 서남아시아의 관개농업, 토기, 금속, 도시국가로 이어지는 수메르문명의 출현 배경을 설명하고 로마-인더스-이집트와 연결되는 세계체계이론의 적용 무대임을 강조하고 있다.

그러나 책을 다시 정독하면서 이러한 혼란스러움(?)은 저자의 의도적 편집이었음을 알게 되었다. "문명발달사는 佛家에서 이야기하듯 虛空(時·空)을 끈 삼아 모두 이어져 있음을 알게 된다. 다시 말해 지구에서 일어난 모든 사건들을 좀 더 시야를 넓혀보면 脈絡(context)으로 다 이어져 있음을 알게 된다. 이 책에서도 각 장으로 독립시켜 따로 따로 떼어내서 설명하기보다는 가능하면 서로 연결될 수 있는 고리를 찾아 이어보고자 하였다. 정말 세계는 하나다"(서문 16쪽). 그렇다. 고고학적 현상은 특정 지역, 특정 시점의 독자적 발생이 아니라 동시대 타 지역과 연결되고, 이전 시기로부터 이어지는 맥락에서 발생함을 강조하려는 편집이었다.

그리하여 한국 문화 기원의 다양성을 보여주기 위해 유럽과 극동의 연결 고리인 스키타이, 흉노, 실크로드를 소개하였고 대마도, 오키나와를 포함한 일본도 한반도와의 교류 양상을 보여주는데 초점을 맞추었다. 장사 마왕퇴 전한묘와 고구려 벽화무덤에서 도교와 연결되는 공통적 도상을 찾고, 12,000년 전에 사라졌다고 전해지는 아트란티스를 소아시아와 남미에서 찾는다. 미노아 멸망의 원인을 기원전 1628년 테라섬 화산폭발에서 찾으면서 이 화산폭발을 중국 하의 멸망과 연결시키는 주장도 소개하고 있다. 또한 하와이, 뉴질랜드, 이스터섬을 연결하는 폴리네시아 장거리 교역망도 DNA 분석 등 다양한 고고학적 분석에서 찾아진 것이다.

저자의 전 세계를 아우르는 해박한 지식은 천부적인 기억력과 타의 추정을 불허하는 집중력의 산물이다. 두보 등 중국문학, 금강경을 비롯한 불경, 그리고 구약성서가 곳곳에 인용되고 있으며 매 항목마다 방대한 양의 참고문헌이 첨부되어 있고, 영어 논저뿐 아니라 프랑스 저서까지 섭렵하여 지식의 균형을 맞추려고 노력하고 있다. 또한 사이언스, 내셔널 지오그래픽 등에서 확보한 최근 고고학적 정보도 많이 소개되고 있다. 책 내용도 지나치게 현학적으로 흐르지 않아 재미있게 읽을 수 있다.

책에서 전혀 아쉬움이 없는 것은 아니다. 너무나 방대한 양을 다루다보니 인류진화, 유럽의 거석문화 등 선사문화, 이집트문명, 아틀란티스, 실크로드처럼 주와 본문에서 간혹 중복되는 부분도 있다. 중국이란 큰 땅덩어리의 문화, 문명을 북부의 황하유역과 남부의 장강유역으로 구분하여 다루었으면 하는 아쉬움과 함께 상문명에 포함된 실크로드는 동서문명을 연결하는 그 중요도에 비추어 별개의 항목으로 다루었으면 어떠할까 싶다. 대만에 대한 기술도 한 페이지에 불과하기에 굳이 티베트·대만이란 제목으로 병기될 필요는 없다. 색인이 없는 것도 큰 아쉬움이다. 책이 너무 두터워 4판 발간시의 약속처럼 세계문화유산의 독립된 분책을 기대해본다.

1994년 6월부터 금주를 행한 후 거의 13년간 외부와 인연을 끊고 칩거하여 독서로 시간을 보낸 산물인 인류문명발달사 초판은-도시·문명·국가-의 부제로 2007년 9월에 총 263쪽 분량으로 발간되었으며, 재판은 같은 해 11월에 세계유산 목록을 추가하여 총 360쪽으로 늘어났다. 2009년도 3판은 부제가 -고고학으로 본 세계문화사-로 바뀌었으며 오끼나와, 태국 반창, 대만, 유럽거석문화가 추가되고 기존 내용도 대폭 보완하여 총 540쪽으로 늘어났다. 저자는 본문을 보완하기 위해 책상에 너무 앉아 너무 무리한 탓에 치질에 걸렸다고 한다. 2011년도 4판은 세계유산 해설을 보완하여 무려 946쪽으로 두터워졌으나 보완 작업에 몰두하느라 간이 상하셨다. 이후 다시 2년 동안 거의 모든 시간을 다시 교정과 보완에 매달린 결과 마지막 증보판일 수도 있는 개정5판이 2013년 9월에 986쪽 분량으로 발간되면서 스키타이와 흉노가 추가되었다. 이때도 보청기와 백내장의 장애를 얻었다. 이렇게 치열하게 저서를 남긴 고고학자가 또 있을까? 후학들을 정말 부끄럽게 만든 역저로 고고학 전공자 뿐 아니라 일반인들에게도 자신 있게 추천하고 싶은 도서이기에 용감하게 서평을 남긴다(韓國上古史學報 83호, 2014, pp.119-121).